2011 中国城市经济年鉴

CHINA URBAN ECONOMY YEARBOOK

张巨功　主编

中国城市出版社

·北京·

图书在版编目（CIP）数据

2011中国城市经济年鉴 / 张巨功主编. —北京:
中国城市出版社，2012.7
ISBN 978-7-5074-2620-5

Ⅰ. ①2… Ⅱ. ①张… Ⅲ. ①城市经济－中国－2011－年鉴 Ⅳ. ①F299.2-54

中国版本图书馆CIP数据核字（2012）第141090号

责 任 编 辑	王双林
装 帧 设 计	张宇民
责任技术编辑	张建军
出 版 发 行	中国城市出版社
地　　址	北京市西城区广安门南街甲30号（邮编：100053）
网　　址	www.citypress.cn
发行部电话	（010）63454857　63289949
发行部传真	（010）63421417　63400635
总编室电话	（010）68171928
总编室信箱	citypress@sina.com
经　　销	新华书店
印　　刷	北京金吉士印刷有限责任公司
字　　数	1113 千字　　印张 52.25　　插页 13
开　　本	889×1194（毫米） 1 / 16
版　　次	2012年 7 月第 1 版
印　　次	2012年 7 月第 1 次印刷
定　　价	580.00元

《中国城市经济年鉴》编辑委员会

《中国城市经济年鉴》编辑委员会

编委（以姓氏笔画为序）

杜复新	中国城市经济学会副会长，山西焦煤集团公司董事长，中国煤炭工业协会副会长
汪　静	中国城市经济学会副秘书长，北京罗麦药业有限公司董事长
苏文川	中国城市经济学会顾问，中国投资协学会会长
陈东征	深圳证券交易所党委书记、理事长
陈为邦	中国城市经济学会常务理事，原建设部总规划师
陈栋生	中国社科院西部发展研究中心名誉主任、研究员
陈海波	沈阳市委副书记、市长
陈玉光	北京社会科学院城市所原所长、研究员
杨迈军	上海期货交易所总经理
林　凌	中国城市经济学会名誉副会长，四川省社会科学院学术顾问、原副院长
林兆木	中国城市经济学会副会长，原国家发展和改革委员会宏观经济研究院副院长
罗宏翔	中国城市经济学会副秘书长，云南财经大学区域发展研究所所长、研究员
罗海藩	中国城市经济学会副会长，原湖南省人大常委会副主任
赵　弘	中国城市经济学会副秘书长，北京市社会科学院副院长
柯茂盛	中国城市经济学会名誉副会长，原甘肃省人大常委会副主任
郭金龙	中共北京市委副书记、市长
段晓峰	国务院国有资产监督管理委员会综合局副局长
钮德明	中国城市经济学会常务理事，原北京决策咨询中心主任
夏克强	中国城市经济学会副会长，原上海市副市长
夏　耕	山东省人民政府副省长，省人民政府党组成员
倪鹏飞	中国城市经济学会副秘书长，中国社会科学院城市与竞争力研究中心主任
耿　亮	上海证券交易所党委书记、理事长
徐正元	中国城市经济学会副秘书长，原芜湖市党校校长、教授
袁　钢	上海市城市经济学会副会长兼秘书长
顾文选	中国城市经济学会常务理事，建设部规划司原副司长
高尚全	中国城市经济学会副会长，中国经济体制改革研究会会长
崔晋宏	中国城市经济学会副秘书长，华杰集团董事长
梁本凡	中国社科院城市发展与环境研究所研究员，全球低碳城市联合研究中心主任
葛红林	中共四川省成都市委副书记、市长
谢　海	中共临汾市委书记
程必定	中国城市经济学会常务理事，原安徽省社会科学界联合会党组书记，原常务副主席
蒋勤国	广东省惠州市政协副秘书长
雷仲敏	青岛科技大学经济与管理学院副院长、教授、博士生导师
翟佳林	中国自然辨证法研究会企业发展委员会秘书长、副研究员
黎子流	中国城市经济学会副会长，原广州市市长
戴均良	国家民政部直属机关党委副书记、人事司司长

《中国城市经济年鉴》编辑部

前　言

城市经济是以城市为载体和发展空间，二、三产业繁荣发展，经济结构不断优化，资本、技术、劳动力、信息等生产要素高度聚集，规模效应、聚集效应和扩散效应十分突出的地区经济。

深入研究城市对于整个区域发展的重要性是经济学家们十分重视并长期探索的一个重要问题。马克思、恩格斯曾专门论述城市形成所起的带动生产方式变革的作用，指出：在再生产的行为本身中，不但客观条件改变，而且生产者也在改变，创造新的力量和新的观念，造成新的交往方式、新的需要和新的语言。

据统计，我国城市的发展，对我国经济社会的发展起了极大的推动作用。目前，城市经济在国民经济发展中的比重已经居于主要地位。在中国特色社会主义理论指导下，中国城市经济获得空前增长和繁荣，城市经济已成为整个国民经济成长壮大的引领力量。城市经济科学、协调、可持续发展的重要性是专家学者和各级领导十分重视并长期探索的一个重要问题。

为深入贯彻落实科学发展观，更好地总结城市在现代化建设进程中的经验教训，探索现代城市发展的重大理论和实践问题，中国城市经济学会编辑出版《中国城市经济年鉴》，每年发行一本。《2011中国城市经济年鉴》内容丰富：一是汇编一年来党中央、国务院和有关部委颁发有关经济方面的重要政策文件；二是刊载2010年全国城市经济分类统计资料以及各地级以上城市有关统计资料；三是系统阐述2010年中国GDP百强城市排名和这些主要城市的经济发展概况；四是介绍在中国城市经济发展研究领域作出杰出贡献的专家及其重要专著；五是通过政策篇、理论篇和案例篇，全面介绍中国城市经济转型的进展和经验；六是刊发全国二十四座城市市长在本年度发表的展示城市建设管理的创新思路与辉煌成就的文章；七是精选“中国城市经济论坛”、“总部经济高层论坛”、“中国城市民生建设论坛”等七大品牌会议的成果；八是专门编辑中国城市特色研究的成果，包括总部经济报告、中国民生建设报告、长江三角洲城市可持续发展综合评价报告以及临空经济、港口城市空间价值、江苏城市可持续发展报告等。这本年鉴还专门对全国城市经济的研究机构、全国城市经济高等院校和著名商会作了专题的汇编和介绍，为全国研究机构、学校、专家、学者提供学术交流平台。

《2011中国城市经济年鉴》是一部全国性、综合性、资料性年鉴，是各级领导科学决策和规划城市现代化建设与发展的重要资料；专家学者研究中国城市经济和中国特色城镇化道路的必备参考书；是广大读者案头实用的知识性和综合性的图书；是一部展示中国城市经济发展轨迹，总结改革发展经验，开展创新研究，科学规划未来的一本有重要参考价值的文献图书。

本年鉴的出版和发行得到了我国各城市领导、中国城市发展研究会以及有关专家、学者的大力支持，在此表示诚挚的感谢。由于编者水平所限，本卷年鉴的缺点和不足在所难免，恳请广大读者对《2011中国城市经济年鉴》的编纂工作提出宝贵的批评和建议。

编者

2012年3月

PREFACE

By using cities as its carrier and space for development, through the prosperity and development of the secondary and tertiary industries, continuous optimization of economic structure, highly-aggregated production factors like capital, technology, labor and information, etc., urban economy becomes a kind of regional economy which possesses strong characters of economies of scale, aggregation effect and diffusion effect.

In-depth study on city's importance to the development of the whole region is a significant topic that economists have attached great importance to in a long term. Marx and Engels had discussed specifically how the formation of city drives the reform on production mode. They pointed that: in the activity of reproduction, not only objective conditions are changing, but also producers are changing. New strength and concepts are invented. New communication manners, new demands and new languages are created.

According to statistics, China's urban development has played a great role in promoting economic and social development in China. Currently, urban economy has become dominant in the development of national economy. Under the guidance of the theory of socialism with Chinese characteristics, Chinese urban economy has gained unprecedented prosperity. Urban economy has become the leading power of the growth of whole national economy. The scientific, coordinative and sustainable development of urban economy is a crucial issue for scholars and leaders.

In order to thoroughly implement the scientific concept of development, better summarize the experiences and lessons in urban modernization process, and to probe significant theories and practical issues in the development of modern cities, China Society of Urban Economy edited and published China Urban Economy Yearbook on an annual basis. The "2011 China Urban Economy Yearbook" includes: (i) Major economic related policies and documents issued by the Party Central Committee, the State Council and the relevant ministries during the year; (ii) 2010′ national urban economy statistics and statistics of cities above the prefecture level; (iii) Ranking of GDP top 100 cities and overview of these cities' economic development; (iv) Introduction of experts who made outstanding contribution to the research of China's urban economy development, and their major works; (v) Through the Article of Policies, Article of Theories and Article of

Cases, introduce the progress and experience in China urban economy's transformation; (vi) Articles issued by 24 mayors in this year presenting new thinking and brilliant achievements in urban construction and administration; (vii) Selected achievements of seven major forums, e.g. China Urban Economy Forum, Headquarters Economy Forum, China City people's Livelihood Construction Forum; (viii) Reports specifically on China's urban characteristics, e.g. Headquarters Economy Report, Report on China City people's Livelihood Construction, Comprehensive Evaluation Report on Yangtze River Delta Cities' Sustainable Development, Airport Economy, Space Value of Port City, and the Sustainable Development Report of Jiangsu Cities. This Yearbook also compiled and introduced national-wide urban economy research institutions, college and universities, and famous chambers of commerce, which provides a communication platform for research institutions, colleges, experts and scholars all over the country.

2011 China Urban Economy Yearbook is a national-wide, integrated and informative yearbook. It is an important material for officials at various levels in scientific planning and decision-making on urban modernization construction and development. It is a necessary reference for experts and scholars in their study on China urban economy and urbanization with Chinese characteristics. It is welcomed by general readers as an integrated and informative book. It shows significant value in tracking the development of China urban economy, summarizing reforms and developments, initiating innovative research and scientific planning of the future.

In the publication and distribution of this Yearbook, we obtained great support from the senior officials of various cities, the Research Institute of China Urban development, and relevant experts and scholars. We sincerely appreciate their help. It is inevitable for the Yearbook to have loopholes due to the editors' limited knowledge and skills. As such, your precious comments and suggestions will be highly appreciated.

Editors

March 2012

目录

中国城市经济相关政策文件

中国城市经济统计资料

中国主要城市经济发展概况

中国城市经济理论资深专家榜

中国城市经济转型研究

政策

理论

案例

中国市长论城市经济

全国城市经济研究机构汇编

全国高等院校城市经济院系汇编

中国著名商会介绍

中国城市经济品牌论坛集锦

中国城市特色经济研究成果汇编

城市风采

CONTENTS

Policies and documents on China urban economy

Statistics on China urban economy

Overview on the economic development in China's major cities

The list of senior experts in China urban economy theories

Research on the transformation of China urban economy

Policies

Theories

Cases

Chinese Mayors' dissertations on urban economy

Compilation of research institutions of urban economy all over the country

Compilation of colleges and departments of urban economy all over the country

Introduction of China's famous Chambers of Commerce

Collection of Forums on China Urban Economy

Compilation of Research achievements on China's urban economy with local characteristics

Charming Cities

中国城市经济相关政策文件

促进中部地区崛起规划

（摘要）

国家发展和改革委员会

前　言

中部地区包括山西、安徽、江西、河南、湖北、湖南六省，国土面积103万平方公里，2008年实现地区生产总值63188亿元，年末总人口3.6亿人，在我国经济社会发展格局中占有重要地位。为贯彻落实科学发展观，深入推进区域发展总体战略，大力促进中部地区崛起，根据《中共中央国务院关于促进中部地区崛起的若干意见》的精神，编制本规划。规划期为2009-2015年，重大问题展望到2020年。

第一章　规划背景和重大意义

第一节　发展基础

中部地区位于我国内陆腹地，具有承东启西、连南通北的区位优势。区域内人口众多，自然、文化资源丰富，科教基础较好，便捷通达的水陆空交通网络初步形成，具有加快经济社会发展的良好条件。实施促进中部地区崛起战略以来，国家加大政策支持力度，中部六省抢抓机遇加快发展，促进中部地区崛起工作取得了积极成效。

第二节　机遇与挑战

今后5到10年是中部地区加快崛起的关键时期，机遇与挑战并存。在我国积极应对国际金融危机冲击，全面实施保持经济平稳较快发展一揽子计划的大环境下，中部地区加快发展面临着诸多有利条件。同时，中部地区也面临诸多制约长远发展的矛盾和问题："三农"问题突出，工业化水平不高，城镇化水平较低，地区发展不平衡，体制改革尚需深化，生态保护和环境治理任务较重，防灾减灾能力亟待加强。解决上述问题，需要付出长期艰苦的努力。

中国城市经济相关政策文件

促进中部地区崛起规划

（摘要）

国家发展和改革委员会

前　言

中部地区包括山西、安徽、江西、河南、湖北、湖南六省，国土面积103万平方公里，2008年实现地区生产总值63188亿元，年末总人口3.6亿人，在我国经济社会发展格局中占有重要地位。为贯彻落实科学发展观，深入推进区域发展总体战略，大力促进中部地区崛起，根据《中共中央国务院关于促进中部地区崛起的若干意见》的精神，编制本规划。规划期为2009-2015年，重大问题展望到2020年。

第一章　规划背景和重大意义

第一节　发展基础

中部地区位于我国内陆腹地，具有承东启西、连南通北的区位优势。区域内人口众多，自然、文化资源丰富，科教基础较好，便捷通达的水陆空交通网络初步形成，具有加快经济社会发展的良好条件。实施促进中部地区崛起战略以来，国家加大政策支持力度，中部六省抢抓机遇加快发展，促进中部地区崛起工作取得了积极成效。

第二节　机遇与挑战

今后5到10年是中部地区加快崛起的关键时期，机遇与挑战并存。在我国积极应对国际金融危机冲击，全面实施保持经济平稳较快发展一揽子计划的大环境下，中部地区加快发展面临着诸多有利条件。同时，中部地区也面临诸多制约长远发展的矛盾和问题："三农"问题突出，工业化水平不高，城镇化水平较低，地区发展不平衡，体制改革尚需深化，生态保护和环境治理任务较重，防灾减灾能力亟待加强。解决上述问题，需要付出长期艰苦的努力。

第三节　重大意义

加快中部地区崛起，有利于发挥中部地区综合优势，克服国际金融危机带来的不利影响；有利于进一步完善促进中部地区崛起的政策体系，加快推进“三个基地、一个枢纽”建设；有利于加快形成区域协调发展新格局，确保实现全面建设小康社会的宏伟目标。

第二章　总体要求和发展目标

第一节　指导思想和原则

高举中国特色社会主义伟大旗帜，以邓小平理论和“三个代表”重要思想为指导，深入贯彻落实科学发展观，着力改革开放，创新体制机制，转变发展方式，提升经济整体实力和竞争力；着力自主创新，调整优化结构，积极承接产业转移，大力推进新型工业化进程；着力优化空间布局，培育城市群增长极，壮大县城和中心镇，积极稳妥地推进城镇化；着力加强农业基础，切实改善农村面貌，加快推进农业现代化，促进城乡一体化发展；着力发展循环经济，节约资源能源，保护生态环境，促进区域可持续发展；着力改善民生，切实扩大就业，促进社会和谐，在发挥承东启西和产业发展优势中崛起，实现中部地区经济社会全面协调可持续发展。

促进中部地区崛起要遵循以下原则：

——坚持协调发展，重点突破。

——坚持立足当前，筹划长远。

——坚持市场导向，政府调控。

——坚持机制创新，开放合作。

——坚持民生为本，和谐发展。

第二节　发展目标

到2015年，中部地区崛起要努力实现以下目标：

——经济发展水平显著提高。

——经济发展活力明显增强。

——可持续发展能力不断提升。

——和谐社会建设取得新进展。

到2020年，中部地区现代产业体系基本建立，创新能力显著增强，体制机制更加完善，区域内部发展更加协调，与东西部合作更加紧密，人与自然和谐发展，基本公共服务趋于均等化，城乡一体化发展格局基本形成，整体经济实力大幅提升，对全国经济发展的支撑作用明显增强，全面实现建设小康社会目标，使中部地区成为彰显发展优势、充满发展活力、城乡欣欣向荣、人民安居乐业、社会和谐稳定、生态环境良好，支撑全国发展的重要人口和产业承载地区。

第三章　粮食生产基地建设

以加强粮食生产基地建设为重点，不断提高农业综合生产能力，持续增加农民收入，切实改变农村面貌。

第一节　提高粮食综合生产能力

结合实施《全国新增1000亿斤粮食生产能力规划（2009-2020年）》，着力把中部地区打造成为高产稳产的粮食生产基地，到2020年，力争使中部地区粮食产量达到全国粮食总产量的1/3，切实保障国家粮食安全。

加强粮食生产重大工程建设。调整农业综合开发和土地开发整理等现有专项资金投向，重点向产粮大县倾斜。统筹实施骨干水利、基本农田、粮食科研创新、良种繁育和农技推广、农业机械化、防灾减灾、农业环保、粮食仓储物流等重大工程，建设区域化、规模化、集中连片的国家级商品粮生产基地。

第二节　加快农业结构调整

稳定棉花播种面积，继续支持长江中游“双低”油菜带建设，因地制宜地发展经济作物和特色农产品生产。加快发展畜牧水产业，加强畜禽标准化规模养殖场和良种繁育体系建设，积极发展节粮型畜牧业，建设现代渔业生产基地。

第三节　提升农业产业化经营水平

大力发展农产品深加工，强化质量和品牌建设。扶持农业产业化龙头企业，引导大型和特大型龙头企业向优势农副产品产区集聚，加快培育和发展农民专业合作社，提高农业经营的组织化程度。

第四节　完善农村基础设施

加快实施农村安全饮水工程，提高农民饮用水质量，支持联村供水建设，积极扶持有条件的地区实行城乡供水一体化，到2013年基本解决中部地区农村饮水安全的问题。支持农村公路建设，到2015年，中部地区所有具备条件的建制村通达沥青水泥路。加强农村能源建设，继续实施中西部农村电网完善工程，加快农村小水电代燃料建设，推进无电地区电力建设工程，2015年前解决无电地区居民用电问题。利用秸秆等农业废弃物资源，积极发展生物质能。发展农村沼气，建设规模化养殖场大中型沼气工程。改善农村人居环境，搞好村庄规划和环境治理，加强村内道路、给排水和垃圾处理设施建设，改善农村环境卫生状况和村容村貌，扩大农村危房改造试点工程。

第四章　能源原材料基地建设

加强重要矿产资源勘查，增强工业产能、布局、结构与资源开发的协调性，巩固和提升中部地区重要能源原材料基地地位。

第一节　推进大型煤炭基地建设

加强山西晋北、晋东、晋中，安徽两淮，河南大型和特大型煤炭基地建设。江西、湖北、湖南做好中、小矿井整合和改造。开发利用煤层气资源，重点实施山西沁水盆地，河南郑州、焦作、鹤壁，安徽两淮煤层气开发利用示范工程，实施淮南高瓦斯高地温高地压煤层群瓦斯综合治理与利用示范工程。支持煤、电、路、港、化工相关产业一体化发展。有序推进煤化工产业化。

第二节　加快电力基地和电网建设

加快国家级和区域级大型火电基地建设步伐，合理规划开发水能资源，积极发展新能源和可再生能源，稳步推进中部地区核电建设。进一步加强三峡水电、山西煤电、安徽煤电等电源基地西电东送能力。加强城乡电网建设与改造。

第三节　大力发展原材料精深加工

优化发展钢铁工业，加快高技术含量和高附加值钢材产品开发和生产，推动武钢、马钢、太钢等大型钢铁企业技术改造和跨区域联合重组。支持江西铜业、铜陵有色等骨干企业实施战略重组，建设全国重要的铜精深加工生产基地。发展铝镁深加工，配套整合氧化铝、电解铝生产能力，合理开发和有效利用铅锌、镁、钛等资源。加强大中型石油化工企业技术改造和改扩建，加快大型氮肥生产基地及大型磷复肥、磷化工生产基地建设。大力提升建材工业水平。

第四节 加强重要矿产资源勘查

加大国家大型煤炭基地的煤炭资源勘查力度，开展江西、湖南等硬岩型铀矿资源勘查，做好长江中下游和山西、河南等省铁矿勘查工作，加强南岭、长江中下游、湘西-鄂西、东秦岭等重要有色金属成矿区带的勘查，积极推进德兴、铜陵、大冶等大中型危机矿山深部和外围找矿工作。

第五章 现代装备制造及高技术产业基地建设

增强自主创新能力，提升装备制造业整体实力和水平。加快发展高技术产业，培育新的经济增长点。促进高新技术和先进适用技术与传统产业融合，推动传统制造业优化升级。

第一节 大力发展装备制造业

发挥重大技术装备、交通设备制造业的优势，增强自主创新、系统集成能力，提升国产零部件配套水平，发展替代进口产品，扩大国内市场占有率。

提高重型机械工业的竞争力。进一步提高机械制造业研发和制造水平，加快结构升级，完善产品系列，扩大产品市场占用率。促进矿山机械、工程机械发展，加快研发关键总成零部件，促进集群化发展。

扩大重大成套装备制造业的国内市场占有率。支持重点汽车企业提升自主研发能力和研发自主品牌汽车。积极发展轨道交通设备制造业。壮大船舶工业实力。

第二节 促进高技术产业发展

组织实施重大科技基础设施工程，建设一批国家重点实验室、国家工程实验室、国家工程（技术）研究中心和国家认定企业技术中心。建设在国内有影响的电子信息产业基地。支持有条件的地区发展信息安全产业，大力发展生物产业，壮大新能源和新材料产业，加快民用航空配套产业基地建设。

第三节　以高新技术和先进适用技术改造传统制造业

发展优质安全食品和绿色食品加工业。提升家用电器制造业国际竞争力，大力开发绿色智能家电产品，培育自主品牌。改造升级传统纺织服装业。发展现代造纸产业。

第六章　综合交通运输枢纽建设

统筹各种交通方式的协调发展，加快构建综合交通体系，强化其综合交通运输枢纽地位。

第一节　建设全国性交通枢纽城市

以郑州、武汉等省会城市为重点，抓紧编制综合交通枢纽规划，优化各种运输方式的规划布局和建设安排。加快建设一批现代综合交通枢纽站场，将郑州、武汉等省会城市建设成为全国性交通枢纽城市。

第二节　加快铁路网建设

以客运专线、城际铁路、区际通道、煤运系统和重要枢纽为建设重点，扩大铁路网总规模，完善路网结构，提高铁路运输能力和服务水平。到2020年基本建成连贯东西、沟通南北的铁路运输通道。

加强路网主通道建设。突出“四纵四横”客运专线、区域干线建设和京沪、京广、京九线等电气化改造。加快开发性新线建设。强化煤运通道建设，实施大秦线、朔黄线等煤运通道扩能改造。在长株潭城市群、中原城市群、武汉城市圈等地区规划建设城际客运系统。有条件的大城市适度发展城市轨道交通。

第三节　完善公路干线网络

加快国家高速公路网建设，积极推进省际高速公路和城市群内城际高速公路建设。到2015年，基本建成中部地区国家高速公路网络和区域高速公路通道。

注重路网改善，以国省干线公路建设为重点，提高干线公路技术等级，加强国道改造和干线公路省际断头路建设。

第四节　加快机场建设

进一步提升武汉、长沙、郑州机场在全国的地位，实施太原、南昌、长沙、张家界等机场改扩建工程，合肥机场迁建工程和吕梁、九华山、神农架、宜春等机场新建工程。研究论证武当山机场建设问题。

第五节　提高水运、管道运输能力

以长江干线等高等级航道和主要港口为核心，形成航道干支通畅、港口布局合理、支持保障系统完善的内河水运体系。到2015年，建设和改善高等级航道里程5600公里。

加快成品油、原油管道和天然气管道建设，进一步完善石油、天然气管网系统。建立覆盖中心城市和油气管道主干线沿线部分县级城市的管道网络，实现石油、天然气的网络化、安全化供应。

第六节　推进现代物流设施建设

依托郑州、武汉等全国性和其他区域性物流节点城市，进一步加快现代物流基础设施建设。鼓励大型专业批发市场和物流企业建立物流资源交易平台，统筹建设一批保税物流中心。到2015年，使中部地区形成布局合理、装备先进、配套完善的现代物流服务设施体系。

第七章　重点地区发展

依托综合运输主通道，以资源环境承载能力强、经济社会发展基础好、发展潜力大的地区为开发重点，加快形成“两横两纵”经济带，培育六大集聚人口和产业的城市群。积极推进老工业基地城市振兴和资源型城市转型，支持革命老区、民族地区和贫困地区加快发展。

第一节　构建“两横两纵”经济带

加快构建沿长江经济带、沿陇海经济带、沿京广经济带和沿京九经济带，加强与长三角、珠三角和京津冀等东部发达地区的对接，密切联系成渝、关中—天水等西部重点开发地区，形成支撑中部崛起、促进东中西协调发展的重要区域。

第二节　培育城市群增长极

以发展现代制造业和服务业为重点，突出特色，错位发展，加快武汉、郑州、长沙、合肥、南昌、太原的产业集聚和结构升级，完善城市功能。强化一体化发展机制，加快形成产业和人口高度集聚、充满活力的城市群，成为推动中部地区经济社会加快发展的重要增长极。

第三节　加快老工业基地改造和资源型城市转型

比照实施振兴东北地区等老工业基地政策，支持中部地区老工业基地全面振兴。支持资源型城市加快经济转型，加大深部找矿力度，培育壮大接续替代产业，加强矿区生态环境综合治理，加快棚户区改造，建立资源型城市可持续发展准备金。

第四节　大力促进县域发展

积极发展县域经济，因地制宜地培育和发展各具特色的优势产业，推进省直管县（市）财政体制改革，依法探索省直管县（市）的管理体制。大力加强小城镇建设，以县城和中心镇为重点，引导乡村工业和人口向镇区集聚，促进基础设施和公共服务向农村延伸。

第五节　扶持革命老区、民族地区和贫困地区发展

切实加大对革命老区、民族地区和贫困地区的支持力度，重点扶持吕梁山区、大别山区、井冈山区、赣南山区、武陵山区、太行山区和沿淮低洼易涝区等地区。按照基本公共服务均等化的要求，以农村和基层为重点，以解决突出的民生问题为突破口，在转移支付、建设投资、金融信贷和项目布局等方面加大支持力度。继续比照实施西部大开发政策。坚持开发式扶贫，继续实施以工代赈，因地制宜实施“整村推进、连片开发”，支持扶贫开发龙头企业发展，继续开展易地扶贫搬迁工程。

第六节　支持重点旅游景区发展

加快区域旅游产品结构和布局调整，高起点建设精品旅游区，提高红色旅游重点景区的旅游接待

服务能力，加快建设新景区，完善“行、游、住、食、购、娱”等配套体系。建立和完善区域旅游合作机制，整合开发一批旅游精品线路。

第八章 资源节约和环境保护

积极应对气候变化，努力发展循环经济，开展资源节约和综合利用，加大环境污染防治力度，继续实施重点流域和大江大河大湖综合治理，加强防灾减灾体系建设。

第一节 提高资源综合利用和循环经济发展水平

落实最严格的耕地保护制度和最严格的节约用地制度。全面实施用水总量控制与定额管理相结合的用水管理制度。提高矿产资源开采回采率和选矿回收率，加强有色金属、贵金属等共伴生矿产的综合开发利用，加强矿山固体废弃物、尾矿资源和废水利用。推进循环经济试点建设，实施节能减排重点工程，加快淘汰落后产能，遏制高耗能、高排放行业过快增长，推广先进适用的清洁生产技术。全面实施应对气候变化国家方案，努力实现向低碳社会转型。

第二节 加强生态建设与保护

加强重要区域和生态敏感区、生态脆弱区的生态建设与保护。继续实施三峡库区、黄土高原区、武陵山区、丹江口库区及上游地区等重点区域的水土保持工程。加强晋西及晋西北、豫西、桐柏山区、大别山区、皖南山区、伏牛山区、赣南山区、井冈山区、太行山区和湘西等地区小流域综合治理。积极推进大东湖生态水网构建工程建设。加强鄱阳湖、洞庭湖、洪湖等重点湿地恢复与保护。保护和合理利用草地资源。

第三节 加大环境污染防治力度

加强淮河、海河、巢湖、三峡库区、丹江口库区等重点流域水污染防治。积极开展长江中下游、黄河中游、湘江、汉江、鄱阳湖等流域的污染防治规划编制工作。加快城镇污水处理厂及配套管网建设和改造步伐，逐步推行排污权有偿使用和交易制度。加大农村面源污染防治力度。划定饮用水水源保护区范围，实施水源地保护工程。加快大气污染治理，加大重点城市大气污染防治力度。

第四节　加快大江大河大湖整治

进一步做好长江中下游、黄河中下游、淮河、洞庭湖、鄱阳湖、巢湖等大江大河大湖综合治理，完善长江、黄河、淮河流域自然灾害监测预警体系。继续实施长江、黄河、淮河干流及重要支流堤防加固和河道治理。开展洞庭湖、鄱阳湖和巢湖治理，淮河下游洪水出路及重点平原洼地治理等重点工程建设。加强长江、淮河流域的重要行蓄洪区建设。加大病险水库除险加固力度。加强国家重点防洪城市、县级以上城市、重要经济区和人口分布稠密区域防洪工程建设。

第五节　加快南水北调工程建设

进一步完善工程建设机制和制度，加快工程建设步伐。加大南水北调水源区及沿线治污环保力度，加快编制丹江口库区及上游经济社会发展规划，研究开展水污染防治和水土保持规划修编工作，探索建立丹江口库区及上游生态补偿机制。积极做好南水北调中线干线两侧水源保护区的划定和管理工作。

第九章　社会事业发展

积极发展教育、卫生、文化、体育等各项社会事业，加强人口和计划生育工作，努力扩大就业，完善社会保障体系，着力改善民生，促进经济社会协调发展。

第一节　优先发展教育事业

巩固“普九”成果，推进义务教育均衡发展。保证农民工子女与所在城市学生享受同等政策，切实解决好农村留守儿童受教育问题。加快普及高中阶段教育。加强职业教育基础能力建设，重点加快中等职业教育发展并对贫困家庭学生学费实行减免，建立示范性人才培训基地和区域性公共实训基地。大力推进重点学科和高水平大学建设，大力推进高校社会服务和科技成果转化，加大对高教资源相对有限、升学压力相对较大省的支持。培养高层次创新型科技人才和高技能人才，有针对性地引进一批高层次人才，鼓励和引导城市人才到农村创业，支持农村实用人才和农民工返乡创业兴业。

第二节　繁荣文化体育事业

积极推进公共文化服务体系建设，建设一批重点文化设施，推进实施文化信息资源共享工程、农村电影放映工程、广播电视村村通工程和农家书屋工程。继续开展抢救性文物保护设施建设，积极推进历史文化名城名镇名村、国家文化和自然遗产地保护等工程，加强对非物质文化遗产资源的挖掘、整理和保护。积极推动文化事业单位的转企改制，着力发展以文化创意、影视制作、出版发行、印刷复制、广告、演艺娱乐、文化会展、数字内容和动漫等为重点的文化产业。大力发展体育事业。

第三节　增强基本医疗和公共卫生服务能力

建立健全公共卫生服务网络，促进基本公共卫生服务逐步均等化。加大对区域性和省级医疗中心大型公立医院的支持力度，推进公立医院改革试点。完善重大疾病防控体系和突发公共卫生事件应急机制。健全农村医疗卫生服务网络，完善以社区卫生服务为基础的新型城市医疗卫生服务体系，建立城市医院与社区卫生服务机构的分工协作制度和城市医院对口支援农村医疗卫生的工作制度。稳定低生育水平，稳定和完善现行生育政策。

第四节　千方百计扩大就业

加强就业服务体系建设，完善覆盖城乡的公共就业服务体系。完善就业援助制度，加强职业技能培训体系建设。拓展高校毕业生的就业渠道，规范并支持发展各类专业性职业中介机构和社会化服务组织。继续实施“阳光工程”等就业推进工程，打造一批具有地域特色的专业化劳务输出品牌，加大对返乡农民工创业的扶持力度，鼓励公共基础设施建设工程实行以工代赈。

第五节　提高社会保障水平

进一步完善社会保险制度，扩大覆盖范围，提高统筹层次。继续做好扩大做实养老保险个人账户试点工作，健全基本医疗保障体系，建立工伤保险储备金，解决农民工和被征地农民的社会保障问题，推进新型农村社会养老保险试点。建立健全城乡救助体系，合理确定城乡低保标准和补助水平。全面落实农村五保供养资金，积极推动医疗救助、住房救助以及教育救助覆盖全部低收入家庭，大力发展经济适用房和廉租房。

第十章　体制改革和对外开放

以薄弱环节为突破口，加快改革开放和体制机制创新，增强中部地区发展动力和活力。

第一节　推进体制机制创新

推进行政管理体制改革，着力转变政府职能，建设服务政府、责任政府、法治政府和廉洁政府。继续深化大中型国有企业改革，健全国有资本监督管理体制，加快国有企业股份制改革，鼓励重点行业企业跨所有制、跨地区重组。支持非公有制经济发展，放宽对非公有制企业投资领域和行业的限制，在进出口、用地、投融资、税收、项目审批等方面给予非公有制企业同等待遇。加快公共财政体系建设，健全财力与事权相匹配的财政管理体制，增强地方特别是基层政府提供公共服务的能力。

第二节　支持综合改革试点

积极推进武汉城市圈、长株潭城市群“两型社会”综合配套改革试验区建设。加快推进山西省煤炭工业可持续发展政策措施试点，进一步深化山西、河南等省煤炭资源有偿使用制度改革试点工作。积极开展丹江口库区生态保护综合改革试验。鼓励中部各省结合实际自主开展各类综合改革和专项改革试点。鼓励在重要的生态功能区、江河源头地区探索生态补偿有效途径。

第三节　提高对外开放水平

努力拓展开放平台，增建中部地区科技兴贸创新基地，建立特色农产品出口生产基地，建立一批承接国际服务外包基地。继续支持办好中部地区投资贸易博览会、中国国际机电产业博览会，扩大中部发展论坛影响。积极支持中部地区规划建设一批承接产业转移重点地区，研究制定中部地区承接产业转移的具体政策措施。

扩大具有自主知识产权、自主品牌的产品和服务出口，继续加强“两高一资”产品出口调控。支持企业加快“走出去”。鼓励中部各省建立外派劳务基地。加强中部地区口岸基础设施建设，推进铁路公路水路联运，开辟航空口岸通道，建设电子口岸。

第四节　加强区域经济合作

加强与东西部地区的合作，扩大与京津冀、长三角、珠三角和海峡西岸地区的合作交流，积极推动泛长三角、泛珠三角产业分工与合作，有序承接沿海产业转移，加快皖江城市带承接产业转移示范区建设。提升中部地区与港澳台地区合作层次。深化中部地区省间合作，加快区域内基础设施、公共服务和社会管理等方面的对接与整合。完善地方政府间定期联席会议机制，加快形成多层次区域合作体系。

第十一章　保障规划实施

加强指导协调，落实保障措施，完善政策体系，调动各方面积极性，确保规划作用的发挥和规划任务的实现。

第一节　强化政策扶持

国务院有关部门要明确职责分工，继续加大对中部地区的支持力度，不断充实和调整“两个比照”政策，创新支持方式，拓展支持范围和领域，进一步完善促进中部地区崛起的政策体系。

完善财税支持政策。

加大金融支持力度。

制定投资促进政策。

实施体现中部地区特点的土地利用政策。

第二节　加强组织协调

中部六省人民政府要切实加强规划落实，研究制定规划实施意见和具体工作方案，编制重点领域的专项规划，按照本规划确定的发展重点和空间布局，选择和安排建设项目，协调推进各项改革和体制机制创新。国务院有关部门要研究制定本部门支持中部地区发展的具体政策措施，在有关专项规划编制、政策实施、项目安排、体制机制创新等方面给予积极指导和支持。发展改革委要强化对规划实施的组织指导，开展对规划实施情况的跟踪分析和监督，组织开展规划实施中期评估。加强与“十二五”规划、主体功能区规划和其他相关规划的衔接，针对实施中出现的新情况新问题，适时对规划进行调整，重大问题及时向国务院报告。

皖江城市带承接产业转移示范区规划

（节选）

国家发展和改革委员会

二〇一〇年一月

前言

皖江[①]城市带是实施促进中部地区崛起战略的重点开发区域，是泛长三角地区的重要组成部分，是长江三角洲地区产业向中西部地区转移和辐射最接近的地区。设立皖江城市带承接产业转移示范区（以下简称“示范区”），有利于深入实施促进中部地区崛起战略，探索中西部地区承接产业转移的新途径和新模式，促进产业结构升级，优化区域产业分工，推动区域协调发展。依据《中共中央国务院关于促进中部地区崛起的若干意见》（中发[2006]10号）和《国务院关于进一步推进长江三角洲地区改革开放和经济社会发展的指导意见》（国发[2008]30号）精神，编制本规划，用于指导和推进示范区建设。

示范区规划范围为安徽省长江流域，包括合肥、芜湖、马鞍山、铜陵、安庆、池州、巢湖、滁州、宣城九市全境和六安市金安区、舒城县，共59个县（市、区），辐射安徽全省，对接长三角地区。2008年规划区年末总人口3058万人，地区生产总值5818亿元，分别占安徽省的45%和66%。规划期为2010－2015年，重大问题展望到2020年。

第一章　背景和作用

第一节　现实基础

当前，经济全球化和区域经济一体化深入发展，国际国内产业分工加速调整，产业跨区域转移的趋势日益明显。我国东部沿海地区受要素成本持续上升、资源环境压力明显加大、周边国家竞争加剧等因素的影响，迫切需要加快经济转型，推动结构升级，促进产业转移。中西部地区基础设施日臻完善，要素成本优势明显，内需市场广阔，发展潜力巨大，在实施扩大内需、落实产业调整和振兴规划

① 皖江是指长江安徽段。

等政策措施的强力推动下，承接长三角等东部沿海地区和国外产业转移的步伐明显加快。

皖江城市带承东启西、连南接北，区域内长江黄金水道、快速铁路、高速公路等综合交通体系比较完善，区位优势明显；与长三角地区山水相连、人缘相亲、文化相近，产业分工互补，合作基础较好；自主创新特色鲜明，产业基础良好，配套能力较强；矿产、土地、水、劳动力资源丰富，长江岸线条件优越，承载空间较大；综合商务成本低，生态环境优良，宜业宜居。20世纪90年代以来，安徽着力推进皖江开发开放，加快推进与长三角一体化进程，承接产业转移规模不断扩大，为设立示范区奠定了良好基础。

目前，承接产业转移中存在的主要问题是：缺乏规划引导，承接产业转移的模式有待创新，发展环境有待优化，区域合作机制有待完善，资金、技术、人才等要素支撑条件和交通、能源、水利等基础设施尚需加强。

专栏1　皖江开发开放基本情况

1990年，为呼应浦东开发，安徽省委、省政府作出抓住机遇、开发皖江的重大决策。1995年，出台了《关于进一步推进皖江开发开放若干问题的意见》，制定了《安徽省长江经济带开发开放规划纲要》，提出实施“外向带动、整体推进、重点突破、形成支柱”的总体战略，以芜湖为突破口、沿江城市全面跟进的开发开放格局初步形成。进入新世纪，安徽省委、省政府进一步明确了东向发展战略，皖江地区进入快速发展时期，逐步形成了沿江制造业产业带和以合肥、芜湖、马鞍山、铜陵、安庆等城市为重点的城市带。2006年，国家将皖江城市带纳入中部地区崛起战略重点发展区域。2008年，合肥、芜湖、马鞍山、铜陵、安庆、池州、巢湖、滁州、宣城9个皖江城市实际利用省外资金达2306亿元，占全省的71.7%，其中来自长三角地区的资金占55%以上。

第二节　重大意义

设立示范区，是顺应国内外产业转移新趋势，探索建立承接产业转移新模式的客观需要。通过加强政策支持和规划引导，深化体制机制改革，充分发挥市场导向和政府推动的双重作用，构建区域分工合作机制，探索产业合理布局、要素优化配置、资源节约集约利用的有效途径，为中西部地区大规模承接产业转移提供示范。

设立示范区，是更好地发挥皖江城市带综合优势，推动安徽又好又快发展的现实要求。通过大规模主动承接产业转移，积极参与泛长三角区域发展分工，有利于安徽加快构建现代产业体系，转变发展方式，推进经济转型，加速新型工业化和城镇化进程，实现跨越式发展。

设立示范区，是加快中部地区崛起，推动区域协调发展的重要途径。通过推进产业有序转移，引导生产要素合理流动与优化配置，可以充分发挥中部地区比较优势，集聚发展要素，壮大产业规模，加快发展步伐，同时为长三角等东部地区腾出更大的发展空间，推动产业结构升级，提升发展质量和竞争力，更好地辐射和带动中西部地区发展，促进资源要素优化配置和区域经济布局调整，形成东中西互动、优势互补、相互促进、共同发展新格局。

设立示范区，是应对复杂多变的国际经济形势，保持全国经济平稳较快发展的重大举措。通过有序承接国内外产业转移，可以进一步优化产业布局，稳定扩大就业，激发内需潜能，拓展区域发展空间，增强经济发展动力和后劲，夯实全国可持续发展的基础。

第二章　总体要求和发展目标

第一节　指导思想和原则

高举中国特色社会主义伟大旗帜，以邓小平理论和“三个代表”重要思想为指导，深入贯彻落实科学发展观，进一步解放思想，抢抓机遇，创新体制，完善机制，扩大开放，着力深化泛长三角地区发展分工，创新合作方式，推动区域联动发展；着力打造产业承接平台，增强产业承载能力，促进产业集聚发展；着力探索科学承接新途径，加快产业结构调整，提升综合竞争力；着力促进创新资源整合，完善自主创新体系，增强内生发展动力；着力推进资源节约集约利用，加强生态建设和环境保护，促进产业发展与生态文明建设相协调；着力推动劳动力转移就业，促进基本公共服务均等化，切实保障和改善民生，努力把皖江城市带建设成为产业实力雄厚、资源利用集约、生态环境优美、人民生活富裕、与长三角地区有机融合、全面协调可持续发展的示范区。

示范区建设坚持以下原则：

市场导向，政府推动。把承接产业转移与引导资源优化配置结合起来，遵循市场规律，充分发挥市场配置资源的基础性作用，突出企业主体地位；加强规划引导，支持先行先试，强化政策扶持，建立完善产业转移推进机制，促进各类企业及要素资源向示范区有序转移。

主动承接，优化升级。把承接产业转移与推进自主创新结合起来，依托自身优势，围绕发展重点，积极主动承接产业转移，推动产业结构优化升级，实现在承接中创新，在创新中发展，不断增强自主发展能力。

分工合作，错位发展。把承接产业转移与加强区域分工合作结合起来，创新合作方式，探索建立利益共享机制，调动承接方与转移方两个积极性，注重区域内科学布局、有序承接，促进与长三角良性竞争、互利共赢。

立足当前，着眼长远。把承接产业转移与促进可持续发展结合起来，既紧紧抓住当前有利时机，加快产业承接，集聚生产要素，促进经济发展，又注重加强生态环境保护，节约集约利用资源，严禁国家明令淘汰的高耗能、高排放的落后生产能力转入，促进资源节约型和环境友好型社会建设。

……

第三章 空间布局

充分发挥示范区毗邻长三角的区位优势，依托长江黄金水道和东向快速通道，优化产业分工，推进产业集聚，增强中心城市功能，构建大中小城市和小城镇协调发展的现代城镇体系，形成产业合理布局、错位发展，城市功能完善、各具特色的空间开发格局。

第一节 推进“一轴双核两翼”产业布局

依托现有产业基础，发挥区位和资源优势，以沿长江一线为发展轴，合肥和芜湖为双核，滁州和宣城为两翼，构筑“一轴双核两翼”产业分布格局。

沿江发展轴：包括安庆、池州、铜陵、巢湖、芜湖、马鞍山沿江六市，依托长江黄金水道和良好的岸线资源，发挥产业各具特色、互补性强、联系紧密的优势，大力发展主导产业，积极培育产业集群，形成现代化大工业和物流业的重要集聚区域。

安庆产业组团。包括安庆市和池州市东至县。依托石化产业基础，促进化工产业集聚，构建循环产业链，进一步增强支柱产业实力。重点承接发展轻纺、汽车零部件及船用设备加工、文化旅游等产业，促进产业多元化。建设全国重要的石化和轻纺产业基地。

铜池枞产业组团。包括铜陵市、池州市和安庆市枞阳县。发挥铜、铅锌、非金属矿产资源优势和产业基础，重点承接发展有色金属冶炼及深加工、非金属材料、机械、化工、旅游等产业。建设世界级有色金属产业基地和著名佛教文化旅游胜地。

马芜巢产业组团。包括马鞍山市、芜湖市和巢湖市无为县、和县。利用沿江港口优势和深水岸线资源，发挥骨干企业带动作用，重点承接发展汽车、钢铁、化工、建材、文化创意等产业。建设全国自主品牌汽车基地和精品钢基地。

合肥、芜湖双核：发挥合肥作为省会城市、全国科技创新型试点市、综合交通枢纽的作用，强化芜湖作为皖江开发开放龙头的地位和重要节点城市的作用，进一步提升两市产业集聚和自主创新能力，增强服务功能，发挥辐射作用，带动示范区产业加快发展。

合肥核：包括合肥市、巢湖市部分地区、六安市金安区和舒城县。加快合肥经济圈发展，依托合肥—淮南、合肥—六安、合肥—巢湖等城际公路干线，大力推进工业走廊建设，重点承接发展装备制造、电子信息、家电、现代服务业等产业。建设全国重要的先进制造业基地、高新技术产业基地和现代服务业基地。

芜湖核：发挥芜湖作为沿江重要港口城市，交通体系完善、产业创新和配套能力较强的优势，密切与马鞍山、巢湖的经济联系，推进跨江联动发展和一体化进程，高起点承接发展汽车、新型材料、电子电器、现代服务业等产业。建设全国重要的制造业基地、现代物流中心和创新型城市。

滁州、宣城两翼：充分发挥滁州和宣城两市毗邻长三角、民营经济活跃、矿产储量大、特色农产品资源丰富、开发空间广阔的优势，培育壮大龙头企业，推进产业集群式发展，形成示范区承接产业转移的前沿。滁州大力推进与南京一体化发展，重点承接发展化工、机械、家电、非金属材料、农产品加工等产业，建设重要的盐化工和硅产业基地。宣城重点承接发展汽车零部件、机械设备、农产品加工、旅游等产业，建设重要的机械制造和畜禽产品生产加工基地。

……

第四章　产业承接园区建设

统筹规划，合理布局，突出特色，强化管理，推进现有开发园区转型升级，规划建设产业承接集中区，创新园区合作共建机制，高水平打造承接产业转移载体，促进项目向园区集中，实现园区产业集群、资源集约、功能集成。

第一节　促进园区转型升级

按照布局优化、产业集聚、用地集约、特色突出的原则，加强开发园区管理，加快转型升级，将开发园区建设成为承接产业转移的重要平台。

促进园区规范发展。依据国民经济和社会发展规划、土地利用总体规划和城市总体规划，编制皖江城市带产业开发园区总体发展规划，规范开发园区的设立、扩区和区位调整，实现有序发展。制定各类产业开发园区建设规划，优化布局，集约发展，着力提高现有开发园区产业聚集度。适应发展需要，在符合国家相关政策和节约集约用地要求的前提下，支持开发园区扩区、整合，支持合肥、芜湖等市符合条件的省级开发区升格为国家级开发区。

推进园区特色化发展。立足承接产业转移需要，依托自身优势，明确开发园区产业定位和发展方向，选准主导产业，推动关联产业和要素集聚，完善产业链，发展产业集群，打造园区品牌，着力培育一批特色鲜明的专业化园区。

实现园区集约发展。完善项目进入机制与退出机制，以科技含量、环境影响、投资强度、产业效益作为选资标准，提高入区项目档次和质量。加强用地调控，节约集约用地，积极推行建设多层标准厂房，充分利用地上、地下空间，认真落实开发园区单位土地面积投资强度的要求，提高单位土地面积产出。推行公司开发管理模式，创新融资方式，实行市场化资本运作，拓宽融资渠道，高起点规划基础设施建设，完善园区配套设施，为产业转移提供公共服务平台。

第二节　建设产业承接集中区

适应产业大规模、集群式转移趋势，充分发挥长江黄金水道的作用，依托中心城市，突破行政区划制约，在皖江沿岸适宜开发地区高水平规划建设承接产业转移集中区，推进沿江城市跨江联动发展。重点围绕新型化工、装备制造、冶金及金属材料深加工和高新技术等产业，高起点承接沿海地区和国外产业转移，建设成为长江经济带新兴的现代产业密集区，有力推进示范区工业化和城镇化进程。

坚持规划先行，用先进理念制定承接产业转移集中区建设总体规划和相关专项规划，为集中区建设提供科学依据。探索省级直管、跨区共建的协调机制，统筹协调解决集中区建设中的重大问题。对重大项目选址，转出地可与安徽省协商选定。充分调动相关各市的积极性和创造性，加强在规划、项目、产业、资源等方面的联动，完善区域内共建共享及利益协调机制。着眼长远，充分重视产业发展与城镇化、社会进步、自然环境相协调，构建宜业宜居的现代产业体系和城镇架构。

……

专栏2　皖江承接产业转移集中区布局

依托马鞍山市、芜湖市，利用皖江北岸深水岸线资源优势，重点在巢湖市无为县、和县沿江一带规划建设承接产业转移集中区，主要承接新型化工、装备制造、高新技术等产业，推动产业协作、共同发展。

依托安庆市、池州市、铜陵市，利用皖江沿岸承载空间大的优势，在长江沿岸共建承接产业转移集中区，主要承接有色金属深加工、石油化工、机械制造等产业，促进产业合作、联动发展。

第五章　产业承接发展重点

围绕产业升级和培育新的增长点，瞄准长三角等沿海地区迫切需要转移的产业，积极吸纳资本、技术、人才、品牌等要素，大力振兴装备制造业，加快提升原材料产业，加速壮大轻纺产业，着力培育高技术产业，积极发展现代服务业和现代农业，构建特色鲜明、具有较强竞争力的现代产业体系。

第一节　装备制造业

引进国内外优质产业资本和先进技术等要素，对接区域内骨干企业，支持企业改组改造，加强技术研发，掌握核心技术，形成系统集成能力，发展壮大一批大型装备制造企业和工程公司。

汽车。推进奇瑞、江淮、华菱等自主品牌汽车骨干企业联合重组，在此基础上，根据发展需要积极承接国内外汽车产业资本和金融资本转移，整合国内外品牌、技术、人才等资源，持续提升整车及关键零部件的研发水平和制造能力，大力拓展国内外市场。承接和整合发展新能源汽车、高性能重型载货车等整车，以及动力总成等提升整车性能的系统化、模块化关键零部件，打造一批汽车及零部件专业园区，实现关键零部件技术和新能源汽车专用零部件技术自主化，建成具有国际竞争力的国家自主品牌汽车及关键零部件研发生产和出口基地。

机械设备。推进示范区企业与国内外产业资本、技术研发机构、工程设计机构合资合作和兼并重组，发展冶金、建材、环保等专业设备制造业，培育工程总承包公司、设备成套公司和系统化工程公司。提升发展工程机械、电器设备制造业，争取在新能源设备、高压输变电设备、大型施工机械、大型农业装备制造等领域实现突破。积极研发数控机床和关键功能部件，以及汽车行业制造检测设备，建设大型铸锻件、气液传动密封、精密模具等基础件和配套产品区域性研发制造中心。承接发展特种功能船舶和船用动力设备、甲板机械、舱室设备等制造业，建设合肥中低速船用柴油机产业基地。研发轨道交通车辆关键部件、飞机修造、航空航天零部件。

专栏3　装备制造产业基地（集群）建设重点

芜湖、合肥、马鞍山等汽车及零部件产业基地，安庆、宣城、滁州、铜陵、巢湖、六安等汽车零部件产业集群。

合肥、马鞍山工程机械基地；无为、合肥、天长、芜湖等电缆产业集群，合肥、芜湖等电器设备产业集群；马鞍山、铜陵等冶金设备产业集群，合肥、芜湖水泥设备产业集群，合肥、马鞍山、芜湖、铜陵等环保设备产业集群；合肥、芜湖、马鞍山、安庆、池州等机床，沿江大型铸锻件产业集群，宁国耐磨材料产业集群。

沿江造船及船用设备产业集群，铜陵、马鞍山等轨道交通关键部件集群。

第二节 原材料产业

引进战略投资，实施重大项目，淘汰落后产能，推进产业结构升级，适度扩大产业规模。强化资源保障，妥善关闭资源枯竭矿山，推进节能、降耗、环保技术改造，大力发展高加工度、高技术含量和高附加值产品，延伸产业链。

冶金。引进国内外重点企业与示范区骨干企业联合重组、建立战略联盟。重点承接发展钢材短缺品种、有色金属合金材料及精深加工产品。加快推进马钢、铜陵有色、芜湖新兴铸管等骨干企业结构调整和技术改造。支持矿山深部和外围资源勘查，推进金属矿产资源勘探和合理开发，鼓励骨干企业境外探矿办矿；提高废杂金属再生利用水平，建立沿江废杂铜拆解中心。推进合肥铝厂节能环保改造，适时发展铝电联营。建设全国重要的精品钢材和有色金属材料及深加工基地。

化工。积极引进国内外石油化工骨干企业，规划建设沿江原油储备基地和新型石化基地；加快推进安庆原油加工炼化一体化改扩建和化工园区建设。稳步发展煤化工、盐化工，承接发展煤制乙二醇、聚氯乙烯、两碱等产品。依托现有基础，承接发展化肥、硫磷化工、精细化工、高效低毒低残留农药和轮胎、橡塑制品等产业。

非金属材料。面向长三角等重点市场，推进大型水泥熟料基地改造升级，推广节能粉磨、余热发电、利用水泥窑处理工业废弃物及生活垃圾等技术。引进国内外玻璃龙头企业，发展优质浮法玻璃、汽车玻璃、光伏玻璃、导电膜玻璃等精深加工产品。积极发展优势非金属矿超细粉及改性材料等深加工产品，提升深加工技术和产品应用技术的研究能力。

专栏4 原材料产业基地（集群）建设重点

马钢、合肥钢厂环保搬迁，六安、庐江铁矿采选；铜陵、芜湖等铜及铜材深加工产业，铜陵有色、马钢集团海外办矿工程。

安庆沿江石化产业基地，无为煤化工产业基地，定远、肥东煤化工盐化工园区；铜陵、宣城化肥，庐南硫基化工，铜陵硫磷化工，东至香隅硝基化工和精细化工，和县、广德、马鞍山慈湖精细化工，合肥轮胎，芜湖、合肥塑料制品产业基地（集群）。

沿江水泥熟料产业基地；凤阳、芜湖玻璃等硅产业集群；池州碳酸钙、白云石，滁州凹凸棒、绢云母，宣城碳酸钙，含山、定远石膏，庐江高岭土等非金属矿产业深加工集群。

第三节 轻纺产业

充分发挥农产品、劳动力资源和区位优势，立足现有产业基础，引进知名品牌，采用高新技术、先进适用技术和先进管理模式，加速轻纺产业扩张升级，推进农村富余劳动力就地转移就业。

家用电器。进一步引进知名品牌家电企业，发展绿色环保型、高效节能型、信息智能型和个性化家电产品，积极建设家电制造基地、研发中心和物流配送中心。重点承接发展家电关键配套产品，提升主机配套零部件本地化率。发展各类知名品牌小家电产品。鼓励家电企业建立战略联盟，联合开展产品研发、原材料零部件采购、物流配送、国际市场开拓等。

农产品加工。积极引进龙头企业和产业资本，发展农产品精深加工业，重点承接发展粮油制品、肉制品、乳制品、果蔬、水产品和特色农产品加工等产业。推进安庆林纸一体化工程，发展高附加值纸制品。引进和培育知名品牌，提升发展饮料产业。支持龙头企业建设优质专用原料基地。建设与东部地区对接的农产品和食品质量安全检测体系、物流配送体系和网络化信息服务平台。

纺织服装。鼓励东部地区纺织服装产业向示范区转移，打造皖江纺织产业基地。承接发展高档精梳纱线、丝光纱线、色纺纱线，多功能、环保型差别化纤维和天然环保纤维，交织织物、装饰用布、产业用布制造等产业，推广高效短流程、无水或少水印染技术，提升印染及后整理能力。加快承接发展服装、鞋帽、箱包制造等产业，提高研发设计和品牌营销能力，引进面料、辅料、配件生产企业，建设专业交易市场。

专栏5　轻纺产业基地（集群）建设重点

合肥、芜湖、滁州家用电器基地，天长秦栏电子电器产业集群。

沿江粮油加工基地，合肥、马鞍山乳制品，马鞍山、宣城等畜禽肉类加工，沿江、环巢湖水产品加工基地。

安庆、芜湖、马鞍山、铜陵、六安等沿江纺织服装基地，安庆桐城、六安舒城羽绒制品，宣城箱包，芜湖鞋帽产业集群。

……

第六章　产业创新升级

围绕产业承接发展重点，加快技术创新升级，强化技术创新要素支撑，构建企业主体、市场导向、政府推动、产学研结合的开放型区域创新体系，促进产业承接与自主创新相融合。

第一节 促进产业技术创新

推进承接产业创新提升。强化示范区产业创新能力，在汽车、机械设备、冶金、化工、家电等优势产业和电子信息、生物、公共安全等高技术产业领域，吸纳一批高端人才，引进一批先进技术，实施一批重大专项，提升产业关键共性技术水平，在一些重点领域核心技术方面取得突破，形成自主创新技术溢出效应，引领产业集群式承接。积极引进具有较强创新能力的企业，支持引进企业加快融入承接地技术创新体系，加大研发投入，在承接地建设产品研发、技术创新基地，持续增强自主创新能力，大力开发应用新产品、新技术，积极应用高新技术和先进适用技术改造和提升转移产业，促进转移产业创新升级。

培育发展创新型企业。引进与培育相结合，支持骨干企业建设一批国家和省级工程（技术）研究中心、工程实验室、企业技术中心，积极引进技术、人才等要素资源，推进创新资源向企业集聚，提高自主创新能力和科技成果转化水平，发展壮大若干创新型龙头企业，培育一批创新型中小企业。支持企业承担863计划、科技支撑计划、重大科技专项和高新技术产业化项目。鼓励企业参与技术标准制订。实施企业家创新能力提升工程，注重发挥企业家在自主创新中的重要作用。

第二节 建设创新服务体系

构建创新服务平台。积极发挥技术创新平台对产业转移的吸纳集聚作用，增强服务功能。支持设立一批国家高（新）技术产业基地。强化创业服务中心、软件产业园、大学科技园等孵化器功能，改善技术研发和产业化条件。面向产业园区，建设完善共性技术研发平台、中试基地、测试中心等公共技术服务平台。大力发展技术评估、产权交易、成果转化等中介机构，构建技术转移服务平台，促进创新成果转化。建立合肥技术创新成果交易平台、芜湖高新技术产权交易平台，提升中国（合肥）自主创新要素对接会和中国（芜湖）科普产品博览会的影响力。

促进创新要素对接。加强示范区与长三角等沿海地区的人才、技术、设备等创新要素对接，建立科技资质互认制度，实现创新平台共享。支持示范区与高校、科研院所联合共建科研机构和产学研合作示范基地；通过联合开发、委托开发、相互参股、共建经济实体等形式，建设产学研战略联盟，共同推进核心技术攻关和关键共性技术研究。进一步发挥中国科学技术大学、合肥工业大学等高校和中国科学院合肥物质科学研究院等科研院所的作用，合作建设技术成果转化基地。

……

第七章　基础设施支撑

加快皖江城市带基础设施建设，大力构建与长三角地区一体化发展的综合交通运输体系，增强区域能源供应水平，强化人水和谐的水利保障体系，加快推进区域信息一体化，为承接产业转移提供强有力的基础设施保障。

第一节　构建一体化的现代综合交通体系

加快铁路建设步伐。以快速客运铁路和城际铁路建设为重点，加快区域对外通道、区域内快速通道及重要枢纽客运设施建设，构建与东部地区一体化布局的快速客运铁路网。在长三角城际轨道交通网规划修编时，统筹研究皖江城市带城际客运系统的规划建设。加快合肥城市轨道交通体系规划建设，形成多种客运方式相衔接的城市快速客运体系。加快煤炭运输通道建设。提高铁路站场运输吞吐能力，重点扩建合肥、芜湖等主要铁路客货运站场。

完善外通内畅的公路网络。以加强示范区与周边地区互联互通为重点，继续加快高速公路网建设，加快现有高速公路扩容改造，加强高速公路连接线建设，完善公路路网结构。以促进皖江南北两岸城市联动为重点，加强跨江通道和疏港道路建设。以示范区内部沟通为重点，加密、改造、升级干线公路，加快农村公路和连接重要景区的旅游交通公路建设。

加强机场建设。完善机场布局，提高机场吞吐能力，扩大航空运输服务覆盖范围。重点建设合肥新桥国际机场，形成华东地区重要的干线机场和国际机场；新建九华山机场，形成皖南旅游胜地空中交通线路；完善安庆机场民航设施；规划建设芜湖民用机场。

建设通江达海的内河运输体系。高标准整治长江干流航道安徽段，加强主要支流航道整治，提高航道技术等级，改善通航条件。统筹规划皖江岸线资源利用和港口布局，调整优化沿江港口结构，把芜湖建成皖江城市带重要的航运枢纽，形成以芜（湖）马（鞍山）组合港、安庆港为地区性中心港的现代化港口群，重点建设沿江集装箱和煤炭、矿石、石油等专业化运输系统。推进物流配套体系建设，提高服务大型临港产业的能力。大力发展港口物流，依托芜湖港、合肥港、马鞍山港、安庆港、池州港发展区域性物流中心。加快江海直达船型的研发和推广，推进江海直达运输，提高可通航船舶吨位，增强可靠性。

建设合肥、芜湖、安庆、铜陵、池州、马鞍山综合交通枢纽。优化各种运输方式的规划布局和建设安排，注重线路、节点的匹配和衔接，尽快建成一批功能完备、布局合理、集疏运体系完善的现代化综合交通枢纽站场。重点结合铁路客运专线、机场建设，规划建设各种运输方式相互衔接的综合客运枢纽；积极推进铁路、公路、港口等多种方式统筹布局的货运枢纽站场和物流中心建设。

专栏7　现代综合交通体系建设重大工程

铁路：北京—合肥—福州、商丘—合肥—芜湖—湖州、黄山—杭州、阜阳—六安—安庆—景德镇铁路，合肥—安庆（池州）—九江城际铁路，合九、皖赣、宁芜铜铁路扩能。

高速公路：扬州—绩溪、南京—宣城—杭州等对接长三角地区的高速公路，北沿江、巢湖—铜陵、滁州—淮南、芜湖—黄山等省内高速公路，岳西—武汉、东至—九江等连接周边内陆省份高速公路。

跨江通道：望（江）东（至）长江公路大桥、池州长江公路大桥、芜湖长江公路二桥、安庆长江公路二桥等。

航道：芜申运河，合裕航道、派河、店埠河航道改造等，顺安河、漳河、青通河、秋浦河、安庆石门湖、马鞍山太平府等航道整治。

港口：合肥港综合码头工程、和县郑蒲港区工程、安庆长风港区工程、池州江口及大渡口港区工程、铜陵循环经济园二号码头、芜湖朱家桥外贸码头二期、马鞍山太平府港区综合码头。

第二节　提高能源保障水平

充分发挥安徽煤炭资源和水资源优势，根据区内负荷需求，适时建设一批燃煤火电项目，保障区内电力供给。进一步优化能源结构，鼓励建设热电联产、余热余压发电、垃圾发电等工程；积极发展太阳能、生物质能、风能等新能源，因地制宜建设光伏、风电等新能源示范工程；规划建设芜湖核电项目，做好池州、安庆核电厂址保护工作。完善区内各级输配电网，提高电网抵御自然灾害能力，保障输电供电可靠性。进一步加大农村电网投入，完善农村电网结构。研究规划芜湖、铜陵大型煤炭储运基地。建立江北、江南天然气联络线，将省内川气和西气联网，保障区内双气源供气。

……

第八章　资源节约和环境保护

把承接产业转移和提高可持续发展能力结合起来，加强生态建设和环境保护，推进节能减排，促进资源综合利用，大力推行清洁生产，发展循环经济和低碳经济，创新资源节约和环境保护体制机制，加快推进示范区资源节约型和环境友好型社会建设。

第一节　严格执行产业准入标准

把区域资源承载力和生态环境容量作为承接长三角等沿海地区产业转移的重要依据。严格资源节约和环保准入门槛，转入项目必须符合国家产业政策、资源节约和污染物排放强度要求，避免产业转移中的资源浪费和污染扩散，严禁落后生产能力转入。严格执行承接产业转移项目节能评估审查和环境影响评价制度。强化冶金、化工等重点行业园区环境影响评价，提升重点行业清洁生产水平。鼓励采用新技术、新工艺和科学管理，支持节能环保产业发展。加强项目用地预审，实行项目供地准入制，严格执行国家工业建设用地投资强度和容积率等标准。

第二节　促进转移产业集约发展

推进资源节约集约利用。引导企业向产业园区集中，加强用地调控，提高投资产出强度，大力推进节约集约用地。加大产业园区土地资源清理整合力度，盘活存量土地。优先开发未利用地和废弃地，加大土地开发复垦力度，补充和保护耕地资源。引导矿山企业向矿产资源规划确定的重点勘查、开采区集中，严格执行矿山最低开采规划准入条件，有效配置各类矿产资源。推广先进适用技术、工艺和设备，提高矿产采选率和冶炼回收率。提高大宗工业固体废物的综合利用率和再生金属、废塑料等无害化综合利用水平。积极开展中水回用，促进城市建筑垃圾、污泥减量化和资源化利用。

大力发展循环经济。鼓励冶金、有色、化工、建材（筑）等重点行业改造生产流程，优化生产工艺，延长产业链，提高能源资源综合利用水平。合理规划园区企业结构和布局，鼓励企业通过资源共享、废弃物利用等途径发展循环经济。优先支持示范区企业、园区开展循环经济试点，积极开展低碳经济园区试点。推进铜陵市建成国家循环经济示范单位。推进节能、节水、资源综合利用等工程建设。

……

第九章　区域联动发展

广泛开展全方位、多层次、宽领域区域合作，推进泛长三角区域发展分工合作，扩大与沿海地区的经济合作，密切与中西部地区的联系，辐射带动安徽省其他地区发展，形成区域联动发展格局。

第一节　推进泛长三角区域发展分工合作

加强与长三角全面合作。按照优势互补、协同发展原则，构建示范区与长三角地区合理分工的产业体系，建设面向长三角的优质农产品基地、能源原材料基地、交通物流基地、旅游休闲基地和高素质劳动力供应基地。推进与长三角在交通、能源等基础设施建设以及科技、金融、信息平台、生态保护等重点领域的合作，加快构筑一体化的区域综合交通运输体系，建立相对稳定的能源供需关系。推进与长三角在科技要素、人力资源、信用体系、市场准入、质量互认和政府服务等方面的对接，构建统一开放的市场体系。加强皖沪、皖苏、皖浙双边合作。

鼓励和支持长三角地区优先向示范区转移产业。长三角地区要立足于优化开发格局，加速推进产业升级，发挥高端服务业的辐射作用，缓解资源环境承载压力。重点支持纺织服装、农产品加工、鞋帽箱包、家用电器等劳动密集型和资源密集型产业，火电、化工、冶金、非金属材料等能源原材料产业，汽车和机械设备的基础件、配套件、零部件等配套产业，个人电脑、通讯电器等高技术产业组装环节向示范区转移，着力促进金融、物流、旅游、创意、技术服务等现代服务业向示范区延伸辐射。

完善区域合作机制。推进泛长三角区域合作，加强高层定期磋商，研究决定重大合作内容，协调落实重要合作事项。搭建合作交流平台，开展多种形式的经贸合作活动，定期举办泛长三角区域合作发展论坛。完善跨区域融资平台，支持示范区基础设施建设和转移企业发展。鼓励示范区内市、县、开发园区和科研院所等与长三角建立交流与合作机制。

第二节　加强与其他地区联动发展

加强与沿海其他地区互动。进一步加强面向珠三角、京津冀、海峡西岸经济区等东部地区的招商引资和市场开拓，拓展合作领域，创新合作形式，提升合作层次。加强与港澳台地区的交流与合作，重点承接电子信息、橡塑化工、装备制造等产业，共同建设安徽台湾农民创业园和台资、港资、澳资产业园区。

密切与中西部地区合作。利用“中部论坛”和“中国中部投资贸易博览会”、“中国东西部合作与投资贸易洽谈会”、“中国西部国际博览会”等经贸合作平台，促进示范区与中西部联动发展。鼓励成立商会，发展中介组织，推进企业跨地区合作。

第三节　带动安徽整体协调发展

统筹示范区内各市联系，打破行政壁垒，建立沟通协调机制。发挥示范区辐射带动作用，加强与省内其他地区的体制机制对接，加快交通、水利、通信等基础设施一体化建设，推进上下游产业和配套产业互动，促进示范区与其他地区优势互补、联动发展。支持省内其他地区加快发展，增强对示范区建设的支撑能力。

皖北地区，联动发展现代农业、能源、化工、机械、农产品加工、旅游等产业。重点推进淮南、淮北、蚌埠重化工业发展，建设两淮大型煤炭基地，加速煤电一体化，积极推进凤台电厂二期、田集电厂二期、平圩电厂三期等“皖电东送”工程，将两淮矿区建成全国重要的煤电化基地。促进蚌埠装备制造业、新能源、生物产业、电子信息等先进制造业和高新技术产业发展。推进阜阳、亳州、宿州等市产业结构调整，大力发展现代农业，推进煤炭、农产品等资源深加工和综合利用。

皖西地区，联动发展生态农业、原材料、机械、农产品加工和旅游等产业。将皖西建设成为合肥经济圈的产业配套基地、农产品供应基地。重点发展优质农林产品生产，推进金属资源勘探和合理开发，大力开发大别山生态旅游和红色旅游。推进淠河总干渠及杭埠河、丰乐河综合治理和大别山区小流域治理。加强生态建设，构建绿色生态屏障。

皖南山区，联动发展生态农业、生态工业和现代服务业。开发皖南旅游资源，加快旅游基础设施建设，与长三角联动发展无障碍旅游，推进皖南旅游文化区建设，充分展现皖南徽文化、佛文化、道文化内涵，形成以黄山为重点的国际旅游胜地。加强新安江流域生态保护。支持黄山市服务业改革试点。

统筹城乡发展，推进城乡一体化改革，建立以工补农、以城带乡新机制，推进城乡规划、产业布局、基础设施建设、基本公共服务、社会保障、社会管理一体化，促进农业发展、农民增收和农村繁荣，建设具有徽文化特色的宜居城乡。扶持革命老区和贫困地区加快发展。

第十章 体制机制创新

鼓励示范区大胆探索，先行先试，深化改革，完善政府服务，建立高效运作的行政和社会管理体制，加快构建规范透明的法治环境，为科学承接产业转移提供良好的制度保障。

第一节 赋予示范区先行先试权

允许示范区在经济社会发展的相关领域先行先试，采取更为灵活的政策措施，消除体制机制障碍，为中西部地区科学承接产业转移积累经验。突破行政区划界限，探索跨区域合作新途径，适时调整行政区划，优化产业发展空间；深化土地管理制度改革，探索加强土地管理的有效办法，节约集约利用土地资源，满足大规模承接产业转移用地需求；试行有利于承接产业转移的环保政策，保护好生态环境，促进可持续发展；完善资源价格形成机制，开展价格改革试点，试行大用户直供电；建立适应转移企业发展需要的社会保障体系，保护劳动者和企业的合法权益。

第二节 着力提高行政效能

转变政府职能，规范政府行为，创新政府服务方式。全面推进政企、政资、政事、政府和中介组织分开，加快政府管理创新步伐，落实首问负责制、办文办事限时制和责任追究制“三项制度”，继续清理和调整行政审批项目，减少审批环节，提高办事效率。进一步理顺垂直管理部门与地方政府权责关系，形成促进承接产业转移合力。深化省直管县改革试点，进一步扩大县级经济管理权限，大力发展县域经济。积极推进乡镇机构改革，实施扩权强镇试点。增强处置突发公共事件的能力，提高社会治安综合治理水平。

……

第十一章 保障措施

给予示范区必要的政策支持，加强规划实施的组织协调，强化检查监督，确保规划目标顺利实现。

第一节 完善支持政策

投资政策。国务院有关部门要指导安徽省编制示范区产业发展指导目录，对目录内的投资项目，享受国家鼓励类产业产品相关支持政策。对示范区内重大基础设施建设和重大产业项目，国家在规划编制、产业布局、审批核准及投资安排、资金补助、贷款贴息等方面给予支持。财税政策。规划期内，中央财政加大转移支付力度，支持示范区基础设施、自主创新和环境建设。对皖江城市带承接产业转移示范区内符合条件的企业，切实落实好新税法规定的各项税收优惠政策。

金融政策。银行业金融机构加大对符合国家产业政策和节能环保要求等产业转移的信贷投放力度，积极为示范区建设和发展提供有效信贷支持。支持符合创业板发行上市条件的自主创新及其他成长型创业企业进入创业板融资，鼓励示范区内符合条件的企业发行企业债券、短期融资券和中期票据。支持示范区在多种所有制金融企业、外汇管理政策等方面进行改革试验。支持示范区按照有关管理办法规定，设立股权投资基金，发展创业投资，建立担保风险基金。探索开放短期出口信用保险市场，扩大出口信用保险覆盖率。积极探索开展跨境贸易人民币结算试点。

土地政策。实行最严格的耕地保护制度和节约集约用地制度，优化土地利用结构，创新土地管理方式，落实耕地保有量和基本农田保护面积，统筹协调承接产业转移特别是集中区的用地需求。加快土地利用总体规划修编，产业集中区等各类建设用地统筹纳入当地土地利用总体规划安排。国家在编制土地利用年度计划时，根据示范区建设情况，适当增加安徽省用地指标。建立城乡统一的建设用地市场，稳步推进农村集体建设用地使用制度改革，探索新增耕地指标、新增建设用地规划指标有偿调剂使用制度，切实维护农民合法权益。实施农村土地综合整治，整体规划，开展整村推进试点。继续推进城镇建设用地增加与农村建设用地减少挂钩试点，允许城乡建设用地增减挂钩指标在示范区内调剂使用。

对外开放政策。积极引进世界500强企业和全球行业龙头企业，鼓励在示范区设立地区总部、研发机构、采购中心和产业基地。鼓励在华外资金融、保险、会计、审计机构在皖设立分支机构。鼓励外资并购示范区内企业，参与区内企业改造。引导和鼓励海内外优秀人才到示范区创业、投资。支持区内企业广泛承接服务外包，建设合肥、芜湖服务外包基地城市。帮助企业境外上市和融资。鼓励外商投资企业增资扩股和利润再投资。在符合全国海关特殊监管区域总体规划的前提下，支持合肥、芜湖等符合条件的地区设立海关特殊监管区域，合理构建保税物流监管体系。支持示范区城市成为加工贸易重点承接地。大力推进示范区口岸与长三角等沿海省份区域通关改革。健全透明稳定的商业制度和规范的商业纠纷解决机制，培育熟悉国际规则的金融、法律、会计等方面专业人才队伍。切实保护投资者权益，打造全国营商环境最佳地区之一。

……

国务院关于坚决遏制部分城市房价过快上涨的通知

国发〔2010〕10号

各省、自治区、直辖市人民政府，国务院各部委、各直属机构：

《国务院办公厅关于促进房地产市场平稳健康发展的通知》（国办发〔2010〕4号）印发后，全国房地产市场整体上出现了一些积极变化。但近期部分城市房价、地价又出现过快上涨势头，投机性购房再度活跃，需要引起高度重视。为进一步落实各地区、各有关部门的责任，坚决遏制部分城市房价过快上涨，切实解决城镇居民住房问题，现就有关问题通知如下：

一、各地区、各有关部门要切实履行稳定房价和住房保障职责

（一）统一思想，提高认识。住房问题关系国计民生，既是经济问题，更是影响社会稳定的重要民生问题。房价过高、上涨过快，加大了居民通过市场解决住房问题的难度，增加了金融风险，不利于经济社会协调发展。各地区、各有关部门必须充分认识房价过快上涨的危害性，认真落实中央确定的房地产市场调控政策，采取坚决的措施，遏制房价过快上涨，促进民生改善和经济发展。

（二）建立考核问责机制。稳定房价和住房保障工作实行省级人民政府负总责、城市人民政府抓落实的工作责任制。住房和城乡建设部、监察部等部门要对省级人民政府的相关工作进行考核，加强监督检查，建立约谈、巡查和问责制度。对稳定房价、推进保障性住房建设工作不力，影响社会发展和稳定的，要追究责任。

二、坚决抑制不合理住房需求

（三）实行更为严格的差别化住房信贷政策。对购买首套自住房且套型建筑面积在90平方米以上的家庭（包括借款人、配偶及未成年子女，下同），贷款首付款比例不得低于30%；对贷款购买第二套住房的家庭，贷款首付款比例不得低于50%，贷款利率不得低于基准利率的1.1倍；对贷款购买第三套及以上住房的，贷款首付款比例和贷款利率应大幅度提高，具体由商业银行根据风险管理原则自主确定。人民银行、银监会要指导和监督商业银行严格住房消费贷款管理。住房和城乡建设部要会同人民银行、银监会抓紧制定第二套住房的认定标准。

要严格限制各种名目的炒房和投机性购房。商品住房价格过高、上涨过快、供应紧张的地区，商业银行可根据风险状况，暂停发放购买第三套及以上住房贷款；对不能提供1年以上当地纳税证明或社会保险缴纳证明的非本地居民暂停发放购买住房贷款。地方人民政府可根据实际情况，采取临时性措施，在一定时期内限定购房套数。

对境外机构和个人购房，严格按有关政策执行。

（四）发挥税收政策对住房消费和房地产收益的调节作用。财政部、税务总局要加快研究制定引导个人合理住房消费和调节个人房产收益的税收政策。税务部门要严格按照税法和有关政策规定，认真做好土地增值税的征收管理工作，对定价过高、涨幅过快的房地产开发项目进行重点清算和稽查。

三、增加住房有效供给

（五）增加居住用地有效供应。国土资源部要指导督促各地及时制定并公布以住房为主的房地产供地计划，并切实予以落实。房价上涨过快的城市，要增加居住用地的供应总量。要依法加快处置闲置房地产用地，对收回的闲置土地，要优先安排用于普通住房建设。在坚持和完善土地招拍挂制度的同时，探索“综合评标”、“一次竞价”、“双向竞价”等出让方式，抑制居住用地出让价格非理性上涨。

（六）调整住房供应结构。各地要尽快编制和公布住房建设规划，明确保障性住房、中小套型普通商品住房的建设数量和比例。住房城乡建设部门要加快对普通商品住房的规划、开工建设和预销售审批，尽快形成有效供应。保障性住房、棚户区改造和中小套型普通商品住房用地不低于住房建设用地供应总量的70%，并优先保证供应。城乡规划、房地产主管部门要积极配合国土资源部门，将住房销售价位、套数、套型面积、保障性住房配建比例以及开竣工时间、违约处罚条款等纳入土地出让合同，确保中小套型住房供应结构比例严格按照有关规定落实到位。房价过高、上涨过快的地区，要大幅度增加公共租赁住房、经济适用住房和限价商品住房供应。

四、加快保障性安居工程建设

（七）确保完成2010年建设保障性住房300万套、各类棚户区改造住房280万套的工作任务。住房城乡建设部、发展改革委、财政部等有关部门要尽快下达年度计划及中央补助资金。住房和城乡建设部要与各省级人民政府签订住房保障工作目标责任书，落实工作责任。地方人民政府要切实落实土地供应、资金投入和税费优惠等政策，确保完成计划任务。按照政府组织、社会参与的原则，加快发展公共租赁住房，地方各级人民政府要加大投入，中央以适当方式给予资金支持。国有房地产企业应积极参与保障性住房建设和棚户区改造。住房和城乡建设部要会同有关部门抓紧制定2010-2012年保障性住房建设规划（包括各类棚户区建设、政策性住房建设），并在2010年7月底前向全社会公布。

五、加强市场监管

（八）加强对房地产开发企业购地和融资的监管。国土资源部门要加大专项整治和清理力度，严格依法查处土地闲置及炒地行为，并限制有违法违规行为的企业新购置土地。房地产开发企业在参与土地竞拍和开发建设过程中，其股东不得违规对其提供借款、转贷、担保或其他相关融资便利。严禁非房地产主业的国有及国有控股企业参与商业性土地开发和房地产经营业务。国有资产和金融监管部门要加大查处力度。商业银行要加强对房地产企业开发贷款的贷前审查和贷后管理。对存在土地闲置及炒地行为的房地产开发企业，商业银行不得发放新开发项目贷款，证监部门暂停批准其上市、再融资和重大资产重组。

（九）加大交易秩序监管力度。对取得预售许可或者办理现房销售备案的房地产开发项目，要在规定时间内一次性公开全部销售房源，并严格按照申报价格明码标价对外销售。住房和城乡建设部门要对已发放预售许可证的商品住房项目进行清理，对存在捂盘惜售、囤积房源、哄抬房价等行为的房地产开发企业，要加大曝光和处罚力度，问题严重的要取消经营资格，对存在违法违规行为的要追究相关人员的责任。住房和城乡建设部门要会同有关部门抓紧制定房屋租赁管理办法，规范发展租赁市场。

各省（区、市）人民政府要对本地区房地产开发企业经营行为进行一次检查，及时纠正和严肃处理违法违规行为，检查处理结果要于2010年6月底之前报国务院。住房和城乡建设部要会同有关部门组织抽查，确保检查工作取得实效。

（十）完善房地产市场信息披露制度。各地要及时向社会公布住房建设计划和住房用地年度供应计划。住房和城乡建设部要加快个人住房信息系统的建设。统计部门要研究发布能够反映不同区位、不同类型住房价格变动的信息。

国务院各有关部门要根据本通知精神，加快制定、调整和完善相关的政策措施，各司其职、分工协作，加强对各地的指导和监督检查。各地区、各有关部门要积极做好房地产市场调控政策的解读工作。新闻媒体要加强正面引导，大力宣传国家房地产市场调控政策和保障性住房建设成果，引导居民住房理性消费，形成有利于房地产市场平稳健康发展的舆论氛围。

国务院

二〇一〇年四月十七日

国务院办公厅关于进一步支持甘肃经济社会发展的若干意见

国办发〔2010〕29号

各省、自治区、直辖市人民政府，国务院各部委、各直属机构：

甘肃是我国西北地区重要的生态屏障和战略通道，在全国发展稳定大局中具有重要地位。改革开放特别是实施西部大开发战略以来，甘肃经济社会发展取得很大成就，正处在加快发展的重要阶段。由于自然、地理、历史等原因，甘肃经济社会发展还面临许多困难和问题，与全国的差距仍在拉大，需要国家给予支持。为进一步支持甘肃经济社会发展，经国务院同意，现提出以下意见：

一、支持甘肃经济社会发展的总体要求

（一）充分认识支持甘肃经济社会发展的重要意义。甘肃位于西北地区的中心地带，是黄河、长江的重要水源涵养区，是多民族交汇融合地区，是中原联系新疆、青海、宁夏、内蒙古的桥梁和纽带，对保障国家生态安全、促进西北地区民族团结、繁荣发展和边疆稳固，具有不可替代的重要作用。甘肃国土面积广阔、生态地位重要，但自然条件严酷、生态环境脆弱；地处交通要冲、区位优势明显，但基础设施薄弱、瓶颈制约严重；资源相对富集、工业基础较好，但产业竞争力不强、自我发展能力不足；人力资源丰富、技术力量较强，但社会事业落后、贫困问题突出；历史文化厚重、发展潜力巨大，但体制机制不活、开放程度较低。支持甘肃经济社会发展事关实施西部大开发战略全局，是构建西北地区生态屏障、促进可持续发展的客观需要；是维护大局稳定、保障国家安全的战略举措；是缩小区域发展差距、实现全面建设小康社会目标的必然要求。

（二）指导思想。以邓小平理论和"三个代表"重要思想为指导，深入贯彻落实科学发展观，坚定不移地实施西部大开发战略，进一步解放思想，开拓创新，着力加快基础设施建设步伐，逐步消除瓶颈制约；着力加强生态建设和环境保护，构建资源节约型和环境友好型社会；着力改善和保障民生，提高基本公共服务水平；着力发展壮大特色优势产业，增强自我发展能力；着力深化改革和扩大开放，增强发展的动力和活力，努力建设工业强省、文化大省和生态文明省，以新思路、新举措走出一条符合自身实际、具有甘肃特色的跨越式发展道路，推动经济社会又好又快发展。

（三）基本原则。

——坚持立足当前，着眼长远发展。既要抓紧解决当前经济社会发展的突出矛盾，积极应对国际金融危机挑战，又要谋划事关全局和长远发展的重大战略问题，创新发展的体制机制。

——坚持科学发展，转变发展方式。要以生态建设与环境保护为前提，以转变经济发展方式和发展循环经济为切入点，促进经济社会与人口、资源、环境协调发展。

——坚持以人为本，注重改善民生。要把解决贫困问题和提高各族群众的生活水平作为一切工作的出发点和落脚点，着力解决群众最关心、最直接、最切身的民生问题。

——坚持统筹兼顾，突出战略重点。要统筹城乡、区域和经济社会发展，加快重点产业、重点领域和重点地区发展，着力培育新的经济增长点，增强自我发展能力。

——坚持自力更生，加大支持力度。要发扬艰苦奋斗精神，立足自身努力加快发展。针对甘肃发展中的实际困难和问题，国家进一步加大支持和帮助力度。

（四）战略定位和重点发展战略。

甘肃发展的战略定位是，连接欧亚大陆桥的战略通道和沟通西南、西北的交通枢纽，西北乃至全国的重要生态安全屏障，全国重要的新能源基地、有色冶金新材料基地和特色农产品生产与加工基地，中华民族重要的文化资源宝库，促进各民族共同团结奋斗、共同繁荣发展的示范区。

——实施“中心带动、两翼齐飞、组团发展、整体推进”的区域发展战略。充分发挥兰州等中心城市辐射带动作用，积极打造陇东、河西两大能源基地，构建各具特色的组团式发展格局，全面推进区域协调发展。

——实施以加强薄弱环节为重点的基础设施建设战略。加强综合交通运输体系建设，打通资源能源运输通道，加强水利工程建设，提升经济社会发展的基础设施保障能力。

——实施以节水和治沙为重点的生态安全战略。建立健全水资源管理体制，全面推进节水型社会建设。加强重点地区生态建设与环境保护，加快实施生态补偿，加大对生态功能区转移支付力度，建设生态文明示范区。

——实施以改善民生为重点的社会发展战略。以“两州两市”（甘南藏族自治州、临夏回族自治州、定西市、陇南市）为重点，大力推进扶贫开发，加快脱贫致富步伐，大幅度提高基本公共服务水平。

——实施以优势资源开发转化为重点的产业发展战略。加快建设能源化工、有色冶金、装备制造、农产品生产与加工等产业基地，着力发展循环经济，突出发展新能源、新材料，积极发展文化产业、旅游业和物流业，构建具有甘肃特色的现代产业体系。

（五）发展目标。

——到2015年，人均地区生产总值缩小与西部地区平均水平的差距，城乡居民收入接近西部地区平均水平，贫困人口大幅减少，基础设施条件得到明显改善，生态环境恶化的趋势得到有效遏制，特色优势产业得到较快发展，循环经济形成规模，单位地区生产总值能耗实现预期目标。

——到2020年，基本实现全面建设小康社会目标。人均地区生产总值接近西部地区平均水平，综合运输体系基本建成，生态建设和环境保护取得突破性进展，基本公共服务能力大幅提高，人民群众生活水平和科学文化素质显著提高，建成我国发展循环经济的省级示范区，科学发展、和谐发展、可持续发展的能力显著增强，实现经济发展、山川秀美、民族团结、社会和谐。

二、优化空间布局，促进区域协调发展

（六）大力支持兰（州）白（银）核心经济区率先发展。建设兰（州）白（银）都市经济圈，积极推进兰州新区、白银工业集中区发展，做大做强石油化工、有色冶金、装备制造、新材料、生物制药等主导产业，把兰白经济区建设成为西陇海兰新经济带重要支点，西北交通枢纽和物流中心，在全省乃至西北地区发挥“率先、带动、辐射、示范”的中心作用。

（七）着力推动平（凉）庆（阳）、酒（泉）嘉（峪关）经济区加快发展。加快陇东煤炭、油气资源开发步伐，积极推进煤电化一体化发展，构建以平凉、庆阳为中心，辐射天水、陇南的传统能源综合利用示范区。加快酒泉、嘉峪关一体化进程，积极发展风能、太阳能等新能源及装备制造产业，构建新能源开发利用示范区，形成甘肃东西两翼齐飞的经济增长新格局。

（八）全面促进区域功能组团协调发展。按照“功能定位、合理布局，组团发展、整体推进”的原则，重点打造一批区域功能组团。祁连山生态补偿区，实行强制性保护，建立生态补偿机制。武威张掖河西走廊绿色经济区，着力加强防沙治沙，大力发展新能源和生态农业。“两州两市”扶贫攻坚区，加大政策倾斜和资金支持力度，加快脱贫致富步伐。金昌、白银等为重点的循环经济区，大力推行清洁生产，提高能源资源利用效率。加快天水区域中心城市建设，促进关中–天水经济区发展。

三、加强基础设施建设，消除发展瓶颈制约

（九）公路建设。加快推进国家高速公路建设，尽快打通断头路，促进国家高速公路网络形成。开工建设永登（徐家磨）至古浪、安西至星星峡（甘新界）等国家高速公路，积极开展雷家角至西峰、兰州南绕城、营盘水至武威、临洮至渭源、白疙瘩（甘蒙界）至明水（甘新界）、大石碑（甘陕界）至天水、兰州至朗木寺、延安至天水至武都等高速公路项目前期工作。加大国省干线公路改造力度，建设敦煌至当金山口、岷县至合作等二级公路，省内国道达到二级以上技术标准，所有县城通二级以上公路。启动建制村通沥青（水泥）路建设。加强旅游景区与干线公路的连接。加快推进兰州、酒（泉）嘉（峪关）、天水、张掖、平凉等公路运输枢纽及物流园区建设，提高农村客运站覆盖率。

（十）铁路建设。加快建设贯通东西、连接南北的铁路大通道，积极推进兰渝铁路、西（安）平（凉）铁路建设，新开工建设兰新铁路第二双线，加快推进宝鸡至兰州客运专线、银川至兰州增建二线、兰州至成都、干塘至武威、兰州至张掖铁路增建三四线、兰州铁路枢纽改造和兰州集装箱中心站建设。抓紧开展兰州至合作、天水至哈达铺、敦煌至格尔木、额济纳至哈密等项目前期工作，开展西宁至成都、平凉至庆阳铁路论证工作。适时启动兰州市城市轨道交通建设。

（十一）民航建设。增强兰州机场枢纽功能，加快兰州机场改扩建，合理规划建设兰州国际航空港，积极开辟兰州至日韩、港澳等国际和地区航线。改扩建敦煌、嘉峪关和庆阳机场，新建夏河、陇南、张掖、武威、金昌等机场，适时实施天水机场迁建工程，开展新建平凉机场前期论证工作。鼓励在甘肃设立通用航空公司，建设通航起降点，提升航空应急救援能力。

（十二）水利建设。坚持全面节水与适度调水相结合，加快引洮供水一期、盐环定扬黄续建等骨

干水利工程建设，抓紧实施引洮供水二期及受益区配套建设等重点工程，开展引哈济党、靖远双永供水等项目前期论证工作，全面完成病险水库除险加固任务。积极推动中小型水源建设，提高工业能源基地及城镇供水保障能力。加快大中型灌区节水改造和大型灌排泵站更新改造，完善灌区末级渠系配套。实施渭河、泾河、洮河等中小河流综合治理，加强城镇防洪体系建设和山洪灾害防治。

（十三）城镇基础设施建设。进一步加快城镇道路、供水、供气、供热、垃圾和污水处理、再生水回用、园林绿化等基础设施建设。积极推进兰州新区、白银工业集中区基础设施建设。支持重点城市发展热电联产。加快信息基础设施和数字化城市管理信息系统建设，提升国道、省道移动通信覆盖水平，扩大农村通信覆盖面，提高信息安全和应急保障能力。

（十四）加大基础设施建设投入。中央预算内投资以及其他中央专项资金要加大对甘肃的投入力度。统筹考虑甘肃交通等重大基础设施建设项目的中央投资补助。将部分符合条件的公益性项目国债转贷资金逐步转为拨款。中央安排的病险水库除险加固、农村饮水安全、大中型灌区配套改造以及生态环境、社会事业、基层政权等公益性建设项目，免除县（市）级和甘南、临夏自治州州级配套资金。

四、加强生态建设和环境保护，构建西北地区生态安全屏障

（十五）加大祁连山冰川和生态系统保护力度。启动实施祁连山生态环境保护和建设规划。加快推进退牧还草、天然林保护等重点生态工程，在重点生态脆弱区和重要生态区继续稳步推进退耕还林工程建设，巩固退耕还林还草成果，加强自然保护区建设管理。科学实施人工增雨雪，加强对森林、草原、湿地、荒漠等生态系统和野生动植物资源的保护，逐步恢复和增强水源涵养能力。逐步将祁连山自然保护区核心区的农牧民转为生态管护人员，加快缓冲区农村剩余劳动力转移。研究建设祁连山生态补偿试验区。

（十六）加快石羊河、黑河、疏勒河流域综合治理。大力推进石羊河流域重点治理工程，启动实施石羊河流域防沙治沙及生态恢复项目，确保民勤不成为第二个罗布泊。巩固黑河流域综合治理成果，保护天然湿地。加强敦煌水资源合理利用与生态保护，强化水资源管理，优化用水结构，采取高效节水、适度调水等综合手段恢复月牙泉和西湖湿地生态功能。积极实施三大内陆河流域盐碱化及沙化治理工程，加快推进河西走廊北部风沙区防沙治沙工作，建设防风固沙大型综合防护林体系。大力推广张掖节水型社会建设经验，合理配置生活、生产和生态用水，建立“以电控水、以水定地”的水权制度，支持建设以河西地区为重点的节水型社会示范区。加强流域生态恢复技术体系的研发和推广。

（十七）实施甘南重要水源补给区生态恢复与保护。全面启动甘南黄河重要水源补给区生态保护和建设规划，进一步加大退牧还草、牧区水利、暖棚养殖、饲草料基地、草原鼠害防治和游牧民定居等综合治理项目实施力度。研究建立甘南湿地自然保护区，加强湿地保护，恢复水源涵养功能。支持白龙江流域水土流失治理和地质灾害防治工作。

（十八）推进黄土高原地区和陇南山地水土流失综合治理。稳步实施黄土高原地区综合治理规划，推进退耕还林、天然林保护、三北防护林、坡改梯和小流域坝系工程，积极建设黄河中上游生态修复以及渭河、泾河流域水土保持综合治理等重点生态项目。加大滑坡、泥石流等灾害防治力度，继续实施长江上游水土保持重点防治工程和小水电代燃料项目。统筹规划，加快推进“两江一水”（白龙江、白水江、西汉水）流域生态保护与建设。

（十九）加强环境保护治理力度。坚持预防为主、综合治理，远近结合、标本兼治，着力解决重点流域水污染、矿区环境污染、城市大气污染、农村面源污染和土壤污染等突出环境问题。加大兰州等重点城市大气污染防治和清洁生产支持力度。加快实施水污染防治工程，提高城镇污水处理率和垃圾无害化处理率。推进城市垃圾等固体废物和医疗垃圾等危险废物集中处置设施建设。开展农村环境综合整治。加强兰州等重点城市地质灾害防治工作，研究建立地质灾害防治长效机制。

五、夯实农业发展基础，加快建设社会主义新农村

（二十）大力发展旱作节水农业。积极推广全膜双垄沟播、膜下滴灌等高效旱作节水技术，建设一批旱作节水农业示范区。合理调整种植结构，发展耐旱节水品种。积极发展现代设施农业，推广日光温室和塑料大棚，推动河西走廊星火产业带高效节水设施农业科技示范工程与科技发展支撑体系建设，大力发展高效农业。推进基本农田建设，稳步提升粮食生产水平，提高农业综合生产能力。

（二十一）突出发展特色优势农业。支持以定西为主的马铃薯贸工农一体化示范区建设，扶持马铃薯良种繁育体系和贮藏库建设，将马铃薯种植纳入政策性保险补贴范围。加强河西走廊杂交玉米等农作物制种基地建设。加快发展中药材、酿酒原料、林果、蔬菜等产业。积极发展油橄榄、核桃、花椒、食用百合、苦水玫瑰、黄花菜、鲑鳟鱼等地方特色产品。大力发展草食畜牧业，扶持畜禽标准化规模养殖、品种改良和野生动物繁育，加强动物防疫体系建设。积极发展沙产业。加大对农业产业化龙头企业和农民专业合作经济组织的支持力度，重点建设一批现代农业示范农场。支持张掖、武威、定西特色农副产品加工循环经济基地建设。

（二十二）强化农村基础设施建设。加快实施农村安全饮水工程，到2013年基本解决农村饮水安全问题。加强集雨水窖、节水灌溉等小型农田水利设施建设。加快农村和国有农场公路“通达工程”和“通畅工程”建设，基本实现乡镇通油路、建制村通公路。积极发展农村小水电，鼓励开发利用可再生能源。实施小水电代燃料工程。大力发展农村沼气，加强养殖场沼气工程建设。加强农业技术推广，建立健全农村科技服务体系和信息服务网络。加强农村社会化服务体系和农产品专业市场建设，推动农产品冷链物流发展，全面落实鲜活农产品“绿色通道”政策。

（二十三）积极发展县域经济和劳务经济。统筹城乡规划，集约利用土地，完善城镇基础设施，加强产业布局，促进特色产业向城镇集中，引导更多农民进入城镇，增强县域经济发展活力。整合培训资源，依托现有机构和设施在兰州设立农村劳动力转移就业培训基地，加强农村劳动力转移就业和创业能力培训。加大“阳光工程”、“雨露计划”、“西部农民创业促进工程”等农村劳动力转移培

训工程实施力度。积极开拓劳务市场，扶持发展劳务中介组织，加强输入地和输出地的协作，着力打造劳务品牌。鼓励农民就近就地转移就业，支持完善农民创业园，扶持外出务工农民回乡创业。全面加强农民工权益保障。加快户籍制度改革，积极研究制定有稳定职业和固定居所的农民转为城镇居民的办法。

六、加大扶贫开发力度，尽快改变贫困地区落后面貌

（二十四）甘南、临夏少数民族地区。加快实施甘南黄河重要水源补给生态功能区生态保护与建设工程，构筑高原生态安全屏障。抓紧引洮济合、引洮入潭、青走道水电站、石门河引水等工程前期工作，尽早开工建设。积极发展高原草原旅游、回藏风情旅游，打造九色甘南香巴拉和临夏穆斯林风情旅游品牌。进一步加大临夏州基础设施和商贸流通设施建设力度，积极推进清真食品、民族特需用品生产加工基地建设。实施刘家峡、盐锅峡、八盘峡水库库区水土治理项目，支持移民安置区生产生活设施建设和产业发展。扶持保安、撒拉等人口较少民族发展。加强和政县古动物化石保护，提升古动物化石博物馆展示服务水平。

（二十五）定西、陇南等特殊困难地区。定西市要大力发展马铃薯产业，建设全国重要的脱毒种薯、商品薯生产基地及精深加工基地，延伸产业链，带动薯农脱贫致富。充分发挥定西药材资源丰富、品质优良的优势，建设全国优质中药材药源基地、饮片加工基地和交易市场。加强渭河源头生态保护与建设，支持建设引洮供水一期配套工程。陇南市要加快发展以黄金、铅锌为主的有色冶金工业，以中药材、油橄榄、核桃、花椒为主的特色农业，以及水电、生态旅游产业，增强自我发展能力。加快汶川地震灾后恢复重建步伐，研究解决灾区长远发展问题。

（二十六）革命老区。庆阳等革命老区要依托石油、煤炭等资源优势，适当扩大原油就地加工规模，把产业发展与农民增收致富结合起来。积极推动小杂粮等特色农产品基地建设，大力发展香包、刺绣、民间剪纸等民俗文化创意产业。大力发展红色旅游。启动实施会宁县城及北部乡镇供水工程，抓紧解决环县苦咸水地区农村饮水安全问题。

（二十七）加强扶贫开发工作。加大中央扶贫资金投入力度，扩大扶贫小额信贷规模，稳步推进易地扶贫搬迁和生态移民。研究探索创新对口支援方式，进一步加大定点扶贫、东西协作扶贫力度。

七、加快发展社会事业，着力保障和改善民生

（二十八）优先发展教育。巩固“两基”攻坚成果，全面完成“两基”攻坚任务。合理调整中小学校布局，加强寄宿制学校建设，实施中小学校舍安全工程。改善少数民族地区基础教育办学条件，推进民汉合校，加强“双语”教育。扩大中等职业教育规模，建设一批职业院校和公共实训基地，逐步对农村家庭经济困难学生和涉农专业学生免除学费。积极推进校企合作、半工半读的培养模式，支持与东部地区合作发展中等职业教育学校。增加部门院校和外地高校在甘肃的招生规模，支持甘肃高校改善办学条件。加大对教师队伍特别是农村教师队伍建设的支持，加强师资队伍培训，开展东中部省市教师对口支援。支持高校发挥科研和人才优势，参与重大产业项目科技攻关。

（二十九）完善城乡医疗卫生服务体系。推进医药卫生体制改革。重点建设农村卫生服务体系和城市社区卫生服务体系，加强地市级医院建设。支持中（藏）医院建设，扶持中（藏）医事业发展。完善城镇居民基本医疗保险制度、新型农村合作医疗制度和城乡医疗救助制度。加大大骨节病、高氟病等地方病防治力度。加大投入力度，做好鼠疫防控工作。支持妇幼保健机构设施建设，实行农村孕产妇住院分娩补助政策，降低孕产妇和婴幼儿死亡率。加强卫生专业技术人员和乡村医生培养培训工作。进一步完善农村计划生育家庭奖励扶助制度、“少生快富”工程和计划生育特别扶助制度，推进基层人口和计划生育服务网络建设，加快建立西北人口信息中心。

（三十）大力发展文化体育事业。加大公共文化设施建设投入，建立基层公共文化体育服务经费保障机制。重点建设地市级图书馆、文化馆，加强省市级博物馆、文物大县和重点遗址博物馆建设。继续实施全国文化信息资源共享工程、广播电视西新工程、村村通工程和农村数字电影放映工程。将临夏州及张家川、肃南、肃北和阿克塞等自治县纳入西新工程。加强少数民族语言节目译制、制作播映和覆盖能力建设，改善市、县广播影视基础条件。支持丝绸之路整体申遗及沿线重要遗址保护，加大重点文物保护和少数民族文化遗产抢救力度。支持非物质文化遗产保护，加大对濒危非物质文化遗产的抢救力度。建立古籍保护工作机制，完善古籍保护设施条件。建设一批基层群众性体育活动场馆，大力开展全民健身活动，积极推进临洮体育训练基地建设。

（三十一）加强就业和社会保障。开展城乡劳动力技能培训，落实针对就业困难人员的各项就业援助政策，帮扶零就业家庭人员实现就业。加强公共就业与社会保障服务信息网络建设、人力资源市场基础设施及社会保障服务中心建设。提高失业保险基金统筹层次。积极推进新型农村社会养老保险试点，落实被征地农民社会保障政策。积极发展多层次的养老服务，加快建设基本养老服务体系。完善社会救助和社会福利服务体系，确保低收入群体基本生活和基本医疗。加强社会福利机构和社区服务设施建设，强化养老和孤残儿童护理员队伍建设。大力推进残疾人社会保障和服务体系建设。加大城镇廉租住房、农村危房改造等保障性住房建设，合理确定补助范围和补助标准。支持推进国有林区、垦区及城镇棚户区改造。

八、大力推进能源基地建设，增强经济发展后劲

（三十二）加快陇东煤电化建设。加强煤炭资源勘探和开发利用，逐步建成一批大型煤炭矿区，高起点、高水平地建设国家大型煤炭生产基地。加大对陇东地区煤炭资源勘查的政策支持力度。延伸煤炭产业链，实施煤电联营，建设大型电站，先行启动建设崇信、平凉二期等一批条件具备的电厂项目，开展正宁、环县电厂前期论证工作。有序发展煤化工产业，规模化开发利用煤层气。推进庆阳长庆桥、平凉华亭和崆峒产业聚集区建设。

（三十三）大力发展河西新能源。加快建设以酒（泉）嘉（峪关）为中心的风电、以敦煌为重点的太阳能发电示范基地，力争到2020年建成千万千瓦级以上风电基地、百万千瓦级以上太阳能发电基地，配套建设稳定风电送出的电源项目。支持大型风电制造企业在酒泉建设风电装备生产基地，支持

建设数字风机设备和太阳能光伏、光热产品研发制造基地。积极研究当地用电补贴政策。适时发展核电，实现风电、太阳能发电、核电互补。加快与我国核能发展相适应的核电配套工程建设，加大核电站乏燃料后处理技术的研究开发力度，稳妥推进大型商用核乏燃料后处理项目。加快太阳能光热光电技术、浅层地能热泵技术在建筑中应用。

（三十四）提升油气资源开发利用能力。加快陇东西峰、华池、镇原、环县以及玉门等油田勘探开发步伐。支持玉门老油田发展，提高经济开采年限。充分利用省内外两种资源，进一步提高石油加工转化能力、原油加工质量标准和附加值，建设战略性石化工业基地。加快实施兰州石化大型碳五综合利用、550万吨/年蒸馏装置技术改造和汽柴油质量升级，庆阳石化300万吨/年炼油集中搬迁改造等工程，力争到2020年甘肃炼油能力达到2000万吨以上。支持兰州180万立方米原油商业储备库和100万立方米原油生产运行库建设，建设300万立方米国家石油储备基地，打造西部大型石油、化工原料集散地，建成国家重要的石油储备基地。做好涩宁兰输气管道复线、兰州至郑州至长沙成品油管道、庆阳石化成品油外输管道等油气管道建设。

（三十五）加强电网建设。加快实施农网、城网改造工程和无电地区电力建设，完善省内330千伏电网。配合能源基地建设，加快主网架规划，拓展区外市场，形成西北电网中心枢纽。加强甘肃省内及省际750千伏网架建设，优先建设河西和陇东南750千伏输变电线路，实现与新疆联网。研究论证2020年外送能力和电力市场，完善风电和太阳能发电的外送方案。

九、大力发展特色优势产业，推进产业结构优化升级

（三十六）全面提升有色冶金产业。鼓励重点骨干企业加快发展，支持白银公司发展铜铅锌生产及加工，金川公司发展镍钴铜与贵金属精深加工，兰铝、连铝、华鹭铝业发展铝型材、铝合金等深加工，酒钢公司发展碳钢镀锌板、不锈钢薄板、中板等深加工，甘肃稀土公司发展稀土新材料及延伸产业链。在不扩大现有产能的前提下，支持钨、钼矿产品深加工，建设张掖钨钼生产基地。将金川公司和白银公司纳入煤电冶联营及大用户直购电政策范围。建设有色金属新材料产业和研发基地。

（三十七）做大做强装备制造业。积极实施技术创新工程，加快调整产品结构，重点发展数控和专用机床、集成电路、中高压电气、石油钻采炼化设备等优势产品，做大做强一批重点企业，形成以兰州石化通用设备、电机制造，天水电工电器、机床制造、电子信息为主的装备制造产业集群。

（三十八）支持老工业基地转型升级。加快重点行业、重点骨干企业的技术改造，支持资源枯竭城市改造传统产业，培育替代产业。积极承接产业转移，建设接续替代产业园区，支持白银公司等开展危机矿山找矿及区域内资源整合。启动实施白银棚户区改造工程。支持解决政策性关闭破产国有企业历史遗留的社会保障问题，积极推进厂办大集体改革试点，逐步增加企业离退休人员的养老金。

（三十九）大力发展循环经济。抓紧启动实施《甘肃省循环经济总体规划》，重点建设七大循环经济基地，努力形成循环经济产业集群。推进石化、有色、化工、建材等传统行业清洁生产，从源头控制污染和保护环境。推动企业向产业园区集中，实现集聚生产、集中治污、集约发展，提高能

源、水资源和废弃物的循环利用率。支持和鼓励矿产资源开采加工企业提高采矿回收率、选矿回收率、共伴生矿综合利用率，加强冶炼渣、尾矿等大宗工业固体废弃物综合利用，提升节能降耗和资源综合利用水平。大力实施重点节能工程，通过技术减排、结构减排、管理减排等措施，确保实现节能减排目标。

（四十）积极发展战略性新兴产业。在加快发展风能、太阳能等新能源的同时，积极发展新材料、生物医药、节能环保等新兴战略产业。推进新型有色金属合金材料、稀土材料、新型化工材料、电池材料等新材料产业化发展。加快发展生物制药，建设兰州生物医药产业基地。建设规范化中药材种植、中药饮片加工和特色中藏药生产基地，积极发展特色中成药和藏药，积极推进国家新药和中药保护品种产业化。支持重离子加速器治癌装置等医疗器械产业发展。发展节能环保装备制造业，推广高效节能产品，增强节能环保装备产业竞争力。

（四十一）扶持壮大文化产业和旅游产业。加大对文化产业发展的扶持力度，支持敦煌艺术、麦积山石窟艺术等历史文化遗产的挖掘开发，做大做强以“丝路花雨”、“大梦敦煌”等为代表的歌舞、影视、戏剧、动漫文化品牌，培育《读者》等一批具有较强竞争力的大型文化企业集团。支持建设兰州创意文化产业园、庆阳农耕和民俗文化产业园、临夏民族文化产业园和丝绸之路文化产业带。加大旅游产业投入，加强旅游基础设施建设，完善景区内外交通条件和公共服务设施，重点支持丝绸之路、敦煌莫高窟、甘南香巴拉、黄河风情、麦积山、崆峒山、黄河石林等精品旅游线路和一批精品旅游景区建设，积极推进庆阳、会宁、腊子口、哈达铺等红色旅游基地建设，加快白龙江、小陇山、祁连山林区森林旅游发展。扩大旅游产业经营范围，扶持旅游产品开发。拓宽投融资渠道，积极吸收社会资本参与文化、旅游产业发展。

（四十二）加快发展现代服务业。积极推进兰州商贸物流中心、兰州集装箱节点站、天水现代物流园和武威煤炭集疏运中心等项目建设。大力推进县城超市及配送中心、乡镇超市、村连锁农家店等现代流通网络建设。建立完善农产品市场信息服务体系、物流配送体系及质量安全监管体系。培育和发展金融产业，积极引进金融机构，扶持城市商业银行、农村信用社等地方性金融机构发展。对农村金融机构执行较低的存款准备金率，对符合条件的金融机构，适当加大支农再贷款支持力度。建立健全政府投融资平台。支持有条件的企业发行股票和企业债券，创造条件发行中小企业集合债券。积极稳妥地发展期货市场。大力发展会展业，办好兰州投资贸易洽谈会。积极发展劳动密集型服务业，增加就业岗位。

十、深化体制改革，提高对内对外开放水平

（四十三）加快体制机制创新。大力推进国有企业改革，加强地方企业与中央企业的战略合作，培育具有国际竞争力的大型骨干企业。积极鼓励、支持和引导非公有制经济发展，加大对中小企业发展支持力度，鼓励民间资本参与基础设施、公用事业和社会事业等领域的建设。对从事国家重点扶持和鼓励发展产业项目的企业，按照税收法律法规的规定享受税收优惠政策。积极推进投资体制改革，

降低民间资本市场准入门槛，简化项目审批程序，创造良好投资环境。深化行政管理体制改革，加快转变政府职能，加强政务公开。

（四十四）深化水资源管理体制改革。按照地表水、地下水“统一调度、定额管理、有偿使用、市场调节”的原则，逐步建立水权分配体系和配水、用水定额管理制度，支持建立水权转换制度，规范水权交易办法，不断完善水价形成机制。推进工业企业清洁生产和水资源循环利用，鼓励再生水利用，落实水资源费征收使用管理办法。推进城乡水务一体化，统筹水务综合管理，创新基层水利工程管理机制。发挥农民用水协会作用，明晰小型水利工程的产权，调动农民和社会力量参与水利建设和设施管护的积极性。

（四十五）完善土地和矿产资源政策。坚持保护耕地和节约、集约用地，推进土地整治。鼓励对沙地、荒山、荒滩、戈壁等未利用土地开发利用。加快各级土地利用总体规划修编工作，合理确定兰州新区建设用地规模和布局。加大中央地质勘查基金、国土资源大调查资金对甘肃的投入力度。做好陇东地区、中部地区和河西地区能源基地后备资源勘查工作，优先开展陇东、玉门油气资源勘查。

（四十六）加大人才开发力度。坚持人才强省和科技兴省的路线，加大对特色农业、新农村建设、中小企业引智项目的支持力度，积极引进科技、教育、卫生等行业紧缺人才，加大技能人才培养。鼓励发达省（市）高等院校、科研院所、大型企业等单位及社会组织通过合作办学等方式，为甘肃经济社会发展培养培训各类专业技术人才。扶持发展远程教育，大力发展继续教育，建立连通市（州）和县（区）的继续教育培训网络。积极吸引海外高层次留学人才，加强留学人员创业园建设。

（四十七）积极扩大对内对外开放。支持兰州高新技术开发区、经济技术开发区增容扩区，研究推进天水、金昌、酒（泉）嘉（峪关）、张掖经济技术开发区和白银高新技术产业开发区升级为国家级开发区。深化区域协作，全面推进向西开放，积极发展内陆开放型经济，支持兰州等城市作为加工贸易梯度转移重点承接地区，大力发展保税加工和保税物流，支持在甘肃符合条件的地区设立海关特殊监管区域，提升甘肃的对外开放水平。积极推动实施“走出去”战略，支持企业到境外投资办厂，参股、并购境外矿产企业，建立生产加工基地或稳定的原料供应基地。

国务院各有关部门要按照职能分工，明确目标任务，研究支持甘肃经济社会发展的具体措施，指导甘肃进一步破解发展难题。中央财政要加大对甘肃的均衡性转移支付和民族地区转移支付力度。有关部门要把实施相关政策措施列入重要议事日程，抓紧制订细化工作方案，指导甘肃编制相关重要规划，深化重大项目的前期工作。甘肃省要继续发扬自力更生、艰苦奋斗的精神，切实加强组织领导，完善工作机制，明确工作责任，制订实施方案，加强与国务院有关部门的沟通衔接。要抓住机遇，解放思想，坚定信心，开拓创新，求真务实，扎实工作，努力开创甘肃经济社会发展的新局面。

国务院办公厅

二〇一〇年五月二日

长江三角洲地区区域规划

（节选）

国家发展改革委

二〇一〇年五月

前　言

长江三角洲地区（以下简称“长三角地区”）是我国综合实力最强的区域，在社会主义现代化建设全局中具有重要的战略地位和突出的带动作用。改革开放以来，长三角地区锐意改革，开拓创新，实现了经济社会发展的历史性跨越，已经成为提升国家综合实力和国际竞争力、带动全国经济又好又快发展的重要引擎。当前，长三角地区处于转型升级的关键时期，从实施国家区域发展总体战略和应对国际金融危机出发，必须进一步增强综合竞争力和可持续发展能力。为实现长三角地区又好又快发展，带动长江流域乃至全国全面协调可持续发展，依据《国务院关于进一步推进长江三角洲地区改革开放和经济社会发展的指导意见》，制定本规划。

本规划的范围包括上海市、江苏省和浙江省，区域面积21.07万平方公里。规划以上海市和江苏省的南京、苏州、无锡、常州、镇江、扬州、泰州、南通，浙江省的杭州、宁波、湖州、嘉兴、绍兴、舟山、台州16个城市为核心区，统筹两省一市发展，辐射泛长三角地区。规划期为2009–2015年，展望到2020年。

本规划是指导长三角地区未来一个时期发展改革的纲领性文件和编制相关规划的依据。

一、发展基础与背景

改革开放以来，长三角地区经济社会发展取得了举世瞩目的巨大成就，已成为全国发展基础最好、体制环境最优、整体竞争力最强的地区之一，具有在高起点上加快发展的优势和机遇。

（一）优势条件。

区位条件优越。位于亚太经济区、太平洋西岸的中间地带，处于西太平洋航线要冲，具有成为亚太地区重要门户的优越条件。地处我国东部沿海地区与长江流域的结合部，拥有面向国际、连接南北、辐射中西部的密集立体交通网络和现代化港口群，经济腹地广阔，对长江流域乃至全国发展具有重要的带动作用。

自然禀赋优良。属于我国东部亚热带湿润地区，四季分明，水系发达，淡水资源丰沛，地势平坦，土壤肥沃，港口岸线及沿海滩涂资源丰富，具有适宜发展的自然条件。

经济基础雄厚。农业基础良好，制造业和高技术产业发达，服务业发展较快，经济发展水平全国领先，是我国综合实力最强的区域。

体制比较完善。较早地建立起社会主义市场经济体制基本框架，是完善社会主义市场经济体制的主要试验地。已率先建立起开放型经济体系，形成了全方位、多层次、高水平的对外开放格局。

城镇体系完整。上海建设国际大都市目标明确，在长三角地区的核心地位突出。南京、苏州、无锡、杭州、宁波等特大城市在区域乃至全国占有重要地位。区域内城镇密集，一批各具特色的城市具有很强的发展活力。目前，核心区城镇化水平超过60%，具备了跻身世界级城市群的基础。

科教文化发达。区域内集中了大批高等院校和科研机构，拥有上海、南京、杭州等科教名城和南京、苏州、镇江、扬州、南通、徐州、淮安、杭州、宁波、绍兴、金华、衢州等国家历史文化名城，人力资源优势显著，文化底蕴深厚，具有率先建成创新型区域的坚实基础。

一体化发展基础较好。地域相邻，文化相融，人员交流和经济往来密切，形成了多层次、宽领域的合作交流机制，具备了一体化发展的良好条件。

（二）机遇和挑战。

在新的历史条件下，长三角地区发展面临着前所未有的机遇。经济全球化和区域经济一体化深入发展，国际产业向亚太地区转移方兴未艾，亚太区域合作与交流日益密切；我国仍处在重要的战略机遇期，工业化、信息化、城镇化、市场化、国际化不断深入，国家扩大内需的政策加快实施；国家区域发展总体战略深入推进，特别是党中央国务院高度重视长三角地区发展，进一步加大支持力度，长三角地区一体化发展势头强劲。这些都为长三角地区又好又快发展提供了有利条件和广阔空间。

同时，区域内尚未解决的结构性矛盾与国际金融危机的影响交织在一起，长三角地区进一步发展困难加大，一些深层次矛盾和问题亟待解决。区域内各城市发展定位和分工不够合理，区域整体优势尚未充分发挥；交通、能源、通信等重大基础设施还没有形成有效的配套与衔接，促进要素合理流动的制度环境和市场体系有待完善；产业层次不高，现代服务业发展相对滞后，产业水平和服务功能有待提升；外贸依存度偏高，贸易结构还需优化；自主创新能力不够强，国际竞争力尚需提高；土地、能源匮乏，资源环境约束日益明显；社会事业发展不平衡，城乡公共服务水平还有较大差距；行政管理、社会管理体制等方面改革还不到位，改革攻坚的任务仍然繁重。这些都给长三角地区进一步发展带来严峻的挑战。

二、战略定位与发展目标

（一）指导思想。

高举中国特色社会主义伟大旗帜，以邓小平理论和“三个代表”重要思想为指导，深入贯彻落实科学发展观，进一步解放思想，坚持改革开放，着力推进经济结构战略性调整，着力增强自主创新能力，着力促进城乡区域协调发展，着力提高资源节约和环境保护水平，着力促进社会和谐，在科学发展、和谐发展、率先发展、一体化发展方面走在全国前列，努力建设成为实践科学发展观的示范区、改革创新的引领区、现代化建设的先行区、国际化发展的先导区，为我国全面建设小康社会和实现现代化做出更大贡献。

（二）战略定位。

亚太地区重要的国际门户。围绕上海国际经济、金融、贸易和航运中心建设，打造在亚太乃至全球有重要影响力的国际金融服务体系、国际商务服务体系、国际物流网络体系，提高开放型经济水平，在我国参与全球合作与对外交流中发挥主体作用。

全球重要的现代服务业和先进制造业中心。

......

三、区域布局与协调发展

按照优化开发区域的总体要求，统筹区域发展空间布局，形成以上海为核心，沿沪宁和沪杭甬线、沿江、沿湾、沿海、沿宁湖杭线、沿湖、沿东陇海线、沿运河、沿温丽金衢线为发展带的“一核九带”空间格局，推动区域协调发展。

（一）优化总体布局。

以上海为发展核心。优化提升上海核心城市的功能，充分发挥国际经济、金融、贸易、航运中心作用，大力发展现代服务业和先进制造业，加快形成以服务业为主的产业结构，进一步增强创新能力，促进区域整体优势的发挥和国际竞争力的提升。

沪宁和沪杭甬沿线发展带。包括沪宁、沪杭甬交通沿线的市县。优化城市功能，提升创新能力，严格控制环境污染重、资源消耗大的产业发展，保护开敞生态空间，改善环境质量，建成高技术产业带和现代服务业密集带，形成国际化水平较高的城镇集聚带，服务长三角地区乃至全国发展。

沿江发展带。包括长江沿岸市县。充分发挥黄金水道的优势及沿江交通通道的作用，合理推进岸线开发和港口建设，引导装备制造、化工、冶金、物流等产业适度集聚，加快城镇发展，注重水环境保护与生态建设，建成特色鲜明、布局合理、生态良好的基础产业发展带和城镇集聚带，成为长江产业带的核心组成部分，辐射皖江城市带，并向长江中上游延伸。

沿湾发展带。包括环杭州湾的市县。依托现有产业基础和港口条件，积极发展高技术、高附加值的制造业和重化工业，建设若干现代化新城区，注重区域环境综合治理，建成分工明确、布局合理、功能协调的先进制造业密集带和城镇集聚带，带动长三角南部地区的全面发展。

沿海发展带。包括沿海市县。依托临海港口，培育和发展临港产业，建设港口物流、重化工和能源基地，带动城镇发展，合理保护和开发海洋资源，形成与生态保护相协调的新兴临港产业和海洋经济发展带，辐射带动苏北、浙西南地区经济发展。

宁湖杭沿线发展带。包括宁湖杭交通沿线的市县。充分考虑资源环境容量和生态保护要求，重点发展高技术、轻纺家电、旅游休闲、现代物流、生态农业等产业，积极培育城镇集聚区，形成生态产业集聚、城镇发展有序的新型发展带，拓展长三角地区向中西部地区辐射带动的范围。

沿湖发展带。包括环太湖地区。坚持生态优先原则，以保护太湖及其沿岸生态环境为前提，严格控制土地开发规模和强度，优化产业布局，适度发展旅游观光、休闲度假、会展、研发等服务业和特色生态农业，成为全国重要的旅游休闲带、区域会展中心和研发基地。

沿东陇海线发展带。包括东陇海沿线的市县。大力发展劳动密集型产业，积极发展对外贸易，建设资源加工产业基地，成为振兴苏北、带动我国陇海兰新沿线地区经济发展的重要区域。

沿运河发展带。包括运河沿岸市县。依托人文底蕴深厚、生态环境良好的优势，大力发展旅游休闲、文化创意等服务业，积极发展生态产业，改善人居环境，成为独具特色的运河文化生态产业走廊。

沿温丽金衢线发展带。包括温州—丽水—金华—衢州高速公路沿线的市县。发挥毗邻海峡西岸经济区、生态环境良好、民营经济发达的优势，重点发展日用商品、汽车机电制造和商贸物流业，大力发展生态农业，建设浙中城市群，成为连接长三角地区和海峡西岸经济区的纽带。

（二）推动区域协调发展。

加快核心区发展。以上海为龙头，南京、杭州为两翼，增强高端要素集聚和综合服务功能，提高自主创新能力和城市核心竞争力。核心区其他城市要抓住上海优先发展现代服务业和先进制造业的机遇，协同推进产业升级、技术创新和集约发展，增强现代产业和人口集聚能力。推动城市之间的融合，加快形成世界级城市群。

促进苏北、浙西南地区发展。充分利用苏北地区的土地、劳动力和能源资源优势，建立长三角地区优质农产品、能源、先进制造业基地和承接劳动密集型产业转移基地。充分利用浙西南地区民营经济发达的优势和山区资源条件，建设长三角地区先进制造业基地、绿色农产品基地和生态休闲旅游目的地。加快连云港、盐城、温州等发展潜力较大地区的发展，形成新的经济增长点，带动江苏沿海、东陇海沿线和浙江温台沿海、金衢丽高速公路沿线地区发展。依托上海设在盐城的三个农场，建设承接上海产业转移基地。强化核心区与苏北、浙西南地区基础设施的共建共享，延伸城际轨道交通和高速公路，加强上海港与南北两翼港口的合作共建，充分发挥核心区的辐射服务与产业链延伸功能，促进区域共同发展。

四、城镇发展与城乡统筹

坚持走新型城镇化道路，增强城市功能，构建完备的城镇体系，推进城乡一体化发展，建设具有较强国际竞争力的世界级城市群。

（一）完善和提升各类城市功能。

提升上海核心地位。进一步强化上海国际大都市的综合服务功能，充分发挥服务全国、联系亚太、面向世界的作用，进一步增强高端服务功能，建成具有国际影响力和竞争力的大都市。加大自主创新投入，形成一批国际竞争力较强的产业创新基地和科技研发中心，发挥自主创新示范引领作用，带动长三角地区率先建成创新型区域。充分发挥上海浦东新区作为国家综合配套改革试验区的带动作用，率先形成更具活力、更加开放的发展环境。依托虹桥综合交通枢纽，构建面向长三角、服务全国的商务中心。优化功能分工，中心城区重点发展现代服务业，郊区重点建设先进制造业、高技术产业和现代农业基地，积极发展生产性服务业，形成合理的产业布局，带动产业转型与升级。

嘉定新城。依托沪宁高速等交通网络，重点发展以汽车产业为依托的现代服务业，建设集科研教育、运动休闲、生活居住、商业贸易、文化娱乐、旅游度假和都市工业等功能于一体的现代化城区。松江新城。依托沪杭高速等交通网络，以高技术产业为支撑、现代服务业为导向，建设长三角地区重要的高等教育基地、适宜居住的生态园林城区、具有历史文化底蕴的旅游城区。临港新城。依托集装箱国际深水枢纽港、国际航空枢纽港，建设以现代装备制造为核心的重要产业基地、具有海港特色的旅游目的地和综合型滨海新城。

完善区域性中心城市功能。进一步提升南京、杭州等区域性中心城市的综合承载能力和服务功能，错位发展，扩大辐射半径，带动区域整体发展。

——南京。发挥沿江港口、历史文化和科教人才资源优势，建设先进制造业基地、现代服务业基地和长江航运物流中心、科技创新中心。加快南京都市圈建设，促进皖江城市带发展，成为长三角辐射带动中西部地区发展的重要门户。

——苏州。发挥区位、产业和人文优势，进一步强化与上海的紧密对接，建设高技术产业基地、现代服务业基地和创新型城市、历史文化名城和旅游胜地。

——无锡。充分发挥产业、山水旅游资源优势，建设国际先进制造业基地、服务外包与创意设计基地和区域性商贸物流中心、职业教育中心、旅游度假中心。

——杭州。充分发挥科技优势和历史文化、山水旅游资源，建设高技术产业基地和国际重要的旅游休闲中心、全国文化创意中心、电子商务中心、区域性金融服务中心。建设杭州都市圈。

——宁波。发挥产业和沿海港口资源优势，推动宁波—舟山港一体化发展，建设先进制造业基地、现代物流基地和国际港口城市。

增强其他重要城市实力。按照区域总体布局的要求，充分发挥自身优势，形成特色鲜明、功能互补、具有竞争力的核心区城市。常州，发挥产业和科教优势，建设以装备制造、新能源、新材料为主的先进制造业基地和重要的创新型城市。镇江，依托长江港口和山水旅游、历史文化资源优势，建设以装备制造、精细化工、新材料、新能源、电子信息为主的先进制造业基地、区域物流中心和旅游文化名城。扬州，发挥历史文化和产业优势，建设以电子、装备制造、新材料、新能源为主的先进制造业基地和生态人文宜居城市。泰州，发挥滨江优势，建设以医药、机电、造船、化工、新材料、新能源为主的先进制造业基地，成为长江南北联动发展的枢纽、滨江生态宜居旅游城市。南通，发挥滨江临海优势，建设以海洋装备、精细化工为主的先进制造业基地和综合性物流加工基地，建设江海交汇的现代化国际港口城市。湖州，发挥临湖和生态优势，建设高技术产业引领的先进制造业基地和文化创意、旅游休闲城市，成为连接中部地区的重要节点城市。嘉兴，发挥临沪和沿湾优势，建设高技术产业、临港产业和商贸物流基地，成为运河沿岸重要的港口城市。绍兴，发挥传统文化和产业优势，建设以新型纺织、生物医药为主的先进制造业基地和国际文化旅游城市。舟山，发挥海洋和港口资源优势，建设以临港工业、港口物流、海洋渔业等为重点的海洋产业发展基地，与上海、宁波等城市相关功能配套的沿海港口城市。台州，发挥民营经济发达的优势，建设以汽摩、船舶、医药、石化为主的先进制造业基地，成为民营经济创新示范区。

依托核心区，引导苏北、浙西南地区产业和人口有序集聚，加快城市发展。连云港，建设综合性交通枢纽、以重化工为主的临港产业基地和国际性海港城市。徐州，建设以工程机械为主的装备制造业基地、能源工业基地、现代农业基地和商贸物流中心、旅游中心，成为淮海经济区的中心城市。盐城，建设先进制造业基地、能源基地和现代农业示范区、重要生态湿地旅游目的地，成为沿海地区现代工商城市。淮安，建设区域性交通枢纽、商贸物流中心、先进制造业基地和历史文化旅游目的地。宿迁，建设新兴工业和商贸基地、绿色生态和创新创业城市。温州，建设以装备制造为主的先进制造业基地、商贸物流为主的现代服务业基地、国家重要枢纽港和民营经济创新示范区，成为连接海峡西岸经济区的重要节点城市。金华，建设国际商贸物流中心和高技术产业基地，加快以金华—义乌为核心的浙中城市群发展。衢州，重点发展装备制造、新材料、职业教育、商贸物流、文化旅游，建设省际重要节点城市。丽水，建设绿色农产品基地、特色制造业基地和生态文化休闲旅游目的地，建成浙西南重要的区域性中心城市。

鼓励发展中小城镇。依托现有中小城市和重点中心镇，建设网络化的城镇体系。发挥各自比较优势，大力发展县域经济，突出发展特色，增强县域经济实力。着重发展一批经济实力雄厚、竞争力较强、发展空间较大的县（市），努力提高发展层次和质量，促进产业结构优化和空间集约利用。依托现有产业基础，重点培育一批工贸型小城镇。依托机场、港口、铁路和高速公路，发展一批交通节点型小城镇。依托独特的自然和人文资源，打造若干国内外知名度较高的旅游型小城镇。促进重点中心镇发展，将有条件的重点中心镇培育成为小城市。

（二）优化城镇人口布局。

……

五、产业发展与布局

推进产业结构优化升级，加快发展现代服务业，推进信息化与工业化融合，培育一批具有国际竞争力的世界级企业和品牌，建设全球重要的现代服务业中心和先进制造业基地。

（一）优先发展现代服务业。

面向生产的服务业。推进上海国际航运中心建设，依托区域综合交通运输网络，大力发展现代物流业。推进上海国际金融中心建设，进一步健全金融市场体系，加快金融产品、服务、管理和组织机构创新，促进金融业发展。扶持和培育工业设计、节能服务、战略咨询、成果转化等技术创新型服务企业，大力发展科技服务业。规范发展法律咨询、会计审计、工程咨询、认证认可、信用评估、广告会展等商务服务业。整合建立区域内综合性的软件和信息服务公共技术平台，培育创新型特色化的软件服务和信息服务企业，积极发展增值电信业务、软件服务、计算机信息系统集成和互联网产业，大力发展服务外包产业。

面向民生的服务业。立足历史人文、山水风情、江南风貌、江海风光、现代都市等特色旅游资源，大力发展旅游业，进一步拓展市场、整合资源，建设世界一流水平的旅游目的地。加快发展广播影视、新闻出版、邮政、电信、商贸、文化、体育和休闲娱乐等服务业。运用信息技术和现代经营方式改造提升传统商贸业，加快现代商贸业发展。积极扶持文化科技、音乐制作、艺术创作、动漫游戏等文化创意产业发展。

上海重点发展金融、航运等服务业，成为服务全国、面向国际的现代服务业中心。南京重点发展现代物流、科技、文化旅游等服务业，成为长三角地区北翼的现代服务业中心。杭州重点发展文化创意、旅游休闲、电子商务等服务业，成为长三角地区南翼的现代服务业中心。苏州重点发展现代物流、科技服务、商务会展、旅游休闲等服务业，无锡重点发展创意设计、服务外包等服务业，宁波重点发展现代物流、商务会展等服务业。苏北和浙西南地区主要城市在改造提升传统服务业的基础上，加快建设各具特色的现代服务业集聚区。

（二）做强做优先进制造业。

……

六、自主创新与创新型区域建设

以关键领域和核心技术创新为突破口，增强自主创新能力，形成优势互补、资源共享、互利共赢的具有国际竞争力的区域创新体系，率先在全国建成创新型区域。

（一）建设区域创新体系。

强化企业的创新主体地位。加强以企业为主体的技术创新体系建设，加大政府对企业创新的支持力度，通过财税、金融等政策引导企业增加研发投入，加强企业创新能力建设。到2015年企业研发投入占全社会研发投入的比重达85%以上。开展自主创新产品的互认或联合认定，将自主创新产品纳入政府采购目录，支持科技创新型企业发展。创新产学研合作模式，建立产学研主体之间成果共创、信息互通、利益共享的机制。鼓励发展产学研联盟等多种形式的合作，重点围绕船舶、冶金、石化、风电、太阳能光伏、软件等产业建设一批具有国际先进水平的产业技术研究机构。支持高等院校、科研院所开放科技资源，与企业联合兴办研发机构、博士后工作站、成果转化基地等产学研合作组织。积极推进国际产学研合作，吸引和集聚国外先进技术和人才等创新要素，推动本土企业研发国际化和外资企业研发本土化。

完善区域科技创新平台。选择若干创新基础较好的地区开展自主创新试点，探索有利于促进区域自主创新一体化的财政、税收、金融等有关政策。以国家重点实验室、工程实验室、工程（技术）研究中心等为重点，建设研究实验体系。以科技文献情报资源、自然科技资源共享等为重点，加强科技公共支撑体系建设。依托高等院校、科研院所和骨干企业，建设一批技术创新服务平台。建立若干区域性重点科技园区，引导高技术产业、研发机构和融资平台向高新园区集聚，构建布局合理、开放高效的区域创新资源共享网络。加强区域创新合作机制建设，促进科技资源开放共享，推进科技资质互认，加强科技基础条件平台建设。到2015年，规划建设科技公共服务平台300个左右，创业投融资规模突破1000亿元。

（二）提高技术创新能力。

……

七、基础设施建设与布局

推进跨区域重大基础设施一体化建设，提升交通、能源、水利、信息等基础设施的共建共享和互联互通水平，形成分工合作、功能互补的基础设施体系，增强区域发展支撑能力。

（一）完善交通通道建设。

沪宁和沪杭通道。依托沪宁、沪杭铁路和高速公路，优化运输结构，提升运输效率和通过能力，建设铁路、公路、水运相结合的主通道。建设京沪高速铁路沪宁段、沪宁和常苏嘉城际轨道交通、沪杭客运专线、沪苏湖铁路、杭州—黄山铁路以及沪杭磁悬浮交通，提升快速客运能力。改造京杭运河江南段、苏申内外港线、湖嘉申航道、杭申航道等国家和省级干线航道，增强水运货运能力。

沿长江通道。依托长江航道，构建综合型的交通运输通道，强化与长江中上游的联系。推进长江口12.5米深水航道向上延伸工程建设。改扩建宁通（南京—南通）、京沪高速公路，加快建设泰州—常州过江通道。建设南京—芜湖—安庆铁路、沿江铁路、淮扬镇铁路及过江通道，加快宁启铁路、新长铁路扩能改造及过江通道建设。

沿海通道。依托沿海港口和海运，加强崇明过江通道、崇明—启东长江公路通道建设，加快甬台温高速公路改扩建，建设连盐（淮）、沪通、甬台温、金甬、金台等铁路，规划建设跨杭州湾通道，完善沿海交通运输大通道体系。

宁湖杭通道。依托宁杭高速公路，加快宁杭客运专线建设，支撑宁湖杭发展带的发展。加强与上海的联系，建设湖州—乍浦铁路。

杭甬通道。依托杭甬高速公路和杭甬铁路，建设支撑杭州湾南翼产业和城镇发展以及连接宁波—舟山港的重要出海通道。加快杭甬客运专线、宁波铁路枢纽北环线以及疏港铁路建设，整治杭甬运河，加强沿杭州湾南岸城市间及陆岛间联系，提高沿海港口集疏运能力。

东陇海通道。依托陇海铁路和连霍高速公路，构建中西部地区至连云港港的重要出海通道。加快建设郑徐客运专线徐州段并规划延伸至连云港，增强对中西部地区的辐射带动作用并支撑沿线产业发展。

浙西南通道。依托浙赣和金温铁路、金丽温和杭金衢高速公路，建设金温铁路扩能工程、九景衢铁路、杭州长沙客运专线和杭新景高速公路，加强与长三角西南地区的联系并支撑沿线产业发展。

（二）加快综合枢纽建设。

综合运输枢纽建设。重点建设上海、南京、连云港、徐州、杭州、宁波全国性综合运输枢纽，加强苏州、无锡、常州、镇江、扬州、泰州、南通、盐城、湖州、嘉兴、金华、温州、衢州等区域性综合运输枢纽建设。强化各种交通运输方式的衔接，特别是加强铁路客运专线、城际铁路和干线铁路建设及其与港口、空港、城市轨道交通等的衔接。

——上海。增强航运和航空能力，提升上海铁路枢纽地位，提高国际客货运和集装箱中转的比例，优化物流节点布局，增强物流网络统筹协调功能，建成海陆空一体化的大型综合运输枢纽和现代物流中心。

——南京。积极发展铁路、公路、水运、航空综合交通，完善服务长江流域的大宗散货江海联运，以及服务长三角地区北部及其周边地区的国际物流功能，进一步提高客货运能力，建成江陆空综合运输枢纽和长江中下游综合性现代物流中心。

——徐州。完善徐州铁路、公路枢纽功能，充分发挥徐州港的功能和作用，建设铁路、公路、水运联运的综合性运输枢纽和区域物流中心。

——连云港。加快连云港港建设，尽快形成“一体两翼”的发展格局，强化港口对中西部地区的辐射能力，建成我国重要的综合交通枢纽和物流中心，成为辐射带动力强的新亚欧大陆桥东方桥头堡。

——杭州。加快杭州铁路东站综合交通枢纽建设，强化服务长三角地区南部及其周边地区的国际物流功能。配合旅游发展，强化客运功能，建成陆空水联运综合运输枢纽和空港型物流中心。

——宁波。结合梅山保税港区和宁波铁路枢纽建设，优化集疏运系统，强化货运枢纽功能，尤其是大宗散货海进江中转、海铁联运运输功能，建成海陆联运的综合运输枢纽和全国性大型物流中心。

港口枢纽与配套港口群建设。加强港口枢纽之间的协调，整合现有港口，加快以上海为中心，以江苏、浙江港口为两翼的上海国际航运中心建设。

——上海港。以建设上海国际航运中心为目标，进一步提升上海港主枢纽港的功能地位，重点加快建设洋山深水港区集装箱泊位和通往主要集装箱港区的内河集装箱运输通道及配套港区，以及洋山港区LNG、油品码头，进一步扩大上海港的吞吐能力。

——宁波—舟山港。推进宁波—舟山港一体化进程，发展集装箱运输和大宗散货中转运输，建设宁波—舟山港大吨位、专业化铁矿石码头和原油码头，推进宁波梅山保税区10万吨级以上集装箱码头建设，完善铁矿石、原油、煤炭、粮油等大宗散货接卸转运系统和集装箱运输系统。

——南京以下长江下游港口。以开辟集装箱支线运输为主，加强南京、镇江、苏州、南通港口间的分工协调，重点建设太仓集装箱干线港和江海联运中转枢纽港，完善集装箱支线港。加快长江口深水航道和沿江海进江矿石码头建设，形成铁矿石转运系统。

——江苏沿海港口群。加快连云港港30万吨级深水航道建设，规划建设原油、矿石等大型专业化深水泊位，大力发展集装箱干线运输。以连云港港为核心，联合南通港、盐城港共同建设沿海港口群，大力发展国际航运和现代物流，增强为中西部服务的能力，建设成为上海国际航运中心北翼重要组成部分。

——浙南沿海港口群。围绕温州港深水航道建设，推进乐清港、状元岙、大小门岛港区建设。发展台州港临港产业，重点建设大陈岛、大麦屿等港区。以能源、原材料等大宗散货和集装箱运输为主，建成辐射赣东、闽北等地区的重要对外交流口岸。

航空枢纽与配套机场群建设。以扩大空港设施能力为重点，优化航空运输网络为主线，提高国际竞争力为目标，加快区域航空枢纽中心建设，形成大型国际枢纽机场—区域枢纽机场—国内小型枢纽机场合理布局、分工协作的航线网络和机场群。

——上海航空枢纽港。建成以浦东机场为主、虹桥机场为辅的上海航空枢纽港。浦东机场侧重于国际航线，加强设施建设，提高中转能力，发展成为国际航空网络的主枢纽之一。虹桥机场侧重于国内航线，适度发展台港澳航线，发展成为国内航空网络的主枢纽。加强两机场间交通设施建设，提高通达效率。

——南京和杭州国际机场。优化南京禄口机场和杭州萧山机场航线布局，大力开辟国内航线，适时增辟国际客运和国际货运航线，客货并举，内外并重，不断增加航线和加密航班，建成区域枢纽机场。

——苏南和宁波国际机场。积极推进苏南硕放国际机场的改扩建工程，重点增加国内客运和国际货运航线，建成国家干线机场、苏南一类航空口岸和区域枢纽机场。加快宁波栎社国际机场扩建工程建设，大力发展国际货运航线，形成以货为主、客货兼顾的区域性国际干线机场。

新建、调整、改造一批中小型机场。新建苏中江都机场和淮安机场，迁建连云港机场，调整南通、嘉兴机场运输功能，改造扩建常州、徐州、盐城、台州机场，形成区域客货运输航空网络。

……

八、资源利用与生态环境保护

实行最严格的耕地保护制度，提高土地节约集约利用水平，加强环境保护和生态建设，推进资源节约型和环境友好型社会建设，全面提高区域可持续发展能力。

（一）合理利用土地资源。

严格保护耕地。坚持保护耕地的基本国策，切实保护耕地特别是基本农田，提高耕地质量。加大土地复垦、开发整理力度，建设高标准基本农田。到2015年，核心区保有耕地面积不少于333万公顷，常住人口口粮确保自给。

提高建设用地节约集约利用水平。在充分尊重农民意愿的前提下，有条件的地方引导农民居住向城镇和中心村集中。严格控制城镇和农村居住用地增长，全面提高土地利用效率。努力转变用地方式，积极推进工业向园区集中、土地利用向适度规模经营集中。在严格执行土地用途管制的基础上，促进农村集体建设用地依法流转。在严禁跨省域易地占补平衡的前提下，探索耕地占补平衡的有效途径。以提高工业用地产出效率为重点，制定区域产业用地标准，提高新上工业项目入区入园门槛。在符合规划、不改变原用途的前提下，对提高土地利用率和增加容积率的工业用地，原则上不再增收土地价款。科学规划，合理布局，统筹安排农业、生态和建设等各类用地。

保障生态用地。对重要生态功能保护区、区域生态走廊和其他生态地位重要的地区，实施限制性保护。对自然保护区、森林公园、湿地公园、重要集中式饮用水水源地和重要水源涵养区、浙江南部地区海拔500米以上山体、江苏以及浙江的湖州和嘉兴两市海拔200米以上的山体、沿海湿地等区域实施严格的保护。对于重要湿地、重要水源地外围和输水通道两侧地区、长江和钱塘江干流、城市间的重要生态斑块、浙江西部海拔200-500米之间的山体、江苏以及浙江湖州和嘉兴两市海拔50-200米之间的地带，严格控制土地开发强度，禁止开展导致生态退化的各种生产活动，鼓励发展生态型产业，有针对性地新建自然保护区和海洋特别保护区，改善区域生态环境质量。加强林地和草地保护，防止非法占用。

优化区域土地资源配置。按照区域总体布局框架，实行差别化土地政策，统筹保有耕地，优化用地布局。沪宁和沪杭甬沿线发展带，划定基本农田保护区，采取最严格的措施保护基本农田；优化土地利用结构，加大土地整理、复垦力度，着力提高土地产出率；严格控制上海、南京、苏州、无锡、杭州、宁波的城市建设用地增量。沿江、沿湾和沿海发展带，优先安排建设用地指标，科学利用滩涂资源，满足重点产业发展和基础设施建设需求。宁湖杭发展带以及其他沿路发展轴带，确保基本农田保护面积和生态保护面积，保留足够的自然生态空间，适度安排建设用地，促进城市与产业有序集聚和发展。沿湖发展带优先满足保护生态的要求，实施有效的土地用途管制，控制土地开发强度。其他地区适当调高基本农田保护率，严格控制建设用地占用耕地的规模。科学编制规划，合理有序开发利用滩涂和低丘缓坡资源，努力增加耕地和建设用地。

……

九、社会事业与公共服务

以改善民生为重点，加强社会事业建设，推进义务教育、公共卫生、公共文化等基本公共服务均等化，促进经济社会协调发展，形成人民幸福安康、社会和谐进步的良好局面。

（一）优先发展教育事业。

推进义务教育均衡发展。合理配置义务教育资源，优化学校布局，高水平、高质量普及九年义务教育。完成中小学校舍安全工程，推进义务教育阶段学校标准化建设。逐步解决常住人口子女平等接受义务教育问题，加大对欠发达地区学校的投入力度，推进城乡、区域之间义务教育均衡发展。

大力发展职业教育。继续扩大职业教育规模，提高职业教育质量，重点发展中等职业教育，加快建立完善的区域职业教育培训体系。结合区域产业特色，加快常州科教城和无锡、盐城、温州等职业教育园区建设，支持有条件的地区建设公共实训基地。完善工学结合、顶岗实习的人才培养模式，在人才紧缺的专业领域推行职业院校与企业共同培养人才。

提升高等教育发展水平。继续加强“985工程”和“211工程”建设，重点支持复旦大学、上海交通大学、南京大学、浙江大学等重点高校创建世界一流大学。大力支持重点学科建设，建成一批高水平、有特色的学科群，推动若干高校进入国内一流大学行列。推进中外合作办学，拓展国际交流，引进优质教育资源。发挥现有高等院校集中、高等教育发达的优势，显著提升高等院校科技创新与服务能力。

深化教育改革。鼓励开展各项教育改革试点，探索教育发展新路子。加强教育合作，建立区域间优质教育资源共享机制。以培养学生理想情操、创新精神和实践能力为重点，更新教育观念和教学方法，创新人才培养模式，全面实施素质教育。完善以政府投入为主、多渠道筹措教育经费的投入体制。大力发展民办教育，推动公办教育和民办教育相互促进、共同发展。落实高等学校办学自主权，加快建立现代大学制度。建立完善的现代国民教育体系和终身教育体系，率先基本实现教育现代化。

（二）提升医疗卫生服务水平。

加强公共卫生体系建设。建立健全疾病预防控制、健康教育、妇幼保健、精神卫生、应急处置、采供血、卫生监督和计划生育等专业公共卫生服务网络，加强重大传染病、慢性病、地方病、职业病和出生缺陷疾病的防控以及职业卫生和食品安全监管工作，提高突发公共卫生事件应急处置能力，建立疾病预防控制联防联控机制，着力构建覆盖城乡的公共卫生服务体系。适度扩大公共卫生服务范围，针对区域突出的公共卫生问题，在中央规定的服务项目基础上增加公共卫生服务内容。优化医疗卫生资源配置。建立健全基层医疗卫生服务体系，推动医疗卫生资源向城市社区和农村基层倾斜，完善以社区卫生服务为基础的新型城市医疗卫生服务体系。在大中城市建立以三级综合医院为龙头，二级综合医院、专科医院、护理院和康复医院为骨干的现代医疗服务体系。加快建立健全以县级医院为龙头、乡镇卫生院为骨干、村卫生室为基础的农村三级医疗卫生服务网络。逐步建立城市医院与社区卫生服务机构、农村医疗卫生机构分工协作和对口支援机制，形成结构合理、分工明确、防治结合、覆盖城乡、运转有序的医疗卫生服务体系。探索建立区域化、集中化的血液采集服务网络。坚持中西医并重的原则，以上海、江苏、浙江国家中医研究基地为龙头，形成我国中医创新集聚区，推动中医药产业发展。

深化医药卫生体制改革。着眼于实现人人享有基本医疗卫生服务的目标，坚持公共医疗卫生的公益性质，实行政事分开、管办分开、医药分开、营利性与非营利性分开，加快医药卫生体制改革。建设公共卫生服务体系、医疗服务体系、医疗保障体系和药品供应保障体系，建立覆盖城乡居民的基本医疗卫生制度。强化政府责任，建立政府主导的多元卫生投入机制，鼓励和引导社会资本发展医疗卫生事业。推进公立医院改革试点，积极探索公立医院管理、运行和监管的有效形式。

……

十、体制改革与制度创新

进一步发挥上海浦东综合配套改革示范作用，着力推进重点领域和关键环节改革攻坚，在新的更高起点上再创体制机制新优势，率先建立完善的社会主义市场经济体制。

（一）深化行政管理体制改革。

切实转变政府职能。按照政企分开、政资分开、政事分开以及政府与中介组织分开的原则，合理界定政府职责范围，充分发挥市场在资源配置中的基础性作用，鼓励公民和社会组织参与公共事务管理，让政府、市场、企业和中介组织各司其职、各负其责。进一步强化政府社会管理和公共服务职能，加强政府社会治安、公共应急等能力建设，提高科教文卫、就业和社会保障等社会服务水平。合理匹配地方各级政府事权和财力，增强公正履行职责的能力。加快推进事业单位分类改革，理顺政府与事业单位的关系。按照市场化方向加快行业协会、商会改革，推动建立区域性行业协会。

创新政府管理方式。深化行政审批制度改革，继续清理和调整行政审批项目和部门收费，逐步实行审批管理“零收费”制度。建立和完善跨部门统一互联的电子政务平台，积极推行网上办公。完善行政监督制度，推进区域电子监察系统网络建设。完善政府信息发布制度，推进政府信息公开与资源共享，充分发挥政务信息对经济社会活动和人民群众生产生活服务的引导作用。强化行政规划和行政指导，推行现代行政管理方式，降低行政成本，提高工作效率。

深化政府机构改革。支持上海率先实行职能有机统一的大部门体制，完善农业服务、综合交通协调、社会保障与人力资源管理、食品药品安全监管等体制机制。优化政府管理层次，加快江苏、浙江省直管县（市）体制改革，扩大县级政府经济社会管理权限，增强市、县（市）政府提供公共服务的能力。明确行政执法权限，完善行政执法程序，规范行政执法行为。健全基层行政管理体制，对江苏、浙江具备一定人口规模和经济实力的中心镇赋予部分县级经济社会管理权限，探索中心镇行政综合执法管理体制改革。研究建立区域统一的政府绩效管理制度，完善政府绩效管理体系。

（二）推进非公有制经济发展和国有企业改革。

推动非公有制经济科学发展。落实鼓励、支持和引导非公有制经济发展的各项政策措施，推进公平准入，改善融资条件。支持非公有制经济按照国家产业政策，积极发展低污染、低能耗、高附加值产业，提升产业层次，优化企业结构。推动非公有制经济制度创新，积极发展股份制经济，实施中小企业改制上市培育工程，鼓励民营资本参与国有大型企业和垄断企业改革，支持有条件的企业并购重组。改进对非公有制企业的服务和监管，加强执行劳动合同、工资报酬、劳动保护和社会保险等法律法规的监督检查，切实维护企业职工合法权益。到2015年，上海、江苏非公有制经济比重明显提高，浙江非公有制经济发展质量进一步提升。

深化国有企业改革。推动国有资本向重要行业、优势企业和企业主营业务集聚，加快技术、人才等要素资源向优势企业集中，积极培育市场竞争力强、有影响力的企业集团和行业排头兵。积极引进战略投资者，鼓励国有企业采取股权转让、增资扩股、合资合作、战略协作等方式进行跨区域、跨所有制重组，促进国有企业投资主体多元化。健全现代企业制度，完善公司法人治理结构，建立外部董事制度，健全经营管理者市场选聘机制。鼓励竞争性行业中的国有全资控股企业实施股份制改造，推进有条件的企业整体上市或主业资产上市，推动符合产业发展方向、主业清晰的国有控股上市公司采取定向增发、并购重组等方式继续发展壮大。深化国有企业内部体制改革，加快形成适应竞争的激励约束机制。

……

十一、对外开放与合作

立足长三角，服务全国，面向世界，充分利用国际国内两个市场、两种资源，在更大范围、更广领域、更高层次上参与国际合作与竞争，全面融入世界经济体系，实现开放型经济的新跨越，打造服务亚太乃至全球的重要国际门户。

（一）提高开放型经济水平。

转变对外贸易发展方式。优化加工贸易结构，推动加工贸易转型升级。引导加工贸易企业加强研发设计和营销服务。鼓励内资企业融入加工贸易配套产业链，加快由代加工向代设计、由贴牌向自主品牌转变。按照国家有关规定，理顺加工贸易管理体制，完善加工贸易政策环境，构建加工贸易信息平台。建立健全出口品牌培育机制，扶持自主品牌和具有自主知识产权的高附加值产品出口。加强出口基地建设，支持机电、软件、轻纺产品和农产品出口基地发展壮大，加快公共技术平台、商务平台和信息服务平台建设，率先推行符合国际惯例的质量、安全、环保、技术、劳工等标准，完善考核制度，强化企业社会责任。鼓励能源、原材料、先进技术和装备、关键零部件进口，发布重要商品进口信息，指导企业有序进口。在江苏连云港建设进口资源加工基地。加快上海国际贸易中心建设。支持昆山花桥国际商务区设立机电产品国际展示交易平台。

提高利用外资水平。改善投资环境，创新外商投资管理方式，试行外商投资企业格式化审批，推动投资便利化。引导外资投向高技术产业、基础设施领域和高端制造环节，提高国际资源要素的聚集层次和承接国际产业转移的技术层次。在符合《反垄断法》有关规定且不影响国家安全的前提下，鼓励外商投资企业采取并购、参股、结成战略同盟等方式参与国内企业改组改造，加快引进国际先进技术、管理经验和智力资源。

实施企业“走出去”战略。健全和完善“走出去”支持服务平台，及时发布境外投资信息，加强贸易投资实务培训、国际经营人才和知识产权管理人才培训，加大对境外投资的商品通关、人员进出境及资金融通的扶持力度。鼓励有实力的企业到境外开发资源，在海外建立生产加工基地、营销网络和研发中心。完善相关金融政策，支持企业采用境外投资并购、境外上市等方式“走出去”。下放境外投资审批权限，简化审批手续，为企业营造更宽松的“走出去”环境。鼓励具备条件的国内商业银行进一步扩展海外网点和业务，为企业境外并购提供融资服务。选择有条件的企业开展国际贸易人民币结算试点。

推进大通关建设。深化口岸管理体制改革，完善口岸联络协调机制，推进电子口岸互联互通和资源共享，建立大通关电子口岸统一信息平台。积极推进分类通关改革，建设上海、南京、杭州、宁波四个直属海关“大通关协作区域”，实现跨关区申报、审单、验放，加快区域内进出口货物流动。推进海关特殊监管区域整合和业务流程再造，简化货物流转的环节和手续，加强关检业务协作和物流信息共享。

（二）加强国内外区域合作。

……

十二、规划组织实施

两省一市人民政府要切实加强对规划实施的组织领导，落实工作责任，明确工作分工，完善工作机制，制定切实可行的实施方案。要充分发挥长三角区域合作协调机制的作用，加强联系互动，推动规划实施。要加强与国务院有关部门的沟通衔接，按本规划要求落实各项任务和措施，努力实现规划确定的目标。

国务院有关部门要按照职能分工，加强对规划实施的指导，深入调查研究，研究制定贯彻实施本规划的具体政策措施，及时指导地方解决规划实施中的重大问题。

国家发展和改革委员会要加强对规划实施情况的分析评估和监督检查，做好与国家总体规划和相关专项规划的衔接与协调，及时将实施情况向国务院报告。进一步完善规划实施的公众参与和民主监督机制，做好规划及相关信息的公开工作。

实现长三角地区又好又快发展，事关国家改革开放和现代化建设大局。两省一市人民政府和国务院各有关部门要以实施规划为契机，解放思想，开拓进取，加强合作，真抓实干，创造性地开展工作，努力促进长三角地区在高起点上争创新优势、实现新跨越。

国务院关于中西部地区承接产业转移的指导意见

国发〔2010〕28号

各省、自治区、直辖市人民政府，国务院各部委、各直属机构：

产业转移是优化生产力空间布局、形成合理产业分工体系的有效途径，是推进产业结构调整、加快经济发展方式转变的必然要求。当前，国际国内产业分工深刻调整，我国东部沿海地区产业向中西部地区转移步伐加快。中西部地区发挥资源丰富、要素成本低、市场潜力大的优势，积极承接国内外产业转移，不仅有利于加速中西部地区新型工业化和城镇化进程，促进区域协调发展，而且有利于推动东部沿海地区经济转型升级，在全国范围内优化产业分工格局。为进一步指导中西部地区有序承接产业转移，完善合作机制，优化发展环境，规范发展秩序，现提出以下意见：

一、总体要求

（一）指导思想。深入贯彻落实科学发展观，紧紧抓住国际国内产业分工调整的重大机遇，以市场为导向，以自愿合作为前提，以结构调整为主线，以体制机制创新为动力，着力改善投资环境，促进产业集中布局，提升配套服务水平；着力在承接中发展，提高自主创新能力，促进产业优化升级；着力加强环境保护，节约集约利用资源，促进可持续发展；着力引导劳动力就地就近转移就业，促进产业和人口集聚，加快城镇化步伐；着力深化区域合作，促进要素自由流动，实现东中西部地区良性互动，逐步形成分工合理、特色鲜明、优势互补的现代产业体系，不断增强中西部地区自我发展能力。

（二）基本原则。

——坚持市场导向，减少行政干预。遵循市场规律，尊重各类企业在产业转移中的主体地位，充分发挥市场配置资源的基础性作用；注重规划和政策引导，改善投资环境，完善公共服务，规范招商引资行为。

——坚持因地制宜，加强分类指导。从各地实际情况出发，立足比较优势，合理确定产业承接发展重点，防止低水平重复建设；进一步优化产业空间布局，引导产业集聚，推动重点地区加快发展。

——坚持节能环保，严格产业准入。加强生态建设，注重环境保护，强化污染防治，严禁污染产业和落后生产能力转入；发展循环经济，推进节能减排，促进资源节约集约利用，提高产业承载能力。

——坚持深化改革，创新体制机制。深化重点领域和关键环节改革，突破发展瓶颈，优化发展环境，增强发展活力和动力；扩大对内对外开放，加强区域互动合作，建立利益共享机制，实现良性竞争、互利共赢。

二、因地制宜承接发展优势特色产业

依托中西部地区产业基础和劳动力、资源等优势，推动重点产业承接发展，进一步壮大产业规模，加快产业结构调整，培育产业发展新优势，构建现代产业体系。

（三）劳动密集型产业。承接、改造和发展纺织、服装、玩具、家电等劳动密集型产业，充分发挥其吸纳就业的作用。引进具有自主研发能力和先进技术工艺的企业，吸引内外资参与企业改制改组改造，推广应用先进适用技术和管理模式，加快传统产业改造升级，建设劳动密集型产业接替区。

（四）能源矿产开发和加工业。积极吸引国内外有实力的企业，大力发展能源矿产资源开发和精深加工产业，加快淘汰落后产能。在有条件的地区适当承接发展技术水平先进的高载能产业。加强资源开发整合，允许资源富集地区以参股等形式分享资源开发收益。

（五）农产品加工业。发挥农产品资源丰富的优势，积极引进龙头企业和产业资本，承接发展农产品加工业、生态农业和旅游观光农业。推进农业结构调整和发展方式转变，加快农业科技进步，完善农产品市场流通体系，提升产业化经营水平。

（六）装备制造业。引进优质资本和先进技术，加快企业兼并重组，发展壮大一批装备制造企业。积极承接关联产业和配套产业，加大技术改造投入，提高基础零部件和配套产品的技术水平，鼓励有条件的地方发展新能源、节能环保等产业所需的重大成套装备制造，提高产品科技含量。

（七）现代服务业。适应新型工业化和居民消费结构升级的新形势，大力承接发展商贸、物流、文化、旅游等产业。积极培育软件及信息服务、研发设计、质量检验、科技成果转化等生产性服务企业，发展相关产业的销售、财务、商务策划中心，推动服务业与制造业有机融合、互动发展。依托服务外包示范城市及省会等中心城市，承接国际服务外包，培育和建立服务贸易基地。

（八）高技术产业。发挥国家级经济技术开发区、高新技术产业开发区的示范带动作用，承接发展电子信息、生物、航空航天、新材料、新能源等战略性新兴产业。鼓励有条件的地方加强与东部沿海地区创新要素对接，大力发展总部经济和研发中心，支持建立高新技术产业化基地和产业“孵化园”，促进创新成果转化。

（九）加工贸易。改善加工贸易配套条件，提高产业层次，拓展加工深度，推动加工贸易转型升级，鼓励加工贸易企业进一步开拓国际市场，加快形成布局合理、比较优势明显、区域特色鲜明的加工贸易发展格局。发挥沿边重点口岸城镇区位和资源优势，努力深化国际区域合作，鼓励企业在“走出去”和“引进来”中加快发展。

三、促进承接产业集中布局

加强规划统筹，优化产业布局，引导转移产业向园区集中，促进产业园区规范化、集约化、特色化发展，增强重点地区产业集聚能力。

（十）引导转移产业向园区集中。把产业园区作为承接产业转移的重要载体和平台，加强园区交通、通信、供水、供气、供电、防灾减灾等配套基础设施建设，增强园区综合配套能力，引导转移产业和项目向园区集聚，形成各具特色的产业集群。发挥园区已有重点产业、骨干企业的带动作用，吸引产业链条整体转移和关联产业协同转移，提升产业配套能力，促进专业化分工和社会化协作。

（十一）规范发展产业园区。统筹规划产业园区建设，合理确定产业定位和发展方向，形成布局优化、产业集聚、用地集约、特色明显的产业园区体系。支持符合条件的产业园区扩区升级。支持发展条件好的产业园区拓展综合服务功能，促进工业化与城镇化相融合。因地制宜发展特色产业园区，大力推进园区整合发展，避免盲目圈地布点和重复建设，防止一哄而起。

（十二）发挥重点地区引领和带动作用。按照推动形成主体功能区的要求，合理调整产业布局，在中西部地区着力培育和壮大一批承载能力强、发展潜力大、经济实力雄厚的重点经济区（带），促进产业集聚发展，发挥规模效应，提高辐射带动能力。

四、改善承接产业转移环境

完善基础设施保障，加强公共服务平台建设，打破地区封锁，消除地方保护，为承接产业转移营造良好的环境。

（十三）完善承接地交通基础设施。加强区域间交通干线和区域内基础交通网建设，加快发展多式联运，构建便捷高效的综合交通运输体系。促进物流基础设施资源整合和有效利用，完善现代物流体系，进一步降低物流成本。

（十四）强化公共服务支撑。发展跨区域产业技术创新战略联盟，建立完善公共信息、公共试验、公共检测、技术创新等服务平台，规范发展技术评估、检测认证、产权交易、成果转化等中介机构。加快社会诚信体系建设，建立区域间信用信息共享机制。

（十五）改善营商环境。规范政府行为，防止越位和错位，不得采取下硬性指标等形式招商引资，清理各种变相优惠政策，避免盲目投资和恶性竞争。整顿和规范市场秩序，促进投资贸易便利化。推进依法行政，加强知识产权保护，完善法制环境，保障投资者权益。

五、加强资源节约和环境保护

将资源承载能力、生态环境容量作为承接产业转移的重要依据，加强资源节约和环境保护，推动经济发展与资源、环境相协调。

（十六）严把产业准入门槛。产业承接必须符合区域生态功能定位，严禁国家明令淘汰的落后生产能力和高耗能、高排放等不符合国家产业政策的项目转入，避免低水平简单复制。全面落实环境影响评价制度，对承接项目的备案或核准严格执行有关能耗、物耗、水耗、环保、土地等标准，做好水资源论证、节能评估审查、职业病危害评价等工作。加强承接产业转移中的环境监测。

（十七）推进资源节约集约利用。加强耕地资源保护，防止在承接产业转移中侵占基本农田。制定相关行业建设用地控制标准，推广多层标准厂房建设，提高土地投资强度和用地密度。加强水资源保护和合理利用，建立和推行用水定额管理制度，大力提高废污水处理回用率。鼓励企业采用节能、节水、节材、环保先进适用技术，改造生产流程及实施相关项目建设，降低单位产出的能源资源消耗。鼓励和支持承接产业转移园区发展循环经济。

（十八）加大污染防治和环境保护力度。加强产业园区污染集中治理，建设污染物集中处理设施并保证其正常运行，实现工业废弃物循环利用。大力推行清洁生产，加大企业清洁生产审核力度。严格执行污染物排放总量控制制度，实现污染物稳定达标排放，完善节能减排指标、监测和考核体系。加强对生态系统的保护，着力改善生态环境。

六、完善承接产业转移体制机制

完善政府管理与服务，提高行政效能，深化经济体制改革，推动区域合作向纵深发展，创新产业承接模式，探索建立合作发展、互利共赢新机制。

（十九）深化行政管理和经济体制改革。加快转变政府职能，减少行政审批，简化办事程序，提高服务效率。推动相关行政许可跨区域互认，做好转移企业工商登记协调衔接。继续推进国有企业改革，大力发展非公有制经济，进一步放宽市场准入，扩大民间投资的领域和范围。发展和完善土地、资本、劳动力、技术等要素市场，促进生产要素优化配置。加快资源型产品价格和环保收费改革。

（二十）创新园区管理模式和运行机制。鼓励中西部地区通过委托管理、投资合作等多种形式与东部沿海地区合作共建产业园区，积极探索承接产业转移新模式，实现优势互补、互利共赢。支持中西部毗邻地区之间合作共建产业园区，创新管理体制和运行机制，实现资源整合、联动发展。

（二十一）加强区域互动合作。推动建立省间产业转移统筹协调机制、重大承接项目促进服务机制等，引导和鼓励东部沿海地区产业向中西部地区有序转移。充分发挥行业协会、商会的桥梁和纽带作用，搭建产业转移促进平台。提升各类大型投资贸易会展活动的质量和水平。在中西部条件较好的地方设立承接产业转移示范区，充分发挥其典型示范和辐射带动作用。做好产业转移与对口支援、对口帮扶工作的衔接。

七、强化人力资源支撑和就业保障

大力发展职业教育和培训，促进农村劳动力转移，加强人才开发和就业服务，完善社会保障制度，为承接产业转移提供必要的人力资源和智力支持。

（二十二）加强职业技能培训。加快职业教育基础能力建设步伐，健全职业教育培训网络，重点建设一批高水平职业院校，推进公共实训基地建设。落实就读中等职业学校逐步免学费政策和职业培训补贴政策。支持职业院校面向产业转移需要，新增和调整相关专业，定向培养中高级技工和熟练工人。落实农民工培训补贴政策，切实做好农民工培训工作。

（二十三）完善就业和社会保障服务。健全就业服务体系，培育和完善统一开放、竞争有序的人力资源市场。鼓励各地引导社会资金投资建设适合农民工租住的住房，改善农民工居住条件。支持农村劳动力转移就业和返乡创业，加快建立和完善社会保险关系转移接续机制。

（二十四）引进高层次人才。创新高层次人才引进、使用、激励和服务保障机制，积极为高层次人才搭建创新创业平台。推动人才合理流动，实行来去自由的政策，吸引东部沿海地区和海外高层次人才根据本人意愿在中西部地区落户。

八、加强政策支持和引导

为进一步改善中西部地区投资环境，引导和支持产业有序转移和科学承接，在财税、金融、投资、土地等方面给予必要的政策支持。

（二十五）财税政策。中央财政通过加大转移支付等政策，支持中西部地区改善民生和促进基本公共服务均等化，优化产业承接环境。对中西部地区符合条件的国家级经济技术开发区和高新技术开发区公共基础设施项目贷款实施财政贴息。对投资中西部地区国家鼓励类产业和外商投资优势产业的项目，在投资总额内进口的自用设备，按规定免征关税。完善和规范物流企业营业税差额纳税办法。

（二十六）金融政策。鼓励和引导金融机构对符合条件的产业转移项目提供信贷支持。鼓励金融机构在风险可控的前提下为东部地区企业并购、重组中西部地区企业提供支持。支持中西部地区金融机构参与全国统一的同业拆借市场、票据市场、债券市场、外汇市场和黄金市场的投融资活动。鼓励和引导外资银行到中西部地区设立机构和开办业务。有序推进村镇银行、贷款公司等新型农村金融机构试点工作。支持符合条件的企业发行企业债券、中期票据、短期融资券、企业集合债券和上市融资。

（二十七）产业与投资政策。修订产业结构调整指导目录和政府核准投资项目目录，强化对产业转移的引导和支持。根据中西部地区产业发展实际，研究制定差别化产业政策，适当降低中西部地区鼓励类产业门槛，适当下放核准权限。根据《外商投资产业指导目录》修订情况，加快修订《中西部地区外商投资优势产业目录》，增加劳动密集型产业类别。对符合国家产业政策的产业转移项目，根据权限优先予以核准或备案。支持在有条件的地方建设国家高技术产业基地。鼓励省级技术改造等财政专项资金优先用于符合条件的产业转移项目。支持中西部地区根据产业发展和自主创业的需要，设立产业投资基金和创业投资基金。

（二十八）土地政策。在坚持节约集约用地的前提下，进一步加大对中西部地区新增建设用地年度计划指标的支持力度，优先安排产业园区建设用地指标。严格执行工业用地最低出让价标准，进一步完善体现国家产业政策导向的最低价标准实施政策。探索工业用地弹性出让和年租制度。

（二十九）商贸政策。支持在条件成熟的地区设立与经济发展水平相适应的海关特殊监管区域或保税监管场所。支持有条件的沿边地区设立边境经济合作区、跨境经济合作区。培育和建设一批加工贸易梯度转移重点承接地。对加工贸易重点企业给予贷款支持。加大对“大通关”建设和口岸建设的支持力度，推进中西部地区与东部省份的区域通关改革。

（三十）科教文化政策。鼓励东部地区转让先进技术，大力发展跨区域产业技术创新联盟，促进中西部地区完善产业技术创新体系。加大对产业园区技术创新体系建设、知识产权运用以及自主知识产权产业化的支持力度，提高集成创新和再创新能力。鼓励东部地区高校、科研机构、企业与中西部地区开展多种形式的产学研合作，推动有条件的企业在中西部地区建立研发机构和中试基地。支持中西部地区高等学校提升人才培养与创新服务能力，结合产业转移重点办好特色专业。支持中西部地区文化产业振兴发展，加强公共文化服务体系建设，合理开发利用和保护历史文化资源，营造良好的人文环境。

引导和支持中西部地区承接产业转移，是深入实施西部大开发和促进中部地区崛起战略的重大任务。各地区、各部门要进一步统一思想，提高认识，切实加强工作指导，认真落实各项政策措施。中西部地区要结合自身实际，制定具体实施方案，完善各项配套措施，有序推进承接产业转移工作。国务院有关部门要按照职能分工，加强协作配合，在政策实施、体制创新等方面给予指导和支持，注意研究新情况、解决新问题，推动中西部地区承接产业转移工作健康开展。

国务院

二○一○年八月三十一日

大小兴安岭林区生态保护与经济转型规划（2010–2020年）

（节选）

国家发展改革委　国家林业局

二〇一〇年十二月

大小兴安岭林区是祖国北方重要生态屏障，保护着东北黑土地不受风沙的侵蚀，在国家生态建设全局中具有特殊重要地位。由于多年的高强度采伐，大小兴安岭森林资源破坏严重，采伐抚育失调。为切实加强林区生态保护，转变林区发展方式，从以生产木材为主向以保护生态为主转变，着力改善民生，走出一条在保护中发展、在发展中保护的林区可持续发展之路，依据《国务院关于进一步实施东北地区等老工业基地振兴战略的若干意见》（国发〔2009〕33号），制定本规划。

规划范围：大小兴安岭林区的50个县（市、旗、区），其中，黑龙江省39个县（市、区），内蒙古自治区11个旗（市、区）。规划区国土总面积43万平方公里，总人口818万人，林业职工55万人。

规划期为2010–2020年。

一、生态屏障地位和面临问题

大小兴安岭林区是我国面积最大、纬度最高、国有林最集中、生态地位最重要的森林生态功能区和木材资源战略储备基地，在维护国家生态安全、应对气候变化、保障国家长远木材供给等方面具有不可替代的作用。60年来，林区累计生产木材10.5亿立方米，上缴利税290亿元，为国家经济建设做出了巨大贡献。长期的高强度开发，导致林区生态功能退化、可采林木资源锐减、林区民生困难、经济社会发展滞缓等矛盾和问题凸显，迫切需要从建设生态文明和全面小康社会的战略全局高度来推动解决。

（一）生态屏障地位极其重要

——是我国维护生态安全的重要屏障。大小兴安岭抵御着西伯利亚寒流和蒙古高原旱风的侵袭，使来自东南方的太平洋暖湿气流在此涡旋，具有调节气候、保持水土的重要功能，为东北平原、华北平原营造了适宜的农牧业生产环境，庇护了全国1/10以上的耕地和最大的草原。大小兴安岭林区是嫩江、黑龙江水系及其主要支流的重要源头和水源涵养区，为中下游地区提供了宝贵的工农业生产和生活用水，大大降低了旱涝灾害发生几率。大小兴安岭具有森林、草原、湿地等多样的生态系统，适生着各类野生植物近千种、野生动物300多种，是我国保护生物多样性的重点地区，在国家生态保护总体战略中具有特殊地位。

——是我国应对气候变化的重要支撑区。大小兴安岭林区森林覆盖率高，有林地所占比例大，活立木蓄积量大，是我国重要的碳汇区，在吸收二氧化碳、减缓气候变暖方面具有重要作用。保护大小兴安岭林区生态、增加碳汇，对于我国积极应对全球气候变化，践行与发展水平相适应的国际义务，赢得更大发展空间，树立负责任大国形象显得尤为重要。

——是我国储备木材资源的战略基地。我国经济社会发展对木材需求量不断增加，立足现有林地面积解决木材后备资源问题已成为紧迫而重大的战略任务。在我国各大林区中，大小兴安岭林区面积最大、地形地势相对平坦、人口相对较少、木材材质好，最适宜建设成为国家木材资源战略储备基地，对维护国家长远木材安全具有重大意义。

（二）面临问题十分突出

——生态系统破坏严重，自然灾害频繁发生。与开发初期相比，大小兴安岭林区林缘向北退缩了100多公里，湿地面积减少了一半以上，多年冻土退缩，土壤侵蚀加剧，地表径流时间缩短，水土流失严重，局部地区沙化加剧，洪涝、干旱、森林火灾和病虫等自然灾害频发，生态功能严重退化。

——可采资源难以为继，森林质量大幅下降。黑龙江省的大兴安岭地区，可采成过熟林资源由开发初期的4.6亿立方米下降到2008年的0.21亿立方米，已经到了无木可采的地步。森林龄组结构严重失衡，黑龙江国有林区幼中龄林占85%，单位面积蓄积量下降50%以上。但为维持林区财政收入和职工最基本的生存需要，部分正处于生长旺盛期的中龄林也被列入采伐指标，涸泽而渔式的采伐再不停止，大小兴安岭林区将会名存实亡。

——产业结构极其单一，经济发展严重滞后。长期以来，林区经济是典型的“木头财政”，接续替代产业发展缓慢，且多数起点低、规模小。当前黑龙江大小兴安岭林区主营收入的60%仍然来自木材销售，对木材的依存度依然很高。随着可采资源的逐步枯竭，传统林业经济逐渐萎缩，林区经济发展陷入困境。

——林区职工生活困苦，民生问题十分突出。由于可采资源锐减，林区经济发展滞缓，就业形势严峻，职工生活困难。林业职工年平均收入不足所在省（区）城镇职工平均收入的50%。在长期计划经济体制下，林区自办社会，居民居住条件极其简陋，棚户区面积近1800万平方米。相当一部分职工仍然居住在开发初期建设的“板夹泥”危旧房中。

——基础设施建设滞后，生产生活极为不便。林区开发初期执行“边生产、边建设”、“先生产、后生活”的方针，基础设施靠林区自己办社会建设，投入较少。更因林区发展相对独立封闭，基础设施建设投入长期依靠森工企业，致使基础设施和公共服务设施严重滞后，林区路网密度小、等级低，弃养路、断头路多，林区电网孤立落后，部分林场（所）尚未通电，大多数林场（所）没有安全供水设施。

——体制机制矛盾凸显，发展活力明显不足。大小兴安岭林区政企不分问题十分突出，林区政府机构和职能不健全，大部分森工企业仍承担教育、卫生和公、检、法等社会服务职能，企业办社会负担沉重。资源管理权和经营权不清，森工企业既是森林资源的管理者，又是森林资源的经营者，对森林资源经营管理无法形成有效的监督。

国家实施“天保”工程以来，大小兴安岭林区“资源危机、经济危困”的状况有所缓解。但林区生态保护、经济转型和民生改善的任务仍然十分艰巨，需要长期坚持不懈地努力。实施东北地区等老工业基地振兴战略以来，林区已成为最薄弱的一个领域。因此，推动大小兴安岭林区生态保护与经济转型，对确保我国生态安全，加快林区全面建设小康社会步伐和振兴东北老工业基地，具有重大意义。

二、指导思想、原则与目标

（一）指导思想

以邓小平理论和“三个代表”重要思想为指导，全面贯彻落实科学发展观，坚持以生态建设为主的林业发展战略，以增强生态功能、提高生态效益为基本目标，统筹林区生态保护、经济转型、改革开放与民生改善。加强林区生态修复与保护，加快转变经济发展方式，努力推进体制改革和对外开放，着力提高基本公共服务水平，促进林区全面协调可持续发展。

（二）基本原则

生态主导，保护优先。把保护与修复林区生态系统作为首要任务，严格控制森林资源采伐强度，逐步停止主伐，加强森林经营，强化森林管护，提升森林质量。严格限制林区矿产资源开发。

合理布局，集聚发展。将林业局场布局调整、小城镇建设、产业发展、基础设施改善、棚户区改造有机结合，逐步形成点状开发，集聚发展的空间开发新格局。

以人为本，改善民生。着力解决林区群众最关心、最迫切、最现实的民生问题，努力促进就业，增加居民收入，完善社会保障体系，提高基本公共服务水平，改善林区生产生活条件。

改革先行，增强活力。以林区行政管理体制改革和资源管理体制改革为突破口，实现政、事、企分开，破除制约林区发展的体制机制障碍，为林区生态保护和经济转型提供制度保障。

……

三、加强林区生态保护与建设

按照保护优先、分类经营的原则，通过人工造林、封山育林、森林经营、湿地恢复等措施，对森林生态系统、湿地生态系统实行全面、全方位保护，提高生态功能，促进林区生态持续好转。

（一）调减森林采伐量

从2011年起，结合编制森林采伐限额，大幅度调减木材产量，使木材产量稳定在资源能够承载的范围内。可采资源基本枯竭的黑龙江大小兴安岭林区要全面停止主伐；内蒙古大兴安岭林区要大幅调减采伐量，逐步停止天然林主伐。

……

（二）实行森林分类经营

按照《国家级公益林区划界定办法》在大小兴安岭林区进行补充区划界定。国家级公益林，要以发挥生态效益为核心，落实专人管护，优先安排营造林任务，全面禁止商品性采伐，林地内禁止矿产资源勘探与开发，尽快实现休养生息。商品林，要在保障生态功能的基础上，科学合理地进行经营，有效发挥经济效益。公益林和商品林中的天然林均不得皆伐。

（三）强化森林管护与保护

实行森林资源管护全覆盖，根据管护面积、管护难易程度，明确管护标准，合理确定管护人员数量，建立健全管护队伍。对每个管护人员，要明确管护范围、对象、目标、任务和职责，完善管护制度。对交通不便，人员活动稀少的远山区，以封禁管护为主，将分散的林区居民相对集中，减少人的活动对森林的破坏。对人口相对稠密，交通便利的林农交错区、近山区，以巡护管护为主。在林区各主要出入口，要设置护林哨卡、远程监控等设施，加快改善管护条件。完善预防、扑救、保障三大体系，提升森林防火水平和应急能力，保障森林资源安全。健全监测预警体系、检疫检查体系和控灾减灾体系，强化森林病虫害防治工作。

（四）加快森林资源培育

大力开展植树造林，以火烧迹地、采伐迹地、疏林地、宜林荒山荒地等为重点，采取人工造林、人工促进天然更新等措施，恢复和发展森林植被。加强森林经营，积极开展中幼龄林抚育，对郁闭度0.8以上的过密林分进行疏伐，对郁闭度0.5以下的稀疏林分进行补植，对林相残破或病虫害严重、林分生长发育差、无培养前途的低质低效林进行改造，调整林分林龄结构、树种结构、林层结构，增加林分生长量，提高林分质量。到2020年，完成人工造林138万公顷，中幼林抚育889万公顷。

专栏1　森林资源培育任务

黑龙江大小兴安岭林区：完成人工造林69万公顷，封山育林350万公顷，中幼林抚育484万公顷，森林改建培育190万公顷，改造低质低效林376万公顷，改培优质大径材商品林78万公顷。

内蒙古大兴安岭林区：完成人工造林69万公顷，封山育林103万公顷，中幼林抚育405万公顷，补植182万公顷，改造低质低效林44万公顷，改培优质大径材商品林60万公顷。

（五）加强自然保护区和湿地的保护与建设

加强自然保护区保护管理设施建设，提高保护管理能力和水平。构建布局合理、类型齐全、功能完善的自然保护区体系，重点建设寒温带针叶林生态系统和温带红松针阔混交林生态系统、森林湿地生态系统，以及珍稀濒危野生生物类型、地质遗迹类型的自然保护区。建立一批集生态环境监测、野生动物救护、鸟类环志、科学研究等为一体的多功能保护区。研究推动具备条件的自然保护区升级为国家级自然保护区。

构建由湿地、湿地自然保护区和生态廊道组成的湿地及其生物多样性保护体系，加强界江界河以及湿地生物多样性保护，恢复湿地植被和湿地生态系统，充分发挥湿地的多种效益。积极支持五大连池国家级自然保护区申报世界自然遗产。开展冻土带调查与研究，合理保护与开发冻土带资源。

专栏2　重点自然保护区建设

黑龙江大小兴安岭林区：新增国家级保护区面积114万公顷，国家级保护区面积达到218万公顷；新建省级自然保护区22个，新增省级保护区面积103万公顷。到2020年，国家级、省级、地区级自然保护区总数达到62个，其中：国家级23个，省级39个。保护区总面积393万公顷，占黑龙江大小兴安岭林区面积的18%。

内蒙古大兴安岭林区：到2020年，国家级自然保护区达到20个、自治区（部）级8个。保护区总面积210万公顷，占内蒙古大兴安岭林区面积的11%。

（六）开展环境综合治理

加强水土流失综合治理，构建以小流域为单元的水土流失治理和动态监测体系，依法防止新的人为水土流失。在大小兴安岭南坡等水土流失严重地区，采取生物措施与工程措施相结合的治理方式，建设堤、坝、涵洞等水土保持设施，在斜坡、丘顶营造防护林，在江、河、沟塘岸边营造护岸林，在农区积极改造坡耕地、大力营造农田防护林，控制水土流失，恢复植被和生态系统。建立水土保持监测与信息系统，提高林区水土流失动态监测和管理能力。加大矿区生态综合治理，积极开展沙金过采区及废弃地的生态环境修复与整治。

（七）加强森林生态功能区保护和建设

对于规划范围内的森林生态功能区，按照国家对主体功能区的要求，控制人口规模，引导人口向中心城镇集聚。坚持“保护优先、适度开发、点状发展”，重点依托园区、交通干线规模化、集约化发展特色产业。禁止无序采矿，严格限制发展矿产加工业。

专栏3　大小兴安岭森林生态功能区范围

黑龙江省：北安市、逊克县、伊春市市辖区、铁力市、通河县、庆安县、绥棱县、呼玛县、塔河县、漠河县、加格达奇区、松岭区、新林区、呼中区、嘉荫县、孙吴县、黑河市市区（瑷辉区）、嫩江县、五大连池市。

内蒙古自治区：牙克石市、根河市、额尔古纳市、鄂伦春自治旗、阿尔山市、阿荣旗、莫力达瓦达斡尔族自治旗。

四、优化林区局场和城镇布局

综合考虑林区局场、人口分布现状和局场职能转变等因素，以减轻林区生态环境压力、改善人民生产生活条件为目标，科学合理调整林区局场和城镇布局，撤并部分局场，加快小城镇建设，促进林区人口集聚。

（一）调整林区局场布局

按照有利于森林资源的保护和管理、有利于林区人民的生产生活、有利于集中建设基础设施、有利于中小城镇发展的原则，充分考虑林区局场管理范围的历史沿革、自然界线、地形地势和道路交通特点，突出林区局场森林资源保护和管理职能，根据实际情况，科学有序地实施林区局场调整。

辖区内无作业任务或地处偏远深山的林业局、林场要坚决撤并；经营面积小于20万公顷、有林地面积小于10万公顷，林业局之间距离不足20公里的林业局，原则上要撤并整合；每个林业局保留5-8个林场，对于辖区范围超过40万公顷的林业局根据实际情况，可适当增加1-2个林场。到2020年，在现有基础上撤并林场290个，其中黑龙江省230个，内蒙古自治区60个。林区局场调整工作由地方政府负总责，鼓励结合林区行政管理体制改革，选择适当地区先行试点，积极稳妥加以推进。调整后的林业局、林场要与林区小城镇建设紧密结合、相互促进，努力实现基础设施和公共服务的资源共享和高效利用，进一步提升林区城镇化水平。

（二）优化林区城镇布局

完善林区中心城市的职能，发挥中心城市在林区经济转型中的引领作用，加快建设一批小城市和重点镇，引导林区局场和人口向中小城市和重点镇集聚。

提升林区四个中心城市功能。完善加格达奇、伊春、黑河、呼伦贝尔（海拉尔）等城市的政治、经济、文化、交通、对外合作等功能，构筑林区产业转型载体和园区建设的平台，生态保护和森林资源管理的中心，对外经济联系和文化交流的窗口，辐射和带动林区经济和社会发展的区域性中心城市。依托中心城市，积极探索林区体制改革、对外开放、区域合作的新模式，促进林区人口、产业集聚发展，改善林区生产生活环境。

大力推进林区重点镇建设。结合林场调整，每个县（旗、区）重点培育和扶持1-2个重点镇，建设成为林区移民的安置点、特色产业发展集中点、旅游客流的集散点、基本生活服务的集聚地。

……

五、加快林区产业转型升级

坚持以经济转型促进生态保护，加快转变经济发展方式，大力调整产业结构。充分发挥林区自然资源禀赋好、生态环境优良、劳动力资源丰富的优势，积极发展绿色、生态和大量吸纳就业的产业，构筑以生态为主导的现代林区绿色产业体系，实现由林业经济向林区经济转型。

（一）全面提升优势产业

大力发展绿色食品产业。充分利用林上和林下资源，按照规模化、集约化、绿色化的发展方向，积极吸纳林区人口转移和劳动力就业，把林区建设成为我国北方绿色生态食品、特色畜禽产品生产和加工基地。扶持发展食用菌产业和特色山野菜产业；合理保护和开发野生林产品资源，提高蓝莓等野生浆果产业化水平；积极发展以有机大豆为主的特色种植业，建设全国脱毒马铃薯繁种基地和无公害大豆等生产基地；发展貂、狐等珍贵皮毛动物和鹿、林蛙等特种经济动物养殖业，建设林区特色珍稀动物养殖基地。

专栏4　重点扶持的绿色生态产业基地

有机食用菌种植基地：在大兴安岭地区、伊春、黑河市、呼伦贝尔市、阿尔山市和科尔沁右翼前旗建设以有机黑木耳、蘑菇等为主的食用菌种植基地。

野生蓝莓、红豆产地保护基地：在大兴安岭地区、伊春、呼伦贝尔市和瑷珲建设野生蓝莓、红豆产地保护基地。

特色山野菜生产和加工基地：在扎兰屯、牙克石、阿荣旗、阿尔山、伊春、黑河等地建设蕨菜、黄花菜、金针菜、卜留克等特色山野菜产品生产和加工基地。

优质马铃薯育种基地：在黑河、大兴安岭地区、呼伦贝尔市和科尔沁右翼前旗建设全国优质马铃薯育种基地。

高纬寒地特色浆果基地：在黑河建设欧洲花楸、俄罗斯无刺大果沙棘、穗醋栗等基地。

野生动物养殖基地：在鄂伦春自治旗、额尔古纳市、鄂温克旗、新林区、黑河市等地建设鹿、野猪、狐、貂等标准化养殖基地。

做优林木深加工产业。坚持森林资源保护与利用的有机结合，以市场需求为导向，培育壮大科技含量高、附加值高、资源利用率高的林木精深加工产业。积极发展循环经济，提高采伐、造材、加工剩余物及废旧木质材料的综合利用水平，实现林木资源的多环节加工增值。延长林木加工产业链条，在林区形成初级产品、中端产品和高端产品各有侧重的产业链。在黑河、加格达奇、伊春、海拉尔、牙克石、根河、扎兰屯等地，扶持若干家具有较强市场竞争力和品牌优势的大型木材精深加工企业，提高产品加工度和档次。支持原料林基地建设，以解决木材采伐量大幅度调减后原料缺口问题。

积极发展林区商贸服务业。适应林区经济转型和社会发展需要，依托中心城市、小城市和重点镇，构建全方位、多层次、便捷的商贸物流网络体系。提高加格达奇、黑河、海拉尔、伊春、牙克石市等城市中转物流设施能力。在黑河、漠河、阿尔山、额尔古纳等口岸城市，形成集转口、过境、加工贸易、货物集散、国际商务为一体的口岸物流中心。围绕林区特色产品，构建大型跨区域绿色食品交易市场、毛皮交易市场、北药产品集散市场、木材精加工产品和苗木交易市场，提升集聚辐射能力，形成全国林特产品集散基地。进一步提升批发零售经销模式，培育壮大连锁经营、统一配送、电子商务等现代化经营模式。大力推进超市、便利店、专卖店、大卖场等新型业态向中小城镇延伸。加大物流基础设施建设力度，培育若干个集运输、仓储、检验、包装等功能于一体的综合型物流企业。

（二）积极培育新兴产业

壮大生态文化旅游业。突出森林、湿地、草原和冰雪等林区特色旅游资源，加大区域合作，构建区域旅游联盟，共同开发精品旅游线路，完善景区景点和旅游基础设施，打造国内外知名的生态旅游目的地，建设避暑、度假、康体和健身等休闲旅游胜地。挖掘狩猎部落、民族文化、文化遗址、民俗风情等民族和民俗文化旅游资源，建设北方多民族、多文化生活体验基地。围绕中俄、中蒙边境景观、异域风情、界河等资源，发展边境旅游，建设边境观光基地。重点建设一批旅游小城镇，开发一批以乡村度假为特色的乡村旅游项目。加大区域旅游通道、重点旅游景区景点的道路建设，提高旅游中心城镇与景区、景点的通达水平。加快建设不同档次的星级宾馆、绿色环保酒店、经济型酒店和家庭旅馆等，提高游客接待能力和服务水平。

扶持发展北药产业。充分利用林区“绿色药库”资源优势，重点发展刺五加、五味子、防风、龙胆草和鹿、蜂等北方林区独具特色中药材的标准化种植和养殖，扩大规模，加大野生道地药材保护力度，建设北药特色原料供应基地。加强自主创新和产品研发，积极与国内知名中药企业和科研院所开展技术合作，实现北药生产技术现代化、质量标准化、产品规模化和品牌化，提升北药的精深加工水平，推动产品结构升级，建设现代化的北药生产加工基地。

培育发展清洁能源产业。因地制宜发展生物质能、风能和太阳能等新能源，切实提高清洁能源在林区能源生产和消费结构中的比重，解决林区替代能源的问题。鼓励企业利用林业抚育剩余物、养殖业废弃物、林区灌木、秸秆、木材加工中产生的废弃物等发展生物质能源。在伊春、黑河、大兴安岭、鹤岗、萝北、海拉尔、牙克石、鄂温克旗、科尔沁右翼前旗等具备条件的地方建设若干个中小型风电场或分布式能源系统。在偏远地区采用电网延伸、风能与太阳能互补发电等方式，解决生产和居民生活用电问题。

（三）控制发展与生态保护相冲突的产业

在自然保护区、森林公园、风景名胜区、地质遗迹保护区（地质公园）依法限制或者禁止开展矿产资源勘查开发活动。在生态功能区内发展矿产采掘业，要加强环境保护，提高区内矿山企业采选技术准入条件，强化土地复垦和环境整治义务。已经进行开采和深加工的企业，要积极应用新工艺和高新技术，提高资源综合利用和环保水平，实行清洁生产。今后矿产资源加工项目必须依托现有接替产业集聚区建设。

严格限制在林区发展对生态和环境影响大的产业，尤其是高污染、高耗能的重化工业的发展。淘汰关闭技术落后、污染严重、无后备资源的矿山开采和加工企业，逐步减少矿山的数量。禁止新建对生态环境产生不可恢复破坏性影响的矿产资源开采项目。

（四）优化林区产业布局

发挥各城镇及区域的产业基础和比较优势，建设各具特色的产业园区和产业集聚区，引导林区产业向各城镇和园区集聚。特色产业的精深加工、商贸、物流、信息、对外合作、旅游服务中心等主要在中心城市发展；中间产品加工、绿色农林产品加工业、特色商品的集散、旅游服务节点等要向小城市集聚；产业链初端环节、原材料供应、商贸集市要向重点镇集聚。积极推动林区基础条件好、符合相关规定的开发区和工业园区扩区或升级为国家级开发区。相关转型项目及集聚区建设要依法开展环境影响评价。

专栏5　接替产业集聚区

大兴安岭对俄经济贸易合作区：医药、食品饮料、轻工、林木加工、国际仓储物流。

黑河边境经济合作区：新兴基础原材料加工和国际物流中心。

瑷珲对俄进出口加工集聚区：林木精深加工、农产品精深加工、医药、电子产业。伊春生态产业集聚区：森林食品、北药、家具、小木制工艺品、物流等产业。鹤岗接替产业集聚区：木材加工、绿色食品、生物制药、新能源。

嘉荫边境经济合作园区：木材加工、生态农业、国际商贸和物流业。

呼伦贝尔经济开发区：农畜产品加工、新型建材。

牙克石接替产业集聚区：生物制药、木材加工、绿色食品。

鄂伦春接替产业集聚区：民族特色产品、野生及农畜产品和林木精深加工。

鄂温克接替产业集聚区：绿色食品加工、新能源、商贸物流等产业。

科右前旗接替产业集聚区：农畜产品加工、制药、化工、建材等产业。

六、改善林区基础设施

加快形成林区与周边地区以及与俄、蒙贯通的交通运输通道建设。结合林区城镇建设，大力改善供水、取暖、供电等生活设施，提升林区林政基础设施水平。

（一）完善林区交通设施

加快林区公路建设。把公益性林区道路纳入国家和地方交通建设规划，道路产权和日常养护逐步移交地方管理。以提高林区的路网密度、改善林区对内对外通达性为目标，重点建设通场公路、防火和专用通道，提高林区路网的养护等级。积极推进高等级公路、进出口通道和资源运输通道建设，提高林区对外联系的通达能力。到2020年，林区的县际和森工企业所属的林业局所在地之间公路以及其他县乡公路、重要的国防公路、旅游公路和通往工业园区公路的服务水平和能力显著提高，形成上连省区道、外连周边地市、覆盖林区的公路交通网络。

改造铁路运输通道。加强林区既有铁路改造，根据资源开发和边贸发展需要，加快主要干线、后方通道及延伸线的建设。实施滨洲线扩能改造工程，推进对俄通道建设。

发展航空运输。充分考虑林区地广人稀的特点，完善机场布局，大力发展支线航空。搞好海拉尔机场改（扩）建项目建设，尽快启动加格达奇机场建设，研究论证扎兰屯、五大连池机场建设问题。增加通往国内中心城市的航班航线，研究开辟与俄、蒙、日、韩等国家的国际航线，构建连接中心城市、辐射周边、便捷高效的航空运输体系。

专栏6　交通改扩建项目

公路：国家高速公路牙克石至海拉尔段、新林北至扎兰屯段，国道111复线加格达奇至嫩江段，其他干线公路黑河—加格达奇—根河—海拉尔段、加格达奇—漠河段。

铁路：建设满归—古莲—洛古河、韩家园—呼玛—黑河、扎兰屯—阿荣旗、五大连池—北安铁路等，实施滨洲线、富裕至古莲铁路、滨北铁路、嫩江—漠河扩能改造工程；规划研究建设莫旗—讷河—五大连池铁路、扎兰屯—柴河—阿尔山铁路等。

机场：改（扩）建海拉尔机场、加快建设加格达奇机场。

（二）加强林区电网改造

将林区电网纳入区域大电网统一管理运营。加大林区电网改造力度，增加可再生能源分布式供电系统，提高林区电网整体供电能力，改善供电的可靠性，降低电网能耗。到2015年，基本解决林区无电区域供电问题。

……

七、加快林区社会事业发展

健全林区社会保障体系，逐步扩大覆盖面。按照集中建设，全面覆盖的原则，加大林区中小学校、医院、卫生院、文化场馆建设，促进林区社会事业的全面发展。

（一）完善社会保障体系

扩大社会保险覆盖范围，对于完成政企分开改革的林区，将林区企业职工和居民纳入当地基本养老保险、基本医疗保险、失业保险、工伤保险等社会保险制度体系。建立企业退休人员基本养老金标准正常调整机制，逐步将"老工伤"人员纳入工伤保险统筹管理。健全最低生活保障制度，确保林区低保对象的基本生活。妥善做好低收入困难群体采暖工作。加大林区特困户、残疾人等弱势群体救助力度，保证救助资金及时足额到位。

（二）促进就业和再就业

完善和落实各项就业再就业的政策措施，拓宽就业渠道，增加就业岗位。发挥政府投资项目和重大项目建设对就业的带动作用，扶持劳动密集型产业、服务业、中小企业和非公有制经济发展，提高企业吸纳就业的能力。建立健全公共就业服务体系，增强各县（市、旗、区）和乡镇公共就业服务能力。积极开发公益性岗位。完善创业服务体系建设，发挥好小额担保贷款政策的积极作用，积极支持推动创业，以创业促就业。进一步完善就业援助制度，加大对"4050"人员、零就业家庭的帮扶力度和中央财政转移支付力度。以服务林区森林资源管护和接续替代产业发展为目标，整合就业培训资源，依托职业学校建立技能培训基地，统筹安排各类劳动力技能培训专项资金。

……

八、推进林区管理体制改革和对外开放

坚持政、事、企分开的改革方向，加快推进林区管理体制改革。加大对俄、对蒙经贸合作，扩大林区对外开放，增强发展活力。

（一）加快林区管理体制改革

推进政企、事企分开的改革。用5年左右的时间，完成将地方行政管理、森林资源管理和企业经营分开的改革。进一步完善林区各级地方政府行政机构设置，健全各项政府职能。将林管局、森工企业从现在的合一体制中分离出来，林管局改制为资源管理机构，森工企业全部实行自主经营。剥离森工企业承担的教育、卫生、社会保险、广播电视、城建环卫等社会职能，其机构人员交由地方政府统一管理，行政事业经费纳入地方财政预算。分离森工企业已建立的水、电、气等具有经营性质的事业单位，并逐步改制为独立的经营主体，参与市场竞争。

稳步推进森林资源管理体制改革。坚持国有森林资源的公有制，按照责权利统一的原则，与"政事企分开"改革同步实施。实行资源管理与生产经营分开，构建以国有林管理机构为主体的森林资源管理体制。继续搞好伊春国有林区林权制度改革试点。

继续深化国有森工企业改革。国有森工企业要按照社会主义市场经济发展的要求，加快主辅分离改革，建立充满生机活力的新机制。通过股份制改革，推动国有资本的流动，促进企业经营机制的转换，按照专业化协作的原则进行企业重组，推动建立现代企业制度。采取改制、出售、兼并重组和股份合作等多种形式，搞活森工企业集团所属的中小企业。对一些严重资不抵债、产品技术水平低的企

业，按法定程序实施破产。

（二）积极扩大林区对外开放

扩大对俄蒙合作。以边境贸易为基础，依托中俄、中蒙边境经济合作区，发展加工贸易及服务贸易。提升对俄木材精深加工和劳务输出等合作层次。积极开展对蒙资源利用合作。积极拓展与俄、蒙的跨境旅游合作。巩固完善与俄、蒙联合防火合作机制。

加快口岸及合作区建设。加快黑河、逊克、嘉荫、黑山头、室韦等口岸的改扩建，完善口岸海关、检验检疫、安监、道路、通讯、电力等基础设施建设和升级改造。推动漠河、呼玛、孙吴口岸发展。改善林区对俄蒙口岸运输通道的通畅条件。依托主要口岸，建设中俄、中蒙综合加工园区、特色加工园区、物流园区等，深化林区与俄、蒙在货物进出口贸易方面的合作。

九、健全政策保障体系

充分发挥现有相关政策的效能，研究制定促进林区生态保护与经济转型的新政策，保障规划目标和重点任务的实现。

（一）促进林区体制改革的配套政策

妥善解决体制改革的相关成本。建立和完善与政府行政管理体制相配套的财政体制。森林资源管理机构运行经费按事权划分纳入财政预算。分离企业办社会职能所发生的费用，按照国家有关规定处理。妥善解决国有林区森工企业历史遗留问题。鼓励国有林区自行组织先行改革，对改革彻底、效果明显的，中央财政在安排天然林保护资金时予以奖励支持。

（二）完善林区生态保护政策

对纳入天然林保护工程实施范围的国有林，由中央财政安排管护费。对国有森林资源实施抚育经营政策，提高森林质量和生态功能。实施无林地造林和低质、低效林改培政策，增加森林面积，提高森林质量及生态功能。将林区防扑火、国家级自然保护区（湿地）管护、航空护林、森林病虫害防治、森林调查等公益性事业的运营经费全额纳入财政预算。国有林区森工企业在册全民职工基本养老、基本医疗、失业、工伤、生育保险，继续由中央财政安排适当补助。

将大小兴安岭林区作为全国生态补偿机制试点重点区，加大中央财政的补偿力度。将规划区内的国家级自然保护区列入国家生态补偿试点。研究将符合条件的大小兴安岭森林生态功能区范围内的县（旗、区）纳入国家生态功能区转移支付（试点）范围，重点支持生态保护和涉及民生的基本公共服务领域。在资金分配和资金使用效果评估中，重点考核森林覆盖率和森林蓄积量，并按照绩效考评结果，实施适当奖惩措施。

积极推进林区开展森林碳汇经济试点，研究出台鼓励林区发展碳汇经济的政策，在大兴安岭地区建设国家级低碳经济示范区。

……

全国主体功能区规划
——构建高效、协调、可持续的国土空间开发格局

（摘要）

国务院

二〇一〇年十二月二十一日

序 言

国土空间是宝贵资源，是我们赖以生存和发展的家园。我国辽阔的陆地国土和海洋国土，是中华民族繁衍生息和永续发展的家园。为了我们的家园更美好、经济更发达、区域更协调、人民更富裕、社会更和谐，为了给我们的子孙留下天更蓝、地更绿、水更清的家园，必须推进形成主体功能区，科学开发我们的家园。

推进形成主体功能区，就是要根据不同区域的资源环境承载能力、现有开发强度和发展潜力，统筹谋划人口分布、经济布局、国土利用和城镇化格局，确定不同区域的主体功能，并据此明确开发方向，完善开发政策，控制开发强度，规范开发秩序，逐步形成人口、经济、资源环境相协调的国土空间开发格局。

推进形成主体功能区，是深入贯彻落实科学发展观的重大举措，有利于推进经济结构战略性调整，加快转变经济发展方式，实现科学发展；有利于按照以人为本的理念推进区域协调发展，缩小地区间基本公共服务和人民生活水平的差距；有利于引导人口分布、经济布局与资源环境承载能力相适应，促进人口、经济、资源环境的空间均衡；有利于从源头上扭转生态环境恶化趋势，促进资源节约和环境保护，应对和减缓气候变化，实现可持续发展；有利于打破行政区划界限，制定实施更有针对性的区域政策和绩效考核评价体系，加强和改善区域调控。

《全国主体功能区规划》（以下简称本规划）根据中国共产党第十七次全国代表大会报告、《中华人民共和国国民经济和社会发展第十一个五年规划纲要》和《国务院关于编制全国主体功能区规划的意见》（国发〔2007〕21号）编制，是推进形成主体功能区的基本依据，是科学开发国土空间的行动纲领和远景蓝图，是国土空间开发的战略性、基础性和约束性规划，各地区、各部门必须切实组织实施，健全法律法规，加强监测评估，建立奖惩机制，严格贯彻执行。

本规划推进实现主体功能区主要目标的时间是2020年，规划任务是更长远的，实施中将根据形势

变化和评估结果适时调整修订。本规划的规划范围为全国陆地国土空间以及内水和领海（不包括港澳台地区）。海洋既是目前我国资源开发、经济发展的重要载体，也是未来我国实现可持续发展的重要战略空间。鉴于海洋国土空间在全国主体功能区中的特殊性，国家有关部门将根据本规划编制全国海洋主体功能区规划，作为本规划的重要组成部分，另行发布实施。

第一篇　规划背景

巍峨的群山，纵横的河流，广袤的草原，肥沃的农田，辽阔的海洋，是中华民族的美好家园。自古以来，中华民族在这里繁衍生息，创造了辉煌历史和灿烂文化。新中国成立以来特别是改革开放以来，我国现代化建设全面展开，工业化城镇化快速推进，一家家工厂不断涌现，一条条公路纵横南北，一座座城市拔地而起，一个个村庄焕然一新，我们的家园发生了深刻变化。构建美好家园，首先要了解我们这片家园的自然状况，认识已经发生的变化以及还将发生怎样的变化。

第一章　规划背景

第一节　自然状况

我国位于亚欧大陆东部，太平洋西岸，地理位置独特，地形地貌复杂，气候类型多样。

——地形。我国地势西高东低，自西向东呈现海拔差异明显的三大阶梯。地形种类多样，山地、高原、盆地、平原和丘陵均有分布。西部高山广布，以山地、高原和盆地为主；东部平坦低缓，以丘陵和平原为主。

——气候。我国受地形地貌和季风环流影响，既有热带、亚热带和温带季风气候，也有温带大陆性、高原山地和海洋性气候。由东南沿海向西北内陆，水热条件空间分异明显。青藏高原为高寒气候，热量不足；青藏高原以东地区为大陆性季风气候，雨热同期；青藏高原以北地区为干旱气候，降雨稀少。

——植被。我国植被类型丰富，有森林、灌丛、草原、草甸、荒漠和草本沼泽等。森林覆盖率较低，主要分布在南方和东北地区，草原主要分布在北方和青藏高原地区。

——灾害。我国自然灾害种类多，区域性、季节性和阶段性特征突出，并具有显著的共生性和伴生性。自然灾害发生频繁，除现代火山活动导致的灾害外，其他自然灾害几乎每年都有发生。

——海洋。我国海域辽阔，跨越热带、亚热带和温带，大陆海岸线长达1.8万多公里。海洋资源种类繁多，海洋生物、石油天然气、固体矿产、可再生能源等资源丰富，开发潜力大。

第二节　综合评价

经对全国陆地国土空间土地资源、水资源、环境容量、生态系统脆弱性、生态系统重要性、自然灾害危险性、人口集聚度以及经济发展水平和交通优势度等因素的综合评价，从工业化城镇化开发角度，我国国土空间具有以下特点：

——陆地国土空间辽阔，但适宜开发的面积少。

——水资源总量丰富，但空间分布不均。

——能源和矿产资源丰富，但总体上相对短缺。

——生态类型多样，但生态环境比较脆弱。

——自然灾害频繁，灾害威胁较大。

第三节　突出问题

国土空间的开发利用，一方面有力地支撑了国民经济的快速发展和社会进步，另一方面也出现了一些必须高度重视和着力解决的突出问题。

——耕地减少过多过快，保障粮食安全压力大。

——生态损害严重，生态系统功能退化。

——资源开发强度大，环境问题凸显。

——空间结构不合理，空间利用效率低。

——城乡和区域发展不协调，公共服务和生活条件差距大。

第四节　面临趋势

今后一个时期，是全面建设小康社会的关键时期，也是加快推进社会主义现代化的重要阶段，必须深刻认识并全面把握国土空间开发的趋势，妥善应对由此带来的严峻挑战。

——人民生活不断改善，满足居民生活的空间需求面临挑战。

——城镇化水平不断提高，满足城市建设的空间需求面临挑战。

——基础设施不断完善，满足基础设施建设的空间需求面临挑战。

——经济增长趋于多极化，满足中西部地区的建设空间需求面临挑战。

——水资源供求矛盾日益突出，满足水源涵养的空间需求面临挑战。

——全球气候变化影响不断加剧，保护和扩大绿色生态空间面临挑战。

总之，我们既要满足人口增加、人民生活改善、经济增长、工业化城镇化发展、基础设施建设等对国土空间的巨大需求，又要为保障国家农产品供给安全而保护耕地，还要为保障生态安全和人民健康，应对水资源短缺、环境污染、气候变化等，保护并扩大绿色生态空间，我国国土空间开发面临诸多两难挑战。

第二篇　指导思想与规划目标

在工业化城镇化快速推进、空间结构急剧变动的时期，坚持科学的国土空间开发导向极为重要。为有效解决国土空间开发中的突出问题，应对未来诸多挑战，必须遵循经济社会发展规律和自然规律，立足我国国土空间的自然状况，明确国土空间开发的指导思想和原则。

第二章　指导思想

推进形成主体功能区，要以邓小平理论和“三个代表”重要思想为指导，深入贯彻落实科学发展观，全面贯彻党的十七大精神，树立新的开发理念，调整开发内容，创新开发方式，规范开发秩序，提高开发效率，构建高效、协调、可持续的国土空间开发格局，建设中华民族美好家园。

第一节　开发理念

本规划的优化开发、重点开发、限制开发、禁止开发中的“开发”，特指大规模高强度的工业化城镇化开发。限制开发，特指限制大规模高强度的工业化城镇化开发，并不是限制所有的开发活动。对农产品主产区，要限制大规模高强度的工业化城镇化开发，但仍要鼓励农业开发；对重点生态功能区，要限制大规模高强度的工业化城镇化开发，但仍允许一定程度的能源和矿产资源开发。将一些区域确定为限制开发区域，并不是限制发展，而是为了更好地保护这类区域的农业生产力和生态产品生产力，实现科学发展。

——根据自然条件适宜性开发的理念。

——区分主体功能的理念。一定的国土空间具有多种功能，但必有一种主体功能。

——根据资源环境承载能力开发的理念。

——控制开发强度的理念。

——调整空间结构的理念。

——提供生态产品的理念。

第二节　主体功能区划分

根据以上开发定义和开发理念，本规划将我国国土空间分为以下主体功能区：按开发方式，分为优化开发区域、重点开发区域、限制开发区域和禁止开发区域；按开发内容，分为城市化地区、农产品主产区和重点生态功能区；按层级，分为国家和省级两个层面。

禁止开发区域是依法设立的各级各类自然文化资源保护区域，以及其他禁止进行工业化城镇化开发、需要特殊保护的重点生态功能区。国家层面禁止开发区域，包括国家级自然保护区、世界文化自然遗产、国家级风景名胜区、国家森林公园和国家地质公园。省级层面的禁止开发区域，包括省级及以下各级各类自然文化资源保护区域、重要水源地以及其他省级人民政府根据需要确定的禁止开发区域。

各类主体功能区，在全国经济社会发展中具有同等重要的地位，只是主体功能不同，开发方式不同，保护内容不同，发展首要任务不同，国家支持重点不同。对城市化地区主要支持其集聚人口和经济，对农产品主产区主要支持其增强农业综合生产能力，对重点生态功能区主要支持其保护和修复生态环境。

第三节　重大关系

推进形成主体功能区，应处理好以下重大关系：

——主体功能与其他功能的关系。

——主体功能区与农业发展的关系。

——主体功能区与能源和矿产资源开发的关系。

——主体功能区与区域发展总体战略的关系。

——政府与市场的关系。

第三章　开发原则

推进形成主体功能区，要坚持以人为本，把提高全体人民的生活质量、增强可持续发展能力作为基本原则。各类主体功能区都要推动科学发展，但不同主体功能区在推动科学发展中的主体内容和主要任务不同。根据主体功能定位推动发展，就是深入贯彻落实科学发展观、坚持把发展作为第一要务的现实行动。城市化地区要把增强综合经济实力作为首要任务，同时要保护好耕地和生态；农产品主产区要把增强农业综合生产能力作为首要任务，同时要保护好生态，在不影响主体功能的前提下适度发展非农产业；重点生态功能区要把增强提供生态产品能力作为首要任务，同时可适度发展不影响主体功能的适宜产业。

第一节　优化结构

要将国土空间开发从占用土地的外延扩张为主，转向调整优化空间结构为主。

——按照生产发展、生活富裕、生态良好的要求调整空间结构。

——严格控制城市空间总面积的扩张，减少工矿建设空间。

——坚持最严格的耕地保护制度。

——严格控制各类建设占用耕地。

——实行基本草原保护制度。

——增加农村公共设施空间。

——适度扩大交通设施空间。

——调整城市空间的区域分布。

第二节　保护自然

要按照建设环境友好型社会的要求，根据国土空间的不同特点，以保护自然生态为前提、以水土资源承载能力和环境容量为基础进行有度有序开发，走人与自然和谐的发展道路。

第三节　集约开发

要按照建设资源节约型社会的要求，把提高空间利用效率作为国土空间开发的重要任务，引导人口相对集中分布、经济相对集中布局，走空间集约利用的发展道路。

——严格控制开发强度，把握开发时序，使绝大部分国土空间成为保障生态安全和农产品供给安全的空间。

——资源环境承载能力较强、人口密度较高的城市化地区，要把城市群作为推进城镇化的主体形态。

——各类开发活动都要充分利用现有建设空间，尽可能利用闲置地、空闲地和废弃地。

——工业项目建设要按照发展循环经济和有利于污染集中治理的原则集中布局。

——交通建设要尽可能利用现有基础扩能改造，必须新建的也要尽可能利用既有交通走廊。

第四节　协调开发

要按照人口、经济、资源环境相协调以及统筹城乡发展、统筹区域发展的要求进行开发，促进人口、经济、资源环境的空间均衡。

第五节　陆海统筹

要根据陆地国土空间与海洋国土空间的统一性，以及海洋系统的相对独立性进行开发，促进陆地国土空间与海洋国土空间协调开发。

第四章　战略目标

第一节　主要目标

根据党的十七大关于到2020年基本形成主体功能区布局的总体要求，推进形成主体功能区的主要目标是：

——空间开发格局清晰。

——空间结构得到优化。

——空间利用效率提高。

——区域发展协调性增强。

——可持续发展能力提升。

表1　全国陆地国土空间开发的规划指标

指　　标	2008年	2020年
开发强度（%）	3.48	3.91
城市空间（万平方公里）	8.21	10.65
农村居民点（万平方公里）	16.53	16.00
耕地保有量（万平方公里）	121.72	120.33
林地保有量（万平方公里）	303.78	312.00
森林覆盖率（%）	20.36	23.00

第二节　战略任务

从建设富强民主文明和谐的社会主义现代化国家、确保中华民族永续发展出发，推进形成主体功能区要着力构建我国国土空间的“三大战略格局”。

——构建“两横三纵”为主体的城市化战略格局。

——构建“七区二十三带”为主体的农业战略格局。

——构建“两屏三带”为主体的生态安全战略格局。

第三节　未来展望

到2020年全国主体功能区布局基本形成之时，我们的家园将呈现生产空间集约高效，生活空间舒适宜居，生态空间山青水碧，人口、经济、资源环境相协调的美好情景。

——经济布局更趋集中均衡。

——城乡区域发展更趋协调。

——资源利用更趋集约高效。

——环境污染防治更趋有效。

——生态系统更趋稳定。

——国土空间管理更趋精细科学。

第三篇　国家层面主体功能区

国家层面的主体功能区是全国“两横三纵”城市化战略格局、“七区二十三带”农业战略格局、“两屏三带”生态安全战略格局的主要支撑。推进形成主体功能区，必须明确国家层面优化开发、重点开发、限制开发、禁止开发四类主体功能区的功能定位、发展目标、发展方向和开发原则。

第五章　优化开发区域

国家优化开发区域是指具备以下条件的城市化地区：综合实力较强，能够体现国家竞争力；经济规模较大，能支撑并带动全国经济发展；城镇体系比较健全，有条件形成具有全球影响力的特大城市群；内在经济联系紧密，区域一体化基础较好；科学技术创新实力较强，能引领并带动全国自主创新和结构升级。

第一节　功能定位和发展方向

国家优化开发区域的功能定位是：提升国家竞争力的重要区域，带动全国经济社会发展的龙头，全国重要的创新区域，我国在更高层次上参与国际分工及有全球影响力的经济区，全国重要的人口和经济密集区。

国家优化开发区域应率先加快转变经济发展方式，调整优化经济结构，提升参与全球分工与竞争的层次。发展方向和开发原则是：

——优化空间结构。

——优化城镇布局。

——优化人口分布。

——优化产业结构。

——优化发展方式。

——优化基础设施布局。

——优化生态系统格局。

第二节　国家层面的优化开发区域

一、环渤海地区

该区域位于全国“两横三纵”城市化战略格局中沿海通道纵轴和京哈京广通道纵轴的交汇处，包括京津冀、辽中南和山东半岛地区。

该区域的功能定位是：北方地区对外开放的门户，我国参与经济全球化的主体区域，有全球影响力的先进制造业基地和现代服务业基地，全国科技创新与技术研发基地，全国经济发展的重要引擎，辐射带动“三北”地区发展的龙头，我国人口集聚最多、创新能力最强、综合实力最强的三大区域之一。

（一）京津冀地区。

该区域位于环渤海地区的中心，包括北京市、天津市和河北省的部分地区。

该区域的功能定位是：“三北”地区的重要枢纽和出海通道，全国科技创新与技术研发基地，全国现代服务业、先进制造业、高新技术产业和战略性新兴产业基地，我国北方的经济中心。

（二）辽中南地区。

该区域位于环渤海地区的北翼，包括辽宁省中部和南部的部分地区。

该区域的功能定位是：东北地区对外开放的重要门户和陆海交通走廊，全国先进装备制造业和新型原材料基地，重要的科技创新与技术研发基地，辐射带动东北地区发展的龙头。

（三）山东半岛地区。

该区域位于环渤海地区的南翼，包括山东省胶东半岛和黄河三角洲的部分地区。

该区域的功能定位是：黄河中下游地区对外开放的重要门户和陆海交通走廊，全国重要的先进制造业、高新技术产业基地，全国重要的蓝色经济区。

二、长江三角洲地区

该区域位于全国“两横三纵”城市化战略格局中沿海通道纵轴和沿长江通道横轴的交汇处，包括上海市和江苏省、浙江省的部分地区。

该区域的功能定位是：长江流域对外开放的门户，我国参与经济全球化的主体区域，有全球影响力的先进制造业基地和现代服务业基地，世界级大城市群，全国科技创新与技术研发基地，全国经济发展的重要引擎，辐射带动长江流域发展的龙头，我国人口集聚最多、创新能力最强、综合实力最强的三大区域之一。

三、珠江三角洲地区

该区域位于全国“两横三纵”城市化战略格局中沿海通道纵轴和京哈京广通道纵轴的南端，包括广东省中部和南部的部分地区。

该区域的功能定位是：通过粤港澳的经济融合和经济一体化发展，共同构建有全球影响力的先进制造业基地和现代服务业基地，南方地区对外开放的门户，我国参与经济全球化的主体区域，全国科技创新与技术研发基地，全国经济发展的重要引擎，辐射带动华南、中南和西南地区发展的龙头，我国人口集聚最多、创新能力最强、综合实力最强的三大区域之一。

第六章　重点开发区域

国家重点开发区域是指具备以下条件的城市化地区：具备较强的经济基础，具有一定的科技创新能力和较好的发展潜力；城镇体系初步形成，具备经济一体化的条件，中心城市有一定的辐射带动能力，有可能发展成为新的大城市群或区域性城市群；能够带动周边地区发展，且对促进全国区域协调发展意义重大。

第一节　功能定位和发展方向

国家重点开发区域的功能定位是：支撑全国经济增长的重要增长极，落实区域发展总体战略、促进区域协调发展的重要支撑点，全国重要的人口和经济密集区。

重点开发区域应在优化结构、提高效益、降低消耗、保护环境的基础上推动经济可持续发展；推进新型工业化进程，提高自主创新能力，聚集创新要素，增强产业集聚能力，积极承接国际及国内优化开发区域产业转移，形成分工协作的现代产业体系；加快推进城镇化，壮大城市综合实力，改善人居环境，提高集聚人口的能力；发挥区位优势，加快沿边地区对外开放，加强国际通道和口岸建设，形成我国对外开放新的窗口和战略空间。

第二节　国家层面的重点开发区域

一、冀中南地区

该区域位于全国“两横三纵”城市化战略格局中京哈京广通道纵轴的中部，包括河北省中南部以石家庄为中心的部分地区。

该区域的功能定位是：重要的新能源、装备制造业和高新技术产业基地，区域性物流、旅游、商贸流通、科教文化和金融服务中心。

二、太原城市群

该区域位于全国“两横三纵”城市化战略格局中京哈京广通道纵轴的中部，包括山西省中部以太原为中心的部分地区。

该区域的功能定位是：资源型经济转型示范区，全国重要的能源、原材料、煤化工、装备制造业和文化旅游业基地。

三、呼包鄂榆地区

该区域位于全国“两横三纵”城市化战略格局中包昆通道纵轴的北端，包括内蒙古自治区呼和浩特、包头、鄂尔多斯和陕西省榆林的部分地区。

该区域的功能定位是：全国重要的能源、煤化工基地、农畜产品加工基地和稀土新材料产业基地，北方地区重要的冶金和装备制造业基地。

四、哈长地区

该区域位于全国“两横三纵”城市化战略格局中京哈京广通道纵轴的北端，包括黑龙江省的哈大齐（哈尔滨、大庆、齐齐哈尔）工业走廊和牡绥（牡丹江、绥芬河）地区以及吉林省的长吉图经济区。

该区域的功能定位是：我国面向东北亚地区和俄罗斯对外开放的重要门户，全国重要的能源、装备制造基地，区域性的原材料、石化、生物、高新技术产业和农产品加工基地，带动东北地区发展的重要增长极。

（一）哈大齐工业走廊和牡绥地区。

该区域包括黑龙江省哈尔滨、大庆、齐齐哈尔和牡丹江及绥芬河的部分地区。

该区域的功能定位是：全国重要的能源、石化、医药和重型装备制造基地，区域性的农产品加工和生物产业基地，东北地区陆路对外开放的重要门户。

（二）长吉图经济区。

该区域包括吉林省长春、吉林、延边、松原的部分地区。

该区域的功能定位是：全国重要的交通运输设备制造、石化、生物、光电子和农产品加工基地，区域性高新技术产业基地，我国参与图们江区域国际合作开发的先导区，我国面向东北亚开放的重要门户，东北地区新的重要增长极。

五、东陇海地区

该区域位于全国“两横三纵”城市化战略格局中陆桥通道横轴的东端，是陆桥通道与沿海通道的交汇处，包括江苏省东北部和山东省东南部的部分地区。

该区域的功能定位是：新亚欧大陆桥东方桥头堡，我国东部地区重要的经济增长极。

六、江淮地区

该区域位于全国“两横三纵”城市化战略格局中沿长江通道横轴，包括安徽省合肥及沿江的部分地区。

该区域的功能定位是：承接产业转移的示范区，全国重要的科研教育基地，能源原材料、先进制造业和科技创新基地，区域性的高新技术产业基地。

七、海峡西岸经济区

该区域位于全国“两横三纵”城市化战略格局中沿海通道纵轴南段，包括福建省、浙江省南部和广东省东部的沿海部分地区。

该区域的功能定位是：两岸人民交流合作先行先试区域，服务周边地区发展新的对外开放综合通道，东部沿海地区先进制造业的重要基地，我国重要的自然和文化旅游中心。

八、中原经济区

该区域位于全国“两横三纵”城市化战略格局中陆桥通道横轴和京哈京广通道纵轴的交汇处，包括河南省以郑州为中心的中原城市群部分地区。

该区域的功能定位是：全国重要的高新技术产业、先进制造业和现代服务业基地，能源原材料基地、综合交通枢纽和物流中心，区域性的科技创新中心，中部地区人口和经济密集区。

九、长江中游地区

该区域位于全国“两横三纵”城市化战略格局中沿长江通道横轴和京哈京广通道纵轴的交汇处，包括湖北武汉城市圈、湖南环长株潭城市群、江西鄱阳湖生态经济区。

该区域的功能定位是：全国重要的高新技术产业、先进制造业和现代服务业基地，全国重要的综合交通枢纽，区域性科技创新基地，长江中游地区人口和经济密集区。

（一）武汉城市圈。

该区域包括湖北省以武汉为中心的江汉平原部分地区。

该区域的功能定位是：全国资源节约型和环境友好型社会建设的示范区，全国重要的综合交通枢纽、科技教育以及汽车、钢铁基地，区域性的信息产业、新材料、科技创新基地和物流中心。

（二）环长株潭城市群。

该区域包括湖南省以长沙、株洲、湘潭为中心的湖南东中部的部分地区。

该区域的功能定位是：全国资源节约型和环境友好型社会建设的示范区，全国重要的综合交通枢纽以及交通运输设备、工程机械、节能环保装备制造、文化旅游和商贸物流基地，区域性的有色金属和生物医药、新材料、新能源、电子信息等战略性新兴产业基地。

（三）鄱阳湖生态经济区。

该区域包括江西省环鄱阳湖的部分地区。

该区域的功能定位是：全国大湖流域综合开发示范区，长江中下游水生态安全保障区，国际生态经济合作重要平台，区域性的优质农产品、生态旅游、光电、新能源、生物、航空和铜产业基地。

十、北部湾地区

该区域位于全国“两横三纵”城市化战略格局中沿海通道纵轴的南端，包括广西壮族自治区北部湾经济区以及广东省西南部和海南省西北部等环北部湾的部分地区。

该区域的功能定位是：我国面向东盟国家对外开放的重要门户，中国—东盟自由贸易区的前沿地带和桥头堡，区域性的物流基地、商贸基地、加工制造基地和信息交流中心。

十一、成渝地区

该区域位于全国“两横三纵”城市化战略格局中沿长江通道横轴和包昆通道纵轴的交汇处，包括重庆经济区和成都经济区。

该区域的功能定位是：全国统筹城乡发展的示范区，全国重要的高新技术产业、先进制造业和现代服务业基地，科技教育、商贸物流、金融中心和综合交通枢纽，西南地区科技创新基地，西部地区重要的人口和经济密集区。

（一）重庆经济区。

该区域包括重庆市西部以主城区为中心的部分地区。

该区域的功能定位是：西部地区重要的经济中心，全国重要的金融中心、商贸物流中心和综合交通枢纽，以及高新技术产业、汽车摩托车、石油天然气化工和装备制造基地，内陆开放高地和出口商品加工基地。

（二）成都经济区。

该区域包括四川省成都平原的部分地区。

该区域的功能定位是：西部地区重要的经济中心，全国重要的综合交通枢纽，商贸物流中心和金融中心，以及先进制造业基地、科技创新产业化基地和农产品加工基地。

十二、黔中地区

该区域位于全国“两横三纵”城市化战略格局中包昆通道纵轴的南部，包括贵州省中部以贵阳为中心的部分地区。

该区域的功能定位是：全国重要的能源原材料基地、以航天航空为重点的装备制造基地、烟草工业基地、绿色食品基地和旅游目的地，区域性商贸物流中心。

十三、滇中地区

该区域位于全国“两横三纵”城市化战略格局中包昆通道纵轴的南端，包括云南省中部以昆明为中心的部分地区。

该区域的功能定位是：我国连接东南亚、南亚国家的陆路交通枢纽，面向东南亚、南亚对外开放的重要门户，全国重要的烟草、旅游、文化、能源和商贸物流基地，以化工、冶金、生物为重点的区域性资源精深加工基地。

十四、藏中南地区

该区域包括西藏自治区中南部以拉萨为中心的部分地区。

该区域的功能定位是：全国重要的农林畜产品生产加工、藏药产业、旅游、文化和矿产资源基地，水电后备基地。

十五、关中—天水地区

该区域位于全国“两横三纵”城市化战略格局中陆桥通道横轴和包昆通道纵轴的交汇处，包括陕西省中部以西安为中心的部分地区和甘肃省天水的部分地区。

该区域的功能定位是：西部地区重要的经济中心，全国重要的先进制造业和高新技术产业基地，科技教育、商贸中心和综合交通枢纽，西北地区重要的科技创新基地，全国重要的历史文化基地。

十六、兰州—西宁地区

该区域位于全国“两横三纵”城市化战略格局中陆桥通道横轴上，包括甘肃省以兰州为中心的部分地区和青海省以西宁为中心的部分地区。

该区域的功能定位是：全国重要的循环经济示范区，新能源和水电、盐化工、石化、有色金属和特色农产品加工产业基地，西北交通枢纽和商贸物流中心，区域性的新材料和生物医药产业基地。

十七、宁夏沿黄经济区

该区域位于全国“两横三纵”城市化战略格局中包昆通道纵轴的北部，包括宁夏回族自治区以银川为中心的黄河沿岸部分地区。

该区域的功能定位是：全国重要的能源化工、新材料基地，清真食品及穆斯林用品和特色农产品加工基地，区域性商贸物流中心。

十八、天山北坡地区

该区域位于全国“两横三纵”城市化战略格局中陆桥通道横轴的西端，包括新疆天山以北、准噶尔盆地南缘的带状区域以及伊犁河谷的部分地区（含新疆生产建设兵团部分师市和团场）。

该区域的功能定位是：我国面向中亚、西亚地区对外开放的陆路交通枢纽和重要门户，全国重要的能源基地，我国进口资源的国际大通道，西北地区重要的国际商贸中心、物流中心和对外合作加工基地，石油天然气化工、煤电、煤化工、机电工业及纺织工业基地。

第七章　限制开发区域（农产品主产区）

国家层面限制开发的农产品主产区是指具备较好的农业生产条件，以提供农产品为主体功能，以提供生态产品、服务产品和工业品为其他功能，需要在国土空间开发中限制进行大规模高强度工业化城镇化开发，以保持并提高农产品生产能力的区域。

第一节　功能定位和发展方向

国家层面农产品主产区的功能定位是：保障农产品供给安全的重要区域，农村居民安居乐业的美好家园，社会主义新农村建设的示范区。

农产品主产区应着力保护耕地，稳定粮食生产，发展现代农业，增强农业综合生产能力，增加农民收入，加快建设社会主义新农村，保障农产品供给，确保国家粮食安全和食物安全。发展方向和开发原则是：

——加强土地整治，搞好规划、统筹安排、连片推进，加快中低产田改造，推进连片标准粮田建设。

——加强水利设施建设，加快大中型灌区、排灌泵站配套改造以及水源工程建设。

——优化农业生产布局和品种结构，搞好农业布局规划，科学确定不同区域农业发展重点，形成优势突出和特色鲜明的产业带。

——国家支持农产品主产区加强农产品加工、流通、储运设施建设，引导农产品加工、流通、储运企业向主产区聚集。

——粮食主产区要进一步提高生产能力，主销区和产销平衡区要稳定粮食自给水平。

——大力发展油料生产，鼓励发挥优势，发展棉花、糖料生产，着力提高品质和单产。

——在复合产业带内，要处理好多种农产品协调发展的关系，根据不同产品的特点和相互影响，合理确定发展方向和发展途径。

——控制农产品主产区开发强度，优化开发方式，发展循环农业，促进农业资源的永续利用。

——加强农业基础设施建设，改善农业生产条件。

——积极推进农业的规模化、产业化，发展农产品深加工，拓展农村就业和增收空间。

——以县城为重点推进城镇建设和非农产业发展，加强县城和乡镇公共服务设施建设，完善小城镇公共服务和居住功能。

——农村居民点以及农村基础设施和公共服务设施的建设，要统筹考虑人口迁移等因素，适度集中、集约布局。

第二节 发展重点

从确保国家粮食安全和食物安全的大局出发，充分发挥各地区比较优势，重点建设以“七区二十三带”为主体的农产品主产区。

——东北平原主产区。

——黄淮海平原主产区。

——长江流域主产区。

——汾渭平原主产区。

——河套灌区主产区。

——华南主产区。

——甘肃新疆主产区。

第三节 其他农业地区

在重点建设好农产品主产区的同时，积极支持其他农业地区和其他优势特色农产品的发展，根据农产品的不同品种，国家给予必要的政策引导和支持。

第八章 限制开发区域（重点生态功能区）

国家层面限制开发的重点生态功能区是指生态系统十分重要，关系全国或较大范围区域的生态安全，目前生态系统有所退化，需要在国土空间开发中限制进行大规模高强度工业化城镇化开发，以保持并提高生态产品供给能力的区域。

第一节 功能定位和类型

国家重点生态功能区的功能定位是：保障国家生态安全的重要区域，人与自然和谐相处的示范区。

经综合评价，国家重点生态功能区包括大小兴安岭森林生态功能区等25个地区。总面积约386万平方公里，占全国陆地国土面积的40.2%；2008年底总人口约1.1亿人，占全国总人口的8.5%。国家重点生态功能区分为水源涵养型、水土保持型、防风固沙型和生物多样性维护型四种类型。

第二节 规划目标

——生态服务功能增强，生态环境质量改善。

——形成点状开发、面上保护的空间结构。

——形成环境友好型的产业结构。

——人口总量下降，人口质量提高。

——公共服务水平显著提高，人民生活水平明显改善。

第三节 发展方向

国家重点生态功能区要以保护和修复生态环境、提供生态产品为首要任务，因地制宜地发展不影响主体功能定位的适宜产业，引导超载人口逐步有序转移。

——水源涵养型。

——水土保持型。

——防风固沙型。

——生物多样性维护型。

第四节 开发管制原则

——对各类开发活动进行严格管制，尽可能减少对自然生态系统的干扰，不得损害生态系统的稳定和完整性。

——开发矿产资源、发展适宜产业和建设基础设施，都要控制在尽可能小的空间范围之内，并做到天然草地、林地、水库水面、河流水面、湖泊水面等绿色生态空间面积不减少。

——严格控制开发强度，逐步减少农村居民点占用的空间，腾出更多的空间用于维系生态系统的良性循环。

——实行更加严格的产业准入环境标准，严把项目准入关。

——在现有城镇布局基础上进一步集约开发、集中建设，重点规划和建设资源环境承载能力相对较强的县城和中心镇，提高综合承载能力。

——加强县城和中心镇的道路、供排水、垃圾污水处理等基础设施建设。

第九章 禁止开发区域

国家禁止开发区域是指有代表性的自然生态系统、珍稀濒危野生动植物物种的天然集中分布地、有特殊价值的自然遗迹所在地和文化遗址等，需要在国土空间开发中禁止进行工业化城镇化开发的重点生态功能区。

第一节 功能定位

国家禁止开发区域的功能定位是：我国保护自然文化资源的重要区域，珍稀动植物基因资源保护地。

根据法律法规和有关方面的规定，国家禁止开发区域共1443处，总面积约120万平方公里，占全国陆地国土面积的12.5%。今后新设立的国家级自然保护区、世界文化自然遗产、国家级风景名胜区、国家森林公园、国家地质公园，自动进入国家禁止开发区域名录。

第二节 管制原则

国家禁止开发区域要依据法律法规规定和相关规划实施强制性保护，严格控制人为因素对自然生态和文化自然遗产原真性、完整性的干扰，严禁不符合主体功能定位的各类开发活动，引导人口逐步有序转移，实现污染物“零排放”，提高环境质量。

一、国家级自然保护区

要依据《中华人民共和国自然保护区条例》、本规划确定的原则和自然保护区规划进行管理。

——按核心区、缓冲区和实验区分类管理。

——按核心区、缓冲区、实验区的顺序，逐步转移自然保护区的人口。

——根据自然保护区的实际情况，实行异地转移和就地转移两种转移方式，一部分人口转移到自然保护区以外，一部分人口就地转为自然保护区管护人员。

——在不影响自然保护区主体功能的前提下，对范围较大、目前核心区人口较多的，可以保持适量的人口规模和适度的农牧业活动，同时通过生活补助等途径，确保人民生活水平稳步提高。

——交通、通信、电网等基础设施要慎重建设，能避则避，必须穿越的，要符合自然保护区规划，并进行保护区影响专题评价。

二、世界文化自然遗产

要依据《保护世界文化和自然遗产公约》、《实施世界遗产公约操作指南》、本规划确定的原则和文化自然遗产规划进行管理。

——加强对遗产原真性的保护，保持遗产在艺术、历史、社会和科学方面的特殊价值。

三、国家级风景名胜区

要依据《风景名胜区条例》、本规划确定的原则和风景名胜区规划进行管理。

——严格保护风景名胜区内一切景物和自然环境，不得破坏或随意改变。

——严格控制人工景观建设。

——禁止在风景名胜区从事与风景名胜资源无关的生产建设活动。

——建设旅游设施及其他基础设施等必须符合风景名胜区规划，逐步拆除违反规划建设的设施。

——根据资源状况和环境容量对旅游规模进行有效控制，不得对景物、水体、植被及其他野生动植物资源等造成损害。

四、国家森林公园

要依据《中华人民共和国森林法》、《中华人民共和国森林法实施条例》、《中华人民共和国野生植物保护条例》、《森林公园管理办法》、本规划确定的原则和森林公园规划进行管理。

——除必要的保护设施和附属设施外，禁止从事与资源保护无关的任何生产建设活动。

——在森林公园内以及可能对森林公园造成影响的周边地区，禁止进行采石、取土、开矿、放牧以及非抚育和更新性采伐等活动。

——建设旅游设施及其他基础设施等必须符合森林公园规划，逐步拆除违反规划建设的设施。

——根据资源状况和环境容量对旅游规模进行有效控制，不得对森林及其他野生动植物资源等造成损害。

——不得随意占用、征用和转让林地。

五、国家地质公园

要依据《世界地质公园网络工作指南》、本规划确定的原则和地质公园规划进行管理。

——除必要的保护设施和附属设施外，禁止其他生产建设活动。

——在地质公园及可能对地质公园造成影响的周边地区，禁止进行采石、取土、开矿、放牧、砍伐以及其他对保护对象有损害的活动。

——未经管理机构批准，不得在地质公园范围内采集标本和化石。

第三节　近期任务

在“十二五”期间，对现有国家禁止开发区域进行规范。主要任务是：

——完善划定国家禁止开发区域范围的相关规定和标准，对划定范围不符合相关规定和标准的，按照相关法律法规和法定程序进行调整，进一步界定各类禁止开发区域的范围，核定面积。

——进一步界定自然保护区中核心区、缓冲区、实验区的范围。

——在界定范围的基础上，结合禁止开发区域人口转移的要求，对管护人员实行定编。

——归并位置相连、均质性强、保护对象相同但人为划分为不同类型的禁止开发区域。

第四篇　能源与资源

能源与资源的开发布局，对构建国土空间开发战略格局至关重要。在对全国国土空间进行主体功能区划分的基础上，从形成主体功能区布局的总体要求出发，需要明确能源、主要矿产资源开发布局以及水资源开发利用的原则和框架。能源基地和主要矿产资源基地的具体建设布局，由能源规划和矿产资源规划做出安排；水资源的开发利用，由水资源规划做出安排；其他资源和交通基础设施等的建设布局，由有关部门根据本规划另行制定。

第十章　能源与资源

第一节　主要原则

能源、矿产资源的开发布局和水资源的开发利用，要坚持以下原则：

——能源基地和矿产资源基地以及水功能区分布于优化开发、重点开发、限制开发区域之中，不属于独立的主体功能区。

——能源基地和矿产资源基地的建设布局，要坚持“点上开发、面上保护”的原则。

——能源基地和矿产资源基地以及能源通道的建设，要充分考虑“两横三纵”城市化战略格局的需要，充分考虑“七区二十三带”农业战略格局和“两屏三带”生态安全战略格局的约束。

——能源基地和矿产资源基地的建设布局，要按照引导产业集群发展，尽量减少大规模长距离输送加工转化的原则进行。

——能源基地和矿产资源基地的建设布局，应当建立在对所在区域资源环境承载能力综合评价基础上，并要做到规划先行。

——能源和矿产资源的开发，应尽可能依托现有城市作为后勤保障和资源加工基地，避免形成新的资源型城市或孤立的居民点。

——位于优化开发或重点开发区域内，且资源环境承载能力较强的能源和矿产资源基地，应作为城市化地区的重要组成部分进行统筹规划、综合发展。

——位于限制开发的重点生态功能区的能源基地和矿产资源基地建设，必须进行生态环境影响评估，尽可能减少对生态空间的占用，并同步修复生态环境。

——在不损害生态功能前提下，在重点生态功能区内资源环境承载能力相对较强的特定区域，支持其因地制宜适度发展能源和矿产资源开发利用相关产业。

——城市化地区和农产品主产区的发展要与水资源承载能力相适应。

——实行严格的水资源管理制度。

——对水资源过度开发地区以及由于水资源过度开发造成的生态脆弱地区，要通过水资源合理调配逐步退还挤占的生态用水，使这些地区的生态系统功能逐步得到恢复，维护河流和地下水系统的功能。

第二节　能源开发布局

重点在能源资源富集的山西、鄂尔多斯盆地、西南、东北和新疆等地区建设能源基地，在能源消费负荷中心建设核电基地，形成以“五片一带”为主体，以点状分布的新能源基地为补充的能源开发布局框架。

——山西。合理开发煤炭资源，积极发展坑口电站，加快煤层气开发，继续发挥保障全国能源安全的功能。

——鄂尔多斯盆地。以煤炭开采加工和火力发电建设为主，加大石油、天然气、煤层气和风能开发力度，建设高效清洁大型能源输出地。

——西南地区。以水电开发为主，加快四川盆地天然气资源开发，有序开发煤炭资源和建设坑口电站，加强煤电外送通道建设，建成以水电为主体的综合性能源输出地。

——东北地区。加强石油勘探，稳定石油产量，加快蒙东大型煤炭基地建设，积极发展坑口电站和风电，加快建设面向东北和华北的能源输送通道。

——新疆。适度加大石油、天然气和煤炭资源的勘探开发，加快能源外输通道建设，加强与中亚国家的能源合作，建设我国重要的能源战略接替区。

——核电。按照整体布局、分步实施的方针，在完善核电安全保障体系的前提下，在一次能源资源匮乏的东中部负荷中心有序布局建设核电基地，逐步形成东中部核电开发带。

大力发展风能、太阳能等清洁能源。风能，重点在资源丰富的西北、华北和东北以及东部沿海地区布局建设大型风电基地。太阳能，近期重点在光伏产业较发达的山东半岛、长江三角洲、珠江三角洲等地区布局建设大型太阳能基地，中远期逐步在河西走廊、兰新线、青藏线、宁夏和内蒙古沙漠边缘等地区建设大型太阳能基地。

第三节 主要矿产资源开发布局

西部地区加大矿产资源开发利用力度，建设一批优势矿产资源勘查开发基地，促进优势资源转化，积极推进矿业经济区建设；中部地区大力推进矿业结构优化升级，强化综合利用；东部地区重点调整矿产资源开发利用结构，挖掘资源潜力；东北地区稳定规模，保障振兴，促进资源型城市持续发展。

——西南地区。

——西北地区。

——中部地区。

——东北地区。

——东部沿海地区。

第四节 水资源开发利用

——松花江、辽河区。合理开发松嫩平原及三江平原的水资源，保障哈长地区、辽中南地区工业化城镇化以及农产品主产区对水资源的需求。

——黄河、淮河、海河区。采取最严格的节水措施，加大水污染治理，强化水资源保护。

——长江、西南诸河区。长江上游和西南诸河区，要统筹干支流、上中下游梯级开发，加强水资源开发管理。

——珠江、东南诸河区。适应区域水资源差异大的特点，在严格节水减排基础上，通过加强水源调蓄能力与区域水资源合理配置，保障水资源供给。

——西北诸河区。水资源开发要以保护生态环境为前提，合理调配区域水资源，加强对塔里木河、吐哈盆地、天山北麓诸河、石羊河、黑河、疏勒河等重要河流和重点地区的生态修复。

第五篇 保障措施

本规划是涉及国土空间开发的各项政策及其制度安排的基础平台。各有关部门要根据本规划调整完善现行政策和制度安排，建立健全保障形成主体功能区布局的法律法规、体制机制、规划和政策及绩效考核评价体系。

第十一章　区域政策

实行分类管理的区域政策，形成经济社会发展符合各区域主体功能定位的导向机制。

第一节　财政政策

按主体功能区要求和基本公共服务均等化原则，深化财政体制改革，完善公共财政体系。

——适应主体功能区要求，加大均衡性转移支付力度。

——鼓励探索建立地区间横向援助机制，生态环境受益地区应采取资金补助、定向援助、对口支援等多种形式，对重点生态功能区因加强生态环境保护造成的利益损失进行补偿。

——加大各级财政对自然保护区的投入力度。在定范围、定面积、定功能基础上定经费，并分清中央、省、市、县各级政府的财政责任。

第二节　投资政策

一、政府投资

将政府预算内投资分为按主体功能区安排和按领域安排两个部分，实行二者相结合的政府投资政策。

——按主体功能区安排的投资，主要用于支持国家重点生态功能区和农产品主产区特别是中西部国家重点生态功能区和农产品主产区的发展，包括生态修复和环境保护、农业综合生产能力建设、公共服务设施建设、生态移民、促进就业、基础设施建设以及支持适宜产业发展等。

——按领域安排的投资，要符合各区域的主体功能定位和发展方向。

二、民间投资

——鼓励和引导民间资本按照不同区域的主体功能定位投资。

——积极利用金融手段引导民间投资。

第三节　产业政策

——修订现行《产业结构调整指导目录》、《外商投资产业指导目录》和《中西部地区外商投资优势产业目录》，进一步明确不同主体功能区鼓励、限制和禁止的产业。

——编制专项规划、布局重大项目，必须符合各区域的主体功能定位。

——严格市场准入制度，对不同主体功能区的项目实行不同的占地、耗能、耗水、资源回收率、资源综合利用率、工艺装备、“三废”排放和生态保护等强制性标准。

——在资源环境承载能力和市场允许的情况下，依托能源和矿产资源的资源加工业项目，优先在中西部国家重点开发区域布局。

——建立市场退出机制，对限制开发区域不符合主体功能定位的现有产业，要通过设备折旧补贴、设备贷款担保、迁移补贴、土地置换等手段，促进产业跨区域转移或关闭。

第四节 土地政策

——按照不同主体功能区的功能定位和发展方向，实行差别化的土地利用和土地管理政策，科学确定各类用地规模。

——探索实行城乡之间用地增减挂钩的政策，城镇建设用地的增加规模要与本地区农村建设用地的减少规模挂钩。

——探索实行城乡之间人地挂钩的政策，城镇建设用地的增加规模要与吸纳农村人口进入城市定居的规模挂钩。

——探索实行地区之间人地挂钩的政策，城市化地区建设用地的增加规模要与吸纳外来人口定居的规模挂钩。

——严格控制优化开发区域建设用地增量；相对适当扩大重点开发区域建设用地规模；严格控制农产品主产区建设用地规模，严禁改变重点生态功能区生态用地用途；严禁自然文化资源保护区土地的开发建设。

——将基本农田落实到地块并在土地承包经营权登记证书上标注，严禁改变基本农田的用途和位置。

——妥善处理自然保护区内农牧地的产权关系，使之有利于引导自然保护区核心区、缓冲区人口逐步转移。

第五节 农业政策

——逐步完善国家支持和保护农业发展的政策，加大强农惠农政策力度，并重点向农产品主产区倾斜。

——调整财政支出、固定资产投资、信贷投放结构，保证各级财政对农业投入增长幅度高于经常性收入增长幅度，大幅度增加国家对农村基础设施建设和社会事业发展的投入，大幅度提高政府土地出让收益、耕地占用税新增收入用于农业的比例，加大中央财政对农产品主产区的转移支付力度。

——健全农业补贴制度，规范程序，完善办法，特别要支持增产增收，落实并完善农资综合补贴动态调整机制，做好对农民种粮补贴工作。

——完善农产品市场调控体系，稳步提高粮食最低收购价格，改善其他主要农产品市场调控手段，充实主要农产品储备，保持农产品价格合理水平。

——支持农产品主产区依托本地资源优势发展农产品加工业，根据农产品加工业不同产业的经济技术特点，对适宜的产业，优先在农产品主产区的县城布局。

第六节　人口政策

——优化开发和重点开发区域要实施积极的人口迁入政策，加强人口集聚和吸纳能力建设，放宽户口迁移限制，鼓励外来人口迁入和定居，将在城市有稳定职业和住所的流动人口逐步实现本地化，并引导区域内人口均衡分布，防止人口向特大城市中心区过度集聚。

——限制开发和禁止开发区域要实施积极的人口退出政策，切实加强义务教育、职业教育与职业技能培训，增强劳动力跨区域转移就业的能力，鼓励人口到重点开发和优化开发区域就业并定居。同时，要引导区域内人口向县城和中心镇集聚。

——完善人口和计划生育利益导向机制，并综合运用其他经济手段，引导人口自然增长率较高区域的居民自觉降低生育水平。

——改革户籍管理制度，逐步统一城乡户口登记管理制度。加快推进基本公共服务均等化，逐步将公共服务领域各项法律法规和政策与现行户口性质相剥离。

第七节　民族政策

——优化开发和重点开发区域要注重扶持区域内少数民族聚居区的发展，改善城乡少数民族聚居区群众的物质文化生活条件，促进不同民族地区经济社会的协调发展。

——限制开发和禁止开发区域要着力解决少数民族聚居区经济社会发展中的突出民生问题和特殊困难。

第八节　环境政策

——优化开发区域要实行更严格的污染物排放标准和总量控制指标，大幅度减少污染物排放。

——优化开发区域要按照国际先进水平，实行更加严格的产业准入环境标准。

——优化开发区域要严格限制排污许可证的增发，完善排污权交易制度，制定较高的排污权有偿取得价格。

——优化开发和重点开发区域要注重从源头上控制污染，建设项目要加强环境影响评价和环境风险防范，开发区和重化工业集中地区要按照发展循环经济的要求进行规划、建设和改造。

——研究开征适用于各类主体功能区的环境税。

——优化开发区域要以提高水资源利用效率和效益为核心，厉行节水，合理配置水资源，控制用水总量增长，加强城市重点水源地保护，保护和修复水生态环境。

第九节 应对气候变化政策

——城市化地区要积极发展循环经济，实施重点节能工程，积极发展和利用可再生能源，加大能源资源节约和高效利用技术开发和应用力度，加强生态环境保护，优化生产空间、生活空间和生态空间布局，建设低碳城市，降低温室气体排放强度。

——农产品主产区要继续加强农业基础设施建设，推进农业结构和种植制度调整，选育抗逆品种，遏制草原荒漠化加重趋势，加强新技术的研究和开发，减缓农业农村温室气体排放，增强农业生产适应气候变化的能力。积极发展和消费可再生能源。

——重点生态功能区要推进天然林资源保护、退耕还林还草、退牧还草、风沙源治理、防护林体系建设、野生动植物保护、湿地保护与恢复等，增加陆地生态系统的固碳能力。有条件的地区积极发展风能、太阳能、地热能，充分利用清洁、低碳能源。

——开展气候变化对海平面、水资源、农业和生态环境等的影响评估，严格执行重大工程气象、海洋灾害风险评估和气候可行性论证制度。提高极端天气气候事件、重大海洋灾害监测预警能力，加强自然灾害的应急和防御能力建设。

——沿海的城市化地区要加强海岸带保护，在经济、城镇、基础设施等的布局方面强化应对海平面升高的适应性对策。

第十二章 绩效考核评价

建立健全符合科学发展观并有利于推进形成主体功能区的绩效考核评价体系。要强化对各地区提供公共服务、加强社会管理、增强可持续发展能力等方面的评价，增加开发强度、耕地保有量、环境质量、社会保障覆盖面等评价指标。在此基础上，按照不同区域的主体功能定位，实行各有侧重的绩效考核评价办法，并强化考核结果运用，有效引导各地区推进形成主体功能区。

第一节　完善绩效考核评价体系

——优化开发区域。

——重点开发区域。

——限制开发区域。

——禁止开发区域。

第二节　强化考核结果运用

推进形成主体功能区的主要目标能否实现，关键在于要建立健全符合科学发展观要求并有利于推进形成主体功能区的绩效考核评价体系，并强化考核结果运用。要加强部门协调，把有利于推进形成主体功能区的绩效考核评价体系和中央组织部印发的《体现科学发展观要求的地方党政领导班子和领导干部综合考核评价试行办法》等考核办法有机结合起来，根据各地区不同的主体功能定位，把推进形成主体功能区主要目标的完成情况纳入对地方党政领导班子和领导干部的综合考核评价结果，作为地方党政领导班子调整和领导干部选拔任用、培训教育、奖励惩戒的重要依据。

第六篇　规划实施

本规划是国土空间开发的战略性、基础性和约束性规划，在各类空间规划中居总控性地位，国务院有关部门和县级以上地方人民政府要根据本规划调整完善区域规划和相关政策，健全法律法规和绩效考核评价体系，并严格落实责任，采取有力措施，切实组织实施。

第十三章　规划实施

第一节　国务院有关部门的职责

发展改革部门。负责本规划实施的组织协调，充分做好本规划与各区域规划以及土地、环保、水利、农业、能源等部门专项规划的有机衔接，实现各级各类规划之间的统一、协调；负责指导并衔接省级主体功能区规划的编制；负责组织有关部门和地方编制区域规划；负责制定并组织实施适应主体功能区要求的投资政策和产业政策；负责研究并适时将开发强度、资源承载能力和生态环境容量等约束性指标分解落实到各省、自治区、直辖市的办法；负责全国主体功能区规划实施的监督检查、中期评估和规划修订；负责组织提出适应主体功能区要求的规划体制改革方案。

科技部门。负责研究提出适应主体功能区要求的科技规划和政策，建立适应主体功能区要求的区域创新体系。

工业和信息化部门。负责编制适应主体功能区要求的工业、通信业和信息化产业发展规划。

监察部门。配合有关部门制定符合科学发展观要求并有利于推进形成主体功能区的绩效考核评价体系，并负责实施中的监督检查。

财政部门。负责按照本规划明确的财政政策方向和原则制定并落实适应主体功能区要求的财政政策。

国土资源部门。负责组织编制国土规划和土地利用总体规划；负责制定适应主体功能区要求的土地政策并落实用地指标；负责会同有关部门组织调整划定基本农田，并落实到地块和农户，明确位置、面积、保护责任人等；负责组织编制全国矿产资源规划，确定重点勘查区域。

环境保护部门。负责编制适应主体功能区要求的生态环境保护规划，制定相关政策；负责组织编制环境功能区划；负责组织有关部门编制国家自然保护区发展规划，指导、协调、监督各种类型的自然保护区、风景名胜区、森林公园的环境保护工作，协调和监督野生动植物保护、湿地环境保护、荒漠化防治工作。

住房城乡建设部门。负责组织编制和监督实施全国城镇体系规划；负责组织国务院交办的省域城镇体系规划、城市总体规划的审查。

水利部门。负责编制适应主体功能区要求的水资源开发利用、节约保护及防洪减灾、水土保持等方面的规划，制定相关政策。

农业部门。负责编制适应主体功能区要求的农牧渔业发展和资源与生态保护等方面的规划，制定相关政策。

人口计生部门。负责会同有关部门制定引导人口合理有序转移的相关政策。

林业部门。负责编制适应主体功能区要求的生态保护与建设规划，制定相关政策。

国务院法制机构。负责组织有关部门研究提出适应主体功能区要求的法律法规。

地震、气象部门。负责组织编制地震、气象等自然灾害防御和气候资源开发利用等规划或区划，参与制定自然灾害防御政策。

海洋部门。负责根据本规划组织编制全国海洋主体功能区规划。

其他各有关部门，要依据本规划，根据需要组织修订能源、交通等专项规划和主要城市的建设规划。

第二节　省级人民政府的职责

一、编制省级主体功能区规划

各省、自治区、直辖市及新疆生产建设兵团要根据国务院有关文件精神、本规划确定的开发原则和以下具体原则，编制省级主体功能区规划并组织实施。

二、推动主体功能区规划的实施

——省级人民政府负责所辖区域主体功能区规划的实施。

——根据本规划确定的各项政策，在省级人民政府事权范围内制定实施细则。

——负责落实省级财政对限制开发和禁止开发区域的财政转移支付和政府投资。

——省级政府有关部门配合国务院有关部门编制国家层面主体功能区的区域规划及相关规划。

三、指导和检查所辖市县的规划落实

——省级人民政府负责指导所辖市县落实本辖区在国家和省级层面主体功能区中的主体功能定位和相关的各项政策措施；负责指导所辖市县在市县功能区划分中落实主体功能定位和开发强度要求；负责指导所辖市县在规划编制、项目审批、土地管理、人口管理、生态环境保护等各项工作中遵循全国和省级主体功能区规划的各项要求。

——省级人民政府发展改革部门负责监督检查省级主体功能区规划的落实情况，对规划实施情况进行跟踪分析，及时发现规划实施中出现的问题和偏差并采取有力措施进行纠正，保证规划的切实落实。

第三节　监测评估

建立覆盖全国、统一协调、更新及时、反应迅速、功能完善的国土空间动态监测管理系统，对规划实施情况进行全面监测、分析和评估。

黄土高原地区综合治理规划大纲（2010–2030年）

（节选）

国家发展改革委　水利部　农业部　国家林业局

二〇一〇年八月

前　言

黄土高原是中华文明的发祥地。受地形破碎、土质疏松、降雨集中等自然因素和乱砍滥伐、过度放牧、陡坡开垦等人为因素的影响，黄土高原地区水土流失严重、荒漠化土地面积大、草原退化沙化和碱化面积逐年增加。

党中央、国务院历来高度重视黄土高原地区的治理工作，在黄土高原地区先后实施了水土保持重点建设、三北防护林体系建设、天然林资源保护、退耕还林、退牧还草、黄土高原淤地坝建设、旱作节水农业示范基地建设等一系列生态建设与可持续农业发展工程，取得了令人瞩目的成就。但黄土高原地区的治理还存在综合配套不够、治理投入不足、科技水平不高、生态保护监管不到位等问题。为进一步加强黄土高原地区综合治理，根据国务院要求，国家发展改革委会同水利部、农业部、国家林业局组织编制了《黄土高原地区综合治理规划大纲（2010–2030年）》，并委托中国国际工程咨询公司进行了评估。规划大纲的实施有利于保障国土生态安全，有利于促进区域产业结构调整和经济可持续发展，有利于促进社会主义新农村建设，有利于整合生态治理资金和提高资金使用效益，具有重要的现实意义。

第一章　黄土高原地区基本概况

一、自然社会经济概况

（一）自然地理概况

1. 地理位置

黄土高原位于北纬320°–410°，东经1070°–1140°之间。从地质、地貌学而言，是指东起太行山，西到青海日月山，南界秦岭，北抵鄂尔多斯高原的区域。考虑到生态建设的综合性，主要依据《黄土高原地区综合治理开发分区研究》确定的“黄土高原地区”作为规划范围。按县域行政区界线计算，黄土高原地区总面积64.87万km^2，占全国土地总面积的6.76%，包括山西、内蒙古、河南、陕西、甘肃、宁夏、青海共7个省（自治区）341个县（市）。

2. 地势地貌

黄土高原地区总的地势是西北高，东南低。六盘山以西地区海拔2000～3000m；六盘山以东、吕梁山以西的陇东、陕北、晋西地区海拔1000～2000m；吕梁山以东的晋中地区海拔500～1000m，由一系列的山岭和盆地构成。该区宏观地貌类型有丘陵、高塬、阶地、平原、沙漠、干旱草原、高地草原、土石山地等，其中山区、丘陵区、高塬区占2/3以上。西部主要为黄土高原沟壑区，中部主要为黄土丘陵沟壑区，东南主要为土石山区，北部主要为风沙、干旱草原和高地草原区。银川平原、河套平原、汾渭平原地形相对平缓。

3. 气候特征

黄土高原地区属大陆性季风气候，冬春季受极地干冷气团影响，寒冷干燥多风沙；夏秋季受西太平洋副热带高压和印度洋低压影响，炎热多暴雨。黄土高原地区全年≥10℃的积温2300～4500℃，无霜期120～250天，日照时数1900～3200小时，均比同纬度的华北平原为高，是我国辐射能高值区之一。黄土高原地区位于我国东西部之间半湿润区向半干旱区过渡地带，降水地区分布很不平衡，降水量总的趋势是由东南向西北、由山地向平地递减。东南部自沁河与汾河的分水岭沿渭河干流，到洮河、大夏河，过积石山至吉迈一线以南，年降水量在600mm以上，属半湿润气候；中部广大黄土丘陵沟壑地区，年降水量400～600mm，属于半湿润易旱气候；西北部地区，年降水量150～250mm，属半干旱地区。其次，降水量年际变化很大，丰水年和干旱年降水量相差2～5倍，降水变率过大，干旱发生概率高，对农业生产威胁大。此外，降水年内分布很不均匀，且以暴雨形式为主。

4. 土壤植被

黄土高原地区大部分为黄土覆盖，平均厚度50～100m，是世界上黄土分布最集中、覆盖厚度最大的区域。目前发现最厚的黄土层在兰州九州台，厚达326m。黄土层厚度分布大致从西北向东南方向递减，甘肃境内黄土层厚达200～300m，陕北黄土层厚约100～150m，晋西80～120m，晋东南和豫西北20～80m。土壤类型有棕壤土、褐土、黑垆土、黄绵土、灰褐土、灰钙土、棕钙土、栗钙土、风沙土、灰漠土等，粉粒占黄土总重量的50%。全区植被稀疏，覆盖率低，天然次生林和天然草地面积很少，主要分布在林区、土石山区和高地草原区。

5. 水资源

黄河天然年径流总量为580亿m^3，其中年径流量超过30亿m^3的有渭河、洮河、湟水、伊洛河等4条。黄土高原千沟万壑，且80%以上是干沟，常在暴雨期间形成山洪。黄土高原径流量小，水资源短缺，人均河川地表径流水量（不含过境水）仅相当于全国平均水平的1/5，耕地亩均径流量不足全国平均水平的1/8，是全国水资源贫乏的地区。从人均水资源分布而言，宁夏和山西最少，人均只有200~400m^3。宁夏黄河基本贯穿全境，北部地势相对平坦引水比较方便，对农业生产有利，宁夏南部山区干旱、缺水；山西黄河流经西部和南部边界，但受吕梁山脉的阻隔，引水困难，缺水比较严重。同时，甘肃定西地区、陇东黄土高原区、渭北旱塬和陕北黄土丘陵区缺水也很严重。

（二）经济社会概况

黄土高原地区总人口1.08亿，其中农业人口7333万人，占总人口70%以上。据2008年统计，国民总产值1.85万亿元，农民人均纯收入3196元。人口密度为167人/km^2，相当于全国平均水平的122.9%。黄土高原地区曾长期是我国政治、经济、文化的中心地区。同时，又是我国多民族交汇地带，是比较贫困的地区，也是革命时期的红色根据地。在2001年国务院批准的新时期国家扶贫开发工作592个重点县中，黄土高原地区占到115个。

黄土高原地区煤炭、电力、石油和天然气等能源工业，铅、锌、铝、铜、钼、钨、金等有色金属冶炼工业，以及稀土工业有较大优势。区域内主要矿产与能源资源在空间分布上具有较好的匹配关系，为区域经济发展创造了良好的条件。

黄土高原地区光照资源丰富，昼夜温差大，有利于干物质和糖分的积累，农作物产品品质优良。改革开放以来，黄土高原地区加大了苹果、猕猴桃、梨、枣、中药材、马铃薯等特色农林产品的生产力度，成为我国最大的猕猴桃产区，仅次于黄淮海的第二大苹果产区，优质梨与优质枣集中产区，主要的中药材种植区和马铃薯集中产区。

（三）土地利用现状

黄土高原地区土地总面积64.87万km^2。其中：耕地面积14.58万km^2，占22.48%；园地面积1.22万km^2，占1.88%；林地面积16.67万km^2，占25.69%；牧草地面积16.50万km^2，占25.44%；未利用土地面积11.07万km^2，占17.07%；其他土地面积4.83万km^2，占7.44%。

二、生态退化现状及危害

（一）生态环境退化现状

1. 水土流失严重

黄土高原地区北部风沙肆虐，西部边缘地区冻融危害，其余大部分地区水蚀剧烈。区内共有水土流失面积47.2万km^2，占该区总面积的72.77%，年均输入黄河的泥沙达16亿吨。其中侵蚀模数大于5000t/km^2·a且粒径0.05mm以上的粗沙模数大于1300t/km^2·a的多沙粗沙区，面积7.86万km^2，占黄土高原水土流失面积的16.65%，主要分布于河口镇至龙门区间的23条支流和泾河上游（马莲河、蒲河）部分地区、北洛河上游（刘家河以上）部分地区，涉及陕、晋、蒙、甘、宁五省（自治区）的45个县（旗）。该区年均输沙量占黄河同期输沙总量的62.8%；粒径0.05mm以上粗泥沙输沙量占黄河粗泥沙总量的72.5%。

侵蚀模数大于5000t/km^2·a且粒径0.1mm以上的粗沙模数大于1400t/km^2·a的粗泥沙集中来源区，

面积1.88万km^2，仅占黄土高原水土流失面积的3.98%，而年均输沙量占全河输沙总量的21.7%；对黄河下游河道淤积有重要影响的粒径0.05mm以上粗沙输沙量约占全河同粒径粗沙输沙总量的34.5%，粒径0.1mm以上粗沙输沙量占全河同粒径粗沙输沙总量的54%。这一区域主要分布在黄河中游右岸皇甫川、孤山川、窟野河、秃尾河。

2. 荒漠化土地面积大

黄土高原地区土地荒漠化和沙化主要集中分布在内蒙古、陕西、宁夏。据调查数据显示，仅宁夏全区共有荒漠化面积4461.0万亩，其中沙化土地面积1774.5万亩。按沙化程度分：轻度沙化面积1078.5万亩，占沙化面积的60.8%；中度沙化面积285.0万亩，占沙化面积的16%；重度沙化面积202.5万亩，占沙化面积的11.5%；极重度沙化面积208.5万亩，占沙化面积的11.7%。

同时，内蒙古鄂尔多斯市的乌审旗、鄂托克旗、鄂托克前旗和杭锦旗地处毛乌素沙地腹地，降雨稀少，蒸发强烈，水蚀模数小、风蚀剧烈，沙尘暴频繁，危害也很严重。

3. 草地退化、沙化和盐化面积逐年增加

长期以来，由于干旱少雨，超载过牧等自然和人为因素的影响，加剧了草原生态环境恶化。据2008年监测，内蒙古黄土高原区内8个牧业旗（县）冷季总饲草储量229.89万吨，适宜载畜量616.73万绵羊单位，而六月末牲畜实际存栏数已达1195.14万绵羊单位，可见，草原压力之大。加之河套地区地下水位又比较高，导致草地盐化面积逐年增加。据青海省有关资料分析结果和遥感调查，青海

黄土高原地区现有荒漠化土地2100多万亩，达到土地总面积的40%以上。目前仍以每年145万亩的速度扩展，草地退化、沙化和盐化面积还在逐年增加。

（二）造成退化原因分析

黄土高原地区生态恶化的形成是特殊的自然因素与人为因素综合作用的结果。自然因素主要包括气候干旱、风沙危害、降雨、地形、土壤、植被等；人为因素主要为掠夺式的土地利用方式以及不合理的资源开发等基本建设活动。

……

第二章 加快黄土高原地区综合治理的必要性和可行性

一、黄土高原地区生态建设与保护不断取得新成效

（一）主要成效

改革开放以来，在党中央、国务院的领导下，黄土高原地区先后启动实施了国家水土保持重点建设、三北防护林体系建设、防沙治沙、天然林资源保护、退耕还林、退牧还草、天然草原植被恢复与建设、黄土高原淤地坝建设、黄土高原地区水土保持世界银行贷款项目、旱作节水农业示范基地建

设、保护性耕作试验示范项目、晋陕蒙砒砂岩区沙棘生态建设等一系生态建设与可持续农业发展工程，治理生存环境，建设生态文明，取得了令人瞩目的成就。

1. 林草植被覆盖率不断提高，防护林体系骨架基本形成

经过几十年的建设，特别是“十五”期间启动实施林业重点工程以来，该地区0.35亿多亩水土流失严重的陡坡耕地和严重沙化耕地还林还草，1亿多亩荒沟荒坡恢复了森林植被，累计围栏种草面积达1.33亿亩，植被数量、质量持续下降的局面已经改变。营造的防风固沙林使沙化土地得到了初步治理，重点治理区土地沙化开始好转。提高了土地抵御自然灾害的能力，改善了人居环境和生产条件，拓宽了人们的生存与发展空间。据林业部门调查结果和相关后评价资料显示，三北防护林工程前四期工程的实施，使项目区所在省份的防护林体系初具规模，一些重点治理区域的风沙危害和水土流失得到不同程度的缓解，重点平原农牧区初步实现林网化；封山育林和飞播造林促进了林草植被恢复和自然生态状况逐步好转；经济林比重逐年上升，促进了林果业的发展和农民增收。

2. 水土流失得到有效治理，入黄泥沙有所减少

经过各相关部门和地方的不懈努力，通过国家实施的各项重点工程，黄土高原地区水土流失得到了初步遏制，特别是一些重点治理区，一大批综合治理的小流域，初步治理程度达到了70%以上，有效控制了水土流失。中国科学院、中国工程院和水利部组织进行的“中国水土流失与生态安全综合科学考察”，通过对黄土高原1986年和2000年土壤侵蚀强度变化情况的分析，近15年来黄土高原地区土壤侵蚀强度明显减轻，现有水土保持措施减少入黄泥沙量达到年均3.5～4.5亿吨，减缓了下游河床淤积抬高的速度。同时，也相应减少了下游输沙用水，为黄河水资源的有效开发利用创造了有利条件。

3. 农业生产条件得到提高，农业产业结构在一定程度上得到了调整

退耕还林工程的实施取得了较显著的社会和生态效益。转变了人们的思想观念，使黄土高原地区农民祖祖辈辈垦荒种粮的传统耕作习惯开始转变；给农民钱粮补助为农村调整产业结构提供了一个过渡期，促进了生态环境的改善和农业综合生产能力的提高，改善了农村生产生活条件，为加快黄土高原生态建设奠定了物质基础。农田防护林的营造使基本农田得到有效保护。水土保持措施的实施，使许多水、土、肥流失严重的“三跑田”变成了“三保田”。生态经济林建设，形成了苹果、红枣、花椒等干鲜果品产业带，成为农民增收的主要来源。保护性耕作措施的开展，有效减少了耕地的地表径流，加快了结构调整的步伐。旱作节水农业的大力示范推广，较大幅度地提高了旱作农田的粮食单产水平，促进了种植业结构调整，长期以粮食为主体的种植业向粮经结合的种植结构转变，从而减少了水土流失，提高了农田抗旱能力，改善了土壤结构，提高了土壤肥力。通过禁牧舍饲，畜牧业生产方式发生了根本性变化，规模化、集约化的养殖模式初步形成，畜牧业在整个农业经济中的比例和发展速度持续上升。

（二）基本经验

1. “防治结合，保护优先，强化治理”是黄土高原地区生态建设必须长期坚持的战略举措

黄土高原地区生态恶化成因复杂，生态恢复与保护的任务异常艰巨和紧迫。目前，国家以现有财力不可能全面铺开、同步治理，必须切合实际，有治有防，防治结合，互为支撑，相辅相成，才能尽快取得成效。另一方面，黄土高原地区资源丰富而环境十分脆弱，资源开发与生态环境保护的矛盾历来尖锐，生态预防保护工作显得十分必要。特别随着中西部地区开发建设的加快，加强预防保护工作已刻不容缓。因此，必须坚持“防治结合、保护优先、强化治理”的方略，这是对黄土高原综合防治途径和经验的高度概括。

具体体现在两方面，一方面，既要贯彻预防为主、保护优先的方针，严格执法，控制新的人为破坏，不欠或者少欠新账；又要加快严重流失区的治理，快还旧账。另一方面，始终坚持以小流域为单元，因地制宜，科学规划，农业、林业和水利水土保持技术措施优化配置，山、水、田、林、路、村综合治理。小流域综合治理这条技术路线已在实践中取得了巨大的成功，受到广大干部群众的欢迎，得到国内外专家的高度评价，已成为我国生态建设的一条重要技术路线。

2. 实施工程治理是黄土高原地区生态状况好转的重要措施

多年来，通过实施一系列农业、林业、水利等治理工程，尤其是在局部地区一些工程建设中注重多项措施综合配置，生物措施和工程措施一起上，注重提高工程建设科技含量，建立和完善工程建设标准体系，保障了工程建设整体推进，提高了工程建设成效。

……

二、加快黄土高原地区综合治理的必要性和紧迫性

加快黄土高原地区综合治理步伐，尽快改善生态环境，建设生态文明，是贯彻落实党的十七大精神的具体行动，标志着发展理念的升华，对发展与环境关系认识的飞跃。对于调整优化经济区域布局，按照不同生态功能区确定发展方向、重点；对于坚持经济、社会、环境、资源、民生统筹兼顾，全面可持续发展；对于建设社会主义新农村，维护国家生态安全，都具有重大的现实意义。

（一）加快黄土高原地区综合治理有利于维护国家生态安全

黄土高原地区面积64.87万km^2，占国土面积6.76%，水土流失面积47.2万km^2，占全国水土流失面积的13.04%，其中侵蚀模数大于8000$t/km^2 \cdot a$的极强度以上水蚀面积为9.12万km^2，占全国同类面积的64.95%，是全国乃至世界上水土流失最严重地区。黄土高原地区严重的水土流失，造成大量的泥沙下泄入黄，使黄河成为世界著名的多泥沙、难治理的河流，严重制约了经济社会的可持续发展。同时，为减轻下游河道淤积，还必须保证一定的水量输沙入海，又加剧了水资源供需矛盾。

为了解决黄土高原地区严重的生态问题，国家在黄土高原地区实施了黄河上中游水土保持、三北防护林体系建设、天然林资源保护、退耕还林、退牧还草等一系列大型生态建设工程，虽然取得了一定成效，但远未从根本上解决当地农业与农村经济发展滞后，农民的生存、生活和发展问题，陡坡开

垦、陡坡种植、过牧滥伐等现象也未根治。因此，采取集农业、林业、水利措施于一体的综合性治理措施，促进农业和农村可持续发展，彻底解决生态严重退化的问题，已成为维护国土生态安全的必然选择。

（二）加快黄土高原地区综合治理有利于促进区域产业结构调整和经济可持续发展

由于严重的水土流失，黄土高原地区大部分农田地力差，农业生产水平低，当地农民为了解决温饱，广种薄收、广牧薄收，农业生产方式落后、农业结构单一、农民贫穷的问题长期得不到根本改观，一些地区农业生产和供给压力较大。

实施综合治理，在生态系统得到有效保护与不断修复的基础上，通过加强基本农田建设、发展特色种养业、设施农业、草食畜牧业来替代传统的种植业，促进落后农业生产方式和单一农业结构的转变，提高农业综合生产力，将有效地促进农民脱贫致富，促进黄土高原地区综合治理成果的巩固和发展。

……

第三章　规划的指导思想、原则和目标

一、指导思想

以邓小平理论和“三个代表”重要思想为指导，全面贯彻落实科学发展观，坚持依靠群众、依靠科学技术、依靠体制机制创新，以改善生态环境、提高农民生活水平、实现可持续发展为目标，以水土保持和土地整治、森林植被保护和建设、草食畜牧业发展为主要措施，以小流域为治理单元，争取经过长期不懈地奋斗，使黄土高原地区生态环境得到根本改善。

二、基本原则

（一）统筹规划，综合治理

黄土高原地区生态建设，要统一规划，因地制宜，分区施策，因害设防，将生物措施、工程措施和耕作措施有机结合。既要解决生态问题，又要合理调整土地利用结构，提高土地生产力水平，发展特色产业，促进经济发展，并做好与主体功能区规划、土地利用总体规划、有关生态建设专项规划和政策的衔接。

（二）突出重点，分步实施

要选择生态退化严重的地区集中力量开展试点示范，加强多沙粗沙区，重点是粗泥沙集中来源区拦沙工程建设，采取点面结合、以点带面的方式，有序推进，分步实施。

（三）稳定渠道，加大投入

要稳定现有的黄土高原地区综合治理资金渠道，不断加大投入力度。在保证国家投入的同时，要充分发挥市场机制的作用，多渠道、多层次、多方式筹集资金，引导多元投资主体投入到黄土高原地区综合治理。

（四）广泛发动，全民参与

当地群众是黄土高原治理的主力军，要大力开展黄土高原综合治理重要性的宣传，提高广大群众的认识和生态意识，充分尊重农民意愿，调动他们参加黄土高原综合治理的积极性。

三、建设期限

黄土高原地区综合治理是一个长期的过程，本工程规划建设期为2010年至2030年，分两期进行，其中：2010～2015年为近期，2016～2030年为远期。

四、规划目标

（一）总目标

到2030年，黄土高原地区新增水土流失治理面积12.84万km^2，使适宜治理的水土流失区基本得到治理，年减少入黄泥沙6.5亿吨；建设和保护林草植被21.63万km^2；农业综合生产能力稳定提高，农业与农村产业结构不断优化，草食畜牧业和特色产业得到发展，人民生活水平持续稳步提高，生态文明建设取得显著成效，农村经济逐渐步入稳定协调可持续发展的轨道。

（二）近期目标

到2015年，新增治理水土流失面积4.09万km^2，完成粗泥沙集中来源区拦沙工程建设，生态环境特别恶劣的河龙区间多沙粗沙区、泾河和北洛河上游等水土流失以及荒漠化严重地区的治理初见成效。进一步搞好高标准、林网化农田建设和特色果园建设，兴建一批节水农业、旱作农业工程，生态脆弱区的农业生产条件明显改善；草地退化治理取得进展，草畜矛盾得到缓解。建设和保护林草植被6.88万km^2，生态恶化趋势逐步好转。

第四章　工程建设布局

黄土高原地区自然地理条件复杂、空间组合变化明显，水土流失地区差异显著，不同区域农业与农村经济发展的差异性大。为使综合治理总体方案与对策措施在实施上因地制宜、突出重点，使各项措施的配置更加科学化、区域化和具体化，需要进行分区布局治理措施。

一、分区原则

一是以专题性分区为基础，参考和借鉴土壤侵蚀强度与泥沙类型分区、地形地貌和侵蚀特点分区、林业生态建设分区、水资源状况分区等专题性区域划分的研究成果。

二是区域内自然条件、自然资源组合特征的相对一致。

三是区域内综合治理措施和途径的相对一致。

四是保持行政区界相对完整。

五是有利于综合治理方案实施和监督管理，在关注差异性同时又要关注趋同性和类聚性。

二、分区概况与治理措施

依据上述分区原则，通过分析和综合，将黄土高原地区划分为如下6个综合治理区：

（一）黄土高塬沟壑区

本区总面积20万km^2，主要涉及渭北旱塬、陇东黄土高原沟壑区等。地形地貌特点是塬面广阔平坦、沟壑深切，水土流失比较严重，沟壑密度1～3km/km^2，侵蚀模数在2000t/km^2·a以上，高者达到5000t/km^2·a，以沟蚀为主，沟壑内崩塌、陷穴、泻溜等重力侵蚀也比较严重；年降水量500～710mm，光热资源丰富，昼夜温差较大，适宜苹果、梨等果树生长，为黄土高原水果重要产区，加之农耕历史悠久，是黄土高原地区农业生产条件较为优越的地区。

该区综合治理措施是建设三道防护体系：（1）塬面防护体系，在塬面形成以村庄、道路为骨架，以条田为核心的田、路、堤、林网、小型水保集雨工程等相配套的塬面综合防护体系；（2）沟坡防护体系，在缓坡修梯田，陡坡整地造林种草，形成以造林种草为主，工程措施与林草措施相结合的沟坡防护体系；（3）沟道防护体系，从上游到下游，支毛沟到干沟，以坝系工程建设为主，兼营沟道植树种草，以抬高侵蚀基点，形成以沟道工程与林草措施相结合的沟道防护体系。

（二）黄土丘陵沟壑区

本区总面积14万km^2，是黄土高原地区最典型的地貌单元之一。以峁状、梁状丘陵为主，沟壑纵横、地形破碎，15°以上的土地面积占50%～70%，沟壑密度高达2～7.6km/km^2，主要以沟蚀和面蚀为主，沟蚀主要发生在坡面切沟和幼年冲沟，面蚀主要发生在坡耕地上。长期以来，干旱、水土流失以及落后的耕作方式，使这一地区的农业产量低而不稳；草场质量较差、载畜较低，过度放牧，草场退化严重，畜牧业生产比较落后；植被盖度比较低，农村生活能源缺乏，水源短缺，群众生活十分困难。

该区综合治理措施是构筑多道防护体系：（1）梁峁顶防护体系，建设部分基本农田，以种植灌草为主防风固土，控制梁峁及其附近地域土壤侵蚀；（2）梁峁坡防护体系，加强坡改梯工程建设，把梁峁坡变成农业和林果生产基地，建设小型水保工程，拦蓄降水，保持水土；（3）峁缘线防护体系，以沟头防护体系为主，拦截梁峁坡防护体系的剩余径流，分割水势，防止溯源侵蚀；（4）沟坡防护体系，采取自然封育措施，恢复林草植被，适当实施造林种草，拦截上道防护体系的剩余径流，固土护坡；（5）沟道防护体系，从上游到下游，支毛沟到干沟，修建淤地坝，以坝系工程建设为主，两侧平缓地改造为梯田台地，发展坝系农业，并在沟道植树种草，以抬高侵蚀基点，形成以沟道工程与林草措施相结合的沟道防护体系。

（三）土石山区

本区总面积10.72万km^2。区内山地多为薄层黄土所覆盖，植被条件较好，是黄土高原重要的水源涵养区，水土流失较轻。由于过牧、过度樵采等原因，局部地区还存在较强水土流失。

该区综合治理措施是对太行山、秦岭等水源涵养林建设重点地区，通过实施封山育林育草和适度人工干预恢复植被，配合必要的沟道水土保持工程，完善和维护山区流域生态系统。大力推广以小流域为单元的综合治理，因地制宜，搞好川地、缓坡地农田基本建设，对荒山荒沙地区建设谷坊、塘坝等拦沙蓄水工程，水池、水窖等集雨节灌工程，推广草田轮作、免耕法、留茬等农耕措施，加大封育治理力度。改变传统的牧业生产方式，变放养为圈养，在条件适宜地区发展人工种植草料基地建设，减轻植被破坏压力。大力营造农田林网和草场林网，建设风沙屏障。

（四）河谷平原区

本区总面积6.36万km^2，位于渭河、汾河谷地。区域内地势低平，水土流失较轻，侵蚀模数在1000t/km^2·a以下，水量相对充足，光热资源丰富，是重要的农业区和区域经济活动中心地带。同时，由于地势低平，部分地区排水不畅，灌溉方式不合理，有次生盐渍化现象。

该区综合治理措施是建设功能完备、生态效益稳定的农田防护林，搞好“四旁”绿化，形成田、林、路、渠配套，为生态农业生产体系建设提供重要保障。同时，结合节水灌溉工程和河道生态治理工程，建设具有特色的经济林基地和人工饲草料基地，发展林粮、林果、林草、林药等农林混作生态农业生产技术，推广旱作农业技术和保护性耕作技术，培肥地力，发展畜牧业和农副产品加工等，提升农业产业化水平。

（五）沙地和沙漠区

本区总面积7.92万km^2。区内气候干旱、降水稀少，年降雨量400mm以下，蒸发量大，水蚀模数小，风蚀剧烈，“沙尘暴”灾害频繁，土地沙化严重，地貌上以毛乌素沙地地貌类型为主。由于长期过牧滥牧造成比较严重的草原退化和沙化，相当部分固定、半固定沙丘被激活形成移动沙丘。

该区综合治理措施是以保护、恢复和增加现有植被为重点，实行生物措施与工程措施相结合，人工治理与自然修复相结合，建设以乔灌草、多林种、多树种结合的防风固沙林为重点的沙区生态防护体系。对沙化土地通过人工造林种草、封沙育林育草、人工补播等方式促进植被恢复，全面实行封山（沙）禁牧、舍饲圈养，禁止滥垦、滥樵，改变畜牧业生产经营方式，条件适宜地区发展人工种植草料基地，促进草场的休养生息。在有条件的地方坚持治理与开发相结合的方针，发展沙区特色林果、农副产品加工业。

（六）农灌区

本区总面积5.87万km^2，主要为河套地区和宁夏沿黄地区。区内水源比较充足，分布着大片绿洲和大型农灌区，植被以农田防护林和农作物为主。由于气候干旱和地下水位较高，土地盐渍化较重，不适当的引水和灌溉导致了耕地大面积的次生盐渍化；另一方面，不适当地抽取地下水，导致地下水位下降和地表植被死亡。

该区综合治理措施是完善和发展农田防护林体系建设，在沙漠边缘形成大型阻沙林带。加强基本农田建设和保护，培肥地力，发展节水农业，推广农田节水技术，促进水资源的保护和土壤盐渍化的防治。对阴山、贺兰山等山地，加大封育措施实施力度，辅以必要的坡面治理和人工种植措施，以促进植被的恢复和保护；对沟道实施以必要的水利工程建设和防治措施，并将沟道治理和山前洪积

冲积扇区的治理相结合，山内山外治理相结合，拦沙、拦洪和淤地造田统筹兼顾，通过综合治理促进山地水土流失的防治。

……

第五章　建设内容和规模

黄土高原地区综合治理措施涉及多方面的内容，主要有水土保持及土地整治、森林植被的保护和建设、草食畜牧业发展。针对黄土高原地区水土流失特点，水土保持及土地整治工程建设坚持把多沙粗沙区作为重点，把粗泥沙集中来源区作为重中之重，按照因害设防的原则布设。森林草地的保护和建设按照植被地带分布规律进行合理布局，在符合国家退耕还林（草）政策的基础上，依据立地条件，实行对位配置，形成多目标、多功能、高效益的综合防治体系。各项建设任务规模按照上述原则，依据黄土高原地区土地利用现状、各地开展黄土高原地区综合治理的实际需要，并考虑投资可能合理确定。工程建设中要注意做好和当地土地利用总体规划的衔接，符合土地利用规划确定的用地规模和总体布局安排；总结已取得的经验和教训，充分考虑生态系统的相关性与完整性、区域生态功能的特殊性与重要性，合理实施项目建设。本规划大纲涉及的建设项目主要通过纳入现有投资渠道实施。按照现有投资渠道的投入水平，再考虑到加大投入力度的因素，各个渠道投资随着国家财力增长也会相应增加的因素，规划大纲任务是有保障的。

一、水土保持及土地整治

通过淤地坝建设、坡改梯、水窖和农田旱作节水设施建设，减少水土流失，改善当地生态环境和生产条件，合理开发利用水资源。

（一）淤地坝建设

淤地坝按照加大黄土丘陵沟壑区建设力度，优先在位于陕蒙交界的粗泥沙集中来源区安排实施，积极推进黄土高原地区持续稳定发展的原则考虑，坚持以小流域为单元进行坝系建设。规划建设淤地坝56161座，其中骨干坝10223座，中小型淤地坝45938座。

（二）坡改梯

按照人口自然增长对粮食生产的需求和当地坡耕地的改造潜力，在水土流失治理任务较重的山区、高塬区和丘陵区规划建设坡改梯3912万亩。

（三）水窖建设

为缓解甘肃定西、宁夏西海固、陕北老区和吕梁山区等干旱地区的人畜饮水困难，积极发展集雨补灌。规划修建水窖385万眼，其中近期123万眼，远期262万眼。

（四）农田旱作节水设施建设

在水源比较充足的汾渭盆地和宁蒙河套及其周边地区发展节水农业，推广农田节水技术，促进水资源的保护和土壤盐渍化的防治。同时，配合大范围的低产田改造，发展高产优质高效农业。规划建设农田旱作节水设施2322万亩，其中近期738万亩，远期1584万亩。

二、森林植被的保护和建设

根据黄土高原地区水资源承载力和造林种草的历史经验教训，坚持以灌草为主，乔灌草结合的植被建设方向，大力营造水土保持林、水源涵养林、薪炭林，适当发展经济林，增加农民收入。在做好水分平衡论证的基础上，合理采取封山育林、人工造林、飞播造林等多种措施，主要建设符合当地水分温度条件的旱生灌草植被，提高黄土高原地区植被盖度。

（一）封山育林

对人迹不易到达的深山、远山等水源涵养林建设地区，通过设立封山育林标志与标牌，落实管护人员与管护措施，重点实施封山育林和适度人工恢复植被。规划开展封山育林8104万亩，其中近期2578万亩，远期5526万亩。

（二）人工造林

根据不同的生态区位条件，结合地貌、土壤、气候和技术条件，遵循自然规律，因地制宜，合理确定树种，确保载一片，成一片。同时，对于质量标准低下、防护效益差的疏林地及时补植补种和更新改造，巩固林地面积，提高防护功能。规划完成人工造林10307万亩，其中近期3279万亩，远期7028万亩。

（三）飞播造林

在交通不便的深山远山区、风沙区和支流发源地，选择适宜地域实施飞播造林，推进快速绿化。规划飞播造林1186万亩，其中近期377万亩，远期809万亩。

……

第六章　近期示范工程安排意见

黄土高原地区综合治理工程是一项复杂的、综合性系统工程，综合考虑当前面临的形势任务与国家财力可能，近期要集中力量，突出重点，先行开展综合治理示范，采取以点带面，点面结合的方式，推进黄土高原地区生态环境治理工作。

一、示范工程建设思路

坚持以县为单位，以小流域为单元，有针对地选择50个有代表性的县先行示范，加大投入力度，整合现有各种渠道的资金，建立有效的协调方式，实施农、林、水相结合的综合治理措施，力求探索出一套具有黄土高原地区特色的综合治理模式，有序推动黄土高原综合治理工作。

二、示范县的选择

在综合考虑各省（自治区）水土流失和土地沙化现状、危害程度及经济发展水平等因素的基础上，制定示范县的选择原则如下：

一是地处黄土高原地区，生态区位相对重要，对全国生态建设有一定影响。重点是多沙粗沙区特别是粗泥沙集中来源区。

二是生态退化严重，对当地农牧民生产生活和经济社会发展影响较大。

三是经济发展相对滞后，农牧民收入较低，当地政府和群众依靠自我开展生态治理的能力较弱。

四是有比较成熟的综合治理经验和治理模式，有关部门有一定的工作基础，前期工作扎实，能够取得明显治理成效。

五是有较好的代表性和典型示范作用，所选示范县可基本覆盖本省（自治区）黄土高原不同治理分区和不同市级行政区，对本省（自治区）综合治理工作能够发挥示范作用。

六是当地政府对生态建设工作高度重视，对开展综合治理要求迫切，广大干部群众工作基础好，积极性高。

根据以上原则，由各省（自治区）发展改革委联合水利、农业、林业主管部门提出了示范县推荐名单，经国务院有关部门审核后，确定山西娄烦、内蒙古清水河、河南嵩县、陕西宜君、甘肃宁县、宁夏海原、青海湟源等50个县为黄土高原地区综合治理示范县。

三、示范县的基本情况

（一）自然地理情况

黄土高原地区综合治理示范包括山西、内蒙古、河南、陕西、甘肃、宁夏、青海7省（自治区）的50个县（旗、区），总土地面积12.58万km^2，占黄土高原地区总面积的19.4%；水土流失面积9.62万km^2，占黄土高原地区总水土流失面积20.4%。

（二）社会经济状况

示范县总人口1506.7万人，占黄土高原地区的13.9%；农业人口1267.3万人，占黄土高原地区的17.3%。人口密度120人/平方公里。

……

五、示范工程建设总体部署

（一）基本要求

黄土高原地区综合治理示范工程建设要坚持统筹规划，综合治理；生态为主，保护优先；因地制宜，分类指导；坚持生态建设与经济发展相结合，积极探索建立工程建设的长效机制。各示范县要尊重实际，从客观条件出发，提出科学的技术路线，合理确定农、林、水等各项建设内容，确保各项措施要相互配合，协调推进，形成合力，治理一片，见效一片。通过示范带动，引导提升三北防护林体系建设工程、黄土高原淤地坝工程、多沙粗沙区拦沙工程、晋陕蒙砒砂岩区沙棘生态工程等国家生态治理工程的建设与管理水平。坚持点向面辐射，面向点靠拢的项目带动战略，促进重点区域生态治理初见成效。

（二）示范目标

到2015年，通过实施封山育林育草，人工造林，改良草地，人工种草，大力发展草食畜牧业，加强基本农田建设和配套水利水保设施建设等，新增水土流失治理面积1.21万km^2。示范建设期末，共有603条小流域实现综合治理达标，累计初步治理面积占水土流失总面积的70%以上；初步建立比较完备的以林草植被为主的生态体系，生态功能得到明显提高；土地利用结构不断优化，农村生产、生活条件明显改善，农业综合生产能力有所提高，农民收入稳步增长，生态、经济、社会步入可持续发展的良性循环轨道。

（三）建设期限

建设期限为6年，即2010–2015年。

六、建设管理运行机制

一是国家发展改革委会同水利、农业、林业、环境保护等部门依据有关法律、法规和政策规定，加强项目管理和监督检查，指导各省（自治区）有序开展黄土高原地区综合治理示范工程建设与管理，中央直属项目由有关流域机构和单位组织实施。

二是各地要明确本省（自治区）开展示范工程建设的目标和任务，并组织各示范县编制实施方案，同时依法进行环境影响评价工作，审批后报国家发展改革委等有关部门备案。黄土高原淤地坝工程和库容100万立方米以上的骨干坝工程设计根据有关流域机构提出的技术审查意见进行批复。中央直属项目，其实施方案由中央部委或流域机构按程序和权限审（报）批。

三是示范县要认真做好前期工作，按照因地制宜的原则，合理配置生物措施和工程措施，编制实施方案，明确每条小流域综合治理建设内容与规模。实施方案经批准后，要请具有资质要求的设计单位，以小流域为单元编制初步设计和单项工程施工设计，按工程年度计划予以实施。

四是建立健全规章制度，完善工程前期、实施、验收和检查、监督、评估、资金管理、审计等制度。要加强对工程建设进度、质量和资金使用的监督检查，实行定期评估制度。

五是县级政府作为各项工程实施的基层单位，要对本行政区域内的生态建设进行综合规划，在各项工程建设原则内统筹安排好工程实施工作，提高资金使用效率，实现集中连片、规模治理，增强工程建设的整体合力。在工程建设管理上，施行项目建设质量责任制、报账制、合同制和项目竣工验收等制度；大力推行项目法人责任制、建设监理制、招投标制以及监测评价制，提高项目管理水平和工程建设质量。

六是要大力推广应用先进适用技术，组织科研单位作为技术依托单位，负责技术指导；完善技术推广服务体系，为全面开展示范工程建设提供技术支撑和服务。

第七章　保障措施

一、组织保障

（一）加强组织协调

黄土高原地区综合治理是一项涉及多部门、多行业的系统工程。工程建设由国家发展改革委牵头组织协调，水利部、农业部、国家林业局具体负责，统筹解决工程实施中的重大问题，综合分析评价工程实施效果，指导地方开展工程建设。各部门要按照职能分工，各司其职，各负其责，加强联系，密切配合，共同做好相关工作。

（二）强化地方责任

黄土高原地区综合治理工作实行地方政府负责制。各级地方政府要将黄土高原地区综合治理工作纳入本地区国民经济和社会发展规划，并列入重要议事日程，建立有关规章制度和议事规则，健全工程建设责任制。

（三）坚持依法防治

严格执行《土地管理法》、《农业法》、《草原法》、《防沙治沙法》、《森林法》、《水土保持法》、《环境保护法》、《基本农田保护条例》等法律法规，加大执法力度，严厉打击和查处乱砍滥伐、毁林毁草开荒、毁坏水利设施、擅自占用耕地特别是基本农田等破坏生态的违法行为。

二、科技保障

（一）科学技术推广

黄土高原地区综合治理是一项复杂的系统工程，要充分发挥科技的支撑作用，将先进、成熟的科学技术应用到黄土高原地区综合治理实践中去。通过聘请专家咨询、技术指导、技术合作等方式，推广和应用成功的营造林技术、综合治理模式等，提高先进适用技术和科研成果的转化率和贡献率，带动、促进黄土高原地区综合治理工程顺利实施。要加强基础实验和科学研究工作，加强黄土高原土壤侵蚀机理等自然规律研究，开展黄土高原模型试验等。

（二）建立监测体系

针对黄土高原地区综合治理监测需要，利用现有机构和资源，建立完善的监测站网体系和数据信息系统，实现对黄土高原地区综合治理工程建设全过程的监测和评价。

……

第八章　实施效果评价

一、生态效益分析与评价

（一）增加森林覆盖率和林草盖度

项目实施并建成后，将增加林地面积7.66万km^2，改良草地和人工种草面积8.56万km^2，植被覆盖率得到大幅度提高。

（二）水土保持效益

开展治理水土流失面积12.84万km^2，项目建成后，将年减少6.5亿吨泥沙进入黄河。

（三）生态服务功能

工程各项治理措施全部发挥效益后，每年还可产生显著的间接效益。如固C、释O^2、净化空气等生态服务功能。

二、社会效益分析与评价

（一）调整农业产业结构，促进地方经济发展

通过粮食单产提高，林地、果园、草场面积增加，农业产业结构将得到调整并趋于合理。同时，将带动当地农副产品和其他商品的流通，拉动内需，促进地方经济发展。

（二）增加农村劳动力就业机会

工程实施大规模林草植被建设，带动林果业、畜牧业等相关产业的发展，将为农村剩余劳动力提供更多的就业机会，有利于社会安定。

（三）提高农民生产技能和管理水平

在规划实施过程中，将有一大批农民接受各级各类专业技术培训，熟练掌握一、二门实用技术，生产技能和管理能力不断增强，现代农业意识逐步提高，有利于传统农业向现代农业转化。

（四）提高群众生活水平

随着农民经济收入的增加，农民食物结构也将发生变化，以粮食为主的食品结构将向肉、蛋、奶、果、菜齐全方向转，农民生活质量必将明显提高。

中国城市经济统计资料

中华人民共和国
2010年国民经济和社会发展统计公报

2010年，面对复杂多变的国内外经济环境和各种重大挑战，全国各族人民在党中央、国务院的坚强领导下，以邓小平理论和“三个代表”重要思想为指导，深入贯彻落实科学发展观，坚持实施应对国际金融危机冲击的一揽子计划，加快转变经济发展方式和经济结构战略性调整，国民经济保持了平稳较快发展，各项社会事业取得新的进步。

一、综合

初步核算，全年国内生产总值397983亿元，比上年增长10.3%。其中，第一产业增加值40497亿元，增长4.3%；第二产业增加值186481亿元，增长12.2%；第三产业增加值171005亿元，增长9.5%。第一产业增加值占国内生产总值的比重为10.2%，第二产业增加值比重为46.8%，第三产业增加值比重为43.0%。

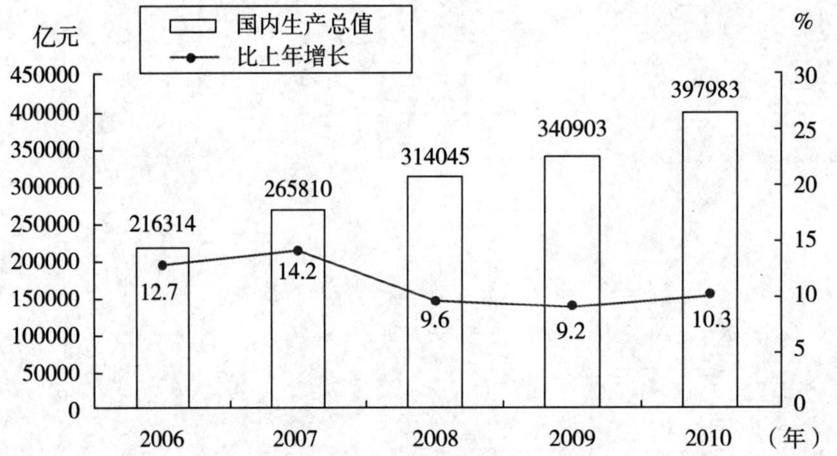

图1　2006-2010年国内生产总值及其增长速度

本章资料来源于中华人民共和国国家统计局

居民消费价格一季度同比上涨2.2%，二季度上涨2.9%，三季度上涨3.5%，四季度上涨4.7%，全年平均比上年上涨3.3%，其中食品价格上涨7.2%。固定资产投资价格上涨3.6%。工业品出厂价格上涨5.5%。原材料、燃料、动力购进价格上涨9.6%。农产品生产价格上涨10.9%。

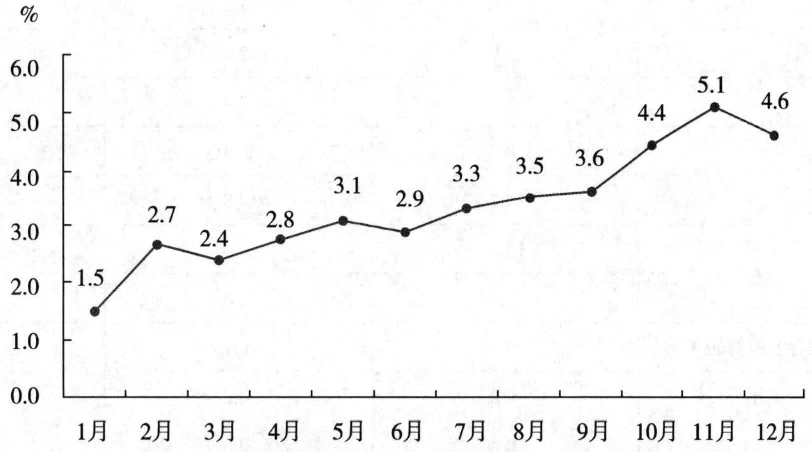

图2　2010年居民消费价格涨跌幅度（月度同比）

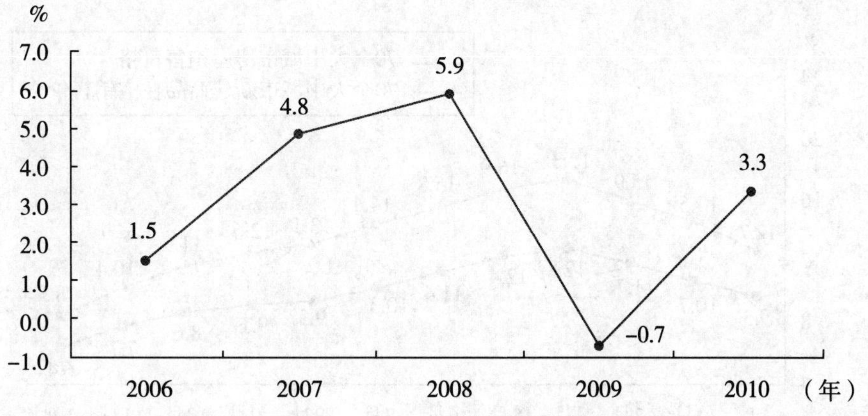

图3　2006-2010年居民消费价格涨跌幅度

表1　2010年居民消费价格比上年涨跌幅度

单位：%

指标	全国	城市	农村
居民消费价格	3.3	3.2	3.6
食品	7.2	7.1	7.5
其中：粮食	11.8	11.5	12.3
肉禽及其制品	2.9	2.6	3.5
油脂	3.8	3.4	4.4
蛋	8.3	8.4	8.2
鲜菜	18.7	17.8	21.3
鲜果	15.6	15.0	17.5
非食品	1.4	1.3	1.8
其中：家庭设备用品及维修服务	0.0	–0.1	0.1
医疗保健和个人用品	3.2	3.2	3.2
交通和通信	–0.4	–0.6	0.3
居住	4.5	4.5	4.5

70个大中城市房屋及新建商品住宅销售价格月度同比涨幅呈现先上升后回落趋势。

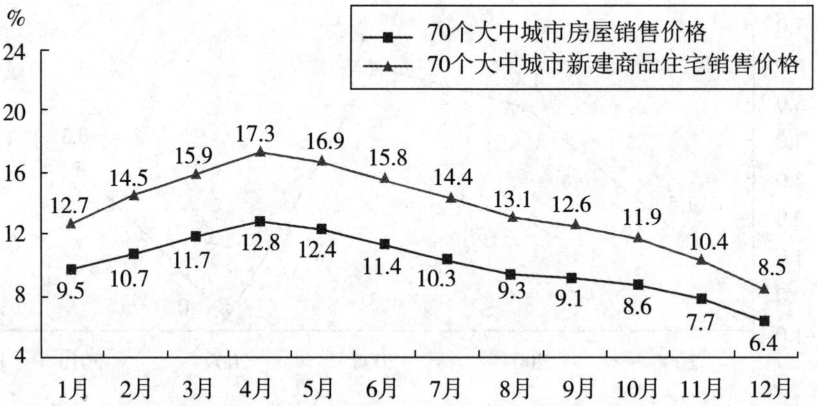

图4　2010年70个大中城市房屋及新建商品住宅销售价格涨跌幅度（月度同比）

全年城镇新增就业1168万人，比上年增加66万人。年末城镇登记失业率为4.1%，比上年末下降0.2个百分点。全年农民工总量为24223万人，比上年增长5.4%。其中，外出农民工15335万人，增长5.5%；本地农民工8888万人，增长5.2%。

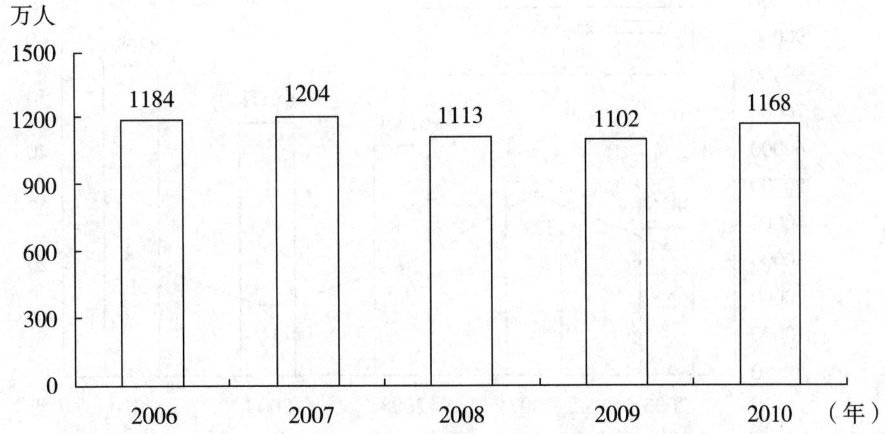

图5　2006-2010年城镇新增就业人数

年末国家外汇储备28473亿美元，比上年末增加4481亿美元。年末人民币汇率为1美元兑6.6227元人民币，比上年末升值3.0%。

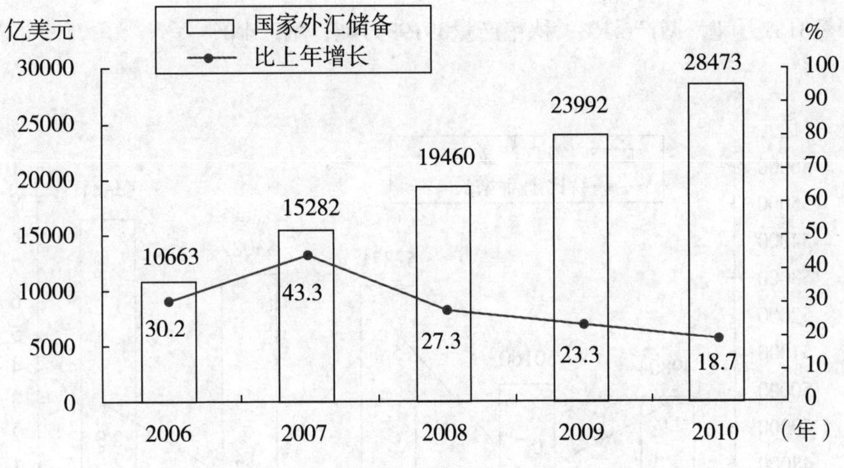

图6　2006-2010年年末国家外汇储备及其增长速度

全年财政收入83080亿元，比上年增加14562亿元，增长21.3%；其中税收收入73202亿元，增加13680亿元，增长23.0%。

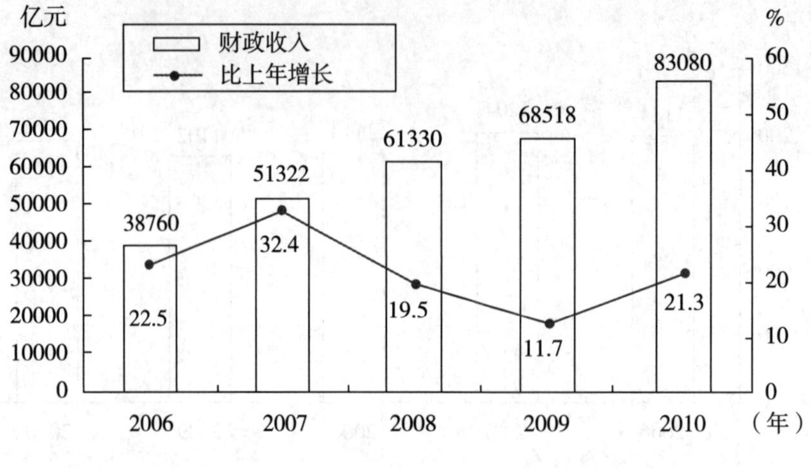

图7 2006-2010年财政收入及其增长速度

二、农业

全年粮食种植面积10987万公顷，比上年增加89万公顷；棉花种植面积485万公顷，减少10万公顷；油料种植面积1397万公顷，增加32万公顷；糖料种植面积192万公顷，增加3万公顷。

全年粮食产量54641万吨，比上年增加1559万吨，增产2.9%。其中，夏粮产量12310万吨，减产0.3%；早稻产量3132万吨，减产6.1%；秋粮产量39199万吨，增产4.8%。

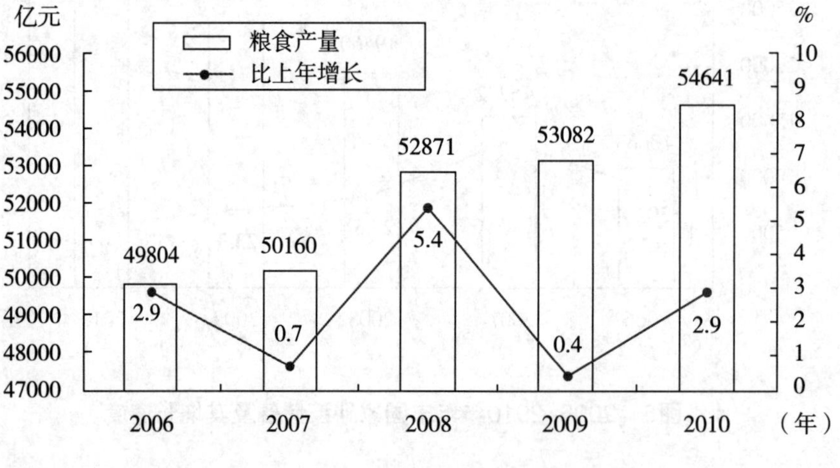

图8 2006-2010年粮食产量及其增长速度

全年棉花产量597万吨，比上年减产6.3%。油料产量3239万吨，增产2.7%。糖料产量12045万吨，减产1.9%。烤烟产量271万吨，减产3.9%。茶叶产量145万吨，增产6.4%。

全年肉类总产量7925万吨，比上年增长3.6%。其中，猪肉产量5070万吨，增长3.7%；牛肉产量653万吨，增长2.7%；羊肉产量398万吨，增长2.2%。生猪年末存栏46440万头，下降1.2%；生猪出栏

66700万头，增长3.3%。禽蛋产量2765万吨，增长0.8%。牛奶产量3570万吨，增长1.5%。

全年水产品产量5366万吨，增长4.9%。其中，养殖水产品产量3850万吨，增长6.3%；捕捞水产品产量1516万吨，增长1.4%。

全年木材产量7284万立方米，比上年增长3.1%。

全年新增有效灌溉面积163.4万公顷，新增节水灌溉面积197.5万公顷。

三、工业和建筑业

全年全部工业增加值160030亿元，比上年增长12.1%。规模以上工业增加值增长15.7%。在规模以上工业中，国有及国有控股企业增长13.7%；集体企业增长9.4%，股份制企业增长16.8%，外商及港澳台商投资企业增长14.5%；私营企业增长20.0%。轻工业增长13.6%，重工业增长16.5%。

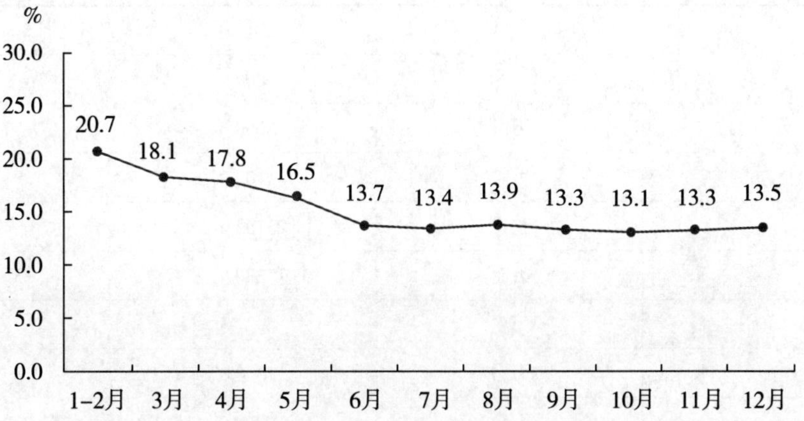

图9 2010年规模以上工业增加值增长速度（月度同比）

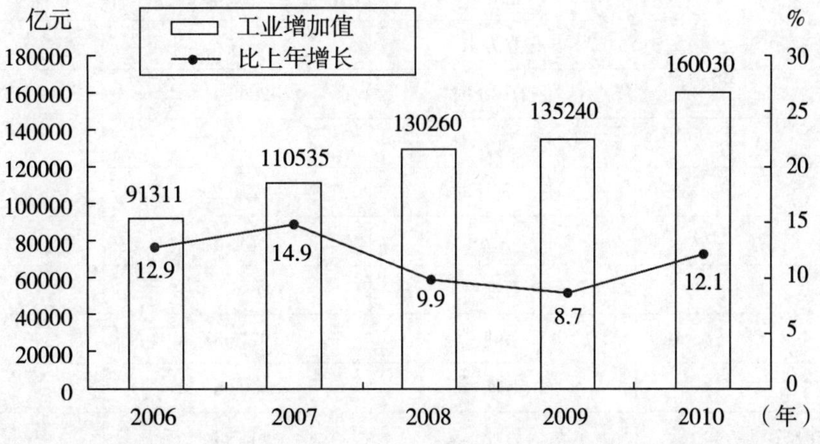

图10 2006-2010年全部工业增加值及其增长速度

全年规模以上工业中，农副食品加工业增加值比上年增长15.0%；纺织业增长11.6%；通用设备制造业增长21.7%；专用设备制造业增长20.6%；交通运输设备制造业增长22.4%，其中汽车制造增长24.8%，铁路运输设备制造增长25.4%；通信设备、计算机及其他电子设备制造业增长16.9%；电气机械及器材制造业增长18.7%。六大高耗能行业比上年增长13.5%，其中，非金属矿物制品业增长20.3%，化学原料及化学制品制造业增长15.5%，有色金属冶炼及压延加工业增长13.2%，黑色金属冶炼及压延加工业增长11.6%，电力、热力的生产和供应业增长11.0%，石油加工、炼焦及核燃料加工业增长9.6%。高技术制造业增加值比上年增长16.6%。

表2　2010年主要工业产品产量及其增长速度

产品名称	单位	产量	比上年增长%
纱	万吨	2717.0	13.5
布	亿米	800.0	6.2
化学纤维	万吨	3090.0	12.5
成品糖	万吨	1102.9	-17.6
卷烟	亿支	23752.6	3.7
彩色电视机	万台	11830.0	19.5
其中：液晶电视机	万台	8937.5	32.1
家用电冰箱	万台	7300.8	23.1
房间空气调节器	万台	10899.6	34.9
一次能源生产总量	亿吨标准煤	29.9	8.7
原煤	亿吨	32.4	8.9
原油	亿吨	2.03	7.1
天然气	亿立方米	967.6	13.5
发电量	亿千瓦小时	42065.4	13.2
其中：火电	亿千瓦小时	33301.3	11.6
水电	亿千瓦小时	7210.2	17.1
核电	亿千瓦小时	738.8	5.3
粗钢	万吨	62695.9	9.6
钢材	万吨	79775.5	14.9
十种有色金属	万吨	3092.6	16.8
其中：精炼铜（电解铜）	万吨	457.3	10.6
原铝（电解铝）	万吨	1565.0	21.4
氧化铝	万吨	2893.9	21.6
水泥	亿吨	18.8	14.4

产品名称	单位	产量	比上年增长%
硫酸	万吨	7090.8	19.0
纯碱	万吨	2029.3	4.3
烧碱	万吨	2086.7	13.9
乙烯	万吨	1418.9	32.3
化肥（折100%）	万吨	6740.6	5.6
发电机组（发电设备）	万千瓦	12880.2	9.8
汽车	万辆	1826.99	32.4
其中：轿车	万辆	957.6	27.9
大中型拖拉机	万台	38.4	3.3
集成电路	亿块	652.5	57.4
程控交换机	万线	3133.3	-24.5
移动通信手持机	万台	99827.4	46.4
微型计算机设备	万台	24584.5	35.0

1-11月规模以上工业企业累计实现利润38828亿元，比上年同期增长49.4%。

表3　2010年1-11月规模以上工业企业实现利润及其增长速度

指标	利润总额（亿元）	比上年同期增长（%）
规模以上工业	38828	49.4
其中：国有及国有控股企业	11924	59.1
其中：集体企业	689	34.6
股份制企业	21100	49.4
外商及港澳台商投资企业	11131	46.3
其中：私营企业	10430	49.4

全年全社会建筑业增加值26451亿元，比上年增长12.6%。全国具有资质等级的总承包和专业承包建筑业企业实现利润3422亿元，增长25.9%，其中国有及国有控股企业990亿元，增长35.0%。

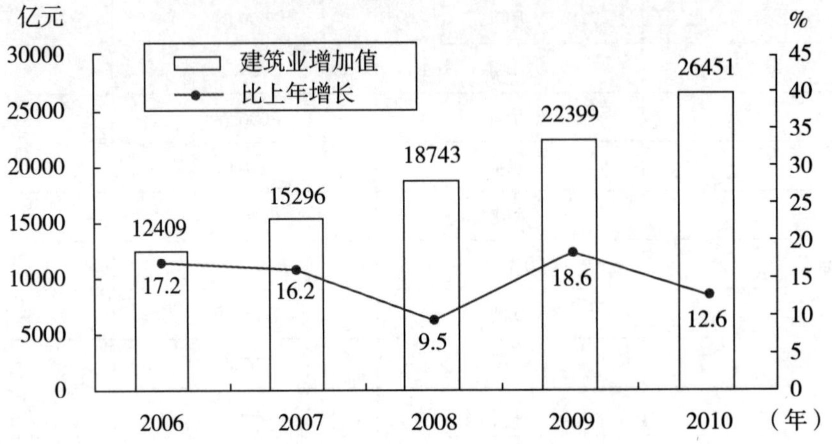

图11　2006-2010年建筑业增加值及其增长速度

四、固定资产投资

全年全社会固定资产投资278140亿元，比上年增长23.8%，扣除价格因素，实际增长19.5%。其中，城镇投资241415亿元，增长24.5%；农村投资36725亿元，增长19.7%。东部地区投资115970亿元，比上年增长21.4%；中部地区投资62894亿元，增长26.2%；西部地区投资61875亿元，增长24.5%；东北地区投资30726亿元，增长29.5%。

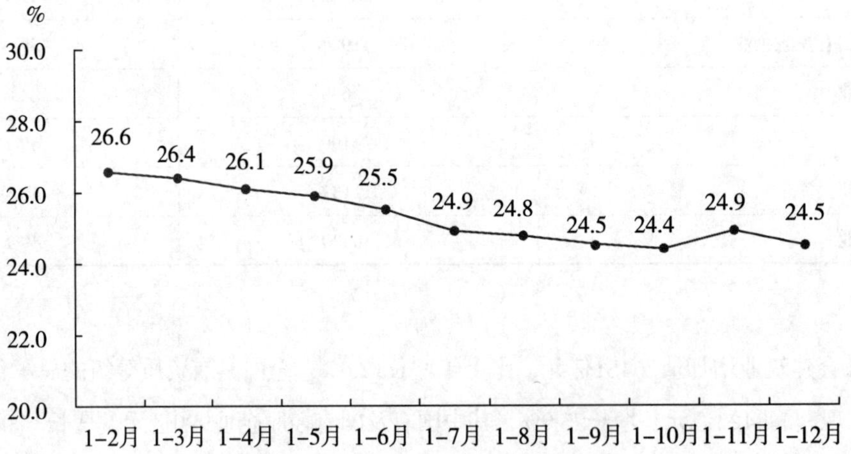

图12　2010年城镇固定资产投资增长速度（累计同比）

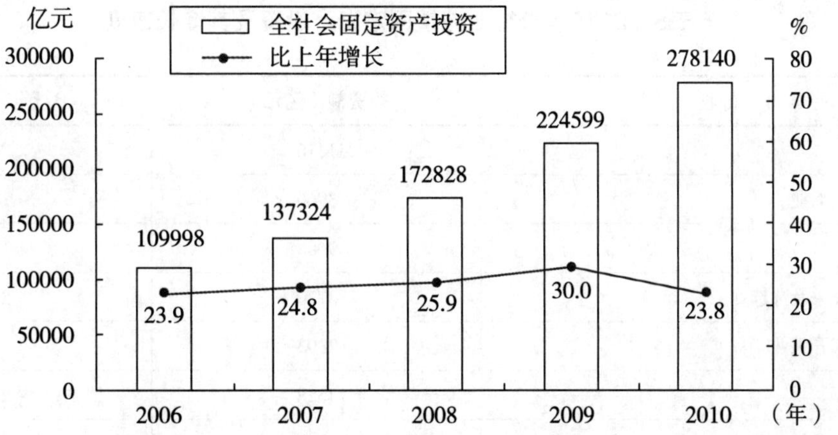

图13　2006–2010年全社会固定资产投资及其增长速度

表4　2010年固定资产投资新增主要生产能力

指标	单位	绝对数
新增发电机组容量	万千瓦	9118
新增22万伏及以上变电设备	万千伏安	25816
新建铁路投产里程	公里	4986
其中：高速铁路	公里	1554
增建铁路复线投产里程	公里	3747
电气化铁路投产里程	公里	5948
新建公路	公里	104457
其中：高速公路	公里	8258
港口万吨级码头泊位新增吞吐能力	万吨	27202
新增光缆线路长度	万公里	166
新增数字蜂窝移动电话交换机容量	万户	6433

在城镇投资中，第一产业投资3966亿元，比上年增长18.2%；第二产业投资101048亿元，增长23.2%；第三产业投资136401亿元，增长25.6%。

表5 2010年份行业城镇固定资产投资及其增长速度

行业	投资额（亿元）	比上年增长（%）
总计	241415	24.5
农、林、牧、渔业	3966	18.2
采矿业	9653	18.1
其中：煤炭开采及洗选业	3770	23.3
石油和天然气开采业	2893	3.6
制造业	74528	27.0
其中：农副食品加工业	3626	28.1
食品制造业	1944	28.8
纺织业	2230	26.4
纺织服装、鞋、帽制造业	1412	34.4
石油加工、炼焦及核燃料加工业	2076	12.9
化学原料及化学制品制造业	6863	14.8
非金属矿物制品业	7556	28.0
黑色金属冶炼及压延加工业	3465	6.1
有色金属冶炼及压延加工业	2924	35.8
金属制品业	3622	28.6
通用设备制造业	5459	22.4
专用设备制造业	4154	35.1
交通运输设备制造业	6554	31.7
电气机械及器材制造业	4996	40.4
通信设备、计算机及其他电子设备制造业	3889	48.2
电力、燃气及水的生产和供应业	14535	7.3
其中：电力、热力的生产与供应业	11869	6.6
建筑业	2332	48.6
交通运输、仓储和邮政业	27820	19.5
信息传输、计算机服务和软件业	2392	-6.0
批发和零售业	5216	16.2
住宿和餐饮业	2971	27.6
金融业	476	36.5
房地产业	57557	33.5
租赁和商务服务业	2490	32.4
科学研究、技术服务和地质勘查业	1288	18.8

行业	投资额（亿元）	比上年增长（%）
水利、环境和公共设施管理业	22261	24.5
居民服务和其他服务业	758	46.1
教育	3717	14.6
卫生、社会保障和社会福利业	1967	15.9
文化、体育和娱乐业	2596	22.1
公共管理和社会组织	4891	21.2

全年房地产开发投资48267亿元，比上年增长33.2%。其中，商品住宅投资34038亿元，增长32.9%；办公楼投资1807亿元，增长31.2%；商业营业用房投资5599亿元，增长33.9%。

全年各类保障性住房和棚户区改造住房开工590万套，基本建成370万套。

表6　2010年房地产开发和销售主要指标完成情况

指标	单位	绝对数	比上年增长（%）
投资完成额	亿元	48267	33.2
其中：商品住宅	亿元	34038	32.9
其中：90平方米以下住宅	亿元	10665	27.4
房屋施工面积	万平方米	405539	26.6
其中：商品住宅	万平方米	314943	25.3
房屋新开工面积	万平方米	163777	40.7
其中：商品住宅	万平方米	129468	38.8
房屋竣工面积	万平方米	75961	4.5
其中：商品住宅	万平方米	61216	2.7
商品房销售面积	万平方米	104349	10.1
其中：商品住宅	万平方米	93052	8.0
本年资金来源	亿元	72494	25.4
其中：国内贷款	亿元	12540	10.3
其中：个人按揭贷款	亿元	9211	7.6
本年购置土地面积	万平方米	40970	28.4
完成开发土地面积	万平方米	21254	–7.7
土地购置费	亿元	9992	65.9

五、国内贸易

全年社会消费品零售总额156998亿元，比上年增长18.3%，扣除价格因素，实际增长14.8%。按经营地统计，城镇消费品零售额136123亿元，增长18.7%；乡村消费品零售额20875亿元，增长16.2%。按消费形态统计，商品零售额139350亿元，增长18.4%；餐饮收入额17648亿元，增长18.1%。

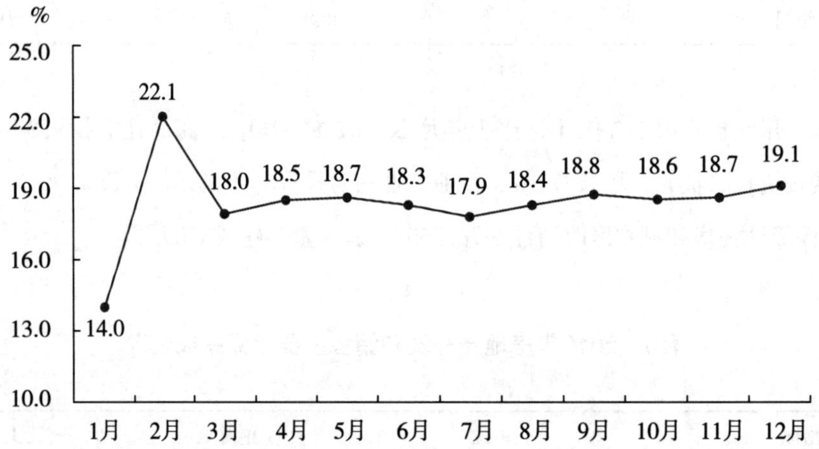

图14 2010年社会消费品零售总额增长速度（月度同比）

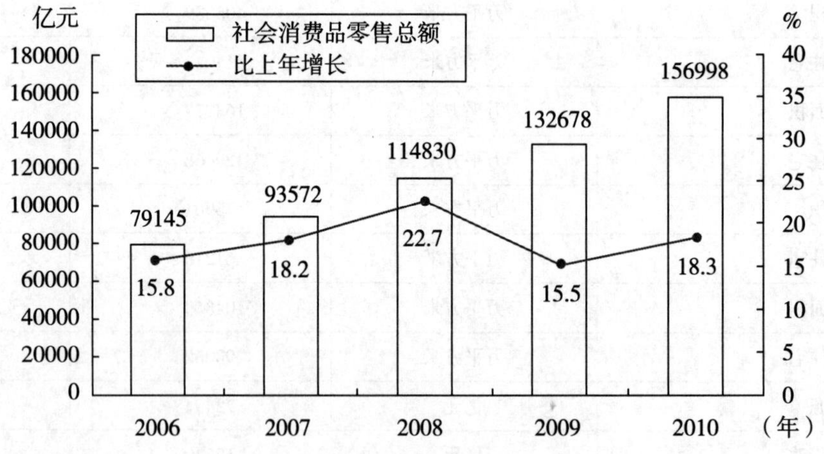

图15 2006-2010年社会消费品零售总额及其增长速度

在限额以上企业商品零售额中，汽车类零售额比上年增长34.8%，粮油类增长27.9%，肉禽蛋类增长21.7%，服装类增长25.8%，日用品类增长25.1%，文化办公用品类增长23.5%，通讯器材类增长21.8%，化妆品类增长16.6%，金银珠宝类增长46.0%，中西药品类增长23.5%，家用电器和音像器材类增长27.7%，家具类增长37.2%，建筑及装潢材料类增长32.3%。

六、对外经济

全年货物进出口总额29728亿美元，比上年增长34.7%。其中，货物出口15779亿美元，增长31.3%；货物进口13948亿美元，增长38.7%。进出口差额（出口减进口）1831亿美元，比上年减少126亿美元。

表7　2010年货物进出口总额及其增长速度

单位：亿美元

指标	绝对数（亿美元）	比上年增长（%）
货物进出口总额	29728	34.7
货物出口额	15779	31.3
其中：一般贸易	7207	36.0
加工贸易	7403	26.2
其中：机电产品	9334	30.9
高新技术产品	4924	30.7
其中：国有企业	2344	22.7
外商投资企业	8623	28.3
其他企业	4813	42.2
货物进口额	13948	38.7
其中：一般贸易	7680	43.7
加工贸易	4174	29.5
其中：机电产品	6603	34.4
高新技术产品	4127	33.2
其中：国有企业	3876	34.3
外商投资企业	7380	35.3
其他企业	2693	56.6
进出口差额（出口减进口）	1831	—

表8 2010年主要商品出口数量、金额及其增长速度

商品名称	单位	数量	比上年增长%	金额（亿美元）	比上年增长%
煤	万吨	1903	-15.0	23	-5.2
钢材	万吨	4256	73.0	368	65.3
纺织纱线、织物及制品	——	—	—	771	28.4
服装及衣着附件	——	—	—	1295	20.9
鞋类	——	—	—	356	27.1
家具及其零件	——	—	—	330	30.3
自动数据处理设备及其部件	万台	166724	27.4	1640	34.0
手持或车载无线电话	万台	75789	30.0	467	18.2
集装箱	万个	250	263.7	72	274.9
液晶显示板	万个	224976	16.9	265	37.7
汽车（包括整套散件）	万辆	54	53.2	62	32.1

表9 2010年主要商品进口数量、金额及其增长速度

商品名称	数量（万吨）	比上年增长%	金额（亿美元）	比上年增长%
谷物及谷物粉	571	81.2	15	70.1
大豆	5480	28.8	251	33.5
食用植物油	687	-15.8	60	2.2
铁矿砂及其精矿	61863	-1.4	794	58.4
氧化铝	431	-16.1	15	14.9
煤	16478	30.9	169	60.1
原油	23931	17.5	1352	51.4
成品油	3688	-0.1	223	31.3
初级形状的塑料	2391	0.4	436	25.2
纸浆	1137	-16.9	88	28.8
钢材	1643	-6.8	201	3.3
未锻造的铜及铜材	429	0.0	327	44.4

表10　2010年对主要国家和地区货物进出口额及其增长速度

单位：亿美元

国家和地区	出口额	比上年增长%	进口额	比上年增长%
欧盟	3112	31.8	1685	31.9
美国	2833	28.3	1020	31.7
中国香港	2183	31.3	123	40.9
东盟	1382	30.1	1546	44.8
日本	1211	23.7	1767	35.0
韩国	688	28.1	1384	35.0
印度	409	38.0	208	51.8
中国台湾	297	44.8	1157	35.0
俄罗斯	296	69.0	258	21.7

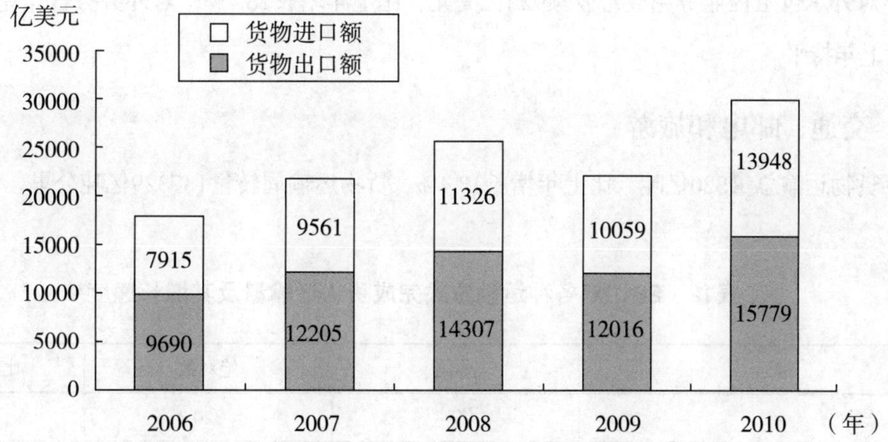

图16　2006-2010年货物进出口总额

全年非金融领域新批外商直接投资企业27406家，比上年增长16.9%。实际使用外商直接投资金额1057亿美元，增长17.4%。

表11　2010年非金融领域外商直接投资及其增长速度

行业	企业数（家）	比上年增长%	实际使用金额（亿美元）	比上年增长%
总计	27406	16.9	1057.4	17.4
其中：制造业	11047	13.1	495.9	6.0
电力、燃气及水的生产和供应业	210	–11.8	21.2	0.6
交通运输、仓储和邮政业	396	0.3	22.4	–11.2
信息传输、计算机服务和软件业	1046	–3.2	24.9	10.7
批发和零售业	6786	33.1	66.0	22.4
房地产业	689	21.1	239.9	42.8
租赁和商务服务业	3418	19.3	71.3	17.3
居民服务和其他服务业	217	4.8	20.5	29.4

全年非金融类对外直接投资额590亿美元，比上年增长36.3%。

全年对外承包工程业务完成营业额922亿美元，比上年增长18.7%；对外劳务合作完成营业额89亿美元，与上年持平。

七、交通、邮电和旅游

全年货物运输总量320亿吨，比上年增长13.4%。货物运输周转量137329亿吨公里，增长12.4%。

表12　2010年各种运输方式完成货物运输量及其增长速度

指标	单位	绝对数	比上年增长%
货物运输总量	亿吨	320.3	13.4
铁路	亿吨	36.4	9.3
公路	亿吨	242.5	14.0
水运	亿吨	36.4	14.0
民航	万吨	557.4	25.1
管道	亿吨	4.9	10.3
货物运输周转量	亿吨公里	137329.0	12.4
铁路	亿吨公里	27644.1	9.5
公路	亿吨公里	43005.4	15.6
水运	亿吨公里	64305.3	11.7
民航	亿吨公里	176.6	39.9
管道	亿吨公里	2197.6	8.7

表13　2010年各种运输方式完成旅客运输量及其增长速度

指标	单位	绝对数	比上年增长%
旅客运输总量	亿人	328.0	10.2
铁路	亿人	16.8	9.9
公路	亿人	306.3	10.2
水运	亿人	2.2	-0.7
民航	亿人	2.7	15.8
旅客运输周转量	亿人公里	27779.2	11.9
铁路	亿人公里	8762.2	11.2
公路	亿人公里	14913.9	10.4
水运	亿人公里	71.5	3.1
民航	亿人公里	4031.6	19.4

全年规模以上港口完成货物吞吐量80.2亿吨，比上年增长15.0%，其中外贸货物吞吐量24.6亿吨，增长13.6%。港口集装箱吞吐量14500万标准箱，增长18.8%。

年末全国民用汽车保有量达到9086万辆（包括三轮汽车和低速货车1284万辆），比上年末增长19.3%，其中私人汽车保有量6539万辆，增长25.3%。民用轿车保有量4029万辆，增长28.4%，其中私人轿车3443万辆，增长32.2%。

全年完成邮电业务总量32940亿元，比上年增长20.6%。其中，邮政业务总量1985亿元，增长21.6%；电信业务总量30955亿元，增长20.5%。全年局用交换机容量减少2707万门，总容量46559万门；新增移动电话交换机容量6433万户，达到150518万户。固定电话年末用户29438万户。其中，城市电话用户19662万户，农村电话用户9776万户。新增移动电话用户11179万户，年末达到85900万户。其中，3G移动电话用户4705万户。年末全国固定及移动电话用户总数达到115339万户，比上年末增加9244万户。电话普及率达到86.5部/百人。互联网上网人数4.57亿人，其中宽带上网人数4.50亿人；互联网普及率达到34.3%。

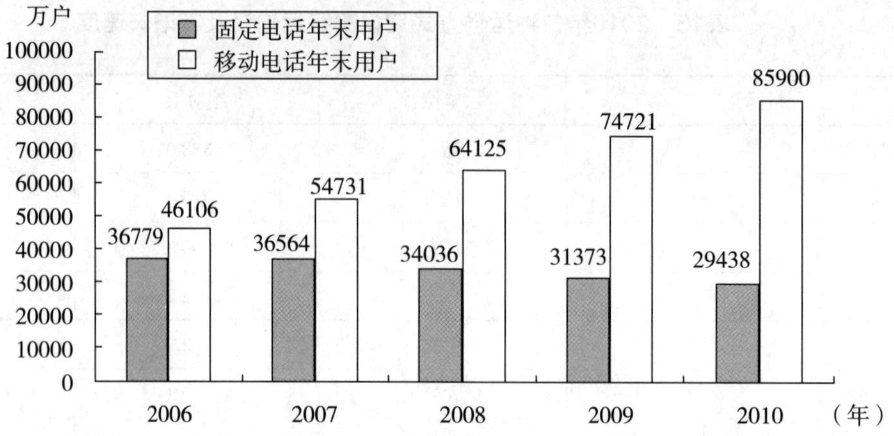

图17　2006–2010年年末电话用户数

全年国内出游人数达21.0亿人次，比上年增长10.6%；国内旅游收入12580亿元，增长23.5%。入境旅游人数13376万人次，增长5.8%。其中，外国人2613万人次，增长19.1%；香港、澳门和台湾同胞10764万人次，增长3.0%。在入境旅游者中，过夜旅游者5566万人次，增长9.4%。国际旅游外汇收入458亿美元，增长15.5%。国内居民出境人数达5739万人次，增长20.4%。其中因私出境5151万人次，增长22.0%，占出境人数的89.8%。

八、金融

年末广义货币供应量（M2）余额为72.6万亿元，比上年末增长19.7%；狭义货币供应量（M1）余额为26.7万亿元，增长21.2%；流通中现金（M0）余额为4.5万亿元，增长16.7%。

年末全部金融机构本外币各项存款余额73.3万亿元，比年初增加12.1万亿元。其中，人民币各项存款余额71.8万亿元，增加12.0万亿元。全部金融机构本外币各项贷款余额50.9万亿元，增加8.4万亿元。其中人民币各项贷款余额47.9万亿元，增加7.9万亿元。

表14　2010年全部金融机构本外币存贷款及其增长速度

指标	年末数	比上年末增长%
各项存款余额	733382	19.8
其中：企业存款	252960	12.7
城乡居民储蓄存款	307166	16.0
其中：人民币	303302	16.3
各项贷款余额	509226	19.7
其中：短期贷款	171236	13.1
中长期贷款	305127	29.5

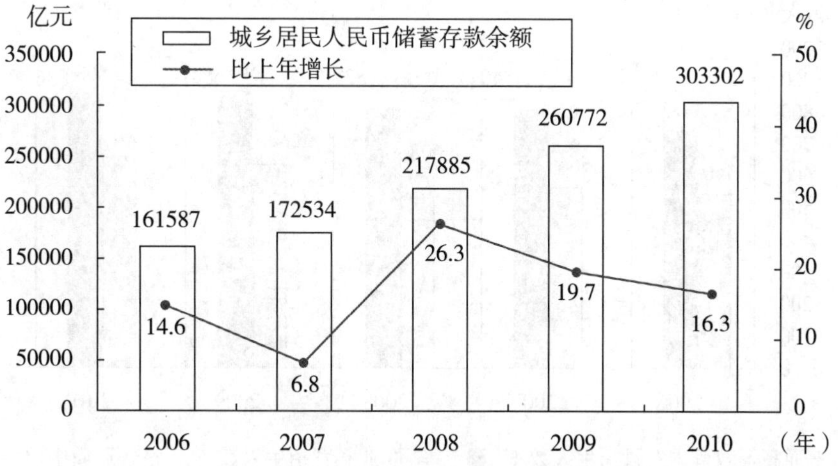

图18　2006-2010年城乡居民人民币储蓄存款余额及其增长速度

全年农村金融合作机构（农村信用社、农村合作银行、农村商业银行）人民币贷款余额5.7万亿元，比年初增加9655亿元。全部金融机构人民币消费贷款余额7.5万亿元，增加18866亿元。其中，个人短期消费贷款余额1.0万亿元，增加2935亿元；个人中长期消费贷款余额6.5万亿元，增加15931亿元。

全年上市公司通过境内市场累计筹资10257亿元，比上年增加5666亿元。其中，首次公开发行A股347只，筹资4883亿元，增加3004亿元；A股再筹资（包括配股、公开增发、非公开增发、认股权证）筹资4072亿元，增加2057亿元；上市公司通过发行可转债、可分离债、公司债筹资1320亿元，增加605亿元。全年公开发行创业板股票117只，筹资963亿元。

全年发行非上市公司企业（公司）债券3627亿元，比上年减少625亿元。企业发行短期融资券6742亿元，增加2130亿元；中期票据4924亿元，减少1961亿元。发行中小企业集合票据47亿元。

全年保险公司原保险保费收入14528亿元，比上年增长30.4%，其中寿险业务原保险保费收入9680亿元；健康险和意外伤害险业务原保险保费收入952亿元；财产险业务原保险保费收入3896亿元。支付各类赔款及给付3200亿元，其中寿险业务给付1109亿元；健康险和意外伤害险赔款及给付335亿元；财产险业务赔款1756亿元。

九、教育、科学技术和文化

全年研究生教育招生53.8万人，在学研究生153.8万人，毕业生38.4万人。普通高等教育本专科招生661.8万人，在校生2231.8万人，毕业生575.4万人。各类中等职业教育招生868.1万人，在校生2231.8万人，毕业生659.2万人。全国普通高中招生836.2万人，在校生2427.3万人，毕业生794.4万人。全国初中招生1716.6万人，在校生5279.3万人，毕业生1750.4万人。普通小学招生1691.7万人，在校生9940.7万人，毕业生1739.6万人。特殊教育招生6.5万人，在校生42.6万人。幼儿园在园幼儿2976.7万人。

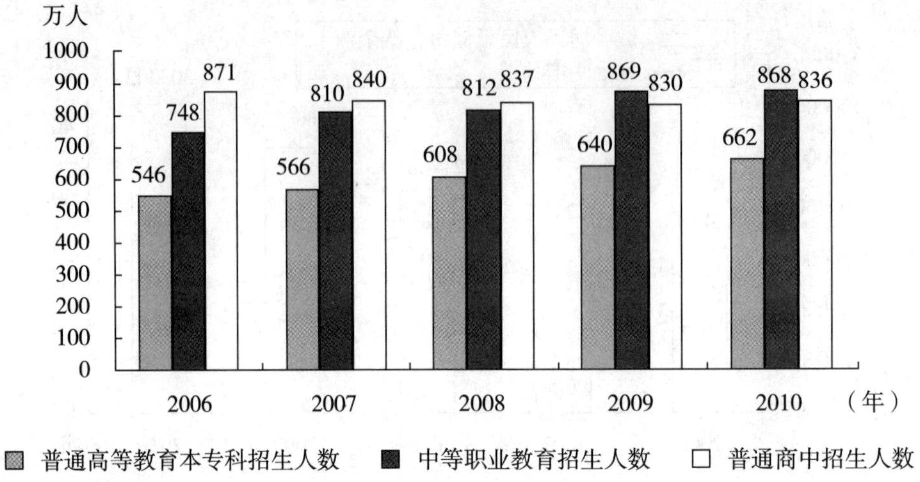

图19　2006-2010年普通高等教育、中等职业教育及普通高中招生人数

全年研究与试验发展（R&D）经费支出6980亿元，比上年增长20.3%，占国内生产总值的1.75%，其中基础研究经费328亿元。全年国家安排了326项科技支撑计划课题，308项“863”计划课题。累计建设国家工程研究中心127个，国家工程实验室91个。国家认定企业技术中心达到729家。省级企业技术中心达到5532家。实施新兴产业创投计划，累计支持设立20家创业投资企业，投资创业企业46家。全年受理境内外专利申请122.2万件，其中境内申请108.4万件，占88.7%。受理境内外发明专利申请39.1万件，其中境内申请28.1万件，占71.9%。全年授予专利权81.5万件，其中境内授权71.9万件，占88.2%。授予发明专利权13.5万件，其中境内授权7.4万件，占54.8%。截至年底，有效专利221.6万件，其中境内有效专利173.2万件，占78.2%；有效发明专利56.5万件，其中境内有效发明专利23.0万件，占40.7%。全年共签订技术合同23.0万项，技术合同成交金额3906亿元，比上年增长28.5%。全年成功发射卫星15次。嫦娥二号卫星成功发射。

年末全国共有产品检测实验室27000个，其中国家检测中心443个。全国现有产品质量、体系认证机构171个，已累计完成对79850个企业的产品认证。全国共有法定计量技术机构3309个，全年强制检定计量器具4467万台（件）。全年制定、修订国家标准2860项，其中新制定2123项。全年中央气象台和省级气象台共发布气象预警信号5149次，警报6559次。全国共有地震台站1477个，地震遥测台网32个。全国共有海洋观测站71个。测绘部门公开出版地图1944种，测绘图书806种。

年末全国文化系统共有艺术表演团体2515个，博物馆2141个，全国共有公共图书馆2860个，文化馆3258个。广播电台227座，电视台247座，广播电视台2120座，教育电视台44个。有线电视用户18730万户，有线数字电视用户8798万户。年末广播节目综合人口覆盖率为96.8%；电视节目综合人口覆盖率为97.6%。全年生产电视剧436部14685集，动画电视221456分钟。全年生产故事影片526部，科教、纪录、动画和特种影片95部。出版各类报纸448亿份，各类期刊32亿册，图书74亿册（张）。年末全国共有档案馆4077个，已开放各类档案9035万卷（件）。

全年运动健儿在22个项目中共获得108个世界冠军，8人5队15次创15项世界纪录。在第十六届广州亚运会上，中国体育代表团共获得199枚金牌、119枚银牌、98枚铜牌，奖牌总数416枚。在广州亚残运会上，中国体育代表团共获得185枚金牌、118枚银牌、88枚铜牌，奖牌总数391枚。

新中国第一次承办了世界博览会。上海世博会历时184天，共有246个国家和国际组织参展，其中国家190个，国际组织56个。全国31个省（区、市）和港澳台地区全部参展。累计参观者7308万人次。

十、卫生和社会服务

年末全国共有卫生机构93.9万个，其中医院、卫生院6.0万个，社区卫生服务中心（站）3.1万个，诊所（卫生所、医务室）17.4万个，村卫生室65.1万个，疾病预防控制中心3491个，卫生监督所（中心）2851个。卫生技术人员584万人，其中执业医师和执业助理医师237万人，注册护士205万人。医院和卫生院床位437万张。乡镇卫生院3.8万个，床位100万张，卫生技术人员96.4万人。全年甲、乙类法定报告传染病发病人数341.4万例，报告死亡15950人；报告传染病发病率255.80/10万，死亡率1.20/10万。

年末全国共有各类提供住宿的收养性社会服务机构4.0万个，床位312.3万张，收养各类人员236.5万人。其中，农村养老服务机构3.1万个，床位213.9万张，收养各类人员170.4万人。各类社区服务设施18.0万个，其中，社区服务中心11400个，社区服务站5.1万个。全年救助城市医疗困难群众373.6万人次，救助农村医疗困难群众813.8万人次；资助1237.4万城镇困难群众参加城镇医疗保险，资助4223.7万农村困难群众参加新型农村合作医疗。

十一、人口、人民生活和社会保障

初步预计，年末全国总人口134100万人。

全年农村居民人均纯收入5919元，剔除价格因素，比上年实际增长10.9%；城镇居民人均可支配收入19109元，实际增长7.8%。农村居民家庭食品消费支出占消费总支出的比重为41.1%，城镇为35.7%。按2010年农村贫困标准1274元测算，年末农村贫困人口为2688万人，比上年末减少909万人。

年末全国参加城镇基本养老保险人数25673万人，比上年末增加2123万人。其中参保职工19374万人，参保离退休人员6299万人。参加城镇基本医疗保险的人数43206万人，增加3059万人。其中，参加城镇职工基本医疗保险人数23734万人，参加城镇居民基本医疗保险人数19472万人。参加城镇医疗保险的农民工4583万人，增加249万人。参加失业保险的人数13376万人，增加660万人。参加工伤保险的人数16173万人，增加1278万人。其中参加工伤保险农民工6329万人，增加741万人。参加生育保险的人数12306万人，增加1430万人。2678个县（市、区）开展了新型农村合作医疗工作，新型农村合作医疗参合率96.3%。新型农村合作医疗基金支出总额为832亿元，累计受益7.0亿人次。全国列入国家新型农村社会养老保险试点地区参保人数10277万人。年末全国领取失业保险金人数为209万人。

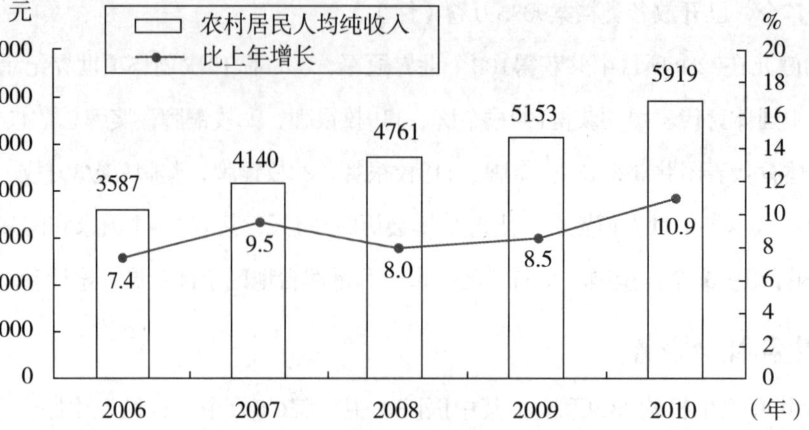

图20　2006-2010年农村居民人均纯收入及其增长速度

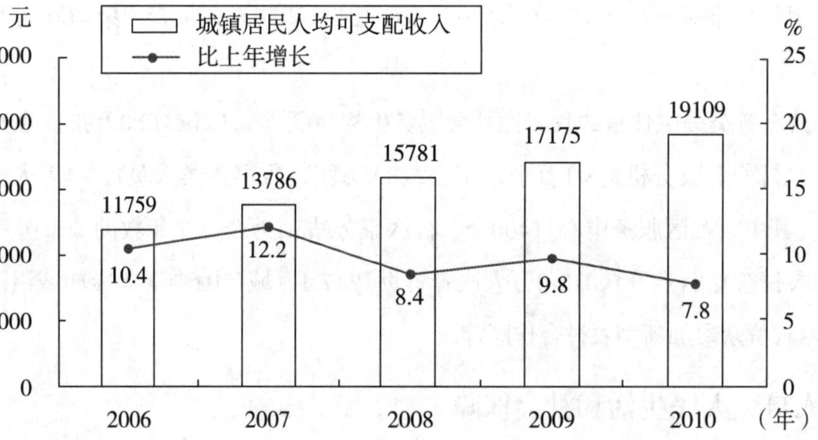

图21　2006-2010年城镇居民人均可支配收入及其增长速度

全年2311.1万城市居民得到政府最低生活保障，比上年减少34.5万人；5228.4万农村居民得到政府最低生活保障，增加468.4万人；554.9万农村居民得到政府五保救济，增加1.5万人。

十二、资源、环境和安全生产

全年全国国有建设用地土地供应总量42.8万公顷，比上年增长18.4%。其中，工矿仓储用地15.3万公顷，增长7.9%；商服用地3.9万公顷，增长40.4%；住宅用地11.4万公顷，增长40.3%；基础设施等其他用地12.2万公顷，增长10.2%。全年全国105个重点监测城市综合地价比上年上涨8.6%，其中商业地价上涨10.0%，居住地价上涨11.0%，工业地价上涨5.3%。

全年水资源总量28470亿立方米，比上年增加17.7%。全年平均降水量682毫米，增加15.4%。年末全国422座大型水库蓄水总量2091亿立方米，比上年末多蓄水284亿立方米。全年总用水量5990亿立方米，比上年增加0.4%。其中，生活用水增加2.9%，工业用水增加1.4%，农业用水减少0.6%，生态补水增加6.8%。万元国内生产总值用水量190.6立方米，比上年下降9.1%。万元工业增加值用水量105.0立方米，下降9.6%。

全年完成造林面积592万公顷，其中人工造林389万公顷。林业重点工程完成造林面积346万公顷，占全部造林面积的58.4%。截至年底，自然保护区达到2588个，其中国家级自然保护区319个。新增综合治理水土流失面积4.2万平方公里，新增实施水土流失地区封育保护面积2.5万平方公里。截至年底，已确权集体林地面积为16204万公顷，其中发放林权证的面积为13396万公顷。

全年平均气温为9.5℃，共有7个台风登陆。

初步核算，全年能源消费总量32.5亿吨标准煤，比上年增长5.9%。煤炭消费量增长5.3%；原油消费量增长12.9%；天然气消费量增长18.2%；电力消费量增长13.1%。全国万元国内生产总值能耗下降4.01%。主要原材料消费中，钢材消费量7.7亿吨，增长12.4%；精炼铜消费量792万吨，增长5.1%；电解铝消费量1526万吨，增长6.0%；乙烯消费量1419万吨，增长32.3%；水泥消费量18.6亿吨，增长14.5%。

七大水系的408个水质监测断面中，Ⅰ～Ⅲ类水质断面比例占59.6%，比上年提高2.2个百分点；劣Ⅴ类水质断面比例占16.4%，下降2.0个百分点。七大水系水质总体上持续好转，部分流域污染仍然严重。

近岸海域298个海水水质监测点中，达到国家一、二类海水水质标准的监测点占62.8%，比上年下降10.1个百分点；三类海水占14.1%，上升8.1个百分点；四类、劣四类海水占23.2%，上升2.1个百分点。

在监测的330个城市中，有273个城市空气质量达到二级以上（含二级）标准，占监测城市数的82.7%；有53个城市为三级，占16.1%；有4个城市为劣三级，占1.2%。在监测的331个城市中，城市区域声环境质量好的城市占6.3%，较好的占67.4%，轻度污染的占25.4%，中度污染的占0.9%。

年末城市污水处理厂日处理能力达10262万立方米，比上年末增长13.4%；城市污水处理率达到76.9%，提高1.6个百分点。集中供热面积39.1亿平方米，增长3.0%。建成区绿地率达到34.5%，提高0.3个百分点。

全年各类自然灾害造成直接经济损失5340亿元，比上年增加1.1倍。全年农作物受灾面积3743万公顷，减少20.7%。其中，绝收486万公顷，减少1.1%。全年因洪涝、滑坡和泥石流灾害造成直接经济损失3505亿元，增加4.4倍；死亡3101人。全年因旱灾造成直接经济损失757亿元，下降31.2%。全年因低温冷冻和雪灾造成直接经济损失318亿元，死亡51人。全年因海洋灾害造成直接经济损失149.4亿元，增加49.1%。全年累计发生赤潮面积10892平方公里，减少22.8%。全年大陆地区共发生5级以上地震17次，成灾10次，造成直接经济损失235.7亿元，死亡2705人。全年共发生森林火灾7723起，下降12.8%。

全年各类生产安全事故共死亡79552人，比上年下降4.4%。亿元国内生产总值生产安全事故死亡人数为0.201人，下降19.0%；工矿商贸企业就业人员10万人生产安全事故死亡人数为2.13人，下降11.3%；道路交通万车死亡人数为3.2人，下降11.1%；煤矿百万吨死亡人数为0.749人，下降16.0%。

注释：

[1]本公报中数据均为初步统计数。各项统计数据均未包括香港特别行政区、澳门特别行政区和台湾省。部分数据因四舍五入的原因，存在着与分项合计不等的情况。

[2]国内生产总值、各产业增加值绝对数按现价计算，增长速度按不变价格计算。

[3]年度农民工数量包括年内在本乡镇以外从业6个月以上的外出农民工和在本乡镇内从事非农产业6个月以上的本地农民工两部分。

[4]六大高耗能行业分别为：化学原料及化学制品制造业、非金属矿物制品业、黑色金属冶炼及压延加工业、有色金属冶炼及压延加工业、石油加工炼焦及核燃料加工业、电力热力的生产和供应业。

[5]钢材产量及消费量数据中均含部分使用钢材加工成其他钢材的重复计算因素。

[6]固定资产投资按东部、中部、西部和东北地区计算的合计数据小于全国数据，是因为有部分跨地区的投资未计算在地区数据中。其中：东部地区是指北京、天津、河北、上海、江苏、浙江、福建、山东、广东和海南10省市；中部地区是指山西、安徽、江西、河南、湖北和湖南6省；西部地区是指内蒙古、广西、重庆、四川、贵州、云南、西藏、陕西、甘肃、青海、宁夏和新疆12省（区、市）；东北地区是指辽宁、吉林和黑龙江3省。

[7]房地产业投资除房地产开发投资外，还包括建设单位自建房屋以及物业管理、中介服务和其他房地产投资。

[8]从2010年起，社会消费品零售总额统计采用新的分组，即将经营单位所在地分组由“市”、“县”、“县以下”改为“城镇”、“乡村”；取消按行业分组，新设按“商品零售额”和“餐饮收入额”两种消费形态的分组。

[9]邮电业务总量按2000年不变价格计算。

[10]移动电话交换机容量是指移动电话交换机根据一定话务模型和交换机处理能力计算出来的最大同时服务用户的数量。

[11]3G是指第三代蜂窝移动通信系统（3rd-generation，简称3G），3G移动电话用户是指报告期末在计费系统拥有使用信息、占用3G网络资源的在网用户。

[12]原保险保费收入是指保险企业确认的原保险合同保费收入。

[13]完成产品认证的企业口径有所调整，原口径仅包括强制性产品认证，2010年增加了非强制性产品认证。

[14]特种影片是指那些采用与常规影院放映在技术、设备、节目方面不同的电影展示方式，如巨幕电影、立体电影、立体特效（4D）电影、动感电影、球幕电影等。

[15]卫生机构口径有所调整，2010年数据含村级卫生室。

[16]2010年末人口数为初步预计数，有关最终总人口数和结构数据以拟于2011年4月发布的第六次全国人口普查公报为准。

[17]城镇职工基本医疗保险人数包括参保职工和参保退休人员。城镇居民基本医疗保险的参保对象是不属于城镇职工基本医疗保险覆盖范围的城镇非从业人员。

[18]农村五保救济是指老年、残疾和未满16周岁的村民，无劳动能力、无生活来源又无法定赡养、抚养、扶养义务人，或者其法定赡养、抚养、扶养义务人无赡养、抚养、扶养能力的村民，在吃、穿、住、医、葬方面得到的生活照顾和物质帮助。

[19]建设用地供应总量是指报告期市、县人民政府根据年度土地供应计划依法以出让、划拨、租赁等方式将国有建设用地使用权提供给单位或个人使用的国有建设用地总量。

[20]地价是指根据国土资源部《城市地价动态监测技术规范》，以城市监测点地价为基础，综合土地市场和房地产市场交易价格测算反映城市整体状况的土地价格水平。综合地价是指同一城市或地区的不同用途土地的平均价格水平。

[21]万元国内生产总值用水量、万元国内生产总值能耗按2005年不变价格计算。

2010年第六次全国人口普查主要数据公报

（第1号）

根据《全国人口普查条例》和《国务院关于开展第六次全国人口普查的通知》，我国以2010年11月1日零时为标准时点进行了第六次全国人口普查。在国务院和地方各级人民政府的统一领导下，在全体普查对象的支持配合下，通过广大普查工作人员的艰苦努力，目前已圆满完成人口普查任务。现将快速汇总的主要数据公布如下：

一、总人口

全国总人口为1370536875人。其中：

普查登记的大陆31个省、自治区、直辖市和现役军人的人口共1339724852人。

香港特别行政区人口为7097600人。

澳门特别行政区人口为552300人。

台湾地区人口为23162123人。

二、人口增长

大陆31个省、自治区、直辖市和现役军人的人口，同第五次全国人口普查2000年11月1日零时的1265825048人相比，十年共增加73899804人，增长5.84%，年平均增长率为0.57%。

三、家庭户人口

大陆31个省、自治区、直辖市共有家庭户401517330户，家庭户人口为1244608395人，平均每个家庭户的人口为3.10人，比2000年第五次全国人口普查的3.44人减少0.34人。

四、性别构成

大陆31个省、自治区、直辖市和现役军人的人口中，男性人口为686852572人，占51.27%；女性人口为652872280人，占48.73%。总人口性别比（以女性为100，男性对女性的比例）由2000年第五次全国人口普查的106.74下降为105.20。

五、年龄构成

大陆31个省、自治区、直辖市和现役军人的人口中，0-14岁人口为222459737人，占16.60%；15-59岁人口为939616410人，占70.14%；60岁及以上人口为177648705人，占13.26%，其中65岁及以上人口为118831709人，占8.87%。同2000年第五次全国人口普查相比，0-14岁人口的比重下降6.29个百分点，15–59岁人口的比重上升3.36个百分点，60岁及以上人口的比重上升2.93个百分点，65岁及以上人口的比重上升1.91个百分点。

六、民族构成

大陆31个省、自治区、直辖市和现役军人的人口中，汉族人口为1225932641人，占91.51%；各少数民族人口为113792211人，占8.49%。同2000年第五次全国人口普查相比，汉族人口增加66537177人，增长5.74%；各少数民族人口增加7362627人，增长6.92%。

七、各种受教育程度人口

大陆31个省、自治区、直辖市和现役军人的人口中，具有大学（指大专以上）文化程度的人口为119636790人；具有高中（含中专）文化程度的人口为187985979人；具有初中文化程度的人口为519656445人；具有小学文化程度的人口为358764003人（以上各种受教育程度的人包括各类学校的毕业生、肄业生和在校生）。

同2000年第五次全国人口普查相比，每10万人中具有大学文化程度的由3611人上升为8930人；具有高中文化程度的由11146人上升为14032人；具有初中文化程度的由33961人上升为38788人；具有小学文化程度的由35701人下降为26779人。

大陆31个省、自治区、直辖市和现役军人的人口中，文盲人口（15岁及以上不识字的人）为54656573人，同2000年第五次全国人口普查相比，文盲人口减少30413094人，文盲率由6.72%下降为4.08%，下降2.64个百分点。

八、城乡人口

大陆31个省、自治区、直辖市和现役军人的人口中，居住在城镇的人口为665575306人，占49.68%；居住在乡村的人口为674149546人，占50.32%。同2000年第五次全国人口普查相比，城镇人口增加207137093人，乡村人口减少133237289人，城镇人口比重上升13.46个百分点。

九、人口的流动

大陆31个省、自治区、直辖市的人口中，居住地与户口登记地所在的乡镇街道不一致且离开户口登记地半年以上的人口为261386075人，其中市辖区内人户分离的人口为39959423人，不包括市辖区内人户分离的人口为221426652人。同2000年第五次全国人口普查相比，居住地与户口登记地所在的乡镇街道不一致且离开户口登记地半年以上的人口增加116995327人，增长81.03%。

十、登记误差

普查登记结束后，全国统一随机抽取402个普查小区进行了事后质量抽样调查。抽查结果显示，人口漏登率为0.12%。

注释：

[1]本公报中数据均为初步汇总数。

[2]普查登记的对象是指普查标准时点在中华人民共和国境内的自然人以及在中华人民共和国境外但未定居的中国公民，不包括在中华人民共和国境内短期停留的港澳台居民和外籍人员。“境内”指我国海关关境以内，“境外”指我国海关关境以外。

[3]大陆31个省、自治区、直辖市和现役军人的人口数据不包括居住在境内的港澳台居民和外籍人员。

[4]香港特别行政区的人口数为香港特别行政区政府提供的2010年底的数据。

[5]澳门特别行政区的人口数为澳门特别行政区政府提供的2010年底的数据。

[6]台湾地区的人口数为台湾地区有关主管部门公布的2010年底的户籍登记人口数据。

[8]文盲率是指大陆31个省、自治区、直辖市和现役军人的人口中15岁及以上不识字人口所占比重。

[9]城乡人口是指居住在我国境内城镇、乡村地域上的人口，城镇、乡村是按2008年国家统计局《统计上划分城乡的规定》划分的。

[10]市辖区内人户分离的人口是指一个直辖市或地级市所辖的区内和区与区之间，居住地和户口登记地不在同一乡镇街道的人口。

（第2号）

现将2010年第六次全国人口普查分地区的常住人口有关数据公布如下：

地区	人口数（人）	比重（%）	
		2000年	2010年
全国合计	1339724852	100	100
北京市	19612368	1.09	1.46
天津市	12938224	0.79	0.97
河北省	71854202	5.33	5.36
山西省	35712111	2.60	2.67
内蒙古自治区	24706321	1.88	1.84
辽宁省	43746323	3.35	3.27
吉林省	27462297	2.16	2.05
黑龙江省	38312224	2.91	2.86
上海市	23019148	1.32	1.72

地区	人口数（人）	比重（%）	
		2000年	2010年
江苏省	78659903	5.88	5.87
浙江省	54426891	3.69	4.06
安徽省	59500510	4.73	4.44
福建省	36894216	2.74	2.75
江西省	44567475	3.27	3.33
山东省	95793065	7.17	7.15
河南省	94023567	7.31	7.02
湖北省	57237740	4.76	4.27
湖南省	65683722	5.09	4.90
广东省	104303132	6.83	7.79
广西壮族自治区	46026629	3.55	3.44
海南省	8671518	0.62	0.65
重庆市	28846170	2.44	2.15
四川省	80418200	6.58	6.00
贵州省	34746468	2.78	2.59
云南省	45966239	3.39	3.43
西藏自治区	3002166	0.21	0.22
陕西省	37327378	2.85	2.79
甘肃省	25575254	2.02	1.91
青海省	5626722	0.41	0.42
宁夏回族自治区	6301350	0.44	0.47
新疆维吾尔自治区	21813334	1.52	1.63
现役军人	2300000		
难以确定常住地	4649985		

注释：

[1]本公报中数据均为初步汇总数。

[2]常住人口包括：居住在本乡镇街道且户口在本乡镇街道或户口待定的人；居住在本乡镇街道且离开户口登记地所在的乡镇街道半年以上的人；户口在本乡镇街道且外出不满半年或在境外工作学习的人。“境外”是指我国海关关境以外。

[3]本表全国合计不包括香港特别行政区、澳门特别行政区和台湾地区的人口数。

[4]指各省、自治区、直辖市的常住人口占全国合计常住人口（包括现役军人和难以确定常住地的人口）的比重。

2010年地区综合发展指数报告

为客观、全面反映各地区综合发展水平，中国统计学会根据《综合发展指数编制方案》，对2000－2010年各地区综合发展指数（CDI）进行了测算。测算结果表明，2000－2010年各地区综合发展指数稳步提升，东部地区明显高于其他地区，西部地区增速最快，2010年各地区综合发展指数比上年均有所提高。

一、四大区域综合发展指数稳步提升，西部地区增速最快

2000－2010年期间，中国四大区域[1]的综合发展指数稳步提升，其中东部地区由2000年的44.88%提升到2010年的65.32%，中部地区由2000年的35.93%提升到2010年的54.13%，西部地区由2000年的33.72%提升到2010年的52.23%，东北地区由2000年的38.96%提升到2010年的56.35%（见图1）。

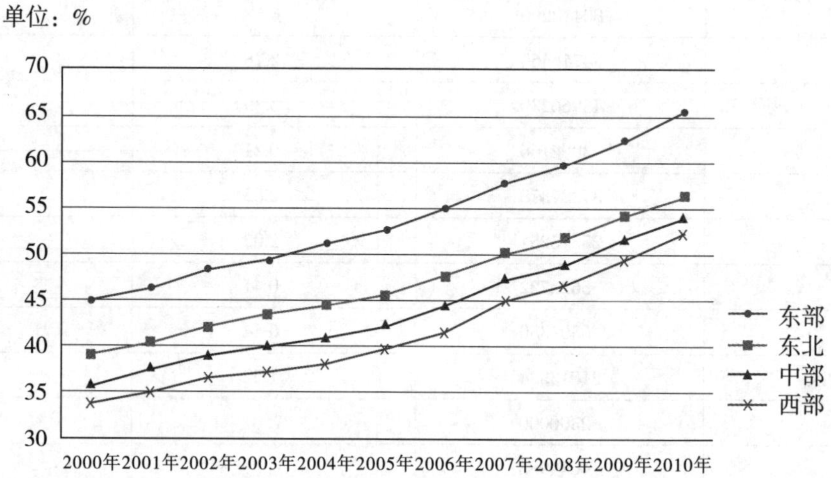

图1　2000–2010年中国四大区域综合发展指数

综合发展指数由“经济发展”、“民生改善”、“社会发展”、“生态建设”和“科技创新”五大类分项指数组成。2010年，东部、东北、中部和西部地区“经济发展”类指数分别为73.29%、67.49%、57.91%和58.72%；“民生改善”类指数分别为73.21%、63.04%、61.33%和55.54%；“社会发展”类指数分别为67.32%、68.28%、66.93%和66.12%；“生态建设”类指数分别为65.90%、54.52%、57.73%和55.31%；“科技创新”类指数分别为38.37%、15.16%、14.72%和13.54%（见图2）。

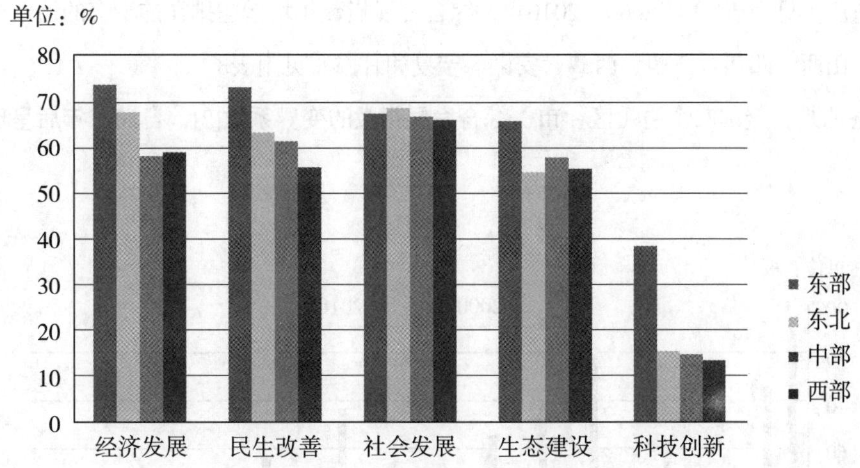

图2 2010年四大区域综合发展分项指数

2001－2010年，东部、东北、中部和西部地区综合发展指数年均增速分别为3.82%、3.76%、4.18%和4.47%，在四大区域中西部地区增速最快，中部地区次之（见图3）。

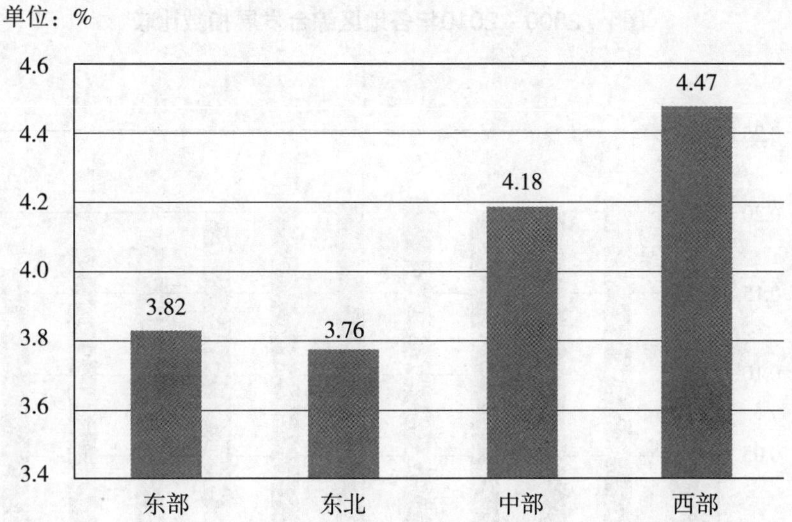

图3 2001-2010年四大区域综合发展指数年均增长

二、31个省（区、市）综合发展指数普遍提高，差距有所缩小

2000－2010年，31个省（区、市）的综合发展指数普遍呈现向好的趋势（见附表1和图4）。

2010年综合发展指数排在前十名的地区分别为北京、上海、天津、浙江、江苏、广东、福建、辽宁、山东和重庆（见附表2）。2000－2010年，综合发展指数年均增速排在前十名的地区分别为贵州、新疆、重庆、山西、四川、江西、西藏、安徽、宁夏和甘肃（见附表3）。

需要关注的是，全国31个省（区、市）综合发展指数的变异系数[2]，自2004年后呈现逐年缩小的趋势（见图5）。

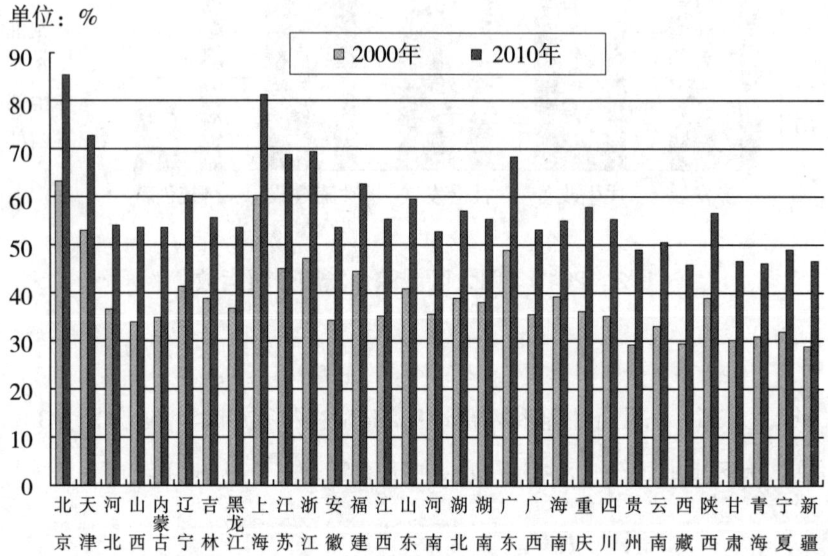

图4　2000－2010年各地区综合发展指数比较

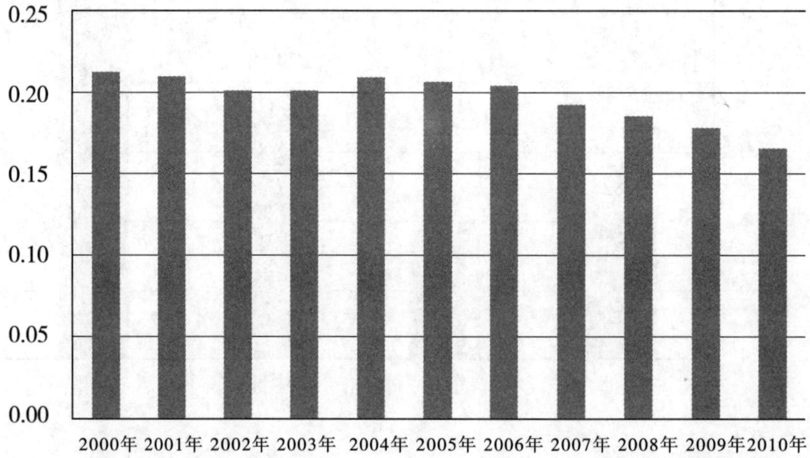

图5　2000－2010年各地区综合发展指数变异系数

三、综合发展指数与人均GDP有一定的相关性，但个别地区差异较大

若将2010年全国31个省（区、市）综合发展指数排序结果，与按人均GDP的排序结果进行对比可

以发现，两者之间有一定的相关性（见图6），但个别地区人均GDP排位与综合发展指数排位有较大的差异。

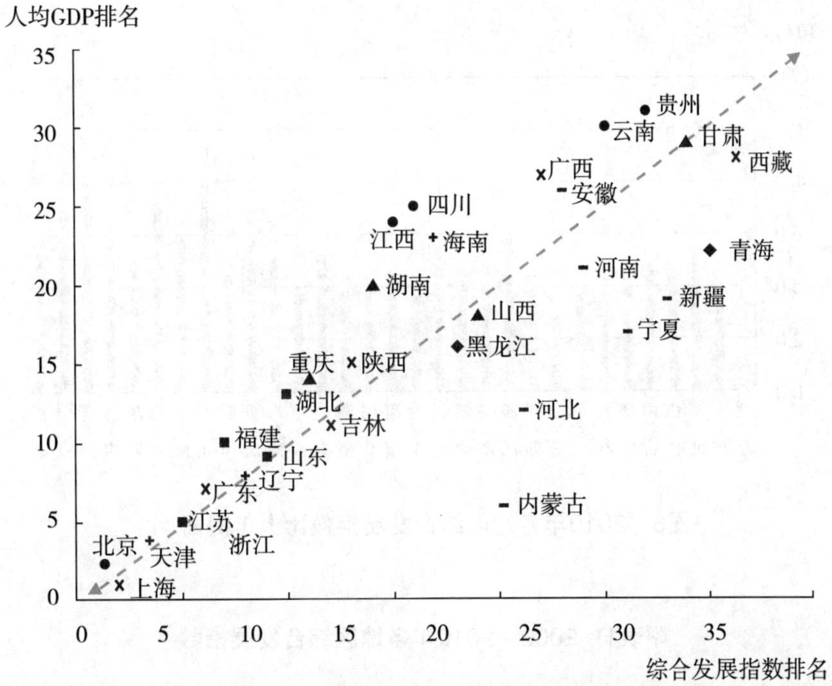

图6　综合发展指数排序与人均GDP排序相关图

四、与2009年相比，2010年各地区综合发展指数均有所提高

2010年，东部、东北、中部和西部地区综合发展指数比2009年分别提高4.65%、4.03%、4.55%和5.85%，在四大区域中西部地区增长仍然最快（见图7）。

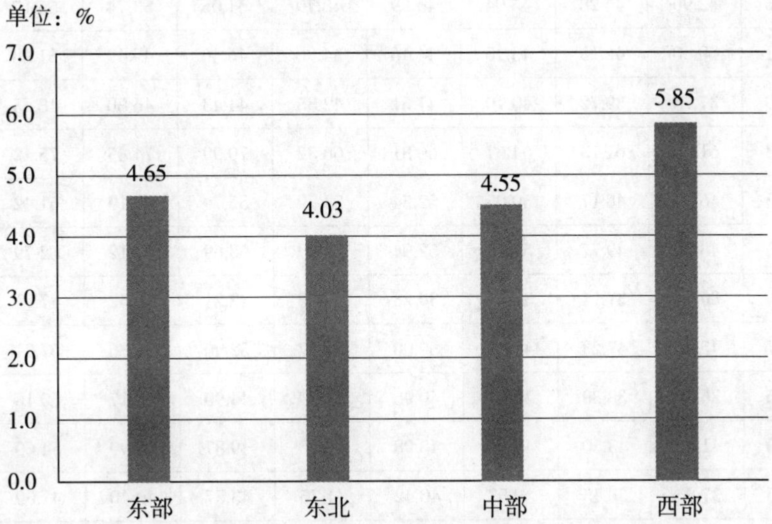

图7　2010年四大区域综合发展指数比上年提高

2010年，31个省（区、市）综合发展指数比上年都有所提高，近一半省份增幅达到5%以上，其中，贵州、青海、西藏、宁夏、海南、甘肃、陕西、云南、新疆和重庆增幅位列前10名（见图8）。

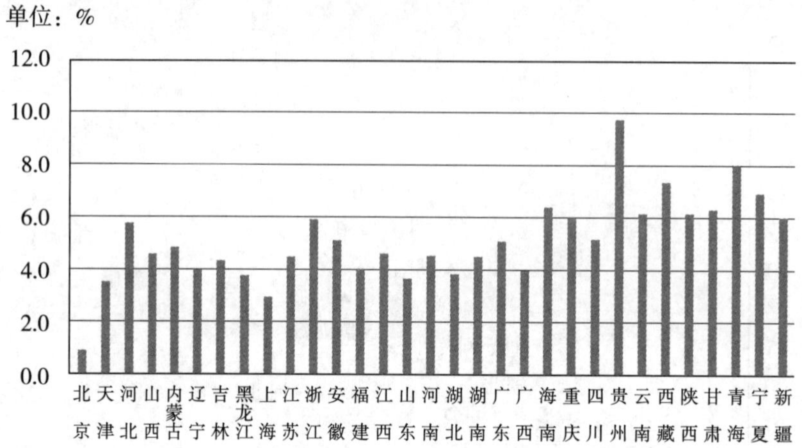

图8　2010年各地区综合发展指数比上年提高

附表1　2000－2010年各地区综合发展指数

地区	2000年	2001年	2002年	2003年	2004年	2005年	2006年	2007年	2008年	2009年	2010年
北京	62.88	65.32	67.37	68.30	72.53	74.95	77.54	81.01	82.13	84.33	85.05
天津	52.88	55.03	57.53	58.27	60.27	61.38	64.17	66.67	68.04	70.18	72.65
河北	36.71	37.93	39.36	40.43	41.06	42.92	44.56	47.07	48.66	50.79	53.71
山西	33.73	35.17	38.00	38.57	39.31	40.79	43.70	46.79	47.45	51.05	53.41
内蒙古	34.86	35.49	36.69	37.48	39.11	42.02	44.13	46.45	48.29	50.97	53.42
辽宁	41.15	42.90	44.28	45.94	46.89	48.79	51.05	53.74	55.17	57.42	59.71
吉林	38.61	40.30	42.15	43.15	44.46	44.96	46.46	49.49	51.28	53.11	55.41
黑龙江	36.79	37.78	39.72	40.70	41.51	42.35	44.43	46.80	48.55	51.30	53.26
上海	59.53	61.05	61.73	64.67	66.81	68.32	70.99	74.85	75.42	78.25	80.57
江苏	44.85	46.34	48.17	50.05	52.54	53.79	55.79	59.19	61.42	65.51	68.45
浙江	47.05	48.80	49.77	51.55	52.94	56.09	58.69	61.12	62.79	65.42	69.26
安徽	34.26	36.01	37.14	37.45	39.23	39.88	42.21	45.52	47.91	50.62	53.21
福建	44.37	45.98	47.23	48.63	50.00	51.17	52.90	55.86	57.81	60.15	62.58
江西	35.06	36.70	38.80	40.02	40.96	43.39	44.90	48.17	50.15	52.57	54.99
山东	40.65	41.66	43.50	45.01	45.98	47.46	49.87	52.99	54.60	57.21	59.32
河南	35.15	37.04	38.43	39.57	40.42	41.75	43.57	46.40	47.50	50.14	52.42
湖北	38.73	39.88	41.73	42.55	43.49	45.15	47.48	50.26	51.64	54.59	56.68

地区	2000年	2001年	2002年	2003年	2004年	2005年	2006年	2007年	2008年	2009年	2010年
湖南	37.85	39.84	40.33	41.18	42.19	43.62	45.33	48.04	50.03	52.64	55.03
广东	48.71	50.82	52.64	52.96	54.65	55.47	57.85	60.65	62.39	64.98	68.28
广西	35.48	36.81	38.03	38.83	39.22	41.18	42.56	45.64	47.07	50.71	52.75
海南	38.92	40.56	41.96	41.73	42.34	43.54	45.54	47.27	48.59	51.48	54.75
重庆	35.94	36.48	37.81	39.39	41.38	43.28	45.87	49.58	51.53	54.26	57.51
四川	35.06	37.50	39.43	39.74	40.05	41.67	44.03	47.96	49.67	52.46	55.18
贵州	28.69	29.93	31.43	32.56	33.69	35.58	36.55	40.01	41.09	43.97	48.25
云南	32.79	33.10	34.44	35.70	36.68	37.92	39.42	43.18	45.21	47.52	50.45
西藏	29.20	31.50	33.64	33.96	35.66	34.91	37.84	39.81	40.87	42.47	45.60
陕西	38.56	39.48	40.96	41.06	41.09	41.88	43.81	47.34	49.97	52.69	55.94
甘肃	29.81	30.14	32.02	33.15	33.76	35.40	36.09	38.96	41.05	43.32	46.04
青海	30.65	31.78	32.87	34.52	35.06	36.52	38.32	40.16	40.94	42.52	45.95
宁夏	31.37	33.76	36.43	35.29	35.87	37.18	39.50	42.81	44.02	45.56	48.71
新疆	28.54	29.94	32.00	33.86	33.94	34.66	36.18	39.69	41.22	43.80	46.46

附表2 2000-2010年各地区综合发展指数排序

地区	2000年	2001年	2002年	2003年	2004年	2005年	2006年	2007年	2008年	2009年	2010年
北京	1	1	1	1	1	1	1	1	1	1	1
天津	3	3	3	3	3	3	3	3	3	3	3
河北	16	15	17	16	17	16	16	18	17	21	18
山西	24	24	21	22	21	23	21	20	23	19	20
内蒙古	22	23	24	23	24	18	18	21	20	20	19
辽宁	8	8	8	8	8	8	8	8	8	8	8
吉林	12	11	10	10	10	11	11	12	12	12	13
黑龙江	15	16	15	15	14	17	17	19	19	18	21
上海	2	2	2	2	2	2	2	2	2	2	2
江苏	6	6	6	6	6	6	6	6	6	4	5
浙江	5	5	5	5	5	4	4	4	4	5	4
安徽	23	22	23	24	22	24	24	24	21	23	22
福建	7	7	7	7	7	7	7	7	7	7	7
江西	21	20	18	17	18	14	15	13	13	15	16
山东	9	9	9	9	9	9	9	9	9	9	9
河南	19	18	19	19	19	20	22	22	22	24	24

地区	2000年	2001年	2002年	2003年	2004年	2005年	2006年	2007年	2008年	2009年	2010年
湖北	11	12	12	11	11	10	10	10	10	10	11
湖南	14	13	14	13	13	12	14	14	14	14	15
广东	4	4	4	4	4	5	5	5	5	6	6
广西	18	19	20	21	23	22	23	23	24	22	23
海南	10	10	11	12	12	13	13	17	18	17	17
重庆	17	21	22	20	15	15	12	11	11	11	10
四川	20	17	16	18	20	21	19	15	16	16	14
贵州	30	31	31	31	31	28	29	28	28	27	27
云南	25	26	26	25	25	25	26	25	25	25	25
西藏	29	28	27	28	27	30	28	29	31	31	31
陕西	13	14	13	14	16	19	20	16	15	13	12
甘肃	28	29	29	30	30	29	31	31	29	29	29
青海	27	27	28	27	28	27	27	27	30	30	30
宁夏	26	25	25	26	26	26	25	26	26	26	26
新疆	31	30	30	29	29	31	30	30	27	28	28

附表3 各地区综合发展指数增长情况

地区	2001－2010年累计增长速度	2001－2010年累计增长速度排序	“十五”期间年均增长速度	“十一五”期间年均增长速度
北京	35.26	31	3.57	2.56
天津	37.37	29	3.03	3.43
河北	46.33	19	3.18	4.59
山西	58.36	4	3.88	5.54
内蒙古	53.24	12	3.81	4.92
辽宁	45.08	22	3.46	4.12
吉林	43.52	25	3.09	4.27
黑龙江	44.76	24	2.85	4.69
上海	35.35	30	2.79	3.35
江苏	52.60	13	3.70	4.94
浙江	47.22	17	3.58	4.31
安徽	55.29	8	3.08	5.94
福建	41.05	26	2.89	4.11
江西	56.86	6	4.36	4.85
山东	45.91	20	3.15	4.56

地区	2001－2010年累计增长速度	2001－2010年累计增长速度排序	"十五"期间年均增长速度	"十一五"期间年均增长速度
河南	49.16	15	3.51	4.66
湖北	46.33	18	3.11	4.65
湖南	45.39	21	2.88	4.76
广东	40.18	28	2.63	4.24
广西	48.67	16	3.02	5.08
海南	40.68	27	2.27	4.69
重庆	60.02	3	3.79	5.85
四川	57.35	5	3.51	5.78
贵州	68.20	1	4.40	6.28
云南	53.83	11	2.95	5.88
西藏	56.17	7	3.64	5.49
陕西	45.06	23	1.66	5.96
甘肃	54.42	10	3.50	5.40
青海	49.94	14	3.57	4.70
宁夏	55.27	9	3.46	5.55
新疆	62.78	2	3.96	6.04

附表4　2010年各省（区、市）综合发展指数与人均GDP、HDI、全面小康指数的比较

	综合发展指数	人均GDP	HDI*	全面小康指数
北京	1	2	2	2
天津	3	3	3	4
河北	21	12	10	21
山西	19	18	14	23
内蒙古	20	6	13	13
辽宁	8	8	7	8
吉林	12	11	9	11
黑龙江	18	16	11	14
上海	2	1	1	1
江苏	4	4	6	5
浙江	5	5	5	6
安徽	23	26	26	17
福建	7	10	12	7
江西	15	24	25	19

	综合发展指数	人均GDP	HDI*	全面小康指数
山东	9	9	8	9
河南	24	21	15	20
湖北	10	13	16	12
湖南	14	20	19	10
广东	6	7	4	3
广西	22	27	20	24
海南	17	23	17	16
重庆	11	14	18	15
四川	16	25	24	18
贵州	27	31	30	29
云南	25	30	28	25
西藏	31	28	31	28
陕西	13	15	22	22
甘肃	29	29	29	27
青海	30	22	27	31
宁夏	26	17	23	26
新疆	28	19	21	30

*注：HDI（人类发展指数）为2008年排名。

附表5　2010年各地区综合发展指数及分类指数

单位：%

地区	综合发展	经济发展	民生改善	社会发展	生态建设	科技创新
北京	85.05	96.13	90.63	82.17	74.38	78.38
天津	72.65	87.56	80.49	70.16	70.02	46.24
河北	53.71	58.00	62.35	66.11	56.34	13.22
山西	53.41	60.80	58.39	70.41	51.53	12.71
内蒙古	53.42	67.80	58.54	66.71	51.39	7.89
辽宁	59.71	72.69	65.92	68.47	58.13	20.70
吉林	55.41	63.62	61.82	72.08	53.70	11.67
黑龙江	53.26	64.34	60.61	65.35	51.00	11.34
上海	80.57	99.02	87.41	71.29	71.96	67.99
江苏	68.45	74.94	74.62	66.11	65.62	56.88
浙江	69.26	73.48	84.17	66.97	69.05	44.83

地区	综合发展	经济发展	民生改善	社会发展	生态建设	科技创新
安徽	53.21	57.92	62.13	61.98	58.92	13.11
福建	62.58	71.93	70.03	67.66	68.84	22.57
江西	54.99	58.19	63.60	65.32	60.79	15.17
山东	59.32	64.85	68.12	65.35	62.81	25.03
河南	52.42	53.16	60.00	67.14	58.38	11.10
湖北	56.68	61.63	61.97	68.69	56.05	24.82
湖南	55.03	59.70	62.04	68.79	58.46	13.35
广东	68.28	79.51	73.46	67.02	70.00	43.83
广西	52.75	56.33	59.15	66.07	61.14	7.92
海南	54.75	66.98	60.60	66.09	58.87	6.42
重庆	57.51	66.93	60.83	65.76	64.67	17.68
四川	55.18	59.65	59.05	65.80	59.34	22.08
贵州	48.25	55.24	50.92	65.22	50.49	6.37
云南	50.45	55.57	48.96	71.22	57.47	5.77
西藏	45.60	52.92	51.25	64.56	42.29	2.98
陕西	55.94	61.03	54.72	69.23	57.16	29.26
甘肃	46.04	52.17	48.92	62.84	44.95	9.55
青海	45.95	57.26	49.02	64.38	39.66	5.80
宁夏	48.71	59.67	54.76	62.36	44.64	8.89
新疆	46.46	56.12	57.56	58.26	41.23	5.30

注释：

[1]东部地区包括北京、天津、河北、上海、江苏、浙江、福建、山东、广东和海南10省（市）；中部地区包括山西、安徽、江西、河南、湖北和湖南6省；西部地区包括内蒙古、广西、重庆、四川、贵州、云南、西藏、陕西、甘肃、青海、宁夏和新疆12省（区、市）；东北地区包括辽宁、吉林和黑龙江3省。

[2]标准差与平均数的比值称为变异系数，记为C·V。变异系数是衡量资料中各观测值变异程度的一个统计量，它可以消除单位和（或）平均数不同对两个或多个地区变异程度比较的影响。

2010年全国房地产市场运行情况

一、房地产开发投资完成情况

2010年，全国房地产开发投资48267亿元，比上年增长33.2%。其中，商品住宅投资34038亿元，增长32.9%，占房地产开发投资的比重为70.5%。12月当月，房地产开发投资5570亿元，增长12.0%。

2010年，全国房地产开发企业房屋施工面积40.55亿平方米，比上年增长26.6%；房屋新开工面积16.38亿平方米，增长40.7%；房屋竣工面积7.60亿平方米，增长4.5%，其中，住宅竣工面积6.12亿平方米，增长2.7%。

2010年，全国房地产开发企业完成土地购置面积4.10亿平方米，比上年增长28.4%，土地购置费9992亿元，增长65.9%。

12月当月，房屋新开工面积1.86亿平方米，同比下降1.1%；房屋竣工面积2.75亿平方米，下降3.4%，其中，住宅竣工面积2.19亿平方米，下降4.5%；土地购置面积4889万平方米，增长1.5%，土地购置费1061亿元，增长5.8%。

二、商品房销售情况

2010年，全国商品房销售面积10.43亿平方米，比上年增长10.1%，增幅比1–11月提高0.3个百分点。其中，商品住宅销售面积增长8.0%，办公楼增长21.9%，商业营业用房增长29.9%。2010年，商品房销售额5.25万亿元，比上年增长18.3%，增幅比1–11月提高0.8个百分点。其中，商品住宅销售额增长14.4%，办公楼和商业营业用房分别增长31.2%和46.3%。

12月当月，全国商品房销售面积21808万平方米，同比增长11.5%；全国商品房销售额10201亿元，同比增长21.9%。

三、房地产开发企业资金来源情况

2010年，房地产开发企业本年资金来源72494亿元，比上年增长25.4%。其中，国内贷款12540亿元，增长10.3%；利用外资796亿元，增长66.0%；自筹资金26705亿元，增长48.8%；其他资金32454亿元，增长15.9%。在其他资金中，定金及预收款19020亿元，增长17.3%；个人按揭贷款9211亿元，增长7.6%。

四、70个大中城市房屋销售价格指数

12月份，全国70个大中城市房屋销售价格同比上涨6.4%，涨幅比11月份缩小1.3个百分点；环比上涨0.3%。

12月份，新建住宅销售价格同比上涨7.6%，涨幅比11月份缩小1.7个百分点。其中，商品住宅销售价格上涨8.5%，其中普通住宅销售价格上涨7.2%，高档住宅销售价格上涨12.8%；经济适用房销售价格上涨1.0%。与上月相比，新建住宅销售价格上涨0.3%。其中，商品住宅销售价格上涨0.3%，其中普通住宅销售价格上涨0.4%，高档住宅销售价格上涨0.2%；经济适用房销售价格上涨0.1%。

12月份，二手住宅销售价格同比上涨5.0%，涨幅比11月份缩小0.6个百分点；环比上涨0.5%，比11月份扩大0.2个百分点。

五、全国房地产开发景气指数

12月份，全国房地产开发景气指数（简称“国房景气指数”）为101.79，比11月份回落1.41点，比上年同期回落1.87点。

从分类指数看：房地产开发投资分类指数为103.87，比11月份回落0.95点，比上年同期提高3.45点；本年资金来源分类指数为102.66，比11月份回落2.08点，比上年同期回落8.11点；土地开发面积分类指数为96.03，比11月份回落0.39点，比上年同期提高0.34点；商品房待售面积分类指数为103.66，比11月份提高0.56点，比上年同期提高6.79点；房屋施工面积分类指数为104.81，比11月份回落1.44点，比上年同期提高2.30点。

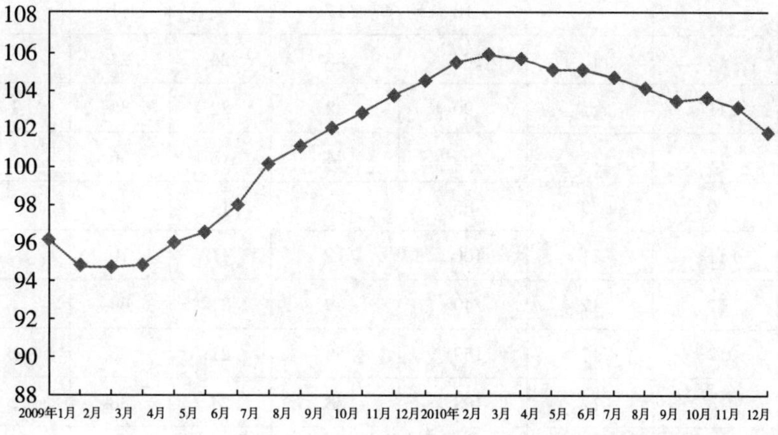

全国房地产开发景气指数趋势图

2010年中国城市经济相关统计数据

2010年全国行政区划

单位：个

指标	地级区划数	地级市	县级区划数	市辖区	县级市	县	自治县	乡镇级区划数
总计	333	283	2856	853	370	1461	117	40906
按地区分								
北京市			16	14		2		322
天津市			16	13		3		243
河北省	11	11	172	36	22	108	6	2227
山西省	11	11	119	23	11	85		1397
内蒙古自治区	12	9	101	21	11	17		863
辽宁省	14	14	100	56	17	19	8	1507
吉林省	9	8	60	20	20	17	3	897
黑龙江省	13	12	128	64	18	45	1	1278
上海市			18	17		1		210
江苏省	13	13	105	55	26	24		1307
浙江省	11	11	90	32	22	35	1	1512
安徽省	17	17	105	44	5	56		1523
福建省	9	9	85	26	14	45		1102
江西省	11	11	100	19	11	70		1539
山东省	17	17	140	49	31	60		1874
河南省	17	17	159	50	21	88		2371
湖北省	13	12	103	38	24	38	2	1230
湖南省	14	13	122	34	16	65	7	2419
广东省	21	21	121	54	23	41	3	1581
广西壮族自治区	14	14	109	34	7	56	12	1234
海南省	2	2	20	4	6	4	6	222
重庆市			40	19		17	4	1014
四川省	21	18	181	43	14	120	4	4668
贵州省	9	4	88	10	9	56	11	1560
云南省	16	8	129	12	11	77	29	1366
西藏自治区	7	1	73	1	1	71		692

指标	地级区划数	地级市	县级区划数	市辖区	县级市	县	自治县	乡镇级区划数
陕西省	10	10	107	24	3	80		1745
甘肃省	14	12	86	17	4	58	7	1351
青海省	8	1	43	4	2	30	7	396
宁夏回族自治区	5	5	22	9	2	11		235
新疆维吾尔自治区	14	2	98	11	19	62	6	1021
香港特别行政区								
澳门特别行政区								
台湾省								

2010年地区生产总值

指标	地区生产总值（亿元）	第一产业	第二产业	第三产业	人均地区生产总值（元）
北京市	14113.58	124.36	3388.38	10600.84	75942.747989
天津市	9224.46	145.58	4840.23	4238.65	72993.914839
河北省	20394.26	2562.81	10707.68	7123.77	28668
山西省	9200.86	554.48	5234	3412.38	26283
内蒙古自治区	11671.998631	1095.284536	6367.69	4209.024095	47347.065677
辽宁省	18457.27	1631.08	9976.82	6849.37	42355
吉林省	8667.58	1050.15	4506.31	3111.12	31599
黑龙江省	10368.6	1302.9	5204.11	3861.59	27075.597336
上海市	17165.98	114.15	7218.32	9833.51	76074.49
江苏省	41425.48	2540.1	21753.93	17131.45	52839.970407
浙江省	27722.309852	1360.5554	14297.931619	12063.822832	51710.983288
安徽省	12359.326415	1729.024031	6436.62	4193.682384	20888
福建省	14737.120833	1363.67	7522.830549	5850.620284	40025
江西省	9451.26	1206.98	5122.88	3121.4	21253
山东省	39169.916616	3588.2843	21238.491968	14343.140348	41105.623216
河南省	23092.36	3258.09	13226.38	6607.89	24446
湖北省	15967.61	2147	7767.24	6053.37	27906
湖南省	16037.96	2325.5	7343.19	6369.27	24719
广东省	46013.06	2286.98	23014.53	20711.55	44735.568732
广西壮族自治区	9569.853933	1675.0556	4511.6834	3383.114933	20219
海南省	2064.5	539.83	571	953.67	23831
重庆市	7925.58	685.38	4359.12	2881.08	27596

指标	地区生产总值（亿元）	第一产业	第二产业	第三产业	人均地区生产总值（元）
四川省	17185.48	2482.89	8672.18	6030.41	21181.600809
贵州省	4602.16	625.03	1800.06	2177.07	13119
云南省	7224.18	1108.38	3223.49	2892.31	15752
西藏自治区	507.46	68.72	163.92	274.82	17318.862837
陕西省	10123.48	988.45	5446.1	3688.93	27133
甘肃省	4120.75	599.28	1984.97	1536.5	16113
青海省	1350.43	134.92	744.63	470.88	24115
宁夏回族自治区	1689.65	159.29	827.91	702.45	26919
新疆维吾尔自治区	5437.47	1078.63	2592.15	1766.69	25034

注：本表按当年价格计算。

2010年份地区、分三次产业的就业人数

单位：万人

指标	就业人员	第一产业	第二产业	第三产业
全　国	76105	27930.535	21842.135	26332.33
北京市	1317.664	65.0796	275.7691	976.8153
天津市	520.7844	75.8781	213.4963	231.41
河北省	3790.1855	1469.5563	1261.1224	1059.5068
山西省	1665.0776	638.2414	440.1798	586.6564
内蒙古自治区	1184.6755	571.0222	206.1828	407.4705
辽宁省	2238.0866	700.1866	586.371	951.529
吉林省	1248.6706	524.8575	266.3119	457.5012
黑龙江省	1743.3898	774.7912	337.4448	631.1538
上海市	924.7183	36.345	347.4471	540.9262
江苏省	4731.7348	883.3214	2141.9068	1706.5066
浙江省	3989.1771	633.8679	1914.0173	1441.2919
安徽省	3846.7587	1538.4992	1132.4398	1175.8197
福建省	2181.3249	636.5442	815.8821	728.8986
江西省	2306.0899	867.152	684.1599	754.788
山东省	5654.6728	2004.3887	1839.9147	1810.3694
河南省	6041.5572	2711.7166	1753.3693	1576.4713
湖北省	3116.5193	920.6222	907.8619	1288.0352
湖南省	4007.748	1871.8567	860.917	1274.9743

指标	就业人员	第一产业	第二产业	第三产业
广东省	5776.9271	1483.2664	2018.0356	2275.6251
广西壮族自治区	2945.3376	1571.1661	619.5131	754.6584
海南省	445.7246	222.0769	53.568	170.0797
重庆市	1912.1319	632.7206	555.6765	723.7348
四川省	4997.6065	2142.0696	1153.6075	1701.9185
贵州省	2402.1694	1192.1297	284.9759	925.0638
云南省	2814.1065	1671.5379	382.6226	759.946
西藏自治区	175.0289	92.9896	19.3772	62.6621
陕西省	1952.0264	855.9903	487.8463	608.1898
甘肃省	1431.8636	731.4823	216.2753	484.106
青海省	294.1019	123.3672	66.4261	104.3086
宁夏回族自治区	325.9848	128.3177	86.2019	111.4652
新疆维吾尔自治区	852.5923	436.1428	119.81	296.6395

注：全国就业人员1990年及以后的数据根据劳动力调查。人口普查推算，2001年及以后数据根据第六次人口普查数据重新修订。分地区就业人数是根据国家统计局统计的城镇单位从业人员、乡村从业人员和国家工商总局登记的私营个体从业人员的三次产业就业人数合计产生。因此全国总计与分省合计数不等。

2010年份地区全社会固定资产投资

单位:亿元

指标	全社会固定资产投资总额
全国总计	278121.8549
按地区分	
北京市	5402.952
天津市	6278.0917
河北省	15083.3532
山西省	6063.1711
内蒙古自治区	8926.4611
辽宁省	16043.0255
吉林省	7870.3844
黑龙江省	6812.5591
上海市	5108.8956
江苏省	23184.2827
浙江省	12376.036

指标	全社会固定资产投资总额
安徽省	11542.938
福建省	8199.1248
江西省	8772.2717
山东省	23280.5154
河南省	16585.8591
湖北省	10262.697
湖南省	9663.5841
广东省	15623.6976
广西壮族自治区	7057.5552
海南省	1317.0434
重庆市	6688.9139
四川省	13116.7166
贵州省	3104.918
云南省	5528.7146
西藏自治区	462.669
陕西省	7963.6658
甘肃省	3158.3401
青海省	1016.8686
宁夏回族自治区	1444.1606
新疆维吾尔自治区	3423.2441
不分地区	6759.1449

2010年各地区居民消费水平

指标	绝对数			指数		
	全体居民（元）	农村居民（元）	城镇居民（元）	全体居民（上年=100）	农村居民（上年=100）	城镇居民（上年=100）
北京市	25015	12886	27071	109.2	108.6	108.8
天津市	17784	7814	20466	113.9	107	113.6
河北省	8057	3867	13619	110.6	105.3	110.5
山西省	8159	4500	12279	108.8	111	105.7
内蒙古自治区	11080	4486	16728	111.1	108.4	109.9
辽宁省	12934	5739	17489	113.2	111.1	112.3
吉林省	9141	4663	13032	103.9	102.2	104.2

指标	绝对数			指数		
	全体居民（元）	农村居民（元）	城镇居民（元）	全体居民（上年=100）	农村居民（上年=100）	城镇居民（上年=100）
黑龙江省	8906	4536	12402	112.4	104.2	114.8
上海市	32271	13609	34588	109.9	107.4	109.8
江苏省	14035	8196	18243	111.4	109.3	108.9
浙江省	18097	9878	23624	108	112.1	104.7
安徽省	8237	4447	13259	114.5	114.9	111.3
福建省	12871	6879	17920	108	107.8	103.5
江西省	7972	4397	12593	111.1	114.1	107.4
山东省	11611	5733	17726	110.4	111.6	108.4
河南省	7837	4061	13958	114.1	110.3	113.1
湖北省	8977	4758	13576	111.4	110.9	108.8
湖南省	8922	4513	14707	109.1	105.3	109.7
广东省	17218	5880	23511	109	109.5	107.8
广西壮族自治区	7732	3561	13969	110.1	104.6	109.2
海南省	7553	3846	11365	111.8	109.7	110.6
重庆市	9723	3652	15260	114.1	113.1	111.8
四川省	8182	4748	13457	113.7	116.5	109.6
贵州省	5879	2926	12221	113.7	114.7	106.9
云南省	6724	3603	12624	112.3	112.5	109.6
西藏自治区	4513	2635	10523	107.5	107.7	105.2
陕西省	8273	3683	13977	111.4	108.9	109
甘肃省	6035	2975	11881	109.3	108.5	103.6
青海省	7234	3684	11878	105.8	103.5	103.4
宁夏回族自治区	8992	3894	14739	108.6	104.6	107.2
新疆维吾尔自治区	7276	3590	12486	115.4	115.4	111.9

注：本表绝对数按当年价格计算，指数按可比价格计算。

规模以上工业企业主要经济效益指标（分地区）

指标	总资产贡献率（%）	资产负债率（%）	工业成本费用利润率（%）	产品销售率（%）
总计	15.68	57.41	8.31	98.02
北京市	7.64	50.76	7.38	98.74
天津市	17.3	60.51	9.82	98.92
河北省	14.75	60.68	7.43	97.74
山西省	11.2	65.61	8.19	96.27
内蒙古自治区	18.22	58.83	14.96	97.68
辽宁省	14.84	58.11	7.15	97.85
吉林省	16.3	53.69	7.27	98.57
黑龙江省	22.05	55.17	15.21	97.21
上海市	13.85	52.62	7.75	99.08
江苏省	15.1	57.28	7.09	98.64
浙江省	12.21	60.66	6.71	97.67
安徽省	16.22	60.05	8.63	97.57
福建省	17.21	52.74	8.83	97.76
江西省	18.7	56.04	7.06	98.98
山东省	19.45	53.89	7.93	98.57
河南省	22.43	55.23	10.18	98.68
湖北省	15.38	58.67	8.42	97.67
湖南省	23.18	57.55	8.7	98.54
广东省	15.63	56	8.05	97.46
广西壮族自治区	16.76	62.46	8.84	94.88
海南省	18.28	53.16	12.57	98.03
重庆市	13.57	60.25	6.13	98.11
四川省	14.43	61.56	7.83	97.79
贵州省	12.84	64.85	9.04	95.44
云南省	16.28	59.67	10.79	96.65
西藏自治区	5.4	29.15	18.53	96.53
陕西省	17.11	56.84	16.14	96.91
甘肃省	10.24	62.59	5.02	96.08
青海省	11.57	63.74	13.34	98.24
宁夏回族自治区	8.87	64.97	7.79	96.97
新疆维吾尔自治区	18.21	50.79	19.28	97.84

各地区建筑业总产值

单位：万元

指标	建筑业总产值	建筑工程产值	安装工程产值	其他
总计	960311338	847531139.1	85122948.7	27657250.2
按地区分				
北京市	51960172.5	50201878.4	1355612.5	402681.6
天津市	24244933.1	20232854.5	2789389.9	1222688.7
河北省	32314632.1	27169868.2	3335234.7	1809529.2
山西省	21434591.3	19006893.2	1761114.1	666584
内蒙古自治区	11255771.5	9987306.5	732683.9	535781.1
辽宁省	46903130.5	39601173.4	5979396.7	1322560.4
吉林省	13487785.1	11544349.3	1581989	361446.8
黑龙江省	17696968.9	14350759.3	2730640.3	615569.3
上海市	43001906	35190164.9	6224424.6	1587316.5
江苏省	124059167.4	114832167	8427297	799703.4
浙江省	120078857.1	107650930.1	9062785.3	3365141.7
安徽省	28649618.7	25058429.7	2468351.3	1122837.7
福建省	29359435.8	27002031.7	1962680.5	394723.6
江西省	16900217	15235067.5	1006092.7	659056.8
山东省	54965860.5	45090546.8	7948485.6	1926828.1
河南省	44006081.6	38360027.7	4202276.6	1443777.3
湖北省	43452006	38752451	3290508.7	1409046.3
湖南省	31617291.9	27240000.7	2087536.1	2289755.1
广东省	47154568.6	40939622.5	5062927.8	1152018.3
广西壮族自治区	12223126.4	10463300	1212302.8	547523.6
海南省	1994842	1926786.7	40395.9	27659.4
重庆市	25343574	22772202.8	1628909.5	942461.7
四川省	41630743.4	37074583.6	3335713.3	1220446.5
贵州省	6229564.8	5214585.3	754440	260539.5
云南省	15109582.3	13545504	1252381.6	311696.7
西藏自治区	1220732.1	1203605.6	11640.5	5486
陕西省	30636106.4	27702168.8	2253028.7	680908.9
甘肃省	7519878.8	6230303.5	1061218.6	228356.7
青海省	2796059.8	2398326.8	242624.5	155108.5
宁夏回族自治区	3426943.1	3160174.4	213861.1	52907.6
新疆维吾尔自治区	9637189.3	8393075.2	1107004.9	137109.2

各地区社区服务设施基本情况

单位：个

地区	社区服务设施数	社区服务中心数	社区服务站数	其他社区服务设施数	便民、利民服务网点
全国	152941	12720	44237	95984	539136
北京	4288	175	3796	317	11894
天津	1295	215	373	707	13569
河北	5462	208	1027	4227	5664
山西	2064	266	1197	601	19537
内蒙古	2678	755	400	1523	17111
辽宁	3309	357	1697	1255	26317
吉林	477	267	109	101	665
黑龙江	2442	481	1159	802	5997
上海	2924	177	2633	114	2798
江苏	16896	944	5368	10584	107657
浙江	20308	1112	2057	17139	74084
安徽	4196	573	1603	2020	13105
福建	1772	305	1025	442	6601
江西	3079	367	1020	1692	3935
山东	19390	916	7612	10862	61708
河南	3745	452	465	2828	3894
湖北	9964	535	1780	7649	10203
湖南	9912	473	1717	7722	46210
广东	15960	1366	1632	12962	3189
广西	1205	104	362	739	2966
海南	109	1	108		
重庆	3197	232	1688	1277	9668
四川	2508	719	398	1391	34760
贵州	6177	147	110	5920	25715
云南	564	70	369	125	109
西藏	29	28	1		
陕西	3373	335	1942	1096	4103
甘肃	3171	362	1649	1160	11130
青海	162	112	38	12	
宁夏	461	75	246	140	13804
新疆	1824	591	656	577	2743

注：其他社区服务设施是指除养老、便民等民政业务外的服务设施，如：卫生、文化、社保服务中心、站等。

中国主要城市经济发展概况

2010年中国GDP百强城市排名

排名	城市	2010年GDP	所属省（区）	排名	城市	2010年GDP	所属省（区）
1	上海	16872.42		33	温州	2925.57	浙江
2	北京	13777.90		34	大庆	2900.10	黑龙江
3	广州	10604.48	广东	35	徐州	2866.93	江苏
4	深圳	9510.91	广东	36	淄博	2866.75	山东
5	苏州	9168.91	江苏	37	绍兴	2782.74	浙江
6	天津	9108.83		38	合肥	2702.50	安徽
7	重庆	7894.24		39	鄂尔多斯	2643.20	内蒙古
8	杭州	5945.82	浙江	40	济宁	2542.80	山东
9	无锡	5758.00	江苏	41	包头	2460.8	内蒙古
10	青岛	5666.19	山东	42	台州	2415.12	浙江
11	佛山	5651.52	广东	43	临沂	2400.00	山东
12	成都	5551.30	四川	44	东营	2359.94	山东
13	武汉	5515.76	湖北	45	邯郸	2342.20	河北
14	大连	5158.10	辽宁	46	洛阳	2321.20	河南
15	宁波	5125.82	浙江	47	嘉兴	2296.00	浙江
16	沈阳	5017.00	辽宁	48	盐城	2266.26	江苏
17	南京	5010.36	江苏	49	扬州	2207.99	江苏
18	长沙	4547.06	湖南	50	南昌	2207.11	江西
19	唐山	4469.08	河北	51	沧州	2203.00	河北
20	烟台	4358.46	山东	52	鞍山	2200.00	辽宁
21	东莞	4246.25	广东	53	昆明	2120.37	云南
22	郑州	4000.00	河南	54	金华	2094.70	浙江
23	济南	3910.80	山东	55	厦门	2053.74	福建
24	哈尔滨	3665.90	黑龙江	56	保定	2050.30	河北
25	泉州	3564.76	福建	57	泰安	2051.70	山东
26	南通	3417.88	江苏	58	泰州	2002.58	江苏
27	石家庄	3401.00	河北	59	镇江	1956.64	江苏
28	长春	3329.00	吉林	60	南阳	1955.84	河南
29	西安	3241.49	陕西	61	威海	1944.70	山东
30	潍坊	3090.90	山东	62	呼和浩特	1865.71	内蒙古
31	福州	3068.21	福建	63	中山	1826.32	广东
32	常州	2976.7	江苏	64	吉林	1800.6	吉林

排名	城市	2010年GDP	所属省（区）	排名	城市	2010年GDP	所属省（区）
65	南宁	1800.43	广西	83	廊坊	1331.10	河北
66	太原	1778.05	山西	84	许昌	1312.78	河南
67	榆林	1756.67	陕西	85	平顶山	1312.10	河南
68	惠州	1729.90	广东	86	安阳	1311.30	河南
69	德州	1657.82	山东	87	乌鲁木齐	1311.00	新疆
70	聊城	1606.51	山东	88	湖州	1301.56	浙江
71	滨州	1551.52	山东	89	株洲	1274.80	湖南
72	江门	1550.37	广东	90	焦作	1247.61	河南
73	宜昌	1547.32	湖北	91	周口	1227.90	河南
74	岳阳	1539.36	湖南	92	邢台	1210.62	河北
75	襄阳	1538.30	湖北	93	汕头	1203.25	广东
76	茂名	1492.09	广东	94	珠海	1202.58	广东
77	常德	1491.60	湖南	95	新乡	1181.45	河南
78	衡阳	1420.34	湖南	96	通辽	1176.23	内蒙古
79	湛江	1402.77	广东	97	商丘	1146.50	河南
80	漳州	1400.71	福建	98	贵阳	1121.82	贵州
81	枣庄	1362.04	山东	99	兰州	1100.39	甘肃
82	淮安	1345.07	江苏	100	信阳	1092.23	河南

2010年中国GDP百强城市经济发展概况

1

2010年上海市经济发展概况

【经济总量】2010年，上海市实现生产总值（GDP）16872.42亿元，按可比价格计算，比上年增长9.9%。其中，第一产业增加值114.15亿元，下降6.6%；第二产业增加值7139.96亿元，增长16.8%；第三产业增加值9618.31亿元，增长5%。"十一五"时期上海市生产总值达到69054.99亿元，按可比价格计算，年均增长11.1%。全年地方财政收入2873.58亿元，比上年增长13.1%。"十一五"时期地方财政收入达到11499.2亿元，年均增长14.9%。

【农业】全年完成农业总产值287.03亿元，比上年下降5.1%。其中，种植业产值155.27亿元，下降4.7%；畜牧业产值62.9亿元，下降2.8%；渔业产值52.62亿元，下降8%。

全年粮食产量118.4万吨，比上年下降2.7%。郊区奶牛良种率达到100%，生猪良种率超过95%，水稻、蔬菜良种覆盖率均超过96%。至年末，全市有2095个产品获得农产品认证。其中，无公害农产品1809个，绿色食品99个，有机农产品187个。

【工业和建筑业】全年实现工业增加值6456.78亿元，比上年增长17.5%。其中，规模以上工业增加值6225.98亿元，增长18.4%。在规模以上工业增加值中，轻工业增加值1866.21亿元，增长15.9%；重工业增加值4359.77亿元，增长19.5%。全年工业总产值31038.57亿元，比上年增长22.9%。其中，规模以上工业总产值30003.57亿元，增长23.1%。"十一五"时期全市工业总产值达到124305.48亿元，年均增长12.6%。

全年规模以上工业企业实现利润总额2216.55亿元，比上年增长56.7%；实现税金总额1373.98亿元，增长24.5%。全年工业企业经济效益综合指数为263.91，比上年提高39.5个点。

全年建筑业总产值4298.12亿元，比上年增长12.2%；房屋建筑施工面积22092.72万平方米，增长15.9%；竣工面积6025.95万平方米，增长5.4%。

【科学技术】全年高技术产业完成工业总产值6958.01亿元，比上年增长33.7%，增幅高出全市规模以上工业总产值10.6个百分点，占全市规模以上工业的比重为23.2%。全年用于研究与试验发展（R&D）经费支出477亿元，相当于全市生产总值的比例为2.83%。全年共取得重要科技成果2318项。其中，属于国际领先的有188项，达到国际先进水平的有698项。有58项（人）获2010年度国家科学技术奖，占获奖总数的16.3%。全年新认定高新技术成果转化项目634项。全年共签订各类技术交易合同2.62万项，合同金额525.45亿元，增长7.3%。

【国内贸易和对外经济】2010年，上海全面展开国际贸易中心建设。虹桥商务区和外高桥国际贸易示范区加快建设，新型国际贸易试点启动实施。

全年上海市进出口总额3688.69亿美元，比上年增长32.8%。其中，进口总额1880.85亿美元，增长38.5%；出口总额1807.84亿美元，增长27.4%。全年批准外商直接投资合同项目3906项，比上年增长26.4%；吸收外资合同金额153.07亿美元，增长15.1%；实际到位金额111.21亿美元，增长5.5%。

全年批发和零售业实现增加值2512.89亿元，比上年增长13.1%。全年实现商品销售总额37383.25亿元，比上年增长24.2%。其中，批发销售额32184.13亿元，增长25.8%。至年末，全市连锁商业网点达到12987家。其中，连锁超市门店2610家，便利店4532家。全年连锁商业销售额2085.28亿元，比上年增长12.7%。

【交通、邮电和旅游】全年实现交通运输、仓储和邮政业增加值746.41亿元，比上年增长11.1%。

上海加快推进国际航运中心建设。全年各种运输方式完成货物运输总量81023.85万吨，比上年增长5.3%。旅客发送总量13431.72万人次，比上年增长20.6%。全年港口货物吞吐量达到6.53亿吨，比上年增长10.4%，连续六年全球第一。全年港口集装箱吞吐量2906.9万国际标准箱，比上年增长16.3%，首次跃居全球第一。

全年完成邮政电信业务总量1031.23亿元，比上年增长17.8%。其中，邮政业务总量64.27亿元，下降6.3%；电信业务总量966.96亿元，增长19.8%。至年末，全市固定电话用户935.9万户。其中，住宅电话574.5万户。移动电话用户2361.6万户。其中，3G用户197.3万户。

全年实现旅游产业增加值1360.8亿元，比上年增长30.1%。至年末，全市已有星级宾馆298家，旅行社1037家，A级旅游景区（点）61家，红色旅游基地30个。

【金融和保险】上海国际金融中心建设取得新突破。金融市场体系不断深化，金融机构进一步集聚。全年实现金融业增加值1931.73亿元，比上年增长4.9%。

全年新增各类金融单位116家。至年末，全市有各类金融单位910家。其中，银行业140家，证券业138家，保险业320家。至年末，全市中外资金融机构本外币各项存款余额52190.04亿元，比上年增长17%；贷款余额34154.17亿元，增长15.1%。全年通过上海证券市场筹资7584.14亿元，比上年增长55.9%。全年上海期货交易所各品种总成交金额123.48万亿元，比上年增长67.4%。中国金融期货交易所总成交金额41.07万亿元。全国银行间货币和债券市场成交金额179.82万亿元，比上年增长30.7%。

全年原保险保费收入883.86亿元，比上年增长32.9%。其中，财产险保险费收入197.18亿元，增长24.1%；人身险保险费收入686.68亿元，增长35.7%。全年支付各类保险赔款及给付194.54亿元，比上年增长10.1%。

【浦东改革开放】全年浦东新区实现增加值4707.52亿元，比上年增长12.4%。至年末，已有285家外资金融机构和150家跨国公司地区总部入驻浦东。全年综合保税区完成集装箱吞吐量2509.5万国际标准箱，比上年增长17.3%。张江高科技园区电子信息产品制造业实现产值257.89亿元，比上年增长

80.5%。生物医药制造业实现产值129.9亿元，比上年增长21.4%。知识产权授权12764件，比上年增长58.6%。金桥出口加工区实现工业总产业产值2095.3亿元，比上年增长28.4%。临港产业区成套设备制造业实现总产值68.61亿元，比上年增长17.4%。

2

2010年北京市经济发展概况

【经济总量】2010年，北京市实现地区生产总值13777.9亿元，比上年增长10.2%。其中，第一产业增加值124.3亿元，下降1.6%；第二产业增加值3323.1亿元，增长13.6%；第三产业增加值10330.5亿元，增长9.1%。“十一五”期间，全市地区生产总值年均增长11.4%，其中三次产业年均分别增长1.4%、9.5%和12.3%。三次产业结构由2005年的1.3：29.1：69.6变化为2010年的0.9：24.1：75。

全市完成地方财政收入（一般预算）2353.9亿元，比上年增长16.1%。“十一五”期间，地方财政收入（一般预算）和支出（一般预算，含中央追加支出）累计分别达到8827.9亿元和9941亿元，分别是“十五”时期的2.7倍和2.6倍。

【农业】全年实现农业增加值124.3亿元，比上年下降1.6%。粮食产量115.7万吨，比上年下降7.3%。

全市农业观光园1303个，比上年增加9个；观光园总收入17.8亿元，比上年增长16.7%。种业收入14.6亿元，比上年增长13.5%。已利用设施农业占地面积18323公顷，比上年下降2.3%；实现收入40.7亿元，增长20.1%。

【工业和建筑业】全年实现工业增加值2701.6亿元，比上年增长14.7%。其中，规模以上工业企业增加值增长15%。在规模以上工业中，高技术制造业、现代制造业增加值分别增长15.1%和16.3%。规模以上工业销售产值13068.9亿元，比上年增长21.6%。其中内销产值11436.9亿元，增长23.7%；出口交货值1632亿元，增长8.8%。产品销售率为98.81%。

全年规模以上工业企业实现利润1007.7亿元，比上年增长34.8%。其中，国有及国有控股企业实现利润545亿元，增长50.2%。交通运输设备制造业实现利润169.5亿元，增长61.2%；电力、热力的生产和供应业实现利润220.7亿元，增长43.4%；医药制造业实现利润56亿元，增长17.9%；通信设备、计算机及其他电子设备制造业实现利润76亿元，增长11.8%。全年规模以上工业企业上缴税金797.8亿元，增长21.4%。

全年实现建筑业增加值621.5亿元，比上年增长8.2%。全市具有资质等级的总承包和专业承包建筑业企业完成建筑业总产值5196亿元，比上年增长28%；本年新签合同额6969.8亿元，增长23.7%。

【文化产业、高技术产业和生产性服务业】全年文化创意产业实现增加值1692.2亿元，比上年增长13.6%；占地区生产总值的比重为12.3%，与上年持平，比2005年提高2.6个百分点。高技术产业实现增加值866.5亿元，增长11.3%；占地区生产总值的比重为6.3%，比上年下降0.1个百分点，比2005年下降0.9个百分点。生产性服务业实现增加值6642亿元，增长17%；占地区生产总值的比重为48.2%，比上年提高1.5个百分点，比2005年提高8个百分点。

【国内贸易、对外经济】全年实现社会消费品零售额6229.3亿元，比上年增长17.3%。其中，汽车类零售额1619.5亿元，比上年增长33.9%；石油及制品类零售额430.8亿元，增长25.8%；金银珠宝类零售额197.2亿元，增长61.2%；家用电器和音像器材类零售额189.3亿元，增长17.6%；通讯器材类零售额130.6亿元，增长33.9%。

全年北京地区进出口总额3014.1亿美元，比上年增长40.3%。其中出口554.7亿美元，增长14.7%；进口2459.4亿美元，增长47.8%。“十一五”期间，北京地区进出口总额累计达到11389.3亿美元，是“十五”时期的2.9倍。全年实际利用外资金额63.6亿美元，增长4%。“十一五”期间，全市累计实际利用外资281.8亿美元，是“十五”时期的2.3倍。

全年境外投资额6.9亿美元，比上年增长1.3倍；“十一五”期间累计投资10亿美元。

【旅游和开发区】全年接待入境旅游者490.1万人次，比上年增长18.8%。旅游外汇收入50.4亿美元，增长15.8%。全年接待国内旅游者1.8亿人次，增长10.1%。国内旅游收入2425.1亿元，增长13.1%。国内外旅游收入总计达到2767.9亿元，增长13.3%。“十一五”期间，全市累计实现国内外旅游收入11334.6亿元，是“十五”时期的1.8倍。

年末全市共有开发区19个，累计招商企业38658家，比上年末增加2614家；其中投产开工企业21992家。各类开发区实现总收入17909.7亿元，比上年增长18.6%；实现利润1470.7亿元，增长19.4%；应缴税金801.9亿元，增长12.4%。

【交通运输和邮电】交通运输：全年货物周转量511.8亿吨公里，比上年增长16%。其中，铁路257.5亿吨公里，增长12.2%；公路101.6亿吨公里，增长15.6%；民航46.4亿吨公里，增长30.7%；管道106.4亿吨公里，增长20.3%。全年旅客周转量1326.9亿人公里，比上年增长15.7%。其中，铁路99.6亿人公里，增长6.4%；公路287.1亿人公里，增长7.2%；民航940.3亿人公里，增长19.8%。

邮电：全年实现邮电业务总量1111.7亿元。其中，邮政业务总量48.7亿元；电信业务总量1063亿元。

【金融和保险】年末全市金融机构（含外资）本外币存款余额66584.6亿元，比年初增加9628.1亿元，增加额比上年少2546.8亿元。其中人民币存款余额64453.9亿元，比年初增加10183.9亿元，增加额比上年少1859.1亿元。年末全市金融机构（含外资）本外币贷款余额36479.6亿元，比年初增加5428.2亿元，增加额比上年少2454.8亿元。其中人民币贷款余额29563.8亿元，比年初增加4143.5亿元，增加额比上年少1134.1亿元。

全年证券市场各类证券成交额87575.4亿元，比上年下降5%。其中股票成交额79843.1亿元，增长

1.9%；基金成交额1714.9亿元，下降23.9%；债券成交额3384.3亿元，增长88.9%。年末股票市场累计开户数475.1万户，比上年末增加49万户。

全年实现原保险保费收入966.5亿元，比上年增长38.6%。其中，财产险保费收入212.3亿元，增长29.1%；人身险保费收入754.2亿元，增长41.5%。全年各类保险赔付支出199.7亿元，比上年增长1.9%。其中财产险赔付93.7亿元，增长9.8%；人身险赔付105.9亿元，下降4.3%。

3

2010年广州市经济发展概况

【经济总量】2010年，广州市经济保持较快发展，实现地区生产总值（GDP）10604.48亿元，按可比价格计算，比上年增长13.0%。其中，第一产业增加值189.05亿元，增长3.2%；第二产业增加值3950.64亿元，增长13.0%；第三产业增加值6464.79亿元，增长13.2%。第一、二、三次产业增加值的比例为1.8∶37.2∶61.0。三次产业对经济增长的贡献率分别为0.4%、38.4%和61.2%。

广州全年财政一般预算收入3348亿元，增长26.1%。地方一般预算财政支出978.22亿元，增长23.8%。其中，社会保障和就业支出114.12亿元，增长11.8%；环境保护支出24.33亿元，增长184%；教育支出112.63亿元，增长2.5%。

【农业】农业生产稳定发展。全年完成农林牧渔业总产值323.4亿元，增长3.5%。其中，农业、林业、牧业、渔业及农林牧渔服务业完成产值分别为164.6亿元、2.1亿元、62.5亿元、62.1亿元和32.1亿元。农业商品产值292.3亿元，增长3.8%。农产品产销率为90.3%。

都市型农业发展势头良好。全年都市农业总收入1450亿元，增长6%。都市农业总产值1045亿元，增长4%。市级以上农业龙头企业达到80家，农业产业化产值65亿元，增长4%；农业产业化规模达22%。

【工业和建筑业】全年实现工业增加值3593.34亿元，占全市GDP的比重为33.9%，增长12.5%，对全市经济增长的贡献率为34.3%。全年工业总产值15329.21亿元，增长17.5%。其中规模以上工业企业实现总产值14721.47亿元，增长17.6%；实现主营业务收入13545.39亿元，增长23.4%；实现利税总额1660.74亿元，增长26.5%；实现利润总额970.25亿元，增长31.6%。全年规模以上汽车制造业、电子产品制造业和石油化工制造业三大支柱产业完成工业总产值6649.56亿元，增长23.3%，占全市规模以上工业总产值的比重45.17%。全市工业出口产品产值2885.48亿元，增长19.9%。全市工业产品销售率为98.1%，上升0.1个百分点。

全年资质以上建筑业企业完成总产值1279.80亿元，增长26.3%；完成竣工产值636.29亿元，下降3.3%。房屋施工面积7114.91万平方米，增长14.9%；房屋竣工面积1412.52万平方米，下降5.9%。

【科学技术】全年实现规模以上工业高新技术产品产值5670.71亿元，增长28.9%，占全市规模以上工业总产值的比重为38.5%。

全年受理专利申请20801件，增长25.8%；其中发明专利6503件，增长29.0%，占申请量的31.3%。专利授权15091件，增长36.0%；其中发明专利授权1989件，增长31.2%。

年末，全市有中国科学院院士17人和中国工程院院士17人。全市拥有国家级、省级和市级工程技术研究中心共200家；其中，国家级12家，省级66家，市级122家。各类独立研究开发机构162家。国家级、省级大学科技园8个。按照新的认定办法全市高新技术企业1151家通过。

【国内商业和对外贸易】全市消费市场繁荣畅旺，全年实现社会消费品零售总额4476.38亿元，增长24.2%。全年批发零售业商品销售总额21204.27亿元，增长40.0%。全年批发和零售业实现增加值1433.91亿元，增长23.3%；实现零售额3883.59亿元，增长23.4%。其中，限额以上批发和零售业企业和个体户实现零售额1815.39亿元，增长27.3%，占全市批发和零售业零售额的46.7%。在限额以上批发和零售业企业和个体户销售商品分类中，中西药品类零售额增长23.9%，汽车类零售额增长31.0%，日用品类零售额增长26.1%，服装、鞋帽、针纺织品类零售额增长29.3%，金银珠宝类零售额增长40.8%。

对外贸易较快增长。全年商品进出口总额1037.76亿美元，增长35.3%。其中，商品出口总额483.8亿美元，增长29.3%；商品进口总额553.96亿美元，增长41.0%。全年实际使用外商投资金额39.79亿美元，增长5.4%；2010年，广州市吸收来自58个国家和地区的外商直接投资项目（企业）980个；合同外商直接投资金额49.74亿美元，增长31.4%。年末，在广州市工商局注册登记的外商直接投资企业共9869家，比上年末增长6.7%。外商投资企业在穗设立分支机构（非法人）6247个，外国及港澳台地区企业在穗设立常驻代表机构4230个。其中，世界500强大企业累计已有174家进入广州，共设立411个项目，投资总额178亿美元。

广州市企业“走出去”步伐加快。全年完成对外承包工程和对外劳务合作营业额4.72亿美元，增长21.5%。新签对外承包工程和对外劳务合作合同额8.19亿美元，增长102.0%。年末，广州对外承包工程和对外劳务合作涉及的国家和地区达29个。全年境外企业新增87个，中方投资4.67亿美元。

【交通、邮电和旅游业】全年交通运输和邮政业实现增加值746.29亿元，增长11.6%。全年广州白云国际机场旅客吞吐量4096.40万人次，货邮吞吐量145.04万吨，分别增长10.6%和18.6%。全年港口货物吞吐量42341.05万吨，增长12.8%；其中，广州港货物吞吐量40959.25万吨，增长12.5%。港口集装箱吞吐量1267.33万国际标准箱，增长12.0%。

全年完成邮政业务收入19.82亿元，增长24.6%；电信业务收入263.17亿元，增长4.4%。年末，全市固定电话用户数601.81万户，比上年末下降5.0%。移动电话用户2329.19万户，增长10.6%。国际互联网用户288.68万户，增长3.0%。

全年实现旅游业总收入1254.61亿元，增长26.2%。其中，旅游外汇收入46.89亿美元，增长

29.4%；国内旅游收入934.38亿元，增长25.2%。主要旅游景点接待游客13754.25万人次，增长48.9%。

【金融和保险】金融机构存贷款规模进一步扩大。全年金融业实现增加值615.54亿元，增长8.2%。年末，全市金融机构本外币各项存款余额23953.96亿元，当年新增3009.73亿元。本外币贷款余额16284.31亿元，当年新增2433.17亿元。1美元兑人民币年平均汇价为6.79元。资本市场在调整中发展。年末，全市共有证券公司3家；证券营业部141家。全市境内证券市场上市企业达46家，其中境内新发行股票6只。全年共有12家公司通过境内证券市场融资，融资额为316.4亿元。

保险业快速发展。年末，全市拥有保险机构62家，总部2家，市场主体60家。全年保费收入420.4亿元，增长28.4%。其中，财产险保费收入111.2亿元，增长30.8%；人身险保费收入309.7亿元，增长27.6%。支付各类保险赔款及给付88.1亿元，增长11.4%。其中，财产险51.9亿元，增长12.4%；人身险36.2亿元，增长10.0%。

4

2010年深圳市经济发展概况

【经济总量】2010年，深圳市实现生产总值9510.91亿元，比上年（下同）增长12.0%。其中，第一产业增加值6.00亿元，下降14.3%；第二产业增加值4523.36亿元，增长14.1%；第三产业增加值4981.55亿元，增长9.9%。三次产业结构为0.1：47.5：52.4。

四大支柱产业中，金融业增加值1279.27亿元，增长10.6%；物流产业增加值926.30亿元，增长15.0%；文化产业增加值637.23亿元，增长22.9%；高新技术产业增加值3058.85亿元，增长17.1%。

战略性新兴产业中，生物产业增加值141.10亿元，增长23.9%；互联网产业增加值（全口径）1160.98亿元，增长16.7%；新能源产业增加值182.38亿元，增长29.1%。

全年完成地方财政一般预算收入1106.82亿元，增长25.7%。地方财政一般预算支出1265.27亿元，增长26.4%。

【农业】全年农业增加值6亿元，下降14.3%；全年农作物播种面积9.6万亩，减少7.3%。其中，粮食播种面积151亩，减少7.4%；蔬菜播种面积9.54万亩，下降3.2%。水果播种面积5.36万亩，下降3.5%。全年粮食产量49吨，下降5.8%；蔬菜产量11.07万吨，增加3.3%；水果产量0. 32万吨，下降18.9%。全年水产品总产量2.72万吨，下降10.2%。其中，海产品2.53万吨，下降11.4%；淡水产品0.19万吨，增长8.0%。

【工业和建筑业】全年实现工业增加值4233.22亿元，增长13.9%，占全市生产总值的44.5%。

全市规模以上工业增加值4092.63亿元，增长13.8%。全年规模以上通信设备、计算机及其他电子设备制造业增加值2152.75亿元，增长20.4%，占规模以上工业增加值比重52.6%。

全年规模以上工业销售产值18027.71亿元，增长20.7%。其中，出口交货值10130.62亿元，增长24.8%，占规模以上工业销售产值比重56.2%，比上年增加1.8个百分点。工业产品销售率99.0%，比上年提高3.5个百分点。

全年规模以上工业企业经济效益综合指数188.7%，提高7.6个百分点；主营业务收入18336.94亿元，增长28.5%；实现利税总额1604.11亿元，增长33.2%；实现利润总额1216.01亿元，增长40.1%；工业全员劳动生产率12.80万元/人，增长0.4%。

全年建筑业增加值290.14亿元，增长18.3%，占全市生产总值3.0%，比上年提高0.1个百分点。

【科学技术】全年高新技术产品产值10176.19亿元。其中拥有自主知识产权的高新技术产品产值6115.89亿元，占全部高新技术产品产值比重60.1%，比上年提高0.6个百分点。

全年科学研究与试验发展经费支出333.83亿元，增长19.3%，占本地生产总值的3.5%。到2010年末全市累计认定高新技术企业3234家。年末三项专利申请受理量49430件，增长16.9%。其中发明专利23956件，增长16.7%；实用新型15117件，增长19.0%；外观设计10357件，增长14.4%。专利授权量34951件，增长35.0%。其中发明专利9615件，增长18.2%；实用新型14266件，增长58.5%；外形设计11070件，增长26.4%。

【国内贸易和对外经济】2010年，深圳市社会消费品零售总额3000.76亿元，增长17.2%。全年商品销售总额8218.86亿元，增长29.2%。全年限额以上批发零售贸易业商品销售中，十大类商品销售情况为：金银珠宝类增长83.3%；通讯器材类增长32.8%；家用电器和音响器材类增长31.7%；文化办公用品类增长25.3%；汽车类增长24.0%；体育娱乐用品类增长23.2%；日用品类增长14.6%；食品饮料烟酒类增长14.1%；书报杂志类下降2.8%；服装鞋帽、针、纺织品类下降4.2%。

全年对外贸易进出口总额3467.49亿美元，增长28.4%。其中出口总额2041.84亿美元，增长26.1%，占全国出口总额的12.9%，占全省出口总额的45.1%；进口总额1425.66亿美元，增长31.8%。深圳外贸出口总额已连续十八年位居全国大中城市榜首。

全年新签外商直接投资合同项目1929宗，合同外资金额56.52亿美元，分别增长28.8%和58.9%。实际使用外商直接投资金额42.97亿美元，增长3.3%。全年对外承包工程、劳务合作新签合同金额93.58亿美元，增长26.7%；完成营业额77.53亿美元，增长8.5%。

【交通、邮电和旅游】全年交通运输和邮政业实现增加值389.31亿元，增长24.0%。

全年深圳港港口货物吞吐量22097.69万吨，增长14.1%，其中集装箱吞吐量2250.96万标箱，增长23.3%。深圳港连续8年居全球集装箱枢纽港第4位。全年深圳机场货邮吞吐量80.91万吨，增长33.6%；机场旅客吞吐量2671.36万人次，增长9.1%。年末开通运营国际、国内航线130条，增加17条。

全年邮电业务量816.25亿元，增长20.7%。年末全市有邮政、电信局（所）756所，增加20所。全市固定电话交换机总容量650万门，增长1.1%；年末固定电话用户508.93万户，增长8.5%。移动电话交换机容量2812万门，与上年末持平；年末移动电话用户2008.6万户，增长5.3%。国际互联网宽带用户261.5万户，增长5.6%。

全年旅游住宿设施接待过夜游客3285.31万人次，增长15.7%。其中海外游客1020.60万人次，增长13.9%；国内游客2264.71万人次，增长16.5%。

【金融和保险】年末深圳市国内金融机构人民币存款余额20210.75亿元，比年初增长19.3%；国内金融机构人民币贷款余额13708.16亿元，比年初增长17.7%。全年累计现金支出15289.93亿元，现金收入14053.36亿元，货币净投放1236.57亿元，比上年增长6.4%。

年末深圳证券交易所上市公司1169家，增加339家。总发行股本5044.98亿股，增长29.1%；总流通股本3410.85亿股，增长31.1%。上市公司市价总值86415.35亿元，增长45.8%。上市公司流通市值50772.97亿元，增长39.3%。

全年保险机构保费收入361.49亿元，增长33.1%。

5

2010年苏州市经济发展概况

【经济总量】2010年，苏州市实现地区生产总值9168.91亿元，按可比价计算，比上年增长13%。全市实现地方一般预算收入900.6亿元，比上年增长20.9%。全市地方一般预算支出820.7亿元，比上年增长20.5%，其中用于社会保障与就业、科技、教育、文化、医疗卫生和环境保护等方面的财政投入为295.6亿元，比上年增长20.5%。全市各级财政涉及民生方面的支出占财政支出的49%。

【农业】农业生产方式加快转变，“绿色农业、生物农业、市场农业”成为现代农业的发展方向。全市实现农林牧渔业总产值269.73亿元，比上年增长8.4%。粮食产量114.43万吨，比上年增长1.3%。新增高效农（渔）业面积13.33千公顷，累计达到126千公顷。建成千亩以上高标准现代农业示范区70个，万亩以上农业示范园区18个。全年新增无公害农产品、绿色食品和有机食品203只，年末总数近1500只。

【工业和建筑业】全市实现工业总产值28483.69亿元，其中规模以上工业总产值24598.89亿元，分别比上年增长20.2%和22.3%。

传统主导行业保持优势。通信设备、计算机及其他电子设备制造业、黑色金属冶炼及压延加工业、电器机械及器材制造业、纺织业、化学原料及化学制品制造业、通用设备制造业六大行业实现产值16637.58亿元，比上年增长22.7%，占规模以上工业总产值的比重达67.6%。

高新技术产业发展较快。全市实现高新技术产业产值9007.89亿元，比上年增长27.2%，高新技术产业产值占规模以上工业总产值的比重达36.6%。

新兴产业发展势头强劲。新型平板显示、新材料、智能电网和物联网、高端装备制造、节能环保、新能源、生物技术和新医药等新兴制造产业实现工业产值7100.56亿元，比上年增长29%，高于规模以上工业总产值平均增速6.7个百分点，占全市规模以上工业总产值的比重达28.9%。

高耗能行业有效抑制。钢铁、纺织、化工、造纸、建材、电力等六大高耗能行业产值增长18.1%，低于规模以上工业增速4.2个百分点，六大行业产值占规模以上工业总产值的比重为26.3%，比上年下降1个百分点。

规模型、地标型企业加快培育。全市百强工业企业实现工业产值10171.13亿元，比上年增长24.2%，占规模以上工业总产值的比重达到41.3%，比上年提高0.5个百分点。全市30家民企跻身全国民企500强。

经济效益高开趋稳。规模以上工业企业实现主营业务收入24300亿元，比上年增长22.8%；利税总额1900亿元，增长25%，其中利润总额1400亿元，增长35%；产品销售率达到98.8%；规模以上工业经济效益综合指数达到203%。

建筑业稳定增长。全市完成建筑业总产值1256.82亿元，比上年增长16.6%。在国家宏观政策的有力调控下，房屋建设规模平稳增长。全市资质以上建筑业企业完成房屋施工面积8518.65万平方米，其中新开工面积4628.38万平方米，分别比上年增长15.5%和31.7%。全年本地建筑企业在外省完成建筑业产值194.13亿元，比上年增长44.5%。

【科学技术】全市科研与试验发展经费支出占地区生产总值的比重达到2.3%。新增国家高新技术企业280家，累计达到968家，新认定省级以上高新技术产品1429个，累计达5853个。年末全市拥有省级以上研发机构808家，其中工程中心13家、企业技术中心94家、博士后工作站105家、工程技术研究中心198家，企业院士工作站41家、外资研发机构357家。全市82%的本土大中型企业建立了研发机构。全市建成了一批面向社会、资源共享的技术创新公共平台。省级以上科技公共服务平台达到37个，其中国家级服务平台13个。全市专利申请量和授权量分别达到77194件和46109件，分别比上年增长25.9%和17.4%，分列全国大中城市第一位和第二位。

【国内贸易和对外经济】全市积极贯彻落实扩内需、促消费政策，全力拉动消费增长。全市实现社会消费品零售总额2407.89亿元，比上年增长18.8%。年末全市共有商品交易市场610个，其中亿元以上市场94个，实现成交额3136.06亿元，增长23.9%。

对外贸易实现恢复性增长。全年完成进出口总额2740.8亿美元，其中出口1531.1亿美元，分别比上年增长36.1%和34.2%。对欧盟、美国、日本三大市场的出口额935.32亿美元，增长32.2%，占全市出口总额的比重为61.1%，比上年下降0.9个百分点。对拉美、东盟等新兴市场出口额178.47亿美元，增长33.2%。

加大战略性新兴产业招商引资力度，推动区域性功能总部、创业投资、风险投资、独立研发中心等高端外资项目落户苏州。全年实际利用外资85.33亿美元，增长3.7%。世界500强企业中有138家落户苏州。服务外包快速推进，基本形成软件开发、动漫创意、研发设计、生物医药、金融数据处理和物流供应链管理的服务外包集群。全年接包合同额22.96亿美元，比上年增长64.2%；离岸接包执行额13.08亿美元，增长50.1%。

同时，积极拓展境外投资项目。全年在境外投资项目118个，投资额4.74亿美元，分别增长6.3%和47.2%。全年新签对外劳务承包合同额9.13亿美元，完成营业额5.7亿美元，分别比上年增长64.8%和29.7%。

【交通、邮电和旅游】全市完成交通基础设施投资99亿元，其中公路建设投资71.6亿元，港口建设投资21.6亿元。年末全市公路总里程12296公里，其中高速公路535公里。全市完成公路、水运客运量4.53亿人次，客运周转量196.45亿人公里，分别比上年增长15.1%和17.0%；完成货运量1.34亿吨，货运周转量123.74亿吨公里，分别比上年增长18.0%和19.9%。苏州港港口货物吞吐量3.3亿吨，比上年增长33.5%；集装箱运量364.4万标箱，比上年增长34.1%。

邮电通信平稳发展。全市实现邮政业务收入14.3亿元，比上年增长16.9%。全市电信业务总收入155.4亿元，增长8.2%。年末移动电话用户1309.4万户，互联网宽带用户达到185万户。

全市实现旅游总收入1020亿元，比上年增长21%；全市景区接待游客9150万人次，比上年增长26%。年末全市拥有星级饭店159家，其中四星级及以上饭店71家。苏州市成为首批全国旅游标准化试点城市，工业园区商务旅游区被国家旅游局授予全国首个“国家商务旅游示范区”，同里、虎丘、留园被评定为国家5A级景区，年末5A级景区点5家，4A级景区点22家。

【金融和保险】金融存贷款均衡增长。年末金融机构本外币存、贷款余额分别为14225.49亿元和10831.62亿元，分别比年初增加2774.96亿元和1799.34亿元。其中人民币存、贷款余额分别为13570.35亿元和10133.15亿元，分别比年初增加2620.1亿元和1627.81亿元。证券机构继续增加。年末全市共有证券营业部60家，当年新增12家。全市证券交易开户总数111万户。证券机构托管市值总额1700亿元，比上年增长150%。

全市新增保险机构5家，年末全市共有保险机构56家。全年实现保费收入193亿元，比上年增长30%。

6

2010年天津市经济发展概况

【经济总量】2010年，天津市实现生产总值（GDP）9108.83亿元，按可比价格计算，比上年增长17.4%。分三次产业看，第一产业实现增加值149.48亿元，增长3.3%；第二产业增加值4837.57亿元，增长20.2%；第三产业增加值4121.78亿元，增长14.2%。三次产业结构为1.6∶53.1∶45.3。全市地方一般预算收入完成1068.81亿元，增长30.1%。全市一般预算支出1351.3亿元，增长23.0%。其中，改善民生支出589.5亿元，占全市一般预算支出的43.6%，比上年提高4.1个百分点。

【农业】全市农业总产值完成319.01亿元，比上年增长3.5%。其中种植业产值167.23亿元，增长4.6%；林业产值2.18亿元，增长3.1%；畜牧业产值89.94亿元，增长2.4%；渔业产值50.21亿元，增长2.2%；农林牧渔服务业产值9.46亿元，增长2.8%。

粮食生产再获丰收。全市粮食种植面积467.67万亩，增长1.7%；粮食总产量159.74万吨，增长2.2%，连续7年增产，创近11年来最好水平。高效设施农业建设全面提速，规划建设了15个现代农业园区、20个现代畜牧养殖园区，发挥了示范引领带动作用。

【工业和建筑业】2010年，全市工业增加值完成4410.70亿元，增长20.8%，拉动全市经济增长11.1个百分点，贡献率达到63.5%。工业总产值突破17000亿元，达到17016.01亿元，增长31.4%；其中规模以上工业总产值16660.64亿元，增长31.7%。在规模以上工业总产值中，轻工业2712.40亿元，增长23.6%；重工业13948.23亿元，增长33.4%。

工业结构进一步优化。航空航天、石油化工、装备制造、电子信息、生物医药、新能源新材料、轻纺和国防等八大优势产业完成工业总产值15268.58亿元，占全市规模以上工业的比重为91.6%，比上年提高0.9个百分点。产销衔接状况良好。企业效益大幅增长。全市规模以上独立核算工业企业主营业务收入完成17130.98亿元，增长38.2%。实现利税总额1683.24亿元，增长58.7%。

建筑业稳步发展。全市建筑业增加值完成426.87亿元，增长12.0%；总产值完成2473.25亿元，增长29.4%。房屋建筑施工面积7420.10万平方米，增长12.9%；房屋建筑竣工面积2166.32万平方米，下降3.3%。年末全市有总承包和专业承包资质的建筑企业1410家，实现利润63.91亿元，增长17.9%；上缴税金75.80亿元，增长25.8%。

【科学技术】2010年，全市高新技术产业产值完成5100.84亿元，占规模以上工业的30.6%，提高0.6个百分点。新产品产值完成5019.25亿元，增长30.2%。全市级科技成果完成2010项，其中基础理论成果189项，应用技术成果1771项，软科学成果50项。在科技成果中，属于国际领先水平87项，达到国际先进水平337项。全市13项科技成果获得国家科学技术奖，涉及新材料、化学、内燃机、电力等多个领域。专利拥有量快速增长，受理专利申请25142件，增长31.0%；专利授权10998件，增长52.4%；年末全市有效专利29672件，增长44.6%。签订技术合同9541项，成交额119.79亿元，增长12.8%。

【国内商业和对外经济】全市批发和零售业增加值完成1044.07亿元，比上年增长20.6%。全市批发和零售业商品销售总额完成15933.04亿元，增长36.3%。其中批发业销售额13246.98亿元，增长40.0%。社会消费品零售总额完成2902.55亿元，增长19.4%。

商贸流通集散功能不断增强。全市亿元商品交易市场达到81个，其中成交额超10亿元的市场41个。新建标准化菜市场25个，累计达到233个。

对外经济合作开创新局面。全年签订服务外包合同203个，接包执行额3.4亿美元。对外承包工程和劳务合作项目234个，合同额18.02亿美元，完成营业额24.89亿美元，增长15.7%。截至年末，对外承包工程和劳务合作涉及国家35个，在境外劳务人员1.27万人。对外投资快速增长。当年境外投资中方实际投资额2.6亿美元，增长1.2倍。技术引进力度加大，签订技术引进合同510项，合同金额12.2亿美元，增长40.6%。外资研发中心达到27个。

新批外商投资企业592家，合同外资额152.96亿美元，增长10.5%；实际直接利用外资108.49亿美元，增长20.3%。新批和增资合同外资额5000万美元以上项目89个，1亿美元以上项目8个。全市有383家外商投资企业增资，外方增资额51.3亿美元，占全市合同外资额的33.5%。年末在津投资的国家和地区达到50个，世界500强企业达到143家。

【滨海新区】滨海新区生产总值完成5030.11亿元，按可比价格计算，比上年增长25.1%；占全市的比重达到55.2%，提高4.4个百分点。新区主要经济指标保持快速增长。工业总产值完成10653.55亿元，增长33.2%。全社会固定资产投资3352.71亿元，增长34.0%。社会消费品零售总额567.42亿元，增长23.8%。实际直接利用外资70.42亿美元，增长22.2%。此外，开发区西区、空港经济区、北塘经济区、轻纺经济区、中心渔港经济区等全面推进。天津经济技术开发区连续13年在国家级开发区投资环境综合评价中名列第一。

【交通、邮电和旅游】全市交通运输、仓储和邮政业增加值完成585.22亿元，比上年增长12.2%。

交通客运量完成24873.15万人，增长3.0%。货运量完成41611.21万吨，增长6.6%。旅客周转量完成323.12亿人公里，增长9.6%。货物周转量完成9858.66亿吨公里，增长5.5%。加速推进北方国际航运中心和物流中心建设。港口货物吞吐量完成4.13亿吨，增长8.4%。在港口货物吞吐量中，集装箱吞吐量完成1008.60万标准箱，增长15.9%。滨海国际机场旅客吞吐量727.71万人次，增长25.9%。货邮吞吐量20.25万吨，增长20.5%。天津口岸进出口总额完成1641.10亿美元，增长32.2%。新建内陆无水港2个，总数达到18个。

邮政电信规模持续扩张，全市邮电业务总量完成435.16亿元，增长13.5%。

旅游业发展势头良好。全年接待入境旅游者166.07万人次，比上年增长17.8%；其中外国人153.05万人次，增长17.2%。旅游外汇收入14.2亿美元，增长20%。接待外省市游客人数比上年增长10%，国内旅游收入增长21.2%。全市24.1万人次出国出境旅游，增长6.2%；旅游支出35.01亿元，增长10.2%。

【金融和保险】全市金融业增加值完成560.73亿元，比上年增长18.1%。年末全市金融机构（含外资）本外币各项贷款余额13774.11亿元，同比增长23.5%，比年初增加2623.73亿元。年末各项存款余额16499.25亿元，增长18.8%。金融改革创新成果显著。私募股权投资基金和基金管理公司达到917家，天津市成为全国私募基金聚集地。金融资产交易所、矿业权交易所相继成立，创新型交易市场累计达8家。

保险业加快发展。年末全市共有保险总公司4家，各类保险支公司、营业部及营销服务部488家，专业中介机构81家，各级各类兼业代理机构2694家。全年原保险保费收入214.01亿元，增长41.5%；全年赔付总额54.19亿元，下降9.6%；其中财产险和短期人身险赔付36.53亿元，寿险赔付17.66亿元。

7

2010年重庆市经济发展概况

【经济总量】重庆市2010年实现地区生产总值7894.24亿元，比上年增长17.1%。其中，第一产业实现增加值685.39亿元，增长6.1%；第二产业实现增加值4356.41亿元，增长22.7%；第三产业实现增加值2852.44亿元，增长12.4%。第一产业增加值占全市生产总值的比重为8.7%，比上年下降0.6个百分点；第二产业增加值比重为55.2%，比上年上升2.4个百分点；第三产业增加值比重为36.1%，比上年下降1.8个百分点。

【农业】全年农林牧渔业增加值685.39亿元，比上年增长6.1%。其中，种植业465.30亿元，增长6.7%；畜牧业167.04亿元，增长3.4%；林业22.21亿元，增长11.8%。

全年粮食总产量1156.13万吨，比上年增长1.7%。蔬菜产量1309.54万吨，增长11.2%。肉类总产量192.46万吨，增长2.5%。

【工业和建筑业】全年工业增加值3697.83亿元，比上年增长22.9%，占全市生产总值的46.8%。在规模以上工业总产值中，汽车摩托车行业总产值2781.71亿元，增长23.7%，占规模以上工业总产值的30.6%；装备制造业总产值1655.41亿元，增长38.0%，占规模以上工业总产值的18.2%；材料工业总产值1334.68亿元，增长37.3%，占规模以上工业总产值的14.7%；电子信息产业总产值400.90亿元，增长48.1%，占规模以上工业总产值的4.4%。

全年规模以上工业经济效益综合指数达到234.1，比上年提高26.9个百分点；实现利税总额826.28亿元，增长31.8%；实现利润459.48亿元，增长39.8%；总资产贡献率11.4%，提高0.6个百分点；产品销售率98.0%，提高0.3个百分点；全员劳动生产率205920元/人年，增长24.1%。

全年建筑业增加值658.58亿元，比上年增长21.4%。全市具有资质等级的总承包和专业承包建筑企业实现利润122.69亿元，增长25.5%；上缴税金91.52亿元，增长29.5%。

【科学技术】全年高技术制造业总产值1230亿元，软件业总产值100亿元，技术合同成交金额147.53亿元，增长2.2倍。全市中国驰名商标40件，增长21.2%；著名商标635件，增长38.3%。新增高新技术企业155家，高新技术产品2761个。全年研究与试验发展经费支出100亿元，比上年增长25.8%，占全市生产总值的1.27%。市级及以上重点实验室66个，其中国家重点实验室6个；工程技术研究中心111个，其中国家级中心11个。14项科技成果获国家科学技术奖励。全年受理专利申请22825件，增长69.3%，获得专利授权12080件，增长61.0%，其中发明专利授权1143件，增长37.1%。

【国内贸易和对外经济】全年批发和零售业增加值617.83亿元，比上年增长16.2%，占全市生产总值的7.8%；住宿和餐饮业增加值142.11亿元，增长1.4%，占全市生产总值的1.8%。全年社会消费品零售总额2878.04亿元，比上年增长19.0%，扣除价格因素，实际增长17.0%。分城乡看，城镇实现社会消费品零售额2718.71亿元，增长19.1%；乡村实现社会消费品零售额159.33亿元，增长17.7%；分行业看，批发零售贸易业零售额2430.75亿元，增长19.3%；住宿和餐饮业零售额447.29亿元，增长17.3%。

全年进出口总额124.26亿美元，比上年增长61.1%。其中，出口74.89亿美元，同比增长75.0%；进口49.38亿美元，同比增长43.9%。机电产品出口50.02亿美元，增长70.5%，占出口总额的66.8%。

全年累计新签外商投资项目232项，同比增长44.1%；新签外商投资合同额62.59亿美元，同比增长68.5%；外商投资实际到位63.44亿美元，增长58.0%。分行业看，制造业外商投资实际到位18.22亿美元，增长50.4%；房地产业外商投资实际到位23.99亿美元，增长66.2%；金融业外商投资实际到位15.61亿美元，增长5.3倍。全年实际利用内资2638.29亿元，增长79.7%。

全年对外承包工程、劳务、设计咨询完成营业额4.51亿美元，增长21.9%。新派劳务人员12092人，年末在外劳务人员25618人。

【交通、邮电和旅游】全年交通运输、仓储和邮政业增加值389.55亿元，比上年增长13.8%，占全市生产总值的4.9%。全年完成货物运输量81384.99万吨，比上年增长18.8%；完成旅客运输量126803.98万人，增长10.7%。全年内河港口完成货物吞吐量9668.42万吨，比上年增长12.3%。航空港完成旅客吞吐量1604.63万人，增长12.6%；航空港完成货物吞吐量19.78万吨，增长5.5%。集装箱吞吐量64.05万标箱，增长11.3%。

全年完成邮电业务总量601.05亿元，比上年增长22.7%。其中，邮政业务总量30.72亿元，增长22.1%；电信业务总量570.33亿元，增长22.7%。年末固定电话用户582.70万户，比上年下降7.2%；年末移动电话用户1664.40万户，比上年增长15.5%。互联网用户263.20万户，增长29.1%。

全年入境游客137.02万人次，旅游外汇收入7.03亿美元，分别增长30.7%和30.9%；国内游客1.60亿人次，国内旅游收入868.36亿元，分别增长31.6%和30.3%。全年公民出境旅游人数43万人次，比上年增长22.9%。

【金融和保险】全年金融业增加值481.22亿元，比上年增长19.8%，占全市生产总值的6.1%。全市中资银行市级分行26家，外资银行分行8家，租赁公司3家，担保公司132家，小额贷款公司95家，村镇银行12家。年末全市金融机构本外币存款余额13613.97亿元，比年初增长22.8%。城乡居民储蓄存款余额5839.66亿元，增长19.0%。本外币贷款余额10999.87亿元，增长24.2%。其中，个人消费贷款余额2215.22亿元，增长47.1%。全年地方一般预算收入1018.36亿元，增长49.4%。地方一般预算支出1770.96亿元，增长29.1%。全市证券经营机构97家，其中证券公司总部1家。境内上市公司34家，总股本230.14亿股，比上年增长50.4%；股票总市值2645.00亿元，比上年增长39.2%。境内上市公司通过发行配售股票、发行公司债券共筹集资金168.70亿元，增长9.7倍。

全市营业性保险分公司33家，保费总收入321.08亿元，增长31.2%。全年赔付各类保险金62.10亿元，比上年增长9.7%。

8

2010年杭州市经济发展概况

【经济总量】2010年，杭州市实现生产总值（GDP）5945.82亿元，按可比价格计算，比上年增长12%，连续20年保持两位数增长。其中：第一产业增加值207.96亿元，增长2.5%；第二产业增加值2844.47亿元，增长12.5%；第三产业增加值2893.39亿元，增长12.3%。“十一五”时期，全市生产总值年均增长12.4%，三次产业结构由2005年的5.0：50.8：44.2调整为2010年的3.5：47.8：48.7，形成以现代服务业为主导的“三二一”产业结构。全年完成财政总收入1245.43亿元，比上年增长22.2%，其中地方财政一般预算收入671.34亿元，增长28.9%。全年地方财政支出616.58亿元，比上年增长23.8%。

【农业】2010年，全市完成农林牧渔业总产值316.34亿元，比上年增长9.2%，“十一五”时期年均增长7.6%。其中，农业产值169.88亿元，林业产值32.93亿元，牧业产值70.56亿元，渔业产值34.90亿元，分别比上年增长9.1%、8.9%、9.8%和7.2%。全年粮食总产量100.25万吨，比上年下降6.5%；水产品产量20.89万吨，肉类31.79万吨，禽蛋14.47万吨，水果77.71万吨，分别比上年增长3.0%、2.8%、1.1%和0.6%。

全年茶叶、花卉苗木、水产品、节粮型畜禽、蔬菜和竹业等“六大优势产业”实现产值179.58亿元，水果、干果、蚕桑、药材和蜂业等“五大特色产业”实现产值39.98亿元，分别比上年增长11.0%和7.8%，合计占农林牧渔业总产值比重由上年的68.7%提高到69.4%。

【工业和建筑业】2010年，全市实现工业增加值2500.29亿元，按可比价计算增长12.7%，“十一五”期间年均增长11.1%。实现全部工业销售产值12821.87亿元，增长19.6%。其中规模以上工业销售产值11114.53亿元，增长24.2%，“十一五”期间年均增长15.8%。在规模以上工业中：轻工业实现销售产值4511.58亿元，增长20.3%，重工业实现销售产值6602.95亿元，增长27%。全年规模以上工业实现新产品产值2180.12亿元，增长38.8%，新产品产值率由上年的17.3%提高到19.4%。全市规模以上工业企业实现主营业务收入11002.13亿元，比上年增长24.4%；实现利税1216.34亿元，比上年增长41%，其中利润753.48亿元，增长51.6%。

建筑业全年实现增加值344.18亿元，比上年增长10.7%，“十一五”期间年均增长9.8%。全市有总承包和专业承包资格的建筑企业1331家，完成施工产值2581.06亿元，比上年增长22.3%；房屋建筑施工面积22429万平方米，增长15.4%；房屋建筑竣工面积7833万平方米，增长18.5%。

【科学技术和开发区】全市专利申请量达到29745件，专利授权量26484件，分别比上年增长14.1%和70.8%。全年新增高新技术企业594家，累计达到3776家；累计培育认定研发中心637家，其中省级228家；企业技术中心501家，其中国家级18家，省级136家。年内新增10个中国驰名商标，累计已达88个。

杭州经济技术开发区、杭州高新技术产业开发区、萧山经济技术开发区和杭州之江国家旅游度假区等4个国家级开发区全年实现技工贸总收入4067亿元，比上年增长22.1%；实现利税440亿元，比上年增长18.6%。

【国内贸易和对外经济】2010年，全市实现社会消费品零售总额2146.08亿元，比上年增长19.9%。其中城镇消费品零售额2074.24亿元，增长20%；乡村消费品零售额71.84亿元，增长17.6%。分行业看，批发零售贸易业零售额1917.12亿元，增长20.1%；住宿餐饮业零售额228.96亿元，增长18.4%。“十一五”时期，全市社会消费品零售总额年均增长17.0%。

2010年，全市完成外贸进出口总额523.55亿美元，比上年增长29.5%。其中进口总额170.18亿美元，增长28.6%；出口总额353.37亿美元，增长30.0%。全年批准外商直接投资545项，合同利用外资77.09亿美元，比上年增长10.7%；实际到位外资43.56亿美元，增长8.5%。全市新批总投资3000万美元以上项目147个。至2010年末，共有82家世界500强企业来杭投资130个项目。

至2010年末，全市累计设立各类境外投资企业（机构）599个。全年境外协议出资16.94亿美元。完成对外承包工程和劳务合作营业额3.57亿美元，比上年下降3.5%。离岸服务外包合同执行额15.53亿美元，比上年增长69%。

【交通、邮电和旅游】2010年，全市货物运输总量2.59亿吨，比上年增长18.5%；旅客运输量3.38亿人次，比上年增长12.1%。至年末，萧山国际机场已开通航线160条，民航旅客进出港达到1706.86万人次，比上年增长14.2%。

邮政业务全年完成收入11.47亿元，比上年增长16.6%。邮政特快专递辐射98个国家和地区，全年完成国内特快业务1300.29万件，比上年增长11.3%；国际特快业务30.04万件，比上年下降35.1%。完成电信业务收入125亿元，比上年增长1.3%。年末固定电话用户为365.74万户，比上年下降6.4%，移动电话用户为1236.38万户，增长20.2%；计算机宽带用户达到212.51万户，比上年增长34.4%。

旅游业全年接待入境旅游者275.71万人次，比上年增长19.7%；接待国内游客6304.89万人次，增长23.8%。旅游总收入达到1025.7亿元，增长27.7%，其中旅游外汇收入16.9亿美元，增长22.5%。市民出境旅游人数为70万人次，比上年增长67.9%。

【金融和保险】2010年末，全市金融机构本外币存款余额17084.35亿元，比上年末增长19.6%；贷款余额15078.73亿元，比上年末增长15%，其中个人消费贷款余额2426.46亿元，比上年末增长23.3%。“十一五”期间本外币存款余额、贷款余额年均分别增长20.4%、22.2%。全年新增上市公司19家，共募集资金258.27亿元。至年末，全市上市公司累计83家，实现上市融资818.6亿元。

全市保费收入202.94亿元，比上年增长27.1%。共支付各类保险赔款48.98亿元，下降1.8%。“十一五”期间全市保费收入年均增长22.8%；

9

2010年无锡市经济发展概况

【经济总量】2012年，无锡市实现地区生产总值5758亿元，按可比价格计算，比上年增长13.1%。全市实现第一产业增加值104.94亿元，第二产业增加值3208.79亿元，第三产业增加值2444.27亿元，三次产业比例达到1.8∶55.7∶42.5，三产增加值占GDP比重比上年提高1.2个百分点。全市完成财政总收入1579.85亿元，比上年增长48.8%（同口径增长20.7%）。财政总收入占地区生产总值的比重为27.4%，比上年提高6.1个百分点。其中地方一般预算收入511.89亿元，比上年增长23.1%；基金收入625.71亿元，比上年增长130.0%（同口径增长20.1%）；上划中央四税442.25亿元，比上年增长18.2%。一般预算支出468.47亿元，比上年增长15.5%；社会保险基金支出115.34亿元，比上年增长14.8%。

【农业】农业实现增加值104.94亿元。全年粮食总产量80.44万吨，比上年下降0.1%；油料总产量1.16万吨，比上年下降37%，其中油菜子1.02万吨，比上年下降40.4%；蚕茧总产量91吨，比上年下降30%；茶叶总产量6426吨，比上年下降6.4%；水果总产量139713吨，比上年增长1.3%。主要畜产品中，肉类总产量107179吨，比上年下降5.5%，其中猪牛羊肉70106吨，比上年增长6.8%；禽蛋总产量28528吨，比上年下降1%。奶牛存栏0.7万头，比上年下降11.4%。全年水产品产量120960吨，比上年下降0.6%。

【工业和建筑业】全市规模以上工业企业实现增加值2951.35亿元，比上年增长14.0%。分轻重工业看，轻工业实现增加值653.38亿元；重工业实现增加值2297.97亿元。全市规模以上工业实现主营业务收入12783.13亿元，比上年增长20.2%；工业企业实现利税1163.53亿元，比上年增长27.7%；利润891.63亿元，比上年增长32.6%；企业亏损面11.4%，比上年减少1.8个百分点；亏损额26.75亿元，比上年下降18.6%。工业经济综合效益指数达到245.03%，创历史最高水平，比上年提高16.68个百分点。

建筑业全年完成增加值222.27亿元，比上年增长12.5%；实现建筑业总产值490.58亿元，比上年增长12.1%。施工房屋建筑面积4101.58万平方米。1个建设工程项目获国家建筑工程“鲁班奖”，2个建设工程项目获国家优质工程银质奖，24个建设工程项目获江苏省“扬子杯”优质工程奖，86个建设工程项目获无锡市“太湖杯”优质工程奖。

【科学技术】全市高新技术产业增加值占全市规模以上工业增加值的比重超过45.7%，比上年提高1.83个百分点以上。按新标准认定高新技术企业647家，其中市区373家，新增国家级重点新产品37个、省级高新技术产品624个。全市科技力量增强，共有国家、省级工程技术研究中心239家，市级工程技术研究中心148家；国家、省级科技创业服务中心37家，市级科技创业服务中心2家；国家、省级重大研发机构、重点实验室、公共技术服务平台39家，市级重点实验室、公共技术服务平台42家。全市科技创新成绩显著。全年专利申请量达32690件，比上年增长38.0%；发明专利申请量达到6672件，比上年增长53.5%；专利授权量达26448件，比上年增长182.4%，其中市区为19930件，比上年增长226.2%。获国家、省科技计划项目406项，获国家和省科技计划到位经费9.5亿元。

【新兴产业】全市物联网、新能源、新材料和新型显示、节能环保、微电子、生物技术和新医药、软件和服务外包、工业设计和文化创意产业等八大战略性新兴产业实现营业收入4103.7亿元，比上年增长28.2%。其中物联网产业增长16.9%、新能源产业增长35.6%、新材料和新型显示产业增长26.7%、节能环保产业增长24.8%、微电子产业增长16.7%、生物技术和新医药产业增长15.0%、软件和服务外包产业增长44.6%、工业设计和文化创意产业增长30.5%。

【国内贸易和对外经济】国内贸易全年实现社会消费品零售总额1809.08亿元，比上年增长18.6%。其中，城镇零售额1571.45亿元，乡村零售额237.63亿元；批发和零售业零售额1676.54亿元，住宿和餐饮业零售额132.54亿元。

稳步推进市场建设。年末拥有各类亿元以上商品交易市场64个，市场摊位总量47682个，实现成交额3128.67亿元，比上年增长25.1%。其中综合市场16个，专业市场48个。专业市场实现成交额2704.91亿元，比上年增长26.1%。新型流通业态以及现代经营方式均有较快发展。

全年外贸实现进出口总额612.23亿美元，比上年增长39.3%。其中，进口总额249.51亿美元，比上年增长39.1%；出口总额362.72亿美元，比上年增长39.5%。出口结构持续优化，高新技术产品出口额为178.09亿美元，比上年增长42.6%，占全市比重达到49.1%。

全年新批和新增外资项目587个，协议注册外资47.5亿美元，到位注册外资连续三年超过30亿美元，达到33亿美元，再创历史新高。服务业利用外资占比进一步提升，占到位注册外资比重达到37.8%，高新技术产业到位注册外资占比达到50.1%。全年完成协议注册外资超3000万美元的重大外资项目33个。至年底有75家全球财富500强企业在无锡市投资兴办了144家外资企业。

全市服务外包产业接包合同总额31.8亿美元，比上年增长43.2%，执行金额25.1亿美元，比上年增长45.1%；离岸合同总额19.6亿美元，比上年增长44.0%，离岸执行金额15.4亿美元，比上年增长43.0%。主要业务在全国21个示范城市中名列前三位。

对外经济合作增势强劲。全年完成境外投资项目59个，中方投资额突破3亿美元，达到3.2亿美元，同比增长55%，其中百万美元以上项目35个。

【交通、邮电和旅游】全市全年完成客运量27330万人次，比上年增长10.1%；完成货运量13376万吨，比上年增长12.1%。全市港口货物吞吐量2.01亿吨，比上年增长16.2%。全年空港旅客吞吐量253.5万人次，比上年增长14.3%，其中出入境游客吞吐量20.6万人次，比上年增长21.4%。

全年邮电业务总量104.41亿元，比上年增长17.1%。邮政服务门类增多，投递速度加快。全年发送函件15063万件，邮政特快专递608.28万件，比上年下降1.8%。城乡本地固定电话用户215.76万户，其中移动市话14.87万户。移动电话用户达到790.41万户，增加113.02万户。计算机互联网用户达到120.96

万户。

旅游业全年共接待入境游客86.50万人次，比上年增长30.7%；接待国内游客5067.27万人次，比上年增长20.1%。旅游总收入达748.73亿元，比上年增长23.1%。

【金融和保险】年末金融机构各项本外币存款余额达8827.20亿元，比上年增长19.2%，其中市区为5682.50亿元，比上年增长17.3%；各项本外币贷款余额6487.13亿元，比上年增长18.5%，其中市区为4074.65亿元，比上年增长19.2%。存款中，企业存款余额2945.01亿元，比上年增长11.8%；城乡居民储蓄存款余额3109.44亿元，比上年增长13.8%。贷款中，短期贷款3016.36元，比上年增长21.8%；中长期贷款2970.32亿元，比上年增长25.6%。全年银行现金收入12054.30亿元，比上年增长9.7%；现金支出12456.39亿元，比上年增长10.4%；全年现金净投放402.09亿元。

保险业发展势头良好。全年实现保费收入131.36亿元，比上年增长18.0%，其中市区为75.96亿元，比上年增长30.7%。其中财产险收入41.20亿元，比上年增长29.8%；人寿险收入90.16亿元，比上年增长13.3%。保险赔款支出18.58亿元，比上年下降1.4%。保险给付支出12.02亿元，比上年下降40.6%。

10

2010年青岛市经济发展概况

【经济总量】2010年，青岛市实现生产总值（GDP）5666.19亿元，比上年增长12.9%。其中，第一产业增加值276.99亿元，增长1.4%，第二产业增加值2758.62亿元，增长12.6%，第三产业增加值2630.58亿元，增长14.4%。三次产业的比例关系由上年的4.7：49.9：45.4调整为4.9：48.7：46.4。

全年财政总收入实现1990.54亿元，增长36.0%；地方财政一般预算收入452.61亿元，增长20.1%；地方财政一般预算支出532.39亿元，增长22.8%。全年国税系统组织税收收入（含海关代征）995.17亿元，增长25.6%。反映企业家对宏观经济环境信心的企业家信心指数年末达到132.22，反映企业综合生产经营状况和经济效益的企业景气指数为142.22，企业家信心指数和企业景气指数都处于较景气区间。

【农业】全市粮食播种面积53.56万公顷，增长1.2%，粮食总产量达到351.41万吨，下降0.7%。2010年末全市实有耕地面积42.04万公顷，增长0.4%。

全年完成造林面积0.83万公顷，增长6.5%；森林覆盖率36.9%，提高0.8个百分点。全年完成幼林抚育面积1.3万公顷，下降9%。

水产品总产量112万吨，增长1.7%，其中，捕捞产量26.4万吨，增长3.6%；养殖产量85.6万吨，增长1.1%。海、淡水养殖面积5.63万公顷，增长5.9%。

【工业和建筑业】2010年全市规模以上工业企业6037家，比上年增加293家，增长5.1%。完成增加值增长16.1%；其中，轻工业增长11.6%，重工业增长19.5%，轻重工业的比例为40.9:59.1。全年规模以上工业企业共完成高新技术产业产值5573.36亿元，增长22.6%，占规模以上工业总产值的47%，比重较年初提高0.5个百分点。规模以上工业主营业务收入11264.04亿元，增长23%。实现利税总额1122.55亿元，增长33.7%；利润596.63亿元，增长33.3%。资本保值增值率为121.5%，产品销售率为98.6%。

全年建筑业实现增加值304.43亿元，增长15.3%。实现利税总额47亿元，增长18%。其中，国有及国有控股企业实现利税12亿元，增长15%。

【科学技术】2010年，全市共取得重要科技成果472项。获得国家级科技奖励13项，其中，技术发明奖1项，科技进步奖11项，国际科技合作奖1项；获得省级科技奖励87项，其中，自然科学奖6项，技术发明奖1项，科技进步奖80项。

全年共成交技术合同项目2080项，成交额16.01亿元。全年专利申请量10735件，授权专利6796件。

【国内贸易和对外经济】全年实现社会消费品零售额1902.74亿元，增长18.7%。其中，批发和零售业实现零售额1664.08亿元，增长18.4%；住宿和餐饮业实现零售额238.66亿元，增长20.5%。

青岛地区（含中央、省公司）实现外贸进出口总额570.6亿美元，增长27.2%。其中，出口额339.16亿美元，增长24.2%，进口额231.44亿美元，增长31.9%。外商投资企业仍是全市外贸出口的主体，出口额168.32亿美元，占全市出口额的比重为50.5%。据青岛海关统计，青岛口岸对外贸易进出口总额1191.27亿美元，增长31.6%，其中出口额598.83亿美元，进口额592.44亿美元，分别增长27.5%和36%。

外商直接投资28.43亿美元，增长52.8%。

全年完成对外承包工程和对外劳务合作新签合同金额6.73亿美元，下降52.9%；营业额10.79亿美元，增长8%；共派出各类劳务人员6393人次，下降17.3%。

【交通、邮电和旅游】全年港口吞吐量（不含地方港务局）35012万吨，增长11.0%；外贸吞吐量25541万吨，增长15.0%；集装箱吞吐量1201万标准箱，增长17.1%。

年末拥有国内航线95条，国际航线10条，港澳地区航线3条，全年航空旅客吞吐量达到1110万人次，增长14.9%；航空行货邮吞吐量23.19万吨，增长18.3%。

全年完成邮电业务总量217.95亿元，增长17.2%。其中，邮政业务总量5.55亿元，增长11.1%；电信业务总量212.41亿元，增长17.4%。信函7784万件，下降3.9%。网络信息技术不断普及和提高，2010年互联网用户累计达188.3万户，增长16.6%，使用时长达1473.62亿分钟，增长44.1%。年末固定电话用户达到262.11万户；全市移动电话发展到949.98万户，其中，年内新增137.85万户。

全年全市旅游总收入580.04亿元，增长18.6%。其中国内旅游总收入540.07亿元，增长19.6%；国际旅游收入6.01亿美元，增长8.9%。全年共接待国内外游客4504.7万人次，增长12.5%；其中国内游客4396.65万人次，增长12.6%；海外游客108.05万人次，增长8.0%。年末A级旅游景区达到59处，星级饭店155家。

【金融和保险】年末金融机构本外币存款余额7895.52亿元，比年初增加1391.08亿元；人民币存款余额7659.21亿元，比年初增加1357.33亿元，其中，居民储蓄存款2912.33亿元，比年初增加384.46亿元。本外币贷款余额6365.19亿元，比年初增加1096.61亿元；人民币贷款余额5886.23亿元，比年初增加1012.69亿元。

全年全市承保金额30924亿元，增长5.4%，实现保费收入153.9亿元，增长33.4%。保险赔付支出金额38.8亿元，增长13.3%。

11

2010年佛山市经济发展概况

【经济总量】2010年，佛山市生产总值5651.52亿元，比上年增长14.3%。其中第一产业增加值104.63亿元，增长2.4%；第二产业增加值3653.18亿元，增长16.9%；第三产业增加值1893.71亿元，增长10.2%。三次产业结构为1.9∶64.6∶33.5。在现代产业中，先进制造业增加值993.77亿元，增长16.1%；现代服务业增加值1089.07亿元，增长10.5%。

【农业】全年粮食作物播种面积20.82千公顷，比上年下降0.2%。蔬菜种植面积61.20千公顷，下降0.6%。经济作物播种面积12.87千公顷，下降0.6%。全年粮食产量9.70万吨，比上年下降0.5%；蔬菜产量144.10万吨，增长2.1%；水果产量5.35万吨，下降7.1%。全年肉类总产量28.58万吨，比上年增长1.7%。全年水产品产量57.04万吨，增长3.9%。

【工业和建筑业】全年全部工业完成增加值3562.88亿元，比上年增长17.8%。其中规模以上（下同）工业完成增加值3291.92亿元，增长19.4%。建筑业全年资质等级以上企业完成总产值306.76亿元，比上年增长18.1%；利税总额17.92亿元，增长41.1%。

【科学技术】2010年，全市有各级工程中心608家，高新技术企业457家。全年获省级科学技术奖励17项，市级科学技术奖励143项。新增中国驰名商标12件，新增广东名牌产品51个。全年发明专利申请量2178件，授权量681件。

【国内贸易和对外经济】全年社会消费品零售总额1687.13亿元，比上年增长20.1%。全年进出口总额516.55亿美元，比上年增长34.7%。其中出口330.39亿美元，增长34.4%；进口186.16亿美元，增长35.3%。实现顺差144.23亿美元。全年新签外商直接投资项目239个，合同外资金额21.90亿美元，分别比上年增长47.5%和116.1%；实际使用外商直接投资金额19.67亿美元，增长5.0%。

【交通、邮电和旅游】交通全年完成客运量25766万人，比上年增长22.5%。完成旅客周转量83.36亿人公里，增长23.7%。全年完成货运量19368万吨，比上年增长8.8%，完成货物周转量152.51亿吨公里，下降9.4%。全年港口完成货物吞吐量5410万吨，比上年增长6.1%，其中港口集装箱吞吐量3036万吨，增长8.3%。

全年完成邮电业务总量354.14亿元，比上年增长19.4%。其中邮政业务总量7.90亿元，增长18.6%；电信业务总量346.24亿元，增长19.5%。

全年接待旅游者人数2817万人次，比上年增长6.9%。在旅游人数中，接待过夜旅游者866.55万人次，增长3.7%。全年旅游总收入231亿元，增长12.7%。

【金融和保险】年末全市金融机构本外币各项存款余额8462.33亿元，比年初增长17.4%；本外币各项贷款余额4868.99亿元，比年初增长18.7%。其中中长期贷款余额3075.03亿元，比年初增长22.4%。全年保费收入143.22亿元。各项理赔和给付支出31.48亿元。

12

2010年成都市经济发展概况

【经济总量】2010年，成都市实现地区生产总值5551.3亿元，比上年增长15.0%。其中：第一产业实现增加值285.1亿元，增长4.1%；第二产业实现增加值2480.9亿元，增长19.8%；第三产业实现增加值2785.3亿元，增长11.8%。一、二、三产业比例关系为5.1：44.7：50.2。全年地方财政一般预算收入526.9亿元，增长36.0%；其中税收收入372.2亿元，增长31.5%。

【农业】全年实现农业总产值470.2亿元，比上年增长4.4%，其中种植业237.1亿元，增长5.0%；牧业实现产值203.2亿元，增长3.2%。全年农作物播种面积79.4万公顷，减少0.8万公顷，其中粮食播种面积44.8万公顷，减少0.8万公顷。粮食总产量274.8万吨，下降1.5%；油料总产量26.5万吨，增长1.6%；肉类总产量105.2万吨，增长3.2%。

【工业和建筑业】全年工业实现增加值2062.8亿元，比上年增长20.5%。规模以上工业企业实现增加值1640.1亿元，增长23.6%；完成新产品产值1179.3亿元，增长22.3%；工业企业产品产销率97.1%。

全年电子通讯产品制造业、医药工业、食品饮料及烟草业、机械工业、石油化学工业和建材冶金工业六大重点行业完成增加值1258.5亿元，比上年增长23.8%，占全市规模以上工业的比重为76.7%。

全年规模以上工业企业综合经济效益指数247.2%，比上年提高0.3个点。资产负债率58.8%，总资产贡献率14.8%。实现利润357.8亿元，增长41.0%；实现利税666.8亿元，增长39.6%；企业亏损面11.7%。

全年建筑业实现增加值418.1亿元，比上年增长16.0%。建筑企业完成总产值2097.0亿元，竣工产值769.0亿元，施工面积12619万平方米，竣工面积7151万平方米。

【科学技术】全年组织实施科技计划项目2719项，年内新上科技项目1023项，其中国家级221

项，省级327项，科技项目投入资金45.4亿元。完成科技攻关228项。新认定高新技术企业170家。共申请专利31261件，其中发明5875件，实用新型12317件。专利授权25981件，其中发明1657件，实用新型9559件。

【国内贸易和对外经济】国内贸易全年实现社会消费品零售总额2417.6亿元，比上年增长18.8%。从行业看，批发业零售额139.5亿元，增长14.0%；零售业零售额1957.9亿元，增长18.9%；住宿和餐饮业零售额320.2亿元，增长19.9%。年末，年成交额上亿元的商品交易市场有34个，比上年下降3个；全年成交额739.5亿元，比上年下降4.0%，其中上10亿元的市场有19个。

对外经济全年实现进出口总额246.6亿美元，比上年增长38.6%。其中出口总额138.7亿美元，增长32.0%；进口总额107.9亿美元，增长48.0%。全年实际利用外资64.1亿美元，比上年增长43.2%；其中，实际利用外商直接投资金额48.6亿美元，增长73.6%。外商直接投资协议外资500万美元以上的项目104个，比上年增加30个。

【交通、邮电和旅游】交通运输全年公路旅客周转量263.8亿人公里，比上年下降7.6%；民航旅客周转量365.7亿人公里，增长16.4%。公路运输货物周转量174.9亿吨公里，增长18.9%；民航运输货物周转量7.8亿吨公里，增长11.8%。

全年完成邮电业务总量441.3亿元，比上年增长18.4%。年末电话交换机总容量820.0万门；固定电话用户373.7万户，下降9.5%；移动电话用户1732万户，年内净增283万户。互联网注册上网用户158.4万户。

旅游业全年接待国内游客6738.3万人次，比上年增长22.3%；国内旅游收入584.6亿元，增长20.5%；组织出境旅游人数46.9万人次，增长78.4%；接待入境旅游者80.2万人次，增长24.1%；旅游外汇收入2.9亿美元，增长22.2%。

【金融、证券和保险】金融机构年末人民币存款余额15277亿元，比上年末增长23.1%，其中企业存款6147亿元，增长14.4%。全部金融机构人民币贷款余额12139亿元，增长23.0%。个人消费贷款余额2224亿元，增长33.8%，其中个人住房贷款余额1955亿元，增长30.4%。全年金融机构现金净回笼192亿元。

全年推荐4家公司上市，融资76.4亿元，比上年增长1.3倍。年末有证券营业部106个，比上年末增加16个；证券从业人员4929人，增长42.5%；证券投资者324万人，增加38万人。

年末有保险公司53家，比上年末增加9家。全年保费收入299.4亿元，比上年增长31.3%。各类保险赔偿与给付支出56.1亿元，增长9.9%。

13

2010年武汉市经济发展概况

【经济总量】2010年，武汉市实现生产总值5515.76亿元，比上年增长14.7%。其中，第一产业增加值170.04亿元，增长4.5%；第二产业增加值2532.82亿元，增长17.8%；第三产业增加值2812.90亿元，增长12.5%。一、二、三产业比重3.1∶45.9∶51.0。全年全口径财政收入1416.14亿元，比上年增长40.9%。地方财政收入814.04亿元，增长52.0%。地方一般预算收入390.19亿元，增长23.4%。其中，税收收入306.41亿元，增长23.6%；非税收入83.78亿元，增长23.0%。

【农业】全年完成农业总产值281.09亿元，比上年增长4.5%。其中，种植业151.20亿元，增长2.8%；林业1.99亿元，增长25.4%；牧业73.94亿元，增长6.5%；渔业52.56亿元，增长6.4%；农林牧渔服务业1.40亿元，增长2.3%。

【工业和建筑业】全年规模以上工业增加值1941.33亿元，比上年增长21.7%。规模以上工业总产值6424.59亿元，增长28.4%。在规模以上工业企业中，全年11大工业行业完成工业总产值6271.18亿元，占规模以上工业的97.6%。其中，汽车产值1212.28亿元，增长43.7%，成为首个千亿产业。两大开发区2559.61亿元，增长31.2%。其中，东湖新技术开发区1051.19亿元，增长24.0%；武汉经济技术开发区1508.42亿元，增长36.8%。年末规模以上工业企业2821家，比上年增加253家。全年工业产品销售收入7531.24亿元，增长37.6%；实现利税总额863.27亿元，增长42.8%。其中，利润总额349.87亿元，增长66.8%。

全年建筑业增加值453.00亿元，比上年增长5.9%。建筑业产值2344.13亿元，增长19.2%。年末具有资质等级的建筑企业1348家。

【科学技术】全年实现高新技术产业产值2564.63亿元，增长24.8%；高新技术产业增加值883.10亿元，增长24.2%。民营科技企业技工贸总收入970.00亿元，增长7.4%。年末全市科技研究机构101个，实施国家级科技计划项目1450个，增加128个；实施市科技计划项目665个，减少15个。全年研究与实验发展经费支出占地区生产总值的比重为2.58%，提高0.23个百分点。市级登记科技成果315个，获奖科技成果376个。其中，国家奖28个。专利申请15045件，增加445件。其中，发明专利4660件，增加733件。专利授权10165件，增加3312件。其中，发明专利1731件，增加469件。技术市场合同成交额88.87亿元，增长20.0%。

【国内贸易和对外经济】国内贸易全年消费品零售总额2523.20亿元，比上年增长19.5%。全年限额以上批发零售和住宿餐饮企业零售额1304.15亿元，比上年增长29.0%；占社会消费品零售总额的51.7%，提高3.8个百分点。

外贸全年进出口总额180.50亿美元，比上年增长57.6%。其中，进口93.01亿美元，增长65.1%；出口87.54亿美元，增长50.3%。全年实际利用外资32.93亿美元，比上年增长12.2%。引进外资在1000万美元以上的项目62个，增加4个。累计批准三资企业5822家，增加150家。世界500强企业在汉投资81家，增加5家。全年对外签订承包工程劳务合同总金额17.30亿美元，比上年增长143.4%。对外工程承包和劳务合作营业额11.27亿美元，增长96.6%。在境外兴办企业30家，增加21家。

【交通、邮电和旅游】全年交通客货运输换算周转量2401.85亿吨公里，比上年增长16.6%。航空旅客吞吐量1205万人，增长6.6%。武汉铁路集装箱中心站开通运营，武汉新港实现"亿吨大港"目标。全年电信业务总量337.88亿元，比上年增长15.0%。全年接待国内旅游人数8850万人次，比上年增长39.2%；接待海外旅游人数92万人次，增长37.5%。实现旅游总收入750亿元，增长47.4%。

【金融和保险】全年金融机构本外币各项存款余额10930.77亿元，比上年末增长24.8%。其中，企事业单位存款4696.77亿元，增长19.2%。城乡居民储蓄存款3590.56亿元，增长19.3%。金融机构本外币各项贷款余额9093.71亿元，增长20.7%。其中，短期贷款2128.56亿元，增长5.9%。中长期贷款6324.92亿元，增长29.5%。全年保险机构实现保费收入164.49亿元，比上年增长34.0%。理赔给付支出29.49亿元，下降2.6%。

14

2010年大连市经济发展概况

【经济总量】2010年，大连市实现生产总值5158.1亿元，按可比价格计算，比上年增长15.2%。其中，第一产业增加值345.1亿元，增长6%；第二产业增加值2645.5亿元，增长20.7%；第三产业增加值2167.5亿元，增长10.9%。三次产业构成比例为6.7：51.3：42，对经济增长的贡献率分别为2.6%、64.7%和32.7%。

全市地方财政收入500.8亿元，比上年增长25.1%。实现地方财政一般预算支出611.4亿元，比上年增长29.8%。地税局组织各项税收392.6亿元，增长27.9%；国税局组织各项税收477.3亿元，增长26.8%；海关代征税收389.2亿元，增长41.2%。

【农业】2010年，大连市实现农林牧渔及服务业总产值629亿元，按可比价格计算比上年（下同）增长6.2%。其中，农业产值165.9亿元，林业产值5.4亿元，牧业产值167.5亿元，渔业产值244.6亿元，农林牧渔服务业产值45.6亿元，分别增长-0.3%、5.4%、1.8%、17.1%和-6.3%。水产、畜牧、蔬菜、水果和花卉五大优势产业产值占农林牧渔及服务业总产值的比重为84.8%。

【工业和建筑业】2010年全市规模以上工业企业增加值2306.1亿元，按可比价格计算比上年增长23.5%。其中，重工业1659.1亿元，增长24.2%；轻工业647亿元，增长21.9%。

全年规模以上工业主营业务收入7561.7亿元，比上年增长29.4%；利税总额679.1亿元，增长38.9%；利润总额346.8亿元，增长46.4%。

建筑业全年资质以上企业总产值1321.9亿元，比上年增长37.3%。其中，公有制企业完成129.2亿元，下降40.6%；非公有制企业1192.7亿元，增长60.1%，拉动资质以上建筑业总产值增长46.5个百分点。

【科学技术】全年高新技术产业产值5178亿元，比上年增长29.1%，其中规模以上工业高新技术产品产值3613.9亿元，增长29%；高新技术产业增加值1378亿元，比上年增长31%，其中规模以上工业高新技术产品增加值910亿元，增长24.1%。新认定高新技术企业82家、技术先进型服务企业30家，高新技术企业和技术先进型服务企业分别达到252家和68家。2010年大连市获得国家级科技奖励10项，获得省级科技奖励52项。专利申请总量17442件，其中发明专利4043件；专利授权总量6199件，其中发明专利751件，增长20.2%。

【国内贸易和对外经济】国内贸易全年社会消费品零售总额1639.8亿元，比上年增长18.5%。其中，批发业零售额148.6亿元，增长13.2%；零售业零售额1318.9亿元，增长18.7%；住宿业零售额23.5亿元，增长14.9%；餐饮业零售额148.8亿元，增长22.5%。建成华北路五金机电市场、东北亚国际煤炭交易中心等交易市场，被商务部评为“2010年全国流通领域现代物流示范城市”。

全年新批准外商投资企业472家，注册外资金额81亿美元，比上年增长23%；新批投资总额1000万美元以上项目207家，比上年增加37家。实际使用外商直接投资100.3亿美元，增长66.7%，其中大连沿海经济带19个重点发展区域实际使用外资88.1亿美元。

外贸全市进出口总额521.1亿美元，比上年增长23.5%。其中，进口247.2亿美元，增长23.3%；出口273.9亿美元，增长23.6%。大连市自营（不含中央、省公司）进出口总额501.95亿美元，比上年增长24.4%。其中，出口260.46亿美元，增长25.1%；进口241.48亿美元，增长23.7%。全年境外投资额5.96亿美元，比上年增长97%。对外承包工程营业额6.9亿美元，增长16%。对外劳务合作营业额1.5亿美元，下降10%。全年在线登记离岸服务外包合同金额11.8亿美元；执行金额9亿美元，比上年增长33%。截至年末，全市拥有服务外包企业941家，从业人员10.1万人。

【交通、邮电和旅游】公交运输全市客货换算周转量6012.6亿吨公里，比上年增长15.6%。货物周转量5938.4亿吨公里，增长15.8%；旅客周转量173.2亿人公里，增长4.8%。沿海港口货物吞吐量3.14亿吨，比上年增长15.4%。其中，外贸吞吐量1.08亿吨，增长10.8%；集装箱吞吐量526.2万标箱，增长15%。周水子国际机场旅客吞吐量1070万人次，增长12.1%；纯货邮吞吐量14.1万吨，增长11.7%。

全年邮电业务总量217.9亿元，其中邮政业务总量7.9亿元，电信业务总量210亿元。完成特快专递348.7万件，邮政储蓄年末余额164亿元。年末城乡固定电话用户280.4万户，下降7.6%；移动电话用户673.3万户，增长16.9%；国际互联网宽带用户135.2万户，增长12.8%。

全年接待国内游客3777.1万人次，比上年增长10.7%；接待海外游客116.6万人次，增长11.1%。旅游总收入550.1亿元，增长14.6%。

【金融和保险】截至年末，全市金融业拥有各类金融机构227家，其中银行机构57家、保险机构40家、证券机构53家、期货机构77家。金融资产1.23万亿元，比上年增长19.4%；行业净利润142.1亿元，增长26.6%。年末全市银行机构本外币各项存款余额8887.3亿元，比年初增加1675.9亿元，增长23.2%，年末本外币贷款余额6812亿元，比年初增加1422.5亿元，增长26.4%。

全年证券交易所各类有价证券成交金额8562.7亿元。9家企业境内外上市，1家企业通过发行审核，1家企业实现增发增资。

保险业保费收入151.0亿元，增长29.8%。支付各类保险赔款及给付37.2亿元，增长11.3%。

15

2010年宁波市经济发展概况

【经济总量】

2010年，宁波市实现地区生产总值5125.82亿元，按可比价格计算比上年增长12.4%，增幅同比提高3.5个百分点。第一产业实现增加值218.43亿元，增长3.7%；第二产业实现增加值2848.23亿元，增长13.6%，其中工业增加值2569.6亿元，增长14.8%；第三产业实现增加值2059.16亿元，增长11.6%。三次产业的比重为4.2：55.6：40.2。

全年全市实现财政一般预算收入1171.7亿元，比上年增长21.3%。其中中央财政收入640.8亿元，增长20.1%，地方财政收入530.9亿元，增长22.7%。完成地方财政一般预算支出600.7亿元，增长18.7%。

【农业】全市全年实现农林牧渔业总产值339.0亿元，按可比价格计算，比上年增长3.6%。其中农业163.8亿元，增长1.9%；林业9.3亿元，下降1.2%；畜牧业53.9亿元，增长4.9%；渔业107.1亿元，增长5.9%；农林牧渔服务业4.9亿元，增长5.5%。粮食播种面积151千公顷，增长2.0%，粮食总产量87万吨，增长0.9%。

【工业和建筑业】全年全市实现全部工业总产值13171.2亿元，比上年增长32.5%。其中规模以上工业总产值10867.5亿元，增长35.4%。工业销售产值10565.4亿元，增长34.7%，工业产品产销率为97.2%。出口交货值2780.1亿元，增长27.7%。规模以上工业企业实现利润和利税总额654.2亿元和1147.9亿元，分别增长43.5%和35.1%。工业经济效益综合得分为253.9分，比上年提高31.9分。

建筑业全市完成总产值1425.1亿元，比上年增长32.2%。其中国有及国有控股企业完成145.1亿元，增长22.8%。房屋建筑施工面积14566.6万平方米；竣工面积4550.7万平方米。

【科学技术】全市科技创新能力持续增强，截至年末，全市已有高新技术企业662家。全年获得国家级科学技术进步二等奖2项，省科学技术进步奖24项，其中一等奖1项。专利申请量26407件，授权量25971件，比上年分别增长16.4%和64.2%。其中发明专利授权量1209件，增长50.8%。

【国内贸易、旅游】全市全年实现商品销售总额7506.6亿元，比上年增长32.2%。实现社会消费品零售总额1704.5亿元，增长19.2%。其中农村消费市场完成189.5亿元，增长16.8%。批发业零售额85.8亿元，增长16.9%；零售业零售额1460.4亿元，增长19.9%；住宿和餐饮业零售额158.3亿元，增长14.8%。

旅游业加快发展。全年全市实现旅游总收入650.8亿元，比上年增长22.7%。接待入境旅游者95.2万人次，增长18.9%；入境旅游外汇收入5.9亿美元，增长21.4%。接待国内游客4624万人次，增长16.7%；国内旅游收入610.7亿元，增长22.8%。

【对外经济】全年全市实现外贸自营进出口总额829.0亿美元，比上年增长36.3%。其中出口519.7亿美元，增长34.5%；进口309.3亿美元，增长39.6%。全年全市合同利用外资40.5亿美元，比上年增长18.2%，实际利用外资23.2亿美元，增长5.3%。全年全市完成对外承包劳务合作营业额10.0亿美元，比上年增长13.2%，其中境外工程承包营业额9.7亿美元，增长14.7%。新批境外投资企业和机构175家，项目总投资额7.8亿美元，其中中方投资5.2亿美元，增长31.7%。全年全市完成服务外包总额65.4亿元，比上年增长40.6%。

【交通运输】全年全市完成货运量3.0亿吨，货物周转量1575.3亿吨，分别比上年增长10.0%、27.6%，其中水路货运量1.2亿吨，货物周转量1328.8亿吨，分别增长11.0%、20.8%。铁路货物发送量2059.9万吨，增长20.8%。机场货邮吞吐量8.1万吨，增长18.2%。公路货物周转量246.5亿吨，增长25.5%。全社会客运量3.4亿人次，旅客周转量136.2亿人公里，分别增长3.0%、9.4%。民航旅客吞吐量451.7万人次，增长12.1%。全年宁波港货物吞吐量突破4亿吨，完成4.1亿吨，比上年增长7.4%，其中外贸货物吞吐量2.0亿吨，增长11.5%。集装箱吞吐量完成1300.4万标准箱，增长24.8%，增幅位居我国8大港口和全球30大港口之首，吞吐量排名首次跃居第3位，并进入世界港口前6强，实现了新的跨越。

【金融和保险】年末全市金融机构本外币存款余额9755.5亿元，比上年增长18.4%。其中人民币存款余额9552.0亿元，增长18.2%。年末金融机构本外币贷款余额9414.2亿元，增长22.0%。其中人民币贷款余额9000.6亿元，增长21.2%。全年银行业金融机构实现税后净利润197.1亿元，比上年增长46.0%。全年全市证券成交总额18417.3亿元，比上年增长0.1%。

保险业全市实现保费收入144.1亿元，比上年增长34.1%。支出赔款和给付38.1亿元，增长5.1%。为全市3万家企业、5.7万户家庭、180.9万人次提供了风险保障。

16

2010年沈阳市经济发展概况

【经济总量】2010年，沈阳市实现地区生产总值（GDP）5017亿元，比上年增长14.1%。其中，第一产业增加值232.4亿元，增长6.0%；第二产业增加值2542.4亿元，增长15.6%；第三产业增加值2242.2亿元，增长13.2%。三次产业结构比例为4.6：50.7：44.7。三次产业对经济增长的贡献率分别为1.8%、55.1%和43.1%。全年地方财政一般预算收入465.4亿元，比上年增长17.6%。地方财政一般预算支出516.8亿元，增长8.6%。

【农业】全年农林牧渔业总产值444.9亿元，比上年增长6.5%。其中，种植业产值174.3亿元，林业产值7.7亿元，畜牧业产值225.2亿元，渔业产值19.9亿元，农林牧渔服务业产值17.8亿元。

【工业和建筑业】全市规模以上工业增加值2361.4亿元，比上年增长19.1%。其中，重工业增加值1740.2亿元，增长19.6%；轻工业增加值621.2亿元，增长17.9%。全市规模以上工业企业实现利税总额725.1亿元，比上年增长38.8%；利润总额483.1亿元，增长47.2%。工业经济效益综合指数302.31%，比上年提高40.44个百分点；工业产品产销率98.3%，提高0.1个百分点。

建筑业实现增加值246.4亿元，比上年增长17.2%。全市资质等级以上企业完成建筑业总产值1050.2亿元，增长56.5%。

【科学技术】2010年，沈阳市实现高新技术产品产值3890亿元，比上年增长21.0%。全年获市以上登记认定的科技成果184项，其中应用技术成果162项。软科学成果及基础理论成果22项。专利申请10056件，其中发明专利申请3879件；专利授权5165件，其中发明专利授权1010件。

【交通运输、邮电和旅游业】全年货物运输总量17347.5万吨，比上年增长14.4%。全年旅客发送量30658.3万人次，增长10.8%。其中，铁路3979.3万人次，下降0.1%；公路26285万人次，增长12.7%；民用航空394万人次，增长8.0%。

全年邮电业务总量280亿元，比上年增长19.0%。其中，邮政业务总量6.4亿元，电信业务总量273.6亿元。

全年接待国内外旅游者5717万人次，增长7.1%，其中，接待国内旅游者5662万人次，增长7.0%；接待入境旅游者55万人次，增长11.1%。旅游总收入528.3亿元，增长16.6%。

【国内贸易和对外经济】全年社会消费品零售总额2065.9亿元，比上年增长18.5%。限额以上贸易企业实现零售额937.9亿元，增长26.3%。限额以上企业中，大型综合超市、专业店和专卖店86家，其中10000平方米以上超市14家；连锁店铺2167个。全年成交额超亿元的商品交易市场64个，交易额1478.5亿元。

全年进出口总额78.6亿美元，比上年增长19.5%。其中，进口总额37.8亿美元，增长24.0%；出口总额40.8亿美元，增长15.7%。全年新签外商直接投资合同项目473个，合同外资额81.2亿美元，实际利用外商直接投资额50.5亿美元。全年新签对外承包工程与劳务合同金额14亿美元，增长29.6%；实现营业额6.2亿美元，增长2.5%。

【金融和保险】年末，全市金融机构本外币存款余额8254.2亿元，比年初增长21.2%；本外币贷款余额6068.4亿元，比年初增长17.4%。银行现金收入11005.7亿元，现金支出10657.9亿元，收支相抵，货币回笼347.9亿元，比上年增长18.9%。

全市证券营业部74个。全年证券交易额11915.6亿元，比上年下降7.1%。其中，股票交易额11373.9亿元，下降3.0%；基金交易额133.5亿元，增长40.6%。

全市保险机构及网点250余家。全年实现保费收入147.1亿元，比上年增长32.4%。支付各类保险赔款与给付总额32.9亿元，下降17.7%。

17

2010年南京市经济发展概况

【经济总量】2010年，南京市完成生产总值5010.36亿元，比上年增长13.1%。在全市生产总值中，第一产业增加值142.02亿元，增长4.1%；第二产业增加值2327.76亿元，增长13.6%，其中工业增加值2005.26亿元，增长14.5%；第三产业增加值2540.57亿元，增长13.0%。三次产业增加值比例调整为2.8：46.5：50.7。全年实现财政收入1075.25亿元，比上年增长19.3%。其中，地方一般预算收入518.80亿元，增长19.4%。全年地方财政一般预算支出542.73亿元，增长17.7%。

【农业】全年农林牧渔及农林牧渔服务业现价总产值244.75亿元，比上年增长9.4%。其中，农业产值139.44亿元，增长13.5%；林业产值3.12亿元，增长2.3%；牧业产值39.44亿元，增长1.9%；渔业产值50.62亿元，增长6.1%；农林牧渔服务业产值12.13亿元，增长6.5%。

【工业】全年规模以上工业企业实现工业总产值8502.61亿元，比上年增长26.9%。其中年度产值过亿元的企业864家，共完成工业总产值7651.80亿元，增长28.8%。全年规模以上工业企业实现主营业务收入8536.80亿元，比上年增长27.8%；实现利税922.97亿元，增长30.5%；实现利润467.97亿元，增长43.2%。全年新产品产值完成1001.15亿元，比上年增长20.7%。工业产品出口交货值983.85亿元，比上年增长24.5%，占工业销售产值的比重为11.7%。

【科学技术】全年共签订各类技术合同10533项，技术合同成交额76.89亿元，比上年增长20.6%。全市共有27项成果获国家科学技术奖。全年专利申请量19275件，比上年增长35.5%。专利授权量9150件，增长38.8%，其中发明专利授权量2487件，增长22.0%。

【国内贸易和对外经济】全年完成社会消费品零售总额2267.77亿元，比上年增长18.5%。其中，批发和零售业完成零售额2055.58亿元，增长18.0%；住宿和餐饮业实现零售额212.19亿元，增长22.7%。

全年完成进出口总值456.01亿美元，比上年增长35.1%。其中，完成出口总值248.85亿美元，增长34.8%。全年新批外资企业387个，新批注册合同外资额47.78亿美元，比上年增长4.8%；实际使用外资26.76亿美元，增长17.3%。新签对外承包劳务合作合同金额12.38亿美元，比上年增长27.9%；实际完成对外承包劳务营业额13.09亿美元，增长24.4%。期末在外劳务人数8473人。

【交通、邮电和旅游】全年各种运输方式共完成客运周转量329.78亿人公里，比上年增长13.4%；完成货运周转量3439.40亿吨公里，增长21.9%。

全年邮电通信业务总量为139.07亿元，比上年增长14.3%。其中，电信业务总量127.90亿元，邮政业务总量11.17亿元，分别增长14.4%和12.9%。全年邮电业务收入98.69亿元，增长5.7%。

全年旅游总收入951.61亿元，同口径比上年增长15.7%。全年接待海内外旅游者6496.88万人次，增长15.3%。

【金融和保险】年末全市金融机构本外币各项存款余额12887.43亿元，比年初增加1799.45亿元，增长16.2%。全市金融机构本外币贷款余额10915.34亿元，比年初增加1470.86亿元，增长15.6%。

全年商业性保险公司保费收入191.30亿元，比上年增长25.6%。全年赔付支出41.40亿元。

18

2010年长沙市经济发展概况

【经济总量】2010年，长沙市实现地区生产总值（GDP）4547.06亿元，比上年增长15.5%。分产业看，第一产业实现增加值202.01亿元，增长4.5%；第二产业实现增加值2437.03亿元，增长20.7%，其中工业实现增加值2020.68亿元，增长21.6%；第三产业实现增加值1908.02亿元，增长11.5%。三次产业对GDP增长的贡献率分别为1.3%、63.1%、35.6%。三次产业结构为4.4：53.6：42.0。全年地方财政收入506.32亿元，比上年增长27.2%，其中财政一般预算收入314.28亿元，增长31.2%。财政一般预算支出403.33亿元，增长28.4%。

【农业】全年完成农林牧渔业增加值202.0亿元，比上年增长4.5%，其中农业增加值113.8亿元，增长8.8%；林业增加值8.8亿元，增长6.1%；牧业增加值66.4亿元，减少1.6%；渔业增加值8.7亿元，增长4.5%；农林牧渔服务业增加值4.3亿元，增长5.5%。

【工业和建筑业】全市实现工业增加值2020.68亿元，比上年增长21.6%，其中规模以上工业实现增加值1530.35亿元，增长24.0%。全部工业增加值占GDP比重为44.4%。全市规模以上工业企业经济效益综合指数达348.1，比上年提高32.6个百分点；实现主营业务收入4239.11亿元，比上年增长36.3%；

利润总额达377.02亿元，增长36.4%；利税总额886.97亿元，增长29.4%；亏损企业亏损额为6.19亿元，下降24.5%，企业扭亏成效显著。

全年完成建筑业总产值1689.99亿元，比上年增长28.4%；实现利税总额105.02亿元；房屋竣工面积4251.66万平方米，增长13.2%。

【科学技术】全年高新技术产业增加值693.83亿元，增长40.1%。全年共取得省部级以上科技成果258项。专利申请9071件，比上年增长46.7%，授权专利6209件，增长65.3%；签订技术合同2538项，成交金额23.54亿元。年末全市拥有科学研究开发机构97个。

【国内贸易和对外经济】全年实现社会消费品零售总额1812.08亿元，比上年增长20.0%。限额以上批发零售企业零售额比上年增长34.2%。

全年进出口总额（海关口径）60.89亿美元，比上年增长47.9%，其中出口总额35.51亿美元，增长45.2%；进口总额25.38亿美元，增长51.8%。

全年利用外资项目（企业）177个。实际使用外商直接投资22.38亿美元，比上年增长10.1%。

【交通、邮电和旅游】全年全社会运输周转量281.28亿吨公里，增长16.1%；旅客周转量增长11.3%；货物周转量增长17.5%。

全年完成邮电业务总量244.38亿元，比上年增长16.3%，其中电信业务总量237.72亿元，增长16.3%。完成邮政业务收入84.56亿元，比上年增长8.0%。年末本地固定电话用户208.42万户，减少5.7%。移动电话用户762.53万户，增长18.4%。年末互联网宽带用户达88.45万户。

全年接待国内旅游者4784.41万人次，比上年增长24.7%；国内旅游收入422.30亿元，增长30.0%；接待入境旅游者70.2万人次，增长21.4%；国际旅游外汇收入5.29亿美元，增长16.7%；国际国内旅游总收入457.99亿元，增长18.5%。

【金融和保险】全年金融机构现金收入9397.88亿元，比上年增长22.0%；金融机构现金支出9269.14亿元，增长22.4%；货币回笼128.73亿元。存贷款余额大幅度增加，年末金融机构各项存款余额6427.95亿元，比年初增加1102.12亿元；年末金融机构各项贷款余额6353.68亿元，比年初增加1152.92亿元。

全年保险机构原保险保费收入110.90亿元，比上年增长31.15%，保险理赔支出21.06亿元，增长1.33%。

19

2010年唐山市经济发展概况

【经济总量】2010年，唐山市实现地区生产总值4469.08亿元，比上年增长13.1%，比“十五”末增长87.6%，“十一五”期间年均增长13.4%。分产业看，第一产业增加值387.84亿元，增长4.9%；第二产业增加值2632.43亿元，增长14.6%；第三产业增加值1448.81亿元，增长12.3%。

全年全部财政收入438.95亿元，比上年增长6.2%，比“十五”末增长93.8%，“十一五”期间年均增长14.2%。其中，地方财政一般预算收入195.84亿元，增长15.4%。地方财政一般预算支出331.19亿元，增长16.9%。

【农业】全年完成农业总产值658.9亿元，比上年增长4.9%，比“十五”末增长33.3%。其中，蔬菜、瘦肉型猪、板栗、水产品、花生、牛奶、果品七大龙形经济产值占农业总产值的比重达69.3%，比“十五”末提高3.1个百分点。农业产业化经营率达63.9%，比“十五”末提高20.7个百分点。

【工业和建筑业】全部工业完成增加值2427.40亿元，比上年增长15.0%，比“十五”末增长96.1%，“十一五”期间年均增长14.4%。规模以上工业增加值2245.47亿元，增长16.3%，比“十五”末增长1.2倍，“十一五”期间年均增长17.2%。分轻重工业看，轻工业增长12.1%，重工业增长16.5%。

全年规模以上工业实现利税627.05亿元，实现利润389.09亿元，比上年分别增长22.9%和20.4%，比“十五”末分别增长9.3%和7.9%。在统计的36个行业中，22个行业利润实现增长，占全部工业行业的61.1%。

全市建筑业完成增加值205.03亿元，比上年增长9.6%，比“十五”末增长98.1%，“十一五”期间年均增长14.7%。资质等级以上建筑企业房屋施工面积3632.92万平方米，增长30.0%；房屋竣工面积1121.35万平方米，增长9.9%。

【科学技术】2010年，全市共取得科技成果502项，其中达到国际领先水平9项，国际先进水平42项，国内领先水平371项，国内先进水平80项。全年专利申请量1683件，专利授权量1377件，比上年分别增长20.7%和31.5%。

【国内贸易和对外经济】国内贸易全年实现社会消费品零售总额1119.45亿元，比上年增长18.6%。分行业看，批发零售贸易业零售额997.33亿元，增长18.5%；住宿业零售额8.74亿元，增长20.8%；餐饮业零售额113.38亿元，增长18.4%。全市城乡各类商品交易市场达565个，实现商品成交额811.16亿元，比上年增长17.5%。

全年实现进出口总额93.89亿美元，比上年增长54.0%，比“十五”末增长2.5倍，“十一五”期间年均增长28.8%。其中进口额64.65亿美元，出口额29.24亿美元，分别比上年增长54.8%和52.4%。利用外资形势稳步向好。全年实际利用外资8.85亿美元，比上年增长11.0%，全年批准外商投资合同29项，合同总金额14.6亿美元，下降4.0%；合同外资额6.84亿美元，增长47.0%。

【交通、邮电和旅游】全年公路货运周转量和客运周转量比上年分别增长35.0%和15.0%。唐山港完成货物吞吐量2.5亿吨，增长42.1%，成为国内第10个吞吐量突破2亿吨的大港。三女河机场正式通航，旅客吞吐量32719人，货邮行吞吐量190吨，起降840架次。

全年完成邮电业务总收入55.19亿元，比上年增长10.0%。其中，邮政业务收入4.26亿元，增长19.7%；电信业务收入50.93亿元，增长9.2%。

旅游业全年共接待国内外游客1538.1万人次，比上年增长23.1%，旅游总收入77亿元，增长26.7%。其中，接待国际游客5.7万人次，增长14.9%，旅游外汇收入2612.3万美元，增长35.8%；接待国内游客1532.4万人次，增长25.0%，国内旅游收入76.8亿元，增长25.1%。

【金融和保险】年末金融机构本外币各项贷款余额2758.93亿元，比年初增加547.86亿元，全年新增贷款比上年减少105.92亿元。年末全市金融机构本外币各项存款余额4215.34亿元，比年初增加538.49亿元。金融机构累计现金收入6610.55亿元，支出6759.68亿元，收支相抵净投放货币149.13亿元。

全年保险保费收入120.68亿元，比上年增长35.9%。全年各类保险赔款给付支出28.18亿元，增长5.1%。

20

2010年烟台市经济发展概况

【经济总量】2010年，烟台市实现生产总值（GDP）4358.46亿元，按可比价格计算，比上年增长14.1%。其中，第一产业增加值334.49亿元，增长3.5%；第二产业增加值2566.49亿元，增长12.1%；第三产业增加值1457.48亿元，增长20.3%。

全年实现地方财政一般预算收入237.8亿元，比上年增长25.7%。地方财政支出323.86亿元，增长30.6%。全年完成国地税收入515.17亿元，比上年增长24.4%。其中，国税收入完成357.27亿元，地税收入完成157.9亿元，分别增长22.8%和28.1%。

【农业】全年农林牧渔业增加值达到334.49亿元，比上年增长3.5%。其中，农业增加值172.5亿元，增长7.2%；林业增加值6.7亿元，下降8.7%；牧业增加值50.2亿元，增长5.2%；渔业增加值95.7亿元，下降2.3%；农林牧渔服务业增加值9.4亿元，增长5.8%。

【工业和建筑业】2010年，全市规模以上工业实现增加值2382.38亿元，增长16.1%。其中，轻工业增加值662.11万元，增长13.8%；重工业增加值1720.27万元，增长17.1%。全市规模以上工业实现主营业务收入10966.97亿元，比上年增长22.1%；工业产品产销率98.64%；实现利润、利税分别为857.21亿元、1115.26亿元，分别增长39.0%和37.2%。

2010年全市资质三级及以上建筑企业签订合同额656.26亿元，比上年增长60.6%；完成建筑业总产值496.04亿元，增长23.2%；竣工产值325.22亿元，增长24.9%。房屋施工面积3921.65万平方米，增长24.8%；房屋竣工面积1691.3万平方米，增长26.4%。

【科学技术】2010年全市规模以上工业实现高新技术产业产值4947.53亿元，增长26.4%。全市研究与发展活动经费支出占全市生产总值的比重为2.1%。全市专利申请7653件，比上年增长18.3%。全市全年共取得各项科技成果254项。年末全市共有各级企业技术中心166家。其中，国家级13家、省级47家、市级106家。全年全市重新认定高新技术企业新增41家，总数达到119家。

【国内贸易和对外经济】2010年全市实现社会消费品零售额1378.35亿元，比上年增长18.8%。批发业实现零售额289.28亿元，增长19.7%；零售业实现零售额968.85亿元，增长18.0%；住宿业实现零售额15.51亿元，增长26.7%；餐饮业实现零售额104.71亿元，增长21.9%。

2010年全市实现进出口总额437.81亿美元，比上年增长27.7%。其中，进口183.01亿美元，增长26.6%；出口254.8亿美元，增长28.5%。2010年全市新批利用外资项目243个，比上年增加22个。全年对外承包工程和劳务合作新签合同额2.06亿美元，完成营业额2.19亿美元，分别增长58.1%和12.1%。外派劳务人员2681人，增长7.6%。

【交通、邮电和旅游】2010年，全市交通运输仓储和邮政业完成增加值124.87亿元，按可比价计算，比上年增长11.0%。全年完成旅客运输量33612.76万人次，增长7.6%。全年货物运输量19466.59万吨，增长12.0%。

全年完成邮政业务总量5.35亿元，比上年增长16.3%；电信业务总量79.1亿元，增长18.8%。

全年实现旅游总收入331.19亿元，比上年增长21.2%。其中，国际旅游创汇收入3.77亿美元，增长21.3%；国内旅游收入306.2亿元，增长21.4%。

【金融和保险】年末全市金融机构本外币各项存款余额4081.18亿元，比年初增加679.42亿元。全市金融机构本外币贷款余额2644.45亿元，增加408.05亿元，其中本币贷款余额2511.91亿元，增加406.77亿元。年末共有证券、期货经营机构12家，年交易额为10854.65亿元。

全市拥有保险分公司共50家，全年完成保费收入96.31亿元，增长30.4%；保险理赔7.17亿元，下降11.7%，赔付率为10.4%。

21

2010年东莞市经济发展概况

【经济总量】2010年，东莞市实现生产总值（GDP）4246.25亿元，比上年增长10.3%。其中第一产业增加值16.64亿元，增长1.9%；第二产业增加值2183.18亿元，增长16.8%；第三产业增加值2046.43亿元，增长3.9%。三大产业比例为0.4：51.4：48.2。全年财政收入达785.10亿元，比上年增长25.1%。其中市财政一般预算收入达277.84亿元，增长20.2%。全年地方一般财政支出308.61亿元，比上年增长32.7%。

【农业】全年全市完成农业总产值28.31亿元，比上年增长3.3%。其中种植业产值14.82亿元，下降1.6%，占总产值的52.3%；林业产值0.29亿元，增长14.7%，占1.0%；牧业产值5.55亿元，增长13.1%，占19.6%；渔业产值6.80亿元，增长5.7%，占24.0%。

【工业和建筑业】全年全市规模以上工业增加值1812.86亿元，增长19.0%。其中，重工业增加值960.81亿元，增长20.1%，所占比重为53.0%；轻工业增加值852.05亿元，增长17.8%，占47.0%。规模以上工业实现利润总额274.87亿元，比上年增长66.3%；工业经济综合效益指数为132.63，比上年上升15.43个点。全年全市建筑业增加值82.37亿元，比上年下降2.9%。

建筑企业完成产值115.58亿元，比上年增长16.7%；施工面积709.91万平方米，下降2.8%；竣工面积306.9万平方米，下降10.8%。

【科学技术】全市高新技术产业产值2579.1亿元，比上年增长19.1%。全年专利申请量21654件、授权量20397件，分别比上年增长13.3%和57.9%。全年新增国家高新技术企业91家。

【国内贸易和对外经济】2010年，全市社会消费品零售总额1108.06亿元，比上年增长15.9%。分行业看，批发零售贸易业实现零售额1005.53亿元，增长16.6%；住宿餐饮业零售额102.53亿元，增长9.1%。全年全市批发和零售业增加值406.84亿元，比上年增长9.1%；住宿和餐饮业增加值147.82亿元，增长0.9%。

全年全市外贸进出口总额1213.38亿美元，比上年增长28.8%。其中进口总额517.40亿美元，增长32.7%；出口总额695.98亿美元，增长26.1%。全年全市新签外商直接投资项目869宗，合同外资金额25.97亿美元，比上年增长60.7%。实际利用外资27.32亿美元，增长5.3%。

【交通、邮电和旅游】全年全市交通运输、仓储和邮政业增加值86.51亿元，比上年增长6.9%。年末全市公路货物运输7640万吨，公路货物周转量51.08亿吨公里；水路货物运输1672万吨，水路货物周转量57.95亿吨公里。全年公路运输完成客运量7.74亿人，旅客周转量128.87亿人公里；水路运输31万人，旅客周转量2017万人公里。全年港口旅客吞吐量30.62万人，港口货物吞吐量5657.29万吨。

全年完成邮电业务收入157.93亿元，比上年增长1.0%。其中电信业务收入149.81亿元，增长0.4%；移动业务收入106.58亿元，增长5.2%；邮政业务收入8.12亿元，增长13.6%。

全年接待国际及港澳台旅游入境人数327.4万人次，比上年增长14.5%。国际旅游外汇收入6.76亿美元，增长30.6%。全年接待国内旅游人数1923.83万人次，增长9.9%。旅游总收入191.32亿元，增长26.3%。

【金融和保险】全年全市金融业增加值165.44亿元，比上年增长4.5%。年末全市金融机构各项人民币存款余额5943.39亿元，比年初增长19.2%。各项人民币贷款余额3329.82亿元，比年初增长14.7%。全年金融机构现金收入9867.57亿元，现金支出10084.22亿元，收支相抵现金净投放216.65亿元。

全市全年保费收入159.72亿元，比上年增长38.8%。全年保险赔款与给付金额35亿元。

22

2010年郑州市经济发展概况

【经济总量】 2010年，郑州市完成生产总值4000亿元，比上年增长13.0%；人均生产总值4.9万元。其中第一产业增加值124.6亿元，增长3.0%；第二产业增加值2269.9亿元，增长15.1%；第三产业增加值1605.5亿元，增长10.5%。三次产业结构由上年的3.1：54.0：42.9调整为3.1：56.7：40.2。

全年全市完成财政总收入643.0亿元，比上年增长23.2%；地方财政一般预算收入386.8亿元，增长28.1%；全年地方财政一般预算支出426.8亿元，比上年增长20.9%。

【农业】 全年全市完成农林牧渔业增加值124.6亿元，比上年增长3.0%。全年粮食总产量166.7万吨，增长0.4%；蔬菜总产量283.3万吨，增长3.2%；水果总产量30.0万吨，增长1.9%。肉、蛋和水产品产量分别为23.8万吨、20.9万吨和13.5万吨，分别增长3.0%、1.6%和2.5%，奶产品产量46.5万吨，下降0.6%。

【工业和建筑业】 全年全市工业完成增加值1996.4亿元，比上年增长15.6%。其中规模以上工业企业完成增加值1756.1亿元，增长18.0%。其中，轻工业完成增加值470.4亿元，比上年增长12.4%；重工业完成增加值1285.7亿元，增长19.7%。高技术产业完成增加值43.9亿元，增长29.3%；工业新产品产值158.7亿元，增长24.4%。全年规模以上工业企业实现产品销售收入6828.8亿元，比上年增长25.2%；实现利税1140.4亿元，增长27.1%；实现利润690.6亿元，增长32.7%。

全市建筑业完成增加值273.5亿元，比上年增长11.1%。具有建筑业资质的独立核算建筑业企业共完成总产值1357.4亿元，增长20.6%。

【科学技术】 全年完成重大科技成果201项，增长2.0%。全年专利申请量达到8000件，增长21.0%；授权量5600件，增长47.3%；其中发明专利2450件。全年共签订技术合同4606份，技术合同成交金额达43.0亿元，增长13.1%。

【国内贸易和对外经济】 国内贸易全年完成社会消费品零售总额1678.0亿元，比上年增长19.0%。分行业看，批零贸易业零售额1407.8亿元，增长19.5%；住宿餐饮业零售额270.2亿元，增长16.2%。

全年全市贸易进出口总额51.6亿美元，比上年增长43.3%。其中进口17.0亿美元，增长21.4%；出口34.6亿美元，增长57.2%。全年新批外资企业91个，比上年增长1.1%。合同利用外资额19.2亿美元，增长1.4%；实际利用外商直接投资19.0亿美元，增长17.4%。全年国外经济合作合同额6.7亿美元，比上年增长71.5%；国外经济合作营业额8.0亿美元，增长45.9%。

【交通、邮电和旅游】 全年交通运输业各种运输方式完成货运周转量479.8亿吨公里，比上年增长18.7%。完成客运周转量301.4亿人公里，比上年增长14.4%。

全年完成邮电业务总量296.3亿元（按2000年不变价计算），比上年增长15.4%；其中邮政业务总量9亿元，增长35.6%；电信业务总量287.3亿元，增长14.9%。

全年实现旅游总收入509.0亿元，比上年增长27.6%；其中国内旅游收入500.0亿元，增长27.9%；旅游外汇收入1.3亿美元，增长11.5%。

【金融和保险】年末全市金融机构各项存款余额7990.9亿元，比年初增加1450.6亿元，增长22.2%；金融机构各项贷款余额5717.5亿元，比年初增加795.4亿元，增长16.2%。票据融资476.2亿元，比年初减少251.7亿元。

全年全市保费收入151.3亿元，比上年增长46.9%；全年赔付额28.8亿元，比上年下降0.3%。

23

2010年济南市经济发展概况

【经济总量】2010年，济南市生产总值3910.80亿元，比上年增长12.7%。其中：第一产业增加值215.17亿元，增长4.8%；第二产业增加值1637.45亿元，增长11.0%；第三产业增加值2058.18亿元，增长14.9%。全市财政收入和地方财政一般预算收入分别达到1145.1亿元和266.1亿元，分别增长39.3%、26.6%。

【农业】全年粮食播种面积701.1万亩，增长0.9%；粮食总产289.4万吨，与上年基本持平，实现连续8年丰收。蔬菜产量601.4万吨，增长1.7%；水产品产量4.3万吨，增长2.9%。造林绿化取得积极成果，完成造林面积19.3万亩，其中，荒山造林8.9万亩。森林覆盖率达到30.0%，提高1.1个百分点。

【工业和建筑业】全年全部工业增加值1352.4亿元，增长10.7%。其中，规模以上工业增加值1313.0亿元，增长14.4%。全年规模以上工业主营业务收入4764.1亿元，增长21.3%；实现利税515.9亿元，增长12.0%；实现利润262.9亿元，增长12.4%。

全年全市建筑业增加值285.0亿元，增长12.9%。新资质等级建筑业企业768家，实现总产值893.3亿元，增长14.5%。

【国内贸易和对外经济】全年社会消费品零售总额1725.5亿元，增长18.7%。其中，城镇社会消费品零售额1557.4亿元，增长18.7%。限额以上批发和零售业、住宿和餐饮业单位1526家，实现零售额717.3亿元，增长23.7%。

全年外贸进出口总值74.10亿美元，增长31%。其中，进口33.55亿美元，增长28.6%；出口40.55亿美元，增长33.1%。新签外商投资项目87个，实现合同外资额12.09亿美元，增长10.5%；实际到账外资10.40亿美元，增长6.1%。共签订对外承包和劳务合作合同金额34.53亿美元，增长2.7%；完成营业额15.07亿美元。

【交通、邮电和旅游】全市年末公路通车里程11611.4公里，增长2.3%，其中境内高速公路346.7

公里，与上年持平。年末民用汽车拥有量80.7万辆，增长22.5%。公交线路长度4012公里；公交营运车辆4239辆，全年旅客运输量8.64亿人次，增长5.7%。

全年邮电通信业营业收入63.8亿元，增长14.7%。固定电话用户数213.3万户，下降10%；移动电话用户数857.6万户，增长47.3%；宽带网用户数117.3万户，增长10.8%。

全年接待国内游客3365.2万人次，增长19.2%；接待入境游客23.1万人次，增长23.5%。实现旅游总收入313.8亿元，增长22.4%。其中：实现国内旅游总收入306.3亿元，增长22.5%；旅游外汇收入1.14亿美元，增长21.9%。

【金融和保险】全年金融业增加值288.3亿元，增长16.9%。年末金融机构本外币各项存款余额7601.9亿元，较年初增加1179.2亿元；本外币各项贷款余额7035.0亿元，较年初增加834.4亿元。全年金融机构现金收入7402.9亿元，增长11.8%；现金支出7282.2亿元，增长12.0%；货币净回笼120.7亿元，下降2.0%。年末各类保险承保额16802亿元，增长36.8%；保险业务收入首次突破百亿元，达到122.3亿元，增长29.3%；保险业务支出43.8亿元，下降5.4%。

【科学技术】全年专利申请总量15519件，增长13.3%，其中发明专利申请量3432件，增长14.4%。专利授权量9593件，增长50.1%，其中发明专利授权量1260件，增长51.4%。实施各类科技计划1274项，增长18.0%，其中核高基、大型精密复合冲压成型机床创新平台等近20个项目被列为国家重大重点专项。2010年，高新技术产业开发区实现生产总值276.8亿元，增长23.5%，

24

2010年哈尔滨市经济发展概况

【经济总量】2010年，哈尔滨市实现地区生产总值3665.9亿元，比上年增长14.0%。其中，第一产业实现增加值412.7亿元，增长7.3%；第二产业实现增加值1384.6亿元，增长17.1%；第三产业实现增加值1868.6亿元，增长13.5%。三次产业所占比重由上年的12.6：36.2：51.2调整为11.3：37.8：50.9。第一、二、三产业对GDP增长的贡献率分别为6.3%、44.2%和49.5%。

全年财政一般预算总收入410.4亿元，比上年增长21.3%。其中，地方财政一般预算收入238.1亿元，增长23.2%。全市财政一般预算支出453.0亿元，增长17.9%。

【农业】全年完成农林牧渔业总产值785.0亿元，比上年增长7.1%。其中，农业产值366.6亿元，增长7.9%；林业产值23.0亿元，增长4.6%；牧业产值364.2亿元，增长6.5%；渔业产值15.7亿元，增长4.8%；农林牧渔服务业产值15.5亿元，增长6.3%。

【工业和建筑业】全市实现工业增加值1021.6亿元，比上年增长17.1%。其中，规模以上工业实现增加值732.1亿元，增长17.2%。其中，轻工业实现增加值351.4亿元，增长18.6%；重工业实现增加

值380.7亿元，增长15.9%。全年规模以上工业实现利税总额271.1亿元，增长20.5%，其中利润115.1亿元，增长10.0%。

全年建筑业实现增加值363.0亿元，比上年增长16.9%，占全市地区生产总值9.9%。资质以上建筑业企业1209户，完成建筑业总产值1083.9亿元，增长33.4%。

【国内贸易和对外经济】全年社会消费品零售总额1770.2亿元，比上年增长18.8%。分行业看，批发业零售额219.3亿元，增长16.5%；零售业零售额1321.9亿元，增长19.0%；住宿业零售额15.9亿元，增长19.5%；餐饮业零售额213.1亿元，增长19.4%。全市限额以上批发零售业实现零售额525.2亿元，增长25.5%。

全年外贸实现进出口总值44亿美元，比上年增长18.5%，其中出口总值20亿美元，增长34.9%；进口总值24亿美元，增长7.6%。全年实际利用外资7.03亿美元，比上年增长13.1%。全年新办境外企业15个。

【交通、邮电和旅游】交通运输全年完成货物运输总量10128.9万吨，比上年增长8.1%。完成旅客运输总量13068.0万人次，增长3%。全年完成邮电业务总量261.2亿元，比上年增长19.0%。其中，邮政业务总量7.8亿元，增长7.3%；电信业务总量253.4亿元，增长19.4%。旅游业全年共接待国内外游客4150.1万人次，比上年增长10.0%。其中，国内游客4123.7万人次，增长10.0%；入境游客26.4万人次，增长10.0%。实现旅游业总收入381.5亿元，增长23.0%。

【金融和保险】全市金融机构各项存款余额5956.4亿元，比年初增加925.3亿元。金融机构各项贷款余额4127.0亿元，比年初增加693.7亿元。金融机构现金收支相抵，货币净回笼138.5亿元。全年各类证券成交额7046亿元，比上年下降23.7%，其中股票交易额6725.9亿元，下降18.2%。

全年保险公司保险保费收入103.0亿元，比上年增长21.4%。全年保险理赔支出34.4亿元，比上年下降14%。

【科学技术】全市规模以上工业高技术产业实现增加值99亿元，增长22.8%；研究与试验发展经费支出55.3亿元，增长19.4%。受理专利申请6526件，增长18.1%；授权专利3974件，增长42.3%。全年共签订技术合同1723项，成交额50.93亿元，增长21.3%。82项科技成果被授予哈尔滨市科学技术奖。

25

2010年泉州市经济发展概况

【经济总量】2010年，泉州市实现地区生产总值3564.76亿元，比上年增长12.8%。其中，第一产业增加值132.18亿元，增长3%；第二产业增加值2145.03亿元，增长16.6%；第三产业增加值1287.55亿元，增长7.8%。“十一五”期间，地区生产总值年均增长14.6%。全市财政总收入合计完成400.28亿元，比上年增收84.13亿元，增长26.6%。财政收入占GDP比重11.2%。财政一般预算支出229.64亿元，比上年增加42.74亿元，增长22.9%。

【农业】全年农林牧渔业完成总产值232.11亿元，比上年增长3.2%，“十一五”时期年均增长1.6%。全年粮食播种面积239.81万亩，下降2.4%；粮食总产量80.79万吨，下降2.2%；水果产量43.54万吨；茶叶产量5.14万吨；蔬菜产量116.89万吨。全年完成植树造林总面积14.82万亩，比上年下降26.7%。全年肉蛋奶总产量27.90万吨。全年水产品总产量99.45万吨，比上年增长1.0%。

【工业和建筑业】全年实现工业增加值1961.62亿元，比上年增长16.4%。全年完成工业总产值7033.56亿元，其中规模以上工业完成6230.46亿元，分别比上年增长21.9%和24.0%。其中，轻工业产值3637.22亿元，重工业产值2593.24亿元。全年产值超亿元规模以上工业企业数量达1096家，实现产值4810.79亿元。 规模以上工业企业实现利润总额407.67亿元，比上年增长55.3%。

全年建筑业增加值183.41亿元，比上年增长19.4%。全市资质等级以上的建筑企业完成建筑业总产值467.52亿元。全市建筑房屋施工面积4370.76万平方米，实行投标承包面积3539.66万平方米。房屋竣工面积1666.36万平方米。

【国内贸易和对外经济】全年社会消费品零售总额达到1202.91亿元，比上年增长17.0%。其中，批发业实现消费品零售额77.42亿元，增长21.2%，零售业实现消费品零售额989.92亿元，增长17.2%；住宿业实现消费品零售额13.46亿元，增长18.6%，餐饮业实现消费品零售额122.12亿元，增长12.7%。

全年外贸进出口总额达112.56亿美元，比上年增长37.6%。其中，出口82.82亿美元，增长40.6%；进口29.74亿美元，增长30.0%。全年批准设立外商直接投资合同项目156项，比上年增长51.5%；投资总额25.69亿美元，比上年增长31.3%；合同外资金额16.11亿美元，增长68.0%；全年共签订对外经济技术合作合同12352项，合同金额16214万美元；共完成营业额2889万美元，增长6.9%；全年派出在外劳务人员5702人。批准境外投资企业43家，境外投资金额8936万美元。

【交通、邮电和旅游】全年各种运输方式完成货物运输量11843万吨，比上年增长20.4%，货物周转量812.05亿吨公里，增长31.3%。全年各种运输方式完成旅客运输量13989万人次，比上年下降1.0%，旅客周转量68.60亿人公里，增长3.1%。全年港口完成货物吞吐量8455.37万吨，比上年增长10.3%。集装箱吞吐量完成136.95万标箱，增长9.5%。

全年完成邮电业务收入94.35亿元，比上年增长10.3%。其中，邮政业务收入7.57亿元，增长20.0%；电信业务收入86.78亿元，增长9.5%。

全年共接待国内外游客2443.9万人次，增长13.0%。其中，国内游客2314.1万人次，增长13.1%；接待境外游客129.8万人次，增长12.3%。全年实现旅游总收入252.6亿元，比上年增长13.4%，旅游创汇7.02亿美元，增长14.5%。

【金融和保险】年末全市金融机构本外币各项存款余额3313.71亿元，比上年末增长21.9%。全市金融机构本外币各项贷款余额2717.12亿元，比上年末增长25.8%。全年金融机构现金收入6134.14亿元，现金支出6325.39亿元，收支相抵，现金净投放191.25亿元，比上年多投放59.97亿元。

全市保险业实现各项保费收入66.20亿元，比上年增长17.8%，支付各类理赔款10.84亿元，增长7.4%。

【科学技术】全年共实施国家、省、市各级各类科技计划项目525项，其中，国家级88项，省级105项，市级332项；有9件产品通过省自主创新产品认定。全年专利授权4786件，累计专利授权数达24649件。全年共签订各类技术合同44项，合同金额1.46亿元。

26

2010年南通市经济发展概况

【经济总量】2010年，南通市实现生产总值3417.88亿元，比上年增长13.0%。其中，第一产业增加值262.43亿元，增长4.0%；第二产业增加值1908.56亿元，增长13.7%；第三产业增加值1246.89亿元，增长13.6%。三次产业增加值结构由上年的8.2：56.0：35.8调整为7.7：55.8：36.5。全年财政总收入713.36亿元，比上年增长46.8%。全年一般预算收入290.81亿元，比上年增长46.1%。全年财政总支出546.18亿元，比上年增长41.0%，其中，一般预算支出316.75亿元，增长33.4%。

【农农林牧渔业】全市农林牧渔业总产值463.31亿元，比上年增长4.0%。其中，农业产值203.66亿元，增长4.5%；牧业产值118.99亿元，增长3.5%；渔业产值113.10亿元，增长3.5%。全年粮食种植面积793.17万亩，比上年减少3.95万亩；棉花种植面积66.06万亩，比上年减少1.07万亩；油料种植面积206.49万亩，比上年减少0.30万亩；蔬菜种植面积167.58万亩，比上年增加8.50万亩。全市新增造林面积25万亩。

【工业和建筑业】全市规模以上工业增加值1721.81亿元，比上年增长16.0%。全市规模以上工业总产值7481.53亿元，比上年增长23.2%；主营业务收入7306.19亿元，比上年增长23.2%；利润总额536.80亿元，比上年增长37.6%。规模以上工业产销率99.1%，比上年提高0.3个百分点。

全年建筑业增加值340.07亿元，比上年增长10.5%；建筑企业承建施工面积3.54亿平方米，比上年增长20.3%。年末全市建筑队伍总人数达106.65万人，建筑队伍遍及近70个国家和地区。

【国内贸易和对外经济】全年社会消费品零售总额1268.32亿元，比上年增长18.7%。分行业看，批发和零售业消费品零售额1177.91亿元，比上年增长18.6%；住宿和餐饮业消费品零售额90.41亿元，比上年增长19.6%。

全年外贸进出口总值210.96亿美元，比上年增长29.8%。其中，出口总值141.07亿美元，增长26.2%；进口总值69.89亿美元，增长37.6%。全年新批外商投资项目364个，新批协议注册外资55.15亿美元，实际到账注册外资20.61亿美元，比上年增长2.8%。

全年新批设立境外企业35家，中方协议投资额3.18亿美元。全年新签对外承包劳务合同额8.73亿美元，比上年增长13.0%；对外承包劳务完成营业额12.53亿美元，比上年增长8.4%；年末在外劳务人员2.94万人，比上年下降8.2%。

【交通、邮电和旅游】全市交通运输、仓储及邮政业增加值126.17亿元，比上年增长16.3%。全年民航货邮吞吐量5869.61吨，比上年增长100.8%；民航旅客吞吐量27.14万人次，比上年增长23.2%。全年铁路货运量91.69万吨，比上年增长14.7%；铁路客运量263.17万人次，比上年增长4.1%。全年公路货运量1.54亿吨，比上年增长24.8%；公路客运量1.64亿人次，比上年增长18.8%。全市港口货物吞吐量15069.80万吨，比上年增长10.5%。全市集装箱吞吐量46.23万标准箱，比上年增长31.9%。

全市邮电业务收入60.81亿元，比上年增长5.5%。其中，邮政业务收入7.19亿元，电信业务收入53.62亿元，分别增长18.8%和3.9%。

全市全年实现旅游总收入230.19亿元，比上年增长27.9%。其中，外汇收入3.61亿美元，增长16.6%；国内旅游收入205.68亿元，增长32.0%。全年接待海内外旅游者总人数1802.30万人次，比上年增长20.9%。

【金融和保险】全年金融系统新增贷款532.61亿元，比上年少增148.62亿元。年末金融系统各项贷款余额2964.58亿元，比上年末增长21.9%。全年金融系统新增存款951.48亿元，比上年少增15.13亿元。年末金融系统存款余额4957.83亿元，比上年末增长23.8%。全年保险机构保费收入134.45亿元，比上年增长39.4%。全年理赔给付22.80亿元。

【科学技术】全年专利申请量38707件，比上年增长76.7%；专利授权量为22644件，增长111.2%。全年有22项科技成果获国家及江苏省科技进步奖。高新技术产业产值2424.13亿元，增长31.8%，占全市规模以上工业总产值的比重达32.4%，比上年提高2.6个百分点。

27

2010年石家庄市经济发展概况

【经济总量】2010年，石家庄市实现生产总值3401.0亿元，比上年增长12.2%。其中，第一产业增加值370.0亿元，增长2.7%；第二产业增加值1653.8亿元，增长13.1%；第三产业增加值1377.2亿元，增长13.1%。三次产业结构比例为10.9：48.6：40.5。全市全部财政收入387.9亿元，比上年增长25.0%，其中一般预算收入163.6亿元，增长29.9%。全市一般预算支出290.5亿元，增长20.6%。

【农业】全市农林牧渔业总产值651.6亿元，比上年增长3.1%，其中农业产值358.8亿元，增长1.4%，畜牧业产值259.7亿元，增长5.0%。农林牧渔业增加值369.6亿元，比上年增长2.7%。全年粮食播种面积77.3万公顷，粮食总产量507.9万吨，增长2.0%。

【工业和建筑业】全市规模以上工业企业2537个，实现工业增加值1340.1亿元，比上年增长16.5%。其中，轻工业实现增加值651.6亿元，增长16.8%，重工业实现增加值688.5亿元，增长16.2%。规模以上工业实现主营业务收入5821.1亿元，比上年增长33.3%；实现利税659.8亿元，增长37.1%；其中利润427.1亿元，增长44.7%。

年末资质等级以上建筑企业249个，全年完成建筑业总产值552.8亿元，比上年增长20.7%，其中建筑工程产值435.8亿元，增长26.4%。

【国内贸易和对外经济】全市实现社会消费品零售总额1409.9亿元，比上年增长18.4%。分行业看，批发零售业实现零售额1245.5亿元，增长18.5%；住宿餐饮业实现零售额145.6亿元，增长19.6%。全年商品交易市场成交额达1659.9亿元，比上年增长2.7%。

全市外贸进出口总值首次突破百亿美元大关，全年实现109.7亿美元，比上年增长99.3%。其中进口总值实现51.8亿美元，增长3.3倍；出口总值实现57.9亿美元，增长34.6%。全市实际利用外资6.4亿美元，比上年增长12.9%。年内新批准设立外商投资企业32个，新增合同总金额6.4亿美元，合同外资额2.4亿美元。

【交通、邮电和旅游】旅游业得到发展。全年共接待入境游客人数11.7万人次，其中外国人10.0万人次。国际旅游创汇收入4383.9万美元，比上年增加383.9万美元；全年接待国内游客人数2350.5万人次，国内旅游收入129.4亿元。全年实现旅游总收入132.3亿元，比上年增长31.4%。

【金融和保险】年末全市金融机构本币存款余额6115.5亿元，比年初增加954.4亿元，比年初增长18.5%；其中储蓄存款余额2920.4亿元，比年初增加353.0亿元，比年初增长13.7%。金融机构本币贷款余额3272.1亿元，比年初增加385.5亿元，比年初增长13.4%。

全市各类企业在职职工及个体工商户共有102.2万人参加基本养老保险，29.9万名离退休人员参加基本养老保险社会统筹。年末全市机关事业单位共有18.7万人参加基本养老保险，4万名离退休人员参加基本养老保险社会统筹。城镇职工失业保险参保人数达89.6万人。全市127万人参加了职工医疗保险。

【科学技术】全年取得科技成果276项，其中达到国际领先水平6项，达到国际先进水平46项。全年申请专利3305项，授权2299项，分别增长28.1%和45.8%。

28

2010年长春市经济发展概况

【经济总量】2010年，长春市实现地区生产总值3329.0亿元，比上年增长15.3%。其中，第一产业增加值252.7亿元，比上年增长3.3%；第二产业增加值1719.9亿元，增长19.0%；第三产业增加值1356.4亿元，增长12.6%。三次产业结构为7.6%：51.7%：40.7%，对经济增长的贡献率分别为：1.5%、

64.1%、34.4%。

全市一般预算全口径财政收入563.4亿元，增长25.0%。全市地方财政收入180.8亿元，增长26.8%。地方财政支出382.9亿元，增长25.1%。

【农业】全年完成农林牧渔业总产值474.7亿元，比上年增长4.8%。其中，种植业产值213.4亿元，增长0.97%；林业产值3.2亿元，增长64.8%；牧业产值242.3亿元，增长6.4%；渔业产值2.4亿元，增长2.9%；农林牧渔服务业产值13.3亿元，增长0.9%。全年粮食作物播种面积115.0万公顷，粮食总产量达到796.1万吨，比上年增加65.3万吨。

【工业和建筑业】全年完成规模以上工业增加值1476.2亿元，比上年增长20.9%。其中轻工业增加值269亿元，增长18.1%；重工业增加值1207.2亿元，增长21.5%。全年完成规模以上工业总产值5750.8亿元，比上年增长28.3%。全年实现主营业务收入5494.1亿元，比上年增长33.6%；利税总额762.4亿元，增长45%；盈亏相抵后实现利润总额470.1亿元，增长69.1%。

全年建筑业完成增加值254.4亿元，比上年增长9.9%。资质以上建筑业完成总产值669.8亿元，比上年增长17.6%。实现工程结算收入640.4亿元，增长18.5%。

【国内贸易和对外经济】全年实现社会消费品零售总额1286.7亿元，比上年增长18.1%。分行业看，批发零售贸易业零售额1177.1亿元，增长18.4%。其中，限额以上批发零售贸易业零售额531.1亿元，增长28.0%；限额以下零售额646.0亿元，增长11.5%。住宿和餐饮业零售额109.6亿元，增长15.8%。

全年外贸实现进出口总额132.2亿美元，比上年增长54.7%。其中，进口112.2亿美元，增长50.3%；出口20.0亿美元，增长85.4%。全年新批外资项目（企业）80个，其中投资总额超千万美元项目25个。全年实际利用外资26.7亿美元，比上年增长9.6%。对外劳务承包营业额完成2.8亿美元，外派劳务人员9385人次。

【交通、邮电和旅游】全年公路货物周转量186.5亿吨公里，增长1.4%；旅客周转量为60.5亿人公里，增长41.4%。民航完成货邮吞吐量6.2万吨，增长29.2%；完成旅客吞吐量475.0万人，增长22.5%；全年营运收入25039.6万元，增长30.3%。全年完成邮电业务总量133.2亿元，增长39.5%。其中，邮政业务总量7.8亿元，增长44%；电信业务总量125.4亿元，增长39.2%。全年接待旅游人数达2637.6万人次，比上年增长16.3%。其中，接待入境游客25万人次，比上年增长15.1%；接待国内旅游者2612.6万人次，增长16.3%。全年旅游总收入350.4亿元，增长23.2%。旅游外汇收入13747.9万美元，增长18.3%。

【金融和保险】全市金融机构本外币各项存款余额5038.4亿元，比年初增长15.7%。全市金融机构本外币各项贷款余额4616.8亿元，比年初增长19.5%。全市有价证券成交总额5496.9亿元，比上年下降17.8%。全市保险公司全年保费收入93.3亿元，比上年增长36.9%。全年赔付总金额22.6亿元，增长1.1%。

【科学技术】全年专利申请量由上年的3550件增加到4238件，增长19.4%。全年通过鉴定、验收和认定的科技成果143项，获得市以上科技进步奖励成果235项。其中:获国家级奖励10项，省级奖励183项。市科技管理部门共投入科技经费6163万元。2010年，全市新认定高新技术企业144户，新认定产值超亿元的高新技术企业40家。

29

2010年西安市经济发展概况

【经济总量】2010年，西安市实现地区生产总值（GDP）3241.49亿元，比上年增长14.5%。分产业看，第一产业增加值140.06亿元，增长6.9%；第二产业增加值1409.53亿元，增长18.0%；第三产业增加值1691.90亿元，增长12.5%。第一产业增加值占国内生产总值的比重为4.3%，第二产业增加值比重为43.5%，第三产业增加值比重为52.2%。

全年财政总收入510.69亿元，比上年增长27.6%。地方财政一般预算收入241.86亿元，增长33.3%。全年地方财政一般预算支出371.62亿元，比上年增长34.2%。

【农业】全年粮食播种面积621.71万亩，比上年减少7.0万亩；粮食产量221.65万吨，较上年增长1.6%，创历史最高水平；蔬菜播种面积95.71万亩，增加0.88万亩；园林水果实有面积74.95万亩，增加3.87万亩。

【工业和建筑业】全年全部工业增加值1006.38亿元，比上年增长18.1%。规模以上工业增加值增长19.7%。其中，轻工业增加值增长13.2%，重工业增加值增长21.9%。全市规模以上工业企业经济效益综合指数为234.2，比上年提高26.1个百分点。规模以上工业企业主营业务收入3006.18亿元，增长27.6%。全市规模以上工业企业实现利税总额319.73亿元，同比增长21.5%，其中，利润总额213.37亿元，同比增长27.8%。

全年建筑业实现增加值403.15亿元，比上年增长17.6%。全年具有资质等级的总承包和专业承包建筑企业328家。房屋建筑施工面积4852.94万平方米，比上年增长16.3%。按建筑业总产值计算，全员劳动生产率28.15万元/人。

【国内贸易和对外经济】全年社会消费品零售总额1611.04亿元，比上年增长18.9%。其中，商品零售额1436.91亿元，增长19.5%；餐饮收入额174.13亿元，增长14.2%。全年外贸进出口总额103.82亿美元，比上年增长43.2%。其中，出口53.17亿美元，增长59.5%；进口50.65亿美元，增长29.2%。全年批准外商直接投资项目82个，合同利用外商直接投资11.97亿美元，比上年增长99.4%；实际利用外商直接投资15.67亿美元，增长28.5%。

【交通、邮电和旅游】全年货物运输周转量430.17亿吨公里，比上年增长14.3%。全年铁路客运量2781.35万人次，比上年增长7.4%，货物发送量705.87万吨，增长14.9%；公路客运量26536万人次，增长5.0%，货运量33610万吨，增长12.1%；民航旅客吞吐量1801.03万人次，增长17.8%，货物吞吐量15.81万吨，增长24.6%。全年邮政业务收入6.31亿元，增长10.6%；电信业务收入103.89亿元，增长9.2%。全年共接待国内游客5201万人次，比上年增长34.7%；海外游客84.18万人次，增长25.1%。全年实现旅游总收入405.18亿元，增长36.4%，其中外汇收入5.30亿美元，增长35.8%。

【金融和保险】年末全市金融机构本外币各项存款余额9044.15亿元，比上年末增长16.5%。人民币存款余额8933.23亿元，增长16.6%。金融机构本外币贷款余额6591.73亿元，比上年末增长19.0%。人民币贷款余额6482.28亿元，增长18.7%。全年金融机构现金收入10880.23亿元，比上年增长19.3%；现金支出10610.74亿元，比上年增长20.0%；货币净回笼296.48亿元，比上年下降3.3%。全年证券市场各类证券成交额12105.51亿元，比上年下降12.5%。全市保险机构保费收入158.01亿元，比上年增长29.4%。全年支付各类保险赔款及给付27.03亿元，比上年增长7.5%。

【科学技术】全年实施市级科技计划项目333项，其中科技创新和成果转化项目176项。重点扶持高新技术企业152家，支持建设农业科技示范园11家，科技示范乡镇10个，实施区县工业科技引导项目15个。全年争取国家、省资金1.86亿元。全年技术市场交易额57.3亿元。全年申请专利量19485件，专利授权量8037件。

30

2010年潍坊市经济发展概况

【经济总量】2010年，潍坊市实现地区生产总值3090.9亿元，比上年增长13.3%。其中，第一产业增加值330.5亿元，增长4.3%；第二产业增加值1720.3亿元，增长13.2%；第三产业增加值1040.1亿元，增长16.0%。一、二、三产业分别拉动GDP增长0.4、7.7和5.2个百分点。三次产业结构调整为10.69：55.66：33.65。全市财政总收入完成380.9亿元，增长27.2%。地方财政收入完成202.4亿元，增长28.2%。财政总支出完成291亿元，增长27.8%。

【农业】全年完成农林牧渔业总产值654.8亿元，按可比价格增长4.3%。全市粮食播种面积达到1199.3万亩，增长1.7%；粮食总产量522.6万吨，增长0.3%。全市共完成造林43.87万亩，森林面积达536.34万亩。肉类总产量123.1万吨，增长7.4%。全市渔业总产值达到34.5亿元，按可比价增长2.1%；水产品总产量45.8万吨，增长9.0%。

【工业和建筑业】2010年，全市规模以上工业企业达到5258家，完成增加值1958.27亿元，增长15.4%。全市统计范围内的254种主要产品产量，有185种产品产量同比增长或持平。全市规模以上工业实现主营业务收入7883.28亿元，增长31.2%；实现利润总额477.84亿元，增长45.8%，实现利税总额

725.38亿元，增长41.9%，实交税金243.67亿元，增长34.9%。

全市资质以上建筑施工企业完成产值466.9亿元，增长31.6%。总承包和专业承包建筑企业房屋建筑施工面积5282.9万平方米，同比增长21.7%，其中实行投标承包工程面积3848.3万平方米，增长14.4%，占施工工程面积的72.8%。

【交通、邮电和旅游】全市道路运输共完成客运量2.15亿人次，旅客周转量100亿人公里，完成货运量2.03亿吨，货物周转量647亿吨公里，分别比上年增长5.47%、4.95%、8.36%和3.88%。水上运输完成货运量930万吨，货物周转量82亿吨公里，分别增长61%和30%。潍坊港完成货物吞吐量1511万吨，增长19.6%。航空运输完成旅客运送量14.2万人，增长32.4%，货邮吞吐量1.93万吨，增长17%。全市完成邮政业务总量1.96亿元，实现电信业务总量64.8亿元，比上年增长9.7%。

旅游业全市接待境内外游客2967.7万人次，增长27.3%；旅游总收入247.7亿元，增长30.5%。接待国内游客2945.5万人次，旅游收入237.0亿元，增长31.6%。接待国际入境游客22.2万人次，旅游收入1.6亿美元，增长32.5%。

【国内贸易和对外经济】全市实现社会消费品零售总额1151.1亿元，比上年增长18.6%。按行业分，批发业零售额226.2亿元，增长22.8%；零售业零售额812.2亿元，增长17.7%；住宿业零售额7.28亿元，增长26.2%，餐饮业零售额105.4亿元，增长17.0%。全年实现物流总额9400亿元以上，增长16.7%。

全市外贸进出口总额117.6亿美元，比上年增长46.5%；其中出口87亿美元，增长41.4%；进口30.6亿美元，增长63.1%。新批外商投资项目80个，实际到账外资7.2亿美元，增长6.4%。完成对外承包劳务新签合同额42.1亿美元，营业额17亿美元，分别增长45.3%和49.6%。

【金融和保险】年末，全市金融机构本外币各项存款余额为3307.7亿元，比年初增加539.5亿元，增长19.5%。全市金融机构本外币各项贷款余额达2570.8亿元，比年初增加496.4亿元，增长23.9%。货币持续回笼，全年现金收支相抵，净回笼29.7亿元。金融机构经营效益大幅增加，实现盈利67.4亿元，同比增盈14.6亿元。证券公司全年总交易额683亿元，实现利润1.84亿元。

全市保险业实现保费收入86.45亿元，同比增长33.16%；赔款支出20.35亿元，同比下降5.5%，承担社会经济风险9222.78亿元，同比增长54.24%。

【科学技术】全年实施各类各级科技计划363项，培育科技成果409项，评出市级科技进步奖150项，有25项获得省科技进步奖。全市共申请专利6520件，比上年增长19.46%，其中，发明专利申请831件，增长21.85%；专利授权4797件，增长35.3%。高新技术产业实现产值2614.16亿元，同比增长31.9%，占规模以上工业总产值的比重达到32.92%，比年初提高2.57个百分点。

31

2010年福州市经济发展概况

【经济总量】2010年，福州市实现地区生产总值3068.21亿元，比上年增长14.0%。其中，第一产业增加值为282.51亿元，增长4.0%；第二产业增加值为1366.43亿元，增长19.2%；第二产业增加值为1419.27亿元，增长11.0%。全年财政总收入（不含基金）402.51亿元，增长23.7%，其中地方财政收入247.82亿元，增长26.9%，财政一般预算支出262.42亿元，增长28.0%。

【农业】全市完成农林牧渔业总产值480.01亿元，比上年增长4.1%。其中农业产值129.89亿元，增长2.7%；林业产值13.31亿元，增长9.0%；牧业产值61.10亿元，增长3.4%；渔业产值258.19亿元，增长4.7%。全年粮食播种面积173.99万亩，粮食总产量60.69万吨，下降2.0%。

【工业和科学技术】全年实现工业总产值4853.44亿元，增长21.7%；工业经济效益综合指数高达223.94%，比上年提高25.62个百分点；规模以上工业总产值4528.56亿元，增长22.6%，实现利润总额323.64亿元，增长65.2%；产销衔接良好，产销率为96.9%，比上年提高0.4个百分点。

全市共实施科技星火计划59项、火炬计划65项；全年共有57项科技成果获得市科技进步奖。全市专利申请量达6134件，专利授权量达4215件。全市已认定高新技术企业250家，上市企业有25家。高新技术产业总产值突破1500亿元。

【国内贸易和对外经济】全年社会消费品零售总额1624.28亿元，增长21.3%。城乡消费市场繁荣活跃，"万村千乡市场工程"农家店覆盖乡镇率达98.7%。在限额以上贸易企业商品零售额中，汽车类零售额增长37.7%，家具类增长69.6%，金银珠宝类增长51.6%。

全市外贸实现进出口总值246亿美元，增长37.8%。其中进口总值82.85亿美元，增长41.9%；出口总值163.14亿美元，增长35.8%。全市新批千万美元以上外（台）资项目50项，合同金额9.6亿美元。全市新批外商投资企业达186项，增长29.2%，合同金额达16.73亿美元，增长36.1%，实现实际利用外资（按验资口径）11.85亿美元，增长14.8%。对台贸易活动频繁，对接洽谈项目99项，总投资63.99亿美元。全市新签对外劳务合作合同金额达5553.14万美元，增长312.5%；完成营业额1763.11万美元，下降35.0%；年末在外人员达3055人，下降2.2%。

【交通、邮电和旅游】在全市货物运量中，铁路货物发送量336.5万吨，增长3%；公路货物发送量8394.19万吨，增长10.0%；水路货物发送量6171.99万吨，增长2.4%；民航货邮吞吐量7.94万吨，增长23.1%。在旅客运量中，铁路发送量1314万人次，增长94%；公路旅客发送量16898.6万人次，增长0.9%；水路旅客发送量55.65万人次，增长12.8%；民航旅客吞吐量647.68万人次，增长18.8%。全市沿海港口货物吞吐量7124.8万吨，其中外贸货物吞吐量2719.8万吨。集装箱吞吐量147.05万标箱，旅客吞吐量5.85万人次。

全年完成邮电业务收入87.60亿元，增长6.8%。其中，邮政业务收入5.07亿元，电信业务收入26.9亿元，移动业务收入46.63亿元，联通业务收入9亿元，分别增长10.5%、3.2%、8.3%和12.5%。

旅游市场全市接待国内游客2275.11万人次，增长17.4%；境外游客者69.86万人次，增长11.0%。全市共有星级宾馆饭店73家，客房共计11047间。

【金融和保险】全市金融机构各项存款余额6100.92亿元，比上年增长24.0%；金融机构各项贷款余额5231.41亿元，比上年增长23.2%。银行现金收入6286.64亿元，增长5.3%。全年股票、基金交易额19709.81亿元，增长3.6%。全市保险业务保费收入119.53亿元，增长30.9%。保费业务赔款及给付支出25.85亿元，增长1.7%。

32

2010年常州市经济发展概况

【经济总量】2010年，常州市实现地区生产总值2976.7亿元，比上年增长13.1%。其中，第一产业实现增加值为99.8亿元，比上年增长4.3%；第二产业增加值为1667.2亿元，比上年增长13.2%；第三产业增加值为1209.7亿元，比上年增长13.6%。三次产业结构由上年的3.6：56.8：39.6调整为3.4：56.0：40.6，产业结构得到进一步优化。

全年实现地方一般预算收入286.2亿元，比上年增长32.6%；地方一般预算收入占GDP的比重达到9.6%，较上年提高1个百分点。全年一般预算财政支出273.4亿元，比上年增长25.0%，其中用于社会保障与就业、科技、教育、文化体育与传媒、医疗卫生和环境保护等方面的财政支出达109.6亿元，比上年增长24.1%。

【农业】全市实现农林牧渔业总产值174.5亿元，比上年增长8.6%。粮食总产量达115.2万吨，较上年增长0.9%。粮食亩产475.4公斤，其中水稻亩产620.1公斤，蝉联全省“八连冠”。截至2010年底，全市共有省级名优农产品39个，获得绿色标志的农产品279只，有机食品131个。

【工业和建筑业】全年完成规模以上工业产值7387.8亿元，比上年增长23.6%，其中轻工业完成产值1562.1亿元，增长17.8%；重工业完成产值5823.0亿元，增长25.2%。实现产品销售收入7263.3亿元，利税613.7亿元，利润405.8亿元，分别比上年增长23.9%、37.4%、48.1%。按省统一口径计算，规模以上工业全年完成增加值1698.6亿元，按可比价计算增长15.2%；

全年实现建筑业增加值175亿元，按可比价计算增长14%；完成施工产值835.9亿元，比上年增长23%；施工面积6547.9万平方米，增长14.0%；竣工面积2653.0万平方米，增长6.0%。

【国内贸易和对外经济】全年实现社会消费品零售总额1044.7亿元，比上年增长18.5%。城乡市场发展基本保持同步，其中城市市场实现零售额975.1亿元，农村市场实现零售额69.6亿元，分别比上年增长18.5%、18.2%。全年外贸完成进出口总额222.8亿美元，比上年增长47.7%。其中出口155.6亿美元，增长43.2%；进口67.2亿美元，增长59.5%，实现贸易顺差88.4亿美元。全市全年实际利用外资达26.7亿美元，比上年增长18.1%。全年新增工商登记注册外资3000万美元以上项目32个。全年新签外经合同额5.8亿美元，完成营业额4.7亿美元。境外投资项目40个，中方协议投资额3.4亿美元，比上年增长209.7%，连续三年实现倍增。全市外包企业发展至321家，全年服务外包合同额和执行额分别达2.8亿美元和2.2亿美元，其中离岸外包合同额1.8亿美元，外包执行额1.5亿美元。

【交通、邮电和旅游】全年完成货物运输量13109万吨，货物周转量89.8亿吨公里，分别比上年增长17.0%、16.0%；完成旅客运输量29201万人次，旅客周转量154.1亿人公里，分别比上年增长18.2%、19.8%。长江常州港完成港口吞吐量3155.9万吨，较上年增长6%，集装箱吞吐量达10.6万标箱，增长62.8%。民航全年进出港旅客65.8万人次，航空运输货物6716.8吨，分别比上年增长23.0%、9.7%。全年完成邮电通讯业务收入50.5亿元，比上年增长6.1%。

全年实现旅游总收入349.7亿元，比上年增长23.9%；接待国内游客2802.4万人次，国内旅游收入326.1亿元，比上年增长24.3%；接待入境游客35.9万人次，旅游外汇收入3.5亿美元，比上年增长18.1%。

【金融和保险】年末全市金融机构人民币存款余额4550.5亿元，比年初增长20.8%；全市金融机构人民币贷款余额3011.7亿元，比年初增长19.8%。全市金融机构累计现金收入8030.2亿元，现金支出8170.2亿元，收支相抵，净投放现金140.0亿元，与上年相比增长37.3%。全市18个证券营业部成交各类证券6659.8亿元，比上年增长4.1%。上市公司全年融资额达51.5亿元。

年末全市纳入统计范围的保险公司共48家，全年实现保费收入86.5亿元，比上年增长19.2%。全年各类保险理赔给付支出12.1亿元，比上年增长1.1%。

【科学技术】全年实施省级以上科技项目332项，落实各项科技专项资金3.4亿元，新增高新技术产品528个。全年专利申请量达到15874件，较上年增长31.0%，其中专利发明申请3316件，占申请量的20.9%；专利授权9093件，增长87.2%。

33

2010年温州市经济发展概况

【经济总量】2010，温州市地区生产总值2925.57亿元，比上年增长11.1%。分产业看，第一产业增加值92.78亿元，增长2.9%；第二产业增加值1535.12亿元，增长12.1%；第三产业增加值1297.66亿元，增长10.3%。国民经济三次产业结构为3.2：52.4：44.4。财政收入占GDP比重为14.1%，较上年回落0.2个百分点。全年实现财政总收入411.43亿元，比上年增长14.1%，其中地方财政一般预算收入

228.49亿元，增长16.8%。全年地方财政一般预算支出311.05亿元，增长23.6%。

【农业】全年农林牧渔业总产值154.12亿元，比上年增长3.7%。其中，农业产值64.60亿元，增长0.3%；林业产值3.44亿元，增长0.3%；牧业产值33.22亿元，增长11.3%；渔业产值50.39亿元，增长3.3%；农林牧渔服务业产值2.47亿元，增长9.4%。全年粮食总产量为87.56万吨，下降6.7%。

【工业和建筑业】全年工业总产值6516.50亿元，比上年增长24.0%；实现工业增加值1389.31亿元，增长12.7%。

全市规模以上工业企业8096家，实现工业总产值4494.87亿元，比上年增长26.5%。其中，轻工业产值1597.46亿元，增长27.6%；重工业产值2897.41亿元，增长25.9%。全年规模以上工业企业实现主营业务收入4365.64亿元，增长24.1%；利税总额442.42亿元，增长23.9%，其中利润总额262.42亿元，增长28.4%。建筑业实现增加值145.82亿元，比上年增长6.2%。全市拥有三级以上资质的建筑企业547家，实现建筑业总产值613.39亿元，增长13.4%；实现利润总额17.48亿元，增长7.8%。

【国内贸易和对外经济】全年社会消费品零售总额1498.10亿元，比上年增长18.9%。分行业看，批发零售贸易业零售额1323.93亿元，增长18.8%；住宿餐饮业零售额174.17亿元，增长19.7%。年末全市共有各类市场490个，比上年增加20个。全年各类市场成交额843.13亿元，比上年增长3.9%。

全年外贸进出口总额170.94亿美元，比上年增长28.8%。其中进口总额25.51亿美元，增长8.9%；出口总额145.43亿美元，增长33.0%。全年新签外资项目25项，实际利用外资1.76亿美元，比上年下降25.1%。全年新批设立境外机构54家，中方境外投资额1.54亿美元，增长6.1%。新签对外承包工程和劳务合同金额2909.30万美元，实际完成营业额1652.53万美元。

【交通、邮电和旅游】全年高速公路、港口、物流基地等建设力度加大，交通网络体系日臻完善。年末公路总里程13965公里，其中高速公路289公里。全市公共交通营运线路107条，年载客量2.70亿人次。除水运客运量略有下降外，全年各种交通工具客货物运输量均稳定增长。

全年邮电业务收入111.07亿元，比上年增长6.9%，其中，全市邮政业务收入5.18亿元，比上年增长12.6%。电信业务收入105.89亿元，增长6.6%。

全年共接待海内外游客3526.30万人次，实现旅游总收入331.68亿元，分别比上年增长19.0%和24.7%。其中接待国内游客3487.14万人次，增长19.0%，国内旅游收入317.33亿元，增长25.1%；接待海外游客39.16万人次，增长18.8%，国际旅游外汇收入2.11亿美元，增长18.6%。

【金融和保险】年末全市金融机构本外币各项存款余额6497.59亿元，比上年末增长21.4%，其中人民币存款余额6222.74亿元，增长19.9%。年末金融机构本外币各项贷款余额5516.68亿元，增长23.0%，其中人民币贷款余额5381.57亿元，增长22.5%。全年金融机构现金收入15674.92亿元，比上年增长10.5%；现金支出15838.00亿元，增长10.7%；全年货币投放163.08亿元，增长41.9%。全年证券成交总额12456.06亿元，比上年增长5.5%。其中股票（AB股合计）交易额12022.00亿元，增长12.2%。

全年保险业实现保费收入100.92亿元，比上年增长25.7%。支付各类赔款及给付25.34亿元，增长

3.6%。

【科学技术】全年列入国家级“火炬计划”42项，累计实施397项；国家级“星火计划”39项，国家重点新产品计划10项，省级新产品试制计划457项。积极培育高新技术企业，新增高新技术企业103家，累计315家；全年专利授权10553项，累计53592项。

34

2010年大庆市经济发展概况

【经济总量】2010年，大庆市实现地区生产总值2900.1亿元，比上年增长12%。其中，第一产业实现增加值95.0亿元，比上年增长10.0%；第二产业实现增加值2385.1亿元，比上年增长11.2%；第三产业实现增加值420.0亿元，比上年增长16.3%。三次产业结构达到3.3：82.2：14.5，油与非油经济比例达到52：48。全市完成地方财政收入175.5亿元，同比增长20.6%；地方财政一般预算收入95.9亿元，同比增长13.5%；地方财政支出175.3亿元，同比增长21.0%。

【农业】全年实现农林牧渔业增加值95亿元，同比增长10%，其中种植业实现45亿元、同比增长10.7%。全市粮食总产量达505.7万吨，同比增长28.3%。畜牧业实现产值103.5亿元，实现畜牧业增加值46.2亿元。全年完成植树造林23.1万亩，实现产值1.8亿元。渔业产值实现4.6亿元，水产品产量7.6万吨。

【工业和建筑业】2010年，全市实现工业增加值2320.0亿元，同比增长11.3%；规模以上工业企业达737户，实现增加值2090.0亿元，同比增长10.5%。全市规模以上工业经济效益综合指数达到735点，比全省平均水平高出389.6点；主营业务收入3703.2亿元，同比增长28.9%。全市资质以上建筑企业达到313户，全年完成施工产值230.6亿元，同比增长25%。

【国内贸易和对外经济】国内贸易全年实现社会消费品零售总额591.0亿元，同比增长23.8%。按行业分，批发和零售业实现538.8亿元，住宿和餐饮业实现52.2亿元，同比分别增长23.8%和24.3%。

全年外贸进出口总额达到15.4亿美元，同比增长39.8%。其中，出口9.76亿美元，同比增长71.8%；进口5.65亿美元，同比增长5.8%。全年实际利用外资34587.1万美元，其中直接实际利用外资15676.7万美元，同比增长12.0%。

【交通、邮电和旅游】交通运输业发展良好：全年公路客运量33665万人，同比增长24.8%，客运周转量394216万人公里，同比增长23.3%；全年公路货运量3485万吨，同比增长17.8%，货运周转量552000万吨公里，同比增长10.2%；全年铁路客运量745.7万人，同比增长2.5%，货运量1130万吨，同比下降1.3%。

邮政电信业全年实现营业收入28.1亿元，同比增长3.6%。其中，邮政业务收入3.3亿元，同比下降19.3%；电信业务收入24.8亿元，同比增长7.8%。

旅游业发展迅速，实现旅游收入26.4亿元，同比增长33.0%。接待游客743.5万人次，同比增长6.2%。

【金融业】年末全市金融机构存款余额1560.9亿元，比年初增加204.5亿元。年末全市金融机构贷款余额409.8亿元，比年初增加85.8亿元。全年证券总交易量1756亿元，比上年下降10.9%。年末股票市场累计客户数为25.9万户，比上年末增长10.7%。年末客户总资产达到137亿元，比上年末增长12.3%。

【科学技术】高新技术产业快速发展：在高新技术产业开发区注册的企业达2760家，同比增长10.9%；实现技工贸总收入965亿元，同比增长27%；实现工业总产值700亿元，同比增长30%；实现工业增加值261亿元，同比增长56%，占全市地方工业增加值的50.2%；实现利税60亿元，同比增长19%。

35

2010年徐州市经济发展概况

【经济总量】2010年，徐州市实现地区生产总值2866.93亿元，比上年增长13.9%。其中，第一产业增加值278.00亿元，增长4.3%；第二产业增加值1490.22亿元，增长15.7%；第三产业增加值1098.71亿元，增长13.9%。三次产业增加值占地区生产总值比重由上年的10.5：52.3：37.2调整为9.7：52.0：38.3。全年财政总收入413.89亿元，比上年增长29.8%。一般预算收入222.16亿元，增长35.2%。全年一般预算支出330.22亿元，增长28.7%。

【农业】2010年，全市实现农林牧渔业总产值515.35亿元，比上年增长12.6%，其中：农业总产值323.60亿元，增长13.4%；林业总产值9.55亿元，下降4.5%；牧业总产值146.50亿元，增长13.9%；渔业总产值25.09亿元，增长2.5%；农林牧渔服务业总产值10.61亿元，增长17.6%。粮食总产量连续五年增产，全年总产量达440.20万吨。

【工业和建筑业】全年规模以上工业实现增加值1382.45亿元，比上年增长17.5%。其中轻、重工业分别完成增加值407.84亿元和974.61亿元，分别增长12.9%和19.6%。全市新能源、新材料、新医药、环保、物联网产业等战略性新兴产业完成产值858.98亿元，比上年增长85.4%。市高新技术产业完成产值1061.13亿元，占全市规模以上工业产值的比重达20.6%。全年规模以上工业实现销售收入为5149.74亿元，比上年增长46.8%。利税843.92亿元，增长46.6%。利润450.79亿元，增长60.8%。全市规模以上工业经济效益综合指数为341.37，比上年提高62个点。

全年共完成建筑业总产值499.73亿元，增长25.3%；竣工产值380.50亿元，增长15.8%，竣工率达76.1%。建筑业企业房屋建筑施工面积5203.91万平方米，增长30.0%。

【国内贸易和对外经济】全年实现社会消费品零售总额965.25亿元，比上年增长18.9%。按经营单位所在地分，乡村消费品零售额199.18亿元，增长18.2%；城镇消费品零售额766.07亿元，增长

19.1%。

全年外贸进出口总额为41.61亿美元，比上年增长80.8%，其中出口26.31亿元，增长73.6%。全年新批外商投资项目204个；实际到账注册外资10.13亿美元，比上年增长45.2%。新签对外承包工程劳务合同额1.26亿美元，增长17.3%，完成营业额1.46亿美元，增长16.2%。

【交通、邮电和旅游】全年各种运输方式完成旅客运输量2.60亿人次，货物运输量2.73亿吨，港口货物吞吐量8151.82万吨。

全年邮电业务总量73.65亿元，邮电业务收入48.14亿元。其中邮政业务收入5.03亿元。全年接待国内游客2049.40万人次，增长14.4%，国内旅游收入215.84亿元，增长17.3%。全年接待境外游客15.83万人次，增长13.7%，国际旅游外汇收入1.53亿美元，增长15.9%。

【金融和保险】年末全市金融机构贷款余额为1436.44亿元，其中新增贷款303.88亿元。全市金融机构存款余额为2632.19亿元，其中居民储蓄存款1324.39亿元。

年末全市拥有保险机构40家，全年实现保费收入82.02亿元，比上年增长55.5%。全年理赔给付额15.22亿元，下降3.5%。

【科学技术】全年科技研究与发展经费支出占GDP比重1.52%。受理专利申请9927项，其中发明专利3463项。专利申请授权量4928项。全年203项科技成果通过鉴定，其中达到国际水平66项，填补国内空白52项，达到省内先进水平81项。新上火炬及星火计划项目46项，总投资10.94亿元；拥有国家火炬计划重点高新技术企业5家。民营科技型企业1470家，实现产值588亿元，增长31.3%。

36

2010年淄博市经济发展概况

【经济总量】2010年，淄博市实现地区生产总值2866.75亿元，比上年增长13.7%。其中，第一产业增加值105.3亿元，增长4.7%；第二产业增加值1766.57亿元，增长12.4%；第三产业增加值994.88亿元，增长17.4%。三次产业比例由上年的3.6∶62.8∶33.6调整为3.7∶61.6∶34.7

全年实现财政总收入398.19亿元，增长26.01%。地方财政一般预算收入162.4亿元，增长26.11%；地方财政支出201.88亿元，增长24.64%。

【农业】全市农林牧渔业总产值达188.4亿元，比上年增长4.7%。其中，农业总产值130.6亿元，林业总产值9.7亿元，牧业总产值39.5亿元，渔业总产值3.3亿元，农林牧渔业服务业总产值5.3亿元，分别增长3.9%、1.1%、7.9%、3.1%和7.1%。粮食连续八年增产增收，总产量达到175.45万吨，比上年增长7.5%。

【工业和建筑业】全年规模以上工业实现主营业务收入7709.86亿元，同比增长31.1%；实现利税966.72亿元，增长38.3%，其中利润560.84亿元，增长50.1%。规模以上工业经济效益综合指数达到327.82%，比上年提高29.35个百分点。年末，全市规模以上工业企业达3436家，比上年增加74家。规模以上工业企业增加值比上年增长16.2%。分轻重工业看，轻工业增长16.6%，重工业增长16.1%。

全市资质内建筑企业完成建筑业总产值505.2亿元，增长23.2%，增速比上年同期提高2.6个百分点。全年建筑业企业签订合同额712亿元，增长34.1%。其中，本年新签合同额为535.5亿元，增长40.7%。

【国内贸易和对外经济】全年社会消费品零售额突破千亿元大关，达到1005.68亿元，比上年增长18.8%，扣除价格因素，实际增长15.7%。分行业看，批发零售业881.6亿元，增长18.7%；住宿餐饮业124.1亿元，增长18.9%。年末，限额以上批发零售住宿餐饮企业单位数达到1449家，比上年增加295家，实现零售额647.5亿元，增长28.9%。

全年外贸实现进出口总额67.2亿美元，比上年增长39.1%。其中，出口总额40.3亿美元，比上年增长31.6%。全年新批外商投资企业29家，新批1000万美元以上项目24个。全年实际利用外资5.86亿美元，增长11.8%，增幅比上年提高1.2个百分点；实际到账外资4.48亿美元，增长15.7%。

【交通、邮电和旅游】年末，全市公路通车里程达10317公里，其中，高速公路通车里程达206公里。全年公路客运量3.95亿人次，增长6%；货运量2.73亿吨，增长5.62%。公路客运周转量为133.71亿人公里，增长5.85%；货运周转量为843.21亿吨公里，增长8.17%。

全年邮政业务总量3.08亿元，函件总数达3073.21万件。电信业务总量29.79亿元，增长36.15%，光缆线路总长度达3.89万公里。全市现有电子信息企业177家。电子信息产业实现主营业务收入为300.67亿元，增长37.92%。

全年接待海外游客17.13万人次，增长36.7%。实现旅游外汇收入0.92亿美元，增长57.8%；接待国内游客2544.2万人次，增长23.7%，国内旅游收入207.4亿元，增长31.2%。

【金融和保险】年末，人民币各项存款余额2470.56亿元，比年初增加325.35亿元，同比少增147.23亿元。短期贷款余额918.24亿元，比年初增加168.43亿元。中长期贷款余额650.58亿元，比年初增加149.67亿元，新增额占全部新增贷款的51.46%。个人消费贷款余额249.49亿元，比年初增加60.13亿元，少增3.42亿元。

现有商业保险分支机构37家，实现保费收入63.34亿元，增长33.51%。支付各项赔款与保险金10.18亿元，增长20.63%。

【科学技术】全年取得重要科技成果198项，其中，农业领域11项，工业领域128项，医疗卫生领域51项。获得省以上科学技术奖17项，其中，国家科学技术进步奖1项。全年签订技术合同300项，新增253项；技术合同成交金额达6.08亿元，增加3亿元。国内专利申请量和授权量大幅增加。专利申请量7125件，增长20.19%，专利授权量3488件，增长107.13%，其中，发明专利授权量281件，增长13.77%。高新技术产业总产值突破3000亿元大关，达到3024.48亿元，占规模以上工业总产值的38.18%，较年初提高2.38个百分点。

37

2010年绍兴市经济发展概况

【经济总量】2010年，绍兴市生产总值2782.74亿元，比上年增长11.0%。其中：第一产业增加值149.28亿元，增长3.8%；第二产业增加值1582.87亿元，增长10.0%；第三产业增加值1050.59亿元，增长13.4%。产业结构进一步优化。三次产业结构由上年的5.2：58.1：36.7演变为5.3：56.9：37.8，第三产业增加值占GDP比重比上年提高1.1个百分点。

全年全市财政总收入349.25亿元，其中地方财政收入193.23亿元，同比分别增长17.0%和20.4%。

【农业】全年全市农林牧渔业总产值225.80亿元，增长4.0%，其中农业总产值143.63亿元，增长2.6%；林业19.02亿元，增长5.5%；牧业40.82亿元，增长6.2%；渔业20.85亿元，增长6.9%；农、林、牧、渔服务业1.48亿元，增长10.2%。

【工业和建筑业】全市工业增加值1414.33亿元，比上年增长9.7%。规模以上工业总产值6836.71亿元，同比增长27.8%。全市规模以上工业销售产值6671.08亿元，产销率97.58%。全市规模以上工业利税总额580.99亿元，同比增长35.6%，其中利润总额398.43亿元，增长39.7%。

2010年全市有建筑业企业780家，完成建筑业增加值168.54亿元，比上年增长12.8%，增加值总量和增速均居全省第3位。全市建筑业总产值3243.16亿元，比上年增长17.9%。市外产值占全市建筑业产值85%以上。工程质量合格率100%。

【国内贸易和对外经济】全年全市社会消费品零售总额852.89亿元，同比增长19.1%。其中，批发零售贸易业零售额778.70亿元，增长19.4%；住宿和餐饮业零售额74.19亿元，增长15.3%。年末绍兴市有商品交易市场396个，全年成交额1767.06亿元，同比增长24.2%。

全年全市外贸进出口总额270.16亿美元，同比增长31.8%。其中出口210.89亿美元，增长33.8%，进口59.27亿美元，增长25.3%。新登记备案企业1690家，累计获进出口经营权企业10597家。全年引进外资项目235个，合同利用外资14.46亿美元，增长53.6%；实到外资9.53亿美元，增长17.5%。全市新批境外投资企业164家，境外投资额29885万美元，其中中方投资额28169万美元。新签承包劳务合同额52764万美元，营业额50260万美元。全市外派劳务49人次，年末在外人数309人。

【交通、邮电和旅游】全年交通基础设施项目投资额93.25亿元，增长14.6%。年末全市公路通车里程9081公里，同比增长0.02%。公路营业性客运量17314万人次，周转量45.88亿人公里，分别比上年增长1.7%和1.4%；公路营业性货运量7890万吨，周转量70.75亿吨公里，两者均比上年增长3.7%。

全年邮电业务收入48.87亿元，增长3.2%。全年全市旅游总接待游客3488.72万人次，旅游总收入318.40亿元，分别增长20.5%和26.2%，其中接待国内游客3436.44万人次，国内旅游收入305.84亿元，分别增长20.5%和26.3%；接待入境游客52.28万人次，旅游外汇收入18478万美元，分别增长21.1%和

24.7%。

【金融和保险】年末全市金融机构本外币存款余额4948.32亿元，同比增长19.5%，其中城乡居民储蓄存款余额1945.72亿元，增长14.0%。金融机构本外币贷款余额3934.27亿元，同比增长19.3%，其中短期贷款2839.61亿元，中长期贷款951.88亿元，分别增长18.1%和29.9%。全年上市公司融资额109.50亿元，同比增长310.1%。年末有证券资金账户480527户，当年交易额11277.99亿元。

年末全市有各类保险机构47家，保费总收入61.87亿元，增长30.15%。支付各类赔款及给付16.93亿元，增长26.25%。

【科学技术】全市新上国家火炬计划和星火计划项目、国家新产品计划项目等153项，省重大科技项目450多项。新认定高新技术产业化基地1家、国家需要重点扶持的高新技术企业46家，全市达到260家。全市专利申请量、授权量分别达到12294件、11670件，均居全省第3位；其中发明专利申请量1263件，发明专利授权量343件，专利授权量比上年增长28.9%。

38

2010年合肥市经济发展概况

【经济总量】2010年，合肥市生产总值2702.5亿元，比上年增长17.5%。其中，第一产业增加值132.6亿元，增长3.5%；第二产业增加值1457.6亿元，增长22.3%；第三产业增加值1112.3亿元，增长12.7%。三次产业结构由上年5.2：52.6：42.2调整为4.9：53.9：41.2。其中，工业增加值占GDP的比重为41.5%，比上年提高1.5个百分点。全年财政收入476.2亿元，比上年增长39.3%。地方财政收入259.43亿元，增长43.4%。财政支出317.72亿元，增长29.2%。

【农业】全年粮食种植面积28.26万公顷，比上年扩大1.5%；粮食产量193.52万吨，比上年增长1.6%，连续七年增产。油料种植面积12.46万公顷，减少10.1%，油料产量25.85万吨，下降18.5%；蔬菜种植面积5.06万公顷，增长5.3%；蔬菜产量109.25万吨，增长9.4%；主要肉类产量38.02万吨，增长3.3%。禽蛋产量13.61万吨，增长5.7%；牛奶产量9.20万吨，增长47.2%；水产品产量12.29万吨，增长9.0%。

【工业和建筑业】全市规模以上工业企业2091户，完成工业总产值3768.94亿元。全年规模以上工业增加值1052.71亿元，比上年增长24.9%。其中，轻工业增长26.8%，重工业增长23.7%。全市规模以上工业经济效益综合指数为292.7，主营业务收入3208.93亿元，同比增长39.4%；实现利税273.10亿元，增长33.1%，其中利润165.46亿元，增长47.7%。

全市资质等级以上建筑施工企业701户，完成产值1369.69亿元，比上年增长29%。全年房屋建筑施工面积9160.70万平方米，增长25.1%，其中新开工面积5102.73万平方米，增长35.8%；房屋建筑竣工面积2945.34万平方米，增长7.7%。

【国内贸易和对外经济】全年社会消费品零售总额839.02亿元，比上年增长19.8%。按行业分，批发零售业实现零售额768.21亿元，增长19.9%；住宿餐饮业零售额70.81亿元，增长17.6%。

全年外贸进出口总额99.58亿美元，比上年增长54.9%。其中，出口56.26亿美元，增长26.5%；进口43.32亿美元，增长118.9%。全年新批外商投资企业72户，实际利用外资14.3亿美元，增长10%。新增3家境外世界500强企业来我市投资。

【交通、邮电和旅游】全年全市旅客运输量2亿人，比上年增长19.3%。其中，公路1.8亿人，铁路1588万人，民航416万人。全年货物运输量1.97亿吨，比上年增长31.8%。其中，公路1.74亿吨，铁路150.80万吨，民航3.34万吨，水运2183.56万吨。全年邮电业务总量125.29亿元，其中电信业务总量122.81亿元，邮政业务总量2.48亿元。全年共接待国内外游客2694.28万人次，实现旅游总收入247亿元，分别比上年增长55.6%和42.9%。其中，旅游外汇收入1.5亿美元，增长39.4%；国内旅游收入237亿元，增长43.2%。

【金融和保险】年末金融机构人民币各项存款余额4541.78亿元，比年初增长21.6%。其中，企业存款2180.87亿元，增长18.3%；储蓄存款1233.73亿元，增长19.6%。金融机构人民币各项贷款余额4214.08亿元，比年初增长20.7%。其中，短期贷款1028.29亿元，增长8.1%；中长期贷款3161.67亿元，增长28.8%。全年上市公司通过资本市场筹资43.1亿元。

全年保险机构实现保费收入65.69亿元，比上年增长22.2%。各项赔款与给付支出16.45亿元，比上年下降16.5%。

【科学技术】全年新增高新技术企业96户，全市438户高新技术企业完成产值2021亿元。年末全市各类专业技术人员40.9万人，比上年增长5%。规模以上工业企业研发机构407个。全社会用于研究与试验发展经费64亿元，增长31.9%。全年受理专利申请14459件，授权专利4007件，分别比上年增长308.9%和73.9%。签订各类技术合同4096项，成交金额29.78亿元，比上年增长30%。

39

2010年鄂尔多斯市经济发展概况

【经济总量】2010年，鄂尔多斯市实现地区生产总值2643.2亿元；增长19.2%。其中，第一产业实现增加值70.8亿元，增长4.5%；第二产业实现增加值1591.5亿元，增长22.1%；第三产业实现增加值980.9亿元，增长16.5%。第一产业对GDP贡献率为2.1%，第二产业对GDP的贡献率为68.7%，第三产业对GDP的贡献率为29.2%。三次产业结构比例为2.7：60.2：37.1。

2010年，全市地方财政总收入538.2亿元，同比增长47.1%。其中，地方财政一般预算收入完成

239.1亿元，同比增长47.5%。全年地方财政支出318.9亿元，同比增长37.7%。

【农业】2010年，全市农作物总播种面积568.4万亩。其中粮食作物播种面积350.7万亩，全年粮食总产量141.0万吨，同比增长3.3%，其中大豆产量增长29.2%，玉米产量增长9.2%。油料播种面积45.0万亩，全年油料产量7.0万吨。蔬菜播种面积8.3万亩，蔬菜产量23.4万吨。全市年末牲畜总头数826.3万头（只），同比增长2.2%；全年肉类总产量14.9万吨，同比增长7.1%；牛奶产量28.6万吨，同比增长0.2%；禽蛋产量10310吨，同比增长56.2%。

【工业和建筑业】全年实现工业增加值1431.2亿元，比上年增长22.7%。其中，规模以上工业企业完成增加值1139.0亿元，增长23.1%。其中实现重工业增加值1069.7亿元，轻工业增加值69.3亿元，分别增长22.4%和35.0%。实现规模以上工业总产值达到2688.1亿元，同比增长34.5%。规模以上工业销售产值2644.4亿元，比上年增长35.0%。

全年建筑业总产值256.2亿元，同比增长22.7%。年末全市具有资质等级的建筑施工企业151个，房屋施工面积为912.2万平方米，同比增长31.8%；房屋竣工面积396.6万平方米，同比增长0.6%。

【国内贸易和对外经济】2010年全市实现社会消费品零售总额380.0亿元，同比增长18.4%。其中，城镇的消费品零售额299.0亿元，同比增长19.8%，乡村的消费品零售额81.0亿元，同比增长17.0%。

全市外贸进出口总额（不含煤炭）完成43068万美元，同比下降3.8%，减幅回落44.4个百分点。其中进口总额11400万美元，同比下降49.3%；出口总额31668万美元，同比增长42%。全市全年利用外资新签合同项目数达10个；合同利用外资金额6522万美元，同比下降48.5%；实际利用外资金额108000万美元，同比增长8.0%。

【交通、邮电和旅游】全年公路客运量2201万人，同比增长13%；公路旅客周转量29.3亿人公里，同比增长8.4%；公路货运量2.5亿吨，同比增长32.5%；公路货物周转量464.8亿吨公里，同比增长33%。铁路客运量89.2万人，同比下降0.4%；铁路客运周转量9390万人公里；铁路货运量20941万吨，同比增长13.5%；铁路货运周转量294.6亿吨公里。公路通车总里程1.7万公里，铁路运营1208公里。全市实现邮政业务收入8080.2万元，同比增长18.8%。全市电信业务总收入196249万元，同比增长34.3%。全市接待国内外旅游者490.4万人次，同比增长32.4%，其中接待入境旅游者2.2万人次。实现旅游收入76.1亿元，同比增长28.2%。

【金融和保险】2010年末全市金融机构现金收入3661.9亿元，同比增长21.6%；金融机构现金支出3872.0亿元，同比增长21.4%。年末金融机构各项存款余额1760.9亿元，同比增长30.5%。年末金融机构各项贷款余额1562.1亿元，同比增长29.6%。全市保险主体22家，全年累计实现保费收入318889.5万元，同比增长43.6%。全市保险公司各项赔款和给付支出87317.2万元，同比增长34.7%。

【科学技术】全市取得各类科技成果24项，全年提交专利申请295件，其中，授权专利262件，同比增长10.9%、103.1%，技术合同认定登记429项，成交金额33304.4万元。全年批准认定国家创新型企业1家，国家级高新技术企业2家。自治区级民营科技企业3家，自治区级企业研究开发中心2家。

40

2010年济宁市经济发展概况

【**经济总量**】2010年，济宁市实现地区生产总值2542.80亿元，比上年增长12.9%。其中，第一产业320.41亿元，增长3.5%；第二产业1356.47亿元，增长13.1%；第三产业865.93亿元，增长15.4%。三次产业结构比例为12.6：53.3：34.1，三次产业对GDP贡献率分别为2.7%、59.2%和38.1%。全市地方财政一般预算收入完成169.25亿元，增长25.7%。地方财政支出完成251.87亿元，比上年增长26.9%。

【**农业**】全市农林牧渔及服务业实现增加值320.4亿元，比上年增长3.5%。其中:种植业208.56亿元，增长1.1%；林业4.4亿元，减少4%；牧业79.95亿元，增长9.1%；渔业19.4亿元，增长6.1%；农林牧渔服务业8.1亿元，增长5.2%。主要农产品粮食总产465万吨，比上年增长4.2%。肉类产量76.7万吨，增长6.5%。全市新增造林面积12.88万亩，森林覆盖率达到27%，比上年提高0.5个百分点。

【**工业和建筑业**】全市规模以上工业企业由上年的3763家发展到4220家。完成工业增加值1195.2亿元，增长16.5%。其中，制造业737.8亿元，增长22.1%，占规模工业的61.7%；采掘业381.6亿元，增长5.7%，占32.0%；电力、燃气及水的生产和供应业75.7亿元，增长15.7%，占6.3%。高新技术产业实现产值1603.3亿元，增长27.3%，占规模以上工业总产值的比重达到35.5%，比上年提高2.4个百分点。全市规模以上工业企业实现产品销售收入4449亿元，增长32.2%；利税564.3亿元，增长42.2%；其中利润365.0亿元，增长50.8%。建筑业完成总产值277.22亿元，增长33.4%；实现利税17.07亿元，增长19.9%。

【**国内贸易和对外经济**】全市实现社会消费品零售总额963.5亿元，增长18.6%。其中，批发零售贸易业零售额861.0亿元，住宿餐饮业零售额102.5亿元，分别增长18.6%和18.8%。批发和零售贸易和住宿餐饮业增加值219.48亿元，增长25.1%。全市外贸完成进出口总额44.66亿美元，增长56.7%。其中出口23亿美元，增长46.7%；进口21.66亿美元，增长68.8%。全市新批外商投资项目75个，合同外资9.21亿美元，实际到账外资45780亿美元，增长10.0%。新签对外承包劳务合同额27040万美元，增长288.8%；完成营业额17015万美元，增长63.3%；外派劳务5516人次，增长15.9%。境外投资企业13个，中方协议投资额10548万美元。

【**交通、邮电和旅游**】全市公路运输完成货运量1.9亿吨，比上年增长12%，货物周转量403.7亿吨公里，增长8.1%；客运量8778万人，增长7.8%，客运周转量59.2亿人公里，增长7.3%。内河航运完成货运量2701万吨，增长18%；货物周转量114.8亿吨公里，增长64%。

全市邮电业务总量33.3亿元，增长12.7%。其中电信业务量29.9亿元，增长12.8%，邮政业务量3.4亿元，增长11%。

旅游业得到较快发展。全年接待境外旅游者28.9万人次，同比增长18.1%。旅游创汇17117.9万美元，增长41.4%。国内旅游人数2989.49万人次，增长22.3%，国内旅游收入221.92亿元，增长25.5%。全年旅游社会总收入223.23亿元，增长26.0%。

【金融和保险】全市金融保险业增加值58.74亿元，增长11.5%。年末金融机构各项存款余额2256.31亿元，比年初增加360.71亿元。各项贷款余额1366.43亿元，比年初增加237.72亿元。银行现金收入5016.81亿元，比上年增长23.9%；银行现金支出5069.33亿元，比上年增长24.6%；全年货币净投放52.52亿元，比上年增加30.43亿元，增长137.7%。

2010年底，全市累计保险金额4740.51亿元，增长23.4%。全年各类保费收入73.02亿元，增长35.9%。全年累计支付赔款和给付保险金15.40亿元，增长9.7%。

【科学技术】全市实施科技计划项目537项，取得重要科研成果200项，有30项科研成果获得国家、省、市科技进步奖。全市申请专利4048项，专利授权3691项。10项专利获第三届山东省发明创业奖。技术创新体系不断完善，高新技术企业达到482家，其中国家级高新技术企业87家，市级395家。引进新技术、新成果420项，签订技术合同316项，合同金额5.1亿元。

41

2010年包头市经济发展概况

【经济总量】2010年，包头市实现生产总值2460.8亿元，按可比价格计算，比上年增长16.0%。其中，第一产业增加值66.5亿元，增长7.4%；第二产业增加值1331.4亿元，增长19.1%；第三产业增加值1062.9亿元，增长12.6%。第一、第二和第三产业增加值占全市生产总值的比重分别为2.7%、54.1%和43.2%，三次产业对经济增长的贡献率分别为1.1%、65.3%和33.6%。全年地方财政总收入243.3亿元，比上年增长12.0%。其中，地方财政一般预算收入139.2亿元，增长6.8%。全年地方财政支出204.7亿元，比上年增长4.7%。

【农业】全年粮食总产量99.3万吨，比上年下降1.3%；油料产量3.2万吨，下降54.5%；蔬菜产量82.2万吨，增长10.6%；全年肉类总产量15.7万吨，比上年增长7.5%；牛奶产量155.0万吨，增长6.2%；禽蛋产量2.6万吨，增长1.2%；水产品产量7103吨，增长2.2%。

【工业和建筑业】全年全部工业增加值1188.8亿元，比上年增长19.8%。规模以上工业增加值952.4亿元，增长20.1%。全年规模以上工业企业实现主营业务收入2326.4亿元，比上年增长34.9%；实现利税总额229.7亿元，增长94.5%，其中利润123.3亿元，增长2.8倍。全年建筑业增加值142.7亿元，比上年增长12.5%。在本市注册的具有资质等级的建筑企业共98户，完成总产值185.1亿元，增长16.5%。

【国内贸易和对外经济】全年社会消费品零售总额720.7亿元，比上年增长18.7%。其中，商品批发零售额626.3亿元，增长18.4%；住宿餐饮收入额94.4亿元，增长20.5%。全年外贸进出口总额19.5亿美元，比上年增长52.4%。其中，出口总额12.0亿美元，增长80.1%；进口总额为7.5亿美元，增长22.2%。全市实际利用外资到位金额11.0亿美元，比上年增长14.0%。

【交通、邮电和旅游】全年各种运输方式完成货运量28373.7万吨，比上年增长26.1%，其中，铁路完成货运量11445.5万吨，增长29.2%；公路货运量16928万吨，增长23.5%；民航货运量0.16万吨，增长49.8%。全年各种运输方式完成客运量2115.5万人，比上年增长9%，其中，铁路完成客运量643.2万人，增长3.6%；公路客运量1406万人，增长11.0%；民航客运量66.3万人，增长24.5%。全年邮电业务总量74.9亿元，比上年增长6.5%。其中，邮政业务总量1.5亿元，增长18.9%；电信业务总量73.4亿元，增长6.3%。全年实现旅游总收入109.8亿元，比上年增长15.0%。国内旅游人数601.5万人次，增长14.5%；国内旅游收入109.1亿元，增长15.0%。入境旅游人数1.9万人次，增长5.6%；旅游外汇收入1058万美元，增长36.0%。

【金融和保险】年末全市金融机构人民币存款余额1705.6亿元，比上年末增长14.0%。年末金融机构人民币贷款余额1037.3亿元，增长27.4%。其中，短期贷款余额361.7亿元，增长10.5%；中长期贷款余额647.6亿元，增长40.9%。全年保险业务收入33.7亿元，比上年增长27.9%。保险赔款及给付支出8.2亿元，增长1.0%。

【科学技术】全年申请专利731件，比上年增长44%。全年组织实施20项重大科技项目，获自治区科学进步奖25项、自然科学奖1项。全市已累计创建自治区级以上科技创新型（试点）企业16家，其中国家级科技创新型（试点）企业2家；累计创建市级创新型（试点）企业56家。

42

2010年台州市经济发展概况

【经济总量】2010年，台州市实现生产总值2415.12亿元，比上年增长13.1%。其中，第一产业增加值159.99亿元，增长4.4%；第二产业增加值1262.66亿元，增长14.6%；第三产业增加值992.47亿元，增长12.4%；三次产业结构由上年的6.5：51.8：41.7调整为6.6：52.3：41.1。

【农业】全市实现农林牧渔业总产值276.02亿元，按可比价格计算，比上年增长4.6%。其中，农业产值105.54亿元，增长2.4%；林业产值5.37亿元，下降2.7%；牧业产值27.14亿元，增长5.9%；渔业产值135.20亿元，增长6.3%；农林牧渔服务业产值2.76亿元，增长3.7%。全年粮食总产量82.75万吨，比上年下降2.2%。全市完成造林更新面积4217公顷，森林覆盖率为59.3%。

【工业和建筑业】全市实现工业增加值1144.08亿元，比上年增长15.3%。全市规模以上工业企业为6322家，完成工业总产值3783.32亿元，比上年增长35.1%。2010年，全市规模以上工业企业实现利税总额276.86亿元，比上年增长30.0%，其中利润总额169.08亿元，比上年增长41.6%。工业经济效益综合得分245.1分，比上年提高30.4分。全市实现建筑业增加值118.58亿元，按可比价格计算，比上年增长7.9%。

【国内贸易和对外经济】全市实现社会消费品零售总额960.45亿元，比上年增长18.0%。其中批发业实现零售额50.79亿元，比上年增长13.2%；零售业实现零售额807.13亿元，增长18.5%；住宿业实现零售额10.77亿元，增长18.2%；餐饮业实现零售额91.77亿元，比上年增长16.0%。

全年外贸进出口总额170.01亿美元，比上年增长41.3%。其中自营出口总额139.63亿美元，增长38.7%。全年新批境外投资项目29个，中方投资额7341万美元。全年新批对外经济合作项目3个，对外经济合作营业额3.12亿美元。

【交通、邮电和旅游】全年完成货物周转量1110.64亿吨公里，比上年增长38.0%；旅客周转量为97.71亿人公里，比上年增长8.9%。全年完成港口货物吞吐量4706万吨，比上年增长9.6%。其中外贸吞吐量1000万吨，增长37.3%，完成集装箱吞吐量12.16万标箱，增长33.8%。民航完成旅客吞吐量61.69万人次，比上年增长17.1%，货邮吞吐量5483吨，增长27.7%。铁路发送旅客271.62万人次。

全市完成邮电业务收入66.30亿元，比上年增长6.0%。年末移动电话用户达719.60万户，全年新增128.26万户。年末国际互联网用户95.78万户，其中宽带用户86.36万户，比上年增加18.06万户。

全年共接待旅游总人数3295.95万人次，比上年增长13.8%。其中接待海外旅游人数10.29万人次，增长19.0%；实现旅游总收入273.23亿元，比上年增长18.8%，其中海外旅游收入5629.35万美元，增长13.4%。

【金融和保险】2010年末，全市金融机构本外币存款余额3588.48亿元，比上年末增长22.2%，当年新增存款653.09亿元。年末金融机构本外币贷款余额3055.82亿元，比上年末增长21.4%，当年新增贷款537.76亿元。年末金融机构本外币存贷比为85.2%，不良贷款率为1.13%。全年共有9家企业挂牌上市，募集资金总额达82.85亿元，年末全市累计已有上市公司23家，累计融资总额达到160.2亿元。全年各类保险机构保费总收入72.92亿元，比上年增长26.8%。全年各类赔款、给付支出18.43亿元，比上年下降11.3%。

【科学技术】2010年，全市科技研究与试验经费支出30.43亿元，比上年增长20.1%，占生产总值的1.26%。规模以上工业企业中，高新技术企业完成工业总产值902.74亿元，比上年增长32.9%，占规模以上工业总产值23.9%。全市共有104家企业被认定为国家重点扶持的高新技术企业。全市共有58个项目入选国家火炬计划项目，33个项目入选国家创新基金项目，获资助金额达2400万元。全年申请专利10436件，比上年增长18.5%；专利授权10558件，增长29.6%，其中发明285件，增长26.7%。全年共签订各类技术合同208项，技术交易额2.29亿元。

43

2010年临沂市经济发展概况

【经济总量】2010年，临沂市实现生产总值2400亿元，增长12.9%。其中，第一产业增加值264亿元，增长3.5%；第二产业增加值1206.3亿元，增长13%；第三产业增加值929.7亿元，增长15.1%。三次产业增加值占比为11∶50.3∶38.7，第三产业所占比重同比提高1.3个百分点。全年地方财政收入115.5亿元，增长26.2%。财政支出236.5亿元，增长26.2%。

【农业】农业、林业、牧业、渔业及农林牧渔服务业实现增加值分别增长3.2%、1.3%、5.1%、1.3%和4.5%。粮食总产468.8万吨，增加12.6万吨。蔬菜总产576.6万吨，增长1.4%；全年新造林38.2万亩。肉类总产量68.8万吨，增长6%；禽蛋产量28.5万吨，持平略降；奶类产量9.4万吨，下降4.9%。水产品产量12.4万吨，增长3.9%。

【工业和建筑业】全年规模以上工业完成增加值1093.5亿元，增长16.4%。规模以上工业制造业实现增加值996亿元，增长16.2%。完成高新技术产业产值1512.5亿元，增长30.1%，占规模以上工业的31.22%，比年初提高2.31个百分点。规模以上工业企业实现主营业务收入4919.9亿元、利税409.9亿元、利润280.8亿元，分别增长28.3%、31.7%和34.8%。

全市有资质等级的建筑施工企业360家，完成建筑业总产值285.3亿元，增长29.4%。房屋建筑施工面积3177.3万平方米，房屋建筑竣工面积1498.7万平方米。

【国内贸易和对外经济】全市实现社会消费品零售总额1157.2亿元，比上年增长19%。其中，城镇实现零售额857亿元，增长19.5%；乡村实现零售额300.2亿元，增长17.5%。全市销售家电下乡产品68.9万件，实现销售额16.1亿元，审核通过补贴金额2.1亿元。

全年外贸实现进出口总额47.7亿美元，增长39.4%。其中出口额28.3亿美元，增长29.2%；进口额19.4亿美元，增长57.6%。全年新签对外承包劳务合同17份，营业额1.71亿美元，同比分别增长13.3%和29.9%。全年新批利用外资项目37个，实际利用国外资金3.27亿美元，增长7%。

【交通运输和旅游】全年公路建设投资31.7亿元。年末全市公路通车里程22316公里，其中高速公路330.6公里。全年公路客运量2.55亿人次，旅客周转量99.5亿人公里，分别增长4.7%和4.1%；货物运输量2.74亿吨，货物周转量809.3亿吨公里，分别增长7.5%和1.5%。全年航空货邮量2019.1吨，客运量57.3万人次，分别增长73.8%和80.2%。

旅游业全年共接待国内游客3037万人次，实现国内旅游收入232.7亿元，分别增长24.3%和30.2%；接待海外游客12.1万人次，实现旅游外汇收入7716.7万美元，分别增长42.3%和49.4%。全年实现旅游总收入237.8亿元，增长30.5%。

【金融和保险】年末全市金融机构人民币各项存款余额2115.1亿元，比年初增加352.8亿元。金融机构人民币各项贷款余额1538.2亿元，比年初增加250.8亿元。其中，短期贷款961.2亿元，比年初增加141.8亿元；中长期贷款510.3亿元，比年初增加101.5亿元。全年各保险公司保费收入76.3亿元，增长38.1%。全年共支付各项赔款和给付15.3亿元，下降9.6%。

【科学技术】全市实施科技计划项目253项，其中国家级项目53项，省级85项，市级115项。技术创新成果丰硕。全年共取得各类科技成果220余项，获省科学技术奖14项，获国家科学技术奖2项。全年申请专利2791件、授权专利2287件。

44

2010年东营市经济发展概况

【经济总量】2010年，东营市地区生产总值2359.94亿元，比上年增长13.4%。分产业看，第一产业增加值87.38亿元，增长4.5%；第二产业增加值1712.20亿元，增长13.4%；第三产业增加值560.36亿元，增长14.5%。三次产业比重由上年的3.6：73.9：22.5调整为3.7：72.6：23.7，服务业比重提高1.2个百分点。全年实现财政总收入395.55亿元，比上年增长32.1%；全市财政支出142.07亿元，增长35.0%。

【农业】全市实现农林牧渔业总产值169.64亿元，比上年增长4.5%。其中，农业总产值71.25亿元，下降0.7%；林业总产值1.49亿元，增长3.1%；牧业总产值46.81亿元，增长10.6%；渔业总产值37.3亿元，增长5.8%；农林牧渔服务业总产值12.78亿元，增长7.1%。

【工业和建筑业】全年规模以上工业完成总产值6235.65亿元，比上年增长23.3%，其中地方工业总产值5246.91亿元，增长27.6%。实现工业增加值1735.37亿元，增长14.2%，其中地方工业增加值1012.18亿元，增长23.1%。全市规模以上工业主营业务收入6113.86亿元，增长39.4%；利税1160.07亿元，增长55.6%；利润722.07亿元，增长49.7%。工业经济效益综合指数达到494.4，总资产贡献率35.2%。

建筑业稳步增长。全市建筑施工企业完成施工产值238.35亿元，比上年增长16.3%；施工面积763.33万平方米，竣工面积442.34万平方米，分别下降0.5%和8.0%。建筑业实现增加值100.2亿元，增长17.8%。

【国内贸易和对外经济】全年社会消费品零售总额382.36亿元，比上年增长18.7%。其中，批发和零售业消费品零售额346.82亿元，增长18.6%；住宿和餐饮业消费品零售额35.54亿元，增长18.7%。

全市外贸完成进出口总值79.60亿美元，比上年增长101.0%。其中，出口27.58亿美元，增长57.1%；进口52.02亿美元，增长135.9%。首次入闱全国外贸百强城市，排名第52位。新批外商投资企业17家，合同外资3.2亿美元，增长187.2%，实际利用外资达到2.1亿美元，增长27.6%。新签对外承包工程和劳务合同56份，合同额5.9亿美元，增长74.1%，完成营业额1.7亿美元，增长19.5%。设立境外投资企业17家，中方协议投资额2667万美元。

【交通、邮电和旅游】全年公路货运总量6271万吨，比上年增长6.4%；货运周转量126.00亿吨公里，增长5.0%；公路客运量4045万人，增长4.8%；客运周转量39.05亿人公里，增长4.0%。全年水路客运量、客运周转量分别增长174.6%和230.5%，水路货运量及货运周转量分别增长19.0%和78.8%。港口货物吞吐量462万吨，增长342.1%。

全年完成邮电业务总量47.82亿元，比上年增长7.2%。其中，邮政1.64亿元，下降9.3%；电信46.18亿元，增长7.9%。

旅游业快速发展。全年接待游客640.15万人次，实现旅游总收入45.37亿元，比上年分别增长23.7%和27.5%。其中，接待国内游客636.82万人次，实现国内旅游收入43.34亿元，分别增长23.7%和27.1%；接待入境旅游33300人次，入境旅游收入3128.2万美元，分别增长31.1%和41.3%。

【金融和保险】年末，全市金融机构人民币各项存款余额1567.10亿元，比年初增加266.12亿元，增长20.5%。各项贷款余额1148.11亿元，比年初增加248.75亿元，增长27.7%。其中，金融机构人民币短期贷款余额762.99亿元，较年初增加165.93亿元，增长27.8%；中长期贷款余额364.82亿元，较年初增加91.91亿元，增长33.7%。

全年保险公司保费收入42.89亿元，比上年增长17.7%。全年赔付额6.97亿元，增长21.1%。

【科学技术】全市共获省级以上科技奖励21项，其中，获国家科技进步二等奖3项；获山东省科学技术应用技术成果18项。新认定高新技术企业24家，高新技术产品数6个，国家级新产品6个。技术市场签订技术合同2970个，成交金额14.1亿元，增长6.3%。规模以上工业高新技术产业实现产值1580.95亿元，增长35.0%，占规模以上工业总产值的比重25.35%，比年初提高3.2个百分点。专利申请量2050件，其中发明专利申请量408件、职务发明专利申请量1005件；专利授权量2017件。

45

2010年邯郸市经济发展概况

【经济总量】2010年，邯郸市生产总值2342.2亿元，比上年增长13.1%。其中：第一产业增加值294.0亿元，增长5.9%；第二产业增加值1281.1亿元，增长12.4%；第三产业增加值767.1亿元，增长16.4%。三次产业结构由上年的12.2：53.9：33.9变化为12.6：54.7：32.7。

2010年，全市全部财政收入完成243.9亿元，比上年增长21.2%。其中，地方一般预算收入116亿元，增长33.0%。地方一般预算支出256.8亿元，增长29.9%。

【农业】2010年，全市粮食总产量476.1万吨，比上年增长5.3%，连续七年获得丰收。全市棉花总产量14.8万吨，下降0.4%。全市油料总产14.6万吨，下降5.3%。全市蔬菜瓜果类总产量846.1万吨，增长7.8%。全市肉类、禽蛋、奶类总产量分别为65.2万吨、99.9万吨、23.0万吨，分别增长7.9%、3.9%和5.8%。

【工业和建筑业】2010年，全市完成工业增加值1160亿元，比上年增长13.5%。其中，规模以上工业增加值1014.2亿元，增长15%。全市第一大支柱行业——钢铁行业增加值560.2亿元，增长10.8%；煤炭行业增加值141.3亿元，增长22.1%。全市规模以上工业实现利润148.4亿元，增长26.0%。全市建筑业实现总产值314.7亿元，比上年增长5.8%；实现增加值121.1亿元。资质等级以上建筑业企业房屋施工面积2506.3万平方米，增长33.1%；房屋竣工面积847.4万平方米，增长7.3%。

【国内贸易和对外经济】全市实现社会消费品零售总额707.6亿元，比上年增长18.5%。批发业和零售业分别实现销售额95.3亿元和532.2亿元，分别增长18.2%、18.4%；住宿和餐饮业实现零售额80.1亿元，增长19.4%。

全市外贸进出口总值31.0亿美元，比上年增长15.0%。其中，出口8.8亿美元，增长59.0%；进口22亿美元，增长3.5%。全市实际利用外资50646万美元。批准外资合同48个，批准合同总投资额89442万美元，批准合同外资额58771万美元。注册企业44个，注册外方资本47997万美元。

【交通、邮电和旅游】2010年全市交通运输、仓储和邮政业完成增加值225.8亿元，比上年增长28.4%。全市完成货物运输总量25507万吨，比上年增长30.8%。其中，铁路2837万吨，增长14.9%；公路22669万吨，增长36.0%；民用航空605吨，增长64.4%。全市完成旅客运输总量13236万人，比上年增长35.7%。其中，铁路739.9万人，增长5.5%；公路12484万人，增长38.0%；民用航空12.6万人，增长48.2%。全年完成邮电业务总收入40亿元，比上年增长12%。其中，邮政业务收入2.5亿元，增长4.2%；电信业务收入34.5亿元，增长12.7%。

全年接待海外游客17548人次，比上年增长57.4%。旅游创汇收入548.35万美元，增长17.8%。全年接待国内旅游者1481万人次，增长24.9%，旅游业总收入76.27亿元人民币。

【金融和保险】全年金融保险业完成增加值47亿元，比上年增长2.5%。金融业务进一步扩大。年末全市金融机构各项存款余额2131.5亿元，比年初增加282.8亿元。金融机构各项贷款余额1318.7亿元，比年初增加185.2亿元。证券市场各类证券成交额810.8亿元，比上年增长4.1%。

保险业务较快增长。全年保费收入93.7亿元，比上年增长52.5%。全年各类保险赔款给付支出36.6亿元。其中：财产险0.2亿元；人身险24.8亿元。

【科学技术】全市共取得各类科技成果168项，其中，达到国内领先水平的140项、国际先进水平的28项。获得2010年度国家科技进步奖2项，省科技进步奖一等奖2项、二等奖1项、三等奖11项。新通过国家认定高新技术企业7家，自主创新型试点企业国家级1家，省级4家。专利申请受理量1000项，专利申请授权量600项。

46

2010年洛阳市经济发展概况

【经济总量】2010年，洛阳市生产总值达2321.2亿元，比上年增长13.2%。其中，第一产业增加值187.6亿元，增长4.6%；第二产业增加值1396.2亿元，增长16.1%；第三产业增加值737.4亿元，增长9.1%。三次产业结构比为8.1：60.1：31.8，三次产业对经济增长的贡献率分别为2.4%、77.4%和20.2%。全年全口径财政收入376.7亿元，比上年增长38.8%。其中，地方财政收入227.3亿元，增长53.5%；地方财政支出315.3亿元，增长34.2%。地方财政中，一般预算收入142.0亿元，一般预算支出230.8亿元，分别增长18.1%和12.8%。

【农业】全年粮食总产量235.92万吨，比上年增长0.33%。全年肉类总产量24.3万吨，比上年增长4.6%；禽蛋总产量13.9万吨，增长1.3%；牛奶总产量37.6万吨，增长3.9%。

【工业】全年全部工业增加值1243.8亿元，比上年增长17.1%。其中，规模以上工业企业完成增加值1014亿元，增长21.8%。分轻重工业看，轻工业增加值138.8亿元，增长20.3%；重工业增加值875.2亿元，增长22.0%。全年规模以上工业企业实现主营业务收入3919.4亿元，比上年增长29.4%。利税总额和利润总额分别达到356.7亿元和189.4亿元，分别增长28.7%和39.6%。全年规模以上工业企业新产品产值达211.7亿元，比上年增长24.2%。高技术企业实现增加值25.1亿元，增长30.3%。

【国内贸易和对外经济】全年社会消费品零售总额808.8亿元，比上年增长19.0%。其中，商品批发和零售额693.7亿元，增长18.3%；住宿和餐饮业零售额115.1亿元，增长23.1%。全年外贸进出口总值154426万美元，比上年增长37.7%。其中，出口总值105186万美元，增长61.7%；进口总值49240万美元，增长4.5%。全年新批准设立外商投资企业33家；外商直接投资合同金额108911万美元，增长21.7%；实际利用外商直接投资金额120475万美元，增长31.6%。

【交通、邮电和旅游】全年公路运输货物周转量291.7亿吨公里，比上年增长23.1%；旅客周转量103.4亿人公里，增长18.4%。公路通车里程17837公里，增长0.8%。其中，高速公路通车里程246公里。

全年邮电业务总量98.2亿元，比上年增长1.0%。

旅游业全年接待国内外旅游总人数6079万人次，比上年增长12.0%。其中，接待外国及港澳台旅游者45.79万人次，比上年增长20.0%。旅游总收入302亿元，比上年增长15.0%。其中，接待外国及港澳台旅游者收入13500万美元，增长20.0%。

【金融】2010年年末，金融机构人民币各项存款余额2096.1亿元，比年初增加376.3亿元。金融机构人民币各项贷款余额1113.9亿元，比年初增加246.8亿元。其中，短期贷款余额566.4亿元，比年初增加118.7亿元；中长期贷款余额452.7亿元，比年初增加142.0亿元。

47

2010年嘉兴市经济发展概况

【经济总量】2010年，嘉兴市地区生产总值2296.00亿元，按可比价格计算，增长13.7%，增幅比上年提高4.4个百分点。其中，第一产业增加值126.30亿元，增长3.3%；第二产业增加值1342.12亿元，增长15.4%；第三产业增加值827.58亿元，增长12.5%。三次产业构成由2005年的7.3：58.8：33.9调整为5.5：58.5：36.0。

2010年，全市财政一般预算收入334.33亿元，比上年增长19.7%。“十一五”期间，全市财政一般预算收入和地方财政一般预算收入年均分别增长19.9%和21.5%。

【农业】2010年，全市农林牧渔业总产值213.88亿元，按可比价格计算，增长3.4%。全年粮食总产量134.44万吨，下降1.1%。经济作物种植保持稳定，其中蔬菜种植面积120.83万亩，比上年增加4.31万亩；蔬菜总产量242.83万吨，增长5.9%。肉类总产量39.77万吨，增长3.7%；水产品产量18.13万吨，增长3.4%。

【工业和建筑业】2010年，全市规模以上工业企业实现总产值5137.50亿元，比上年增长39.8%；实现工业销售产值5035.31亿元，增长39.1%；完成出口交货值1193.50亿元，增长29.5%。全年全市规模以上工业企业主营业务收入4899.30亿元，比上年增长37.8%；利税总额456.45亿元，增长43.7%，其中利润总额311.10亿元，增长61.5%。十一项经济效益指标综合得分272.69分，比上年提高37.6分。全年全市工业增加值1191.02亿元，增长16.2%，占全市生产总值51.9%。全市建筑业完成总产值590.41亿元，比上年增长45.0%，完成房屋施工面积6335.1万平方米，增长41.9%，竣工面积2210.3万平方米，增长4.0%。

【国内贸易和对外经济】2010年，全市全社会消费品零售总额799.36亿元，比上年增长18.9%。其中，批发零售贸易业零售额714.29亿元，增长19.1%，住宿餐饮业零售额85.07亿元，增长17.2%。“十一五”期间，全市累计实现社会消费品零售总额3038.91亿元，是“十五”期间的2.1倍，年均增长17.1%。

2010年，全市外贸进出口总值228.20亿美元，比上年增长32.6%。其中出口总值160.41亿美元，增长30.0%；进口总值67.80亿美元，增长39.3%。全年全市新批外商投资企业300家，比上年增加45家；合同利用外资32.06亿美元，同比增长22.2%；实际利用外资16.10亿美元，增长20.6%。全年新办境外企业36家，投资总额15913万美元，增长55.3%，全社会外派劳务466人次。

【交通、邮电和旅游】2010年，全市各种运输方式（不含铁路，下同）货物周转量198.61亿吨公里，比上年增长23.0%。其中，公路周转量73.71亿吨公里，增长39.7%；全年旅客周转量（营业性车辆）34.75亿人公里，增长35.7%。全年嘉兴港货物吞吐总量4431.7万吨，增长27.2%，其中，外贸货物吞吐量447.6万吨，增长27.4%，货物集装箱35.02万标箱，增长73.0%。

全年全市邮电业务总量70.56亿元，比上年增长6.1%。其中，邮政业务总量4.16亿元，下降0.7%；电信业务总量66.40亿元，增长6.6%。

全年全市接待海内外游客3136.55万人次，旅游总收入296.01亿元，比上年分别增长23.1%和29.3%。其中，接待外国、港澳台游客66.41万人次，增长19.3%，旅游外汇收入2.26亿美元，增长18.0%；接待国内游客3070.14万人次，增长23.2%，国内旅游收入280.62亿元，增长30.0%。

【金融和保险】2010年末，全市金融机构人民币存贷款余额分别为3526.61亿元和2615.92亿元，比上年增长23.6%和20.5%，增幅分别比上年下降6.9和14.8个百分点。2010年末，全市上市公司22家，发行股票23个，累计募集资金169.33亿元。全年全市证券交易额5610.71亿元，同比增长15.0%。

全年全市保险业保费收入65.48亿元，比上年增长26.6%。全年赔付额10.52亿元，增长11.9%。

【科学技术】2010年，全市获得市级以上各类科技成果107项，其中，获得省级科技成果奖5项，市级科技成果奖102项。技术市场发展平稳，全年经认定登记技术交易金额2.35亿元，交易合同数432项。

年末全市国家级高新技术企业232家，省级科技型中小企业637家，比上年增加107家。全市规模以上工业科技活动经费支出总额大幅增加，由2005年的12.3亿元提高到2010年的75.63亿元，年均增长43.8%；2010年全市科技活动经费投入占GDP比例2.10%，比上年提高0.1个百分点。

48

2010年盐城市经济发展概况

【经济总量】2010年，盐城市实现地区生产总值达2266.26亿元，比上年增长13.6%。其中，第一产业实现增加值363.71亿元，增长4.3%；第二产业实现增加值1096.55亿元，增长16.8%；第三产业实现增加值806亿元，增长13.6%，三次产业比重由上年的17.2：48.2：34.6调整为2010年的16.0：48.4：35.6。

2010年全市实现财政总收入494.52亿元，比上年增长58.6%。其中地方财政一般预算收入191.35亿元，比上年增长50.9%。地方财政一般预算支出284.78亿元，比上年增长42.6%。

【农业】2010年全市实现农林牧渔业总产值759.20亿元，比上年增长9.4%。其中，农业358.73亿元，增长9.6%；林业17.37亿元，增长5.4%，牧业200.89亿元，增长10.6%；渔业133.00亿元，增长7.6%；农林牧渔服务业49.20亿元，增长10.2%。粮食总产量达651.66万吨，增长4.6%；棉花总产13.61万吨，增长0.4%；肉类总产量80.22万吨，增长10.1%；水产品总产量98.69万吨，增长4.4%。

【工业和建筑业】2010年全市实现工业总产值3919.85亿元，比上年增长30.2%。实现规模以上工业增加值985.59亿元，比上年增长17.3%。其中轻工业增加值达379.98亿元，增长13.5%；重工业增加值605.60亿元，增长19.8%。规模以上工业实现主营业务收入3902.58亿元，增长31.0%；利税总额390.51亿元，增长45.2%；利润总额202.73亿元，增长52.9%。

2010年全市实现建筑业增加值161.04亿元，比上年增长22.9%。施工总面积达5367万平方米，竣工面积达2445万平方米。

【国内贸易和对外经济】2010年全市实现社会消费品零售总额759.50亿元，比上年增长19.1%。2010年，全市限额以上企业实现零售额254.8亿元，同比增长26.3%，高于全市社会消费品零售总额增幅7.2个百分点，占全市社会消费品零售总额的比重达33.5%，成为全市消费品市场稳步增长的主要力量。

2010年全市外贸完成进出口总额39.55亿美元，比上年增长37.6%，其中出口23.19亿美元，比上年增长24.4%，进口16.36亿美元，比上年增长62.1%。全市注册外资实际到账13.04亿美元，同比增长24.9%。

【交通、邮电和旅游】2010年全市客运量11946万人，比上年增长11.2%，旅客周转量125.4亿人公里，比上年增长11.3%；全市货运量13971万吨，比上年增长17.8%，货运周转量211.2亿吨公里，比上年增长17%。航空客运量19.2万人次，比上年增长19%；航空货邮运量1602吨，比上年增长32%。

2010年全市完成邮电业务总量70.9亿元，比上年增长6.5%。其中，邮政业务总量3.93亿元，比上年增长16.3%；电信业务总量67亿元，比上年增长6%。

2010年全市国内游客接待量达1105.39万人次，比上年增长17.4%，海外游客接待量6.21万人次，比上年增长13.0%，实现旅游总收入103.82亿元、旅游创汇0.45亿美元，比上年分别增长23.3%和16.2%。

【金融和保险】金融信贷快速增长。2010年全市金融机构年末本外币存款余额2009.17亿元，比年初净增350.53亿元。金融机构年末本外币贷款余额达1333.93亿元，比年初净增280.82亿元。其中中长期贷款587.54亿元，比年初净增180.25亿元，增幅列全省第一。外汇存款余额1.99亿美元，比年初增加0.03亿美元；外汇贷款余额为3.55亿美元，比年初增加0.69亿美元。

保险事业稳步发展。2010年全市拥有市级专业保险机构达到37家，其中产险机构14家，寿险机构23家。全市实现保费收入64.35亿元，比上年增长18.4%。全市各项赔款和给付支出15.8亿元。其中产险赔款支出6.43亿元，寿险赔款支出9.37亿元。

【科学技术】2010年全市实现高新技术产业产值687.54亿元，增长41.7%。2010年，新认定高新技术企业15家。全年组织实施省级以上各类科技计划项目291项，争取科技经费1.65亿元。全年专利申请数6016个，授权数2499个。新增产学研合作关系310个。获省科技进步奖10项，组织评定市科技进步奖99项。

49

2010年扬州市经济发展概况

【经济总量】2010年，扬州市实现地区生产总值2207.99亿元，比上年增长13.4%，连续八年保持两位数增长。其中，第一产业增加值159.25亿元，增长4.5%；第二产业增加值1229.34亿元，增长14.6%；第三产业增加值819.4亿元，增长13.7%。三次产业比例由上年的7.8：56.1：36.1调整为7.2：55.7：37.1。二、三产业增加值占GDP比重达到92.8%。2010年，全市财政总收入为400.88亿元，增长29.3%；一般预算收入167.78亿元，增长31%，占GDP的比重为7.6%，比上年提高0.5个百分点。全市一般预算支出193.94亿元，增长22%。

【农业】2010年，全市农林牧副渔业实现增加值159.25亿元，可比价增长4.5%。其中，农业增加值88. 85亿元，增长6.2%；林业增加值3.74亿元，下降10.2%；牧业增加值20.83亿元，增长2.0%；渔业增加值38.76亿元，增长4.1%；农林牧渔服务业增加值7.69亿元，增长4.2%。

【工业和建筑业】2010年，全市规模以上工业完成总产值5872.8亿元，增长34.7%；实现工业增加值1388.7亿元，增长16.1%。三大支柱产业完成工业总产值4216.7亿元，增长38.4%。新能源、新材料、新光源“三新”产业累计完成工业总产值571.2亿元，增长49.6%。2010年，全市规模以上工业实现销售收入5648.3亿元，增长34.0%；实现利税635. 5亿元，增长45.9%；实现利润369.5亿元，增长46.4%。

2010年，全市建筑企业完成施工总产值1595.25亿元，增长22.9%。全年建筑企业施工的房屋建筑面积13551万平方米，增长20.3%；房屋竣工面积6351万平方米，增长14.1%。

【国内贸易和对外经济】2010年全市实现社会消费品零售总额719.5亿元，增长18.7%。其中，批发和零售业实现零售额651.4亿元，同比增长18.2%；住宿和餐饮业实现零售额68.1亿元，同比增长24%。

2010年，全市外贸进出口总额82.4亿美元，同比增长51.7%，其中出口60.57亿美元，增长50.9%，进口21.84亿美元，增长53.8%。全市实际利用外资25.72亿美元，增长13.5%。全年新批335个项目中，协议外资1000万美元以上项目159个。新签外经合同额15836万美元，增长13%；完成外经营业额23520万美元，增长16%。新批境外投资项目21个，合作项目分布在10个国家和地区。

【交通、邮电和旅游】2010年，全市货物运输总量达9312万吨，增长16.4%；货物周转量183.9亿吨公里，增长19.2%。全市客运量7140万人次，增长12.2%；旅客周转量45.83亿人公里，增长12.9%。港口货物吞吐量7384万吨，增长15%。完成集装箱吞吐量31.9万标箱，同比增长37.3%。

全年邮政业务收入6.84亿元，增长12.4%；电信业务收入32.98亿元，增长6.6%。

全年接待境内外旅游人数2703万人次，增长16.7%；实现旅游总收入303.1亿元，增长19.7%。其中，国内旅游人数2647万人次，增长16.9%；国内旅游收入271.84亿元，增长20.3%。接待入境旅游人数56万人次，增长12%；旅游外汇收入4.6亿美元，增长14.7%。

【金融和保险】2010年，全市金融机构年末人民币存款余额2430.6亿元，比年初增加363.4亿元，同比增长17.6%。全市金融机构年末人民币贷款余额1486.1亿元，比年初增加273.3亿元，同比增长22.5%。其中，短期贷款余额700.4亿元，比年初增加144.6亿元；中长期贷款余额736.8亿元，比年初增加180.4亿元。扬州农村商业银行、南京银行扬州分行挂牌营业，新建农村小额贷款公司7家。

2010年，全市保险公司合计实现保费收入65.98亿元，增长22%。其累计理赔支出7.96亿元，增长7.5%。全市累计证券交易额3029.5亿元，其中股票交易额2942.7亿元，基金交易额30.33亿元。

【科学技术】2010年，全市实现高新技术产业产值2224亿元，增长43.5%，占规模以上工业产值的比重37.9%，比上年提高3.2个百分点。全年专利申请量9980项，其中发明专利申请2068项；专利授权量3797项，其中发明专利授权214项。

新认定国家高新技术企业64家。签订产学研合作协议286项。扬州成为首批实施国家火炬计划智能电网特色产业的基地。

50

2010年南昌市经济发展概况

【经济总量】2010年，南昌市实现地区生产总值2207.11亿元，按可比价格计算，比上年增长14.0%。人均生产总值47174元，增长12.9%。

全年财政总收入322.34亿元，按同口径计算，比上年增长29.0%。其中，地方财政一般预算收入146.46亿元，增长26.4%。全年地方财政一般预算支出232.16亿元，比上年增长27.7%。

【农业】全年完成农林牧渔及服务业现价总产值204.66亿元，比上年增长5.9%。其中，农业产值75.85亿元，增长0.8%；林业产值2.33亿元，增长6.5%；牧业产值80.27亿元，增长9.7%；渔业产值42.34亿元，增长7.9%；服务业产值3.87亿元，增长8.5%。

【工业和建筑业】全年完成规模以上工业增加值650.92亿元，比上年增长21.0%。全年实现主营业务收入2759.59亿元，比上年增长31.4%；实现利润126.24亿元，增长41.3%；实现利税260.23亿元，增长33.1%。全市33个行业全面实现了盈利。工业经济效益综合指数303.6，提高42.0个百分点。

2010年全市资质以上建筑业企业439家，全年完成施工产值783.3亿元，比上年增长24.6%；施工面积6092.51万平方米，增长10.8%；竣工面积1840.63万平方米，与上年持平。

【国内贸易和对外经济】2010年，全市实现社会消费品零售总额764.94亿元，比上年增长20.8%。分行业看，批发和零售业实现零售额697.19亿元，增长19.9%；住宿和餐饮业实现零售额67.75亿元，增长30.2%。

2010年全市外贸实现进出口总额53.04亿美元，比上年增长52.4%。其中，出口总额36.74亿美元，增长72.5%；进口总额16.29亿美元，增长20.8%。全年实际利用外资20.18亿美元，比上年增长27.5%。全市批准外商投资企业304家。其中，中外合资企业占12.2%，外商独资企业占87.8%。

【交通、邮电和旅游】2010年，全市各种运输方式共完成货物运输周转量301.35亿吨公里，比上年增长3.7%。其中，公路175.12亿吨公里，增长10.0%；铁路115.71亿吨公里，下降3.9%；水运10.34亿吨公里，下降2.7%；航空0.18亿吨公里，下降4.3%。全年共实现旅客周转量144.49亿人公里，比上年增长28.1%。其中，公路71.68亿人公里，增长46.4%；铁路53.42亿人公里，增长14.3%；航空19.39亿人公里，增长13.4%。

2010年，全市完成邮电业务总量46.72亿元，比上年增长4.8%。其中，邮政业务总量4.34亿元，增长3.0%；电信业务总量42.39亿元，增长5.0%。

全年共接待国内游客1498.05万人次，比上年增长22.1%；接待入境游客12.05万人次，增长13.7%。实现国内旅游收入98.00亿元，增长17.1%；旅游创汇3069.05万美元，下降3.1%。

【金融和保险】2010年末，全市金融机构各项存款余额为4167.67亿元，比年初增长27.7%。金融机构各项贷款余额3461.52亿元，比年初增长19.6%。其中，短期贷款1135.59亿元，增长19.8%；中长期贷款2274.29亿元，增长23.7%。

2010年末，全市共有保险公司28家，全年实现保费收入62.33亿元，比上年增长47.7%。全年赔款及给付11.71亿元，增长4.7%。

【科学技术】2010年，全市专利申请量2517件，专利授权量1636件，分别比上年增长25.5%和41.5%。新认定市级以上高新技术企业23家，年末累计达97家。全年登记技术合同2057项，成交金额10.1亿元，比上年增长19.8%。

51

沧州市2010年经济发展概况

【经济总量】2010年，沧州市生产总值完成2203亿元，同比增长14.5%。其中，第一产业增加值完成252.6亿元，增长6.0%；第二产业增加值完成1117.1亿元，增长14.1%；第三产业增加值完成833.3亿元，增长17.4%。三次产业结构为11.5∶50.7∶37.8。全市财政收入完成271.16亿元，同比增长28.9%。其中，地方一般预算收入91.3亿元，增长41%。全市国税收入189.74亿元，同比增长28.75%；地税收入78.8亿元，增长50.6%。

【农业】2010年，沧州市农林牧渔业总产值完成454.6亿元，同比增长6.57%。其中，种植业产值252.3亿元，增长4.35%；畜牧业产值121.6亿元，增长11.72%；林业产值3.2亿元，下降5.38%；渔业产值19.8亿元，增长10.43%。

全年粮食总产量475.7万吨，比上年增长5.52%；油料总产量9.76万吨，下降4.6%；棉花总产量13.3万吨，下降5.9%；蔬菜总产量467.1万吨，增长6.14%；肉类产量43.1万吨，增长13.37%；禽蛋产量33.4万吨，增长2.75%；水产品产量12.08万吨，增长0.04%；牛奶产量12.3万吨，上涨8.04%。

【工业和建筑业】2010年，沧州市规模以上工业企业实现增加值807.47亿元，同比增长17.1%。其中，轻工业完成增加值108.56亿元，增长16.5%；重工业完成增加值698.91亿元，增长18.1%。全市规模以上工业主营业务收入2810.35亿元，同比增长31.5%；利润总额197.75亿元，增长29.9%；利税总额381.62亿元，增长34.8%。

全市建筑企业完成增加值107.3亿元，比上年增长28%。资质等级以上建筑企业231家，完成建筑业总产值193.4亿元，增长33.9%。房屋施工面积1573.5万平方米，增长30.2%；房屋竣工面积726.6万平方米，增长25.3%；实现利税15.1亿元，增长42.5%。

【国内贸易和对外经济】2010年，沧州市实现社会消费品零售总额573亿元，同比增长18.5%。全市批发贸易业实现零售额73.3亿元，增长19.3%；零售贸易业实现零售额438亿元，增长18.2%；住宿和餐饮业实现零售额61.7亿元，增长20.3%。

全市外贸进出口总值16.78亿美元，同比增长24%。其中，出口总值13.92亿美元，增长23.8%；进口总值2.87亿美元，增长41.1%。全市直接利用外资23257万美元，同比增长41.1%。新批“三资”企业合同总金额50034万美元，同比增长86.4%，新批“三资”企业合同外资额18299万美元，同比增长85%。

【金融和保险】年末，全市金融机构存款余额2026.59亿元，比年初增加361.1亿元，其中城乡储蓄存款1353.34亿元，增加155.63亿元。金融机构贷款余额1247.32亿元，比年初增加350.07亿元。贷款额占存款额的61.55%，存贷差779.27亿元。

【科学技术】2010年，沧州市获省科技进步奖6项；申报各项专利848项，授权820项；新增高新技术企业7家；争取国家、省科技项目71项，资金2535万元。

52

2010年鞍山市经济发展概况

【经济总量】2010年，鞍山市实现地区生产总值2125.4亿元，按可比价格计算，比上年增长16%。其中，第一产业增加值93亿元，增长5.8%；第二产业增加值1179.7亿元，增长18.4%；第三产业增加值852.7亿元，增长13.5%。地区生产总值三次产业的构成比例为4.4：55.5：40.1。人均生产总值60397元，按可比价计算，比上年增长15.9%。

全年地方财政一般预算收入180亿元，比上年增长24.7%；一般预算支出201.4亿元，比上年增长

13.3%。

【农业】全年农林牧渔业增加值93亿元，按可比价计算，比上年增长5.8%。其中：农业增加值45.8亿元；林业增加值0.2亿元；牧业增加值41.9亿元；渔业增加值4.1亿元；农林牧渔服务业增加值1亿元。

全年粮食总产量103.6万吨,比上年下降25.1%。蔬菜产量223.9万吨，增长10.1%。水果产量28.9万吨，增长4.7%。全年肉类总产量40万吨，比上年增长7.5%。

【工业和建筑业】全年规模以上工业增加值960.2亿元，按可比价计算，比上年增长19%。其中，钢铁产业增加值386.8亿元，增长11%；装备制造业增加值177.8亿元，增长26.9%；矿产品加工业增加值178.8亿元，增长27.2%；轻纺产业增加值121.9亿元，增长24.1%；化工新材料业增加值81.6亿元，增长20.5%；光电产业增加值5.6亿元，增长30.7%。全年规模以上工业企业实现主营业务收入2957.2亿元，比上年增长33.7%；利润总额122.8亿元，增长63%；税金总额93亿元，增长12%。

全年建筑业实现增加值108.1亿元，按可比价计算，比上年增长18%。全年共签订工程合同额693.8亿元，比上年增长151.9%。全年房地产开发投资235.9亿元，比上年增长31.3%。商品房屋销售面积553万平方米，增长52%；商品房销售额202.4亿元，增长65.2%。

【国内贸易和对外经济】全年社会消费品零售总额514.2亿元，比上年增长18.8%。按行业划分，批发业零售额22.8亿元，增长21.7%；零售业零售额432.7亿元，增长18.7%；住宿业零售额2.9亿元，增长19.9%；餐饮业零售额55.8亿元，增长18.4%。

全年进出口总额41.7亿美元，比上年增长60.9%。其中，进口额24.2亿美元，增长56%；出口额17.5亿美元，增长68.3%。全年利用外资项目83项，比上年增加21项，增长33.9%。实际利用外商直接投资9亿美元，比上年增长22%。

【交通、邮电和旅游】全年交通运输、仓储和邮政业增加值84.4亿元，按可比价计算，比上年增长26.2%。全年各种运输方式完成客运量6165.2万人，比上年增长5.5%；完成货运量17773.9万吨，比上年增长30.4%。

全年邮电业务总量92.8亿元，比上年增长26.7%。其中，邮政业务总量2.9亿元,下降5%；电信业务总量89.9亿元，增长28.1%。

全年接待国内外旅游者2250.5万人次，比上年增长16.3%。全市旅游总收入191.3亿元，比上年增长29.5%。其中，国内旅游收入176.1亿元，增长28.4%；旅游外汇收入2.2亿美元，增长43.7%。

【金融和保险】年末金融机构人民币各项存款余额1902.6亿元，比年初增加227.7亿元。金融机构人民币各项贷款余额1079.1亿元，比年初增加141.4亿元。全年保险保费收入49.5亿元，比上年增长26.2%。支付各类赔款及给付金额16.9亿元，比上年下降5.1%。

【科学技术】全市规模以上工业企业高新技术产品增加值200.1亿元，比上年增长24.3%，占全市规模以上工业增加值的20.8%。全年共取得科技成果90项，达到国际领先的11项，国际先进的22项，国内领先的45项。签订技术合同109项，技术合同登记金额2亿元，增长36.3%。受理专利申请2017

件，增长8.3%；授权专利1655件，增长45%。

53

2010年昆明市国民经济发展概况

【经济总量】2010年，昆明市实现地区生产总值2120.37亿元，比上年增长14.0%。其中，第一产业实现增加值120.30亿元，增长4.8%；第二产业实现增加值960.86亿元，增长16.7%；第三产业实现增加值1039.21亿元，增长12.6%。三次产业结构为5.7：45.3：49.0。人均生产总值达到33550元。

全年地方财政总收入559.60亿元，比上年增长22.7%，地方财政一般预算收入253.83亿元，增长25.9%，地方财政一般预算支出346.31亿元，增长28.0%。

【农业】2010年，昆明市实现农林牧渔业总产值200.73亿元，比上年增长5.5%。其中，农业产值107.06亿元，增长3.5%；林业产值7.44亿元，增长11.7%；畜牧业产值75.03亿元，增长8.2%；渔业产值4.33亿元，增长0.9%。全年粮食产量108.42万吨；蔬菜产量195.10万吨；鲜花产量37.95亿枝。全年肉类总产量47.58万吨；禽蛋产量7.86万吨；牛奶产量10.08万吨。

【工业和建筑业】2010年，昆明市实现工业增加值709.62亿元，比上年增长13.9%，其中，规模以上工业实现增加值608.28亿元，增长15.8%。在规模以上工业中，轻工业实现增加值277.61亿元，增长14.0%；重工业实现增加值330.67亿元，增长17.0%。规模以上工业企业实现销售产值2189亿元，增长23.7%；实现利税318.43亿元，增长16.9%，其中利润总额120.94亿元，增长31.4%；产品销售率97.92%；工业经济效益综合指数258.50%。

全年建筑业实现增加值251.24亿元，比上年增长26.9%。建筑企业完成总产值1094.32亿元，增长36.6%。建筑业完成房屋施工面积5105.9万平方米，竣工面积2252.1万平方米，分别增长15.3%和29.9%。

【国内贸易和对外经济】2010年，昆明市全年社会消费品零售总额1060.19亿元，比上年增长22.6%。其中，批发和零售业零售额896.91亿元，增长22.8%；住宿和餐饮业零售额163.28亿元，增长21.6%。

全年海关进出口贸易总额101.09亿美元，比上年增长79.4%，其中，出口53.27亿美元，增长79.2%；进口47.82亿美元，增长79.6%。全年新批外商投资企业83户，实际利用外资10.09亿美元，增长38.2%。

【交通、邮电和旅游】2010年，昆明市年末全市拥有机动车133.18万辆，增长17.0%。其中汽车拥有量85.13万辆，增长25.5%。

全年完成邮政业务收入32804.90万元，增长11.6%。年末全市固定电话用户117.94万户，移动电话用户652.86万户，网络数据用户385.06万户。

全年共接待海外游客86.06万人次，增长10.6%，旅游外汇收入2.43亿美元，增长11.5%；接待国内游客3471.29万人次，增长14.3%，旅游收入268.32亿元，增长26.9%；旅游总收入284.81亿元，增长25.8%。

【金融和保险】2010年，昆明市年末金融机构人民币各项存款余额6639.51亿元，比年初增长15.2%。全市金融机构人民币各项贷款余额6498.57亿元，比年初增长19.2%，其中，短期贷款1442.21亿元，比年初增长5.48%；中长期贷款4930.39亿元，比年初增长27.9%。全年金融机构现金收入8310.79亿元，现金支出8187.07亿元，现金净回笼123.72亿元。

【科学技术】2010年，昆明市全年实施科技计划项目188项，其中重大科技计划项目10项。全年受理专利申请3531件，获专利授权2472件。

54

2010年金华市经济发展概况

【经济总量】2010年，金华市实现生产总值2094.70亿元，按可比价计算，比上年增长12.5%。其中：第一产业增加值为107.19亿元，增长4.7%；第二产业增加值为1085.46亿元，增长12.6%；第三产业增加值为902.05亿元，增长13.3%。2010年，全市完成财政一般预算收入272.68亿元，增长17.2%。地方财政收入155.93亿元，增长20.6%。全市一般预算支出211.52亿元，增长28.3%。

【农业】2010年，金华市农林牧渔业增加值107.19亿元，比上年增长4.7%。全市粮食总产量为89.42万吨；棉花产量为1.05万吨；油料产量为4.28万吨；蔬菜产量为90.74万吨。全年肉类总产量为22.90万吨，比上年增长6.8%，增长8.4%；家禽出栏2731万只，增长0.2%。全年牛奶产量7.96万吨，比上年下降4.4%；水产品产量6.51万吨，增长6.1%。

【工业和建筑业】2010年，金华市完成工业增加值938.32亿元，比上年增长11.8%，工业增加值占GDP的比重为44.8%。全市规模以上工业实现总产值3393.31亿元，销售产值3277.14亿元，分别增长32.8%和32.2%。规模以上工业经济效益评价考核指标综合得分为234.96分，比上年提高24分。全年规模以上工业企业实现利税261.75亿元，比上年增长39.8%；其中利润165.62亿元，增长53.7%。全市建筑业总产值达1563亿元，比上年增长30.5%；建筑施工面积19109.6万平方米，完成房屋竣工面积6649.9万平方米。建筑业企业在省外完成产值951亿元，占全省省外完成产值的16.6%，占全市建筑业总产值的60.9%。

【国内贸易和对外经济】2010年全市实现社会消费品零售总额916.23亿元，比上年增长18.9%。分行业看，批发零售贸易业零售额为831.58亿元，增长19.4%；住宿餐饮业零售额为84.64亿元，增长

13.9%。

2010年全市外贸完成进出口总额131.99亿美元，比上年增长41.3%。其中出口总额121.88亿美元，比上年增长41.8%；进口总额10.11亿美元，比上年增长35.7%。全年新增备案企业1205家，累计获外贸经营权企业达8561家。全年新批外商投资企业104家，比上年增长12.0%，实际利用外资35263万美元，比上年增长11.0%。全年新批境外投资企业（机构）50家，境外投资总额1.07亿美元，比上年增长88.3%；其中中方投资额9793.87万美元，增长125%。外经营业额2.04亿美元，其中对外承包工程营业额1.92亿美元，增长25.5%。

【交通、邮电和旅游】2010年，全市交通建设共投资28.06亿元，全市境内公路总里程达11512.04公里，其中高速公路里程309.78公里。年内公路旅客周转量88.52亿人公里，货物周转量148亿吨公里。

全年邮电业务收入64.75亿元，比上年增长5.7%。其中，邮政业务收入5.41亿元，比上年下降7.7%；电信业务收入59.33亿元，增长7.1%。

全市共接待游客2945.41万人次，比上年增长22.3%；实现旅游收入283.61亿元，比上年增长26.8%。其中接待国内旅游者2882.71万人次，比上年增长22.4%；实现国内旅游收入258.01亿元，比上年增长27.2%；接待入境旅游者62.7万人次，比上年增长18.0%；实现旅游外汇收入37669.99万美元，比上年增长23.8%。

【金融和保险】2010年末，全市金融机构本外币各项存款余额3986.99亿元，增长23.8%。年末金融机构本外币各项贷款余额3096.47亿元，增长23.3%。其中短期贷款余额2213.84亿元，增长24.6%；中长期贷款余额812.21亿元，增长19.4%。本外币余额存贷比为77.7%。

全年保险机构保费收入79.21亿元，比上年增长31.5%。全年支付各类赔偿及给付18.53亿元，比上年下降1.2%。

【科学技术】全市新列市级以上科技项目780项，获2010年市科学技术奖69项、市科技合作奖2项。新培育创新型企业76家，认定高新技术企业60家。全市高新技术产业年产值实现607亿元，比“十五”期末增长1.79倍。全市规模以上工业企业科技活动经费支出20.34亿元，比上年增长21.6%。新产品生产增长较快，规模以上工业企业完成新产品产值509亿元，增长57.8%，新产品产值率达到15.0%，比上年提高2.4个百分点。

55

2010年厦门市经济发展概况

【经济总量】2010年，厦门市实现地区生产总值2053.74亿元，比上年增长15.1%。其中，第一产业增加值23.00亿元，增长3.2%；第二产业增加值1026.86亿元，增长20.4%；第三产业增加值1003.88

亿元，增长9.7%。三次产业结构为1.1：50.0：48.9。全市财政总收入实现526.02亿元，比上年增长16.5%。财政总收入和地方级财政收入总量均比2005年翻了一番，五年分别年均增长20.9%和24.1%。全年财政支出306.82亿元，增长14.5%。

【农业】2010年，全市农林牧渔业总产值37.53亿元，比上年增长3.6%。其中，农业产值16.06亿元，增长2.3%；牧业产值11.89亿元，增长6.8%；渔业产值6.29亿元，增长3.5%；农林牧渔服务业产值3.18亿元，增长2.6%。全市33家农业龙头企业实现总产值200.42亿元，增长17.5%；出口创汇4.51亿美元。

【工业和建筑业】2010年，全市完成工业总产值3772.22亿元，比上年增长33.1%，实现工业增加值869.47亿元，增长23.1%，占全市GDP的42.3%。

至年底，全市规模以上工业共有企业2255家，完成工业总产值3670.82亿元，比上年增长33.9%。规模以上工业实现销售产值3651.2亿元，产销率为99.5%。规模以上工业经济效益综合指数为202.19，比上年提高20.56个点。实现利润总额272.34亿元，增长44.26%。

全市建筑业实现增加值157.39亿元，比上年增长5.0%。全市具有资质等级的建筑企业完成建筑业总产值459.63亿元，增长25.8%，其中，建筑工程产值428.32亿元，增长27.9%，安装工程产值27.73亿元，增长10.2%。

【国内贸易和对外经济】2010年，全市社会消费品零售总额实现696.55亿元，比上年增长21.0%。其中，批发业实现零售额54.13亿元，增长9.3%；零售业实现554.87亿元，增长23.2%；住宿业实现15.07亿元，增长25.4%；餐饮业实现72.48亿元，增长14.0%。

全年外贸进出口总值完成570.36亿美元，增长31.7%，其中，出口353.24亿美元，增长27.7%；进口217.12亿美元，增长38.7%；贸易顺差136.12亿美元，增长13.2%。全年新设外商投资项目398个，合同利用外资16.43亿美元，比上年增长20.4%；实际利用外资16.97亿美元，增长0.6%。全年对外协议投资项目112个，投资额3.65亿美元，比上年增长25.2%。实现对外劳务承包合同总金额6379万美元，比上年下降72.8%；完成营业额1.05亿美元，增长1.4%；派出各类劳务人员5920人，增长13.9%；年末在外劳务人数7510人，比上年末减少2234人。

【交通、邮电和旅游】2010年，全市交通运输邮电仓储业实现增加值111.93亿元，比上年增长18.0%。旅客运输量12374.86万人次，增长6.5%；旅客运输周转量211.38亿人公里，增长12.7%；货物运输量10084.83万吨，增长20.4%；货物周转量819.51亿吨公里，增长23.5%。全年港口货物吞吐量13930.52万吨，增长25.5%；港口集装箱吞吐量582.43万标箱，增长24.4%。厦门空港旅客吞吐量1320.66万人次，比上年增长16.6%；空港货邮吞吐量24.52万吨，增长25.1%。

全年完成邮电业务总量169.76亿元，比上年增长27.4%，其中邮政业务总量16.52亿元，增长11.0%；电信业务总量153.24亿元，增长29.5%。

全年共接待海内外游客3026.09万人次，比上年增长19.9%，旅游总收入383.89亿元，增长16.9%。

其中，接待入境旅游者162.82万人次，增长19.7%，旅游外汇收入10.81亿美元，增长22.2%。接待国内游客1386.33万人次，增长16.1%。国内旅游收入310.35亿元，增长15.7%。

【金融和保险】年末，全市共有各类银行业金融机构主体34家。全市中外资金融机构本外币各项存款余额4440.60亿元，比上年末增长27.6%。年末，中外资金融机构本外币各项贷款余额3621.72亿元，增长21.1%。中资金融机构人民币各项贷款余额3165.14亿元，增长20.2%。全年中资金融机构人民币现金收入4035.43亿元，增长10.9%；现金支出4079.48亿元，增长10.9%；收支相抵净投放现金44.05亿元，增长12.6%。

全年证券交易额1.25万亿元，增长3.3%。年末期货投资者开户数3.70万户，增长27.2%，全年期货交易额5.47万亿元，增长129.2%。

年末，全市共有保险公司33家，资产总额144.09亿元，增长30.4%。全年实现保费收入77.55亿元，增长32.8%，赔付支出17.55亿元，增长9.8%。

【科学技术】至年末，全市共有高新技术企业524家，各类实验室50家，各级工程技术研究中心69家，技术贸易机构538家。全年获得国家科技进步一等奖1项、国家技术发明二等奖1项，省科学技术奖36项，获得国家重点新产品9项。全年办理科技成果登记项目242项，其中达到国际先进水平以上的52项，国内领先的114项，国内先进水平的21项；国内专利授权5040件，其中发明专利授权449件。

56

2010年保定市经济发展概况

【经济总量】2010年，保定市生产总值实现2050.3亿元，比上年增长14.0%。其中，第一产业增加值303.7亿元，增长4.3%；第二产业增加值1064.1亿元，增长15.8%；第三产业增加值682.5亿元，增长15.1%。三次产业比重由上年的15.3：50.4：34.3调整为14.8：51.9：33.3。人均生产总值18462元，比上年增长12.6%。全年全部财政收入完成206.1亿元，比上年增长23.7%，其中，地方一般预算收入完成91.0亿元，比上年增长24.3%。一般预算支出268.9亿元，比上年增长34.2%。

【农业】2010年，保定市农林牧渔业总产值525亿元，比上年增长6.5%。其中，农业产值334.1亿元，比上年增长7.3%；林业产值4.9亿元，比上年下降23.7%；畜牧业产值165.6亿元，比上年增长6.2%；渔业产值6.7亿元，比上年增长7.4%；农林牧渔服务业产值13.6亿元，比上年增长2.0%。全年农业产业化经营总量450.3亿元，比上年增长48.4%。

【工业和建筑业】2010年，保定市全部工业完成增加值881.6亿元，比上年增长15.2%。规模以上工业完成增加值686.3亿元，比上年增长21.3%。其中，轻工业完成增加值262.0亿元，比上年增长24.0%；重工业完成增加值424.3亿元，比上年增长19.7%。规模以上工业实现主营业务收入2815.5亿元，比上年增长44.2%；工业产品销售率97.5%，高于上年1.6个百分点；实现利税244.9亿元，比上年增长52.8%，其中，利润总额157.3亿元，比上年增长59.7%；亏损企业亏损额8.2亿元，比上年下降19.9%。

全年建筑业增加值完成182.5亿元，比上年增长18.7%。具有资质等级以上的建筑业企业（包括劳务分包建筑业企业）321个，完成建筑业总产值608.3亿元，比上年增长47.7%，实现利税39.0亿元，比上年增长68.0%，房屋建筑施工面积4394.3万平方米，比上年增长35.3%，房屋建筑竣工面积2108.6万平方米，比上年增长37.8%。

【国内贸易和对外经济】2010年，保定市社会消费品零售总额完成864.2亿元，比上年增长18.3%，其中，限额以上批发零售企业实现零售额181.4亿元，比上年增长23.6%。分行业看，批发业零售额完成97.0亿元，比上年增长21.6%；零售业零售额完成665.4亿元，比上年增长18.1%；住宿业零售额完成6.3亿元，比上年增长18.9%；餐饮业零售额完成84.0亿元，比上年增长18.5%。

全年外贸进出口总值完成58.6亿美元，比上年增长46.3%，其中，出口总值43.3亿美元，比上年增长55.3%；进口总值15.3亿美元，比上年增长25.8%。全年实际利用外资4.9亿美元，比上年增长12.2%。全年新批利用外资合同16项，合同总投资1.8亿美元，合同利用外资额0.49亿美元。全年新注册三资企业15户，总投资2.2亿美元。

【交通、邮电和旅游】2010年，保定市交通运输、仓储和邮政业完成增加值121.5亿元，比上年增长28.7%。全年货物运输总量14214万吨，比上年增长26.9%；货物运输周转量5476312万吨公里，比上年增长40.4%。旅客运输总量14047万人，比上年增长17.7%；旅客运输周转量789969万人公里，比上年增长17.0%。

全年完成邮电业务收入47.1亿元，比上年增长2.8%。其中，邮政业务收入4.1亿元，比上年增长12.9%，电信业务收入43.1亿元，比上年增长1.9%。

全年接待国际游客9.1万人，比上年增长13.2%，旅游外汇收入3088.9万美元，比上年增长10.7%。接待国内游客2808.7万人，创收140.8亿元，均比上年增长23.3%。旅游业总收入141.1亿元，比上年增长21.5%。

【金融和保险】2010年，保定市年末金融机构本外币各项存款余额2877.6亿元，比年初增加421.1亿元，增长17.1%。全市金融机构本外币各项贷款余额1162.6亿元，比年初增加186.6亿元，增长19.1%。全市金融机构现金收入6551.6亿元，现金支出6649.97亿元，收支相抵，货币净投放98.37亿元。

年末全市保险业保费收入达到100亿元。支付各类赔款及给付11.5亿元。

【科学技术】年末共有重点实验室和工程技术研究中心21家。企业技术中心41家。全年取得国家级科技成果5项，省级科技成果225项。全年开发新产品9项。全年申请专利1653项，授权专利1373项。年末技术合同成交额2.4亿元。有24个项目获省级科技进步奖。全年实施省级以上科技成果推广11项。根据2008年《高新技术企业认定管理办法》认定高新技术企业77家。

57

2010年泰安市经济发展概况

【经济总量】2010年，泰安市实现生产总值2051.7亿元，按可比价格计算（下同），比上年增长13.7%，增幅比上年提高0.1个百分点。其中，第一产业实现增加值195.3亿元，增长4.4%；第二产业1099.5亿元，增长12.4%；第三产业756.9亿元，增长18.1%。三次产业结构由上年的9.9：54.5：35.6调整为9.5：53.6：36.9。全年实现地方财政收入116.9亿元，增长27.9%。全市地方财政支出175.6亿元，增长30.6%。

【农业】2010年，泰安市实现农林牧渔业总产值338.3亿元，按可比价格计算比上年增长4.4%。实现农林牧渔业增加值195.3亿元，增长4.4%。其中，种植业实现增加值129.0亿元，增长3.3%；林业4.0亿元，增长1.8%；牧业48.1亿元，增长6.8%；渔业7.0亿元，增长9.4%；农林牧渔服务业7.2亿元，增长3.4%。

【工业和建筑业】2010年，泰安市规模以上工业增加值比上年增长16.3%。全市1704家规模以上工业企业实现主营业务收入3904.2亿元，比上年增长29.5%；利润307.0亿元，利税496.0亿元，分别增长41.4%和35.2%。反映工业经济效益整体水平的综合指数为268.5%，提高15.3个百分点。

全市建筑业完成总产值486.0亿元，增长18.3%，实现利税52.7亿元，增长30.4%。其中，国有及国有控股企业完成总产值35.4亿元，增长51.7%，实现利税3.1亿元，增长48.6%。

【国内贸易和对外经济】2010年，全市实现社会消费品零售总额687.4亿元，比上年增长18.9%。其中，城镇490.5亿元，增长19.3%，市场份额为71.4%；农村196.9亿元，增长17.8%。批发业、零售业、住宿业、餐饮业分别实现103.6亿元、505.3亿元、11.8亿元、66.8亿元，分别增长32.8%、13.9%、41.2%、37.6%。

2010年，全市外贸完成进出口总值15.9亿美元，比上年增长47.7%。其中，出口9.3亿美元，进口6.6亿美元，分别增长31.3%和79.0%。全年共批准利用外资项目160个，比上年增加31个。实际利用外资13.1亿美元，增长2.3%。全年签订对外承包劳务合同1210个，合同额7亿美元，增长19.0%，完成营业额5.7亿美元，增长47.2%；外派各类劳务和研修生23971人，期末在外42156人，分别比上年增长43.1%和30.0%。

【交通、邮电和旅游】2010年，全市公路、水路货运量10041万吨，货运周转量129.6亿吨公里，分别增长7.6%和8.4%；客运量4973万人，客运周转量40.5亿人公里，分别增长6.2%和7%。

全年邮电业务总量35.6亿元。其中邮政业务总量2.2亿元，电信业务总量33.4亿元，比上年增长14.8%。旅游业异常活跃。全年共接待海内外游客3051.0万人次，旅游总收入253.5亿元，分别增长30.1%和34.8%。其中：国内游客3021.2万人次，旅游收入241.1亿元，分别增长30.1%和35.6%；境外游客29.8万人次，增长24.0%，旅游外汇收入18380.2万美元，增长22.1%。

【金融和保险】2010年，全市金融机构年末各项存款余额为1399.5亿元，比年初增长15.4%。全市金融机构各项贷款余额为917.6亿元，比年初增长19.2%。全市30家保险公司全年实现保费收入46.6亿元，比上年增长29.0%。全年赔付额9.6亿元，增长5.8%。

【科学技术】全市获奖科技成果315项。其中，国家级科技奖励成果8项，省级科学进步奖55项，市级科技进步奖99项；国家“863”科技成果产业基地2家；全年申请专利6738件，比上年增加1193件，授权2120件，增加812件，其中发明1899件，增加151件；签订各类技术合同33项，合同金额6800万元，增长0.8%。2010年，全市实现规模以上工业高新技术产业产值1397.0亿元，增长28.8%，占全部工业总产值的比重34.2%，比年初提高3.3个百分点。

58

2010年泰州市经济发展概况

【经济总量】2010年，泰州市地区生产总值2002.58亿元，比上年增长13.5%。第一产业增加值148.45亿元，增长4.5%；第二产业增加值1125.85亿元，增长14.5%，其中工业增加值981.02亿元，增长14.6%；第三产业增加值728.28亿元，增长13.9%。三次产业结构调整为：7.4∶56.2∶36.4。按常住人口计算，全市人均地区生产总值42872元，增长13%。

全市财政总收入456.37亿元，比上年增长32.7%；其中地方一般预算收入170.8亿元，增长23.2%。财政总支出341.88亿元，增长33.5%；其中地方一般预算支出207.35亿元，增长22.8%。

【农业】全年粮食总产量314.4万吨，增长1.4%。全市新增成片林面积8.5万亩，年末森林覆盖率17.5%，比上年提高1.3个百分点。主要畜产品中，肉类总产量23.55万吨，增长5.6%；禽蛋总产量10.85万吨，增长16.8%；牛奶总产量3.79万吨，增长18.1%。全市水产养殖面积4.2千公顷，增长1.3%。水产品产量32.58万吨，增长13.8%；其中淡水产品32.5万吨，增长13.8%。

【工业和建筑业】2010年，泰州市规模以上工业总产值4861.1亿元，增长31.7%。其中，轻工业1297.92亿元，增长34.1%；重工业3563.18亿元，增长30.8%。全市规模以上工业产品销售率98.1%，比上年提高0.1个百分点；销售收入4685.1亿元，增长30.6%；利税总额557.14亿元，增长31.3%；利润总额342.35亿元，增长37.6%。工业经济效益综合指数297.9，比上年提高12.6个百分点。

年末全市建筑业总产值1271.48亿元，比上年增长16.1%；建筑施工面积14705万平方米，增长15.4%。

【国内贸易和对外经济】2010年，泰州市社会消费品零售总额550.29亿元，比上年增长19%。其中，批发和零售业零售额472.72亿元，增长19.2%；住宿和餐饮业零售额77.57亿元，增长18.1%。

全年外贸进出口总额85.85亿美元，增长47.5%。其中，出口58.77亿美元，增长39.4%；进口27.08亿美元，增长68.8%。全年新签项目（合同）219个，注册协议外资39.71亿美元，实际利用外资13.63亿美元，分别增长31.9%、46.3%和29%。

【交通、邮电和旅游】2010年，泰州市公路客运量8680万人，公路货运量3693万吨，均增长17%。铁路客运量226.7万人，货运量23.4万吨。水路货运量8649万吨，增长30%。港口货物吞吐量13471万吨，增长25.9%；其中外贸吞吐量803万吨，增长73.4%。

全市邮电业务收入34.02亿元，比上年增长5.5%。其中，邮政业务收入3.5亿元，下降4.3%，电信业务收入30.52亿元，增长6.7%。

全年接待国内外旅客1080.73万人次，旅游总收入120.61亿元，分别增长17.4%和23.3%。其中，接待境外游客7.9万人次，旅游外汇收入7931万美元，分别增长15.8%和15.4%。

【金融和保险】年末，泰州市金融机构人民币各项存款余额2320.32亿元，比年初增加434.92亿元。人民币各项贷款余额1460.68亿元，比年初增加300.31亿元。其中，短期贷款798.87亿元，增加174.21亿元；中长期贷款615.64亿元，增加167.57亿元。

2010年，全市各类保险公司保险业务收入65.32亿元，比上年增长32.7%。保险业务支出12.43亿元，下降4.9%。

年末全市上市公司6家，证券公司营业部14家。全年实现证券交易总额2013.27亿元，其中股票和基金交易1904.43亿元；实现利税1.38亿元。

【科学技术】2010年，全市专利申请受理量7890件，增长24.9%，其中发明专利1499项，增长43.7%；专利申请授权量4198件，增长50.7%，其中发明专利177项，增长75.2%。全市获批高新技术企业39家、国家重点新产品13项、省高新技术产品199项，实施国家火炬计划26项、国家星火计划25项。全年实现高新技术产业产值1591.5亿元，比上年增长35.3%。高新技术产业产值占全市规模以上工业产值32.7%，比上年提高2.1个百分点。

59

2010年镇江市经济发展概况

【经济总量】2010年，镇江市实现地区生产总值1956.64亿元，比上年增长13.3%（按可比价计算）。其中：第一产业增加值81.58亿元，增长4.5%；第二产业增加值1124.52亿元，增长13.8%；第三产业增加值750.54亿元，增长13.4%。从产业结构看，三次产业构成由上年的4.5：58.2：37.3，调整至4.2：57.4：38.4，第三产业占比较上年提高1.1个百分点，服务业占GDP比重为39%。2010年，全市实现财政总收入381.50亿元，比上年增长28.7%。实现财政一般预算收入138.1亿元，比上年增长36.0%。

全市完成财政总支出298.22亿元，比上年增长28.9%。财政一般预算支出完成154.86亿元，比上年增长28.3%。

【农业】2010年，全市农林牧渔业总产值122.72亿元，按可比价计算比上年增长4.5%，其中：农业总产值65.24亿元，增长5.8%；林业总产值4.81亿元，下降6.2%；牧业总产值18.58亿元，下降1%；渔业总产值16.04亿元，增长6.1%；农林牧渔服务业总产值18.56亿元，增长7.4%。2010年，粮食总产量119.56万吨，比上年增加1.69万吨，比上年增长1.4%；全年肉类总产量6.6万吨，比上年增长1.1%；水产品产量8.51万吨，比上年增长0.5%。

【工业和建筑业】2010年，全市规模以上工业实现总产值4175.11亿元，实现增加值1029.05亿元，比上年分别增长30.6%和16.1%。其中，重工业实现总产值、增加值3299.09亿元和758.76亿元，比上年分别增长32.2%和15.4%；轻工业实现总产值、增加值876.02亿元和270.29亿元，比上年分别增长24.9%和18.0%。2010年，全市工业综合效益指数为250.82，比上年提高24.8个百分点，34个行业实现整体赢利，实现销售收入3980.36亿元，利税总额352.74亿元，分别比上年增长32.3%和37.7%，利税率8.9%，比上年提高0.5个百分点。

2010年，全市建筑业实现总产值307亿元，比上年增长12.9%，其中竣工产值完成182亿元，比上年增长20.5%。建筑业实现利税总额12.5亿元，比上年增长25%。全年房屋建筑施工面积1586万平方米；竣工面积604万平方米，比上年分别增长12.8%和19.6%。

【国内贸易和对外经济】2010年，全市实现社会消费品零售总额559.5亿元，比上年增长18.9%。分行业看，批发和零售业实现零售额499.46亿元，增长17.3%；餐饮业实现零售额55.08亿元，增长35.1%；住宿业实现零售额4.98亿元，增长19.0%。

2010年，全市外贸完成进出口总额81.54亿美元，比上年增长35.1%，其中：进口总额34.03亿美元，增长36.6%；出口总额47.51亿美元，增长34.2%。2010年，全市新批工商注册外商投资企业138家，比上年减少26家；实际利用外资16.15亿美元，比上年增长12.1%。全年完成服务外包合同额2.54亿美元，执行额1.62亿美元，比上年分别增长141.3%和159.4%。全市新批境外投资企业24家，中方协议投资2亿美元，增长4.7倍；新签外经合同额3.53亿美元，增长11.5%，实现营业额3.19亿美元，增长17.9%。本市唐邦机电、大全新能源两家企业分别在纳斯达克和纽约证券交易所成功上市。

【交通、邮电和旅游】2010年，全市完成旅客、货物运输量1.53亿人次和1.02亿吨，比上年分别增长15.0%、8.8%；完成旅客、货物周转量97.98亿人公里和68.43亿吨公里，比上年分别增长22.2%、18.8%。全年实现港口货物吞吐量1.22亿吨，比上年增长20.4%。

2010年，全市实现邮电业务总收入25.39亿元，比上年增长6.1%，其中：电信业务收入22.96亿元、邮政业务收入2.43亿元，比上年分别增长4.9%、19.3%。全年邮政发送函件2735万件，比上年增长8.0%。年末全市拥有固定电话用户113.74万户，移动电话用户273.88万户。

旅游市场持续升温。2010年，全市全年接待国内旅游者人数2780万人次，实现国内旅游收入316

亿元，比上年分别增长24.0%和34.9%。全年接待入境旅游者人数63.1万人次，实现国际旅游外汇收入4.99亿美元，比上年分别增长7.1%和10.0%。

【金融和保险】2010年，全市金融机构各项人民币存款余额2203.22亿元，比年初增加417.93亿元。全市金融机构各项人民币贷款余额1563.34亿元，比年初增加276.7亿元，其中：短期贷款余额798.49亿元，比年初增加155.1亿元；中长期贷款余额713.16亿元，比年初增加178.22亿元。

保险业务发展较快。年末全市拥有44家保险机构，比上年新增2家。全年实现保费收入54.04亿元，比上年增长32.6%。各类赔付支出9.62亿元，比上年下降8.5%，其中：财产险5.32亿元，下降5.6%；人身险4.30亿元，下降11.9%。

【科学技术】2010年，全市新认定省级科技产业园区6个（航空材料/光电/高性能/软件科技/船舶制造/智能化电力电器产业园），新增科技孵化面积100万平方；新增省级高新技术企业51家、高新技术产品170个。

2010年，全市科技进步贡献率53.5%，比上年提高1个百分点。研发（R&D）投入39.33亿元，比上年增长22.5%，占GDP比重2%，提高0.1个百分点。全年专利申请数10406件、授权数6562件，比上年分别增加1798件和2498件。百亿元GDP专利授权数341.8件，比上年增加98.7件，其中百亿元GDP发明专利申请数102.4件，比上年增加22.2件。高新技术产业实现产值1521.54亿元，比上年增长43.1%，占比重36.4%，提高4.0个百分点。

60

2010年南阳市经济发展概况

【经济总量】2010年，南阳市全年实现生产总值1955.84亿元，比上年增长11.6%。其中，第一产业增加值401.18亿元，第二产业增加值1017.07亿元，第三产业增加值537.59亿元，分别比上年增长4.5%、14.4%和11.2%。三次产业结构为20.5：52.0：27.5。全年全市地方财政总收入122.88亿元，比上年增长21.0%。地方财政一般预算收入69.07亿元，增长23.0%。地方财政一般预算支出247.11亿元，增长21.4%。

【农业】全年粮食产量584.02万吨，比上年增长0.8%。棉花产量7.68万吨，下降14.6%。油料产量115.08万吨，增长3.3%。肉类总产量68.44万吨，增长1.3%；禽蛋产量31.8万吨，增长1.8%；奶类产量30.3万吨，增长4.6%。“十一五”期间粮食生产连续5年超百亿斤，粮食商品率达到68%。

【工业和建筑业】2010年，南阳市全部工业增加值910.56亿元，比上年增长15.1%。规模以上工业增加值634.47亿元，比上年增长22.4%，其中，轻工业增长22.0%，重工业增长22.7%，产品销售率98.1%。全年规模以上工业企业主营业务收入2015.57亿元，比上年增长35.1%；利润总额129.58亿元，增长66.8%。全年全社会建筑业增加值106.51亿元，比上年增长7.8%。全市具有资质等级的总承包和专业承包建筑企业实现利润9.38亿元，增长27.3%。

【国内贸易和对外经济】2010年，南阳市批发和零售业增加值100.12亿元，比上年增长10.9%；住宿和餐饮业增加值64.81亿元，增长5.6%。

全年社会消费品零售总额789.17亿元，比上年增长18.7%。分行业看，批发业零售额110.23，增长21.6%；零售业561.83亿元，增长18.1%；住宿业6.12亿元，增长22.3%；餐饮业110.99亿元，增长18.6%。

全年对外贸易实现进出口总值9.53亿美元，比上年增长49.6%。其中，出口总值6.46亿美元，增长50.7%；进口总值3.07亿美元，增长47.4%。全年新批外商投资企业26个。实际利用外商直接投资2.01亿美元，增长51.2%。全年对外承包工程和劳务合作合同金额0.74亿美元，增长26.7%；营业额0.89亿美元，增长77.3%。

【交通、邮电和旅游】2010年，南阳市交通运输、仓储和邮政业增加值83.14亿元，比上年增长17.5%。全年完成客运量16642万人，比上年增长31.4%；货运量15222万吨，增长19.1%；完成旅客周转量127.97亿人公里、货物周转量387.88亿吨公里，分别比上年增长4.9%和31.1%。

全年邮电业务总量48.77亿元，增长16.9%，其中：邮政业务5.11亿元，电信业务43.66亿元。

全年共接待境内外游客1868.1万人次，比上年增长38.2%。旅游总收入95.6亿元，增长37.9%。

【金融和保险】年末，南阳市金融机构人民币各项存款余额1471.22亿元，比年初增加325.32亿元。年末金融机构人民币各项贷款余额827.50亿元，比年初增加128.42亿元；其中短期贷款548.99亿元，比年初增加109.47亿元；中长期货款240.45亿元，比年初增加25.05亿元。

全年保险公司保费收入44.48亿元，比上年增长17.7%，全年赔付13.98亿元，增长52.4%。

【科学技术】全年全市科技活动经费支出16.47亿元，共取得省级科技进步奖21项。申请专利1345件，授权专利926件；签订技术合同106份，成交金额3224.1万元；培育国家级企业技术中心4家，省级企业技术中心31家。

61

2010年威海市经济发展概况

【经济总量】2010年，威海市实现生产总值1944.7亿元，按可比价格计算，比上年增长12.7%。分产业看，第一产业增加值153.94亿元，增长1.3%；第二产业增加值1087.03亿元，增长11.4%；第三产业增加值703.73亿元，增长17.7%。产业结构继续优化，三次产业结构由上年的7.87：57.75：34.38优化为7.92：55.89：36.19，第三产业增加值所占比重提高了1.8个百分点。

全年完成财政总收入358.28亿元，增长60.8%。完成地方财政收入118.27亿元，增长15.4%，占GDP比重为6.08%，提高了0.17个百分点。全年完成地方财政支出167.93亿元，增长22.7%。

【农业】2010年，威海市农林牧渔业总产值达到300.85亿元，按可比价格计算，比上年增长1.2%。其中农业总产值79.08亿元，与上年持平；林业总产值0.87亿元，下降4.2%；牧业总产值53.02亿元，增长1.1%；渔业总产值162.83亿元，增长1.6%；农林牧渔服务业总产值5.06亿元，增长7.3%。

农产品产量稳定增长。全市粮食总产量达到106.26万吨，增长1.8%。全年肉类总产量达到12.27万吨，下降0.3%。禽蛋类总产量11.49万吨，下降4.4%，全年水产品总产量达到213.17万吨，增长2.2%。

【工业和建筑业】2010年，威海市规模以上工业企业达到2118家，实现增加值比上年增长10.5%。从轻重工业看，轻工业增速快于重工业。轻工业增加值增长11.7%，重工业增加值增长9.7%。全市规模以上工业实现主营业务收入5185.39亿元，比上年增长13.1%；实现利税399.75亿元，增长19.9%，增幅比上年提高了7.9个百分点；实现利润257.16亿元，增长20.9%，提高了10.8个百分点。

建筑业生产稳步增长。在全部420家三级及以上（新资质）建筑企业中，有施工任务的352家，完成建筑业总产值166.3亿元。全市建筑业共实现增加值104.9亿元，增长13.1%。

【国内贸易和对外经济】2010年，威海市实现社会消费品零售总额683.99亿元，比上年增长18.6%。从行业分类看，批发、零售、住宿和餐饮四大行业全面兴旺。批发和零售业实现零售额623.52亿元，增长18.7%；住宿和餐饮业实现零售额60.46亿元，增长18.4%。

全年实现对外贸易进出口总额139.16亿美元，增长31.2%，各月累计增幅均超过30%，其中出口总额89.23亿美元，增长30.9%；进口总额49.93亿美元，增长31.6%。全市共批准外资项目136个，合同外资8.03亿美元，增长42.9%，实际到账外资5.55亿美元，增长3.1%。新核准设立境外企业22家，新增中方投资额超过1000万美元的项目有5个。全年对外承包劳务完成营业额4.22亿美元，增长19.2%。其中对外劳务合作完成营业额2.2亿美元，外派人员9756人；对外承包工程完成营业额2亿美元，增长18.7%。

【交通、邮电和旅游】2010年，威海市公路通车里程达到6720.3公里（含农村公路），增长0.7%。全年各种运输方式（铁路、公路、海运）共完成旅客周转量73.3亿人公里，增长4.2%。全年各种运输方式（铁路、公路、海运）完成货物周转量237.86亿吨公里，增长29.0%。全年各种运输方式（铁路、公路、海运）共完成客运量15641万人次，增长3.1%；货运量4913万吨，增长26.9%。完成港口货物吞吐量4866万吨，增长18.1%，港口旅客发送人数165万人，增长13.3%；集装箱吞吐量69.5万标箱，增长11.8%。

全年邮电业主营业务收入21.46亿元，其中邮政业务收入2.36亿元，增长24.2%；电信业务主营业务收入19.1亿元，增长2.1%。旅游业稳步发展。全年共接待海内外游客2149.26万人次，旅游总收入220亿元，分别增长14.9%和16.7%，其中国内游客2112万人次，旅游收入207.3亿元，分别增长14.9%和16.7%；国外游客37.26万人次，旅游外汇收入19151万美元，分别增长15.5%和19.1%。

【金融和保险】金融市场稳健运行。年末全市金融机构本外币存款余额1636.59亿元，比年初增加221.33亿元，同比少增80.87亿元。年末金融机构本外币贷款余额1150.14亿元，比年初增加166.16亿元，同比少增51.38亿元。短期贷款423.11亿元，比年初增加40.53亿元。中长期贷款640.52亿元，比年初增加152.51亿元。

保险业稳步发展。全年所有保险机构实现保费收入43.72亿元，增长28.6%。共支付各项赔款和给付10.84亿元，下降3.4%。

【科学技术】2010年，威海市实施市级以上各类科技计划374项，其中实施国家、省科技项目151项。全年共受理专利申请量4224件，增长10%，其中发明专利申请量1185件，增长19.6%。专利授权3071件，增长95%。取得重要科技成果156项，其中达到国际领先和先进水平的36项、国内领先114项。获得市级以上科技奖励121项，其中省科技进步奖13项。高新技术产业产值达到2028.09亿元，增长20.2%，占规模以上工业总产值的比重达到37.02%，比年初提高2.29个百分点。

62

2010年呼和浩特市经济发展概况

【经济总量】2010年，呼和浩特市实现地区生产总值1865.71亿元，按可比价格计算，比上年增长13.0%。分三次产业看，第一产业完成增加值91.33亿元，比上年增长4.7%；第二产业完成增加值678.95亿元，比上年增长13.3%；第三产业完成增加值1095.43亿元，比上年增长13.3%。三次产业结构之比为4.9：36.4：58.7，产业结构进一步优化。

全年地方财政收入达241.5亿元，比上年增长20.1%。其中，地方财政一般预算收入126.8亿元，比上年增长18.8%。全年地方财政支出177.2亿元，比上年增长7.4%。

【农业】2010年，全市农牧业稳步推进。全年粮食产量116.1万吨，比上年下降2.9%。全年肉类总产量9.9万吨，比上年增长8.7%；鲜奶产量305.6万吨，增长0.1%；禽蛋产量3.0万吨，增长1.5%。全年荒山荒（沙）地造林面积达34.8千公顷，其中，人工造林13.2千公顷，无林地和疏林地新封21.6千公顷。年末实有封山（沙）育林面积202.5千公顷，四旁（零星）植树304万株。当年苗木产量10.1亿株。

【工业和建筑业】全市工业增加值由221亿元增加到580亿元，全市规模以上工业增加值增长13%左右，实现利润总额50亿元，各项指标明显好于上年。分轻重工业看，二者发展并驾齐驱。轻工业增长12.2%；重工业增长14.3%。

全市352家规模以上工业企业实现利税146.2亿元，比上年增长27.1%；盈亏相抵后利润总额73.6亿元，比上年增长45.6%。

【国内贸易和对外经济】全年实现社会消费品零售总额756.6亿元，比上年增长18.7%。分行业看，批发业实现零售额120.8亿元，增长46.5%；零售业实现零售额538.0亿元，增长14.4%；住宿和餐饮业实现零售额97.8亿元，增长15.5%。

全年海关进出口总额达15.1亿美元，比上年增长113.2%。其中，出口总额7.6亿美元，增长118.6%；进口总额7.5亿美元，增长107.9%。

全年引进外方资金83676万美元，比上年增长7.9%。引进区外资金267.0亿元，引进区内资金209.7亿元，分别比上年增长12.1%和8.8%。

【交通和邮电】全年公路货运量9407万吨，比上年增长33.5%，公路货运周转量313.2亿吨公里，比上年增长33.5%；公路客运量1468万人，比上年增长6.2%，公路客运周转量37.7亿人公里，比上年增长6.2%。

全年邮电业务总量81.1亿元，比上年增长18.9%。其中，邮政业务总量2.3亿元，增长14.0%；电信业务总量78.8亿元，增长19.1%。

【金融和保险】2010年末全市金融机构各项存款余额2678.9亿元，比上年增长26.0%。金融机构贷款余额2522.5亿元，比上年增长28.0%。从贷款投向看，短期贷款493.5亿元，增长15.4%；中长期贷款2008.5亿元，增长33.4%。

全市保险公司保费收入37.1亿元，比上年增长14.5%。全市保险业务赔款与给付支出9.7亿元，比上年增长1%。其中，人身险保险业务赔款支出3.9亿元，比上年下降20%；财产险保险业务赔款支出5.8亿元，比上年增长23%.

【科学技术】2010年全市高度重视科技进步，市财政投入科技资金6947万元，比上年增长11.7%，争取国家及自治区支持资金8680万元，项目94项。年内专利申请量910件，授权专利633件。安排重大科技引导资金5463万元。

63

2010年中山市经济发展概况

【经济总量】2010年，中山市实现地区生产总值1826.32亿元，按可比价格计算，比上年增长13.5%。其中，第一产业增加值50.52亿元，增长3.2%；第二产业增加值1073.60亿元，增长15.7%；第三产业增加值702.20亿元，增长11.0%。三次产业结构调整为2.8 : 58.7 : 38.5。民营经济增加值830.63亿元，增长14.5%，占全社会GDP的比重达45.5%。全年地方财政一般预算收入139.38亿元，增长26.2%。其中，税收收入127.74亿元，增长27.1%。

【农业】2010年，中山市农业总产值86.82亿元，增长3.2%。全年粮食总产量7.31万吨，增长0.2%；蔬菜产量50.12万吨，下降6.2%；水果产量17.69万吨，下降7.9%。全年肉类总产量5.10万吨，下降0.7%。全年水产品产量33.90万吨，增长2.8%。

【工业和建筑业】2010年，全市完成全社会工业总产值5309.64亿元，增长20.4%。其中5038家规模以上工业企业完成总产值5056.19亿元，增长20.8%。其中，轻工业2877.04亿元，增长18.0%；重工业2179.14亿元，增长24.6%。五大支柱产业总产值2863.73亿元，增长23.5%。规模以上工业企业实现利税总额257.12亿元，增长40.5%；盈亏相抵后实现利润总额161.28亿元，增长43.2%。经济效益综合指数169.58%，比上年提高12.6个百分点。

全市建筑业实现增加值52.09亿元，增长1.5%。全市建筑企业施工产值122.51亿元，增长3.7%；房屋建筑施工面积591.22万平方米，下降7.7%；房屋建筑竣工面积258.14万平方米，下降22.7%。

【国内贸易和对外经济】2010年，全市社会消费品零售总额648.11亿元，增长18.2%。分行业看，批发和零售业零售额581.85亿元，增长18.7%；住宿和餐饮业零售额66.26亿元，增长14.6%。

全年外贸进出口总值311.19亿美元，增长27.2%。其中，出口225.05亿美元，增长26.9%；进口86.14亿美元，增长27.9%。全年新签利用外资项目147个，下降5.2%；实际利用外资金额7.30亿美元，增长19.8%。

【交通、邮电和旅游】2010年，全市交通运输、仓储和邮政业增加值38.38亿元，增长11.0%。全年货物周转量64.81亿吨公里，增长10.5%；旅客周转量98.99亿人公里，增长30.3%；港口货物吞吐量4705万吨，增长40.7%。年末公路通车里程1917公里。

全年邮电通信业务总量194.98亿元，增长27.8%。全年接待海内外游客587.87万人次，增长6.5%。其中，国际游客48.05万人次，国内游客539.83万人次。全年旅游总收入125.17亿元，增长13.5%，其中旅游外汇收入2.76亿美元，增长35.0%。

【金融和保险】年末，全市金融机构本外币各项存款余额2665.35亿元，比年初增长20.5%。全市金融机构本外币各项贷款余额1373.62亿元，比年初增长14.8%。全年人民币现金净投放277.11亿元，净增61.35亿元。

年末全市共有境内外上市公司12家，新增4家。全年证券交易额3575.32亿元，下降8.1%。全市证券投资累计开户39.8万户，增加2.3万户。

年末全市各类保险公司37家。保险机构全年保费收入73.41亿元，增长25.6%。保险机构各类赔款和给付12.19亿元，增长3.1%。

【科学技术】全市专利申请量12032件，增长38.3%，专利授权量8538件，增长68.2%，其中发明专利申请量985件，增长52.7%，发明专利授权量165件，增长61.8%；获国家专利优秀奖1项；全市市级以上工程中心增至256家，高新技术企业增至226家。全市有167个项目获得国家、省各类科技计划立项；6个项目获得省科技奖，其中一等奖2项、二等奖1项、三等奖3项；市级科技奖92项，其中产学研合作奖2项、科技进步奖30项；市级专利奖项目73项，其中专利金奖10项、专利优秀奖20项、优秀专利发明人奖3人、发明专利奖40项。

64

2010年吉林市经济发展概况

【经济总量】2010年，吉林市实现地区生产总值1800.6亿元，比上年增长12.3%。其中，第一产业增加值194.4亿元，增长3.8%；第二产业增加值896.0亿元，增长12.5%；第三产业增加值710.2亿元，增长14.4%。三次产业结构的比例关系由上年的11.4：49.3：39.3优化为10.8：49.8：39.4。

2010年，全市一般预算全口径财政收入完成192.2亿元，增长22.1%；全市地方级财政收入完成73.2亿元，增长20%。全市一般预算财政支出完成213.8亿元，增长29.8%。

【农业】2010年，吉林市实现农林牧渔业总产值299.9亿元，增长5.2%。全年实现农业产值137.6亿元，增长1.2%。粮食总产量370.34万吨。全年实现牧业产值131.5亿元，增长8.3%。猪牛羊肉产量达到73.6万吨，增长7.3%，牛奶产量13.6万吨，增长6.3%。全年渔业完成产值9.2亿元，增长20.9%。水产品总产量达到3.7万吨，增长2.8%。全年林业产值完成9.3亿元，增长14.9%。完成荒山、荒地造林面积1853公顷。

【工业和建筑业】2010年，吉林市规模工业企业完成工业增加值626亿元，可比价增长14.2%。全年实现主营业务收入2124.7亿元，增长23%。全市规模工业企业实现利润54.7亿元，同比增利11.2亿元。全市规模工业综合经济效益指数为265.1，同比增加37个百分点。

全年资质以上建筑业企业完成总产值157.9亿元，增长27.6%，建筑企业房屋建筑施工面积488.4万平方米，竣工面积303.8万平方米。

【国内贸易和对外经济】2010年，吉林市实现社会消费品零售总额684.02亿元，同比增长18.3%。分行业看，批发业零售额129.45亿元，同比增长17.1%；零售业零售额496.4亿元，同比增长18.1%；住宿业零售额5.24亿元，同比增长19.2%；餐饮业零售额52.93亿元，同比增长23.4%。

全市外贸进出口总额实现84333万美元，增长10.6%。其中出口55117万美元，增长34.5%。对外承包劳务合作营业额实现7619万美元，增长2.2%。全市招商引资实际到位资金402亿元，其中工业项目到位资金280.1亿元。全年引进招商引资项目742项，其中工业项目474项。全市当年新开工3000万元以上项目346项。2010年全市利用外资4.52亿美元，同比增长22%。

【交通、邮电和旅游】2010年，吉林市公路运输货物周转量1362573万吨公里，增长18.02%。全年旅客发送量441597万人公里，增长24.85%。其中，公路440050万人公里，增长25.15%；水运1547万人公里，增长25.87%。

邮电通信业继续发展。全年邮政业务总量3.4亿元，增长8.41%；电信业务总量45.9亿元，增长13.65%。

全市旅游业保持了良好的发展态势。2010年共接待国内游客1756.08万人次，增长19.5%；实现旅游收入163.02亿元，增长30.9%。接待入境旅游者63594人次，增长18.33%，创汇1895.92万美元，增长31.69%。

【金融和保险】年末全市金融机构本外币各项存款余额1348.7亿元，比年初增加158.1亿元。年末全市金融机构本外币贷款余额为726.6亿元，比年初增加85.2亿元；人民币各项贷款余额为715.4亿元，比年初增加94.4亿元。其中：短期贷款余额433.4亿元，中长期贷款余额264.5亿元。

保险事业蓬勃发展。全市共有保险公司19家，全年保费收入40.09亿元，其中：财产险保费收入8.08亿元，寿险保费收入32.01亿元；财险赔款金额5.09亿元，寿险给付金额4.89亿元。

【科学技术】2010年，吉林市共列入国家和省各类科技计划项目156项，争取资金支持9600万元；共有38项科研成果获得了省科技进步奖；共授予市科技进步奖81项；专利申请量1007件，授权量701件。

65

2010年南宁市经济发展概况

【经济总量】2010年，南宁市生产总值达到1800.43亿元，比上年增长14.2%。三次产业中，第一产业增加值244.41亿元，增长5.6%；第二产业增加值652.91亿元，增长17.8%；第三产业增加值903.11亿元，增长13.9%。2010年，三次产业的比重由上年的13.93：34.59：51.48调整为13.58：36.26：50.16。

全市财政收入300.88亿元，增收69.67亿元，比上年增长30.13%，占全市生产总值的16.71%。其中地方财政一般预算收入156.10亿元，增长29.58%。全年一般预算支出261.28亿元，增长28.36%。财政支出中投向改善民生的资金增加。

【农业】2010年，南宁市实现农林牧渔业总产值403.24亿元，比上年增长5.89%。其中，农业产值211.18亿元，增长5.43%；林业产值18.76亿元，增长11.43%；畜牧业产值137.63亿元，增长5.91%；渔业产值16.92亿元，增长6.31%；农业服务业产值18.74亿元，增长6.05%。

全年粮食总产量204.23万吨，比上年减产2.34%；肉类总产量60.76万吨，比上年增长4.2%；禽蛋产量2.29万吨，增长17.11%；牛奶产量4.75万吨，增长8.53%；水产品产量19.17万吨，增长6.37%。全年共造林8017公顷，全市森林覆盖率达43.65%。

【工业和建筑业】2010年，南宁市全部工业总产值1502.68亿元，比上年增长28.99%。规模以上工业总产值1288.69亿元，增长31.32%；全年全部工业增加值484.81亿元，增长15.8%。工业对经济增长的贡献率为29.5%，拉动经济增长4.2个百分点。六大重点行业共完成工业产值690.57亿元，占规模以上工业总产值比重达53.59%，比上年增长30.73%。

全市规模以上工业企业实现主营业务收入1209.20亿元，比上年增长39.18%；实现利税总额131.23亿元，增长46.51%，其中，实现税金67.47亿元，增长21.30%，实现利润63.76亿元，增长87.83%。

全年实现建筑业增加值168.10亿元，比上年增长23.6%。全市建筑施工企业（资质企业）完成施工产值465.28亿元，比上年增长27.10%；实现利润总额9.87亿元，增长30.92%；利税总额24.37亿元，增长26.46%。

【交通、邮电和旅游】全年货物运输总量19171.05万吨，比上年增长23.76%。旅客运输总量10152.72万人，增长12.97%。其中，铁路货物运输量590.85万吨，下降6.77%；铁路旅客运输量1007.42万人，增长7.68%；公路货物运输量16591万吨，增长25.01%；公路旅客运输量8855万人，增长13.51%；水路货物运输量1986.1万吨，增长25.5%；民航旅客发送量290.3万人，增长25.89%；航空货邮发送量3.1万吨，增长24.0%。

全年完成邮电业务总量176.99亿元，比上年增长20.51%，其中电信业务总量171.72亿元，增长20.6%；邮政业务总量5.27亿元，增长17.71%。

全年共接待国内旅游者3705万人次，比上年增长20.64%；接待境外旅游者16.75万人次，增长36.57%。国内旅游收入234.1亿元，增长30.77%。国际旅游收入0.56亿美元，增长41.41%。

【国内商业和对外经济】全年全市实现社会消费品零售总额905.93亿元，比上年增长20%。分行业看，批发和零售业零售额827.47亿元，增长19.98%；住宿和餐饮业零售额78.46亿元，增长20.21%。全年商品销售总额1856.77亿元，比上年增长25.43%。

全市外贸实现进出口总值22.13亿美元，比上年下降20.62%。其中，出口总值15.93亿美元，下降33.1%；进口总值6.19亿美元，增长52.69%。全年新批外商投资企业73家，合同外资额7.07亿美元，增长35.64%。全年外商直接投资3.3亿美元，增长18.62%。

【金融和保险】年末，全市共有金融机构19家，营业网点996个。年末，全市金融机构各项存款余额4021.45亿元，比上年末增加705亿元，增长21.26%。金融机构贷款余额4142.3亿元，比上年末增加678.55亿元，增长19.59%。

年末全市共有各类保险公司27家，全年保费收入57.3亿元，比上年增长42.79%。全年各项保险赔款及给付12.06亿元。

【科学技术】2010年，全市共组织实施国家级火炬项目39项，国家级星火项目2项，重点成果推广项目15项，自治区和市创新项目513项，年内安排市级科技项目177项。市级科技项目总投资6.48亿元。全年重点技术创新项目74项，重点新产品试产项目103项。全年获得自治区级科技进步奖20项，市级科技进步奖39项，通过市级以上鉴定的科技成果58项。全年签订各类技术合同118项，合同金额9411万元。全年专利申请1452件，其中发明专利申请539件，获得授权专利896件，其中发明专利130件。

66

2010年太原市经济发展概况

【经济总量】2010年，太原市实现地区生产总值1778.05亿元，比上年增长11.0%。其中，第一产业增加值31.37亿元，增长4.9%；第二产业增加值798.49亿元，增长12.0%；第三产业增加值948.19亿元，增长10.5%。三次产业比重依次为1.8%、44.9%、53.3%。

2010年，全市财政总收入321.89亿元，比上年增长15.1%。全市一般预算收入138.48亿元，增长17.8%。全年执行一般预算支出189.64亿元，比上年增长18.6%。

【农业】2010年，全市农林牧渔业总产值57.29亿元，比上年增长4.9%。其中：农业产值34.04亿元，增长2.6%；林业产值4.70亿元，增长5.5%；牧业产值16.27亿元，增长6.9%；渔业产值0.36亿元，增长19.7%；农林牧渔服务业产值1.92亿元，增长27.0%。

【工业和建筑业】2010年，太原市全部工业增加值596.88亿元，比上年增长12.5%。规模以上工业增加值577.65亿元，增长15.4%。全年工业经济效益综合指数为185.32，比上年提高25.3点。全年实现利税总额162.11亿元，增长18.9%。利润总额67.98亿元，增长32.0%。亏损企业亏损额24.12亿元，下降19.1%。

2010年全市建筑业增加值201.60亿元，比上年增长10.4%。具有建筑业资质等级的企业总产值1289.61亿元，增长11.6%；利税总额53.89亿元，增长14.9%。全市房屋建筑施工面积3329.78万平方米。房屋建筑竣工面积616.07万平方米，房屋面积竣工率为18.5%。

【国内贸易和对外经济】2010年，全市社会消费品零售总额825.85亿元，比上年增长18.0%。批发零售及住宿餐饮业增加值303.44亿元，增长16.4%。限额以上贸易企业零售额394.06亿元，比上年增长26.8%，在全市社会消费品零售总额中所占比重为47.7%。

2010年，全市外贸进出口总额79.12亿美元，比上年增长33.6%。其中：出口额31.38亿美元，增长61.4%；进口额47.74亿美元，增长20.0%。全年新设立外商及港澳台商直接投资企业19家。直接投资新签合同（协议）39项。项目总投资11.19亿美元。合同外资额6.90亿美元，增长149.5%。直接到位外资2.83亿美元，增长8.3%。

【交通、邮电和旅游】2010年，全市交通运输、仓储和邮政业增加值142.47亿元，增长5.5%。交通运输：2010年末全市公路线路里程6181公里，其中高速公路222公里。公路密度88.5公里/百平方公里。

全年完成邮电业务总量145.29亿元，比上年增长11.2%，其中邮政业务总量5.87亿元，下降15.8%；电信业务总量139.42亿元，增长12.7%。

旅游：2010年全市接待海内外游客2022.85万人次，比上年增长7.2%。其中：国内游客1994.53万人次，增长9.3%；海外游客28.32万人次，增长25.6%。全年旅游总收入230.40亿元，增长18.0%；国内旅游收入219.27亿元，增长17.8%；旅游外汇收入1.64亿美元，增长22.4%。

【金融和保险】截止2010年末，全市金融机构本外币各项存款余额7008.28亿元，比年初增长18.1%；本外币各项贷款余额5125.10亿元，增长21.3%。人民币各项存款余额6965.19亿元，增长18.2%；人民币各项贷款余额5054.75亿元，增长21.7%。全年金融机构现金收入6052.05亿元，现金支出5871.16亿元，净回笼货币180.89亿元。

全年原保险保费收入85.80亿元，增长23.8%。支付各类赔款及给付16.94亿元，下降3.2%。

【科学技术】全年安排科技发展项目283项，技术市场共登记技术合同577项，成交金额7.65亿元。全年研究与试验发展经费支出53.52亿元，比上年增长15.1%，占地区生产总值的比重为3.0%。按照国家新的高新技术企业认定办法，截至2010年底，全市累计认定高新技术企业达到128家。全年共鉴定422项科技成果，获得国家科技奖励5项，其中国家技术发明奖1项，国家科技进步奖4项。科技成果转化率达到50.4%。全年共申请专利5019件，比上年增加1008件。高新技术产业增加值占地区生产总值的比重为7.6%。

67

2010年榆林市经济发展概况

【经济总量】2010年，榆林市实现生产总值1756.67亿元，比上年增长18.3%。其中，第一产业增加值92.16亿元，增长7.8%；第二产业增加值1205.77亿元，增长19.1%；第三产业增加值458.74亿元，增长18.2%。第一、第二和第三产业增加值占生产总值的比重分别为5.3%、68.6%和26.1%。

全年财政总收入400.80亿元，比上年增长33.6%；地方财政收入达125.54亿元，增长37.7%。全市财政支出237.19亿元，增长38.6%。其中，科学、教育、医疗卫生和社会保障共支出81.7亿元。

【农业】2010年，榆林市农林牧渔业总产值152.88亿元，比上年增长7.8%；实现增加值92.16亿元，增长7.8%。其中，种植业总产值94.75亿元，增长12.1%；畜牧业总产值48.9亿元，增长0.7%；林业总产值2.79亿元，增长13.0%；渔业总产值0.46亿元，增长36.4%；农林牧渔服务业总产值5.98亿元，增长10.7%。

【工业和建筑业】2010年，榆林市工业总产值1959.97亿元，比上年增长33.4%；工业增加值1178.34亿元，位居全省第一，增长19.4%。其中，全市规模以上工业企业总产值1882.29亿元，增长33.7%；五大支柱产业总产值1769.69亿元，比上年增长33.6%，占规模以上工业总产值的比重94.0%。

全年直报规模以上工业企业主营收入1255.67亿元，比上年增长38.6%；利润总额407.84亿元，增长64.1%；税金165.83亿元，增长43.0%；亏损企业亏损额14.57亿元，比上年减少1.42亿元。

全年建筑业总产值108.86亿元，比上年增长25.1%。房屋施工面积545.74万平方米，下降15.7%；

房屋竣工面积253.89万平方米，下降2.5%。

【交通、邮电和旅游】年末全市公路总里程27266公里，比上年增加1196公里。公路客运量6220万人，公路旅客周转量387790万人公里。公路货运量6532万吨，公路货物周转量3500659万吨公里。铁路客运量59.53万人。民航旅客吞吐量50.45万人，货邮吞吐量639吨。

全年邮电通讯业务总收入27.85亿元。其中，邮政业务收入1.50亿元，通讯业务收入26.35亿元。

全年共接待国内外游客530万人次，比上年增长27.0%，其中，国际旅游者2583人。旅游收入23亿元，增长28.0%。

【国内贸易】全年社会消费品零售总额203.51亿元，比上年增长18.0%。分行业看，批发业零售额33.9亿元，增长22.4%；零售业零售额138.6亿元，增长18.4%；住宿业零售额3.04亿元，增长35.7%；餐饮业零售额20.7亿元，增长13.8%。

【金融和保险】年末金融机构各项存款余额1452.72亿元，比年初增加284.05亿元，增长23.7%；金融机构各项贷款余额898.52亿元，比年初增加221.48亿元，增长32.6%。金融机构现金收入5294.43亿元，增长22.7%，现金支出5196.80亿元，增长23.0%，收支相抵，累计净回笼现金97.63亿元。

全市各类保险公司全年保险业务收入19.31亿元，比上年增长31.5%。各类保险公司累计赔付支出6.3亿元，增长25.5%。

【科学技术】全年共组织鉴定（评议）、登记科技成果22项，其中科技成果综合水平达到国内领先10项。登记省级科技成果5项，获“2009年度陕西省科学技术奖”7项；申请专利205件，其中发明专利68件，实用新型专利103件，外观设计专利34件。

68

2010年惠州市经济发展概况

【经济总量】2010年，惠州市实现地区生产总值1729.9亿元，比上年增长18%。其中，第一产业增加值103.6亿元，增长5.5%，对GDP增长的贡献率为1.9%，拉动GDP增长0.3个百分点；第二产业增加值1021.5亿元，增长23.7%，对GDP增长的贡献率为78%，拉动GDP增长14.1个百分点；第三产业增加值604.8亿元，增长10.4%，对GDP增长的贡献率为20.1%，拉动GDP增长3.6个百分点。三次产业结构由上年的6.4：55.8：37.8调整为6：59：35。

惠州市财政总收入573.1亿元，比上年增长46.2%；全市地方财政一般预算收入131.2亿元，增长29.2%；地方财政一般预算支出185.3亿元，增长37.4%。

【农业】2010年，惠州市粮食总产量58.7万吨，增长0.1%；蔬菜总产量201.7万吨，增长6%；水果总产量54.9万吨，增长6%。全年肉类总产量20万吨，比上年增长3.3%。全年水产品产量14.3万吨，增长1.9%。

【工业】2010年，惠州市规模以上工业增加值826.1亿元，比上年增长27.4%。其中，电子工业完成增加值281.5亿元，增长18.7%；石化工业完成增加值303.1亿元，增长41.2%，分别占规模以上工业的比重为：34.1%、36.7%。规模以上工业企业实现销售产值4015.4亿元，增长34.9%。

【国内贸易和对外经济】2010年，惠州市社会消费品零售总额582.5亿元，比上年增长19%。其中，城镇消费品零售额503.8亿元，增长20.2%；农村零售额78.7亿元，增长11.5%。分行业看，批发零售贸易业530亿元，增长19.3%；住宿餐饮业52.5亿元，增长15.3%。

全年外贸进出口总额342.3亿美元，比上年增长17.1%。其中，出口202.3亿美元，增长18%；进口140亿美元，增长15.8%。全年共签订外商直接投资项目合同362宗，增长29.7%；外商直接投资合同金额14.8亿美元，增长5.4%；实际利用外商直接投资14.4亿美元，增长3.1%。全年工商注册新登记外商投资企业397家，新增注册资金8.3亿美元。

【交通、邮电和旅游】年末全市境内公路通车里程总长10826公里。其中等级公路10074公里，高速公路379公里。通车里程公路密度为97公里/百平方公里；等级公路密度为90公里/百平方公里。全市港口共拥有76个泊位，其中万吨级以上泊位15个。全年沿海港口完成货物吞吐量4534万吨，其中港口集装箱吞吐量246万吨。

全年邮政电信业务收入53亿元，增长11%，其中邮政业务收入1.9亿元，比上年增长12.9%；电信业务收入51.1亿元，增长10.9%。

全市共接待国内外游客2501万人次，同比增长15.2%；全年实现旅游总收入140.8亿元，增长22.3%，其中旅游外汇收入5亿美元，增长25.1%。

【金融和保险】年末，全市金融机构本外币存款余额2087.5亿元，比年初增长17.4%。其中，人民币各项存款余额2038.6亿元，比年初增长17.5%。全市金融机构本外币贷款余额1224亿元，比年初增长7.9%。其中，人民币贷款余额1096.2亿元，比年初增长18.5%。

截至年末，全市有证券机构9家，净利润达1.9亿元；证券营业部有14家，证券交易额达3952.3亿元，下降8.1%。期货公司2家，全年代理交易额867.5亿元，增长3.1倍。

全市共有各类保险公司34家，全年实现保费收入48.7亿元，增长33.8%。支付财产险赔款5.5亿元，增长4.4%。

【科学技术】2010年，全市共申请国家专利项目2889项，获授权项目1628项，其中，发明专利申请占申请总量的28.5%；职务发明申请占申请总量的71.8%，比重进一步提高，自主创新和知识产权保护进一步加强。组建省级工程中心5家，市级工程中心（农创中心）12家，连续三届获得“全国科技进步先进市”称号。

69

2010年德州市经济发展概况

【经济总量】2010年，德州市实现地区生产总值1657.82亿元，按可比价格计算，比上年增长12.9%。其中，第一产业增加值210.51亿元，增长3.2%；第二产业增加值899.55亿元，增长14.3%；第三产业增加值547.76亿元，增长13.8%。三次产业比例由上年的12.4：54.6：32.0调整为12.7：54.3：33.0。

全市财政总收入132.64亿元，增长24.3%。实现地方财政收入72.91亿元，增长31.9%。财政支出结构不断优化，重点支出得到保证，全市财政支出154.91亿元，增长34.9%。

【农业】2010年，德州市农林牧渔业总产值达到443.3亿元，比上年增长3.2%。其中，农业产值235.35亿元，增长0.5%；林业产值10.33亿元，增长8.4%；牧业产值166.99亿元，增长6.5%；渔业产值11.11亿元，增长5.4%。

【工业和建筑业】2010年，德州市规模以上工业企业3418家，实现增加值1023.18亿元，增长16.0%。其中，轻工业增长13.1%，重工业增长18.8%。

全市规模以上工业实现主营业务收入4058.81亿元，增长23.4%；实现利税469.53亿元，增长19.1%；实现利润253.61亿元，增长24.4%。经济效益综合指数为264.02%，比上年提高9.74个百分点。

全市资质以内建筑企业210家，比上年减少16家。完成建筑业增加值104.76亿元，增长20.5%。

【交通、邮电和旅游】交通运输业快速发展。2010年，全市公路运输企业完成客运量10006万人，增长6.1%，客运周转量569750万人/公里，增长5.6%；完成货运量14303万吨，货运周转量3031842万吨/公里，分别比上年增长8.3%、5.4%。

邮电通信业稳步增长。全年完成邮政业务总量4.15亿元，增长11.6%；电信业务总量28.73亿元，增长7.8%；移动电话用户发展到295万户；固定电话102万户。

旅游业快速发展。全市实现旅游总收入45.44亿元，增长29.4%；接待国内游客965.5万人，增长23.2%。

【国内贸易和对外经济】2010年，德州市实现社会消费品零售总额645.6亿元，比上年增长18.7%。其中，批发零售业实现社会消费品零售额555.6亿元，增长16.2%，拉动零售总额增长11.8个百分点；住宿餐饮业实现零售额90亿元，增长36.4%，拉动零售总额增长3.9个百分点。

全市外贸实现进出口总额19.46亿美元，增长35.5%。其中，出口13.36亿美元，增长39.9%；进口6.1亿美元，增长26.8%。全市外派劳务人员1840人，增长51.2%。实际利用外资1.30亿美元，下降6.3%。

【金融和保险】2010年，德州市年末金融机构各项存款余额1286.91亿元，比年初增加198.49亿元。年末全市金融机构各项贷款余额909.84亿元，比年初增加136.64亿元。现金投放量增加，全年现金收入3084.23亿元，现金支出3087.20亿元，货币净投放2.97亿元。年末全市有证券经营机构2处。年证券交易额553亿元。

全市22家保险公司全年实现保费收入46.81亿元，比上年增长30.5%。全年保险赔付额7.34亿元，增长15.7%。

【科学技术】2010年，德州市共取得重大科技成果120项。其中，国际领先水平2项，国际先进水平20项，国内领先水平83项，国内先进水平14项，省内领先1项。全年专利申请量1688件，比上年增长14.75%，其中，发明专利申请量242件，增长6.92%。专利授权量1528件，增长65.73%，其中，发明专利授权量42件，增长75%。年末全市各类技术贸易机构721个，全年签订技术贸易合同1620件，完成技术贸易合同额2.2亿元。2010年，德州市工业企业高新技术产业实现产值1097.32亿元，增长34.8%。

70

2010年聊城市经济发展概况

【经济总量】2010年，聊城市实现生产总值1606.51亿元，按可比价格计算，比上年增长13.1%。其中，第一产业增加值221.64亿元，增长4.3%；第二产业增加值935.70亿元，增长13.9%；第三产业增加值449.17亿元，增长15.7%。三次产业比例由上年的14.4：58.7：26.9调整为13.8：58.2：28.0。

2010年全市实现境内财政总收入143.22亿元，比上年增长31.9%。全市财政支出完成144.60亿元，增长34.8%。

【农业】2010年，聊城市实现农林牧渔业总产值403.29亿元，比上年增长4.3%。其中，农业产值291.89亿元，增长3.8%；林业产值1.91亿元，增长14.6%；牧业产值98.30亿元，增长4.5%；渔业产值4.70亿元，增长6.9%。

粮食产量连续第八年丰收，全年总产量519.94万吨，增长10.9%；蔬菜、油料、棉花产量分别为853.15万吨、14.19万吨、8.25万吨。全市零星植树1405万株，比上年增长29.0%；全市肉、蛋、奶总产量分别为48.96万吨、31.91万吨、8.88万吨，分别比上年增长4.6%、24.8%、20.8%。全市水产品总量6.62万吨，增长6.0%。

【工业和建筑业】2010年，聊城市工业实现增加值1072.22亿元，增长18.1%。其中，国有控股工业企业实现增加值163.47亿元，增长17.7%；集体工业企业实现增加值8.45亿元，增长2.2%；股份制和外商及港澳台商投资工业企业增加值分别增长17.0%和16.8%。全年实现高新技术产业产值1191.70亿元，比上年增长24.3%。2010年全市规模以上工业企业实现主营业务收入4190.32亿元，比上年增长32.5%；实现利润和利税分别为274.66亿元和402.25亿元，分别增长36.9%和34.9%。

建筑业全市拥有三级资质等级及以上建筑企业201家，实现建筑业总产值101.37亿元，比上年增长48.9%。建筑企业承建房屋建筑施工面积1365.43万平方米，增长29.7%。

【国内贸易和对外经济】2010年，全市实现社会消费品零售总额536.77亿元，比上年增长18.7%。其中，批发零售业零售额458.76亿元，增长17.4%；住宿餐饮业零售额78.02亿元，增长26.9%。“十一五”期间，社会消费品零售额由2005年的234.0亿元增至2010年的536.77亿元，年均增长18.1%。

2010年，全市外贸实现进出口总值36.32亿美元，比上年增长52.2%。其中出口总值12.89亿美元，增长54.2%；进口总值23.42亿美元，增长51.2%。实际利用外资1.01亿美元，增长10.9%。

【交通、邮电和旅游】2010年，全市完成公路货运量1.41亿吨，比上年增长7.5%；货运周转量357.79亿吨公里，增长2.5%。公路客运量8439万人，增长4.9%；客运周转量47.05亿人公里，增长3.7%。年末全市公路通车总里程14699公里，其中高速公路135公里，一级公路394公里。

2010年，全市邮政业务总量3.72亿元。函件2935万件。完成电信业务收入20.75亿元，增长5.8%。

2010年接待国内游客872.37万人次，比上年增长18.9%；实现国内旅游收入50.20亿元，增长24.8%。接待海外游客3.52万人次，增长36.8%。

【金融和保险】2010年末全市人民币各项存款余额1232.43亿元，比上年少增79.51亿元。年末全市人民币各项贷款余额919.65亿元，少增15.21亿元。其中，短期贷款626.20亿元，少增33.23亿元；中长期贷款282.34亿元，多增15.12亿元。

2010年全市保险业实现保费收入37.94亿元，比上年增长26.5%。全年保险理赔共支付各项赔款7.45亿元，下降2.7%。

【科学技术】2010年，全市取得科技成果204项。其中国际先进16项，国际领先5项，国内领先153项。全市专利申请1779件，其中发明专利364件。专利授权1348件，其中发明专利授权157件。全市拥有高新技术企业159家，新认定省级以上高新技术企业3家。

71

2010年滨州市经济发展概况

【经济总量】2010年，滨州市实现生产总值1551.52亿元，按可比价格计算，比上年增长13.5%。第一产业实现增加值155.48亿元，增长4.9%；第二产业实现增加值847.31亿元，增长12.4%；第三产业实现增加值548.73亿元，增长17.9%。三次产业结构由上年的10.03：56.34：33.63调整为10.02：54.61：35.37，服务业比重较上年提高1.74个百分点。

地方财政快速增长。实现地方财政收入103.99亿元，增长29.7%。调整优化财政支出结构，优先保民生、保重点。完成地方财政支出161.62亿元，增长29.5%。

【农业】2010年，滨州市农林牧渔业总产值300.41亿元，按可比价格计算增长4.9%。全市粮食总产量295.65万吨，增长0.2%。全年完成造林面积1.12万公顷，林木覆盖率达到28.7%。畜牧业规模化养殖水平不断提高，全年肉类总产量41.63万吨，增长10.0%。禽蛋产量21.70万吨，增长15.4%。奶类产量12.61万吨，增长10.6%。渔业生产规模不断扩大，全年水产品总产量36.29万吨，增长6.6%。

【工业和建筑业】2010年，滨州市规模以上工业企业1650家，比上年末增加91家。工业增加值增长16.6%，比上年提高1.0个百分点。重工业快速发展势头强劲，增加值增长25.3%，对工业增长的贡献率达67.8%。全年规模以上工业企业实现主营业务收入4269.33亿元，增长36.1%，同比提高23.2个百分点；实现利润239.42亿元，增长57.4%，同比提高37.7个百分点；实现利税361.89亿元，增长42.1%。经济效益综合指数达277.92%，同比提高22.8个百分点。

全市实现建筑业产值148亿元，增长20.4%，其中建安工程产值134.54亿元，增长50.6%；实现利润20.57亿元，增长17.6%。房屋施工面积861.57万平方米，房屋竣工面积249.51万平方米。

【国内贸易和对外经济】2010年，滨州市实现社会消费品零售总额431.16亿元，增长18.7%。其中，批发零售业实现社会消费品零售总额380.31亿元，增长18.9%，占社会消费品零售总额的比重高达88.2%。住宿餐饮业稳步发展，实现社会消费品零额50.85亿元，增长17.2%。

全年外贸进出口总额达50.92亿美元，增长51.3%，增幅高于全省平均水平15.4个百分点。全市合同外资实现4.48亿美元，是上年的3.4倍多，创近年来最高水平。实际到账资金3.1亿美元，增长83.2%。新批准境外投资项目5个，投资额6150万美元，增长43.5%。

【交通、邮电和旅游】年末公路通车总里程达15028.7公里，其中高速公路171.1公里，干线公路综合优良率达到92.6%。港航建设实现新的突破，其中11公里引堤工程完成投资3.1亿元，累计投资14.6亿元；海港港区2×3万吨级码头及防波堤一期工程共完成投资13.6亿元。共建设场站项目20个，完成投资4.6亿元。农村公路投资4.9亿元，新改建农村公路813.6公里。

邮电通信业稳步发展，完成邮政业务总量1.45亿元，下降26.7%，电信业务总量18.05亿元。旅游业收入增长较快，实现旅游总收入43.9亿元，比上年增长29.9%。其中，入境旅游收入898.5万美元，增长17.7%；国内旅游收入43.27亿元，增长30.0%。接待入境游客2.95万人次，增长20.7%；接待国内游客661.39万人次，增长26.5%。

【金融和保险】年末金融机构本外币存款余额1065.83亿元，较年初增加144.27亿元。本外币贷款余额1068.47亿元，较年初增加178.93亿元。年末上市公司11家，其中新上市3家。累计融资133亿元，其中境外上市融资79亿元。证券交易营业部5家，股票成交市价总值553亿元。

保险业全年保费收入33.72亿元，增长24.3%。全年理赔给付8.14亿元，其中财产险支付赔款6.07亿元；人身险支付赔款与给付共2.07亿元。

【科学技术】全年落实省以上各类科技项目164项，经费4364万元。有1项科技成果获得国家科技进步二等奖，10项获省科技进步奖，23项获省软科学优秀成果奖。全年专利申请数达2124件，增长105.8%；专利授权1380件，增长95.2%，其中授权发明专利42件。全市高新技术产业实现产值835.24亿元，增长35.8%，占规模以上工业总产值比重为20.3%，比年初提高4.0个百分点。全年新认定高新技术企业20家，高新技术企业总数达41家。全年认定国家重点新产品8项。技术市场共签订技术合同6项，成交金额340万元。

72

2010年江门市经济发展概况

【经济总量】2010年，江门市实现生产总值1550.37亿元，按可比价格计算，比上年增长14.3%。其中，第一产业增加值116.02亿元，增长4.2%，对GDP贡献率为1.8%；第二产业增加值876.03亿元，增长17.2%，对GDP贡献率为72.0%；第三产业增加值558.33亿元，增长11.1%，对GDP贡献率为26.2%。三次产业结构的比例为7.5：56.5：36。

全年地方财政一般预算收入104.29亿元，增长24.7%；地方财政一般预算支出132.98亿元，增长19.7%。

【农业】2010年，江门市农业总产值214.95亿元，增长4.8%。其中种植业产值65.7亿元，增长3.9%；林业产值5.1亿元，增长11.7%；牧业产值60.29亿元，增长2.2%；渔业产值80.22亿元，增长7.3%。全年粮食产量87.2万吨，增长0.1%；甘蔗产量34.45万吨，增长11.1%；油料产量2.87万吨，下降1.7%；水果产量22.01万吨，增长4.8%；蔬菜产量112.25万吨，增长8.0%；水产品产量67.3万吨，增长2.9%；肉类产量28.55万吨，增长2.4%。

【工业和建筑业】2010年，江门市规模以上工业企业3274家，实现增加值829.69亿元，增长23.7%。其中轻工业增加值446.03亿元，增长23.0%；重工业增加值383.66亿元，增长24.6%。工业经济效益综合指数211.65%。产品销售收入3128.17亿元，增长26.4%。利润总额130.88亿元，增长36.7%。

全年资质等级以上建筑企业169个；建筑业增加值38.92亿元，增长20.2%；利润总额3.5亿元，增长66.7%。

【国内贸易和对外经济】2010年，江门市社会消费品零售总额655.86亿元，增长17.0%。分行业看，批发零售业零售额572.05亿元，增长17.2%；住宿和餐饮业零售额83.81亿元，增长15.6%。

全年海关进出口总额143.4亿美元，增长29.9%，其中，进口总额39.28亿美元，增长27.1%；出口总额104.12亿美元，增长31.0%。全年合同利用外商直接投资8.2亿美元，下降27.7%。实际利用外商直接投资11.08亿美元，增长6.9%，

【交通、邮电和旅游】2010年，江门市交通运输、仓储和邮政业增加值59.59亿元，增长13.6%。全

年全社会水陆货运量7458万吨，增长11.5%；货运周转量112.55亿吨公里，增长48.7%。水陆客运量18096万人，增长2.8%；客运周转量55.99亿人公里，增长3.5%。港口货物吞吐量4965万吨，增长19.1%。

全年邮电通信业务总量135.08亿元，增长23.5%，其中，邮政业务总量4.41亿元，增长11.9%；通信业务总量130.67亿元，增长23.9%。年末固定电话用户110万户。年末移动电话用户390.66万户。

全年旅游接待游客990.99万人次，增长15.0%。其中国际游客119.04万人次，增长2.7%；国内游客871.95万人次，增长16.9%。全年旅游总收入120.1亿元，增长15.5%，其中，国际旅游收入4.77亿美元，增长16.5%；国内旅游收入87.71亿元，增长15.3%。

【金融和保险】年末金融机构人民币存款余额2214.97亿元，较年初增长15.8%。金融机构人民币贷款余额973.75亿元，较年初增长17.5%，其中，短期贷款余额309.97亿元，较年初增长8.2%；中长期贷款余额633.03亿元，较年初增长25.0%。

年末各类保险公司33家，全年保费收入65.13亿元，增长28.9%。其中，共支付各项赔款和给付6.56亿元，下降37%，

【科学技术】全年地方财政科学技术支出30654万元，增长36.1%。市属科学研究开发机构9家。高新技术企业256家。民营科技企业450家。国家火炬计划项目4项，省级农业攻关项目10项，科技攻关计划项目302项。专利申请量5845件；其中发明专利531件。专利授权量5418件；其中发明专利授权量151件。

73

2010年宜昌市经济发展概况

【经济总量】2010年，宜昌市实现生产总值1547.32亿元，比上年增长15.8%，连续7年实现两位数以上增长速度。分产业看，第一产业增加值176.50亿元，增长5.2%；第二产业增加值890.12亿元，增长19.1%；第三产业增加值480.70亿元，增长13.5%。三次产业结构由上年的11.8：55.4：32.8变化为11.4：57.5：31.1。

全市完成财政总收入301.45亿元，增长27.9%。其中地方一般预算收入70.24亿元，增长27.9%。在地方一般预算收入中，税收57.31亿元，增长31.3%。地方一般预算支出195.23亿元，增长24.8%。

【农业】全年粮食产量162.79万吨，比上年增产3.0%。棉花产量3.08万吨，增产4.1%。油料产量23.23万吨，增产0.6%。蔬菜产量285.23万吨，增产6.3%。水果产量198.70万吨，增产9.4%。茶叶产量3.91万吨，增产15.0%。全年肉类总产量54.17万吨，比上年增产4.2%。全年水产品产量16.19万吨，增产7.9%。全年木材产量11.57万立方米，减产10.0%。

【工业】全市规模以上工业增加值747.47亿元，增长25.5%。其中国有企业增长6.1%，集体企业增

长34.9%，股份合作企业增长80.5%，股份制企业增长40.1%，外商及港澳台商企业增长30.2%，其他经济类型企业增长58.3%。分轻重工业看，轻工业增长29.2%，重工业增长25.7%。电力、化工、食品医药、装备制造业四大支柱产业实现增加值630.20亿元，占全市总量的84.31%。全年规模以上工业实现主营业务收入1989.81亿元，增长39.2%；利税307.79亿元，增长36.9%；利润208.84亿元，增长70.5%。

【国内贸易和对外经济】全年社会消费品零售总额550.79亿元，比上年增长22.7%。分行业看，批发和零售业零售额473.96亿元，增长23.6%；住宿和餐饮业零售额76.83亿元，增长17.3%。

全年外贸进出口总额176746万美元，比上年增长70.8%。其中，出口额130216万美元，增长67.7%；进口额46530万美元，增长80.1%。全年新批外商投资企业10家。实际使用外商直接投资金额20652万美元，增长13.9%。其中，制造业占62.1%；房地产业占1.8%；租赁和商务服务业占10.5%。全市对外经济合作业务完成营业额129120万美元，比上年增长46.3%。其中，对外承包工程完成营业额128722万美元，对外劳务合作完成398万美元。

【交通、邮电和旅游】全年交通运输、仓储和邮政业增加值125.30亿元，比上年增长14.6%。全年公路、水运完成货物周转量156.72亿吨公里，比上年增长10.2%；旅客周转量46.93亿人公里，增长7.5%。

全年完成邮电业务收入22.35亿元，比上年增长8.0%。其中，邮政业务收入1.56亿元，增长8.7%；电信业务收入20.79亿元，增长8.0%。

全年接待国内外旅游人数1542.23万人次，比上年增长27.0%。其中，入境国际旅游人数23.23万人次，增长32.8%。国际旅游外汇收入5455.58万美元，增长48.9%。国内旅游人数1519万人次，增长26.9%；国内旅游收入100.34亿元，增长32.1%。全市旅游总收入104.04亿元，增长32.5%。

【金融和保险】年末金融机构人民币存款余额1917.41亿元，比年初增加315.34亿元。金融机构人民币贷款余额1415.86亿元，比年初增加156.37亿元。

全年保险公司保费收入42.1亿元，比上年增长29.5%，其中寿险保费收入31.1亿元；健康险和意外伤害险保费收入2.3亿元；财产险保费收入8.7亿元。支付各类赔款及给付6.9亿元，其中寿险给付2.4亿元；健康险和意外伤害险赔款及给付0.7亿元；财产险赔款3.8亿元。

【科学技术】全市共登记各类科技成果131项，获奖46项。国家级高新技术企业55家，比上年新增12家。全市专利申请量为2560件，其中发明专利申请达到520件，占专利申请总量的20.3%；专利授权量为1828件。

74

2010年岳阳市经济发展概况

【经济总量】2010年，岳阳市地区生产总值1539.36亿元，增长14.8%，增速比去年提高0.8个百分点，分别高出全国、全省平均水平4.5和0.3个百分点。其中，第一产业增加值215.53亿元，增长4.2%；第二产业增加值834.23亿元，增长20.6%；第三产业增加值489.59亿元，增长10.7%。三次产业结构比重为14.0∶54.2∶31.8。全市完成财政总收入139.61亿元，比上年增长25.9%，其中税收收入117.60亿元，增长25.0%。一般预算收入51.90亿元，增长24.4%，财政总支出163.88亿元，增长24.2%。

【农业】2010年，岳阳市农、林、牧、渔业实现总产值326.42亿元，同比增长4.1%。其中农业产值150.1亿元，增长3.6%；林业总产值9.54亿元，增长4.6%；牧业总产值109.99亿元，增长4.2%；渔业总产值52.6亿元，增长5.0%。结构比为46.6∶3.0∶34.1∶16.3。全年粮食总产量315.8万吨，增长0.1%；肉类总产量57.6万吨，增长3.9%；水产品总产量37.87万吨，增长4.8%。

【工业和建筑业】2010年，全市工业增加值增长21.3%，拉动GDP增长9.7个百分点。其中1332家规模以上工业企业实现增加值751.53亿元，增长23.0%，同比加快4.1个百分点。全市规模以上工业企业经济效益综合指数为395，同比提高55.3个点。34个主要行业中有30个行业实现盈利。全市规模以上工业企业实现利税总额179.38亿元，增长31.2%，其中利润总额46.99亿元，增长88.1%。

全市建筑业实现增加值81.8亿元，同比增长13.8%，占地区生产总值的比重为5.3%。房地产完成投资70.37亿元，增长37.1%；房屋施工面积801.61万平方米，增长22.9%，房屋竣工面积192.61万平方米，增长19.8%。

【交通、邮电和旅游】全年交通运输邮电仓储业实现增加值66.39亿元，增长19.5%，增速比上年提高13.5个百分点。全年货物运输量15119.1万吨，增长40.4%，周转量228.6亿吨公里，增长28.3%；旅客运输量9881万人，增长16.4%，周转量65.28亿人公里，增长6.1%。

全年邮电业务总量81.21亿元，增长21.3%，其中邮政业务总量2.54亿元，增长24.1%；电信业务总量78.67亿元，增长21.2%。

旅游业全市接待国内旅游人数1452万人次，增长5.0%；接待入境旅游者12.81万人次，增长7.9%。实现旅游总收入102.87亿元，增长25.8%，其中旅游创汇4052万美元，增长17.3%。

【国内贸易和对外经济】全市实现社会消费品零售总额507.23亿元，比上年增长19.2%。其中限额以上批发零售贸易企业实现商品零售额132.73亿元，增长51.7%

全市外贸进出口总额达10.24亿美元，同比增长10.0%。其中进口总额5.83亿美元，增长14.4%，出口4.40亿美元，增长4.9%。全年利用外资签订合同项目30个，同比增长11.1%。实际利用外资1.57亿美元，同比增长24.1%。

【金融和保险】年末金融系统（可比口径本外币）各项存款余额784.97亿元，比年初新增102.13亿元，同比增长15.0%；各项贷款余额437.18亿元，比年初新增74.45亿元，同比增长20.5%，其中中长期贷款221.22亿元，同比增长44.5%。

保险业发展步伐加快。全年实现保费收入31.12亿元，比上年增长18.7%，其中财产保险收入6.91亿元，增长27.5%，人寿保险收入24.21亿元，增长16.4%。各项赔款和给付支出5.94亿元，增长12.7%。

【科学技术】2010年，全市科学研究与实验发展经费支出17.42亿元，比上年增长27.5%，占生产总值的1.1%。全年共计专利申请受理数389件，增长37.5%；发明专利136件，增长33.3%。高新技术产品品种数达到602个，增长7.9%，其中具有自主知识产权的品种数达到388个，增长10.5%。

75

2010年襄阳市经济发展概况

【经济总量】2010年，襄阳市实现地区生产总值1538.3亿元，比上年增长16.2%。分产业看，第一产业增加值234.7亿元，同比增长5.3%；第二产业增加值798.2亿元，同比增长20.9%；第三产业增加值505.4亿元，同比增长14.6%。三次产业结构由上年的16.7∶47.9∶35.4调整为15.2∶51.9∶32.9。

财政收入快速增长。2010年，全市地方财政总收入141.6亿元，同比增长48.8%。其中，地方一般预算收入51.0亿元，同比增长37.8%。全市各项税收总收入37.7亿元，同比增长40.1%，占一般预算收入的比重达73.9%。

【农业】2010年，全市粮食总产量459.43万吨，比上年增产26.18万吨，同比增长6.0%；棉花总产量4.34万吨，同比下降4.5%；油料总产量32.13万吨，同比下降1.7%；蔬菜总产量278.47万吨，同比下降2.5%。2010年，全市生猪出栏达到555.49万头，同比增长2.3%；羊出栏136.13万只，同比增长15.6%；牛出栏48.72万头，同比增长14.9%；家禽出笼7995.18万只，同比增长10.2%；禽蛋产量22.59万吨，同比增长11.3%。2010年，全市水产品产量17.37万吨，同比增长7.1%。

【工业和建筑业】2010年，规模以上工业增加值突破600亿元，达到681.37亿元，同比增长26.3%。其中，轻工业增加值224.98亿元，同比增长23.3%；重工业增加值456.39亿元，同比增长27.9%。2010年，全市规模以上工业经济效益大幅提升，实现主营业务收入1949.61亿元，同比增长62.4%。利税总额达到188.65亿元，同比增长64.3%。其中，利润总额突破百亿元大关，达到118.4亿元，同比增长92.3%。

建筑业稳定发展。全市建筑业实现增加值65.02亿元，同比增长19.8%。

【国内贸易和对外经济】2010年，全市实现社会消费品零售总额571.2亿元，同比增长28.2%。分行业看，批发业实现零售额65.56亿元，同比增长27.2%；零售业实现零售额441.16亿元，同比增长30.1%。住宿业实现零售额4.5亿元，同比增长21.7%；餐饮业实现零售额59.98亿元，同比增长16.5%。

2010年，全市外贸进出口总额71362万美元，同比增长64.5%。其中：外贸出口总额55406万美元，同比增长68.2%；一般贸易出口总额49921万美元，同比增长64.5%。进口总额15956万美元，同比增长53.1%。全市新批外资企业26家，同比增长4.0%；完成合同外资20907万美元，同比下降5.8%；实际利用外资达32606万美元，同比增长30.0%。

【**交通、邮电和旅游**】2010年，全市公路里程25363.63公里，其中等级公路通车里程23598.984公里。全市货物周转量1238822万吨公里，同比增长16.7%；旅客周转量515473万人公里，同比增长11.4%。

2010年，全市邮政业务总量3.24亿元，同比增长28.5%；电信业务总量24.73亿元，同比增长38.6%。

全年接待入境旅游者4.47万人次，同比增长21.8%；旅游外汇收入2642.09万美元，同比增长68.1%；接待国内旅游者1397.48万人次，同比增长40.7%；国内旅游收入85.91亿元，同比增长41.0%。

【**金融和保险**】2010年，全市金融机构本外币存款余额达到1294.1亿元，比年初增加239.9亿元，比年初增长22.8%，其中，储蓄存款余额815.3亿元，比年初增长18.3%。金融机构本外币贷款余额达688.2亿元，比年初增加163.7亿元，比去年同期多增19.0亿元。

保险事业快速发展。2010年，全市保险公司保费收入41.55亿元，同比增长29.6%。全年各项赔款和给付支出7.03亿元，同比增长3.8%。

【**科学技术**】2010年，全市新认定高新技术企业26家，全年共组织申报国家、省各类科技计划项目150项，有88个项目被列入国家或省级科技计划项目，全市共申请专利3131件，实用新型专利1203件，外观设计专利1119件，发明专利809件。2010年，全市高新技术产业实现增加值240.9亿元，同比增长27.0%。

76

2010年茂名市经济发展概况

【**经济总量**】2010年，茂名市生产总值1492.09亿元，比上年增长14.1%。其中，第一产业增加值275.35亿元，增长5.2%，对GDP增长的贡献率为6.3%；第二产业增加值590.76亿元，增长14.1%，对GDP增长的贡献率为34.4%；第三产业增加值625.98亿元，增长17.3%，对GDP增长的贡献率为59.3%。三次产业结构为18.4∶39.6∶42.0。

全年财政一般预算收入51.95亿元，增长24.6%。财政一般预算支出121.19亿元，增长23.3%。

【**农业**】2010年，茂名市全年粮食总产量152.56万吨，增长5.4%。水果总产量234.59万吨，增长5.4%。肉类总产量65.6万吨，增长5.4%。全市水产品总产量81.47万吨，增长6.0%。年末全市人工造林面积0.2万公顷，更新造林0.26万公顷，成林抚育面积0.5万公顷，绿化率67.8%，森林覆盖率达56.4%。

全市木材产量21.07万立方米。

【工业和建筑业】2010年，茂名市工业增加值550.72亿元，增长14.2%，其中规模以上工业增加值386.71亿元，增长14.3%。全市规模以上工业经济效益综合指数401.75%，同比提高7.86个百分点；主营业务收入1220.75亿元，增长25.9%；产品销售率为98.5%，下降0.91个百分点；税金总额121.53亿元，增长9.0%；实现利润总额59.67亿元。

建筑业全年完成施工产值133.2亿元，比上年增长34.0%；竣工产值93.65亿元，比上年增长33.4%。

【国内贸易和对外经济】2010年，茂名市社会消费品零售总额704.97亿元，增长19.6%。分行业看，批发零售贸易业零售额636.82亿元，增长19.7%；住宿和餐饮业零售额68.14亿元，增长19.1%。

全年进出口总额80024万美元，增长19.0%。其中出口总额55868万美元，增长5.1%；进口总额24156万美元，增长71.6%。全年新批外商直接投资合同24宗，比上年增长84.6%；合同外资金额7434万美元，下降19.7%。实际利用外资金额3099万美元，下降0.2%。

【交通、邮电和旅游】2010年，茂名市全社会客运量6962万人，增长6.7%；旅客周转量65.25亿人公里，增长11.2%。其中，铁路3.78亿人公里，增长7.5%；公路61.37亿人公里，增长11.4%。全年货运量7931万吨，增长11.8%；货物周转量121.32亿吨公里，增长13.4%。其中，铁路12.78亿吨公里，增长1.0%；公路69.02亿吨公里，增长13.1%；水路23.40亿吨公里，增长32.2%。管道运输16.12亿吨公里，增长3.8%；港口货物吞吐量2284万吨，增长7.1%。

全年完成邮电业务总量87.27亿元，增长29.1%。年末全市电话交换机总容量180.4万门，与上年持平；全市城乡固定电话年末总数102.6万户，下降7.7%；移动电话年末户数332.1万户，增长19.7%。

全年接待过夜客306.47万人次，增长25.1%。其中国际游客1.78万人次，增长9.3%；国内游客304.69万人次，增长25.2%。旅行社组团国内游34.86万人次，出境游1.10万人次。全年旅游业总收入71.86亿元，增长15.2%。其中旅游外汇收入1198.14万美元，增长22.2%。

【金融和保险】年末全市金融机构人民币存款余额1025.39亿元，比年初增长20.3%。年末金融机构人民币贷款余额361.30亿元，增长21.5%。其中，短期贷款93.36亿元，增长18.7%；中长期贷款264.90亿元，增长25.7%。

全市保险公司保费收入29.5亿元，增长15.1%。支付各类保险赔付5.25亿元，增长18.0%。

【科学技术】2010年，全市组织申报国家、省级科技计划项目162项。列入省级以上科技计划项目58项。全年共受理市级科技计划申请项目361项，批准列入市科技计划立项项目336项。全年全市专利申请量603件，同比增长21.3%；专利授权量322件，比去年同期增长33.6%。

77

2010年常德市经济发展概况

【经济总量】2010年，常德市完成地区生产总值1491.6亿元，比上年增长15.2%。其中，第一产业完成增加值280.1亿元，增长4.4%，对经济增长的贡献率为5.2%；第二产业完成增加值685.3亿元，增长21.0%，对经济增长的贡献率为58.7%；第三产业完成增加值526.2亿元，增长13.9%，对经济增长的贡献率为36.1%。三次产业结构由上年的20.8∶42.8∶36.4调整为18.8∶45.9∶35.3。

全市完成财政总收入100.9亿元，比上年增长36.1%。地方财政一般预算收入70.0亿元，增长41.0%。财政总支出172.3亿元，增长32.8%。

【农业】2010年，全市粮食总产量379.5万吨，比上年增产0.3%。棉花产量13.4万吨，比上年增产11.5%。油料产量55.2万吨，增产4.6%。蔬菜产量191.8万吨，增产1.1%。水果产量85万吨，增产3.2%。茶叶产量1.3万吨，增产9.2%。全年出栏生猪613.96万头，增长1.9%；出栏牛15.08万头，增长12.0%；出栏羊178.66万头，增长2.1%。全年肉类总产量62.25万吨，增长2.8%。水产品产量35.17万吨，增长7.0%。牛奶产量0.88万吨，增长5.2%。

【工业和建筑业】2010年，全市完成工业增加值617.3亿元，增长21.9%，增速比上年提高7.3个百分点。规模以上工业企业完成增加值519.1亿元，增长24.7%，比上年提高9.6个百分点。规模以上工业企业经济效益综合指数为359.5%，比上年提高39.8个百分点；产销率为96.9%，下降0.4个百分点；实现利税总额300亿元，增长22.5%；实现利润79.6亿元，增长15.9%；亏损企业亏损额5.8亿元，上升4.2%。

2010年，全市全社会建筑业完成增加值68.0亿元，增长13.1%。

【国内贸易和对外经济】2010年，全市社会消费品零售总额469.5亿元，增长18.7%。分行业看，批发业零售额22.4亿元，增长23.4%；零售业零售额378.5亿元，增长18.5%；住宿业零售额7.3亿元，增长25.1%；餐饮业零售额61.3亿元，增长17.3%。

2010年全年外贸完成进出口总值25788万美元，同比增长33.4%。其中：出口13949万美元，增长15.6%；进口11840万美元，增长62.8%。全年实际引进内外资总额235.3亿元，同比增长6.5%。其中，外资到位2.51亿美元，增长6.1%；引进市外境内资金218.19亿元，增长6.6%。全市共审批了27家外商投资企业，投资500万美元以上的项目有20个，其合同外资额达28470万美元，占全市合同外资总额的96.2%。引进内资项目465个。

【交通、邮电和旅游】2010年，全市完成交通运输、仓储和邮政业增加值75.2亿元，增长13.3%。公路及水路客运量1.13亿人，比上年增长13.0%，客运周转量59.6亿人公里，增长10.5%；公路及水路货运量9450.1万吨，增长21.0%，货运周转量144.2亿吨公里，增长45.7%。公路线路年末里程达22038公里，其中高速公路为205.8公里。

全年完成邮电业务总量36.8亿元。其中邮政业务总量为2.6亿元，电信业务总量为34.2亿元。

全年接待海内外游客1453.7万人次，增长21.1%。接待国内旅游者1438.2万人次；接待入境旅游者15.5万人次。全年实现旅游总收入80.8亿元，增长27.8%。国内旅游收入78.9亿元，入境旅游收入0.29亿美元。

【金融和保险】2010年，金融机构存款稳步增长，本外币年末各项存款余额为963.1亿元，比年初增长21.6%。金融机构本外币年末各项贷款余额为480.7亿元，比年初增长18.9%，其中本外币短期贷款为239.3亿元，增长13.3%；本外币中长期贷款为237.6亿元，增长28.9%。金融机构人民币各项存款余额961.4亿元，增长21.8%；金融机构人民币各项贷款余额480.5亿元，增长19.0%。全年证券交易额699.77亿元，同比下降19.4%。

全市保险公司保费收入41.4亿元，增长25.1%。赔付额10.5亿元。

【科学技术】全年高新技术产品总产值达343亿元，比上年增长25.8%，高新技术产品增加值95.8亿元，增长15.6%。全年专利申请达1234件，增长101.6%，授权专利达772件，增长145.8%。技术合同成交金额0.27万元，增长29.6%。

78

2010年衡阳市经济发展概况

【经济总量】2010年，衡阳市实现地区生产总值1420.34亿元，增长15.1%。其中，一产业实现增加值264.42亿元，增长4.4%；二产业实现增加值645.73亿元，增长21.1%；三产业实现增加值510.19亿元，增长13.1%全市三次产业比为18.6：45.5：35.9。

全年财政总收入113.33亿元，增长51.0%；一般预算收入75.89亿元，增长68.9%。财政一般预算支出209.34亿元，增长39.0%，其中社会保障和就业支出36.81亿元，增长28.6%。财政总收入占GDP的比重达8.0%。

【农业】2010年，衡阳市农业总产值429.63亿元，增长4.4%。其中，种植业产值181.44亿元，增长3.7%；林业产值19.7亿元，增长14.0%；牧业产值194.82亿元，增长3.8%；渔业产值25.7亿元，增长5.1%。粮食总产量333.63万吨，增长0.5%；出栏肉猪963.81万头，增长2.1%；出栏牛11.96万头，增长12.9%；出栏羊54.86万头，增长10%；出笼家禽10212万羽，增长7.8%；水产品产量24.96万吨，增长5.1%。

【工业和建筑业】2010年，衡阳市实现工业增加值562.74亿元，增长21.8%，对全市经济增长的贡献率达到56.1%。规模以上工业实现增加值538.63亿元，增长23.8%。在规模以上工业中，轻工业增加值129.09亿元，增长31.2%；重工业增加值409.54亿元，增长21.3%。全市规模以上工业经济效益综合指数达291.2%，比上年提高51.32个百分点。全年规模以上工业实现销售产值1812.73亿元，增长40.8%；利税119.74亿元，增长48.7%；利润62.81亿元，增长64.5%。

全市建筑业总产值264.83亿元，增长32.2%；全市建筑业增加值82.99亿元，增长16.2%。房屋建筑施工面积1937.91万平方米，增长21.7%；房屋建筑竣工面积290.74万平方米。

【国内贸易和对外经济】2010年，衡阳市社会消费品零售总额472.12亿元，增长19.2%。限额以上批发零售企业商品销售额113.08亿元，增长37.1%。在限额以上批发零售企业零售额中，金银珠宝类增长21.4%，化妆品类增长24.1%，家具类增长43.8%，通信器材类增长50.5%，汽车类增长80.4%。

全市外贸进出口总额7.88亿美元，增长0.3%。其中，出口7.05亿美元，增长19.7%；进口0.82亿美元，下降60.2%。全市实际利用外商直接投资4.06亿美元，增长12.4%。

【交通、邮电和旅游】2010年，衡阳市货物周转量195亿吨公里，增长25.4%。其中公路货物周转量达177.62亿吨公里，增长25.8%；水运货物周转量17.38亿吨公里，增长21.6%；客运周转量80.03亿人公里，增长16%。全市公路线路年末里程1.78万公里，其中高速公路449公里。

全市邮电业务总量83.88亿元，增长16.4%，其中邮政业务总量3.62亿元、电信业务总量80.27亿元，分别增长15.4%、16.4%。

全市实现旅游总收入102.74亿元，增长37.7%；接待国内外游客1959.22万人次，增长30.2%。接待国内游客1948.69万人次，增长30.3%；国内旅游收入100.1亿元，增长37.7%。接待入境游客10.53万人次，增长29.8%；旅游外汇收入0.43亿美元，增长34.6%。

【金融和保险】年末全市金融机构各项存款余额1306.13亿元，增长17.8%。金融机构各项贷款余额532.10亿元，增长16.2%。其中，短期贷款为221.91亿元，增长14.3%；中长期贷款275.33亿元，增长23.0%。

全市保险保费收入达37.31亿元，增长21.4%。全年保险理赔各项赔款支出6.42亿元，下降14.7%。

【科学技术】2010年，衡阳市专利申请量1270件，其中发明246件，授权专利665件。签订技术合同6880项，合同成交金额0.91亿元。高新技术产业创产值533.18亿元，增长33.8%；实现增加值146.23亿元，增长14.5%。

79

2010年湛江市经济发展概况

【经济总量】2010年，湛江市全年实现生产总值1402.77亿元，按可比价格计算，比上年增长14.2%。其中，第一产业增加值294.58亿元，增长6.8%，对GDP增长贡献率为9.3%；第二产业增加值576.54亿元，增长16.7%，对GDP增长贡献率为50.6%；第三产业增加值531.65亿元，增长15.2%，对

GDP增长贡献率为40.1%。三次产业结构由上年的21.3：45.2：33.5调整为21.0：41.1：37.9。湛江市全年财政总收入341.14亿元，比上年增长35.7%；地方财政一般预算收入66.23亿元，比上年增长25.8%。全市地方财政一般预算支出148.98亿元，增长22.3%。

【农业】全年完成农林牧渔业总产值471.42亿元，增长6.9%，“十一五”期间年均增长4.8%。全年粮食总产量142.84万吨，增长0.3%；糖蔗产量1019.42万吨，增长2.2%；蔬菜产量254.92万吨，增长6.4%；全年肉类总产量38.44万吨，增长4.1%。水产品产量104.57万吨，增长3.9%。

【工业和建筑业】2010年，湛江市全部工业完成增加值522.72亿元，增长17.8%，对GDP增长贡献率为49.0%，拉动GDP增长7.0个百分点。规模以上工业企业实现增加值464.06亿元，增长18.2%；其中，轻工业增加值146.18亿元，增长13.9%；重工业增加值317.87亿元，增长20.5%。规模以上工业经济效益综合指数为370.12%，居全省第二位。实现利税总额214.72亿元，增长51.9%，实现利润总额122.48亿元，增长55.5%。

2010年，湛江市建筑业实现总产值168亿元，比上年增长14.3%；实现利润总额3.5亿元，增长105.9%。房屋建筑施工面积1938万平方米，增长12.7%；房屋竣工面积574万平方米，增长1.8%。

【国内贸易和对外经济】全年批发和零售业实现增加值100.87亿元，增长11.9%；住宿和餐饮业实现增加值25.14亿元，增长10.0%。全年社会消费品零售总额679.79亿元，增长21.8%。分行业看，批发业零售额52.28亿元，增长17.5%；零售业零售额541.19亿元，增长22.1%；住宿业零售额5.21亿元，增长24.6%，餐饮业零售额81.10亿元，增长22.1%。

全年外贸进出口总额35.32亿美元，增长25.3%。其中：进口总额18.45亿美元，增长27.0%；出口总额16.87亿美元，增长23.6%。全年签订利用外资项目13个，比上年增长62.5%；合同外资金额1.08亿美元，增长15.2%；实际利用外资金额0.37亿美元，增长25.5%。

【交通、邮电和旅游】全年交通运输、仓储和邮政业实现增加值116.69亿元，增长37.5%。全年货运总量11067万吨，增长20.1%。其中，铁路运输2791万吨，增长9.0%；公路运输4784万吨，增长17.3%；水上运输2024万吨，增长37.8%；管道运输1468万吨，增长33.3%。全年旅客发送12971.7万人次，增长6.0%。其中，铁路178.3万人次，增长1.7%；公路11950万人次，增长5.2%；水运795万人次，增长21.2%；民用航空48.4万人次，增长22.2%。全年港口货物吞吐量13638万吨，增长15.2%；全年港口集装箱吞吐量32.02万标准箱，增长38.2%。

全年完成邮电通信业务总量116.85亿元，增长30.7%；其中电信业务总量111.95亿元，增长31.5%；邮政业务总量4.90亿元，增长16.1%。

全年接待海外游客人数10.31万人次，增长27.4%。国际旅游外汇收入2715.95万美元，增长21.4%。国内旅游人数达1404.97万人次，增长22.9%；国内旅游总收入63.47亿元，增长22.9%。

【金融和保险】全年金融保险业实现增加值22.13亿元，比上年增长3.9%。全市年末金融机构本外币存款余额1565.19亿元，比年初增长18.9%，金融机构本外币贷款余额721.00亿元，比年初增长

14.5%。金融机构现金收入2496.57亿元，比上年同期增长17.9%，金融机构现金支出2453.91亿元，增长17.7%，收支相抵现金净回笼42.65亿元。年末全市证券业金融机构5家，累计证券交易额1570.23亿元，比上年下降11.1%。

年末全市有各类保险公司22家，全年保费收入30.97亿元，比上年增长33.3%。全年各类保险赔款给付支出6.28亿元，增长5.7%。

【科学技术】全年投入市级科技三项经费2100万元，比上年增长2.4%。全年组织实施国家、省、市科技计划项目304项，比上年增加64项，增长26.7%；全年获市级科学技术奖41项，获省部级以上科技成果6项。全年申请专利量816件，下降2.7%，其中发明专利219件，增长10.6%；专利授权量765件，增长50.9%。全年共签订技术合同23项，技术合同成交金额1862.95万元，增长64.1%。全市共有省级以上高新技术企业42家，实现高新技术产品产值220亿元，增长10.0%。

80

2010年漳州市经济发展概况

【经济总量】2010年，漳州市实现地区生产总值1400.71亿元，比上年增长14.9%。其中，第一产业增加值255.35亿元，增长4.3%；第二产业增加值622.01亿元，增长22.0%；第三产业增加值523.35亿元，增长11.2%。三次产业比例由上年的18.6：44.1：37.3调整为18.2：44.4：37.4。

全市财政总收入139.4亿元，比上年增收25.61亿元，增长22.5%。全年财政支出145.97亿元，增长20.9%。

【农业】2010年，漳州市农林牧渔业总产值完成450.10亿元，增长4.3%。其中，农业产值219.14亿元，增长4.0%，全市粮食产量70.08万吨，分别增长1.5%和2.2%。水果251.53万吨，增长3%；食用菌21.95万吨，增长4.6%；茶叶4.94万吨，增长6%；蔬菜产量237.37万吨，增长2.6%；花卉种植面积发展到8.21万亩，花卉业产值16.53亿元。林业产值13.47亿元，增长6.4%。牧业产值48.38亿元，增长4.3%，肉类总产量25.69万吨，增长5.2%。禽蛋产量2.14万吨，增长3.2%。渔业产值147.66亿元，增长4.1%。全年水产品总量144.52万吨，增长1.9%。

【工业和建筑业】2010年，漳州市工业总产值2155.97亿元，增长30.5%；实现工业增加值540.53亿元，增长21.7%，工业对经济增长的贡献率达58.5%，拉动GDP增长8.7个百分点。规模工业完成增加值534.63亿元，增长25.3%。年末规模工业企业数达2338家，其中本年新增企业362家。产值超亿元企业372家，比上年增加107家，实现增加值378.33亿元，占全市规模工业的70.8%。

全市建筑业增加值81.48亿元，增长24.1%。资质等级以上的总承包和专业承包建筑企业完成产值179.5亿元，增长28.6%；房屋建筑施工面积1594万平方米，增长5.2%，投标承包面积占全部施工面积的比重为88.8%；全年新签合同价款319.1亿元，增长16.3%。

【国内贸易和对外经济】2010年，漳州市实现社会消费品零售总额444.02亿元，比上年增长18.1%。其中：限额以上零售额111.54亿元，增长39.7%；限额以下零售额332.48亿元，增长12.3%。分行业看，批发零售业零售额393.49亿元，增长18.2%；住宿和餐饮业零售额50.53亿元，增长17.2%。

全市海关统计进出口总值73.96亿美元，增长54%。其中，出口50.7亿美元，进口23.39亿美元，分别增长49.7%和65.3%。全市新批利用外资项目186个，实际利用外资7.01亿美元，增长27.4%。对外承包工程新签合同额1258万美元，增长260.46%；完成营业额465万美元，下降13.73%；对外派出劳务人员623人，增长43.88%。

【交通、邮电和旅游】2010年，全市交通运输、仓储和邮政业实现增加值100.19亿元，比上年增长8.5%。公路运输货运量4116.33万吨，增长12.5%，水路运输货运量1463.41万吨，增长49.5%；公路运输货运周转量45.09亿吨公里，增长13.5%，水路运输货运周转量6.66亿吨公里，增长44.8%。公路客运量5272.12万人，下降1.1%，水路客运量139.17万人，增长3.4%；公路运输旅客周转量27.44亿人公里，下降0.2%，水路运输旅客周转量2656.28万人公里，增长2.3%。沿海港口货物吞吐量达4290.83万吨，增长6.1%，集装箱吞吐量45.73万标箱，增长33.1%。

全市邮电业务总收入32.45亿元，增长7.8%；邮政业务总量3.23亿元，增长10.2%。旅游总收入突破100亿元。全市共接待国内外游客1026.49万人次，增长19.8%，其中，接待境外旅游者人数24.75万人次，增长12.8%。

【金融】年末金融机构本外币存款余额1107.34亿元，比上年增长27.6%。其中，企事业存款223.68亿元，增长5.7%；储蓄存款余额606.7亿元，增长19.7%。本外币贷款余额836.2亿元，增长27.5%，其中，短期贷款467.25亿元，增长30.3%；中长期贷款327.88亿元，增长25.3%。

【科学技术】2010年底，全市高新技术产业产值460亿元，增长26%。自主创新能力不断增强，截止到2010年，共有41个项目列入国家级火炬计划项目，全年各级星火计划项目19项，其中国家级5项。全年有33项优秀科技成果获市科技进步奖；专利授权量1520件。

81

2010年枣庄市经济发展概况

【经济总量】2010年，枣庄市生产总值完成1362.04亿元，比上年增长12.6%。其中：第一产业增加值117.56亿元，增长2.9%；第二产业增加值818.37亿元，增长10.4%；第三产业增加值426.11亿元，增长20.0%。三次产业比例为8.6：60.1：31.3。

全市财政一般预算总收入137.41亿元，增长20.2%。地方财政收入76.71亿元，增长26.2%，是

“十五”末的2.7倍。地方财政收入中税收比重为78.9%，比上年提高1.5个百分点；地方财政收入占GDP的比重为5.6%，比上年提高0.5个百分点。地方财政支出128.9亿元，增长27.6%，

【农业】2010年，枣庄市农林牧渔及其服务业增加值117.56亿元，增长2.9%。其中：农业增加值86.21亿元，增长2.3%；林业增加值1.14亿元，下降10.5%；牧业增加值21.35亿元，增长4.5%；渔业增加值2.48亿元，增长9.9%。

全市粮食产量192.99万吨，增长5.6%，创历史新高；植树造林7675公顷，增长27.1%，年末林木蓄积量606万立方米，森林覆盖率33%；肉类总产量24.03万吨，增长4.7%；水产品产量4.52万吨，增长2.7%。

【工业和建筑业】2010年，枣庄市规模以上工业增加值824.76亿元，首次突破800亿元大关，增长12.2%。其中，轻工业216.95亿元，增长12.8%；重工业607.81亿元，增长11.9%。工业企业效益稳步提高。规模以上工业企业主营业务收入3077.68亿元，增长23.1%；利润215.14亿元，增长21.8%；利税359.36亿元，增长20.3%。

2010年，枣庄市建筑业生产稳定增长。三级及以上资质建筑企业262家。完成总产值156.09亿元，增长12.0%。

【国内贸易和对外经济】2010年，枣庄市社会消费品零售总额409.9亿元，历史上首次突破400亿大关，人均突破1万元，增长18.7%。分行业看，批零贸易业355.5亿元，增长17.9%；住宿餐饮业54.4亿元，增长23.9%。招商引资成效显著。招商引资新开工外来固定资产投资过5千万元项目119个，竣工投产60个，均创历史新高。

全年外贸进出口总额9.11亿美元，增长53.2%。其中，出口7.46亿美元，增长52.5%；进口1.65亿美元，增长56.2%。利用外资取得新进展。实际利用外资2.39亿美元，增长10.5%。新批外商直接投资项目36个，合同利用外资3.83亿美元。

【交通、邮电和旅游】2010年，枣庄市公路客运量7121万人，旅客周转量46.51亿人公里，分别增长4.7%和4.6%；公路货运量22464万吨，货物周转量232.08亿吨公里，分别增长0.8%和0.7%；水路货物运输量1018万吨，货运周转量46.71亿吨公里，分别增长28.7%和62.5%。港口货物吞吐量2290万吨，增长51.0%。

邮政通信业快速发展。邮政业务总量1.31亿元，增长13.3%。通信业务总量57.7亿元，增长9.1%。移动电话用户228.02万户，增长15.3%。

旅游业发展跨入新阶段。接待国内游客1409万人次，增长36%；入境游客3.9万人次，增长26%；入境旅游收入823.8万美元，增长28%；旅游综合收入83亿元，增长41%。

【金融和保险】金融存贷款大幅增加。年末金融机构本外币存款余额894.42亿元，增加83.67亿元；其中，本外币储蓄存款余额512.32亿元，增加68.70亿元。年末各项本外币贷款余额728.69亿元，增加141.85亿元。新增存贷比169.5%，由资金流出地转变为资金流入地。

保险业发展迅速。全市保险公司发展到19家，实现保费收入29.24亿元，增加7.50亿元，增长

34.5%。理赔支付各类赔款5.26亿元，增长6.0%。

【科学技术】科技事业进一步发展。争取国家级科技计划项目9项、省级科技计划项目28项。获得省级科学技术进步奖10项，其中二等奖3项，三等奖7项。评出市级科学技术进步奖130项，其中应用技术成果118项，软科学成果12项。省高新技术企业达到37家，增加6家。42项产品列入省高新技术产品目录，2个新产品列入国家新产品计划。市级企业工程技术研究中心达到69家，增加11家。省级工程技术中心达到10家，增加3家。签订技术交易合同112项，成交额1.5亿元。

82

2010年淮安市经济发展概况

【经济总量】2010年，淮安市实现地区生产总值1345.07亿元，按可比价计算，比上年增长13.8%。其中，第一产业增加值189.97亿元，增长4.6%；第二产业增加值647.10亿元，增长16.5%；第三产业增加值508.00亿元，增长14.1%。经济结构进一步优化，三次产业增加值比例由上年的15.2：48.3：36.5调整为14.1：48.1：37.8。

全年财政总收入310.01亿元，比上年增长45.2%。全年财政总支出254.70亿元，比上年增长42.8%。其中，一般预算支出204.94亿元，增长38.7%；社保基金支出36.53亿元，增长43.6%。

【农业】2010年，淮安市粮食总产量445.74万吨，比上年增加5.04万吨，增长1.2%。全年造林面积4.15万亩。全年肉类总产量28.39万吨，比上年增长1.0%。禽肉产量9.40万吨，增长9.0%。禽蛋总产量12.51万吨，增长4.2%。牛奶总产量3.15万吨，减少28.1%。全年水产品总产量25.28万吨，增长2.3%。

【工业和建筑业】2010年，淮安市规模以上工业企业完成增加值574.77亿元，比上年增长17.4%。全市规模以上工业企业实现产品销售收入2391.97亿元，比上年增长49.9%；实现利税245.02亿元，增长41.4%，其中利润121.92亿元，增长61.1%。工业经济效益综合指数280.61，比上年提高37.93个百分点。

全市完成建筑业总产值571.82亿元，比上年增加96.96亿元，增长20.4%。房屋建筑施工面积6553.45万平方米，增长18.5%。房屋新开工面积3879.12万平方米，增长6.5%；竣工面积3009.40万平方米，增长24.3%。

【国内贸易和对外经济】2010年，淮安市实现社会消费品零售总额464.81亿元，比上年增长19.0%。分行业看，批发零售业实现零售额416.92亿元，增长18.5%；住宿餐饮业实现零售额47.89亿元，增长24.4%。其中，住宿业实现零售额4.54亿元，增长23.3%；餐饮业实现零售额43.36亿元，增长24.5%。全市有成交额超亿元的大型骨干市场17家，实现成交额106.74亿元。

全年外贸进出口总额21.7亿美元，比上年增长50.1%，其中，出口14.9亿元，增长43.7%；全年集中招商活动签约外资项目90个，已注册50个，到账外资3.05亿美元。新批外资项目244个，协议注册外资20.3亿美元。全市注册外资实际到账10.5亿美元，比上年增长92.2%，其中，注册台资实际到账4.78亿美元，增长63.1%。8家省级开发区业务总收入2259.1亿元，新增基础设施投入101.9亿元。

【交通、邮电和旅游】2010年，淮安市完成公路、水路客运量9630万人、周转量62.2亿人公里，分别比上年增长17.1%和18.7%；货运总量9325万吨、周转量154亿吨公里，分别增长21.7%和24.5%；港口货物吞吐量4381万吨，增长13.8%；集装箱吞吐量3.52万标箱，增长3.8%。全市年末公路总里程11807公里，比上年增加576公里，其中高速公路里程380公里。

全年邮电业务收入22.78亿元，比上年增长18.8%。其中，电信业务收入20.45亿元，增长17.5%；邮政业务收入2.33亿元，增长21.0%。

全年接待国内外旅游者1159万人次，比上年增长14.4%，其中，国内接待1156万人次，增长14.5%；入境游客28313人，增长7.8%。实现国内旅游收入119亿元，比上年增长19.0%；实现旅游外汇收入2475万美元，增长18.4%。

【金融和保险】2010年，淮安市金融机构年末本外币存款余额1214.46亿元，比年初增加272.13亿元，增长28.9%，其中居民储蓄存款余额587.24亿元，比年初增加100.38亿元，增长20.6%。本外币贷款余额863.8亿元，比年初增加190.56亿元，增长28.3%。全年金融机构现金收入3197.32亿元，比上年增长32.4%；现金支出3134.98亿元，增长32.9%。

全年保险公司保费收入31.83亿元，比上年增长27.9%。全年保险理赔给付支出8亿元，其中财产险4.54亿元，寿险2.85亿元，健康险和意外伤害险0.60亿元。

【科学技术】2010年，淮安市组织实施省级以上各类科技计划项目200多项，全市实现高新技术产业产值479.17亿元，比上年增长94.92%，占规模工业总产值比重达20.0%，比上年提高4.6个百分点。新通过认定高新技术企业49家，新通过认定高新技术产品94个；全年受理专利申请4921件，同比增长42.68%，其中发明专利申请636件，同比增长50.71%；完成专利授权1170件，同比增长15.73%；6家企业被评为“2010年度企业知识产权管理标准化示范创建工作先进企业”。

83

2010年廊坊市经济发展概况

【经济总量】2010年，廊坊市实现地区生产总值1331.1亿元，增长12.5%。其中，第一产业增加值157.4亿元，增长2.2%；第二产业增加值712.3亿元，增长13.5%；第三产业增加值461.4亿元，增长14.0%。全市三次产业结构由上年的11.9∶53.9∶34.2调整为11.8∶53.5∶34.7。财政收入占GDP比重达14.7%，同比提高2.3个百分点。

财政收支高速增长。廊坊全市实现财政收入195.4亿元，增长36.3%。其中，地方一般预算收入

105.9亿元，增长52.8%，一般预算支出179.6亿元，增长35.9%。

【农业】2010年，廊坊市全年粮食总产量192.4万吨，增长2.6%。棉花总产量4.8万吨，下降5.5%。油料总产量3.9万吨，下降9.5%。蔬菜总产量634.4万吨，下降0.9%。畜牧业生产保持稳定，肉类、牛奶产量分别增长3.2%和3.4%，禽蛋产量下降1.9%。渔业生产平稳发展，全年水产品产量增长0.3%。

【工业和建筑业】工业生产发展良好。全部工业实现增加值602.1亿元，增长13.2%，其中规模以上工业实现增加值451.5亿元，增长16.9%。工业经济效益增速加快。全市规模以上工业完成产值2146.9亿元，增长29.0%；产销率为97.9%。实现利税176.5亿元，增长69.7%，其中利润总额126.0亿元，增长84.7%，分别比上年提高48.3个和60.8个百分点。

廊坊全市建筑业实现增加值110.1亿元，增长22.6%。具有资质等级的建筑企业实现产值341.6亿元，增长50.5%。房屋建筑施工面积2198.6万平方米，增长61.2%，竣工面积742.1万平方米，增长19.9%。

【国内贸易和对外经济】2010年，廊坊市全年累计实现社会消费品零售总额413.6亿元，增长18.4%。城镇和乡村分别实现零售额255.8亿元和157.8亿元，同比分别增长19.8%和16.2%。限额以上企业增势强劲，其中批发、零售、住宿和餐饮业累计实现零售额83.2亿元，同比增长20.8%，占社会消费品零售总额比重达20.1%。

廊坊市外贸全年进出口总额达48.0亿美元，增长42.5%。其中，进口总额25.9亿美元，增长34.7%；出口完成22.1亿美元，增长52.8%。廊坊全市实际利用外资49076万美元，增长5.8%，其中，外商直接投资49070万美元，增长6.1%。全年新批准外资项目28个，合同总金额82655万美元，合同外资额36952万美元；年内新注册三资企业28家，注册资本20068万美元，外方注册资本16884万美元；年末实有三资企业542家。

【交通、邮电和旅游】2010年，廊坊市公路运输业完成全社会货运量9162万吨，货运周转量150.2亿吨公里；完成客运量5913万人，客运周转量27.0亿人公里。廊坊全年完成邮电业务收入35.7亿元，增长5.9%。其中，邮政业务收入2.5亿元，增长8.0%。

廊坊市全年共接待国内外游客828.1万人次，增长20.2%，实现旅游收入62.5亿元，增长20.1%。其中接待国内旅游者818.5万人次，创收60.7亿元，分别增长20.3%和20.3%；接待国际旅游者9.6万人次，增长10.0%，创汇2603.5万美元，增长12.6%。

【金融】年末廊坊全市金融机构本外币口径各项存款余额1997亿元，比年初增加372.8亿元，同比多增30.4亿元。其中，城乡居民储蓄存款余额1168.5亿元，比年初增加181.5亿元，同比多增1.6亿元。各项贷款余额1344.5亿元，比年初增加278.4亿元。

【科学技术】2010年，廊坊市高新技术企业46家，实现高新技术产业增加值193.5亿元，增长31.8%。取得各类科技成果90项，其中达到国际先进水平13项、国内领先水平58项、国内先进水平16项。获省级科学技术进步奖9项。获市级科技进步奖40项。全年登记技术合同1797项，增长17.7%，技术合同成交额6.0亿元，增长93.8%，其中技术交易额5.1亿元，增长93.9%。专利申请量1124件，授权量920件，分别增长20.5%和30.6%，各项指标均创历史最好成绩。

84

2010年许昌市经济发展概况

【经济总量】2010年，许昌市实现地区生产总值1312.78亿元，按可比价计算，比上年增长13.3%。其中，第一产业增加值149.98亿元，增长4.1%；第二产业增加值901.98亿元，增长16.1%；第三产业增加值260.82亿元，增长9.1%。按常住人口计算，人均生产总值30367元，增长13%。三次产业结构由上年的12.1：67.3：20.6调整为11.4：68.6：20，二、三产业比重比上年提高0.7个百分点。

全年全市地方一般预算收入57.45亿元，比上年增长22%。地方财政一般预算支出117.27亿元，比上年增长16.9%。其中，涉及民生民本支出达66亿元，增长19.4%，占全市一般预算支出的比重为56.4%。

【农业】全年全市粮食总产量达到275万吨，比上年增加2.07万吨，增长0.8%。棉花总产量达到0.84万吨，下降15.2%；烟叶总产量4.42万吨，下降2.6%；油料总产量8.09万吨，下降0.3%；蔬菜总产量211.25万吨，比上年增长0.8%。全年全市肉类总产量36.6万吨，禽蛋产量22.4万吨，牛奶产量6.68万吨，分别比去年增长0.9%、1.1%和4.7%。

【工业和建筑业】2010年，许昌市全部工业增加值847.53亿元，比上年增长16.5%。其中，规模以上工业增加值696.88亿元，增长20.7%。产品产销率98.2%。规模以上工业中，轻工业增加值242.66亿元，增长17.5%；重工业增加值454.22亿元，增长19.8%。全年全市规模以上工业企业实现主营业务收入2309.08亿元，比上年增长30.4%；实现利润274.49亿元，同比增长32.8%。

全年全市建筑业增加值54.45亿元，比上年增长10.6%。

【国内贸易和对外经济】2010年，许昌市批发和零售业增加值49.57亿元，比上年增长10.7%；住宿和餐饮业增加值34.94亿元，增长4.7%。全年全市社会消费品零售总额349.3亿元，比上年增长19.5%。分行业看，批发和零售贸易业零售额287.1亿元，增长20%；住宿和餐饮业零售额62.2亿元，比上年增长17.2%。

全年全市外贸实现进出口总值12.86亿美元，比上年增长16.2%。其中，出口10.84亿美元，增长26.3%；进口2.02亿美元，下降18.7%。全年新批准设立外商投资企业17家，合同利用外资11173万美元，比上年增长13.9%；实际利用外资22277万美元，比上年增长20.5%。

【交通、邮电和旅游】2010年，许昌市交通运输、仓储和邮政业增加值37.34亿元，比上年增长14.4%。全年全市公路通车总里程达到9153公里，公路网密度达180.8公里/百平方公里。公路运输完成客运量22871万人次，旅客周转量97.77亿人公里，货运量42570万吨，货物周转量852.97亿吨公里。

全年全市邮政局（所）114处，其中电子化支局104处，邮政储蓄网点69个；信箱信筒278个。邮路22条，长度1595公里，其中，市县二级邮路6条，县乡邮路16条，投递线路292条。

全年全市接待国内外旅游者606万人次，同比增长22%；旅游总收入31.7亿元，同比增长38%。

【金融和保险】年末金融机构人民币各项存款余额830.38亿元，比上年末增长25.9%，其中，城乡居民储蓄存款余额543.51亿元，增长16.5%。人民币各项贷款余额562.35亿元，增长17.3%，其中，短期贷款余额350.71亿元，增长19.2%；中长期贷款余额189.92亿元，增长46%。年末境内上市公司5家，境外上市公司2家，累计募集资金46.02亿元。企业上市首发和上市公司再融资33.87亿元。

全年保险公司保费收入36.8亿元。全年赔款及给付4.26亿元，其中，财产险赔款支出3.95亿元，人寿险赔付0.31亿元。

【科学技术】全年全市共实施各级各类科技项目164个，其中省级以上85个，争取到上级项目资金2616万元。新组建省级工程技术研究中心7个，达到23个；新组建市级工程技术研究中心23个，达到98个。新增国家级高新技术企业4家，达到21家。2项科技成果获得国家科技进步奖，7项科技成果获得省科技进步奖，64项科技成果获得市科技进步奖。全市专利申请量达到2034件，同比增长36.9%；授权量达到1330件，同比增39.9%。

85

2010年平顶山市经济发展概况

【经济总量】2010年，平顶山市完成地区生产总值1312.1亿元，按可比价格计算（下同），比上年增长11.2%，经济总量跃上新台阶。其中，第一产业完成增加值114.7亿元，增长4.2%；第二产业完成增加值869.4亿元，增长12%；第三产业完成增加值328亿元，增长11.6%。人均生产总值达到26000元，比上年增长11%。一、二、三产业的结构由上年的9.3：65.2：25.5变化为8.7：66.3：25.0。

全年全市地方财政收入完成107.8亿元，同比增收17.8亿元，增长19.7%；其中一般预算收入80.6亿元，同比增收10.3亿元，增长14.6%；全年地方财政支出176.3亿元，比上年增长15.3%，其中一般预算支出148.2亿元，增长12.8%。

【农业】2010年，平顶山市完成农林牧渔业总产值204.6亿元，比上年增长4.4%。其中农业产值98.6亿元，比上年增长3.3%；林业产值6.6亿元，比上年增长6.3%；牧业产值92.96亿元，比上年增长5.3%；渔业产值2.5亿元，比上年增长5.0%；农林牧渔服务业增加值1.98亿元，比上年增长5.0%。全年粮食总产量达197.2万吨，增长0.8%。全年肉类总产量36.2万吨，比上年增长2.6%。水产品产量37254吨，比上年增长6.4%。

【工业和建筑业】2010年，平顶山市全部工业完成总产值2522.4亿元，比上年增长13.8%；完成工业增加值821.1亿元，增长12.6%，其中规模以上工业企业实现增加值669.6亿元，比上年增长15.0%。

全年规模以上工业实现主营业务收入1964.3亿元，比上年增长24.3%；实现利税228.8亿元，增长11%，其中利润135.8亿元，增长10.6%。

全年建筑业完成产值88.7亿元，比上年增长19.1%。资质等级三级及三级以上独立核算建筑施工企业房屋施工建筑面积775.6万平方米，比上年下降3.8%；竣工面积270.7万平方米，同比增长1.7%。

【国内贸易和对外经济】2010年，平顶山市实现社会消费品零售总额349.98亿元，比上年增长19.4%。分行业看，批发零售贸易业零售额290.25亿元，比上年增长19.3%；住宿和餐饮业零售额59.72亿元，增长20.0%。全年批发零售贸易业和住宿餐饮业实现增加值105.7亿元，增长12.1%。

全年外贸完成进出口总值42530万美元，比上年下降40.8%，其中出口总值28565万美元，下降1.1%，进口总值13965万美元，下降68.0%。全年实际直接利用外资16390万美元，比上年增长16.7%。年末实有“三资”企业357家，比上年增加7家。

【交通、邮电和旅游】2010年，平顶山市全年完成公路货物周转量160亿吨公里，比上年增长18.6%，公路客运周转量7.8亿人公里，比上年增长8.3%。

全年完成邮电业务总量75.6亿元，比上年增长12.65%。固定电话和移动电话用户235.8万户，增长1.42%，计算机互联网络用户36.2万户，比上年增长19.9%。

2010年全市旅游业总收入62.8亿元，增长36.0%，共接待国内外游客1421万人次，同比增长35.0%。

【金融和保险】2010年末，平顶山市金融机构存款余额1137.9亿元，同比增长16.7%；年末金融机构贷款余额694.4亿元，同比增长24.5%，其中短期贷款余额267.3亿元，增长7.5%，中长期贷款余额375.3亿元，增长44.9%。

【科学技术】2010年，平顶山市共申请专利928项，增长13.4%。获市级以上科技进步奖108项，其中省级13项。

86

2010年安阳市经济发展概况

【经济总量】2010年，安阳市实现地区生产总值1311.3亿元，增长13.1%。其中，第一产业增加值159.1亿元，第二产业增加值809.3亿元，第三产业增加值342.9亿元。三次产业结构为12.1：61.7：26.2。人均生产总值达到2.5万元。

全年财政一般预算收入65亿元，比上年增长17.9%。财政一般预算支出142.7亿元，增长17.2%。

【农业】2010年，安阳市全年粮食产量334.2万吨，比上年增长0.35%；棉花产量1.76万吨，下降14.6%；油料产量26万吨，增长3.9%；蔬菜产量533万吨，增长3.4%。

【工业和建筑业】2010年，安阳市全部工业增加值731.8亿元，增长17.3%。规模以上工业企业完成增加值648.2亿元，增长19.7%。其中，轻工业增加值138.8亿元，比上年增长16.7%；重工业增加值509.4亿元，比上年增长20.5%。高技术产业增加值15.4亿元，增长13.6%。全年规模以上工业实现主营业务收入2417.3亿元，增长27.2%。实现利润总额182.8亿元，增长34%。

全年全社会实现建筑业增加值77.5亿元，比上年增长7.3%。

【国内贸易和对外经济】2010年，安阳市社会消费品零售总额完成345.3亿元，增长18.9%。其中，批发业实现零售额为61.9亿元，增长20.3%；零售业实现零售额为239.3亿元，增长18%；住宿和餐饮业累计实现零售额为44.1亿元，增长22.3%。

全年外贸进出口总额15.7亿美元，比上年增长66.9%。其中进口总额11.3亿美元，比上年增长71.5%；出口总额4.4亿美元，比上年增长57.5%。实际利用外资1.5亿美元，比上年增长26.6%。

【交通、邮电和旅游】2010年，安阳市交通运输、仓储及邮政业实现增加值40.1亿元，比上年增长12.2%。公路货运周转量639亿吨公里，比上年增长26.8%。公路客运周转量40.4亿人公里，比上年增长17.8%。

全年接待游客1885.88万人次，旅游总收入127.3亿元，分别比上年增长31.4%和127.3%。门票收入4007.4万元，比上年增长25.4%。

【金融】2010年，安阳市年末金融机构人民币各项存款余额991.1亿元，比上年末增长12.1%。其中，城乡居民储蓄存款余额638.6亿元，比上年末增长8.3%。金融机构人民币各项贷款余额597.4亿元，比上年末增长20.7%。

【科学技术】安阳市是全国科技进步先进市和国家知识产权试点市，具有较雄厚的科技综合实力。现有科研院所8家，其中中央直属1家。省级工程技术中心8家。全市全年申请专利899件，授权633件，科技成果推广率达到90%以上。

87

2010年乌鲁木齐市经济发展概况

【经济总量】2010年，乌鲁木齐市全年实现生产总值1311亿元，比上年增长12.2%，分产业看：第一产业实现增加值19亿元，增长6.1%；第二产业实现增加值597亿元，增长12%；第三产业实现增加值695亿元，增长12.4%。三次产业分别拉动经济增长0.05、4.94和7.21个百分点。三次产业结构比例为1.45∶45.57∶52.98。

全年完成地方财政收入197.57亿元，比上年增长35.82%。完成地方财政一般预算收入147.99亿元，增长30.38%。全年地方财政支出208.23亿元，比上年增长29.33%，一般预算支出159.61亿元，比上年增长21.57%。

【农业】全年粮食产量19.57万吨，增长11.85%。全年油料产量1.11万吨。全年水果产量8.84万吨。全年肉类产量6.18万吨，增长3.97%。全年奶类产量8.85万吨，增长8.67%。全年禽蛋产量1.29万吨，增长2.6%。全年水产品产量0.88万吨，增长2.27%。

【工业和建筑业】2010年，乌鲁木齐市完成工业增加值508亿元，比上年增长12%，其中，规模以上工业完成增加值500亿元，增长12%。其中，轻工业完成增加值16.38亿元，增长11.1%；重工业完成增加值483.62亿元，增长12%。2010年全市工业企业经济效益综合指数为242.73%，比上年提高32.09个百分点，其中资产负债率为47.21%，总资产贡献率为17.22%。规模以上工业企业实现利税305.9亿元，增长52.04%；实现利润178.77亿元，增长63.31%。

全年完成建筑业总产值396.95亿元，比上年增长21.02%；施工面积1785.14万平方米，增长23.93%；竣工面积582.06万平方米，增长5.62%。

【国内贸易和对外经济】2010年，乌鲁木齐市实现社会消费品零售总额563.67亿元，比上年增长19.1%，分行业看，批发和零售业零售额502.91亿元，增长18.1%；住宿和餐饮业零售额60.76亿元，增长27.9%。

全年外贸进出口总额59.85亿美元，比上年增长60.2%，其中，出口44.37亿美元，增长47.3%；进口15.48亿美元，增长1.14倍，实现贸易顺差28.89亿美元。争取各项外经贸发展资金7168万元，支持419家外经贸企业扩大出口。2010年，全年招商引资项目637个，到位资金209.9亿元，增长29.9%。新增外商投资和增资企业34家，实际利用外资1.3亿美元，增长13%。

【交通、邮电和旅游】全年交通货运周转量256.94亿吨公里，比上年增长9.53%，其中，铁路70.82亿吨公里，增长3.46%；公路184.21亿吨公里，增长11.69%；民航1.91亿吨公里，增长57.85%。全年客运周转量186.24亿人公里，比上年增长26.01%，其中，铁路旅客周转量24.01亿人公里，增长8.1%；公路旅客周转量58.63亿人公里，增长6.11%，民航旅客周转量103.6亿人公里，增长47.28%。

全年邮电业务总收入45.1亿元，比上年增长12.75%，其中，邮政业务收入3.01亿元，下降9.6%；电信业务收入42.09亿元，增长14.78%。

2010年，全市共接待国内外游客782万人次，比上年增长15%，其中国外游客26.42万人次，增长24.92%。全年实现旅游总收入74.54亿元，增长27.74%，其中国际旅游收入6.17亿元，增长24.93%。

【金融和保险】年末全市金融机构各项存款余额3596.43亿元，比上年末增长22.25%。其中，企业存款余额1205.9亿元，增长26.66%；城乡居民储蓄存款余额1242.85亿元，增长19.31%。金融机构各项贷款余额2074.74亿元，比上年末增长26.89%，其中，短期贷款672.81亿元，增长26.88%；中长期贷款1245.87亿元，增长34.18%。

全年保险公司保费收入63.79亿元，比上年增长26.77%。全年支付各类保险赔款及给付12.35亿元，比上年下降5.48%。

【科学技术】2010年，乌鲁木齐地区经科技部认定的高新技术企业74家，占全疆高新技术企业总数的66.37%，乌鲁木齐地区登记的重大科技成果数119项，其中：3项获国家科技进步奖，96项获自治区科技进步奖，30项市级科技进步奖。全年专利申请量为1728件，专利授权量为1190件，安排应用技术研究与开发资金3250万元，重点支持了132项市级科技计划项目，带动社会科技投入6.68亿元。

88

2010年湖州市经济发展概况

【经济总量】2010年，湖州市实现地区生产总值1301.56亿元，按可比价格计算，比上年增长12.1%。分产业看，第一产业增加值104.61亿元，增长4.0%；第二产业增加值714.61亿元，增长11.6%，其中工业增加值637.18亿元，增长11.7%；第三产业增加值482.34亿元，增长14.5%。三次产业比例为8.0∶54.9∶37.1。

全年实现财政总收入172.35亿元，其中地方财政收入97.27亿元，分别比上年增长17.5%和21.6%。财政总收入占GDP的比重为13.2%。全市财政支出127.12亿元，增长16.8%。

【农业】2010年，湖州市实现农林牧渔业总产值176.90亿元，比上年增长15.6%。其中，农业产值81.65亿元，增长20.7%；林业产值19.65亿元，增长4.1%；牧业产值38.41亿元，增长13.4%；渔业产值30.09亿元，增长13.9%。全年粮食产量90.2万吨，减少1.3%；油菜子产量5.97万吨，减少14.8%；蚕茧产量1.37万吨，减少0.9%；家禽出栏数4977.16万只，增长1.3%；生猪出栏147.25万头，增长1.4%；水产品产量25.02万吨，增长5.1%。

【工业】2010年，湖州市实现规模以上工业总产值2677.80亿元，比上年增长28.0%，其中轻工业产值1134.94亿元、重工业产值1542.87亿元，分别增长31.1%、25.9%。全年规模以上工业实现主营业务收入2611.83亿元，比上年增长27.9%；利税215.99亿元，其中利润132.96亿元，分别增长28.3%、32.2%。全年高新技术产业实现主营业务收入694.03亿元、利税58.99亿元、利润39.21亿元，分别增长30.2%、29.5%、32.5%。其中，新能源与节能产业利税增长48.9%，生物医药产业增长4.6%，新材料产业增长29.9%，光电一体化产业增长34.8%，电子信息产业增长24.4%。

【国内贸易和对外经济】2010年，湖州市实现社会消费品零售总额516.09亿元，比上年增长18.3%。其中，批发零售业462.37亿元，增长18.6%；住宿餐饮业53.72亿元，增长16.2%。限额以上批发零售贸易企业实现零售额160.40亿元，增长34.0%。

全市外贸进出口总额69.28亿美元，比上年增长43.3%。其中，出口58.61亿美元，增长43.8%；进口10.67亿美元，增长40.9%。全年新批准及增减资利用外资项目302个，其中新批外商投资企业170家，批准增资项目91个。全年合同外资20.37亿美元，比上年增长18.8%。实到外资9.19亿美元，增长13.3%。全年共输出劳务503人次，年末在外人数1754人；年承包劳务营业额1213万美元；境外投资项目21个，境外直接投资总额4410万美元，比上年增长60.0%，其中中方投资额3174万美元，增长63.4%。

【交通、邮电和旅游】2010年，湖州市完成客运量9964万人，比上年增长2.2%；客运周转量33.29亿人公里，增长2.7%。完成货运量18108万吨，增长10.7%，其中公路6798万吨，增长7.4%，水路11310万吨，增长12.9%；货运周转量213.46亿吨公里，增长13.6%，其中公路38.37亿吨公里，增长15.2%，水路175.09亿吨公里，增长13.2%。全年内河港口货物吞吐量14357万吨，减少3.9%。

全年实现邮政电信业务收入27.92亿元，增长5.4%；年末移动电话用户286.93万户，增加41.43万户；全市电话普及率为每百人152部，比上年增加14部；年末国际互联网用户50.87万户，增加11.38万户，增长28.8%。

全年接待国内外旅游人数2888.84万人次，比上年增长22.9%，其中国内旅游人数2855.68万人次，增长23.0%，入境旅游人数33.17万人次，增长31.9%。全年实现旅游总收入214.16亿元，增长28.8%，其中国内旅游收入205.61亿元，增长29.3%，旅游外汇收入12585万美元，增长27.0%。

【金融和保险】金融机构年末本外币存款余额1805.61亿元、贷款余额1461.32亿元，分别比上年增长29.2%、27.0%；全年新增贷款407.95亿元，同比多增28.01亿元。金融机构年末不良贷款余额为4.98亿元，比年初减少2.88亿元，不良贷款率为0.34%，比年初下降了0.34个百分点。

证券营业机构全年业务成交额2658.19亿元，比上年增长4.9%。全市新增3家上市公司，融资总额18.58亿元。

全年保险公司保费收入41.43亿元，增长31.7%。各类保险赔款支出6.35亿元，下降0.1%。其中，财险赔款5.86亿元，增长4.0%；寿险赔款4858万元，减少32.2%。

【科学技术】全年专利申请量7221件，比上年增长19.8%；专利授权量6630件，增长28.4%，其中发明专利214项，比上年增加122项。全年经认定登记的技术成交项目9761项，技术成交金额3231万元。年末已拥有省级高新技术企业研究开发中心88家，比上年增加15家；拥有国家级高新技术企业160家。全年获市级以上政府奖的科技成果72项，其中国家级1项、省级30项。

89

2010年株洲市经济发展概况

【经济总量】2010年，株洲市实现地区生产总值1274.8亿元，增长15.3%。其中，第一产业增加值123.8亿元，增长4.2%；第二产业增加值745.5亿元，增长20.8%；第三产业增加值405.5亿元，增长10.5%。经济结构继续优化。2010年，全市三次产业结构由上年的10.5∶54.7∶34.8调整为9.7∶58.5∶31.8。

2010年，全市财政总收入130.9亿元，增长25%；一般预算收入78亿元，增长22.3%。总收入和一般预算收入均连续5年保持20%以上的增幅。全市财政总支出206亿元，增长60%；一般预算支出158.1亿元，增长33.7%。

【农业】2010年，株洲市农林牧渔业实现增加值123.9亿元，增长4.2%。其中，农业增加值60.5亿元，增长4.1%，林业9.6亿元，增长4.5%，牧业46.5亿元，增长4%，渔业4.9亿元，增长7.2%。全年粮食总产量184.5万吨，增长0.47%；水果产量20.7万吨，增长5.9%。生猪出栏441.4万头，增长2.1%；出栏牛羊58万头，增长5.2%；家禽出笼1925.8万羽，增长2.3%；水产品7.4万吨，增长6.4%。农产品加工产值超过150亿元。

【工业和建筑业】2010年，株洲市工业总产值2041亿元，增长32%；工业增加值665亿元，增长21.6%，提高4.5个百分点。规模工业完成增加值605.8亿元，增长25.2%，加快6.6个百分点。规模工业综合效益指数为191.1%，提高28.1个百分点。实现主营业务收入1559.4亿元，增长41.7%，实现利税122.5亿元，增长40.8%，实现利润62.7亿元，增长43.7%。

2010年，全市有资质的建筑企业218家，完成总产值205亿元，增长13.5%，实现增加值80.5亿元，增长14.3%。商品房竣工面积357.2万平方米，增长50.5%；商品房销售额153.5亿元，增长39.9%。

【交通、邮电和旅游】2010年，株洲市交通运输、邮电业完成增加值53.2亿元，增长15.1%，加快3.7百分点。全市货运周转量139亿吨公里，增长32.3%，公路客运周转量58.4亿人公里，增长31.7%。

全市邮政电信业务总量71亿元，增长35.7%。其中电信业务总量68.7亿元，增长36.1%；邮政业务总量2.3亿元，增长23.4%。

旅游产业加快发展。全市接待国内游客1214.1万人次，增长26.7%，接待境外游客5.9万人次，增长43%；实现旅游总收入78亿元，增长30.3%，其中旅游创汇2308.7万美元，增长50.6%。

【国内贸易和对外经济】2010年，全市社会消费品零售总额426.8亿元，比上年增长19.1%。其中限额以上企业商品零售额116.9亿元，增长32.8%，金银珠宝类、汽车类、家具类和餐饮类商品增长较快。按行业分，批发业25.8亿元，增长17.4%；商品零售34.5亿元，增长19.2%；餐饮收入51亿元，增长18.2%；住宿业5.3亿元，增长33.6%。

全年外贸完成进出口总额14.7亿美元，比上年增长28.6%。其中进口7.8亿美元，增长16.2%；出口6.9亿美元，增长46.3%。全市实际到位省外境内资金125亿元，增长31.8%，加快3.5个百分点，利用内资项目260项，净增82项；实际利用外资4亿美元，增长14.1%。

【金融和保险】2010年，株洲市年末各项存款余额为1135.9亿元，净增169亿元，增长20.2%；年末各项贷款余额564亿元，净增79亿元，增长16.3%。全市存贷比为49.7%，回落1.6个百分点，不良贷款率为6.6%，下降0.56个百分点；新增存贷比为46.7%，回落24.9个百分点。“天桥起重”在深交所成功挂牌交易，融资7.8亿元，“时代新材”增发融资8亿元。

2010年，全市有保险公司30家，实现保费收入27.4亿元，净增5.6亿元，增长25.7%。各项赔款和给付额5.18亿元，增长2.3%，其中财产保险赔付额3.17亿元，增长14.5%；人身保险赔付2.01亿元，下降12.5%。

【科学技术】2010年，全市有国家认定企业（集团）技术中心9家，国家安排科技攻关计划项目6项，承担国家"863"计划项目11项，国家重点新产品试产项目8项。高新技术企业138家，实现高新技术产值777.6亿元，增长32.8%，实现增加值268.9亿元，增长31.6%。全年申报专利2276件，增加376件；授权专利1680件，增加568件；荣获省部级以上科研成果17项，省科技进步奖16项。

90

2010年焦作市经济发展概况

【经济总量】2010年，焦作市实现地区生产总值1247.61亿元，比上年增长11.9%。其中，第一产业增加值103.27亿元，增长4.4%；第二产业增加值855.30亿元，增长14.7%；第三产业增加值289.03亿元，增长6.5%。人均生产总值达到35700元。三次产业结构由上年的8.0：67.3：24.7变化为8.3：68.5：23.2，二产比重比上年提高1.2个百分点。

全年地方财政收入82.07亿元，增长31.5%，一般预算收入63.34亿元，增长16.4%。地方财政一般预算支出121.55亿元，增长17.4%。

【农业】2010年，焦作市粮食产量199.41万吨，比上年增产0.8%；棉花产量0.40万吨，减产8.2%；油料产量9.02万吨，减产0.1%；蔬菜产量220.21万吨，增产1.7%。肉类总产量19.09万吨，增长3.9%；禽蛋产量28.18万吨，增长1.1%；牛奶产量21.5万吨，增长4.4%。

【工业和建筑业】全年全部工业增加值804.23亿元，比上年增长15.0%，工业对经济增长的贡献率为81.4%。其中，规模以上工业增加值706.51亿元，增长17.3%；产品销售率达到99.4%。全年规模以上工业实现主营业务收入2600.13亿元，比上年增长28.7%。实现利润总额223.53亿元，增长13.0%。

全年实现建筑业增加值51.13亿元，比上年增长8.7%。全市具有资质等级的建筑企业实现利润总额5.99亿元，比上年增长51.3%。

【国内贸易和对外经济】全年批发和零售业增加值82.60亿元，比上年增长9.1%；住宿和餐饮业增加值35.37亿元，增长4.9%。全年全社会消费品零售总额321.84亿元，比上年增长18.3%。分行业看，批发和零售业零售额271.32亿元，增长18.2%；住宿和餐饮业零售额50.52亿元，增长18.6%。

全年外贸进出口总额17.58亿美元，比上年增长63.0%。其中，出口总额10.72亿美元，同比增长53.9%；进口总额6.86亿美元，比上年增长79.8%。全年高新技术和机电产品出口6.51亿美元，比上年增长68.9%，占全市出口总额的60.7%。全年新批准外商投资企业11个，比上年增加3个；实际利用外商投资2.88亿美元，比上年增长45.6%。

【交通、邮电和旅游】全年交通运输、仓储和邮政业实现增加值40.13亿元，比上年增长4.9%。全年完成公路货物周转量656.38亿吨公里，比上年增长15.5%；完成公路旅客周转量22.77亿人公里，增长8.6%。

全年邮电业务总量61.90亿元，比上年增长15.8%。其中，邮政业务总量2.46亿元，增长16.2%；电信业务总量59.44亿元，增长15.8%。

全年共接待海内外游客1958.99万人，比上年增长15.17%，其中，接待国外游客21.73万人，增长16.64%；接待国内游客1937.26万人，增长15.15%。旅游综合收入147.53亿元，增长15.19%。

【金融和保险】年末金融机构各项人民币存款余额748.57亿元，比上年末增长13.1%。各项人民币贷款余额470.98亿元，增长15.1%。其中，短期贷款余额267.65亿元，增长9.4%；中长期贷款余额188.19亿元，增长29.1%。全市农村信用社贷款余额148.27亿元，增长11.5%。全市金融机构个人消费贷款余额31.79亿元，增长56.5%。年末共有上市公司7家，年末上市公司A股总市值306.11亿元。有6家公司在天津股权交易所成功实现股权挂牌交易，融资1.2亿元。

全年保险公司保费收入37.46亿元，比上年增长35.3%。全年保险理赔支出6.80亿元。其中，财产险赔款支出3.74亿元，人身险赔款支出3.06亿元。

【科学技术】年末共有国家级企业技术中心2家，省级企业技术中心51家。全年共取得省级科技进步奖13项。申请专利1456件，比上年增长33.1%；授权专利759件，增长43.2%。签订技术合同622项，成交金额2.17亿元。54项国家级、省级科技项目获准立项。其中，38个项目获得上级经费1687万元。

91

2010年周口市经济发展概况

【经济总量】2010年，周口市实现地区生产总值1227.9亿元，比上年增长11.1%。第一产业增加值365.6亿元，增长4.9%；第二产业增加值557.9亿元，增长15.6%；第三产业增加值304.4亿元，增长9.4%。三次产业结构为29.8：45.4：24.8，二三产业增加值占生产总值的比重进一步提高，所占比重为70.2%，比上年提高0.1个百分点。

2010年，全市地方财政总收入完成530944万元，比上年增长22.5%，增收97677万元。财政一般预算收入完成383087万元，增长24.1%，增收74469万元。全市财政一般预算支出完成1933366万元，比上年增长18.7%，增支304085万元。

【农业】全年粮食产量723.71万吨，比上年增长1.0%；棉花产量12.48万吨，减产19.5%；油料产量36.06万吨，增长3.9%；肉类总产量66.3万吨，比上年增长2.6%；禽蛋产量24.2万吨，增长1.6%；生猪出栏562.48万头，比上年增长4.4%，存栏474.89万头，比上年增长0.4%；羊出栏305.79万头，比上年下降1.2%，存栏248.11万头，比上年下降5.1%；家禽出栏8011.08万只，比上年增长13.5%，存栏4698.9万只，比上年下降1.1%。

【工业】2010年，周口市全部工业增加值达到492.5亿元，比上年增加62.9亿元，增长15.8%。其中，规模以上工业实现增加值363.9亿元，增长21.7%。实现主营业务收入1276.9亿元，比上年增长38.1%。实现利润183.2亿元，增长47.5%。全市31个行业大类中有26个行业增加值同比增长，行业增长面为83.9%。三大支柱产业（食品、纺织、医药化工）共完成工业增加值239亿元，增长20.8%，占全市规模以上工业增加值的比重为65.7%。

【国内贸易和对外经济】2010年，周口市实现社会消费品零售总额483.8亿元，比上年增长18.9%。从城乡市场构成看，全市城镇实现消费品零售额385.9亿元，增长20.1%；乡村实现消费品零售额97.9亿元，增长14.1%。全市餐饮业实现社会消费品零售额89.1亿元，同比增长19.5%。

2010年，全市外贸完成进出口总值3.84亿美元，比上年增长18.4%，其中出口总值完成1.76亿美元，增长28.7%，实际利用外资15763万美元，增长39%。

【交通、邮电和旅游】全年公路货运量9096万吨，货物周转量4027501万吨公里，客运量9379万人，旅客周转量1191661万人公里。水运货运量31972万吨，货物周转787031.2万吨公里，客运量75.18万人，旅客周转量398.6万人公里。

全年完成邮电业务总量79.31亿元。其中邮政业务总量5.73亿元；电信业务总量0.78亿元；移动业务总量65.84亿元，联通业务总量6.95亿元。

2010年，全市全年共接待游客1100.5万人次，比上年增长19.6%；其中接待国内游客1098.6万人次，比上年增长19.6%；接待入境游客1.9万人次，增长22.3%；旅游综合收入50.6亿元，增长20.3%；其中国内旅游收入为50.2亿元，增长20.1%；旅游创汇575万美元，增长22.9%。

【金融】2010年末，周口市金融机构各项存款余额930.79亿元，比上年末增加138.29亿元，增长17.45%，在各项存款中，企业存款余额73.04亿元，比上年末增加2.54亿元，机关团体存款余额47.89亿元，增加28.26亿元，储蓄存款余额760.28亿元，增加109.83亿元。金融机构各项贷款余额为563.18亿元，比上年末增加63.39亿元，增长12.68%，其中短期贷款411.99亿元，比上年末增加43.47亿元，中长期贷款150.11亿元，增加21.22亿元。

【科学技术】全年科学研究与试验发展经费支出5.6亿元，比上年增长11%。2010年末全市拥有科学研究与技术开发机构13个，从事科技活动人员410人。省级工程技术研究中心12家。全年共取得省级科技进步奖8项，取得市级科技进步奖60项。全年申请专利348件，授权专利264件，分别增长8.8%和34.7%。

92

2010年邢台市经济发展概况

【经济总量】2010年，邢台市实现地区生产总值1210.62亿元，比上年增长12.2%，同比加快2.2个百分点。其中，第一产业增加值完成189.47亿元，比上年增长4.7%；第二产业实现增加值674.31亿元，比上年增长14.1%；第三产业增加值346.85亿元，比上年增长11.5%。三次产业增加值占全市生产总值的比重分别为15.6%、55.7%和28.7%。全市人均生产总值17181元。

财政收支保持稳定增长。全部财政收入132.9亿元，比上年增长20.8%，其中地方一般预算收入完成57.1亿元，增长32.7%。税收收入44.8亿元，增长34.0%。财政支出169.8亿元，增长28.0%。

【农业】2010年，邢台市农林牧渔业总产值329.31亿元，比上年增长4.6%，其中，农业产值205.38亿元，比上年增长4.6%；林业产值2.75亿元，比上年增长0.4%；牧业产值96.23亿元，比上年增长4.0%；渔业产值0.47亿元，比上年增长4.4%；农林牧渔服务业产值24.48亿元，比上年增长7.0%。

【工业和建筑业】2010年，邢台市全部工业增加值624.28亿元，比上年增长14.0%。规模以上工业增加值459.83亿元，增长18.0%。工业效益稳步提高。全市规模以上工业实现利税162.3亿元，比上年增长23.2%。

全年全社会建筑业增加值50.03亿元，比上年增长22%；实现利润3.41亿元，比上年增长26.3%。资质等级以上建筑业企业房屋施工面积808.3万平方米，房屋竣工面积416.1万平方米。

【国内贸易和对外经济】2010年，邢台市社会消费品零售总额实现460.73亿元，比上年增长18.2%。分地域看，城镇消费品零售额完成348.03亿元，增长19.3%；乡村消费品零售额完成112.70亿元，增长15.8%。年末全市各类商品市场达107个，其中成交额超亿元的市场15个；实现市场成交额131.8亿元，增长10.8%。

全年外贸进出口总值18.2亿美元，比上年增长33.2%。其中进口总值8.6亿美元，增长13.8%；出口总值达9.6亿美元，增长57.1%。全年实际利用外资2.56亿美元，比上年增长24.4%。其中外商直接投资2.55亿美元，增长24.8%。全年新注册三资企业16个，增长77.8%；新批合同外资7204万美元，增长12.4%。

【交通、邮电和旅游】交通运输业快速发展。全年货物运输周转量285.4亿吨公里，增长29.4%。旅客运输周转量37.5亿人公里，增长28.1%。全市公路通车里程13736公里，比上年增长2%。其中高速公路359.7公里。

全年完成邮电业务总量35.88亿元，比上年增长11.05%。其中，邮政业务总量1.41亿元，下降34.9%；电信业务总量34.47亿元，增长14.3%。

全年接待国内游客754.02万人次，同比增长19%；旅游总收入38.4亿元，同比增长21%；接待入境游客1.73万人次，同比增长18%；创汇591.9万美元，同比增长20%。

【金融和保险】金融业信贷规模扩大。年末金融机构各项存款余额1579.03亿元，比年初增加194.85亿元，增长14.1%。金融机构各项贷款余额814.13亿元，比年初增加150.84亿元，增长22.7%。

全年保险公司保费收入42.3亿元，比上年增长27.0%。全年保险理赔支付各类赔款8.1亿元。

【科学技术】科技事业迈出新步伐。全年共取得科技成果183项，专利申请量499件，专利授权量405件。

93

2010年汕头市经济发展概况

【经济总量】2010年，汕头市生产总值1203.25亿元，比上年增长13.7%。其中，第一产业增加值64.00亿元，增长5.0%；第二产业增加值678.14亿元，增长16.1%；第三产业增加值461.11亿元，增长11.5%。从产业结构看，一、二、三产业增加值占GDP的比重由上年的5.5：55.0：39.5调整为5.3：56.4：38.3，第一、三产业比重下降，第二产业比重提高。

全市地方财政一般预算收入72.65亿元，一般预算支出119.79亿元，分别增长24.1%和23.3%。

【农业】2010年，汕头市农业总产值117.38亿元，比上年增长5.2%。其中，农业产值53.52亿元，增长2.0%；林业产值0.33亿元，下降1.8%；牧业产值26.69亿元，增长9.8%；渔业产值34.53亿元，增长6.9%；农林牧渔服务业产值2.31亿元，增长0.5%。农林牧渔业增加值64.00亿元，比上年增长5.0%。

【工业和建筑业】2010年，汕头市完成工业增加值629.19亿元，比上年增长16.8%，占地区生产总值的比重由上年的50.8%上升为52.3%，工业对经济增长贡献率达到62.7%。完成工业总产值2642.15亿元，增长16.9%。其中，规模以上工业总产值1887.42亿元，增长17.8%。规模以上工业产值占全部工业总产值71.4%，比上年提高3个百分点。规模以上工业实现销售产值1814.19亿元，增长17.9%；新增上市企业9家，合计16家；获“中国文具生产基地”称号。

全市资质等级以上建筑企业完成建筑业总产值216.76亿元，比上年增长15.0%。房屋建筑施工面积2427.36万平方米，增长8.2%。全年城镇竣工住宅面积156.04万平方米，下降14.4%；农村竣工住宅面积262.59万平方米，增长30.7%。

【交通、邮电和旅游】2010年，汕头市交通运输、仓储和邮政业实现增加值25.78亿元，比上年增长14.2%。

全年完成邮电业务收入47.35亿元，增长4.4%。其中，邮政业务收入2.01亿元，增长7.5%；电信业务收入45.34亿元，增长4.3%。

2010年，全市接待游客782.20万人次，增长15.0%。其中国际游客13.39万人次，增长8.7%；国内游客768.82万人次，增长15.1%。组织出境游3.31万人次、国内游57.91万人次，分别增长14.7%和

13.7%。实现旅游总收入88.47亿元，增长19.1%。其中旅游外汇收入5015.77万美元，增长2.2%。

【国内贸易和对外经济】2010年，汕头市社会消费品零售总额830.41亿元，比上年增长25.8%。其中，城镇消费品零售额589.96亿元，增长26.1%；乡村消费品零售额240.45亿元，增长25.1%。分行业看，批发业、零售业、住宿业和餐饮业四大业态的零售额分别为36.02亿元、738.01亿元、5.99亿元与50.39亿元，分别增长33.8%、25.8%、14.9%和22.6%。

2010年，全市外贸进出口总额73.64亿美元，比上年增长22.2%。其中，进口总额24.30亿美元，增长20.8%；出口总额49.35亿美元，增长22.9%。全年实际吸收外资25553万美元，增长25.2%；新签投资项目35个；其中投资规模在500万美元以上的项目5个，下降37.5%。

【金融和保险】2010年，全市金融机构（含外资）年末本外币存款余额1873.03亿元，比年初增加249.97亿元，增长15.4%。金融机构（含外资）年末本外币贷款余额661.52亿元，比年初增加91.05亿元，增长16.0%。在金融机构（含外资）人民币的中长期贷款中，个人消费贷款73.23亿元，比年初增加14.33亿元。全年货币净投放79.92亿元，比上年增长5.6%。银行结汇收入44.61亿美元，增长23.9%。

2010年，全市有保险公司25家，比上年增加2家；全年保费收入47.80亿元，比上年增长16.3%。各类保险赔偿款和给付支出8.77亿元，增长13.9。

【科学技术】2010年，全市获得科技成果69项，其中达到或超过国内先进水平63项；签订各类技术合同29项，技术交易额2195万元。国家级高新企业增至115家，比上年增加34家。专利申请量与授权量分别为9592件和5718件，增长43.6%和54.9%。

94

2010年珠海市经济发展概况

【经济总量】2010年，珠海市实现地区生产总值1202.58亿元，比上年增长12.8%。其中，第一产业增加值32.90亿元，增长5.5%；第二产业增加值658.66亿元，增长17.6%；第三产业增加值511.02亿元，增长7.1%。三次产业的比例由上年的2.8：52.4：44.8调整为2.7：54.8：42.5。现代服务业增加值282.93亿元，增长3.9%，占地区生产总值的23.5%。

全市财政一般预算收入124.53亿元，比上年增长22.8%。全年财政一般预算支出166.41亿元，增长37.2%。

【农业】2010年，珠海市完成农林牧渔业总产值57.62亿元，增长5.3%。其中农业产值10.01亿元，增长0.7%；林业产值0.08亿元，下降17.0%；牧业产值9.67亿元，增长7.7%；渔业产值31.86亿元，增长6.8%；农林牧渔服务业产值5.99亿元，增长1.6%。全年粮食总产量4.18万吨，增产1.5%；全年肉类总产量4.51万吨，增长10.3%。全年水产品产量19.72万吨，增长3.3%。

【工业和建筑业】2010年，珠海市完成工业增加值616.04亿元，比上年增长18.1%，对全市经济增长的贡献率达72.1%，拉动经济增长9.2个百分点。其中，规模以上工业增加值615.38亿元，增长18.2%。全市实现工业总产值3053.37亿元，比上年增长16.3%。全市规模以上工业企业经济效益综合指数为174.6%，比上年增长18.8个百分点。实现利润总额163.60亿元，增长45.1%。

全市建筑业实现增加值42.62亿元，比上年增长10.0%。

【国内贸易和对外经济】2010年，珠海市实现社会消费品零售总额486.03亿元，比上年增长20.5%。其中，批发业零售额67.08亿元，增长16.7%；零售业零售额358.86亿元，增长20.8%；住宿餐饮业零售额60.08亿元，增长23.1%。

全年外贸完成进出口总额434.80亿美元，增长16.1%。其中，出口208.62亿美元，增长17.3%；进口226.18亿美元，增长15.1%。全年新批外商投资项目213个，比上年增长8.1%；实际吸收外商直接投资12.24亿美元，增长3.7%。截止2010年底，全市累计批准外商直接投资项目11065个，合同外资额247.08亿美元，实际吸收外商直接投资127.48亿美元。工商登记注册的实有外资企业4313家。

【交通、邮电和旅游】2010年，珠海市交通运输、仓储和邮政业实现增加值25.86亿元，比上年增长5.6%。全年主要港口完成货物吞吐量6056.27万吨，增长37.4%，其中外贸货物吞吐量1678.76万吨，下降7.0%。港口集装箱吞吐量70.27万标准箱，增长24.6%。

全年完成邮电业务总量137.61亿元，增长27.4%，其中，邮政业务总量3.52亿元，增长6.3%；电信业务总量134.08亿元，增长28.1%。

全年接待入境旅游人数448.46万人次，增长8.4%。国际旅游外汇收入122339万美元，增长19.2%。接待国内游客1884.63万人次，增长12.6%，国内旅游收入136.2亿元，增长38.0%。全年实现旅游总收入219.35亿元，增长29.9%。

【金融和保险】年末全市中外资金融机构本外币各项存款余额2748.70亿元，比年初增长30.6%。年末中外资金融机构本外币各项贷款余额1472.54亿元，比年初增长38.6%。其中，短期贷款余额255.77亿元，增长16.0%；中长期贷款余额1024.02亿元，增长39.9%。

截至2010年末，全市共有上市公司26家，在深沪两市上市的企业20家，比上年增加4家，香港上市企业4家，美国上市企业1家，加拿大上市企业1家。2010年，我市的证券期货经营机构实现股票、基金、权证、债券成交总额5214.51亿元，比上年增长12.9%。

全市共有各类保险营业机构114个，全年实现保费收入51.82亿元，同比增加26.7%。全年保险理赔给付金额7.80亿元，增长21.3%。

【科学技术】2010年，珠海市有2个项目获国家科技进步二等奖，3个项目获广东省科学技术奖，5个项目通过省级科技成果鉴定。全年申请专利3554件，增长27.9%。其中，发明专利847件，增长31.5%。专利授权量2768件，增长37.8%，其中发明专利授权量201件，减少1.0%。

95

2010年新乡市经济发展概况

【经济总量】2010年，新乡市实现地区生产总值1181.45亿元，同比增长14.2%。其中，第一产业增加值157.15亿元，增长4.5%；第二产业增加值686.48亿元，增长18.5%；第三产业增加值337.82亿元，增长9.3%。三次产业结构为13.3：58.1：28.6。

全年地方财政一般预算收入70.46亿元，比上年增长26.1%。地方财政一般预算支出158.20亿元，增长20.2%，其中：科学技术支出增长36.6%，教育支出增长12.0%，医疗卫生支出增长12.9%，社会保障与就业支出增长34.0%。

【农业】2010年，新乡市农林牧渔业实现增加值157.15亿元，增长4.5%。全年粮食产量381.2万吨，比上年增产0.6%；蔬菜产量263万吨，增产4.0%；油料产量32.7万吨，增产2.8%；水产品产量4.24万吨，增产6.5%。

【工业和建筑业】2010年，新乡市全部工业增加值602.34亿元，比上年增长20.1%。规模以上工业增加值533.22亿元，增长22.7%。其中，规模以上轻工业增加值为238.76亿元，增长20.4%；规模以上重工业增加值294.46亿元，增长24.6%，轻、重工业比例为44.8：55.2。产品销售率98.1%。全年规模以上工业企业主营业务收入2178.56亿元，同比增长29.8%，增速比上年回落1.8个百分点；利润总额160.53亿元，同比增长29.7%，增速比上年回落8.7个百分点。

2010年，新乡市全社会建筑业增加值84.10亿元，比上年增长9.9%。

【国内贸易和对外经济】2010年，新乡市批发和零售业增加值69.13亿元，比上年增长8.3%；住宿和餐饮业增加值25.81亿元，增长4.0%。全年社会消费品零售总额388.15亿元，比上年增长19.5%。分行业看，批发和零售业零售额340.44亿元，增长19.7%；住宿和餐饮业零售额47.70亿元，增长18.2%。

全年外贸进出口总额11.34亿美元，同比增长8.7%。其中：出口总额6.95亿美元，增长22.1%；进口总额4.39亿美元，同比下降7.4%。全年新批准外商投资企业24个，比上年增加4个。实际利用外资3.29亿美元，增长30%。全年对外劳务输出3560人次，对外承包合同额0.22亿美元，营业额0.48亿美元。

【交通、邮电和旅游】2010年，新乡市交通运输、仓储和邮政业增加值57.34亿元，比上年增长10.8%。年末公路通车里程12891.91公里，高速公路通车里程306公里，农村公路总里程11611.69公里。全年各种运输方式货物周转量185.79亿吨公里，比上年增长26.2%；旅客周转量24.67亿人公里，增长8.1%。

全年邮电业务总量97亿元，比上年增长21.6%，其中：邮政业务5亿元，增长11.7%；电信业务92亿元，增长22.1%。

全年共接待国内游客1382.69万人次，增长29.4%，国内旅游收入77.52亿元，增长34.8%。共接待海外游客2.97万人次，增长182.9%，外汇收入900万美元，增长185.7%。

【金融和保险】2010年，新乡市金融机构人民币各项存贷款保持稳步增长。截至12月末，新乡市金融机构人民币各项存款余额1144.16亿元，比年初增加203.18亿元，比年初增长21.6%；各项贷款余额712.34亿元，比年初增加91.44亿元，比年初增长14.7%。

2010年，全年保险公司保费收入26.58亿元。全年赔款及给付5.77亿元，其中：财产险赔款支出2.31亿元，人身险赔付3.46亿元。

【科学技术】2010年，新乡市共取得省级科技进步奖20项，市级科技进步奖63项；申请专利1755件，其中发明专利390项；市重大科技专项项目11项，市科技专项项目73项。

96

2010年通辽市经济发展概况

【经济总量】2010年，通辽市实现地区生产总值1176.23亿元，比上年增长16.0%。其中，第一产业增加值178.26亿元，增长5.7%；第二产业增加值689.65亿元，增长24.5%；第三产业增加值308.32亿元，增长10.6%。三次产业结构由上年的15.6：55.5：28.9变化为15.2：58.6：26.2。与上年相比，第一产业比重降低0.4个百分点，第二产业比重提高3.1个百分点，第三产业比重降低2.7个百分点。

全市财政总收入完成102.92亿元，比上年增长24.0%。地方一般预算收入64.83亿元，比上年增长27.9%。一般预算支出184.46亿元，增长21.0%。

【农业】2010年，通辽市实现第一产业增加值178.26亿元，比上年增长5.7%，增幅较上年提高3.1个百分点。全年粮食产量525.50万吨（105.10亿斤），比上年增产50.25万吨（10.05亿斤），增长10.6%。油料产量12.39万吨，比上年增产3.95万吨，增长46.8%；甜菜产量20.90万吨，比上年增产13.52万吨，增长183.2%。蔬菜产量234.98万吨，比上年减产45.57万吨，下降16.2%。全年肉类总产量达到50.09万吨，同比下降1.3%。

【工业和建筑业】2010年，通辽市完成工业增加值633.80亿元，比上年增长26.6%，增幅与上年持平。其中：规模以上工业企业完成增加值543.01亿元，增长27.6%。分轻重工业看，全年轻工业增加值189.53亿元，增长21.7%；重工业增加值353.48亿元，增长31.2%。全年规模以上工业企业实现利润总额104.30亿元，增长35.5%。

全年建筑业实现增加值55.85亿元，比上年增长10.3%。全市具有资质等级的建筑企业，实现建筑业总产值63.67亿元，同比下降5.4%；房屋建筑施工面积382.07万平方米，其中新开工面积344.67万平方米。竣工产值44.97亿元，同比下降25.0%。

【交通、邮电和旅游】全年铁路货运量9053.43万吨，比上年增长32.4%；公路货运量4980万吨，增长6.3%；民航货运量477.4吨，增长30.2%。全年铁路客运量627.78万人，下降9.9%；公路客运量2534万人，增长15.5%；民航客运量11.83万人，增长2.39倍。

全年完成邮电业务总量43.60亿元，其中邮政业务总量0.75亿元。

全年接待国内外旅游者271.6万人次，增长35.4%。旅游总收入50.71亿元，增长12.9%。接待入境旅游者1.6万人次，比上年增长14.0%。旅游外汇收入1000万美元，增长9.0%。

【国内贸易和对外经济】全年实现社会消费品零售额242.65亿元，比上年增长19.3%。其中：批发业22.37亿元，增长19.2%；零售业188.56亿元，增长19.7%；住宿业1.96亿元，增长14.5%；餐饮业29.76亿元，同比增长16.7%。

全年外贸进出口总额达到17498万美元，比上年增长73.3%；其中出口8719万美元，比上年增长110.5%；进口8779万美元，比上年增长47.5%。

【金融和保险】年末全市金融机构各项存款余额479.38亿元，比年初增加87.42亿元，增长22.3%。全部金融机构各项贷款余额464.04亿元，比年初增加59.82亿元，增长14.8%。全年金融机构现金收入2041.21亿元，增长18.5%；金融机构现金支出2089.32亿元，增长19.5%。

全年财产保险保费收入7.62亿元，比上年增长37.30%；人寿保险保费收入7.63亿元，增长23.96%。人身意外伤害险保险金额81.39亿元，机动车辆险保险金额207.21亿元，货物运输险保险金额20.03亿元，农业险保险金额21.66亿元。

97

2010年商丘市经济发展概况

【经济总量】2010年，商丘市实现地区生产总值1146.5亿元，比上年增长12%。其中，第一产业增加值299.5亿元，增长4.5%；第二产业增加值532.6亿元，增长13.5%；第三产业增加值314.4亿元，增长13.0%。三次产业结构为26.1：46.5：27.4。

全年地方财政一般预算收入43.0亿元，比上年增长21.6%。其中，税收收入33.8亿元，占地方财政一般预算收入的比重为78.6%。财政一般预算支出180.0亿元，增长19.1%。

【农业】2010年，商丘市全年粮食产量615万吨，比上年增长0.7%。油料产量37.0万吨，增长2.9%。棉花产量8.7万吨，下降12.6%。全年肉类总产量51.0万吨，比上年增长5%；禽蛋产量27.1万吨，增长1.5%；奶类产量25.6万吨，增长4.7%。

【工业和建筑业】'2010年，商丘市全部工业增加值464.5亿元，比上年增长14.3%。其中，规模以上工业增加值359.6亿元，增长17.9%。全年规模以上工业企业主营业务收入1390.6亿元，比上年增长

30.8%；实现利润102.7亿元，增长32.3%；实现税金46.8亿元，增长22.1%。

全年全社会建筑业增加值68.16亿元，比上年增长14.0%。

【国内贸易和对外经济】2010年，商丘市批发和零售业增加值51.09亿元，比上年增长7.0%；住宿和餐饮业增加值31.98亿元，增长7.2%。全年社会消费品零售总额399.97亿元，比上年增长18.7%。分行业看，批发零售贸易业零售额337.71亿元，增长18.2%；住宿餐饮业零售额62.26亿元，增长21.4%。个体贸易餐饮业零售额285.1亿元，增长14.5%。

全年外贸进出口总额13523万美元，比上年增长65.5%。其中，出口总额10285万美元，增长56.6%；进口总额3238万美元，增长102.3%。

全年新批设立外商投资企业11个。实际利用外资10385万美元，增长48.9%。

【交通、邮电和旅游】2010年，商丘市交通运输、仓储和邮政业增加值44.31亿元，比上年增长12.5%。年末公路通车总里程22673公里，高速公路通车里程306公里。全年公路运输完成货物周转量6049397万吨公里，比上年增长26.1%；旅客周转量完成780054万人公里，增长14.4%。货运量17432万吨，增长24.7%；客运量12065万人次，增长13.3%。

全年邮电业务总量98.12亿元，比上年增长19.5%。其中，邮政业务总量6.02亿元，增长49.1%；电信业务总量92.1亿元，增长17.9%。

全年共接待国内外游客875.43万人次，比上年增长12.1%。其中，国际游客9100人次，增长12.1%；国内游客874.5万人次，增长12.1%。旅游收入15.09亿元，增长16.2%。其中，国际旅游创汇1200万美元，增长16.2%；国内旅游收入14.97亿元，增长16.2%。

【金融和保险】2010年，商丘市年末金融机构各项存款余额901.2亿元，比上年末增长24.7%。各项贷款余额607.7亿元，增长17.1%。其中，短期贷款余额342.7亿元，增长17.6%；中长期贷款余额228.1亿元，增长25.5%。

全年保险公司保费收入22.17亿元。全年赔款及给付2.88亿元。其中，财产险赔款支出1.85亿元，人身险赔付1.03亿元。

【科学技术】2010年，商丘市年末拥有县级以上科学研究与技术开发机构13个，市本级科技专项资金经费支出740万元。全年共取得省级科技进步奖5项；申请专利597件，授权专利410件；签订技术合同9份，成交金额2961万元。

98

2010年贵阳市经济发展概况

【经济总量】2010年，贵阳市全年实现生产总值1121.82亿元，比上年增长14.3%。分产业看，第一产业增加值57.10亿元，增长8.0%；第二产业增加值456.95亿元，增长15.1%；第三产业增加值607.76亿元，增长14.3%。三次产业结构为5.1：40.7：54.2。

全年完成财政总收入304.64亿元，比上年增长20.9%；地方财政一般预算收入136.30亿元，比上年增长29.4%；地方财政一般预算支出204.49亿元，比上年增长20.4%。

【农业】2010年，贵阳市全年粮食产量63.05万吨，减产1.6%。其中，夏粮产量8.87万吨，减产19.5%；秋粮产量54.18万吨，增产2.1%。油茶籽产量164.30吨，比上年增长12.5%；核桃产量270.80吨，比上年增长80.5%；茶叶产量2384吨，比上年增长36.2%。全年肉类总产量13.90万吨，比上年增长4.2%；牛奶产量3.69万吨，比上年增长5.4%。全年完成造林面积4898公顷，比上年增长34.3%。幼林抚育作业面积4423公顷，比上年增长11.9%。

【工业和建筑业】2010年，贵阳市全部工业增加值352.77亿元，比上年增长14.9%。其中，规模以上工业增加值比上年增长15.0%。十大工业行业规模以上工业增加值比上年增长16.0%。轻工业规模以上工业企业增加值比上年增长15.9%，重工业规模以上工业企业增加值比上年增长14.2%；高新技术规模以上工业企业增加值比上年增长16.1%。规模以上工业主营业务收入1146.15亿元，比上年增长19.8%。实现利税总额209.67亿元，比上年增长20.2%。工业产销率达95.56%，比上年提高0.22个百分点。工业综合经济效益指数195.40。

全市建筑业实现增加值104.19亿元，比上年增长16.1%。房屋建筑施工面积3443.25万平方米，比上年增长22.9%；房屋建筑竣工面积631.65万平方米，比上年增长3.8%。

【国内贸易和对外经济】全年实现社会消费品零售总额484.78亿元，比上年增长19.6%。分地域看，城市消费品零售额453.77亿元，增长19.3%，其中城区389.02亿元，增长20.4%；乡村消费品零售额31.01亿元，增长24.5%。分行业看，批发业零售额33.74亿元，增长13.5%；零售业零售额377.00亿元，增长21.4%；住宿业零售额6.29亿元，增长22.3%；餐饮业零售额67.75亿元，增长13.0%。

全年海关进出口总额达22.75亿美元，比上年增长25.7%。其中出口14.41亿美元，比上年增长14.1%；进口8.34亿美元，比上年增长52.4%。

全年批准外商投资项目20项，比上年增长5.3%。实际直接利用外资13470万美元，比上年增长20.1%。

【交通、邮电和旅游】全年各种运输方式完成货物运输量10397.23万吨，比上年增长14.7%。完成旅客发送量30383.62万人次，比上年增长13.7%。

【金融和保险】全市年末金融机构人民币各项存款余额3035.31亿元，比年初增长23.7%。其中企业存款余额1122.00亿元，比年初增长41.7%；居民储蓄存款余额1088.70亿元，比年初增长18.1%。金融机构各项贷款余额2588.73亿元，比年初增长25.0%。其中短期贷款余额536.08亿元，比年初增长35.6%；中长期贷款余额1955.21亿元，比年初增长22.9%。

全年保险保费收入50.12亿元，比上年增长24.5%。保险赔付支出11.08亿元，比上年下降9.4%。

全市年末共有上市公司12家，上市公司总市值733亿元，比上年增长20.2%。证券成交金额达到2464.02亿元，比上年下降8.2%。

【科学技术】全年组织申报国家、省级科技项目237项，获国家、省级创新基金项目数比上年增长35%，获支持资金比上年增长30%。市级科技计划项目申报、管理全面实现了网络信息化，全年共收到1000余个申报项目，获立项项目394项，安排资金10407万元。全年专利申请受理量为2955件，比上年增长19.9%。专利授权量2106件，比上年增长57.6%，其中发明专利336件，实用新型专利1284件，外观设计专利486件。

99

2010年兰州市经济发展概况

【经济总量】2010年，兰州市实现生产总值1100.39亿元，比上年增长12.8%。其中，第一产业增加值33.79亿元，增长5.01%；第二产业增加值529.18亿元，增长13.72%；第三产业增加值537.42亿元，增长12.39%。三次产业比例为3.07：48.09：48.84。

全年地区性财政总收入304.13亿元，比上年增长19.36%；一般预算收入72.76亿元，增长27.56%。一般预算支出146.93亿元，增长22.61%。

【农业】2010年，兰州市全年粮食总产量40.38万吨，比上年增长4.10%；蔬菜产量198.07万吨，增长6.11%。油料总产量2.26万吨，比上年增长13.96%；肉类总产量3.13万吨，比上年增长7.19%；鲜蛋总产量1.73万吨，比上年增长7.45%；牛奶总产量6.5万吨，比上年增长5.51%；

【工业和建筑业】2010年，兰州市实现工业增加值399.06亿元，比上年增长11.82%。其中，规模以上工业增加值372.67亿元，增长12.3%；规模以下工业增加值26.39亿元，增长5.0%。规模以上市属工业实现增加值97.94亿元，增长14.7%。全市工业经济效益综合指数为227.2%，较上年提高13.9个百分点。

全社会建筑业完成增加值130.12亿元，比上年增长21.28%。

【国内贸易和对外经济】2010年，兰州市完成社会消费品零售总额545.11亿元，比上年增长18.51%。批发业总额39.67亿元，比上年增长23.06%。零售业总额417.14亿元，比上年增长18.74%。住宿业总额4.02亿元，比上年增长16.82%。餐饮业总额84.28亿元，比上年增长15.5%。

2010年，兰州市外贸进出口总额10.6亿美元，比上年增长117.2%。其中，出口8.7亿美元，比上年增长184.3%；进口1.9亿美元，比上年增长4.4%。成功举办了第十六届兰洽会，全年签约各类国内合同项目269项，引进资金到位235.8亿元。

【交通、邮电和旅游】全年各种运输方式完成货物运输量8054.29万吨，比上年增长9.46%。完成旅客发送量3802.3万人次，比上年增长12.73%。

全年完成电信业务总量34.35亿元，邮政业务总量1.70亿元。

全年接待国内旅游人数887.5万人次，比上年增长26.8%；入境旅游人数3.1万人次，比上年增长33.8%。国内旅游收入62.8亿元，比上年增长69.7%。

【金融和保险】年末金融机构各项存款余额3235.84亿元，比上年增长23.45%。各项贷款余额2359.28亿元，比上年增长17.54%。城乡居民储蓄存款余额1295.95亿元，比上年增长18.90%。

全年承保总额达12335.43亿元，比上年增长82.56%；保险业务收入58.12亿元，增长24.40%；支付已决赔款11.12亿元，下降8.2%。

100

2010年信阳市经济发展概况

【经济总量】2010年，信阳市实现生产总值1092.23亿元，首次突破1000亿元大关，比上年增长11.8%。其中，第一产业增加值288.04亿元，增长5.0%；第二产业增加值460.87亿元，增长14.8%；第三产业增加值343.33亿元，增长12.2%。三次产业对GDP增长的贡献率依次为10.5%、54.3%、35.2%，分别拉动GDP增长个1.2百分点、6.4个百分点、4.2个百分点。全市三次产业结构调整为26.4：42.2：31.4，二三产业增加值占生产总值的比重达到73.6%。

全年全市地方财政总收入47.43亿元，比上年增长21.4%。地方一般预算收入34.10亿元，增长21.7%。地方财政一般预算支出173.46亿元，比上年增长13.1%。

【农业】2010年，信阳市农林牧渔业总产值493.87亿元，比上年增长5.0%。其中，种植业总产值320.27亿元，增长4.3%；林业总产值15.49亿元，增长10%；畜牧业总产值124.16亿元，增长5.2%；渔业总产值21.50亿元，增长10.6%。全年粮食总产量115.04亿斤，增长0.4%。油料总产量63.59万吨，减产1%；蔬菜311.03万吨，增长4%。茶叶总产量4.12万吨，增长20.8%。全年肉类总产量57.76万吨，比上年增长5.9%；禽蛋类24.15万吨，增长1.9%；牛奶8262吨，增长7.1%。全年水产品产量26.10万吨，增长9.5%。

【工业和建筑业】2010年，信阳市全部工业完成增加值376.95亿元，比上年增长15.6%。规模以上工业企业增加值278.66亿元，增长21.0%。其中，轻工业增长21.4%，重工业增长20.7%。全年规模以上工业企业主营业务收入1003.09亿元，比上年增长33.4%；利税总额97.59亿元，增长36.2%；利润总额60.03亿元，增长46.4%。

全年全社会建筑业增加值83.92亿元，比上年增长11.0%。全市具有资质的建筑企业完成房屋建筑面积1395.23万平方米，比上年增长1.4%；竣工面积1000.49万平方米，增长8.9%；实现利润16.78亿元，增长33.9%；税金11.59亿元，增长108.4%。

【国内贸易和对外经济】2010年，信阳市批发和零售业实现增加值48.92亿元，比上年增长11.1%；住宿和餐饮业实现增加值41.97亿元，增长9.4%。全年社会消费品零售总额432.98亿元，比上年增长18.9%。分行业看，批发和零售业零售额317.13亿元，增长18.5%；住宿和餐饮业零售额115.84亿元，增长20.0%。

全年外贸进出口总额35444万美元，比上年增长41.6%。其中，出口总额10497万美元，增长87.6%。全年新批准外商投资企业15家，合同利用外商直接投资14765万美元，比上年增长29.1%。实际利用外商直接投资16694万美元，增长76.0%。全年对外劳务合作新签合同金额2660万美元，是上年的11.3倍；营业额3449万美元，增长80.5%。

【交通、邮电和旅游】全年交通运输、仓储及邮政业实现增加值48.28亿元，比上年增长8.2%。全年货物周转量比上年增长12.1%，货运量增长10.6%；旅客周转量下降0.5%，客运量增长17.4%。

全年完成邮电业务总量71.54亿元，比上年增长15.7%。其中，电信业务总量67.56亿元，增长15.6%；邮政业务总量3.98亿元，增长17.1%。

全年接待境外游客7200人次，比上年增长4.1%。实现旅游外汇收入650万美元。接待国内游客1010万人次，增长13.3%，国内旅游收入30.18亿元，增长39.7%。

【金融和保险】年末全市金融机构各项人民币存款余额1054.76亿元，比上年末增长18.6%。年末全市金融机构各项人民币贷款余额570.09亿元，比上年末增长21.1%。全年全市银行业金融机构账面盈利13.38亿元，同比增长53.3%。按照五级分类统计，年末全市银行业不良贷款率为7.95%，较年初下降3.47个百分点。年末全市共有上市公司2家，上市股票2只，上市公司A股流通股市价总值50.8亿元。

全年保险公司保费收入42.92亿元，比上年增长28.3%。全年保险理赔给付8.29亿元，增长26.1%。

【科学技术】年末全市拥有科学研究开发机构17个，从事科技活动人员475人。全年科技经费支出36184万元，比上年增长68.1%，其中研究与试验发展经费支出3459万元，增长31.8%。省级工程研究中心10家，市级工程研究中心45家；国家级企业技术中心1个，省级5个。全年安排科技计划项目101个，有54个项目获省、市级科技进步奖，推广科技优秀成果项目30项。申请专利677件，授权专利246件。全年技术市场共签订技术合同11份，成交金额5437万元。

中国城市经济理论资深专家榜

薛暮桥

生于1904年，原名雨林，江苏无锡人，当代中国杰出经济学家，中国经济学界泰斗，首届中国经济学奖获得者，被誉为“市场经济拓荒者”，是新中国第一代社会主义经济学家和高级经济官员之一。1927年加入中国共产党。1938年至1942年在新四军工作，任新四军教导总队训练处副处长，写了通俗著作《政治经济学》教科书，成为培训新四军干部的教材。中华人民共和国成立后，任政务院财经委员会秘书长兼私营企业局局长、国家统计局局长、国家计委副主任、全国物价委员会主任、国务院经济研究中心总干事。1955年当选为中国科学院哲学社会科学学部委员。

主要成就：著有《中国农村经济常识》、《中国社会主义经济问题研究》、《我国物价和货币问题研究》、《按照客观经济规律管理经济》、《当前我国经济若干问题》等。薛暮桥是亲身参与中国两个经济体制建设的中国经济学家。中国现存的经济学家里，没有人有他对中国经济体制产生这样的影响：在中国最重要的两个经济体制建设阶段，他都曾亲身参与设计。

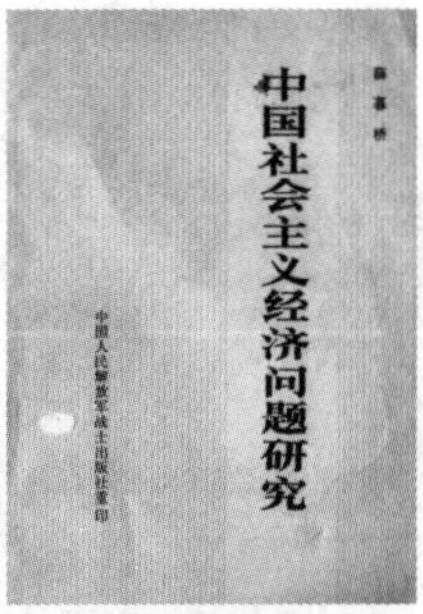

《中国社会主义经济问题研究》

广东经济出版社　　1998年出版　　作者：薛暮桥

本书是改革开放以来，第一本从中国经济建设实际出发，探索社会主义经济发展的理论著作。本书在分析问题的方法上，开始摆脱斯大林对社会主义经济问题中某些形而上学的思想束缚，分析了社会主义商品经济条件下经济运转的规律性，基本上反映了80年代初期中国经济理论界学术观点的进展。

于光远

著名经济学家，北京华夏管理学院名誉院长。1936年毕业于清华大学物理系。1937年加入中国共产党。历任中共中央宣传部理论宣传处副处长，中国科学院哲学社会科学部委员、常委，科学规划委员会副秘书长，科学技术委员会副主任。1964年任国家科学委员会副主任。1975年以后任国家计划委员会经济研究所所长、中国社会科学院副院长兼马列主义毛泽东思想研究所所长、国家科委副主任、中共中央顾问委员会委员、中国社会科学院顾问、《中国大百科全书》总编委会副主任等职。

于光远长期从事经济研究工作，担任过中国自然辩证法研究会、中国政治经济学社会主义部分研究会、中国生产力经济学研究会、中国国土经济学研究会、中国技术经济学研究会、中国马克思主义毛泽东思想研究会、中国太平洋学会等团体的理事长或会长。

于光远一生著作等身，代表性著作有：《哲学论文演讲和笔记》、《一个哲学学派正在中国兴起》、《政治经济学社会主义部分探索1-7卷》、《中国社会主义初级阶段的经济》、《经济社会发展战略》、《于氏简明社会主义所有制结构辞典》、《社会主义市场经济主体论杂记》、《我的市场经济观》、《我亲历的那次历史转折》、《文明的亚洲和亚洲的文明》和《评所谓人体特异功能》等。

《中国社会主义初级阶段的经济》

中国财政经济出版社　　1988年出版　　作者：于光远

社会主义初级阶段问题，关系到发展马克思主义和中国前途的大事，也是理论界重点研究的一项课题。而于光远同志撰写的《中国社会主义初级阶段的经济》，是这方面研究的一个重要成果。这本书作为“影响新中国经济建设的10本经济学著作”之一，全面深入地探讨了我国社会主义初级阶段的诸多经济问题。本书对初级阶段的生产力、生产关系的特点，多种经济成分等进行了系统的探索性研究，对经济体制改革发表了独到的见解。

吴敬琏

著名经济学家。中国社会科学院研究生院教授、国务院发展研究中心高级研究员。当代中国最早提出并倡导市场经济理论的经济学家之一，其经济学思想和理论对中国经济的改革与发展产生了重要影响。

吴敬琏1930年1月24日生于江苏省南京市。1954年毕业于上海复旦大学经济系；现任国务院发展研究中心研究员、中国人民政治协商会议全国委员会常务委员兼经济委员会副主任、国务院信息化专家咨询委员会副主任、国务院发展研究中心学术委员会副主任；中国社会科学院研究生院教授、北京大学经济学院教授、中欧国际工商学院宝钢经济学教授；国际经济学会（International Economic Association，IEA）执委会成员、国际管理学会（International Academy of Management，IAM）会员；《改革》、《比较》、《洪范评论》杂志主编；香港浸会大学、香港大学荣誉社会科学博士。1984~1992年，连续五次获得中国“孙冶方经济科学奖”。2003年获得国际管理学会（IAM）“杰出成就奖”；2005年荣获首届“中国经济学奖杰出贡献奖”。

《论竞争性市场体制》

广东经济出版社　　1998年出版　　著者：吴敬琏

《论竞争性市场体制》全面论述了如何建立适应于社会主义有计划商品经济的竞争性市场体制的问题。在汲取新古典经济学资源配置理论和社会主义经济改革理论的精华、总结国内外尤其是我国经济改革前10年经验教训的基础上，系统地阐述了社会主义市场经济理论和体制转轨的策略原则，全面讨论了建立社会主义市场体制的问题，在经济学界产生了重大影响。

本书1998年被评为“影响新中国经济建设的10本经济学著作”之一，2009年入选“中国文库·新中国60周年特辑”，并荣获第四届国家图书奖。

林毅夫

1952年生于台湾宜兰县。现任北京大学中国经济研究中心主任，世界银行首席经济学家兼负责发展经济学的高级副行长。1978年毕业于台湾政治大学企业管理研究所，获企业管理硕士学位。1979年就读于北京大学经济系，1982年获经济学硕士学位。1986年毕业于美国芝加哥大学经济系获博士学位。曾担任国务院农村发展研究中心发展研究所副所长、国务院发展研究中心农村部副部长。1994年创立北京大学中国经济研究中心，并担任主任至今。为第七、八、九、十届全国政协委员，全国政协经济委员会副主任，中华全国工商业联合会副主席。兼任中国人权发展基金会专家委员会主任，世界贸易组织研究会学术顾问，亚洲开发银行“农村贫困问题研究”项目顾问，联合国粮农组织经济社会部高级顾问组成员等数职。

2008年2月4日，世界银行行长罗伯特·佐利克（RobertZoellick）正式任命北京大学经济学教授林毅夫为世行首席经济学家兼负责发展经济学的高级副行长。世行的首席经济学家在拟定研究计划及发展方向上扮演相当重要的决策角色，林毅夫出任世银首席经济学家将更进一步转变世银与中国的关系。林毅夫是首位在世界银行或国际货币基金组织获得如此高职位的中国人。

书名：《中国的奇迹：发展战略与经济改革（增订版）》

上海人民出版社　　1999年出版　　作者：林毅夫

内容简介：《中国的奇迹：发展战略与经济改革（增订版）》以经济学的分析方法讨论中国的资源结构、发展战略、经济体制和经济改革的问题。为了使《中国的奇迹:发展战略与经济改革（增订版）》的分析逻辑更加鲜明，主题更加突出，在内容取舍上，对许多与一般发展及改革有关的问题，如环境与可持续发展问题、全球化问题、法治化问题、政治体制改革问题等等都未予涉及。

中国经济在20多年的改革中取得的高速增长是人类历史上的一个奇迹。国内外的许多研究预测21世纪中国将再度成为世界上最大的经济强国。《中国的奇迹:发展战略与经济改革（增订版）》以诱发性制度变迁理论为框架来分析中国的发展战略、经济体制、经济改革和经济发展的关系。美国著名经济学家认为，《中国的奇迹:发展战略与经济改革（增订版）》对渐进式改革如何在中国进行的描述令人信服。

《中国的奇迹:发展战略与经济改革（增订版）》初版于1994年，之后短短几年里，作者目睹中国经济改革与发展的又一系列重要进展，参与中国经济学界的争论，对书中的一些理论和政策问题作了更深入的阐述，从而使《中国的奇迹:发展战略与经济改革（增订版）》的理论更臻完善和具有针对性。

厉以宁

1930年生于江苏省仪征市。1955年毕业于北京大学经济系。1985～1992年，任北京大学经济管理系主任；1993～1994年，任北京大学工商管理学院院长；1994～2005年，任北京大学光华管理学院院长。曾任中国民主同盟副主席、中国环境与发展国际合作委员会中方委员等职。现为北京大学光华管理学院名誉院长，全国政协常委兼经济委员会副主任。

他在对中国以及其他许多国家经济运行的实践比较研究的基础上，发展了非均衡经济理论，并运用这一理论解释了中国的经济运行。他提出了企业改革主线论的主张，认为价格改革主线论的缺陷是没有认清当时中国经济的非均衡主要是第二类非均衡，即企业没有充分活力情况下的非均衡。他在改革之初就提出用股份制改造中国经济的构想，认为股份制的性质取决于投资者的性质，因而股份制与公有制可以相容。他的这一系列理论与政策主张在中国经济改革与实践中被证明是行之有效的，对中国经济改革与经济发展产生了积极而又重要的影响，被社会誉为“厉股份”。他担任人大法律委员会副主任期间亲历了中国立法的巨大进步，主持起草了《证券法》和《证券投资基金法》，审议和参与制定了《民办教育促进法》、《农村土地承包法》等多部法律。

《中国经济改革与股份制》

北京大学出版社　　1992年出版　　作者：厉以宁

厉以宁作为享誉海内外的著名经济学家，对于经济学与中国经济改革与发展有着重要的贡献。该书收集了作者近年来的一些演讲稿和文章，内容主要阐述了以企业改革为主线的观点，多方面论述了实行股份制、使企业自主经营是当时中国经济改革的首要任务。在本书中，厉以宁教授在对中国以及其他许多国家经济运行的实践进行比较研究的基础上，发展了非均衡经济理论，并运用这一理论解释了中国的经济运行。厉以宁从中国经济改革之初就提出用股份制改造中国经济的构想。这一构想包括用股份制改造国有企业、集体企业、乡镇企业以及其他所有权不明晰的企业。他的这一理论与政策主张在中国经济改革与实践中证明是行之有效的，因此被理论界与政策制定者广泛接受。对中国经济改革与经济发展产生了积极而又重要的影响。

郎咸平

经济学博士。1956年生于台湾，现在香港中文大学任教。

1978年毕业于台湾东海大学经济系，1980年获台大经济学硕士学位。1983年就读美国宾夕法尼亚大学金融系。1985年获金融学硕士学位，1986年获金融学博士学位。毕业后，被原校聘为财务学讲师。1989年任纽约大学斯特恩商学院助理教授，1993年晋升副教授并获终身教职。

1994年，出任香港中文大学教授，1997年提升为该校第一批首席讲座教授至今。曾担任世界银行公司治理顾问，亚洲开发银行的中国银行改革治理顾问。

作为公司治理和金融专家，郎咸平主要致力于公司监管、项目融资、直接投资、企业重组、兼并与收购、破产等方面的研究。他用财务分析方法，痛陈国企改革中的国有资产流失弊病，质疑某些企业侵吞国资，并提出目前一些地方上推行的“国退民进”式的国企产权改革已步入误区。引起巨大的影响，被称之为“郎旋风”。2010年被30多万网民自发推举、票选为“中国互联网九大风云人物”之一，绝大多数网民认可“九大风云人物”这次评选，认可包括郎咸平在内的九大风云人物接近“公共知识分子”的标准。

《公司治理》

社会科学文献出版社　　2004年出版　　作者：郎咸平

该书是郎咸平在多家世界顶尖的经济和金融期刊上发表的学术论文。以实证的研究方法对上市公司的最主要方面的问题进行很有见地的研究，其内容针对性强，对正在完善中的中国上市公司治理结构有很重要的参考意义。公司治理一直是现代国内外企业中最为困难的问题，作者以此为切入点，用现代金融学的方法与范式，以实证的数据剖析了具体的案例，揭发了问题的实质。《公司治理》一书的出版对中国公司治理制度的确立与完善具有重要的意义。该书分为公司股利政策、公司长期债政策、金融市场的定价和特性等七部分。书中用现代金融学的方法与范式，以实证的数据剖析了具体的案例，揭发了问题的实质。

焦瑾璞

经济学博士、中国人民银行研究生部部务委员会副主席（正厅局级）、中国人民银行金融研究所博士后科研流动站负责人、学术委员会委员。兼任中国人民银行金融研究所副所长。

焦瑾璞主要从事金融改革、货币政策、金融监管、农村金融和小额信贷等方面的研究。公开发表学术论文或理论文章100余篇，代表作：《人民币境外市场的发展、影响及政策建议》（《金融研究》1993年第7期），《货币政策执行效果的地区差别分析》（《金融研究》2006年第3期），《实行员工持股、改善收入分配》（《财经》实务版2008年第5期）。

焦瑾璞是公认的金融方面的权威专家，尤其是在推动我国小额信贷、微型金融、普惠金融发展和研究方面居于领先地位。出版著作10余本，代表作:《WTO与中国金融业未来》（中国金融出版社，2000年2月），《中国银行业竞争力比较》（中国金融出版社，2002年1月），《中国商业银行改革》（经济科学出版社，2002年5月），《中国货币政策争论》（中国金融出版社，2002年10月），《小额信贷和农村金融》（中国金融出版社，2006年10月），《农村金融体制和政府扶持政策国际比较》（中国财政经济出版社，2007年9月）等。

《WTO与中国金融业未来》

中国金夏虫出版社　　2000年出版　　作者：焦璞璞

本书比较全面地分析了我国加入WTO后中国金融业面临的挑战和机遇，一方面从竞争的角度全面、系统地分析了中国金融业整体，包括银行业、证券业、保险业所面临的冲击；另一方面从监管的角度对中央银行的对策，如宏观调控体系、金融监管体制、支付清算体制的改革发展等进行了深入的探讨，提出了提高中资金融机构竞争力经营管理水平的基本思路和主要途径。如现代中央银行管理体制、有效金融监管体制、国有商业银行改革、证券管理体制、保险业经营管理水平、传统银行业务与现代银行业务、人民币可兑换问题等。《WTO与中国金融业未来》资料丰富，结构紧凑，逻辑严谨，分析透彻，切中时弊，堪称佳作。

蔡昉

1956年9月生于北京。1982年毕业于中国人民大学农业经济系，获经济学学士学位，研究员。1985年毕业于中国社会科学院研究生院，获经济学硕士学位，1989年获经济学博士学位。1985年以来，曾任中国社会科学院农村发展研究所助理研究员、副研究员，并任研究室主任。1991～1992年在美国经济学会博尔德（Boulder）经济学院和斯坦福大学进修和从事研究。1993年被评为研究员后，调任中国社会科学院人口研究所副所长并兼任中国社会科学院研究生院人口学系主任，1998年起任中国社会科学院人口与劳动经济研究所所长，博士生导师，并任《中国人口科学》杂志主编。2008年3月任全国人大常委、农业与农村委员会委员。兼任中国人口学会和中国农业经济学会副会长、农业部软科学委员会委员、劳动与社会保障部专家委员会委员等。中国社会科学院学部委员。现任中国社会科学院人口研究所所长。

1998年获国家级“有突出贡献的中青年专家”称号；2003年被7部委授予出国留学人员杰出成就奖。第四届中国发展百人奖获得者。第四届中国农村发展研究奖。被评选为“影响新中国60年经济建设的100位经济学家”之一。他在报刊发表论文280多篇，出版专著三十多部。由他主编的《中国经济转型30年》，2009年由社会科学文献出版社出版。

《中国经济转型30年》

原著由社会科学文献出版社出版。英文版（Trans forming the Chinese Economy，项目批准号为10WJL001）由荷兰博睿学术出版社（Brill Academic Publisher）2010年6月出版。主编蔡昉。

中国经济改革、开放和发展的又一个重要成果，是中国特色经济理论的发展，不仅是与经济改革实践密切相关的转轨经济理论、与二元经济结构转换相联系的经济发展理论，还包括打上中国转轨和发展烙印的宏观调控理论，以及与民生有关的劳动经济学等。为本书提供论文的各位作者，恰恰是上述各领域中从事经济理论和政策研究的优秀代表。他们不仅是活跃在经济学前沿的学术领军人物，同时又是中国经济改革的全程参与者和观察者，其中一些作者本身就直接参与了改革方案和发展政策的制定。由于这样一个作者群参与本书的写作，保证了本书所反映的改革开放30年全貌，不仅是现象层面的观察，甚至也不仅是理论层次的总结，还是决策角度的回顾与分析。

本书的编排从总结改革经验出发，力图按照理论逻辑与历史逻辑相统一的方式进行。既然每个改革领域都有自己的30年历程，完全按照历史逻辑对文章进行排序，就会困难重重。而且，中国经济改革的总体性逻辑本身，并不欣赏人为地把改革的进程按照领域分出快慢和前后的尝试。基于此，本书从改革起步领域开始，然后按照从微观改革到宏观改革，从具体领域到宏观话题的顺序，安排本书的各章。

英国伦敦政治经济学院亚洲研究中心研究员QunChan评论说："改革开放的30年中，中国致力于建设正确和可持续性的发展模式。在此过程中既有不同的声音，也发生了具有深远影响的重大事件。本书将为读者展现这一时期的历史。该书向西方读者提供了大量关于中国经济发展30年中具有代表性的数据和案例调查，不仅如此，该书也提供了读者需求和感兴趣的大量有关中国经济发展过程的事件。因为这些都是非技术性的阐述，所以更大程度地扩大了读者范围。除此之外，该书对于大学图书馆和公共图书馆都是有价值的。"

王一鸣

经济学博士，国家发展和改革委员会宏观经济研究院副院长，研究员，中国社会科学院博士生导师，中国人民大学兼职教授，中国宏观经济学会理事、中国区域经济学会常务理事。

1989年毕业于南开大学，获经济学博士学位，毕业后长期在国家发改委宏观经济研究院工作。

1993～1994年欧盟中欧研究中心和比利时老鲁汶大学应用经济系访问学者。主要研究领域为宏观经济和区域经济，主要著作有：《建立比较完善的社会主义市场经济体制若干重大问题研究》、《"十五"计划时期中国经济和社会发展的若干重大问题研究》、《知识经济与中国经济发展》、《中国区域经济政策研究》等。

《知识经济与中国经济发展》

中国计划出版社　2006年出版　作者：王一鸣

知识经济是正在孕育的新经济形态。《知识经济与中国经济发展》提出的培育和发展我国知识经济的指导思想是："国家调控与市场驱动相结合，基础建设与重点突破相结合，科技创新与普及教育相结合，自主创新与引进吸收相结合"，重点是建设国家创新体系，运用高新技术改造传统产业，推进高新技术产业化、建设国家信息基础设施等四大领域。

刘世锦

国务院发展研究中心副主任，办公厅主任、产业经济研究部部长、研究员，博士生导师。

1955年1月出生于陕西省西安市。

1978年3月至1982年2月，西北大学经济系本科学习，获经济学学士学位。

1982年3月至1986年10月，在西北大学经济系（后为经济管理学院）工作，任讲师、教研室主任，并在职读硕士学位。

1986年11月至1989年11月，中国社会科学院研究生院博士生，获经济学博士学位。

1989年12月至1994年3月，中国社会科学院工业经济研究所，副研究员，研究室主任。

1994年4月至今，曾任国务院发展研究中心，市场经济研究所副所长，宏观调节研究部副部长，产业部局长。现任副主任。

曾多次获得全国性学术奖励，包括第四届孙冶方经济科学优秀论文奖，中国社会科学院优秀论文奖，国务院发展研究中心优秀调研报告奖等，其中：1986年获陕西省中国西部发展优秀论文奖；1991年获中国企业改革优秀论文奖。

刘世锦长期以来致力于经济理论和政策问题研究，主要涉及企业改革、经济制度变迁、宏观经济政策、产业发展与政策等领域。先后在《经济研究》、《管理世界》、《中国工业经济研究》、《改革》、《人民日报》、《经济日报》、《中国经济时报》等国内外刊物上发表学术论文及其他文章二百余篇，独著、合著、主编学术著作有《后来居上：中国工业发展新时期展望》、《经济体制效率分析导论》、《中国产业发展跟踪研究报告》等10余部。曾多次获得全国性学术奖励，包括第四届孙冶方经济科学优秀论文奖，中国社会科学院优秀论文奖，中国发展研究一等奖等。

《中国产业发展跟踪研究报告》

人民网　2000年出版　作者：刘世锦　冯　飞

《中国产业发展跟踪研究报告》一书由国务院发展研究中心产业经济研究部部长刘世锦主持编撰。本书包括两篇中国产业发展总报告，以及煤炭工业、纺织服装业、烟草行业、家电行业、医药行业、汽车行业、电子及通讯产品制造业等各产业发展报告以及季度报告等内容。

左大培

中国社会科学院经济研究所研究员。

1952年8月出生于辽宁大连。1982年毕业于辽宁大学经济系，获学士学位；1982－1988年就学于中国社会科学院研究生院，1985年获经济学硕士学位，1988年获经济学博士学位。1988年之后一直在中国社会科学院经济研究所从事经济理论研究工作，1997年以来为中国社会科学院经济研究所研究员，兼中国社会科学院研究生院教授。1990～1991年和1994～1995年两度受联邦德国洪堡基金会资助赴德国从事博士后访问研究。

左大培一直以经济学为专业，研究方向为西方经济思想史和当代西方经济学，近十余年来主要从事经济学理论、特别是当代西方经济理论的研究，同时也研究各种经济体制的形成和运行、中国的宏观经济问题、国有企业改革、对外经济关系等。曾主持和完成了中国社会科学院重点课"现代市场经济的不同类型"。左大培主要代表性的著作有《经济增长理论模型的内生化历程》和《混乱的经济学经济学到底教给了我们什么？》

《经济增长理论模型的内生化历程》

中国经济出版社　　2007年出版　　作者：左大培　杨春学

本书的主题按照经济增长理论、经济增长理论模型发展的历史顺序，依次说明了经济增长理论模型化、经济增长理论模型内生化的历史进程。

目前国际国内都已经有多部著作论述经济增长理论的发展史或系统介绍经济增长的数学模型。本书与这些著作的不同之处，首先在于本书的论述围绕着现代经济增长理论模型研究进展的主要路径，说明现代模型化的经济增长理论如何不断以新的模型将已有模型中的外生变量内生化，即如何一步步逐渐地将数学模型中原来视为外生给定的参数内生化，通过扩展数学模型来说明这些原来被视为外生给定的参数是如何由模型内生决定的。本书突出说明了经济增长理论数学模型化发展进程的主要思想脉络和进程。

本书的另一特点是，与论述内生化进程这一主题相关，还说明了经济增长理论在主流经济学中的地位、主流经济学研究经济增长理论的主要目的。这些论述势必涉及主流经济学的研究对象和目的，使人们对主流经济学有关经济增长的思想有一个总体的把握。本书特有的这种论述有助于人们更系统地把握对经济增长的数学模型分析，更清楚地认识经济增长理论模型的发展历程。

夏斌

1951年5月生。1978～1981年，在中国人民银行宣传处、干部教育处工作。1985～1987年，任中国人民银行金融研究所应用理论研究室副主任。1987～1992年，任中国人民银行金融研究所国内金融研究室主任。1993年2月调入中国证监会，担任交易部主任兼信息部主任。1993年7月至1995年，任深圳证券交易所总经理。1996年至1998年8月，任中国人民银行政策研究室副主任。1998年8月至2002年9月，任中国人民银行非银行金融机构监管司司长。2002年9月至今，任国务院发展研究中心金融研究所所长，研究员。1984年毕业于人民银行研究生院。1985～1992年，在央行金融研究所从部室副主任干到副所长，期间曾到日本野村证券研究所研修过证券；此后三年，先后出任中国证监会交易部主任、信息部主任及深交所总经理；1996-1998年，回到央行，做政研室副主任，1998～2002年，他做过央行非银司司长；2002年9月，来到国务院发展研究中心金融研究所，从事宏观金融政策研究。

主要作品有：《中国金融战略2020》人民出版社（2011年）；《十问中国金融未来》东方出版社（2011年）；《转轨时期中国金融问题研究》中国金融出版社（2000年）；《跨世纪的冲击：兼并收购、反收购及投融资策略》（1995年）；《中国深圳证券大全》（主编）新华出版社（1994年）；《中国九十年代的货币政策》中国经济出版社（1994年）；《证券大辞典》（主编）山西经济出版社（1993年）；《中国大百科全书—金融卷》编审中国大百科全书出版社（1993年）等。2003年获中国经济学最高奖——孙冶方奖。

《中国金融战略2020》

人民出版社　　2011年出版　　作者：夏　斌　　陈道富

《中国金融战略2020》涉及了未来中国金融发展的各个重大问题，主要内容包括：汇率改革、资本项下开放、国际收支失衡、国内金融各项改革、金融对外开放、谨防资产泡沫，以及巨额外汇储备运用、上海国际金融市场建设问题等，一个又一个问题，孤立地看，应怎么解决？放在一起看，解决的内在逻辑又是什么？孰前孰后，又应怎么解决。本书是国之策士的精心力作，理论政策的高度融合，国家金融的未来谋略，对城市经济决策会有很大的参考意义。

吴晓求

经济学博士，1959年出生于江西。

1983年7月毕业于江西财经大学获经济学学士学位，1986年7月毕业于中国人民大学获经济学硕士学位，1990年7月毕业于中国人民大学获经济学博士学位。

现任职务：中国人民大学研究生院副院长（2002.8至今）。中国人民大学学术委员会委员（2002.5至今）。中国人民大学金融与证券研究所所长（1996.12至今）。

近期奖励：国务院专家特殊津贴（1998）；教育部跨世纪优秀人才（2000）；全国高等学校优秀青年教师奖（2001）；北京市第六届哲学社会科学优秀著作一等奖（2000）；北京市第七届哲学社会科学优秀著作二等奖（2002）。

主要著作：《紧运行论》（中国人民大学出版社1992）；《社会主义经济运行分析》（中国人民大学出版社1993）；《资本市场解释》（中国金融出版社2002）。

《资本市场解释》

中国金夏虫出版社　　2002年出版　　作者：吴晓求

这是一部侧重于资本市场解释的论文集，试图通过解释资本市场来探寻中国金融业的未来，基于此，此文集取名为《资本市场解释》。其与《处在十字路口的中国资本市场——吴晓求演讲访谈录》属姊妹集。收录其中的文稿共38篇，主要是研究资本市场的论文，是从作者1994-2002年间发表的60余篇文章中选编的。在这之前发表的有关通货膨胀、货币政策、货币需求等金融学科的基础性论文，没有收入其中，因为这些论文与其后来所专心研究的资本市场关系不大。文稿的排列顺序是由近及远，主要是从文稿的现实感和时效性考虑的。文集中最后几篇文稿曾编入以前出版的另一部综合性经济文集《经济学的沉思——我的社会经济观》中。出于专业研究的连续性和系统性考虑，特将那几篇早期关于资本市场的文稿收录其中。

萧灼基

1933年生于广东汕头。1953年考入中国人民大学经济系。现为北京大学经济学院教授、博士生导师，社会与法制委员会副主任，中国国际贸易促进委员会特聘顾问。曾获首届孙冶方经济科学奖等诸多奖项。1992年国务院批准为享受政府特殊津贴专家。

他是我国最早研究和主张商品经济、市场经济的专家之一。在经济体制改革方面颇有创见。在1981年发表的《关于改革经济管理体制的若干设想》一文中，他首次提出并系统论证了国有企业所有权和使用权（经营权）“两权分离”的改革。提出“经济管理体制的改革，根本问题是按照商品经济的要求调整生产资料所有制的关系”。他的“生产资料所有制改革是经济体制改革关键”，“在商品经济下要率先强化市场经济作用”等观点，为改革做出了前瞻性的贡献。获得首届孙冶方经济科学论文奖、全国改革与发展金三角奖。他是最早研究股份制经济和证券市场的专家和理论先锋。他是改革开放以来最早研究、主张和坚持商品经济、市场经济和股份经济的学者之一。1989年，在《商品经济是我国改革与发展的基本思路》等文稿中，提出了有计划商品经济本质上是商品经济，必须突破劳动力和国有企业不是商品的理论；1991年，提出了《商品经济就是市场经济》，并对市场经济的特征、功能作了详尽的论述。在股份经济和证券市场研究方面，认为，股份经济是商品经济和社会化大生产条件下典型的企业形式，股份制不是资本主义的专利，社会主义不仅可以而且应该搞股份经济。他主编的500余万字的《中国证券全书》是迄今为止有关证券市场最全面系统的工具书。

《我国经济建设与经济体制改革》

中央广播电视大学出版社　　1987年出版　　作者：萧灼基

本书系中央教育电视台讲课稿，共分十讲。就社会主义经济建设和体制改革问题作了系统的介绍和论述。

巴曙松

湖北人，国务院发展研究中心金融研究所副所长，研究员，博士生导师。为享受国务院特殊津贴专家，中央国家机关青联常委，中国宏观经济学会副秘书长，中国银行业协会首席经济学家。担任中国人力资源和社会保障部企业年金资格评审专家、中国证监会基金评议专家委员会委员、中国银监会考试委员会专家、招行和招商局博后专指会委员等。还曾担任中共中央政治局集体学习主讲专家，并在华中科技大学、中国科技大学、北京大学等多所高校任兼职教授，主要研究领域为金融机构风险管理与金融市场监管。

1987～1994年就读于华中科技大学，先后获得学士和硕士学位。1996～1999年就读于中央财经大学，获得博士学位。2001年7月至2003年6月在北京大学中国经济研究中心，从事博士后研究。1994～1998年在中国银行总行体制改革办公室、发展规划部，担任副处长。1998～1999年在中国银行杭州市分行，担任副行长。2000～2001年担任中国银行港澳管理处高级经理。2001～2002年在中国银行香港有限公司风险管理部担任助理总经理、授信管理处主管。2002～2003年在中国证券业协会发展战略委员会，担任主任。2003年8月至今在国务院发展研究中心金融研究所，担任副所长。2002年至今担任中国证监会基金监管部专家委员会委员。

《中国外汇市场运行研究》

经济科学出版社　　1999年出版　　作者：巴曙松

本书作者以其在金融部门从事外汇业务和相关政策研究的经验为基础，注重将国际和国内因素结合起来，将宏观分析与微观分析结合，显示了中国金融界的青年学者对于外汇市场运行的关注和思考。

樊纲

经济学博士，现任中国经济体制改革研究基金会秘书长，国民经济研究所所长，国家级有突出贡献的中青年专家，兼任北京大学经济学教授，中国社会科学院研究生院教授，博士生导师。

1953年9月生于北京；祖籍为上海市崇明县。1969年赴黑龙江生产建设兵团务农，1975年转到河北省围场县；1978年考入河北大学经济系（七七级）政治经济学专业，1982年毕业后，考入中国社会科学院研究生院经济系，主攻“西方经济学”专业；1985年至1987年赴美国国民经济研究局及哈佛大学访问研究；1988年获经济学博士学位；同年进入中国社会科学院经济研究所工作；1992年至1993年任《经济研究》编辑部主任，1994年至1995年任经济研究所副所长。

《市场机制与经济效率》

三联书店上海分店　　1995年出版　　作者：樊纲

本书包括一般均衡理论，市场均衡与社会福利，经济信息、交易成本与外部效应，公共选择与政府管制4篇。

陈清泰

河北丰润人，1939年出生。

1964年2月清华大学动力系毕业，研究员，教授。长期从事企业管理和宏观经济管理工作，具有丰富的企业管理和宏观经济管理经验。

自1982年10月至1992年7月，任中国第二汽车制造厂总工程师、总经理及董事长，兼神龙汽车有限公司董事长；

自1992年7月至1993年4月，任国务院经济贸易办公室副主任；

自1993年四月至1998年3月，任国家经济贸易委员会副主任；

自1998年3月起任国务院发展研究中心副主任；2000年7月兼任清华大学公共管理学院院长；

自2003年3月起任第十届全国政协常委。

自2000年2月至2003年4月，任中国石化首届董事会独立非执行董事；在2003年4月当选为中国石化第二届董事会独立非执行董事。2004年11月，退出领导岗位。

现任全国政协常委、经济委员会副主任。

主要研究领域：宏观经济，工业经济。主要著作有：《自主创新和产业升级》、《塑造企业所有权文化》、《中国发展研究——国务院发展研究中心报告选》、《国有企业走向市场之路》、《国企改革攻坚15题》、《公司战略联盟组织与运作》、《建立现代企业制度试点工作手册》等。

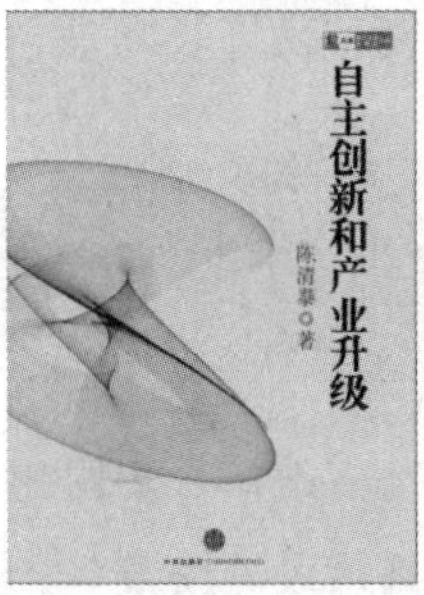

《自主创新和产业升级》

中信出版社　　2011年出版　　作者：陈清泰　青木昌彦　吴敬琏

加快经济发展方式转变，是解决中国长期发展问题的关键。然而历史经验启示我们，只有解决好提高企业自主创新能力、推进产业结构升级和深化企业改革这三个互相依存的问题，加快经济发展方式转变才能够由口号变成现实。《自主创新和产业升级》作者陈清泰同志既曾长期担任企业主管，又有国家综合经济部门的工作经验，还有多年公共政策研究的学术素养，所以他对以上三个问题的分析总能贴近我国经济、社会发展的现实，引起多方有识之士的共鸣，让企业家、创新者受到鼓舞，使决策者认识到责任。他对经济转型和产业发展提出了许多中肯的意见。这些意见有时并不“中听”，但切中时弊，发人思考。读者还能从本书的字里行间读出作者呼吁构建一个激励创新和创业的制度环境的急迫之情。

易纲

北京大学经济学教授、博士生导师。1977年考入北京大学经济系。1980年赴美留学。1982年获美国哈姆林大学管理学学士学位。1986年获美国伊利诺大学经济学博士学位。1992年获美国印第安那大学经济系副教授（终身教职）。1992～1993年任中国留美经济学会会长，1993年被选为该会资深研究员。1993年至今任美国学术期刊《中国经济评论》编委。他于1994年回国，任北京大学中国经济研究中心副主任、博士生导师；曾与林毅夫等人发起组建北京大学中国经济研究中心，担任中心副主任、博士生导师。易纲于1997年加入中国人民银行，任中国人民银行货币政策委员会副秘书长、秘书长（正司局级）兼货币政策司副司长，货币政策司司长。2004年7月，他被任命为中国人民银行行长助理、党委委员（期间：2006年9月至2007年10月兼任中国人民银行营业管理部主任、党委书记，国家外汇管理局北京外汇管理部主任）。2006年9月至2007年10月兼任中国人民银行营业管理部主任、国家外汇管理局北京外汇管理部主任，2007年12月任中国人民银行副行长、党委委员，国家外汇管理局局长、党组书记。。

学者出身的易纲，一直从事中国经济问题的调查研究。在货币理论、金融体制改革、宏观经济研究等方面著作颇丰，熟谙中国货币政策的取向和变化。在英文国际期刊发表10多篇学术论文，其中有11篇被选入经济学文献权威期刊《经济学文献期刊》（美国）索引。在《经济研究》等国内刊物上发表论文几十篇。出版中、英文著作10多部。主要代表著作有：《中国经济改革：回顾与反思》，美国JAIPRESS，1991《中国的货币、银行和金融市场：1984－1993》，美国WESTVIEWPRESS，1994；《货币银行学》（与吴有昌合著），上海人民出版社，1999；《宏观政策调整与坚持市场取向》，北京大学出版社，N99；《1998－2000中国通货紧缩研究》，北京大学出版社，2000。

他的著作《中国的货币化进程》，解释了中国经济中货币供应量为何多年保持两位数增长却未导致严重通胀的问题。

《中国的货币化进程》

商务印书馆　　2003年出版　　作者：易纲

全书按照不同的研究专题分为八个部分，内容涉及中国的经济改革、中国的货币化进程、汇率、金融体系、银行改革、宏观经济政策、经济增长与发展等，从一个侧面反映了中国金融改革及货币化进程。有助于读者认识和理解改革开放以来中国的若干金融问题。

刘国光

著名经济学家。1946年毕业于云南昆明国立西南联合大学经济系。1948年9月曾任南京中央研究院社会研究所助理研究员。1951年被派往苏联莫斯科经济学院国民经济计划教研室当研究生，1955年获副博士学位。回国后，入中国科学院经济研究所从事研究工作，历任助理研究员、研究员、所学术秘书、研究室主任、《经济研究》杂志副主编和主编、副所长、所长等职务。1975～1980年在中国国家计划委员会经济研究所工作。1981年1982年期间，兼任中国国家统计局副局长。1982～1993年11月任中国社会科学院副院长，期间在中国共产党第十二次和第十三次全国代表大会上，当选为中央委员会候补委员。1993年11月起，任中国社会科学院特邀顾问。期间1993～1998年任全国人民代表大会第八届常务委员会委员。兼任北京大学、浙江大学、东北财经大学、上海财经大学等大学教授。曾任国家学位委员会委员；中国城市发展研究会理事长；中国生态经济学会会长等职。

刘国光教授是当代中国最著名和最有影响的经济学家之一。多年来，他对中国经济体制改革和经济发展和宏观经济管理进行了深入系统的研究，提出了一系列精辟而深邃的理论观点和政策建议。对促进中国经济体制改革、确立和发展中国社会主义市场经济学理论作出了巨大贡献。著作有《中国经济运行与发展》、《社会主义再生产问题》、《经济改革与经济调整》，主编有《国民经济综合平衡的若干理论问题》、《中国经济发展战略问题研究》等。

《中国经济运行与发展》

广东经济出版社　　2001年出版　　作者：刘国光

《中国经济运行与发展》，选辑了刘国光1988年下半年到2000年末的32篇文章、讲话稿和报刊专访，共约27万字。这些文章记录了中国经济在此转轨期的史迹，贯穿此书的一条明线是对各个年度和阶段经济形势的解析。这是指导经济发展的决策依据。能否对经济形势比较准确地进行判断，有赖于扎实的基本功底。刘国光和他的同事，在这方面付出了不懈努力。对近年来我国经济发展中的一些重要问题，如通货紧缩趋势、扩大国内需求、调整经济结构、可持续发展等等进行了深入的探讨，并对21世纪初我国经济的中长期发展作了分析瞻望。

梅新育

1968年生于武汉市。1985～1989年就学于武汉理工大学；1993～1996年在武汉大学世界经济系攻读硕士学位；1997年10月入武汉大学世界经济系攻读博士研究生。现为商务部国际贸易经济合作研究院研究员。

他先后在《21世纪经济报道》、《新理财》、《证券市场周刊》、英国《金融时报》中文网、《华尔街日报》中文网、《中国工业报》、《上海商报》等媒体担任专栏作家，为中国金融出版社承担编审工作，兼任北京邮电大学文法经济学院教授。2000年7月毕业到北京市外经贸委国际贸易研究所工作。

2000年11月至2003年在南开大学理论经济学博士后流动站从事博士后研究。

2002年9月起在外经贸部国际贸易经济合作研究院从事研究工作。已出版专著7本，主要有《国际游资与国际金融体系》、《90年代美国经济》、《大流转——国际货币风云录》等。

《国际游资与国际金融体系》

人民出版社　2004年出版　作者：梅新育

本书对国际游资从内涵、行为主体、来源、存在形态、历史演变、微观运行机制、宏观调控、跨国监管等方面进行了全面的阐述；在此基础上对国际金融体系的问题及其改革进行了深入的分析，对现行国际金融体系和中国的国际游资问题作了初步探讨。内容覆盖了国内与国际政治、经济等多个领域。

王亚南

湖北省黄冈县人，著名现代经济学家，原厦门大学校长。生于公元1901，于1969年去世，王亚南父母早逝，在兄长支持下他在黄州读完小学、中学，又考入武昌中华大学教育系。大革命中，他投笔从戎，在长沙参加了北伐军，曾在军中任政治教员。大革命失败后，他辗转来到杭州，在这里，王亚南开始钻研马克思主义政治经济学，寻找变革社会的救国之道。郭大力见他对经济学产生了浓厚的兴趣，就建议两人一起从事《资本论》的翻译工作，他们用了10年心血，克服了重重困难，于1938年首次全译并出版了马克思著作《资本论》，这是马克思经济学说在中国系统传播的里程碑。

王亚南是中国研究马克思主义经济学的开拓者之一。从20世纪30年代起，他就从中国经济史入手，探索旧中国的社会经济问题，取得了丰硕的成果。他把马克思主义的基本原理和中国实际相结合，对旧中国半封建半殖民地经济形态进行了深刻的剖析。发表了一系列很有影响的专著，包括代表作《中国经济原论》以及另两本代表作《中国地主经济封建制度论纲》、《中国官僚政治研究》等。

《中国经济原论》

广东经济出版社　　1998年出版　　作者：王亚南

本书共8章。分论中国商品与商品价值、货币、资本、利息与利润、工资、地租以及中国经济恐慌等问题。

韩志国

吉林省乾安县人，经济学家、教授，北京邦和财富研究所所长。1982年毕业于吉林大学经济系，先后在国家计划委员会政策研究室、中国人民大学《经济理论与经济管理》杂志社和《中国社会科学》杂志社从事研究工作与领导工作。现任多家投资公司与控股公司的董事长，是中国股份经济与市场经济理论的积极开拓者之一，其产权改革理论在20世纪80年代曾产生重要影响。主要著作有《韩志国选集（1-4卷）》、《大转折时期的中国股市》、《中国资本市场的制度缺陷》等。

《中国资本市场的制度缺陷》

经济科学出版社　　2001年出版　　作者：韩志国

本书收录了作者的《中国资本市场的制度缺陷》、《中国股市运行格局演进与制度变迁》、《上市公司必须进行管制革命》等三十余篇文章。

谢百三

谢百三，复旦大学金融与资本市场研究中心主任，复旦大学管理学院教授、博士生导师，我国著名的金融证券专家。曾著述、主编《中国当代经济政策及其理论》、《投资中国——迎接21世纪的曙光》、《十年一个亿》、《中国巴菲特》等著作。

《中国当代经济政策及其理论》

北京大学出版社　　2001年出版　　作者：谢百三

本书是谢百三教授多年教学与辛勤研究的成果，也是目前国内第一部阐述新中国当代经济政策及其理论的著作。主要内容包括所有制理论与国有企业改革政策、工资理论与物价改革政策，农村土地制度变革与粮食价格的理论和政策等。

赵弘

研究员，博士，享受国务院特殊津贴专家，北京市社会科学院副院长、中国总部经济研究中心主任，中关村创新发展研究院院长，北京方迪经济发展研究院首席专家，中国城市经济学会副秘书长、中国城市经济学会专家委员会副主任，中国战略学研究会经济战略委员会委员、全国经济地理研究会常务理事，北京市西城区、石景山区、丰台区人民政府顾问，沈阳市沈河区、宁波市江东区人民政府经济顾问等，入选“北京市新世纪社科理论人才百人工程”，北京市宣传文化系统“四个一批”人才。

赵弘研究员经过长期研究，在国内首次提出“总部经济”理论，并出版了我国第一部总部经济理论专著——《总部经济》。《总部经济》专著于2004年出版，是赵弘研究员自2002年提出“总部经济”理论后，历时两年完成的我国第一部总部经济理论专著。本书受北京市科委软科学项目“北京发展总部经济理论与对策”课题资助完成。“北京发展总部经济理论与对策”获得了2006年“北京市科学技术奖二等奖”；《总部经济》获得了“北京市第九届哲学社会科学优秀成果奖二等奖”。该书出版后在全国引起强烈反响。如今总部经济已被北京、上海、广州、深圳、青岛、武汉等20多个中心城市确定为城市经济发展的重要战略。

赵弘研究员长期致力于首都经济、产业经济、区域经济研究，先后主持完成了国家社科基金、国家自然科学基金、科技部、北京市等委托的研究课题150余项，发表学术论文150余篇，出版《首都经济新增长点研究》、《中国总部经济发展报告》、《中关村发展蓝皮书》等著作20余部，先后获“北京市科学技术奖”、“北京哲学社会科学优秀成果奖”等省部级奖6项。

《总部经济》

中国经济出版社　　2004年出版　　作者：赵　弘

《总部经济》全书分理论篇和实践篇两大部分。理论篇对总部经济的内涵与外延进行界定，通过定性和定量相结合的方法构建出总部经济的理论模型，从区域经济分析入手，分析总部经济对所在区域产生的税收、GDP、产业、消费、就业及社会资本等效应，以及加工制造基地对所在区域经济的积极影响。实践篇通过对北京区域经济发展战略探索的历程追溯，提出发展总部经济符合北京的城市功能定位和资源特点；通过对纽约、香港、新加坡等城市总部经济发展的实证考察，归纳出总部经济发展的一般性条件；还从企业操作层面上，具体分析了摩托罗拉等企业集团按照总部经济战略思路进行具体运作的成功模式。

隆国强

现任国务院发展研究中心对外经济研究部副部长、研究员。

1987～1993年：北京大学分校城市与区域科学系，历任助教、讲师、系主任助理，1993年获“北京市优秀青年骨干教师”荣誉称号，1992年获北京市哲学社会科学优秀成果一等奖（集体）。

1993至今：国务院发展研究中心对外经济研究部，历任研究室副主任、主任、研究部副部长，曾获得国务院发展研究中心年度优秀论文奖、中国发展奖一等奖（集体）、中国发展奖之宏观管理研究奖等。

1998–1999年：应邀赴美国布鲁金斯学会任访问研究员。获北京大学理学士学位、管理学硕士学位、经济学博士学位，获中国人民大学经济学培训中心现代经济学培训班结业证书（中美合作）。

隆国强长期从事中国对外经济政策的研究，在对外贸易、跨国投资、经济合作、特殊经济区、区域经济合作等领域完成多项重大政策研究课题。其研究领域还包括宏观经济、产业政策、粮食经济、汽车工业等。

隆国强曾任北京大学分校讲师、美国布鲁金斯学会访问研究员、美国乔治华盛顿大学的访问学者。

隆国强是国务院特殊津贴专家。现任国务院发展研究中心对外经济研究部部长、研究员。是对外经济贸易大学的博士生导师，并兼任北京大学、北京理工大学等多所大学的教授。担任中国国际贸易学会、国际经济合作学会理事。

隆国强的主要著作有：《跨国产业转移与产业结构升级》（主笔）、《加工贸易——工业化的新道路》（主笔）、《大国开放与粮食流通》、《中国服务贸易》（主笔）等。

李扬

1951年9月3日生，安徽淮南人，现任中国社会科学院金融研究所所长、金融研究中心主任。1981年、1984年、1989年分别于安徽大学、复旦大学、中国人民大学获经济学学士、硕士、博士学位。1998～1999年，美国哥伦比亚大学访问学者。现任中国社会科学院财贸经济研究所副所长、研究员、教授兼中国金融学会理事、学术委员会委员、中国财政学会理事、亚洲太平洋经济合作理事会中国金融市场委员会委员。金融研究中心主任。中国人民银行货币政策委员会委员。中国人民大学、复旦大学、南京大学、中国科技大学等大学兼职教授。1989年进入中国社会科学院从事研究。太平洋经济合作委员会（PECC）中国金融市场发展委员会委员。中国金融学会常务理事、副秘书长、学术委员会委员。中国国际金融学会常务理事。中国城市金融学会常务理事。中国财政学会常务理事。中国科学院自然科学和社会科学交叉研究中心学术委员会委员。若干省政府顾问。

吴晓灵

经济学硕士，原中国人民银行副行长。

女，1947年1月出生，1984年毕业于中国人民银行研究生部，获经济学硕士，研究员。

工作简历：1985年任中国人民银行金融研究所应用理论研究室副主任，1988年任《金融时报》社副总编辑，1991年任中国人民银行金融体制改革司副司长，1994年任中国人民银行政策研究室主任，1995年任国家外汇管理局副局长，1998年4月，任国家外汇管理局局长，1998年11月，任中国人民银行上海分行行长，2000年2月任中国人民银行副行长，2000年6月，任中国人民银行副行长兼国家外汇管理局局长，2001年4月起任中国人民银行副行长。2007年12月23日，卸任中国人民银行副行长之职。

其主要著作：

1. 《新一轮改革中的中国》吴晓灵等著，天津人民出版社1998年。
2. 《中国的金融深化与金融改革》吴晓灵等著，天津人民出版社1992年。
3. 《银行信用管理与货币供应》尚明、吴晓灵、罗兰波著，中国人民大学出版社1992年。

李稻葵

清华大学经济管理学院Freeman经济学讲席教授，博士生导师，长江学者特聘教授。并任清华大学金融系主任，中国与世界经济研究中心（CCWE）主任，瑞士世界经济论坛全球议程委员会委员。2011年8月任中关村科技园区管理委员会副主任。

简历

李稻葵1985年毕业于清华大学经济管理学院管理信息系统专业，获学士学位。1985年至1986年为美国哈佛大学国际发展研究所（HIID）访问学者。1992年获哈佛大学哲学博士（经济学）学位。

1992～1999年任美国安娜堡密西根大学经济系助理教授并兼任该校中国研究中心研究员。1997年至1998年，任美国斯坦福大学胡佛研究所国家研究员，从事中国经济改革的制度变迁研究。

1999年至2004年受聘为香港科技大学经济系副教授，并任该校经济发展研究中心副主任。现任清华大学经济管理学院教授、中国与世界经济研究中心主任。

李稻葵曾兼任世界银行中国社会保障体制改革研究项目顾问（1989），国际《比较经济学杂志》（Journal of Comparative Economics）编委（2000~2003年），中国留美经济学会（CES）会长（2001~2002年），清华大学经济管理学院特聘教授（2002~2003年）。

李稻葵曾兼任世界银行中国社会保障体制改革研究项目顾问（1989），国际《比较经济学杂志》（Journal of Comparative Economics）编委（2000~2003年），中国留美经济学会（CES）会长（2001~2002年），清华大学经济管理学院特聘教授（2002~2003年）。现兼任（欧洲）经济政策研究中心（CEPR），美国密西根大学威廉戴维森研究所（The William Davidson Institute）研究员；国际《经济学通报》（Economics Bulletin），中国《经济研究》，香港《中国评论》（The China Review）等学术杂志的编委；国际比较经济研究会执行理事；南开大学、四川大学、西南财经大学兼职教授。李稻葵曾在《美国经济评论》、《欧洲经济评论》、《比较经济学》、《兰德经济学》等刊物发表多篇学术论文。

2006年入选国家百千万人才工程。同年，被华尔街通讯社评为中国十大经济学家。2007年被瑞士达沃斯的世界经济论坛提名为全球青年领导人。

2010年3月29日，中国人民银行公布了新一届货币政策委员会委员组成人员名单，货币政策委员会原委员樊纲离任，周其仁、夏斌和李稻葵成为新一届委员。

现兼任（欧洲）经济政策研究中心（CEPR），美国密西根大学威廉戴维森研究所（The William Davidson Institute）研究员；国际《经济学通报》（Economics Bulletin），中国《经济研究》，香港《中国评论》（The China Review）等学术杂志的编委；国际比较经济研究会执行理事；南开大学、四川大学、西南财经大学兼职教授。

学术成果：

20世纪90年代曾在国际上发表了转型经济中模糊产权理论（ambiguouspropertyrightsintransition），解释转型经济中新企业的进入。之后与其他合作者提出了增量民营化理论（privatizeat the margin），讨论国有企业的改制问题。

李稻葵教授目前的研究兴趣包括：中国宏观经济运行研究，经济发展模式及制度变迁的跨国比较研究，以及大国发展战略。

邹恒甫

出生于1962年，经济学博士。1982年获武汉大学经济学学士，1986年获哈佛大学经济学硕士，

1989年获哈佛大学经济学博士。1989年9月至2008年1月世界银行发展研究部资深经济学家；2005年5月至今中央财经大学中国经济与管理研究院学术委员会联合主任；1993年至今武汉大学高级研究中心主任、教授；1997年至今中山大学岭南学院高级经济研究中心联合主任、讲座教授；1998年12月至2007年5月北京大学光华管理学院应用经济学系系主任、董辅礽讲座教授；2000年至今北京大学教授；2000年至今浙江大学数理经济学项目顾问；2006年至今复旦大学数理经济学实验班名誉顾问；2007年至今北京师范大学经济与工商管理学院数理经济金融实验班顾问；2007年10月至今深圳大学高级研究中心主任、鹏城社会科学讲座教授；2007年12月至今中央财经大学中国经济与管理研究院中国非洲贫困研究所联合主任；2008年至今朝圣山学社会员，非洲农业绿色革命基金工作组成员，是朝圣山学社首位来自中国大陆的学者，2008年9月至2009年9月任中非发展基金首席经济学家。

研究领域：国际金融，货币理论，地方公共财政，经济增长，外国援助和收入分配。

钟伟

江苏溧阳人，北京师范大学金融研究中心主任、副教授。学术兼职:中国社会科学院国际金融研究中心研究员，中国经济体制改革研究会研究员，天则经济研究所特约研究员中国国际金融学会理事。教育背景：2000年同济大学系统工程学院博士后，1999年获北京师范大学经济学博士学位，1994年获东南大学经济管理学院工程学士学位，1990年获南京大学物理学系理学士学位。主持或参与国家社会科学规划项目和教育部、国家计委、UNDP、联合国大学等国际合作或省部级以上科研课题10余项。学术领域：在人民币问题和资本市场研究方面的成果较有影响，同时对宏观经济的若干专题也有涉及。

曹凤岐

1965年考入北京大学经济系政治经济学专业。1970年留校任教至今。曾任北京大学经济管理系副主任、工商管理学院副院长、光华管理学院副院长。现任北京大学光华管理学院教授、博士生导师，北京大学金融与证券研究中心主任，全国工商管理硕士（MBA）教育指导委员会委员，中国金融学会常务理事，北京市经济学总会理事。北京市金融学会理事。1987年曾被奥地利维也纳经济大学聘为客座教授，现为香港城市大学兼职教授。

易宪容

1958年出生于江西上高。1989年获得上海华东师范大学硕士学位，1997年获得中国社会科学院研究生院经济学博士学位。1997年7月进入中国人民大学经济学博士后流动站；1998~2000年到香港大学经济金融学院做合作研究；1999年7月曾到台湾清华大学做访问研究；从1998年起为国际新制度经济学学会会员。目前在中国社会科学院金融研究中心工作。20世纪90年代以来，在国内外学术刊物发表论文300篇，并为香港《信报》、《香港经济日报》、《香港明报》、《香港大公报》等报刊的专栏作家；策划主持大型经济学丛书5套。主要著作有：《现代合约经济学导论》、《交易行为与合约选择》、《科斯经济思想研究》、《金融市场与制度选择》、《金融市场的合约分析》、《经济学与经济的迷思》、《金融市场的震荡与发展》、《经济繁荣与权力运作》等书。

赵晓

1967年3月30日生，江西奉新人。北京大学光华管理学院经济学博士，北京科技大学经济管理学院教授，世界银行—北大中国经济研究中心客座研究员，中国体制改革研究会特约研究员、中国经济改革研究基金会学术委员，天则经济研究所特约研究员，中央电视台“中国财经报道”财经观察员，曾获“中国经济学青年学者奖”提名。

主要研究领域：宏观经济与政策分析、国企改革、市场跟踪与预测研究领域涉及宏观经济与政策分析、国企改革、市场跟踪与预测，特别是在通货紧缩问题上于1998~1999两年内在《经济研究》发表四篇文章，从趋势到政策均做出精辟的分析，直接影响了当时宏观政策取向的调整。

近几年来，又在中国的财政危机、石油对中国经济的影响以及中国经济增长的真实性、就业与失业、企业成长等问题上提出一系列有影响力的政策分析。其中，《中国经济增长的真实故事》一文由朱镕基总理亲批给国务院经济学家会议参阅。

魏杰

经济学博士。1952年生于西安市西郊的西江渡村。1977年恢复高考后考入西北大学经济管理学院。1979年大学未毕业提前考取西北大学经济管理学院研究生，1982年9月研究生毕业后留西北大学任教。1984年考入中国人民大学经济系博士生，1987年毕业后留中国人民大学任教，曾任中国人民大学副教授、研究生导师、教授、博士生导师，经济研究所副所长、经济系主任等职。1996年6月起任国家国有资产管理局科研所所长，中国国有资产学会副会长等职。1991年被评为国家级有特殊贡献的中青年专家。

出版《宏观经济政策研究》等20本专著，主编的著作有10本，发表论文300余篇，曾获得全国性大奖多次。兼任数十家企业及十几个省市的经济顾问、15家大学的兼职教授。

陈耀

经济学博士，汉族，祖籍湖南长沙。1982年毕业于河南郑州大学经济系；同年分配到河南省社会科学院经济研究所；1985年考入中国社会科学院研究生院；1988年起就职于中国社会科学院工业经济研究所至今。期间，1993～1994年赴英国EastAnglia大学发展研究院留学，参与“Visiting Professionals Programme”；1996～1999年在中国社科院研究生院攻读产业经济专业博士研究生。

现任中国社会科学院工业经济研究所研究员、教授、博士生导师；中国社会科学院西部发展研究中心副主任、秘书长；中国区域经济学会副理事长兼秘书长；工业布局与区域经济研究室主任；国际港口与物流研究中心主任；国家发展改革委员会国际交流中心特邀研究员；受聘多所大学兼职教授和机构顾问；全国政协常委视察团等活动受邀专家；甘肃省委甘肃省人民政府专家顾问团顾问。

专业研究重点：国家区域政策、区域规划、产业集群与区域竞争力、开发区定位及招商策略、能源矿产与加工制造业布局、资源型城市转型、大都市圈经济、西部开发战略、老工业基地振兴、中部崛起以及县域经济等。

主要研究成果：先后出版《国家中西部发展政策研究》、《西部开发大战略与新思路》、《中国工业可持续发展研究》、《中国西部工业化与软环境建设》（主编）、《产业组织理论》、《西部经济崛起之路》、《跨世纪的中国区域发展》、《区域经济辞典》、《区域经济研究的新起点》等著作。另外，与其他人合作著作《现代区域经济学》《中部崛起论》《东北地区经济振兴战略与政策》等三十多部。在国内外报纸杂志和国际学术交流会议发表论文及科研课题总计四百多篇。

顾文选

安徽省蚌埠市五河县人。1967年毕业于北京师范大学，1981年获北京师范大学经济地理学硕士。

1982～1994年先后在国家城市建设总局城市规划局、城乡建设环境保护部和建设部城市规划司任城市规划师、高级城市规划师等技术职务，历任司局区域规划处正副处长和副司长等职务；

1994～2001年，任建设部管理干部学院副院长、研究员、注册城市规划师；2001～2007年，任中国城市科学研究会秘书长、研究员、注册城市规划师；2007至今，任中国对外建设总公司城市规划设计院顾问总规划师。

1982年以来一直从事城市规划和建设工作，参加了改革开放以来国家城镇化发展政策和城市规划改革探索全过程。参加、组织和管理过多项城市发展与规划研究项目。主要项目有：参加调研并执笔起草了《全国城镇体系规划纲要》、《长江干流沿江地区城镇体系发展规划纲要》；参加了“省域城镇体系规划的内容和编制方法研究”项目、《博茨瓦纳乡村规划和土地测量可行性研究》项目；起草了《欧亚新大陆桥陇海－兰新地带城镇体系发展和布局规划》等。

2001年担任中国城市科学研究会秘书长期间，先后牵头开展了“城市建设投融资体制改革暨中国城市建设投资需求及信贷风险研究”项目、“2020年中国城市发展与建设科技问题研究”项目和“城市承载力及其危机管理对策研究”项目等。期间参加了国际欧亚科学院中国科学中心承办的年度《中国城市发展报告》部分拟题、组稿、审稿等编辑工作。

研究领域：城镇体系规划理论与方法；人居环境科学理论。

部分著述：从1982年以来，先后在国内外期刊杂志上发表论著约500多篇。其中部分为：中国城乡结合的途径—自上而下与自下而上相结合（1993年在英国伦敦《第三世界规划评论》），中国的区域规划：依托中心城市，促进中小城镇发展，建设合理的城市与经济网络（1984年在西柏林会议宣读），改革、展望－中国城市化发展与规划改革经验（1989年在莫斯科会议宣读）。此外，还撰写了《现代城市建设经济学》（三章）、“依托中心城市，实施西部大开发”、《中国城镇化发展30年述评》等。

郭万清

大学学历、经济学学士、副研究员。现作安徽省人大常委会副主任，历任安徽省社会科学院经济所所长、安徽省计划委员会副主任、省外事（侨务）办公室主任、合肥市长、安徽省人大常委会秘书长。曾在美国密西根大学城市、技术和环境研究中心进修城市和区域规划。兼任安徽省泛长三角区域合作研究会会长、中国国际公关协会副会长、安徽省城市研究中心名誉主任。主要研究领域为城市和区域经济学。主持或参与研究课题30余项，其中国家社科基金课题3项，国家部委、省政府委托课题4项，合作出版专著、译著10余部，发表论文100余篇，其中主编《中国地区比较优势分析》（中国计划出版社1992年版）获安徽省第三次社会科学优秀成果奖一等奖。

刘光明

生于1950年，浙江杭州人。中国社会科学院研究员。1995年获中国人民大学博士学位，中国社会科学院工业经济研究所第一届博士后。2004年9月获中国管理科学院院士。兼任中国企业形象策划委员会企业文化中心主任，中国书画家协会常务理事，斯德哥尔摩大学、清华大学、江南大学兼职客座教授，并兼任多家企业顾问。

研究领域：现主要从事企业管理、企业文化、企业信用、企业形象、企业经营战略等方面的研究。

主要代表作：

先后出版专著10余部。主要有：中国社会科学院研究生院教材《企业文化》、《集团公司文化》、《企业信用》、《中外企业文化案例》、《现代企业家与企业文化》、《经济运行与伦理》、《企业形象导入》、《经济活动伦理研究》、《商业伦理学》、《沙孟海书学研究》、《中华古代家训》等。译著有《动力营销》、《企业文化世界名著解读》等多部。2004年1月由中央电视台（CCTV2）摄制、中国音像科学技术出版社出版的光盘《如何创建自己的企业文化》。

先后发表论文300多篇，主要有：《质量文化与诚信经济》、《海尔的质量与品牌文化战略》、《房地产业的文化贴牌》、《企业的环保、发展与社会责任》等。

先后完成国家社会科学重点课题《商业活动中的经济伦理问题》、国务院发展研究中心《中纺机发展战略企业文化》；完成中国社会科学院《泸州国企改革研究》、《集团公司企业文化》、《企业信用》、《东方热电》、《亘元药业》、《黄海橡胶》等课题；执笔完成了金华、杭州、泸州、宁波、鄞县、成都、揭阳、邵武等地区域经济、地区形象、城市形象、城市战略等10多项课题研究报告。曾为国内荣事达、东方通信、雅戈尔、中国人民保险公司、中国农行总行、中国石油、中国电网等单位策划企业文化、企业形象系统工程。曾代表中国出席过多次国际企业文化、企业形象会议并获多项国际奖项。（1）获《中国八五科学技术成果奖》；（2）获《中国企业文化理论创新奖》；（3）获《中国九五科学技术成果奖》。

吕政

吕政，1945年生于安徽省金寨县，毕业于中国社会科学院研究生院，获经济学博士学位。曾任中国社会科学院工业经济研究所所长，研究员、学术委员会主任，博士生导师，国家有突出贡献的专家，《中国工业经济》和《经济管理》杂志主编，兼任中国工业经济研究与开发促进会副会长。

吕政大学毕业后，曾在解放军总后勤部军需工业管理部门从事8年多的工业生产技术管理工作。这一工作经历，为他后来从事工业经济理论研究奠定了良好的实践基础。1978年考入中国社会科学院研究生院工业经济系，1981年到工业经济研究所从事工业经济理论研究工作。1987年年曾作为访问学者在澳大利亚阿得莱德大学经济系学习和从事合作研究工作一年多。

吕政在研究工作中，继承和发扬工业经济研究所的优良传统，坚持理论联系实际，密切关注我国工业发展、改革和对外开放过程中的重大实际问题。20多年来，在工业经济发展、工业结构调整、工业对外开放、国有企业改革以及国防工业等领域，发表了一系列有独到见解的研究成果。

吕政的主要研究领域是工业发展理论与政策，自20世纪90年代以来，其代表性研究成果有：《90年代我国工业发展的主要任务》、《我国工业增长的新特点》、《需求约束条件下的工业增长》、《从工业生产大国走向工业强国》、《论公有制的实现形式》、《国防工业的发展及其现代化》、《中国能成为世界工厂吗？》、《结构调整任务与机制的变化》、《正确认识我国工业在国际分工体系中的地位》、《对深化国有企业改革的再认识》、《民营企业的发展与转型》、《对振兴东北老工业基地的分析》、《中国与俄罗斯经济体制改革的比较》、《论工业的适度增长》。

倪鹏飞

倪鹏飞，男，1964年出生于安徽省阜阳市。现任中国社会科学院城市与竞争力研究中心主任。中国社会科学院财政与贸易经济研究所城市与房地产研究室主任，研究员，博士生导师。

1994～2000年在南开大学经济学院攻读经济学硕士、博士学位。2000年7月进入赴中国社会科学院财贸经济研究所工作。主编《中国城市竞争力报告》、《中国住房发展报告》、《国家竞争力报告》。联合主编《全球城市竞争力报告》（与美国学者彼得·卡尔·克拉索教授）；联合研究《世界城市：联系度指数》（与英国皇家社会科学院院士彼得·泰勒教授）；联合国人居署《世界城市状况报告（2012）》重要撰稿者；联合国开发计划署"中小企业改革和发展"项目评估专家（2000）。世界银行集团与中国社会科学院：《中国营商环境报告》中方负责人（2008）。香港中文大学、华中科技大学、北京师范大学、东南大学、西南财经大学、韩国科学技术大学的兼职教授，全球城市竞争力跨国项目秘书长，中国城市竞争力报告课题组组长，中国社会科学院青年人文社会科学研究中心副理事长，中国城市科学会、中国城市发展学会、中国城市经济学会等副秘书长，成都、太原、东莞等城市政府经济顾问。

他主要致力于城市经济学、房地产经济学、空间金融学、城市竞争力及国家竞争力等方面的理论与实证研究。先后承担了中央交办课题、国家重大社科基金招标课题和联合国、世界银行、欧盟、中组部、科技部、商务部、北京市、广州市、成都市等国际组织、国家部委、地方政府委托的课题。到目前已发表9次《中国城市竞争力报告》（年度报告），3次《全球城市竞争报告》（双年度报告），3次《中国住房发展报告》（年度）、1次《中国国家竞争力报告》（双年度），作为经济与战略领域的专家，为中国近20个省市政府进行了战略和对策的研究，发表12部案例专著。在美国《国际事务》（Journalof International Affairs）、英国《城市研究》（urbanstudy）等国内外权威杂志上发表论文数十篇。代表作《中国城市竞争力报告》获中国经济学的最高奖孙冶方经济学著作奖（第十一届）。研究成果对国家和城市发展起到重要的决策参考作用，在中国与世界产生重要的学术影响。

孙自铎

孙自铎，男，1948年生于安徽省合肥市。现为安徽省人民政府参事、博士生导师，国家社会科学基金项目参会评审专家，享受国务院津贴专家。

孙自铎1982年毕业于安徽大学经济系，随后进入安徽省社会科学院从事研究工作，系安徽省社科院原党组成员、经济所所长。从20世纪1980年代起，他一直关注城镇建设与城市化方面研究，并取得一批成果。先后在《贵州社会科学》、《江淮论坛》、《经济研究参考》、《农业经济问题》、《管理世界》、《中国国情国力》、《中等城市》、《社会科学辑刊》、《经济学动态》、《调研世界》、《经济学家》及《安徽日报》等报刊上发表相关论文数十篇。主要有《小城镇建设与中国特色社会主义》、《我国城镇多层次网络结构要重新规划》、《我国城镇化中的城乡关系新格局》、《论改革中的城乡关系》、《浅论小城镇总体规划和布局》、《城乡一体化新析》、《小城镇建设实践与思考》、《论经济发展中的二元羁绊与突破》、《试论中国发展中的二元结构及其矫正》、《浦东开发与长江流域协调发展的约束因素与实现条件及对策》、《小城镇讨论观点综述》、《城市化滞后导致我国粮食低水平过剩》、《城市化战略意义再认识》、《政府为什么偏爱小城镇》、《安徽如何加快城市化》、《人口城市化不宜高估》、《城市科学发展指标体系探索》、《统筹城乡发展必须由理念转化为行动》、《试析我国现阶段城市化与工业化关系》、《皖江城市协调发展战略》、《试析合肥市大城市建设的五大定位》、《关于城市化认识误区辨析与实践思考》、《交通影响我省城镇兴衰的历史考察与思考》等。

主编相关著作有《农村城镇化纵论》、《国情调查——天长市卷》、《国情跟踪调查——马鞍山卷》、《安徽城市发展报告2008、2009、2010年度卷》等。

王明浩

1942年4月出生，江苏常州人，教授级高级工程师，享受国务院颁发的政府特殊津贴。

1966年9月毕业于上海同济大学建筑系城市规划专业。1967年到天津市建委工作。历任天津市规划局技术员、副科长、副处长、工程师。天津市建委规划处处长、研究室主任。天津市城建研究所所长、天津市建委副总工程师。2009年至今，任天津城市科学研究会副会长兼秘书长。

在工作期间，他主要从事城市规划与建设的设计、管理和研究。1988年曾任中国住宅与房地产研究会理事。1991年任中国城市经济学会大城市专业委员会副主任兼秘书长。1992年任中国城市经济学会常务理事、副秘书长。1996年任天津市城市科学研究会副秘书长。1999年任中国城市科学研究会副秘书长。2001年任中国城市经济学会学科建设委员会副主任委员。2006年任中国城市科学研究会常务理事。此外还担任天津市科学技术协会委员、天津地理学会副理事长等二十多兼职工作。

他积极组织参与了十几项大型学术活动。如1983～1984年参与了国家计委下达的中国城市规划设计研究院主持的京津唐国土规划纲要城市课题的研究。1993年代表中国城市经济学会大城市委员会在哈尔滨主持了中国边境城市发展研讨会。2001年1月代表中国城市科学研究会在长春主持了城市经营研讨会。2007年参加了中国社科院组织的节约型城市课题的研究，并参与了《建设节约型社会战略研究》有关章节和“天津城市建设与管理发展战略研究”、“天津市优先发展公共交通战略研究”等的撰写，并两次获天津市科技进步奖。

其主要著作有：《中国大城市》（天津科技出版社，1993）（主编），《中国城市管理新论》（经济科学出版社，2003）（任副主编），《城市经营》（天津科学技术出版社，2002）。编著《人求水，水求谁》、《城市情结》、《城市科学小百科》、《城市科学要览》。先后发表论文一百余篇。

魏后凯

1963年12月生，湖南省衡南县人，先后就读于湖南师范大学、中国科学院地理研究所、中国社会科学院研究生院，获理学学士、理学硕士、经济学博士学位，现为中国社会科学院工业经济研究所工业布局与区域经济研究室主任、研究员，中国社会科学院西部发展研究中心主任，研究生院教授、博士生导师，享受国务院颁布的政府特殊津贴专家。

他自1987年以来，一直在中国社会科学院工业经济研究所从事研究工作，1994年晋升为副研究员，1999年晋升为研究员；1991年任该所工业布局与区域经济研究室副主任，1996年升为研究室主任。

其主要研究方向：城市与区域发展、中央区域政策、西部大开发战略、东北老工业基地振兴、区位决策与企业迁移、地区差异与区域增长、产业集中与集群政策、外商投资区位、国土开发与区域规划等。

社会兼职：现兼任中国区域科学协会副会长，中国区域经济学会副秘书长，中国自然资源学会常务理事，中国生产力经济学会理事，国家社会科学基金项目学科评审组专家，中国与周边国家区域开发专家组成员，北京大学、中央民族大学、河南大学、湖南师范大学、河南财政学院兼职教授，北京市人民政府顾问。

学术成就：现已出版学术专著13部（含主编），参与了40多部学术著作的写作，在国内外公开发表中英文学术论文200余篇，一些研究成果已被翻译成英文、日文等。

国际学术交流：1994年底至1996年初赴美国芝加哥大学进行合作研究与学术交流，曾赴荷兰、德国、意大利、俄罗斯、澳大利亚、日本、台湾地区等进行短期学术访问，多次参加国际学术会议。

主要获奖10多项：如主持完成的《中国地区发展：经济增长、制度变迁与地区差异》获中国社会科学院优秀学术著作二等奖；《21世纪中西部工业发展战略》、《中国外商投资区位决策与公共政策》获中国社会科学院优秀学术著作三等奖，《北京高新技术产业开发区发展战略与管理体制研究》获北京市建国40周年百项优秀科研成果奖等。

主持课题情况：近年来，负责主持了20多项国家重点、中国社会科学院重点（重大）以及若干部委和地方委托研究项目，参与了数十项国家重点和省部级研究项目，主持和参与了数十个地方的经济发展战略规划工作。

中国城市经济转型研究

政 策

2010年中国财政政策

财政政策是政府实施宏观调控的重要工具之一。财政政策主要通过税收、补贴、赤字、国债、收入分配和转移支付等手段对经济运行进行调节，是政府进行反经济周期调节、熨平经济波动的重要工具，也是财政有效履行配置资源、公平分配和稳定经济等职能的主要手段。

改革开放以来，财政作为国家宏观调控的重要手段之一，针对各个时期国民经济发展的起伏变化，相继选择了不同的财政政策，在保障国民经济平稳持续发展中功不可没。而且，财政政策的调控手段和方式也发生了显著变化，逐渐放弃了以行政手段为主的直接调控，形成了适应市场经济体制的、以经济手段为主的间接调控体系。

公共财政主要是满足公共需要、提供公共产品、服务公共利益，要努力做好财政工作，保障和改善民生。在公共财政框架下，财政对“三农”、教育、医疗、社保等公共服务领域的投入逐年增加。

积极的财政政策

2010年1月10日，财政部部长谢旭人在当日召开的全国财政工作会上说，2010年我国继续实施积极的财政政策，将重点在扩内需、调结构上下工夫，加快促进经济发展方式的转变。

2010年3月5日，温家宝总理在十一届全国人大三次会议上作政府工作报告时指出，2010年继续实施积极的财政政策和适度宽松的货币政策，保持政策的连续性和稳定性，根据新形势新情况不断提高政策的针对性和灵活性，把握好政策实施的力度、节奏和重点。要继续实施积极的财政政策。一是保持适度的财政赤字和国债规模。2010年拟安排财政赤字10500亿元，其中中央财政赤字8500亿元，继续代发地方债2000亿元并纳入地方财政预算。二是继续实施结构性减税政策，促进扩大内需和经济结构调整。三是优化财政支出结构，有保有压，继续向“三农”、民生、社会事业等领域倾斜，支持节能环保、自主创新和欠发达地区的建设。严格控制一般性支出，大力压缩公用经费。四是切实加强政府性债务管理，增强内外部约束力，有效防范和化解潜在财政风险。

2010年7月22日，中共中央政治局召开会议。会议强调，要坚持把处理好保持经济平稳较快发展、调整经济结构和管理通胀预期的关系作为宏观调控的核心，继续实施积极的财政政策和适度宽松的货币政策。7月27日，财政部部长谢旭人在部署下半年工作时明确表示，要把“稳定政策”作为宏观调控的主基调，继续落实好积极的财政政策，把握好政策实施的力度、节奏和重点，努力促进经济社会又好又快发展。

2010年9月17日，中国人民银行发布《中国金融稳定报告（2010）》称，下阶段要继续实施积极的财政政策和适度宽松的货币政策，根据新形势、新情况着力提高政策的针对性和灵活性。

实施积极的财政政策，2010年要着力抓好以下五个方面：

一是更加注重推进结构调整和发展方式的转变，切实提高经济发展的质量和效益，把保持经济平稳较快的发展与调整结构结合起来，在巩固经济回升基础的同时，积极发挥财政政策点调控的优势，大力支持推进结构调整，使经济增长建立在结构优化的基础上，促进区域协调发展。

2010年，中央财政预算对地方税收返还和转移支付在中央财政支出预算安排增长6.3%的情况下，安排30611亿元，增长7%。落实推动区域协调发展的各项税收政策，提高财力薄弱地区落实民生政策的保障能力。要进一步扩展经济发展的空间，增添经济发展的后劲，加大对科技创新的支持。2010年，中央财政预算安排科学技术支出1632亿元，增长8%。

提高自主创新能力，促进重点行业、企业科学发展，推动中国经济走上创新驱动的发展轨道，推进资源节约型、环境友好型的社会建设。2010年，中央财政预算安排环境保护支出1412亿元，增长22.7%。大力推进节能技术改造、淘汰落后产能、建筑节能、新能源汽车等，全面推进矿产资源有偿使用制度的改革，健全排污权有偿取得和交易制度，扩大排污权交易试点，促进资源节约和环境保护。

二是更加注重扩大内需，特别是消费需求，切实保持经济平稳较快增长。把扩大内需与稳定外需结合起来，将促进居民消费需求置于更加突出的位置，充分发挥财政调整收入分配的职能作用，促进调整国民收入的分配格局，引导消费的财政政策要加以完善，增强消费对经济增长的拉动作用。

进一步增加农民补贴，中央财政安排粮食直补、农资综合补贴、良种补贴、农机具购置补贴1334.9亿元，提高城乡最低生活保障标准，调整优抚对象等人员的付息和生活补助标准。安排补助资金846亿元，努力扩大就业，支持落实最低工资制度，加大对就业困难家庭人员和零就业家庭的就业援助力度，健全家电、汽车、摩托车下乡以及家电、汽车以旧换新政策，引导居民消费。加上2008年第四季度新增的1040亿元和2009年新增的5038亿元，可以实现中央政府新增公共投资1.18万亿的计划。落实结构性减税政策，巩固增值税转型以及成品油税费改革的成果，对部分小型微利企业实行所得税优惠政策，对1.6L及以下乘用车征收5%购置税。

三是更加注重和保障民生，切实推动经济社会协调发展。把发展经济与改善民生结合起来，进一步优化财政支出结构，统筹财力配置，集中财力办大事，把更多的财政资源用于改善民生和发展社会事业。2010年中央财政用在与人民群众生活直接相关的教育、医疗卫生、社会保障和就业、保障性住房、文化等方面的民生支出合计安排8077亿元，增长8.8%。

其中，保障性住房支出增长14.8%。2010年，中央财政用于三农方面的支出安排合计8183.4亿元，增长12.8%。并根据社会事业发展的规律和公共服务的不同特点，积极探索有效的财政保障方式，重在制度和长效机制建设，增强社会经济发展的协调性。同时，大力压缩公用经费等一般性支出，降低行政成本。

四是更加注重深化财税改革，切实增强财政经济发展的内在动力和活力。把深化改革与促进发展结合起来，不断深化财政体制、税收制度、预算制度和财政管理制度改革，加快形成有利于科学发展的财税体制机制，建立健全财力与事权相匹配的财政体制，完善转移支付制度，优化转移支付结构，加大一般性转移支付，进一步规范专项转移支付。

健全省以下财政体制，完善县级基本财力保障机制，推进省直管县的财政管理方式的改革，为城乡区域协调发展提供基本的财力保障。改革资源税制度，促进资源节约和环境保护，进一步统一内外资企业和个人城建税和教育附加费制度，公平税费负担，完善增值税、消费税和房产税制度，使税收制度更加符合科学发展观的要求，深化国库集中支付、政府采购等制度改革，大力支持其他重点领域的改革。同时，把宏观调控与市场机制结合起来，注重运用财政资金和政策引导民间投资和居民消费。更好地发挥市场机制在资源配置中的基础性作用。

五是更加注重加强财政科学化、精细化管理，切实提高财政资金的绩效。把加强财政调控、深化财税改革与加强财政管理结合起来。保障积极的财政政策的有效实施，一级财政职能作用的更好发挥，牢固树立现代财政管理观念，全面推进财政科学化、精细化管理，促进财政持续健康发展，密切跟踪政策的实施情况，加强对经济运行情况的监督分析，及时完善相关的措施，进一步强化财政管理和监督，切实提高财政资金的使用效率，增强财政风险的意识，加强政府性债务管理。

完善债务和融资管理制度，努力防范和化解潜在的财政风险，加强基础管理工作和基层财政建设，积极推进预算公开，建立健全规范的预算公开机制，自觉接受社会监督。

中国财政政策变化

根据各个历史阶段的特点，我国依次采取了“促进国民经济调整的财政政策”、“紧缩的财政政策”、“适度从紧的财政政策”、“积极的财政政策”、“稳健的财政政策”。

促进国民经济调整的财政政策

【时间】：1979年

【背景】：经济出现过热现象及引发的财政赤字严重、投资需求和消费需求双膨胀、物价持续上涨、外贸逆差增加等问题。

【内容】：中央提出对国民经济进行“调整、改革、整顿、提高”的八字方针。

一是改革财政体制，实行“分灶吃饭”，促进各级财政实现收支平衡。

1980年起，除北京、天津、上海继续实行“总额分成、一年一定”的体制外，各省、自治区实行了“划分收支、分级包干”的新财政体制，打破了统收统支的局面，调动了中央和地方增加财政收入的积极性，事权和财权的统一、权利和责任的统一促使地方合理地安排财政收支和自求平衡。这种体制对减少财政赤字，加强宏观调控具有一定的作用。

二是压缩基建规模，控制投资需求。

1979年，财政部发布了《关于加强基本建设财务拨款管理的通知》，要求基本建设不能突破国家预算指标范围；严格按照国家计划供应资金；严格执行结算纪律，防止和制止拖欠贷款；严格按照基本建设程序办事，纠正边设计、边施工、边生产的做法。对引进的项目和1000多项未完工程，除保留必要的部分外，全部停建、缓建；对大部分非生产性项目也实行停建、缓建。同时，严格基建投资的审批手续，并将基建资金逐步改为有偿使用，强化了投资硬约束。通过这些措施把国家预算内的基本建设投资规模每年的增长速度控制在10%～25%之间，避免出现大起大落的现象。

三是控制消费需求，压缩各项开支。

由于消费基金增长导致需求膨胀，国家除控制预算内收入的增长速度外，还对预算外收入，尤其对社会集团购买力进行了严厉的控制。在执行中对社会集团购买力实行计划管理，限额控制等办法。1980年，规定文教、科学、卫生、体育等事业单位和行政机关实行“预算包干，结余留用，征收归己”的办法，防止扩大支出和年终突击花钱。另外，严肃财经纪律，控制奖金总额和超额津贴。1980年，开展了财政纪律大检查，查出滥发的奖金上百种，有问题的资金达37.9亿元。

四是增加农业、轻工业投资，提高消费品供给能力。

为了改变农产品和日用品供不应求的局面，1979年安排了174亿元财政支农资金，1980年在提高农副产品价格和增加补贴的同时，支农资金也达到150亿元；除较多地安排轻工业基本建设投资外，财政还增加了轻纺工业挖潜改造和专项贷款15亿元。通过增加供给，缩小消费品供应量与购买力之间的差距，平衡总供给与总需求。

五是稳定市场，平抑物价。

1979年，国家将粮食统购价格提高了20%，在此基础上超购加价幅度从原来的30%提高到50%，同时还相应提高了油料、棉花等农副产品的收购价格。粮油统购价格提高后，由财政补贴，当国家平价粮食供应出现缺口时，将议价收购的粮食平价销售。1980年，国家财政的粮油价差补贴、超购粮油加价补贴和粮食企业亏损补贴支出共计108.01亿元，比1979年增加了47.39%，有力地平衡了商品供求，保证了物价稳定。

六是调整进出口商品结构，平衡国际收支。

首先，控制需要大量补贴的产品出口，减少高亏商品的出口，减少国家对外贸的财政补贴，调整进出口商品结构；其次，对出口创汇企业实行税收等各方面的政策倾斜，鼓励扩大生产出口商品，实现国际收支平衡。

【效果】：通过宏观调控，基本实现了财政收支平衡、物价稳定和信贷平衡的预期目标。但由于经济调整中紧缩的政策力度过大，经济增长率从1980年的7.8%降到1981年的5.2%。

【时间】：1982年

【背景】：国民经济出现下滑

【内容】：1982年开始实行宽松的财政政策和货币政策，主要是通过放松银根，继续深化财政体制改革，对企业实行利改税，调动企业和地方的生产积极性，增加有效供给，缩小总供给与总需求之间的差距。

【效果】：从1982年开始，国内生产总值增长速度逐步回升，当年增长9.1%，增幅较上年提高3.9个百分点，1983年加快到10.9%。

紧缩的财政政策

【时间】：1988年9月

【背景】：从1984年后期开始，国民经济过热的迹象又逐步显现，社会总需求与总供给的差额不断扩大，投资消费高速增长，价格总水平大幅攀升。为满足社会固定资产投资增长的要求和解决企业流动资金短缺的问题，国家不断扩大财政赤字，而为弥补赤字，银行超量发行货币，又加剧了物价指数上升。

【内容】：十三届三中全会提出“治理经济环境、整顿经济秩序、全面深化改革”的方针。实行了紧缩财政、紧缩信贷的“双紧”政策。

一是大力压缩固定资产投资规模。

从1988年9月至1989年第一季度，停建、缓建固定资产投资项目共1800多个。同时，将调整预算外基建投资作为压缩投资需求的重点，一方面通过征集国家预算调节基金限制预算外资金的规模，合理引导预算外资金的流向；另一方面鼓励能有效地增加供给的生产投资，限制“楼、堂、馆、所”及住宅等非生产性投资的规模。

二是控制社会消费需求。

为了控制消费基金继续膨胀，首先严格控制社会集团消费，把专项控制商品由19种扩大到32种；其次，限制奖金等工资外收入的增长幅度，通过大力吸收存款来减少现期购买力；再次，对一部分高档耐用消费品如冰箱、彩电等采用专卖的办法，以减少流通环节的人为涨价因素。为了稳定粮食和主要副食品的销售价格，国家财政继续保留定额补贴，对某些品种的补贴额甚至还有所增加。此外，还在1989年财务大检查中把滥发奖金、实物列为一个重要内容，并将其作为一项考核制度，实行首长责任制。

三是紧缩中央财政开支。

削减财政投资支出，对经营不善、长期亏损的国有企业停止财政补贴，对落后的小企业进行整顿和关停并转等；大力压缩行政管理费支出，到1990年行政管理费占财政支出的比重由上年的42.2%压缩到7.3%；为了减少货币投放，对所有单位持有的1981-1984年发行的国库券，推迟三年偿付本息。

四是进行税利分流试点和税制改革。

1988年在重庆进行税利分流试点，1989年扩大试点范围，企业利润先以所得税的形式上交国家，税后利润以一部分上交国家，余留部分归企业。对固定资产投资贷款由税前利润归还，改为由税后利润和折旧基金及其他企业自主财力归还。与此同时，对税制进行改革，1989年开征建筑税，将自筹基建投资建筑税由原来的单一税率改为差别税率，对非生产性建设、计划外建设和非重点建设实行高税率，对小轿车、彩色电视机征收特别消费税。

【效果】：“双紧”的财政货币政策实施后，经济过快增长得到了控制，物价迅速回落到正常水平，需求膨胀得到化解，固定资产投资的结构有所调整，产业结构不合理状态有所改变。但是，由于“双紧”的财政货币政策，使企业在流动资金严重短缺的情况下，生产难以正常运转，经济效益明显下降。随着经济增长速度的快速回落，居民收入的增幅也有一定的下降，市场不同程度地出现了疲软，财政困难也日益加剧。

适度从紧的财政政策

【时间】：1993年

【背景】：1992年，在邓小平南行讲话和党的十四大精神鼓舞下，全国排除干扰，解放思想，又掀起了新一轮的经济建设高潮。到1993年上半年，经济运行的各项指标继续攀升，投资增长过猛，基础产业和基础设施的“瓶颈”制约进一步加剧，市场物价水平迅速上升，经济形势十分严峻。

【内容】：为了保持国民经济的平稳发展，党中央果断做出深化改革、加强和改善宏观调控的重大决策，1993年提出了加强调控的16条措施，其中财政政策发挥了重要作用。

一是改革财政体制，调整中央与地方的财政分配关系。

1994年起实行分税制，按照中央政府和地方政府各自的事权，划分各级财政的支出范围；根据财权事权相统一的原则，合理划分中央与地方收入；按统一比例确定中央财政对地方税收返还数额；妥善处理原体制中央补助、地方上解以及有关结算事项。财政体制的改革，规范了中央和地方政府的分配关系，提高了“两个比重”，增强了国家的宏观调控能力。

二是实行税利分流，规范政府与企业的分配关系。

1992年，税利分流在全国企业普遍试点，试点企业达到了4000多户。税利分流理顺了国家与企业的利润分配关系，把激励与约束机制统一起来。而且国家与企业利益共享、风险共担，提高了企业经营管理的积极性。更重要的是国家可以运用税收和利润两种渠道组织财政收入和调解经济运行，财政收入随着企业收入的提高而增长，从而提高了国家的宏观调控能力。1993年，颁布实施了《企业财务通则》及《企业会计准则》，使国家与企业的关系进一步走向规范化。

三是进行大规模的税制改革。

首先，建立以增值税为主体的新流转税制度，规定增值税分13%和17%两档基本税率，小规模纳税人实行按销售收入6%的税率征税；同时，扩大了消费税的征收范围，采取从价定率和从量定额两种征收办法；营业税的税目也进行了合理调整。新的流转税制度不仅统一适用于内资企业和外商投资企业，而且规范了企业的纳税行为。其次，改革企业所得税制度，取消了按所有制形式设置所得税的做法，对国有企业、集体企业、私营企业以及股份制和各种形式的联营企业，均实行统一的企业所得税。国有企业不再执行承包上缴所得税的办法，还取消了所得税前归还贷款、上缴国家能源交通重点建设基金、国家预算调节基金的规定。再次，改革个人所得税，建立了统一的个人所得税，个人应纳税所得在原来六项的基础上又新增加了五项，计税方法上采取分项征收。这次税制改革调整了国家、企业和个人之间的分配关系，对价格、金融、外贸、计划、投资等领域产生了一定的影响，特别是有效地抑制了投资膨胀，保障了财政收入。

同时，严格控制投资规模，清理在建项目，严控新开项目，加强房地产市场管理；强化税收征管，清理越权审批减免税，限期完成国债发行任务，控制社会集团购买力过快增长，把预算会议费压缩20%，控制出国活动和各种招商办展活动，控制各项债券年度发行规模和债种；控制地方政策债券发行。

【效果】：实践证明，适度从紧的财政与货币政策取得了良好的效果。1996年，国民经济较为平稳地回落到适度增长的区间，成功地实现了“软着陆”，既有效地抑制了通货膨胀，挤压了过热经济的泡沫成分，又保持了经济的快速增长，形成了"高增长、低通胀"的良好局面，成为我国宏观调控的成功典范。

积极的财政政策

【时间】：1998年

【背景】：1997年7月2日，亚洲金融风暴在泰国爆发，迅速席卷东南亚诸国，我国对外贸易受到了严重冲击。同时，产业结构不合理、低水平的产品过剩与高新技术产品不足并存、城乡结构不合理、区域经济发展不协调等经济结构问题对亚洲金融危机的冲击产生了放大效应。面对国内外经济和市场形势，在货币政策效应呈递减之势和坚持人民币汇率稳定政策的情况下，财政政策成为宏观调控的重要工具。

【内容】：为了扩大需求，从1998年7月开始，国家实施了积极财政政策。

一是增发国债，加强基础设施投资。

1998年7月，向国有商业银行发行1000亿元国债，1998年上半年又向国有独资商业银行发行2700亿元特别国债，至2004年共发行长期建设国债9100亿元。国债资金主要投向农林水利、交通通信、城市基础设施、城乡电网改造、国家直属储备粮库建设等方面，截至2004年末，七年累计实际安排国债项目资金8643亿元，并拉动银行贷款和各方面配套资金等逾2万亿元。

二是调整税收政策，支持出口、吸引外资和减轻企业负担。

为了支持外贸出口，分批提高了纺织原料及制品、纺织机械、煤炭、水泥、钢材、船舶和部分机电、轻工产品的出口退税率，加大了"免、抵、退"税收管理办法的执行力度；对一般贸易出口收汇实行贴息办法，中央外贸发展基金有偿使用项目专项资金也正式开始使用；调整进口设备税收政策，降低关税税率，对国家鼓励发展的外商投资项目和国内投资项目，在规定范围内免征关税和进口环节增值税；从1999年起，减半征收固定资产投资方向调节税，至2000年暂停征收；对符合国家产业政策的技术改造项目购置国产设备的投资，按40%的比例抵免企业所得税；对涉及房地产的营业税、契税、土地增值税给予一定的减免；对居民存款利息恢复征收个人所得税。

三是增加社会保障、科教等重点领域的支出。

中央财政支出中教育经费所占比例从1998年起连续五年都比上年提高1个百分点；1998年中央财政安排144亿元补助资金和借款，专项用于国有企业下岗职工基本生活保障和再就业工程；为了加快省级统筹养老保险制度改革，扩大养老保险覆盖面，中央财政增加转移支付20亿元。这些措施的出台与实施，从根本上改善了我国的宏观经济运行。

四是充分发挥调节收入分配的作用，提高城市居民个人消费能力。

1999年至2002年，连续三次提高机关事业单位职工工资标准，还实施了年终一次性奖金制度，使机关事业单位职工月人均基本工资水平翻了一番。同时，中央财政大幅增加对"两个确保"和城市

"低保"的投入，增加对中西部地区行政事业单位人员工资和建立"三条保障线"的资金补助，加快了社会保障体系建设。这些收入分配政策的调整和实施，有力地增强了居民消费能力。

五是支持经济结构调整，促进国有企业改革。

支持国有企业关闭破产，仅2002年中央财政就拨付关闭破产补助资金129.58亿元，安置职工38万人；积极参与电力、电信两大行业体制改革和民航企业联合重组，支持石油、石化、冶金、有色、汽车等行业的重组和改革，并对重点企业集团实行所得税返还政策；同时，支持"走出去"的外贸发展战略，启动对外承包工程保函风险专项资金；另外，用部分国债作为财政贴息资金，积极推动重点行业和企业的技术改造，以解决经济运行中深层次的矛盾与问题。

六是加大治理乱收费力度，减轻企业和社会负担。

1997年以来，国家取消不合法和不合理的收费项目近2000项，降低近500项收费标准。1998年清理了涉及企业的政府性基金和收费，减轻企业和社会负担370多亿元。

七是实行"债转股"。

对部分有市场、有发展前景，但负债过重而陷入困境的大中型重点企业，在建立现代企业制度的同时，通过金融资产管理公司，将银行的债权转为股权，降低企业资产负债率，增强企业活力。

【效果】：1998年至2002年的财政宏观调控，以实施积极的财政政策为主，在扩大投资、刺激消费、鼓励出口、拉动经济增长、优化经济结构等方面取得了显著的成效，成功地抵御了亚洲金融危机的冲击和影响，宏观经济运行得到根本性的改善。通货紧缩的趋势得到了有效遏制，社会需求全面回升，经济结构调整稳步推进，经济持续快速增长。

稳健的财政政策

【时间】：2004年

【背景】：扩大内需取得显著效果后，经济运行中又出现了投资需求进一步膨胀，贷款规模偏大，电力、煤炭和运输紧张状况加剧，通货膨胀压力加大，农业、交通、能源等薄弱环节以及中小企业、服务业投入严重不足等新问题，结构问题依然是我国国民经济中的深层次矛盾与问题。

【内容】：党和国家提出进一步加强宏观调控。财政作为重要的调控手段，顺应宏观经济形势的要求，适时实施稳健的财政政策。

一是国债投资规模调减调向。

2004年国债发行规模比上年调减300亿元，主要用于农村、社会事业、西部开发、东北地区等老工业基地、生态建设和环境保护，引导社会投资和民间资金向上述方向转移，缓解经济局部过热。

二是推后预算内建设性支出的时间。

2004年1~4月，全国基本建设支出比上年同期减少了11%，5月，全国财政支出速度也明显放慢，当月支出1721亿元，同比仅增长1.9%，其中基本建设支出降幅达15.4%。另外，针对固定资产投资增长过快，适当放慢了国债项目资金拨付进度。1～6月，累计下达国债资金预算246.34亿元，比上年同期减少308.23亿元，占全国国债专项资金指标的15.64%，对经济局部过热起到了缓解的作用。

三是有保有控，在总量适度控制下进行结构性调整。

首先，大力支持农业生产，对农民种粮实行直接补贴、加大对农民购置良种和大型农机具的补贴力度、减免农业税。据统计，全国有28个省份共安排良种补贴资金16亿多元，其中中央财政补贴13个粮食主产省区12.4亿元。其次，加大对就业、社会保障和教科文卫等薄弱环节的支持。2004年上半年社会保障补助支出同比增长了11.5%；抚恤和社会福利救济费增长19%；全国教育支出增长16.9%；科技支出增长37.8%。

四是深化税制改革，发挥税收调节作用。

第一，改革农业税。2004年在全国范围内取消了除烟叶以外的农业特产税，降低了农业税税率；到2005年底，全国已有28个省（区、市）全部免征了农业税，全国取消了牧业税；2006年在全国范围内取消农业税，同时取消了农业特产税，对减轻农民负担和增加其收入起了重要作用。第二，改革增值税。自2004年7月1日起，在东北地区进行生产型增值税向消费型增值税转型改革试点，允许纳入试点范围的企业新购进机器设备所含增值税进项税额在企业增值税税额中抵扣。第三，调整个人所得税。2006年将个人所得税工薪所得费用扣除额由每月800元提高至每月1600元，随后又调高到2000元，并扩大了纳税人自行申报范围。第四，调整房地产税。为了加强对房地产业的调控，2006年将个人购房转手交易免征营业税期限延长至5年，并调整规范了土地收支管理政策，完善了住房公积金管理政策，调整了新增建设用地有偿使用费政策和征收标准。第五，改革企业所得税。2007年统一了内外资企业所得税制度，并于2008年1月1日起在全国实施。第六，调整资源税。为了促进环境保护和节约资源，陆续提高了11个省的煤炭资源税税额标准。第七，调整消费税。为了平衡市场供求，调整了消费税政策，适当扩大了征收范围。第八，积极推进出口退税机制改革。多次调整了出口退税率，适时取消和降低了部分高能耗、高污染和资源性产品的出口退税率，对部分不鼓励出口的原材料等产品加征出口关税，降低部分资源性产品进口关税。

【效果】：稳健财政政策的实施，使我国经济运行呈现出“增长速度较快、经济效益较好、群众受惠较多”的良好格局。

积极财政政策

【时间】：2008年12月–

【背景】：2008年下半年全球金融海啸爆发后，中国经济增长明显减速，经济下行压力加大。

【内容】：积极财政政策

2008年11月9日，国务院常务会议公布扩大内需、加快基建投资等十项措施，预计2010年底前将投资4万亿元人民币。十大保经济措施包括：加大公营房屋、农村基建、交通、环境卫生及环保等投资，及改善医疗教育，加大农业及低收入人士补贴等等。

2008年12月10日，中央经济工作会议强调必须将保持经济平稳较快发展作为2009年工作的首要任务，并首次提出扩大内需作为保增长的根本途径。会议提出2009年经济5大重点任务，包括实施积极财政政策及适度宽松货币政策、促进农业发展、推进经济结构调整、深化改革、维护社会稳定等。

2009年1月12日，中央制定“一揽子”振兴经济计划，其中包括十大重点产业振兴计划，涉及钢铁、汽车、造船、石化、轻工、纺织、有色金属、装备制造、电讯等产业（有传房地产业也纳入其中，但未确定，最终确认为物流业）；和将国家科学技术长期规划中，与当前经济发展紧密联系的六个重大专项加快进行，作为科技支撑，准备投入6000亿元人民币。

随后，我国政府先后审议通过了有关汽车、钢铁、纺织、装备制造、船舶、电子信息、轻工、石化、有色金属、物流等十大产业振兴规划。同时，受外贸出口持续下滑影响，财政部年内三次调整出口退税率，其中，箱包、鞋帽、伞、毛发制品、玩具、家具等商品的出口退税率提高到15%。电视用发送设备、缝纫机等商品的出口退税率提高到全额的17%。

截至2009年7月，相关部委还推出了江苏沿海地区、关中天水经济区、天津滨海新区、广西北部湾经济区、海峡西岸经济区、珠海经济特区等地区性的产业升级投资刺激计划。在十大产业振兴规划出台后，管理层继续出台大量区域振兴计划，从不同的方面不断振兴经济发展，细化振兴内容，必然对后市经济起到新的促进作用。

【效果】：对遏制经济快速下滑、稳定投资者和消费者信心发挥了积极的作用。但面临三大挑战。

2009年12月5日至7日，中央经济工作会议提出，2010年要保持宏观经济政策的连续性和稳定性，继续实施积极的财政政策和适度宽松的货币政策。要突出财政政策实施重点，加大对民生领域和社会事业支持保障力度，增加对“三农”、科技、教育、卫生、文化、社会保障、保障性住房、节能环保等方面和中小企业、居民消费、欠发达地区支持力度，支持重点领域改革。要保持投资适度增长，重点用于完成在建项目，严格控制新上项目。要加强税收征管和非税收入管理，继续从严控制一般性支出。

2010年中国货币政策

货币政策是指政府或中央银行为影响经济活动所采取的措施，尤指控制货币供给以及调控利率的各项措施，用以达到特定或维持政策目标——比如，抑制通胀、实现完全就业或经济增长。直接地或间接地通过公开市场操作和设置银行最低准备金（最低储备金）。

适度宽松的货币政策

中国人民银行2010年度工作会议6日落幕，会议指出，2010年央行将坚持实施适度宽松的货币政策，保持货币信贷总量适度增长。既要保持足够的政策力度，支持经济平稳较快发展，又要稳定价格水平，有效管理通胀预期。密切跟踪监测国际金融危机发展趋势、国内外经济运行和市场流动性情况，适时适度调节。并引导金融机构把握好信贷投放节奏，尽量使贷款保持均衡，防止季度之间、月底之间异常波动。

要增强政策的针对性和灵活性，综合运用多种货币政策工具，合理安排货币政策工具组合、期限结构和操作力度，加强流动性管理，保持银行体系流动性合理充裕，加强对金融机构的窗口指导，促进货币信贷合理增长。

要进一步优化信贷结构。促进经济增长由主要依靠投资、出口拉动向依靠消费、投资、出口协调拉动转变，由主要依靠第二产业带动向依靠第一、第二、第三产业协调带动转变，由主要依靠物资资源消耗向主要依靠科技进步、劳动者素质提高、管理创新转变。

引导金融机构加强对“三农”、就业、战略性新兴产业、产业转移等的信贷支持；支持重点产业调整振兴，严格控制对高耗能、高排放行业和产能过剩行业的贷款，引导信贷资金主要用于在建、续建项目，严格控制新开工项目的贷款投放。

在防范信贷风险和系统性金融风险方面，央行要求，要合理评估和有效防范地方融资平台信用风险，加强贷款用途管理，防止变相使用银行贷款作为项目资本金。要密切关注房地产市场变化，严格执行有关房地产信贷政策，促进房地产金融健康发展。

在汇率方面，央行称，要继续按照主动性、可控性和渐进性原则，完善人民币汇率形成机制，保持人民币汇率在合理、均衡水平上的基本稳定。

要进一步发挥市场配置资源的基础性作用。要推动商业银行继续完善公司治理，进一步发展面向农村和中小企业的金融机构，大力支持资本市场发展，稳定股票市场运行，推进场外市场建设，创造条件有效拓展直接融资渠道。规范和引导民间金融健康发展，积极规范发展股权投资基金等投融资方式，吸引更多社会资金参与基础设施建设、灾后重建项目和国有企业改革重组。

要加快债券市场发展，丰富金融衍生产品。扩大中小企业短期融资券、集合票据发行规模，研究中小企业发行可转换债务融资工具、债券第三方回购业务等。推动企业发行资产支持票据。加快黄金市场产品创新。进一步完善房地产金融体系。继续推动境内金融机构赴香港发行人民币债券、境外机构和企业在境内发行人民币债券、外资法人银行在境内发行金融债券。

在金融企业改革方面，央行称，要促进中国农业银行股份有限公司继续完善公司治理结构与风险控制体系，加快做实"三农"事业部。推动国家开发银行继续完善金融服务组织体系。指导中国进出口银行和中国出口信用保险公司稳步实施改革方案。指导和支持农业发展银行继续深化内部改革，提高经营管理水平。推进重点地区农村信用社深化改革。

要深化外汇管理体制改革，促进贸易投资便利化。进一步推进进出口收付汇核销制度改革，允许企业出口收汇存放境外，扩大中资企业外债试点，健全探索为国家"走出去"项目提供外汇资金支持的新模式。此外，央行还称，要在重大政策问题上加强国际协调与合作。积极推进包括清迈倡议多边化在内的区域货币金融合作。推动开展港澳人民币业务。促进海峡两岸开展实质性金融合作。进一步完善跨境贸易人民币结算试点相关政策。

央行发布2010年中国货币政策大事记

2010年1月：

1月12日，中国人民银行决定从2010年1月18日起上调存款类金融机构人民币存款准备金率0.5个百分点，农村信用社等小型金融机构暂不上调。1月13日，中国人民银行办公厅印发《关于进一步做好大学生"村官"创业富民金融服务工作的通知》。

2010年2月：

2月1日至2日，召开2010年中国人民银行货币信贷与金融市场工作会议。2月3日，中国人民银行向全国人大财经委员会汇报2009年货币政策执行情况。2月11日，发布《2009年第四季度中国货币政策执行报告》。2月12日，中国人民银行决定从2010年2月25日起上调存款类金融机构人民币存款准备金率0.5个百分点，农村信用社等小型金融机构暂不上调。

2010年3月：

3月4日，中国人民银行召开信贷形势座谈会。按照宏观调控的总体部署和要求，引导金融机构贷款合理均衡增长，同时着力优化信贷结构，增强风险防范意识。3月8日，中国人民银行发布《人民币跨境收付信息管理系统管理暂行办法》。3月19日，中国人民银行会同中共中央宣传部等八个部委出台《关于金融支持文化产业振兴和发展繁荣的指导意见》。3月24日，中国人民银行与白俄罗斯国家银行签署《中白双边本币结算协议》。这一协议是我国与非接壤国家签订的第一个一般贸易本币结算协议。3月29日，中国人民银行印发《关于做好春季农业生产和西南地区抗旱救灾金融服务工作的紧急通知》。3月30日，中国人民银行货币政策委员会召开2010年第一季度例会。

2010年4月：

4月14日，中国人民银行向全国人大财经委员会汇报2010年第一季度货币政策执行情况。

4月21日，中国人民银行会同中国银行业监督管理委员会、中国证券监督管理委员会、中国保险监督管理委员会出台《关于全力做好玉树地震灾区金融服务工作的紧急通知》。

2010年5月：

5月2日，中国人民银行决定从2010年5月10日起，上调存款类金融机构人民币存款准备金率0.5个百分点，农村信用社、村镇银行暂不上调。

5月10日，发布《2010年第一季度中国货币政策执行报告》。

5月19日，中国人民银行、中国银行业监督管理委员会、中国证券监督管理委员会、中国保险监督管理委员会联合印发《关于全面推进农村金融产品和服务方式创新的指导意见》。5月28日，中国人民银行会同中国银行业监督管理委员会出台《关于进一步做好支持节能减排和淘汰落后产能金融服务工作的意见》。

2010年6月：

6月8日，发布《2009年中国区域金融运行报告》。

6月9日，经国务院批准，中国人民银行与冰岛中央银行签署了金额为35亿元人民币的双边本币互换协议，以推动双边贸易和投资，加强双边金融合作。

6月19日，根据国内外经济金融形势和我国国际收支状况，中国人民银行决定进一步推进人民币汇率形成机制改革，增强人民币汇率弹性。

6月21日，中国人民银行会同中国银行业监督管理委员会、中国证券监督管理委员会、中国保险监督管理委员会出台《关于进一步做好中小企业金融服务工作的若干意见》。

6月22日，中国人民银行、财政部、商务部、海关总署、国家税务总局、中国银行业监督管理委员会联合下发了《关于扩大跨境贸易人民币结算试点范围有关问题的通知》。

2010年7月：

7月7日，中国人民银行货币政策委员会召开2010年第二季度例会。

7月15日，中国人民银行向全国人大财经委员会汇报2010年上半年货币政策执行情况。

7月23日，为推动双边贸易和直接投资，中国人民银行和新加坡金融管理局签署了规模为1500亿元人民币（约300亿新加坡元）的双边本币互换协议。

7月26日，中国人民银行、国家发展和改革委员会、工业和信息化部、财政部、国家税务总局和中国证券监督管理委员会联合发布《关于促进黄金市场发展的若干意见》，明确了黄金市场未来发展的总体思路和主要任务。

7月30日，财政部、国家发展和改革委员会、中国人民银行、中国银行业监督管理委员会联合印发《关于贯彻国务院关于加强地方政府融资平台公司管理有关问题的通知相关事项的通知》，对《国务院关于加强政府融资平台公司管理有关问题的通知》有关内容进行解释说明，并要求各地上报地方政府融资平台公司债务清理核实情况。

2010年8月：

8月5日，发布《2010年第二季度中国货币政策执行报告》。

8月15日，中国人民银行和中国银行业监督管理委员会联合印发《关于全力做好甘肃、四川遭受特大山洪泥石流灾害地区住房重建金融支持和服务工作的指导意见》。

8月16日，中国人民银行发布《关于境外人民币清算行等三类机构运用人民币投资银行间债券市场试点有关事宜的通知》，允许境外中央银行或货币当局、港澳人民币业务清算行和跨境贸易人民币结算境外参加银行使用依法获得的人民币资金投资银行间债券市场。

8月30日，中国人民银行农村信用社改革试点专项中央银行票据发行兑付考核评审委员会第19次例会决定，对四川等8个省（区）辖内喜德等27个县（市）农村信用社兑付专项票据，额度为9.61亿元。

2010年9月：

9月2日，中国人民银行发布《境外机构人民币银行结算账户管理办法》，明确境外机构可申请在银行开立人民币银行结算账户，用于依法开展的各项跨境人民币业务，该办法自2010年10月1日起实施。

9月21日，中国人民银行、中国银行业监督管理委员会、中国证券监督管理委员会、中国保险监督管理委员会联合印发《关于进一步做好汶川地震灾后重建金融支持与服务工作的指导意见》。

9月28日，中国人民银行货币政策委员会召开2010年第三季度例会。

9月29日，为进一步贯彻落实《国务院关于坚决遏制部分城市房价过快上涨的通知》的有关精神，巩固房地产市场调控成果，促进房地产市场健康发展，中国人民银行会同中国银行业监督管理委员会印发《关于完善差别化住房信贷政策有关问题的通知》，要求商业银行更加严格地执行贷款购买商品住房的首付款比例及贷款利率等相关政策，明确了暂停发放第三套及以上住房贷款等相关规定，坚决遏制房地产市场投机行为。同时，要求商业银行继续支持保障性住房建设贷款需求，支持中低价位、中小套型商品住房项目建设，引导房地产市场健康发展。

9月30日，中国证券监督管理委员会、中国人民银行、中国银行业监督管理委员会联合发布了《关于上市商业银行在证券交易所参与债券交易试点有关问题的通知》。

2010年10月：

10月14日，中国人民银行向全国人大财经委员会汇报2010年前三季度货币政策执行情况。

10月20日，中国人民银行决定上调金融机构人民币存贷款基准利率，其中，一年期存款基准利率上调0.25个百分点，由2.25%提高到2.50%；一年期贷款基准利率上调0.25个百分点，由5.31%提高到

5.56%；其他期限档次存贷款基准利率作相应调整。

2010年11月：

11月2日，发布《2010年第三季度中国货币政策执行报告》。

11月9日，为防范跨境资本流动带来的金融风险，国家外汇管理局发布《关于加强外汇业务管理有关问题的通知》。

11月10日，中国人民银行决定从2010年11月16日起，上调存款类金融机构人民币存款准备金率0.5个百分点。

11月11日，《中国人民银行关于印发〈农村信用社改革试点专项中央银行票据兑付后续监测考核办法〉的通知》发布。

11月19日，中国人民银行决定从2010年11月29日起，上调存款类金融机构人民币存款准备金率0.5个百分点。

11月22日，为促进中国与俄罗斯之间的双边贸易，便利跨境贸易人民币结算业务的开展，满足经济主体降低汇兑成本的需要，经中国人民银行授权，中国外汇交易中心在银行间外汇市场开办人民币对俄罗斯卢布交易。12月15日，俄罗斯莫斯科货币交易所挂牌人民币对俄罗斯卢布交易。

11月23日，中国人民银行召开信贷形势座谈会，分析经济金融和货币信贷形势，引导金融机构保持贷款合理适度增长，加强优化信贷结构，提升风险抵御能力。

2010年12月：

12月10日，中国人民银行决定从2010年12月20日起，上调存款类金融机构人民币存款准备金率0.5个百分点。12月13日，银行间外汇市场收市时间调整为16时30分。

12月15日，中国人民银行召开信贷形势座谈会，传达中央经济工作会议精神，引导金融机构执行好稳健的货币政策，按照宏观审慎要求，加强自我调整信贷行为，保持信贷适度增长，增强风险防范能力。

12月24日，中国人民银行货币政策委员会召开2010年第四季度例会。

12月26日，中国人民银行决定上调金融机构人民币存贷款基准利率。其中，一年期存款基准利率上调0.25个百分点，由2.50%提高到2.75%；一年期贷款基准利率上调0.25个百分点，由5.56%提高到5.81%；其他期限档次存贷款基准利率作相应调整。同时，上调中国人民银行对金融机构贷款利率，其中一年期流动性再贷款利率由3.33%上调至3.85%；一年期农村信用社再贷款利率由2.88%上调至3.35%；再贴现利率由1.80%上调至2.25%。

理　论

深刻认识资源型城市经济转型的四个关系

白　煦

当前，加快推进资源型城市经济转型已经进入了一个关键时期。世界经济发展格局深刻调整，国民经济发展战略逐步实施，资源型城市可持续发展政策逐渐清晰，面对深刻的变化如何能又好又快地实现经济转型，从而促使经济社会发生质的变化呢？笔者认为，首要的工作是把握经济转型过程的四个关系。

一、把握经济转型与资源型城市经济转型的关系，这是内涵与外延的关系

经济转型是中国处于黄金发展时期一个必然经历的阶段。“十五”期间，我国人均GDP超过1000美元，对于我国的经济社会发展有着非同寻常的意义。人均GDP跨入1000美元的门槛，是一个重要的发展起点。这一阶段社会的消费结构和产业结构急剧变化，也是一个国家经济转型的重要时期。在这一时期，产业结构由劳动密集型向资金密集型、技术密集型转化；工业结构由加工工业为主向装备制造工业为主转化；生产方式由粗放走向集约。

经历了几十年的发展，我国经济社会正在经历一场由低层次的、低水平的发展阶段向高质量、高效益的发展阶段转型的革命。这一阶段也是处于发展关键时期的中国必然经历的过程。面对这样一个深刻的历史变化，在中国，无论是相对发达的东南沿海地区，还是较为落后的中西部地区，都面临着一个经济转型的问题。只不过由于发展程度的不同，发达地区的经济转型和落后地区的经济转型表现形式不同而已。发达地区在这一过程中更加注重产业结构的调整，即由传统的加工工业、贴牌生产向生物工程、电子产品等高新技术产业转化；落后地区则更多地表现为夯实基础、立足优势、承接转移、内部挖潜等形式。无论采取何种形式，其内部经济结构的变化都表现得非常明显。辽源市也处在这一深刻的变化和调整时期，所以不能简单地认为目前我们进行的经济转型是煤炭类资源型城市的经济转型或者说哪种城市类型的经济转型，而应该站在国家经济转型的战略高度来通盘考虑。

资源型城市的经济转型是经济转型的一个特殊外延。资源型城市的经济转型主要是结构性转换，即从主要依赖耗竭性资源生存和发展的社会经济结构转向依赖非耗竭性资源生存和发展的经济社会结构。因此，其转型面临的困难与问题非常复杂，需要花费更多的精力才能完成。在我国，资源型城市作为所有城市类型的重要组成部分，其形成和发展具有特殊性，尤其是典型的资源型城市，像大庆、阜新、辽源、伊春等，其形成过程中具有非常突出的国家体制色彩。建国以后形成的资源型城市都是

高度集中的计划经济体制下，国家集权的产物。

资源型城市的经济转型只有纳入到全国的经济转型中，才能保证正确的方向和快速的发展。资源型城市经济转型需要寻求国家、城市、企业乃至个人的利益均衡点。资源型城市的经济转型绝不能脱离国家经济转型而独立进行，这是根本方向。资源型城市经济转型战略必须考虑到国家战略的发展层面，才能保证实施的前瞻性、科学性、可操作性。国家的经济转型深刻影响资源型城市的经济转型，构成其经济转型的宏观约束条件。资源型城市的经济转型必须与国家宏观经济政策高度一致，才能得到更多地关注和国家支持。一旦脱离了这些实际，盲目发展，就会犯方向性错误，不但不能成功，反而会使自身陷入更加困难的境地。

二、把握国家扶持与自力更生的关系，这是外因与内因的关系

全面、准确地理解国家对资源型城市经济转型扶持的实质，科学规划，积极对接。2007年12月18日，《国务院关于促进资源型城市可持续发展的若干意见》（国务院38号文件），标志着国家对资源型城市经济转型的战略由政策导向阶段向实践落实阶段的转化。资源型城市要利用这一千载难逢的历史机遇，实现经济社会的转型与发展，归根结底是要全面、准确地理解国家扶持的本质。

笔者认为，《意见》具有这样两个本质的特征。第一，扩大自主权，调动地方的积极性。在《意见》中，更多体现了国家指导性意见和宏观性意见，更多地阐述资源型城市自身应该做哪些工作，同时国家积极地配套。也就是要求资源型城市根据自身条件的不同、发展程度的不同、衰退的阶段不同制定切实可行的办法。意在形成地方政府、省级政府、中央政府的联动机制，更多地尊重地方的意见，调动地方的积极性。第二，改变扶持方式，重在提供政策。很长一段时间，提起国家扶持，很多地方自然而然地想到资金扶持，也就是国家要给多少钱。可是从实践看，只给资金的效果非常不理想。因此，在《意见》中，我们看到的更多的是国家提供怎么样的政策方面的内容。《意见》共八个部分，其中六个部分分别就接续替代产业的培育、就业问题的解决、环境整治与生态恢复等政策进行了细致的阐述，同时专门就政策扶持提出了意见（第七部分）。这就要求资源型城市要吃透国家扶持的实质，组织规划，搞好对接工作，才能达到事半功倍的效果。

资源型城市经济转型要依靠自力更生求发展，摆脱僵化思想的藩篱，变被动接受为主动承接。从国际资源型地区经济转型的经验看，没有哪一个是完全依靠国家扶持得以实现经济转型的。因此，我国资源型城市经济转型要更多地依靠自力更生求发展。从历史和现实的角度看，资源型城市尤其是资源枯竭型城市虽然由于资源的逐渐枯竭导致了经济衰退问题的产生，但是其本身仍然积累了一定的基础优势。例如石油类资源型城市的石化工业、煤炭类资源型城市的矿山机械制造业、森工类资源型城市的林下工业还是具备一定竞争优势的。因此，资源型城市经济转型，首要的工作就是要进一步解放思想，摆脱过去那种依靠资源产业求发展的定式，克服“等、靠、要”的束缚，摆脱被动，积极主动依靠自已谋发展。

三、把握扩张总量与提升层次的关系，这是基础与结构的关系

扩张地区经济总量是决定资源型城市经济转型承载力问题的基础性工作。当前，制约资源型城市经济转型的主要障碍是经济总量不足。资源型城市在发展过程中往往依靠一个企业（资源型企业）存在。“一城一企”的模式决定了一旦企业破产，城市由于缺乏支撑必然陷入困境。即使在谋划经济转型的过程中，也因为经济总量不足导致承接发达地区产业转移的能力缺乏，致使经济转型陷入了总量不足——引资乏力——总量萎缩——发展能量不足——经济进一步萎缩的恶性循环。因此，扩张经济总量问题迫在眉睫，这是决定地区能否实现外部拉动和持续发展的重要因素。

提升产业的发展层次是保证资源型城市未来发展能力的结构性问题。资源型城市普遍存在产业结构单一的问题。第一产业、第三产业发展不足，第二产业比重过大，有的高达70%，个别城市甚至超过90%。辽源市的第二产业比重也高达50%以上。同时，第二产业的内部结构也极不合理，重工业比重高、以资源产品初级形态为主的加工业比重大。由于第二产业的畸形发展，其他产业尤其是第三产业发展不足，导致资源型城市经济发展的支撑乏力。因此，在经济转型工作中，注重提升产业层次，大力发展第三产业，积极发展市场需求量大，经济效益明显的产业成为当务之急。

四、把握经济转型与可持续发展的关系，这是当前与长远的关系

实现资源型城市的可持续发展，经济转型是基础、前提和保障。经济转型工作只不过是促进资源型城市可持续发展的阶段性工作和目标。当前，资源型城市面临着很多困难，亟待解决的问题很多，例如提高人民生活水平、维护社会稳定、基础设施建设、环境治理与生态恢复等等。而这些问题要想得到彻底地解决，没有强大的经济基础做保证是很难完成的。而问题的关键是由于长期的畸形发展，资源型城市几乎没有积累多少财富，财政状况捉襟见肘，甚至无法满足人民群众基本的生活需要。因此，把推进经济转型作为当前的中心工作来抓就尤为重要。在经济转型的过程中积累财富、增加收入，从而为资源型城市的可持续发展打基础，为彻底地解决问题提供保障。

资源型城市的经济转型不能失去可持续发展这个目标而孤立存在。可持续发展的议题已经深入到国家乃至世界永续发展的层面，资源型城市的经济转型也不能偏离或丢失这个目标而独立存在。资源型城市本已十分脆弱的资源环境体系，已经不能接受发达国家经济发展过程中走过的“先污染，后治理”的模式了。一旦经济转型陷入了只为经济发展而忽视环境、资源，继续走粗放式的发展，继续搞高污染、高能耗、高成本、低效益的模式，资源、环境、人居的环境必然会进一步恶化。即使实现了城市经济总量的提高，税收的增长、财政收入的增加，但是其付出的代价是十分惨重的，也是已取得的发展成果无法弥补的，这样的经济转型也是不成功的，甚至是失败的。资源型城市经济转型要走新型工业化道路，必须通盘考虑可持续发展的问题，既要保证满足当前人民群众日益增长物质生活需要，同时又要本着对子孙后代负责的态度发展，保证发展的永续性。资源型城市经济转型的终极目标是实现经济、社会、文化各领域的全面复兴和可持续发展。

（作者单位：中共辽源市委党校）

深化区域合作
推进经济转型和协调发展

陈栋生

在20世纪70年代末、80年代初改革开放起步时，跨行政区域的合作曾被称为“横向经济技术协作”，形象地表达出它对冲破传统计划经济体制下按纵向行政系统调配资源的僵化体系，发挥过的历史性作用。按理说，在社会主义市场经济体制框架和国内统一大市场已经形成时，生产要素跨行政区域自由流动、产业的顺势跨区转移，本来不应该再成为问题，但在现实生活中却又确实是个“问题”。要素流动、产业转移，仍然遇到这样那样的“行政藩篱”和障碍。追根寻源，在于现有的财税体制，还有其他一些体制，决定了地方政府对本辖区的GDP、税源与税收等不能不作“本位思考”。由此视角看，区域合作障碍的根本消除，有赖于体制改革，有赖于地方政府职能真正归位到“宜居”、“宜业”环境的构建上。

从“六五”到“十一五”，6个五年规（计）划期，区域合作的成就表明，在根本性体制问题解决之前，只要上下左右齐努力，区域合作仍大有可为。

区域协调发展是保证国民经济平稳、健康、高效运行的前提，同时又是涉及社会稳定、民族团结与边境安全的重大社会问题和政治问题。实现区域协调发展，要求三方面的前提条件：首先是科学地规划布局（包括产业布局、城镇乡村体系布局、人口分布等）以及完善的空间规划与区域政策。其次还需要健全的区际协调互动机制。区际良性互动机制，包括市场机制、合作机制、互助机制、扶持机制和补偿机制等。除对口帮扶是基于道义性原则外，其他区域合作，尽管合作内容有别、形式多样，从学理上判读，都系基于市场互利原则，分别或综合运用上述机制。再次是依托地方政府联手搭建合作平台，企业等市场主体以及商会、行业协会等广泛参与，按照政府引导、企业对接、市场运作的方式，通过协议分工、长短互补、要素聚合、集成优势，实现互利共赢，联动发展。

区域协调的市场机制是指不同地区各种要素的供需平衡差异导致要素价格、投资回报率的地区差异，以及预期市场潜力的空间差别，从而进一步导致要素的区域流动和产业转移。这就要求不同地区之间必须破除地区封锁、行政性垄断等诸多壁垒，突破行政区域的囿限，充分发挥市场机制引导要素流动与产业再配置的作用。

合作机制是指基于互惠互利原则的区域经济技术协作与交流，包括区际商品与服务贸易，跨区域要素流动，含人才、劳动力流动，资金流动、技术贸易与技术扩散，以及产业的区际转移。进入新世纪，伴随国家区域经济战略由“第一个大局”向“第二个大局”的转换，产业有序转移与科学承接，成为区域合作的主旋律和核心内容，既满足了京、沪、广等特大城市向服务经济为主导的结构转换，沿海发达地区向高端产业与创新中心进军，急需“腾笼换鸟”、开拓新空间的需要，又有力地推动了中西部地区的工业化与城镇化，激活了欠发达地区丰富的人力资源、自然资源诸要素。

互助机制，是在上级政府指导协调下，经济发达地区、中央单位和国有大型企业集团公司与中西部等欠发达地区结成对口帮扶组合，本质上属道义性援助，特别适合人才培训、社会事业与公共服务领域的相关项目。如对口援建在汶川地震灾区重建中贡献巨大，积累了丰富经验，并进一步运用于对口援助新疆、西藏等地区的跨越式发展。发达地区对口帮扶是早日实现各地区基本公共服务均等化的重要举措之一。目前，各地区按照自愿原则，由相关地方政府联合构建的区域合作组织对推进区域合作发挥了重要作用。按照合作组织涉及的地区范围和性质，主要有下述三种类型：

一是中心腹地型的大都市圈。改革开放初期，为沟通城乡经济与物资交流，发挥大城市“中心腹地”功能，许多特大城市、省会城市都与周边中小城市和县城联合组成中心腹地型经济区。进入21世纪，城市群已成为推进城镇化的主体形态，这类区域合作组织，相应担当起推进大中小城市和小城镇、农村新社区有机结合的城镇体系构建的职责，主要是推进各城市间、城乡间基础设施一体化建设与网络化发展，这样既增强城市集团竞争力，又能有效缓解“大城市病”。

二是跨地区带的大区域合作。和前者相同的是，同属于“异质区”，但涉及区域范围辽阔，往往地跨处于不同发展阶段的东中西地带，经济互补性强，是推进东中西互动、优势互补、相互促进、共同发展新格局形成的有效组织形式，对推进横跨东西、纵贯南北的全国性经济带的形成与完善有重要作用。如西南六省（市、自治区）协作、9+2的泛珠三角区域合作、长江沿线城市（区域）合作，陇海——兰新沿线城市（区域）合作、大京九经济协作带等等。

三是数省接壤地（市）合作。和前两类区域合作不同的是，这类合作地区属于“同质区”。计划经济时期，在行政性资源配置下，离省会较远的地区，往往被有意或无意的边缘化。改革开放初期，相互接壤的数省边远地区，力图通过联合，摆脱困境，闯出发展新路。如徐州市周边隶属苏、鲁、豫、皖的20多个市（地）组成的淮海经济区，晋、冀、豫接壤一些地（市）联合组成的中原经济协作区等等。

上述合作组织在推进区域合作的效能上，受多种因素影响，但最关键的还是以下两点：一是能否坚持政府搭台、市场主体唱戏、社会组织广泛参与，特别是商会、行业协会参与的市场运作的工作模式和运行机制。二是是否有一个权威、务实、高效的组织架构。以沪苏浙皖一市三省泛三角协作为例，他们采用的是一个决策层、协调层、执行层的三级运作架构。决策层即“地区主要领导座谈会”，决定区域合作的方向、原则、目标与近期合作重点等顶层设计；协调层由参与合作的省、市常务副省（市）长参加的“地区合作发展联席会议”构成，具体协调落实决策后有关区域合作的决定；执行层包括设在各省（市）发展改革委员会内的“联席会议办公室”和各“重点合作专题”。上述架构兼顾了决策的权威性和高效的执行力，似可借鉴。

“十一五”以来，国务院陆续审批了一批跨省（市）的区域规划，如关中—天水经济区、成渝经济区等，相关行政区域间的合作，已不仅仅是相关地方政府间的“两厢情愿”，而是共同负有合作落实已上升至国家战略层面区域规划的法定义务。

进入21世纪，在国家关注东、中、西地带性协调发展的同时，地方政府亦把省内区域协调发展放上了重要议事日程，2008年广东省委、省政府作出了《关于推进产业转移和劳动力转移的决定》，在此前后，山东省推出了济南、青岛和胶东半岛地区帮扶鲁西菏泽8县；江苏省组织苏南、苏中帮扶苏北；浙江、福建两省沿海发达地区与浙西南、闽西山区亦通过牵手结对构建“山（区）呼（沿）海（地区）应”帮扶机制，等等，这些实践都为区域合作、

产业转移与承接积累了丰富的经验。广东实施“双转移”三年来，已有超过7000亿元的资本与产业转移至珠三角外围，使粤东西北地区近几年的工业固定资产投资年均增幅超过20%，搭建了35个省级产业转移工业园，入园项目2800个，到2010年已形成年产值近2000亿元的产业规模，培育了年纳税超百亿元的税源，提供了469万个就业岗位，帮助17万户贫困家庭通过转移就业实现脱贫。

而共建园区则是区域合作进入21世纪以来的创新，它既适应了由往昔单个企业转移，向企业集群、链式转移，承接新形势的需要，亦使欠发达地区在承接产业转移的同时，承接了发达地区在园区建设、管理以至城市建设、管理方面理念与经验，使发达地区能直接参与承接地软、硬投资环境的构建，更有效地推动欠发达地区的工业化、城镇化。广东省的深汕（尾）特别合作区（深圳产业转移工业园为其启动区），可谓其中的典型。合作区按照“汕尾所有、深圳所用，汕尾管辖、深圳开发，汕尾发展、深圳拓展”的原则，深圳侧重负责开发、招商、管理，汕尾侧重负责社会管理和征地拆迁；合作区的地方级税收，依法扣除后，深、汕两市和合作区按1/4、1/4、1/22比例分成，两市分成全额或部分返还合作区。上述制度设计，既有利于园区尽快成形壮大，又使合作双方互利共赢落到了实处。

（作者系中国社会科学院荣誉学部委员，博士生导师）

我国资源型城市经济转型的科学思路

程必定

资源型城市是指因自然资源的开发而兴起、又以资源开发、加工为主导产业的城市。我国有426座资源型城镇，其中城市179座。经过多年的开发，一部分城镇的资源枯竭，2005年以来，先后有44座资源枯竭型城市被国家列为经济转型试点市。从全局、长远来看，这类城市无论是资源丰富还是资源枯竭，都应推进经济转型、体制创新。本文从四个方面对我国资源型城市转型创新的科学思路试作探讨。

一、从产业经济学意义讲，推进资源产品向产业链的转型延伸

产业的转型是资源型城市转型创新的基本面。中外经验都表明，资源型城市的成功转型，都是重点实现了产业结构的成功转型。由于资源型产业是资源型城市的主导产业，那么，从产业经济学意义上讲，资源型城市产业结构的转型创新，必须推进资源产品向产业链的转型延伸。

任何一个产业，都是基于资源与需求两个因素发展起来的。根据产业发生学原理，可以把全部产业分为两大类型：一是存量产业，即历史形成的既有产业，或称现有产业；二是增量产业，即有了新的需求而吸引投资者兴办的产业，或称新兴产业。我国的资源型城市大多也有这两类产业，但以存量产业为主，而存量产业又是以资源型产业为主体，生产的是资源产品。基于这种情况，资源型城市应以产业链为中心调整产业结构，无论是存量产业还是增量产业，都应推进产品向产业链的转型延伸，尤其是资源产品向产业链的转型延伸。

资源产品向产业链的延伸，主要是开发关联产品，培育关联企业。以产业链为中心形成产业共生圈，以产业共生圈为依托拉长产业共生链，资源型城市的产业发展就会开拓新空间。在产业链上，产品可以不断创新品种，产业就可得到不断发展。所以，从这个意义上完全可以说，“只有夕阳产品，没有夕阳产业”；资源型产业更不是“夕阳产业”，而是人类生活和社会再生产不可或缺的产业。如果产业链走到成熟的程度，那么，即使资源枯竭了，也因为在产业链的形成过程中已培育出接续产业，城市仍会保持产业生命力、发展力和竞争力。何况，资源枯竭了，还可以通过其他渠道获取资源，足以维持产业链的存在和发展。这样的情况，在国外和国内的许多资源型城市都有出现，而且发展良好。

还有一个不可忽视的因素是，资源型城市在依靠资源开发的过程中所积累的产业队伍、科技力量、管理经验，特别是培育和发展了所在地的城市，更是非常重要的资源。这些资源不仅是城市存量产业发展的促进因素，也为资源型城市增量产业的发展提供了必要与充分的条件。

随着科学技术的进步和经济社会的发展，具有新需求的新兴产业或增量产业不断出现，而且有着

广泛的市场空间。有人统计，从我国近几年的情况看，新兴产业的增长率都高于GDP增长率5个百分点到8个百分点，表现出比存量产业有更好地成长性。资源型城市由于在依靠资源开发区域发展过程中长期形成的产业积累、人才积累、技术积累、管理经营积累，更具备发展这些新兴产业或增量产业的优势。各资源型城市应该从自身的优势出发，选择若干适宜发展的上述产业，作为经济结构调整的接续产业，并且以产业链为中心，不断扩大这类产业的规模，提升这类产业的水平。

二、从生态学意义上讲，推进城市由高碳发展模式向低碳发展模式的转型提升

CO_2温室气体的排放主要集中在城市，而资源型城市又是高碳发生的城市。因此，从生态学的意义上讲，资源型城市的经济转型，必须推进由高碳发展模式向低碳发展模式的转型提升。

重点是推进低碳生产方式，努力实现高碳产业低碳化。最基本的途径是发展循环经济，坚持资源开发和集约利用相结合，按照减量化、再利用、资源化的原则，在资源开采、废物产生、生产消耗、产品储存与运输等环节，建立起资源型城市的资源循环利用体系，最大限度地节约能源，减少污水、污气、固体废弃物的排放。资源型城市的行业和企业都要淘汰落后设备，融入城市大气和水资源的污染防治体系，注重修复城市的生态环境，充分发挥企业在推进低碳生产模式中的骨干作用。

资源型城市推进高碳产业低碳化，关键是研究、开发和运用低碳技术。在未来时期，低碳技术将成为国家核心竞争力的基本体现，更是资源型城市彻底转型的基本标志，但低碳技术的研究、开发是一个长期的过程。目前虽然已开发出一些低碳技术，如节能技术、无碳和低碳能源技术、二氧化碳捕捉与埋存技术等，但这些低碳技术在我国资源型城市的运用还很少。因此，积极运用已成熟的低碳技术，努力研究和开发先进、适用的低碳技术，应成为我国资源型城市的共同使命。

低碳消费方式也是低碳发展模式不可分割的重要组成部分。我国资源型城市也应该积极提倡和推行低碳消费方式。低碳消费方式又称绿色消费，内容十分广泛，有人概括为五个层次的消费：一是“恒温消费”，即消费过程中温室气体排放量最低；二是“经济消费”，即人们生活对资源和能源的消费量最小；三是“安全消费”，即消费结果对消费主体和人类生存环境的健康危害最小；四是“可持续消费”，即消费对人类可持续发展的危害最小；五是“新领域消费”，即消费向低碳领域转变，包括使用新能源、低碳产品、再生资源制品等。可见，低碳消费不仅是节能、节水、节地、节材、节时，还有更多的内容，体现了人们的一种价值观和生存心境。资源型城市由于处于高碳环境之中，在广大民众中提倡和推行低碳消费就更为重要了。

需要指出的是，伦敦未来森林公司于1997年提出的“碳中和”（Carbon-neutrl）技术，对我国资源型城市向低碳模式的转型具有积极的意义。碳中和技术是指通过植树造林增加碳汇，可以将二氧化碳排放量吸收而捕捉或埋存，在一个局域范围内能实现碳的中和归零。这就表明，资源型城市大力推进植树造林，建设“园林城市”、“森林城市”或“生态城市”，从而改善城市的自然生态环境，是非常重要的，也是普遍可行的。

三、从城市经济学意义讲，推进城市由资源型向价值型的转型拓展

经济学研究社会资源的优化配置，使之最具有价值性。城市经济则是研究城市资源的优化配置，使城市更具有价值性。从这个意义上讲，资源型城市的转型创新，不仅要突出使资源得以优化配置的产业链，更要突出使资源更具有价值性的价值链。这样，对资源型城市而言，在推进资源产品向产业链转型延伸的基础上，更要推进城市由资源型向价值型的转型拓展。

对资源型城市而言，推进城市由资源型向价值型的转型拓展有狭义和广义两层含义。从狭义上讲，即对产业而言，这种转型拓展使各类产品更具有价值性；从广义上讲，即对城市而言，这种转型拓展使资源型城市更具有价值性。

从狭义上讲，通过使产品更具有价值而推进城市由资源型向价值型的转型拓展，就要从价值链的角度审视产业链。对那些可以被拉长的产业链，还应从价值链的角度，对如何拉长产业链作出科学选择。很显然，这就需要在价值链曲线的左、右两端选择突破口，或是推出新设计、新技术，或是培育品牌、优化服务、着手资本营运。这些都能提升产业的价值性。这就需要加入创新因素，以创新驱动产业价值的提升。但是，对不同的资源型城市来说，创新资源是不同的。既要充分利用既有的创新资源，积极推进自主创新，又要培育乃至引进创新资源，积极推进联合创新，特别是要推进企业、高校、科研机构的“产学研”结合，努力将资源型城市建设成创新型城市。在创新点的选择上，应先从那些具备条件的方面入手，形成先发优势，然后向相关领域拓展，培育产业优势，逐步推进城市产业由资源型向价值型的转型，实现传统产业新型化，新兴产业规模化。我国的资源型城市大多是国家和地区的老工业基地，都具有一定的人才优势、技术积累，具有产品开发与技术创新的能力，已有许多资源型城市在向价值型的转型创新中取得很多新进展。所以，通过使产品更具有价值，推进城市由资源型向价值型的转型创新，在我国具有广阔的前景。

从广义上讲，通过使城市更具有价值而推进城市由资源型向价值型的转型拓展，对我国的资源型城市来说还是一个新的课题。使城市更具有价值，首先应明确什么是城市的价值。

城市是人类经济社会活动的空间载体，是区域经济社会发展的高地，城市应该具有使人们生存和发展最适宜的条件。从这个意义上讲，城市的价值就是城市的质量，使城市更具有价值，就要使城市更具有质量。而恰恰在这方面，资源型城市与其他城市相比有很大的差距。由于资源开发是城市的主导产业，这种产业格局使人们对资源型城市的印象是：环境脏、乱、差，布局散、碎、乱。人们也不愿意到资源型城市生活和发展。因此，通过使城市更具有价值而推进城市由资源型向价值型的转型创新，就是要提高资源型城市的发展质量。为此，应更新资源型城市的发展模式，推进资源型城市建设的三个转变：

一是城市布局应从区位扩散向人口聚集转变，通过“紧凑型”布局提高资源型城市的发展质量。我国的资源型城市大多是随矿建城，资源开发到那里，城区建设就蔓延到那里，形成区位扩散的城市布局，这是一种最不经济的城市布局。城区面积的蔓延还给基础设施建设造成压力，城市质量就很难

提高。而且，由于布局散，市区人口形不成规模，又导致人气、商气不足，人们生活很不方便，城市发展缺乏生机。因此，资源型城市的布局应纠正随矿建城的传统模式，通过“紧凑型”布局提高市区的人口聚集能力，精心建设城市集中区，矿区只作为生产中心。将生活中心集中于市区，用通勤的办法解决生产中心与生活中心的分离，在资源型城市的范围内真正实现“同城化”。资源型城市的布局从“区位扩散”向人口聚集的转变，形成人口集中区，又会引发商业、服务业等第三产业乃至加工制造业的发展，从而会培育城市的生气和新的增长点。这样，即使是资源被开发枯竭，城市仍有生存和发展的深厚基础。

二是城市建设应从重视基础设施建设向功能建设转变。基础设施是城市存在的物质支撑，在资源型城市受到普遍重视，但是，城市生存和发展的基础性支撑并不是基础设施，而是城市的功能，这个问题在资源型城市并没有受到普遍重视。长期以来，我国资源型城市普遍存在重视基础设施建设、轻视城市功能建设的倾向，许多城市基础设施齐备，建设水平也很好，但城市功能不明晰，在资源枯竭的情况下，城市发展就失去了方向。城市功能是对区域而言的，是城市在区域中的作用，或是区域的经济中心，或是区域的交通枢纽，或是区域的文化中心。每个资源型城市都应从自己的特色出发，确立在区域中的功能定位，并且围绕发挥这种作用而培育城市功能，资源型城市才会把握转型创新的方向，得到持续发展。因此，资源型城市的建设应从重视基础建设向重视功能建设转变，将功能建设作为城市建设的重点。

三是城市发展模式应从经济增长型向经济、社会、生态、环境协调发展型转变，在城市发展过程中化解人口、资源、环境与经济增长和社会发展的矛盾，促进资源型城市的可持续发展。资源型城市的突出问题是生态、环境压力大，有的城市还存在社会事业发展相对滞后的问题，经济发展与人口、资源、环境的矛盾较多，有时甚至发生冲突，限制了城市的经济发展。因此，资源型城市尤须克服片面追求经济增长的观念，城市发展模式要由经济增长型向经济、社会、生态、环境协调发展的模式转变。树立城市发展质量的理念，不仅是提高经济发展的质量，更要提高城市的生态环境质量、社会发展容量和城市文化含量，以及城市管理的效率。通过提高城市质量，化解人口、资源、环境与经济社会发展的矛盾和冲突；通过增强可持续发展的能力，提升资源型城市的质量与价值。

四、从区域经济学意义上讲，推进城市与区域由“二元”发展向统筹发展的转型创新

区域经济学认为，经济区域有三大构成要素。一是经济中心，即区域内的城市；二是区域腹地，即城市所辐射的区域；三是区域网络，即中心与腹地经济、社会、文化与市场联系的各种载体与渠道。也就是说，城市与区域不是独立发展的，相互之间具有密切的联系；城市与区域的科学发展，必须是统筹发展。资源型城市也是一样，从区域经济学意义上讲，资源型城市发展道路的转型创新，必须推进城市与区域由“二元”发展向统筹发展的转型创新。

在我国，资源型城市与所在区域的发展关系，大体经历了两个阶段。第一阶段是改革开放前的计

划经济体制时期，资源型城市基本上是独立于所在区域而发展的。各城市按照资源开发的产业类型，实行上下垂直的部门“条条”管理体制，在产业发展上也与所在地区即“块块”基本没有联系，处于“二元”发展状态。第二阶段是改革开放的社会主义市场经济体制时期，全国普遍推行市带县（部分县改市）的体制，资源型城市也不例外。其中，地级资源型城市都管辖几个县，资源型的县（镇）也改制为县级市，资源型城市与所在地区成为一个行政区，但城市只是“区划型”城市，而不是“区域型”城市，资源型城市与所在区域的经济发展仍是“二元”格局。尽管这个时期中央各部门已把管理权下放给地方，也没有改变资源型城市经济发展与地方经济发展相脱节的局面。可以说，这两个阶段的行政管理体制虽然不同，但城市与区域在产业和经济上孤立发展的“二元”局面没有改变，资源型城市大多没有形成区域经济中心，对区域经济发展的带动作用普遍较小。有的城市在资源枯竭的情况下，城市发展失去方向，区域发展也缺乏支撑。因此，改变资源型城市与区域“二元”发展的局面，推进城市与区域向统筹发展方向的转型创新，不仅十分必要，而且极为紧迫。

推进资源型城市与所在区域由“二元”发展向统筹发展的转型创新，对城市来说主要是培育城市的区域中心功能，对腹地区域来说主要是推进经济社会结构向城市化的转型。

资源型城市培育区域中心的功能，关键是要推进“区划型”城市向区域型城市的转型创新，核心是培育城市对区域的经济辐射与带动的功能。因为在市带县或市县合一的行政体制下，城市与区域并不存在行政界限，但却存在产业界限、经济界限。城市作为区划意义上的行政中心功能很强，而作为区域意义上的经济中心功能却很弱，发挥不了以城带乡的作用。这就要从拓展城市与区域间的人口、劳动力、资金、技术等要素流动入手，充分发挥市场机制的调节作用，优化城乡之间的资源配置，发展城乡之间的经济联系，构建起城市与区域间分工合作的产业体系、经济体系，发挥城市在区域经济体系发展中的主导作用，逐步形成资源型城市的区域中心功能，带动所在区域的经济社会发展。这样，资源型城市就不只是区划意义上的行政中心，更是区域意义上的经济中心。

资源型城市所在的区域，要确立融入城市、融入市场的发展方向，充分运用城市对区域的辐射与带动的功能，推进产业结构、就业结构、空间结构文化观念的城市化转型。通过四个方面的城市化转型，呼应城市的辐射与带动，或承接城市的产业转移，或融入城市的经济体系，不断提升区域的发展水平。这样，资源型城市与所在区域就会在发展中统筹，在统筹中发展，开拓转型创新的发展前景。

五、结论：走创新之路，推进资源型城市顺利转型

资源型城市在我国也占有相当的比重，并且大多是中国工业化的新老基地，不少城市的资源虽已接近枯竭，但由于积极探索和推进经济结构转型，城市发展走出了“资源诅咒”的困境，又呈现了新的发展生机。特别是国务院在2008年、2009年分两批公布的44座资源枯竭型经济转型试点城市，在探索经济转型的科学思路方面积累了不少成功的经验。本文从四个方面概括的经济转型思路，也得益于这些试点城市的宝贵经验。这些城市的经验还表明，推进资源型城市的顺利转型，必须走创新之路，以创新推动经济转型。

资源型城市经济转型的创新包括技术创新、管理创新、体制创新、观念创新乃至文化创新等诸多方面，范围十分广泛，涉及的矛盾和问题也很多。特别是各市的情况千差万别，创新的任务和重点也不相同。不过，无论如何千差万别，从城市整体角度看，每一个资源型城市经济结构的转型创新，都要有“顶层设计”，整体地、系统地规划与设计转型创新；而从创新角度看，“顶层设计”的关键是构建有活力的创新体系。一般地说，这个创新体系至少要有三个构成要素：创新者、创新点、创新力。创新者是创新体系的策划者、启动者、操作者，应该是城市党委、政府的负责人及领导班子，并要延伸到企业家、银行家和投资者。创新点是资源型城市转型的那些关键点，既有“硬件”，又有“软件”。如果关键点突破了，城市转型就会推进一大步。创新力是推进城市创新的动力，包括体制、机制、政策等，是创新体系得以建立和发展的发动机、加油机。创新者、创新点、创新力三者缺一不可，是资源型城市转型的必要条件。因此，搞好“顶层设计”，构建创新体系，才可能更好地推进资源型城市的资源型产品向产业链的转型延伸、高碳发展模式向低碳发展模式的转型提升、城市由资源型向价值型的转型拓展、由“二元”发展向统筹发展的转型创新，开拓各资源型城市转型发展的新前景。

（作者单位：安徽省社科联）

边境口岸城市如何推进开放型经济转型升级

黄云革

发挥独特区位优势，扩大开放合作，是边境地区实现发展新跨越的现实途径。“十一五”时期，开放型经济快速发展。“十二五”时期，如何以开放型经济转型升级为抓手，推进开放型经济量的扩张和质的提升，是一个需要很好研究的重大课题。凭祥市是边境口岸城市，边境贸易和特色产业是该市发展开放型经济的两大支撑，推动边境贸易和特色产业转型升级，是按照加快转变经济发展方式要求推进开放型经济转型升级的具体实践。

做好发展定位与规划，为边境贸易和特色产业转型升级打造“龙头”发展定位和发展规划是边境贸易和产业发展的“龙头”。发展定位决定边境贸易和产业的发展方向，发展规划则保障边境贸易和产业发展的可持续性。边境城市应根据城市特点，因地制宜，与时俱进，制定完善城市及产业发展规划，将边境优势最大化。

一是科学确定城市发展定位。作为中国与东盟重要的陆路通道和桥头堡，凭祥市的发展定位是：加快建设面向东盟开放合作的区域性国际口岸城市，努力打造“幸福和谐凭祥、文明开放口岸、宜居创业城市、繁荣稳定边关”。

二是做好城市发展规划。围绕发展定位，以改善人居环境和投资环境为重点，合理布局城市交通、人居、商业、娱乐、文化等各项功能分区，打造彰显中华民族文化与东盟文化相融合的魅力城市。

三是做好产业发展规划。突出抓好边贸物流、旅游开发、红木文化、工业及边境加工业的产业规划。以重点产业发展带动优势资源开发，进而延伸资源开发的产业链条，形成不同规模、各具特色的产业基地、工业园区，吸引具有技术优势的企业落户，促进产业结构调整和产业优化升级。

一、加强政策研究与利用，为边境贸易和特色产业转型升级提供政策支持

国家新一轮西部大开发战略和促进广西经济社会发展一系列政策措施的全面深入实施，给推进边境贸易和特色产业转型升级带来了重大机遇，开拓了广阔空间。要把加强政策研究与利用作为推进边境贸易和特色产业转型升级的一个抓手。

一是用足用活边贸政策。充分利用国务院关于提高边民互市进口的生活用品免税额度、自治区人民政府关于加快边贸市场建设促进边境贸易发展等一系列优惠政策，不断提升边境贸易便利化水平，加快建设边贸市场，构建边境贸易大通道。

二是加强旅游政策研究与利用。边境旅游业是边境地区发展开放型经济的新增长点。依托凭祥友谊关景区建立中越国际旅游合作区，在景区管理体制和运营模式上积极创新，形成联建共管、进出顺

畅、利益共享、风险共担的跨国合作经营模式和经常性双边会晤磋商机制，建成跨国无障碍旅游合作的新区域。

三是加强工业扶持政策研究与利用。认真研究和充分利用自治区人民政府《关于加快边贸市场建设促进边境贸易发展的意见》，以及《关于建设“无水港”加快发展保税物流体系的意见》，推进中国凭祥-越南同登跨境经济合作区建设，发展机械电气、电子信息、新型节能材料、环保产品以及矿产品加工制造和中转交易等面向东盟的特色产业。

四是加强商贸物流政策研究与利用。根据自治区关于加快物流业发展的有关政策，积极培育强势物流企业，拓展商贸物流空间，加快建设更多辐射广、功能齐、规模大的边境物流园区，推动物流业发展。

二、努力实现“六个转变”，夯实边境贸易和特色产业转型升级的基础和支撑

加快推进特色城市建设，使城市建设实现从模式化向精品化转变。城市建设是边境贸易和特色产业发展的承载。凭祥作为边境口岸的国门城市，市容市貌代表着国家的形象，但城市建设还存在着规模小、特点不突出等问题。城市建设应树立“国门城市”理念，融合“山、水、绿”的自然特点和民族化、国际化的人文特色，打造独一无二的精品城市。

加快完善基础设施建设，使边境贸易实现从“一线严管”向“一线放开”转变。边境地区发展开放型经济要不断推进贸易、文化等交流便利化，特别是合作区要实行“一线放开，二线管住”的管理模式，使人流、物流在区内自由双向流动。为此应加快完善口岸和边贸区基础设施建设，把“海关监管区”后移，与“边民交易区”分离，为实行“一线放开”创造条件。

加快开发建设边境特色景区景点，使旅游产业实现从单一的过境游向综合性的跨国游、边境风情游转变。跨境旅游产业是跨境经济合作的一个重要组成部分。凭祥市旅游资源丰富，但没有形成核心旅游品牌。要加快对景区景点进行综合开发，发展综合性的跨国游、边境风情游，促进旅游产品类型多样化发展，成为开放型经济新增长点充分利用两种资源、两个市场，使边境加工业实现从低附加值向高附加值转变。随着边境经济合作时代的到来，边境口岸特有的“两种资源、两个市场”的优势进一步显现。利用这一优势，通过引进高新技术，抓好资源深加工，拉长产业链条，培植和引进精深加工企业，做强红木产业，发展农副产品和轻工业产品深加工，构建合理的产业结构，为开放型经济发展提供产业支持。

加快开发建设专业市场，使商贸物流业实现由通道物流向商品流通集散转变。加强物流基础设施建设，结合区位优势及边贸的特点，打造电子家电产品、纺织品和服装批发、农资产品批发、海产品批发等专业市场。以专业市场为载体，加强物流与专业市场的联动发展，形成两者互动共赢的局面。

推进文化产业优化升级，使边境文化实现从资源优势向产业发展优势转变。凭祥历史文化底蕴丰厚，壮族文化元素突出，边境文化特色鲜明，东盟地域风情浓郁，文化资源优势非常明显。应着力打造文化发展基础平台，深入挖掘边境民族地区文化内涵，培养和引起文化发展人才，促进文化产业发展。

经济转型的新形势与政府职能转变

卢中原

一、从国际国内看，经济转型的环境有了变化

从国内看，经济转型的环境有两个值得重视的变化。

第一是经济发展的要素条件正在或将要发生新的变化，主要是指成本上升和要素组合变动。经过30多年的高速增长，劳动力、土地、矿产资源等一些经济增长的基础要素的成本都在上升，传统行业及其增长方式的利润空间已经非常小了。加上人口老龄化日趋明显，储蓄率会逐步下降等原因，过去曾长期支撑经济增长的高投资模式也将难以为继。

第二是经济增长面临的国内舆论环境在发生变化，主要是信息传播和社会评估十分活跃。互联网、微博、博客等新媒体对各种经济社会发展数据特别敏感。学术界和一些社会调研机构都在不断地发布经济社会的评估结果。尽管这些结果不能决定各地干部的升迁，但是它形成了一种舆论环境，逼着我们进行反思，进而推动政府加快转变职能。比如，媒体发布某某省绿色发展指数排位很低，当地领导和相关部门就会认真研究原因，思考怎样提高当地的绿色发展程度。总之，经济转型的国内条件正在发生深刻的变化，可以说，这是我们政府转型面临的新环境，特别是舆论环境的变化，既是压力也是动力。

从国际环境看也有几个重要的变化。

第一个变化是国际金融危机带来的冲击和我国应对气候变化的主动承诺带给我们的影响。对这一轮国际金融危机的原因、影响和教训，大家从不同的角度在反思，比如政府与市场的关系，金融创新与金融监管的关系，等等。应当说，我国的金融创新还是远远不够的，否则我国中小企业融资就不会这样困难。也就是说，面对国际金融危机的冲击，我们也要清醒地看到自己存在的不足，中国的经济转型步伐必须要加快，政府相关的职能也必然要加快转型。我国提出到2020年单位GDP 的碳排放比2005 年要下降40%～45%，这是我们主动承诺的减排义务。考虑到中国是一个负责任的大国，国内经济转型也是主动的选择，因此主动承诺有其积极意义。然而这个承诺对我国经济转型又是一个压力，照此，“十二五”期间单位GDP 的碳排放就要下降17%，这个约束性指标与我国的减排承诺是有内在联系的。在实施中还有一些具体问题需要研究，减排的约束性指标分配到各个省应当是多少？如何区别不同省情？怎样才能完成？这都是对政府转型带来的新考验。

第二，全球经济格局深刻调整，市场重心可能发生转移。我国现在面临的外部经济环境已不像以前，比如西方发达国家已经提出来再工业化，再比如说，新兴经济体成长迅猛，我们传统的出口工业

会面临激烈竞争，原有的市场份额也可能会重组。总之，我国面临着全球经济格局所发生的深刻调整和市场重心的转移，也逼着我们加快转变粗放的出口增长方式，进而要求政府加快转变不合时宜的涉外经济管理职能。

在这样的背景下，我们需要进一步反思对政府、市场、社会三者关系的认识。曾经比较流行的观点主张建立“小政府、大市场、大社会”，现在来看可能是不够准确的。比如说公共服务，社会大众对公共服务的需求，现在远远超过过去任何时候，在这个时候强调公共服务领域实行“小政府”是否合适？如果依靠“大市场”，在公共服务的提供方面，市场是可以起作用的，但是市场再大，它代替不了政府的公共服务职能，最终平衡公共利益、实现社会正义，不可能靠市场。再说“大社会”，社会领域的许多事情无疑需要发达的社会组织、基层群众自治、民主参与来处理，政府无疑也需要依托它们创新社会治理模式，但是分散的社会再大，也替代不了政府的社会管理职能。

二、对政府和市场作用的再思考

第一，中国经济增长和发展方式转型的主体仍然是企业和市场，而不是政府。经济转型或经济发展方式的转变是政府倡导的，但不等于说政府就是主体，可以包揽一切。正确的理解应当是：调结构、促创新、推转型都要以市场为基础，政府重在以法律、规划和政策来引导。

第二，政府应该完善市场信息和准入规则，推进市场制度的创新，加强风险监管。市场存在着信息不对称和规则不完善的问题，存在垄断和风险失控的危险，而单靠市场本身是解决不了这些问题的。因此政府应当加强反垄断、信息公开、市场准入和退出等制度建设，维护竞争秩序，促进市场体系健康发育。尤其是对发育很不完善的金融市场，既要强化风险监管，也要推进金融创新，以适应经济转型和大量小型微型企业发展的需要。

第三，政府应该减少微观经济指标的审批，强化公益性的规制。所谓公益性规制，是指维护公共利益的规则和实施。也有人把它叫做社会性规制或“外部性”规制，实际上就是尽可能减少经济活动的消极外部影响，或将其转化为积极的外部影响。我们长期习惯于对成本、利润、规模经济等微观经济指标进行审批，干预企业的微观经济活动过多过细，而对涉及公共利益的经济活动后果，比如说能耗、环境影响、质量、安全生产、卫生检疫这些方面，政府职能比较薄弱。

第四，政府对产业结构调整需进行引导，但是要慎用部门选择性的产业政策。加入世贸组织以后，我们过去习惯采用的部门选择性产业政策遇到明显制约。在入世过渡期结束后，对一些弱势产业进行保护的传统政策手段也很难再采用。实践证明，对特定产业的优惠和保护并不一定有利于增强其竞争力，而且对其他产业会产生歧视。所以，即使是基于扶持“幼稚产业”的理由而实施部门选择性的产业政策，其时间也不宜太长。政府应当尽量采用功能引导性的、对其他部门都适用的产业政策，例如人力资源培训、环境保护、技术创新方面的扶持和鼓励政策。无论在理论上还是在实践上，选择某些产业部门给予财政补贴、优惠贷款和税收减免等政策扶持，已经越来越不合时宜。因此我们未来对部门选择性的产业政策应该非常谨慎，要善于使用功能引导性或普适性的产业政策。

三、政府应实现五个方面的职能转变

鉴于以上几点，我认为政府应当实行以下几个方面的职能转变：

第一，政府主要角色要从运动员转为设计师、监管者和裁判员。设计师是规划和规则的制定者。现实的市场运行中往往存在规则不清楚或不正确的情况，依据这样的规则怎么保证裁判的公正和质量呢？所以政府首先应该作规划和规则的设计者，描绘蓝图，制定正确而清晰的行为规范，然后才有科学公正的依据去监管，去裁判。仅仅说政府应当由运动员转为裁判员，这个比喻也是浅显的，已经不太能反映形势的发展变化。

第二，政府公共资源配置应当由一般的经济建设领域，转向社会建设和生态文明建设领域。自从提出建立公共财政的改革方向以来，政府掌握的公共资源正在逐步向保障和改善民生、治理和修复生态环境方面倾斜，在一般经济建设领域的配置份额逐步下降。这是积极的变化，但是与经济转型面临的挑战相比，公共资源向社会建设和生态文明建设的倾斜仍然不够。例如，用于教育的财政性支出占GDP 比重到2012 年才能达到4%的目标，这还要下很大的决心和力气。因此，政府这只手在一般经济建设领域需要继续闲下来，而在社会建设和生态文明建设领域要继续忙起来，在这方面应当有更加积极的作为。

第三，由注重缩小区域经济差距，转向缩小公共服务差距。不同地区间的经济差距有许多客观制约因素，特别是资源环境的约束难以突破，政府过于关注缩小各地的经济差距，既可能违背经济规律，也可能力不从心，甚至导致反效果。我们在主体功能区的研究和区域经济发展方面，调研了很多地方，我们深深感到，把政府和社会的注意力引到缩小经济发展的差距方面是没有出路的。所以在“十一五”规划研究过程中，我们就提出来要调整关于评估和缩小区域差距的思路，把过于看重经济发展差距转到更加关注社会发展差距上来，到“十二五”规划研究时我们继续强调这一看法。缩小区域差距的出路在哪里呢？主要是谋求社会发展差距的缩小，公共服务水平差距的缩小，所以政府应该在促进基本公共服务水平大体均等方面投入更多精力。

第四，由关注财富的账面积累，转向关注民众真实福利水平的提高。表面上看，我国GDP、工业增加值、利税、财政收入等账面财富积累似乎水平很高，但是如果扣除资源过度消耗、生态环境遭到破坏和对弱势群体的权利保障没有完全到位等代价，群众享受到经济增长带来的真实福利是大打折扣的。经济发展方式转型是否成功或成效大小，最终要以民生是否改善、真实福利水平是否提高、老百姓是否满意来衡量，而不能仅仅看账面财富是否增加，排位是否提高。

第五，应当由注重物资资本投入，转向注重人力资源开发和技术创新。现在，许多地方政府热衷于招商引资，争取上大项目，努力上大项目，来拉动本地经济增长。这种行为方式应当逐步改变，应当把注意力和公共资源更多地转向支持人力资源开发，鼓励技术创新上，以此为促进经济发展方式转变提供更好的人力资源和技术支撑。

（作者系国务院发展研究中心副主任）

知识城市视域下的城市经济转型与变革研究

王志章　陈晓青

“知识城市”是20世纪90年代在发达国家城市转型、复兴中诞生的一种城市发展理念，是反思西方社会工业化、城市化进程中所出现的环境污染、资源枯竭、就业紧张、社会隔离等问题而提出的一种新型的城市发展战略，其目的是要通过充分利用现有城市的资源、功能和特色，强调发挥知识的基础作用加速城市经济、政治、社会、文化空间结构的转型，以实现城市的科学发展和可持续发展，从而提升城市参与全球循环的核心竞争力。

当前我国正处在全球化背景下的城市化及区域创新发展的进程中，城市发展面临前所未有的机遇和挑战。长三角区域规划、重庆两江新区的挂牌成立等事关区域统筹的规划战略，将极大促进城市转型、产业结构调整、城市品质提升和社会结构重组。但另一方面，由于长期固守某种单一或落后的经济发展方式，城市的可持续发展难以为继，出现了以牺牲环境为代价的粗放型经济增长，“老工业城市、资源型城市、港口城市面临巨大的转型压力”。这些问题已经成为制约我国城市及区域发展的瓶颈，也严重阻碍了城市转型的步伐。党的十七大强调“实现未来经济发展目标，关键要在加快转变经济发展方式、完善社会主义市场经济体制方面取得重大进展，坚持走中国特色新型工业化道路，促进经济增长由主要依靠增加物质资源消耗向主要依靠科技进步、劳动者素质提高、管理创新转变。”这一思想与知识城市的理念不谋而合，不仅从更宏观的战略高度扩宽了我国城市发展的思路，而且为如何在知识城市的视域下进行经济转型和社会变革指明了方向——即以科技进步为带动、以人才为制高点、以管理为突破口进行大胆创新，最终实现城市发展与社会和谐的统一。

一、知识城市诞生的背景

新古典经济学认为，劳动和资本是决定生产的两个主要因素，而知识、生产力、教育和知识资本则被视为该体系外一些无关紧要的成分。但到了二十世纪八九十年代，随着信息技术的迅猛发展和计算机网络的普及，知识社会迅速崛起，城市发展越来越依赖知识发挥其基础性作用，传统的产业也开始朝知识型产业转向。Ryser、Knight等西方学者在1990年代初就意识到，驱使城市发展的要素正在发生改变，即从资本、劳动力、资源禀赋等资源型要素逐步转向人才、制度、文化、创新等知识型要素；由于愈来愈依赖知识，城市经济发展的规律正在改变，知识性生产活动将主导城市的发展轨迹。现代管理学理论的奠基人彼得·F·杜拉克曾说过：“在今天的经济体系中，最重要的资源不再是劳工、资本与土地，而是知识。”因此，继农业经济和工业经济以后，一种“以知识为基础”的新的社会经济形态，即“建立在知识和信息的生产、分配和应用之上的新型经济”（OECD）率先在美国出现了。这种新型经济就是我们今天熟知的知识经济。

知识经济的发展，加速了信息、资本、人才的流动，也加速了知识高度密集的城市的空间结构和社会结构的转型。尤其是步入后工业化的城市，它们通过鼓励不断创新、分享、评价、更新和提升知识的途径来获得以知识为基础的城市发展，致使传统产业开始转向知识型产业。

伴随着知识经济的兴起，人们对城市的探索不断深入，知识城市作为一种全新的理念引起了城市战略制定者、规划师、知识管理专家学者的高度重视。2004年9月，世界一批资深学者和政要会聚西班牙的巴塞罗那，召开了全球“E100圆桌论坛”（E100 Round Table Forum），对知识城市新理念进行了广泛的研讨。会议发表的“知识城市宣言”就其定义和衡量标准有了明确的界定。从此，知识城市作为一种全新的城市可持续发展理念进入国际城市发展的视野。

二、城市经济转型与实施路径

经济转型指的是资源配置和经济发展方式的转变，包括发展模式、发展要素、发展路径等等转变。从国际经验看，不论是发达国家还是新型工业化国家，无一不是在经济转型升级中实现持续快速发展的。我国从九五计划开始即提出了经济转型问题。对于经济转型的理解，在国家层面主要有三个方面的解释：一是指经济制度变迁，二是指经济体制转型，三是指经济模式转型，即经济发展方式由粗放型到集约型转变、从单纯经济增长到全面协调可持续发展转变。而从城市发展的层面来看主要是指第三层含义。

1. 调整产业结构，大力实施战略性新兴产业

在知识城市成为21世纪城市发展最新理念的背景下，笔者认为对城市的经济转型应当在保留城市已有的基础上，为适应新的城市功能需要而进行变革。城市的发展根植于环境、社会和经济的可持续性。换句话说，没有环境、社会和经济的可持续性，就不可能有城市的可持续性。但由于各方面的原因，当今相当多城市的产业结构依然是以资源消费性为主导，如房地产业，或者产业结构极不合理，存在很大风险，如证券金融投机产业等。

一个城市如果过度集中发展这类泡沫暴利产业容易产生难以预料的经济风险。纵观世界经济演进历史，以制造业为代表的实体经济始终是主要经济体的支柱产业和经济可持续增长之本。美国在遭受金融危机之后，目前正实施“再工业化”的战略，就是旨在重新平衡实体经济与金融业之间之间的“本”和“用”的关系：前者是后者存在基础，后者是前者发展的辅助。在我国城市转型的过程中，应避免走这条本末倒置的路。

2010年6月，国家提出大力发展战略性新兴产业规划，更确定了“节能环保”、“新兴信息产业”、“生物产业”、“新能源”、“新能源汽车”、“高端装备制造业”、“新材料”等发展领域。从产业创新角度看，战略性新兴产业是新兴科技和新兴产业的深度融合，代表着科技创新的方向，也代表着产业发展的方向，在城市转型的过程中要科学制定发展规划，选择若干重点领域作为突

破口，并以此改造传统制造业，建立新产业部门，创造新经济增长点，力争在较短时间内见到成效，使战略性新兴产业尽早成为国民经济的先导产业和支柱产业。当前和今后一个时期，我国的产业政策要向新能源、新材料、半导体照明、激光显示、现代生物医药等战略性新兴产业倾斜，构建“核心技术——战略产品——工程与规模应用”的创新价值链。

2. 重视科技作用，积极推动经济增长方式转变

在知识经济兴起的时代，科技是经济增长不可或缺的关键要素。先进的信息技术与发达的传媒也给广大市民提供了更加平等地接受教育、参加各项培训、享受优质服务的机会，无形之中提高了全社会的人力资本含金量。以2007年澳大利亚的墨尔本市网络计划为例：在技能培训方面：愈5万人接受了网络基础知识的培训；在地方计划方面：赞助39个地方委员会参与此计划，以实现地方区域发展；在学校资源共享方面：146所高校24小时提供网络服务；在区域联系方面：六大网络基地提供免费服务；在在线图书馆建设方面：公共图书馆提供网络平台。可见，科技在城市的实际生活中具有也够能大会不可替代的作用。面对当前经济社会发展的迫切要求，日益突出的全球性问题以及科学技术体系的内在演进，我国各城市应当结合自身条件积极发挥科研院所、教育机构的能力，推动科学研究、技术创新、产业发展和社会进步，促进科技成果的诞生，缩短科技成果的转化周期，扩大科技成果的应用领域。

发挥科技的作用，很大程度上是为了从技术上转变传统落后的经济增长方式大量消耗资源的做法。党的十七大明确提出了以从转变经济增长方式到转变经济发展方式为内容的进一步转变我国国民经济发展方式的重要方针。这是我国经济发展方式的第二次历史性转变，其实质在于提高经济发展的质量：即主要通过科技进步和创新，在优化结构、提高效益和降低能耗、保护环境的基础上，实现包括速度质量效益相协调、投资消费出口相协调、人口资源环境相协调、经济发展和社会发展相协调在内的全面协调，真正做到又好又快的发展。2010年6月7日，胡锦涛总书记在两院院士大会上再次指出：“建设创新型国家，加快转变经济发展方式，赢得发展先机和主动权，最根本的是要靠科技的力量，最关键的是要大幅提高自主创新能力。”因此，利用科技转变经济发展方式，是今后我国城市经济转型和变革的重要内容，各城市将从资源依赖型、投资驱动型向创新驱动型为主转变，并逐步向资源节约、环境友好、人与自然和谐相处的方向过渡，带动知识为基础的产业快速跟进，保证可持续发展的纵深演进。

3. 挖掘人力资本，竭力培育城市智库型人才

人力资本的发展被视为从传统城市向知识驱动型城市过渡的重要手段。“吸引投资和人才才是决定知识型城市经济竞争力和社会竞争力的关键。”对城市中经济主体之一的企业而言，公司的选址尤其是跨国公司的选址在很大程度上取决于稀缺的人力资本，因为企业、人才集聚的知识溢出效有利于提高社会劳动生产率。站在全球化的角度来讲，未来的竞争也是一场激烈的人才争夺战，我国的人才培育与挖掘必须适应未来国际竞争的要求。2010年6月6日，《国家中长期人才发展规划纲要（2010–

2020年）》正式颁布实施。作为我国第一个中长期人才发展规划，纲要提出了到2020年我国人才发展的总体目标，即“培养和造就规模宏大、结构优化、布局合理、素质优良的人才队伍，确立国家人才竞争比较优势，进入世界人才强国行列，为在本世纪中叶基本实现社会主义现代化奠定人才基础。”结合到城市经济转型与变革的实际，重视发挥人才作用的表现之一就是要充分依托大学的人力资源、技术资本优势，加快技术转化，使它们真正成为一个城市战略新定位中的排头兵和风向标[12]。同时，智库型人才的作用不可忽视。它是一个国家、一个地区、一个城市软实力的重要体现和标志，无论是中长期的战略设计，还是在危机反应的预案准备，或者是教化国民的理念培养以及促进国际社会理解的第二管道，都离不开智库参与。智库作为软实力的载体已经成为国家决策力量体系的重要组成部分。凡是有智库的城市、地区，其社会经济发展相对较快，其发展战略较为可持续，其政策和人才储备也较充分[13]。在我国进行经济转型的过程中，各城市要围绕《人才规划》提出的“服务发展、人才优先、以用为本、创新机制、高端引领、整体开发”的人才发展指导方针，明确了人才队伍建设的主要任务。突出培养造就创新型科技人才，努力造就一批世界水平的科学家、科技领军人才、工程师和高水平创新团队，注重培养一线创新人才和青年科技人才；大力开发国民经济和社会发展重点领域急需紧缺专门人才，为发展现代产业体系和构建社会主义和谐社会提供人才智力支持；统筹推进党政人才、企业经营管理人才、专业技术人才、高技能人才、农村实用人才、社会工作人才等人才队伍建设，培养造就数以亿计的各类人才，数以千万计的专门人才和一大批拔尖创新人才。

当今世界的发展历史告诉我们，21世纪是环境资本、知识资本、文化资本、技术资本、民主资本、金融资本互相依存的时代。为了实现城市发展与社会和谐的协调发展，加速“以知识为基础发展”，城市经济转型与改革势在必行。只有在调整产业结构、重视科技作用、挖掘人力资源上做足文章，才能提升城市综合实力和城市魅力，从而形成强大的资金流、信息流、人才流，实现城市和社会的科学发展、跨越式发展和可持续发展。

（作者单位：西南大学经济管理学院）

基金项目：国家社会科学基金一般项目：全球知识城市范式与中国城镇化进程中的新路径研究（08BSH020）；教育部社科规划项目：全球知识城市与中国知识城市构建研究（批准文号：07JA840014）阶段性成果。

以资源型产业集群促资源型城市经济转型研究

赵国亮

资源型城市是指以本地的某一种或几种自然资源的开发、生产、加工为主要经营活动的城市。为了研究的需要，文章将自然资源限定为不可再生的矿产资源。丰富的资源在经济起飞的阶段为这些城市创造了天然优越的条件，但是随着资源的耗竭，一些城市纷纷陷入经济和社会发展的困境。在我国东北地区，由于资源开发时间早、强度大以及开发的时间较长，一些以资源型产业为主的城市最早面临这种问题，经济转型在这些城市显得尤为迫切。为了避免经济发展大的波动，那些还没有出现资源耗竭的资源型城市也需要提前进行经济转型的战略规划。

虽然对于资源型城市如何进行经济转型很多学者做了大量的研究，但是目前国内对于利用资源型产业集群这种新型的空间组织形式来推动资源型城市经济转型的研究还很少。

资源型产业集群的发展为资源型城市的经济转型提供了一条非常好的思路:其强大的外部规模优势使生产链向深度加工方向延伸，通过深度专业化分工，慢慢形成对自然资源的开采、加工以及三废资源的循环利用，这样既发展了经济，又节约了资源和保护了环境，同时构建了有利于促进技术进步和培育内生经济增长模式的良好环境。资源型产业集群在本质上是资源型产业实现循环经济的空间组织形式。

一、资源型城市经济转型的界定

经济转型是前苏联理论家布哈林在研究新经济政策时最先使用的概念。我国学者结合我国的具体国情，对经济转型的内容做了相应的阐释。姚先国和盛乐认为经济转型是一个系统工程，涉及社会结构、经济结构、生产结构等各方面的变革，一个完备的经济转型需要包括社会人力资本结构的变化、经济增长方式的变革、社会分工体系的重构、市场交易规则的改变等等。洪银兴认为经济转型的内容主要包括三个方面：一是计划经济体制向社会主义市场经济体制的转型；二是传统社会向现代化社会的转型；三是封闭社会向融入全球化经济的开放社会的转型。同时又指出经济转型和经济发展是一个问题的两面，经济发展自身也有个转型的问题，这涉及经济增长方式转型，转变增长方式的实质是经济增长由追求数量转向追求质量。

由于各个国家、地区具有不同的历史、文化、经济、社会以及自然资源条件，因此，要对经济转型下一个普遍通用的定义很困难。

我国资源型城市在发展过程中面临的普遍问题是：产业结构单一；产业链短；资源型企业布局分

散、没有形成良好的组织形式、缺乏规模效益、技术水平落后；大中型国有企业没有发挥出核心带动作用；经济发展和资源、环境不协调；基础设施落后；城市辐射功能弱等等。由传统式的依靠大量资本、资源、劳动力的投入来获得的经济增长转变成现代式的依靠组织结构的调整、人力资源的开发和技术的进步来获得的增长成为资源型城市目前经济转型的核心问题，它的解决是其他诸如统筹城乡发展、统筹区域发展、统筹经济社会发展、统筹人与自然和谐发展、统筹国内发展和对外开放等等问题解决的基础。

本文将资源型城市经济转型界定在经济增长方式转型的层面上，具体内容为以技术进步为核心，通过产业结构的优化升级、组织结构的调整以及经济的多元化发展，达到经济与资源、环境的协调发展。

二、资源型产业集群的理论

（一）资源型产业集群的概念

资源型产业集群是以自然资源开发和加工行业为主导的，由以一个核心企业或者几个核心企业为中心的在一定的地理空间范围内集聚并且相互联系的企业以及相关支撑机构组成的空间经济组织。生态工业园、矿产资源型高新技术开发区等等则为资源型产业集群的具体实践形式。

一般资源型产业集群具有三个特性：第一，地理特性。围绕着资源的开采和利用，大量的关联企业以及地方政府、行业协会、金融、教育等支撑机构在资源富集地区集聚分布。第二，资源特性。自然资源物耗成本在产品成本中占较大比重，资源禀赋是企业成长的重要基础。第三，产业特性。从资源利用上看，围绕主体矿产资源以及共伴生矿产的综合利用形成纵向主导的产业链，围绕废弃物、副产品的回收利用形成横向耦合产业链。企业和相关支撑机构形成网络结构模式，以大宗基础产品的生产和高端精细产品的生产企业为核心，上游包括资源勘探、资源开采、采掘机械设备制造等原材料、机械设备和生产服务的供应商，下游包括工业三废的资源化、副产品的回收利用、共伴生矿的利用等企业主体以及销售商和网络，侧向延伸至物流、研发、教育、培训等机构以及电力等基础设施供应商。这些企业或者相关支撑机构通过社会化分工形成紧密的经济联系。

（二）资源型产业集群形成的条件

资源型产业集群形成的条件可以分为客观条件和主观条件。

1. 客观条件

它主要指资源型产业具有的技术可分性和产业关联度。（1）技术可分性。产业的技术可分性是指：一般情况下，一个制造业的最终产品的形成需要经历很多工序，每道工序都会产生中间产品。资源型产业的中间产品品种繁多，一些工序可以由专业化的企业进行生产。这种情况可以产生一个产业内关联企业的集聚发展。（2）产业关联度。资源型产业的产业关联度普遍较高，上游可以扩展到采掘机械设备制造等行业，下游能扩展到电子信息、生物工程以及新材料等高新技术行业。比如，随着现代科学技术的飞速发展，高新技术在资源的勘探、开发、生产加工、共伴生矿产的提取利用、工业三废中矿产元素的资源化等领域得到越来越多的推广，推动资源的开采和利用向精细方向发展。这种情况可以产生几个关联产业领域内关联企业的集聚发展。

2. 主观条件

它主要指制度和人文因素。（1）制度。资源型产业集群是资源生产的社会化分工不断深化的产物。在形成的初期往往是一个较大规模的企业布局在一个资源丰富的地区，然后一些中小企业布局在其周围与之形成配套生产；或者是大型企业为了提高市场核心竞争能力，保留自己核心的生产技术和生产能力，把一些非核心的生产和服务环节分化出去，形成一些专业化的配套企业。这些地理上邻近、经济上联系紧密的企业较孤立布局的企业交易频率大为增加，要保持它们良好的交易关系和生产秩序必然需要良好的制度环境。（2）人文因素。共同的文化传统、行为规则和价值观等等人文因素能够促使最初诞生的企业慢慢形成一种积聚核心以及在它们之间形成一种基于信赖基础的网络关系。这可以大大降低企业间的交易费用，强化它们的竞争力，直至集群最后形成。这种文化传统、行为规则和价值观在资源型产业集群中体现为对资源的节约以及对环境的尊重。

三、以资源型产业集群促资源型城市经济转型的原理

（一）为城市经济转型提供一个良好的创新环境

创新为城市的经济转型提供动力，而资源型产业集群能够提供这种创新环境。集群不仅仅促进关联企业、相关支撑机构以及它们所带来的资金和劳动力的集聚，更重要的是知识和技术的集聚。这种集聚为整个集群的创新提供了重要的环境。它包括两个方面：一方面是知识溢出；另一方面是企业的竞争与合作机制。在创新环境的孵化下，集群中逐渐会形成一种创新网络。这种网络一旦形成，通常会出现一个自我强化的循环系统，在系统内进行着大量的知识、信息和技术的良性循环流动，使系统不断保持着生命力、创造力和竞争力，促进城市经济的转型。

这种创新环境发挥作用是需要前提条件的，即知识产权保护体系发挥作用。知识产权保护体系包括相应的法律法规、政府或者是行业协会等规制管理机构的管理以及集群内部舆论氛围，它们使在一定时期内对创新进行投入的企业可以通过创新型产品的销售获得超额利润，以弥补付出的成本和对创新的行为进行激励。否则一些企业便会在知识创新方面搭“便车”，通过模仿创新企业的新产品，与之进行低价竞争，从而出现柠檬市场效应。①这样会导致创新者不愿意继续创新，同时整个集群也渐渐衰退甚至消亡。

在知识产权保护体系的有效支持下，具有规模效应和技术创新力的核心产品厂商可以主导集群的发展，而其他企业则与之协作配套。整个集群通过知识溢出以及竞争与合作机制的共同作用不断产生创新。

① 柠檬市场效应指在信息不对称的情况下，往往好的商品遭受淘汰，而劣等品会逐渐占领市场，从而取代好的商品，导致市场中都是劣等品。

1. 知识溢出

关联企业集聚可以共享知识溢出，特别是默会知识[②]（TacitKnowledge）的传播。经过一些经济学家的经验研究，知识溢出效应随着企业空间距离的加大而减弱。这些知识对于创新特别是集成创新、引进消化吸收再创新起到了非常重要的作用，从而形成集群创新的优势。探究其原因主要有两点：第一，集群网络结构促进知识溢出。资源型产业集群有两种网络：生产网络和社会网络。在这两种网络中发生的经济行为和社会行为包括企业的社会化分工合作、产学研的结合、政府机构或者行业协会支持的内外交流、各种人才在集群内的流动等等内容。这些行为产生了大量的正式渠道或者非正式渠道面对面的交流，成为知识溢出的重要途径。第二，共同的文化传统、行为规则和价值观等等人文因素促进知识溢出。占知识很大比例的默会知识对于创新起着非常重要的作用，它的传播不仅仅需要相似的知识结构、企业组织基础等，更需要共同的人文背景做支撑。资源型产业集群内特有的对资源的节约和对环境的尊重的人文因素成了维系集群内部企业良好关系的纽带，有效地促进默会知识在集群内部传播。

2. 企业的竞争与合作机制

集群内大量的企业集聚会产生近距离的竞争与合作关系。下面具体分析两种机制的过程。（1）竞争机制。在集群的生产链的某一个环节两家生产类似产品或提供类似服务的企业相互竞争。为了赢得竞争的胜利，它们根本的办法就是创新生产的产品或者提供的服务，在降低成本的同时使产品或者服务更能满足客户的要求。由于企业距离靠近，尽管存在专利保护，创新诞生后一些思想和技术仍然会通过各种渠道逐渐向周围企业扩散。从长期来看企业只有不断进行创新活动，才能具有持续的竞争力。（2）合作机制。由于资源型产业中间产品品种繁多、产业关联度普遍较高，企业间密切的合作会大大降低一家企业单独承担创新性研究的资本和技术门槛以及市场风险；同时，集群内中小企业虽然自身单独创新的力量相对弱小，但是可以共享集群内或政府提供的或市场中介服务机构提供的技术、信息以及培训方面的服务，维持灵活、创新的能力。这两种机制能够使产业集群具有强大的竞争力并向增值环节的上端攀升。

（二）推动企业组织形式合理化

资源型产业集群中特有的知识传播机制、竞争与合作机制、管理机制以及人文因素可以将缺乏组织的大、中、小型各类企业组织起来，让它们在生产网络中形成相互依赖、共同发展的共生体。这种共生体主要依赖市场机制进行运作，政府或者行业协会等公共组织主要维持集群内部的正常秩序。

从上游的资源开采环节看，企业的劳动对象是自然界的矿产资源，资源价值在产品总价值中占很大比重。为保证开采过程中资源的回采率和规模经济效益，[③]需要先进的技术和大量的资本投入，所

② 默会知识是波兰尼在1958年首先在其名著《个体知识》中提出的。它主要是相对于显性知识而言的，是一种只能在行动中展现、被觉察、被意会的知识，却又不能通过语言文字符号予以清晰表达或直接传递的知识。

③ 规模经济效益指随生产能力的扩大而单位成本下降的趋势。

以只有技术和资本力量雄厚的大中型企业才有实力承当这个环节的生产。

从核心生产环节看，大宗基础产品的市场需求量大，而且对企业的技术水平也有较高的要求，所以这类企业需要较大的规模；而精细产品的技术密集特征非常显著，只有具备雄厚资金和技术实力的大型企业或拥有专项技术的高科技企业才具备相应的生产能力。

对于三废资源化、副产品的回收利用和共伴生矿产利用三个环节，产品的生产在实现技术突破后有规模经济的要求，单个的大企业独自进行这些生产活动的成本远远高于专门化的中小企业集中生产和处理的成本。大企业、中小企业之间只有根据各自优势进行专业化的分工协作，才能形成物质资源在产业集群内的高效率流动。

（三）推动城市经济向多元化发展

国际上很多资源型城市的经济转型实践经验表明，资源型城市的发展不可能长期依赖几种优势资源，一元经济发展到一定程度后，必然向多元经济转变。

矿产资源是不可再生的资源，对它的开发必然经历勘探、开采、高产稳产、衰退直至枯竭的过程。资源型城市只有在资源的开采初期或高产稳产期，利用积累下来的资金、技术以及人才等等生产要素滚动式带动其他产业的发展，逐步把重点转移到培育非资源型的支柱产业上，减少对资源的依赖度，才能在资源尚未耗竭之前找到新的经济增长点，最终顺利实现城市经济的转型。

在市场和政府的共同作用下，资源型产业的企业集群式发展，利用集群的创新优势和规模优势，可以逐步实现整体的转型发展。第一，技术的不断进步以及产业链的不断延伸，使资源型产业从以生产低附加值的初级产品为主的阶段逐步转变成为以生产高附加值的深加工产品为主的阶段；第二，资源型产业的产业关联度较高，上游可以扩展到采掘机械设备制造等行业，下游能扩展到电子信息、生物工程以及新材料等高新技术行业。随着集群的形成和发展，这些行业有了不断发展的良好平台；第三，集群的形成和发展不仅仅使资源型产业的企业和相关行业的企业的生产能力和效率得到很大的提高，而且使生产的复杂程度不断加强以及生产的社会化分工不断深化，从而不断吸引生产性服务企业进入集群，为这些企业提供各种市场配套服务；第四，集群中企业和相关服务机构的集聚不断吸引着大量人口的集聚，为消费性服务业的发展提供了广阔的市场。集群整体的发展促使资源型城市逐步摆脱对资源的过度依赖，形成多元化的发展格局。

（四）促进城市经济与资源、环境协调发展

生态型工业园、矿产资源型高新技术开发区等等是资源型产业集群具体的实践形式。园区内产业采取“资源—产品—废弃物—资源”的闭合循环的物质流动模式，节约资源的同时也保护了环境。

近年来，随着可持续发展的观念深入人心，很多国家开始大力实践生态工业园的产业发展模式。丹麦的凯隆堡（Kalundborg）生态工业园是成功典范，下面通过这个园区案例剖析凯隆堡这个城市的经济与资源、环境协调发展的一些具体情况。

凯隆堡生态工业园区以阿斯耐斯（Asnas）发电厂、斯塔朵尔（Statoil）炼油厂、挪伏·挪尔迪斯克（NovoNordisk）制药厂和吉普洛克（Gyproc）石膏板厂等4个厂为核心企业，将一家企业的废弃物或副产品作为另一家企业的投入或原料。比如，阿斯耐斯发电厂用斯塔朵尔炼油厂的废气作为一种燃料，将煤渣提供给吉普洛克石膏板厂，蒸汽输送给斯塔朵尔炼油厂和挪伏·挪尔迪斯克制药厂，煤炭燃料的副产品飞尘用于生产水泥和铺路材料，余热可为渔场、城区、温室提供热能；斯塔朵尔炼油厂的燃气可用于石膏的干燥，冷却废水输送给阿斯耐斯发电厂，副产品硫黄可以提供给硫酸厂做原料。

园区内各个企业以副产品交换、资金和人才的交流为纽带相互联系在一起，相互依赖、相互促进，从而形成一个“资源—产品—废弃物—资源”的闭环系统。当园区发展到一定的规模，资源将不再是沿着单一的链条流动，各种链条之间的相互交叉形成工业共生网络。园区还设有信息中心、技术中心、环境中心等各种服务机构为这些企业提供配套服务。

凯隆堡生态工业园产生了巨大的资源和环境效益。比如，当时由于阿斯耐斯发电厂把部分多余的热能提供给其他生产单位，使大约80%的废弃能量重新利用起来；自1981年以来，阿斯耐斯发电厂通过地下管道向城区住户集中供暖，这一做法取代了3500个小型燃油锅炉；从1972年开始，斯塔朵尔炼油厂将过剩的燃气用管道输送到吉普洛克石膏板厂来点燃墙板干燥炉，不仅改变了以前在内部燃烧废气的普遍做法，而且满足了吉普洛克石膏板厂对燃气的所有需求；凯隆堡的淡水稀缺，而这些工业企业都是用水大户，自1987年以来，斯塔朵尔炼油厂每年将一定量的冷却废水输送给阿斯耐斯发电厂，这种共生关系大约减少了发电厂对地面和地下淡水的需求量的25%等等。

四、以资源型产业集群促资源型城市经济转型的相应措施

从理论分析和成功的实践经验可知，资源型城市的经济转型有两条基本途径：一是培育资源型产业集群，改造提升传统产业，延伸产业链将特色资源性产品做精，加大对废气、废水和废料的循环利用，不断集聚知识、技术和专业化人才，使集群成为创新孵化器；二是依托区域其他比较优势，培育发展诸如新兴产业、现代服务业或者农业资源深加工业等类型的具有成长性好、竞争力强的接续替代行业。两种途径可以互相促进，目的是使城市经济形成多元化的发展格局。

利用产业集群推动这些城市的经济转型，主要需要在三个方面采取应对措施。

（一）建立反映资源稀缺性的资源性产品价格形成机制

我国的很多资源性产品目前的市场价格没有能够准确反映资源的稀缺性，市场机制对资源配置的基础性作用没有得到有效发挥。资源性产品的价格应体现资源的经济价值、社会价值、生态价值、环境补偿价值的总和，但目前价格相对还处于比较低的位置，这样直接导致企业开采和利用资源过程中的粗放式行为。值得注意的是，资源性产品价格改革需要协调政府定价和市场定价的关系，在关系到国家整体发展战略的资源上做好国家宏观价格控制，在一般的资源上做好市场微观放活，通过完善资源性产品价格形成机制促进资源节约，进一步理顺价格体系和完善市场机制，促进经济增长方式转变，实现可持续发展。

（二）利用集群政策引导集群的形成和发展

资源型产业集群的形成和发展脱离不了市场和政府两方面的共同作用。政府主要发挥政策引导、公共服务以及市场监管的作用。特别在市场还不是太完善的一些资源型城市，相关政府部门要充分发挥政策的引导作用，引导建立技术咨询机构、信息服务机构、专业化的教育与培训机构等等市场中介服务机构，推动产业的集聚和产业链的形成与延伸，同时鼓励建立各类行业协会、同业公会，搭建区域内外的交流平台等等。这种作用只能去弥补市场的不足，为集群的形成和发展提供良好的环境。

在政策的制定中，要强调对技术的支持和对环境的保护。在技术支持方面，要突出对开采技术、环保技术、替代技术和资源再利用技术等等核心技术的重点支持，对基础设施和基础性研究大力投入，同时促进发挥大中型企业的技术带动作用。在环境保护方面，要突出对三废资源利用的鼓励以及对废弃物随意处置的惩罚，将环境成本纳入到企业成本中去。

（三）根据本城市的具体市情培育产业集群

因为每个城市都有自己独特的历史、文化、经济、社会以及自然资源条件，所以在培育产业集群的时候，要充分发挥自己的比较优势，不能片面追求完整的产业链，避免造成生产能力的重复建设和资源的浪费。

一些资源型城市缺乏创新的社会文化环境，同时经济基础薄弱，不具备采用产业集群模式的条件，但是可以依靠相关政府部门的力量，结合本区域具体特色和比较优势，通过倾斜政策和相应投资，依托经济发展好的中心城市，发展线性或扇面而非网络式的企业分工，并在有条件形成产业集群的产业链条环节中，培育一些“非完全意义”的产业集群，激发市场力量，逐渐将政府推动力量与市场拉动力量有效结合，构建专业化分工，最终实现城市经济的转型。

（作者单位：中国人民大学经济学院区域与城市经济研究所）

案 例

资源型城市可持续发展与城市化思考

黄 勇

资源是国民经济与社会发展的重要物质基础。长期以来，许多发展中国家或地区的发展战略采取的就是以突出资源禀赋的比较优势来生产劳动密集型产品，而参与区域贸易和区域分工。贵州有着能源、矿产、生物、旅游等极为突出的资源优势。尤其是矿产资源，已发现的矿产总数有107种，矿产地3000余处，其中的磷矿、煤矿、铝土矿、卡林型金矿等矿种，在我国占有极其重要的地位。2008年，贵州规模以上工业增加值中采矿业增加值为153.61亿元，分别占规模以上工业增加值的14.6%、GDP的4.6%，其中原煤、磷矿石产量分别为11798万吨、1317万吨。基于这些优势矿种，已建立了若干大型矿业和以铝及铝加工、磷及磷化工、煤及煤化工为主的有色、冶金、化工等资源型产业基地，如"江南煤都"六盘水、"亚洲磷都"福泉、"中国汞都"万山以及毕节地区、清镇、毕节、仁怀、赤水、开阳、瓮安等都是随着资源的开采而形成的资源型城市或地区，这些资源型城市的经济发展也长期依赖于资源开发，曾为国家和我省经济建设做出巨大贡献。但由于矿产资源具有不可再生这个不能改变的自然规律，随着开采时间的延伸和开采力度的加大，有些资源型城市或地区逐步由成长期发展到枯竭期，有些资源型城市或地区虽还处于成熟期但主体矿产储量在几十年甚至十年内正趋临枯竭，这些城市和地区都可称为资源枯竭型城市或地区。由于资源枯竭，矿竭城衰，引发了经济增长乏力、失业贫困等社会问题凸现、生态环境恶化等一系列问题，这将关系到资源型城市乃至全省经济社会稳定与可持续发展。贵州作为一个欠发达、欠开发的资源型省份，必须紧紧依托我省丰富的资源优势来实现经济社会发展的历史性跨越，这就要树立科学的资源观和发展观，使资源型城市真正进入可持续快速发展轨道。为此，需要建立资源型城市可持续发展的长效机制，用一系列有效政策来引导和促进资源型城市发展转型，实现资源产业与非资源产业、城区与矿区、农村与城市、经济与社会、人与自然的协调发展。

一、建立资源可持续发展机制

贵州属于欠开发、欠发达地区，在发展观念和体制机制上与发达地区有较大的差距，资源开发的体制机制还不适应可持续发展的需要，要尽快建立资源开发补偿机制和完善资源性产品价格机制，形成资源开发的可持续长效机制。一是建立资源开发的长效机制。支持资源型城市建设成为贵州省的可持续发展试点地区，为贵州省资源开发地区的可持续发展探路子作示范。积极争取国家有关部门支持，将开展煤炭资源有偿使用制度改革试点逐步推行到其他矿种，探索所有矿产资源的可持续发展准备金制度，支持资源型城市率先试点，由资源型企业在税前按一定比例提取可持续发展准备金，专项用于矿产资源保护、水资源保护、生态环境治理、安全投入、地表沉陷治理以及资源型城市转型、接续替代产业发展等。建立资源环境补偿政策和污染者付费制度，开展跨流域生态补偿试点工作。对于国民经济具有重要价值的矿区以及保护性开采的稀缺矿区，省里要制订保护性开发规划，建立矿产资源战略储备制度。建立起资源枯竭矿山的补偿和转产的良性机制，建立矿山和补偿制度机制，在税前为矿山"买保险"，用于矿山衰退时转产补贴和职工安置。二是完善资源性产品价格形成机制。科学制定资源性产品成本的财务核算办法，防止企业内部成本外部化、私人成本社会化，逐步形成能够反映资源稀缺程度、市场供求关系、环境治理与生态修复成本的资源性产品价格形成机制，加快完善矿产资源有偿使用制度。三是建立矿业权市场的形成机制。进一步推进地质矿产勘查机制体制改革，完善勘查风险投资制度和勘查基金管理运行机制，积极将资源型城市的接替资源勘查纳入地勘基金项目予以重点扶持，加大资源型城市资源勘查和矿区周边补勘找矿工作力度，为资源型城市的发展提供更多后续资源支撑。建立起真正有效的探矿权市场，完善采矿权市场的制度设计，在采矿权、出让采矿权的条件、资源开采补偿金制度、采矿权期限、采矿权转让等方面提高进入门槛，以利阻止小规模经营和短期行为，促进企业的大型化和集约化。建立矿权利益分享机制，让地方政府在矿权市场上分享利益，给地方政府一部分处置矿权的权力，保证它们有干预城市经济转型的能力。

二、建立后续产业发展机制

贵州资源型城市的经济发展对资源产业依赖性强，单一产业结构日益显露弊端，产品初级化和附加值低，结构调整难度较大，后续多元产业培育和特色经济发展缓慢，一旦资源枯竭，则区域经济增长和财政增收乏力。因此，资源型城市应充分发挥自然资源、区位条件、投资环境和人力资本等具有相对优势，加速后续多元产业的培育，加快经济转型。一是建立衰退产业援助机制。制定倾斜政策，加快资源型城市产业结构调整和优化升级，尽快实现主导产业由资源密集型产业向技术、资金密集型产业的转型，优先支持以高新技术改造提升传统矿产资源以及新兴资源开发等采掘业，大力发展接续替代产业，积极转移剩余生产能力。调整所有制结构，大力发展非公有制经济，形成一批有市场竞争力的民营企业，带动城市经济转型。二是促进接续替代产业发展。制定《资源型城市产业发展促进条例》，明确各级政府的援助职能、专项资金和各类优惠政策，建立资源型城市接续产业项目专项资金用于培育发展接续替代产业。三是规划建设产业园区。结合资源型城市土地、矿产资源、交通等实际情况，将资源型城市产业发展纳入省级产业园区发展规划，给予资源型城市产业园区享受有关优惠政策，从政策、项目和资金多方面大力推进产业集聚，支持资源型城市打造特色产业园区，使产业园区成为资源型城市经济可持续发展的重要支撑节点。四是大力发展循环经济。将资源型城市纳入省级循环经济试点，在资源开采、资源消耗、废物产生、共生伴生矿产和尾矿综合利用等重点环节和资源型企业或领域大力推行循环经济发展模式，建设循环经济示范基地建设，加快形成低投入、低消耗、低排放和高效率的节约型增长方式。对于符合循环经济、节能减排和资源综合利用要求的企业和项目，给予投资补贴和优惠政策支持。

三、建立加快城市化发展的机制

贵州资源型城市尤其是中小规模城市大多是因矿设市或因矿设城，在长期发展中形成了以地方政府进行管理和为矿区服务的城区和以矿山开采管理区为主体经济运行的矿区社区两方面的城镇功能主体，城镇布局分散，城镇建设历史欠账较多，城镇功能不完善。因此，要加快资源型城市的城市化步伐，改善基础设施条件，强化城市的要素聚集能力，增强城市发展活力。一是加快融入区域性城市经济圈。要因地制宜，制定有利于城市和矿山企业共同发展的政策，将矿业发展和城市发展规划结合起来。对于已经实施破产关闭的原国有大中型资源型企业和和资源已经枯竭的城市，支持帮助资源型城市实施异地转型发展战略，将矿山城镇纳入区域性中心城市统一规划，通过逐步异地搬迁和异地发展，加快工业化、城镇化步伐，从根本上促进资源型城市经济转型和可持续发展。矿山城镇原址可充分利用职工异地安置后留下的职工住房、厂房设施和工业用地，便于招商引资和产业聚集。二是完善城乡基础设施。重点加强交通、水利、城镇等基础设施建设，优先加强城市、矿工集中安置区、工业园区的城镇道路、供排水、污水处理、环卫、市政公共、基础教育等对广大人民群众生产生活影响较大的市政工程设施建设，解决资源型城市建设长期欠账问题，提高资源型城市的区域竞争力。支持资源型城市申请亚行“城市发展项目”贷款项目，便于利用外资加强资源枯竭型城市的城市服务和基础设施建设，促进经济转型。三是改善资源型城市人居环境。以改善城市人居环境为重点，全面启动资源型城市环境综合整治。加大对矿产采空区的综合治理力度，通过3～5年对采空区危房实施就地或异地整体搬迁，改善矿区企业及居民的生产生活条件。加快完善污水处理、垃圾无害化和城市燃气等有显著环境效益的市政公用设施，推进城市生态建设，建设生态型资源城市，创造宜居环境。

四、培育社会发展机制

资源型城市一旦资源枯竭，或者由于资源型产品市场需求波动或企业经营困难，必将引起下岗失业率较高、贫困面较大、居住条件较差、采空区居民搬迁难度较大等突出的区域性社会矛盾，社会稳定压力大。因此，要加大对资源型城市就业培训、完善社会保障、教育卫生等方面的支持力度，着力解决突出民生问题，培育资源型城市的社会发展机制。一是完善落实就业再就业政策。坚持就业优先的原则，以完善包括职业介绍、职业培训、社会保险补贴、小额担保贷款、财政贴息、税费减免等各项就业政策和配套措施为重点，实施下岗失业人员再就业援助制度，解决好历史遗留问题和新增劳动力就业问题。加强公共就业服务体系建设，建立矿工转岗培训专项资金，积极开展职业技能培训，多途径创造就业机会，鼓励有条件的资源型企业下岗失业人员自谋职业和自主创业。二是加大科技创新和职业教育支持力度。实施科教兴城战略，加快技术创新体制建设和配套的技术创新服务体系建设，鼓励企业大力发展和应用高新技术与先进实用技术，促使资源型城市的经济增长方式由粗放型向集约型转变。对科技含量高、有自主知识产权的出口产品和高新技术产品，利用贷款贴息资金予以重点扶持，以鼓励扩大出口。支持引导资源型城市的企业与高等院校、科研单位采取多种形式共建工程技术研究中心、行业技术中心和企业研发中心。支持资源型城市以职业技工学校和各类培训机构为依托，建设职业技能公共实训基地，在职业技术教育基础设施项目和资金上给予倾斜。将资源型城市列为省产学研合作示范城市，在经费上予以支持。三是进一步完善和落实各项社会保险制度。着力解决资源型企业下岗失业人员和退休人员的基本养老、基本医疗、失业、工伤、生育等各项社会保险问题，按时足额缴纳社会保险费。积极推进非公经济组织和灵活就业人员参加社会保险，扩大社会保险覆盖面。完善社会救助制度，对符合条件的贫困人群按规定及时给予救助。四是努力消除资源型城市的贫困代际传递现象。对享受城市居民最低生活保障政策的家庭义务教育阶段学与农村学生同样享受“两免一补”政策，继续对低保职工家庭子女免费提供教科书，对寄宿制学生补助生活费。省级扶贫项目和资金安排要向资源型城市予以适当倾斜。五是继续深入推进采矿沉陷区治理和棚户区改造工程。积极做好采矿沉陷区治理和棚户区改造工程，大力推进廉租房、经济适用住房、“两限”房等保障性住房建设进度，把廉租住房建设与城市改造、新区建设和融入区域性城市圈发展结合起来，根本解决困难群众的住房难问题，切实改善人居环境。

五、建立生态环境整治和保护机制

资源型城市往往生态环境较为恶劣，尤其矿山环境污染治理压力大，地质灾害频繁。因此，要加强资源型城市的环境整治和生态保护。一是搞好区域生态环境的综合治理。以实施封山育林为主，大力推进石漠化治理、天然林保护、珠江和长江防护林等生态建设工程为重点，推进资源型城市生态环境综合治理，在耕地综合生产能力建设、小流域治理、水土保持、造林绿化等工程建设方面，向资源型城市倾斜。二是加大矿山环境保护和建设力度。积极争取国家有关部门支持，将地质灾害严重的资源型城市列为国家地质灾害综合治理试点市。呼吁国家设立衰老矿区环境治理专项基金，采取国家、地方和矿业城市（地区）共同出资治理的办法，用于矿业城市和地区的环境整治和恢复建设。要从源头上将环境破坏和污染控制在矿区环境可承载能力限定的范围之内，加强对矿山资源开发规划和建设项目的环境影响评价，彻底改变“先污染，后治理”的模式。制订生态环境恢复治理规划，以尾矿库综合治理为重点，加大堆渣场、采空区、矿区植被恢复等生态环境治理项目的倾斜力度，切实改善矿山生态环境。探索组建专业化矿区治理公司，积极引导社会力量参与矿山环境治理。三是更加注重水资源保护。科学编制水资源规划，从多方面加强水资源保护，制定建立健全水价形成机制的具体措施，统筹协调生活、生产和生态用水及水资源的保护、开发、利用和节约工作，建立对水资源的环境评估制度，对湿地、水源地、岩溶泉域、重要河床、生态保护区下采矿前必须进行专项评估，从源头上防止破坏水资源。加强对沉陷区、采空区、大型矿坑危害地下水文的基础性研究，对矿井废水处理、矿区植被恢复和水土保持等项目由企业利用生态环境恢复治理保证金实施。对较大范围的水系影响项目，由省级政府利用相关资金组织实施。

六、健全政策支持机制

建立相关政策，积极支持资源型城市经济转型和可持续发展。一是积极争取国家有关资源型城市的可持续发展政策支持。根据《国务院关于促进资源型城市可持续发展的若干意见》（国发〔2007〕38号）精神，我国于2008～2009年批准了两批共44个资源枯竭型城市，这些获得了数亿多元中央财力转移支付资金和一系列相关配套政策扶持。我省资源型城市应积极做好前期准备，积极争取国家资源枯竭型城市立项支持。二是加大省级财政支持力度。建立省级财政专项支持资金，给予资源型城市尤其是资源枯竭城市财政转移支付资金配套，重点用于完善社会保障、教育卫生、环境保护、公共基础设施建设和专项贷款贴息方面。三是实行税收优惠政策。配合国家有关部门完善资源税计税依据，调整资源税税负水平，建立健全资源有偿使用制度。加强资源税的征收管理，依法增加资源开采地的财政收入。建立对资源枯竭型城市的财税政策反哺机制，提高资源型城市地方税收分成比例，将省级所得的城镇土地使用税、资源税、企业所得税等税收分成部分全额返还资源型城市财政。四是加大投融资扶持力度。鼓励金融机构在防范金融风险的前提下，设立促进资源型城市可持续发展专项贷款，加大对资源型城市的支持力度。健全资源型城市的中小企业信用担保体系，建立健全担保机构的风险补偿机制，将资源型城市纳入开展小额贷款公司的试点地区。支持资源型城市拓展国外贷款的使用规模和领域，积极引导外商投资于基础设施建设和产业发展。积极争取国家发行资源型城市经济转型专项债券，吸纳社会和民间资本，用于资源型城市经济转型和解决社会问题。

（作者单位：贵州省社会科学院）

低碳经济背景下资源型城市经济转型与金融扶持

人民银行铜陵市中心支行课题组

一、资源型城市发展低碳经济的必要性和紧迫性

安徽省铜陵市是典型的因铜而设、因铜而兴的资源型城市。资源型产业占工业的比重曾超过80%。经过五十多年的大规模集中开采，铜陵的矿产资源日益枯竭，先后关闭破产了12座矿山，目前，仅有2座处于开采中期，其余全都处于开发后期。已于2009年被国务院批准为第二批资源枯竭转型试点城市。目前工业成为拉动铜陵经济发展的主动力，但同时对资源的消耗以及环境、生态的影响也不容忽视。

（一）行业结构不合理。重工业仍为铜陵市主导产业，高能耗行业占比高。资料表明，自2005年以来铜陵市七大主要行业采矿业、黑色金属冶炼及压延加工业、有色金属冶炼及压延加工业、化学原料和化学制品制造业、非金属矿物制品业、石油加工、炼焦及核燃料加工业、非金属矿物制品业工业总产值占当年铜陵市工业总产值的75%以上，2009年末更是达到81.54%的历史高位。同时这七大行业在全市工业能耗总量占比也持续提高，从2005年能耗占比的95.59%提升到2009年的98.54%，且七大行业每年能耗总量占比均高于当年工业总产值占比。

（二）环境状况不乐观。铜陵是一座工业城市，依托铜矿、铁矿、硫矿等资源先后建成一批炼铜、炼铁、制酸、制肥等重污染企业，二氧化硫和粉尘是最大的污染源。2009年全市工业废气排放量1031亿标立方米，比2005年增加560亿标立方米。二氧化硫排放量40694吨，虽比2005年有所减少，却仍比2008年增加58吨。全市二氧化硫年均排放值为68微克/立方米，高于60微克/立方米国家二级标准限值。2009年化学需氧量（COD）排放量9962吨，比2005年减少114吨，仅下降1.14%。目前全市每年工业固废物产生量为500多万吨，历年累计贮存量8000多万吨，贮存占地面积达600万平方米。环境污染问题已成为影响城市和谐稳定的突出问题。

（三）节能减排压力大。国家“十一五”规划中明确提出控制温室气体排放取得明显成效的承诺和单位GDP能耗降低20%的目标。2010年是“十一五”规划的收官之年，也是离国家实施强制性节能减排指标硬约束的最后一年，2009年铜陵市万元GDP能耗较2005年下降17.3%，2010年除完成国家规定20%的指标而外，按省政府要求，比2009年能耗标准减少5%。面对双重目标考核任务，铜陵启动了节能减排预警机制，今年8月份，47家重点耗能企业实施了阶段性停产检修，预计减少产值5.36亿元，影响增加值1.61亿元。此外，小煤矿、小化工、小水泥、小选厂等落后产能淘汰任务艰巨。

（四）生态恢复任务重。在长达50多年的矿山集中开采后，铜陵形成了大量的采空区塌陷。到目

前为止，全市因采矿造成的地质灾害易发区面积达124.7平方公里，占市域面积的11.2%。地质灾害易发区中，严重的岩溶塌陷共产生塌坑430余个，直接影响面积524.9公顷，经济损失达2亿多元；严重的采空区塌陷20余处，直接影响面积422公顷。长期的矿山开采，破坏地表，污染环境，造成地下水位大幅度下降且水质恶化。

二、资源型城市向低碳经济转型面临的机遇与初步实践

资源型城市源于对自然资源开发而形成的一种特殊区域类型，其经济增长受资源型产业驱动，会因自然资源的衰竭而停滞或萧条，所以资源型城市经济发展具有明显的周期性。当前铜陵由资源粗放型向低碳集约型转型也面临着难得的机遇。

一是时机成熟。按照生命周期理论，资源型城市可分为开发期、成长期、成熟期和衰退期。处于成熟期的资源型城市，资源产量稳定，开采成本较低，适宜发展下游深加工业。衰退期是矿产资源面临枯竭，产量锐减和开采成本大幅上升。从铜陵市经济发展的具体情况及资源递减程度来看，基本可以判定为资源成熟后期和衰退初期临界状态。已在资源开发过程中累积了一定的技术、资本、人才等优势，劳动力成本相对较低，是发展接续产业的关键时期。当前世界经济正处于新一轮恢复和增长期，科技进步日新月异，国际生产要素转移加快，国内沿海地区生产要素和产业开始向中西部地区扩散。若错过这个黄金时机，到资源完全枯竭后再研究转型将付出高昂的成本。

二是政策扶持。2005年铜陵市被列为国家第一批循环经济试点城市，2009年被国务院批准为第二批资源枯竭型城市转型试点市，2010年皖江城市带承接产业转移示范区获批，铜陵作为皖江城市带主要城市，是承接国家级产业示范区的重要组成部分。此外，还拥有城乡一体化综合配套改革试点市、低碳经济试点市等省级头衔。政策扶持也带来了资金支持，仅2009年当年落实国家资源型城市转型试点市、可再生能源建筑应用示范市等国家和省各类补助资金12.3亿元，相当于全市地方财政收入的40%。当前铜陵正积极争取成为国家级低碳经济试点市，扩大政策叠加效应带来项目、税收、技术、资金等方面的倾斜。

与此同时，铜陵也在积极探索低碳经济转型之路。一是积极推进循环经济。三大循环园区及重点项目工程进展顺利，初步建立了资源综合利用、节约资源与节能降耗、环境保护与生态修复及产业延伸等四大类为主的循环经济项目库。项目库现有项目55个，总投资达270亿元。二是主动参与CDM（清洁发展机制）项目国际合作。2008年起铜陵两家能源消耗大户上峰水泥与海螺水泥率先参与了CDM余热发电项目改造。预计年减排二氧化碳39.4万吨，已获CERs（核征减排量）交易收入38.2万欧元。三是逐步实施对“两高一资”企业关停并转。对高耗能、高污染又难以循环发展的企业实行淘汰。在安徽省内率先关闭了全部的水泥立窑、关闭了冶炼出中国第一炉铜水的有色一冶炼铜风炉、关停了2台12.5万千瓦机组，拆除了3座100立方米小高炉等。

铜陵转型的初步成效表明，当前资源型城市应充分认识低碳经济发展的重要意义，坚持可持续发展的原则，以资源节约与环境友好为双重目标。在实现的途径上，一是要与调整产业结构相结合，逐

步实现经济增长由第二产业“一家独大”向第二、第三产业协同带动转变；二是要与循环经济发展相结合，做到企业小循环、园区中循环、社会大循环；三是要与发展新兴低碳技术产业相结合，增强自主创新能力，实现新兴产业低碳化。

三、低碳经济转型中金融支持现状及面临的主要问题

目前铜陵已有12家银行业金融机构、9家担保机构、8家小额贷款公司，有色财务公司也已获准开业，多元化的金融组织架构初步形成。经济金融化水平不断提高。以金融相关率（FIR）为衡量指标①，2005～2009年，铜陵市金融相关率依次为146.8%、155.7%、153.5%、160.1%、198.5%。除2007年略有下降外，基本呈逐年走高态势，表明金融资源在整个社会经济资源配置中的主导作用持续增强。当前金融支持低碳经济的制约因素表现在：

（一）沿袭产业锁定而引发金融资源过于集中高能耗行业，信贷资源配置难以满足低碳经济的需求。由于传统的资源型经济结构相对固化，难以在短时间内根本扭转，能耗高的企业仍是铜陵市经济增长的主力。一是传统行业贷款发放居高不下。2005年采矿业和制造业贷款占当年全市信贷投放总量的42.55%，到2009年两行业贷款余额占当年贷款总量的49.58%。二是信贷资源依然向高碳型行业集中。2009年铜陵市向电力热力生产和供应业、化学原料及化学制品制造业、非金融矿物制品业、有色金属冶炼及压延加工业等四大高能耗行业累计新增贷款35.12亿元，占当年全市信贷投放增量的45.22%。2010年全市信贷资源仍然供不应求，新增贷款发放受限，低碳资金需求空间难寻。

（二）低碳经济的社会性与金融机构的逐利性存在矛盾。当前一些新兴和新能源产业还处在产业发展的初期阶段，从全球范围看都存在行业标准和技术不成熟的问题，产业的持续巨大投入与其有效产出相比存在着较大的不确定性。向低碳转型的企业往往会导致经营成本大幅上升，盈利能力下降，虽有社会效益，但缺乏即期的经济效益，金融机构不愿分担应对环境变化所带来的社会成本，更倾向于发放经营稳定、见效快的企业贷款。有色金属集团和化学工业集团作为铜陵市的重点支柱企业，对全市工业增加值的贡献达80%以上，也是各金融机构争相抢夺的优质信贷客户，即使作为2009年底铜陵新设的两家股份制银行，到9月末对这两个企业的贷款已达3.54亿元和4.6亿元，分别占各行贷款增量的55.7%和37.5%。

在信贷资源有限的情况下，与低碳经济相关的项目融资不受银行青睐，处于边缘化位置。

（三）低碳金融的标准还不统一，金融机构环保信息来源与沟通渠道缺乏。2010年虽然人民银行和银监会联合下发《中国人民银行、中国银行业监督管理委员会关于进一步做好支持节能减排和淘汰落后产能金融服务工作的意见》，但目前还没有具体的绿色金融的指导目录和环境风险的评级标准；人民银行现行统计系统中也没有反映节能减排和淘汰落后产能金融服务的指标和数据，人民银行监测体系却无法监测到金融机构有多少信贷资金进入“两高一资”行业或“落后产能”企业。货币信贷政

① 金融相关率（FIR）是衡量经济中金融深化程度的数量指标。其计算公式为：FIR=（全部存款+全部贷款）/同期GDP*100%。历年《铜陵统计年鉴》、铜陵环保信息网。课题组组长：权俊良，高级经济师，供职于人民银行铜陵市中心支行。课题组成员：何向红（执笔），叶文辉，童茂峰。

策的制定缺乏数据支撑。现行的企业征信系统仅有环境执法方面的信息，没有企业节能减排方面的完整信息，地方环保系统发布的企业环境违法信息针对性不强，时效性不够，给金融机构的制度执行和风险监测分析带来较大困难。

（四）金融机构对低碳经济的认知程度不高，金融产品创新不足。发展低碳经济需要金融创新，需要金融工具来分散和转换投资风险。目前，铜陵以及国内大多数金融机构对低碳经济发展前景认识有限。对低碳项目的开发、审批、运作模式、风险管理及利润回报等不够了解，不敢贸然进入，导致低碳经济项目融资和产品品种少。如铜陵上峰水泥在CDM余热发电项目改造中，就因项目申报程序繁杂，资金回报期长，而存在较大的融资难度。该项目部分贷款采取信用担保形式，贷款利率在基准利率上上浮10%。而对其获得的国际认可的碳核征减排量未有银行以此为抵押给予贷款。其次，缺乏相应的激励和风险补偿机制，金融创新缺乏外在吸引力。

四、金融扶持经济低碳转型的对策建议

（一）政府部门应加大对低碳经济发展的引导力度，为金融发展提供良好的经济环境。资源型城市必须解放思想、更新观念，摈弃资源情结和对资源的依赖心理。充分认识加快城市转型是经济发展的必由之路和现实选择。要将低碳经济的发展纳入区域“十二五”规划，制定产业结构调整指导目录。在承接产业转移示范区过程中，既要主动招商，又要严把环境质量和能源影响评价关。决不能走“先污染、后治理”的老路。以优惠政策争取大企业、好项目的入驻为资源型城市的发展注入活力。积极引入各银行分支机构落户，引入异地贷款，解决低碳经济发展中的资金需求。制定金融支持低碳经济发展的激励机制和考核办法，可以由财政提供绿色信贷贴息和担保，鼓励金融机构主动向低碳转型、注重环境保护的企业提供融资服务。

（二）金融主管部门要为低碳经济转型提供政策指导与信息沟通机制。人民银行应着手建立金融支持节能减排和淘汰落后产能专项统计制度，增强货币政策制定的针对性和有效性，把绿色金融政策上升到法律法规层面，强化约束力和执行力。定期开展信贷政策导向评估，引导金融机构落实“有扶有控”的信贷政策，通过优化信贷结构促进经济发展方式转变。银监会应制定统一的绿色信贷标准，全面掌握辖区信贷扶持和限制领域的实际情况。要加强宏观信贷政策指导和监管，督促金融机构改进和完善信贷审核。征信管理部门要扩大信息采集范围，建立和完善环保信息库，并与银行的征信系统有效对接，为金融机构参与低碳经济服务提供可靠的信息来源。

（三）金融机构要勇于承担社会责任，深化金融产品与服务的创新。金融业的发展与社会发展紧密相连。未来真正可持续发展的组织必将是把社会、生态环境和经济三者共同联系起来的。银行业应

进一步加强对国际低碳经济发展的跟踪研究，主动接触转型企业和低碳项目，积极开展“绿色信贷”及其他碳金融产品和服务的创新，做好碳金融各项业务准备和人员培训。针对低碳经济研发资金投入存在的风险性，包括清洁发展机制（CDM）因运作周期长可能遇到的各类风险问题，保险业可采取跟进策略，研发配套产品，规避和转移风险，实现低碳经济和金融创新双赢。

（四）企业要增强金融意识，主动拓展融资渠道，实现多元融资。当前，资源型城市企业仍以间接融资渠道为主，资金来源结构单一。应鼓励有条件的企业争取直接融资方式，通过市场选择机制，采取并购、置换及上市等资本运作方式，引导资本流入到新兴低碳技术产业中。一是对重大的环保项目通过发行企业债券、短期融资券等方式以获得债券市场的资金支持。灵活运用多种融资方式，减轻节能减排的贷款压力，降低企业财务成本。二是加大节能减排项目的国际合作，积极申报CDM项目。针对项目开发周期长，存在不确定性风险等，可采取期货合约、远期合约等方式来控制风险。三是加快组建各种形式的风险投资基金。鼓励投资银行、证券公司等机构投资者加快组建各种形式的风险投资基金，为低碳经济发展提供新的资金来源。

（五）全社会要营造低碳经济发展的氛围。当社会各界更加重视环境保护，环境的风险就成为金融业不可忽视的一个风险因素。当前要加大低碳经济紧迫性的宣传力度，把低碳经济的理念渗透到社会各个领域，在生产领域、消费领域都要奉行低碳概念，形成有利于低碳经济发展的社会氛围和舆论环境。在全球范围内对节能减排有迫切需要的同时，应进一步拓展民间资本的发展空间，有序引导和吸纳民间资本投入低碳产业发展，民间资本的介入及民营企业的兴起，将为转型产生的剩余劳动力提供再就业渠道，有利于国有企业分流下岗职工，不断缓解资源型城市的就业压力。全社会共同推进低碳经济建设，既为金融机构的未来绿色发展提供良好的机遇，也为构建资源型城市和谐发展描绘蓝图。

新型城市化下长三角经济转型发展的思考

唐雅娟　傅兆军

近年来，越来越多地区在制定城市发展战略时都提出要走新型城市化道路。新型城市化即围绕统筹城乡经济社会发展，促进社会主义新农村建设，进一步优化城镇体系，完善城乡规划，提升城市功能，加强城市管理，创新发展机制，走资源节约、环境友好、经济高效、社会和谐、大中小城市和小城镇协调发展、城乡互促共进的新型城市化道路。新型城市化的发展与深化要落实到具体的城市当中去，而特定区域的经济转型发展也必然是从具有一定发展条件的城市开始。因此，不难得出新型城市化与经济转型发展之间的必然逻辑——以新型城市化指引城市规划发展的目标与方向，以经济转型发展贯彻实施城市化进程的具体要求，通过将“新型”与“转型”充分结合，努力探索城市发展的新路径。长三角作为我国经济最具活力的地区，其城市发展模式与经济转型方式必然起着重要的示范作用。

一、经济集约高效：集约高效利用土地，加快产业结构调整与升级

1. 科学规划土地，走集约高效的发展道路

在城市化进程加速伊始阶段，长三角一些城市走的是外延式扩张用地的路子，导致城市用地规模越来越大。由于城市扩张的土地大部分是耕地，城市用地的急剧扩张导致该地区耕地的大量流失。因此，控制城市规模，摒弃“摊饼式”发展是科学规划土地利用的第一要求。其次，合理规划城市土地，防止功能重叠。有些城市对于土地利用的规划，没能从区域整体发展的宏观角度出发，而是仅从城市自身的微观用途来规划用地，因而在具体的使用过程中，出现土地利用功能的重叠。例如南京以下长江段建设了包括南京、扬州、镇江、南通等大港口，港口间距只有25公里，导致多个港口功能重复，盲目建设使得一些建成的港口效率低下。此外，还要均衡土地承载能力，杜绝局部过度开发利用。城市高密度开发利用会造成基础设施不堪重负和严重的环境问题，人口过密不仅是产生一切城市病的重要根源，也是环境治理中难以逾越的障碍。

2. 调整产业结构，优化支柱产业与制造业结构

从产业发展角度来看，长三角地区在20世纪90年代，第一产业比重加速下降，90年代中期，由于乡镇企业的蓬勃发展，长三角各城市中第二产业历年都占有很高比重。2000年之后，长三角城市群中的制造业发展再次提速，第二产业比重又呈现出上升的趋势。改革开放前第三产业发展在全国都受到抑制，比重严重偏低，产业结构失衡。随着改革开放的不断推进，第三产业开始受到重视，出现了较快的补偿性增长，长三角的产业结构不断进行优化调整。

具体而言，上海市的六大支柱产业在其经济增长中一直发挥着中流砥柱的作用。至2009年末，六

大支柱产业增加值占全市GDP比重已突破50%，其中，信息产业、金融业和商贸流通业增加值占六大支柱产业总增加值的一半以上。相比2008年以前以电子信息产业为龙头，近两年商贸流通业增加值跃居第一，金融业始终平稳较快增长。上海市作为具有国际影响力的大都市和我国的金融中心，在面临经济转型发展的新环境下，应该更加注重产业融合，即通过信息技术嵌入和改造传统产业来实现，对产业结构转换具有明显的提升作用。

江苏省一些主要行业经济总量领先全国，其中，装备制造、纺织列全国第一，电子信息、石化、医药、冶金列全国第二，建材列全国第三，轻工列全国第四。纺织业和化工业一直是江苏省重点制造业，但近几年随着产业转移的进行，江苏省开始大力发展高端产业，通信、计算机和电子设备制造业产值迅速增长，远远超过了传统产业。这充分说明江苏省的大量企业开始加快调整升级。

相对于江苏和上海，浙江省缺少高层次的战略性产业，制造业结构偏重于轻纺工业和机械装备制造业，电子信息等高技术产业比重偏低。可以判断，“十二五”时期，浙江仍将处在工业化中后期发展阶段，也即处于产业转型升级的加速期。这一时期浙江产业发展的战略基调，应当是加快推进产业转型升级，不断提升工业素质和层次，提高生产性服务业的比重和作用。这对于增强浙江经济的综合竞争力、抗风险能力和可持续发展能力，意义重大。

3. 高新技术产业高端化，大力发展战略性新兴产业

目前，整个长三角地区都把战略性新兴产业作为“十二五”的支柱产业，这是符合现代化经济发展规律，也是坚定不移走新型工业化与新型城市化道路的必然选择，更是我国经济成功实现转型发展的坚实产业基础。

早在2006年，江苏省就在新兴产业发展方面抢占先机，提出发展新能源、新材料、生物医药、软件与服务外包、节能环保和物联网六大新兴产业。2008年，面对国际金融危机冲击，江苏迎难而上，又提出新兴产业规模化。2009年，江苏六大新兴产业逆势上扬：六大新兴产业销售收入占工业销售收入的份额达到了17%，增加值占地区生产总值的比重超过10%，核心技术逐步突破，并以30%左右的速度增长，已经成为重要的经济增长点。高新技术产业与战略性新兴产业均为“十二五”规划中大力推广的重点产业，这些产业不仅适应了经济集约高效增长的要求，也是发达地区走新型城市化道路的必然选择。

二、社会和谐与环境友好：经济和谐创新发展，高度重视环境保护

1. 追求经济和谐，推进创新型经济发展

经济创新是为了实现更高层次的和谐，而和谐的环境有利于更好的创新。当今社会，知识经济改变了经济发展主体动力，以信息技术和知识经济为背景的创新型经济成为引领城市发展的核心驱动力。创新型经济注重培育本国企业和研发机构的创新能力，发展拥有自主知识产权的新技术和新产品，是以自主创新为目标和主要推动力的经济。

上海作为直辖市，其创新资源十分丰富，2009年R&D投入占其GDP比重高达2.9%，专利申请与授

权量也相当可观，创新产出主要表现在新产品的销售收入上，仅一个市的销售额就突破5000亿。江苏创新发展要领先于浙江省，这主要由于江苏是教育大省，其科研力量要明显胜于浙江，因此，浙江要在经济转型的机遇中加快创新型经济的发展脚步，全力跟进长三角的创新发展节奏。

2. 坚持可持续发展，全面展开环保工作

新型城市化是可持续发展的城市化，要求经济发展与环境保护同时进行。长三角在努力进行经济转型发展的同时，要大力整治环境问题，将环保工作全面展开。早在2008年，长三角两省一市为贯彻国务院《进一步推进长江三角洲地区改革开放和经济社会发展的指导意见》，加快推进长三角环境保护一体化进程，联盟签署了《长江三角洲地区环境保护工作合作协议（2008～2010）》。该协议分别从提高区域环境准入和污染物排放标准、创新区域环境经济政策、重点推进太湖流域水环境综合治理、加强区域大气污染控制、健全区域环境监管与应急联动机制及完善区域环境信息共享与发布制度等六个方面来加强环境保护工作，取得了显著的成效。

三、功能优化完善：转变与提升城市功能，建设宜居型城市

1. 打造现代化与国际化城市，提升城市对外经济发展功能

城市的现代化与国际化可分别用城市现代化程度和国际经济一体化参与程度来反映。目前长三角地区仅上海具备国际性城市的条件。上海是我国大陆第一大城市，是大陆经济、金融、贸易和航运中心，创造和打破了中国世界纪录协会多项世界之最。今日的上海已经发展成为一个国际化大都市，并致力于建设成为国际金融中心和航运中心。

面对城市现代化与国际化的双重目标，长三角城市群必须重新调整对外经济发展关系。由于长三角是外资投资的重点集聚地之一，对外资依赖性十分强大，极易受到来自国际经济动荡的影响，一旦发生经济萧条，就会首先对该地区产生巨大冲击。因此，长三角各城市在对外经济发展战略中，一方面要在国内大力招商引资，启动民间需求和拓宽国内市场，弱化对外资的高度依赖性；另一方面要加强自主创新能力，提升科学技术与产品质量的双重竞争力，提升外向型经济发展的国际竞争优势。

2. 强化城市基础设施，建设宜居型城市

城市的基础设施建设是实现其生活方式文明化的物质支持。一个适宜居住的城市必须首先具备较完善的城市基础设施，具体表现在：（1）城市住房供应机制健全，公共活动空间充足；（2）城市交通网络发达，交通便捷通畅；（3）城市设施与商务场所齐全，城市品位与市容逐步优化。城市基础设施的强化不仅要体现在物质方面，更重要的是要提升精神层次的建设。只有尽力满足城市居民生活中的各种公共基础设施需求，不断加强居民的幸福感与舒适度，才能进一步培育居民的整体归属意识、奉献意识与环保意识。

四、城乡统筹发展：深化城乡一体化，实现城乡制度公平

为了实现城乡经济与社会的和谐发展，必须建立起平等统一的新型城乡关系。城乡一体化便是打

破我国城乡二元结构，实现城乡关系统筹发展的新阶段。

1. 坚持城乡一体化发展，促进生活方式一体化城乡一体化实施过程中存在的突出问题是把城市化仅看成是农民迁移到城市、城镇居住人口增加以及城市规模不断扩大的过程，这无疑简化了新型城市化和城乡一体化的重大意义。应当明确，农民市民化不仅仅是户口的“农转非”，更重要的是农民的生活方式由农村生活的单一性转向城市生活的复杂性和多样性，同时伴随人们的行为习惯、思维方式、社会权益、各种价值观念的转变和生活结构的重建过程。

对此，长三角进行了积极的探索，积累了宝贵的经验。杭州市以大项目带动解决“城中村”问题，努力使失地农民“同城同待遇”；嘉兴市推进“两分两换”，转换农民的生产方式和生活方式，促进农业生产经营集约、农村人口要素集聚，提高农民生产水平和生活质量；苏州市注重“三农”与“三化”互动并进，加快推进城乡统筹、城乡一体化发展，逐步进入了城乡联动、共同发展的新阶段。

2. 落实城乡制度公平，尽快缩小城乡差距长期以来，户籍制度、土地制度、金融制度、教育制度、就业制度和社会保障制度的不公平一直是我国城乡二元结构中的突出问题。尤其是改革开放以来，随着城市化的快速推进和小城镇建设的快速发展，长三角地区有相当数量的农民已经成为城市和小城镇的常住居民，但由于原有的户籍和农民的身份没有变化，仍难以真正融合到城市之中。因此，要从根本上缩小城乡差距，必须建立城乡一体化的户籍制度、深化农村土地制度改革、改善农村金融服务功能、加大农村教育投入、建立统一规范的人力资源市场、建立覆盖城乡的社会保障体系。通过制度公平推进社会和谐、城乡统筹，从而缩小城乡差距，促进新型城市化的进一步发展。

由此可见，经济转型发展与推进新型城市化具有强大的内在联系。新型城市化内涵的每一个具体内容都对城市经济转型发展提出新的实践要求。以新型城市化作为理论背景来指导经济转型发展的具体实践，二者很好地达到了理论与实践的结合，为城市化发展的“新型”与经济发展方式的“转型”指明了新的方向。

（作者单位：东南大学经济管理学院）

发展新型城市经济：转型升级的战略重点
——浙江新型城市经济发展的调查与建议

朱卫江　杜锦锦

加快转变经济发展方式，推进经济转型升级是“十二五”浙江经济发展的主线。而浙江转变经济发展方式，首先要在城市经济发展方式上取得突破。自2007年省委、省政府提出加快发展新型城市经济以来，浙江新型城市经济得到较快发展，产业业态、经营模式和发展载体不断创新，成为促进中心城市功能提升和产业转型升级的重要力量。“十二五”时期，如何更好地谋划新型城市经济发展，成为一个至关重要的课题。

一、近年来浙江新型城市经济发展的成效和特点态势良好，主要有四大特点，即总量持续增长、区域特色鲜明、园区建设加强、龙头和品牌逐步形成

从发展势头看，近年来新型城市经济发展取得明显成效，增长速度明显快于其他产业，在经济中的地位和比重持续上升。如创意经济方面，2008年全省文化创意产业实现增加值687.6亿元，比上年增长15.4%，增幅比同期地区生产总值高出5.4个百分点。楼宇经济方面，不仅在大城市得到快速发展，而且在许多强县市也有进展，成为发展总部经济和招商引资的重要载体。以杭州市为例，2009年共引进楼宇项目2000多个，协议引进资金约480亿元，到位资金205亿元，全年3000万元以上税收楼宇达77幢，上缴税收80多亿元。网络经济方面，2009年全省软件产业实现销售收入516.8亿元，同比增长22.2%，占全国软件收入的5.2%；实现利润总额93.6亿元，同比增长31.7%，走在全国前列。空港经济方面，以萧山机场为核心，初步形成空港经济发展的框架体系。2009年，萧山机场旅客吞吐量达到1494.4万人次，货邮吞吐量22.6万余吨，客、货吞吐量均在全国排名第8，规模在华东仅次于上海两大机场。休闲经济方面，2009年全省接待入境旅游者约570万人次，同比增长5.7%；实现旅游外汇收入32.2亿美元，同比增长6.6%。

从区域布局看，新型城市经济主要以大城市为中心，逐步向中小城市扩散，形成各具区域特点的发展优势。杭州、宁波作为浙江新型城市经济发展最快的两大城市，涉及所有的新型城市经济业态，特别是创意经济、网络经济等所占的比重都很高，对全省新型城市经济的发展起到了示范和带动作用。从创意经济看，2008年杭州市文化创意产业增加值占全省的比重约为59%，宁波市约为14%。经济强县市发挥特色优势，实施重点突破，在新型城市经济的一些行业领域形成了比较优势。典型案例有义乌博览会、横店影视城、温岭总部经济等。义乌举办的义乌博览会和文博会，展会特色鲜明，国际化程度高，在业界具有较大影响力。横店影视城占地30多平方公里，投资30亿元，是国内规模最大

的影视拍摄基地，每年接待海内外游客几百万人次。温岭结合产业特点，积极发展以“民营企业总部经济”、“特色产业总部经济”和“异地温岭人总部经济”为重点的总部经济，在城市新区核心区规划143.5亩，建造20~28层高的10幢办公综合楼作为总部经济基地，总投资约20亿元，可容纳300多家上规模企业在此办公、研发和展销。

从载体建设看，新型城市经济集聚发展态势明显，全省各地涌现出众多文化创意产业园区、网络经济产业园区等。据不完全统计，目前浙江共有各种类型的文化产业园区72个，集中分布在杭州、宁波、温州，这三市文化创意产业园区占总数的60%，其中又以杭州、宁波的文化创意产业集聚最为显著，成为示范带动全省文化创意产业发展的两大中心。软件与服务外包基地布局与知识要素分布密切相关，主要分布在科研力量集中、软件产业已具备一定规模的杭州、宁波、嘉兴等城市。杭州国家软件产业基地集聚1100多家软件及相关企业，其中总收入上亿元的软件企业56家、上市软件企业17家，软件产业年销售收入接近300亿元。

从品牌建设看，在网络经济、楼宇经济等各个领域形成了一批著名品牌和领军企业，有的成为区域发展的金名片。杭州获得“国家动漫产业基地”、“中国茶都”、“中国服务外包基地城市”、“中国电子商务之都”等称号；杭州西湖区的黄龙商务圈已成为顶级商务圈的代名词。同时，还培育了一批知名品牌企业，如阿里巴巴、中南卡通等。阿里巴巴2009年营业收入达到38.74亿元，是目前中国最大的电子商务企业。杭州中南卡通是我国目前动画产品出口量第一的企业，占全国动画产品自营出口的80%。休闲经济方面，《宋城千古情》堪称一张杭州的文化名片，名扬四方，已成为目前世界上年演出场次最多和观众接待量最多的剧场，13年来累计演出1万场，接待观众2000余万人次，创收15亿元，既叫好又叫座，经济社会效益双丰收，得到了中央领导同志的充分肯定。

二、浙江新型城市经济发展与推进城市经济转型升级的要求相比存在明显差距，突出表现在统筹规划和协调推进的有效机制尚未建立，中高端领域发展滞后，专业人才匮乏

一是统筹规划和协调推进的有效机制尚未建立。目前，全省新型城市经济发展缺乏整体谋划和规划布局，缺乏统一的协调机构，产业指导管理、统计分析、目标考核等工作机制有待进一步理顺和完善。从杭宁温三大都市经济圈和中心城市看，缺乏明晰的定位，与周边城市之间产业结构趋同较为严重，产业的梯次和分工不明显，在交通、通信、信息等基础设施建设上也缺乏统筹规划，联动周边县市推进都市经济圈建设中的牵头作用尚未得到充分发挥，影响了中心城市“极化”与“扩散”效应的发挥。从县（市、区）情况看，难以形成各具特色、互为补充的发展格局，特别是中心城市的各区县之间同质化竞争等问题较为明显。

二是中高端领域发展滞后。在浙江文化创意产业中，文化教体用品、设备产销等传统行业比重大，核心行业如设计服务、信息服务、影视传媒等行业发展不快，特别是其背后不同行业间的产业链

没有形成，很多行业创意创新的价值没有发挥出来。总部经济方面，缺乏像上海那样的国际行业协会总部和国内企业总部的云集。软件产业处于世界软件产业链条的中下游，偏向软件应用。中高端领域发展滞后主要还是因为研发投入不足，2009年浙江R&D投入占全省生产总值比重为1.7%，仅比全国平均水平高0.1个百分点，明显低于广东、上海等省市。

三是专业人才匮乏。新型城市经济本质特征不是技术创新，而应是资源的配置和组合。但浙江缺少能在全球范围内优化配置资源的新型城市经济发展平台，要素浙江新型城市经济近年增长速度明显快于其他产业，在经济中的地位和比重持续上升。新型城市经济主要以大城市为中心，逐步向中小城市扩散，集聚发展态势明显，已成为促进中心城市功能提升和产业转型升级的重要力量和信息流动的国际化程度不高。另一方面，高端人才、专业人才匮乏，尤其缺乏研发设计、品牌营销、创意创新、风险投资、通晓国际规则等方面人才。

三、“十二五”时期，浙江发展新型城市经济的关键是要在统筹规划、载体建设、人才集聚和优化环境等方面下工夫，率先形成高增值、强带动的具有特色的产业布局，使之成为城市发展的新引擎、经济转型的新支撑

加强组织领导，建立健全新型城市经济的领导和推进机制。要把新型城市经济作为浙江经济转型升级的战略重点来抓，做好新型城市经济发展思路与“十二五”规划的衔接，与城市和都市经济圈的总体布局规划的衔接。要在继续深化调研的基础上，作出整体规划和统一部署，明确各市县发展的战略重点，明确相关的配套基础设施建设。要结合各市县的特色优势，明确发展的重点方向和领域，完善考核制度和指标体系，加强考核检查，共同推进新型城市经济发展。加快建立新型城市经济新的统计调查制度和统计指标体系，努力反映真实的发展情况，避免出现大的决策失误。

坚持统筹规划，推动特色发展。杭州、宁波、温州三大都市经济圈，是浙江新型城市经济发展的重要平台，要坚持高起点高标准统筹规划和培育创意经济、楼宇（总部）经济、网络经济、休闲经济等各种新型城市经济业态，推动新型城市经济实现新发展，带动城市经济转型升级。特别是杭州要发挥省会城市优势，更多地吸引跨国公司分支机构、国内大企业总部和区域总部，省内民营企业总部，加快建设国际风景旅游城市、区域性金融中心、长三角重要的航空货运枢纽、国家信息产业基地和文化创意中心，不断增强引领全省新型城市经济发展的中心地位。金华及义乌重点发展现代商贸、品牌会展、现代物流等优势行业，加快建设国际性商贸会展城市和浙中区域性物流枢纽，发展东阳横店影视、义乌购物等特色休闲旅游，带动浙江中西部地区城市经济转型升级。嘉兴、湖州、绍兴、衢州、舟山、台州、丽水等区域中心城市要从区域经济特色出发，找准功能定位，大力发展特色新型城市经济，强化其对市域经济发展的带动能力。在满足区域发展要求的同时充分挖掘特色，发挥优势，积极培育具有跨市域意义的特色城市经济。县域经济要充分发挥比较优势，重点突破，大力培育发展特色新型城市经济。

明确重点领域，培育新型城市经济发展优势。创意经济方面，加强文化与创意结合，扶持发展创意设计、文艺创作、影视制作、出版发行、文化演艺、动漫游戏、数字传媒等文化创意产业，培育一批文化服务业集聚区。楼宇经济方面，围绕打造总部经济中心目标，突出楼群建设和特色楼宇、亿元楼宇建设三个重点，吸引国内外知名企业入驻和当地龙头骨干企业入驻，提升发展商务圈和特色楼宇群。网络经济方面，加强现代信息技术研发，加快发展网络出版、动漫游戏、数字影视等信息内容服务业，大力发展“互联网经济”，建成“数字浙江”。空港经济方面，以杭州萧山国际机场为中心，以空港物流、临空制造、空港服务和与空港有密切联系的先进制造业为重点，加快空港经济区建设。休闲经济方面，形成杭州休闲度假、宁波港城商埠、温州山水风情、舟山海洋佛教、绍兴古越文化、浙中商贸文化、浙北古镇运河、浙西南生态休闲等各具特色的旅游板块。

加强载体建设，构筑高能级高层次平台。加快建设一批新型城市经济发展的园区和基地，建设一批重大项目，加速要素集聚、功能提升、产业拓展和品牌培育，尽快形成规模效应和集聚效应。加快培育一批具有核心竞争力的品牌企业，坚持内生与引进相结合，并结合城市品牌的塑造和推广，重点吸引跨国公司分支机构、国内大企业总部或区域总部、省内民营企业总部，形成一批具有较强竞争力的新增长点和新亮点。可在全省确定一批具有创新性、示范性企业，围绕发展总部经济、创意经济、网络经济、会展经济、商务经济等新经济业态，支持技术创新、管理创新和商业模式创新，成为新型城市经济发展的排头兵。

加速人才集聚，建设人才高地。充分发挥高校的优势，大力培养各类创新人才。实行引人才与引项目相结合、引领军人物与引创新团队相结合，引进一批高端创新人才和经营管理人才。特别是要加大领军人才的开发力度，以项目为依托，合作为纽带，在新型城市经济各个领域培养一批大师级人才。积极吸引国外著名培训机构来浙江建立基地，发展各层次、各类型的新型城市经济专业教育。

优化发展环境，营造良好氛围。强化政府服务意识，对涉及新型城市经济的各项审批，进一步简化手续，缩短流程。积极借鉴国内外有益经验，积极探索建立知识产权保护管理服务系统，使得创新成果得到有效保护。大力发展中介服务组织，培育全社会资源优势互补、相互协作的中介服务平台，为新型城市经济的发展提供政策法规、人才供求、市场信息、项目评估、法律咨询等中介服务。要充分发挥媒体的舆论导向作用，加强典型宣传，弘扬创新创业文化，营造有利于新型城市经济发展的良好氛围。

（作者单位：中共浙江省委政策研究室）

个旧市资源型城市经济转型研究

何艳春

一、个旧市经济发展现状及存在问题

个旧历史悠久，5万年前就有人类生息，是锡文化的发祥地。《汉书·地理志》记载了2000多年前个旧土法采、选、冶锡矿生产情况，在《简明大不列颠百科全书》第三卷中记载，“个旧，中国云南省第二大城市，著名的锡都。”个旧是云南省近代工业文明的发轫地，早在19世纪末20世纪初，凭借世界先进的矿业机械和矿冶技术的使用，成为世界闻名的锡产业基地，在我国国民经济第一个五年计划中成为我国156个重点建设项目之一。作为新中国最早建设发展的老工业城市，和共和国成长的节奏一路走来，个旧曾经创造了无比的辉煌，截止2005年，累计国家投资13.8亿元，生产有色金属360万吨，其中锡140万吨，为国家创造财富130多亿元，投入产出比1：10，锡产业一度成为云南省的支柱产业，经济命脉和主要财政收入来源，为国家经济建设做出较大贡献。自1951年建市以来，个旧经济建设、文化建设、城市发展、人民生活取得巨大成就，成为滇南政治、经济、文化、教育、商贸中心。

个旧因锡而生，在国家大规模推进工业化进程中伴随锡矿资源大规模开采利用迅速崛起工业文明步伐，经济增长的同时付出了巨大的资源和环境代价，正如世界许多资源型城市工业和后工业发展时代遇到的问题一样，个旧也步入资源逐步枯竭，开采难度愈来愈大，生产成本逐渐提高，企业经营困难，社会问题滋生的艰难时刻。

随着社会主义市场经济的建立，面对日趋激烈的国际市场竞争，个旧面临巨大的改革开放和经济转轨压力，资源型初级产品的低附加值和缺乏市场定价话语权，使得资源的极大消耗和环境的日益恶化更加突出，经济、社会发展及其不平衡，城市建设缺乏空间和后续动力，人民生活压力巨大，幸福指数降低。

随着全球金融风暴的旋风刮起，伦敦金属交易市场的风向标指引着个旧市的经济走向，危机中个旧市许多重要经济实体遭遇生产和生存的严寒，停产半停产企业数最高峰时为2009年2月份，达228户，占全部工业企业总数的67.7%，2009年上半年个旧生产总值实现33.75亿元，同比下降7.6%；财政总收入完成6.23亿元，同比下降34.2%；完成工业总产值63.3亿元，同比下降33.6%，个旧市税收和财政出现巨大滑坡，整体经济成为全州乃至全省受国际金融危机影响最为严重的地区，地方经济社会发展困难重重。

经济危机凸显了个旧资源型城市经济发展的问题所在。有色金属等重工业产业是支撑全市工业经济的主导力量，经济过度依赖重工业，产业结构及企业内部自身存在的抵御风险能力不足，经济外向度高，受经济危机冲击影响最大。

二、个旧资源型城市经济转型的重要性和紧迫性

在全球经济一体化中，中国经济面临巨大转型压力。《中华人民共和国国民经济和社会发展第十二个五年规划纲要》站在历史的新高度，从战略全局出发，以科学发展为主题，以加快转变经济发展方式为主线，坚持把经济结构战略性调整作为加快转变经济发展方式的主攻方向，坚持把科技进步和创新作为加快转变经济发展方式的重要支撑，坚持把保障和改善民生作为加快转变经济发展方式的根本出发点和落脚点，坚持把建设资源节约型、环境友好型社会作为加快转变经济发展方式的重要着力点，坚持把改革开放作为加快转变经济发展方式的强大动力。

正如许多为新中国的建设做出巨大贡献的老工业基地一样，由于处于城市化、工业化经济发展阶段，加之矿产资源型城市发展的诸如高耗能、高排放、粗放式经济增长、重工化经济结构，能源稀缺、环境保护等问题均使个旧市经济社会发展面临巨大挑战。

面对十分复杂的国际国内经济环境，面对金融危机下的全球经济发展的不平衡，我们要看到危机，还要看到生机，资源型城市经济转型势在必行。

2008年3月个旧市被列入国家首批12个资源枯竭型城市经济转型试点之一，国家财政性转移支付资金6000万元，比2007年增加了1800万元，个旧市与国家开发银行云南省分行以资源城市转型试点项目为支撑，签订了45亿的中长期贷款协议。2010年6月1日李克强副总理亲临个旧，对资源型城市转型工作给予指导和进一步的政策调整，更加有利于个旧经济转型发展。2011年3月7日我市被国家工业和信息化部列为全国第一批12个“工业固体废物综合利用基地建设试点地区”之一，国家再给力助锡都转型为个旧市进一步实施资源型城市转型发展工作、推动产业发展“二次创业”、大力发展循环经济带来了很好的机遇。

个旧作为全国首批资源型城市转型试点城市，正处于经济转型关键时期和重要战略机遇期，要增强机遇意识和忧患意识，高举中国特色社会主义伟大旗帜，以邓小平理论和“三个代表”重要思想为指导，深入贯彻落实科学发展观，抓住机遇搞建设、一心一意谋发展，发扬“团结拼搏，迎难而上，敢于争先，真抓实干”的锡都精神，实现经济平稳较快发展，调整经济结构，增加城乡居民收入，加强社会建设，深化改革开放，提高产业国际竞争力、抵御风险能力，改善人民物质文化生活，推进现代化建设。依据《纲要》制定地方今后五年经济社会发展规划，要把科学发展，加快转变经济发展方式贯穿于个旧市经济社会发展全过程和各领域，提高经济社会发展的全面性、协调性、可持续性，坚持在发展中促转变、在转变中谋发展，促进个旧市经济社会又好又快发展。

三、个旧经济转型发展策略

1. 以十七届五中全会精神为指导，加强领导，统一认识，转变发展观念，变要我发展为我要发展，认真总结“十一五”时期经济社会发展取得的巨大成就，准确把握当前面临的机遇和挑战，进

一步落实科学发展观，集中各方面智慧和力量，依据十二五规划制定个旧发展总体战略，把握个旧“十二五”发展关键期、决定期的主题和主线，利用国家经济转型发展的有利时机，认真实施《资源型城市云南个旧转型和可持续发展方案》，积极转变经济发展方式，促进各项工作创新，提升城市经济整体竞争实力和经济发展稳定性，推动个旧经济转型发展，落实各项民生政策，维护社会和谐稳定，促进个旧社会经济持续发展。

2. 抓住转型发展机遇，实施“锡都”品牌战略，再铸“锡都”辉煌。以“创新型云南行动”和资源型城市转型为契机，突破资源枯竭型工业城市发展难题和瓶颈，推进特色工业园区建设。优化工业布局，加快科技创新，带动产业升级，提高产业核心竞争力，形成以云锡公司大型企业为骨干，锡产品为核心，上下游衔接的产品和大中小企业协调配套的产业群，促进工业集中、集约、集群化发展，做大做强以锡、铅、铝为主的有色金属精深加工和生物资源开发两大产业，加快铜、稀贵金属、化工、建材、电力、仓储物流等产业发展，打造多元化产业发展格局，抓好云锡集团公司10万吨/年铅冶炼扩产和10万吨/年电解铜、红铅有色化工股份有限公司10万吨/年电解铅、云南振兴铅业有限责任公司年产900万只电动车用铅酸蓄电池、南翔公司5万吨电解锰、马堵山电站建设、220KV倘甸、锡都输变电工程、木棉产业综合开发、大红屯粮食产业化建设、阴山风力发电等重点产业项目建设；加强节能减排环境综合整治，形成良性生态工业体系。

3. 发展现代化特色农业:深化实施现代农业科技示范园工作，实施优质稻精深加工、“两杂”制种、无公害蔬菜、优质水果、生物药材、核桃、竹产业、优质牧草等基地建设，加强沙甸清真食品、乍甸乳业开发，加快山区水果、花卉、药材综合开发、延长产业链条，发展精深加工，实现农产品加工增值，促进农业产业发展，促进农业增效，农民增收。

4. 实施城市发展一体化战略，推进城乡经济发展，“以城带乡，以工促农，南北互动”，调整和优化城乡产业布局。推进城乡经济一体化发展。

5. 发挥个旧发展的区位优势，准确定位城市发展方向，凸显个旧市在西南桥头堡建设中的战略地位和发展机遇，利用转型契机，用生态文明建设提升城市形象，以环境保护优化经济增长，构筑最适宜人居的经济发展、社会进步、生态文明、时尚休闲的“精品城市”，无愧“中国人居环境范例奖”、“全国绿化先进市”、“中国特色魅力城市”等殊荣。

（作者系中共个旧市委党校经济师、教研室主任）

资源枯竭城市经济转型的探讨
——以抚顺为例

姜 北

20世纪60年代，已是制成品出口主要国家的荷兰发现了天然气，于是政府大力发展天然气业，出口剧增，经济出现繁荣。可是，蓬勃发展的天然气业却严重打击了其他工业。10年后，当天然气开采接近尾声，政府不得不面对出口下滑，收入降低，失业人口陡升的局面。这种资源产业短期繁荣的后遗症，国际上称为“荷兰病”。许多资源型城市，都体验过“荷兰病”。巨大的地下财富成就了无数城市的光荣和梦想，也留下了裸露的河山，满地的疮痍。

自20世纪50年代末始，世界上越来越多的资源城市走上转型之路。2007年10月15日，“帮助资源枯竭地区实现经济转型”这14个字首次出现在中共十七大政治报告中，几十个深陷枯竭困境的城市开始尝试转型。资源枯竭型城市是指矿产资源开发进入后期，其累计采出储量已达到可采储量的70%以上的城市。据国家发改委“资源型城市经济结构转型”课题组统计，中国共有118座资源枯竭型城市，涉及总人口1.54亿人。2008年3月17日，国务院公布首批12个资源枯竭型城市名单；2009年3月，再次公布第二批32个资源枯竭城市。越来越多的资源枯竭型城市走进公众视野，转型成功与否，不仅关系到数十个大小城市的命运，更关涉中国未来几十年的资源战略、经济前景。

辽宁省抚顺市是一座因煤而兴的城市，煤炭开采已有百年历史，被誉为中国的“煤都”。但同时，抚顺也是一座典型的资源枯竭型城市，从1975年开始，采煤矿日趋枯竭，原有10个煤矿已有两个停产，剩下的有两个煤矿将分别于2017年和2030年关闭，转型振兴是抚顺发展的必然选择。由于大力开采，抚顺在为经济建设作贡献的同时也造成了不容忽视的历史遗留问题。因采煤形成的地质灾害影响区达到57.07平方公里，占城区的45.3%。居民企业搬迁，生态环境治理业务艰巨。再有下岗职工人员多，截至2008年年底，全市共有下岗人员37.2万人。截至2009年9月底，全市退休人员供养比达到3∶1。养老保险金缺口大，2009年年末累计达到1.2亿元。这些问题给抚顺城市转型和经济社会发展带来了巨大压力。

早在“十五”期间，抚顺市就提出了从资源型城市向资源深加工城市转变的发展思路。

一、抚顺“西进”，建立“沈抚同城化”，依托沈阳优势高速发展经济

抚顺在“西进”过程中，由2002年就成立的位于抚顺西部的高湾经济开发区，向沈阳城靠拢，“沈抚同城化”使城际壁垒悄然消失，让抚顺的转型有了更广阔的空间支持，成为“具体化”的空间载体。抚顺基础设施完善，交通便利，与沈阳市、营口港、大连海港均有高速公路和铁路相连。往返沈抚两市间的城际公交“雷锋号”，途经高湾开发区。沈抚同城化让抚顺市招商成果呈现了“大跃

进”之势，截至2009年，招商签约合同项目已经达到134个，投资总额达到700亿元。在沈阳、抚顺两座重化工业城市中，重化工业内部的产业结构却是互补型。抚顺拥有的抚顺特钢、钛、铝的冶金，以及历史悠久的抚顺石化产业，都是沈阳缺乏的。沈阳机床、通用机械、重型机械、汽车零部件为主导的装备制造业基地，则给抚顺机械工业带来了发展空间。在有关数据统计中，抚顺每年为沈阳的汽车和装备工业配套产值都在16亿元以上，而且呈逐年快速上升的势头。

二、充分利用人口资源的优势，发挥人的潜能，变劣势为优势

抚顺现有人口230万人，人口资源有着自己的特点：第一，城市人口多于农村人口；第二，计划经济时期培养出了大批产业技术工人，并且这些人才遍布全国各地；第三，高学历科技人才少，但中、高级技术工人比较多。抚顺在整合人口资源时能抓住比较优势，最大限度地开发利用人口资源，发挥人的潜能。眼下，抚顺已组建了抚顺精细化工应用技术研究院，联合天津大学、南开大学、北京化工学院、辽宁大学、辽宁石油化工大学、大连理工大学、中科院北京分院技术转移中心、中油股份有限公司抚顺分公司等科技资源。

三、从过去的过度依赖煤炭资源，向多元化产业发展

首先，向石化项目转型。中石油集团在抚顺投资100万吨的乙烯改造项目，涉及总投资额达270亿元。这是内地改革开放以来辽宁省最大的工业项目之一。

其次，转向冶金的深加工，同时向下游发展装备制造业。

农副产品的深加工也是抚顺重点发展的项目。抚顺计划利用森林覆盖率高、自然资源丰富的特点实施资源深加工，发展中草药和粮食加工业。

四、建设专业精细化工产业化基地

抚顺市日前被国家科技部认定为国家精细化工产业化基地，这是我国第一个以“精细化工”命名的国家级产业化基地。依据地区原料优势与国内外市场需求的发展趋势，抚顺精细化工产业化基地重点发展丙烯腈、乙醇胺、表面活性剂、催化剂、化工助剂、聚烯烃深加工、橡胶深加工、芳烃深加工等十一大系列产品。抚顺已在高新技术产业区内开辟出99平方公里的土地作为精细化工园。依托中石油千万吨炼油、百万吨乙烯工程发展接续产业，建设核心区，辐射全市。精细化工园建设注重项目的投资强度，园区的定位规模保证在50亿元/平方公里以上。基地产业发展方向和重点体现出鲜明的精细化工产业特色，建成后可实现产业链条的延伸，带动抚顺成为我国精细化工产业集聚、优势明显的地区。不仅如此，基地建设还有利于解决棚户区改造后的居民就业，对促进我国精细化工产业向国际先进水平发展，建设国家高加工度原材料基地意义重大。

五、大力发展旅游

在旅游方面，东北第一漂的红河峡谷漂流，亚洲规模最大的皇家基地海洋公园等一批重大旅游项

目建成投入使用，投资20亿元的东北最大滑雪场，投资45亿元的乐园和风景区等一批新的旅游风景点都在建设之中。近两年来，来抚顺旅游的游客以33%的速度增长，到2009年年底，第三产业增加值占全地区生产总值的比重比改革开放初期提高了21.5%。

资源枯竭型城市转型却是一个世界性的难题，从发达国家的转型实践看，尽管有着巨大的财力支持，转型也需进行几十年。而对于中国，资源枯竭城市经济转型是前所未有的事情，且财力紧张，转型会更加困难。抚顺应全面统一规划城市建设，交通以及环境保护；做强做大石油化工和精细化工的基础上，发展新型工业；创新优化区域经济部门结构，想方设法改善投资环境，鼓励技术精良的中小企业落户；开发工业传统资源，将第三产业和旅游业与工业结合，达到区域复兴。抚顺的城市转型只有不断创新，与时俱进，顺应发展潮流，才能充满活力，生机勃勃。

（作者单位：北京大学）

攻坚克难 努力把白山建设成资源型城市经济转型示范基地

刘凤春

白山市是因煤、因林而生的城市，煤炭、森林开采已有百年历史，到上世纪90年代进入衰退期。白山市作为典型的资源型城市，在转型发展上得到了国务院振兴东北办和省委、省政府的大力支持下，2006年6月6日，白山市被列为煤炭、森工、矿产综合资源型城市经济转型试点单位。5年来，我们紧紧抓住这一难得的历史机遇，坚持以科学发展观为统领，进一步明确转型思路，推动经济发展方式转变和产业结构优化升级，努力实现资源型城市可持续发展。

一、明晰转型思路，打资源牌，走特色路

按照国务院38号文件精神，全面贯彻落实科学发展观，牢牢把握国家振兴东北老工业基地和资源型城市经济转型机遇，坚持生态立市、产业强市，打资源牌、走特色路，以富民强市为目标，实施投资拉动、项目带动和创新驱动，以转变经济发展方式为主线，推进产业结构优化升级，培育壮大“三五二”产业，努力把资源优势转变为产业优势，进而转变为经济优势。加强能源资源节约和生态环境保护，增强综合实力。坚持以人为本，促进经济、社会、人口、资源、环境协调发展，全面完成资源型城市经济转型试点任务。到2015年，产业结构进一步优化，接续和替代产业初具规模，经济增长质量和效益明显提高，国民经济步入快速发展时期，综合实力跨越进位，人均地区生产总值和人均财政收入全省领先；特色产业开发形成规模，矿泉水、人参及硅藻土深加工能力全国领先；长白山旅游高度发达，旅游产业成为支柱产业，争取进入中国优秀旅游城市行列；生态环境全国一流，长白山文化空前繁荣，文明和谐达到省级先进标准，成为最富山区特色、适宜人居和休闲度假的宜居佳地。

二、优化产业结构，促进经济转型升级

加快产业结构调整，发展壮大“三五二”产业，把能源、矿产冶金、旅游培育成支柱产业，发展矿泉水、人参、医药、林产品加工、特色农产品五大特色产业，培育现代物流和新材料两大新兴产业。

壮大支柱产业。能源业：立足现有资源，以煤炭为基础，以电为核心，以清洁能源为方向，围绕煤炭开采—洗选—煤焦化产业链条，提升产业层次，争上核电、扩大火电、发展水电、开发风电和生物质发电，打造东北重要的能源产业基地。矿产冶金产业：坚持重保护、精开发、高效益、规模化的原则，以扩大总量、延伸产业链、低碳循环为思路，以技术创新和新产品研发为手段，形成多级生产、梯级利用的矿产冶金产业体系。旅游产业：充分发挥白山市自然旅游资源和人文旅游资源优势，

以一山（长白山）两江（鸭绿江、松花江）为核心，完善依山、沿江、跨国旅游产业框架。打造长白山旅游集散中心、东北亚旅游名城、国际旅游休闲度假目的地。

发展特色产业。矿泉水产业：坚持打品牌、上层次、扩总量、控资源。加大矿泉水资源保护力度，努力开发中高档矿泉水及矿泉水衍生产品，建设国际顶级矿泉城。人参产业。以吉林省人参产业二次振兴为契机，实施科技引领战略，推广GAP标准化种植，提高人参品质。推进人工种植人参进入食品试点工作，研发人参新资源食品，全力整合人参品牌，提升“长白山人参”品牌竞争能力，逐步建设世界级人参精深加工基地，打造世界人参之都。医药产业：坚持中药、西药和生物制药并举方针，建设以天然药、中成药和高档保健品为主体，集保护、种植、研发、加工为一体的医药产业体系，打造长白山北药生产基地。林产品加工产业：坚持生态资源保护与林产业发展并重，积极培育森林资源，开发利用国内外木材资源，延伸林产品加工产业链，建设吉林省重要的林木深加工生产基地。特色农产品产业：紧紧把握“天然、营养、无公害”的消费趋势，开发适应市场需求的高端产品。加强标准化基地建设，采用先进加工技术，实现产品精深加工，达到优质化，推进农产品产加销经营一体化，打造长白山原生态、无公害特色农产品产业集群。

培育新兴产业。现代物流产业：加快与长吉图开发开放先导区和鸭绿江经济先行区（白通丹）相融合，构建集运输、仓储、理货、配送、信息于一体的区域物流体系。使白山市成为东北东部重要物流节点和吉林省对朝贸易的重要物流发展区域。新材料产业：依托硅藻土资源，发展硅藻纳米微孔等节能环保绿色新材料，打造亚洲最大、世界一流的硅藻土新材料基地。依托炼镁用白云石资源，延伸产业链，提高产品附加值，打造名扬中外的“中国镁都”。

三、加大资源保护，走可持续发展之路

一是加快长白山林区生态保护和经济转型。继续实施天然林保护工程和退耕还林，提高森林质量，生态功能显著增强。加强矿泉水富集地等生态敏感区的保护，有计划地实施生态移居工程。二是实施生态恢复工程。以植被恢复为重点，全面恢复长白山生态系统。加大生态沟系和小流域的综合治理，减少水土流失，恢复生态功能。对采煤沉陷区进行植被恢复等综合治理，改变矿区生态环境。三是实施矿产资源保护工程。加强对矿泉水、煤炭、铁矿石、硅藻土等重要资源划区保护力度。严格矿产开发准入制，鼓励集约开发，规模经营，禁止小规模、低水平重复建设。四是实施环境质量提升工程。严格控制污染物排放，到2015年，二氧化硫排放总量减少5%，化学需氧量排放总量减少8%，氨氮排放总量减少9%，氮氧化物排放总量减少6%。五是实施资源综合利用工程。借助白山市被列为国家循环经济试点市的有利契机，大力发展循环经济。重点抓好循环经济示范园区和重点企业循环经济试点建设。围绕城市餐厨废弃物、煤矸石、粉煤灰、铁矿石尾矿、硅藻土二、三级土、木材“三剩物”综合开发利用，推进经济发展方式转变。引导资金、技术、人才、政策及关联产业向循环经济示范园区聚集，争取更多的循环经济项目纳入国家和省专业规划。

四、完善城市功能，提升城市品位

加快创建国家文明城市、国家卫生城市、中国优秀旅游城市、国家园林城市，基本实现宜居佳地目标，打造具有核心竞争力的吉林东部中心城市和长白山生态园林城市。建设城区与高速公路连接出口和城市环路，完善市区公铁立交桥、跨江桥、步行桥城市广场、公园等基础设施。完成长春至白山、长春至松江河、沈阳（丹东）至延边白山段3条高速公路。建成靖宇—松江河铁路，实现与东北东部铁路纵横交汇。积极争取松江河—长白高等级公路、铁路和白山—临江高等级公路开工建设，形成南北连通、东西贯通、内外畅通，集航空、铁路、高速公路为一体的立体交通体系，成为东北东部重要交通枢纽。

五、深化各项改革，提高开放水平，增强经济发展活力

健全现代市场体系。加快发展土地、技术、劳动力、人才等要素市场，着力发展资本市场，规范发展各类行业协会、商会、市场中介组织，完善商品和要素价格形成机制。深化行政管理改革。继续推进行政审批制度改革，简化审批程序，提高办事效率，强化政府社会管理和公共服务职能，推进机构改革，提高行政效率。深化农村各项配套改革。逐步扩大公共财政和公共服务覆盖范围，推动社会公共资源向农村倾斜、公共设施向农村延伸、公共服务向农村覆盖。积极探索林权制度改革，搞好国有林地承包经营和林木有偿转让试点。加快推进医药卫生体制改革。建设区域医疗中心，不断提高社区卫生服务中心、乡镇卫生院、村卫生室的服务能力，实施国家基本药物制度，减轻群众医药费用负担，积极推进公共卫生服务均等化。

依托资源优势和产业基础，搞好重大项目的包装设计，积极承接国内外产业和资本转移。加快外贸转型升级。积极培育外贸主体，巩固发展传统市场，大力开拓新兴市场，扩大进出口规模。鼓励企业到境外投资办厂，建设境外原料基地，推动境外劳务输出和对外工程承包。发挥边境区位优势和长白一类口岸优势，建立长白对朝互市贸易区。积极参与区域经济合作，拓展与沈阳、长春等先进城市、东北东部地区的经济技术合作。扩大进出口贸易。优化进出口商品结构，扶持木制品、服装、人参、助滤剂、碳化硅、工业硅等出口基地，支持医药、绿色食品等特色产品出口。在巩固亚洲、欧洲市场的同时，大力开拓美洲和非洲市场。

六、全力保障和改善民生，建设和谐白山

加大公益事业投入，完善公共保障体系，促进城乡协调发展，人民生活更加殷实，家庭财产显著增加。到2015年，城镇居民人均可支配收入达到32900元，年均增长15%，农民人均纯收入达到11300元，年均增长13%；累计城镇新增就业岗位17.5万个，下岗失业人员再就业10万人，农村劳动力转移就业14万人，城镇登记失业率控制在4.6%以内；城镇保持无“零就业家庭”，基本实现充分就业。基本实现基本养老、基本医疗、失业、工伤、生育5项社会保险全覆盖。

（作者系白山市发展和改革委员会主任）

阜新：创建国家资源型城市转型示范市的新思路

王菲菲　王金瑛

近年来，国家发改委一直要求阜新在经济转型中探索出一条成功之路，为全国同类城市做出示范。最近，辽宁省委、省政府分别把“支持阜新争取获批为国家资源型城市转型示范市”写入省委“十二五建议”和省政府工作报告中。在阜新市委提出的“十二五”规划建议和市政府制定的“十二五”规划纲要中也都强调，阜新要创建国家资源型城市转型示范市，并要以此为主线，推动阜新“十二五”时期经济的跨越发展。这是阜新继2001年被国务院确定为全国首个资源型城市经济转型试点市之后，又一件具有里程碑意义的大事。那么，阜新应如何创建国家资源型城市转型示范市呢?我们认为，其中一个至关重要的问题，是应对阜新的转型思路作进一步的完善和创新。

阜新开展经济转型试点以来，其基本思路是清晰的，是符合阜新基本市情的，阶段性成果也是明显的。“十五”期间，阜新把发展农产品加工业确定接续替代产业，引进和培育了一批农产品加工龙头企业。“十一五”期间，阜新确定了建设“三大基地”（全国重要的食品及农产品加工供应基地、新型能源基地和煤化工产业基地），重点发展“六大产业集群”（皮革加工产业集群、液压装备产业集群、板材家具制造产业集群、铸造产业集群、氟化工产业集群和新型材料产业集群）的发展思路，使阜新“一煤独大”的单一产业结构得到调整，多元化产业发展格局初步形成。十年来，阜新新上了大唐煤制气等重大项目，经济总量由2001年的70亿元上升到2010年的355亿元，年均增幅达16%以上；地方财政一般性预算收入由2001年的4.5亿元增加到2010年30.1亿元，年均增幅达27%以上。主要经济指标的年均增幅高于辽宁省平均水平。尽管阜新经济转型取得了明显成效，但同省内其他城市比，同国内同类资源型城市比，仍存在不小的差距。根据“国务院关于促进资源型城市可持续发展的若干意见”（即国发〔2007〕38号文件）的指示精神，根据中央和省委对“十二五”时期经济发展的新要求，考虑到阜新创建国家资源型城市转型示范市的现实需要，并借鉴国内同类资源型城市经济转型的成功经验，我们认为，现在有必要对阜新经济转型的思路作进一步完善和创新。

一、由单一资源导向型思路向资源导向型与市场导向型并重思路转变

十年来，无论阜新发展农产品加工业，还是建设“三大基地”，重点发展“六大产业集群”，遵循的都是以资源为导向的转型思路。实践已证明，坚持这一思路是正确的，但仅此还是不够的。

“十二五”期间，阜新应在继续坚持这一转型思路的同时，应强化以市场为导向的转型思路。为此，阜新要重点打好“三张牌”：一是打好“省内市场牌”。充分利用阜新加入沈阳经济区的有利契

机，紧紧围绕以沈阳为中心的辽宁中部城市群的经济发展需要，大力发展为其服务的配套产业。二是打好“国内市场牌”。重点承接东南沿海一些省份转移过来的产业。三是打好“国际市场牌”。大力引进更多的世界500强企业到阜新来，大幅度提升阜新“三资”企业的比重。要通过同步发展本地有资源的产业和无资源的产业，迅速扩大阜新经济总量，坚持增量带动结构优化，实现全市经济的跨越发展。

二、进一步深化和完善阜新矿区的转型思路

阜新是一座“因煤而立”、“以矿起家”典型的资源型城市，矿区人口占市区人口一半以上。矿区转型在阜新经济转型中，一直处在“三点”的重要位置上：它既是转型的起点，阜新转型因矿竭而起步；又是转型的终点，阜新转型最终会由矿富而告终；在阜新转型过程中，它又一直位居转型的重点部位，是阜新转型的主战场。阜新开展转型试点以来，矿区的经济实力显著增强。阜矿（集团）有限责任公司（原称为阜新矿务局，以下简称阜矿集团）的企业总收入由2001年的15.88亿元增加到135亿元，增长了7.4倍。总结矿区十年转型的经验，分析矿区经济今后的发展走势，我们认为，矿区转型应坚持走市矿一体、“本埠开发”与“域外开发”结合、煤炭产业高端发展的路子。一是要实施市矿一体化转型。市与矿在转型中，犹如一套马车的两个轮子，必须实行两轮联动，共同推进转型。阜新开展转型试点

以来，矿区先后有四个煤矿实施了破产，但在百里矿区至今仍有大量的闲置土地和厂房。对此，应进一步打破条块分割的体制性障碍，坚持市矿联手开发，实现优势互补、资源共享，以增强城市经济整体实力。二是要实施“本埠开发”和“域外开发”结合转型。进入“十一五”来，阜矿集团在阜新煤炭资源逐年减少的情况下，一方面加大了对本埠膨润土、玄武岩纤维、矿岩棉等非煤产业的开采力度；另一方面举全公司之力，在域外开发资源上实现了突破。现已在内蒙古建成了白音华大型煤矿，该矿4号露天矿已具备年产500万t的生产能力。实践表明，这种把本埠开发和域外开发结合起来的转型方式，不仅符合阜新市情、矿情，也为国内同类资源型城市闯出了一条转型新路，值得进一步深化完善，发扬光大。三是要实施煤炭产业高端化转型。鉴于当前和今后一定时期，煤炭产业将仍是矿区的主导产业。为适应国际国内科技进步的新趋势，对阜矿集团在本埠和域外开发的传统煤炭产业，都要做到“三个高端化”，即技术链条高端化、产业链条高端化、利润链条高端化，并以此来推动传统煤炭产业进一步做强做大，进而实现矿区经济又好又快发展。

三、加快培育和发展战略性新兴产业

前不久，国家发改委一位领导指出：“在上一轮以信息产业为主的战略性新兴产业发展中，东北地区的产业升级明显落后。如果战略性新兴产业不抬头，传统产业发展得再好，也无法具备可持续发展的能力。”那么，阜新怎样做，战略性新兴产业才会抬头呢?通过对阜新的市情和产业、科技基础作深入分析，我们认为，阜新应分两大板块加快培育和发展战略性新兴产业。一大板块是，在工业产业

聚集的城市中心区域，应加快培育和发展高端装备制造、新材料、电子信息和节能环保等四大产业。另一大板块是，在阜、彰两县和新邱区，则应加快培育和发展新能源产业。目前，鉴于阜新发展新能源产业有得天独厚的优势和条件：一是区位优势明显。阜新毗邻内蒙古，地处科尔沁沙地的南缘，在北半球北支急流影响区域内；二是风能资源丰富。人们称阜新“一年刮两次风，一次刮六个月”；三是太阳能资源丰富。阜新同辽宁省其他多数城市相比，不仅常年气温高、太阳生理辐射量大，而且日照时间长。四是发展新能源产业已有一定的基础。阜新发展风电产业从2004年起步，到2010年末，全市风电装机容量已达100万kW。同时，太阳能光伏、光热发电项目也即将开工建设。为此，我们认为，“十二五”期间，阜新培育和发展战略性新兴产业的重点，应放在做强做大新能源产业上。据有关部门测算，经过五至十年的努力，阜新五大战略性新兴产业增加值，在全市生产总值中所占的比重有望达到30%。届时，阜新经济发展方式将会发生根本性转变，可持续发展能力将会得到极大增强。

四、把“让人民生活得更加美好”作为保障和改善民生新的目标定位

资源城市的经济转型，所涉及的绝不仅仅是经济问题，涉及更多的是保障和改善民生问题。阜新转型之前，由于煤炭资源枯竭，煤矿破产和采煤区沉陷，使职工生产和生活遇到了严重困难。开展转型试点以来，阜新在解决职工就业、采煤沉陷区治理、棚户区改造和建立社会保障体系等方面，做了大量卓有成效的工作，使城市职工，特别使矿区职工生活得到了明显改善。但这种改善从性质上讲，是一种弥补历史欠账式的、低水平的改善。“十二五”期间，阜新要把保障和改善民生作为加快推进经济转型的根本出发点和落脚点，努力让城乡人民生活得更加美好。一是在改善生存性民生上，要实施更加积极的就业政策，以转变经济发展方式促进就业，以实施大项目扩大就业，以鼓励自主创新带动就业。继续完善采煤沉陷区治理工程，加强棚户区改造工程建设，建立健全经济适用房和廉租保障性住房制度。加快实施农村危房改造工程。抓紧解决厂办大集体企业退休人员养老保障历史遗留问题。大幅度增加城镇居民可支配收入和农民人均纯收入。二是在保障发展性民生上，要加大财政对社会保障的投入力度，深化社会保障制度改革，进一步完善覆盖城乡人民的社会保障体系。加快发展教育、卫生、文化、体育事业。完善社区“十分钟服务圈”功能，加强农村、中心乡镇的文化站建设。三是在解决安全性民生上，要创新信访机制，把矛盾化解在萌芽状态；健全企业工资集体协商制度，努力构建和谐稳定的劳动关系；煤炭企业要坚持“安全为天”，确保职工安全生产；加强社会综合治理，全力维护社会和谐稳定。同时，加大社会管理创新力度，提高社会管理水平。要通过加强生存性、发展性、安全性“三大民生”建设，让阜新城乡人民生活得更加殷实富裕，更加自信从容，更加充实快乐，更加和谐安全，更加舒适健康。

五、按照建设“两型”社会要求推进生态环境转型

建国以来，阜新煤炭工业的发展成果是以牺牲生态环境为代价而取得的，由此造成阜新生态环境的严重恶化。开展转型试点以来，阜新坚持经济转型与生态环境治理与保护同步进行的方针，在生

态环境建设、城市环境建设、群众生活环境改善、矿区环境整治等方面已取得了明显成效，先后被国家确定为“循环经济试点市”和“资源型城市生态恢复试点市”。“十二五”期间，阜新要实施生态立市战略，按照中央关于建设“两型”社会（资源节约型、环境友好型社会）的要求，推进生态环境转型。一是坚持水是生态之基，进一步做好水的文章。加强水利水源建设，提升水利对经济转型的支撑和保障能力。加强抗旱水利设施建设，改善农业生产条件。进一步推广节水技术，发展节水型产业。二是大力发展循环经济。加强矿山资源综合利用，加快再生资源循环经济产业基地建设。提高粉煤灰、煤矸石综合利用率，抓好发电厂粉煤灰综合利用等一批重点项目。推广清洁环保生产方式，推进生产、流通、消费各个环节的循环发展。三是进一步加强生态环境建设。树立绿色、低碳发展理念，提升全民生态道德水平。推进“三北”防护林五期工程，加快“辽宁阜新生态示范区”建设，高标准建设世界级工业遗产主题公园。加快淘汰落后产能，降低温室气体排放强度。城市绿化要以绿为主题，以美为标准，以质为根本，确保绿化成活、成景，努力打造绿化精品。要通过推进生态环境转型，努力把阜新建成“绿色、低碳、精美”城市。

（作者单位：中国矿业联合会；辽宁省阜新市人大常委会原秘书长）

论西部资源型城市经济转型中的政府职能
——以甘肃省白银市为例

赵 慧

政府职能的转变，对于资源枯竭城市经济转型与持续发展具有重大意义。推动资源型城市经济转型，政府必须首先“转型”；通过不断调整政府职能，切实把政府经济发展职能转到主要为市场主体服务和创造良好发展环境上来，从而实现从.“全能政府”向“有限政府”、从“管制政府”向“服务政府”、从“细职能、大政府”向“宽职能、小政府”、从“权力政府”向“责任政府”的转变，才能推动城市经济顺利转型与持续发展。

一、以经济转型为根本，政府主导产业体系重构

白银市是典型的资源型城市。20世纪80年代以来，随着矿产资源的逐渐枯竭，白银市经济和社会发展面临严重困境。2005年，白银市开始了全面推进转型的理论和实践探索，并形成了世人瞩目的“白银模式”。2008年，白银市被国务院批准确定为全国首批资源枯竭转型城市。白银市紧紧抓住这次历史机遇，确立了“在资源型城市，落实科学发展观就是推进资源型城市转型”的指导方针，明确提出了“以人为本、科学转型”的理念，坚持以经济转型为根本，带动社会、生态、文化全面转型的基本思路。

2009年，白银市提出了以“项目建设落实年”和“全面效能建设”为载体，推进“提效能、建机制，抓项目、重民生，保增长、促转型”六大体系，进一步强化经济转型保障体系建设。几年来，白银市的国内生产总值、工业增加值和全社会固定资产的增产速度，均高于甘肃乃至全国的平均增长速度，被誉为“白银速度”。“白银速度”是“白银模式”的基本体现，而“白银模式”是典型的地方政府推动型转型模式。因此，通过“白银模式”去透视和总结白银城市转型的基本经验，特别是合理定位并转变政府的经济与社会职能，对西部地区同类城市的成功转型与发展，具有非常重要的指导和借鉴意义。

1. 坚持产学研相结合的道路

发展高新技术产业是白银市推动经济增长、实现经济结构优化升级的关键。一方面，通过共建并依托中科院白银高技术产业园，白银市积极搭建产学研联合平台，着力推进产业园区成长为区域经济的重要增长极以及资金、技术、人才的汇聚点；另一方面，围绕建设创新型白银，以推动高新技术发展为突破口，着力推进院地院企合作，积极开发产学研合作项目，不断推进区域创新能力的增强。

2. 通过项目推进产业结构优化

白银市积极发挥国家转型政策的“洼地”效应，牢固树立抓项目就是抓转型的观念，坚持以项目兴产业、调结构、促转型。在“发展抓项目、改革抓项目”的战略部署下，白银市积极对接国家产业政策，加强与国内外科研院校和相关咨询机构的协作，不仅精心凝练了一批重大项目，而且积极发挥党委、政府的推动作用，带头寻找、引进和培育投资主体，尽可能捕捉、争取每一个好项目。

3. 实施支柱产业多元化战略

白银市20世纪90年代的改革经验证明：单一产业结构下的产业微调，根本无法解决转型问题；建立多元产业结构体系，培育发展多元支柱产业是加快经济转型的必然选择。转型以来，白银市依托资源而不依赖资源，一手抓传统产业的改造升级，一手抓接续产业的培育发展，着力推动经济增长由主要依靠传统产业和初级产品向发展高技术产业、资源原材料精深加工转变，着力搭建多元支柱产业框架。在不断巩固和提升有色、能源、冶金、建材等传统主导产业地位的同时，白银市充分利用主导产业间以及主导产业与其他产业间的关联关系，发挥区域工业化的优势，积极发展有色金属及稀土新材料、精细化工一体化、矿产业和资源再生利用、能源和新能源、机械和专用设备制造、非金属矿物制品、特色农畜产品深加工以及黄河文化产业八大支柱产业，使经济增长由以往单一的资源开发向高技术产业开发、市场开发和多元化综合开发转变。

4. 延伸产业链来促进产业结构升级

现代产业通常是以技术关联的形态存在的；白银市已经形成了一批能矿资源重点产业和骨干企业，通过先进技术的充分应用，能够促进形成巨大的产业链或产业群。为此，白银市坚持以产业链延伸为主脉，依托能源原材料优势和骨干企业，以高新技术为支撑开展集成创新，一方面，依靠科技进步大力提高企业的技术水平，并将信息技术同现代管理技术和制造技术相结合，把提高经济效益转到依靠科技进步和产业升级的道路上来，促进传统产业和劳动密集型产业向技术密集型产业转变；另一方面，大力促进技术转化，发展现代高科技加工业，着力形成以技术比较优势为基础的新产业，促进白银市高新技术产业群的形成，走出一条以科技型产业带动转型的新路径。

5. 强化园区建设，打造产业聚集平台

园区建设有利于聚集科技、人才、信息、资金等要素资源，发挥规模效益。为此，沿着..大项目“产业链—产业群——产业基地”的发展模式，白银市加快建设中科院白银高技术产业园、白银西区开发区、平川中区开发区、刘川工业集中区和白银区中小企业创业基地等“一园三区一基地”，不断提升园区品位，增强园区功能。

6. 突出企业的主体地位，强化转型的产业支撑

资源型城市的经济转型，从根本上讲是资源型企业的转型。转型以来，白银市不仅规范产权关系，重塑市场主体，尤其对大企业努力推进股份制改革，而且根据资源型骨干企业的困境，政府积极创造良好的项目投资环境，积极为企业与各方面的合作交流搭建平台，推动市域企业加强与域外企业尤其“国字号”企业和行业协会的沟通交流，寻找利益结合点，强化战略合作，形成国家转型政策支

持、地方政府强力推动、企业战略合作、共同促进产业升级的格局。

二、政府转型是推动资源型城市经济转型的关键

资源型城市的转型不仅仅是经济转型、城市功能转型，而且包括政府职能转型。只有合理定位城市政府的经济、社会职能，才能理顺政府与企业的关系，为经济转型与发展创造良好的环境。政府职能的准确定位是关键，管理创新更是突破的重点。

1. 政府管理创新

资源型城市是依托资源，由国家规划建设发展起来的，其政府职能带有浓厚的计划经济色彩。目前，西部资源型城市政府，在组织结构上，体现为分工过细、职能交叉、条块分割、权力过分集中；在职能方式上，侧重于微观管理、直接管理乃至命令管理，对市场宏观调控不足；在职能关系上，表现为职能不清、职责不明、职权和职责不对称等。推动城市转型，地方政府需要改变计划经济时期遗留下来的直接控制和领导经济发展的“越位”思想，扩大市场机制主导经济发展的深度和广度；地方政府的主要职能是政策引导，创造制度和市场环境，建设基础设施，搞好公共服务，为经济转型提供必要条件，而具体项目的运作则必须依靠企业、依靠市场。也就是说，政府应该从传统体制下的经济建设型政府转成公共服务型政府，不应继续扮演要政策、求投资、跑项目的角色，要由投资主体转变为制度的供给者、引导性产业发展战略与转型规划的制定者，并通过良好的公共服务来增加社会投资，由“行政干预型强政府”转向“服务型强政府”，实现政府职能的根本性转变。为此，地方政府首先需要观念转型，以此推进政府管理理念、职能、体制、方式等的变革，进一步理顺政府与企业、与市场、与社会的关系，推进政府管理的法治化、信息化、科学化进程，创造各类企业公平竞争的市场环境，这是政府职能转变的关键。

2. 经济调节职能

调节地方经济，建立良好的发展环境，这是推进城市转型的一项基础性工作。地方政府担负着对地方经济进行中观调节的职能，尤其产业政策的指导作用。西部资源型城市的立市之本是资源，产业转型战略的关键在于拉长资源开发期限，并根据自身的产业优势延伸产业链，从而为城市产业结构调整提供充裕的时间、资金并减缓就业压力。而在西部资源型城市，绝大多数骨干企业都是国有企业或国有控股企业，地方政府只有充分发挥国企在转型中的主力军作用，通过调控政策，引导企业把结构调整、经济转型与建立现代企业制度、提高企业自主优化资源配置的机制结合起来，才能实现结构调整和城市转型的战略目标。同时，要在深入分析城市的比较优势和综合发展条件的基础上，根据引导性战略，选择并加快发展新兴替代产业，积极引导骨干企业带动地区经济转型发展；通过产业政策的不断调整，促进地方优势产业和支柱产业的多元化发展，建立具有相对优势的市场领域和经济空间，完成经济结构的优化升级，才能走出一条传统产业做大做强，新兴产业做实做活的经济转型道路。

3. 市场监管职能

西部资源型城市之所以发展滞后，一个很重要的原因就是由计划经济体制向市场经济体制转换缓

慢，即市场化改革滞后。市场经济的迅速发展，使资源型城市多年积累的深层次问题开始逐步暴露，市场体系不完善、不健全，给城市社会经济的持续发展带来了挑战。有效的监管不仅是市场本身发展的需要，也是市场逐步走向规范的必然要求。转型中的地方政府须要把更大的精力、财力转移到构建市场体系、加强市场监管方面来。一方面要引导以市场机制为基础实现资源的有效配置，充分发挥市场经济“看不见的手”的调节作用；另一方面，要看到市场机制的调节存在客观缺陷或“市场失灵”现象，必须发挥政府的市场调控和监管职能。城市政府不仅要尽快逐步还权于市场，解决“错位”问题，而且要加快完善间接调控体系，完善各种法规和市场规则，规范市场主体与行为，构建并维护市场体系与秩序，这是经济转型的真正动力与环境所在，也是推进经济转型的基本体制要求。

4. 社会管理职能

转型以来，西部资源型城市不断改革和完善社会管理体制，取得了显著成效。但从总体上看，政府社会管理职能还不能适应市场经济的发展和社会全面进步的要求，主要表现在社会事业发展较慢，社会管理制度不健全；社会保障体系不完善，社会保障覆盖率较低；收入分配结构不合理，社会利益摩擦和冲突增多；社会管理体制改革滞后，社会资本开发利用不足；生态环境问题突出等。在市场经济条件下，政府必须要履行并不断加强社会建设和管理职能，积极推进社会管理体制创新，加强基础设施、科、教、文、卫、体、生态环境保护建设等；要调节国民收入分配，尤其要协调经济发展与社会发展的关系，完善收入分配与社会保障制度，逐步形成完整的多层次的社会保障体系；要加强法制与基本道德规范建设，营造良好的社会风气，促进社会的公正与和谐，推动社会的全面进步。

5. 公共服务职能

树立现代公共服务与管理的开放思维模式，打造“服务政府”，是资源型城市政府转型的基本要求。构建公共服务型政府，应当从构建公共财政体制入手，将公共财政的理念和运行规则融入政府职能转变的全过程。要调整公共支出的范围，提高公共服务支出的总量与比例，将财政支出的重点转向包括科、教、文、卫、体、法等在内的公共产品和公共服务，以及建立健全社会保障体系等方面，特别要制定公共服务的最低标准，以保护贫弱者为重点，扩大公共服务的覆盖面，保证低收入群体能够获得最基本的公共服务。同时，要进行体制创新，更新国有为主的思想观念，积极鼓励、支持和引导非公有制经济全面进入公共服务各个领域。

（作者单位：甘肃行政学院经济学教研部）

区域视角下的城市经济转型研究
——以江苏昆山为例

朱跃华　段兆广

在全球化背景下，城市转型成为各国城市发展面临的共同问题，如何通过城市成功转型实现可持续发展日益受到学界的关注。20世纪90年代以来，国际制造业大规模向中国沿海地区转移，城市扩张带来资源环境的巨大压力，依托要素资源等量的投入来推进经济高速增长带来的问题逐步显现，保持经济持续高速发展的要求与资源紧缺、环境衰退的矛盾日益尖锐。从城市竞争态势、资源环境约束、体制机制改革来看，城市转型成为必然。

一、长三角区域经济发展趋势

（一）在更深和更广的层面上受全球化发展的影响

全球化已经成为不可逆转的历史潮流，且不断向纵深发展；经济活动的社会边界不断扩展，资源在更大范围内配置，从而对城市区域发展产生了全面的影响。在此背景下，长江三角洲的发展日益卷入了全球化的进程，不仅表现在经济方面，而且在文化、政治等方面受全球化的影响也越来越深。在全球化的影响下，政府的一些职能将会进一步被市场所取代，技术与信息全球化对城市发展的影响主要是通过经济、政治和文化全球化过程起作用。在区域经济发展背景下，城市在全球城市体系中的定位逐渐从垂直分工走向水平分工，一些中小规模的城市抓住机遇，通过专业化的分工，提升了其在全球分工中的地位。

（二）经济增长由"资源消耗、粗放"向"集约、创新"模式转变

长三角区域作为我国经济发展的先行地区，走的是一条资源与投资驱动型发展的道路。尤其是重化工业的扩张，使得该区域经济增长对国内外资源产生强烈的依赖性，而重化工业在扩张过程中产生的环境污染问题也日益显露出来，密集型工业化区域正在受到资源与环境的挑战。因此，需要推进集约和节约发展，着力提高资源利用效率；同时，把创新作为区域经济社会发展的主要手段，充分发挥科技人才优势，突出自主创新，加强科技科研投入，依靠社会性的全面创新营造创新环境，真正实现经济增长模式的转变。

（三）产业重构与转移、空间重组、环境重整等转型趋势初现

长三角正在经历高速城市化和工业化，其中有些城市已经经历了这个过程，开始走向工业化后期，后工业化也是一些城市功能提升的必然选择。该区域产业重构主要体现在制造业的高新化和服务业的高端化，核心城市上海将起引领作用，而一些具有特殊功能的城市也将脱颖而出。受资源环境约

束，长三角核心地区的劳动密集型、资源密集型产业也在通过区域经济合作向外围地区转移。

同时，城市间进入新的空间重组期，过江通道、高速铁路和城际铁路等交通建设加快发展，区域空间由传统的“Z”字形结构走向网络化。结合资源整合、区划调整，长三角逐渐形成由中心城市、副中心城市、城镇组团、一般镇和农村集中居住区构成的城乡统筹体系，成为整个区域发展的主体。此外，长三角的城市建设开始重视对旧城的改造，重视历史文化的保护和发掘，重视城市特色的创造，重视生态环境的保护。

二、昆山城市经济发展的历程回顾

（一）20世纪80年代：创新传统发展模式，从农业县走向工业强县

昆山在改革开放伊始就率先于1985年提出在县级市兴办开发区的设想，适时制定了“富规划、穷开发”、“三先三后”的方针和“依托老城、开发新城”的策略，有效地促进了开发区经济的发展和昆山城市的崛起。在开发区建设没有政策允许、没有国家资金投入、缺少技术项目和人才优势的困境下，昆山市提出“东依上海、西托‘三线’、内联乡镇”的横向经济联合发展路径。通过抓横向经济联合，在20世纪80年代中期，昆山的发展与上海紧密联系在一起；通过有效的城市经营，充分利用区位优势，将土地、设施、环境及其他各种资源要素资本化，探索出自我积累、自我发展的城市建设新路子。

（二）20世纪90年代：以利用外资为突破口，提升区域竞争力

昆山20世纪90年代外向型经济的快速发展得益于超前谋划、科学决策，逐步成为充满活力之城和外向型经济的典范。首先以开发区的建设为载体，以项目引进为核心，不断加大利用外资力度。同时，在招商引资过程中，注重对特定地区的招商，并采取“以商引商、以大引大”的引资策略。20世纪90年代中期以来，一批批投资规模大、技术含量高、产业带动力强的台资的到来，为昆山经济的持续、快速、健康发展提供了强劲的动力。

在外向型经济获得快速发展的同时，利用区域经济优势，抓住上海浦东开发开放的机遇，促进昆山产业结构和空间结构的调整。随着昆山引资结构的变化，高新技术产业的比重逐步超过了一般加工业，逐步形成了以开发区、出口加工区为中心，专业园区、配套园区为组团的高新技术密集区的新格局，从而实现了产业结构的升级与优化。

（三）21世纪初：重构昆山发展格局，突出发展重点

进入21世纪后，在其他城市大规模推进招商引资的热潮下，昆山选择了从引资走向选资，优化空间发展和资源组合，突出片区发展，开始寻求集聚、集约的效益昆山之路。

2000年以来，昆山经济总量、工业总产值呈现高速增长态势，投资和出口成为拉动经济发展的主要动力，二者均与外资的利用密不可分。在资源环境压力加大的背景下，昆山开始提高产业进入门槛，重点引进主导产业和新兴产业链上的高端项目，同时，大力发展高附加值服务业。面对城市经济发展的新形势，昆山市适时调整空间发展格局，促进城市功能的提升。

三、昆山城市发展面临的困境

（一）对外依存度偏高，结构亟须调整

从三次产业构成的时间序列变化来看，昆山市服务业增加值在1991年首次超过第一产业，经济结构由“二、一、三”转变为“二、三、一”。但昆山服务业占全市GDP的比重从1992年以来一直在30%～35%之间徘徊；第二产业的比重一直处于较高的水平，2009年达到65%。可见，昆山市第二产业比重过高，而服务业发展滞后，亟须进行产业结构调整。

（二）吸引外资面临瓶颈

昆山经济的三次跨越均离不开外资的作用。然而，自身劳动力、土地等生产要素成本在不断提升，其中劳动力成本（职工平均工资）从1990年～2009年年均增长15.67%。加之周围地区强有力的竞争和国际资本的趋利本性，致使利用外资总额增长乏力。尽管有引资政策变化的原因，但总的来看，昆山吸引外资面临着发展瓶颈。

（三）推动工业化、城市化与有效保护耕地的两难选择

昆山已经全面进入工业化中后期、经济增长转型期、国际化提升期和城市化加速期，工业化和城市化的推动与保护耕地之间的矛盾将日益突出。据昆山市统计局资料，按常住人口计算，2009年昆山城市化率达到84.6%；然而，昆山拥有大量的外来人口（2009年为98.15万人），庞大外来人口的城市化及再城市化问题颇为严峻。而从耕地资源总量和人均耕地面积来看，2000年以来，一直呈下降趋势。昆山2004年已突破联合国规定的人均533.6平方米耕地的警戒线，因此，保护耕地的形势十分严峻。

（四）资源、环境约束日益凸显

在昆山城市经济发展过程中，虽然注重把工业企业向开发区、园区集中，但由于行政区域划分、各自为政、分散开发等诸多因素和历史遗留问题的制约，造成用地较为松散。工业用地大多沿路线状布置，中部有不少闲置地，导致城市低密度扩张；产业用地在空间布局上仍然较为分散，形成以制造业空间拓展为主体的建设空间蔓延式发展局面，不利于资源综合利用水平的提高。

同时，经过20多年的高速、粗放型产业发展，昆山也付出了较大的生态环境代价。目前水气环境的产业容量已十分有限；同时经过长时间、高强度开发，土地的利用率已经非常高，今后通过扩大土地面积来拓展产业发展空间的余地已经很小。而高新技术产业、现代服务业在空气质量、人文因素、交通条件等方面对环境提出了更高的要求。因此，优化资源配置、保护生态环境和避免过度开发等将成为昆山未来经济发展中的重要选择。

四、昆山城市经济发展转型的路径选择

（一）产业转型升级

1. 促进制造业向产业链高端延伸

借鉴日本、韩国等国家产业转型升级的路径和经验，产业转型的方向应该选取占领国际产业分工

链中具有高附加值的环节，提高技术研发和产品设计能力，促进制造业向高端延伸。充分发挥制造业现有优势，为高新技术企业的进入或培育创造良好的发展环境，以产业园区为主要载体，不断提升高新技术产业比重；通过高新技术对传统优势产业如机械、纺织等进行技术改造与提升，促进要素资源的合理配置，提高传统产业的竞争力；促进企业与科研院所的合作，积极开展国际技术交流与合作，提高企业自主创新能力。

2. 积极发展现代服务业

发达国家与地区的经济发展历史表明，制造业的发展必然引起现代服务业的发展，在市场经济条件下，会通过规模经济性的提高促进现代服务业的市场化和专业化发展。现代服务业的发展既有利于专业化分工的深化与泛化，又通过降低制造业生产中服务投入的实际成本支持制造业的发展。昆山已经形成以花桥国际商务城为核心的现代服务业集聚发展区，在“融入上海、面向世界、服务江苏”的目标定位指引下，必将成为江苏省内、上海市外、沪宁经济走廊上以国际性商务服务为主的国际大都市商务卫星城。

3. 提高外向型经济的植根性

网络化中的企业愿意合作承担风险，更愿意采取集体行动，从而增强其稳定性。对以外资为主导的昆山而言，应强化其产业向上、下游延伸；同时，扶持本地企业为外资企业做配套，形成区域产业间较强的网络化关系。构建良好的区域交通运输系统和信息通讯网络，提高科研投资比重；着眼于建立富有活力的创新精神、尊重人才的区域文化，缩短外资企业的本土化进程。

（二）空间集约利用

1. 存量用地的空间整合

国家宏观调控趋紧以来，对土地资源的预控越来越严格，用地需求与用地供给之间的矛盾日趋加剧。必须加强存量用地的空间整合，切实有效地落实“土地向规模经营集中、企业向工业区集中、农民住宅向镇区集中”的政策，引导工业项目向园区集中，推动产业集聚、项目集中、用地集约。通过用地置换与盘活闲置土地整合现有土地资源，提升集约利用水平。

2. 增量用地的空间准入门槛

以提高土地利用效率和效益、优化土地利用集约化程度为重点，以用好增量、提高质量为原则，积极运用市场机制和政府调控手段，设立准入门槛，实施产业评估等措施以提高空间利用效益，建立相应的激励与约束机制，加快建设环境友好型和资源节约型社会，确保社会经济的可持续、快速、健康发展。

3. 用地功能的适度混合

在昆山产业用地比例偏高的情况下，用地功能的适度混合显得尤为重要。一方面，实行功能分区可以改善城市环境，发挥城市集聚效应；另一方面，将提高城市的综合功能与辐射力作为集约利用土地的重点，倡导适度混合的原则，对各种功能用地合理组合与有序集中，不断优化城市空间结构，提高土地利用效率。

（三）资源节约与环境保护

1. 提高资源利用水平

积极发展资源节约型经济和循环经济，合理开发、集约利用、切实保护各类资源，缓解资源短缺矛盾，提高环境承载能力。加大技术创新和技术进步，切实降低单位产出的能耗、物耗水平和污染物排放量。鼓励利用清洁能源，促进能源和资源的回收循环利用，建设生态工业示范区、生态农业示范区和生态示范社区。

2. 转变消费习惯与生活方式

在新的发展时期，经济增长将由主要依靠投资、出口拉动向依靠消费、投资、出口协调发展转变。消费将成为经济增长的又一主导性因素，在一定程度上制约着生产方式。面对日趋严峻的资源环境约束，使消费者适度消费、公平消费、科学消费、和谐消费及倡导绿色生活方式，以促进经济社会与人口、资源、环境的协调发展。

五、结语

城市发展路径确定得合理与否，直接决定了城市经济的发展方向和层次。纵观昆山城市经济发展历史，可以看出在关键的时刻，主动转型促进了经济发展的三次跨越。当前，昆山城市经济发展正处于转型的关键时期，对其在未来一段时期内的定位将决定城市功能升级的状况及其持续性。因此，从区域经济发展视角探寻昆山未来的发展路径和方向，有利于为昆山及其他城市实现经济增长方式转变、促进城市转型提供借鉴。

（作者系南京市工程咨询中心经济师、城市规划师；
江苏省城市规划设计研究院经济师、城市规划师。）

景德镇实现资源枯竭型城市经济转型的对策研究

朱云莉　邱小麟

景德镇是我国唯一因瓷土矿资源枯竭而被确认为资源枯竭型城市的，这将直接促进景德镇陶瓷产业向更高发展层次迈进，为全国其他产瓷区陶瓷产业转型升级发挥重要的示范作用。

一、景德镇瓷土资源基本概况

景德镇之所以名闻天下，最重要的因素则要归功于瓷土。陶瓷原料包括坯料和釉料，其中坯料是瓷质优劣的关键，其主要成分由瓷土和瓷石组成，上述3种原料统称“瓷土”。景德镇正因为拥有质纯、耐温性能好的优质瓷土，从而推动了陶瓷技术的不断进步，奠定了景德镇在陶瓷领域的领先地位。

景德镇境内近30%的面积蕴藏着瓷土矿资源。自清朝官窑设立，景德镇开始对瓷土资源进行规模开采，至今已有几百年的历史，目前已探明的瓷土矿还剩90万吨，按每年10万吨的开采速度，最多只可开采10年，进行经济转型就显得尤为紧迫。

二、景德镇实现资源枯竭型城市经济转型面临的主要问题

1. 瓷土矿及制瓷企业的数量及其从业人员减少，产值降低

瓷土矿及制瓷企业从1990年代中期的316家急剧减少到2007年的157家。生产能力5万吨以上的较大瓷土矿已经关闭13家。2005～2007年，景德镇瓷土矿制瓷业产值占全市工业总产值的比重也在不断下降，分别为11.9%，11.7%和11.3%；从业人员占全部从业人员的比重从2005年的20.1%，2006年的17.3%下降到2007年的11.2%。

2. 重工业在经济中占主导地位

2008年景德镇三次产业的比重为9.5∶58.4∶32.1，第二产业独大。在第二产业内部，重工业的比重高达67.3%。这种偏重的产业结构带来了产业规模扩张成本高，资源、能源供应紧张、就业容量有限、经济效益不高和环境污染严重等问题。

3. 地方财政入不敷出

2008年景德镇市实现地区生产总值居于江西省第10位，规模以上工业总产值仅居全省最末位，其他总量指标也较为落后。在全国批准的44个资源城市中GDP总量名列第8位。财政收入萎缩，2005～2007年资源型行业纳税额不断下滑，同时地方一般预算收入占财政支出的比重呈下降趋势。

4. 社会负担沉重

据相关部门调查，景德镇市陶瓷系统共有在册职工15万人，其中下岗或转岗4.90万人。下岗失业人员除了制瓷技能外，其他技能普遍低下，下岗失业人员的再就业问题十分突出。

2005～2007年，景德镇城镇登记失业率分别为3.4%，4.0%，3.5%。目前，全市国有资源型企业累计历史欠税、表外欠息和不良资产达16.47亿元；对国有资源型困难企业进行破产改制，据测算要支付经济补偿、失业保险、养老保险、伤残补助等改制成本达34亿元，地方财政无力支付。

5. 生态环境破坏严重

景德镇面临严重的由于瓷土矿开采引起的植被复垦、复土还田和废石堆处理问题，经统计，全市瓷土矿矿区破坏面积达37.7km^2，急需投入治理。

三、景德镇实现资源枯竭型城市经济转型的对策

1. 加快实现资源枯竭型城市经济转型规划方案的研究制定

景德镇市应成立市委、市政府主要领导总负责的转型工作机构，尽快研究出台经济转型意见，全面推进转型规划编制工作。同时还可采取政策解读、建言献策、宣传讨论等方式，加大城市转型宣传力度，引导社会各界广泛参与到景德镇城市转型工作中来，纠正部分群众对资源型城市的片面认识，形成推进转型的强大合力。

2. 加强瓷土矿产资源的勘查和开发

要加投入，重新勘探景德镇新的瓷土资源储量，寻找新的接替资源；通过新工艺的运用，进一步节约瓷土资源，并组织科研人员，积极寻找瓷土的替代品，又不失陶瓷产品的品质。

3. 调整产业内部结构，发挥优势，建设陶瓷产业“四大基地”

重点建设一批陶瓷高技术产业示范项目。围绕高新技术、资源节约和生态保护，景德镇已储备了青花及青花玲珑陶瓷产业技术创新、特种陶瓷材料研究及生产建设、建筑陶瓷工业节能窑炉成套技术产业化、微波介质陶瓷及器件高新产业化等一大批陶瓷转型示范项目，都具有良好的市场前景。

加快陶瓷科研成果产业化。景德镇拥有全国唯一的陶瓷高等学府，拥有国家级、省级、市级陶瓷研究所和陶瓷科研中心。这些陶瓷科研机构研制开发了一系列新型陶瓷技术，代表着国内领先水平，可充分应用这些陶瓷科研成果，提高景德镇陶瓷产品的附加值。

建设以结构陶瓷、功能陶瓷等高技术陶瓷为主，与传统日用瓷、艺术瓷、建筑卫生陶瓷及相关的陶瓷配套产业相结合的产业基地；建设以景德镇陶瓷学院为龙头，集聚多所陶瓷专业院校资源的全国性陶瓷教育基地；建设以国家日用及建筑陶瓷工程技术研究中心为依托，与中科院共同合作的陶瓷研发基地；建设以景德镇国家陶瓷博览会为主要载体，促进陶瓷经济文化、技术贸易活动的陶瓷交流基地。

4. 调整工业产业结构

机械家电产业方面，重点支持投资14亿元的长虹景德镇机电产业基地，形成年产1500万台绿色环保

节能压缩机生产能力，促进投资5亿元的景航锻铸年产2000架高速货车转向架项目尽快形成生产能力。

航空汽车产业方面，重点建设投资50亿元的景德镇汽车零部件产业基地，形成完整成套的汽车零部件产业链；建设4亿元的昌河航空公司直升机产业化项目，满足直升机部件装配、整机总装、试验和交付需要，可实现年产值达12亿元。

化工医药产业方面，以乐平精细化工产业园为依托，重点支持草甘膦、天新药业等一批精细化工项目建设。支持德宇集团红豆杉规模化繁育及紫杉醇提取产业化项目。

电子信息产业方面，主动策应江西省打造世界级光伏产业基地战略，重点支持投资24亿元的多晶硅、单晶硅项目。推进节能照明产业建设步伐，加快LED照明技术推广应用。

电力能源产业方面，重点发展以电力、天然气、焦化煤气和煤炭为主的电力能源产业体系。全力推进景德镇电厂2×600MW“上大压小”项目、天然气项目、焦化煤气总厂5#，6#焦炉项目、乐平矿务局煤矸石综合利用等项目。

特色食品产业方面，发挥该市农产品资源比较优势，提高乐平蔬菜、浮梁茶叶、昌江养殖的产业化水平。重点支持乐平桃酥、浮梁油茶等一批具有地方特色的食品加工业。

5. 挖掘陶瓷文化旅游资源，实施“三大工程”，形成接续产业

景德镇已有1700多年的制瓷历史，至今仍保存着大量的古矿、古窑遗址、古建筑、古街区、古寺庙、古码头、古民居等历史文化遗产。对景德镇陶瓷文化资源进行深度挖掘，发展以陶瓷为主的文化和旅游产业，抓好以古陶瓷博览区为重点的旅游综合开发，重点建设景德镇陶瓷文化旅游集聚区项目，通过对文化创意产业园区、文化年节、近代工业遗址、古代历史遗址、互动博物馆、文化街区等的建设，全面的展示景德镇陶瓷文化，形成景德镇古今陶瓷艺术互动、中外陶瓷文化交流，传统与创意陶艺交相辉映、文化和旅游产业协同发展的综合功能集聚区。

景德镇经济转型工作要充分结合陶瓷产业的特点，突出陶瓷文化创意核心。目前，景德镇拥有众多各级工艺美术大师、工艺美术师和身怀绝技的民间陶瓷艺人，具有丰富的陶瓷科教资源和人才优势。景德镇在千年不息的窑火中，遗留下丰富的陶瓷历史文化遗迹与遗物，是发展文化创意产业的理想之地。要充分利用老城区的废旧、闲置的工业厂房，建设陶瓷创意设计工作基地、陶艺家创意文化交流中心、陶瓷创意培训基地、国家陶瓷创意展示中心，使原有破旧的厂房焕发出新的光彩，不断增加再就业机会，让陶瓷文化创意产业成为全国资源城市转型的亮点。

6. 实现经济增长与扩大就业良性互动

通过落实转型政策，把新型工业化、农业产业化和城镇化与统筹城乡就业有机结合，引导和发展服务业、劳动密集型产业、中小企业和民营经济，完善城乡一体化的劳动用工管理体系、职业培训体系、公共就业服务体系和社会保障体系，形成一体化的培训、就业、社会保障工作机制，以扩大就业容量，实现经济增长与扩大就业良性互动。当前，可重点建设LED下岗职工就业创业培训孵化基地、美食一条街、陶瓷文化一条街、陶瓷创意一条街、再就业培训中心、职业教育基地等一批转型项目。

这些项目建成后，将为社会新增约1万个就业岗位。

7. 完善政策配套措施，构建完整的经济转型工作支撑体系

转型资金管理方面，目前中央财政先后下达景德镇市两批财力性转移支付资金共2.04亿元，景德镇市还争取到江西省配套资金2000万元，并与国家开发银行江西省分行签订了《开发性金融支持资源型城市转型和可持续发展合作备忘录》，签订的专项融资贷款授信额度20亿元。按照国发38号文件精神，这些资金将重点用于产业结构调整、工业园区基础设施建设和专项贷款贴息等，引导和帮助企业转型。

财税方面，结合矿山环境治理恢复保证金制度试点工作，研究资源性主营业务收入在税前按一定比例提取并列入成本的办法，制定建立可持续发展准备金制度实施方案；对旅游、文化创意、食品加工等劳动密集型企业、实施设备改造、技术革新的陶瓷和新型建材企业以及航空汽车和高新技术企业在发展初期实行退免税、折扣税率、低税率、扩大应税所得抵扣范围等税收优惠政策；对符合国家产业政策的技术改造项目，提高该项目所需要国产设备投资购置支出的可抵免比例；将外资企业再投资退税政策扩大到内资企业，并实行更优惠的再投资退税率。

土地方面，对财税型、高新技术型、成长型、就业型企业，依法依规优先保证其合理用地需求，优先安排年度用地计划，优先列入调度，优先办理用地手续。

就业方面，进一步落实和完善促进就业的各项政策措施。重点为困难家庭、下岗失业人员、农村富余劳动力、大中专毕业生、返乡创业农民工的就业和创业提供引导服务，积极提供小额贷款和免费创业培训，依法减免相关费用，降低创业成本。

社会保障方面，完善基本养老、失业、医疗、工伤等保险制度，提高社会保险征缴覆盖面；逐步形成以城乡低保、农村五保、医疗救助为基础，以临时救助为补充，与廉租住房、教育等专项救助衔接配套的、覆盖城乡的社会救助体系。

（作者单位：景德镇陶瓷学院；景德镇市经济贸易委员会）

基金项目：江西省软科学研究项目（2009ZDR19100）；景德镇市科技局2009年软科学研究项目

城市风采

贵阳市经济社会发展情况

甲秀楼春色

一、基本情况

贵阳市地域面积8034平方公里，总人口432.46万，辖六区一市三县（云岩区、南明区、花溪区、乌当区、白云区、小河区、清镇市、息烽县、修文县、开阳县）、两个国家级开发区（贵阳高新技术开发区、贵阳经济技术开发区），是贵州省省会城市和全省唯一特大城市。

“十一五”期间，面对百年不遇的凝冻、干旱等自然灾害，面对国际金融危机的严重冲击，面对发展中出现的新矛盾、新问题，贵阳市在省委、省政府的正确领导下，深入贯彻落实科学发展观，采取有力措施积极应对各种困难和挑战，全市经济社会发展取得了可惜的成绩。2010年全市生产总值达1121.82亿元，五年年均增长14.2%；人均生产总值突破4000美元。财政总收入达304.64亿元，五年年均增长18%；地方财政收入达136.3亿元，五年年均增长22.3%。全社会固定资产投资达1019.31亿元，年均增长24.3%，五年累计完成3317.51亿元。社会和谐稳定，人民生活持续改善，生态环境建设取得明显成效。

二、投资环境优势

1. 区位优势。贵阳市地处祖国大西南腹地、长江与珠江分水岭地带，国家级内陆开放城市，也是联结泛珠三角、成渝、北部湾等经济区和中国－东盟自由贸易区的重要枢纽城市。近年来实施的“一环一射两联线”环城快速铁路、城市轻轨、开阳港、息烽港等重大交通枢纽工程，贵广快速铁路、贵广高速公路等对外交通体系加快建设，现代化立体快捷交通网络初步形成。未来几年，贵阳作为西南地区乃至整个西部地区重要陆路交通枢纽的区位优势日益凸显。

2. 生态优势。多年来，贵阳市注重环境保护和生态治理，先后荣获“国家园林城市”、“全国绿化模范城市”、“中国人居环境范例城市”和全国唯一的“中国避暑之都”等称号，被列为全国生态文明建设试点城市和全国低碳城市试点，成功举办三届生态文明贵阳会议。主要体现在：一是空气清新，全年空气质量为优或良的天数达343天；二是气候凉爽，

百花湖水

花溪

黄金大道

贵阳奥体中心体育场鸟瞰图

全年夏季平均气温在24℃左右，平均相对湿度80%左右；三是纬度适合，正好处于人类居住最佳纬度20～30度间的北纬26度；四是海拔适中，位于1000米左右，紫外线辐射为全国乃至全球最少地区之一；五是灾害罕见，几千年来未发生过地震、台风等自然灾害；六是省会城市，是全国最适宜人居住为数不多的省会中心城市之一。

3. 资源优势。贵阳市已探明矿种52种，主要有煤、铁、硅、重晶石、大理石、耐火粘土、铝矾土、磷、硫、汞等矿产资源；铝土矿保有储量3.01亿吨，占全国的五分之一；磷矿保有储量3.31亿吨，是全国三大磷矿基地之一，全国70%的优质磷矿集中在贵阳；煤炭储量9亿吨；水能和煤炭资源十分丰富，是我国南方久负盛名的重要能源基地；贵阳自古就有“夜郎无闲草，黔地多灵药”的美誉，生物资源种类繁多，位列全国四大中药材产地。另外，贵阳周边资源优势明显。

加速新跨越 力求新突破
打造全国县域经济转型跨越发展新品牌

■ 中共孝义市委 孝义市人民政府

中共孝义市委书记 张旭光

孝义市市长 郭保平

孝义市位于山西省中部，市域面积945.8平方公里，总人口46.8万人。1992年撤县设市。2010年，全市GDP达到258.93亿元，财政总收入达到50.01亿元，均比“十五”末翻了一番半；城镇居民人均可支配收入达到16642元，农民人均纯收入达到7686元，均比“十五”末翻了一番，位列中国县域经济基本竞争力百强第66位。先后被授予中国“十一五”可持续发展品牌县市、全国绿化模范市、全国文化先进市、全国社会治安综合治理先进市等十余项国家级荣誉称号。

以新型工业化为引领，着力转变经济发展方式。煤炭采掘进入“大矿时代”；焦化传统产业上档升级、循环发展；铝系产业做大做强；以具有世界领先水平的乐百利特2000万套LED照明项目即将部分建成投产为标志，高新技术产业高端推进；以一批现代商贸项目相继开工建设为标志，现代服务业蓬勃发展。

以农业产业化为重点，全面推动“三农”工作不断进步。截止“十一五”末，全市核桃经济林总面积突破36万亩，农民人均达到1.2亩；农业机械化综合水平达到71.62%，基本实现机械化；发展农民专业合作社208个，农民综合素质大幅提升。

以特色城镇化为带动，不断加快城乡一体发展步伐。五年投入33.68亿元推进城市基础设施建设，城市道路里程增加到128公里，城市建成区面积拓展到27平方公里。全市城镇人口达到27万，其中城区人口达到21万，城镇化率达到57.8%。

以市域生态化为核心，逐步提升城乡环境质量效益。扎实推进蓝天碧水、节能减排、造林绿化、城乡环境卫生清洁“四大工程”。先后荣获“山西省环保模范城市”、“山西省卫生城市”、“山西省园林城市”和“全国绿化模范市”等荣誉称号。

以和谐发展为根本，统筹推进社会全面发展。“十一五”期间累计投资17亿元大办教育；投资3亿元完成市乡村三级医疗卫生服务体系建设；投资近2亿元初步建成覆盖城乡的文化基础设施服务网络；覆盖城乡的社会保障体系进一步建立和完善，城乡低保实现应保尽保。

“十二五”期间，孝义市将以科学发展观为统领，紧紧抓住“全省转型综改试验区先行先试试点市”和“全省扩权强县试点市”政策机遇，继续解放思想，放胆先行先试，团结和带领全市人民，率先走出资源型城市转型跨越新路，率先在全省实现全面小康，努力实现“六个发展”，着力提升全市人民的幸福指数，全力打造民生幸福

孝义。

大力推动经济结构优化升级，努力实现高端引领、循环驱动的率先发展。坚持招商引资、大上项目不动摇，加快改造提升传统产业，培育发展高新技术产业、现代服务业。大力发展“园区经济”。

不断加强“三农”工作，努力实现设施一流、强农惠农的特色发展。着力做大做强农副产品加工、设施蔬菜种植、畜禽养殖加工、核桃种植加工“四大特色产业”，加快推进农业产业化，切实保障农民群众就业增收。全面加快以农村社会事业发展、农业基础设施改造、农民社会保障为重点的新农村建设，着力提高农民的保障水平、收入水平、健康水平和科技教育水平。

加快城乡一体化进程，努力实现特色城镇、城乡互动的统筹发展。以孝河为主轴、汾河为连接，沿两岸延伸拓展，加快建设中心城市。健全完善“以煤补农、以工补农”协调发展机制，加快推进城乡规划、产业发展、基础设施、公共服务、社会管理、生态建设“六个体系”大统筹、大融合。

持续改善生态环境，努力实现资源节约、环境友好的绿色发展。以低碳、绿色、循环经济为取向，强化节能减排，合理配置资源，促进能源、矿产资源节约高效利用。坚持每年投入不低于3亿元，大力实施“造林绿化”、“蓝天碧水”和“城乡环境整治”三大工程。

全面加强以保障和改善民生为重点的社会建设，努力实现富民惠民、公平正义的和谐发展。打造“山西领先、全国一流”的教育品牌，建立惠及城乡群众的区域性医疗卫生体系，构建覆盖城乡、基本完备的公共文化服务体系，丰富和完善“孝”、“义”精神道德文明体系。扎实推进“就业帮扶、社会保障、住房保障、社会救助”四大民生保障体系建设。

深化改革，扩大开放，努力实现充满活力、互利共赢的开放发展。加快推进各项改革，务求在行政管理、户籍制度、项目准入、土地供给、金融支撑等重点领域和关键环节改革上取得重大突破。全方位扩大开放，大力拓展省内外、国内外交流合作的广度和深度。积极实施中小企业成长工程和科技创新工程，营造“人才创业、全民创业”的浓厚氛围。

孝义千万吨级新型煤化工园区

信发集团800亿元孝义铝电综合循环生产项目

汉兴之地——永城市概况

2010年，永城市委、市政府带领全市人民深入贯彻落实科学发展观，坚持以扩内需、调结构、促转型为主线，以产业集聚区、招商引资、重点项目、城镇建设为重点，着力加快经济发展方式转变，抢抓机遇，扎实工作，全市呈现出经济较快增长、民生持续改善、社会和谐发展的良好局面。

全市生产总值完成289.3亿元，增长8.3%；财政总收入53.8亿元，增长24.5%，总量居河南全省第一位，其中，一般预算收入13.03亿元，增长15.6%，总量居全省第六位；规模以上工业企业实现工业总产值434亿元，增长11.6%，完成工业增加值167亿元，增长10.5%，实现利润58.6亿元，增长16.2%；万元生产总值能耗降低率4.6%；城镇以上固定资产投资完成117.9亿元，增长23%；社会消费品零售总额完成72.8亿元，增长18.9%；城镇居民人均可支配收入15000元，增长11.3%；农民人均纯收入5428元，增长14.4%；城镇化率达到37.95%，增加2个百分点。

“十一五”时期，是永城市经济社会发展最好最快的五年，是综合实力和竞争力大幅提升的五年。全市生产总值由130亿元增加到289.3亿元，五年翻了一番多，经济总量稳居全省前十强。境内财政总收入由20.69亿元增加到53.8亿元，五年翻了一番半。三次产业结构由“二一三”优化调整为“二三一”，工业化进程明显加快，二三产业比重达到84.4%，比2005年提高10.9个百分点。被评为中原最具投资价值县市区、中国产业发展能力百强县（市），综合实力进入中部百强县（市）前十强，并连续两届跻身全国县域经济百强。

“十一五”时期，是粮食产量稳步增加、农民收入持续增长、农村经济提质增效的五年。全市粮食总产量由18.6亿斤增加到22.6亿斤，多次被授予“全国粮食生产先进县”称号，国家粮食生产核心区地位进一步确立。“十一五”末我市农民人均纯收入比“十一五”初翻一番多，由2700元增加到5428元，年均增长14.9%。农业产业化步伐加快，规模以上面粉、饲料加工企业40多家，面粉年生产能力40亿斤，成为全国最大的面粉生产基地。畜牧业发展迅速，逐步形成产业化、规模化、集约化，成为全省重点畜牧大县（市）。2010年，被评为中国特色农业十佳市。

“十一五”时期，是旅游设施、旅游经济从无到有、从小到大、从劣到优的五年。紧紧围绕旅游“三大支点”，强力推进景区建设，先后投资近5亿元，建成了汉文化广场、登山大台阶、斩蛇园、陈胜园、文圣园、汉文化博物馆、陈官庄淮海战役纪念馆等景点和生态景区一期工程，对主要旅游道路进行改造和亮化、绿化，并整治了景区周边环境。同时，创新旅游市场宣传，不断完善旅游要素体系，着力提升旅游服务质量，全市旅游产业持续快速发展。五年来，累计接待游客577万人次，实现门票收入5080万元。先后被评为中国国际旅游文化目的地、中国最具特色魅力旅游市。

“十一五”时期，是基础设施建设最快、支撑保障能力显著增强的五年。抓住扩大内需等机遇，加大投资和建设力度，基础设施和基础产业建设取得重大进展。全社会固定资产投资累计达到472.5亿元，一批重点建设项目陆续开工建设或完工，形成了以煤化工、铝精深加工、机械制造等为主导产业的产业集聚区。围绕打造“一小时交通圈”大交通目标，五年完成交通基础建设投资34.5亿元，全市公路总里程达3200公里，其中高速公路59公里。三座

中共永城市委书记吴孟铎视察灾后建设情况

永城市市长马富国现场办公

污水处理厂、一座垃圾处理厂先后建成运行。

“十一五”时期，是城市建设发展最好的五年，是城市形象面貌变化最大的五年。城市建成区面积达47平方公里，城区人口45万余人，绿化覆盖率37.64%，人均公园绿地面积8.89平方米，全市城镇化率比2005年提高10个百分点。居民生活条件明显改善，建成永阳花苑、神火城市花园、金瀚上河城等高档住宅小区32处，建成、在建12层以上高层建筑约170栋。先后荣获“省级卫生城市”、“省级园林城市”、“省级文明城市创建工作先进市”、“全国生态宜居城市”、“全国幸福感城市”等称号，城市“四张名片”的影响力和美誉度不断提升。

“十一五”时期，是社会事业全面进步的五年，是人民群众得到最多实惠的五年。民生投入明显加大，社会事业长足发展，公共服务体系不断完善，社会保障体系不断健全并向农村延伸。在全省率先建立了农村居民最低生活保障制度，农村低保覆盖面进一步扩大，低保对象增加到5.5万人，比2005年翻一番多，2010年发放农村低保金3971万元，比2005年翻两番。城镇单位职工工资从人均1.8万元升至3.5万元，位列全省第一位。城镇居民人均可支配收入从7306元提高到15000元，翻了一番多。农民人均纯收入从2700元增加到5428元，翻了一番多。基本建立了“生有所优、幼有所学、成有所就、老有所养、病有所医、住有其屋、死有所葬”的社会保障体系。

“十一五”时期，精神文明建设和民主法制建设全面推进，社会大局保持稳定，科学执政、民主执政、依法执政水平进一步提高。经过这五年的不懈努力，永城市已进入了蓄势崛起的新阶段。

在“十二五”时期，永城市经济社会发展的基本构架是：构建“八大体系”，打造“三大板块”。“八大体系”即：“黑白绿”产业体系、市乡村文化体系、城乡居民社会保障体系、全方位的“三农”体系、良好的生态体系、统筹城乡的商贸流通体系、城乡一体化的城镇体系、廉洁高效的服务体系；“三大板块”即：工业产业集聚区板块、文化旅游产业集聚区板块、服务产业集聚区板块。

柳林县“十二五”时期的总体思路和目标任务

中共柳林县委书记　王宁

中共柳林县委副书记、柳林县政府县长　武跃飞

“十二五”时期，柳林县经济社会发展的总体思路是：以邓小平理论和“三个代表”重要思想为指导，深入贯彻落实科学发展观，认真贯彻落实中共柳林县第七次党代会精神，以转型跨越发展为主题，以打造“三晋一流，全国百强”为目标，以建设“吕梁发展模式骨干县、吕梁发展速度先进县、吕梁发展形象代表县”为依托，以改善民生和提高人民生活水平为宗旨，再造两个新柳林，全面推动经济社会发展再登新台阶、再攀新高峰。

奋斗目标是实现“五个新跨越”：

——综合实力新跨越。实现地区生产总值、全社会固定资产投资、财政收入“三个翻番”。地区生产总值年均增长26%，达到580亿元；全社会固定资产投资年均增长28.5%，累计完成1000亿元以上；财政收入年均增长22%，达到140亿元。

——结构调整新跨越。三次产业结构由“十一五”末的1：88.5：10.5调整为1：72：27。农产品加工转化水平不断提高，农产品加工产值与农业总产值的比例达到3：1左右；煤焦化工、建材新材料、多元电力、特色干果、商贸物流等五大产业协调发展，在全县经济总量中占比达到95%以上。

——城乡建设新跨越。城镇化建设加速推进，城镇化率达到60%以上。完善城区集中供热、供气、污水垃圾处理等公共服务体系。完成农村街巷硬化、农村便民连锁店、农村文化体育场所、农村职业教育免费、新型农村社会养老保险等新的“五个全覆盖”。

——生态文明新跨越。实施造林绿化、清洁生产、环境整治三大生态工程，实现“绿化柳林、气化柳林、净化柳林”三大生态目标。争创全国卫生县城、全国文明和谐县城和省级生态县。

——人民生活新跨越。城镇居民人均可支配收入年均增长16%，达到3.2万元；农民人均纯收入年均增长17%，达到1万元；人口自然增长率控制在4‰以内；城镇登记失业率控制在2%以内；新型农村合作医疗参合率达到97%以上。

工作任务是实现“六个新突破”：

一、在工业提质上求突破

提高工业质量，推进工业新型化，项目是骨干，园区是载体，循环是方向，多元是目标。传统煤炭产业要真正做到“优势资源优用，我的资源我用”。煤化工产业重点

建设两个500万吨焦化和一个240万吨特级铸造焦项目。建材新材料产业要把传统建材产业整合成技术含量高、生产规模大、经济效益高的新型建材产业群。电力产业要把发展火力发电项目作为主攻方向。机械装备制造和加工业要重点发展矿用设备、机械配件加工等项目，积极寻求合作，高位起步，一步跨越。

二、在农业增效上求突破

农业是最大的民生，任何时候都不能放弃和放松农业。强力发展以红枣、核桃为主的干果业。加工、销售水平要居吕梁领先地位。优化农业产业结构，建设小杂粮生产基地，种植面积保持在20万亩左右。扶持发展蔬菜种植，推进畜牧业规模发展。扶持发展蚕桑业。打造农业示范园区，以园区为载体，以工业化思维抓农业，全面提升农业产业化水平。

三、在服务业规模上求突破

充分利用铁路、公路等交通动脉，重点建设3个物流园区（中心），4个商贸物流中心，3个配送站。打造“中国枣乡、古渡黄河、民俗柳林”旅游形象。迅速提升商贸餐饮业层次。加快发展新兴服务业，支持发展金融保险业，同时积极发展信息服务业、中介服务业、社区服务业、房地产业等新兴服务业。

四、在城乡统筹上求突破

按照“一核二区三中心”的城镇化体系，全面加强城乡基础设施建设。全力促进县城建设规模扩大、功能完善、品位提高，赋予全县这一政治、经济、文化中心以新活力、新形象。“十二五”末，县城人口规模达到15万人。全县集中规划发展45个中心村，人口规模平均达到2000人。在城乡统筹上，“十二五”时期，要构建“七纵六横一环”交通网络骨架。到2015年公路密度达到100公里/百平方公里；建设黄河提水、横泉引水、高红水库等7处应急水源工程，实施50处提灌和小型农田灌溉工程，解决10万人的饮水问题；新建5个220千伏变电站、7个110千伏变电站。

五、在生态建设上求突破

继续推行“一矿一企绿化一山一沟”的以煤补林机制，构建以荒山绿化为屏障、通道绿化为骨架、经济林为羽翼、村镇绿化为亮点的造林绿化新格局。大力发展清洁能源，深入开展爱国卫生运动，严格污染物总量控制。“十二五”末，除极端天气之外，城市空气质量全部达到二级以上天气，其中一级天气达到50%以上。

六、在民生改善上求突破

按照全面建设小康社会的要求，以富民强县、推进公共服务均等化为目标，把更多的财力用于解决“学有所教、病有所医、劳有所得、老有所养、住有所居”等民生事业上。到“十二五”末，九年义务教育巩固率达到97%以上，高中毛入学率达到95%以上。加强县乡村三级卫生服务网络建设，加速公共卫生服务、疾病预防控制、卫生监督三大体系建设。健全社会保障体系，到“十二五”末，城乡基本社会保障覆盖率达到95%以上。加大保障性安居工程建设力度，积极探索公租房、廉租房等保障性住房建设新模式，着力解决低收入家庭住房难的问题。

华润福龙360万吨水泥厂

联盛农业生态文化园区

西宁市情况介绍

市委书记王建军（右二）、市长毛小兵（左二）在调研工作

2011年，西宁市把全力以赴促发展、千方百计保民生作为首要任务，抢抓机遇，克难奋进。预计全年地区生产总值达到772.9亿元，增长15%。全社会固定资产投资完成528亿元，增长31%；地方一般预算收入达到45亿元，增长30.4%；社会消费品零售总额272亿元，增长17.7%；城镇居民人均可支配收入15494元，增长10%；农民人均纯收入6625元，增长20%，迈出“十二五”坚实的一步。

【项目建设取得成就】实行重点建设项目市级领导联系督导制度，成立市级重点建设项目协调领导小组，加大协调力度，强化项目融资工作，火车站综合改造、畅通交通工程等一批重点建设项目顺利实施。全面推进海湖新区开发建设，四横五纵路网及一批高端住宅小区相继建成。投资主体多元化趋势明显，民间投资比重达到65%。进一步加大招商引资工作力度，到位资金176亿元，“青洽会”签订各类项目33个，签约金额189.5亿元。

【大力推进结构调整】全力支持工业园区做大总量，有效促进了新兴产业发展。列入“双百”行动的9个省级重点项目和15个市级重点项目进展顺利。农业发展形势良好；畜牧业经济总量增长，特色作物种植面积保持稳定。加快现代服务业发展步伐，预计第三产业实现增加值336亿元，增长12.6%。加大对外宣传力度，进一步提升了“中国夏都”的影响力，被世界科学发展联盟和联合国国际减灾战略署评定为“世界旅游名城”。

【狠抓生态环境建设】行知公园、柴达木公园建成开放，湟乐公园改造、朝阳绿岛基本完成，海棠公园等抓紧建设。启动“清水入城”工程，积极开展湟水流域（西宁段）综合整治工作，再生水利用工程一期正式开工。落实了历史遗留铬渣处置项目、“两废”中心建设等一批重点环保项目，全市6个示范片区、89个村的农村环境连片综合整治项目获省政府批准。发展循环经济，提高资源综合利用水平，西宁市列为国家餐厨垃圾废弃物资源化利用和无害化处理试点城市。

【不断改善社会民生】加快改善医疗卫生设施条件，市中医院门诊综合楼等项目建成使用；公立医院改革迈出了实质性步伐。大力推进教育布局调整和校安工程项目建设，累计完成投资7亿元，通过了“两基”国检。推进创业型城市建设工作，综合性创业孵化基地建设顺利，组建了市创业指导小额担保贷款服务中心，共发放小额贷款6000万元，城镇新增就业2.72万人，城镇登记失业率控制在4.19%。加大保障性住房建设投入，累计开工建设保障性住房31905套、163.15万平方米，完成投资3.98亿元。最低生活保障制度平稳运行，社会救助体系不断完善。采取积极措施，居民消费价格指数在全国大中城市中的位次大幅降低，累计涨幅控制在6%左右。全力支持玉树重建工作，基本完成杂多县萨呼腾镇重点援建目标任务。

【继续深化各领域改革】大力培育市场主体，组建了湟水投资管理公司、园林旅游体育资产经营公司等市场主体。深化投融资体制改革，成功组建西宁农村商业银行，一批全国知名金融机构相继入驻西宁。深化行政体制改革和政府机关人事制度改革，出台了市政府常务会议市民旁听、民生听证会现场直播、政府雇员等制度。加快市级公园管理改革，人民公园、南山公园等5个公园免费开放。深化文化体制改革，文化事业和产业发展取得新进展。扎实推进社会管理创新综合试点工作，积极探索建立与西宁经济社会发展相适应的社会管理组织体系和工作网络，公共管理服务水平进一步提升。

科学发展　富民强旗
谱写经济社会又好又快发展新篇章

■ 中共乌审旗委员会　乌审旗人民政府

马头琴大赛

萨拉乌苏旅游区

天然气管输工程

乌审召化工项目区

乌审旗位于内蒙古自治区最南端，鄂尔多斯市西南部。总面积11645平方公里，下辖6个苏木镇59个嘎查村。总人口12.4万人，其中少数民族占30%。乌审旗区位优势明显，位于蒙、陕、宁经济发展的“金三角”地带，享有内蒙古自治区“南大门”的称誉。境内资源富集，被誉为“中国天然气之乡”。乌审旗历史源远流长、文化底蕴深厚、革命传统光荣，是举世闻名的“鄂尔多斯（河套）人”的故乡和“独贵龙”运动的策源地，荣膺“中国苏力德文化之乡”、“中国蒙古族敖包文化之乡”、“中国鄂尔多斯歌舞之乡”三项桂冠。

“十一五”以来，在上级党委、政府的正确领导下，乌审旗坚持以科学发展观为统领，不断丰富“以人为本，建设绿色乌审”发展理念，全力构筑“一核三带一廊”空间布局，“四大产业”强势扩张，开创了经济社会跨越式发展的新局面。综合经济指标进入自治区前30位，位列中国西部县域经济基本竞争力百强旗县第27位，最具投资潜力百县（市）第21位。

回眸“十一五”，全旗经济社会呈现五大亮点：

新型工业化快速构建。工业总量进入自治区10强，规模以上工业企业增加值实现130亿元，天然气化工产业进入全国县域产业集群竞争力百强。

城乡统筹成效显著。坚持以工哺农、以城带乡，统筹推进城乡一体化建设，累计转移农牧民3万人，城镇化率达到65%。

结构调整步伐加快。深入挖掘民族民俗资源和人文自然景观，精心打造“中国马头琴文化之都”，成为“中国最佳生态旅游目的地”和“中国精品旅游城市”。

发展环境日新月异。市场化投资100多亿元，推动“水、电、路、气、讯”建设，综合承载功能大幅增强。累计引进亿元以上投资企业44家，总投资2000多亿元。

幸福指数大幅提升。牢记民生第一追求，每年拿出可用财力的30%用于改善民生，累计投入资金30多亿元。文化、教育、医疗等社会事业快速发展，城乡医疗保险、养老保险稳步推进，低保、优抚等保障水平不断提高，改革发展成果普惠全旗各族人民。

“十二五”时期，乌审旗将坚持以科学发展为主题，以转变发展方式为主线，站在蒙陕宁、呼包鄂经济一体化发展大局中，主动融入沿黄沿线经济带，坚持工业立旗理念，把推进转型跨越、建设和谐乌审作为“十二五”核心任务，朝着全面建设小康社会目标迈进。到2015年，力争实现“两个翻两番、两个超千亿，入围百强县”目标，即地区生产总值、财政收入在“十一五”基础上翻两番，分别达到800亿元和100亿元；全社会固定资产累计投资超过1000亿元，期末工业总产值超过1000亿元；农牧民人均纯收入和城镇居民人均可支配收入力争达到同等水平；基本竞争力进入全国百强县。

造纸术发明家蔡伦的故乡——耒阳

耒阳市市长　蒋云良

【城市概况】

耒阳地处湖南省东南部，是农耕文化的发祥地、造纸术发明家蔡伦的故乡，总面积2656平方公里，总人口140万人。耒阳资源丰富，素有“油茶之乡”、“楠竹之乡”、“能源之乡”、“汉白玉之乡”的美誉，其中煤炭储量居湖南省各县（市）之首，是全国产煤百强重点县（市）之一；境内总装机容量达140万千瓦，为湖南省最大的县级能源基地。

【经济指标稳健上行】

地区生产总值240.08亿元，同比增长16.5%，其中一、二、三产业增加值分别为42.13亿元、106.71亿元、91.22亿元，对全市GDP增长的贡献率分别为4.1%、63.6%、32.3%。三次产业结构比调整为17.6：44.5：37.9。完成财政总收入17.13亿元，同比增收3.3亿元，增长23.9%。2010年末，全市金融机构各项存款余额达157.4亿元，比年初净增27.66亿元，同比增长21.32%。

【城乡面貌显著变化】

城市基础设施进一步完善，“六纵六横”城区路网形成，城市道路总长度达200.5公里，自来水供水总量达2011万立方米，第二水厂加快建设，将从根本上解决市民用水问题。提质扩容成效显著，武广耒阳新城建设进展顺利，正在打造“水竹新城”。城市品位提升，建成绿地面积1150.6公顷，绿地率达36.53%。城镇污水处理率71%，评为省级甲类卫生城市。新农村建设稳步推进，“农村危房改造试点”工作扎实推进。农村水、电、路、讯、农田基本建设逐步完善，超额完成了衡阳下达的目标任务。

【社会事业全面进步】

科技创新全面加强，全年争取国家级2项、省级6项、衡阳市级5项，获各级科技资金536.95万元。教育工作稳步发展，城区学校扩容改造、中小学改造、合格学校改造全力推进。文化事业再上台阶，全市有各类文化经营户781个，广播电视综合覆盖率达99.8%。卫生事业蓬勃发展，人民医院内科综合大楼等重大项目全面完成，成功承办湖南省乡镇卫生院现场会管理年活动。体育事业不断发展，在湖南省十一运会上，我市夺得金牌4块。社会保障有力，新农保试点全面启动，新型农村合作医疗参合率达99.5%，全市社会保障覆盖率达70%以上。新增城镇就业人员6457人，失业人员再就业4409人，超额完成了年度任务。

【精彩辉煌“十一五”】

市域经济实现跨越发展。全市综合经济实力明显增强，GDP提前一年完成了“十一五”目标，财政总收入提前两年实现“十一五”目标。项目建设成效显著，五年来，坚持实施“项目带动”战略，成功争取了四个过亿元项目。城市规模扩大，建成区面积扩大到42平方公里，城区人口增加到43万人，是湖南省规模最大的县级城市。连续三年被评为省级甲类卫生城市。武广耒阳新城加紧建设，完成站前广场、耒阳大道等项目建设。小城镇建设稳步推进。成功举办了蔡伦造纸文化旅游节，成功承办了全国油茶产业发展现场会以及中国城市经济科学发展（耒阳）论坛暨2009年中国城市经济学会年会，城市美誉度和知名度进一步提升。五年来，财政用于社会民生支出达60.34亿元。科技工作全面加强，被评为全省知识产权示范创建市、全国科普工作示范市。教育工作不断进步。安全生产形势平稳。煤矿整顿关闭、安全生产“打非治违”等专项行动取得阶段性成果，煤矿质量标准化建设深入推进，社会大局持续稳定。

打造四新离石　建设幸福家园

省委常委、中共吕梁市委书记杜善学在区委书记王彤宇陪同下在离石调研

吕梁市长张九萍在区长薄宇新的陪同下在离石调研

在巍巍吕梁山腹部，有一座充满魅力的城市，它就是离石。国土面积1324平方公里，全区人口32.4万。这里交通便利，区位独特，是吕梁市委、市政府驻地，青银高速、太中银铁路交会于此。这里历史悠久，文化深厚。2400年前置邑，一直是郡州领县。1971年吕梁地区组建，离石成为行署驻地，1996年撤县设市，2004年撤市设区。2009年，新一届区委、区政府提出全面实施“第三次创业”的战略总构想，建设区强民富、环境友好、文化繁荣、社会和谐的新离石。2010年区内生产总值65.45亿元，增量创历史新高。财政收入19.2亿元；农民人均纯收入2412元，城镇居民人均可支配收入15278元。站在新的起点，今日的离石正在向转型跨越发展的宏伟目标迈进。

近年来，离石区坚持实施大项目牵动战略，不断深化调整产业结构，一批大项目实施上马。启动一批转型项目，积极推进煤炭资源整合，一批现代化的标准化井将建成。初步形成煤焦化、煤电材等产业，国内大唐集团等大集团纷纷与离石合作，为离石经济发展注入了新的活力。

区委、区政府立足于“发展、服务”这一主题，全面推进农村产业发展和新农村建设步伐。在农村产业发展上，着力走好“蔬菜种植、规模养殖、经济林覆盖”三条路子，打造采摘庄园、森林公园、精品园区，农民增收的基础更加坚实。在新农村建设上，按照“一次规划、一次建设、一次成型”的要求，投资5000万元，强力推进6个类型10个行政村的村容村貌、基础设施建设工程。

区委、区政府坚持把大力推进服务业发展作为新的经济增长点。投运了泰化物资城、聚富汽贸城等带动功能较强的专业市场，启动了信义、城北两个仓储中心建设，设计吞吐量达1500万吨/年。引进一批商业银行，深度开发安国寺廉政文化教育基地、千年生态景区等旅游项目，离石的集聚辐射功能不断提升。

大力实施“新区引领”战略，全面启动东城新区开发建设，规划面积14平方公里，基本完成“一河两坝六桥”工程。持续改善道路交通，193个行政村全部实现村通水泥（油）路，以“环境卫生、交通秩序、街道装饰”为重点，全面提升城市品位，城市地位开始凸显。

围绕打造一流教育目标，全面实施教育振兴工程。新建、改扩建一批学校。持续开展师德师风建设，提高教师队伍素质，教学质量明显提高。扩建区人民医院，实施乡镇卫生院和社区医疗服务中心建设，新型农村合作医疗参合率保持在92%以上，有效缓解了人民群众看病难、看病贵的问题，社会各项事业全面发展。

打造四新离石，建设幸福家园，指引着32万离石儿女奋勇前进，奋起赶超。今日的离石正奔向明天、奔向更加辉煌、灿烂的未来！

华夏文明发祥地——尧都

赵志坚书记在贾得乡调研

王震区长在澳坤量子调研

尧都区是临汾市政治、经济、文化、商贸中心。全区总面积1304平方公里，辖6乡、10镇、9个办事处，372个行政村、43个社区居委会，总人口94万人。

【历史沿革】尧都是华夏文明发祥地之一。4700多年前，帝尧建都于此，开创了中华民族古老文明。隋开皇三年（公元583年），始称临汾。1948年5月，临汾解放后，设临汾市、临汾县。1949年6月，市、县合并，称临汾县。1983年10月，临汾县并入临汾市，仍属临汾地区。2000年11月1日，原县级临汾市更名为尧都区。

【人文底蕴】尧都历史悠久，人文底蕴深厚。史传文字、华表、围棋、诗歌、印刷、戏曲等文化经典都发源于此。境内现存古建筑、古遗址50余处。尧都历史上人才辈出，有仓颉、尧、舜、羊舍、卫青、霍去病、法显等；唐宋时期即为北方商都，历来是山西南部最大的贸易集散地。金元时期曾是全国的戏曲中心，威风锣鼓流传至今，享誉海内外。

【旅游资源】现有古帝尧庙、尧帝陵、华门、大云寺、元代戏台等历史人文景观和仙洞沟、龙子祠等自然风景区。中国首座门文化旅游景观——中国华门，已成为闻名中外的旅游品牌。

【交通条件】作为山西中南部、黄河金三角的重要交通枢纽中心，大运高速纵贯南北，同蒲铁路贯穿全境，京昆高速、大西高铁、民航机场正在实施建设。近年来，全区投资24.86亿元，完成5条国省道主干线建设；投资5.8亿元，建设农村等级公路1400公里。全区通道建设达到全市领先、全省一流水平。

【城市建设】“十一五”期间，市区以“改造旧城、建设新城”为重点，新建、改造了5座桥梁，12条道路，18条主干道。加快东城建设，华州路、华康路、尧贤街“两路一街”竣工通车；恒安新东城等一批住宅小区陆续建成；东城医院、尧都公园等重点项目全面启动。全方位治理环境污染，市区集中供热面积达1240万平方米。全区环境质量明显改善。

【社会事业】全区有各类学校300余所，科研人员3万余人。全区文化市场552个经营单位，从业人员2000余人。卫生系统有区直医疗卫生单位10个，新建改建16个乡镇卫生院，新型农村合作医疗参合率达到98.7%。社会保障方面，各类保险参保人数达24.65万人，城乡低保和农村五保供养对象实现了应保尽保。

【经济结构】一、二、三产比例为4.0：38.8：57.2。农业方面，尧王台现代农业示范区初具规模。工业方面，以煤电、煤化工、钢铁、铸造、建材等产业为主，现有规模以上企业47家。三产方面，以餐饮、商贸、物流等服务业为主，现有三星级以上酒店13家，中型商场超市120个，各类专业市场35家等。金融、科技、信息等服务业日趋繁荣。

富强灵石　生态灵石　幸福灵石

华夏民居第一宅王家大院

灵石位于山西省中部、晋中市南端，县域面积1206平方公里，辖6乡6镇3个城区，291个行政村，人口26.1万。近年来，灵石县坚持以科学发展观统领经济社会发展全局，锐意进取，开拓创新，经济社会蓬勃发展，综合实力不断提升。2011年，全县财政总收入完成31.22亿元，同比增长15.59%。

三次产业协调发展。坚持以转变经济发展方式为主线，以项目建设为抓手，统筹推动三次产业发展。以“新型工业强县”为目标，按照“以煤为基、多元发展”的思路，加快煤矿整合技改，改造提升煤焦传统产业，培育壮大接续替代产业，形成了以煤焦、煤化工、冶金、建材、电力为主的五大骨干支柱产业体系。以“核桃经济大县”为目标，持续加大扶持力度，核桃产业规模不断扩大，核桃林面积达到24.16万亩，被命名为“中国核桃之乡”；规模健康养殖业和设施蔬菜有序推进，为农民提供了稳定增收渠道。以“现代旅游名县”为目标，充分挖掘和发挥旅游资源和品牌优势，推动旅游业上档升级，带动第三产业快速发展，形成了服务业多元发展新格局，服务业增加值占到国民经济比重达到28.3%以上。

生态环境明显改善。以打造“生态灵石”为目标，深入开展“污染治理扩容提质工程”和造林绿化工程，统筹推进城乡生态建设，积极落实节能减排，全县实有林木绿化率达到57.64%，被省政府命名为“林业生态县”，被国家林业局授予“全国造林绿化先进集体”荣誉称号，城区空气质量稳定达到国家二级标准。

城乡建设日新月异。按照“拉大城市框架，实现扩容提质”的总体思路，持续加快旧城改造步伐，启动静升新区建设，加强县城区与静升新区建设管理，着力构建具有灵石特色的“两城”格局。全力完善城乡水、电、路基础设施，城市功能日趋完善、品位不断提升，农村面貌大为改观，跨入了省级园林城市、省级卫生县城、市级文明和谐县城行列。

民生福祉大幅提升。始终把保障和改善民生作为政府工作的出发点和落脚点，抓好社会公共事业发展，在全省率先普及高中阶段教育并实行“一免一补”；县、乡、村三级医疗机构达标率达到98.3%，新农合参合率达到98.03%；新型农村养老保险参保率达到99.8%，城镇居民养老保险成为全国试点；廉租住房、公租房、经济适用房等保障性住房建设全面推进，人民群众幸福指数不断攀升。

科学发展的风帆已经扬起，灵石将牢牢把握被列为山西省综改试点县和扩权强县试点县的发展机遇，以构建“富强灵石、生态灵石、幸福灵石”为主旨，大跨步向“再造两个灵石，冲刺全国百强”的宏伟目标迈进。

灵石县城全貌

鄂尔多斯市城市建设发展

鄂尔多斯（意为众多的宫殿）位于内蒙古自治区西南部，西北东三面为黄河环绕，南以古长城为界，与晋陕宁三省区接壤。全市总面积8.7万平方公里，辖7旗1区，常住人口近200万，是国家规划的呼包鄂榆城市群的重要组成部分，也是内蒙古西部经济核心区之一。进入新世纪特别是“十一五”以来，鄂尔多斯市抢抓西部大开发等一系列重大机遇，深入贯彻落实科学发展观，着力转变经济发展方式，加快推进富民强市进程，经济社会各个领域发生了翻天覆地的变化。2011年全市地区生产总值达到3218.5亿元，增长15.1%；完成财政总收入796.5亿元，增长48%，其中一般预算收入346.2亿元，增长44.8%；固定资产投资完成2243.4亿元，增长18.2%；城镇居民人均可支配收入29283元，增长16.2%；农牧民人均纯收入10047元，增长14.8%，综合经济实力跻身全国地市级城市前20位，成为全国改革开放三十年18个典型地区之一和学习实践科学发展观5个典型地区之一。

在鄂尔多斯经济社会取得显著成绩的同时，城市建设也取得长足发展。全市新开工建筑面积3620万平方米，完成拆迁377万平米，新增园林绿化面积2650万平米。中心城区体量、规模进一步扩大，功能设施进一步完善，东胜区改造建设加快推进，康巴什新区与阿勒腾席热镇快速融合，一个多极支撑、组团发展的现代化中心城区正在快速崛起。投入275亿元，对市政设施进行了大规模的改造建设。城镇绿化覆盖率、绿地率、燃气普及率、污水处理率和用水普及率分别达到35.5%、32.1%、67.7%、86.4%和97%。中小城镇承载能力明显提升，各旗区所在地城镇面貌发生显著变化，全市城镇化率达到71%。成功创建了全国文明城市、国家卫生城市、内蒙古自治区园林城市。

2012年，我们将以打造宜居宜业现代化城市为目标，把城市建设的重点放在优化布局、完善功能、彰显特色、提升品位、强化管理上，加快推进城市化进程。

一是科学理性推进城市改造建设。突出规划引领作用，按照组团式发展要求，推动东胜与阿康片区相向发展，全面加快阿康一体化进程。继续加快康巴什和阿镇北区、东胜南部生态新城和鄂尔多斯装备制造基地、高新技术产业园区、城乡统筹发展示范区、阿康物流园区等几大片区基础设施建设，实现各组团空间合理布局、产业互动发展。

二是全面完善城市配套服务设施。增加中心城区健身广场、公园、绿地和幼儿园、卫生室、超市等便民服务设施，规划建设一批书报刊亭、公共电话亭、残疾人专用设施和停车场、过街天桥、地下通道等基础设施，提高城市便捷性和舒适度。完善中小城镇供水、供电、供热、供气、排污等设施，提升中小城镇综合承载能力。

三是不断提升城市内涵品位。立足我市地域特点和民族特色，融合历史文化和现代气息，打造一批有文化内涵和品位的精品工程。大力度推进城区绿化。坚持适地适树和乔、灌、草、花相结合，对现有公园、绿地进行园艺化改造，提高城市绿化水平。启动城市核心区百万亩防护林生态圈建设工程，加快东胜“三园三川”、乌兰木伦河道治理、东西红海子湿地公园等项目建设步伐，构筑城市组团之间以水系、绿化带环绕、分隔的大生态格局。努力提高城市管理水平。推进数字城市建设，加快构筑集监控采集、指挥控制和信息服务功能于一体的城市智能化管理系统，实现城市中心区和重点城镇镇区范围内可视化管理全覆盖。加大城市及镇区周边环境综合整治力度，积极开展户外广告、建筑工地、公共场所、小街小巷等重点区域卫生环境专项治理行动，真正实现城市让人民生活更美好。

関外第一县·绥中

东戴河国际旅游新城

绥中县南襟渤海，北依燕山，东连兴城市，西接河北省秦皇岛市，素有“关外第一县”之称，是全省第一个扩权改革试点县。辖 25 个乡镇，总面积 2,765 平方公里，总人口 64 万。

绥中建县于 1902 年(清光绪二十八年)。南部沿海盛产鱼、虾、蟹、贝等各种海产品，中部平原主产玉米、水稻、蔬菜，北部山区盛产水果，有亚洲最大果树带和最大果树农场。有 82 公里海岸线，近海有丰富石油、天然气，已探明储量 3 亿多吨，开发潜力巨大。有九门口长城、碣石、跳石沟、前所古城、永安长城、三山景区、朱梅墓园和将军湖等景观。境内有京哈铁路、102 国道、京沈高速公路、秦沈电气化铁路和滨海大道，是连接东北华北的重要通道。山海关国际机场、秦皇岛港、葫芦岛港距绥中百公里以内。

世界文化遗产——九门口水上长城

作为辽宁省第一个享受市级经济社会管理权限的试点县，绥中县利用得天独厚的优势，主动承接东北华北两大经济体和京、津、唐等城市群经济辐射，牢牢抓住发展机遇，强势招商引资，鼎力扶持项目，谋求跨越发展，全县经济建设取得了令人欣喜的成绩。2011 年，全县地区生产总值实现 123 亿元，比上年增长 25.2%。其中，第一、二、三产业增加值将分别实现 32 亿元、46.5 亿元和 44 亿元，分别比上年增长 11.7%、46.5% 和 17.6%。财政一般预算收入实现 11 亿元，比上年增长 55%。全社会固定资产投资额实现 123.3 亿元，比上年增长 36.5%。社会消费品零售总额实现 47.4 亿元，比上年增长 17.9%。规模以上工业总产值实现 133 亿元，比上年增长 62%。城镇居民人均可支配收入、农民人均纯收入分别实现 14,350 元、7,920 元，分别比上年增长 11.3%、17.5%。

东戴河新区山海同湾项目

全县经济的迅猛发展，得益于辽宁东戴河新区的快速建设。东戴河新区已经成为省级高新技术产业开发区，万家基地被认定为国家火炬计划特色产业基地。东戴河新区生态新城初具雏形，起步区“七通一平”全部完成，城市配套设施日臻完善，各类项目建设迅速。2011 年，全区地区生产总值实现 25 亿元，比上年增长 187%。财政一般预算收入实现 3.33 亿元，比上年增长 270%。全区固定资产投资实现 100.1 亿元，比上年增长 32.5%。规模以上工业总产值实现 40.1 亿元，比去年增长 537%。规模以上工业主营业务收入实现 30.7 亿元，比去年增长 792%。

东戴河新区累计开工建设企业已达 185 家，其中投产或具备投产条件企业达 97 家。东戴河新区初步形成了以电子信息技术为主，同时涵盖生物与新医药技术、新能源新材料技术、先进制造技术等产业的多种产业集聚区。

东戴河国际旅游新城

按照“海岸中关村，生态新城区”的建设要求，东戴河新区一方面着重抓以信息产业及高新技术产业为主的集群建设，另一方面重点抓新城区及相关配套设施的建设。随着石河港的兴建和临港工业及物流园区的规划建设，东戴河新区将成为集高新技术产业和临港产业为一体的综合型园区。不久的将来，一个城市功能完备、人口达 50 万、GDP 超千亿、财政收入超百亿的新兴中等城市，将矗立于渤海之滨的辽冀交界处。

六股河河滨公园

打造魅力城区　构建和谐古县

中共古县县委书记　李菲

古县县长　加天山

古县地处山西省临汾市东北部，辖4镇3乡111个行政村，9万余人口，国土面积1206平方公里。这里有“天下第一牡丹”美誉的三合牡丹，是战国名相蔺相如的故里。古县以科学发展观为指导，依托优势，抢抓机遇，团结进取，奋勇争先，经济社会各项事业实现了跨越式发展。2010年，全县生产总值完成48.92亿元，财政总收入完成10.566亿元，全县呈现出经济繁荣、政治稳定、社会和谐、人民安居的良好局面。古县是临汾市唯一受到省委、省政府表彰的“‘十一五’时期经济社会发展先进县”。

一、城市环境面貌日新月异。随着创建国家卫生县城和“三城联创”的成功，古县的城市环境取得了翻天覆地地变化。一个以岳阳广场为中心，以岳阳路、岳秀街、相如路为发展轴线，以富有现代气息的建筑景观为亮点，东依东山生态公园，西傍十里碧水长廊的魅力山城卓然而伫，展现出“群山作屏绕，一水抱城流”的秀丽身姿，被誉为临汾市的“东山明珠”。

二、群众生活水平显著提高。为了让发展的成果惠及广大人民群众，古县坚持把民生放在首要位置来抓，各项重点基础设施工程的实施都以促进广大群众生产和生活水平为核心，古县总投资681万元建成120套、6000平方米的廉租住房，投资建成6000余平方米的经济适用房140套，确保中低收入家庭“住有所居”。随着城市供水管网、煤气输配、供热等基础设施建设项目的实施，县城广大居民生活水平得到全面提升。与此同时，古县高度重视各类保险制度的完善。2010年，新型农村合作医疗参合率达到98.65%，确保人民群众“病有所医，老有所养”。

三、居民整体素质大幅提升。古县确立了“文化强县”战略，实施文化惠民政策，满足人民群众的精神文化需求，2010年，全县共有文化事业机构20个，新建了综合体育馆和图书馆，其中图书馆是全省第一家建立总分馆系统的县级图书馆。实施城区垃圾不落地制度。随着广大居民生产生活环境的不断优化，大家对创优环境、节能减排、低碳生活有了更深的理解和更高的追求，健康、节约、低碳的生活方式和消费模式已经被广大群众认可和确立，目前已初步形成了“人育环境，环境育人”的和谐局面，古县的知名度在实施城市化进程中悄然提升。

四、经济辐射能力全面提高。依据资源禀赋和区位特点，古县可分为中部、北部、南部三个经济板块，并基本形成了以中部带动辐射北部、南部的格局。北部资源型工业板块突出煤焦化、建材两大主业，努力实现资源优势向经济优势的突破性转变；南部经济板块以生态农业和休闲旅游两大产业为主，努力打造一批农产品基地，苗木花卉基地和休闲观光基地。与此同时，古县大力实施城乡一体化发展战略，城市建设不仅拉动了GDP的飞速增长，还带动了商贸服务等第三产业的蓬勃发展，城镇化进程不断加快。随着古县人民医院、文昌新区、寄宿制学校、图书馆等十大工程的启动实施，预示着古县新一轮城市建设的浪潮正在悄然掀起，城市化的不断发展已经越来越成为古县经济社会转型跨越、领先发展的重要引擎。

四环五海 生态滨州

山东省滨州市是兵圣孙武故里、渤海革命老区，地处渤海之滨、黄河之洲，因水得名、因水得益、因水得势。全市位于黄河三角洲高效生态经济区、山东半岛蓝色经济区和环渤海经济圈的叠加地带，是山东省的北大门。辖六县一区和滨州经济开发区、高新区、北海经济开发区，版图面积9600平方公里，人口375万。

渤海的眷顾，黄河的哺育，赋予滨州巨大的发展潜力。近年来，全市致力打造“四环五海、生态滨州”、“粮丰林茂、北国江南”两大品牌，。先后荣获国家卫生城市、全国双拥模范城市、全国科技进步先进市、中国特色魅力城市、中国水土保持生态环境示范市、中国优秀旅游城市等称号。在全国294个城市居民幸福感调查中名列第5位。连续三年在全省科学发展综合考核中位列第四名。

经济实力显著增强。2011年，全市实现生产总值1817.6亿元，地方财政收入130.76亿元，城镇居民人均可支配收入22540元、农民人均纯收入8744元。三次产业比例达到9.8：53.5：36.7。培植起粮棉、果品、蔬菜、畜牧、水产等五大农业主导产业，规模以上农业龙头企业达到625家。主营业务收入过百亿元企业10家，涌现出魏桥创业、滨化集团、西王集团、亚光集团、盟威集团等全国乃至世界大型企业集团。现代服务业快速发展，四大载体建设成效显著。邹平县连续8年进入全国县域经济百强县。

城市面貌深刻变化。突出“大绿地、大空间、大水面”的城市特色，积极创建国家级园林城市，形成碧水绿荫、生态园林型宜居城市格局。深入实施中心城区带动战略，高层次建设“中海”、“黄河岛”、“三河湖”等8个国家级水利风景区，中心城区建成区面积85平方公里，搭建起了“四环五海”、36桥、72湖、108园等中心城区主体框架。加强城市规划管理，增强辐射功能，提高城市品位，园林绿化、夜景亮化等城市基础设施展现新面貌。数字化大城管初具规模，成为全国数字城市建设示范市。

改革开放深入推进。黄河三角洲开发投资集团、水务集团等一批投融资平台相继建立，对外开放成绩显著，与60多个国家和地区建立经贸合作关系，实际利用外资累计38.7亿美元。连续10年举办银企合作促进会，签约总额达到7000多亿元。境内外上市公司发展到14家。邹平经济开发区晋升为国家级经济技术开发区，新设立的高新区、北海经济开发区发展迅速，国家农业科技园区快速启动。

基础设施加快改善。黄河公铁路特大桥、疏港公路和长深、荣乌高速建成通车，滨德高速主体全线贯通；滨港铁路一期运营良好，二期工程成功奠基，德龙烟铁路建设进展顺利；滨州港上升为区域性重要港口，2个3万吨级码头及附属工程建成；4座大桥跨越黄河，汽车总站、客运东站建成运营，初步形成了陆海相连的现代化交通运输体系。能源、水利、通讯等重大基础设施日趋完善。

民生事业全面进步。就业、社会保障体系和城乡救助制度逐步建立完善，在全省地级市率先同步实现新型农村和城镇居民养老保险制度及基本药物制度全覆盖。保障性住房建设、农村危房改造等工作成效明显。科教文卫体和人口计生等各项事业健康发展。渤海革命老区纪念园、奥林匹克体育中心、城市规划馆、“数字滨州”等公共设施建成投用。市档案馆晋升为国家一级。圆满承办了第十一届全运会、国际马拉松赛等一系列重大赛事。

和谐局面持续巩固。文明创建、统一战线、民族宗教、双拥、国防动员等工作取得新成绩，工青妇等人民团体和社会组织作用得到充分发挥。群众工作和社会管理水平不断提高。“平安滨州”建设扎实推进，创造性实施“五网”联动工程，“三日”活动日趋深化，社会矛盾有效化解，公众安全感、群众满意度不断提高，全市上下形成政通人和谋发展、万众一心促超越的生动局面。

发展潜力十分巨大。全市历史文化底蕴深厚，物产资源丰富，已探明矿产资源29种，石油储量6亿吨，是山东省重要的原盐生产基地、盐化工基地和海水养殖基地。交通区位优势明显，是国家公路运输主枢纽城市，济南城市经济圈乃至鲁西北最便捷的出海口。特别是黄河三角洲高效生态经济区和山东半岛蓝色经济区“两个国家战略”在滨州叠加实施，为全市科学发展、追赶超越提供了千载难逢的历史机遇。

当前及今后一个时期，是滨州加快“黄蓝”两区开发建设的关键阶段。全市将始终坚持“高效生态”发展定位，牢牢把握主题主线，统筹谋划战略走向、发展空间、产业层次、城乡一体、区域协调发展，突出产业转型升级、新型城镇化、科技人才支撑、文化强市、民生事业、体制机制改革、社会管理创新等工作重点，全面加强经济建设、政治建设、文化建设、社会建设以及生态文明建设，在“十一五”的基础上，到2016年，实现地区生产总值、地方财政收入、城镇居民人均可支配收入、农民人均纯收入、固定资产投资、进出口总值“六个翻番”，奋力建设生态、美丽、幸福的新滨州。

滨州黄河大桥

中华第一龙

中原油田

濮阳市是1983年经国务院批准设立的省辖市，位于河南省东北部，豫、鲁、冀三省交界处，现辖濮阳县、清丰县、南乐县、范县、台前县和华龙区五县一区，并设有一个省级经济开发区和一个省级工业园区，总面积4188平方公里，总人口382万。

濮阳历史悠久，素有“中华帝都”、“华夏龙都”、“帝舜故里”、“杂技之乡”之称，是中华民族文明的发祥地之一。濮阳是革命老区，抗日战争时期是冀鲁豫革命根据地的腹心地带，解放战争时期是刘邓大军千里挺进大别山的主要渡河处和平津、淮海战役的重要依托地。濮阳地处华北平原，土地肥沃，农副产品产量高、品质好。濮阳资源丰富，主要有石油、天然气、盐、煤等，是中原油田所在地，国家和河南省重点建设的石化基地之一。目前形成了化工、玻璃制品及电光源、林纸林板、食品加工、机械装备制造等支柱产业。濮阳先后荣获国家卫生城市、国家园林城市、全国文明城市创建工作先进城市、中国优秀旅游城市、国际花园城市、国家历史文化名城和中国最佳文化生态旅游城市和首届中国人居环境范例奖、迪拜国际改善居住环境良好范例奖等“七城二奖”殊荣。

2011年是濮阳发展历程中具有里程碑意义的一年。一年来，濮阳市委、市政府团结带领全市人民在科学发展观指引下，通过创新思想观念、优化干部作风、优化发展环境主题教育活动，激活了思想，激发了干劲，开启了大步跨越、赶超发展的新征程。通过走出去、请进来，审时度势，理出了“4321”发展新思路，即：“4”是牢牢把握建设石油化工、煤化工、盐化工“三化”融合链接示范区、中原经济区重要出海通道、中原经济区与环渤海经济圈衔接融合的前沿、省际交会区域性中心城市的四个战略定位；“3”是走新型工业化、新型城镇化、新型农业现代化“三化”协调发展的路子；“2”是突出新型工业化、新型城镇化“两轮驱动”；“1”是奋力实现“二三五”（经济发展速度两年时间赶上全省平均水平，三年时间超过全省平均水平，五年时间进入全省先进行列）这一赶超目标。2011年，全市经济社会得到快速健康发展，生产总值增长11.8%，固定资产投资增长28%，财政一般预算收入增长29.3%，社会消费品零售总额增长18.8%，城镇居民人均可支配收入增长12.8%，农民人均纯收入增长20%，各项工作晋位升级，荣获国家和省级荣誉28项，呈现出科学发展、务实发展、赶超发展的好趋势、好态势、好气势。“十二五”期间，濮阳要实现国内生产总值和财政收入翻番以上，建成区域性中心城市，富裕、和谐、美丽新濮阳将展现在世人面前。

化工基地

金色收获

华夏龙都

生态家园

字符图 · 龙 该龙字获中华人民共和国国家版权局著作权登记NO. 000116977

刘志强 字鹏翼，号怡趣斋主。1953年生，河北邢台人。中共党员，
市地税局机关老年支部组织委员、中国书画函授大学毕业、特级书画家、
书法师、《中国书法家》报主编、中国书画家协会理事、世界华商联合会

幼承家教，酷爱书法艺术，真草隶篆、诗词画印、雕刻、装裱均有建
在国际奥林匹克书画展、全国、国际书画大赛中多次获金奖，书法作品在
外多次展出，被国际奥委会、国家有关部委、多家书画院、出版社、佛教
及美、德、日、加拿大等海内外人士收藏。曾为多家杂志创刊、商厦开业
店名、刊头。先后参加市、省、国际级的——中国百万妇女乳腺普查工程、
国书画界大型赈灾笔会、国际奥林匹克之旅书画展等多项公益活动。

书法作品入编中国文化部、外交部、文联、书协、美协及国际社等编
《影响中国100位艺术大家》、《100幅中华墨宝》、《奥运中国书画大典》
《奥林匹克之旅书画大典》、《中国书画名家精品集》、《中国当代书画
经典》、《海内外中国书画艺术当代名家集》、《2009·中国工业经济年鉴》
《中国艺术大家》、《人民功勋艺术家》、《新中国国礼艺术大师》、《
书坛名家墨宝》、《中国当代艺术收藏指南》、《人类主流人物辞库》等
余部书典。

书法勒石树碑于中国潍坊国际艺术碑林，还应邀在冀邢沙河市灵龙山
之上书写17米巨“龙”。在书法研究中对异常书法，即以字为主体，利用
形体表意的作品，首题为“字符图”之称，并在网上发表了《字符图解说》
其“福”字、“福禄寿喜、唯吾知足”字符图及“龙”字，获中华人民共
国家版权局《著作权登记证书》，文化部及艺术大师们评价“其字刚柔并
气脉顺畅，博采众长，广纳精粹，承古而不拘古”。

2007～2009年间应邀在北京全国人大会议中心，人民大会堂参加颁奖大
受到国家领导人接见。被相继授予：当代优秀艺术家、世界艺术家、中国
领军人物、2008·最具市场升值潜力人物、中国艺术大家、人民功勋艺术家、
国国礼艺术大师等荣誉称号。其书法艺术被多家媒体、因特网、报刊进行
报道。

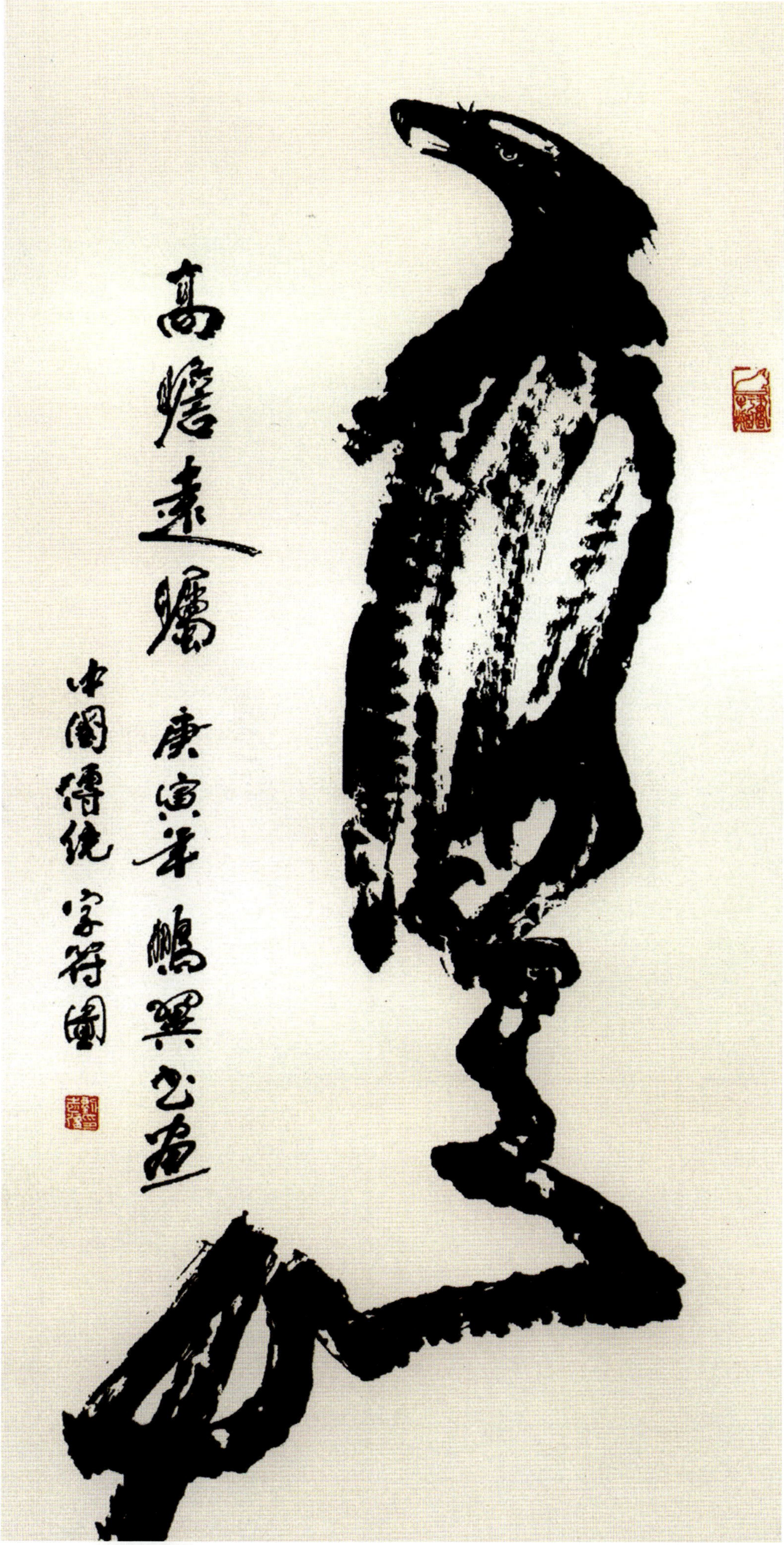

字符图 · 鹰

矢志不渝数十载 酣心无缀真大成

——记当代易学名家刘善夫

刘善夫，中国当代易学名家，OPC国际注册易学大师。浙江省舟山市人，1946年2月出生于一个贫苦农民家庭，党和政府给他全免学费，一等人民助学金读完初中。怀着一颗感恩的心，他当过兵、做过工作、学过手艺，但对中华传统文化情有独钟。现任刘善夫易学文化咨询服务中心主任，兼任中华易学专家联合会副会长，中国管理科学研究院特邀中国古文化周易研究员，中国国际经济研究中心特邀高级研究员，中国国际管理科学院院士，中国国际经济文化研究院名誉院长，中国文化艺术协会名誉会长，中国中小企业家年会首席易学顾问，全球华人企业家年会首席易学顾问、高级经济师。

人到底有没有命运？易学是迷信还是科学？她对人们日常生活和社会主义经济建设有何关系？为解答这些问题，刘善夫冒着风险，顶着压力作了三十多年的刻苦研究和深入考察，最终以大量案例得出结论："人是有命运的，命运就是人的生命轨迹。易学是哲学、是科学，不是封建迷信。它既是预测学，又是决策学，是中华民族传统文化中之瑰宝。正确运用易学，能更好地为人民服务，为社会主义经济建设服务。

刘善夫不断研究易学精髓，倡导社会和谐。许多企业经刘善夫调理策划后走出困境，扭亏为盈，有的起死回生，迅速发展。为民众预测各类信息，并尽力为其排忧解难。易学论文《周易预测　中华一绝》、《不听衷告悔莫及　及时化解凶变吉》、《四柱配得好•夫妻同到老》、《易学是企业的最好顾问》等载入《中华名人文论大全》、《跨世纪中国改革开放的理论与实践》、《21世纪理论与发展优秀论坛精典》、《盛世中华》、《中国百科优秀作品（论文）获奖精品集》、《中国当代思想宝库》、《管理观察》、《创新与发展》、《国际优秀创新学术成果精选》、《当代易学名家精品论文汇编》等，并获多项优秀科研、学术成果特等奖，国际金奖，建国六十周年优秀成果特别金奖。

本着弘扬祖国传统文化，传承中华智慧文明，科学研究易学文化，刘善夫成功地打造了优秀的易学文化服务基地——舟山市刘善夫易学文化咨询服务中心。并以科学的预测，正确的决策和优良的服务服务赢得了社会的普遍认可和国家的肯定，先后荣获"中国企业文化品牌贡献单位"、"中国易学行业•全国守信单位"、"中国易学界标志性品牌"、"中国易学行业公众满意最佳典范品牌"等荣誉称号，登录《迈向世界的中国科技》、《中国国际经济合作年鉴》、《中华丰碑》、《中华易学年鉴》、《中华人民共和国年鉴》等，从而建立了人生事业的丰碑，信誉的大厦。

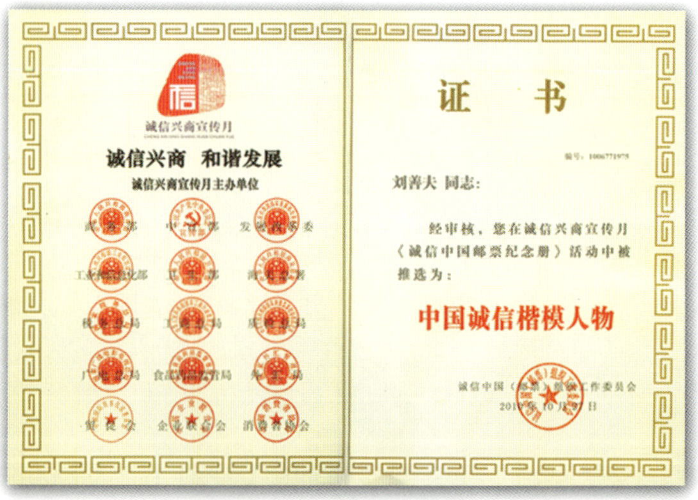

由于刘善夫在易学研究应用方面成绩卓著，自2002年以来，多次应邀出席国内外重要会议。2005年10月，还作为中国国际经济合作代表团特殊成员出席了在韩国·首尔召开的“第八届世界华商大会”和在新加坡召开的“第十一届世界华商大会”，接受各国华商有关人文、经济、地理信息咨询。先后受到全国政协常委、教科文卫体主任刘忠德、全国政协副主席阿不来提·阿不都热西提、孙孚凌、张怀西，全国人大副委员长周光召、成思危、蒋正华、周铁农等领导的亲切接见。业绩入编《中国专家人名辞典》、《中华名人大典》、《中华爱国国典》、《中国当代易学名家》、《共和国建设者》、《东方之子》、《党魂》、《民族脊梁》、《科技复兴》、《中国当代思想经典》（金质版）、《新时期先锋人物成就博览》、《学术中国》、《创新中国》、《经典中国》、《精彩中国》、《发现》、《中华儿女》、《科学中国人》、《中国报道》、《中国新闻》、《中华当代易学专家大辞典》、《影响中国的500位专家》、《管理观察》、《迈向世界的中国科技》、《中华功勋人物》、《科技引领未来》、《领航中国》、《时代骄子》、《文艺百年传世人物》、《世界人物辞海》、《世界名人录》等。先后荣获“全国人文社会科学名家”，“中国古易学应用先导”，“中国著名文化思想家、全国先进文化杰出代表”，“中华传统文化（易学）发展创新十大推动力人物”，“和谐中国之星——最具社会责任感的十大新闻人物”、“2007中国易学领域十大策划名人”、“影响2008·中国时代十大新闻人物”、“国际民间慈善奖”、“中国骄傲之星”、“中华赤子”、“2009中国最具影响力易学功勋专家”、“2010时代功勋——感动中国十大新闻人物”、“全国十大易学名家”、“中国民族文化保护与传承特出贡献奖”和由商务部、中宣部、发改委等十五部门联合认定授予的“中国诚信楷模人物”、“2011年度国家十大易学领袖”、“中国易学界至高荣誉·国易奖”、“易学导师”、“中华人类环境贡献奖”等荣誉称号。

刘善夫和全国人大副委员长周铁农、蒋正华在一起

全国政协副主席张怀西为中国骄傲第10界
中国时代十大风云人物刘善夫颁奖

全国政协副主席孙孚凌亲切接见易学专家刘善夫

国际职业规划鉴定中心
职业资格证书
国际注册易学大师

姓　　名：刘善夫
性　　别：男
国　　籍：中国
认证级别：专家
证书编号：A11IRE－136

持证人在规定时间内修完国际职业规划鉴定中心（OPC）相关专业职业资格认证的全部课程，并通过职业规化标准考试，达到专业水平，具备相应的执业能力，特发此证。

（OPC秘书长）
OPC官方网查验 www.opcedu.org

INTERNATIONAL OCCUPATIONAL PLANNING
CERTIFICATION CENTER
Certificate of qualification

Name: LIU SHAN FU
Nationality: CHINA
Accreditation Grade: EXPERT
Serial No: A11IRE－136

Is found to be qualified and fully earned the certified title

This certificate holder has passed the examination and obtained the qualification of a full time professional course in International Occupational Planning Certification Center. We hereby issue the Warranty of Certificate.

(Secretary-general of OPC)

Haier 海尔

海尔集团创立于1984年，创业26年来，坚持创业和创新精神创世界名牌，已经从一家濒临倒闭的集体小厂发展成为全球拥有7万多名员工、2010年营业额1357亿元的全球化集团公司。海尔已跃升为全球白色家电第一品牌，并被美国《新闻周刊》（Newsweek）网站评为全球十大创新公司。

海尔要创造互联网时代的世界名牌。互联网时代世界名牌的特点是能快速满足用户的个性化需求，企业需要大规模定制而非大规模制造。海尔抓住互联网的机遇解决这一挑战，积极探索实践“人单合一双赢模式”，通过“倒三角”的组织创新和“端到端”的自主经营体建设，实现从“卖产品”到“卖服务”的转型，创造出差异化的、可持续的竞争优势。

引领潮流的研发优势——海尔累计申请专利1万多项，居中国家电企业榜首，并率先实现国际标准的零突破。海尔累计已经参与了61项国际标准的起草，其中27项标准已经发布实施。海尔通过标准输出，带动整个产业链的出口。

零距离下的虚实网融合——海尔在国内市场有强大的市场营销网络优势，并与互联网进行充分的融合，以“零距离下的虚实网融合”创出第一时间满足用户第一需求的竞争力。“虚网”指互联网，通过网络社区形成用户黏度；“实网”指营销网、物流网、服务网，第一时间送达用户满意。因此许多世界名牌将他们在中国的销售全部或部分委托给海尔；海尔也通过他们在国外的渠道销售海尔产品，形成了资源互换，加快了海尔进军世界市场的步伐。

零库存下的“即需即供”——改变传统企业以产品为中心的发展模式，实施以用户为中心的即需即供大规模定制，实现了“零库存”和“零应收”。在流动资金零贷款的基础上，海尔CCC（现金周转天数）达到负的10天。

在未来发展中，海尔紧扣住物联网时代的需求，将U-Home（智能家居）集成作为重点，掌控专利标准的话语权，进一步发展全球营销网络创造更多的用户资源。同时，以“三位一体”的本土化模式整合全球研发、制造、营销资源，创造全球化品牌。

海尔在发展的同时积极履行社会责任，援建了128所希望小学和1所希望中学，制作了212集儿童科教动画片《海尔兄弟》。海尔是2008年北京奥运会全球唯一白色家电赞助商。

2010年海尔集团世界杯“我的球队”活动

中国市长论城市经济

水惠京华　福利无边

北京市市长　郭金龙

新中国成立之初——首都水旱灾害严重

新中国成立之初，北京水利基础设施十分薄弱，水旱灾害威胁严重，特别是城市供水、排水极其落后，水环境污秽杂乱，老舍先生笔下的龙须沟是当时状况的生动写照。随着社会主义建设特别是改革开放不断深入，水利事业蓬勃发展，取得了令人瞩目的成就。

城市水患彻底根治。新中国成立以来，党中央、国务院高度重视首都洪涝灾害治理，作出一系列重要部署，全面加强北京防洪设施建设。1954年建成了我国第一座大型水库——官厅水库，永定河这条北京的母亲河，由“无定河”真正变成了“永定河”。1958年建成十三陵水库，1960年建成密云水库。在水库建设期间，毛泽东等党和国家领导人多次到工地视察并参加义务劳动，极大地鼓舞了人民群众兴修水利的热情，掀起了北京水利建设高潮。截至上世纪末，北京相继建成了84座水库，133座大中型闸坝，永定河、潮白河等骨干河道防洪能力达到五十年至百年一遇标准。防洪设施发挥了巨大作用，市域内70%以上的山洪得到有效控制，官厅、密云两大水库拦蓄了上游发生的1000立方米/秒以上的洪水29次，实现了安澜无患。

城乡供水安全有效保障。新中国成立前，全市仅有一座日供水能力5万立方米的水厂，2/3的城区人口和全部郊区人口的饮水主要靠土井和泉水，安全保障程度极低，工农业生产用水更难以得到保证。为改变这种状况，先后建成永定河引水渠和京密引水渠，把官厅、密云水库的水引入城区，开凿机井5万多眼，为城乡发展提供了水源保障。同时，不断加快自来水厂和配套管网建设，先后建成9座大型自来水厂和6000多公里的骨干水网，到上世纪末，市区自来水年供水量达到6.6亿立方米，基本解决了城区人口的饮水问题。农村生活用水也发生巨大变化，远郊区县的城镇及大部分平原村庄用上了自来水，山区人畜饮水困难问题基本得到解决。

农田水利设施日趋完备。农田水利建设是农业的命脉。新中国成立前，全市农业灌溉面积只有19万亩。新中国成立后，北京农田水利蓬勃发展，到上世纪80年代，农田灌溉面积达到485万亩，占总耕地面积的82%。90年代开展了大规模的山区水利富民工程建设，不仅基本解决了山区农民用水困难，而且实现了农业增效、农民增收。同时，开展了以节水为中心的灌溉技术改造。到上世纪末，节水灌溉面积达到380万亩，占有效灌溉面积的79%，夯实了农业持续稳定发展的基础。

城市水系面貌焕然一新。新中国成立前，北京仅存明清时期建设的老旧沟渠300多公里，且大多淤塞不通。1950年，开始对排水系统进行大规模治理，改造了包括龙须沟在内的8条排水沟渠。上世纪80年代后期，陆续疏浚了亮马河、北护城河、清河、万泉河等河道。1998年开始，对中心城区长河、昆玉河等53公里河道，北海、中南海等13处湖泊进行治理，实现了“水清、岸绿、流畅、通航”。同时，以筹办亚运会为契机，加大污水处理厂建设力度，陆续建成高碑店等4座污水处理厂。到上世纪末，城区污水处理率超过40%，对改善水环境发挥了重要作用。

筹办奥运以来——北京水务快速发展

2001年，北京获得了第29届夏季奥运会举办权，这是北京发展的重大历史机遇，北京水务事业进入了快速发展的新阶段。

统筹城乡发展，深化水务体制改革。2004年，为了实现“农村水利向统筹城乡水务转变，工程水利向资源水务转变”，改变“多龙治水”的格局，北京市实施了水务体制改革，组建了北京市水务局，理顺了涉水部门、单位和企业的关系，实现了涉水政务、事务、业务统一管理，为优化水资源配置、统筹城乡供水、改善水环境、保障水安全注入了新的活力，提供了坚实的体制保障。

提高保障能力，积极应对连续干旱。1999年以来，北京遭遇连续干旱，水资源紧缺形势更趋严峻。市委、市政府按照《国务院关于21世纪初期首都水资源可持续利用规划的批复》精神，制定实施了一系列政策措施。建成怀柔、平谷、张坊、昌平4处应急水源，到2008年累计向城市供水15亿立方米。实施市域内7座大中型水库联合调度。开展上游水库集中输水，累计收水3.5亿立方米。完成南水北调京石段应急输水工程建设，从河北四库引水3.3亿立方米，极大地缓解了水资源紧缺压力。

加大保护力度，保障用水安全。与河北省密切合作，加大水源地保护和生态涵养力度，在白河、潮河流域上游实施10万亩“稻改旱”。在山区构筑生态修复、生态治理、生态保护“三道防线”，建设生态清洁小流域，累计治理76条，治理水土流失面积1017平方公里，为确保城乡用水安全打下坚实基础。着眼于提高城乡供水保障能力，积极推进城市水厂改造，城市自来水日供水能力由2001年的230万立方米提高到2008年的295万立方米，城市公共自来水水质率先达到国家规定的106项标准。完成329万农民安全饮水设施改造，全部解决了农村安全饮水问题。

推进节约用水，提高水资源利用效率。坚持量水而行、以水定结构，培育节水的生产生活方式，全面推进节水型社会建设。不断调整优化产业结构，限制高耗水行业发展，工业用水由2001年的9亿立方米下降到2008年的5亿立方米。退出水稻等高耗水作物种植，积极推广农业节水技术，农业用新水由17亿立方米下降到10亿立方米以内。积极利用再生水，利用率达到57%。

提高城乡居民节水意识，加快建设节水型单位和小区，公共场所节水器具普及率达到100%。在人口不断增加、经济社会快速发展的情况下，全市用水总量由2001年的39亿立方米下降到35亿立方米，万元GDP水耗由137立方米下降到了33立方米，仅为全国平均水平的1/7。

加大污染治理力度，改善城市水环境。积极推进污水处理设施建设，城区新建污水处理厂5座，2008年城镇处理率达到93%以上。建成郊区新城和人口聚集地污水处理厂31座，村镇小型污水处理设施470个，农村污水处理率达到了48%。综合治理城市水系，全面完成了六环内520公里河湖水系骨干河道治理，采用生态生物技术维护城市河湖水质。特别是奥运水系建设集中体现了人水和谐的治水理念，84公顷的奥运湖全面使用高品质再生水，并采用了水循环和生态修复技术，形成了水生动植物群落较为完善的生态系统。

创新治水思路，确保安全迎汛。汛期工作思路由“防汛”变为“迎汛”，形成部门联动新机制，实施雨洪管理，在“保安全”的基础上，实现“多蓄水”。全市37座病险水库全部完成除险加固，城市主要河道达到50年一遇的排水标准，整治马家楼、机场路滑翔桥等49处主要积水点，确保了汛期城市安全运行。加强雨水收集利用，全市建成1350多处雨洪利用工程，城市下游建设3处城市雨洪滞蓄区，年收集雨水能力达到1亿立方米，在一定程度上提高了水资源的利用效率。

奥运圆满成功之后——建立长效管护机制

北京奥运会、残奥会取得圆满成功，首都现代化建设站在了新的历史起点，步入了由中等发达城市向发达城市迈进的新阶段。面对新形势、新任务、新要求，北京市委、市政府深入贯彻落实科学发展观，确立了加快建设“人文北京、科技北京、绿色北京”的发展思路。在水务事业发展方面，坚持“立足自身、深度挖潜、争取外援、优化配置”的原则，加强对水资源的宏观管理与配置，采取保水、节水、调水等综合措施，确保城乡供水和水环境安全，为首都科学发展提供可靠的水资源保障。今后一个时期将着力抓好四方面工作：

全面推进节水型社会建设。这是保障北京用水安全的永恒主题。坚持“向观念要水、向机制要水、向科技要水”，实行最严格的水资源管理制度，综合运用行政、法律、经济、科技和宣传教育等措施，完善政府主导、市场引导、公众参与的节水型社会体系，提高全社会的水忧患意识。全面实行用水定额管理和总量控制，健全行业用水标准，加强特殊行业用水管理，完善高污染、高耗能、高耗水企业退出机制。加大节水技术开发、利用和推广，落实新建项目节水、中水、雨水利用“三同时”制度。

优化水资源配置。这是保障北京用水安全的重要举措。完善地表水、地下水、再生水、雨洪水、外调水“五水联调”机制，统筹调配各类水资源的涵养和使用。继续实施地表水源联合调度，每年从上游适量进行输水补充。建立地下水安全储备制度，严格地下水管理，涵养地下水源。进一步扩大再生水利用规模，加强再生水厂及管网建设，2015年再生水利用量达到10亿立方米。强化雨洪管理，加快雨水收集利用设施建设。积极争取国家及有关省市支持，南水北调引江水进京前每年从外埠调水3亿~5亿立方米，有效缓解北京水资源紧缺压力。

加快水务基础设施建设。这是保障北京用水安全的基础。加紧建设南干渠、郭公庄水厂等南水北调配套工程。加快城乡供水管网建设，降低管网漏失率。推进城市周边地区污水处理厂建设，完成城区污水处理厂升级改造，出水水质达到地表水IV类标准。完善污水管网，实施跨流域调度，充分发挥处理设施的综合效率。推动郊区新城、乡镇污水处理厂设施建设，大幅度提高农村污水处理能力。城乡综合污水处理率由2008年的78%提高到2015年的85%以上。

加大水生态环境治理力度。这是保障北京用水安全的前提。继续加强生态清洁小流域治理，建立长效管护机制。巩固奥运河湖治理成果，加大河湖治理维护力度，保持城市水系水体清洁。推进流域综合治理，实施北运河流域水质改善计划，2015年北运河出境断面COD由目前的70毫克/升降到40毫克/升。实施永定河综合治理，构筑保护体系、配置保障体系和防洪减灾体系，把永定河建成“有水的河、生态的河、安全的河”，成为城市西部的绿色生态走廊。

政务公开是政府改革突破口

上海市市长　韩正

2004年上海在全国率先出台并实施《上海市政府信息公开规定》，作为政务公开先行一步的地区，经过7年实践，我们认识到，政务公开是政府自身建设和改革的突破口，推进政务公开不仅是政府工作方式的改变，更是推动政府制度创新的抓手，它为上海带来了四个重要变化：

——促进了政府服务群众。7年来，累计主动公开政府信息70多万条，大部分是社会保障、就业、教育、卫生、房屋拆迁、土地征收等内容。比如，群众查询就业、社保、工资等信息，可致电“12333”，也可登录人保局网站，获得24小时、365天的全天候答复。

——强化了政府履行职责。政府办事结果和过程的逐步公开，推动了各部门职、权、责的透明化，使政府责任具体化为对市民、企业和社会的公开承诺，易落实、可检验。比如，对企业设立登记审批，工商、质监、税务部门公开承诺后，平均办理时间缩短八成以上。

——推进了依法行政和管理。比如，财政专项资金公开，不但分配使用情况公开，管理办法、操作流程和分配因素也要公开。

——有助于抑制权力消极腐败。阳光是最好的防腐剂，透明本身就是监督。我们从公权力大、公益性强、公众关注度高的“三公”部门入手，以点带面，推进了规划、财政预决算、行政审批、行政事业性收费、政府采购、重大建设项目等信息公开，让群众更好地监督政府工作。

政务公开是对政府管理的考验，躲不开、绕不过，必须主动创造条件，积极推进。上海要建设成国际经济、金融、贸易、航运中心和社会主义现代化国际大都市，就意味着必须率先建设更加公开透明和法制化的政府。

改革难免会有阻力。政务公开肯定会给一些部门的权力和利益造成影响，也会挑战一些领导干部的行政习惯。推进公开，就要在实践中克服部门及个人利益的阻碍，破除传统行政体系长期怠于公开的惯性。这对完善政府制度建设提出更高要求，对政府工作人员的素质、水平和能力提出更高要求，也全方位检验着政府工作人员的责任意识、服务意识、法治意识。

政务公开是不断深化完善的过程。一要积极主动，凡具备公开条件的，就率先公开、全部公开，特别是老百姓关心的信息；二要创造条件，政务公开是一个系统工程，需要各方面配套措施跟进，为深化政务公开创造有利条件；三要依法推进，凡法律法规规定和中央要求公开的，都要坚决公开，这既是对依法行政的践行，也是保持中央政令畅通的需要。

政务公开的关键是要积极回应群众关心、社会关注，注重“四个透明”。就是要把与人民群众利益最密切、政府权力最重要、社会关注度最高的政府运作领域，率先实行公开并不断扩大公开透明度，让人民更好地监督政府。

一是公共资金透明运行。重点推进政府预决算和财政专项资金，国有土地使用权出让、彩票公益金等政府非税收入，社保基金、住房公积金等社会公共资金的信息公开，依法推进审计公开。

二是公共权力透明行使。重点加大房地产开发、动拆迁、规划、环保等行政审批结果向社会公开的力度，全面推行收费公示制度。为此，我们还出台《行政处罚裁量适用规定》、《行政相对人权益告知手册》，有效规范行政权力运行。

三是公共资源透明分配。公共租赁住房、居住证转户籍等重大决策的草案，应公开向社会征求意见。

四是公共服务透明供给。积极推进教育、卫生、供水等与民生关系密切的企事业单位公开服务信息，围绕价格、服务、质量等要素，公开收费标准、办事结果、监督投诉渠道等内容。

政务公开说到底，就是政府与公众关系的一次重大调整，是政民互动、政府与社会共治的制度性安排。当然，对政府来说，我们更应重视如何建立多样化的公众参与机制和渠道。我们积极健全重大公共政策的公众参与机制。所有政府规章草案和市政府实事项目、旧区改造政策、“十二五”规划草案等重大事项，均通过网络、报纸、民意调查等多种形式广泛征求公众意见。比如，对经济适用房政策征求意见时，我们收到市民意见建议3461件，政策公布后，又向市民反馈了意见建议的采纳情况。今年在评估住房限购政策时，不少居民反映限购范围界定不够合理清晰，我们及时调整，进一步明确了政策执行范围，完善了相关操作口径，并公开回应说明。

我们着力畅通公众对政府的监督渠道。比如在“中国上海”门户网站上设立互动平台，接受群众投诉建议并跟踪反馈。通过“市长信箱”，我可以直接看到群众的意见和建议。这个信箱从开通以来共接到市民来信29万多件，每件都给予了答复和办理。更重要的是，我们把政务公开的评价权交给公众。每年都向社会发布全市政府信息公开工作报告，把公众在政府网站上的评议作为干部考核重要依据。

诚如前面提到，政务公开是一个系统工程。我们也在公开中不断学习，在学习中进一步公开，并进而推动政府转型、行政改革。应该说，面对中央和国务院的要求，面对群众对公开的期待与要求，我们还需要总结经验和教训，但对政务公开的方向，必须始终坚定不移；政务公开的力度，还应进一步加大。

把握加强和创新社会管理的着力点

天津市市长　黄兴国

加强和创新社会管理，是继续抓住和用好我国发展重要战略机遇期、推进党和国家事业的必然要求，是构建社会主义和谐社会的必然要求，是维护最广大人民根本利益的必然要求，是提高党的执政能力和巩固党的执政地位的必然要求，对实现全面建设小康社会宏伟目标、实现党和国家长治久安具有重大战略意义。我们必须充分认识加强和创新社会管理的重要性和紧迫性，从全局和战略的高度准确把握加强和创新社会管理的着力点，力求取得实实在在的成效。

又好又快发展是加强和创新社会管理的根本

当前，我国发展既处于重要战略机遇期，又处于矛盾凸显期，社会结构、社会组织形式、社会利益格局、社会思想观念正在发生深刻变化，经济社会发展不协调、城乡及地区之间发展不平衡问题仍然存在，社会成员收入差距有拉大趋势，社会矛盾易发多发。在众多社会矛盾中，主要矛盾仍然是人民日益增长的物质文化需要同落后的社会生产之间的矛盾。解决好这个主要矛盾，就能够为解决其他矛盾奠定坚实基础；而要解决好这个矛盾，就必须坚持科学发展。只有坚持科学发展，即把“蛋糕”做大又把“蛋糕”分好，才能解决诸多社会问题，始终得到广大人民群众的衷心拥护。

近年来，天津市紧紧抓住滨海新区开发开放这一历史机遇，努力保持经济社会快速发展的良好势头，人均GDP突破1万美元，地方财政收入突破1000亿元，投资规模快速增加，产业结构发生显著变化。在经济发展的同时，民生也得到明显改善。“十一五”时期，新增就业186万人；为41万户困难家庭提供住房保障；居民收入实现年均两位数增长；社会保障体系进一步完善，困难群体得到有效帮扶。经济又好又快发展，居民生活不断改善，绝大多数群众比较满意，社会和谐就有了稳固基础。

2011年是“十二五”开局之年，对于天津市实现更高水平的发展至关重要。我们要以科学发展为主题，以加快转变经济发展方式为主线，以调整优化经济结构为主攻方向，继续按照滨海新区、中心城区、各区县三个层面联动协调发展的布局，着力构筑高端产业、自主创新、生态宜居“三个高地”，全力打好滨海新区开发开放、结构调整优化升级、体制机制改革创新、文化大发展大繁荣、保持社会和谐稳定“五个攻坚战”，加快实施大项目、“小巨人”、楼宇经济等战略举措。通过坚持不懈的奋力拼搏，力争经济社会发展达到更高水平、群众生活持续得到改善，为加强和创新社会管理创造条件、提供保障。

改善民生是加强和创新社会管理的基础

科学发展观，核心是以人为本。社会管理说到底是对人的管理和服务。加强和创新社会管理，必须坚持以人为本，以人民群众利益为重，以人民群众期盼为念，把人民群众满意作为出发点和落脚点，着力解决人民群众最关心、最直接、最现实的利益问题，协调好各社会群体的利益关系，让人民群众的生活越过越好。这是社会管理追求的价值目标，也是搞好社会管理的前提和基础。在发展社会主义市场经济条件下加强和创新社会管理，政府必须按照法治平衡原则，合理制定社会政策，维护和促进社会公平正义，保障人民群众权益，努力使全体人民学有所教、劳有所得、病有所医、老有所养、住有所居，特别是要高度关注困难群众的生活，不但把“蛋糕”做大，还要把“蛋糕”分好。

近年来，天津市制定的帮扶困难群众、惠及民生的各类政策措施达200多项，得到了人民群众的拥护。比如，坚持每年实施20项民心工程，群众多方面受益；住房保障形成“三种住房、三种补贴”政策体系，做到了应保尽保；率先建立基本养老和基本医疗保险城乡统筹制度，实现社会保险制度全覆盖；医疗卫生保障水平日益提高；积极发展教育；实施惠及广大农民的农村“三区”联动发展战略；城市拆迁平稳有序，群众合法权益得到维护；年年增加企业退休人员养老金，为城乡无养老保障的老年人发放生活补贴，65岁以上老年人免费乘坐公交车；大力帮扶困难群体，有1018户三类困难企业的56万职工得到妥善安置。今后，我们要继续坚持以人为本，进一步完善惠及民生的社会政策体系，扎实推进各项民心工程，使加强和创新社会管理具有更加坚实的群众基础。

夯实基层基础是加强和创新社会管理的关键

基层是维护社会稳定的第一道防线，基层稳则全局稳，基层安则全局安。只有把基层基础工作做扎实，协调好各种利益关系，理顺群众思想情绪，才能为实现社会长期和谐稳定打下坚实的基础。

基层党组织是党全部工作和战斗力的基础，是党执政的根基。它们广泛分布于社会基层，植根于人民群众之中，担负着直接联系群众、组织群众的重要责任，是加强和创新社会管理最基本、最直接、最有效的力量。加强和创新社会管理，首先应加强基层党组织建设，建强班子、健全制度，充分发挥基层党组织和党员推动发展、服务群众、凝聚人心、促进和谐的作用，把党的政治、组织优势转化为管理、服务优势，实现党的领导全覆盖。中央明确要求，乡镇、街道工作的重心要转移到社会管理上来，建立综合性服务和矛盾调处平台，充分发挥服务群众需求、反映群众诉求、化解社会矛盾的重要作用。社区是社会的基本单元，维护和谐稳定的根基在社区，社会管理的重心也应放在社区。人们可以自由择业、自主创业，不断地变换工作，但总要有一个工作场所，总要在某一个社区立足。要建立健全以社区党组织为核心、以社区自治组织为主体、与驻社区单位和物业管理机构密切配合、社区居民广泛参与的社区管理体系，把社区建设成为管理有序、服务完善、文明祥和的生活共同体。彻底改变矛盾发生在块上、权力配置在条上以及有权管的看不见、看得见的没权管的状况，将城市管理重心下移，整合社会管理资源，把能下放的职权下放到街道，使其有职有权。所有驻区组织都要到社区报到，所有人员都要参与社区建设，所有设施都要向社区有序开放，人力、财力要向社区倾斜，让基层组织有权管事、有人做事、有钱办事。

切实加强基础工作，需要把工作重心从治标转向治本、从事后救急转向源头治理，更加重视制度建设，形成长效机制，建立源头治理、动态协调、应急处置机制，使社会管理关口前移，从源头上减少社会问题、化解社会矛盾。当前应抓好的基础工作包括：完善居民身份证制度，完善人口管理和对特殊人群的服务管理办法；建立健全企业特别是非公经济组织劳动关系协商机制；对各类社会组织建立分类发展、分类监督的机制；建立境外非政府组织在华活动的联合管理机制；建立互联网、手机等信息网络管理机制；健全社会治安防控体系；健全食品药品安全监管机制；健全安全生产监管体制；完善突发事件应急管理机制；实施提高全民文明素质的基础性工程；等等。通过加强和创新社会管理的基层基础工作，实现一旦出现问题基层组织能靠得住、拉得出、化得了、稳得住。

干部风清气正是加强和创新社会管理的保证

政治路线确定之后，干部就是决定因素。从一定意义上讲，社会建设水平的高低、社会管理能力的强弱，是衡量和检验干部能力和水平的重要标志。发展经济也好，管理社会也好，都需要干部去组织推动。火车跑得快，全靠车头带。广大干部特别是领导干部担负着兴一方经济、富一方百姓、保一方平安的重要责任。党风正才能民风好，领导干部作风好是加强和创新社会管理的重要保证。

每个干部尤其是领导干部必须充分认识作风建设的重要性，时刻牢记时代赋予的责任与使命。应当认识到，只有具备良好作风，严格遵守政治纪律、组织纪律、廉政纪律，才能推动经济社会又好又快发展，不断开创科学发展的新局面；才能营造和谐的党群干群关系，形成共建和谐的强大力量；才能更好地发挥先锋模范作用，增强党的创造力、凝聚力和战斗力。一是坚定理想信念。树立正确的世界观、人生观、价值观，始终在思想上、政治上、行动上与以胡锦涛同志为总书记的党中央保持高度一致，做到理想信念不动摇、政治立场不动摇、大是大非不糊涂。二是牢记根本宗旨。自觉摆正自己的位置，思想上尊重群众、感情上贴近群众、工作上依靠群众，深入生产生活的第一线，带着真情去妥善处理各种矛盾；坚持从群众中来、到群众中去，问政于民、问需于民、问计于民，努力实现好、维护好、发展好最广大人民的根本利益。三是做到克己自律。克己自律是一种自身修养，也是一种境界。能够做到克己自律，是对自己人格的尊重，对自己名誉、形象的珍惜，也是对社会风气的引领。应讲操守、重品行，明辨事非、克己慎行，弘扬新风正气、抵制歪风邪气。遵守廉政准则，严格执行领导干部廉洁从政各项规定，自觉抵制腐朽思想的侵蚀，秉公用权、勤政为民，既要干事又要干净。严守组织纪律，坚持民主集中制原则，公道正派、规规矩矩。

城乡统筹的重庆策略

重庆市市长　黄奇帆

大城市与大农村并存、城乡二元结构矛盾突出，是重庆与京津沪三个直辖市的显著区别。这决定了我们有与其他直辖市不同的使命。贯彻落实胡锦涛总书记“314”总体部署和国发3号文件，我们必须协同推进城市化、工业化、城乡统筹一体化，其中，最核心的问题就是“三农”问题。

对重庆“三农”的总体认识

要改变当前农业生产经营分散、农村要素资源配置不活跃、劳动力素质不高的状况，重点是提高农业生产力和发展中小城镇。

第一，提高农业综合生产能力、保障农产品有效供给。未来10年，全市所需建设用地将超过2000平方公里，但要坚守3300万亩耕地红线，达成这个目标的根本途径是加快城市化进程，引导更多农民整户进城，采取城乡建设用地置换和耕地占补平衡等方式来保证。并不断推进科技兴农，发展高产高效、优质安全的生态农业；完善现代农业生产服务体系。

第二，大力发展农村非农产业。随着工业化、城市化进程的加快，城市对农村的辐射力和带动力不断增强，城乡结构、农业农村内部结构都发生了变化。去年重庆全市农业增加值占GDP的比重为9.3%，首次下降到10%以内，这是三次产业结构调整的历史性突破。今后农业增加值占比要争取每年下降0.5个百分点，到2020年前后下降到5%以内。与此同时，大力发展农村二三产业，让更多农民靠工商服务业谋生，力争2020年，农业就业比重从现在的48%下降到20%以内。

第三，加快发展小城镇。小城镇是城市群的末端，一头承接大中城市，一头联系广大农村，在城市化进程中起着特殊作用。我们应继续整合小城镇建设专项资金，支持小城镇基础设施建设，完善配套服务功能，吸引更多农民集中居住，把市级中心镇和建制镇培育成人口集聚、产业集聚和商品集聚的中心。

第四，妥善解决农民工转移问题。现在全市800多万农民工，400多万到沿海打工，300多万在本地就业；随着工业化进程的加快，预计三年后农民工流向会转变过来。在鼓励农民工继续到沿海打工的同时，要高度重视和引导农民工本地落户就业。善待进城农民，解决他们的户籍、养老、医疗、住房、子女入学等问题。

第五，推进城乡基本公共服务均等化。加强基础设施建设，改善农村产业发展和农民基本出行条件；加快教育、文化、体育、卫生等公共事业向农村覆盖的进度，在2012年前实现农村养老、医疗、低保等全覆盖，到2020年实现城乡社保统一标准。

第六，实行城乡一体化行政管理。特别是财政运行体制和区县、乡镇管理体制，应彻底破除城乡体制性壁垒，根本解决城乡分割、分治的局面。

2010年重庆“三农”发展方略

第一，加快农村承包地、林地、宅基地“三个确权到位”，从源头上保障农民权益。由于多种原因，现在农村的承包地、林地、宅基地都不同程度地存在权证面积少于实际面积的情况，这既不利于农民进城后退出土地时的权益保障，土地流转时也容易出现纠纷，也不利于农民把土地拿到银行质押贷款。确权是土地要素流转的基础，涉及千家万户农民的切身利益，我们必须与农民一道，实事求是，认真细致地一一确权，并将其作为对区县考核的重要内容。

在农业补贴政策方面，除继续落实好已有补贴政策外，从今年开始，我市还要加大四方面的补贴力度：补贴促进稳产高产的农业服务体系；补贴专业大户、龙头企业、农民专业合作社和商品流通环节；补贴畜牧业，保障畜产品稳定供给；补贴林下经济，激发各类主体的积极性。

唤醒沉睡的大山，必须提高林下经济的产出。目前“两翼”农户300多万户，人均纯收入只有全市农民人均纯收入的85%。但全市6000多万亩林地有一半多在“两翼”，户均10多亩。如果每亩林地产出达到耕地的一半，就可有1000多元收益，户均可增收1万元。因此，我们应搞好林产品销售体系建设，通过龙头企业的采购、运输、销售网络，将林下产品销往全国各地；农民发展林下经济启动资金不足，政府要给予补助，小额贷款也要予以支持；完善服务体系，强化技术培训。

第二，大力推进户籍制度改革。城市化不是城市的简单扩张，而是现有农民转变为市民的过程。直辖以来，全市城镇常住人口占比由不到30%上升到50%多，而城镇户籍人口占比仅从20%提高到28%，变化不大。户籍制度改革必将成为城乡统筹改革的重大突破，也是农村生产力的又一次大解放。我们既要妥善解决好历史遗留问题，包括已解决了养老保险的90多万原征地农转非人员、50多万三峡移民和水库移民、150万已在城市工作15年以上的农民工及其家属，将这300万人转为城市户口，可使我市户籍城镇化率快速提升到40%以上。另一方面，建立农民市民化的长效机制。通过上学、就业，50%的新生代农民可成为城镇居民。

实行相对扶贫标准，是我市率先于全国在扶贫工作中的一大改革。只要低于农村人均纯收入30%的人口就是扶贫对象，且随着经济社会发展，每年进行动态调整，有利于调动区县脱贫减贫的积极性。以前扶贫工作考核只注重贫困人口数量的减少，忽视贫困人口实际收入的增加。按照新标准，贫困人口比重下降则工作成效明显，区县财政扶贫支出也会相应减少；今年的扶贫线在1400元左右，与目前我市农村低保标准大体相当，这就能把两件事办成一件事，减少折腾。

第三，加强农村金融服务。充分发挥要素市场的作用。去年土地交易所交易土地1.3万亩，带动10多亿元资金流向农村，开辟了城市反哺农村的新渠道。今年交易量要力争达到2–3万亩，带动30–40亿元资金流向农村。农畜产品交易所要不断完善运行机制和配套政策，利用其价格发现、规避风险功能，促进畜牧业稳定发展。加快农村金融机构建设，创新农村金融品种，开展土地承包经营权、宅基地、林权等质押试点，发展个人信用贷款业务。

龙头企业是建立产运销一体化组织模式的关键一环。我市农产品加工程度还很浅，农产品加工业销售值与农业产值之比仅为1.2：1，而发达国家为3.7：1，国内先进地区为2：1。如果我市龙头企业销售收入能从现在的860亿元增加到1500亿元，农产品加工业销售值与农业产值之比就能提高到2：1。用工业化方式推动农业发展，依托龙头企业提高农业生产组织化程度，是建立产运销一体化模式、推动"三农"发展的一条重要出路。

第四，扎实推进新农村建设，用活用足各项政策筹集新农村建设资金。包括：土地置换。在城郊结合部，农民集中居住后的新建房可直接办产权，腾出的建设用地给农民作出补偿后，可办工业园区，如果已纳入城市规划就可直接用作商品房开发。地票交易。对远郊地区而言，农民集中居住节约的土地可以以地票形式到土地交易所交易，促进城市资本流向农村。土地复垦基金。土地出让中要征收占补费用，只要在新农村建设中复垦了宅基地，就能得到相应的补助。

走出高碳能源城市低碳转型发展的新路子

山西省朔州市市长　冯政朵

一、发展低碳经济的路径和做法

（一）转变发展方式，走低碳高效之路。低碳经济的提出，从最早见于政府文件的2003年英国贸工部能源白皮书《我们能源的未来:创建低碳经济》，到2007年美国参议院提出《低碳经济法案》，从《联合国气候变化框架公约》及其《京都议定书》，到“巴厘岛路线图”、“哥本哈根会议”，成为今天和未来社会经济发展及人类企盼改善生活质量的主流模式。我们作为煤电产业占GDP份额高达70%的资源大市，以动脉产业为主的工业经济，大量积存的粉煤灰、煤矸石、脱硫石膏等工业固体废弃物的治理与利用，成为我市转变发展方式、实现可持续发展迫切需要解决的一个重大问题。我们一手抓“动脉”，即煤电清洁化，另一手抓“静脉”，即废弃物的资源化及其产业化，从清洁生产和资源利用两个方面实现节能减排，努力探索高碳能源城市实现低碳发展的路子，成为朔州发展的新途径。一是努力发展新能源。近年来，我市利用清洁能源发展机制，成功引进风力发电、太阳能发电、垃圾发电项目，市区垃圾发电项目和应县秸秆发电项目已获国家发改委批准，同时正在引进建设100兆瓦太阳能单晶硅生产线。二是在工业发展中立足循环经济。全市初步形成了以煤电产业为主导，冶金、化工、装备制造、新型材料、食品、医药等新型、多元、稳固的工业产业体系。三是加强煤化工基地建设。四是加大以沼气为主的农村清洁能源开发利用力度。五是延伸发展链条，走资源综合利用、吃干榨尽的路子，充分利用煤矸石、粉煤灰及煤矿伴生资源，依靠科技进步，加快发展高级铁合金材料、复合铝型材料、镁合金材料、高级耐火材料、新型墙体材料和特种水泥等。

（二）推进集约发展，建清洁煤电之都。几年来，我们抓住机遇，坚持以规模化、机械化、集约化、清洁化、安全化为重点，坚持资源整合，致力于清洁发展，加快煤炭产业升级改造步伐，提高资源利用率，并将目标锁定为“四个70%以上”：70%以上的煤矿与大企业大集团合作；70%以上的煤矿实现机械化开采，建成本质安全矿井；煤炭回采率达到70%以上，提高集约水平；煤炭洗选率达到70%以上。我们变输煤为输电，坚持以上大型、上环保、上节能为核心发展坑口电厂、煤矸石发电、热电联供和风力发电项目，全市电力装机容量近期将有望突破1000万千瓦。我们倡导全社会开展节能降耗，加大对六大高耗能行业能耗监测和审计力度，建立节能目标考核制度。近年来累计投资52亿元，新上节能项目210个，全市GDP能耗逐年下降，2008年下降7.92%，被评为全省节能先进市。在第九届中国经济论坛上，我荣获“中国节能减排二十佳市长奖”。我们坚持不懈地把污染物减排摆上重要位置。我市所有的燃煤火电机组，全部安装了脱硫除尘装置；在山西全省率先实现了城市热电联供；朔州在全省第一个使用天然气。二氧化硫和化学需氧量、排放量同比分别下降26.4%和20.7%，提前一年完成“十一五”减排任务。在全国首家建立了环境突发事件应急中心，国家环保部和消防总队联合在我市召开现场会，向全国推广了我市的经验。

（三）提高碳汇能力，造绿色生态之城。按照市委提出的生态优先战略要求，我们坚持“要金山银山，更要绿水青山”的理念，把生态文明建设放到重要位置，着力改善人居环境。一是让绿色成为主色调。我们本着“把风沙挡在朔州，把新鲜空气送到北京，当好首都绿色屏障”的总原则，以京津风沙源治理为重要抓手，全力实施生态优先发展战略。近年来，植树造林以每年30多万亩的速度推进，全市林草面积占国土总面积的43%。全市形成万亩以上连片的生态示范区域10多个。特别是市区西山生态综合治理工程，连片规划面积已经达到20多万亩、130公里。我市把生态优先发展作为改善民生的一项重要举措，从2008年开始我们每年筹资10亿元，造林33万亩，每年森林覆盖率提高2个百分点，可带动1万多名农民常年从事植树造林。全市85万农民每人每年可平均增收1000元以上。二是实行“以煤补林”，增强碳汇能力。2006年以来，全市上下大投入、大力度地推进植树造林工程。在矿区严格实行谁破坏谁修复的原则，创造性地实行“以煤补林”、“以黑补绿”，要求所有煤矿必须做到挖1吨煤种1棵树，切实保证矿区生态的绿化和修复。森林碳汇能力的显著增强，按北方每公顷森林每天可吸收1吨二氧化碳、释放0.73吨氧气计算，使我市每年可多吸收二氧化碳1130万吨，多释放氧气820万吨。我们努力实施了退耕还草、京津风沙源治理、首都水资源保护和雁门关生态畜牧区建设等一系列生态综合治理工程。被山西省政府命名为首批“全省造林绿化先进市”，去年11月份，又被省委、省政府表彰为“全省林业建设先进市”。在生态建设中形成的“执政为民、尊重科学、百折不挠、艰苦奋斗”的“右玉精神”，被省委、省政府确定为全省学习的楷模。

二、发展低碳经济面临的问题和挑战

总体看，我市在能源产业领域致力于低碳发展并取得了明显成效，但仍处于一个低水平起步阶段。

（一）认识尚需深化。我在调研中感觉到，目前各界对发展低碳经济的认识普遍比较模糊，低碳经济、生活、消费等理念还没有在全社会真正形成。一些地方和领导对低碳发展的意义认识不够，单纯把GDP增长作为硬任务进行考核部署，有的认为发展低碳经济会影响经济快速发展，有一些企业片面追求经济效益，逃避社会责任，不能很好地执行环保要求，导致高能耗、高排放、高污染的现象仍然存在，低碳发展社会氛围的形成任重道远。

（二）减排压力加大。随着煤炭资源整合、煤炭产量的大幅增加和电力规模的显著扩大，产业高耗能的特征，对我市环境容量及低碳发展的要求挑战越来越大。能源产业的扩张与低碳发展的矛盾加速显现。如何加快提升我市节能减排技术，在碳贸易体系中谋求发达地区的碳权益补偿，是我市未来将要面对和必须解决的重要问题。不然，我市传统产业必然会受到环境承载力的限制，也越来越将受到碳贸易壁垒和碳排放管制等方面的制约。由于技术原因的束缚，科技投入的不足，加上政府和企业的实力普遍不强，导致低碳技术改造无从下手，低碳经济发展步伐缓慢。

（三）体制机制缺位。低碳经济仍然处于起步、探索阶段，还缺乏强有力的政策支持体系，尚未形成稳定的政府、企业等多元投入机制，金融体系对低碳技术和项目的支持力度不够，政府对产业园区规划的落实，对高排放、高污染等行为的监督制约，对各级政府和干部的低碳政绩考核约束制度还有待进一步加强。

（四）产业比重偏低。以现代服务业为主的低碳产业发展不充分。服务业在整个国民经济中的比重还不高，总量还不大，尚处于加速成长期。经济增长还主要依赖第二产业，具有低碳特征的文化、旅游、物流、金融、信息等第三产业和新能源、可再生能源利用等高新技术产业发展滞后，还没有发挥应有的低碳效应。

三、进一步加快低碳经济发展的思路和对策

发展低碳经济是一项系统的工程，是一次深刻的经济产业和社会观念的革命。为此，要多措并举努力探索走出一条高碳能源城市低碳转型绿色发展的新路子。

（一）超前编制规划，确定发展战略。各级政府要组织有关部门、聘请专家学者尽早展开调研工作。按照市委四届六次会议提出的率先科学发展要求，结合我市“十二五”规划的编制，加强调研论证，编制我市低碳经济发展的中长期战略控制规划，突出规划的长远性、系统性、协调性、创造性、约束性和指导性。按照我市已确立的各个产业发展规划，加强市县两级规划的协调和统一，避免各自为政，盲目发展，随意布局，重复建设。促进各个企业和项目建设主体以各类生产要素的有效配置和集聚发展，为全市经济低碳发展奠定良好的产业基础。

（二）加大资金投入，出台优惠政策。各级政府每年要拿出一定资金投入低碳项目试点，要建立节能专项资金，对企业节能、低碳技术改造方面给予更有力支持。尽快研究制定优惠扶持政策，在财政投入、税费减免、信贷支持、土地供应、产业政策等方面给予全方位引导扶持。及时收集、分析、研究国家和省出台的有关发展低碳经济的政策措施，用足、用好国家和省的各项支持政策。督促各县区政府全面加快当地园区经济的规划和发展，协调推进全市重点工业园区、各类农业产业化园区和服务业园区健康发展，构建“低碳经济发展示范区”，打造低碳经济发展平台，增强示范引导作用。

（三）构建低碳体系，打造新型绿色基地。大力推进煤炭产业优化升级，强化高碳产业改造。巩固煤炭资源整合、煤矿兼并重组成果，妥善处理好兼并重组各项后续工作。突出抓好煤矿机械化改造和标准化矿井建设，提高煤矿机械化、现代化、信息化水平，力争到明年年底，使全市所有保留矿井全部建成一级安全质量标准化矿井。加快进行煤层气的开发利用，实现“采气采煤一体化，开发利用商业化”。严格实行公路煤炭销售统一管理，规范煤炭运销秩序。积极培育新兴产业，加快低碳产业发展。加快发展电力工业。特别要高度重视并积极开发利用风能、太阳能、生物质能等新型低碳能源和再生能源，制订完善风力电场建设规划，支持光伏发电、秸秆发电和垃圾焚烧发电项目建设。大力培育非煤电工业。积极发展橡胶助剂、塑料助剂等精细化工。着力开发节能环保新材料和高技术产品。积极推进墙体材料革新，逐步限制黏土砖，推广粉煤灰制砖和矸石制砖，政府投资项目必须使用环保新材料。加快发展现代服务业。以行政手段，强行推进新型建筑材料的推广

应用，发展低碳居住产业，加快城市垃圾和污水的消化处理。统筹发展现代物流，突出抓好文化和旅游产业。大力发展循环经济，提高资源利用率。重点抓好我市列入全省“十二五”工业经济整体规划的“三大工业基地”（乳品、电力、陶瓷基地）、“三大产业集群”（高岭土、特色食品、新型建材产业集群）和“九大工业园区”。抓紧启动以神头二电厂马邑灰库为依托的粉煤灰综合利用园区，下大力气抓好利用粉煤灰提取氧化铝和白炭黑项目，力求早日投入工业化生产。强力推进节能减排，强化源头控制和末端治理。

（四）提供智力支持，推进科技创新。依靠技术创新和引进、吸收，推广使用先进适用技术是实现低碳发展的根本出路。要由各级科技部门牵头，吸收相关部门和企业参与，成立科技支撑协调机构，积极与国内外科研院所、研发中心合作联系，广泛引进、吸收、推广应用先进适用技术，淘汰落后技术，引进、培育环保、低碳技术方面的人才，鼓励、引导企业开发低碳技术，形成强有力的低碳经济技术支撑体系。

（五）发展碳汇林业，建设固碳型生态农业。据联合国和世界银行预测，全球碳交易市场潜力巨大，预计全球碳交易市场年规模到2012年将达到1500亿美元，有望超过石油市场成为世界第一大市场。朔州作为新型的能源基地，未来的碳减排潜力巨大，碳交易前景极其广阔。我们要坚持生态立市、绿色发展的战略方针不动摇，持续开展大规模的全民造林活动，并密切关注国内外碳金融及碳交易市场动态，适时建立碳交易体系，参与低碳经济全球竞争。进一步全力实施生态优先战略，继续使全市森林面积以每年30万亩的速度递增，使生态林业成为我市最具潜力的碳汇产业。要扶持、鼓励农村开发利用生物清洁能源，扩大沼气、秸秆发电、风能发电、太阳能利用覆盖范围，引导农民减少化肥、农药的使用量，通过发展有机肥和生物技术，走有机生态农业之路。如右玉，具有丰富的碳汇资源，要从现在开始杜绝高碳企业的落户，重点发展生态旅游业、观光农业，建立包括产业中介机构、教育培训机构、养老疗养机构等生产性服务业，建立包括生态居住、健康医疗等生活性服务业。深度挖掘“天然氧吧”的经济效益。市里可以把如风电、太阳能等新能源产业重点放到右玉去发展，打造朔州的零碳城市。要把招商引资回的高碳经济项目直接规划到一些不利农业生产的（如盐碱地）、离城市较远的乡镇所在地，围绕企业进行移民搬迁，推进城镇化建设，既解决了移民搬迁后的就业问题，又可再造一个像平朔、电厂生活区一样城市化水平较高的、功能齐全的集镇，还不会影响现有城市的未来发展。

（六）坚持试点先行，城乡统筹推进。各级政府要成立申报国家低碳经济试点城市领导组，组织专门力量进行研究，积极与国家和省有关部门对接，积极申报国家低碳城市试点，争取列为国家级试点城市，争取国家在发展低碳经济方面更多的政策、资金、技术、项目扶持。要完善全市行政节能管理体制，形成政府节能管理、节能监察、节能服务三位一体的节能管理体系。实行城乡节能目标“一票否决”和严格的问责制度。结合我市实际，在推进城镇化建设和城乡一体化发展试点中，要大力推广应用新能源、节能环保材料和产品，扩大集中供热覆盖面，普及应用粉煤灰建筑材料。

（七）强化组织引导，形成良好氛围。各级要从科学发展观等战略高度，强化低碳理念知识的普及宣传，把低碳文化和节能意识变为全社会的主流意识，把低碳消费和节能降耗作为社会生产和生活的头等大事抓紧抓实。尤其是各级领导干部要带头学习了解国内外低碳经济的发展动向，研究低碳经济的发展思路、对策，引导全社会形成低碳生产与生活方式，进行低碳消费、低碳交通和保护环境，倡导厉行节约风气，构建低碳视阈下的文化价值观，增强生态意识，树立生态道德，形成低碳发展的浓厚氛围。各级政府要加强对发展低碳经济的领导，加大监督检查力度。层层成立促进低碳经济发展领导组，建立由发改、经信等宏观经济管理部门参与的组织机构，打破部门和行业界限，对各类产业和重点项目建设进行协调和论证，用以解决项目布局、产生规模、工业用地、环评、能评、公共资源配置等领域节能减排的重点问题。

环境是影响城市发展的重要因素

内蒙古自治区呼和浩特市市长　王波

国家环保模范城是对一个城市经济发展水平、市容环境卫生、环境保护及生态建设的高标准评价，它体现了一个城市的政治、经济、文化、社会、科技和环境等综合实力。呼和浩特市作为自治区首府、北方崛起的新兴都市，创建国家环保模范城市，既是现实的选择，又是长远发展的需要。

一是经济社会又好又快发展的需要。改革开放以来，特别是近些年来，呼和浩特市经济社会各项事业发展较快，取得了十分显著的成绩，这是有目共睹的。经济的快速发展给生态环境保护带来了很大压力。创建国家环保模范城，加强环境保护工作，改善生态环境，可以有效地提升发展的质量和效益，推动经济社会可持续发展，是落实科学发展观、构建和谐社会的重大举措。此外，环境也是生产力。在环境问题日益突出的今天，城市环境质量问题已渗透到政治、经济、贸易和文化等各领域，日益成为影响一个地区发展的重要因素。创建国家环保模范城，加强环境和生态保护，可以形成巨大的“品牌效应”，促进各类生产要素的有效整合与聚集，凝聚人心，鼓舞斗志，加快经济社会发展。

二是提高城市形象品位、打造宜居生态城市的需要。提高首府城市的形象和品位，打造宜居生态城市是“打造一流首府城市、建设一流首府经济”的需要，是广大群众的热切期盼。国家环保模范城的标准很高，主要标志是社会文明昌盛、经济健康快速发展、生态良性循环、资源合理利用、环境质量良好、城市洁净优美、生活舒适便捷、居民健康长寿，涵盖了经济社会领域多方面内容，是一个综合性很强、含金量很高的城市品牌。创建国家环保模范城的过程，也是呼和浩特市实现自我提高的过程，将会进一步提升城市整体形象和品位，为广大市民打造一个宜居生态家园。　三是提升人民群众生活质量的需要。环境问题始终是事关群众切身利益和身心健康的重大问题。让人民群众喝上干净的水，呼吸清洁的空气，吃上放心的食物，生活在整洁舒适的环境里，享受城市文明，使人与自然充分融合在一起，应该说这是每一位城市管理者义不容辞的责任。创建国家环保模范城可以有效缓解环境问题，实现这些愿望。通过创模活动，可以在每一位市民心中树立环境意识，凝聚起全市人民的智慧和力量，形成人人保护爱护环境、共建美好家园的强大合力。除国家环保模范城创建活动外，呼和浩特近几年又先后提出了创建国家卫生城市和国家森林城市，通过“三城同创”活动，促进城市管理建设水平再上一个新的台阶。

市委、市政府将创模工作作为贯彻落实科学发展观、促进经济社会可持续发展的重要举措来抓，编制了创模总体规划，制定完善了各项制度，强力推进各项工作开展，并发动广大市民，共同参与推动创模工作。

在具体工作中，主要抓了以下几方面的重点工作：一是积极开展了蓝天工程建设，加大了重点工业污染源、机动车排气等专项整治力度，2009年市区空气质量优良天数达到346天。二是全面推进城市水环境建设，实施了污水集中处理回用工程和环城水系景观工程，让碧水环绕城市。三是大力创建国家森林城市，让绿色拥抱城市，市区二环路以内的核心区基本实现了“三季有花、四季常绿”。目前，呼和浩特市已获得“国家森林城市”称号。四是加大噪声治理力度，让宁静融入城市。五是加强市容综合整治，使城市更加整洁。六是加快经济结构调整，促进经济可持续发展。积极推进工业化、城市化和农牧业产业化进程，特别是在工业发展上，按照工业入园的总体思路，对城区内的工业进行搬迁、改造，对园区企业进行升级提升，加快经济转型升级的步伐。

通过几年来的创模活动，呼和浩特市各项指标均已达到创模的要求，收到了良好的成效:一是有力地推动了首府经济社会的科学发展、和谐发展，全市传统产业得到改造和提升，高科技、无污染、非矿产依赖型的优势特色产业迅速发展壮大，经济快速健康发展。二是促进了首府生态环境不断改善，宜居水平进一步提高。三是增强了首府各族群众的幸福感和对家园的认同感，大家正在以更加积极的姿态投入到建设美好家园的工作中来。

创建国家环保模范城是打造一流首府城市、建设一流首府经济的重要内容。一方面，通过创建国家环保模范城，可以改善生活环境，提升城市的品位和形象，为“打造一流首府城市、建设一流首府经济”奠定坚实基础。只有我们的城市干净了、整洁了、宜居了，才能跨入一流首府城市的行列。同时，也只有产业优化升级了，节能降耗指标一天比一天完成得好，才能步入一流首府经济的行列，实现可持续发展。

另一方面，“打造一流首府城市、建设一流首府经济”能很好地引导和促进创建活动的开展。当前，呼和浩特市创模正处于最后冲刺阶段，“打造一流首府城市、建设一流首府经济”目标的提出，有助于引起各级各部门对创模的高度重视，有助于解决创模中遇到的各种困难和问题，有助于激发大家热爱首府、全力关心支持创模工作的热情，并广泛调动各方力量，全力以赴完成创建工作。总体来说，创模是“打造一流首府城市、建设一流首府经济”不可或缺的组成部分，通过创模工作的快速进行和顺利完成，呼和浩特市将向打造一流首府城市的目标迈出一大步。

创模工作也其他工作一样，“只有起点，没有终点”。呼和浩特市的创模工作正在接受验收，说明首府的环境保护工作、建设宜居生态城市的工作站在了新的起点上。面对自治区提出的“打造一流首府城市、建设一流首府经济”的新要求，面对全国各地以及全区各盟市日益加大的竞争压力，面对广大群众对美好生活的新期待，我们还有大量的工作要做。我们将在已取得的成绩基础上，不自满、不懈怠，继续下大力气、坚持不懈地抓好环境保护工作。

一是继续抓好水环境建设，全面改造好给排水管网，加快环城水系景观工程建设，打造出“城在水中”的良好环境；二是按照园林城市的标准，在扩大绿化总量的同时，提高绿化的档次和水平，建设精品城市；三是继续按照“新亮美绿净畅”的要求，抓好新一轮的城市改造和建设工作，努力在2~3年内使首府城市面貌发生一个更大的变化；四是坚持不懈地抓好城市管理工作，使城市干干净净、整整洁洁；五是进一步推进经济结构调整和发展方式转变，提高可持续发展的能力和水平。

坚持与时俱进　加强城市管理

吉林省辽源市市长　刘永新

城市是经济和社会发展的主要载体。城市化是现代化的重要内容，也是实现现代化的重要途径。城市管理质量的优劣，既关系到社会主义市场经济体制的发育和成熟，也关系到城市化的实现。这是一个重大的经济问题，也是一个重大的政治问题。实现城市化，必然要求城市管理的现代化。探究目前城市管理存在的问题，主要是目标、手段、方法和途径，都还滞留在计划经济向市场经济转轨的初期，管理方式落后，档次低，效率差，远远不适应建立社会主义市场经济体制和实现城市化的需要。因此，必须按照与时俱进的要求，积极探索现代城市管理的基本规律，把城市管理纳入科学管理的轨道。对此，我们辽源市进行了大胆的探索和实践。

一、更新理念

当前，加强城市管理的最大障碍，是管理理念还没有从计划经济体制中彻底解放出来。计划经济是生产决定需求，生产经营者居于经济活动的主导地位，消费者则处于被动地位，加上商品短缺，生产经营者往往缺少服务意识。因此，在由计划经济向市场经济转轨的初期，城市管理中往往侧重于提高生产经营者的服务意识，强调尽量满足消费者的需求，提出了“门前三包”、“便民服务”、“微笑服务”、“优质服务”、“市场扶贫”、“招手停”、“先生产、后生活”、“先污染、后治理”、“动竞赛”、“献礼工程”等口号和要求。这些口号及社会意识，在为民服务、方便群众、缓解生产和需求矛盾方面曾起到过积极作用，但随着体制的变化，这些口号和理念中的积极“成分”产生了变异，甚至变成了阻碍的因素，造成了城市管理上的难度和混乱。如城市公交提出的“招手停”，在刚刚提出时，受到了市民的普遍欢迎，在一定程度上解决了乘车难的问题。但目前乱停车的问题，已成为城市管理上的一大难题。

在社会主义市场经济体制已经确立的新形势下，城市管理所面临的环境发生了根本性变化。一是经济发展的立足点发生了根本性变化。社会主义市场经济以提高人民生活水平为根本出发点，坚持以民为本，使人民群众的生活水平有了显著提高。1988年，辽源市人均可支配收入854元，到2000年是3926元，提高了4.65倍。二是经济运行基础发生了根本性变化。以市场作为资源配置的基本手段，经济运行取决于买方市场，经济发展由政府主导型变为市场主导型。三是经济社会发展的内在要求发生了根本性变化。强调依法治国、以德治国，对社会主义法制建设和文化建设提出了更高的要求。四是城市建设发生了根本性变化。1980年辽源市建成区面积是17.26平方公里，到2000年增加到35平方公里；城市人口1980年是32万人，到2000年增加到50万人。

社会发展的这些根本性变化，要求我们的城市管理理念也必须改变。一是要变政府管理为社会管理。在市场经济条件下，各经济主体为了生存，必须自觉地、主动地为消费者服务，努力争夺消费者。这就推动了城市管理由政府管理向社会管理的转变，每个生产经营主体都将自觉改善经营环境和经营秩序，提高服务质量，以吸引消费者。二是要变管理城市为经营城市。过去政府对城市发展侧重于管，结果管死了城市的各种资源。市场经济条件下，要用市场经营的方式，实现城市资源的合理配置和充分利用。三是要变资源生产型发展为可持续发展。辽源市原是一个资源生产型城市，建成区小，人口密度大，布局不合理，环境污染严重，改造难度大。随着收入的增加，人们对生活质量的要求也提高了。现在群众要求的是生产、生活一齐抓，建设、环保一起要，城市管理必须走可持续发展的道路。

二、准确定位

任何一个城市的发展，都要有自己的定位。定位准确，才能发挥出最大的区位优势和发展优势。带动周边地区经济和社会的跨越式发展。辽源市从历史发展和现实条件出发，将城市发展定位为“现代化生态型轻工业城市”。这是一个发展水平、发展质量、发展途径三位一体的城市管理目标。在发展水平上，追求现代化。政治上，要拥有高效率的行政机构、高水平的管理手段、高层次的公众参与，以及科学的决策系统和民主的监督方式；经济上，调整产业结构，发展对外交流活动，努力实现市场主体的创造力和开拓力，使城市宏观经济充满活力与张力，成为本地区经济中心、商业中心、金融中心和服务中心；基础设施上，建设便捷通达的内外交通，提供高效优质的通讯服务和充足的水电供给，加强废污处理，建立可靠的防灾系统，为市民提供高质量的居住条件，保证舒适、安全和服务方便；教育文化上，完善教育设施和教育体系，形成富有地方与民族特色的城市文化，并形成积极的扩张力和吸引力，不断提高市民的文化素质和道德水平，发展健康的社会心理，创造进步的社会舆论和文明的社会风气，使市民对城市有较大的认同感、安全感和信任感。在发展质量上，坚持可持续发展。把环境保护作为衡量发展质量、发展水平和发展程度的客观标准之一，既把环境保护作为极力追求实现的最基本的目的之一，同时又把建设舒适、安全、清洁、优美的环境作为实现发展的重要内容。在发展途径上，充分发挥轻工业优势，发展“全城经济”。

辽源是个“百年老店”，改革开放以来能够迅速发展起来，主要靠的是煤炭资源和轻工业。近年来，煤炭资源已近枯竭，可赖以发展的只有轻工业。由于我市轻工业历史悠久，积淀较厚，纺织、酒业、服装、粮食加工、制药等已成为我市的支柱产业。发展“全城经济”就是动员全市的力量发展轻工业。

三、科学管理

只有同客观发展实际相符合的管理，才是科学管理。我们的基本思路是：按照满足人民需求的原则进行管理。根据广大市民的要求，从今年9月开始，我们在全市开展了“三清理三整顿”，即清理占道经商，整顿市场秩序；清理机动车辆、人力三轮车、自行车乱停乱放，整顿交通秩序；清理乱搭乱建棚厦、广告牌匾、沿街烧烤、烟尘污染，整顿市容秩序。到目前为止，共拆除主街路两侧的各类临时建筑、违章建筑3530处，47725平方米；拆除商亭675个；街路两侧电话亭367个；临时房48个；建材堆放处26处；铝合金、大理石加工点42处；煤炭堆放处10处；清理占道经商12479人次；扣留、销毁落地牌匾、小广告牌158块；纠正门前乱摆乱放6093户；清理各类违章乱挂条幅388条；没收马路烧烤炉具504个；267个燃用散煤严重污染的浴池、饭店被查封；规范、迁移市场5处。这项工作开展以来社会各界反响很好，大家都说辽源的路宽了、敞亮了、干净了。

按照效能的原则进行管理。在加强城市管理中，我们对建设、公用、房产、环保、工商等部门以及公安、信访部门和新闻单位都做了明确分工，各有侧重，不打乱仗。各单位按照分工，努力工作，不等不靠，清理整顿工作进展得比较顺利。各相关部门也紧密配合，公安局要求属地派出所随叫随到，不讲条件，保障执法；新闻单位宣传舆论先行，用正确的舆论加以引导，在大力做好正面肯定宣传的同时，对阻碍执法、妨碍清理整顿工作的给予曝光；信访办、投诉中心接待、解答上访群众的口径一致，耐心做矛盾的化解工作。这些部门都能站在大局的高度，主动配合城市管理工作，为加强城市管理工作的顺利开展创造了良好的外部条件。

按照市场化运作的原则进行管理。加强城市管理，根本目的是优化城市资源。为此我们提出了经营城市总体思路。通过城市资产重组、运营，最大限度盘活存量，吸收增量，拓宽城市建设融资渠道，形成投入和建设的良性循环，走出一条以城养城、以城建城、以城兴城的城市建设和管理的新路子。城市土地使用权、城市客运出租汽车经营权、城市户外广告设置权、公交线路营运权、公用设施建设权经营权一律实行有偿使用，所得收入全额上缴财政，由市政府统一安排使用，主要用于城市基础设施建设。

全力加快建设现代产业城市

黑龙江省牡丹江市市长　林宽海

按照全省产业项目三年攻坚战的总体部署和要求，我市坚持经济工作项目化，咬定产业项目不放松，紧紧围绕产业方向、产业布局、产业链条、项目推进、工作机制五个方面，通过产业园区集中建设、产业项目集聚发展、资源要素集约利用，使项目建设成为跨越争先、转型升级的主体力量，全力推动经济社会更好更快更大发展。

一、突出城市特色，选准产业方向。

一是依托基础促裂变。利用我市产业门类齐全的特点，以传统产业高端化为方向，有效利用存量资源，加速化工、木材加工、造纸、能源、装备制造、轻工等六大传统产业裂变提升，形成集群化发展态势，尽快提升传统产业的核心竞争力。二是放大优势抓转型。深入挖掘我市生态资源、能源资源和对俄经贸优势，加速培育新能源、新材料、节能环保、生物医药、电子信息、绿色食品六大战略性新兴产业，瞄准市场前沿，坚持高起点定位，力争由“制造”到“智造”一步跨越，全力抢占未来发展至高点。三是围绕服务壮三产。重点是抓好物流、会展、金融、保险等现代生产性服务业和旅游、文化等消费性服务业发展，增强中心城市消费带动能力，力争用三年时间初步形成特色鲜明、结构优化的现代产业城市框架。

二、强化规划引领，优化发展布局。

产业发展具有很强的路径依赖，必须发挥政府资源的杠杆和调控作用，努力做到“四个充分考虑”：充分考虑城市发展的需要；充分考虑保护生态环境的需要；充分考虑产业发展的内在联系；充分考虑区域经济发展特点和优势。在载体建设上，按照集中、集约、集群原则，突出园区建设与城市规划建设相衔接，与促进产业集聚相衔接，与区位特色优势相衔接，形成错位发展、协调互动的园区体系。在项目摆布上，以提高容积率、土地单位投资强度、土地单位产出效益为标准，坚持产业链条整体引进、企业项目抱团发展，形成产业配套机制和规模发展效应，努力走一条尊重自然规律、经济规律和科技规律，体现牡丹江经济特色的科学发展之路。

三、完善工作机制，加大推进力度。

在项目谋划、引进、建设等关键环节，建立科学的评估和推进机制，做到“四个注重”：注重产业项目建设与建立新型工业体系相结合，以是否有利我市现代产业城市建设整体布局为标准，在战略层面达成共识，树立务实严谨的项目观；注重国家产业政策导向与地方实际需求相结合，以是否有利于国家支持和我市资源要素集约使用、拓展未来空间为标准，完善统筹共享、协同推进机制，增强产业招商的科学性、针对性；注重经济效益与注重社会效应相结合，以是否有利于税收、就业、城乡建设、社会管理为标准，建立系统的项目建设评价体系，放大项目建设的拉动作用；注重招商引资与发展实效相结合，以合同履约率、项目开工率、竣工投产率和税收贡献水平为标准，加大责任落实、项目推进和督办考核力度，全面加快项目建设进度。

实施创新引领主战略 加快建设创新型城市

江苏省苏州市市长　阎立

以创新引领经济社会发展，已成为一个地区加快转型升级、全面提升竞争力的必然选择。面对这一迫切要求，苏州牢牢抓住建设国家创新型城市的重大机遇，着力构建区域创新体系，积极促进科技成果转化，科技综合实力连续多年位居江苏省首位。在实践中，我们立足自身优势，坚持创新引领，从五个方面下工夫、求实效。

一、注重发挥企业主体作用

企业对创新的认识与判断，比政府更为灵敏、更为准确，对创新的要求也更为迫切。在创新活动中，我们切实尊重企业的主体地位，认真落实国家和省制定的各项鼓励政策，引导企业增加研发投入，引进科技人才，设立研发机构，推动企业成为自主创新的先锋。2011年，全市国家高新技术企业达到1347家，占江苏省总量的三分之一；高新技术产业产值达到10516亿元，占全市规模以上工业产值的37.3%。

二、注重在开放中推进创新

我们主动顺应经济全球化的趋势，始终秉持开放理念，在更大范围积极利用国际国内创新资源，一方面推动国内科研院所、高校与本地企业开展产学研合作；一方面吸引跨国公司来苏州设立研发机构，力求创新绩效的最大化。目前，苏州市政府与中国科学院、北京大学、清华大学等100多家科研院所和高校签订了全面合作协议，促成了5000多项产学研合作。2011年，全市新增省级外资研发机构42家，累计达到183家，占江苏省总量的58.3%。

三、注重加强人才队伍建设

人才是自主创新的源泉。以人才为载体的知识投入能够带来收益的持续增加，成为现代经济增长的不竭动力。我们认真实施姑苏创新创业领军人才计划，精心组织国际精英创业周活动，大力引进各类高层次人才，增强对自主创新的智力支撑。到2011年，全市累计有50人入选国家“千人计划”，居全国地级市首位；累计有205人入选江苏省“双创人才计划”，居全省首位；人才总量达到160万人，其中高层次人才突破9万人，年增长率连续多年保持在15%以上。

四、注重全面保护知识产权

只有保护好知识产权，才能保障创新主体的收益，从而激发他们的创造热情。我们深入实施知识产权战略，加大对创新成果知识产权化的扶持力度，依法打击各种侵犯知识产权的行为，全力营造尊重和保护知识产权的良好环境。在全国地级市中率先设立独立的知识产权局，将知识产权工作网络向乡镇延伸，更好地引导和服务企业，有力促进了知识产权创造活动的开展。2011年，苏州专利申请量和专利授权量分别达到10万件和6.7万件，均列全国大中城市第一位。

五、注重构建科技投入体系

自主创新是一种高风险、高回报、长周期的创造性活动，需要充足的资金支持。我们重视强化财政资金的扶持作用，积极促进科技与金融结合，鼓励社会资本更多地投向科技创新，推动形成以政府投资为引导、企业投入为主体、全社会共同参与的多元化投融资体系。2011年，全市财政科技投入突破40亿元；全社会研究与试验发展经费支出超过260亿元，占GDP的比重达到2.45%。

“十二五”时期，苏州将认真实施创新引领主战略，加快发展高新技术产业和战略性新兴产业，大力培育科技创新先锋企业，加速转化重大创新成果，全面提升自主创新能力，力争率先建成创新体系健全、创新资源富集、创新效率效益高、创新辐射面广和引领示范作用强的国家创新型城市。到2015年，力争在“十一五”基础上实现全社会研究与试验发展经费支出、高新技术产业产值、高新技术企业总数三个“翻一番”；发明专利授权总量、创业投资规模和新兴产业产值三个“翻两番”；全社会研究与试验发展经费支出占GDP的比重提高到3%以上，高新技术产业产值比重占规模以上工业产值的比重超过45%，科技进步贡献率超过65%。

科技创新是城市发展的原动力

安徽省合肥市市长　吴存荣

合肥是全国重要的科教基地，2004年底被科技部批准为全国唯一的科技创新型试点市。近年来，合肥市把科技创新作为城市发展的原动力，强化推进工业立市、创新推动等战略，坚持以科技创新支撑和引领新型工业化发展，有力推进创新型城市建设和经济转型升级。“十一五”时期，创新已成为合肥发展的不竭动力，全市地区生产总值由925.6亿元提高到2702.5亿元，年均增长17.5%以上，在全国省会城市中位次由第18位升至第15位，城市综合竞争力由36位上升到21位。以提升自主创新能力为核心，形成“政府引导、体制创新、要素集聚、重点突破”创新发展模式，2010年，合芜蚌自主创新综合试验区获得国家批复，合肥被国家列为首批创新型试点城市、国家知识产权工作示范城市，成为全国节能与新能源汽车示范推广城市及首批私人购买新能源汽车补贴试点城市，连续6次蝉联全国科技进步先进市，首次7个县区全部通过全国科技进步考核，5个县区获先进县区称号。

坚持创新推动，提升产业核心竞争力。以自主创新推动新型工业化，“十一五”时期，高新技术产值由488亿元增长到2021亿元，年均增长32.9%；增加值由128亿元增长到620亿元，年均增长37.1%，占GDP的比重由13.8%提高到23%，规模以上高新技术增加值占规模以上工业增加值的比重由41%提高到50%，高新技术产业增速平均高于工业增速5%至6%。

推动重点跨越，抢占经济发展制高点。推进战略性新兴产业规模化，坚持培育与引进并举，京东方六代线、鑫昊等离子、彩虹高世代液晶玻璃基板、彩虹蓝光LED、赛维LDK太阳能电池、海润光伏、友达光电等一批大项目快速推进，新型平板显示、太阳能光伏、新能源汽车、公共安全等战略性新兴产业快速增长。敢于“无中生有”，培育新的经济增长点，开工建设世界首个城域量子通讯试验示范网，国内首条纯电动公交车示范运营，4G、动中通等一批高端前沿项目正在快速推进中。最远距离自由空间量子隐形传态等3科研成果入2010年度中国十大科学进展。2010年战略性新兴产业完成投资361.33亿元，实现产值1044.58亿元，同比增长37%；完成技改投资524.95亿元，占工业总投资的49.5%。

强化创新主体，全面提升自主创新能力。在全国率先组织实施《科技创新型企业培育计划》，制订《创新型企业评价指标体系》，推进国家、省、市级创新型企业梯次建设，“十一五”期间高新技术企业与创新型企业发展到710户，增长1.3倍。全社会研发投入增长到64亿元，增长2.3倍，占GDP比重由1.5%提高到2.37%，“十一五”期间，新增省部级以上实验室65个，达到105个。省级以上工程技术研究中心、企业技术中心达到152个，增长2倍。全市专利申请量、授权量年均增长64%、48%，分别达到14459件和4007件。

突出要素集聚，打造自主创新平台引擎。瞄准战略性新兴产业发展，突出平台聚焦，以企业为主体、高校为主角、政府支持服务为原则，组建新能源汽车、语音信息、公共安全技术研究院、循环经济工程院等开放型公共平台，引入中科院理化所建立家电技术工程院。获批国家公共安全信息技术特色产业基地、国家智能语音产业化基地、家电新型工业化基地。引进了一批海外高端人才团队和项目，实现人才和成果的有效集聚，加速技术转移与转化，带动相关产业快速发展。积极创新产学研结合方式，新建汽车电子、光伏发电、新能源汽车等产业技术创新联盟。

打造创新园区，拓展自主创新发展空间。为强化科技创新区域规划与布局，合肥市确立了“141”城市发展战略，其中西部组团为科技创新拓展了发展空间，打造以科技创新示范区为核心的西部高新技术产业集群。合肥市在试点市示范区着力打造“一个中心、三个基地”，即科技创新公共服务和应用技术研发中心、科研基地、孵化基地和产业基地，规划建设总占地1500亩，总建筑面积约150万平方米的合肥创新平台。届时合肥创新平台将成为区域科技创新服务的总窗口、信息资源集聚的总后台、高新技术及产品交易的总枢纽，成为在国内具有影响力的“科研院所城”和成果转化基地，努力把示范区打造成为全国最适宜创新的区域之一。目前动漫基地、公共安全产业基地、大学科技园、中试科研孵化基地建成竣工40万平方米。

注重开放引进，推进创新人才集聚发展。出台《中共合肥市委关于深入实施人才强市战略的意见》以及加强高层次、高技能人才队伍建设等配套文件。加大人才建设资金投入力度，打造留学生创业园、“海智”基地、省海外高层次人才创新创业基地等载体。建立人才柔性引进机制，新建院士工作站6家。高端人才集聚不断加速，全市在合肥工作院士新增22人，达到51人；入选中组部“千人计划”总人数达到19人。

推进改革创新，努力实现“体制机制再造”。科技创新必须实施综合配套改革，因此不能仅仅就科技抓科技，而是从整个城市发展各个方面作为切入点来抓科技工作。合肥市近年来大力推进国有企业、投融资体制、事业单位、干部人事制度、财政管理体制、科技管理体制、城市管理体制等12项改革，努力把合肥打造成中西部地区乃至全国审批环节最少、服务意识最强、办事效率最高的城市之一。科技创新工作机制由原来的部门管理上升到全市各部门协调推进的系统工程，整合各类创新资金到一个管理平台上，形成自主创新、工业新型化、现代服务业、现代农业四大政策体系。在支持方向上更加注重新兴产业发展，更加注重平台建设，更加注重发明专利成果转化，更加注重企业爆发性增长；在支持方式上强化政策资金与目标任务的衔接和绩效考核，整合资金，统筹使用，公开透明。

“十二五”时期是合肥转型发展、跨越发展、和谐发展的关键时期，必须以自主创新作为强力支撑，以创新促转型、以创新促发展，以更加开放的理念抓自主创新，在更大范围引进创新主体、集聚创新要素，坚持以自主创新为依托，继续扩大有效投入，抢占技术制高点和价值链高端环节，进一步增强加快发展的后劲，加快构建区域创新体系，加快经济结构调整和发展方式转变，努力在产业、科技、人才、改革等方面取得更加丰硕的成果。力争到2015年，实现高新技术产业增加值、高新技术和创新型企业数、专利和发明专利授权量、全社会科技研发投入、引进高端人才数、创业风险投资等在2009年基础上翻两番，在全国率先建成创新型城市。

加快形成产业发展新优势。按照大项目-产业链-产业基地-产业集群的路径，加快发展新型平板显示、太阳能光伏、新能源汽车、公共安全等一批新兴产业，着力打造平板显示、新能源、家用电器3个2000亿元级产业，汽车、装备制造、食品和农副产品加工业3个1000亿元级产业和公共安全等一批500亿元级产业。

着力构建科技创新服务体系。高标准建设一批产业技术研究院，集聚高端人才，突破关键核心技术，加快成果转化和技术转移。以“一中心三基地”为引领，建设一批管理咨询、创业辅导、技术中介、专利事务等创新中介服务机构，形成立体化、网络化、一体化的区域创新公共服务中心。

大力提升企业创新能力。统筹“铺天盖地”与“顶天立地”，继续实施创新型企业培育工程，坚持“引进聚集”与“自主培育”相结合，突出培育100家核心企业、1000家有望爆发性增长的雏鹰企业，孵化发展2000家高新技术中小企业。

深入推进综合改革试点。坚持以开放的理念抓自主创新，继续深化行政管理体制、科技体制等各项改革，优化创新发展的体制机制环境，在更大范围引进产业、项目、人才。发挥龙头示范作用，加强与沿海及中西部地区的创新要素对接，深化与央企、民企、外企的战略合作，积极引进高端人才、关键技术、研发机构，实现产业承接与自主创新相促进。

全面推进依法行政　努力建设法治政府

安徽省芜湖市市长　杨敬农

近年来，我们认真贯彻落实《国务院全面推进依法行政实施纲要》，依法行政工作在创新中突破，在拓展中深化，法治政府建设取得明显成效。当前，芜湖作为国家级皖江城市带承接产业转移示范区的核心城市、国家技术创新工程安徽省试点和合芜蚌自主创新试验区的中心城市，进入了历史上最好的发展时期之一，也进入了全面推进依法行政的关键时期。我们要贯彻落实依法治国基本方略，以建设法治政府为目标，以规范行政权力运行为着力点，深化改革，创新机制，把推进依法行政的各项任务落到实处。

一、加快政府职能转变，提升行政效能

要从实际出发，注意梳理阻碍经济社会发展的体制机制问题，及时分析总结，研究对策措施。要根据全市经济社会发展的现实要求，切实履行好政府的工作职责，把不该由政府管理的事项转移出去，把该由政府管理的事项切实管好。要继续巩固行政审批“两个集中”工作成果，完善并联审批运行机制，注重加强对审批过程中新情况新问题的研究，及时采取创新举措，规范审批流程，提高审批效率。要切实转变管理理念和管理方式，推进政府管理的服务化。更加关注民生，提高政府办事效率，为广大群众办实事办好事。

二、提高制度建设质量，促进经济社会规范有序发展

要认真贯彻国务院、省政府关于加强政府立法工作的要求，在严格执行国家法律制度和中央、省政府重大决策的前提下，结合芜湖实际出台规范性文件，充分发挥制度建设对经济社会发展的规范、引导、保障和促进作用。行政机关制定规范性文件，要紧紧围绕事关经济社会发展和政府管理全局以及群众关注的热点、难点问题，注重工作的前瞻性和实效性。不断改进规范性文件制定的工作方法，增强规范性文件制定的公众参与度。对重大或关系群众切身利益的规范性文件草案，要采取听证会、论证会、座谈会等多种方式，听取社会各界意见。建立专家咨询论证制度，实行政策制定者、政策执行者和专家学者相结合的审查机制。加强对规范性文件的备案审查，发现问题要坚决纠正。加强对规范性文件制定工作的指导和监督，坚持对政府部门文件进行前置性审查，定期对部门规范性文件备案工作进行检查，开展规范性文件定期清理工作。继续开展规范性文件实施后评估工作，对重要的规范性文件跟踪问效。

三、健全依法科学民主决策机制，规范行政决策行为

决策是行政行为的起点。规范行政决策，是依法行政的源头。要从改革、创新的要求出发，紧紧

围绕决策效益的最大化，构建科学化、民主化、法制化的行政决策机制。要完善重大行政决策程序规定。重要决策在会议决定前，必须进行合法性审查。把公众参与、专家咨询、风险评估、合法性审查和集体讨论决定，作为科学决策的必经程序。重大事项要向社会公开征求意见，并经专家或咨询机构进行论证。要注重决策前风险评估和决策后效果评估工作。作出重大决策前，要深入开展调查研究，并进行风险评估，保证制度质量和良好的实施效果；制度实施后，要进行跟踪检查和信息反馈，了解社会公众对决策实施的意见和建议，及时发现并纠正决策制定和执行过程中存在的问题，最大限度地减少决策失误造成的损失。要严格决策责任，建立行政决策责任追究制度，实现决策权力和决策责任相统一。

四、严格依法办事，进一步规范行政执法

规范行政执法，是法律法规得以正确实施的重要保证，是促进依法行政的重要环节。要按照规范执法、公正执法、文明执法的要求，注意研究和改进行政执法工作中的薄弱环节，有针对性地提高行政执法水平。行政处罚实施中存在处罚不当、权力滥用、随意性大等情况，要在试点基础上，全面开展规范行政处罚自由裁量权工作，建立行政处罚裁量基准制度，细化、量化和规范行政处罚自由裁量权。要完善相对集中行政处罚权工作，注重对新形势下城市管理和执法新情况的研究，及时调整城市行政执法的范围和职能，强化城市管理。适当下移行政执法重心，推进相对集中行政处罚权向镇街延伸，增强行政执法的效果。要认真落实行政执法主体资格合法性审查和行政执法人员资格认证制度，对拟上岗的行政执法人员要加强培训，经考试合格后方可取得执法资格。推行行政执法责任制，依法界定执法职责，科学设定执法岗位，规范执法程序，建立健全公开、公平、公正的评议考核制和执法过错责任追究制。

五、全面推进政务公开，增强政府工作透明度

公开透明是现代政府的重要特征。权力只有在“阳光”下运行，才能促进权力规范行使，才能让人民群众在了解政府工作的基础上信任政府、支持政府。要加大政务公开的力度，真正把群众普遍关心、涉及群众切身利益的问题作为政务公开的重点内容，推进财政预算、公共资源配置、重大建设项目批准和实施、社会公益事业建设等领域的信息公开。要建立健全政务公开量化考核、科学评价、有效监督等方面的制度，定期对政府信息公开工作进行评议、考核。要注重创新政务公开方式，完善网上办文、办事系统，部门之间信息共享、并联审批等联网运行。继续加快推进电子政务建设，充分发挥电子政务和网络技术的优势，真正将政府门户网站建设成为信息公开的窗口、在线办事的平台、联系群众的桥梁和公共服务的载体。

六、强化行政监督，提高依法行政自觉性

要不断强化对行政权力运行的监督制约，注重监督效能，更好地发挥行政监督的预防、补救和改进作用。要自觉接受人大及其常委会的监督、政协的民主监督，认真办理人大议案、建议和政协建议

案、提案，积极配合人大的执法检查、政协的视察调研等工作。要依法接受司法机关的监督，引导群众通过法定渠道反映诉求、解决纠纷。

要更加重视社会监督，完善社会监督机制。人民满意不满意，是评价政府行为的最高标准。通过市长热线、市民心声网站、广播电视台1890、人民来访接待中心等载体，接受群众的举报、投诉和监督。积极推行“网络问政”，引导群众通过政府网站、行风热线等问政平台，反映意见、提出建议和表达诉求。行政机关要通过网络积极回应，及时答复解决。要加强行政层级监督，注重发挥监察、审计等专门监督机关的监督作用。要充分发挥行政复议在加强行政监督、解决行政争议、化解矛盾纠纷、维护社会稳定方面的作用，创新方式方法，注重运用和解、调解等多种手段，化解矛盾，平衡利益，依法、公正、高效地解决行政争议，实现“定纷止争、案结事了”。要严格执行行政问责制度，坚持有错必纠、有责必问，特别是对涉及群众切身利益、群众反映强烈的行政违法行为，要严肃查处，给公众一个满意的交代。

全力推进国家级创业型城市建设

福建省厦门市市长　刘赐贵

实施创业带动就业工作，是新时期转变经济发展方式，推进科学发展、跨越发展的客观需要，是实现惠民生、促和谐，让发展成果全民共享的必然要求。厦门市历来高度重视创业带动就业工作，自2010年初启动首批国家级创业型城市创建工作以来，建立了“政策扶持、创业服务、创业培训”三位一体的工作机制，形成了全方位、多层次的创业扶持政策体系，使越来越多的劳动者通过创业走上致富路。目前，全市已经营造崇尚创业、鼓励创新的良好环境和氛围，各项工作正有条不紊地推进，并即将迎来国家检查组的考评验收。如何实现国家级创业型城市的创建目标、让创业带动就业成为推进经济快速发展与提高人民生活水平的助推器，需要全市上下进一步统一思想、提高认识，深挖潜能、拓展成效，从更宽领域激发全社会的创造活力，从更深层次消除影响创业的体制机制障碍，让更多的劳动者变身为创业者，让创业成为城市经济、社会发展的新动力和新引擎，最终实现“创新创业活力之城”的发展目标。

一、提高认识，增强紧迫感和责任感，加快创建步伐

（一）创建国家级创业型城市是推进科学发展、跨越发展的客观需要。创业是强市之基，城市的魅力和活力在于不断创业、创新。厦门经济特区的发展史，是厦门市民不断追求、不断进取的创业史。厦门的每一次进步、每一次飞跃，都留下创业者的足迹与汗水。厦门未来的发展，更离不开厦门人民的二次创业，三次创业。从创业与就业关系来看，创业是增加就业岗位、创造就业机会的“引擎”，是扩大城市就业、推动经济发展的“发动机”。创建创业型城市，不仅可以促使具有创业意愿和创业能力的城乡劳动者，实现自主创业，提升自我价值，还可以吸纳和带动更多的劳动者就业，建立起“鼓励创业—推动发展—促进就业”的良性互动机制，从而扩大就业规模，优化就业结构，促使社会充分就业，为新一轮的城市建设与发展注入新的动力。

（二）创建国家级创业型城市是实现民生优先、社会和谐的必然要求。就业是民生之本，创业是富民之路。破解就业难题，是各级政府的重要职责，也是人民群众的殷切期待。党的十七大提出实施扩大就业、促进创业带动就业的战略，掀起了全民创业、扩大就业的热潮。抓好创业带动就业这项惠民工程，让有创业想法的人实现理想，让有就业难题的人找到工作，实现全社会更加充分的就业，是市委市政府责无旁贷的重要职责。建设国家级创业型城市，就是要通过政策的扶持和社会的推动，发挥创业带动就业的倍增效应，拓宽新的就业渠道，培育新的就业增长点，让更多的人想创业、敢创业、会创业，让更多的人在参与创建过程中得实惠、谋发展。

二、抓住重点，坚持高起点和规模化，打造厦门特色

（一）注重引导，提升劳动者创业需求。创业的主体是劳动者。要把创建工作的切入点放在劳动者身上，立足于市委市政府统筹城乡发展、推进岛内外一体化的战略大局，突出服务厦门科学发展、跨越发展的主题主线，始终坚持高起点、集团化和规模化的特色，加强创业园区和创业孵化基地建设，落实支持创业的产业、融资、资金、场所、税收等优惠政策，健全创业风险投资体系，完善跟踪服务保障机制。对创建过程中涌现出来的示范典型，要丰富内涵、加大扶持、增强实效，打造成精品。只有让每个想创业者在示范典型中看到潜在财富和可持续效应，才能真正吸引他们、鼓舞他们，勇敢地迈出创业的第一步，成为创业大军的生力军。

（二）加强培训，提高劳动者创业能力。一边是渐趋成熟的创业环境，一边是跃跃欲试有意创业的各种人群，如何将两者无缝对接？对于缺乏相关经验的创业者来说，免费的、专业的创业培训无疑能为他们的创业增强信心，增加成功的筹码。要把提高劳动者的创业能力作为创建创业型城市的基础工程来抓，将有创业愿望和培训需求的高校毕业生、下岗失业人员、农村富余劳动力、复员转业军人等城乡劳动者全部纳入免费创业培训范围。在创业培训领域做好“五个一工程”，即确定一批软硬件过硬的定点培训机构，培植一支经验丰富的师资队伍，选择一本深入浅出的培训教材，摸索出一套实用的教学模式，建立一批模拟实用的实训基地。要进一步健全创业培训体系，更多地举办大型创业项目推介会和创业论坛，邀请新加坡、台湾地区、北京等创业活跃地区的专家来厦授课。同时，聘请有创业经验的企业家组成创业服务专家志愿团，开展创业实训，鼓励中小企业提升创业和劳动者自主创业。要把多年来创造的“帮一个人创业、带一群人就业”的“1+1群”厦门创业培训模式发扬光大，全面提升创业人员的创业信心，全面提升创业人员的素质，全面提升创业成功率。

（三）落实政策，降低劳动者创业成本。政府促进创业和就业，最有效的手段是通过扶持政策推动。我们已经出台了小额担保贷款、劳动密集型小企业贷款、创业扶持资金和创业奖励金等一系列支持创业的优惠政策，受惠群体覆盖了农村劳动力、失业人员、大中专院校毕业生等。这些政策在为广大创业者提供信贷支持、有效解决创业者融资难问题上发挥了积极而有效的作用。目前，我市已累计发放小额担保贷款1亿多元，贷款规模和扶持力度都创下历史新高。现在已进入创建最后关头，创业能量也到了厚积薄发的时候，各级政府要进一步用好用足用活各项扶持政策，多方联动、多措并举，让更多积极的创业政策惠及更多的创业者。

（四）搭建平台，为创业者提供优质服务。满足广大创业者的多样化需求，就是最好的服务。我市自开展创建工作以来，建设了一批创业园区和创业孵化基地，在资金、技术、人才、服务等方面积攒下许多创业能量和优势。要继续充分发挥市、区两级创业指导中心的载体平台作用，为创业者提供政策咨询、创业培训帮扶、小额贷款申请、开业指导、后续跟踪服务等“一站式”服务。要建立创业项目生成滚动机制，不断充实创业项目库，及时策划一批，生成一批，推出一批，滚动一批。同时要积极帮助劳动者解决创业过程中存在的资金难、场地难、办事难和政策缺、服务缺、能力缺等问题，

把“短板”补上，把“难题”解决，从根源上解决制约我市创业工作发展的深层次问题。

三、强化落实，加大宣传和引导，形成长效机制

（一）加强组织领导。各级政府各部门要进一步提高对创建国家级创业型城市重要意义的认识，把鼓励创业、促进就业作为民生工作的一项重要内容，摆上更加突出的位置。要加强对创建工作的统筹协调和督促指导，进一步加强配合、凝聚合力，认真查找薄弱环节，切实解决重点问题。做到想创业者之所想，急创业者之所急，进一步营造“政府鼓励创业、社会支持创业、民众踊跃创业”的浓厚氛围，切实推动创建工作取得实效。

（二）加大宣传引导。要加强创业文化建设，重视创业教育，通过典型引路和经验推广，营造崇尚创业、竞相创业、褒奖成功、宽容失败的和谐创业环境。目前，各区都评选出了创业服务示范街道（镇）、示范社区（村），要及时总结推广示范点的成功经验和积极成效，切实整改存在的不足和问题，以点带面、举一反三，带动全区域开展创业服务工作的积极性和主动性。要进一步发挥舆论的引导作用，广泛利用电视、广播、互联网、报纸等媒体，加大对创建服务工作和优惠政策的宣传，及时报道创业典型和成功经验，全面生动地展现厦门创业促就业工作的风采。

（三）建立长效机制。要把创建任务和责任落实到具体的单位和人员，一级抓一级、层层抓落实。加强对创建工作的检查指导和评议考核，把创建成果纳入政府绩效考核管理体系。要切实加强创业服务机构建设，努力建设一支业务精、素质高的创业服务队伍，落实场地、经费、人员等保障措施，把创业带动就业作为一项长期的任务抓好抓实。对推进创建工作不力，造成严重不良影响和后果的，要严肃追究责任；对成绩突出的，要予以表彰和奖励。要通过创建工作的最后冲刺，使勇于创新的开拓精神，苦干实干的务实精神、重诺守信的诚信精神、回报社会的奉献精神，成为创业工作的主流，在全社会营造鼓励创业、促进就业的良好环境，形成以创业带动就业的可持续发展长效机制。

我们相信在全市上下的共同努力下，我市创建国家级创业型城市工作一定能够取得成功，让更多的劳动者在厦门实现创业致富的梦想，让厦门成为鼓励创业、崇尚创业的活力之城、创新之城！

构建城市体系 加快推进城镇化进程

福建省龙岩市市长 黄晓炎

一、1997年撤地设市以来我市城市发展取得显著成效

撤地设市以来，历届龙岩市委、市政府高度重视城市发展，把做大做强中心城市、加快发展县域城市和中心镇作为一项重要工作来抓，取得了显著成效，获得国家可持续发展实验区、全国“双拥”模范城和省级文明城市、省级园林城市、省级卫生城市等荣誉称号。

一是城镇化进程加快。2008年，全市城镇化率达到40.5%，比2000年提高了4.5个百分点。中心城市常住人口29万人，比1997年增加了6万人；建成区面积35平方公里，比1997年扩大了14.8平方公里。6个县（市）城区常住人口43.8万人，比1997年增加了24.4万人；城区面积46.6平方公里，比1997年扩大了18.4平方公里。城镇化成为拉动经济增长的重要动力。2008年，全市完成城镇以上固定资产投资255.2亿元，是1997年的10倍，占全社会固定资产投资的比重从72.4%提高到79.2%。中心城市集聚效应明显增强。2008年，中心城市实现地区生产总值275亿元，占全市的40.9%，比1997年提高了9.4个百分点。人民群众和基层组织成为城市发展的直接受益者。中心城市人均住房面积从1997年的23平方米扩大到2008年的30平方米，城区乡镇（街道）和村（居）的经济实力迅速增强。

二是城市体系架构基本形成。中心城市龙头地位进一步凸显。按照“南移、西扩、北进”的思路拓展城市发展空间，建设商务、物流商贸、人居三大板块完善城市功能，实施“绿亮美”工程提升城市品位，为建设海西西部中心城市奠定了坚实基础。县域城市骨干支撑作用进一步强化。各县（市）突出县域特色，打造城市名片，县域城市的产业聚集、人口承载和辐射带动能力明显提升。中心镇建设取得新成效。特别是实施了一批中心镇建设试点，有力地促进了城乡协调互动发展。龙岩日新月异的城市面貌，得到了各级领导、海内外来宾、旅外乡亲、社会各界和主流媒体的高度评价和充分肯定。

三是城市规划建设管理全面加强。完成了龙岩市域城镇体系规划编制，中心城市总规修编即将完成，控制性详细规划和专项规划编制工作持续加强，形成了较为完善的城镇规划体系。城市建设力度明显加大，2008年中心城市和6个县（市）市、县两级财政投入城市建设维护资金15.1亿元，是1997年的13.7倍；建成城区道路596.7公里，比1997年增加了254.7公里；建成区绿地面积2548公顷，比1997年增加了1193公顷；每万人拥有公交车7.7标台，比1997年增加了2.4标台。中心城市生活垃圾无害化处理率达到95.5%，比1997年提高了36.9个百分点；生活污水处理率达到83%，比1997年提高了73个百分点。城市管理不断加强，中心城市管理体制进一步理顺，管理水平稳步提升。

在充分肯定我市城市发展取得可喜成绩的同时，也要清醒地看到存在的差距和问题，主要是：城镇化水平还比较低，根据统计数据，2008年我市城镇化率比全省平均水平低9.4个百分点，居全省九个

设区市倒数第二位；城镇发展不平衡，2008年6个县（市）中，长汀、漳平、连城城镇化率介于32%—40%之间，永定、上杭、武平还不到30%，小城镇建设总体比较滞后；同时，加速城镇化进程面临诸多挑战，城市空间拓展、规划建设管理、建设资金筹措、生态环境保护、交通环境整治、“城中村”改造、征地拆迁安置、遏制违法违章建设、人才队伍等方面，都面临许多困难和问题，需要我们在今后工作中认真研究解决。

二、当前和今后一个时期我市城市发展面临的形势和任务

21世纪是城市的世纪。2010年上海世博会的主题是“城市，让生活更美好”。当前，城镇化进程迅猛推进，已经成为推动人类进步和经济发展的重要动力。诺贝尔经济学奖获得者、美国经济学家斯蒂格利茨曾经预言：“中国的城市化和以美国为首的新技术革命将是影响21世纪人类进程的两大关键性因素”。胡锦涛总书记在党的十七大报告中明确指出：“走中国特色城镇化道路，按照统筹城乡、布局合理、节约土地、功能完善、以大带小的原则，促进大中小城市和小城镇协调发展。”要求我们“全面认识工业化、信息化、城镇化、市场化、国际化深入发展的新形势、新任务，更加自觉地走科学发展道路”。从当前我市城市发展现状看，正处于快速发展的关键时期。一是从发展规律看：工业化从初期阶段进入中期阶段和城镇化率达到30%以上，是城市进入快速发展的两个关键节点。从2007年开始我市已经进入了工业化中期，去年城镇化率达到了40.5%，正处在城镇化快速发展的区间。二是从发展机遇看：国家出台了支持海西政策，明确提出要加强海峡西岸城市群发展的规划协调，提高城市建设与管理水平，形成海峡西岸更加完善的城镇体系。在省委、省政府的《实施意见》中，将龙岩中心城市定位为区域中心城市，与漳州、莆田、三明、南平、宁德中心城市并列居海西城市群发展的第二层面，不仅为我市中心城市发展指明了方向，也进一步凸显了龙岩在海西城市群中的地位。三是从发展条件看：经过多年的发展，特别是市委三届四次全会提出构建集聚力强的城市体系以来，我市城市发展的思路更加清晰，措施更加有力，成效更加明显，为我市全面加快城市发展奠定了坚实基础。我们要遵循规律，抢抓机遇，乘势而上，全面加快城市发展步伐，推动城市发展进入快车道。

当前乃至“十二五”时期，我市城市发展的主要目标任务是：在撤地设市以来城市发展的良好基础上，按照分三个层面建设、打造五个城市品牌的思路，健全城市规划、建设、管理体系，统筹城乡配套改革，加快构建以中心城市为核心、以县域城市为纽带、以中心镇为基础的新型城市体系，加速城镇化进程，力争到2015年全市城镇化率达到50%以上，城市产业、城市功能、城市管理、城市环境和城市品位全面提升，使龙岩成为海西城市群一座加速崛起的现代化的文化之城、生态之城、活力之城、和谐之城。

分三个层面建设：一是建设海西西部中心城市。全面融入海西城市群，主动参与厦泉漳龙城市联盟，按照“规划引领、集聚带动、科学管理、彰显特色”的原则，大力推进中心城市建设，加快构筑网络化、组团式、生态型的城市空间形态，形成“一主一副三片”的城市空间布局（主城区，高坎工业新城副城区，雁苏、适龙、大小池局部性城市片区），构建“十里大道、两翼新区”的城市主骨

架，深入实施“三大板块”建设和“绿亮美”工程，确立龙岩在海西西部重要中心城市的地位。二是建设特色鲜明的县域城市。长汀重振“客家首府”繁荣和美誉，建设海西西部名城；上杭注重山水城和谐，建设江滨园林城市；武平发挥边界特色，建设闽粤赣边生态型中心县域城市；连城突出“城在景中，景在城中”优势，建设旅游度假城市；永定发挥土楼“世遗”效应，提升“福建土楼·客家永定”品牌，建设旅游城市；漳平积极融入闽南沿海，建设生态工贸城市。三是建设一批卫星城。突出中心镇聚集联结功能，择优发展中心镇，大力推进2个新农村建设综合推进试验区（上杭古田镇、漳平永福镇）和10个中心镇建设试点（新罗白沙镇、永定高陂镇和下洋镇、上杭蛟洋乡和南阳镇、长汀河田镇和新桥镇、连城朋口镇、漳平西园乡、武平十方镇），把中心镇打造成为联结城市与农村、带动周边乡镇发展的县域卫星城。

打造五个城市品牌：一是全国文明城市。这是目前我国综合评价城市物质文明、政治文明、精神文明和生态文明建设整体水平的最高荣誉称号，是最有价值的城市品牌。要在今年成功创建省级文明城市的基础上，重持续，树品牌，聚合力，力争2011年创建全国创建文明城市工作先进城市，“十二五”期间争创全国文明城市。二是国家园林城市。在成功创建省级园林城市的基础上，以提高城市环境质量为目标，以实施“绿亮美”工程为抓手，以提升园林文化品位为根本，加强城市绿化美化，力争2011年创建国家园林城市。三是国家卫生城市。在成功创建省级卫生城市的基础上，对照《国家卫生城市标准》，坚持治标与治本相结合、综合整治与科学管理相结合，不断提升城市卫生水平，力争2012年创建国家卫生城市。四是中国优秀旅游城市。我市旅游资源丰富，全省十大旅游品牌中我市就有两大品牌，是海峡西岸经济区构建我国重要的自然和文化旅游中心的重要组成部分，要突出“海峡旅游”主题，加快构建“3916”旅游产业发展格局（三大主题景区、九条精品线路、十六个特色景点），推动形成旅游产业集群，建设海西旅游强市，力争“十二五”初创建中国优秀旅游城市。五是国家环境保护模范城市。坚持一手抓发展、一手抓环保，全面推进国家可持续发展实验区建设，大力实施流域达标、污染减排攻坚和大气质量提升“三大工程”，让天更蓝、水更清、山更绿、城市更漂亮，力争2015年创建国家环境保护模范城市。

三、着力构建集聚力强的城市体系，加快推进城镇化进程

主要是做到“四个一”：

1. 出台一个好政策。会议印发的市委、市政府《关于做大做强城市体系发展壮大城市经济的若干意见》（征求意见稿），是一份加快我市城市发展的重要文件。要认真组织讨论，进一步修改完善，使之成为我市加快城市发展的重要指导性文件和政策性文件。

一要前瞻谋划。要增强超前性，加强对城市发展规律的研究，准确把握城市发展脉搏，以前瞻的眼光审视城市的未来发展。要增强战略性，着眼融入海西城市群建设，着眼建设集聚力强的新型城市体系，大力借鉴国内外先进城市的发展经验，高起点、宽视野、创造性地谋划城市的发展目标、发展战略、发展重点和发展模式。要增强系统性，处理好近期与长远、需要与可能、经济建设与社会发

展、城市建设与环境保护、现代化建设与历史文化保护等一系列关系，尤其要加强环境保护，不能走浪费资源、破坏环境、影响可持续发展的老路。

二要着力创新。要让创新成为这份重要文件的最大亮点。创新经济发展理念，从侧重推进工业化向推进工业化、城镇化“双轮驱动”转变；创新城市发展理念，从侧重中心城市建设向全面推进以中心城市为核心、以县域城市为纽带、以中心镇为基础的新型城市体系建设转变；创新城市建设理念，推进中心城市从传统城市向新型城市、县域城关向县域城市、中心镇向卫星城转变，推动城市由扩张性发展向集约性、板块性、功能性发展转变。

三要配套政策。会议印发了《龙岩中心城市规划管理技术规定（暂行）》、《龙岩中心城市城建重点项目责任制度》、《关于鼓励扶持中心城区工业企业搬迁改造的实施意见》三份征求意见稿提供会议讨论，这是《若干意见》中相关工作的具体化，大家要认真提出意见。同时，要根据城市发展和工作需要，进一步研究出台相关配套政策。

2. 策划一批好项目。以项目带动落实工作、集聚要素、培育新经济增长点，提升城市综合服务功能和整体经济实力。

一要策划一批城市经济项目。产业是城市发展的支撑。能否加快产业转型升级，建立现代产业体系，是一个城市在激烈的发展竞争中胜出的关键。要策划一批产业基地项目。从城市发展规律看，工业向园区集聚是大势所趋。我市已制定了《龙岩市工业发展与空间布局规划（2008-2020）》和鼓励发展“飞地工业”的政策，目的就是进一步提升产业集聚度，构建以集群化、集约化、专业化为特征的产业基地。中心城市新上工业项目要加快向高坎、雁苏、蛟洋三座工业新城集聚，一重山范围内不得再新上工业项目。各县（市）和乡镇新上工业项目加快向省级工业园区和乡镇工业集中区集中。通过城市工业向园区集中，加快产业基地建设，以工业化带动城镇化，以城镇化促进工业化。要策划一批现代服务业项目。大力推进中心城市“三大板块”建设，加快推进“两个运营中心”（商务运营中心、金融运营中心）、“三大物流片区”（龙门物流园区、闽西交易城二期、龙岩“无水港”物流中心）以及一批大型居住社区建设，大力发展“楼宇经济”、“总部经济”和“会展经济”。要鼓励城区工业企业“退二进三”、“腾笼换鸟”，在提升发展传统优势工业、大力发展高新技术产业和新兴战略性产业的同时，培育发达的现代服务业。要认真谋划“城市综合体”建设，借鉴发达地区经验，探索发展交通枢纽综合体、金融城综合体。要精心谋划动漫产业、软件产业发展。要推进一批在手的重特大产业项目。根据对明年重点项目的初步筛选，明年我市将实施投资5亿元以上的产业项目30个，其中投资超10亿元的项目12个、投资5-10亿元的项目18个，要落实责任，分级管理，全力推进。

二要策划一批城市功能项目。明年初步安排规划和建设中心城市“重中之重”项目20个，涉及城市交通、污水处理、医疗废弃物处置、垃圾发电、市民休闲等方面。重点是“六个一”工程，即一桥：龙岩大道三期及高架桥，一环：中心城市大外环通道，一通道：龙岩中心城区至高新园区城际快速通道，一园：中央苏区主题公园，一湖：人民广场莲花湖，一水系：中心城市内河水系改造。

“十二五”期间，继续抓好和规划建设市妇女儿童活动中心、青少年活动中心、工人文化宫、展览城、科技馆、艺术馆、图书馆等项目。要突出生态建设和环境保护项目，加快推进国家可持续发展实验区建设，深入实施“绿亮美”工程，在中心城市规划建设东肖、江山两座“生态城”，加快改造提升莲花山公园、登高山公园、中山公园，深化对水污染、大气污染、噪音污染治理，打造绿色家园、宜居城市。

三要策划一批城市民生项目。要针对解决群众“上学难、看病难、住房难”等突出问题，加快推进市二院分院、龙岩人民医院病房综合大楼、市中医院病房大楼、市一院门诊综合楼和分院、市妇幼保健院、龙岩一中分校等项目，加大力度实施城市保障性住房、市福利中心二期建设。同时，加快莲东市场建设，在中心城市东西南北四个方向各规划建设1—2个规模大、功能全、服务优、环境美的综合市场。要高度重视“城中村”改造，“城中村”从地域角度属于城市范畴，从社会性质角度仍保留了传统农村的因素，不仅生活条件差，而且管理难度、改造难度大，已经成为推进城镇化的“拦路虎”和脏乱差的“代名词”。要有组织、有计划、有步骤地推进“城中村”改造，先在中心城市西陂镇开展试点，再逐步推开，力争在“十二五”期间基本完成改造任务。

各县（市）、各乡镇（街道）要按照城市功能布局，高度重视策划和推进城市产业性、功能性、民生性项目，通过壮大工业园区发展特色经济，通过加强道路、交通场站、给排水、污水处理、垃圾处理、集贸市场、学校、医院、公共娱乐场所等基础设施完善配套设施，强化产业支撑，提升城镇功能，优化人居环境，促进人口集聚，促进县域城市和中心镇快速发展。

3. 建立一套好机制。要按照“高起点规划、高水平建设、高效能管理”的要求，建立健全城市规划建设管理的长效机制，推进城市发展进入科学化、制度化、规范化的轨道。

一要建立科学的规划机制。城市规划是城市发展的蓝图，也是建设和管理城市的基本依据。规划要“高”。站在21世纪发展的高度，站在海西城市群建设的高度，邀请国内外高水准的规划设计单位，突出特色，注重品质，关注细节，高质量编制城市体系的各项发展规划。要注重总体规划，更要注重详细规划。衔接要“紧”。城市规划是一个系统工程，既包括市、县、乡各级规划，还包括城市空间发展规划、产业发展规划、土地利用规划、公共交通规划、环境保护规划等，仅城市空间发展规划又包括城市总体规划、分区规划、控制性详规、修建性详规、城市设计、建筑设计等，体系庞大。要切实加强规划间的衔接和融合，尤其是市、县、乡三级规划的衔接，做到“无缝对接”，努力实现区域规划一体化，推进城乡发展一体化。执行要“严”。在坚持城市规划的科学性、超前性、统一性的前提下，加强阳光规划，严格规划执行，对未按批准的规划方案建设的项目依法予以处置，做到“一张蓝图绘到底”，确保规划的权威性、严肃性、连续性。

二要建立顺畅的建设机制。重点破解“两大难题”。要创新征地拆迁安置机制，破解“地从哪里来”的难题。推进实物安置与货币安置双管齐下。严格执行法定拆迁程序，维护群众合法权益，做到优先安置、好地安置、集中安置，切实加快拆迁安置房建设。同时，进一步完善征地拆迁安置政策，加大货币安置补偿力度，把货币安置与落实社会保障、就业培训、集体经济分红的保障措施结合起来，引导拆迁户选择货币补偿安置。要创新城市建设投融资机制，破解“钱从哪里来”的难题。随着城镇化进程的加快，市、县两级都把城市发展摆上了更加重要的位置。如果单靠财政投入，即使我市有较强的财政实力也难以承担。要充分发挥“政府主导力、企业主体力、市场基础力”，多渠道筹措建设资金。要切实发挥好城市发展集团的投融资平台作用，强化城建资产的统一集中管理，在防范财政信用风险和建立合理还贷机制的前提下，积极争取金融机构贷款信用额度，为城市建设提供长期稳定的资金来源。要大力创新投融资模式，坚持“非禁即入”，降低门槛，拓宽领域，千方百计吸引民资外资。要提升“经营城市”的水平，既要注重城市资源的市场化利用，提升经营土地、基础设施等城市有形资产的水平，也要注重经营城市理念、规划、设计、环境、活动、品牌、形象等城市无形资产，以经营无形资产带动经营有形资产，推动整个城市的升值，实现城市的可持续发展。

三要建立高效的管理机制。“三分建设，七分管理”，一座好的城市是管出来的。目前，城市人口快速增长，城市规模不断扩张，加上人口素质的参差不齐，城市管理的任务越来越重、难度越来越大。要理顺城市管理体制。完善中心城市“两级政府、三级管理、四级网络”管理体系，实行责任主体与执法主体统一、管理监督与执法分离的管理模式，形成“政府统一领导、职能部门各负其责、镇街具体实施、社区居民共同参与”的城市管理格局。合理划分市、区两级城市管理的职责和职权，原则上城市管理职能能下放的尽可能下放。要完善“防违、控违、拆违”工作机制。全面推进城市管理综合执法，适时组建市城市管理行政执法局和新罗区执法分局。按照“属地管理、主动防控、综合治理、责任追究”的原则，坚持“区镇街联动、以镇街为主”的思路，健全预防和处理非法占地、违法建设工作机制。要着力破解城市交通“两难”问题。“行路难、停车难”是前进中、发展中的问题，也是典型的现代“城市病”，其根源是城市规划、城市建设、交通管理、市民素质满足不了交通快速发展的需求。必须从完善交通规划、加快路网建设、严格规范管理、提高市民素质多方面推进解决这一问题。当前，重点要加快立体化、网络型和内部快捷、外部开放、四通八达的城市交通体系建设，加强人行天桥和停车场规划建设，提高公交线路的覆盖率和运行效率，提升交通数字化、智能化管理水平，实行“禁左”、单向行驶、某些类型车辆“禁行”等交管措施。

4. 营造一种好氛围。要在全市上下大力营造重视城市、关注城市、热爱城市、发展城市的浓厚氛围，为加快构建城市体系，大力发展城市经济，提供强大动力。

一要营造各级党委、政府主导城市发展的氛围。与推进工业化相比，推进城镇化更应强调党委、政府主导力的发挥。因为工业化的实施主体是企业，主要是依靠市场这只“无形之手”，但城市发展的实施主体是政府，推进城镇化必须依靠政府这只“有形之手”。没有任何一个企业可以在城市规划、建设、管理上取代政府的作用。要认真贯彻落实胡锦涛总书记在党的十七大的重要讲话精神，坚持以科学发展观为指导，走有龙岩特色的城镇化道路。切实加强各级城市管理委员会和城市规划委员会建设，加强城建系统队伍建设，加强城市管理人才和建设人才的培养和引进。新罗区要突出抓好中心城市建设，市党政目标管理要加大对新罗区发展城市经济、加强城市管理的考核力度。各县（市）要建立完善的城市发展领导体制和指挥系统，健全城建项目督查、激励、问责机制。各乡镇（街道）尤其是2个新农村建设综合推进试验区和10个中心镇建设试点，要立足自身优势，全面加强城镇规划建设管理，促进城镇体系协调发展。

二要营造以特色文化助推城市发展的氛围。文化是一座城市的“根”与“魂”。我市的红色文化、客家文化、河洛文化，承载着龙岩悠久的历史发展与深厚的文化积淀，是龙岩这座城市的最大特色。最近二三十年来，在城镇化进程中，国内不少城市客观存在着“拆老城、建新城”的习惯思维，不同程度地破坏了城市的文化积淀。龙岩要避免重蹈覆辙。要把文化作为城市发展的重要软实力，在规划上注重文化导向，在建设中实施文化项目，在管理中体现文化品位，更加重视中央苏区概念、海峡客家品牌、精品文化项目、城市标志性雕塑等的打造，使特色文化成为城市发展的“助推器”，形成独特的城市个性和城市人文精神。

三要营造“城市，让生活更美好”的氛围。“城市，让生活更美好”，就是要转变思维观念，让市民更加热爱城市，以主人翁的姿态投入城市建设与管理。要积极引导和促进市民参与城市建设与管理，对城建重大规划、重大项目、重大政策的出台与实施，都要主动问情于民、问计于民、问需于民、问绩于民，增强广大市民作为城市主人的责任感、自豪感与幸福感。要采取更加有力的措施提升市民文明素质，从日常生活入手，推进和谐文化建设，深化群众性文明创建活动，更加注重“五乱”现象整治（摊点乱摆、车辆乱停、垃圾乱扔、广告乱贴、道路乱过），增强市民的公共意识、环境意识、文明意识，形成文明、健康、科学的生活方式，共同建设好我们的家园，让我们的城市更加美好。

注：作者现任中共龙岩市委书记，时任龙岩市市长。

以产业转型促进城市科学发展

江西省新余市市长　魏旋君

新余市位于江西省中部地区，去年11月11日，被科技部授予国家新能源科技示范城。同时，新余市还被列为国家生态经济区建设发展重要成员。新余市通过转变发展方式，调整产业结构，探索了一条由工业化带动城市化、由产业化促进城市化的发展之路。

近年来，新余市紧紧围绕建设新兴工业城、科技创新城、文明生态城的目标，着力谋划科学发展、绿色崛起，全市呈现经济快速增长、产业结构优化、效益持续提升的良好发展态势。各项经济指标、人均收入水平和增长幅度居江西省各市前列，生产总值连续七年增长15%以上，规模以上工业销售收入连续四年增长15%以上，财政收入五年翻了两番，新余市对外贸易占全省五分之一，是江西省工业化程度最高的城市。

新余市的城市化率是56%，近年来，新余市在科学发展，绿色崛起的进程中做了以下探索。

一、从单一的钢铁产业支撑向多元的新能源、科技支撑转变

长期以来，新余市的钢铁产业一直是新余发展的传统特色。近年来，全市坚持一手抓钢铁产业的提升，一手抓新兴产业的培育发展，因地制宜推进新能源产业发展，打造世界风力发电机生产基地、全球锂电子产品基地，预计今年新能源产业主营业务收入可达300亿元。同时，全市大力发展循环经济，节约能源、资源，对新上项目，坚持采用先进的生产、环保技术，在项目设计、建设、生产过程中，严格落实循环经济规范，最大限度实现废物减量化、资源化，努力探索利用余热发电和工业废渣综合利用，促进农业废弃物的综合利用，以最小的代价实现最大的发展效应。

二、城市发展由生产制造向科技创新为主导转变

新余市注重引领企业自主创新，坚持把引进先进技术，提高企业创新能力作为培养工业核心竞争力的战略举措。新余市大力建设国家硅材料和光伏产业基地，成立了新能源发展研究院和新钢公司博士后研究科研工作站。新余市主动与上海交大、武汉大学、南昌大学、中南大学等高校进行合作，加快先进技术应用与科技成果转化。

同时，积极构建人才保障机制，聘请了9位国内外知名学者作为市政府的发展顾问。发展职业教育，建起50多所职业教育院所。目前，新余市高新技术产业占比由2004年的4%上升到目前的21%，科技进步对经济增长的贡献率达到50%以上，工业经济增长逐步实现了从要素驱动向创新驱动转变。

三、向生态宜居城市转变

目前，新余市的森林覆盖率达到57.8%，城市绿化率达到47.56%。多项指标达到了中国人居环境

奖评定标准，成为国家园林城市、国家环境综合整治优秀城市。作为江西省唯一的城乡统筹试点城市，新余市坚持以中心镇建设为突破口，大力推进新兴城镇化、农业产业化，努力实现公共服务均等化。新余市还大力实施就业、医疗、教育、住房等多项民生工程，实现城乡低保、城乡大病救助、城乡合作医疗、城乡义务教育全覆盖，让农民工进城入户、进城就业，使城乡人民的幸福感不断增强。

枣庄：用文化铸造城市品牌

山东省枣庄市市长　陈伟

旅游作为一种产业，既需要丰富的旅游资源，也需要精心的打造。枣庄的旅游资源不缺乏特色，但缺少发掘特色的视角、手段和展现特色的办法。只有通过挖掘、提炼和升华，才能形成具有核心竞争力的旅游品牌。

我对枣庄的认识经历了四个阶段：第一阶段，在我来枣庄工作前，对枣庄的了解仅停留在墨子故里、铁道游击队故乡、台儿庄大战这些粗浅的层面。第二阶段，省委决定我来枣庄工作，我花了一星期的时间查阅各种资料，用心去体会枣庄，得出了“四个老”的感受，即老天爷厚爱、老祖宗荣耀、老革命传统、老百姓淳朴。第三阶段，我来枣庄工作以后，通过实地调研，对枣庄的了解逐步深入，总结了自然资源方面的“四个最”，即中国最大的国家级湿地——微山湖公园，华夏最长的地震大裂谷——熊耳山国家地质公园，世界上最大的石榴园——十二万亩“冠世榴园”，最负盛名的“天下第一崮”——抱犊崮国家森林公园；人文资源方面的“四个数字”，即7300年的远古文化、3000年的战地文化、1000年的运河文化、100年的工业文明。第四阶段，就是我对枣庄城市品牌的思考。

城市品牌是城市的定位，是城市竞争的制高点，是城市价值最大化的体现，应该包含三个标准：第一，城市品牌是对一个城市资源的挖掘、提炼和升华。资源应该包括两大类，就是自然资源和人文资源。从自然资源来看，枣庄有煤炭、石膏、各种农副产品等，但最精华、最重要的资源还是水。从人文资源来看，枣庄有北辛文化、墨子文化、红色文化等，但最精华、最深厚的资源还应该是运河文化。运河被称为“流淌着的文化”，数千年的积淀，南北交融，几乎涵盖了整个中华文明，是中华民族最深厚、最宝贵的世界文化遗产，可以与万里长城媲美。第二，城市品牌是一个城市过去、现在和未来的缩影。它既是对历史的总结概括，也是对现在的描述展现，还包括对未来的规划设想。城市品牌是发展的，不是静态的，既包括过去和现在的一些资源，还包括将来可以打造的目标。即使现在有差距，也不意味我们将来不可以做到。第三，城市品牌一定要和城市的核心竞争力联系起来。核心竞争力包括硬实力和软实力。应该说，水资源是枣庄硬实力的一个主要方面，水是我们未来经济发展最重要的战略资源，所以我提出了“江北水乡崛起中的煤化工城”的概念。

运河文化是枣庄软实力的一个主要方面，运河文化是枣庄各种文化中底蕴最深厚、最具有代表性的。运河锻造了枣庄的性格，枣庄的城市发展一直与运河紧密联系在一起，没有运河就没有枣庄的繁荣。一提水乡，人们想到的总是江南水乡，这是对江南丰富的水资源和天生丽质的最高褒奖。我们提出的“江北水乡”，既有浪漫的韵味，又有丰富的想象空间。古城，是指历史悠久的城市，是文化传承的重要载体。“运河古城”，是展示运河文化的一个很好平台。“江北水乡·运河古城”，反映了枣庄整个辖区的特点，能够比较准确地体现枣庄城市品牌的深刻内涵。

“江北水乡·运河古城”的品牌基础

枣庄具有打造“江北水乡”的良好条件。第一，水资源丰富。一是降雨量全省最大，枣庄的年降雨量超过1000毫米。二是产流量全省最高，枣庄的产流量是0.5，全省是0.3。第二，水网纵横。境内湖泊、水库星罗棋布，有27条河流，157个湖泊、水库，紧邻北方最大的淡水湖——微山湖。第三，枣庄有全国最大的国家级湖泊类湿地——63平方公里的微山湖湿地公园。第四，境内运河通航里程93.5公里，是大运河通航最北端。第五，据《峄县志》记载，康熙皇帝来到滕峄境内，曾惊异地说，江北峄县，居然与江南水乡无异。

枣庄具有打造“运河古城”的良好基础。第一，从史料的角度来看，古峄县、古滕县始终都是运河上的重要城市，拥有悠久的历史和灿烂的文化，城市发展与运河息息相关。现在枣庄市也被国家文物局列为沿运18个申遗城市之一。第二，从水利的角度来看，自韩庄运河开通后，四百多年来一直通航。枣庄段运河历史地位很高，它的开挖，彻底解决了古黄河泛滥的问题。第三，从商业的角度来看，历史上的台儿庄十分繁荣，人口最多时达到6万人，是重要的商品集散地。东南地区的能源供应基本都来自古峄县。第四，从遗存的角度来看，台儿庄有明清古貌保存最完好的古河道、古码头，城脉基本保留，多是低平建筑，没有进行大规模的现代化改造，具备恢复的条件，可塑性很强。目前，枣庄以北的运河已经断航，大部分遗存已基本消失；枣庄以南的沿运城市，都进行了现代化改造，已无法恢复千年运河的风貌。因此，台儿庄是唯一能够完整恢复运河古城原貌的城市。

枣庄已经具备了打造“江北水乡·运河古城”的基础和条件，但与江南水乡相比，我们具有什么特色？江南的水乡、古镇，往往表现在小镇的精致婉约，乡间的小桥流水，建筑的小巧玲珑，普遍的一个特点是秀气。而我们打造的“江北水乡·运河古城”，体现的是一种大气，主要表现在三个方面：第一，运河文化的大气。枣庄处于南北过渡带，而且是一个文化隆起带，对南北文化兼容并蓄，成为运河文化的典型代表。一方水土养一方人，一方百姓信一方神。台儿庄有一个全国少有的文化现象，建有72座庙宇。从这一点来看，台儿庄集中反映了枣庄文化多元、开放、包容的特点，这与江南水乡文化单一、稳定的特点形成了鲜明对比。第二，建筑风格的大气。南方的建筑受地形影响较大，随地势变化而建，布局灵活，层次分明，建筑风格比较“秀气”。北方的建筑以礼制为基础，布局严谨，规模宏大，气势雄伟，建筑风格比较“雄浑”。枣庄的大多数建筑融合了南北建筑的风格，具有“七分雄、三分秀”的特色。这种“北雄南秀”的建筑风格，更能体现出一种“刚柔并济、雄秀兼备”的大气。第三，城市布局和水系的大气。历史上的台儿庄是低洼地、洪水走廊，老百姓筑台而居。城区内分布着众多大小不一的“汪”（池塘），通过明沟暗渠把这些“汪”串在一起，与运河联系在一起。各种民居、商铺依“汪”而建，随“汪”而居，布局合理。这种错落有致的城市布局和“汪”渠相连的城市水系，体现了天人合一的理念，显得非常大气。

如何打造“江北水乡·运河古城”的城市品牌

打造我市旅游的核心竞争力，要紧紧围绕“江北水乡·运河古城”这个城市品牌，以水乡为魂，以运河为线，合理规划、整合、开发我市的旅游资源，突出“两个龙头”（台儿庄运河古城、滕州微山湖湿地公园），布局“五个节点”（山亭抱犊崮-熊耳山山乡旅游、峄城冠世榴园生态旅游、薛城铁道游击队纪念园红色旅游、滕州盈泰温泉休闲旅游、市中中兴公司工业旅游），精心设计旅游线路，全面提升我市旅游业发展的档次和水平。

一是着力做好水资源文章，打造“江北水乡”。第一，充分挖掘、合理利用好全市的水资源。遵循“十句话”的治水思路，即“设法蓄住天上水，尽量拦住过路水，用足境外配额水，适度利用地下水，提高标准抗洪水，保持水土涵养水，强化措施抓节水，加大力度治污水，改革创新治好水，综合管理用好水”。第二，搞好微山湖湿地公园开发建设。滕州微山湖湿地是中国最大的国家级湖泊类湿地公园，物种繁多，生态完整，景观优美，极具保护和开发价值。今后要在现有的基础上，坚持高标准建设、高效能管理、高质量服务，不断拓展旅游功能，推出更多旅游产品，真正把湿地公园这篇文章做精做深，建成我市北端的游客集散地。第三，加快各类水利基础设施建设步伐。想方设法推进库容2.6亿立方的庄里水库建设。庄里水库不仅是煤化工产业发展的重要保障，还是“江北水乡”的一个亮点。另外，要在各主要河流、水库建设截流拦蓄工程，做大水域面积。第四，整治城市水系。各区（市）在城市建设中，要积极开展城市水域整治，搞好城市水系水景建设，打造适宜人居的“亲水”城市空间。像市中区的西郊生态植物园、滕州市的荆河公园、山亭区的十字河流域、峄城区的大沙河流域、薛城区的“五河、四海、三岛”等，都要结合城市建设，把水系景观开发建设好。

二是着力打造“运河古城”核心景区。要把台儿庄3.4平方公里的古城区，作为我市“运河古城”的核心景区来规划、开发和建设。工作中要把握好“四个定位”，即大战故地、运河古城、江北水乡、时尚生活。第一，大战故地。这是切入点。运河是伟大的世界遗产，但却是流动的遗产，遗存很难保留。现在各地展现运河文化，只能通过仿古进行恢复性建设，这就难免落入一个假古董、影视城的尴尬境地，被一些历史学家、古建专家质疑恢复的必要性。而我们不同，我们恢复的是七十年前被侵略者战火毁坏的一座古城，恢复的必要性不容置疑。因为我们恢复的不仅是一座古城，更是一种民族精神的象征，是一座历史的丰碑。古城恢复要紧密结合台儿庄大战的历史，重现当年的战争场景，使整个古城成为战役的“纪念馆”。第二，运河古城。历史上的台儿庄，曾是一座沿运而建、商贾云集、建筑风格独特、文化底蕴深厚的秀美古城，但由于战火的毁坏，现在遗存很少。我们要把这座古城完整地恢复出来，同时把古城作为展示运河非物质文化遗产的一个载体，建设一个整条京杭大运河非物质文化遗产的风情博览园，形成“看长城上八达岭，看运河到台儿庄”的概念。第三，江北水乡。通过恢复“汪”渠相连的城市水系，贯通整个城区，打造一个国内少有的用船代步的古城，让游客可以乘船游览城区的任何景点，充分感受江北水乡的风情。第四，时尚生活。引入现代生活方式，在古城内建设各种酒吧、咖啡屋、餐馆等，吸引更多的年轻人、高端游客前来休闲、娱乐、消费，再现当年《峄县志》记载的“一河渔火、十里歌声、夜不罢市”的古运景色。

目前，台儿庄保留下来的遗存不到10%，从10%的古迹恢复到100%的古城，可以说是前无古人，是一项前所未有的艰巨任务，难度相当大。在下一步的开发过程中，我们要遵循“存古、复古、创古”这三条原则。第一，存古。尽管核心景区内保留下来的古建筑不是很多，但要把有历史价值的古迹，像清真寺、关帝庙等，原址原貌地保存下来，修缮处理，修旧如旧。第二，复古。要从老照片、老资料及老人的回忆中，去寻找、发掘和抢救古城的文化基因，把台儿庄一些具有价值的建筑恢复出来。特别是丁字街上的老店铺、繁荣街上的徽派建筑，要重点加以恢复。第三，创古。根据台儿庄的历史、文化和传说，创造新的古城建筑和景点。创古来源于生活又高于生活，来源于历史又高于历史，来源于先人的智慧又高于先人的智慧。尤其要依据城市功能的需要，运用现代技术进行古城建设，使古城更适合现代生活、更适宜人居。

三是着力开发“江北水乡·运河古城”特色景区。峄城区要抓住石榴和青檀这两种特有的稀缺资源，做好冠世榴园的生态旅游文章。要在石榴园中开发更多的休闲娱乐项目，让游客参与互动，延长游客逗留时间。市中区，要把中兴公司工业旅游的文章做透做深，向游客充分展示中国近代工业的发展历史和成就。薛城区，要继续抓好铁道游击队纪念园和影视城的建设，多组织一些体验型的集体参与项目，搞好红色旅游。山亭区，要联合市中区、滕州市，打破行政区划的概念，整合“三山一水”（抱犊崮–熊耳山、莲青山、龟山、周村水库）的旅游资源，做好山水生态游、山乡民俗游的文章。滕州市，要不断推出更多的休闲娱乐项目，把盈泰温泉生态家园打造成为华东地区休闲游的知名品牌。各区（市）都要围绕“江北水乡·运河古城”，发挥自身优势，形成各自的特色品牌。

加快自主创新体系建设
创建科技创新型城市

河南省开封市市长　周以忠

近年来，开封全市上下深入贯彻落实科学发展观，大力实施科教兴汴和人才强市战略，加快推进自主创新体系建设。“十一五”期间，全市专利申请量和授权量比“十五”期间均有较大幅度增长，部分专利产品填补了国际空白，极大地提升了我市的科技创新能力。特别是随着奇瑞汽车落户开封、新大新材在深交所上市交易、新开电气进军高铁项目、龙宇化工一期工程建成投产等，高新技术企业在我市经济发展中的支撑作用日益显现。目前，我市科技贡献率明显提高，科技与经济一体化进程进一步加快，科技在经济社会发展中的作用越来越大，有力地促进了开封经济社会跨越式发展。

一、充分认识加快自主创新体系建设的重大意义

今年是实施“十二五”规划的第一年，自主创新体系建设工作尤为重要。在自主创新体系建设中，既要依靠科技进步改造传统产业，又要依靠科技进步培育新兴产业，推动产业结构优化升级，培育新的比较优势和竞争优势，努力形成后发优势，走出一条科技进步和创新主导的新型工业化道路。我们一定要从全局和战略的高度，充分认识加快自主创新体系建设的重大意义，进一步坚定信心，振奋精神，扎实工作，加快我市科技进步与创新，让科技在开封经济社会跨越式发展中发挥更大作用。

加快自主创新体系建设是转变经济发展方式、推进科学发展的战略选择。加快自主创新体系建设，提高自主创新能力，对于破解“钱从哪里来、人往哪里去、粮食怎么保、民生怎么办”四道难题，具有重大而深远的意义。我们必须坚持“四个重在”实践要领，以强烈的责任感和使命感，加快自主创新体系建设，促进全市经济发展内生动力和综合竞争力快速提升，促进经济发展方式由粗放型向集约型转变、由要素驱动型向创新驱动型转变，推动经济社会发展转入科学发展的快车道。

加快自主创新体系建设是促进产业转型升级、提高经济发展质量的根本途径。市委经济工作会议强调，要以加快转变经济发展方式为主线，加快推进经济结构调整。转变经济发展方式、促进产业结构升级，不仅是事关我市长远发展的战略任务，更是迫在眉睫的现实选择。要进一步加快自主创新体系建设，推动企业提高科技含量，提升产品层次，促进产品、产业结构优化升级，培育更多的优势产业，为经济发展提供强大的动力源。

加快自主创新体系建设是培育战略性新兴产业、抢占未来发展制高点的重要基础。《国务院关于加快培育和发展战略性新兴产业的决定》把国家战略性新兴产业方向确定为节能环保产业、新一代信息技术产业、生物产业、高端装备制造产业、新能源产业、新材料产业和新能源汽车产业等7个领域。

要把加快自主创新体系建设放在国际国内两个大局中来审视、来把握，着眼于适应世界新科技革命的潮流趋势，立足于我市的实际，紧紧抓住机遇，积极迎接挑战，努力在新一轮科技革命中实现跨越和赶超，为实现科学发展和持续发展奠定坚实基础。

二、以解决产业转型升级技术瓶颈为重点加快自主创新步伐

要准确把握我市产业转型升级对自主创新的迫切需求，以重大科技专项和重大科技工程为抓手，进一步凝练创新项目，壮大创新主体，丰富创新载体，完善创新机制，以关键技术的突破推动传统优势产业改造升级，引领先导产业的形成和发展。

一要着力突破制约产业转型升级的重大技术瓶颈问题。要按照农业高效发展、工业精深发展、服务业加快发展的方向，全面提升产业技术水平和竞争力，促进产业结构优化升级。通过科技创新，节约和高效利用能源资源，拉长产业链条，发展高端产品。要加快农业科技创新，在稳定粮食产量的前提下，支撑种植业结构向果蔬花卉园艺调整、大农业结构向畜牧业调整、农村经济结构向农产品加工业调整。要围绕人口与健康、公共安全、城镇发展、新农村建设等重大领域，攻克一批重大公益技术和共性关键技术，获取一批具有自主知识产权的重大成果，建立一批科技示范基地，提升民生领域的科技创新能力。

二要着力培育充满生机和活力的创新主体。创新主体是构建自主创新体系的基础和核心，要通过政策引导和资金支持，不断激发创新主体的活力和动力。要大力提高企业的自主创新能力，实施企业创新能力培育科技工程，培育一批拥有自主知识产权、核心技术和持续创新能力的创新型企业，引导广大企业走创新驱动型发展道路。要加强科技创新人才队伍建设，实施创新型科技人才队伍建设工程，加强国外、省外、市外科技人才引进，强化与国内外高水平科技创新人才及团队的交流合作。要加强农村实用人才队伍建设和农村科技人力资源开发，动员全社会的创新人才积极投身创新活动。

三、以体制机制创新为动力加快自主创新步伐

体制机制创新是加速提高自主创新能力的根本途径，也是建设自主创新体系的动力。要加快体制机制创新，有效破解制约自主创新的障碍和束缚。同时，要通过对外开放与合作，获得更多的科技资源，带动自身创新水平和能力的提升。

一要创新科技投入稳定增长机制。要把财政科技投入作为预算保障的重点，年初预算编制和预算执行中，都要体现法定增长的要求，确保财政科技投入增幅明显高于财政经常性收入的增幅，尽快改变科技投入比例偏低的状况。要加快形成以企业为主体，多元化、多渠道、高效率的科技投入体系，使全社会研发投入占生产总值的比重较快增长。

二要创新科技成果转化和权益保护机制。要坚持以市场为导向，把科技成果的转化应用作为自主创新活动的主要评价指标，确定政府科技资金支持的科研项目。要积极鼓励知识、技术、管理等要素参与分配，引导和激励科技人员从事科技成果转化和产业化。要大力实施知识产权战略，加强科技成

果权益保护，推动核心技术的专利化和标准化，促进专利成果转化和应用。

三要借助对外开放合作实施重大科技专项。要大力支持以企业为主体，以企业工程技术研究中心和重点实验室为平台，针对我市急需的重大关键核心技术，与省内外、国内外知名高校、研究院所和创新型企业合作，开展研发创新。要建立对外合作机制，提升科技创新能力。以企业、高校、科研机构为依托，吸引市外创新力量参与，共建一批工程技术研究中心、重点实验室和产业技术创新战略联盟。

四要通过科技招商引资引智充实科技创新资源。要组织专业队伍到发达地区进行针对性的科技招商，力争引进一批高水平的研发机构、高新技术项目和科技企业孵化器落户我市。要大力引进高层次创新人才，对纳入引进“千人计划”、“百人计划”的高层次人才给予全方位支持。

总之，我们要抢抓新一轮科技革命和中原经济区建设的重大机遇，着力加快自主创新体系建设，进一步提升科技能力，支撑并引领经济社会走内涵式发展道路，努力促进我市经济社会又好又快跨越式发展。

努力改善创富环境　着力提升城市品位

湖南省株洲市市长　王群

株洲是座古老又年轻、神奇而美丽的城市。

株洲位于湖南东部、湘江中游，是长株潭城市群的重要组成部分。现辖五县四区以及株洲国家级高新技术产业开发区和云龙示范区。总面积1.12万平方公里，总人口383万，其中城市建成区面积100平方公里、常住人口100.2万。2009年，全市实现GDP1023亿元，财政总收入100.3亿元，完成全社会固定资产投资563亿元，实现社会消费品零售总额364亿元，城镇居民人均可支配收入17，433元，农民人均纯收入6502元。据国家统计局的最新统计评估，株洲的综合实力在全国地级城市中排名第56位，在中部地区非省会城市中排名第一。

株洲历史文化悠久。中华民族始祖炎帝神农氏的陵寝地在境内的炎陵县。公元214年，三国东吴在此设建宁郡，南宋绍熙元年（公元1190年）正式定名为株洲。

明显的交通优势。株洲是我国南方最大的交通枢纽，物流辐射能力强。既可连通长江经济带，又可对接华南经济圈，特别适合承接广东等沿海发达地区产业梯度转移。京广、沪昆两条铁路干线交汇于此；京珠、沪昆两条高速公路，106、320两条国道绕城而过；千吨级船舶顺湘江可通江达海。即将建成的长株高速，使株洲至长沙黄花国际机场仅20分钟车程；武广客运专线开通后，株洲乘火车到广州仅需2小时10分钟，极大地缩短了株洲和广东的时空距离。

较好的工业基础。“一五”时期，株洲被列为全国8个重点建设的工业城市之一，国家在这里布点兴建了13个重点项目。60年来，相继有100多项“全国第一”的工业产品诞生在这里。全市现有规模工业企业1145家，来株洲投资的中央企业、世界500强企业20多家。拥有亚洲最大的硬质合金生产基地、铅锌冶炼基地和中国最大的电力机车生产基地、中小航空发动机生产基地。株洲工业目前已形成了以轨道交通装备、冶金化工、机械、建材为支柱，汽车及零部件、生物医药、电子信息、新能源、新材料、健康食品、环保节能等行业快速发展的工业体系。

雄厚的科技实力。拥有国家级、省级技术中心17家、博士后工作站9个、各类科研开发机构56家，拥有高等院校11所、中职及技工学校48所。每年为各类企业培养近4万名既具有专业知识又掌握专业技能的专有人才。现已拥有30多万名业务过硬、综合素质高的产业工人。

健全的市场体系。全市共有各类专业市场337个，年成交额过亿元的21个，其中芦淞市场群是中南最大的服饰物流中心，享有中国十大服装市场的美誉。

低成本的生产要素。株洲具备良好的工业基础设施，企业的各项生产成本相对较低。一般工业用水为2.21元/吨，工业用电为0.686元/KW.h，工业供气为2.12元/立方米；租赁厂房价格为每8元～13元/

平方米/月，产业普通工人月工资1500元以内。物流成本较低，每天有铁路专列直达深圳盐田港，正在规划建设的保税区和中南物流园将为企业生产营销带来便捷和低成本服务。

高档的城市品位。株洲山川秀美，气候宜人。2006年跻身中国优秀旅游城市行列，以其独特的自然景观和厚重的文化积淀吸引着大量的国内外游客，全市共有旅游景区（点）20多个，包括炎帝陵、云阳山2个4A级景区，炎帝陵业已成为海内外炎黄子孙寻根谒祖、凭吊先尊的圣地。并于2007年、2009年先后荣获国家园林城市、国家卫生城市荣誉称号。株洲城市文明，和谐繁荣。移民城市兼收并蓄、平等包容的性格充分体现，城市管理井然有序，市民素质文明礼貌，人际关系互助友爱，公共氛围团结和谐。

众多的发展机遇。株洲不仅拥有优良的自然环境，还拥有独特的投资环境，是全国产业政策重点支持区，可同时享受国务院批准的六大产业政策体系。随着“两型社会”改革的深入，株洲已经进入了全面快速发展时期。未来5年将全力构建“四城三基地”，即:火车城、新能源汽车产业城、航空城、服饰城和中国有色金属精深加工基地、中国新能源产业基地、中国医药现代化产业及健康产业基地。致力建设轨道交通装备、汽车及零部件、航空装备、风电、变流及电子信息、钨钼铅锌精加工、纺织服饰、陶瓷等八大特色产业园，用3至5年时间，建成两个千亿园区，打造5个千亿产业集群，实现工业增加值翻番。

株洲这片土地充满着发展活力，孕育着勃勃生机。株洲正以宽广的胸怀，开放的姿态，诚信的环境，优惠的政策，全新的机制，优质的服务，迎接您来株洲投资兴业。我们将竭诚为每一位朋友创造一个能够充分施展才干、最快创造财富的发展环境。热情好客的株洲欢迎您!诚信务实的株洲欢迎您!我们真诚期待能与您携手前进，共同开创美好未来!

湛江市旅游产业发展战略的思考

广东省湛江市市长　阮日生

我们要以前瞻性战略思维，跳出湛江看湛江，准确确定湛江在省内、国内甚至世界范围内区域发展位置。综合半岛型经济特点，湛江旅游业发展战略应定位为：打造具有热带风情的海湾黄金高端旅游休闲度假区；成为辐射北部湾，影响东南亚的现代旅游集散中心；成为中国大陆最南端的著名旅游目的地；成为通过国际旅游岛的重要通道。

世界经济发展规律表明：全球经济发展越顺利，旅游业越是呈现以加倍速度发展的“倍乘效应”规律。有经济学家估测，二十一世纪，旅游市场竞争日趋国际化，世界旅游业将呈千变万化、错综复杂迹象。欧美区域仍将在世界六大区域中保持发展速度领先地位，世界旅游将进入“无国境旅游时代”。至2020年，中国将成为世界旅游胜地。

据世界休闲组织预测，一个地区人均GDP达到3000美元，将会产生规模化旅游休闲度假需求。国内珠三角、长三角、环渤海经济区域人均GDP已接近或超过4000美元，全面达到旅游休闲度假需求水准。随着国内经济的快速发展，中国也将迈入新的旅游休闲度假时代。随着国民生活水平的日益提高，旅游逐渐成为人们生活仅次于生存的第二需求。旅游产业也将从单一的观光旅游业向复合型旅游业，从传统服务业向现代服务业，从经济产业向社会产业转变。旅游产业自身独特的引致性，使其保持着持续增长的消费需求，而其快速增长的市场规模，被誉为“无烟产业”或“朝阳产业”。因此，国内外很多国家地区都把旅游业作为支柱产业，加速推进。我国广西、四川、云南等地区很早就将旅游业发展作为本地区支柱产业，其旅游业发展势头迅猛，一路高歌。事实证明，服务业主导产业经济的新经济时代已经来临。

加快推进我市旅游业快速发展，需要我们对未来世界旅游业的发展审时度势，以世界性眼光、战略性思维，重新审视和把握国内外旅游产业发展趋向和经济发展脉搏，以科学发展观为统领，科学确立我市旅游业发展定位，制定旅游业发展战略，这对调整经济结构，转变经济发展方式，进一步扩大内需，将我市旅游业培育成为第三产业中的领衔产业、国民经济支柱产业，强化我市作为粤西城镇群中心地位，奋力争当粤西振兴发展龙头，具有十分重要的经济战略意义。

一、湛江市旅游业发展的战略定位

国务院颁布《关于加快旅游业发展的意见》明确指出：旅游业是战略性产业。其资源消耗低、带动系数大、就业机会多、综合效益好，将旅游业定位为国民经济的战略性产业和人民群众更加满足的现代服务业。

在粤西地区旅游工作现场办公会上，副省长万庆良认为，湛江将成为广东省发展旅游业的重点区域。湛江要以滨海旅游为核心，突出休闲旅游、生态旅游，着力打造黄金海岸、生态海岛、休闲胜地旅游品牌。建成集休闲、度假、健身、娱乐等多功能于一体的国家级滨海旅游休闲目的地，成为广东参与东盟——北部湾国际旅游合作的桥梁以及参与海南发展国际旅游岛的重要通道。

基于此，需要我们要以前瞻性战略思维，跳出湛江看湛江，准确确定湛江在省内、国内甚至世界范围内区域发展位置。综合半岛型经济特点，湛江旅游业发展战略应定位为：打造具有热带风情的海湾黄金高端旅游休闲度假区；成为辐射北部湾，影响东南亚的现代旅游集散中心；成为中国大陆最南端的著名旅游目的地；成为通过国际旅游岛的重要通道。

二、湛江旅游产业现状及问题

纵观我市旅游业发展，前景看好。尤其是获得国家园林城市、中国优秀旅游城市、中国十大休闲城市殊荣后，我市旅游业呈现了良好的发展势头。2009年，我市旅游业经济指标实现“双突破”，全年接待游客突破1000万人次，达1151万人次，同比增长29.1%，旅游收入突破50亿元，达53.3亿元，增长13.2%，这个数字与自己比，有较大进步，但与全省相比，还有很大差距。我市的旅游收入约占全省旅游总收入3068.39的1.73%，比例很低。从经济总量看，旅游产业总体发展水平仍较低，只占全市总产值5%多一点，与旅游业发达的地区相比，差距较大。旅游产业从业人员约5万人，占第三产业从业人员的7%，占全市总从业总数的1.6%多一点。且旅游业发展水平低，产业关联带动性不强，处于旅游发展的初级阶段或幼年期。

分析湛江旅游产业发展，其存在问题及制约因素主要有以下几个方面：一是湛江是广东欠发达地区，知名度、广誉度和吸引力还不高，虽有闻名遐迩的著名景点，但缺乏大手笔“点睛”的策划和轰动性的包装推介，难以吸引公众的眼球。旅游线路不清晰，比较散乱，难以形成旅游热点效应。二是对全市旅游资源缺乏统一规划及科学整合和深度开发。有些项目建设随意性，旅游景点小而且层次低，缺乏富于竞争力的大型旅游项目为龙头支撑。高端旅游产品（如高级酒店、高尔夫球场、温泉度假区等项目）的开发建设滞后，无法满足高端市场需求，导致外界所谓的“有看头，没玩头”。三是旅游业过度依赖财政投入，旅游业发展亟须市场化、商业化的成功运作。四是旅游产业链残缺，层次低端。旅游产业缺乏龙头企业带动，旅游产业链难以形成完整产业链条，带有滨海特色的产业带似有非有。如大型旅游站场、邮轮、游艇（快艇）、渔船、渔村、渔店、购物等链条尚未形成，亟须建设提升。五是周边旅游发展强劲之势给湛江旅游业发展带来巨大的竞争压力，与广西、海南合作还未形成深层次的合作和默契。尤其是北部湾经济区上升为国家发展战略，海南岛被国务院批准建设为国际旅游岛，两省区都享有政策上优势，都在着力打造国际旅游目的地。众多因素制约使湛江在夹缝中面临新的挑战。

三、湛江旅游产业发展战略对策

湛江，作为广东的沿海城市，海岸线漫长，沙滩优良，岛屿众多，资源丰富、生态完美、元素多样，极具海岸（海岛）旅游优势和开发价值。中国旅游产业研究中心王林教授认为，湛江处处是待开发的“金矿”，其区位优势明显，处于北部湾、珠三角、海南岛、广西的中心，随着交通的进一步改善提升，湛江可以打造成为南中国海岸度假旅游圈的中心城市，可成为广东参与东盟——北部湾国际旅游合作的桥头堡。如何打响“蓝色湛江、黄金海岸、休闲胜地、美食之都”四大旅游品牌，亟须寻求可行且具可操性的战略性对策，强化我市旅游业竞争力，推动我市旅游业取得新的突破。

（一）以规划为引领，科学整合，打造海湾型旅游产业新格局

首先，规划好产业布局。要站在经济发展战略高度，把旅游业列入“十二五”发展规划，围绕旅游业发展战略定位进行调整和布局，聘请专家高标准编制并完善《湛江市旅游产业发展规划》，使旅游产业规划布局与总规划、城规和详规相一致，与产业发展方向相适应。突破原有旅游产业小而散、多而不特的产业局限，综合考虑区域资源特点，产业优势、开发重点、产业配套，科学整合。做到开发与保护并重，对重点海岸（岛）景区、景点高起点规划，高标准建设，完善旅游休闲、娱乐、餐饮、购物、站场、码头、绿道、文化等配套设施，着力发展滨海生态、海岛、海岸旅游休闲产业，形成新型海湾旅游产业新格局。

其次，确立新的旅游专线：一是海岛高端旅游专线（特呈岛——东海岛——南三岛——硇州岛，也可独立成线）；二是区域海岸旅游专线（吉兆湾——天成台——白沙湾——大汉三墩——灯楼角，也可独立成线）；三是民俗风情专线（舞鹰雄、人龙舞、高桩舞狮、泥塑飘色、雷州石狗、待开发的天下四绝“雷州换鼓”、流放文化、寺庙文化等。可考虑把以上民俗风情在雷州集中展示）；四是生态体验专线（高桥红树林、湿地公园、观光农业、新农村游、绿色观光长廊等，也可独立成线）；五是高端商务休闲专线（湖光岩、森林公园片区为依托，大手笔整合，将之建成集度假、商务、休闲、健身、娱乐、美食于一体的高端商务旅游休闲度假区）；六是现代工业旅游专线（以东海岛重大项目建设为契机，形成现代工业旅游专线）。

（二）互为依托，优势互补，打造海湾城市旅游度假核心圈

旅游的核心是寻找差异化。湛江是广东沿海地区中最具原生态海湾城市，也是广东省发展海湾旅游条件最佳且可以做大滨海旅游城市之一（另外是汕头、汕尾两市）。城市独特的“一湾两岸”景观，可以形成别具特色的城市海岸旅游圈。正是差异化的天然的突显，因此，可以将正在原渡口码头规划建设的游艇码头度假区为依托，与投资近10亿元在建的渔人码头相联结，与近邻的特呈岛相呼应，形成“两岸一岛”的黄金旅游“金三角”，开通海湾连接海岛旅游专线，推出“游海湾、察军舰、观夜景、品海味”的旅游新卖点。游艇码头与渔人码头互为背景，张扬了海港动态景观、海风椰韵、欧陆风情的海湾休闲度假旅游的独特魅力。市域内南三岛、硇州岛、东海岛各具特质，有机融合，与城市中央商务区相互配套，将形成更具有鲜明特色的海湾城市高端旅游商务度假核心圈。

有专家认为，游艇经济是一个很有前景的潜力产业，在国外被称为“漂浮在黄金水道上的巨大商机”。可以预见，游艇旅游码头的建设，将会给湛江滨海旅游业带来新的亮点，增强新的引力，也将

给滨海旅游业带来更多的商机。

（三）以湖光岩为龙头，森林公园为衬托，打造城市高端旅游休闲度假区

我市拳头性旅游产品奇缺，湖光岩风景区是我国唯一的火山湖（玛珥湖），具有鲜明的排他性。有独特的火山地貌和自然景观，被地质学家称之为大自然“天然的博物馆”。然而，我们对湖光岩景区的开发只停留在一般性层次之中，其潜在的旅游价值元素还未被充分挖掘和包装。为此，我们应以创新的思维和视角，突破原有旅游视界，站在人与地球、自然与生态、生态与社会的角度来审视，确立起“火山之貌、神奇之水、生态之谜”的旅游主题，进一步放大湖光岩丰富多样的植被景观，充满诱惑的优美传说和神奇莫测的湖光之水，充分展现湖光作为国家地质公园的独异性和新奇性。同时整合湖光岩片区、森林公园、南亚植物园等周边景点，使之串联并融为一体，大胆配套建设高端旅游休闲产品，如高尔夫球场、温泉浴区、高级别墅、丽人会所、天然氧吧、高级商务酒店等。通过精心策划，进行轰动性的旅游宣传推介，打造国内独一无二的火山湖旅游休闲度假新热点，彰显城市生态高端旅游休闲度假区，重塑湛江国家地质公园的旅游新形象。

（四）确定核心产业，完善产业链条，打造海滨特色的旅游产业带

在西方发达国家，旅游业是国家经济的重要来源，是政府部门制定相关政策必须考虑的因素。旅游业的发展，不仅提升第三产业层次，而且也将促进整个产业格局的改变。欧美发达国家第三产业比重达60-70%，北京也如此。越是发达地区，其第三产业所占比例越高。第二产业一旦占三次产业比的50%，第三产业就会得到快速发展。我市三次产业比为：20.7：43.1：36.2，这个数字一方面说明我市正处于工业化中期水平，第三产业相对滞后；从另一方面说，我们还有很大的发展空间。

做大做优我市旅游业，必须在工业化发展中前期，对旅游核心产业链条进行充分预测，确立区域内核心产业，在“核心产业+配套产业+支柱产业+衍生产业”模式上下足功夫。我市的红树林是广东红树林面积最大、分布最广地区，作为海岸旅游资源未被充分开发。而澳大利亚昆士兰州把红树林资源开发成为该国著名的旅游景区。东莞旅游资源并不丰富，但产业链模式运作非常成功，很值得我们借鉴。

因此，加快我市旅游产业的发展，不单是把一个区景点建设起来，而且要在配套产业、衍生产业上进行开发，发展旅游新业态，改变我市旅游产业链残缺现状，逐步走出“有游无旅、有项目无娱乐、有产品没产业”的困境。一是策划建设南国珍珠旅游专卖连锁店，或可容纳两千人以上的表演大厅，观看南珠小姐形象决赛DVD短片，欣赏南珠小姐歌舞表演。二是策划建设徐闻大汉三墩渔民屋。住渔村、坐渔船、扮渔夫、拉渔网，吃渔家大排档，欣赏荣获全国民歌大赛一等奖原创雷州歌《阿强与阿花》，到沙滩观赏北部湾最美海韵斜阳。三是策划建设湛江海味一条街。对海味旅游产品的设计应统一名称、统一标志、统一包装。打响湛江——中国海鲜美食之都品牌。培育建设富有滨海特色的旅游产业带。

（五）横向联合，区域合作，建设广东参与东盟——北部湾国际旅游合作桥头堡

从地理上看，湛江无疑是广东参与北部湾国际旅游合作的桥头堡。尤其在广西北部湾经济区开放开发上升为国家战略后，为湛江发展提供了新机遇，而泛北部湾旨在强化中国与东盟地区的海上经济合作，构建中国——东盟合作的“海上之翼”。菲律宾前总统阿罗约认为，泛北部湾合作将中国南部沿海地区与南中国海周边的东盟国家融合在一起，有利于区域合作发展，要将港口物流、旅游、金融作为推进合作的重要领域。

因此，我市要在与北部湾城市合作的基础上，展示新的作为。首先，要积极参与环北部湾海上国际旅游线，中国南部沿海城市海上旅游线，大湄公河区域旅游环线，世界遗产观光游线等边境旅游线建设；其次，积极参与泛北部湾国家和地区的旅游行政管理部门协会的协调，联合举办国际旅游产品交易会和区域旅游专题推介会，共同培育特色旅游线，创造旅游营销体系。同时，积极与海南岛沟通，加强横向合作，在港口、岛屿、码头及景区和客源等方面做好构思，建设国际旅游岛重要通道和旅游大型集散中心，从而形成资源共享、客源互流、市场互接、联动发展的区域合作新格局。

（六）招商引资，突破“瓶颈”，做大做强现代旅游业

过去，我们比较侧重于工业的招商引资，对旅游业招商引资没有引起足够重视。发展旅游业，也过分地依赖财政投入，以致整个旅游业投资不足，而且建设水准很低。今后，我们将通过深入调研，就如何扩大旅游项目招商引资召开专题会议，研究策划旅游项目招商，强化政府引导、多方投入、企业运作方式，解决旅游业资金投入严重不足问题，突破发展“瓶颈”。同时，考虑在政策、资金、税收上给予扶持。尤其注重引入国内外一流的旅游企业投资公司及先进的管理模式，做大做强我市现代旅游业，推动我市旅游业上档次、上水平，以提升我市旅游业的竞争力和现代旅游业服务水平。

（七）建设绿道，凸现生态，打造贯穿半岛（海湾）绿色旅游观光长廊

当前，我市正在努力创建国家环保模式城市、国家生态城市，同时，考虑到重化产业在沿海布局落子，迫切需要我们进一步调整思路，以促进重化工业发展与生态建设协调，及自然、生态、经济与社会的适应，走出一条城市可持续的发展新路。

纵观欧美国家，无不把绿化、绿道建设放在极其重要位置。据悉，英格兰地区建成长达4500多公里综合性绿道，连通大西洋沿岸的15个州和27个重要大城市，取得良好的经济生态和效益。欧洲众多国家如此，日本也不例外。因为绿道建设在保护恢复自然生态环境和生态植物的多样性，有效改善工业化、城镇化过程中所造成环境污染和生态破坏、热岛效应等一系列问题。

因此，对绿道建设，我们在做好规划的基础上，科学定位，分层次、分区域建设，渗透入新的旅游素材，凸现生态主题，借鉴国内外成功经验做法，尝试建设环市绿道观光长廊，或贯穿雷州半岛或海湾的绿色生态旅游观光长廊。经过若干年努力，打造成富于地域特色的现代生态绿色旅游观光长廊。

（八）精心策划，扩大宣传，把湛江打造成为中国大陆最南端的著名旅游目的地

媒体是推动旅游业快速成长直至成名的助推器。任何一个地区的城市旅游形象，一旦被媒体所

聚焦、渲染和放大，那么这个地方形象将备受广泛关注，甚至蹿红天下而一夜成名。这就是所谓的形象“包装”。譬如，张艺谋策划的广西《印象刘三姐》，场面恢宏、美轮美奂、演绎数年，仍广受追捧。凤凰古镇、丽江流水人家，除了具备独特的建筑之美和自然景观的吸引力外，同样也离不开旅游形象包装和反复创意的“炒作”推介，全国所有顶级旅游景区景点，概莫能外。

由于媒体的独特的传播功能，其渗透力、影响力是不可估量的。尤其是电视、报纸等媒体的传播，直观、形象、生动，不仅具有很强的视觉冲击力，而且配合优美文字的描绘，给受众产生“到此一游”的旅游吸引冲力。即使不到此一游，也往往能记住这个地方很出名的景观。

因此，我们必须高度重视旅游业的景区景点的商业策划和包装创新，突出卖点，加大对外宣传频率和力度。譬如湖光岩，可以尝试模仿《印象刘三姐》模式，通过剧本以特殊舞台的形式创意演绎《湖光岩形象》或《湖光岩传说》，打造出一个旅游全新的卖点。

总之，通过媒体的多渠道、多形式、多角度的包装推介，扩大受众的认知度，提高地方旅游形象知名度，是推动我市旅游业发展的必然选择。

坚持绿化美化　努力建设生态城市

广东省东莞市市长　李毓全

东莞三分之一是山，三分之一是水，具有良好的自然生态禀赋。一直以来，我们都把绿色和生态作为城市发展的重要方向，尤其在新世纪初市委市政府提出建设“生态绿城”，近年又提出打造“宜居生态城市”、“适宜创新创业安居乐业的生态城市”等等，把绿色生态摆在更加重要的位置，坚持环境取胜、以绿为魂战略。正是在这一城市发展思路和战略的指导下，我们一直都十分重视植树造林，积极推动义务植树运动在莞邑大地上蓬勃开展。截至目前，全市先后有2288.5万人次参加了义务植树，完成植树8094.9万株。与此同时，我市近年来还实施了严格的生态保护和积极的生态补偿政策，从而有力地推动了绿化美化和生态建设。全市森林覆盖率由八十年代初的28.4%提高到2010年的36.7%，建成区绿化覆盖率由22.3%提高到43.6%，人均公共绿地由5.6平方米提高到16.3平方米，城乡绿色生态环境显著改善，东莞先后荣获全国绿化模范城市、国家园林城市、国际花园城市等荣誉。

站在“十二五”的新起点上，市委十二届七次全会提出了“加快转型升级、建设幸福东莞”的战略目标。幸福东莞很重要的一点，就是要拥有绿色生态的城乡环境，让老百姓生活得更加舒适和健康。为此，我们将继续围绕绿色生态这个重点，以义务植树运动为抓手，坚持绿化美化，建设山上绿林、田园绿片、环城绿带、道路绿线、沿江绿廊、广场绿地、小区绿景，努力打造生态城市。

建设生态城市，需要广泛深入开展植树运动

我们将广泛发动全民参与，将义务植树与城市建设、部门绿化、旧城改造、景观建设等工作结合起来，努力形成“全民动手、全社会搞绿化”的良好局面。我们将创新履行义务形式，在大力倡导市民植树的同时，探索让社会各界以育苗抚育、绿化宣传、“以资代劳”、绿地树木认建认养等多种形式履行义务，提高义务植树的尽责率。我们将规范义务植树管理，从科学规划、科学育苗、科学管护等方面着手，全面加强义务植树规范化管理，进一步提高管理水平。

建设生态城市，需要全面推进城乡环境建设

实践证明，坚持环境取胜、坚持以绿为魂，对于我市提升环境质量有着重大的意义。我们将坚持这个方向，积极推进公园建设。筹建更多森林公园、休闲公园和街心公园，努力使“山体农田变森林公园、山塘河涌变湿地公园、闲置地变郊野公园”，让市民一走出家门就能享受“绿色”。当前应重点加快黄旗山城市公园和五大森林公园的建设改造和设施配套，启动南门山、山水天地等一批镇村森林公园建设。我们将积极推进绿道建设。在建成区域绿道的基础上，加快推进1989公里的市级和社区绿道建设，按照多种树、少种草的原则，利用植树节的大好时机，大种其树，多种好树，打造绿道精

品景点。我们将积极推进成熟社区建设。在完善各项功能配套的同时，坚持广泛植树、见缝插绿，努力把村（社区）建设成为“小花园”。我们要积极推进立体绿化。着重加强天桥、屋顶、阳台、建筑外墙等立体面绿化，实现城市绿量的最大化。

建设生态城市，需要积极构筑生态安全体系

我们将加强森林保护。严格保护1103平方公里的生态控制线范围绿地，建立森林健康检测体系，强化林业有害生物防控，加强自然保护区规划建设和古树名木保护，依法查处破坏森林资源行为，切实增强森林防火应急管理能力，切实保护好森林资源。我们将加强水源周边绿化保护。加强水源涵养林建设，重点改造好饮用水源水库周边的林相；大力推进湖泊、河堤等周边生态修复，抓好滩涂湿地的保护；通过河堤绿化、疏残林改造、次生林封育等方式，用三年时间完成石马河两岸23万亩绿化，努力营造滨水生态景观。力争到2015年，全市森林覆盖率达37.5%以上，活立木蓄积量达308万立方米以上，城市人均绿地达17平方米以上。

建设生态城市，需要大力培育林业生态文化

我们将深入挖掘植物文化内涵，积极弘扬莞香文化、风水林文化、古树文化、花文化等一系列生态文化。在各类生态景观建设中，注重融入岭南文化理念，打造文化精品工程。鼓励创作一批生态文化作品，建设一批生态教育基地，培育一批生态文化产业。深入开展宜居社区、绿色社区、林业生态文明村、园林式单位等创建活动，大力倡导市民美化庭院阳台，引导广大市民共同绿化美化家园。强化宣传教育，大力宣传林业建设成就，树立保护生态典型，普及林业生态知识，倡导广大市民争做爱护生态、保护生态的推动者和实践者。

春天孕育生机，绿色代表希望。让我们积极行动起来，主动履行植树义务，从自己做起，从身边做起，携手共建美好家园、幸福东莞！

发挥比较优势　助推地方发展

云南省普洱市市长　李小平

"十一五"以来，普洱市委、市政府认真贯彻落实科学发展观，紧紧抓住国家西部大开发和云南实施"兴边富民"政策机遇，立足市情，面向未来，放眼世界，按照绿色经济强市战略和"生态普洱、和谐普洱、妙曼普洱"的总体目标，依托区位、资源、产业和环境等比较优势，构筑立体大交通网络，优化生产力空间布局，培植壮大特色产业集群，提速城镇化建设，全市经济社会实现了又好又快发展。

承接国际大通道，构筑大交通网络。交通作为基础设施和基础产业，是经济发展的命脉，是对外联系的纽带，也是改善民生、营造环境的重要保障。普洱是云南省面积最大的州市，山高谷深、沟壑纵横，交通落后是长期以来制约经济社会发展的最大"瓶颈"。近年来，普洱市利用地处我国面向西南开放桥头堡黄金前沿和昆曼（昆明至曼谷）国际大通道枢纽节点的独特区位优势，着眼增强经济社会发展承载能力，按照"南北畅通、东西贯穿、立体交错、升级提速"的总体思路，举全市之力，加快交通基础设施建设。"十一五"头4年，累计完成交通建设投资81.2亿元。

随着大交通网络的逐步完善，招商引资的黄金环境和客商资本流向的洼地正在形成，外商投资纷至沓来。一大批国内外知名、有实力、有信誉的大企业、大集团入驻普洱投资兴业。仅"十一五"头4年，全市引进市外资金208.5亿元，实际利用外资7312万美元。

加快资源要素集聚，提升工业发展水平。现代经济中大量产业集聚现象表明，产业集聚已成为一种新的产业组织形式，对区域竞争力的提升和区域经济发展具有重要的推动作用，产业的集聚提高了本地区与其他地区产业相比的竞争力。在实施"工业强市"战略中，普洱市高度重视工业园区建设。首先，实行科学规划，集中布局，把中心城区内"小、散、乱"的工业企业进行整合，建设普洱市级工业园区。打造面向全省、全国、面向东南亚的现代化综合工业园区，实现产业规模化、集约化发展，为城市发展提供产业支撑。园区在昆曼大通道沿线布局了生物产业园区、物流和仓储区、建材和林产品加工区、化工产业园区等四个片区。目前，已经列为云南省重点工业园区之一，共有178户企业报名入园，86户企业明确地块，其中茶叶加工60户、咖啡等其他食品加工12户。有15户企业入驻，建成投产的茶企业3户、在建茶企业9户、在建食品加工企业3户。天士力集团、康恩贝集团、龙润集团、澜沧江啤酒集团等知名企业已入园并明确项目和地块。其次，根据资源禀赋和产业发展水平，加快县（区）特色园区建设，景谷特色工业园区、墨江非公经济园区等已经成为推动县域经济发展新的增长点。

优化产业空间布局，构筑现代产业体系。产业布局是实现区域振兴的必备抓手。在人类倡导低碳生活、绿色经济的今天，生态化已经成为产业竞争力的重要标志。普洱是北回归线上保存完好的绿洲，是地球上没有被伤害的皮肤，是全省、全国乃至全球生态环境最好的地区之一。“十一五”期间，普洱市依托绿色生态和土地、矿产、水能等资源优势，加快茶、林、电、矿四大支柱产业和烟草、咖啡、橡胶、蚕桑、旅游等特色骨干产业的培植，支柱产业产值占全市工业总产值的比重达76.4%，产业支撑作用不断增强。形成了支柱产业特色鲜明、传统产业稳步提升、新兴产业快速崛起的局面。

树立“精品城市”理念，打造普洱城市国际品牌。实现区域经济快速发展，必须把城市作为一个资源聚合体，对城市潜在资本进行集聚、重组和经营，实现资源效益的最大化、最优化，实现城市的品牌经营。近年来，普洱市委、政府充分借鉴国内外城市建设、运营管理的经验和教训，以科学发展观为指导，紧紧围绕城市功能分区和“提升老城区、做旺中心区、做热开发区”要求，快速推进北部区、东部区、南部区建设，快速推进外环、中环、内环三条路网建设，结合产业空间布局的转移和综合交通枢纽的打造，拉大城市发展骨架。同时注重开发近郊景区，不断增强城市的带动力、辐射力和影响力。在推进城镇化战略中，推进主城区南拓、北建、东扩，走“以城养城，以城兴城、以城富城”的市场化城市经营道路。同时，把提升城市品质和建设品牌城市作为抓手，坚持硬实力、软实力一起抓，全面提升普洱品牌形象。努力将普洱打造成为“红花绿树、浅山清流、天蓝气爽、鸟语蝉鸣”的春天之都，打造成活力四射、创业宜居、世人向往的精品之城，打造成祖国西南边疆最漂亮、最有品质、最有特色的城市之一，按照建设国家级园林城市和最宜人居生态城市目标，全力打造普洱“特色之城、魅力之城、文化之城、宜居之城”国际品牌。

“十二五”期间，普洱将坚定不移地推进城镇化和“森林普洱”进程，突出抓好普洱中心城区建设，推进生态景观工程和美化亮化工程建设，全力打造“满城山水满城绿”的曼妙之城；加快各县城建设，打造一批特色镇、中心村，全面构建“妙曼普洱，养生天堂”。未来10~20年，普洱中心城区人口将达到50万人，建成区面积为50平方公里，城区及周边森林覆盖率保持在80%左右，通过积极打造中国著名、世界闻名、世人瞩目的普洱国际品牌，推动普洱走向世界、融入世界。随着城市建设的快速推进，展现给世人的必将是一座“城在林中、林在城中、山水相依、绿色生态”的崭新普洱城。

践行科学发展观，做好“三创”工作

陕西省铜川市市长　冯新柱

一、提高认识，切实增强做好“三创”工作的责任感和紧迫感

创建省级卫生城市是我们的一个阶段性目标，创建国家卫生城市、全国绿化模范城市、省级园林城市，是市委、市政府站在更高的起点做出的战略决策，是对省级卫生城市创建成果的深化和发展。这项工作，关乎铜川经济社会发展的全局，关系人民群众的福祉。

一是实施“三创”工作是实践科学发展观的必然要求。科学发展观的核心是以人为本，目标是实现经济社会全面、协调、可持续发展。我们实施“三创”工作，不但可以改善城市环境面貌，而且通过长效机制的建立，可以持续有效地改善和保护我们赖以生存的环境，实现经济、社会、环境与人的和谐发展。因此，“三创”工作不仅仅是要争一个荣誉，而是贯彻落实科学发展观的具体体现，是衡量一个城市经济社会发展水平以及城市现代文明程度的重要标志。

二是实施“三创”工作是增强城市竞争力的重要举措。城市之间的竞争，表面上看是经济社会发展水平的竞争，实质是环境的竞争。环境也是生产力。哪个城市的环境好，哪个城市就会产生一种洼地效应，资金流、物流、人流就会向这个城市聚集，这个城市的综合竞争力就会越强，发展的优势就会越大，机遇就会越多。实施“三创”工作，就是提升城市软实力，增强城市竞争力和吸引力。

三是实施“三创”工作是改善民生的具体体现。经济发展的最终目的是让人民群众生活得更加幸福、体面和尊严。随着工业化和城镇化进程的加快，人民群众对生活质量的期盼越来越高，追求健康、追求高质量的生活环境成为全市人民的共同愿望。实施“三创”工作，就是要打造一个文明健康生活的有效载体，“三创”的最大受益者是人民群众。

四是实施“三创”工作是推动铜川大发展的有力抓手。铜川被确定为关中—天水经济区的次核心城市、全国资源型城市可持续发展试点城市和陕甘宁革命老区生态能源试验区成员，正处在一个千载难逢的发展机遇期。实施“三创”工作，就是抓机遇，就是抓项目，就是抓发展。通过“三创”工作，能够有效提升我市美誉度，树立良好的对外形象，扩大招商引资，吸引更多的项目、资金、人才落户铜川，加快经济转型进程；通过“三创”工作，能够增强全市人民加快发展的信心，激发大家热爱铜川、建设美好家园的热情，使铜川人民生活得更加幸福、更有尊严。

全市上下要站在全局和战略的高度，深刻认识“三创”工作的重要意义，切实增强做好“三创”工作的责任感和紧迫感，举全市之力抓“三创”，迅速掀起“三创”工作热潮。

二、明确目标，突出重点，扎实开展“三创”工作

“三创”工作，国家和省上都有具体的标准和要求，我市“三创”工作实施方案已经印发，请各区县、各部门对照国家、省上的标准和我市的实施方案，明确目标任务，细化工作责任，扎扎实实抓

好落实。

（一）加强基础设施建设，努力在完善城市服务功能上实现新突破。大力实施城市改造工程，坚持北市区、南市区并重，改造城市规划区的道路，硬化背街小巷和城乡结合部的道路。主干道亮灯率要达到100%，背街小巷也要全部亮化。要加大违章建筑、破旧建筑和有碍观瞻建筑的拆除力度，加快棚户区改造和沉陷区滑塌区居民整体搬迁步伐，力争用3年时间完成所有棚户区改造任务。

加大漆水河、沮河及支毛沟综合治理，加快防洪堤和堤岸道路建设，完善服务设施，建设纵贯市区的河滨景观走廊。积极实施公厕改造工程，使城市公厕布局合理、数量达标、设施完备、管理规范。建城区内机关、学校、社区、企事业单位的旱厕全部实行水厕改造。扎实推进城市环卫设施建设，力争新耀污水处理厂今年6月底前投入运营，新耀垃圾处理厂年内全面建成，使城市生活污水集中处理率达到70%以上，道路清扫、垃圾收集运输、果皮箱设置等符合创建标准。要加快城市景观工程建设，新建和改造一批城市广场，改造扩建市人民公园、牡丹园、重兴公园，建设朝阳公园、玉皇阁湿地公园、小河沟森林公园、市植物园和城市运动公园、使城市综合服务功能有一个较大提升。

（二）狠抓造林绿化工程，努力在提升城市绿化水平上实现新突破。进一步加大植树造林力度，深入开展重点区域、直观山坡、公路沿线、工矿区、旅游景区的造林绿化工作。实施废弃矿山立面、断壁、崖面、裸岩等垂直绿化。继续实施退耕还林、天然林保护、三北防护林等林业重点工程和漆水河、沮河、赵氏河三大流域直观山坡造林，消灭三大流域人口聚集区主要直观山坡的宜林荒山。建设2至3个集中连片的“三化一片林”绿色家园板块。完成鲜干果经济林栽植200万亩。搞好国、省道铜川段宽幅林建设及补植。抓好城市建成区内的绿化，着力在增加绿化面积、提升绿化层次上下气力。要以绿为主，以美取胜，遵循生物多样性及适地适树的原则，合理配置绿化品种，追求绿化效果的观赏性、艺术性。城市50%以上居住小区和单位要达到“园林式居住小区”、园林式单位标准，城区主干道沿街单位80%以上实施拆墙透绿，真正把我市建设成城在林中、四季常青、三季有花的宜居城市。建成区绿化覆盖率达到39%以上，人均公共绿地面积达到8平方米以上。

（三）加大环境污染治理，努力在提高城市环境质量上实现新突破。抓紧编制全市环境保护中长期规划，大力弘扬生态文明理念和环保意识，坚持绿色发展、绿色消费和绿色生活方式。落实节能减排规划，积极发展低碳经济，推广高效节能技术，提高新能源和可再生能源比重。继续加大水泥粉尘和煤烟污染治理力度，淘汰落后水泥生产线，改造所有燃煤锅炉，取缔城市周边烟煤市场，加快集中供热工程建设，做好水源地保护、医疗废弃物规范处置等工作，工业废气、污水达标排放，市区汽车尾气达标率达到80%，确保空气质量及其他各项环保指标达到国家标准。扎实开展210国道环境综合整治，采取“市上组织指导、区县主体实施、部门联动、社会参与”的方法，坚决拆除公路沿线破旧建筑，依法关闭污染企业，下大气力治理沿线抛撒、扬尘现象，对直观山坡、拆迁空地、道路边角绿化造景，利用新型建材对公路两侧建筑物进行刷新改造，通过“拆、治、刷、栽、控、整、教、管”等八项综合整治措施，用两年时间将210国道沿线打造成一条建筑整洁、环境优美的绿色走廊。大力实施市容环境卫生整治工程，以整治城市环境“脏、乱、差”为重点，加大对乱倒乱扔、占道经营、乱贴乱画、乱停乱放的整治，加强对农贸市场、餐饮业管理，依法取缔马路市场和各类违法小摊点，切实改善市容环境。

（四）健全长效管理机制，努力在提升城市管理水平上实现新突破。按照责、权、利统一和精简高效的原则，加快理顺城市建设和管理机制，按照现代化城市管理的要求，重心下移，合理界定市、区、街道、社区城市管理的职责和权限。加强城市管理综合执法队伍建设，完善城市建设管理制度，对违反城市管理规定的依法处理，严管重罚。深入开展爱国卫生运动，积极开展全民健康知识教育和市民文明行为的养成教育活动，确保各类人群健康知识知晓率和健康行为形成率达标。

三、加强领导，为“三创”工作提供坚强的组织保障

“三创”工作标准高，要求严，涉及面广，是一项硬任务。各级、各部门一定要精心组织，强化措施，狠抓落实，确保如期实现创建目标。

一要加强领导，夯实责任。市“三创办”是代表市委、市政府开展“三创”工作的组织领导机构。各区、各部门、各单位都要积极支持和配合“三创办”的工作，自觉服从市“三创办”的统一安排，按照各自的职能和任务，结合“三创”工作方案和标准，尽快制定本区域、本单位的创建方案，细化指标，将任务层层落实。全市各级、各部门要把“三创”工作摆在更加重要的位置，主要领导要亲自抓、负总责，分管领导要经常抓、全力抓，各自管好分内的事情，确保自己所管辖的区域、分管的领域、包抓的路段不出任何失误，不丢一分。

二要加大宣传，广泛动员。宣传部门和新闻单位要把“三创”作为宣传工作的重点，每天都要有“三创”工作的报道，使“三创”工作尽快进机关、进学校、进家庭、进市场、进工厂、进农村。对“三创”工作中涌现的先进事迹和典型经验，要及时报道公开褒扬；对一些后进单位和久拖不决的问题，要不留情面，曝光亮相。同时，要引导市民养成良好的卫生习惯，从随地吐痰、乱扔垃圾等不文明陋习改起，动员群众共同建设自己的美好家园。要在主要路段、社区、大中型企业设置宣传牌，广泛宣传我市“三创”工作，在全市上下形成浓厚的“三创”氛围。要加强与外界新闻媒体的联系，大造我市开展“三创”工作的声势，提高铜川的知名度和美誉度，为“三创”工作创造良好的舆论氛围。

三要各司其职，齐抓共管。各区、市新区管委会要按照属地管理的原则，以块为主，不等不靠，积极主动开展工作。宜君县要立足实际，开展富有特色的创建活动，努力使县城面貌有一个大的改观。市卫生、建设规划、建设管理、环保、工商等部门要充分发挥“三创”工作主力军的作用，自加压力，创造性地开展工作，争创一流的业绩。市级各部门、各单位、中省驻铜各单位要按照全市的统一部署，扎实抓好本行业、本系统、本单位的创建工作。市“三创”办和三个创建办公室要切实发挥综合协调职能，加大督促检查力度，推动“三创”工作深入开展。

四要落实资金，加大投入。各级政府要将“三创”工作经费列入当年财政预算。要运用市场机

制，广泛筹集创建资金，通过盘活存量资产、社会融资、财政配套等多种渠道，解决创建资金缺口问题。要统筹安排“三创”项目资金，管好用好现有资金，将有限的资金用在刀刃上和急需的项目上。市“三创”办要根据全市“三创”工作总体目标任务，尽快研究提出资金筹集和使用的具体意见。对“三创”的重点工程、跨年度项目，要超前、分期、足额落实资金，尽快启动建设，力争早日建成发挥效益。

五要强化考核，严格奖惩。今天会上提出的各项任务都是必须在“三创”验收前完成的硬性工作，任何一项完成不好都有可能拖全市创建工作的后腿。市里将各区、市新区管委会、各部门的“三创”工作纳入年度目标责任考核。对工作措施得力、工作进展快、甚至提前完成任务的单位要通报表扬，树立典型；对工作不力、工程进展缓慢的单位，要通报批评，出示黄牌，并由单位主要负责同志向市委、市政府写出书面检查。对由于工作不力、措施不到位、影响全市创建效果、拖全市后腿的区县和部门要一票否决，并追究主要领导的责任。

创建国家卫生城市、国家绿化模范城市和省级园林城市，是市委、市政府做出的重大战略部署，是一项功在当代、利在千秋的民生工程。全市上下一定要从践行科学发展观的高度出发，求真务实，克难攻坚，扎实工作，志在必得，为早日实现“三创”目标、建设美好家园而努力奋斗！

注：作者目前为中共铜川市委书记，时任铜川市市长。

着力打造社会管理创新示范城市

甘肃省嘉峪关市市长　郑亚军

社会管理创新，是社会治安综合治理工作的重要内容，也是推动社会健康有序发展的重要任务。2010年8月，中央在全国确定了首批35个社会管理创新综合试点城市，力图通过试点，总结和发掘社会管理创新的好经验、好办法。

嘉峪关市作为甘肃省唯一入选的试点城市，深感使命光荣、责任重大。我们将紧紧抓住这一机遇，大胆改革创新，着力打造全国社会管理创新示范城市。

一、适应形势要求，充分认识社会管理创新试点工作的重大意义

当前，随着改革开放深入推进，经济体制、社会结构、利益格局、思想观念都发生着深刻变化。社会管理的动态性、开放性、流动性日趋明显，管理难度不断增加。这项工作做不好，不但制约经济社会的健康有序发展，也严重影响社会和谐稳定，阻碍全面建设小康社会的前进步伐。为此，加强和创新社会管理任务紧迫，刻不容缓。

近年来，嘉峪关市委、市政府始终坚持经济建设与社会建设两手抓、两手硬，牢固树立以人为本的执政理念，高度关注民生问题，在加快发展中不断加强社会建设，在惠民利民中努力创新社会管理，各方面工作都取得了重要成果。特别是投入2000多万元建成了“平安嘉峪关”城市监控系统基础工程，为新形势下社会管理创新工作奠定了坚实的物质基础。但是，我们也清醒地认识到，作为西北重要的工业旅游城市和交通枢纽，嘉峪关市人口流动性大、构成复杂，社会管理的领域广、难度大，与新形势新要求相比，社会建设和管理滞后于经济建设的问题仍然比较突出。我们将紧紧抓住嘉峪关市作为全国社会管理创新综合试点城市的有利时机，积极研究探索，大胆改革创新，认真组织开展好试点工作，为当地经济社会跨越式发展创造良好社会环境。

二、坚持统筹兼顾，全面推进社会管理创新试点城市建设

一是高标准制定总体工作规划。社会管理创新试点城市建设是一项综合性社会工程，标准高、要求严，必须高起点规划、高标准要求、全方位推进。在借鉴国内外先进管理经验和创新成果的基础上，嘉峪关结合自身实际，不断丰富创新管理思路，认真制定总体规划，使规划与操作有机统一。将城市社区建设、农村基层基础建设和“两新组织”（新经济组织、新社会组织）全部纳入社会管理网络，合理配置资源，实现网格化、精细化管理。特别是将事关群众切身利益的热点问题纳入社会管理创新总体规划，主动回应群众最关心、最直接的现实利益问题，确保社会管理创新工作与经济社会协调发展、相得益彰。

二是全面落实社会管理创新项目。加强社会建设，创新社会管理，必须根据各类管理对象的特点

和工作的薄弱环节，制定具体的工作措施，并通过项目建设进行重点突破。嘉峪关市已将社会管理创新项目纳入经济社会发展“十二五”规划和年度发展计划，市委、市政府统筹抓好项目的组织实施工作，逐一分解目标任务，逐个落实管理责任。全市各区、各部门、各单位加强协同配合，在各自职责范围之内，进一步细化具体方案，制定出具体的项目建设进度表和路线图，深入推进试点城市的创建工作。

三是强化科技手段的支撑作用。要依托现代化信息技术成果和手段，搭建信息资源共享综合服务平台，形成全面覆盖、动态跟踪、功能齐全的社会管理综合信息系统。在现有的“平安嘉峪关”城市监控系统基础上，全面升级完成“雄关天网工程”建设，打造立体化、数字化的社会治安防控体系。将技防设施从党政机关、企事业单位和群众自治组织向商业门点、居民小区和农村居民点推进，实现技防设施全覆盖。把人、事、物、地科学划分到各个管理单位，着力打造网格化、信息化、智能化的社区（村）管理服务体系，努力实现所有管理对象，特别是重点人口底数清、情况明、管得好、管得住。

四是抓好社会管理基层组织建设。以深化基层管理为切入点，进一步建立健全人民调解等基层社会管理组织。特别是要加强治安巡逻和联防员队伍建设，组建流动人口协管员队伍，完善流动人口单位管理奖惩机制，打造强有力的社会治安管理平台。不断强化乡镇（街道）综治工作中心效能建设，充分发挥村委会、社区居委会的作用，严格规范管理制度，不断完善“治安联防、矛盾联调、工作联动、问题联治、平安联创”工作机制，筑牢社会稳定的第一道防线。

五是不断完善社会管理制度。充分利用好嘉峪关市作为国家社会管理创新综合试点市的机遇，根据自身实际，对社会管理中法规政策缺位、体制机制不顺、工作理念陈旧、运行效率不高等问题，大胆进行改革和完善。在社会创新管理过程中，我们鼓励支持各区、各部门、各单位依照法律和政策参与社会管理，完善各项制度，加强社会管理辅助力量建设。尤其在治安联防等方面不断创新管理机制，完善制度体系，努力形成社会创新管理的长效机制。

三、强化保障措施，形成推动社会管理创新试点工作的强大合力

推进社会管理创新试点城市建设，是一项严肃的政治任务，必须切实加强组织领导。我们明确要求党政一把手亲自抓、带头管，按照“谁主管、谁负责”的原则，对本区域、本行业社会管理创新工作全面负责落实。同时，社会管理创新也是全社会的责任，需要上下左右齐抓共管、全力支持配合。我们从工作实际需要出发，切实加大政策支持和工作保障力度，制定配套政策，落实保障措施。

健全工作机制，是加强和创新社会管理的关键。为此，我们建立和完善了社会管理的考核机制，研究制定了科学的社会管理考核指标体系，把社会管理创新工作纳入年终考核，将考核结果作为干部奖惩和使用的重要依据。而且，我们综合运用多种手段，建立督查落实机制，采取全面督查、重点抽查和定期检查等方式，加强监督管理，形成有效的工作机制。

县域城市建设应处理好的几个关系

山西省高平市市长　秦建孝

和国内的许多中小城市相比，国外城市在历史文化、自然条件、发展现状等方面有很大差异，我们不可能照搬照抄国外城市的规划。但是，他们的先进经验仍然值得我们学习借鉴。我认为，在今后城市规划、建设、管理中，具体应处理好“十个关系”。

一、处理好“长”与“短”的关系

德国人编制一个规划长达五年时间，他们用大量的时间进行调查研究、征求意见、分析论证，最大限度地避免了规划实施中长期目标与短期建设的矛盾。目前，我们正在编制的第四轮城市总体规划年限为20年，这就必须将长期目标与近期建设相结合，花尽可能多的时间去调查、研究、论证，将规划期分成近期、中期、远期三个阶段，分别提出发展目标，分步落实建设任务，使长远发展的设想建立在科学、可行、实用的基础上，既不能好高骛远而脱离实际，也不能照搬照抄而千城一面。

二、处理好“同”与“异”的关系

在德国，每个城市都有均衡协调的城市布局、互为依托的城镇体系、功能齐全的服务设施、蓝天碧水的生态环境；但具体到每个街区、每栋建筑、每块绿地又风格各异、独具特色。高平要彰显城市魅力，既要在城乡的通达性、功能性、生态性、安全性上营造大环境、大秩序，又要因地制宜地分区域、分地段、分楼体，进行个性设计，标新立异、展示特色，如古城路可以商业步行街为主；建设路以商业街为主；神农路以行政办公街为主。

三、处理好“新”与“旧”的关系

德国在城市管理上，坚持对橱窗几天一清洁，对楼体几年一涂新，使市内年代久远的旧城、老街、旧房看上去仍然色彩鲜明、清新明亮。而在高平，楼体陈旧、层次不清、色调不一的问题比较突出。因此，一方面我们要加大旧城改造力度，对一些不协调、不配套、不适应城市发展需求的区域和地段进行拆除，对高平老城中所蕴涵的历史资源、空间意象和人文记忆进行保护和开发，使高平老城既有都市新貌，又能文脉相承；另一方面要加大环境整治力度，建立健全长效保洁机制，实行全方位、全天候保洁，使城市面貌始终保持整洁干净、清新亮丽。

四、处理好“普”与“特”的关系

一个完善的城市，不仅要有行政、商业、文化等具有普遍性的基础设施，而且要有标志性、特色性的建筑。具体到高平，就是要传承历史文脉，将炎帝农耕、长平之战等文化元素融合到整个城市建设中，确立城市主色调，展现城市风格，打造城市名片。同时，大到一个区域、一条街巷，小到一栋楼房、一片绿地，都要有各自的定位、风格和特色，做到一路一品、一街一景、一园一韵。

五、处理好“管”与“放”的关系

德国的城市管理有管有放，既体现出严格管理，又体现出自由放松：交通道路限时限速，但秩序井然、没有拥堵；广告牌匾整齐划一，且色彩纷呈、艺术亮丽；土地用途、楼体限高统一规划，但建筑风格各式各样、爱好取向尽现其中。我们要借鉴德国的城市管理理念，既要实行数字化、智能化、人性化管理，又要充分释放市场参与、公众参与、专家参与的积极性和主动性，打造管放结合、对立统一的城市管理模式，做到一个街区、一个市场，一个管理标准和尺度，宜紧则紧、该松则松，灵活管理。

六、处理好“高”与“低”的关系

德国的大部分城市很少见到高楼大厦，居民基本住在市郊低层住宅里，这既反映了德国的国情，也体现出他们对生活品质的追求。作为高平来讲，我们要结合人地矛盾十分突出的市情，建设一批8层以上的高层建筑，提高土地利用率。同时，也要根据空间布局、区位特点、地理环境，建设一批中低层建筑，使城市呈现出建筑高度逐级减低、建筑机理渐进细密、建筑风貌逐渐具有传统韵味的趋势。特别是要在广场、游园、山脚、河边、城郊，依山傍水规划建设一批2层－3层的低层住宅，提高城市的整体协调性和宜居水平。

七、处理好“大”与“小”的关系

德国一直坚持均衡发展的原则，创造均等化的生活条件，大、中、小城市并行发展，大城市不大、小城镇不小，星罗棋布，功能完备。我们在城市发展中，也要统筹兼顾、联动发展，将城郊的米山镇、河西镇纳入城市规划区范围，确定“一主三副”的公共服务设施发展布局，即一个市级公共服务中心（新城区），三个区级公共服务中心（北城区、东南新区、西南新区），并要均衡利用城市建设的资金和政策，同步推进“一主三副”的道路交通、文化体育、医疗卫生、生态绿化等公共设施建设，使三个副片区都具备市区的基础设施条件和服务功能，实现城乡一体化均衡发展目标。

八、处理好“粗”与“细”的关系

城市规划要“有所粗有所细”。“粗”，就是要科学确定城市的发展规模、总体框架、空间布局等，合理分配城市规划区范围内的交通道路、住房小区、公共设施、产业发展、绿地系统等用地比例；“细”，就是要详细布置每个区域、每条街道、每个路段的功能定位、楼群布置、用地布局等。我们在城市建设中，也要通过先粗后细、粗中有细、粗细结合，做到粗框架均衡配置、布局合理，细线条形象具体、精致唯美。

九、处理好“人为”与“自然”的关系

在德国学习期间，他们自然天成的绿化环境与现代化的人为建筑相互衬托、相得益彰，给人以

舒适、宜居、和谐的感受。我们在城市建设中也要注重人与自然的协调发展，在楼体建设中要精心设计、独具匠心，与周边环境和谐融合；在绿地建设中要错落有致、品种多样，减少人工刻意雕琢痕迹；在街道建设中要宜宽则宽、宜窄则窄、宜直则直、宜曲则曲，实现生态美、自然美、空间美的有机统一。

十、处理好“现代”与“历史”的关系

德国是一个高度发达的现代化国家，但他们非常注重历史文化遗产的保护。中世纪、文艺复兴时期的教堂遍布全国、保存完好，甚至连“二战”时期被炸毁的建筑遗址依然留存、维持原貌。高平有悠久的历史、厚重的文化，因此，在城市建设中既要体现现代化的都市气息，也要体现一脉相承的历史风貌，按照“保持特色、不改建，保留历史、不拆除，保护建筑、不陈旧”的原则，对一些文化名村、老街巷、古建筑、旧民居进行重点保护开发，实现现代与历史的交汇融合。

推进低碳经济发展　建设生态文明大理

云南省大理市市长　马忠华

低碳经济是以低能耗、低污染、低排放为基础的经济发展模式，是人类社会继农业文明、工业文明之后的又一次重大进步。发展低碳经济不仅是我国转变发展方式、调整产业结构、提高资源能源使用效率、保护生态环境的需要，也是在后危机时代下增强国内产品的国际竞争力、扩大出口以及缓解温室气体排放等问题所面临国际压力的需要。大理市作为滇西中心城市和生态旅游城市，发展绿色低碳经济对于加快大理的产业结构调整和转型升级，促进资源节约型、环境友好型社会建设，保护大理赖以生存的生态环境，提升大理的魅力和核心竞争力，实现可持续发展具有重要的意义。

一、低碳经济发展成效初显

近年来，大理市紧紧围绕省、州党委政府的重大决策和总体部署，始终坚持生态优先发展战略，在抢抓机遇中保持率先发展，在攻坚克难中谋求科学发展，在统筹兼顾中促进和谐发展，为大力发展绿色经济、推进资源循环利用、创建低碳生态宜居大理做出了不懈努力，大理正在焕发出勃勃生机和无限魅力，呈现出人与自然和谐发展的良好局面。

——产业布局更加科学有序。“十一五”以来，大理市坚持以科学发展观为统领，坚持“生态立市、工业强市、商贸富市、农业稳市、旅游活市、科教兴市”的发展思路，发挥自身资源优势，按照稳一产、增二产、扩三产的思路，对传统产业进行改造升级，对新兴产业进行扶持发展，加快绿色食品、生物制药、机械制造、建筑建材四个园区建设，实现集群发展，高度重视节能减排和资源循环利用，着力促进经济快速发展和结构优化升级。

——能源利用结构进一步优化。大理市电力产业均为风电和水电，清洁能源率达到100%。自1999年申报立项列为“云南省农村能源建设发展沼气重点市”以来，全市农村能源建设逐步走向规范化，到2010年底，全市将建成农村户用沼气2.4万口、太阳能1.4万台、节柴灶7.6万户；到2020年，全市农村太阳能热水器覆盖率将达到85%以上，农村沼气普及率达到90%以上，实现农村使用清洁能源占生活用能的80%以上，使用传统的薪柴和秸秆占农村生活能源的比重将降低到20%以下。

——节能减排成果不断巩固。一是全面提高资源和能源利用率，调整经济结构，加快技术改造，转变增长方式，构筑市域特色工业体系，全力推进经济转型和综合效益提高。二是严把土地、信贷“闸门”，提高节能环保准入门槛，加快淘汰落后生产能力。三是全面实施节能降耗重点工程，进一步壮大以力帆骏马为龙头的机械工业及欧亚、娃哈哈等食品饮料业为主的低能耗、低污染排放产业，积极发展具有能耗低、污染少的优势现代服务业，提倡鼓励使用节能环保型交通工具和替代燃料，深入开展高效节能灯具推广工作。

——以洱海治理保护为重点的生态环保扎实推进。一是编制了《大理市生态市建设规划（2008-2020年）》和《大理市洱海北部四镇生态经济示范镇建设规划纲要（2008-2015年）》，以节能减排、生态工程等水污染综合治理为重点，开展沿湖生态修复工程，建设湖滨湿地与湖滨林带，恢复陡岸带植被，利用湿地生态系统削减入湖污染负荷，从源头上减轻洱海富营养化程度，全力保护洱海水质。二是实施农村水源污染处理工程，着力从生产源头解决农业生产发展与农业环境保护矛盾，重点优化种植结构，实施万亩稻田养鱼项目，杜绝使用防病虫、草害农药、化肥等可造成水源污染的化学药品，最大限度地降低肥料流失入洱海造成的污染，有效改善洱海环境。三是加大截污治污力度，完成了洱海湖泊生态系统修复工程、农木推广等项目，下关、大理和凤仪三城区的主要生产生活污水基本实现了集中收集排放和集中处理，为洱海水质的改善起到了重要作用。四是推行主要入湖河道综合环境控制河（段）长负责制，深入开展“洱海保护月”和“文明卫生村”创建活动，动员和组织社会各界积极参与七彩云南环保行动、环保世纪行、义务植树造林、志愿者行动等环保活动，大力宣传普及洱海保护和生态文明知识，“洱海清、大理兴”观念深入人心。

二、加快推进低碳经济发展

——毫不动摇优化经济结构。大力发展高效生态农业，加快推进生物制药、乳业、中草药、花卉、茶叶、蔬菜等绿色生物产业发展；大力发展文化旅游和商贸物流产业，加快发展以田园风光、历史文化、民俗风情、休闲度假、康体养生、创意产业为主的文化旅游产业，把大理建成高品位的旅游目的地和滇西商贸物流中心；大力发展清洁能源，推动在建大中型水电站建设和水资源的综合利用，积极开发风能、太阳能等新型能源；大力发展资源节约型、环境友好型的新型工业，实施重点产业创新、企业重大技术改造和节能减排科技创新等工程，积极培育新材料、节能环保等新兴产业，增强发展后劲。

——千方百计改善生态环境。继续加大洱海保护治理步伐，切实加强生态城市建设，进一步健全全民参与洱海保护治理长效机制。积极发展森林生态产业，全面推进“森林大理”建设，力争到2020年森林覆盖率达60%以上，城市建成区绿地率达47%以上，努力实现国家园林城市创建目标。加强环境资源保护，深入实施好“七彩云南保护”——大理行动计划和滇西北生物多样性保护，加强国家森林公园和自然保护区管理，加快土地整理，严格耕地和基本农田保护，规范矿业秩序，治理水土流失，重视生态恢复，推进土地和矿产资源集约节约利用。

——坚定不移促进示范带动。以洱海管理区域及外延15米洱海防护林带为基础，以增加碳汇储备为原则，以让湖泊休养生息为目的，以生态修复为核心，着力构建洱海低碳示范区。以大理旅游度假区大理镇为基础，通过以“开发低碳技术、实现低碳生产、倡导低碳生活”为主要内容的改造提升，着力打造大理市低碳农业综合示范区。结合海东开发，在海东建设绿色技术和经济开发示范园区，引进并运用以低碳、节能环保为特征的新型建筑材料和新能源技术来开发建设园区，努力把海东建设为高原山地低碳生态新城区。

——身体力行倡导低碳生活。倡导广大市民实行低能量、低消耗、低开支、低代价的低碳生活方式，形成节约能源、保护生态环境的生活理念和消费模式。加强资源整合，广泛利用社会力量，争取多种方式投入，创建绿色低碳排放社区。全民动员，植树养花，美化环境，力争实现全国文明城市创建目标。推行低碳健康生活方式，改善公共交通服务，倡导绿色环保交通，改变过度消费、过多排放等与低碳生活不相适应的消费方式和生活方式，弘扬科学文明健康的家庭生活方式和环境文化，在全社会形成良好的道德风尚和人文环境。

全国城市经济研究机构汇编

中国城市金融学会

一、学会简介

中国城市金融学会（China Urban Financial Society）是我国从事城市金融科学研究的全国性学术团体（社团法人）。主办单位是中国工商银行，经国家有关部门批准于1993年1月18日成立。

中国城市金融学会聚集了中国经济金融界众多一流的专家学者，实力雄厚，影响广泛，在金融界和学术界享有盛名。

中国城市金融学会主办的学术刊物《金融论坛》，连续被国家有关部门评定为中央级核心期刊。

中国城市金融学会与国内、国际众多金融机构和学术科研单位有着良好交流与合作。中国城市金融学会愿意携手各界，共同繁荣金融理论，促进金融发展。

二、学会领导

中国城市金融学会第四届常务理事会

顾　　问（由7人组成，按姓氏笔画为序）：

王洛林　刘廷焕　刘鸿儒　刘遵义　陈　立　陆百甫　张　肖

会　　长：姜建清

常务副会长：杨凯生

副 会 长：楼继伟　吴晓灵　李剑阁　蔡鄂生　屠光绍

魏迎宁　田瑞璋　王为强　李晓鹏

常务理事（由57人组成，按姓氏笔画为序）：

马君潞　王一鸣　王广谦　王为强　王兆星　王珍军　田瑞璋　华庆山　刘志刚
汪　洋　陈文辉　陈雨露　陈爱平　陈晓燕　李　扬　李　勇　李国鹏　李剑阁
李晓西　李晓鹏　谷　澍　钱颖一　宋逢明　吴　军　吴北英　吴晓灵　吴晓求
余永定　林毅夫　易　纲　杨凯生　张　炜　张士明　张卓元　张晓慧　郑　晖
单建保　周月秋　胡祖六　姜波克　姜建清　高培勇　贾　康　唐　旭　徐志宏
梁玉堂　屠光绍　韩仲琦　谢　平　曹凤岐　楼继伟　詹向阳　蔡鄂生　樊志刚
潘功胜　魏迎宁　魏国雄

秘 书 长：詹向阳

副秘书长：樊志刚

中国商业经济学会

中国商业经济学会于1982年经中央书记处批准正式成立。在国家民政部注册登记为国家一级学会。

中国商业经济学会的宗旨是在中国共产党领导下，以马克思主义、毛泽东思想、邓小平理论和“三个代表”重要思想为指导，坚持解放思想，实事求是，与时俱进的原则，贯彻“百花齐放，百家争鸣”的方针，遵守宪法、法律、法规和国家政策，遵守社会道德风尚，发扬理论联系实际的学风，以科学的理论指导实践，开展理论创新，组织会员并团结从事商业经济研究和关心商业经济理论建设的各方面人士，积极探索、创新社会主义初级阶段和市场经济条件下的商品流通理论，大力开展学术研究和交流，为建成完善的社会主义市场经济体制，实现全面建设小康社会的宏伟目标做出贡献。

中国商业经济学会实行团体会员和个人会员相结合的会员制。现有各类会员五百多个。

20多年来，学会动员和组织全国各地从事商业经济理论研究的专家学者，院校、科研、行政及企事业单位进行了持续的、富有成效的研究探索，在深化商业经济理论和政策研究，提供研究成果，促进商业改革与发展，培养商业经济理论队伍，提高商业经济理论队伍素质等各方面做了大量工作，为推动商业改革与发展，建立中国特色的社会主义市场经济条件下的新型商业，发展社会主义市场经济做出了重要贡献。

中国商业经济学会最高权力机构是会员代表大会及其产生的理事会。每届任期五年。2004年12月，中国商业经济学会在北京召开了第六次会员代表大会。大会选举张世尧为会长；王晋卿为常务副会长；邓冶平为副会长兼秘书长；学会的工作机构为：学会秘书处、学术委员会、编辑委员会、咨询委员会。现有分支机构：商业经济应用与管理研究分会、商贸技工教育研究分会、商品储存养护技术研究分会、商业计算机应用分会。

中国商业经济学会的任务是：研究社会主义初级阶段和社会主义市场经济的商品流通理论，总结国内外商业发展的历史经验，围绕市场、贸易、企业及政府调控等主题，探索社会主义市场经济条件下商业发展与运行的规律和实现商业现代化的途径；研究和介绍国内外商业经济理论、商业现代化建设和经营管理的经验，开展学术交流；发挥政府与会员、与企业之间的桥梁纽带作用，搞好双向服务，组织评选商业经济研究优秀成果；编辑出版会刊和有关专著等图书资料；提供咨询服务，开展对外交流，兴办经济实体，组织人才培训，普及商业知识；组织全国各地商经学会总结、交流学会工作经验。

中国宏观经济学会

中国宏观经济学会是研究社会主义市场经济体制下，宏观经济科学的群众性团体。其前身是中国计划学会，成立于1984年3月。为了适应社会主义市场经济的新形势和国家发展计划委员会的职能转变，以及对外交流的需要，经主管部门批准，于1993年12月更名为中国宏观经济学会，关系挂靠在国家发展计划委员会。

中国宏观经济学会的宗旨是：以马克思列宁主义、毛泽东思想及邓小平理论为指导，遵循理论联系实际的原则，通过对宏观经济理论、政策、方法的研究，为建设有中国特色的社会主义市场经济体制，提高我国宏观经济管理水平，实现社会主义现代化建设的宏伟目标服务。

中国宏观经济学会的主要任务是：组织和推动会员开展对我国的经济和社会发展战略、中长期发展规划、产业政策、生产力布局等重大课题的研究，对国家宏观经济政策调控、协调等综合性政策问题的研究，以及国民经济运行中重大的现实问题的研究等，致力于为宏观经济研究和政府经济决策做好参谋、助手。

中国宏观经济学会现有理事189名，其中，常务理事100人。理事成员主要由政府部门、研究机构、重点院校、大型企业集团、专家学者、海外知名人士组成，基本具有高级职称。

学会设立会长一名，副会长若干名，并聘请若干顾问。根据工作需要和适应改革开放的新形势，还聘请了若干特邀顾问、特邀理事。本届学会会长为房维中先生。

会　长： 房维中　全国政协经济委员会主任、研究员

副会长： 柳随年　全国人大财经委主任、研究员

张皓若　国家体改委党组书记、副主任、高级工程师

张　寿　全国人大常委、国家经贸委顾问、教授

桂世镛　国家行政学院常务副院长、研究员、博导

王梦奎　国务院研究室主任、研究员、博导

项怀诚　国家税务总局党组书记、副局长、高级经济师

陈　元　中国人民银行副行长、研究员

王春正　国家计委副主任、研究员

佘健明　国家计委副主任、高级工程师

吴树青　北京大学校长、教授、博导

刘国光　中国社会科学院特邀顾问、研究员、博导

李震中　中国人民大学原副校长、教授

魏礼群　中央财经领导小组办公室副主任、研究员、博导

傅芝邨　财政部顾问、高级经济师

王积业　国家计委经济研究所研究员、博导

林兆木　国家计委宏观经济研究院常务副院长、研究员

中国合作经济学会

中国合作经济学会于1987年6月成立，是由国家农业部主管，经国家民政部批准登记的全国性社会团体。它的英文缩写CSCE。

学会的宗旨是：以马列主义、毛泽东思想、邓小平理论和"三个代表"重要思想为指导，总结我国合作经济发展认真贯彻科学发展观，探索合作经济发展的客观规律，研究适合我国国情的合作经济形式、发展途径，推动我国合作经济的发展。

学会的任务是：加强合作经济理论工作者、实际工作者和宣传教育工作者之间在研究工作上的联系和协作，推动合作经济理论和实际问题的研究，开展合作经济间的信息交流和服务工作。向有关方面和上级部门反映情况，提出建议，促进研究成果在实际工作中的应用。

学会的业务范围：组织培训工作，为合作经济事业培养人才。编辑出版有关合作经济的书籍报刊和资料。开展国际间的合作经济相互交流与合作。提供有效的各项信息和咨询，为广大的团体会员和个人会员服务。学会的最高权力机构为会员代表大会。会员代表大会每届五年，现情况可提前和延期。理事会是会员代表大会闭会期间的执行机构。

中国合作经济学会是由来自中央国家机关，相关地方政府部门，相关的企事业单位，研究合作经济的学术团体、大专院校、科研院所，基层组织和热心合作经济事业的理论工作和实际工作者所组成。它包括：供销合作、工业合作、信用合作、农村社区合作、农村专业合作、住宅合作、消费合作、城镇集体经济、乡镇企业等许多行业和领域。涵盖面非常广泛。

中国合作经济学会成立二十三年来，做了许多大量的工作，推动和促进合作经济集体经济在我国的发展壮大，推动和促成我国的合作社立法准备和相关的法规及条例的起草颁布，组织了许多规模不同的论坛、研讨、座谈、调研等活动，开展了大量的培训咨询服务工作。取得了丰硕的成果，在社会上产生了重大的很好的影响，为各级政府的决策提供了很好的建议和帮助，也为广大基层合作组织提供桥梁和纽带服务。

学会的办事机构设有：秘书处（办公室）；学术部；培训部。

学会的分支机构设有：农村技术专业委员会；农村社区小康建设专业委员会；城镇集体经济专业委员会；合作金融专业委员会。

学会现编辑出版："中国合作经济学会会刊"内刊。

第四届理事会：2009年6月-，本届理事会由148名理事组成。选举王如珍（原中华全国供销总社副主任）为会长，陈建华（常务）、王宏斌、孔祥智、田雄、朱重庆、汤东林、吕坚东、余永龙、张从明、张恒杰、张晓山、张路雄、李宝笃、谷俊青、赵铁桥、黄进、黄中廷为副会长，陈建华兼秘书长。聘请张劲夫、杨汝岱、白立忱、刘杰、谢华、何光、潘遥为名誉会长。聘请段应碧等18位同志为顾问。

中国城市发展研究会

一、简介

中国城市发展研究会（简称城发会）是以研究城市经济、社会和生态发展问题为中心，为城市改革开放、建设和管理服务为宗旨的全国性社会团体。由中国社会科学院主管。

中国城市发展研究会是1984年由北京、天津、上海、广州、重庆、太原、深圳等市的市长和许涤新、刘国光、孙尚清等著名经济学家共同倡议发起，经时任国务院副总理万里同志批示成立的。万里同志亲自出席了同年12月在人民大会堂隆重举行的成立大会，并作了重要讲话。1994年6月在西安市召开的城发会第三届代表大会上，万里同志再次致词祝贺，对城发会工作予以充分肯定，对城发会今后的工作寄予了殷切的期望。2000年6月城发会在深圳召开第四届代表大会，中共中央政治局常委、全国政协主席李瑞环，全国人大常委会原委员长万里，中共中央政治局委员、中国社会科学院院长李铁映和全国人大常委会副委员长王光英、全国政协副主席霍英东、马万祺等分别致信致词祝贺，对21世纪的中国城市发展及城发会新世纪的工作指明了方向。2005年6月，城发会在杭州市隆重召开城发会第五届代表大会暨庆祝成立20周年纪念大会，大会选举产生了第五届理事会领导机构，全国人大常委会副委员长李铁映为总顾问，于光远、马洪、王岐山、王茂林、王梦奎、王鸿举、李学举、李成瑞、张德江、汪光焘、徐匡迪、韩正、童大林、戴相龙、魏礼群等为顾问，霍英东、马万祺、庄世平、余彭年等为港澳地区顾问。著名经济学家、中国社会科学院特邀顾问刘国光和全国政协常委、港澳台侨委员会副主任厉有为任名誉理事长；大会选举全国政协常委、经济委员会副主任、原陕西省省长程安东任新一届理事会理事长。

城发会自成立以来，在开展城市发展问题的综合研究，加强城市之间的交流与联系，扩大中外城市之间的合作，促进城市工作者同有关专家、学者相互协调，探索城市发展的规律性，共同研究城市改革开放、经济社会发展和城市建设管理中的新问题，以及在组织国内外城市之间的友好交流活动，借鉴外国先进经验方面，做了大量的工作，获得了社会各界和各城市的普遍好评，为建设有中国特色的现代化城市作出了积极的贡献。

目前，城发会有团体会员城市500多个，根据章程规定，这些城市的现任市长担任城发会的理事或常务理事；城发会还聘请了近百名著名专家、学者担任特邀理事。

城发会的常设机构、办事机构和分支机构主要有：秘书处、学术委员会、联络部、事业发展部、研究咨询部、培训部、城市研究所、网络部、中国城市年鉴社、市长参考编辑部、中小城市发展委员会、城市艺术专业委员会、城市建设投融资研究专业委员会等；主办的会刊为《中国城市年鉴》（中、英文版）、《市长参考》（月刊）。

二、领导

秘书长：旷建伟　中国社会科学院经济研究所副研究员

理事长：程安东　全国政协常委

中国城市规划学会

城市规划领域的全国性学术团体，其业务范围包括：就城市规划问题开展国际国内学术活动，推广先进技术，参与论证、咨询与决策，编辑出版学术刊物、专著、科普读物和其他出版物，开展继续教育，维护城市规划工作者合法权益，表彰奖励先进。

学会的前身是1956年在北京成立的中国建筑学会城乡规划学术委员会，“文革”期间中断活动，1978年8月在兰州恢复重建，1986年1月经中国科协批准改称中国城市规划学会，1990年12月在四川什邡召开成立大会，1992年经建设部、民政部批准正式注册。历任理事长分别是王文克、曹洪涛、郑孝燮、吴良镛。

学会下设组织、青年和编辑出版三个工作委员会，区域规划与城市经济、居住区规划、风景环境规划设计、历史文化名城规划、城市规划新技术应用、小城镇规划、国外城市规划、工程规划、城市生态规划建设、城市设计十个专业学术委员会。学会办事机构为秘书处，下设编辑部、咨询部和联络部。历任秘书长为安永瑜、周干峙、夏宗玕、石楠。

学会会刊是《城市规划》、《China City Planning Review》，同时还编辑出版《城市规划通讯》等书刊。

第四届理事会领导机构：

名誉理事长：吴良镛、周干峙、邹德慈

理 事 长：仇保兴

副理事长（按姓氏笔画为序）：尹　稚　王静霞　石　楠　朱嘉广　吴志强
张　泉　李晓江　唐　凯　樊　杰

秘 书 长：石　楠（兼）

副秘书长：耿宏兵、曲长虹

顾　　问：宋春华　李德华　郑孝燮　赵宝江　曹洪涛　储传亨　陈秉钊
胡序威　夏宗玕　陈为邦　周一星　房庆方

荣誉理事：王一鸣　赵知敬　郝寿义　夏丽卿　曹昌智

中国城市科学研究会

中国城市科学研究会（Chinese Society for Urban Studies，缩写CSUS）是在住房和城乡建设部和中国科协领导下，由全国城市科学研究方面的专家、学者、实际工作者，城市发展和建设的相关部门及单位自愿组成，经民政部登记成立的全国性学术团体。

中国城市科学研究会业务主管为中国科协，行政挂靠建设部，为公益性社团法人。其宗旨是组织会员对城市发展和城市规划、建设、管理中的重大理论和实际问题进行综合性研究，为政府部门提供决策咨询，促进城市经济、社会和环境的协调发展，促进学科理论建设，促进城市科学专业人才的成长和提高。

该会1984年1月在北京正式成立以来，已产生五届理事会。李锡铭、芮杏文、廉仲、周干峙等建设部领导、专家先后担任理事长。本会现任理事长是建设部副部长仇保兴博士，秘书长是中国城市规划研究院副院长李迅教授级高级城市规划师。本会秘书处下设综合部、组织工作部、学术交流部、咨询宣教部、编辑部、县镇工作部。本会设立了10个专业委员会，全国省（自治区、直辖市）、市设有100个地方城市科学研究会，个人会员16000多名。

主要任务

• 对城市发展和城市规划、建设、管理中的重大理论和实际问题，开展学术研究，提出政策建议，为政府部门在城市发展中的决策提供科学依据；

• 接受有关城市的委托，组织专家开展相应的科技咨询服务；

• 举办城市科学研究领域的学术讲座、研讨、培训班等，介绍国内外城市科学研究成果和动态，推动城市科学的普及，促进有关科技成果的推广和应用；

• 加强同国外（或地区）有关学术团体和专业人员的友好往来，开展国际（或地区）性的学术交流与合作；

• 表彰和奖励在学术活动中取得优异成果的城市科学工作者，发现并举荐优秀的青年科技人才；

• 出版发行全国性学术期刊《城市发展研究》，不断提高办刊质量。根据学科建设和学术研究成果，不定期编辑出版论文集、资料和城科图书。

学术范围

• 中国城市化发展战略及对策

• 城市基础设施建设及投融资体制改革

• 城市生态环境建设与管理

• 区域中心城市发展战略

• 中小城市发展

• 大城市人口政策

- 高新（经济）技术开发区的规划建设
- 西部大开发与城市发展
- 历史文化名城的保护与发展
- 城市安全与防灾减灾
- 信息技术与档案在城市管理中的应用等
- 城市废弃物的处理与管理

本会还积极拓展国际与地区的学术交流活动，与欧美国家同行进行合作研究；与台湾相关学术团体联合，每年轮流举办海峡两岸城市发展研讨会等。

第五届理事会名单

理 事 长：仇保兴

副理事长：王玉庆　王德惠　史善新　江　亿　李　兵　李兵弟　李家洋　陈　刚　张鸿铭　武　寅　赵宝江　谭荣尧　潘云鹤

秘 书 长：李　迅

副秘书长：王忠明　宋言平　徐文珍　倪鹏飞　曹昌智　黄　艳

中国科学院城市环境研究所

中国科学院城市环境研究所成立于2006年7月4日，中国科学院下属的事业法人单位，是目前国际唯一的专门从事城市环境综合研究的国立研究机构，位于美丽的南方海滨城市——厦门市。

研究所目前拥有环境科学博士、硕士学位授予权，招收环境科学、环境工程、环境经济与环境管理的硕、博士研究生和生态学硕士研究生。

一、主要任务

1. 面向国家城市化发展过程中的生态环境保护等重大战略需求，面向国际城市生态科学和环境科学与技术的发展前沿，在城市生态、环境与健康，城市环境治理与修复技术，环境治理工程与循环经济，城市规划与环境政策等领域，开展理论研究、技术研发、系统集成和工程示范。

2. 建立符合科技创新规律的现代研究所制度，建立有利于知识转移与技术转化的管理机制，建立与区域创新体系各单元联合合作的有效方式，建立面向城市生态与环境科技发展的公共技术研发平台，成为区域创新体系的有机组成部分，提升区域自主创新能力，带动区域相关产业发展，培育新兴产业。

3. 结合重大科技任务引进优秀人才，结合科技创新实践培养学术人才，结合知识转移与技术转化向社会输送技术人才，结合区域经济社会发展需求培训管理人才，成为城市生态与环境研究领域人才高地，成为区域创新创业人才培养高地。

二、研究重点领域

1. 城市生态健康与环境安全

（1）城市生态健康系统分析与监测；（2）城市环境复合污染机理与效应；（3）城市环境安全风险评价与预警；（4）城市环境分析技术与方法。

2. 城市环境污染控制与资源化技术

（1）城市水污染控制与资源化技术；（2）城市饮用水安全保障技术；（3）城市大气污染控制与资源化技术；（4）城市固体废弃物污染控制与资源化技术；（5）高效环境材料制备技术；（6）环境生物技术。

3. 城市环境工程与循环经济

（1）城市环境污染控制工程与示范；（2）生态产业工程与示范；（3）城市生态环境技术集成与示范；（4）城市循环经济建设模式示范。

4. 城市生态环境规划与管理

（1）城市环境与全球变化；（2）城市发展与城市安全；（3）城市环境地空技术与数字城市；（4）城市生态环境规划理论与技术；（5）数字环境学的理论与应用；（6）城市环境管理与政策。

三、公共平台建设

研究所是中华人民共和国科学技术部“国际科技合作基地”、“国家级对台科技合作与交流基地”，拥有“中国科学院城市环境与健康重点实验室”、“厦门水环境安全与水质保障工程技术研究中心”、“中国科学院厦门生物产业技术研究开发公共服务平台”（国家高新技术产业发展计划项目）。仪器设备实验中心已通过国家实验室资质认可。

四、对外合作

研究所已与美国、英国、德国、法国、日本、加拿大、澳大利亚、荷兰、韩国等十多个国家及香港、台湾的高水平研究机构保持着频繁的交流和密切的合作关系，并与英国阿伯丁大学、美国佛罗里达大学、美国新泽西州立大学、香港理工大学等单位签署了全面合作协议。

五、人员规模

研究所人员规模为760人，其中工作人员410人，研究生300人，博士后、客座人员及访问学者50名。研究所现有国家杰出青年基金获得者2人、“引进海外杰出人才”8人、国家青年科技奖获得者2人、博士生导师24人，在国际组织任职12人次。

中国城市建设发展研究中心

中国城市建设发展研究中心，英文名称为：China-city Construction and Development Research Center缩写为CCDRC，是由全国城市建设、规划、设计行业相关企业和专家、学者共同联合发起。中心主要从事城市建设行业交流、高端研修、合作推广，为我国城市建设行业的企事业单位提供专业的咨询管理、培训指导等服务。服务领域包含城市规划设计、建筑节能、建筑抗震、城镇燃气、园林绿化、城市路桥、工程检测、城市交通、环境卫生、供水排水、城市照明等。

中心宗旨：中国城市建设发展研究中心本机构为社会各界行业人士提供一个综合性、高层次、全方位、国际化服务平台，培养大批有实干能力和适应行业需求的一线管理人才。致力于全社会的行业人才培训改革协调领域，以专业、务实、实用、创新、领先为经营理念，以全面提升各行业核心竞争力为宗旨。

中国城市建设发展研究中心坚持“团结、创新、高效、奉献”，“信诚勤勉、客观公正”的态度，努力为我国城市建设的健康发展做出积极的贡献。

中国城市经济发展服务联盟

中国创新发展服务平台（以下简称“平台”）是在我国经济社会发展方式转型的战略背景下打造的国内最大、最具影响力的为城市发展提供服务的综合性高端服务平台。平台以中国城市创新发展理论和城市发展顶级专家的最新研究成果为指导，以中国最大的产权市场为依托，以丰富的城市建设实践经验和雄厚的资金实力为保障，以建设生态智慧产业新城为目标，为中国各级城市发展提供“科学诊断、合理规划、创新建设、金融集成、专业招商”于一体的“一站式”服务。

中国城市经济发展服务联盟（以下简称“联盟”）是平台的运作机构。联盟成员由国内从事中国城市咨询、设计、投资、建设、招商以及相关研究工作的知名机构（团体）和国内外各类具有行业影响力的大型企业、科研院所、非政府组织等联合组成。

一、联盟发起机构

北京产权交易所

泛华建设集团有限公司

道纪忠华公共管理咨询（北京）

中国城市经济

中国节能实业发展有限公司

中国基础产业投资有限公司

二、优势

1. 国家战略层面的智库平台

以国内各领域顶级专家智慧为背景的国家智库平台为城市发展提供中国一流的国家决策思想库和决策咨询，确保城市走可持续的创新发展之路。

2. 丰富的实践经验

平台联盟成员经多年的发展和积累，创建了城市发展领域独树一帜的品牌和影响力，在城市发展理念、运营模式创新、开发资源整合、城市招商投融资等方面都具有相当的规模和优势。

3. 雄厚的资金实力

联盟内的各类城市发展建设基金可用于中国境内处于高速城市化进程中城市的土地整理、基础设施建设、城市特许经营运营权等城市建设相关产业，帮助地方政府解决城市发展过程中存在的资金瓶颈。

4. 高效的信息披露渠道

平台搭建了中国最大的、最为规范的专业信息披露网络，能有效解决市场信息不对称的问题，从而协助各地方城市开展地方政府招商投融资工作。

5. 丰富的投资人资源

平台依托中国最大的产权市场，拥有上万家包括各类产业投资者、投资银行、资产管理公司、金融控股集团、保险集团、企业养老基金、风险投资基金等各类机构在内的一个“分类、分级、分重点”的投资人数据库。

6. 专业化服务团队

以联盟成员的专业人才队伍为基础，平台能根据不同城市各具特色的资源禀赋和发展要求，进行灵活的定制化、市场化专业服务。

三、服务内容

顾问咨询服务

联盟成员通过对城市资源禀赋和未来发展需要的分析梳理，结合国家“十二五”战略规划要求，针对性地提出城市特色发展对策和建议。

形象推广服务

利用平台，通过城市宣传片路演、城市名片、城市口号、城市地标、城市热点事件等的全面宣传，为城市提供全方位的形象营销传播服务。

城市建设服务

联盟成员为城市提供土地一级开发、地产开发、项目的建设及经营、工程建设的全价值链、系统化服务。

招商运营服务

利用平台优势，根据城市定位和未来发展规划，从资源整合角度出发，为城市提供整体招商策划、招商过程的组织与实施方案。

北京城市规划学会

一、学会简介

北京城市规划学会，是北京地区城市规划、设计、建设、管理工作者的学术性群众团体。本会英文名是Urban Planning Society of Beijing，简称UPSB。

本会成立于1994年，由首都规划建设委员会办公室、北京市城乡规划委员会、北京市城市规划管理局、北京市城市规划设计研究院、中国城市规划设计研究院、清华大学城市规划系联合发起成立，是经北京市社会团体行政主管机关核准注册登记的（京社登字1994年1585号）社会团体法人。

本会的业务主管部门和挂靠单位是首都规划建设委员会办公室和北京市城乡规划委员会。

1. 学会宗旨：

团结北京地区广大城市规划、设计、建设、管理工作者，在百花齐放、百家争鸣方针指导下，遵守《中华人民共和国城市规划法》，研究贯彻国务院批准的《北京城市总体规划》，执行《北京市城市规划条例》，积极开展学术交流及有关活动，举办专业考察，提高首都城市规划的理论与实践水平，为首都城市发展和建设作贡献。

2. 业务范围：

（1）开展学术交流活动，组织重点研究题的探讨和调研。

（2）传播推广城市规划先进适用技术，宣传普及城市规划科学知识。

（3）参与北京市城市发展战略决策和重大建设项目的论证、咨询。

（4）接受委托进行科技项目的论证、科技成果的评议等技术服务工作。

（5）组织编辑出版学术刊物、专著和科普读物。

（6）开展继续教育，推动知识更新。

（7）开展国际学术交流，加强同境外学术团体和城市规划工作者的友好交往。

（8）举办为城市规划工作者服务的事业和活动，反映其意见和要求，维护其合法权益，举荐人才，表彰奖励先进科技工作者。

（9）其他业务工作。

3. 几年来的工作概况：

自1994年正式成立以来，学会共组织学术报告和学术沙龙活动160余场，各类专业学术研讨会、座谈会百余场，承办了8届首都规划建筑设计汇报展，两届“北京市人与居住展”，并协同有关部门主办了全国城市建设展、香港规划展、市区详细规划展、建筑摄影艺术比赛等活动。编辑出版了“北京城市规划信息”近百期，“北京城市规划、勘察设计学术报告”专辑五集，并组织专家学者完成了“北京三环路（48公里）城市设计”和“颐和园至高碑店滨水地区城市设计”等重大工程的设计方案，与台湾同行共同主办“两岸营建事业学术交流研讨会”，协同市科协组织了“面向2049年北京的城市发展”为主题的学术月活动和“新世纪中一欧大城市发展学术研讨会”，与柏林同行共同组织“北京一柏林城市规划建设研讨会”等境内外学术研讨活动。历年来，还多次向市有关部门提出了诸如“关于加强首都城市设计工作”、“关于推动实施绿化隔离地区绿化”、“关于维护古郡风貌”、“改造首都城市交通”、制定“北京九五住宅小区标准”等诸多方面的建议，并具体承办了“北京市九十年代十大建筑”等全市范围的评选活动。学会先后获得了三次“北京市先进学会”、“首都文明单位”以及“全国省级学会之星”等光荣称号。

二、学会领导

顾　　问：储传亨　沈　勃　宣祥鎏　白德懋　朱自煊　李　准
刘小石　程恩健　董光器　王镇远

理 事 长：赵知敬

副理事长：平永泉　柯焕章　姚　莹　吴绪玉　陈　锋　崔凤霞
郑光中　王健平　毛　铖　朱嘉广　马良伟

常务理事：王　东　王　珊　王健平　马良伟　毛　铖　平永泉　刘永清
孔繁峙　孙　明　孙　岱　孙维绚　全永新　朱云鹏　朱嘉广
李铭陶　李逢敏　曲际水　振　国　郑光中　陈　刚　陈　锋
吴绪玉　邱　跃　林　寿　赵知敬　柯焕章　姚　莹　张跃军
崔凤霞　钱连和　谢远骥　黄　艳　袁汉同　魏成林　魏恪宗

秘 书 长：魏恪宗

副秘书长：刘建军　胡韶军　谢　颖

监 事 会：张跃军（监事长）　王文红　王　引

北京国际经济贸易学会

北京国际经济贸易学会成立于1990年（前身为北京国际贸易学会），是由北京市商务局（原北京市对外经济贸易委员会）主管，是经市社团行政主管机关核准注册登记的社团法人。学会以推动对外经贸理论与实践方面问题的研究交流为宗旨，开展形式多样的对外经贸中介服务，如专业培训、信息咨询、法律顾问、专业研究、编辑刊物等。

原北京市外经贸委张明、衣锡群主任曾先后任学会第一、二届理事会会长；原北京市副市长吴仪、陆宇澄同志曾先后任学会第一、二届理事会名誉会长。2001年，第三届理事会组成，原北京市贸促会姚望会长（现为博鳌亚洲论坛执行总监）现任本届理事会会长，中国贸促会副会长万季飞、北京市副市长张茅同志为本届理事会名誉会长，副会长六名，分别是储祥银（北京市贸促会副会长），贾伟立（北京外经贸控股有限公司副总经理），文魁（首都经贸大学校长），吴国蔚（北京工业大学经管学院常务副院长、教授、博导），邓洪波（北京WTO研究咨询中心主任、北京国际经济贸易研究所所长），张学群（原北京市外经贸工委委员）。本届理事会团体会员52名，理事143名，个人会员193名，学会现拥有一支由专业外经贸公司、高等院校、中介服务机构等部门组成的团体会员队伍和由外经贸领域知名专家、学者、企业家等权威人士组成的专家团。学会不断壮大的会员及专家队伍继续发挥学会桥梁纽带作用，推动地方对外经贸事业繁荣的中坚力量。

学会成立十余年来，积极组织专题调研，为政府决策科学化服务，完成了“出口退税”、“加工贸易”、“出口代理制”、“改善投资软环境”、“京港合资合作机会评估”等研究课题。同时，树立全方位为会员、为社会服务的观念，结合外经贸企业及相关部门人员的实际需要，提供形式多样的对外经贸中介服务，举办了以“市场多元化”、“经贸法律”、“金融知识”、“企业经营”、“外贸实务”、“WTO”等主题的专业知识培训数十场，向会员企业提供政策法规、外经贸信息咨询等，为我市外经贸发展起到了积极有效的促进作用。近年来，学会还组织开展与相关的产、学、研机构间的横向交流，与首都经贸大学、北京工业大学经管学院等合作，摸索共建产、学、研究、培训基地，提高外经贸研究与培训等服务的实用性。第二届理事会以来，学会组织会员参加每年一次的中国国际贸易学会新春座谈会和“中国外贸改革与发展”征文及中国国际贸易学会学术年会暨征文研讨会，积极参与交流及征文推荐，获奖论文数十篇。1999年–2003年共完成年度研究课题十五篇。1996年、2002年还在北京承办了中国国际贸易学会年会暨征文研讨会。

学会秘书处现设在北京市贸促会，服务内容专业化、国际化，服务对象社会化，服务手段信息化是学会今后工作的努力方向。

北京市城市规划设计研究院

北京市城市规划设计研究院（简称北京市规划院）是北京市规划委员会所属负责编制城乡各项规划的事业单位，是住房和城乡建设部批准的甲级资质规划设计单位，其主要职能是为市政府对城市建设宏观决策及各项建设提供规划服务。主要工作任务是：负责组织编制全市城市总体规划、分区规划、控制性详细规划以及城市交通、市政基础设施等系统规划，承担地下管网规划综合工作；参与全市社会经济发展战略和城市建设重大政策的研究，为政府有关部门和各区县政府等提供规划研究、规划编制、规划咨询等技术服务；承担规划方案技术论证和综合，参与规划方案技术审查，为规划管理提供技术服务与保障；组织编制北京市城市规划技术规程及相关规划定额指标。

北京市规划院自1986年成立以来，围绕市政府城市建设的中心任务和建设重点，开展和完成了多层次、多专业的规划编制和规划设计工作。主要规划成果包括：北京城市总体规划、中心城控制性详细规划、近期建设规划、北京历史文化名城保护规划、北京皇城保护规划、北京2008奥运规划、商务中心区规划、中关村科技园区规划、顺义和亦庄等新城规划、北京中轴线城市设计、地下空间规划、限建区规划等。同时，北京市规划院还主持或参与完成了一批重大项目的规划研究工作，如北京航空遥感综合调查应用、北京市城市交通综合体系规划研究、北京城市空间发展战略研究、北京市能源发展战略研究、北京市综合生态规划研究等。全院有近百项规划设计和研究成果获得国家、建设部、北京市科技进步奖和优秀规划设计奖。

北京市规划院建院以来，广泛开展了对外学术交流与技术合作，与韩国首尔市政开发研究院等机构建立了长期交流关系，与美国、加拿大、澳大利亚、新加坡等国规划设计事务所合作完成了多项规划设计项目。

北京市规划院现有工作人员270多人，专业技术人员占到80%以上。其中，有高级技术人员80余人，中级技术人员80余人，政府突出贡献专家4人，18人享受国家津贴，形成了专业齐全、结构合理、综合素质较高的规划队伍。

上海市城市经济学会

上海市城市经济学会是以城市经济理论和实践为主要研究对象的学术性社会团体。学会的宗旨是：以马列主义、毛泽东思想、邓小平理论为指导，遵守国家法规和政策，遵守社会公德，坚持理论联系实际的原则，贯彻“百花齐放、百家争鸣”的方针，开展有关综合性的城市经济、城市规划、城市建设、城市管理及企业经营等方面的学术活动，促进城市经济科学为社会主义四个现代化服务。学会的业务主管部门为上海市社会科学界联合会，挂靠单位是上海市建设和交通管理委员会。

学会自1981年成立至今，二十多年来在市建委、市社联和各有关部门领导下，紧密围绕上海城市建设和发展中的热点、难点等新情况、新问题，组织了许多专家、学者和科技人员，卓有成效地开展了一系列综合性的学术研究活动，作出了十分可喜的成绩，在社会上产生了一定的影响。历年来，学会上报优秀论文、优秀课题研究成果约40余篇（项），其中获得上海市政府决策研究成果二等奖、三等奖的有20余项，获得市社联优秀成果奖若干，学会连续三届被评为上海市社联优秀学会。

在邓小平理论和“三个代表”重要思想指导下，近几年来，学会新一届理事会引导广大会员，从新世纪我国经济社会发展的阶段性特征出发，认真贯彻科学发展观，不断探索城市发展思路，创新城市发展模式，繁荣城市发展理论，为提高上海城市发展质量，增强城市发展后劲，更好地推动社会主义经济建设与和谐社会建设的全面发展，继续作出新的贡献。

学会名誉会长为夏克强、李春涛、谭企坤、钱达仁，现任会长江绵康，常务副会长姚仲华，副会长兼秘书长袁钢。现有会员481人，团体会员33个，学会设有秘书处、财务部、咨询部、编辑部、专家咨询委员会。学会还编辑出版了公开发行的《上海城市发展》，内部发行的《城市经济研究》等刊物。

上海市发展改革研究院

上海市发展改革研究院是在原综合经济研究所、体制改革研究所和价格研究所基础上合并组建的一家具有独立法人资格，为市委、市政府提供决策咨询服务的社会公益性事业单位。经上海市委、市政府批准于2007年12月21日正式挂牌成立，归属上海市发展和改革委员会。

一、职责定位

（一）具有独立法人资格，为市委、市政府提供政府决策咨询服务的社会公益性事业单位。

（二）重点围绕市委、市政府确定的中心任务，以及全市经济社会发展改革领域的战略性、全局性问题开展研究，承担国家、市委、市政府以及市发展改革委等有关部门下达的政府决策咨询研究项目工作，提供各类咨询研究报告和政策建议。

（三）与本市现有研究力量实行错位互补，定位为综合性研究、理论性研究和应用性研究相结合，突出综合性、前瞻性和可操作性。

（四）开展国际合作研究以及与国际组织和研究机构的学术交流，向市委、市政府和有关部门提供涉外信息参考资料和政策建议。同时，以政府决策咨询研究项目为纽带，引进外智和外脑，致力于扩大政府决策咨询研究的社会参与度，致力于发展成为国内一流决策咨询研究人才集聚的开放式研究平台。

（五）在重点开展政府决策咨询研究工作的同时，关注并研究其他社会领域重大问题，编辑出版发展改革方面研究刊物。

（六）承接市委、市政府及市发展改革委等部门交办的其他任务。

二、具体职能

（一）围绕国民经济与社会发展中的全局性、综合性、战略性问题开展跟踪、超前研究，提供上海经济社会发展与加快建设“四个中心”的咨询意见和政策建议；分析研究经济形势以及经济运行中的重点、热点和难点问题，开展经济运行预测、预警和监测，提出相关对策建议；跟踪分析国际、国内和本市产业发展情况，研究并提出产业发展、结构优化、布局调整和高新技术发展咨询意见和政策建议。

（二）研究深化改革、扩大开放的新情况和新问题，比较与借鉴改革开放领域的国际国内经验，提出有利于形成科学发展的体制与开放环境的咨询意见和政策建议；研究并提出推进政府、企业、市场和社会整体改革的操作思路、推进路径与政策建议；参与重大改革方案的前期研究，提出推进经济与社会等各领域改革的咨询意见和政策建议。

（三）研究价格重大理论与实证问题，监测与预测价格总水平波动情况，参与提出价格调控思路与政策建议；参与政府管理商品与服务价格调整方案的前期研究，提出行政事业收费管理模式与改革的政策建议；编辑价格信息资料，提供价格信息服务。

（四）分析研究上海城市经济社会与基础设施、环境和资源的发展状况，提出相应的发展思路与政策建议；研究并提出发挥中心城市综合服务功能与实施国家区域发展总体战略的思路，促进市场流通与产业协作，提升区域竞争力与推动长三角地区联动发展的咨询意见和政策建议；研究并提出深化长三角地区重点领域的合作思路与政策建议。

（五）研究上海社会发展与社会建设的战略和思路，提出加快教育、文化、卫生、体育、旅游等社会事业发展的思路与政策建议；研究并提出深化社会事业改革、完善社会管理模式、促进社会发展体制机制的思路与政策建议；研究人口管理的重大问题，提出促进就业、社会保障、收入分配、住房制度及加强社区建设的咨询意见和政策建议。

（六）研究上海交通发展状况与行业政策，提出综合交通发展和公共交通战略思路、规划建议与政策建议；研究并提出加快形成上海可持续能源生产方式与消费模式，促进经济发展与资源、环境协调的思路与政策建议；研究并提出推进节能减排，优化能源结构、突破能源瓶颈约束、保障能源安全、完善能源价格形成机制、发展清洁能源和可再生能源的咨询意见和政策建议。

（七）研究推进上海国际金融中心的战略、思路、路径及举措，研究提出促进金融市场、金融机构、金融产品创新和加强金融监管体系建设的政策建议；研究并提出深化投融资体制改革、优化投资结构的思路与政策建议；研究公共财政体系建设的战略思路，提出深化财税体制改革与政府收支可持续发展的政策建议。

上海社会科学院城市与区域研究中心

主要研究领域

1. 城乡统筹发展与新型城市化道路研究。主要包括：人口迁移与城市化问题的研究，转型时期的城市化道路与“三农问题”研究、城市发展带领农村发展问题研究、工业化与城市化关系的理论与实践研究、城市化的动力机制研究、全球化背景下的中国城市化问题的研究等。

2. 城市与区域发展的比较研究。主要包括：城市与区域发展的国际与国内比较、现代国际大都市比较研究、世界城市比较研究、中心城市或首位城市研究、城市与区域经济增长和发展的关系研究、上海大都市圈发展模式研究、上海与长江三角洲地区城市的功能关系与战略发展关系研究等。

3. 城市宏观和微观发展中的重大理论与实践问题研究。主要包括：城市微观发展机制研究、城市规模问题研究、城市内部空间结构研究、城市体系研究、城市空间经济资源的分布与利用研究、城市产业布局与发展研究、城市物流产业研究、城市土地利用与房地产研究、大城市“拥挤问题”研究、城市贫困问题的研究、城市治理与经营模式研究、城市经济发展中的相关问题研究、城市发展中政府与市场的作用研究，全球化发展进程中的城市发展模式研究等。

4. 城市群与区域经济合作与发展研究。主要包括：产业空间集聚、产业体系建设、产业发展战略与区域协调发展研究、区域资源整合利用研究、区域要素统一市场问题研究、区域经济合作与发展进程研究、都市圈和城市群与区域合作与发展研究、要素流动与区域经济合作与发展进程的相关研究、经济全球化与区域经济合作与发展研究、区域经济合作与发展的制度因素分析与研究等。

5. 城市与区域发展中构建和谐社会研究。主要包括：城市发展中的社会整合问题研究、城市发展中的社会阶层分化及其经济社会影响研究、城市发展中如何构建和谐社会研究、城市移民问题的研究、迁移与流动人口的社会融合问题研究、城市文化研究、城市形象研究、城市社区就业研究、城市与区域发展中弱势群体研究等。

6. 城市历史、城市文化、城市精神研究及其他相关问题研究。主要包括：城市发展史的国际比较研究、城市史理论研究、城市文化史研究、城市文化理论研究、城市文化国际比较研究、城市文化产业研究、城市文化资源空间配置与城市和区域发展研究，其他相关问题研究等。

浙江大学区域与城市发展研究中心

一、中心性质

浙江大学区域与城市发展研究中心是在原浙江大学经济学院区域与城市经济研究中心的基础上由浙江大学组建，包括浙大公共管理学院、经济学院、建工学院以及浙江省政府改革与发展委员会和发展规划院的科研人员和管理专家组成的跨学科、开放型的学术研究机构。

浙大区域与城市发展研究中心以实现中国区域经济的快速、协调和可持续发展，积极推进城市化建设为宗旨，扎根于长三角区域经济发展的现实，面向全国和海内外展开科学研究、决策咨询和教育培训工作。中心注重依托自身在区域与城市发展研究领域中的专业知识优势，重点研究解决21世纪我国区域经济发展与城市化进程中所面临的关键问题，向政府和企业提供高质量的研究成果，进而为政府的区域和城市发展战略的制定以及相关政策提供科学依据；为各级政府制定切实可行的区域和城市社会经济发展的总体规划、空间规划和各类专题规划提供专业化服务；为企业科学决策与经营管理提供咨询、服务与指导；为社会培训高质量的区域经济与城市管理方面的人才。

二、主要职能

1. 学术研究：浙大区域与城市研究中心下设六个研究所，主要涉及区域与城市经济；城市化、城市群和城市圈建设；区域与城市规划；循环经济与可持续发展；土地与城市管理；企业与区域创新等专业研究领域，同时对区域与城市发展中出现的热点与难点问题开展专题研究，目前承担着国家自然科学基金、国家社科基金、国际合作以及省部级以上多项重点项目。

2. 人才培养：中心根据需要每年招收一定数量的硕士生、博士生以及博士后研究人员；设立短期客座研究项目；为社会各界、企业举办各种专题或短期培训；在校内外举办名种有关区域与城市发展的专题讲座及学术研讨会。

3. 咨询服务：中心结合自身研究成果和专业特长，为国内外有关政府部门、机构和企业提供政策咨询。包括：政府的公共政策制定的决策咨询；区域经济社会发展规划、空间规划和各类专项规划的策划、调研和制定；区域和城市的治理和管理的前瞻性、战略性和创新性的政策研究和对策研究；有关公共投资项目，包括各类基础设施、资源与环境建设项目的规划与可行性研究；企业的市场调研、经营决策、内部管理等多方面的咨询服务和项目策划，等。

4. 学术交流：中心注重发展与国内外研究机构的密切合作与联系。目前已与国内十余所大学和著名科研机构建立了密切的合作关系，与美国、英国、日本、德国等许多国家的大学的相关研究机构建立了长期稳定的合作关系。中心成员经常被邀请参加各种国际、国内学术会议和政策论坛，定期、不定期地举办国际国内高层次学术会议，组织专家互访与学术交流。

三、组织机构

中心行政上挂靠浙江大学公共管理学院，实行理事会领导下的主任负责制，由浙江大学兼职教授、浙江省发展与改革委员会副主任、省发展规划院院长刘亭担任主任，浙江大学公共管理学院教授、博士生导师、陈建军担任执行主任，聘请国内外著名专家学者和卓越的政府管理人员担任兼职教授和特约研究员，并建立学术委员会。中心下设秘书处、策划与发展事业部、学术与对外交流部、咨询与人才培训部等四个办事机构，以及区域与城市经研究所，区域与城市规划研究所，城市化、城市群与城市圈研究发展，循环经济与可持续发展研究所，土地与城市管理研究所，企业与区域创新研究所等六个研究机构。

四、人员组成

浙大区域与城市发展研究中心相关人员包括在专职研究人员、特约研究人员、兼职研究人员、项目研究人员、博士后流动站研究人员以及在培博士生、硕士研究生。

安徽省城市研究中心

随着经济全球化和区域经济一体化的纵深发展，城市化将成为推动区域经济增长的发动机。为了适应城市化发展的趋势，建设具有重要影响力、辐射力的城市群和中心城市，为安徽奋力崛起服务，安徽省建设厅、安徽省社会科学院联合发起成立“安徽省城市研究中心”。

中心根据城市经济与社会发展的需要，依托中心在区域与城市发展研究领域中的专业知识优势，重点研究城市发展的基本理论，探讨城市现代化、城市发展战略、城市管理体制及创新。研究解决城市化的模式与途径，构建城市发展评价指标体系。申请并承担国家、省、市各类基金项目的研究。接受省内外政府部门及有关部门的委托，从事城市发展战略制定、城市化过程中经济社会问题的调研、咨询和策划等对策性研究，为政府决策提供理论支持和决策依据。创立城市发展论坛，出版《安徽省城市发展蓝皮书》。

主　任：郭万清　安徽省人大常委会副主任、安徽省社科院特约研究员

副主任：陆勤毅　安徽省委宣传部副部长、安徽省社科院院长、教授

副主任：李　明　安徽省住房和城乡建设厅厅长

办公室主任：孙自铎　安徽省政府参事、研究员

办公室副主任：施立业　安徽省社科院历史所所长、研究员

特邀研究员（首批）

韦　伟　安徽省政府副秘书长、政策研究室主任、教授

徐根应　安徽省科技厅厅长

倪　虹　安徽住房和城乡建设部住房改革与发展司司长

江西省经济学会

江西省经济界最大的学术群体——江西省经济学会首任会长是原江西省委书记、常务副省长傅雨田同志。学会历任会长由省委、省政府相关领导担任。

江西省经济学会主要由省直有关部门、各市、县人民政府、金融机构、重点企业集团领导者及经济理论研究工作者组成。主要为省里提出的一系列经济课题做调查研究服务，为省委、省政府制订经济政策献计献策。同时还接受有关部门委托，组织并进行有关区域经济建设、深化国有企业改革和新农村建设的系列调研工作，为服务提升江西综合竞争力和可持续发展能力起到了应有的作用。学会积极参与了省社联招标课题的申报、社会科学文库的申报、省社会科学优秀成果奖的申报，并有多项入围，多人主持或参与省社科重大招标课题的调研。组织了农村税费改革、移民建镇中村落经济重组、提高江西综合竞争力，并向有关部门提出建议和决策参考，得到重视。

学会第5届理事会由89位理事组成，在此基础上，产生常务理事40人；会议代表一致推举上一届学会会长黄智权同志为名誉会长（会长暂缺），选举尹继东、伍世安、吴照云、汪玉奇、林勇力、徐毅、龚培兴、曾绍阳同志为副会长，高平同志为秘书长。

广东省城市发展研究中心

广东省城市发展研究中心成立于1997年，主要承担广东省重大区域与城乡规划以及相关政策规范的研究及制定工作。1997年与广东省城市规划协会秘书处合署办公，2005年后设在广东省城乡规划设计研究院。

广东省城市发展研究中心具有规划研究、规划设计以及行业管理等多种职能，技术力量雄厚、专业配备齐全，下设行业发展办公室、理论政策研究室和跨界规划部、区域规划部、战略规划部、形态规划部、专项规划部、市政规划部等多个部门。

广东省城市发展研究中心坚持“求真信息、做真推理、得真结论、解真问题”的科学规划理念，结合城市规划行业的发展趋势和科学规划的实践要求，主持和参与制定了大量指导全省、影响全国的重大规划及相关政策，已成为广东主要的规划创新机构和行业技术平台。十余年来，广东省城市发展研究中心开展的工作主要包括：

一、组织各方力量，主持制定相关规划管理法规及技术规范，为广东城乡规划编制的规范化、规划管理的科学化提供技术支撑。主持制定了系列“广东省城市规划指引”，在遵循国家现行城乡规划法规的基础上，对一些规划理念和技术进行强调、深化和补充，形成适用于广东的引导性政策和规定，有效规范和指导了广东城乡规划编制和实施管理，弥补了国家规范对地方规划适应性不足的问题，其间，率先提出“区域绿地”、“三区六线”等规划管理新思路，为《城乡规划法》和《城市规划编制办法》所吸纳。还参与了多项广东城乡规划地方法规的制定工作，其中，《广东省控制性详细规划条例》是我国第一部规范控制性详细规划的省级法规；《珠江三角洲城镇群协调发展规划实施条例》是我国第一部规范区域空间开发的省级法规，填补了我国区域性城镇体系规划立法的空白。

二、长期承担城镇化发展政策及重大区域规划的编制工作，为广东城乡发展和规划建设提供决策依据。在广东城镇化发展及区域规划的思路、方法和机制等方面，进行了大量先导性技术研究和政策转化工作，对推进广东城乡统筹和区域协调发展发挥了重要作用。其中，《珠江三角洲城市化专题规划》提出拓展珠三角内陆腹地的重要性，其后在“泛珠三角”合作中得以落实；《珠江三角洲城镇群协调发展规划》中提出“政策分区和空间管治”等思路，在国内众多区域规划中得以推广和应用；《珠江三角洲城乡一体化规划》中提出“区域绿道”的建设理念，揭开珠三角乃至全国范围内绿道建设的序幕。

三、积极开展地方性规划设计和研究咨询工作，推进重大规划政策和区域规划在市、县层面的落实与实施。在充分把握全省宏观政策和各地规划实践的基础上，将各种先进理念和创新手法运用到城乡规划设计中，积极为地方政府提供规划设计及咨询服务，取得了良好的实施效果并获得广泛好评。其中，《横琴总体发展规划》获国务院审批通过，使横琴成为“比特区更特”的国家战略性新区；

《佛山市“三旧”改造专项规划》是全省的第一个“三旧”改造试点规划，其成果得到广泛的推广和应用；《广州城市总体发展战略规划》、《武汉市城乡建设统筹规划》等重大城乡规划项目先后荣获全国优秀工程设计、全国优秀城乡规划设计、全国优秀工程咨询等国家和部奖励10余项，广东省优秀城乡规划设计一、二、三等奖20余项。

全国高等院校
城市经济院系汇编

中国人民大学城市规划与管理系

一、设立背景

城市化是21世纪中国实现现代化的重大战略选择。未来20年，中国城市化水平将由44%提高到60%左右，有约3亿人进入城市。在中国城市化的高速发展期，强化城市规划与城市管理学科发展，培养兼具规划学、管理学和经济学知识的复合型人才，促进中国城市管理和城市规划与发展走上科学轨道，已成为我国新时期建立和谐稳定社会最为迫切的呼唤。

中国人民大学是以人文社会科学为主的综合性研究型全国重点大学，在经济学、社会学、法学、管理学以及环境科学等领域具有突出的整体优势，拥有一大批在国内外具有重要影响的著名学者和学术带头人。中国人民大学公共管理学院是全国公共管理学科体系最全的学院，拥有行政管理、土地管理、区域经济与城市经济、公共政策与公共安全、社会保障、组织与人力资源、公共财政、非盈利组织等在全国具有广泛影响力并与城市规划与城市管理紧密相关的学科。依托这些优势学科发展城市规划与城市管理学科，可促进我国城市规划由过去片面注重技术层面的物质规划向强调价值层面的社会经济规划和政策规划转型，促进我国城市管理由就事论事的管理向建立科学的长效管理机制转型，并充分运用数字化管理手段，推动城市管理向社会化、精细化和信息化发展。

在此背景下，中国人民大学以强大的人文社会科学优势和全国最优秀的公共管理学院为依托，于2006年12月设立了城市规划与管理系。

二、专业设置与学生培养

城市规划管理系现有的专业设置分为城市管理本科专业、城市规划管理硕士专业和MPA城市管理专业硕士，未来将设置市规划管理博士专业。全系现有本科生60余人，第一届硕士研究生9人，第一届MPA学员24人。城市规划与管理系学生培养重点是三条主线和两个工具，三条主线是管理学、规划学与经济学，两个工具是空间分析与制图方法和数量分析方法。

1. 本科生培养

城市管理专业主要为中央和地方各级城市管理部门、企事业单位和非营利组织培养具有国际视野的综合应用型管理人才，能够胜任各级政府发作改革委员会、建设与规划局、土地局、城市管理委员会以及社区、中介机构的管理工作，以满足我国城市建设和城市化对城市对宏观战略管理、公共管理、政策分析与执行、社区管理、市政项目评估、城市规划管理、城市资源管理、城市资产评估、环境保护等方向的人才需求。

2. 硕士生培养

MPA城市管理专业硕士设立城市管理方向和城市规划管理两个方向。城市规划管理硕士专业包括城市化与城市发展战略管理、城市管理与公共政策、城市规划与公共政策三个研究方向。

三、教学队伍

城市规划与管理系现有教授1人，副教授3人，讲师4人。建设部仇保兴副部长、亚利桑那州立大学蓝志勇教授为本学科的兼职教授。第一任系主任为叶裕民教授。

四、对外交流与合作

城市规划与管理系已与美国规划师协会、加拿大滑铁卢大学环境研究学院、英国剑桥大学土地系、澳大利亚墨尔本大学等在学生培养、教师访学、项目合作等方面达成了全面合作意向，并与韩国国土研究院、日本亚洲研究所、日本山口大学等多个国际学术机构开展学术交流与合作。自建系以来，已有五名教师先后参加国际学术会议，一名教师出国访学一年。

城市规划与管理系分别与北京市政管理委员会和安庆市规划局合作建立了教学科研实习基地，每年暑期安排学生参与城市规划与管理的实际工作。

五、科研项目

自城市规划与管理系成立以来，全系师生已经完成建设部“京津冀城镇体系规划”部分专题、国务院西部办组织的“中国西部地区城市化发展规划”、“成都市城乡一体发展战略与政策”、“转型期深圳科学城市规划机制”等研究工作。目前正在进行编写“城市发展规划与管理系列教材”系列教材、进行“转型期深圳现代产业体系与现代制造业布局”研究、撰写出版应用性强的“中国数字化城市管理的理论与实务”系列丛书。

六、发展规划

未来五年，城市规划与管理系的总体发展目标是：初步形成符合中国需要、与国际接轨并在全国同领域产生重要影响的城市规划与城市管理学科，建立健全城市管理本科生、城市管理MPA、城市规划管理硕士研究生和博士研究生的培养机制，与国际权威学术组织建立经常性的学术联系，与国内若干重要城市建立研究、教学与城市管理实践互动平台。

北京大学政府管理学院

一、学院简介

北京大学政府管理学院于2001年12月成立，罗豪才教授任学院院长。学院以创建世界一流学府为目标：立足本国、放眼世界，求真务实、追求卓越，力争成为我国政治学、公共政策和公共管理科研、教学、培训、咨询和国际交流的重要平台；努力为国家培养公共事业以及相关学科的学术和实践的领军人才。

学院拥有自己独立的廖凯原大楼，楼内提供科研、教学、图书、会议、视频和同声传译等一流的设施。

在科研方面，学院倡导学术研究和政策研究并举，院附属的各个研究中心/所的研究课题涉及国际、国家、社会/企业等多层面上的学术和政策问题。教育部重点研究基地—北京大学政治发展与政府管理研究所——主要由学院教师组成。学院的科研经费充实，在北京大学人文社科领域中领先。北京大学—美国林肯土地研究院联合研究中心也落户在学院大楼里。这些中心/所是学院师资进行跨学科研究和学术交流的平台。

在人才培养方面，学院的教学理念是宽基础、精专业。学院的MPA专业学位教学尤其注重理论联系实践、拓宽学员跨学科的视野。除了MPA专业学位外（包括与国家行政学院的联合MPA项目），学院还提供多种学术学位教育，包括3个本科方向、7个硕士专业和4个博士专业，并每年为优秀学生提供几十个一万元奖学金。北京大学—耶鲁大学本科联合项目办公室也设在学院大楼内。继续教育，特别是政府高级领导干部培训，也是学院教学的重点。

二、教学介绍

学院下设政治学、城市与区域管理、行政管理、公共经济、公共政策、政治经济6个系。学院现有专职教师50多名，约1/5具有国外大学的博士学位，教师的学术专业背景横跨政治学、经济学、法学、社会学、历史学、工程和信息技术，其中多位教授是政府部门的咨询顾问；多位教师被评为北京大学“十佳教师”。

城市与区域管理系主要从事城市与区域规划、管理的教学与科研工作，设有区域经济学专业，拥有区域经济学博士点、博士后流动站和硕士点。本系主要承担我院博士研究生，硕士研究生和本科生以及各类成人教育的相关专业课程教学工作。本系教员承担数项重要基础研究项目，开展了大量的区域竞争优势分析、评价和战略规划，培养城市与区域规划、建设和管理人才。本系还挂有北京大学中国区域经济研究中心和北京大学旅游开发与规划研究中心等科研机构，是全国一级学会中国区域科学协会的挂靠单位，也是北京市政府与北京大学联合成立的首都发展研究院的主要支撑单位。本系具有广阔的专业发展前景。

三、合作交流

在对外合作和交流方面，学院与国内政府部门联系广泛，并举办《北京大学公共政策讲坛》，定期邀请政府高级官员来学院讲学。在国际上，学院与北美、欧洲和亚洲等国际知名大学（如哈佛大学、耶鲁大学、哥伦比亚大学、普林斯顿大学、伦敦经济和政治学院、巴黎政治学院、李光耀公共政策学院）均有实质意义的合作和交流，并通过《北京大学公共政策国际论坛》邀请各国政府、企业和学术界的领军人物来学院讲学。

四、研究成果

2008年1月至2010年12月底，政府管理学院科研情况如下，出版学术专著共15部，编著或教材28部，工具书或参考书2部，译著14部，发表学术论文217篇，研究或咨询报告8篇。三年中纵向项目立项共19项，其中承担的科研纵向项目包括，国家社会科学基金规划项目5项，其中2项为重大项目；国家教育部社会科学基金项目9项，其中1项为新世纪优秀人才支持计划；国家自然科学基金项目4项目。承担的中央其他部门、国际合作项目和国内横向合作项目每年科研经费平均1000万元以上。科研成果获奖6项。

北京工业大学建筑与城市规划学院

一、学院简介

1961年，北京土木建筑工程学院大学部并入北京工业大学，成立土木建筑系，设建筑学教研室。1980年正式招收建筑学专业本科生，学制5年。1988年成立建筑系。1996年“建筑设计及其理论”学科被批准为硕士授权点。1998年由建筑系、土木工程系、供热通风与空调专业及北京工业大学建筑勘察设计院合并组建建筑工程学院。

2003年4月，建筑学专业、工业设计专业成立建筑与城市规划学院。学院现设有建筑学、城市规划、工业设计三个系，并设有建筑与城市形态设计研究所、城乡规划设计研究所、建筑与城市绿色环境技术研究所、历史文化遗产保护研究所、建筑与城市防灾减灾研究所、公共艺术与景观设计研究所、工业产品设计研究所等七个研究所和一个甲级资质建筑设计事务所、同时作为中国城市安全与防灾规划学术委员会、中国照明学会（教育与培训工作委员会）、全国城市抗震防灾规划审查委员会3个国家级委员会的挂靠单位。

1996年获得“建筑设计及其理论”硕士学位授予权。1998年“建筑学”专业通过全国高等学校建筑专业本科（五年制）教育评估。2002年“建筑学”专业通过全国高等学校建筑专业本科（五年制）教育评估。2003年获得“城市规划与设计”硕士学位授予权。

2006年“建筑学”专业通过全国高等学校建筑专业本科（五年制）教育评估。2008年“建筑学”专业获批北京市高等学校特色专业建设点，经北京市教委批准和北京市建筑设计研究院联合成立首批北京市属校外人才培养基地。

2009年获批北京高等学校市级人才培养模式创新试验区（建筑学综合应用型人才培养模式创新试验区），“建筑学”学科在教育部组织的全国一级学科评估中获得13名好成绩。2010年“建筑学”专业通过全国高等学校建筑专业本科（五年制）教育评估。“建筑学”专业获批教育部特色专业建设点。“建筑学”专业获选教育部卓越工程师教育培养计划项目试点专业。“建筑设计及其理论”专业通过全国高等学校建筑学硕士学位研究生教育评估，获得建筑学专业硕士学位授予权，“建筑与土木工程”工程硕士点获选国家专业学位试点。2011年“建筑学”和“城乡规划”分获一级学科硕士点。学院的办学思想是：“科学定位，明确目标，发挥优势，办出特色”，努力将学院建设成国内高水平的建筑与城市规划学院。

二、教学介绍

建筑与城市规划学院现有专业教师65名，其中：教授12名，副教授22名，占教师总数的52%，博士生导师3名。专业教师队伍中具有博士学位的教师占教师总数的51%。

建筑与城市规划学院实验中心由建筑与城市绿色环境技术实验中心，包括声、光、热物理环境实验室、建筑模型实验室、数字虚拟现实实验室（含仿真实验室、工程实验室训练基地、计算机室）。

三、研究方向

研究方向之一：大都市建筑及其环境设计研究

该研究方向在大型建筑如大型商业、旅馆、体育馆、医院建筑、集合住宅等方面有多年成果积累，近年注重大型建筑在大都市环境下相关问题的研究，包括结合技术领域成果方面的研究。该研究方向始终立足于北京的城市建设，特别是对2008年北京奥运会及后奥运时代背景的城市建设给予了关注和重视，努力形成本研究方向的特色。

近年完成和在研国家自然科学基金项目2项，美国国家基金项目1项，省部级项目1项，市级项目5项，横向课题30余项，发表论文112篇，出版学术专著3部，译著1部。近三年科研到款381.0万元。

研究方向之二：古旧建筑及其环境保护与更新研究

本研究方向针对北京作为历史文化名城的都市特征和建设目标，进行相关历史理论、城市保护更新理论研究与科研实践。强调了古旧建筑与其所处环境保护与更新的整体研究，突出古旧建筑及环境的一体化思考，以及以一个环境的视野进行系统性保护与更新研究，具有一定的特色。经过近年来的研究，研究工作已经积累了一定的成果，形成了一支较高水平的研究梯队，学术研究能力较强。相关的研究成果，得到同行专家、政府相关职能部门的认可。在近年来的学术研究项目开展过程中，注意加强整个团队建设和对外合作，包括在2004年12月与联合国教科文组织遗产保护专家委员会合作共同建立了“北京工业大学中国世界文化遗产保护研究中心”。

近年完成和在研的国家自然科学基金1项，省部级项目3项，市级项目7项，横向课题20余项，发表论文83篇，出版学术专著4部，科研到款315万元。

研究方向之三：城镇建筑及其环境规划设计研究

本研究方向着眼点于快速城市化进程中的中小城镇及农村建筑及环境设计研究，在本学科的整体布局上，是与大都市相对应和互补的研究方向。近年来，与建设部、北京规划委员会、科委等部门合作开展了一系列的相关研究，如延庆千家店镇建设研究、北京33个中小镇建筑状况及环境调查研究、通州宋庄小堡村新农村建设等项目，完成一批在北京有一定影响的科研项目和基础研究成果。

近年完成和在研省部级项目1项，市级项目12项，横向课题20余项，发表论文80篇，出版学术专著4部，译著4部，科研到款310万元。

研究方向之四：建筑与城市可持续发展绿色环境技术研究

此研究方向以建筑技术为依托，以绿色节约型光环境规划设计为重点，承担了大量的科研项目，包括银川市城市夜景照明整体规划研究、乌鲁木齐夜景观照明规划研究等，此外在生态节能领域，绿色声环境设计等方面也在积极开展研究。2006年在瑞典政府和相关大学支持下与瑞典东南合作组织共同成立“中瑞可持续发展绿色环境技术研究中心”将会极大地促进该领域的发展。

近年完成和在研国家级863项目2项，省部级项目1项，市级项目8项，横向课题20余项，发表论文

70篇，出版学术专著2部，译著1部。三年科研到款356万元。

研究方向之五：工业产品设计与定位开发的研究

该研究方向主要在工业产品的设计与产品定位开发方面。设计突出自主开发与原创产品的设计，已承接包括产品概念设计、原形设计、样机制作、企业形象设计及产品展示摊位、道具设计及多媒体设计等多项委托项目。

近年完成和在研省部级项目2项，市级项目4项，横向课题20余项，发表论文50篇，出版学术专著6部，译著1部。三年科研到款156万元。

四、合作交流

学院与国内外一些知名大学有着良好的国际合作关系，开展了多项国内外学术交流活动，与澳大利亚墨尔本大学、美国依阿华洲立大学、辛辛那提大学、荷兰代尔夫大学、韩国延世大学、法国图卢兹大学、澳大利亚南澳大学、意大利米兰工业大学等院校，建立了经常性的学术交流与教师互访的关系，合作科研，举办国际联合设计活动，设立外国专家工作室，接受留学生、派遣研究生和高年级学生。

同济大学建筑与城市规划学院

一、学院简介

同济大学建筑与城市规划学院具有广泛和深厚的历史基础。1952年在全国高等院校调整时由同济大学土木系、圣约翰大学建筑系、浙江大学建筑系、中国美院建筑系，多方整合而成同济大学建筑系；1986年发展为建筑与城市规划学院。自1952年以来，同济大学建筑与城市规划学院已经走过了58年的历程。几代教师不懈努力，奠定了"严谨务实"的同济风格，广大同学勤奋向上，形成了"缜思畅想"的同济精神；各方朋友的热情支持，造就了"博采众长"的同济情怀。

学院现设有建筑系、城市规划系、景观学系等3个系，共有4个本科专业、5个硕士点和5个博士点。专业设置涵盖从规划设计、建筑设计、景观设计等广泛的设计领域，建构了国内最齐全的学科建制，形成了学科群整体发展优势。

目前学院已成为国内同类院校中专业设置齐全、本科生招生规模最大，世界上同类院校中研究生培养规模第一，具有全球性影响力的建筑规划设计教学和研究机构，成为本学科重要的国际学术中心之一。为国家和地方承担了大量重点科研课题，培育了一代代的杰出建设人才，可谓桃李满天下。

二、教学介绍

历任系主任有：黄作燊教授、吴景祥教授、冯纪忠教授、李德华教授；历任院长有：李德华教授、戴复东教授、陶松龄教授、郑时龄教授、陈秉钊教授、王伯伟教授、吴志强教授。现任院长为吴长福教授。

城市规划、历史建筑保护工程、景观学、工业设计等专业均为全国同类高校中首批设置的专业。一级学科在全国各高校中最早招收建筑学科研究生（1954年），首批设立博士点（1981年），最先设立一级学科博士后流动站（1988年）。城市规划专业是国家和上海市重点学科，建筑学专业为全国重点学科。2004年建筑学专业通过国家最高评估7年免检，2010年城市规划专业通过国家最高评估6年免检。

近年来学院以"生态城市环境"、"绿色节能建筑"、"文化遗产保护"和"数字模拟设计"为学科发展重点，正在原有基础上进一步形成新的强势学科，通过学科交叉平台建设形成新的优势学科群。我们以建设和谐和永续发展的人居环境为己任，以建设处于世界第一方阵的规划、建筑、景观类院校为目标，坚持学院精神传统，依托广泛国际合作，联合国内兄弟院校，联手同济姐妹学科，齐心协力全心全意，与祖国一起迎接新的辉煌。

重庆大学城市建设与环境工程学院

一、学院简介

城市建设与环境工程学院简介城市建设与环境工程学院创建于1955年，前身系城市建设学院。现设有水科学与工程、建筑环境与设备工程和环境工程等三个系。学院现有在职教职工140人，其中教授22人，副教授44名，博士生导师18人，硕士生导师44人。在校各类学生近2000人，其中全日制本科生1400余名，全日制硕士研究生636人、博士研究生165人、外国留学生27人、与香港大学联合招生硕士研究生72人。

学院现有“环境科学与工程”和“生态学”以及与土木工程学院共建“土木工程”等3个一级学科博士授权点，6个二级学科博士授权点（市政工程、供热通风与空调工程、环境工程、环境科学、城市环境与生态工程、城市建设安全工程）和6个硕士授权点，以及二个工程硕士招生领域（环境工程领域、建筑与土木工程领域）。

学院现有1个国家“985”科技创新平台——三峡库区水质安全与生态重建研究院；1个国家“211”重点建设学科——城镇人居环境质量保障体系与工程技术；1个教育部重点实验室——三峡库区环境与生态部重点实验室；3个市重点实验室及四个市级实验中心；1个重庆市开放示范研发平台和1个重庆市工程中心。

学院现有给水排水工程、建筑环境与设备工程、环境工程以及建筑节能技术与工程四个本科专业。建筑环境与设备工程专业分别于2003、2007年以优秀成绩与清华等全国五所大学首批通过国家注册设备工程师建筑环境与设备工程专业评估、给水排水工程专业分别于2004、2008年以优秀成绩与清华等全国四所大学首批通过国家注册设备工程师给水排水工程专业评估。给水排水工程、建筑环境与设备工程、环境工程均为国家级优势特色专业。由于学院教学科研实力雄厚，教育教学管理规范严谨，社会声誉好，每年毕业生都供不应求，近年来毕业生就业率一次均在98%以上。

21世纪是中国腾飞与经济飞速发展的世纪，城市化的加速发展以及城市化所带来的环境问题、可持续发展问题是必须高度重视和亟须解决的问题，使得与城市建设和环境工程相关的专业与学科具有广阔的发展空间和巨大的发展机遇。

二、发展规划

1. 学科建设规划

在“十一五”期间，学院将依托已有的“211”二期重点建设项目、“985”二期建设创新平台、6个省部级重点实验室和3个重点学科，争取一批高级别、分量重的重大（重点）研究项目，完成一批高水平的科研并获得重要成果。并且以“211”二期重点建设项目、“985”二期建设创新平台的建设为契机，搞好学科发展的基地建设，为学科的进一步发展奠定良好的基础，为开展研究型本科教学提供平台。

通过五年的建设努力，将市政工程和供热、供燃气、通风及空调工程建成国家级重点学科；增列环境科学、环境科学与工程（一级学科）两个博士学位授权点，水文学与水资源、水文学及河流动力学、生态学、微生物学4个硕士学位授权点。

2. 师资队伍建设规划

到2010年，我院教师队伍应达到120人，和现在相比增加33人，增加的编制数主要用于组建高水平创新团队，充实博士生、硕士生指导教师队伍和学科后备梯队。水科学与工程系新进教师8～12名，2010年在岗教师33名左右，具有博士学位教师达到60%以上，教授、副教授达到22名；建筑环境与设备工程系新进教师10～15名，2010年在岗教师45名左右，具有博士学位教师达到30%以上，教授、副教授达到15～25名，每个方向有教授2–3名和完整的学术梯队；环境工程系新进教师8～12名，2010年在岗教师30名左右，具有博士学位教师达到90%以上，教授、副教授达到10～15名，每个方向有教授2～3名和完整的学术梯队。努力培养工程院院士和国家教学名师。

3. 本科教育规划

学院本科教育的定位是大众教育基础上的精英教育。培养德智体全面发展，具有城市建设与环境工程学科特色的高素质创新型人才。本科教育的目标为5年内实现专业对口教育向素质教育的转变、研究教学型本科教学向研究型本科教学的转变，10年内将给水排水工程、建筑环境与设备工程和环境工程建成国内一流、国际知名的本科专业。

“十一五”期间，在高水平学科平台上，开展研究型本科教学，继续完善教学内容整合，完善课程体系，重点进行精品课程和双语教学课程建设，积极推进课程上网。建设1门重庆市精品课程，4～7门学校精品课程，所有主干课程上网。每个专业有3门以上双语教学课程。

按人才培养计划进行教学方法的优化整合。加强理论教学课程的理论性，将技术细节放到实际教学环节中，密切理论课程与实践环节的联系，探索研究型教学法。

积极参与国家“十一五”教材建设，组织编写主干课程教材，争取获得全国专业指导委员会推荐，产生3～6本国家优秀教材。

充分用好学校提供的各种现代化教学手段，建设学院的网络中心，完成以粉笔、黑板为主的教学手段向多媒体教学手段的转变。提升实验教学手段，保证全部开出人才培养计划所规定的实验教学，充实和完善综合性、设计性实验，依靠“985”和教育部重点实验室等高水平学科平台建设向本科生开放的创新设计室。争取2000万元的实验室建设投入。提升网络教育中心，研究开发计算机网络在各种教学环节中的应用，支撑网上教学，重点是毕业设计（论文）的网上指导。

在已有“城市环境与生态”硕士点、博士点的条件下，在条件具备时筹建文理结合的“城市环境与生态”本科专业，文理结合，改变我院本科专业类型和人才培养模式单一的状况。

三、合作交流

学院科研力量强大，仅2011年学院申报成功国家自然科学基金15项；近年来负责主持国家“十五”、“十一五”、“十二五”国家科技支撑计划重大项目，国家“十一五”水专项等国家级课题近20项；负责主持欧盟合作、中荷政府合作、中德政府合作、英国全球基金、英国自然科学基金、美国能源基金以及中美国际合作重点项目等国际合作项目20余项；省部级科研项目60余项，科研项目合同总经费近3亿余元；主编（主审）、参编国家、行业及地方标准、政策、法规等40余部（项）；取得科研成果二百余项，多项成果获国家级和省部级奖。

学院已与美国、英国、丹麦、荷兰、日本、韩国、瑞典、澳大利亚、香港等20多个国家和地区的几十所高校、机构、学会建立了广泛的国际合作关系，多次举办大型国际会议及专题国际学术研讨会，并与英国剑桥大学、伦敦学院大学、拉夫伯大学、雷丁大学、美国宾州州立大学、丹麦奥尔堡大学、荷兰瓦赫宁根大学、香港大学等国际知名高校开展了合作培养博士、硕士研究生项目和国际科研合作。

云南大学城市建设与管理学院

一、学院简介

云南大学城市建设与管理学院成立于2004年7月，是云南大学为适应城市化和新型工业发展而组建的理工管相结合的新型学院。

学院遵循学校“立足边疆，服务云南，提升水平，办出特色”的办学思想，以城市化和新型工业化的实际需要为基础，走了一条文、理、工相结合，产、学、研一体化，高起点、超常规、开放式、全面协调科学地发展的道路。在短短的时间内，从无到有，从有到精，学院取得了较大的发展。目前设有城市规划、城市管理两个系和设计、实验两个中心，根据社会和市场的需要，开设了城市规划、城市管理、工程管理、景观建筑设计等四个本科专业，建有建筑物理与建筑环境实验室、工程检测实验室、工程测量与模型实验室和专业计算机实验室。与云南省建设厅共同成立了云南省城市建设研究中心。学院人文地理学具有硕士学位授予权，并即将申报增设一个博士学位点和2个硕士学位点。

学院主要培养城市规划、城市管理、市政工程、景观建筑设计、工程管理、工程减灾防灾等领域的高级专门人才。目前在校本科生509人。学院拥有一支素质较高、结构合理、具有奉献和创新精神的教学、科研学术梯队和专兼职管理队伍，具有丰富的教学、科研和管理经验，多名教师承担着国家和省自然科学基金等横、纵向多项科研项目。

学院以培养基础理论扎实，专业知识雄厚，动手能力较强，综合素质全面，适应社会发展，符合改革要求的高素质人才为教学目的。学院倡导教学改革和教育创新，注重教学互动性长效机制建设，强化学生的实习实践环节，重视学生实践能力和创新、创业能力的提高，力求人才培养与社会发展相适应，不断拓展学生的就业本领，提高毕业学生的就业率。与此同时，针对学院的专业特点，教师在教学中，多方面利用现代化的教学手段，积极开展多媒体教学、双语教学、案例教学，打造精品课程和名师工程，为学院的进一步建设和发展构建良好的基础。

在目前的教学实习和实践环节中，学院培养的学生，深受用人单位的肯定和好评，随着城市化进程的不断加快，社会主义新农村建设的不断深入，城市管理目标和要求的不断提升，城市建设与管理学院的学生将具有良好的、广阔的就业前景。

二、师资队伍

学院从成立至今，一直高度重视师资队伍的建设，狠抓师资队伍的培养与引进工作。现在已初步形成了一支具有较高理论水平和工作实际经验的教师队伍，能按质按量完成教学任务，保证专业教学的顺利进行。

学院现有教职工43人，其中，教授3人，副教授13人，博士和在读博士10人，硕士21人，硕士生导师7人。有许多教师来自规划、设计等实践单位，了解现实动态和市场需求，有丰富的理论知识和社会实践经验。在学术界、设计界中已经具备一定的社会影响力，为专业“走出”校园、面向实践、服务社会打下了坚实的基础。同时学院教师在科研、设计等实践上的钻研和积累，也为专业发展奠定了基础。

学院在注重数量增长的同时，更重视质量的提高。学院大力鼓励和支持现有的中青年教师进行深造，目前有5名中青年教师正在攻读博士学位。本学院还将进一步按照专业建设计划确定的目标和发展方向，加大培养和引进专业教师的力度，不断优化专业教师和研究队伍的结构，为不断提高教学质量、教学效果和科研水平打下坚实的基础。

三、科研工作

学院高度重视科研工作，在科研建设中，大力鼓励和支持教师积极申报各类项基金项目，并成功获取2项国家基金、7项云南大学理工科基金和1项省教育厅基金，为学院的科研工作打开了一个良好的工作局面，为今后工作的深化和发展，为科研工作的上水平、上台阶积累了经验，奠定了基础，产生了一定的社会影响力。此外，还积极和社会接轨，进行实践项目的设计研究工作，不断提高教师的科研和实践创新能力。学院将结合实际情况进行相近学科的学科群建设。联合院内、院外（生命科学学院、资源环境与地球科学学院），校内、校外的相关力量，在建设期间拟加强以下三个学科群的建设。（1）城市规划与管理学科群。（2）工程防灾减灾学科群。（3）生态城镇建设学科群。

浙江工商大学旅游与城市管理学院

一、学院简介

旅游与城市管理学院是全国创办旅游管理专业最早的院系之一，是财政部重点实验基地，亚太旅游协会（PATA）教育委员会理事单位，浙江省自学考试主考单位。现拥有旅游管理、专门史（旅游文化）两个硕士点，旅游管理、资源环境与城乡规划管理、城市管理三个本科专业，在校本科生800余人，研究生54人。其中旅游管理是浙江省唯一的重点学科，特色十分鲜明，在中国旅游院系中颇具知名度和影响力。

学院下设旅游管理系、资源环境与城乡规划管理系、城市管理系；现代旅游管理实验室、资源环境与城乡规划管理实验室；浙江省旅游科学研究所、中国饮食文化研究所、中国旅游文献研究所、中国饭店职业经理人资格浙江认证管理培训中心、浙江工商大学旅游规划设计院等教学科研机构。与美国普度大学、加拿大魁北克大学、日本熊本大学、法国巴黎旅游学院等著名院校有多年的国际交流。与世界旅游组织（WTO）、亚太旅游协会（PATA）、中国饭店协会、中国烹饪协会以及浙江、江苏、广西、贵州、陕西、山东等省的旅游部门和著名企业有广泛的教学科研合作。学院拥有一支老中青相结合、职称和学历结构合理的高水平师资队伍，现有教职31人，其中教授7人、副教授11人、博士生导师1人，硕士生导师14人。1/3的教师具有博士学位，60%以上教师具有国外留学或工作的经历，是目前我国本专业师资力量较强的学院。近年来，他们在教学科研上取得了丰硕成果，承担国家和省部级重点项目8项、国际交流项目3项，完成各类旅游研究课题100余项，年均科研经费500余万元。出版专著40余部，在《旅游管理》、《城市规划》、《经济地理》、《学术月刊》、《旅游学刊》等重要刊物上发表学术论文300余篇；获世界休闲创新奖1项，国家级奖励1项，省部级奖励4项，为我国的旅游研究和浙江省旅游业的发展做出了积极的贡献。

和睦团结、充满朝气的旅游与城市管理学院正加大改革创新的步伐，积极引进人才，求真务实，努力提升学院和学科在全国的地位。

二、学科介绍

城市管理学科

城市管理专业建立于2007年，学院旅游管理专业（省重点学科）和资源环境与城乡规划管理两个专业的建设积累的经验为城市管理专业建设活动的开展提供了良好的基础和支撑。

学科现有专任教师10人，教授2人，副教授4人，具有博士学位者3人，外聘教师若干，并特聘中科院院士陆大道教授。近年来，承担并完成了国家社会科学基金项目1项，浙江省自然科学基金1项等，浙江省高校成果奖1项。学科带头人为周荷芳研究员、石坚韧副教授。按照“资源共享、统一规划、分步实施”的学科建设方针，2007年至2009年与城乡规划管理专业共用实验室，配备高性能PC

机、输入输出设备及专业软件，数字城市管理专用实验室项目已获申报批准，学校累计投入300万元用于实验室扩建。

资源环境与城乡规划管理学科

资源环境与城乡管理学科建立于是以人口、资源、环境与区域可持续发展的研究、应用、管理为内容的基础性与应用性相结合的专业，它涉及资源环境科学、经济学、城乡建设规划、信息系统管理等多个领域的内容，是一个独具前沿性的学科。目前学科教师10人，均具有博士硕士学位，其中高级职称7人，学科负责人为王莹教授。有人入选浙江省“人才工程”。

学科配备有资源环境与城乡规划管理实验室，于2006年11月建成并正式投入使用。实验室现有多媒体投影仪、自动气象站、水质监测仪、空气负离子检测仪等先进的教学仪器设备，能较好地满足实验教学需要。近年来出版专著20余部，在《经济地理》、《应用生态学报》、《自然资源学报》、《中国环境科学》等杂志发表学术论文150余篇，其中被收录的为30余篇，完成省、部级基金项目10项，省、地、市、县各级政府的委托项目150余项，年平均科研经费150余万元。

旅游管理学科

旅游管理专业创建于1986年，是浙江省重点学科。旅游与城市管理学院是全国创办旅游管理专业最早的院系之一，是财政部重点实验基地，亚太旅游协会（PATA）教育委员会理事单位。作为省内唯一的重点学科，它具有鲜明的专业教学特色，在全国旅游院系中享有较高的知名度。旅游管理专业现拥有博士学位和硕士学位授权点及旅游管理硕士专业学位授权点，并具有旅游管理和历史学硕士学位授予权。20多年来，旅游管理学科在教学和科研上取得了丰硕的成果，累计培养本科生1700余名、研究生100余名。近年来出版专著30余部，在《旅游学刊》、《经济地理》、《旅游管理》、《学术月刊》、《应用生态学报》等重要刊物上发表学术论文100余篇，其中被SCI和EI收录约10余篇次；获世界休闲创新奖及国家、省部级奖励多项。完成省、部级基金项目15项，省、地、市、县各级政府的委托项目150余项，年平均科研经费300余万元，产生了良好的社会效益。学科设有浙江省旅游科学研究所、中国旅游文献研究所等研究机构，并与美国普度大学、加拿大滑铁卢大学、法国昂热大学、英国考文垂大学、日本熊本大学等著名院校有多年的国际交流。与世界旅游组织（WTO）、亚太旅游协会（PATA）、中国饭店协会、中国烹饪协会以及浙江、江苏、广西、贵州、陕西、山东等省的旅游部门和著名企业有广泛的教学科研合作。

在长期的教学与科研实践中，旅游管理学科造就了一支教学经验丰富、科研能力出众的高素质、年轻化、结构合理的教师队伍。现有教师11人，其中教授3人，副教授5人，具有博士学位者5人，硕士学位者3人。省高等学校中青年学科带头人1人，享受政府特殊津贴1人。多名教师曾赴北美、日本、欧洲等国外高等学府进行研究访问。学科带头人为唐代剑教授。

西北大学城市与环境学院

一、学院简介

西北大学城市与环境学院于2009年10月成立，由此前的城市与资源学系、环境科学系合并而成。城市与资源学系、环境科学系的前身为地理系，是西北大学历史悠久的院系之一，创建于建校之初的1902年。始设时为史地科，1937年设置地理系，1992年顺应学科发展与国民经济、社会发展对人才的需求，将原地理系更名为城市与资源学系，1996年，适应国家可持续发展战略的人才需求，在原地理系自然地理专业生态环境研究方向的基础上，吸收化学、化工、管理等学科的教学与科研人员，创立了新的交叉和应用型学科—环境科学系，与城市与资源学系一套人马，两块牌子，合署办公。一个多世纪以来，城市与环境学院几代人艰苦创业，薪火传承，为国家和西部地区的开发建设与人才培养做出了重要贡献。黄国璋、傅角今、王成组、王成敬、李学曾、殷祖荫、张保升、雷明德、张奠坤、李治武、陈宗兴等一批著名学者先后在本系执教，并陆续培养出中国科学院院士刘昌明、第三世界科学院院士牛文元等一批著名学者和5000余名活跃在祖国建设各条战线上的优秀人才。

城市与环境学院现有教职工70人，其中专职教师55人，专职教师中教授13人，副教授23人，博士生导师11人，已获博士学位者24人，在职攻读博士学位者5人，高级职称教师所占比例为65%。除此之外，院上聘请了刘昌明院士为双聘教授，选聘了陈宗兴、赵荣、李锐、李振平等学者为博（硕）士生导师。

二、实验教学

依据“宽口径，厚基础，重应用”的原则，按照“基础平台课、专业课和专门化方向”课程体系的要求，构建“重实践、多层次、多方向和跨学科”的实验教学体系。

实验中心承担我院5个本科专业、6个硕士专业、2个博士专业关于教学科研数据的采集、输入、贮存、处理、分析和输出相关的实验课程和研究任务，其中实验课程49门，实验（上机）项目232个，实验时数超过5万/每年。

在长期的实验教学过程中，取得了较好的教学成果。现有省级精品课程4门，名牌专业两个；共获得教学成果奖8项；在高等教育、科学出版社等出版教材13部，入选国家级规划教材5部。近五年发表教学及科研论文289篇，国家级大学生创新项目6项，校级大学生创新项目13项。

近五年来，依托本实验教学中心，城市与环境学院在人才培养、质量工程项目研究、科学研究等方面取得了一系列成就。主要有：（1）承担质量工程项目27项，其中省部级项目7项，发表教学论文18篇。（2）承担大学生创新计划项目19项，其中国家级大学生创新计划项目6项。（3）出版教材15部，其中高等教育出版社教材3部，科学出版社教材10部，共有5部被列为国家级规划教材，出版专著5部，自编实验讲义12部。（4）本科生发表科学论文12篇，参加各项课外科技竞赛活动获奖15项。

（5）在地理信息系统教学实验中心支持下，“地理信息系统专业”和“资源环境与城乡规划管理专业”被评为陕西省名牌专业，“地理信息系统”、“人文地理学”、“区域分析与规划”、“测量学”等课程被评为质量工程省级精品课程。（6）在本实验教学中心支持下，近五年来，我院承担科研项目80项，其中国家级科研项目16项，省部级科研项目22项，厅局级项目12项，其他项目30项。科研经费1400多万元。（7）近5年来发表学术论文289篇，其中SCI论文16篇，EI论文5篇，核心期刊222篇，其他期刊论文46篇。（8）科研获奖18项，其中省（部）级科学技术奖5项。

沈阳建筑大学城市建设学院

一、学院简介

沈阳建筑大学城市建设学院是经国家教育部批准，由沈阳建筑大学创办，以培养建筑类人才为主的省属普通本科高等学校，已有十一年的办学历史，现有在校生7000人。

学院坐落在美丽的历史文化名城沈阳市大浑南核心区，东与全运村及众多文化科技单位相毗邻，西可远望哈大高铁沈阳站，南与沈阳体育学院为伴，北依浑南高新技术产业园，处于沈阳新行政、文化区域的中心位置。这里交通便捷、设施完备，这里教育、文化氛围浓厚，这里是给人以发展和创新，充满生机和活力的地方。

学院教学设施完备、生活设施优越。这里有50000多平方米，全部为多媒体教室的“回”字形教学楼，有19000平方米现代化图书馆，有两处国际标准的塑胶操场和三处室内运动场，各种设施一应俱全，学生生活方便舒适。

学院依托沈阳建筑大学雄厚的学科基础和丰富的教学资源，根据人才市场需求设置专业，目前设有建筑学（五年制）、城市规划（五年制）、土木工程（建筑工程和交通土建工程两个方向）、测绘工程、安全工程、无机非金属材料工程、电气工程及其自动化、自动化、通信工程、建筑环境与设备工程、给水排水工程、计算机科学与技术、机械设计制造及其自动化、交通运输、物流工程、工程管理、会计学、工商管理、人力资源管理、艺术设计二十个本科专业。目前已发展形成以建筑、土木、工程类专业为特色，以工为主、工、管、文三大学科交叉渗透、协调发展的办学格局。

学院拥有一支以沈阳建筑大学教师为主体，以学院具有博士、硕士学位的学院教师为骨干，共300余人的高水平师资队伍，具有正、副教授职称的教师达到60%，多人在国家、省、市等学术团体和评审机构担任职务。高水平的师资队伍，确保了教育教学质量和人才培养质量。

学院开创多种办学模式，选送优秀学生去沈阳建筑大学等大学交流学习，并为有留学意愿的学生提供去美国东密歇根大学等国外大学读书的机会。学院重视学生的工程实践能力与创新精神的培养，参照卓越工程师计划将实践、创业、就业课程纳入到本科教学过程中，形成由社会实践、工程竞赛、金工实习等一到四年贯穿到底的实践环节，为毕业生快速融入社会提供保障。

十一载的砥砺奋进，十一载的春华秋实。学院始终把培养应用型、高素质、多样化人才作为办学理念。已有八届近万名毕业生走上了省内外的建设岗位，他们以扎实的理论知识，纯熟的实践动手能力，深受用人单位欢迎。毕业生就业率始终名列省内院校前列，连续四年获得辽宁省普通高校毕业生就业工作先进集体荣誉称号。部分毕业生考取公务员、事业单位，年均超过8%的毕业生考取硕士研究生、出国留学深造，75%毕业生就职于中建、中铁、中冶等大型国企和万科、恒大等知名房地产公司，并有部分学生自主创业成功，有的创业生资产近千万。辽宁省6000余家、省外数以万计的建筑企业以及建筑设计、建筑施工、建筑装饰、道路桥梁、自动化、通信工程、机械设计制造等行业为毕业生提供广阔就业平台，城建学子凭借其求真务实、扎实进取的精神在千余家企业中享有盛誉，学院已成为未来建筑工程师的摇篮。

“业精弘德、学勤出新”。“十二五”期间，学院将面向国家建设行业，充分发挥建筑、土木、工程类专业优势，把学院建设成为办学特色鲜明、教育质量高、社会声誉优良的充满生机和活力的高水平建筑类大学。

二、办学理念

指导思想：以邓小平理论和“三个代表”重要思想为指导，深入贯彻落实科学发展观，紧紧依托沈阳建筑大学的专业学科优势和办学资源，充分发挥学院体制和机制优势，以社会需求为导向，立足建设行业。坚持以人为本，学生第一，教师主导，全面发展；坚持改革创新，与时俱进，知行合一，探索实践；坚持立足当前，着眼长远，适度超前，确保实现；坚持严格管理，教育优先，循序渐进，强化内涵；坚持求真务实，服务社会，有为有位，积极贡献。以培养本科应用型高素质多样化人才为根本，深化改革，突出办学特色，建设国内一流、充满生机和活力的独立学院。

发展理念：按照科学发展观要求，坚持面向市场，服务社会，根据市场需求调整专业方向，强化办学特色，专业强校，树立专业建设的战略地位；坚持学院的可持续发展，以培养应用型高素质多样化人才为重点，育人为本，质量立校，建立符合社会需要的人才培养模式；坚持改革创新，强化人才队伍建设，人才强校，为实现总体目标奠定强有力的人力资源基础；坚持科学管理，民主治学，完善基础建设，营造和谐校园，文化兴校，全面提升学院社会信誉度。

培养理念：培养具有正确的世界观、人生观、价值观；有理想、有事业心和责任感；有时代精神和创新精神；具有团结互助、诚实守信、遵纪守法、艰苦奋斗的良好品质；专业知识结构合理，具有较强的学习能力、实践能力、创新能力、协调能力；主动适应社会需求、身心健康、全面发展的应用型高素质多样化人才。

育人理念：积极推进素质教育和人才培养模式创新，形成以提高学生的事业心和社会责任感为核心、以增强学生的创新能力和工程实践能力为重点、以提高学生的身体素质、心理素质和文化素质为内容的育人模式。

三、学院校训

校训脱胎于韩愈《进学解》。

业精弘德：《进学解》开篇“业精于勤，而荒于嬉；行成于思，而毁于随。”意在学校的事业、教师的业务和学生的学业追求卓越，精益求精。《进学》“荀卿守正，大论是弘”。希望全院师生能恪守正道、弘扬美德。

学勤出新：韩愈说，“要师古圣贤”，但要“师其意，不师其辞”。希望学生学业、教师学术勤奋努力，勤勉治学，培养师生的创新精神和创新能力。

大连理工大学城市学院

一、学院简介

大连理工大学城市学院经国家教育部批准成立于2003年3月，是东北首家按新机制、新模式设立的独立学院，是大连理工大学和中国城市建设控股集团有限公司（国企）下属的全资子公司大连松源企业集团合作创办的新型普通本科院校。

学院地处中国十大最具经济活力的滨海城市——大连，校园占地761亩，建筑面积25万平方米。学院各类办学设施齐全、先进，为学生创造了一流的学习和生活条件。

学院根植于大连理工大学，由大连理工大学全面负责学院的教学和管理。学院充分发挥大连理工大学的综合办学优势，根据社会发展的实际需求设置专业，目前设有计算机工程学院、电子与自动化学院、管理学院、建筑工程学院、外国语学院和艺术与传媒学院6个分院，21个专业，53个专业方向。学院面向全国招生，现有在校本科生近9500人。

学院依托大连理工大学雄厚的师资力量、丰富的教学资源和先进的管理经验，实施“多元化”人才培养目标，积极开展教育、教学改革创新，注重优良学风建设，严格教学质量管理，面向学生，服务社会，不断开创人才培养和办学的新局面。

学院全面贯彻党的教育方针，治学态度严谨，办学特色鲜明，坚持“以学生为中心、理论联系实际”的办学理念，积极进取，不断创新，努力实现“建设一流环境，实施一流教育，创办一流学院，培养一流人才”的办学目标，打造社会知名的品牌专业，力争把大连理工大学城市学院建设成为国内一流的新型独立学院。

二、学院特色

根据国家教育部的精神，学院采用新的办学机制和办学模式。学院既依托公立大学办学，共享母体优质的教学资源，又依靠大企业集团雄厚的资金实力，因此，学院采用的是一种崭新的“国有民营”办学机制。

学院实行董事会领导下的院长负责制，实行全部人员聘任制，并实行新的人事管理制度。学院加强师资队伍和管理队伍建设，引入竞争机制，严格考核，保证教学质量和优质高效的服务。学院后勤实行统一领导下的社会化服务。

新颖的办学理念

学院的办学理念是“以学生为中心，理论联系实际”。“以学生为中心”就是学院各项工作中，都要紧紧围绕着学生成长和成才，一切为学生服务；“理论联系实际”就是在各项教育教学工作中，都要面向学生实际，面向社会实际，转变教育方式，改革教学内容、教学方法和考核方式。

坚持教育创新

教育创新是学院发展的方向，更是学院发展的动力，学院坚定不移地推进教育改革和教育创新。学院在国家赋予的新的办学体制和办学模式下，具有推进教育创新的最有利条件和独特的优势，没有传统教育的痼疾，可以在大连理工大学多年教育改革的基础上，进一步深化改革。学院坚持教育创新的宗旨是提高人才培养质量，全面提升学生的素质及在未来人才市场的竞争力。

人才培养总体目标

致力于培养学生具有优秀的品德、健康的体魄、开阔的视野、扎实的基础、广博的文化知识、实用的专业技术、较强的外语运用能力、计算机应用能力以及管理和发展自我、与人共事相处、与人沟通、解决实际问题和创新的能力，全面提升学生的综合素质及在未来的竞争力，成为服务于祖国社会主义现代化建设的高素质应用型、复合型高级人才。

三、教育特色

实施“多元化”的人才培养方案努力开拓人才培养渠道

“多元化”人才培养方案的实施，有效地拓宽了人才培养渠道，为学生的发展提供了更广阔的空间。学院努力贯彻“因材施教”的原则，实施“多元化”的人才培养方案。学生可以依据自身意愿和特点选择发展方向，可以选择具有深厚基础理论知识，具备进一步接受硕士、博士研究生学历教育能力的发展方向，也可以选择具有宽广知识面，较强实践能力和创新能力，较强职业竞争力的发展方向，还可以选择具有较强外语能力，能适应出国求学或就业的复合型发展方向。

多方位的创新实践建立实践基地，开展校企合作

学院积极组织大学生创新实践活动，成立大学生创新创业发展实践中心，建立大学生创新实践基地，实施“大学生创新训练计划”，为学生提供可自主选择的科研课题，让学生有机会、有条件去进行创新、创业实践。系统的创新实践活动培养了学生的创新意识，提高学生的实践能力，为学生将来走向社会以及创业积累宝贵经验。

学院积极探索校企联合培养专业人才的新路，与花旗银行、东北通讯、中国旅行社等多家知名公司建立了友好合作关系。目前，学院已与大连大显电子有限公司联合培养半导体及现代电子制造技术人才，与天安保险股份有限公司联合培养保险专业人才，与大连晟峰中天软件有限公司合作培养软件专业人才，与大连永嘉电子建立ESP式外向复合型软件人才实训基地……并继续在其他专业开拓和扩展校企合作模式。

优良学风建设严抓学风，让学生自主学习、诚信学习

学院下大力气严抓优良学风建设，将“学习态度”、“到课率”和“晚自习率”作为衡量学生学习的三项重要指标。2008年，抽样调查结果表明全院学生到课率为98.5%；大学一年级学生晚自习率达到90.0%，主动学习的学生比例为83.2%。学院以专业引导教育，帮助学生提高对专业学习重要性的认识，从培养学习兴趣入手，通过参观、座谈、专题讨论等多种活动形式，激发学生的学习主动性和积极性。经过严格管理和大力倡导，学生的学习动力有效提高，学生能够做到自主学习、诚信学习，形成了师生共建优良学风的良好氛围。

第二次选择专业满足学生专业调整意愿，激发学生学习潜能

为了充分体现“以学生为中心”的办学理念，更好的调动学生学习的主观能动性，激发专业学习的兴趣，学院在办学条件许可的条件下，允许入学新生第二次选择专业（特殊专业除外）。2005年至2008年，学院共有589名学生调整了专业，大多数申请调整专业的同学得到了满足。

实行本科生导师制把教育和教学真正落实到位

学院实行学生教育导师制，为每个班级配备导师，全面指导学生的学习与生活，使教书与育人相统一。导师工作以“尊重差异，因材施教”为原则，贯穿于入学至毕业的全过程，具体工作职责包括：指导学生学习，激发学生的学习动力，培养学生的创新能力和解决问题能力；指导学生合理安排大学生活，正确处理学习、活动与娱乐的关系；指导学生正确处理人际关系，正确面对困难、压力和挫折；指导学生就业，帮助学生确立适合自身发展的人生目标和职业生涯规划。

南京大学城市规划与设计系

一、学院简介

南京大学城市规划学科创办于1975年，前身为经济地理与城乡区域规划专业，是国内综合性院校中最早从事城市与区域规划研究、教学的单位，在国内城市规划界有着鲜明的特色和重要的地位。2006年在原地理与海洋科学学院内成立城市与区域规划系，2010年南京大学组建建筑与城市规划学院，并设立城市规划与设计系。目前，本系设有城市规划与设计本科专业，城市规划与设计硕士点，城市与区域规划、建筑设计及其理论（城市规划方向）2个博士点。拥有国家甲级资质的南京大学城市规划设计研究院，985工程重要国际合作交流平台：南京大学——东巴黎大学“中法城市·区域·规划科学研究中心”，以及南京大学——澳大利亚西悉尼大学虚拟城市与环境实验室、城市灾害与公共安全实验室、南京大学区域研究所、南京大学城市科学研究院等科研与实验机构，形成了强大的产学研一体化的学科发展体系。

城市规划专业依托学校理、文、工、经、管等多学科综合优势，顺应世界城市与区域规划学科发展趋势，经过30余年的集中发展，在科研、教学综合实力方面名列全国相关高校的前茅，尤其是在区域发展及区域规划、城市空间结构研究及规划、城市化研究、城市规划GIS、城市经济与社会、城市环境、城市灾害与公共安全等方面处于全国领先地位。

城市规划与设计系师资力量雄厚，现有教授7人，副教授9人，讲师11人，退休教师9人，海内外在岗兼职、客座教授18人（其中中国工程院院士1人）。不仅有崔功豪、郑弘毅、林炳耀、邹怡等资深老教授，而且有一批工作在科研、教学战线上的中青年专家，体现了理工人才齐备的特点，在城市与区域规划领域具有显著的人才、教学和科研优势。已与法国巴黎12大、英国卡迪夫大学、英国曼彻斯特大学、荷兰乌特勒支大学、美国马里兰大学、澳大利亚西悉尼大学及香港等大学等诸多海外机构建立了紧密的学术交流与人才培养合作关系。

城市规划与设计系坚持培养德才兼备的城市与区域规划专业人才，在专业教学方面以多学科交叉、实践与科研及教学结合、宏观分析与微观设计结合为特色，并在培养人才的知识结构上与国际接轨，依托两所国家甲级资质规划院——南京大学城市规划设计研究院、江苏省城乡规划设计研究院作（联合办学单位）作为人才培养的主要实践基地，坚持并不断弘扬、创新具有南京大学特色的城市与区域规划学科特色。

二、办学方针

城市与区域规划系坚持培养德才兼备的城市与区域规划专业人才，具体体现在：培养坚持四项基本原则，热爱学校，热爱祖国，树立良好的思想道德体系，具有高尚的科学职业道德，具备扎实的理论和实践基础专业人才，在专业教学方面以理工结合、实践与科研结合、宏观分析与微观设计结合为特色，并在培养人才的知识结构上与国际接轨，依托两所国家甲级资质规划院——南京大学城市规划设计研究院作为人才培养的主要实践基地和江苏省城乡规划设计研究院作为联合办学基地（并联办城市规划与设计工科硕士专业），走一条具有南大特色的城市与区域规划教学和研究的新路子。

三、人才培养

城市规划学科计划每年招收本科生两个班，50-60名学生。招收硕士研究生30-40名，博士生10-15名。人才培养坚持两个要点：

一是国际化。基于中法中心ECURBS项目等，将已经起步的国际化教学、学生交流（首先从硕士、博士做起）等进一步常规化、制度化，逐步实现常年伙伴院校教师互换教学、学生交流学习和研究。

二是跨学科合作教学。将通过有重点、有协调地进行学院内、校内相关院系互开课形式实现教学的跨学科。学院内部在建筑学等方面课程将逐步梳理、协调，学校内将重点针对地理学院、商学院、社会学院、公共管理学院等进行互开课合作。合作教学将是南京大学城市规划学科保持特色，并在此基础上向更综合性规划学科演化的另一个基本依托。

徐州师范大学城市与环境学院

一、学院简介

城市与环境学院的前身为始建于1956年的史地科，2000年12月更名为城市与环境学院。学院设有地理科学、资源环境与城乡规划管理、地理信息系统、环境科学4个四年制本科专业，每年招收本科生180人左右；拥有区域经济学、自然地理学、人文地理学、人口资源环境经济学4个硕士学位授权点，每年招收硕士研究生40人左右。

城环学院现有教职工42人，其中专职教师36人，在职称结构、学历结构、年龄结构和学员结构等方面，表现出具有以下4个鲜明的特点：（1）高职称。在专任教师中，教授6人，副教授15人（其中校聘2人），讲师14人，助教1人。副教授以上21人，占教师总数的58.3%。（2）高学历。专任教师中，具有硕士以上学位者34人，占教师总数的94.4%。其中博士19人，硕士15人，并有博士后3人。（3）年轻化。专任教师中，45岁以上者1人，35-45岁者22人，35岁以下者13人，45岁以下的中青年教师占97.2%，35岁以下的青年教师占36.1%，师资队伍表现出强健的特色，并且发展势头很好。目前他们大多都已成长为教学科研的中坚力量，近年来的成果十分显著，在国内学术界引起了较大的关注，其中有1人为省“青蓝工程”中青年学术带头人培养对象，2人为省级优秀青年骨干教师，3人为校级优秀青年骨干教师。（4）宽学缘。我院教师来源多样，既有名牌大学毕业的博士和硕士，也有中科院系统毕业的博士和硕士，还有国外归来的学者。目前我院的教师队伍分别来源于南京大学、中科院地理研究所、南开大学、兰州大学、河南大学、中国矿业大学、日本横滨大学等国内外15所院校，教师来源多元化，学员结构优化。

经过多年的发展建设，学员在学科建设方面取得了长足的进步，气得了显著的成效。在学院所见学科中，区域经济学为江苏省重点学科、学校“重中之重”建设学科（第一批申博学科），人文地理学为学校重点建设学科（第二批申博学科），自然地理学为学校重点建设学科，资源环境与城乡规划管理专业为江苏省特色专业。

在强大的学科队伍的支撑下，我院在教学和科研方面取得了丰硕的成果。在教学方面，学院所建设的《区域经济学》为江苏省优质课程，《人文地理学》为江苏省二类优秀课程。多名教师荣获校级先进教师、师德模范等称号。近年来，学院共获批国家自然科学基金项目2项，国家社会科学基金项目2项，省级项目10余项，其他各类项目近百项，获得科研资助总金额近300万元。近5年来，专任教师共在各级学术刊物上发表论文270余篇，出版著作20余部，人均发表论文数量连续多年在全校名列前茅，并有众多论文发表于高级别刊物，9篇被SCI、EI收录。在科研获奖方面也有颇大收获，共获得省级科技奖8项，其他级别奖数十项。

学院十分重视各类人才的培养工作，坚持教授为本科生讲课、听课评课等制度，确保教学质量。

近年来培养的各类毕业生大多在国土资源管理、城市规划、环境保护等政府机构以及高等院校、科研机构和各类中学工作，也有的在相关企事业单位从事专业工作，有的考取了名牌大学和中科院的硕士研究生和博士研究生，在社会上都做出了突出成绩。本科毕业生的就业率每年都在98%以上，硕士研究生的就业率达100%。

二、特色专业

根据省教育厅《关于公布2006年江苏省高等学校品牌特色专业建设点遴选结果的通知》（苏教高〔2006〕14号）文件，城市与环境学院资源环境与城乡规划管理专业被列入第二批江苏省高等学校特色专业建设点名录。

专业简介：

城市与环境学院于1996年经原国家教委批准，设置“经济地理学与城乡区域规划专业”，1997年始正式招收本科。在教育部1998年颁布“普通高等学校本科专业目录”后，经过适当调整和必要充实，设置为“资源环境与城乡规划管理专业”，而当时江苏其他各高校中，只有南京大学设有本专业。2001年5月，“资源环境与城乡规划管理”专业通过江苏省教育厅学士学位授予权评审。2006年，被江苏省教育厅列入第二批江苏省高等学校特色专业建设点名录。

专业特色：

（一）面向新农村，以小城镇规划管理为主要方向

本专业从我国城镇化发展迅速、小城镇面广量大，尤其是苏北小城镇建设严重滞后的实际出发，坚持面向新农村，以小城镇规划管理为专业建设和人才培养的目标，充分地体现了专业设置的社会需求和市场化趋向。在人才培养方案、特别是教学计划中，一直把有关小城镇方面的课程教学放在十分突出的位置，开设了“村镇规划”、“村镇规划方案案例分析”、“县域经济学”等系列课程，使学生在小城镇规划管理方面受到了比较全面而系统的专业教育。

（二）注重实践教学，紧密联系地方经济和社会发展

根据本专业应用性强的特点，在教学过程十分重视实践环节教学，开设了青岛城市规划实习、小城镇规划实习、专业课程实践等实践课程，并要求以毕业设计为核心进一步强化专业实践应用，安排实践课程共计22周。立足于苏北县（市）和有关城镇，建立了若干相对稳定的实习基地。专业学生在指导老师的带领下，完成了10多个镇的总体规划编制以及100多个新农村建设规划。

（三）强调师资队伍建设，具有较高知名度的专业带头人

本专业教授、副教授比例为86.4%，35岁（含）以下青年教师中100%具有硕士以上学位，其中45岁以下教师中具有博士学位的比例高达83.3%。形成具有以沈正平教授为代表的专业学术带头人，具有较高的知名度和学术影响力，教师队伍结构优化，梯队合理，素质优良。

苏州大学城市轨道交通学院

一、学院简介

城市轨道交通学院是学校为适应长三角地区，尤其是苏州市城市轨道交通的发展，与苏州市轨道交通建设有限公司联合筹建的一个应用性工科学院。随着我国社会经济发展中城市化水平的不断提高，城市轨道交通建设逐步兴起。在长三角地区16个城市中，除上海、南京已有建成地铁外，苏州、杭州已进入建设阶段，宁波、无锡、常州等城市也正在筹划建设。学院将充分利用苏州大学强大的教学资源和苏州市得天独厚的区域优势，重点建设和发展轨道交通相关专业。

学院与国内多家著名交通院校和科研院所建立了紧密的教学科研合作关系，多个项目参与到苏州轨道交通的规划设计和建设当中，为学科建设和人才培养奠定了坚实的基础。

今后，学院将以服务社会经济发展为目标，学科建设为龙头、重点实验室建设为基础、师资队伍建设为重点，不断开拓创新，把学院建成多学科协调发展的、城市轨道交通建设事业高级技术人才和管理人才的培养基地、高新技术研究和成果转化基地、高水平实验基地以及高层次决策咨询中心和学术交流中心。

二、教学队伍

学院目前拥有教职工38人，专任教师22人，其中正高6人，教师中拥有博士学位的20人，海外学成归来8人。专业领域布及交通工程、工程力学、交通规划、通信信号、车辆工程和土木工程等。

三、合作交流

学院积极开展国际间交流与合作，与韩国又松大学达成双方2＋2双学历学生共同培养协议。根据双方合作协议，我校城市轨道交通学院学生在完成两年学业以后，可申请至韩国又松大学相同或相近专业继续学习2年。学生在规定时间内完成双方大学教学规定的课程，符合双方大学的毕业要求，可以获得双方大学的毕业证书。符合双方大学学士学位授予条件的，可按规定获得双方大学的学士学位。

武汉大学城市设计学院

一、学院简介

城市设计学院现设有城市规划系、建筑学系、设计系、工程及计算机图学中心、实验中心等五个科研教学单位和党政办公室、教学管理办公室、拓展办学办公室、图书资料室等科研教学辅助单位。现有教职员工127人，各类学生2700余人。其中教师106人，具有高级职称的教师56人；研究生200人，本科生近700人。

学院设有四个本科专业、八个硕士点、二个博士点。四个本科专业为城市规划、建筑学、工业设计、艺术设计，其中城市规划与设计专业为湖北省重点学科，“211工程”建设项目；八个硕士点为城市规划与设计、建筑设计及理论、建筑历史与理论、建筑技术科学、设计艺术学、美术学、计算机应用技术、虚拟现实与仿真工程；二个博士点为建筑学一级学科博士点和城市系统工程二级博士点。

城市设计学院是由原武汉大学、武汉水利电力大学、武汉测绘科技大学的建筑学、城市规划、图学等专业于2000年12月合并而成，2003年学校先后将工业设计、艺术设计专业从其他院系调整到城市设计学院，使学院形成了规划设计、建筑设计、工业设计、艺术设计相辅相成的完备设计体系。

城市设计学院依托武汉大学深厚的学术氛围、人文底蕴以及多学科综合支撑体系，形成人文化、数字化、国际化的办学目标。

目前，武汉大学城市设计学院全体师生员工信心百倍、团结一心、奋力拼搏、勇往直前，为创学院历史辉煌而默默奉献着。

二、学科特色

人文：

武汉大学为拥有百年历史的综合性大学、哲学、美学、中文和外国文学等科学优势为城市设计学院的发展提供了人文基础平台。

科学：

社会学、经济学、环境学、法学和管理学等在城市研究领域的交叉融合，拓展了城市设计学科的综合内涵。

技术：

数字化技术是当今人类生活发展的主题。早在20世纪80年代末，武汉大学城市设计学院就开始了将信息技术应用于城市与建筑设计的探索。利用武汉大学遥感技术、地理信息系统、系统工程技术的学科优势，为建立数字化技术条件下的城市规划与设计的理论方法提供系统技术支撑。

三、教学资源

学院资料室面积470平方米，资料室现收藏专业中文图书16135册，专业外文图书3849册，专业中文期刊62种，专业外文期刊47种。教学档案室面积110平方米，档案室藏有历届硕士学位论文、学生试卷、作业图纸及教学管理档案资料。

设有艺术与设计实验教学中心，专职管理人员4人。

四、合作交流

经过多年的努力，城市设计学院办学及科研实力不断增强，国际交流与合作日益频繁，国际合作成果显著。目前与荷兰、美国、法国、韩国、澳大利亚、瑞士等国开展了国际合作，其中学院与荷兰国际地理信息与地球观测学院（ITC）合作二十余年，并与法国、韩国、美国、德国、澳大利亚、新加坡、台湾、香港等国家和地区的大学、科研机构开展联合教学及科研合作。同时，学院成功地举办了多次大型国际会议，在国内外产生了较大影响。近年学生多次在国际国内竞赛中获奖。2005年起，我院学生多次在国际国内竞赛中获奖，其中包括国际建筑师协会最高奖“联合国教科文组织大奖”。近五年来，先后主持国家863计划项目、国家自然科学基金项目、省部级科研项目多项。积极参与社会服务活动，效益显著。

昆明理工大学城市学院

一、学院简介

高等职业教育作为高等教育发展中的一个类型，肩负着培养面向生产、建设、服务和管理第一线需要的高素质的技术应用型和职业技能型高级专门人才的使命，在我国加快推进社会主义现代化建设进程中具有不可替代的作用。随着我国走新型工业化道路、建设社会主义新农村和创新型国家对高技能人才要求的不断提高，为了适应国家经济转型和新的经济增长方式转变对各类高级技能人才的需求，构建职业教育的“立交桥”，促进职业教育的发展，经云南省政府批准，昆明理工大学高等职业本科2010年开始面向全国招生。为办好高等职业本科教育，昆明理工大学在进行了多年高等职业教育探索、实践的基础上，成立了专门培养高等职业本科生的教学单位——昆明理工大学城市学院，并将新迎校区作为办学地点。学院依托昆明理工大学现有的雄厚师资力量和先进的实验实习条件，坚持以工为主，文、经、管、艺多学科协调发展的整体专业布局，以特色鲜明，应用为本的理念培养人才，属昆明理工大学下设教学学院之一。

昆明理工大学城市学院将以“高起点、高标准，特色鲜明，层次清晰”的办学定位；以培养基础理论扎实的高素质技术应用型和职业技能型高级人才为培养目标；以技术应用能力和职业技能为主线，整体优化设计学生的知识、能力、素质的培养方案；大力改革教学内容、课程体系，改进教学方法和手段；并借鉴国内外职业教育成功经验，加强学生实践能力和创新精神、创业、就业能力的培养。切实构建校企（校）联合培养，工学结合，顶岗实习等具有鲜明特色的职业人才培养模式。

昆明理工大学城市学院将按照教育部“卓越工程师培养计划”的相关要求，实行“2＋2”培养模式，将学生实践能力培养、职业技能实训、创业能力、就业能力的培养体现在培养方案和教学过程、教学管理和学生管理的方方面面，实现人才培养和学生就业与企业用人的无缝接轨。并把学生满意、家长满意、社会满意作为我校高等职业本科教育的最高标准，培养人才、服务学生、服务社会。

昆明理工大学城市学院以市场需求为导向，在人才培养过程中，注重学生综合素质的全面提升，学生可以根据自己对未来所从事职业的兴趣爱好和能力，选取不同的职业课程模块学习。学院始终坚持把理论和实践教学、能力与素质、职业技能与就业能力作为一个整体设计培养方案，确定培养目标，对教学目标、教学内容、课程体系、实习实训、职业技能进行统一规划。实现“双师”、“双课”、“双纲”、“多证”、“双考核”的课程标准教学，着重强化课程设计、课程实习、专业实习、顶岗实习和技能训练等实践环节，实行多证并举，并积极探索“理论、实践，再理论、再实践”的循环教学模式，边学边干，边干边学，改革专业课程设置，注重职业技能课程的学习，实现专业知识掌握和职业技能训练、综合素质的培养全面有机结合。

昆明理工大学全体师生期盼着在秋风送爽的收获季节，热忱欢迎你一一云南省首届高等职业本科生的到来。

二、教学介绍

昆明理工大学城市学院位于新迎校区，该校区占地面积420亩，现有教学、实验室、图书馆等教学行政用房建筑面积7.5万多平方米，学生宿舍建筑面积6.1万多平方米；教学、实验、实训等教学用房规划建筑面积15万多平方米。学院专兼职教师中现有青年学科带头人后备人才1人，博士后1人、博士和在读博士研究生17人；硕士研究生57人；具有副高级以上职称23人。

三、交流合作

学校在十多年高等职业教育改革和实践过程中，始终坚持面向市场需求，以服务为宗旨，以就业为导向，走产学结合发展之路，大力推行工学结合，突出实践能力培养，改革人才培养模式，通过国际国内合作，校企合作，加强实训、实习基地建设。先后与瑞典布莱金厄工学院、泰国清迈大学、澳大利亚国际职业教育集团、新加坡子洋教育机构、香港专业教育学院（青衣分校）等多所大学和职业教育机构建立了国际合作关系；并同北京博创科技集团、北京水晶石数字科技有限公司、昆明官房酒店管理集团、昆明高新技术开发区、昆明经济技术开发区等国内多家企业建立起了稳固的学生实习、实训合作办学基地；经云南省人力资源和社会保障厅批准成立了云南省131职业技能鉴定所昆明理工大学培训站，全面向学生和社会开放，可以从事29个工种的职业技能初、中、高级职业技能鉴定，为学生职业技能提高和就业提供的宽广的平台。

香港城市大学

一、学校简介

香港城市大学，简称城大（英文：City University of Hong Kong，CityU），是香港八所受政府大学教育资助委员会资助并可颁授学位的高等教育院校之一。城大下辖六所学院：商学院、人文社会科学院、科学及工程学院、创意媒体学院、能源及环境学院、法律学院，提供逾130个课程。周亦卿研究生院提供高级学位（硕士及博士学位）课程，专业进修学院（SCOPE）则提供优质的专业学科持续进修课程。大学现以工商管理、法律、工程、创意媒体、能源及环境作为五大发展重点，以“专业教育提供者”为大学定位。

香港城市大学（简称城大）位于香港，1984年创立时名为香港城市理工学院，1994年升格为大学，并改称现名；2009年学生注册人数约20,000人，教职员逾3,000人。根据2011年QS世界最佳500大学排名榜（2011.09.05），城大位居全球最佳学府第110位。按2010年QS亚洲大学排名榜，城大位居亚洲最佳学府第15位。城大校园位于九龙塘。

香港城市大学位于九龙塘达之路的主校园面积达15.6公顷，当中包括教学楼、康乐楼、蒙民伟楼、方润华楼、郑翼之楼、学术交流大楼、桃源楼、综合运动场馆，两座高级教职员宿舍（南山苑、德智苑）及学生宿舍。

香港城市大学的前身为城市理工学院，于1984年根据《香港法例》第1132章「香港城市理工学院条例」于九龙旺角成立。最早期的校舍位于今日旺角的工业贸易署大楼。8年后九龙塘又一村达之路的永久校舍落成后，于1990年起陆续迁入新校舍，并把原校舍转交香港公开进修学院作校舍用途。学校获得政府拨地，把原歌和老街临时房屋区的地段作为未来学生宿舍的位置。该校于1995年获政府授予自我评审（self-accrediting）资格，并正名为“香港城市大学”。1997年，在原威灵顿中学旧址设立九龙湾分校，专门为自资副学士、展翅计划及毅进计划的学生提供上课地点。

二、校园设施

图书馆

邵逸夫图书馆坐落于教学楼3楼全层，1984年成立，并于1989年迁入现址。现有馆藏849,400册书及184,300册合订期刊，现刊数量约40,000种。图书馆由2006年至2009年间，进行了多项的翻新工程，包括更换照明系统、加设多部计算机、更换书架、修订指示数据、加设讨论区等，大大提升了图书馆的功能。使用者需持有城市大学相关证件方可进入。

电算服务中心

电算服务中心坐落于教学楼2楼，里面设有多间计算机室，作为跟电子相关的学科的教学课室，并以英文字母区分。另外，电算服务中心亦为教职员和学生提供各项服务，包括免费使用计算机、手提电脑借用、免费打印文件服务、钉装用品提供等。中心也担任整间大学的计算机管理员，负责各项网上或电子器材数据的整理和维修。使用者需持有城市大学相关证件方可进入。

学生宿舍

学生宿舍位于达康路毕架山峰旁，约在达之路及歌和老街，风景怡人，如赛马会群智堂居住者能看见维多利亚港大部分景色。宿舍共9座，宿舍多以捐赠者或机构命名。每个宿舍都有宿生会，负责组织宿舍内的活动。

保健中心

杨仲仪保健中心位于康乐楼4楼，为学生和教职员提供一般门诊服务和基本的牙科保健服务。使用者需持有城市大学相关证件方可享用服务。

运动中心

胡法光运动中心设于康乐楼3至4楼，让教职员和学生使用各项运动设施，包括羽毛球场、篮球场、壁球场、游泳池等。使用者需持有城市大学相关证件方可享用服务。

三、学校层次

全球排名

香港城市大学（城大）在英国《泰晤士报高等教育专刊》（Times Higher Education Supplement）的2009年度全球200所顶尖大学排名中跃升23位，居第124位。

2011年香港城市大学（城大）在国际高等教育资讯机构QuacquarelliSymonds（QS）公布的2011年世界最佳大学排名榜中跃升19位。根据今年QS世界最佳500所大学的排名结果，城大从2010年的第129位升至第110位。

亚洲排名

QS（Quacquarelli Symonds）公司从2004年起与英国《泰晤士报高等教育专刊》共同推出年度全球最佳200所大学排行榜，是世界范围内被引用最多的大学排名。在2010、2011连续两年在QS世界亚洲大学排名中位居亚洲院校第15位。

香港排名

英国泰晤士报2010年最新公布，香港城市大学排名仅次于香港大学、香港科技大学和香港中文大学，位列第4位。

其他排名

商学院　亚太区第5名（美国德州大学达拉斯分校全球最优秀的100家商学院）

社会科学院　全球排名61　（英国泰晤士报）

香港城市大学在2007年香港政府公布的最近5年“研究评估”中，以89.3分名列全港大学传媒领域第一名（注：全港有关院系的平均得分为69.8分）。其他具有传媒教育的院校是香港浸会大学、香港中文大学和香港大学等。

澳门城市大学

一、大学简介

澳门城市大学创立于1981年，是澳门开埠四百多年来第一所中国人创办的正式大学。当时是以私人办学方式开办，命名为澳门东亚大学。三十年来，大学三易其名，不断发展。

1988年，为实现澳门社会稳定和经济发展，澳门东亚大学改制为公立澳门大学、澳门理工学院和私立澳门东亚公开学院（由原澳门东亚大学的研究院和公开学院合一）。故本校与澳门大学、澳门理工学院同属一源。

1992年，经澳葡政府批准，澳门东亚公开学院和葡萄牙国立公开大学联合组成一所新型大学，名为亚洲（澳门）国际公开大学。

2010年9月，应三位创办人之邀，陈明金先生接办亚洲（澳门）国际公开大学，并出任大学行政委员会主席。

2011年2月，亚洲（澳门）国际公开大学更名为澳门城市大学，（葡文名称：Universidade da Cidade de Macau，英文名称：City University of Macau）。现任校长为颜泽贤教授。

在澳门高等学校中，澳门城市大学因其有着30年历史、7000余在校生以及具有博士、硕士、学士学位的授予权，凸显出历史较长、规模较大、层次较高的特点，在终身教育、远程教育和葡文教育等方面具有传统优势。三十年来，为港澳地区、中国内地及东南亚地区培养了大批专门人才，为澳门高等教育作出一定贡献。

澳门城市大学是澳门特别行政区政府批准设立的高等学校，其开办经特区政府核准之高等教育课程而颁授之学位，为澳门特别行政区政府及国际社会所承认。根据澳门政府196/92/M号法令，大学具有博士、硕士和学士学位的授予权。从二零零四年起，大学开始在内地招收全日制学生来澳深造。大学一贯以来以质量求生存、以特色谋发展。为保证教学质量，本校遴选具有博士，或副教授以上的教师任教，为了让学生更多的掌握国际前沿的知识理念，具有更广阔的国际视野，本校选聘的教授大多数是受过西方高等教育的港澳台人士、内地学者及欧美专家，并使用中英双语教学模式。

大学已构建起多学制、多层次、多形式、多区域的办学体系，目前开设有中文制、英文制、葡文制的博士、硕士、学士、高等专科、文凭等课程，包括全日制日间、全日制夜间、兼读制、遥距等教育方式。大学设有六个学院，包括工商管理学院、人文社会科学学院、国际旅游与管理学院、葡文学院、国际公开学院和继续教育学院，并建有澳门社会经济发展研究中心、葡语国家研究院、经济研究所、旅游博彩研究所及语言研究所。

澳门城市大学将以务实创新的精神，计划用10年左右的时间，建设成为一所规模适度、结构合理、质量优良、特色鲜明的高水平、国际化、全面开放的综合性大学。学科结构将以人文社科类、经济管理类等学科为主，适度发展理工等学科，达至多学科协调发展的中远期规划目标。同时努力在教学质量、人才培养、学术研究、师资队伍、行政管理、校园建设、社会服务和国际交流等方方面面，建立和提升澳门城市大学在国内外的良好声誉。

30年孜孜以求，30年砥砺自强，30年薪火相传，30年文脉绵延。站在历史与未来的交汇点，澳门城市大学秉承“城市根基、澳门渊源、中国灵魂、世界眼光、多元文化、科学精神、人文情怀、丰厚底蕴”的宗旨，不断优化和提升教学条件，结合社会发展的需要，致力培育不同领域的优秀人才，努力将大学建设成为传统文化的守望者，先进知识的传播者，开拓创新的引擎者，社会良知和责任的捍卫者。为澳门、祖国乃至世界的社会经济和教育发展作出更大的贡献！

二、大学校训（明德、博学、尚行）

“明德”是大学之道，“博学、尚行”是实现明德的途径。

育人为本、德育为先。我们培养的是理论、实践、技能融为一体的，知行合一、实干兴邦的人才：高远境界、高尚品德、厚重文化、广博知识、勤于实践、行动能力。

三、使命愿景

澳门是历史城市，她以开放包容的胸襟，兼收并蓄，多元并进，古今中外，尽抱怀中。

城大是高等学府，她以开放包容的胸襟，传播知识，孕育思想，天下人才，尽揽其中。

澳门城市大学继承澳门的文脉，传递城市的灵魂，弘扬大学的精神，教书育人，薪火相传。澳门城市大学是澳门的大学，是中国的大学，也是世界的大学。

1. 宗旨：城市根基、澳门渊源、中国灵魂、世界眼光、多元文化、科学精神、人文情怀、丰厚底蕴。

2. 方向：创新办学模式，拓展教育功能，整合社会资源，优化办学条件，增强师资力量，强化教学质量，提高研究能力，完善大学制度，提升管理水平；

3. 目标：高起点办学、高品位校园、高质量管理、高层次师资、高水平研究、高水平教学、高素质人才，精品课程（学科）体系、精品教材体系、精品研究体系、精品讲座体系、精致校园文化、精细团队组合。以务实创新的精神，用10年左右的时间，建设成为一所规模适度、结构合理、质量优良、特色鲜明的高水平、国际化、全面开放的综合性大学。

4. 办法：以质量求生存、以特色谋发展，内涵提高、特色强校。

5. 步骤：统一规划，分步推进，重点突出，整体发展。

中国著名商会介绍

北京市商会

商会简介：

北京市工商业联合会（北京市商会）始创于1951年6月，是中国共产党领导的以非公有制企业和非公有制经济人士为主体的人民团体和商会组织，是党和政府联系非公有制经济人士的桥梁纽带，是政府管理和服务非公有制经济的助手，在北京市经济、政治、文化、社会生活中有着重要影响，在促进非公有制经济健康发展、引导非公有制经济人士健康成长中具有不可替代的作用。

半个多世纪以来，北京市商会团结、服务、引导、教育广大会员爱国、敬业、诚信、守法、贡献，积极投身中国现代化建设事业，全面履行商会的中介服务职能，是政府与工商企业之间重要的桥梁和纽带。北京市商会以私营企业、非公有制经济成分控股的有限责任公司和股份有限公司、港澳投资企业和私营企业出资人、个体工商户、在内地投资的港澳工商界人士、原工商业者等为主要服务对象，同时广泛联系其他工商企业和经济界人士。现拥有：2.40万余家企业、团体、个人会员，覆盖全市16个区县的工商业联合会；139个基层商会，68个行业商会，并且与全国工商联及国内其他省市的工商联有着密切联系，是北京市具有积极影响力的重要人民团体和商会组织。

北京市商会常设经济服务、对外联络、会员、宣传培训、调研等11个工作机构。竭诚为广大会员和行业商会提供信息咨询、产品认证、经贸考察、技术交流、管理培训以及组织海内外经贸招商、洽谈等专业服务。

值得特别推介的是，北京市商会作为中国人民政治协商会议的组成单位之一，能够通过政治协商、民主监督、参政议政的法定渠道，有效地把会员的意见、建议反映给政府，对其制定有关政策、法规发挥积极的影响，并能及时地将政府对工商企业的信息转达给会员，从而既维护了会员企业的合法权益，又发挥了政府管理非公有制企业的助手作用，受到政府和会员的倚重。

中国加入世界贸易组织以来，北京市商会与海外同仁的交流与合作更加密切和广泛。目前已与25个国家和地区的92家商会建立了经常性的友好联系，并与其中的18家组织签订了友好合作协议。

商会领导：

程　红　北京市人民政府副市长、北京市商会主席

上海市工商业联合会
（上海市商会）

商会简介：

上海市工商业联合会，又称上海市商会，是上海市工商界组成的人民团体和民间商会，是党和政府联系非公有制经济人士的桥梁和纽带，是政府管理非公有制经济的助手。

上海市工商业联合会（上海市商会）成立于1951年，是全国第一个省级工商联组织，是上海市政协的组成单位之一，盛丕华、荣毅仁、经叔平、刘靖基等一批深孚众望的工商界代表人士都曾在此任职，现任会长是中华全国工商业联合会副主席、政协上海市第十届委员会副主席、上海对外贸易学院院长、上海市WTO事务咨询中心副理事长、总裁王新奎先生。

上海市工商联（上海市商会）拥有覆盖全市的、健全的组织网络，上海各个行政区县都成立了对应的区县级工商联组织，截至2007年6月底，有96.2%以上的街道、镇成立了街道、镇商会（分会）。此外，还有一批同业公会与行业协会，并与上海市政府有关部门共同组建了上海市小企业服务中心。目前，上海市工商联已与全国各省、市、自治区各级工商联建立了网络关系，并与世界上许多国家、自由贸易区的商会建立了密切的联系。

工商联会员分为企业会员、团体会员、个人会员，主体是非公有制经济企业。截至2007年6月底，全市共有会员28276个，其中，非公经济企业20933户，在社会上有“非公企业之家”美誉。

主要任务：

代表工商界，特别是非公经济参与上海市政治、经济、社会重大问题的政治协商；协助上海市政府对非公有制经济有关事务进行管理，承办政府和有关部门委托事项；发挥民间商会的职能和作用，代表和维护会员的合法权益，为会员提供各种服务；增进与世界各国工商社团及工商经济人士的联系和友谊，共促发展。

商会领导：

王新奎　全国政协第十一届委员会常委，中华全国工商业联合会副主席，政协上海市第十一届委员会副主席、上海市工商业联合会主席、上海对外贸易学院院长、上海市WTO事务咨询中心理事长、总裁

季晓东　中共上海市委统战部副部长、上海市工商联党组书记、副主席

天津市工商业联合会
（天津市商会）

商会简介：

天津市工商业联合会成立于1950年4月，是天津市工商业界组成的人民团体和民间商会，亦称天津市商会，是中华全国工商业联合会的地方组织，是中国人民政治协商会议天津市委员会组成单位之一。

天津市工商联（天津市商会）自成立以来，在恢复国民经济、社会主义改造和建设、改革开放和社会主义现代化建设等各个时期，都发挥了十分重要的作用。近几年来，各级工商联组织紧紧围绕经济建设和改革发展稳定的大局，认真履行职能，积极参政议政、建言献策，为党和政府决策提供了重要依据。各级工商联组织按照团结、帮助、引导、教育的方针，广泛开展爱国、敬业、诚信、守法、贡献和致富思源、富而思进教育以及光彩事业、信誉宣言等活动，积极引导广大会员自觉地把自身企业的发展与国家的发展结合起来，把个人富裕与全体人民共同富裕结合起来，把遵循市场法则与发扬社会道德结合起来，坚定地走中国特色社会主义道路，为我国经济的发展做出了重要贡献。

天津市工商联（天津市商会）在半个世纪的历史进程中不断发展壮大，截止2006年年底，已拥有注册会员11354名，其中个人会员1517名，企业会员8474名，团体会员64个，行业商会20个，异地商会7个，与30多个国家和地区140家商会保持联系，其中与13家商会建立了友好商会关系。天津市工商联（商会）还设有：参政议政、法律、宣传、金融、商贸、教育培训、组织、联络等八个专门委员会。

主要任务：

坚持以邓小平理论和“三个代表”重要思想为指导，深入贯彻落实党的十六大和中共天津市委第八次党代会精神，沟通政府与工商企业界的联系，努力为天津市的改革开放和经济建设服务。全面加强各级工商联的思想、组织和作风建设，切实履行工商联的职能，发挥工商联的优势，团结和带领广大会员，自觉服从和服务于改革、发展、稳定的大局，引导非公有制经济人士健康成长，做到“求快、求新、求高”，“放心、放开”地把企业“做优、做大、做强”，更新观念、苦练内功，应对入世后带来的机遇和挑战，努力把工商联工作提高到一个新的水平。

参政议政：

工商联是非公有经济人士参与政治和社会事务的主渠道，也是政府管理非公有制经济的助手。作为人民政协的组成单位，具有参政议政重要职能。我会有一批优秀会员当选为各级政协委员或人大代表。特别是天津滨海新区的开发开放已成为举世瞩目的焦点。他们积极建言献策，为经济社会的文明与进步，发挥了独特的作用。

全国工商联和天津市政府每两年举办一次“民营经济发展 · 天津论坛”，深入研究民营经济发展中理论与实践的新动态。我会作为论坛承办单位，努力使其成为参政议政的一个新平台，同时也促进了环渤海地区资源的优势互补和区域间联合，推动民营资本积极参与区域经济发展。

经济服务：

目前，天津市工商联（天津市商会）具有向会员提供融资、商贸、法律、联络、培训、人才、科技创新等七个方面的服务职能。

行使行政执法监督服务职责，创办了“天津市监察局、天津市工商联促进民营经济发展服务中心”；

行使法律维权服务职责，创办了“天津仲裁委员会天津市商会工作站”；

为我市私营、个体和科技型中小企业向银行贷款提供担保服务，创办了“天津市中小企业信用担保基金管理中心”；

与银行业和中介机构合作，为我市私营、个体和科技型中小企业提供融资服务；

与知识产权局等政府有关部门合作，为我市民营企业提供科技、知识产权、智力引进的宣传、培训服务。

对外联络：

长期以来，天津市工商联（天津市商会）与政府各有关部门、各地商会和海外工商界保持密切联系，为会员提供对内对外的联络服务，与31个国家和地区的140家商会建有会务联络机制；与20家海外商会签订了合作协议。

今后要加大为企业向外发展和为天津招商引资服务的力度，继续实施走出去战略，扩大与海外商会交流合作，密切与海外工商界联系交往，建立天津民营企业海外出口基地。

商会领导：

张元龙　全国工商联副主席，天津市人大常委会副主任，天津市工商联主席，天津市民间商会会长

重庆市工商业联合

（重庆市总商会）

商会简介：

重庆市工商联（重庆市总商会）成立于1952年1月，是中共重庆市委领导的、以重庆非公有制企业和非公有制经济人士为主体的人民团体和商会组织，是党和政府联系非公有制经济人士的桥梁纽带，是政府管理和服务非公有制经济的助手。工商联工作是党的统一战线和经济工作的重要内容。在促进非公有制经济健康发展、引导非公有制经济人士健康成长中具有不可替代的作用。是统一战线的重要组织和人民政协的重要界别。是中华全国工商业联合会的地区组织。截至2011年6月，全市工商联共有会员69945个，其中企业会员数达31919户。共有行业商会178个；基层组织637个，其中乡商（分）会43个，镇街商会506个，异地商会40个，市场商会9个，开发区商会5个，其他商会34个。

主要职能作用：

在非公有制经济人士思想政治工作中的引导作用；在非公有制经济人士参与国家政治生活和社会事务中的重要作用；在政府管理和服务非公有制经济中的助手作用；在行业协会商会改革发展中的促进作用；在构建和谐劳动关系中的积极作用。

基本任务：

加强思想政治工作，引导非公有制经济人士学习贯彻党的路线方针政策，遵守国家法律法规，培养拥护党的领导、走中国特色社会主义道路的非公有制经济人士队伍；参加政治协商，发挥民主监督作用，积极参政议政；推动经贸交流和协作，促进经济社会发展；加强行业协会商会建设，服务非公有制企业发展；参与协调劳动关系，促进社会和谐稳定；反映非公有制企业和非公有制经济人士利益诉求，维护其合法权益。

基本特征：

统战性、经济性、民间性有机统一，是工商联的基本特征。统战性主要体现在工商联是党领导的统一战线组织，决定了工商联的政治方向、政治地位和政治功能。经济性主要体现在工商联由工商界及其人士组成，直接服务于经济建设。民间性主要体现在工商联具有商会性质和职能，其组织方式和工作机制不同于政府机构。工商联工作要牢牢把握统战性，充分发挥经济性，切实体现民间性。

工作对象：

工商联工作对象主要包括私营企业、非公有制经济成分控股的有限责任公司和股份有限公司、港澳投资企业等，私营企业出资人、个体工商户、在内地投资的港澳工商界人士、原工商业者等。

商会领导：

孙甚林　全国人大代表，全国工商联常委，重庆市政协副主席，重庆市工商联主席，重庆市总商会会长（兼），重庆南方集团有限公司董事长，党委书记

蒋　平　重庆市委统战部副部长，重庆市工商联党组书记

河北省工商业联合会
（河北省总商会）

商会简介：

河北省工商业联合会（河北省总商会）成立50多年来，积极贯彻党和国家的各项方针政策，团结广大会员爱国，敬业，守法，为祖国社会主义革命和建设事业做出了历史贡献。改革开放和社会主义市场经济体制的建立，使该会进入新的历史发展时期，主要工作领域和会员组成是非公有制经济及其企业、团体和代表人士。是党和政府联系非公有制经济的桥梁和纽带、是政府管理非公有制经济的助手、是人民政协的重要组成单位，在全省政治、经济生活和社会发展中发挥独特的不可替代的作用。

该商会是由河北省工商界组成的人民团体和民间商会，成立于1954年，1993年经省政府批准同时称为河北省总商会。河北省工商业联合会（河北省总商会）成立以来，积极贯彻党和国家的各项方针政策，团结广大会员爱国，敬业，守法，为祖国社会主义革命和建设事业做出了历史贡献。改革开放和社会主义市场经济体制的建立，使河北省工商业联合会（河北省总商会）进入新的历史发展时期，主要工作领域和会员组成是非公有制经济及其企业，团体和代表人士。本会坚持团结，教育，引导，服务的工作方针，履行和发挥商会的中介服务职能，是党和政府联系非公有制经济的桥梁和纽带，是人民政协的组成单位之一，在全省政治，经济生活和社会发展发挥了独特的不可替代的作用。

中国加入世界贸易组织以来，河北省工商业联合会（河北省总商会）与海外同仁的交流与合作更加密切和广泛。目前已与30个国家和地区的50家商会建立了经常性的友好联系，并与其中的20家组织签订了友好合作协议。河北省工商业联合会、河北省总商会愿在海内外工商经济界更好地发挥桥梁纽带作用，并将一如既往地发展同中外各工商团体、企业组织和人士的联系，加强合作，共同发展。

商会宗旨：

为会员，为政府，为社会服务。

主要职能与任务：

参与国家大政方针及政治、经济、社会生活中的重要问题的政治协商，发挥民主监督作用，积极参政议政；密切与会员的联系，畅通反映意见建议的渠道，表彰宣传他们中的先进典型，做好工商界代表人士政治安排的推荐工作；加强和改进非公有制经济人士思想政治工作。引导会员共建社会主义核心价值体系，树立中国特色社会主义共同理想，学习、贯彻党和国家的方针政策，发扬自我教育的优良传统，自觉地把自身企业的发展与国家的发展结合起来，把个人富裕与全体人民的共同富裕结合起来，把遵循市场法则与发扬社会主义道德结合起来，爱国、敬业、诚信、守法、贡献，当好中国特色社会主义事业建设者。引导会员弘扬中华民族传统美德，致富思源、富而思进，积极承担社会责任，热心公益事业，投身光彩事业。加强企业文化建设，支持企业党建工作和工会建设；引导会员按照科学发展观的要求，转变经济发展方式，加强能源资源节约，重视生态环境保护，建立和谐劳动关系。遵守国家的法律、法规，规范经营、照章纳税，建立现代企业制度，维护市场经济秩序；代表并维护会员的合法权益，反映会员的意见、要求和建议，参与经济纠纷的调解、仲裁；为会员提供培训、融资、科技、法律、信息咨询等服务，提供对内、对外经贸交流服务，提供公共关系沟通协调服务，帮助会员增强自主创新能力，提高核心竞争力和可持续发展能力；增强与香港、澳门特别行政区和台湾地区工商界人士的联系，开展促进经贸合作和促进祖国统一的工作；增进与国外工商社团的交往，为国家扩大对外开放、企业走向国际市场服务；加强自身建设，体现特色，提高履行职责和发挥作用的能力，增强凝聚力；依法加强会产管理；承办政府和有关部门委托事项。

本会目前共有各类会员117689名，省级直属商会10个、直属会员56个，县级以上组织184个，基层分会1570个，各类行业组织612个。特别是本会企业会员涉及机械、机电、电子、化工、五金、交电、建筑、建材、陶瓷、医药、卫生、交通、运输、包装、印刷、家具、服装、环保、房地产、旅游、饮食、食品、文化、娱乐、百货、商贸、农业、养殖业等多种行业，遍布全省，为我省经济建设和社会发展作出了积极的贡献，成为河北省重要的经济增长点之一。

商会领导：

黄　荣　河北省工商联主席，河北省总商会会长，第十一届全国人大代表，中华全国工商业联合会常委

江苏省工商业联合会
（江苏省商会）

商会简介：

江苏省工商业联合会是中国共产党领导的全省工商界组成的人民团体和民间商会，是党和政府联系非公有制经济人士的桥梁和纽带，是政府管理非公有制经济的助手。成立于1954年，1993年经江苏省人民政府批准，同时称江苏省商会。

目前江苏省有13个省辖市、109个县（市、区）、1380多个乡镇（街道）设有工商业联合会（商会）组织，建有同业（行业）商会组织近400个，共有各类企业会员、团体会员和个人会员12.9万多个，其中私营企业会员4.2万多个。

主要职能与任务：

（一）参与国家大政方针及政治、经济、社会生活中的重要问题的政治协商，发挥民主监督作用，积极参政议政。

（二）引导会员自觉地把自身企业的发展与国家的发展结合起来，把个人富裕与全体人民的共同富裕结合起来，把遵循市场法则与发扬社会主义道德结合起来，积极参加国家经济建设，推动社会主义市场经济体制逐步完善，促进社会全面发展。

（三）做工商界代表人士政治安排的推荐工作。

（四）发扬自我教育的优良传统，宣传、贯彻党和国家的方针政策，加强和改进思想政治工作，推动企业文化建设，提倡爱国、敬业、诚信、守法，引导会员树立社会主义公私观、信用观、义利观和法制观，做中国特色社会主义事业的建设者。

（五）代表并维护会员的合法权益，反映会员的意见、要求和建议。

（六）引导会员弘扬中华民族传统美德，热心社会公益事业，积极参与"光彩事业"，致富思源、富而思进，扶危济困、共同富裕，义利兼顾、德行并重，发展企业、回馈社会。

（七）为会员提供信息和科技、管理、法律、会计、审计、融资、咨询等服务。

（八）开展工商专业培训，帮助会员改进经营管理，完善财会管理、照章纳税，提高生产技术和产品质量。

（九）组织会员举办和参加各种对内对外展销会、交易会，组织会员出国、出境考察访问，帮助会员开拓国内、国际市场。

（十）增进与香港特别行政区、澳门特别行政区及台湾地区和世界各国工商社团及工商经济界人士的联系和友谊，促进经济、技术和贸易合作的发展，协助引进资金、技术、人才。

（十一）为会员提供有关证明，协调关系，调解经济纠纷。

（十二）办好会办企业、事业。

（十三）承办政府和有关部门委托事项。

商会领导：

李　仁　江苏省工商联主席、江苏省商会会长。曾任徐州市副市长，江苏省八届、九届政协副主席，现任全国政协委员，全国工商联常委。

浙江省工商业联合会
（浙江省商会）

商会简介：

中国工商业联合会是中国共产党领导的中国工商界组成的人民团体和民间商会，是中国人民政治协商会议的组成单位之一，是党和政府联系非公有制经济人士的桥梁和纽带，是政府管理非公有制经济的助手。

浙江省工商业联合会是中国工商业联合会的省级地方组织，简称浙江省工商联，又称浙江省商会，成立于1952年，截至2010年底，全省共有县级以上工商联组织102个，会员138513个，其中企业会员103991个，团体会员838个，个人会员33684个，建立同业公会、行业商会451个，其中，省级行业商会9个，市级行业商会151个，县级行业商会233个，乡镇（街道）行业商会58个。已在民政部门登记为社团法人的行业商会（同业公会、协会）352个。

主要职能与任务：

参与党和国家大政方针和本省政治、经济、社会生活中的重要问题的政治协商，发挥参政议政民主监督作用；对有关非公有制经济的政策等问题进行研究和探讨，并协助贯彻执行；做好非公有制经济代表人士的思想政治工作，宣传、贯彻党和国家的方针政策；参与相关经济活动，协助政府对会员企业经营情况、财务、税收进行检查和监督；参与会员企业有关技术鉴定、质量管理、科技项目申报、产品评优等工作；为会员提供经济法律咨询、融资、维权、科技、信息、新闻舆论、管理等服务，帮助会员改进经营管理，提高生产技术和产品质量；积极发展与港、澳、台及海外工商社团和工商经济界人士的合作与交流，推动经贸合作和技术交流，协助引进资金、技术、人才；举办和组织会员参加国内外各种展销会、交易会，组织会员出国、出境考察访问，帮助会员开拓国内、国际市场；指导全省各级工商联（商会）和直属商会的工作，组织和管理同业公会、行业商会（协会）工作；协助有关部门做好私营企业协会、个体劳动者协会、异地商会和以非公有制经济为主体的社团组织的指导工作。

商会领导：

徐冠巨　浙江省工商业联合会主席，浙江省商会会长，浙江省政协副主席，传化集团有限公司董事长

汤为平　浙江省工商业联合会党组书记、副主席，浙江省商会副会长

福建工商业联合会

（福建省总商会）

商会简介：

福建省工商业联合会，又称福建省总商会，成立于1953年5月，是中华全国工商业联合会的地方组织，是中国人民政治协商会议福建省委员会的组成单位之一。福建省工商联（总商会）作为党和政府联系非公有制经济人士的桥梁纽带，是政府管理和服务非公有制经济的助手，具有统战性、经济性、民间性有机统一的基本特征。工商联工作是中国共产党统一战线工作和经济工作的重要内容。

截至2011年6月30日，全省工商联共有会员114713个，其中企业会员64643个，团体会员850个，个人会员49220个。在全省9个区市、84个县（市、区）和部分乡镇建有地方组织，共有965个工商联基层组织，各级行业商会组织335个，其中省级11个，地市级52个，县级223个，乡镇街道49个；有直属组织18个；在全国31个省、市、自治区成立了517个异地商会（其中省级异地商会36个）。

职能与任务：

第一条：加强和改进非公有制经济人士思想政治工作。

（一）引导会员践行社会主义核心价值体系，树立中国特色社会主义共同理想，树立义利兼顾、以义为先理念，学习、贯彻党和国家的方针政策，发扬自我教育的优良传统，自觉地把自身企业的发展与国家的发展结合起来，把个人富裕与全体人民的共同富裕结合起来，把遵循市场法则与发扬社会主义道德结合起来，爱国、敬业、诚信、守法、贡献，当好中国特色社会主义事业建设者，表彰宣传他们中的先进典型。

（二）引导会员弘扬中华民族传统美德，致富思源、富而思进，积极承担社会责任，热心公益事业，投身光彩事业。加强企业文化建设，支持企业党建工作，并为党组织开展活动、发挥作用提供必要条件。

第二条：参与政治协商，发挥民主监督作用，积极参政议政。

（一）密切同非公有制经济人士的联系，深入了解他们的意愿和要求，向党和政府提出相关意见和建议。

（二）参与国家有关方针政策、法律法规的制定和贯彻执行，促进非公有制经济市场环境、政策环境、法治环境、社会环境的改善。

（三）帮助非公有制经济代表人士提高参政议政能力和水平，积极反映社情民意，有序参与政治生活和社会事务。

（四）做好非公有制经济代表人士政治安排的推荐工作。

第三条：协助政府管理和服务非公有制经济。

（一）积极探索建立适应社会主义市场经济要求的服务载体和机制，为非公有制企业提供信息、法律、融资、技术、人才等方面服务，引导非公有制企业按照科学发展观要求，加快经济发展方式转变和产业优化升级，推进结构调整和自主创新，不断增强市场竞争能力、抵御风险能力和可持续发展能力。

（二）增强与香港、澳门特别行政区和台湾地区工商界人士的联系，促进经贸合作。积极开展民间外交，加强同国外工商界的交流合作，为非公有制企业开展国际合作提供服务。

（三）承办政府和有关部门委托事项。

第四条：促进行业协会商会改革发展。

（一）履行社会团体业务主管单位职责，指导和推动商会组织完善法人治理结构、规范内部管理、依照法律和章程开展活动，发挥宣传政策、提供服务、反映诉求、维护权益、加强自律的作用。

（二）参与行业协会商会政策法律的制定。

第五条：参与协调劳动关系，促进社会和谐稳定。

（一）参与协调劳动关系三方会议，同人力资源社会保障部门、工会组织和其他有关企业方代表一道，共同推动劳动关系立法和劳动关系协调机制建设，共同研究解决劳动关系中的重大问题和调处劳动争议。

（二）引导非公有制企业依法与工会就职工工资、生活福利、社会保险等涉及职工切身利益问题进行平等协商，签订集体合同。

（三）协调处理投资者利益和劳动者权益的关系，引导非公有制企业建立和谐劳动关系，积极创造就业岗位，严格遵守国家相关法律法规和政策措施，尊重和维护员工合法权益，依法建立工会组织，开展工会活动。

第六条：代表并维护会员的合法权益，反映会员的意见、要求和建议，参与经济纠纷的调解、仲裁。

第七条：依法加强会产管理。

商会领导：

李祖可　福建省工商联主席、福建省总商会会长

山东省工商业联合会
（山东省民间商会）

商会简介：

山东省工商业联合会成立于1954年12月（1997年7月经省政府批准同时称山东省民间商会），是中国共产党领导的以非公有制企业和非公有制经济人士为主体的人民团体和商会组织，是党和政府联系非公有制经济的桥梁和纽带，是政府管理和服务非公有制经济的助手，是人民政协的重要组成单位，在全省经济、政治、文化、社会生活中有着重要影响，在促进非公有制经济健康发展、引导非公有制经济人士健康成长中具有不可替代的作用。

本会工作是党的统一战线和经济工作的重要内容，具有统战性、经济性、民间性有机统一的基本特征。按照团结、服务、引导、教育的工作方针，承担6项基本任务，即加强思想政治工作，引导非公有制经济人士学习贯彻党的路线方针政策，遵守国家法律法规，培养拥护党的领导、走中国特色社会主义道路的非公有制经济人士队伍；参加政治协商，发挥民主监督作用，积极参政议政；推动经贸交流和协作，促进经济社会发展；加强行业协会商会建设，服务非公有制企业发展；参与协调劳动关系，促进社会和谐稳定；反映非公有制企业和非公有制经济人士利益诉求，维护其合法权益。

本会以私营企业、非公有制经济成分控股的有限责任公司和股份有限公司、港澳投资企业、私营企业投资人、个体工商户、在内地投资的港澳工商界人士、原工商业者等为主要成员组成，目前共有团体会员、企业会员、个人会员13多万个，全省市县级以上行政区划全部建立了工商联组织，建立工商联基层组织1800个，各类行业组织747个。其中省工商联直属商会14个，直属会员136个。

近年来，本会围绕全省工作大局，开展了一系列有利于促进经济社会发展的活动，形成了一批著名工作品牌。2003年以来，连续8年承办“海内外知名企业家齐鲁行”活动，协议引进资金1000多亿元，到位资金约550亿元，有力地支持了我省经济建设。开展的民企帮村、民企助学、民企招聘周、鲁台商会交流年、全国鲁商大会、山东民营企业100强评选等活动成为全国和全省著名工作品牌，产生了良好的经济社会效益。

本会与40多个国家和地区的工商社团和工商界人士建立了经常性的友好联系，并与其中的20个组织签订了友好合作协议。

商会领导：

王乃静　山东省工商联主席，山东省政协副主席，山东省第七届、第八届、第九届政协常委，第十一届全国政协委员

河南省工商业联合会
（河南省总商会）

商会简介：

河南省工商业联合会成立于1954年1月，1993年经河南省政府编委批准，同时称河南省总商会。其性质和地位可概括为：共产党领导的以非公有制企业和非公有制经济人士为主体的具有统战性、经济性、民间性的人民团体和商会组织，是党和政府联系非公有制经济人士的桥梁纽带，是政府管理非公有制经济的助手。工商联具有统战性、经济性、民间性相统一的特征，新世纪新阶段工商联要充分发挥在非公有制经济人士参与政治和社会事务中的主渠道作用，在非公有制经济人士思想政治工作中的重要作用，在政府管理非公有制经济方面的助手作用，在构建和谐劳动关系过程中的协调作用，在行业协会商会改革发展中的积极作用。

河南省工商联成立以来，形成了紧跟中国共产党、走社会主义道路的光荣传统。在现阶段，河南省工商联把高举中国特色社会主义伟大旗帜，以邓小平理论和“三个代表”重要思想为指导，深入贯彻落实科学发展观，坚持党在社会主义初级阶段的基本路线，坚持公有制为主体、多种所有制经济共同发展的基本经济制度作为政治方向；把围绕经济建设中心，继续解放思想，坚持改革开放，推动科学发展，促进社会和谐，服务党和国家工作大局，服务会员，引导非公有制经济人士健康成长，促进非公有制经济健康发展作为工作目标。按照充分尊重、广泛联系、加强团结、热情帮助、积极引导的工作方针，教育会员坚决拥护中国共产党的领导、坚定走中国特色社会主义道路，组织会员积极投身社会主义经济建设、政治建设、文化建设、社会建设，为促进祖国统一，为把我国建设成为富强、民主、文明、和谐的社会主义现代化国家而奋斗。

主要工作：

（一）参与我省政治、经济、社会生活中重要问题的政治协商，发挥民主监督作用，积极参政议政。

（二）密切与会员的联系，畅通反映意见建议的渠道，表彰宣传他们中的先进典型，做好工商界代表人士政治安排的推荐工作。

（三）加强和改进非公有制经济人士思想政治工作。引导会员共建社会主义核心价值体系，树立中国特色社会主义共同理想，学习、贯彻党和国家的方针政策，发扬自我教育的优良传统，自觉地把自身企业的发展与国家的发展结合起来，把个人富裕与全体人民的共同富裕结合起来，把遵循市场法则与发扬社会主义道德结合起来，爱国、敬业、诚信、守法、贡献，当好中国特色社会主义事业建设者。引导会员弘扬中华民族传统美德，致富思源、富而思进，积极承担社会责任，热心公益事业，投身光彩事业。加强企业文化建设，支持企业党建工作和工会建设。

（四）引导会员按照科学发展观的要求，转变经济发展方式，加强能源资源节约，重视生态环境保护，建立和谐劳动关系。遵守国家的法律、法规，规范经营、照章纳税，建立现代企业制度，维护市场经济秩序。

（五）代表并维护会员的合法权益，反映会员的意见、要求和建议，参与经济纠纷的调解、仲裁。

（六）为会员提供培训、融资、科技、法律、信息咨询等服务，提供对内、对外经贸交流服务，提供公共关系沟通协调服务，帮助会员增强自主创新能力，提高核心竞争力和可持续发展能力。

（七）增强与香港、澳门特别行政区和台湾地区工商界人士的联系，开展促进经贸合作和促进祖国统一的工作；增进与国外工商社团的交往，为国家扩大对外开放、企业走向国际市场服务。

（八）加强自身建设，体现特色，提高履行职责和发挥作用的能力，增强凝聚力。

（九）依法加强会产管理。

（十）承办政府和有关部门委托事项。

河南省工商联共有会员171284个。其中企业会员54702个、团体会员1314个、个人会员115268个。河南省工商联已同世界上20多个国家和地区的商会建立了广泛联系，并将一如既往地发展同中外各工商团体、企业组织和人士的联络，加强合作，共同发展。

商会领导：

梁　静　河南省政协副主席，河南省工商联主席，河南省总商会会长

杨京伟　河南省委统战部副部长，河南省工商联党组书记

湖北省工商业联合会

（湖北省总商会）

商会简介：

湖北省工商业联合会（湖北省总商会）是全省工商业界组织的人民团体和民间商会，是党和政府联系非公有制经济人士的桥梁和纽带，是政府管理非公有制经济的助手，具有统战性、经济性和民间性。改革开放以来，湖北省工商联坚决贯彻执行党的以经济建设为中心的基本路线，发扬“爱国、敬业、诚信、守法、奉献”的光荣传统，对非公有制经济代表人士进行团结、帮助、引导、教育，有力地促进了我省非公有制经济持续快速健康发展。

新时期湖北省工商联要坚持统战性，在政治协商、民主监督、参政议政上更加有所作为；突出经济性，在招商引资和促进我省非公有制经济发展上更加有所作为；体现民间性，在发展和团结会员、商会建设、引导非公有制经济代表人士健康成长上更加有所作为。

当前，湖北省工商联正在全面贯彻落实《国务院关于鼓励支持和引导个体私营等非公有制经济发展的若干意见》和《中共湖北省委、湖北省人民政府关于进一步加强工商联工作的意见》，充分发挥工商联的桥梁纽带和助手作用，为促进非公有制经济持续快速健康发展，促进非公有制经济代表人士健康成长，全面建设小康社会和建设和谐湖北，促进中部地区崛起作出新的贡献。

主要职能与任务：

（一）参与国家大政方针及政治、经济、社会生活中的重要问题的政治协商，发挥民主监督作用，积极参政议政。

（二）引导会员自觉地把自身企业的发展与国家的发展结合起来，把个人富裕与全体人民的共同富裕结合起来，把遵循市场法则与发扬社会主义道德结合起来，积极参加国家经济建设，推动社会主义市场经济体制逐步完善，促进社会全面发展。

（三）做工商界代表人士政治安排的推荐工作。

（四）发扬自我教育的优良传统，宣传、贯彻党和国家的方针政策，加强和改进思想政治工作，推动企业文化建设，提倡爱国、敬业、诚信、守法，引导会员树立社会主义公私观、信用观、义利观和法制观，做中国特色社会主义事业的建设者。

（五）代表并维护会员的合法权益，反映会员的意见、要求和建议。

（六）引导会员弘扬中华民族传统美德，热心社会公益事业，积极参与"光彩事业"，致富思源、富而思进，扶危济困、共同富裕，义利兼顾、德行并重，发展企业、回馈社会。

（七）为会员提供信息和科技、管理、法律、会计、审计、融资、咨询等服务。

（八）开展工商专业培训，帮助会员改进经营管理，完善财会管理、照章纳税，提高生产技术和产品质量。

（九）组织会员举办和参加各种对内对外展销会、交易会，组织会员出国、出境考察访问，帮助会员开拓国内、国际市场。

（十）增进与香港特别行政区、澳门特别行政区及台湾地区和世界各国工商社团及工商经济界人士的联系和友谊，促进经济、技术和贸易合作的发展，协助引进资金、技术、人才。

（十一）为会员提供有关证明，协调关系，调解经济纠纷。

（十二）办好会办企业、事业。

（十三）承办政府和有关部门委托事项。

商会领导：

赵晓勇　湖北省总商会会长，全国政协常委，全国工商联常委

杨万贵　湖北省工商联党组书记、副主席，省政协委员，湖北省委统战部副部长

湖南省工商业联合会
（湖南省总商会）

商会简介：

湖南省工商业联合会是一个兼顾统战性、民间性和经济性的组织，自1954年12月召开第一次会员代表大会，省工商联已经走过50年的历程。1993年9月召开“七大”时，加挂了“湖南省总商会”的牌子，1999年12月加挂的牌子更名为“湖南省民间总商会”，2007年3月加挂的牌子正式注册为“湖南省总商会”。

机关设10个处室：办公室、研究室、会员处、宣教处、经济处、联络处、人事处、扶贫处、机关党委、直属会员企业党委。共有正副处级干部23人，科及科以下干部20人，后勤服务人员3人。2007年7月召开的第十届会员代表大会选举产生，省工商联十届执委班子为210人，常委班子为116人。

此外，全省14个市（州）和122个县（市、区）共建有工商联组织机构136个。至2007年底，全省工商联系统共有同业公会、行业商（协）会652个，乡镇、街道分会1275个。全省现有工商联会员139719家，其中企业会员52679家；乡镇街道分会1543个，各级工商联组建管理的行业商（协）会已达858家。

职能与任务：

第一条　加强和改进非公有制经济人士思想政治工作。

（一）引导会员践行社会主义核心价值体系，树立中国特色社会主义共同理想，树立义利兼顾、以义为先理念，学习、贯彻党和国家的方针政策，发扬自我教育的优良传统，自觉地把自身企业的发展与国家的发展结合起来，把个人富裕与全体人民的共同富裕结合起来，把遵循市场法则与发扬社会主义道德结合起来，爱国、敬业、诚信、守法、贡献，当好中国特色社会主义事业建设者，表彰宣传他们中的先进典型。

（二）引导会员弘扬中华民族传统美德，致富思源、富而思进，积极承担社会责任，热心公益事业，投身光彩事业。加强企业文化建设，支持企业党建工作，并为党组织开展活动、发挥作用提供必要条件。

第二条　参与政治协商，发挥民主监督作用，积极参政议政。

（一）密切同非公有制经济人士的联系，深入了解他们的意愿和要求，向党和政府提出相关意见和建议。

（二）参与国家有关方针政策、法律法规的制定和贯彻执行，促进非公有制经济市场环境、政策环境、法治环境、社会环境的改善。

（三）帮助非公有制经济代表人士提高参政议政能力和水平，积极反映社情民意，有序参与政治生活和社会事务。

（四）做好非公有制经济代表人士政治安排的推荐工作。

第三条　协助政府管理和服务非公有制经济。

（一）积极探索建立适应社会主义市场经济要求的服务载体和机制，为非公有制企业提供信息、法律、融资、技术、人才等方面服务，引导非公有制企业按照科学发展观要求，加快经济发展方式转变和产业优化升级，推进结构调整和自主创新，不断增强市场竞争能力、抵御风险能力和可持续发展能力。

（二）增强与香港、澳门特别行政区和台湾地区工商界人士的联系，促进经贸合作。积极开展民间外交，加强同国外工商界的交流合作，为非公有制企业开展国际合作提供服务。

（三）承办政府和有关部门委托事项。

第四条　促进行业协会商会改革发展。

（一）履行社会团体业务主管单位职责，指导和推动商会组织完善法人治理结构、规范内部管理、依照法律和章程开展活动，发挥宣传政策、提供服务、反映诉求、维护权益、加强自律的作用。

（二）参与行业协会商会政策法律的制定。

第五条　参与协调劳动关系，促进社会和谐稳定。

（一）参与协调劳动关系三方会议，同人力资源社会保障部门、工会组织和其他有关企业方代表一道，共同推动劳动关系立法和劳动关系协调机制建设，共同研究解决劳动关系中的重大问题和调处劳动争议。

（二）引导非公有制企业依法与工会就职工工资、生活福利、社会保险等涉及职工切身利益问题进行平等协商，签订集体合同。

（三）协调处理投资者利益和劳动者权益的关系，引导非公有制企业建立和谐劳动关系，积极创造就业岗位，严格遵守国家相关法律法规和政策措施，尊重和维护员工合法权益，依法建立工会组织，开展工会活动。

第六条　代表并维护会员的合法权益，反映会员的意见、要求和建议，参与经济纠纷的调解、仲裁。

第七条　依法加强会产管理。

商会领导：

何报翔　湖南省省政协副主席，湖南省省工商联主席，湖南省总商会会长

崔永平　湖南省委统战部副部长，湖南省省工商联党组书记，湖南省省工商联副主席，湖南省总商会副会长

广东省工商业联合会

（广东省总商会）

商会简介：

广东省工商业联合会成立于1953年，同时称“广东省总商会”。是全国工商联的地方组织，是中国人民政治协商会议广东省委员会的组成单位之一。

工商联是中国共产党领导的以非公有制企业和非公有制经济人士为主体的，具有统战性、经济性、民间性的人民团体和商会组织，是党和政府联系非公有制经济人士的桥梁纽带，是政府管理和服务非公有制经济的助手，在促进非公有制经济健康发展、引导非公有制经济人士健康成长中具有地不可替代的作用。

至2010年底，全省共有以民营企业为主体的会员176161个，有地级市、县级工商联（商会）组织142个，行业商会、同业公会391个。其中，省工商联直属商协会31个。工商联会员中担任全国人大代表22名，全国政协委员31名，省人大代表97名，省政协委员46名，地级市和县级人大代表2138名，政协委员5146名。

省工商联先后已经与140多个港、澳、台地区和外国工商社团建立了联系，与省政府21个部门单位建立了工作联系制度。

省工商联机关内设办公室、党办、人事教育部、会员工作部、联络部、经济科技与信息部、宣传调研部。广东省工商联还主办面向全省非公有制经济人士的刊物——《新粤商》杂志，开设广东商会网站。

主要职能任务：

（一）团结、服务、引导、教育非公有制经济人士爱国、敬业、诚信、守法、贡献，培养拥护党的领导、走中国特色社会主义道路的非公有制经济人士队伍。

（二）参加政治协商，发挥民主监督作用，积极参政议政。

（三）参与政府相关的经济活动，推动经贸交流和协作，促进经济社会发展。

（四）指导本省各级工商联工作，指导本会直属商会工作，认真履行社会团体业务主管单位职责，协助有关部门指导私营企业协会、个体劳动者协会和以非公有制经济为主体的社团组织。

（五）参与协调劳动关系，促进社会和谐稳定。

（六）反映非公有制企业和非公有制经济人士利益诉求，维护其合法权益。

（七）为会员提供信息、咨询、培训及人才交流等服务。组织会员企业举办和参加各类经贸活动，参加国内外考察，帮助会员企业拓展市场，为会员企业中符合条件的人员申办户口和出国（境）进行商务活动出具证明、申办证照等。

（八）广泛联系香港、澳门、台湾地区以及世界各国工商社团和工商经济界人士，扩大对外经贸交往开展民间外交，实施和推进“走出去”战略，帮助非公有制企业抓住机遇，积极作为，充分利用国际资源，开拓国际市场，增强国际竞争力。

（九）配合有关部门开展非公有制会员企业党建工作。

（十）积极引导非公有制企业及其非公有制经济人士承担社会责任，大力支持慈善公益事业发展，积极投身光彩事业和扶贫济困工作，建立核心价值理念，推动企业可持续发展。

（十一）承办省委、省政府和全国工商联交办的其他任务。

商会领导：

陈　丹　广东省工商联主席，广东恒兴集团有限公司董事长，全国人大代表，全国工商联常委

杨浩明　广东省工商联党组书记，中共广东省委统战部副部长，全国人大代表，中共广东省委委员

戴庆无　广东省总商会兼职副会长，广东五元企业集团董事长，广东省政协常委

四川省工商业联合会
（四川省总商会）

商会简介：

四川省工商业联合会（简称：四川省工商联），又称四川省总商会，是四川省工商界组织的人民团体和民间商会，是中国共产党和政府联系非公有制经济的桥梁和纽带，是政府管理非公有制经济的助手，是四川省人民政治协商会议的组成单位之一。

四川省工商联（四川省总商会）成立于1953年8月。50年来，四川省工商联始终围绕社会主义建设各个历史阶段的中心任务开展工作，在会员和政府之间发挥桥梁和纽带作用，在促进四川省的社会稳定、经济繁荣等方面做了大量的工作。特别是改革开放以来，四川省各级工商联积极发挥网络优势，积极参政议政，维护会员合法权益，推动光彩事业和其他公益活动，围绕培养和造就一支非公有制经济代表人士队伍，鼓励和引导非公有制经济健康发展，受到党和政府及广大工商界同仁的赞誉。

经过50年的发展，现在四川省工商联已拥有以非公有制经济为主体的、多种经济成分会员104291个，有3592名非公有制经济代表人士被推荐为各县级以上人大代表和政协委员。县级以上组织196个，基层组织1558个、各级同业公会等行业组织114个，形成覆盖全省的组织网络，并与港澳及国外多个工商社团建立了密切的联系。

机构设置：

四川省工商联内设办公室、研究室、宣传办、会员处、经济处、联络处、维权处七个职能处室、一个信息中心和“参政议政委员会”、“教育培训委员会”、“经济技术委员会”、“法律咨询委员会”、“海外联谊委员会”、“直属会员联谊委员会”、“女企业家商会”、“民营企业文化建设委员会”八个专门委员会。

办公室：负责机关上传下达、承上启下、综合协调、日常事务管理及后勤服务工作。

研究室：反映会员的意见、要求和建议，参与国家事务和经济、社会重大决策的政治协商、民主监督，对国家有关法律、法规和政策的制定提出建议并协助贯彻执行；组织开展调查研究，形成专题议政报告，并对本会参政议政发言材料、收集整理的议案或政策意见提出建议。

宣传办：负责本会宣传报道、思想政治教育工作，做好非公有制企业的党建、工会工作，促进企业文化建设；编发省工商联《四川商会》杂志。

会员处：负责会员发展、代表人士的联系和地方组织、基层组织、行业组织建设工作。培养、建立积极分子队伍，做好代表人士政治安排的推荐工作；负责联系和指导同业公会、行业协会等自律性行业组织的建设和发展工作；负责非公有制企业专业技术人员高级职称评定工作。

经济处：负责与政府有关经济主管部门的联系和协调工作；负责各项为会员的经济服务工作，开展工商专业培训和经济咨询，组织商品展览和技术交流等多种形式的经济活动。

联络处：加强与政府有关涉外部门和团体，与台、港、澳及海外工商社团和工商经济界人士的联系工作；做好非公有制经济会员中的三胞投资企业、外商投资企业的联系和服务工作；为会员企业办理因公、因私出国（境）的政审手续；组织民营企业出国、出境考察访问，帮助开拓国际市场，推动外向型民营经济的发展。

维权处：加强与省级有关法制部门的联系工作；依法维护会员合法权益，为会员提供法律咨询服务，就有关非公有制经济的法律、行政法规的起草积极提出意见和建议，并就有关问题进行调查研究。

商会领导：

陈次昌　全国政协委员，四川省政协副主席，四川省工商联主席

钟家霖　四川省委统战部副部长，四川省工商联党组书记、第一副主席，四川省政协委员

贵州省工商业联合会
（贵州省商会）

商会简介：

贵州省工商业联合会同时称贵州省商会，是党领导的具有统战性、经济性、民间性的人民团体和商会组织，是党和政府联系非公有制经济人士的桥梁和纽带，是政府管理非公有制经济的助手。

贵州省工商业联合会始终坚持“充分尊重、广泛联系、加强团结、热情帮助、积极引导”的工作方针，教育会员坚决拥护中国共产党的领导，坚定走中国特色社会主义道路，组织会员积极投身经济建设、政治建设、文化建设、社会建设，为促进祖国统一，为把我国建设成为富强、民主、文明、和谐的社会主义现代化国家而奋斗。

贵州省工商业联合会于1955年5月5日成立。现内设机构有：办公室、研究室、会员部、宣教部、经济部、扶贫与社会服务部、联络部7个部室和机关党委。截止2008年年底，全省有县级以上工商联组织98个，会员103580个（其中企业会员10225个、团体会员774个、个人会员85448个）。2007年4月，中共贵州省委正式“授权工商联为以非公经济为主体的行业商会业务主管部门”。

主要职责：

（一）依据《中华全国工商业联合会章程》，贯彻执行全省工商联执委会、常委会决议。

（二）发挥参政议政作用，参与本省经济、社会重要决策的政治协商和民主监督；对本省有关地方性法规、规章和政策的制定提出建议，并协助贯彻实施。

（三）负责贵州省商会具体工作；加强与政府部门及有关经济组织的联系，为会员企业开展经济活动提供服务，引导会员企业按照科学发展观的要求健康发展。

（四）宣传党和国家的方针政策，加强和改进思想政治工作；团结、帮助、引导和教育会员，做好会员宣传教育工作，提倡爱国、敬业、诚信、守法、贡献；做好非公有制经济代表人士的联系、考察、培养、选拔工作，协助做好政治安排推荐有关工作。

（五）组织会员举办和参加对内对外的展销会、交易会，组织会员出国（境）考察访问和开展商务活动，帮助会员开拓国内、国际市场；为会员提供市场、技术、商品信息、会计、审计、融资、咨询、管理、培训等服务。

（六）依照法律和《中华全国工商业联合会章程》维护会员的合法权益；反映会员的意见、建议，为会员提供服务，帮助解决生产经营中的实际问题。

（七）做好与省外以及香港、澳门特别行政区、台湾地区和世界各国工商社团及工商经济界人士的联系工作，促进经济、技术和贸易合作，协助引进资金、技术和人才。促进对外交流，向外发展。

（八）组织和引导会员积极投身中国特色社会主义建设事业，做好光彩事业的组织、推动、实施和智力支边扶贫，组织引导会员参与社会主义新农村建设。

（九）办好会办服务事业；为会员提供必要的证明，协调关系，调解经济纠纷。

（十）承办省委、省政府和全国工商联交办的其他工作。

商会领导：

郑楚平　第十届贵州省工商联主席，贵州省商会会长，第十一届全国政协常委

陕西省工商业联合会
（陕西省总商会）

商会简介：

陕西省工商业联合会（以下简称陕西省工商联），是遵照1949年8月中共中央《关于组织工商业联合会的指示》和1952年8月中央人民政府政务院颁布的《工商业联合会组织通则》的精神，于1955年成立的。1994年，中共陕西省委、省政府批准，陕西省工商联同时肩负陕西省商会的职能。

陕西省工商联是中国工商业联合会的省级组织，是中国共产党领导的陕西工商界组成的人民团体和民间商会，是党和政府联系非公有制经济人士的桥梁和纽带，政府管理非公有制经济的助手。五十多年来，在中国共产党的领导下，伴随祖国胜利前进的步伐，陕西省工商联在各个历史时期，紧紧围绕全省的中心目标，努力开展工作。

2006年，中共中央15号文件进一步要求工商联要充分发挥在非公有制经济人士参与政治社会事务中的主渠道作用，在非公有制经济人士思想政治工作中的重要作用，在政府管理非公有制济方面的助手作用。陕西省工商联积极服务非公有制经济，促进非公有制经济健康发展；积极引导非公有制经济人士“爱国、敬业、诚信、守法、贡献”，促进非公有制经济人士健康成长，为我省经济社会发展和政治稳定做出了贡献。

2007年7月，陕西省工商联召开了第十次会员代表大会，选举产生了由185名执委组成的第十届执行委员会。截至目前，陕西省工商联共有基层组织632个，行业组织195个，会员5.2万个。在会员中，共有759人担任各级人大代表，2159人担任各级政协委员。并有多人次荣获“全国劳动模范”、“全国五一劳动奖章”、“全国五四青年奖章”、“全国优秀中国特色社会主义事业建设者”等荣誉称号，并受到表彰和奖励。

当前，陕西省各级工商联组织和广大会员，正在学习和掌握中国共产党关于鼓励、支持和引导非公有制经济发展的理论和政策；学习和掌握国家保护非公有制经济的法律法规，提高工作能力，创新工作方法，正确发挥“桥梁”、“纽带”和助手作用，努力实现省委提出的建设西部强省的战略目标。

商会领导：

冯钧平　陕西省工商联主席，陕西省总商会会长，陕西省政协副秘书长

刘玉明　陕西省委统战部副部长，陕西省工商联党委书记，陕西省工商联第一副主席

温州市工商业联合会

（温州总商会）

温州商会成立于1901年，迄今已有100多年的历史。清光绪二十七年（1901年左右），温州商界人士为“保卫商业，开通商情”，成立了温州历史上第一个区域性的商人统一组织——温州府商会。解放后，在党和政府的领导下，1949年12月，温州市工商业联合会筹备委员会成立，1955年1月温州市工商联正式成立。1990年9月，温州市委、市政府批准市工商联增挂“温州市总商会”牌子；1992年3月，温州市委在温州市工商联建立了党组；2002年9月，温州市工商联（总商会）第九次会员代表大会首次选举非公有制经济代表人士担任会长。

目前温州市工商联有执委168人，常委77人，正副主席18人；总商会有理事170人，常务理事79人，正副会长26人。温州市工商联机关内设有办公室、机关党委、会员处、宣传处、经济处、调研处等6个处室。截至2010年底，全市各级工商联（总商会）直属会员总数达到23749个；基层组织总数达到185个；异地商会60个。

温州市总商会坚持以服务为宗旨，解放思想，务实创新，在参与政治协商、改善会员结构、拓展服务领域、探索行业商会党建途径和做好非公经济人士思想工作等方面，都取得了突破性进展。

温州商会具有高度的民间性，经过长期探索和实践，形成了一整套独特的商会工作经验，受到国内外有关人士的关注。

香港总商会

香港四大商会之一，1861年成立。是香港历史最长的商会，传统上是以外资为主的西商会。公司会员4000多家，涵盖了香港主要外资公司，包括银行，贸易公司，律师事务所，会计师事务所及各服务业公司。现在港资企业会员不断增加，一些大型中资企业也为其会员。近几年积极促进两地经贸交流，组团访问内地，协助会员开拓内地市场。

香港总商会（The Hong Kong General Chamber of Commerce）成立于1861年，是香港历史最悠久，独立自主，自负盈亏，不牟利的工商组织。商会的首要功能是代表全体会员向香港政府，社会各界和世界各国争取权益。商会与港府高层官员保持着密切联系，向政府和社会各界反映全体会员的意愿。港府往往在制定法律过程中咨询商会的意见。商会的另一重要功能是开拓新市场，增进贸易关系，促进商品贸易和服务等。此外，商会还提供贸易查询，贸易资料，贸易咨询和服务，并透过辖下七个分区办事处签发产地来源证和国际临时进口免税特许证。

商会共有3000多家来自工商界各行各业的公司会员，会员以公司为单位，没有个人会员。公司会员不论规模大小，每个会员享有同等投票权利。在3000多家公司会员中有2/4是大公司，1/4是中等公司，另有1/4是小公司。商会会员八成是香港公司，余下两成则是来自美国，英国，日本，加拿大，印度和澳洲的外资公司。

香港总商会是最早提出CEPA概念的商界组织，早于2000年1月发表报告，提出内地与香港自由贸易协议的构思。其后积极向特区政府进言，获得当时特首董建华接纳，并与中央政府展开磋商。2003年爆发非典型肺炎后，在CEPA带动下，香港经济气氛大有改善。

香港总商会在推动环保方面亦不遗余力，在2005年推出清新空气约章，鼓励商界企业为清新空气出一分力。至今已经有近600家商业机构参加。总商会本身亦成功在2006年透过多项节能等措施，节省约一成的电费，并将省减得来的电费，捐到环保组织作慈善用途。

中国城市经济品牌论坛集锦

中国城市经济论坛

中国城市经济学会，是中国城市经济领域最权威的学术研究团体，1986年5月由汪道涵、王任重、马洪、刘国光等老同志审时度势，共同发起成立的。学会成立25年来，每年与地方政府、社团组织、友好单位共同举办“中国城市经济论坛”等各类议题的学术研讨及交流活动。论坛为推动城市经济发展，分析解决城市发展中存在的矛盾和问题，促进城市化进程发挥了积极作用；为城市的领导者、城市经济领域专家、学者、企业家提供了全国性的高层次的学术交流和经验总结的平台，城市经济理论研究和实践探索在这里得到了创新和发展，取得了丰富的历史性和开拓性成果。

以下介绍自2005年以来，中国城市经济学会召开的若干专业性论坛。

小城镇高峰论坛

由中国城市经济学会、山西省建设厅、山西省城市经济学会、中共晋城市委、晋城市人民政府联合举办的“落实科学发展观，促进小城镇建设论坛暨《中国城市经济》创刊五周年庆典”，2004年10月16～18日在山西晋城市举行。来自全国各地的政府官员、专家、学者、企业家和社会知名人士160多人参加了论坛和庆典活动。

论坛开幕式由中国城市经济学会副会长龙永枢主持。中国城市经济学会会长周道炯致开幕词。晋城市长李雁红受市委书记张少农委托，代表市委、市人大、市政府、市政协致热情洋溢的欢迎词。

山西省人大常委会副主任赵劲夫，山西省政协副主席吕日周，山西省委原常委、秘书长、中国城市经济学会副会长、山西省城市经济学会会长万良适，原山西省人大常委会副主任王明、李玉章，湖南省人大常委会副主任、中国城市经济学会副会长罗海藩；中国城市经济学会副会长杨重光，西风科技集团公司董事长、中国城市经济学会副会长梅俊林，中国城市经济学会秘书长、中国城市经济杂志社社长张巨功；以及晋城市领导阎根生、马巧珍、殷理田等出席开幕式。

全国人大常委、全国人大法律工作委员会副主任、中国城市经济学会第一副会长王茂林作论坛主题报告《用科学发展观指导小城镇建设》。

王茂林指出，科学发展观是我国全面建设小康社会和实现现代化的根本指导方针，也是我国推进城市化进程的根本指导方针。进入新世纪新阶段，我国城市化进入了一个加速发展期，小城镇建设也得到了迅速发展。如何用科学发展观指导小城镇建设，使小城镇建设走持续健康的发展道路，这是一个急待回答的重大问题。他的主题报告深入阐述了落实科学发展观对指导小城镇建设的重要意义；落实科学发展观和小城镇建设的关系；当前小城镇建设需要解决的问题和对策。

王茂林指出，科学发展观告诉我们，小城镇建设是中国现代化发展的一个重大战略，是中国城市化的一个重大战略选择，发展小城镇是我国全面建设小康社会的重大举措。在小城镇建设中落实科学发展观，就要坚持以人为本，把小城镇人民的利益放在首位；就要坚持统筹城乡发展，在统筹中建设发展好小城镇；就必须坚持可持续发展，解决好小城镇建设与资源环境的矛盾；就要坚持经济社会的协调全面发展，建设既发展又和谐的小城镇社会。

论坛期间，来自全国各地的领导、专家、学者和企业家就小城镇建设和发展进行了广泛的交流和探讨。山西省人大副主任赵劲夫、山西省建设厅长张建民、山西省晋城市副市长师建平、江苏省启东市委副书记张建飞、河南省南阳市政府代表、山西省晋城市巴公镇长郭云龙、北留镇长白若磐、河南省荥阳市崔庙镇长；中国城镇发展研究会副理事长朱铁臻教授、中国城市经济学会副会长杨重光教授、国家发改委开发与地区经济研究所副所长肖金成教授、郑州大学城市经济研究所所长冯更新教授；山西金恒房地产公司董事长李云胜等在大会发言交流。

中国城市经济学会秘书长、《中国城市经济》杂志社社长张巨功同志就杂志创刊五周年作了庆典发言。

与会代表还实地考察了晋城市泽州县的巴公镇和阳城县的北留镇。

2005品牌战略高层论坛

2005年6月8日，由中国城市经济学会，经济日报社、北京市社会科学院和顺义区人民政府共同举办的“2005品牌战略高层论坛”在北京顺义举行。论坛的主题是“品牌铸就优势，形象聚集财富”。中国城市经济学会周道炯会长致开幕词，中国城市经济学会副会长龙永枢作《自主品牌

推动中国制造从加工走向创新》主题演讲，中国名牌战略推进委员会主任林宗堂，《经济日》报社总编辑冯并，国务院发展研究中心副主任研究员刘世锦同志，国家工商总局商标局局长安青虎，北京市工商局局长张志宽做专题发言。海信集团、联想集团、北京现代汽车、燕京啤酒、时代集团等企业领导介绍打造品牌的经验。中国城市经济学会秘书长张巨功以及北京市发展改革委员会、北京市科学技术委员会、北京市工业促进局、北京市商务局、北京投资促进局等有关部门的领导和顺义区经济管理部门和企业领导300人参加会议。

2005年中国城市经济学会学术研讨会

由中国城市经济学会和云南财贸学院主办，云南财贸学院经济系和《中国城市经济》杂志社承办的“2005年中国城市经济学会学术研讨会”，于2005年7月29～30日在昆明召开。周道炯会长为大会发来贺信，王茂林第一副会长做了题为《科学发展小城镇，推进城乡和谐发展》书面发言。学会副会长杨重光、学会秘书长张巨功出席会议。参会代表就我国的城市化道路、农村城市化、工业化与城市的关系等问题进行了深入的探讨和交流。会上专家们提出了若干政策建议：

1. 建议研究制定衡量城市化水平的科学、合理、可行的指标体系

目前许多地方存在单纯以城市化率即城市人口占总人口的比重代替城市化的进程和水平的倾向，忽视了城市化是指一个国家或地区由传统的农村社会向现代城市社会发展的自然历史过程，是国家或地区经济社会结构的城市化转型过程，并进而把城市化率的高低作为衡量地方官员“政绩”的主要尺度，通过简单的自上而下的行政命令，甚至采取硬性摊派或任务包干的办法，对下属辖区、单位和个人下达城市化指标，或通过改变和调整行政区划的办法来达到提高城市化水平。专家们建议应尽快抓紧研究制定衡量城市化水平的科学、合理、可行的指标体系以指导实践。

2. 建议抓紧研究目前我国工业化的阶段、特征及其对城市化的影响，探索符合中国国情的新型城市化道路

城市化是工业化的空间形式，是工业化推动的社会空间结构的变化过程，走什么样的工业化道路，也就决定着城市化应该走什么样的道路。当前中国已进入新一轮的以重加工工业为重心的重工业化阶段，正在向新型工业化道路转变。新型工业化要求城市化进行历史性的转型。建议抓紧研究我国工业化的阶段、特征及其对城市化的影响，探索符合中国国情的新型城市化道路。

3. 建议理顺国土规划、区域规划、城市规划之间的相互关系及其管理体制，建立统一协调的空间规划体系

目前我国空间规划的主要工作由三个部门分头管理，国土资源部主管国土规划、国家发改委主管区域规划、建设部主管城市规划，各种规划之间缺乏协调，规划内容重复、规划空间重叠甚至各种规

划之间互相矛盾、彼此冲突的情况时有发生，建议理顺国土规划、区域规划、城市规划之间的相互关系及其管理体制，建立统一协调的空间规划体系。

4. 建议抓紧研究制定促进农村劳动力转移的切实有效的制度

目前中国普遍存在城市化的流动化和两栖化现象。进城人口中至今仍有相当部分属于流动人口，处于半城市化状态或过渡形态；许多农民工家庭“一分为二”，自己在城市，而他们所赡养的人口、整个家庭基本上仍留在农村，变成两栖居民和两栖家庭。同时还出现局部性“民工荒”。这固然有多方面的原因，但主要原因是制度和体制设置了障碍，农民进城的门槛过高，农民工的工资待遇过低、劳动条件和劳动环境恶化，农民工的合法权益难以得到保障。这种状况不仅偏离城市化的目的，而且造成社会的不稳定，产生许多社会问题。建议抓紧研究制定促进农民进城、促进农民工转化为市民，把农民工转变为真正意义上的产业工人的制度措施，并根据不同情况，分别建立农民工、单纯从事农业生产的农民和失地农民的社会保障制度。

5. 改革现有征地制度

改革开放以来，我国采取一次性支付补偿的形式安置失地农民，但补偿标准太低。而补偿标准与土地的市场价格之间存在着巨大的差价，农民成了城市化的“无私贡献者”。在城市化进程加快的今天，农民征地问题如果不能得到妥善解决，不仅国家经济发展会受到影响，而且也会影响到社会的安定团结。建议改革土地转用制度，缩小政府征地范围，探索集体土地流转新形式，如由土地所有者——农民集体经济组织与使用土地的公司、企业、房地产经营者直接交易，政府通过征收土地使用税调控土地利用；改征地补偿为征地赔偿，合理分配土地收益；允许集体建设用地进入市场，建立健全农民集体土地的市场准入制度；探索我国农村土地使用权资本化的方法等。让农民成为城市化、现代化的受益者，而不是牺牲品。

6. 建议开展对都市区问题的研究，开展独立于行政区的都市区统计工作

中国正在进行着世界城市化史上规模最大、速度最快、内容最为复杂的城市化过程。城市是中国发展变化最剧烈的地区，城市统计是中国最基本的国情统计。而都市区是城市化时代最能够反映基本国情变化动态的空间系统。关于中国都市区的系统研究还基本上处于空白阶段，中国迫切需要进行都市区研究，开展独立于行政区的都市区统计工作。希望国内学界对都市区问题的研究引起重视，也希望中国官方能够尽快将都市区的统计工作提上议事日程。

7. 建议探索县管市体制

目前在我国东部沿海发达地区县域范围内，一些建制镇、乡镇随着非农产业的发展和聚集，镇、乡政府所在地人口、经济规模超过了县政府所在地，达到了设置市建制的条件。建议在这些地区试行县管市体制。

城市经济与能源（电力）发展高层论坛

2005年8月21～23日，由中国宏观经济学会、《中国城市经济》杂志社、包头市人民政府共同主办的“2005年中国经济论坛暨城市经济与能源（电力）高层论坛”在包头举行。中国体改研究会会长、中国城市经济学会副会长高尚全、国家发展和改革委员会副秘书长曹玉书、国家环保局环评司司长牟广丰、国家电监会体改办副司长孙耀唯、中国城市经济学会秘书长、中国城市经济杂志社社长张巨功、中国社会科学院财贸研究所中国城市竞争力报告主撰人、《中国城市经济》副主编倪鹏飞等专家学者、地方领导、中外知名企业高管代表到会发表演讲，并与参会代表进行城市经济与能源热点问题互动研讨。本届论坛为参会代表提供了一个交流、学习的平台，搭建政府与企业之间的沟通桥梁，使之成为政府经济管理部门、经济学家和企业家相聚共谋解决发展难题的盛会。

休闲文化与城市经济研讨会

2005年9月25～27日，由中国自然辩证法研究会、中国艺术研究院休闲文化研究中心、中国城市经济学会联合主办，江山市人民政府承办的“2005休闲文化与城市经济研讨会”在江山市国际大酒店召开。来自全国各地的40多名专家学者参加会议。中国著名文化学者、中国艺术研究院中国文化研究所所长刘梦溪，中国艺术研究院休闲研究中心主任马惠娣、中国城市经济学会秘书长张巨功等出席会议并做专题演讲。江山市市委书记吴雪桦、市委副书记、纪委书记赖瑞洪、副市长何蔚萍到会祝贺。

会议期间，与会代表围绕“文化与城市经济发展”的主题，通过专家论坛、圆桌会议、个案分析等形式对我国城市文化发展与城市发展，社会进步问题作深入地探讨。

中国城市经济发展与城市信息化建设研讨会

2005年11月27～28日，由中国城市经济学会、中国信息协会、中国社会科学院信息化研究中心、中国科学院软件所、清华大学现代管理研究中心、北京信息产业协会、广西电力工业勘察设计研究院联合主办，由《中国城市经济》杂志社、《工程建设与设计》期刊编辑部、北京信息产业协会共同承办的“中国城市经济发展与城市信息化建设”研讨会在北京京都信苑酒店如期召开。参会代表和来宾共计150余人。

温家宝总理在国家信息化领导小组第五次会议上强调：“信息化是当今世界发展的大趋势，是推动经济社会发展和变革的重要力量”。会议制定了《国家信息化发展战略》，这是顺应世界信息化发展潮流的重要决策，是实现经济和社会发展新阶段任务的重要举措。本次研讨会的召开正是落实《国家信息化发展战略》的重要会议，是顺应中国现代化建设发展要求和国际社会信息化发展趋势的，是我国信息化领域的一次盛会。

大会由中国城市经济学会副会长罗海藩主持，中国城市经济学会会长周道炯、第一副会长王茂林向大会发来贺信，中国城市经济学会副会长龙永枢致开幕词。国务院发展研究中心副局长、研究员岳颂东、中国城市规划学会副理事长陈为邦、中国社科院信息化研究中心主任汪向东、中国信息协会副会长杜链、北京信息产业协会秘书长徐祖哲、中国信息经济学会电子商务专委会副主任王汝林、中科院软件所工业管理与设计工程研究中心主任韩永生、甘肃省白银市市长袁占亭、中国人民大学信息学院副院长杨小平、广西电力工业勘察设计研究院副总工程师陈树铭、艾旺中国公司总经理刘明、北京师范大学环境演变与自然灾害教育部重点实验室主任黄崇福、清华大学经济管理科学与工程系主任助理朱岩、国家发改委专家委员会评估组组长张瑞权、中国城市规划设计研究院教授级高工汤铭潭、北京市社区服务中心副主任霍一伟等分别作了专题演讲。之后的互动交流时间，代表们踊跃发言，交流信息化建设的经验和构想；会后，代表们兴致勃勃地参观了北京市东城区城市管理新模式、北京市社区公共服务平台，受到东城区的热情接待，代表们深感收获很大。

本次研讨会通过探讨城市信息化建设在促进城市经济发展中的作用，研讨城市信息化发展方向，探索具有中国特色的城市信息化建设道路，使与会代表学到了很多信息化建设的经验和应用技术，开阔了信息化建设的思路。会议受到了代表们的好评，也必将对城市信息化建设和城市经济发展起到积极的推动作用。

旅游产业与城市发展高层研讨会
暨全国各省市城市经济学会联谊会

2006年5月27日，由中国城市经济学会、湖南省城市经济学会联合主办，张家界市人民政府、湖南省城市经济学会秘书处、《中国城市经济》杂志社共同承办的“旅游产业与城市发展高层研讨会暨全国各省市城市经济学会联谊会”在张家界市隆重召开。来自全国各省市城市经济学会会长、秘书长，旅游城市领导人和工作者，旅游产业专家学者，中国城市经济学会理事以及各界媒体、嘉宾共计100多人出席了这次会议。会议围绕“旅游产业与城市发展”主题，就旅游产业推动城市经济与社会发展、旅游城市竞争力研究、城市营销、构建长株潭城市群、中西部旅游发展动向等前沿课题进行了热烈讨论；同时就学会发展，加强与各地城市经济学会的交流、合作，学会如何在城市经济建设中发挥更大作用等问题进行了探讨和沟通。

中国城市经济学会会长周道炯，第一副会长王茂林，副会长龙永枢，副会长兼湖南省城市经济学会会长罗海藩，副会长黎子流，秘书长张巨功，湖南省人民政府党组成员、省人民政府顾问罗桂求，张家界市委书记刘力伟，市委副书记、常务副市长杨次伟，中国社科院旅游研究中心副主任李明德，中国旅游报代理总编邵春，焦作市旅游局长许长仁，综合开发研究院（中国·深圳）旅游与地产研究中心主任、研究员宋丁，世纪唐人旅游发展有限公司首席分析师张晓军等领导和专家学者做了精彩演讲。

房地产业与房地产市场高层座谈会

2006年6月16日，中国城市经济学会在中国社会科学院召开了“对当前中国房地产业和房地产市场问题分析和对策建议”的高层座谈会。

房地产业和房地产市场是我国城市经济发展中的一个突出和重要问题，涉及城市居民的切身利益，成为社会关注的焦点。《国务院办公厅转发建设部等部门关于调整住房供应结构稳定住房价格意见的通知》下发后，引起了社会的广泛关注。座谈会集中了城市经济学界和相关专家的真知灼见，深入分析了当前房地产业和房地产市场问题，特别是住房政策如房价、住房结构调控、政府对低收入群体的廉租房政策等，提出建设性的政策和对策建议，为政府对房地产市场监管提供了借鉴，以更好地贯彻落实国务院的通知精神，促进城市房地产业的健康、有序发展。

中国城市经济学会会长周道炯，第一副会长王茂林，副会长龙永枢，副会长杨重光，秘书长张巨功，中国住宅及房地产研究会常务副会长兼秘书长、原建设部法规司司长包宗华，中国房地产估价师协会副会长兼秘书长柴强，首都经贸大学房地产教授张跃庆，中国社科院经济研究所研究员汪丽娜等领导和房地产专家参加了这次会议。

中国·天水城市建设与房地产业互动发展研讨会

2006年7月2日，由中国城市经济学会、甘肃省工商联合会房地产业商会等单位联合主办的“中国·天水城市建设与房地产业互动发展研讨会”在天水隆重召开。

中国社科院原副院长、中国城市经济学会副会长龙永枢，建设部原副部长、中国房地产业协会名誉会长杨慎，中国城市经济学会副会长、中国城市经济杂志社主编杨重光，中国城市经济学会秘书长、中国城市经济杂志社社长张巨功，甘肃省建设厅原副厅长、甘肃省房地产业协会会长王政之及天水市领导张和平、冯沙驼、白朝德等出席了研讨会。

研讨会上，与会专家、代表分别就如何科学构建天水城市和谐发展、解读宏观调控政策以及中小城市房地产业的发展方向等课题进行了交流与探讨。

中国城市经济学会成立二十周年庆典暨中国城市持续、协调、科学发展高层论坛

由中国城市经济学会、上海市城市经济学会联合主办，中国建设银行、太原市人民政府、海尔集团、山西省煤炭运销总公司、山西焦煤集团等单位协办的“中国城市经济学会成立二十周年庆典暨中国城市持续、协调、科学发展高层论坛”于2006年9月8～9日在上海财政大厦隆重召开。

20年来，学会紧跟中国改革开放和城市发展步伐，努力探索中国城市建设和发展的新理论，积极推进城市经济发展，为促进中国城市合作与城市发展做出了积极贡献。

大会开幕式由中国城市经济学会副会长龙永枢主持，学会会长周道炯致开幕词，上海市市长韩正出席开幕式并致辞，中国城市经济学会第一副会长王茂林作“以科学发展观统领城市全面、协调、可持续发展”的主旨报告，深刻分析了中国城市的现状及未来发展趋势。龙永枢副会长总结学会二十年的发展成就。中国城市经济学会副会长高尚全，副会长李京文，名誉副会长林凌，上海市建设交通委主任熊建平，上海财经大学教授、房地产经济研究中心主任丁健，太原市市长张兵生，海尔集团副总裁周云杰，中国人民大学教授叶裕民等与会领导、专家、企业家代表分别发表了热情洋溢的讲话。会议特别播放了纪念汪道涵老会长的电视纪录片，上海城市经济学会副会长江绵康同志作缅怀汪老的专题发言。学会副会长王振中宣布了纪念二十周年系列活动“实践科学发展观优秀论文”、“城市发展摄

影大赛”及“优秀学术著作”的获奖名单。大会展出了新出版的《中国市长论城市经济》、《中国城市经济前瞻性问题研究》、《实践科学发展观优秀文集》等2006中国城市经济丛书和二十年来学会领导、专家、学者的二百余部城市经济学术著作。

出席大会的领导和嘉宾还有：中国城市经济学会副会长黎子流、万良适、罗海藩、杨重光、梅俊林、中国城市经济学会顾问苏文川、中国城市经济学会名誉副会长柯茂盛、中国城市经济学会秘书长张巨功、国家体改委原副主任、山西省原副省长乌杰，原山西省人大副主任、原太原市市长孟立正，中国建设银行副行长辛树森、中国建设银行上海分行行长宁黎明、中国建设银行广东省分行行长吴建行等来自全国各省市的政府官员及兄弟学会领导、专家学者、知名企业家、各界媒体及嘉宾共计200余人。

会议前夕，全国人大常委会副委员长、学会名誉会长李铁映，全国人大常委会副委员长、学会荣誉顾问顾秀莲分别为二十周年题词。李铁映的题词是：“走中国城市化道路”；顾秀莲的题词是：“广泛开展学术交流、推进城市经济发展”。学会会长周道炯、第一副会长王茂林、顾问刘国光、副会长周干峙、高尚全、张卓元等领导分别题词；同时学会还收到了中共内蒙古自治区委员会书记储波、丽江市人民政府市长张祖林、衡水市人民政府顾问刘国选、中国生产力学会、世界华侨华人社团联合总会、中国城市发展研究会、中国城市科学研究会、中国城市规划学会、中国国际跨国公司研究会、海尔集团、山西省煤炭运销总公司等领导及友好单位发来的贺信。

本次活动展示了学会二十年的辉煌成果；展望未来，为学会提出了新的任务和目标；为城市经济建设的领导者、城市经济理论工作者和企业家，提供了一个全国性的学术交流和经验总结的平台。这是一次推动中国城市进一步改革、创新、科学发展的盛会。

首届中国地源热泵技术城市级应用高层论坛

由中国城市经济学会、国家机械工业局工程建设中心主办，《工程建设与设计》编辑部、国际地源热泵协会承办的“首届中国地源热泵技术城市级应用高层论坛”于2006年11月13～15日在北京中苑宾馆举行。

地源热泵技术是新兴的建筑节能技术，因其能够提取蕴藏在地下水、地表水和土壤中的浅层地能供给建筑，替代常规燃料，因而被国际能源组织推荐为首选可再生能源和21世纪取代传统供热（冷）方式最现实、最有前途的技术措施之一。目前建设部和财政部正在遴选地源热泵技术应用的示范城市和示范项目，用国家资金予以扶持。而北京、沈阳、武汉、成都等城市也在制定政策，在全市范围推广地源热泵技术的应用。这次论坛的举办正是为了推动地源热泵技术的城市级应用，探讨地源热泵技术在城市可持续发展中的作用。

论坛得到了国家有关部委领导、政府主管领导、专家、学者、房地产开发商等的关注和积极地参与：中国城市经济学会会长、中国证监会原主席、中国建设银行原行长周道炯，中国城市经济学会副会长、中国社会科学院原副院长龙永枢，中国城市经济学会秘书长张巨功，国务院参事、科技部原秘书长石定寰，国务院参事王秉忱，建设部原总规划师陈为邦，建设部科技司副司长武涌，中国建筑科学研究院顾问、总工程师吴元炜，国家机械工业局工程建设中心主任陈庆生，中国节能服务产业委员会主任沈龙海，中国建筑科学研究院空调所所长徐伟，北京市发改委能源发展处处长高新宇，大陆希望集团总裁陈斌，国际地源热泵协会中国委员会主席徐云生，青岛市、沈阳市、滨州市、黄山市等有关领导，北京工业大学教授丁良士，哈尔滨工业大学教授马最良，山东建工学院教授刁乃仁，上海交通大学教授鲍士雄等。与会领导、专家、学者分别就地源热泵技术的国家政策导向、推广应用、国内外该技术的区域经验、应用中应注意的问题以及与未来城市经济发展的关系进行了广泛而深入地研讨、交流。会后主办方安排与会嘉宾及代表对北苑家园和北京警察学院地源热泵技术的应用进行了实地考察。

为期三天的会议是高效、务实的，将推动全国地源热泵技术进入城市化区域推广的新阶段。会议取得了圆满成功！

“中国城市经济学会2007年新春茶话会”隆重举行 第十届全国人大常委会副委员长顾秀莲出席

“中国城市经济学会2007年新春茶话会”于2007年2月3日在北京世纪金源大饭店隆重举行。学会领导和来宾40余人欢聚一堂，满怀喜悦心情，迎新春，叙友情，探讨学会工作。

第十届全国人大常委会副委员长、中国城市经济学会荣誉顾问顾秀莲出席了茶话会。中国城市经济学会会长周道炯主持茶话会，学会第一副会长王茂林致欢迎词。顾问刘国光、苏文川，名誉副会长李德水，副会长龙永枢、范远谋、高尚全、张卓元、李京文、宋志平、王振中、梅俊林、杨重光，秘书长张巨功，副秘书长王

利公、陈镭、赵弘、王力、叶裕民，中国规划学会副会长陈为邦、中国城市发展研究会副理事长朱铁臻、国家体改委原司长郑定铨、中国生产力学会副秘书长陆亚凡、北京市城市经济学会名誉会长钮德明等领导出席了茶话会。

顾秀莲副委员长向参加茶话会的各位同志致以新春佳节的问候。委员长对学会的工作给予了肯定并提出了一些建议。她要求按照中央的精神把城市研究搞好，取得新的成绩。她指出现在我国东部沿海城市的发展总体上讲很有成就，西部的发展和中部的崛起，要学习借鉴东部好的经验。学会应研究国家各项法律的贯彻执行，因为相当多的法律都与城市建设息息相关，如何知法、懂法、用法来管理城市，有着深刻的意义。中国城市经济的学术研究，离不开国家的法律和条例，我们只有依靠国家法律和条例来管理好城市，城市经济才能发展得更好，社会主义各项事业才能建设得更好。城市经济中有些是宏观的东西，有些是微观的东西，大中小城市都涵盖其中，应加强这方面的研究，找出一些规律性。通过28年的改革，中国城市有了很大发展，学会应从中认认真真地总结经验和教训。

学会第一副会长王茂林，名誉副会长李德水，副会长龙永枢、高尚全、张卓元、李京文、梅俊林，秘书长张巨功也就学会工作重心和今后重点关注的问题谈了各自的想法。

茶话会在热烈、祥和、团结的气氛中圆满结束。

中国国际服务业论坛

由中国国际贸易促进会、中国城市经济学会、深圳市人民政府共同举办的以“推动区域性服务业的发展、提高中国金融服务业的竞争力”为主题的“2007中国国际服务业论坛”于2007年7月21日在深圳五洲宾馆隆重召开。

出席论坛的嘉宾有原中共深圳市委书记李灏、中国城市经济学会会长周道炯、中国城市经济学会副会长龙永枢、杨重光、秘书长张巨功、深圳市副市长陈应春、中国国际贸易促进会副会长王锦珍、中国证监会研究中心主任祁斌、中国保监会资金运用监管部主任孙建勇、中国社科院金融研究所副所长王松奇、香港贸易发展局华南区首席代表钟永喜、招商银行副行长唐志宏、北京农村商业银行行长金维虹、平安银行行长江天锡、中国建设银行首席经济学家华而诚、中国人民银行深圳市中心支行副行长张建军等。金融服务机构、企业界以及专家学者共200余人参加了此次盛会。

深圳市副市长陈应春在致词中说，深圳市委市政府历来高度重视发展服务业，近年来将高端服务业作为转变经济增长方式、提升城市现代化水平、增强城市辐射力和竞争力的战略产业摆在突出的位置，出台一系列扶持措施，逐步做强做大，取得了显著的成效。中国国际贸易促进会副会长王锦珍先生在主旨演讲中说，近年来，泛珠三角地区经济发展对金融支持的需求越来越旺盛，金融合作对未来泛珠三角地区的发展将起到举足轻重的作用，因此有必要充分发挥泛珠三角九省以及港澳两地金融市场的优势，提高金融服务的综合能力。中国城市经济学会会长周道炯作了“推动区域性服务业的发展、提高中国金融服务业的竞争力”的主题发言。周道炯指出，服务业发展水平是一个国家现代化程度的重要标志，对于促进经济社会科学发展、构建和谐具有重要意义。针对我国金融服务业存在的问题，周道炯提出几点建议。他还表示，深圳在服务业发展方面也有很好的示范作用，城市发展战略带动了深圳的经济繁荣。现场嘉宾对话部分将活动推向了高潮，中国证监会研究中心主任祁斌先生、中国社科院金融研究所副所长王松奇教授、中国城市经济学会副会长杨重光教授和香港贸易发展局华南区首席代表钟永喜先生等嘉宾就“发挥泛珠三角9省及2地（港澳）的金融市场优势，提高中国金融服务业的竞争力”作出了精妙风趣的辩论。《财经时报》副总编辑邵颖波与中国城市经济学会秘书长、《中国城市经济》杂志社社长张巨功分别主持全面开放后的银行金融服务和境内外金融服务与风险管理两场专题演讲。

最后，中国经济学会副会长龙永枢作了大会总结发言。他说，这次会议在我国服务业发展进入一个新阶段、金融服务业进一步开放的新形势下召开，具有重要的理论前导和实践的指导意义。对我国发展金融服务业的目标和前景的认识，对我国金融服务业进入国际金融市场以后如何发挥区域性金融市场的优势，特别是对深圳金融服务业发展，提供了很多可供借鉴的意见和建议。

第三届全国城市中央商务区（CBD）发展研究高级论坛

由中国城市经济学会和首都经济贸易大学共同主办的“第三届全国城市中央商务区（CBD）发展研究高级论坛”于2007年7月25日在首都经济贸易大学召开。

出席会议的领导和嘉宾有：中国城市学会会长周道炯、中国城市经济学会副会长龙永枢、杨重光、秘书长张巨功、国务院发展研究中心副巡视员岳颂东研究员、中国社会科协当代城乡发展规划研究院院长傅崇兰、首都经济贸易大学党委副书记冯培、中国社科院城市发展与环境研究中心主任牛凤瑞、中国科学院研究员王铮、中国人民大学教授付晓东等。

龙永枢副会长首先代表中国城市经济学会祝贺“第三届全国城市中央商务区（CBD）发展研究高级论坛”的胜利召开。三年来，多位专家学者共同探讨CBD发展及进程。CBD作为当代城市发展的产物，与全球经济的发展密切相关。无论是在功能构成、空间形象，还是在运转方式、设施配套等方面，已经演变成相对独立的区域，某种程度上它的职能已经超过了城市本身的意义。当前CBD发展中的一些带有共性的重点问题，是中央商务区怎样发展现代服务业的问题。作为研究CBD的专门学术研究机构，希望CBD研究基地今后在中央商务区的研究方面再接再厉，取得更多的成果。

与会专家分别就北京中央商务区的形成与发展、把北京CBD打造成我国文化创意产业的核心基地、北京CBD发展服务外包的问题、在新经济时代关于城市发展的一些问题、现代服务业集群与制造业集群区位选择的四大区别等课题进行了论述。

中国城市经济学会副会长杨重光作了题为“现代服务业是城市现代化的重要标志”总结发言。国务院关于加快发展服务业的若干意见，就讲服务业的发展水平是衡量现代经济社会发展程度的重要标志。到2020年基本实现经济结构向“以服务经济为主”的转变，服务业增加值占国内生产总值的50%。大城市要把发展服务业放在优先的地位，有条件的要逐步形成服务经济为主的产业结构。

本次论坛得到了学会领导的关心和指导，也得到了经济学界的大力支持。许多著名经济学家，如于光远、刘国光、吴敬琏、蒋学模、荣敬本、童大林、保育钧、胡培兆、王珏、厉以宁等都十分关心、支持研究会工作。论坛取得了圆满成功！

大同市科学发展·战略转型高层论坛暨2007中国城市经济学会年会

为贯彻落实胡锦涛总书记在2007年6月25日的讲话精神，重点研究资源型城市科学发展，实现战略转型的重大课题，2007年9月23日，由中国城市经济学会、山西省城市经济学会、大同市人民政府联合主办的“大同市科学发展·战略转型高层论坛暨2007中国城市经济学会年会”在大同市宏安国际酒店拉开帷幕，来自全国各地的领导、专家、学者近200人参加了会议。

出席大会的领导和嘉宾有：中国城市经济学会会长周道炯，中国城市经济学会第一副会长王茂林，中国城市经济学会副会长龙永枢、万良适、罗海藩、杨重光，秘书长张巨功，中共大同市委书记郭良孝，大同市人民政府市长丰立祥、常务副市长高印，山西省城市经济学会副会长赵振亮、吴德春、袁纶华、许一友，大会特别邀请的专家有：国家发改委国土开发与地区经济研究所副所长王青云，国务院发展研究中心副巡视员、研究员岳颂东，中国区域经济学会副秘书长、中国社会科学院工业经济研究所研究员陈耀，中共山西省委原副秘书长、省人大城乡建设环境保护委员会主任李淳，中共山西省委党校国情所所长郑延涛、山西大同煤矿集团董事长刘随生等。

开幕式上，周道炯会长为论坛致开幕词，万良适副会长致辞，郭良孝书记致欢迎词，高印常务副市长向与会领导、专家介绍了大同市生态环境现状和亟待解决的问题。王茂林第一副会长作大会主旨报告。王会长说，大家汇聚在“煤都”大同召开这次主题为“科学发展·战略转型”的会议，一起探讨大同及我国资源型城市的战略转型问题，我认为有其特殊而重要的意义。作为我国最大的动力煤生产基地，驰名中外的“煤都”，在全国能源基地格局中占有重要地位。王会长强调科学推进转型是重振大同雄风的必由之路，也是我国资源型城市科学发展的必然选择。整合资源、努力发展循环经济，推动大同煤炭产业升级转型；落实好节能减排目标，带动煤炭接续产业转型；以科技创新为主导，支撑煤炭关联产业转型；对优势资源加强综合开发，推进非煤产业转型；抓好政策扶持、信贷支持和招商引资工作，带动各个产业实现整体战略转型。在转型的过程中还要解决好“绿色转型”问题。大同市要以这次论坛为契机，广泛吸纳各位专家学者的良好建议与对策，真正实现重振北方重镇雄风，开拓“煤都”发展新路，在优化结构、加快转型、提升实力、创新形象等方面取得重大进展。

专家演讲环节中，王青云、岳颂东、陈耀、李淳、郑延涛等专家理论联系实际，分别从各自研究领域对大同的转型、发展乃至全国资源型城市转型作了有针对性的演讲，提出了政策建议。同煤集团刘随生董事长从同煤的实际出发，介绍了循环经济塔山工业园区的基本情况和今后发展的战略定位。为了让与会代表有更充分的交流机会，论坛特别安排了“专家、学者及兄弟城市经验交流会”。发言的城市代表有：北京决策咨询中心主任、北京城市经济学会常务副会长钮德明，太原社科院院长刘锦春，芜湖市发展研究中心吴林，青岛市委党校经济学部主任、中国城市经济学会副秘书长刘文俭，上海城市经济学会常务副秘书长、高级经济师施蓄生，同济联合城市规划与景观设计所所长李秉毅，马鞍山市发改委副主任舒慕苏，云南财经大学区域发展研究所所长、中国城市经济学会副秘书长罗宏翔，大家踊跃发言、热烈讨论、广泛交流。论坛中，与会代表就大同市的科学发展和战略转型问题提出了宝贵的意见和建议，会议取得了丰硕成果，对大同市今后的发展具有很好的指导意义。

这次会议既是探讨“资源型城市转型问题”的研讨会，同时也是“中国城市经济学会2007年年会”。24日上午，由罗海藩副会长主持，在团结、友好的气氛中，“2007中国城市经济学会年会”隆重召开。周道炯会长对一年来学会的工作给予了肯定。他说，学会成立二十多年来，坚持党的路线、方针、政策，落实十六大精神，开展了很多卓有成效的工作，为广大城市经济领域专家、学者提供了很好的交流平台，为城市经济发展起到了一定的推动作用。

龙永枢副会长在讲话中强调，中国共产党第十七次全国代表大会即将隆重召开。十七大将为城市发展提出科学的指导思想，提出新问题、新任务、新思路、新战略，也给中国城市经济学会提出新的课题和新的挑战。学会将高举中国特色社会主义旗帜，办好中国城市经济学会。

最后，张巨功秘书长分别从一年来学会开展的主要活动、学会的自身建设、及2008年工作设想等几方面向学会各位领导、理事、代表作了学会工作报告，使大家了解学会工作情况，积极参与学会工作。

论坛结束后，组委会组织代表们参观了大同煤矿集团塔山工业园区大力发展“围煤”产业，真正实现循环经济的先进经验；还组织参观了世界文明的瑰宝“云冈石窟”和“悬空寺”，中华民族的智慧和毅力令人叹服。

本次大会得到了山西省城市经济学会、大同市人民政府、同煤集团等单位的大力支持，在此向各友好单位表示衷心的感谢！本届会议取得圆满成功！

学习贯彻落实党的“十七大”精神
中国城市经济学会召开
“城市经济理论创新和体系建设座谈会”

由中国城市经济学会组织召开的“城市经济理论创新和体系建设座谈会”，于2007年10月30～31日在河北省廊坊市召开。

座谈会是为学习宣传、贯彻落实党的“十七大”精神，高举中国特色社会主义伟大旗帜，把我国城市经济理论研究推向新阶段，推动我国城市经济又好又快发展。

出席座谈会的学会领导和专家有：中国城市经济学会会长、中国建设银行原行长、国家证监会原主席周道炯，中国城市经济学会第一副会长、全国人大常委、法律委员会副主任委员王茂林，中国城市经济学会副会长、中国社科院原副院长龙永枢，中国城市经济学会副会长、中国社科院学术委员会委员、研究员、中国工程院院士李京文，中国城市经济学会副会长、中国社科院研究员杨重光，中国城市经济学会秘书长、《中国城市经济》杂志社社长张巨功，中国城市发展研究会副会长朱铁臻，中国城市经济学会副秘书长、中国社会科学院财政与贸易经济研究所城市与房地产研究室副主任、研究员、博士倪鹏飞，中国社科院城市发展与环境研究中心研究员梁本凡，北京决策咨询中心主任、北京城市经济学会常务副会长钮德明，江苏省城市发展研究院院长、研究员张锋，北京市社科院城市研究所研究员陈光庭，长安大学城市研究所所长、陕西房地产研究会会长王圣学，首都经贸大学城市经济系教授李树琮，上海城市经济进修学院副院长陈世嘉。廊坊市人大常委会主任张素珍，副主任王瑞锋、杨国林，市人民政府副市长王大虎等领导也出席了此次会议。

座谈会气氛热烈，领导和专家学者一致认为，党的“十七大”是在我国改革发展关键阶段召开的一次十分重要的大会。胡锦涛总书记的报告，高举中国特色社会主义伟大旗帜，以邓小平理论和“三个代表”重要思想为指导，深入贯彻科学发展观，认真总结了党的十六大以来和改革开放以来党团结带领全国各族人民建设中国特色社会主义的伟大历史进程和宝贵经验。报告立意高远、气势恢弘、主题鲜明、内涵丰富、思想深刻、论述精辟，具有很强的政治性、思想性、战略性、指导性，是新世纪新阶段我党面向世界，面向未来的政治宣言，是指导中国特色社会主义建设的马克思主义光辉文献。

报告对全面推进我国改革开放和社会主义现代化建设、全面推进党的建设新的伟大工程做出了战略部署，为进一步动员全党全国各族人民继续解放思想，坚持改革开放，推动科学发展、促进社会和谐，为2020年建成小康社会、开创中国特色社会主义事业新局面指明了前进方向。

张巨功秘书长主持会议。周道炯会长致开幕词。周会长指出党的“十七大”是我们国家在改革发展关键阶段召开的一次十分重要的大会，中国城市经济学会及时学习党的“十七大”报告，就是要深刻领会党的“十七大”精神，深刻领会党的“十六大”以来所取得的成绩，深刻领会改革开放的伟大进程和宝贵经验，深刻领会中国特色社会主义道路和理论体系，深刻领会科学发展观的科学内涵、精神实质、根本要素，深刻领会党的“十七大”报告确立的重大的理论关系，重大的战略思想，重大的工作部署。改革开放以来，我国经济结构调整，取得了巨大的进步，但我们更清醒地认识到当前我国经济高速增长情况下城市面临的问题。在城市扩张和内部空间重组的双重作用下，郊区化现象日益明显，也造成了城市无序蔓延、耕地流失等问题，加剧了地区差异与城乡差异。水资源严重短缺、城市环境品质下降、城市形象“千城一面”、社会发展落后于经济发展等方面的压力也在不断加大。因此，对城市经济理论研究必然提出新的任务和挑战，进入一个新的理论创新和发展时期。我们有必要对30年来城市的发展和理论的前进进行认真地回顾，做出科学的总结，展望未来的发展，接受新的挑战，完成新的任务。

廊坊市人民政府副市长王大虎在座谈会上致辞，热烈欢迎中国城市经济学会的领导和专家学者来廊坊召开城市经济理论创新和体系建设座谈会，学习、贯彻、落实党的“十七大”精神。王大虎副市长介绍了廊坊市城市经济发展的总体情况。廊坊市城市经济坚持“突出好、追求快、好中求快”的发展理念，经济实力不断增强、发展环境不断优化，使廊坊经济社会得到又好又快发展。在发展中把节约资源和保护环境当成基本国策来抓，正确处理经济快速增长与资源利用、环境保护的关系，使廊坊获得“中国优秀旅游城市”和“最佳宜居城市”奖。

王茂林第一副会长在主旨讲话中提出“政府工作怎么能够创新，能够适应这个时代的需要，能够转变政府工作职能，真正使我们的政府成为一个服务型、成为一个承担公共政策的政府”的问题。过去我们的政府就是一个生产型的政府，或者说经济型的政府，或者说生产经营型政府。我们政府的80%～90%的精力都在直接引导经济。政府首先是一个公共职能的政府，我们五个金光灿灿的大字，确定了政府工作的宗旨，就是：“为人民服务”，政府应该是为人民服务的政府，应该为我们纳税者做好服务。此外，王茂林会长还就城乡一体化、民生问题、城市交通等热点问题谈了自己的观点，也介绍了国外的一些有效经验。

座谈会上，与会领导、专家紧紧围绕“城市经济理论创新和体系建设”这一主题，用党的“十七大”精神指引，从多方面、多视角回顾了改革开放以来城市经济的发展、成就、经验和问题；提出城市经济改革研究的正确方向和创新任务；梳理现阶段和今后城市经济的主要问题，建立新时期城市经济的理论体系和推进城市经济科学发展课题，进一步推进城市经济研究和发展，更好地发挥学会的组织作用等问题进行了研讨和交流。

最后龙永枢副会长在总结发言中说，胡锦涛总书记所作的报告，高举中国特色社会主义伟大旗帜，坚持马克思主义、毛泽东思想、邓小平理论和“三个代表”重要思想为指导，深入贯彻科学发展观，对我们党在改革发展的关键阶段，举什么旗、走什么路、朝着什么目标和怎样实现这些目标的战略任务，做了精辟的论述，深刻地探索和回答了什么是社会主义、怎样建设社会主义这一重大历史课题。这个报告，是我们学会研究中国城市经济发展的指导思想和研究方向。我们要把报告的基本精神和内容，结合中国城市经济实际，高举中国特色社会主义伟大旗帜，深入落实科学发展观。这次“城市经济理论创新和体系建设座谈会”就是要我们进一步担负起总结改革开放以来特别是“十六大”以来的实践创新和理论创新成果的任务，梳理出当前研究的重点问题，组织好研究队伍，分别拿出研究成果。各个城市，在科学发展观指导下，将会进入一个新的发展阶段，逐步实现城市又好又快发展的质的飞跃。

此次“城市经济理论创新和体系建设座谈会”，所涉及城市经济研究课题广泛，理论探讨深刻，为继续学习宣传、贯彻落实好党的“十七大”精神，为城市经济理论研究和体系建设做了很好的铺垫。

出席座谈会的全体代表还考察了廊坊城市规划展示馆、廊坊开发区成果展、东方大学城和永清县。廊坊市委、市人大、市人民政府对座谈会的召开给予了大力支持和热情接待，在此表示感谢！

第二届中国地源热泵技术城市级应用高层论坛

2007年11月28～29日，“第二届中国地源热泵技术城市级应用高层论坛”在北京召开。论坛由中国城市经济学会和中国可再生能源学会共同主办，同方人环、华清集团、山东富尔达、大连葆光节能空调设备厂四家企业协办，《工程建设与设计》和《中国城市经济》杂志承办。

中国城市经济学会会长周道炯，副会长龙永枢，国务院参事室能源小组和城市建设小组5位参事石定寰、王秉忱、郑虎、吴学敏、沈梦培，中科院院士汪集暘，建设部原总工程师、科技委常务副主任金德钧，中国勘察设计协会副理事长孟祥恩，全国政协人环资委委员何升韬以及中国机械工业联合会、北京勘察设计协会、市长协会、部分城市建委、发改委主管节能负责人等国家有关主管部委的领导同志和北京、河北、沈阳、武汉、成都、黄山、青岛、内蒙古、广西等省市级领导以及主管部门、大学、科研院所、企业的代表约180人参加了会议。

论坛由中国城市学会秘书长张巨功主持，分为积极推进、有效管理、成功实施三大版块。周道炯会长代表主办方致开幕词。国务院参事、建设部建筑环境工程技术研究中心主任、中国工程勘察大师王秉忱首先发言，他介绍了我国利用水源、地源热泵技术开发浅层地热能的大好形势，并分析了国内外地源热泵技术应用现状及存在问题。中国科学院院士汪集暘做了题为城市地源热泵应用中应注意的几个问题的专题报告。龙永枢副会长在发言中谈了关于地缘热泵在未来应用的中的一些问题和几点建议。国建筑科学研究院建筑环境与节能研究院院长徐伟从建筑角度出发，阐述了地源热泵发展当前面临的形势、遇到的问题，以及需要解决的问题。国土资源部中国地质调查局韩再生处长从地质口的角度介绍了对地源热泵技术的认识，分析了浅层地热能勘察评价中的相关问题。沈阳市地源热泵规划建设管理办公室副主任梁云发、中国地质科学院水文地质环境地质研究所地热中心主任王贵玲、大连冰山集团空调设计部副部长单莉、中国建筑研究院研究员汪训昌以及华清、富尔达、清华同方、大连葆光、北源热力公司等企业代表分别在论坛上结合工程实践对地源热泵城市级成功推广应用提出了建议。吴元炜教授在论坛闭幕时作了总结性的发言。会后，代表们还参观了地源热泵典型工程：华清集团的用友软件园和清华同方人环公司的生产基地。

伴随着绿色奥运的理念，地源热泵技术在奥运工程中被大量采用并成为可再生能源建设中的亮点之一。北京奥运村（总供暖制冷面积43万平方米）采用了污水水源热泵空调系统控暖制冷以及提供温泉洗浴水。奥林匹克水上公园中应用地源热泵的建筑共43个，建筑面积达6万平方米。此外，国家体育场、国家游泳中心、青岛奥林匹克帆船中心等重点工程也应用了该技术。如此大的公共应用面积，在国内尚属首例，也展现了地缘热泵技术的广阔发展前景。

城市经济与青年创业论坛

2008年5月4日，“城市经济与青年创业论坛”在济南市舜耕会堂举行。

本次论坛由中国城市经济学会、共青团济南市委、济南时报、中国青年创业国际计划（YBC）山东办公室共同举办。中国城市经济学会会长周道炯，中国城市经济学会副会长龙永枢、杨重光，秘书长张巨功，中国社科院人口与劳动经济研究所副所长、研究员张车伟等国内知名专家学者出席了论坛，并以城市经济与青春创业为主题发表演讲。中国青年创业国际执行总干事杨华东、中国青年创业国际计划创业导师丁宏伟，企业家代表朱呈镕等人就如何敲开创业大门，如何迈出最艰难的第一步等问题展开论述，并就如何申请YBC（中国青年创业国际计划）无息、免担保创业资金等做了详细阐述。

在闭幕式上，中国城市经济学会副会长龙永枢特别强调：本次会议有五个鲜明的特色，第一，济南市委、团市委领导的重视，将城市就业，特别是创业带动就业问题提到重要位置，创造以民生为本促进城市经济健康发展、构建和谐社会的良好环境。第二，通过政府引导，有助于对创业者建立正确的就业、创业观，提高创业的成功率。第三，通过创业免息贷款，为创业者提供资金支持。第四，中创会的举办，使其逐渐成为青年朋友创业就业交流的平台，而且规模、影响力在不断扩大。第五，媒体的广泛参与和大力支持，增强了中创会的社会与经济效果。

党的十七大报告提出了以创业带动就业的发展战略，举办青年创业论坛通过政府支持、专家引导、导师帮助的方式指导青年人创业。这次会议从理论和实践上推动了创业工程更深入发展，会议得到了青年朋友的热烈欢迎。论坛会上，共青团山东省委向5名获得（YBC项目）资助的创业青年发放了创业资金。

第六届国际儒商大会

春风十里春色稠，四海儒商聚扬州。由国际儒商学会、扬州市人民政府、扬州大学、中国城市经济学会和长三角城市发展研究中心联合主办的“第六届国际儒商大会”于2008年5月10～12日在江苏省扬州市成功召开。来自世界各地的国际儒商学会会员、知名人士和来自中国各地的政府官员、企业家、专家学者，群星荟萃、济济一堂，围绕“守信立德·尽责创新·共建和谐”主题，进行了广泛而深入的讨论。

出席本次大会的领导嘉宾有全国政协原副主席张怀西，中国证监会原主席、中国城市经济学会会长周道炯，商业部原部长胡平，中国人民大学校长纪宝成，江苏省人民政府原常务副省长吴瑞林，山西省委原常委、秘书长、中国城市经济学会副会长万良适，湖南省人大常委会原副主任、中国城市经济学会副会长罗海藩，副会长杨重光，秘书长张巨功，江苏省工商联会长李仁，国际儒商学会会长潘亚暾，扬州市人民政府市长王燕文，扬州大学校长郭荣。扬州市人民政府副市长闻道才主持了大会。

与会代表认为，当今时代，世界文化和全球经济进一步互容共生，西学东渐，中学西传，东方文化、儒学精神走向世界，儒学成为世界性显学。崇尚礼仪、诚爱待人、以和为贵、“和而不同”的儒学理念，为繁荣全球多元文化、为创建世界和谐环境，提供伦理依据和沿袭历史文脉。中华儒商已经成为世界经济舞台的明星演员，儒商文化活力无限，儒商组织层出不穷，儒商经济崛起兴旺。儒商事业海阔天空，潜力无穷，大有可为。

周道炯会长在大会致辞中指出，在古代以徽商最为集中的扬州为例，扬州的繁华昌盛，与徽商的推动密不可分。徽商“儒术”与“贾事”的会通，充分说明了经济与文化的互动关系。今年是改革开放30年，中国经济取得了翻天覆地的变化，经济社会的发展进步促进了城市，特别是中小城市的活跃和繁荣。我们要很好的总结文化对城市发展的经验和作用。在我国市场经济运行伊始，现代儒商以国家民族的利益为己任，为市场经济的良性运行出谋划策，身体力行。在时代发展新的起点上，同样也担当着社会人、道德人的崇高职责。在当今全球一体化经济发展中，如何根据国家民族的长远利益，科学投资经营，为振兴中国的经济做出自己的贡献，正是现代儒商所肩负的历史使命。

此次活动还通过了“第六届国际儒商大会”《扬州宣言》，并向授予“十大国际儒商”称号和

"儒商精英"称号的企业界人士颁发了奖牌。

促进城乡一体化发展（霸州）高层论坛暨2008中国城市经济学会年会

党的十七届三中全会指出，目前是形成城乡经济社会发展一体化新格局的重要时期，加快形成城乡一体化新格局成为我国经济社会发展的根本要求，构建城乡一体化体制机制要求紧迫。为贯彻落实党的十七届三中全会精神，中国城市经济学会、中共霸州市委、霸州市人民政府于2008年12月28～29日在河北霸州联合举办了"促进城乡一体化发展（霸州）高层论坛暨2008中国城市经济学会年会"。中央电视台、河北电视台、新华网等多家媒体对会议进行了报道。

此次论坛围绕促进城乡一体化发展的主题，共同探讨了统筹城乡经济社会发展中的新形势、新问题。中国城市经济学会会长周道炯，中国城市经济学会第一副会长王茂林，中国城市经济学会副会长龙永枢、刘国光、周干峙、高尚全、李京文、万良适、杨重光，中国城市经济学会秘书长张巨功等学会领导，中国军事科学院政治部主任刘全喜、国务院发展研究中心农村经济研究部研究员崔传义、山西省城市经济学会常务副会长吴德春、住房和城乡建设部政策研究中心城乡规划处处长翟宝辉、芜湖市人大常委会原副主任卫广发、大同市市政府副秘书长杨彦宝、安阳市人民政府副秘书长王长生、阳泉市人民政府发展研究中心主任潘维新、阳泉市人民政府发展研究中心副主任王东柱、耒阳市常务副市长史庭光、耒阳政协副主席谢肃、中共霸州市委书记杨杰等城市领导，以及国务院发展研究中心农村经济研究部研究员崔传义、中国人民大学区域与城市经济研究所所长孙久文、北京特华财经研究所副所长王力、天津市城乡建设研究所所长王明浩、江苏省城市发展研究院院长张锋、云南财经大学区域发展研究所所长罗宏翔等专家学者出席了论坛。

周道炯在开幕词中指出，党的十七届三中全会通过的《中共中央关于推进农村改革发展若干重大问题的决定》，站在我国改革开放和现代化建设的历史和全局的高度，从我国现代化所处的特殊阶段和复杂国际环境出发，围绕破除城乡二元结构、优化工农城乡关系这条主线，全面描绘了构建城乡经济社会发展一体化新格局的宏伟蓝图，是我国在新时期迈向城乡经济社会发展一体化新时代的行动纲领。中共霸州市委书记杨杰也在欢迎词中介绍了近年来霸州市大力推进经济结构战略性调整和城乡经济社会一体化建设的经验，目前形成的以工业为主导、园区为平台、民营为支撑的经济发展格局，为构建城乡一体化奠定了非常扎实的基础。

论坛由龙永枢副会长主持。王茂林副会长作了大会主旨报告——《全力推进城乡一体化发展》。他指出，30年改革开放，我国在工业化、城镇化、市场化进程中逐渐形成了一个2亿人口左右的以农民工为主体的新社会阶层，他们成为我国产业工人的重要组成部分，成为我国城镇化和工业化的主要力量。据第五次人口普查资料显示，他们在第二产业从业人员中占57.6%，在第三产业中占52%，在加工制造业中占68%，在建筑业中占80%。他们在城里务工多是“候鸟式”，平时在工厂，过年回农村；年轻在城里，年老回农村；贡献在城市，养老在农村。他们不能享受和城市居民同等待遇，在许多方面受到不公正待遇以及方方面面的歧视。无论从经济发展，还是从建设和谐社会的角度看，农民工市民化是摆在城乡一体化发展课题中最现实、最迫切的问题。当前，我们正面临严重的国际金融危机，国际形势继续发生着深刻变化，我国经济发展、改革发展也进入一个新的关键阶段，我国经济增长需要更多地转向依靠扩大内需的情况，提高广大农民的消费是刺激居民消费的重中之重。实现城乡一体发展不仅仅是农村自身发展要解决的问题，也是保持整个国民经济持续健康发展的要求。

高尚全副会长在题为“深化土地产权改革，推进城乡一体化发展”的报告中认为，建立城乡经济社会发展一体化体制机制，核心在于深化农村土地产权改革，正是在这个意义上，舆论称这次《决定》出台意味着“第二次土改”。由于农村土地产权改革的深化受阻，农村基本经营制度面临严峻挑战，如农民缺乏对土地长期投资的意愿，要素流动受到制约，土地规模经营潜力难以发挥，土地资源浪费。这些弊端的存在，不仅使农村发展大大滞后于城市化进程，而且对城市化的进一步发展构成一系列制约。崔传义研究员就“从30年改革看城市促进城乡一体化发展的主要切入点”做了主旨报告。从我国改革发展的实践进程中得到启发，有四个重要方面：第一，城市促进城乡经济社会一体化发展，就要统筹城乡就业，为农村富余劳动力向非农产业和城镇转移创造更多机会。第二，城市推动城乡统筹发展，就要以工促农、以城带乡，巩固发展现代农业这个基础，促进农村经济发展。第三，城市推动城乡统筹发展，就要以民生为重点，发挥城市在科学、文化、教育、卫生的领先优势，支持农村社会事业发展，逐步推进城乡公共服务的均等化。第四，城市推动城乡统筹发展，就要维护农民的财产权利，推进改革和制度创新，逐步形成城乡居民机会均等、权利平等、身份统一的制度。周干峙在主题发言中表示，金融危机对我们产生了不利的影响，但也不全是这样，在推进中国城市化高速发展的进程中能够冷静地思考和研究城市问题，不光是搞好城市，下一步的重点应该放在如何把农村问题解决好。他简要地讲了两个观点：第一，城和乡的经济要转动起来。怎样才能把农村的产业发展起来。第二，要解决好分配问题。现在有很多地方都在进行高速公路、高速铁路的建设，我觉得一部分地区可以这样做，但相当多的地区应该继续完善农村公路网，要把公路和信息网络延伸到农村中去。旨在拉动内需的四万亿元投资当中也需要有相当的比例划拨给农村建设，广大农村应借此契机把交通基础设施建设好，实现城乡交通一体化。李京文谈到改革开放30年以来，我国成功地实现了三个历史性的重大转换，即从高度集中的计划经济体制向充满生机活力的具有中国特色的社会主义市场经济体制转换；从封闭半封闭向全方位、多层次、宽领域的对外开放的转换；经济增长从高速低效、波动的增长方式向高速高效、持续稳定的增长方式转换。但在这一进程中，还存在一些突出矛盾，集中反映在城市化大大落后于工业化。一个国家要实现现代化，不仅要实现工业化，而且还必须实现城市化，且其进程应该是同步的。加快改造传统农业、走中国特色农业现代化道路，破除城乡二元结构、进而形成城乡经济社会发展一体化新格局是保障我国政治经济进一步发展的必要条件。潘维新在介绍《阳泉市推进城乡一体化实践研究》的发言中，介绍了阳泉城乡一体化目标指标体系的设计，以阳泉市城乡经济社会发展实践经验，从理论和现实方面深化了对城乡一体化规律的认识并提出城乡一体化发展中应注意的问题。

下午的论坛由杨重光副会长主持，与会专家、城市代表围绕“把加快形成城乡经济社会一体化新格局作为根本要求，新在何处？”、“城乡一体化居民新的消费模式对扩大消费的意义和作用”、“建立促进城乡一体化制度应包括哪些基本制度？”、“作为城乡一体化基础的土地制度是什么？建立城乡统一的建设用地市场处于什么样的地位？”、“城乡一体化与经济增长方式转变、产业结构调整的关系”等议题展开了热烈的交流与研讨。

住房和城乡建设部政策研究中心城乡规划处处长翟宝辉认为，《城乡规划法》取代《城市规划法》，并不意味着城乡二元结构的消除，至少在短期内不可能消除。城乡规划法的最初构想就是平衡对农村与对城市之间的支持力度。青岛市委党校教授刘文俭认为，农民不能真正变成市民就不叫真正的城市化。长安大学教授王圣学说，如何刺激农村需求、增加农民收入，扩大内需，是一个非常重要的问题，应引起极大的关注。目前各地出台的刺激农村需求、增加农民收入的举措，很多都是应急式的。中国社会科学研究院城市发展与环境研究中心社会与环境研究室主任梁本凡认为，当前存在的国内生产能力过剩与消费能力不足的矛盾，是供需之间存在的政策问题，政府要做“金桥工程”来解决这个问题。江苏省城市发展研究院院长张锋就“以体制转轨促进经济转型，坚持以城带乡、推进城乡联动的苏南城乡一体化发展之路”介绍了地方经验。

参加论坛的嘉宾和代表紧紧围绕加快形成城乡一体化新格局成为我国经济社会发展的根本要求，对开创城市经济社会发展新局面的重大课题进行了认真的理论分析与案例研究，对促进城乡一体化发展中的一系列问题进行广泛交流，取得了丰硕成果。

第三届中国城市建设投融资论坛

“第三届中国城市建设投融资论坛”于2009年9月19～21日在河北省石家庄市人民会堂学术交流厅举行。此次会议由中国城市经济学会、河北省住房和城乡建设厅、河北省人民政府金融办、石家庄市人民政府和中国现代集团有限公司主办。

此次会议参会代表300余人，其中出席会议嘉宾16位，他们是：中国城市经济学会会长、中国证监会原主席、中国建设银行原行长周道炯，中国城市经济学会第一副会长、中国生产力学会会长王茂林，中国城市经济学会副会长、中国社会科学院原副院长龙永枢，河北省人民政府副省长宋恩华，河北省省长助理、金融办主任江波，石家庄市市长艾文礼，河北省建设厅厅长朱正举，河北省金融办副主任樊长坤，中国城市经济学会副会长、中国社会科学院研究员杨重光，中国城市经济学会秘书长、中国城市经济杂志社社长张巨功，财政部财政科学研究所所长贾康，北京大学金融与证券研究中心主任曹凤岐，中国国际控股首席经济学家曹远征，建设部建设研究中心副主任秦虹，中国资深理论改造和投融资专家、中国现代集团有限公司总裁丁伯康，世界银行中国代表处基础设施高级专家王沈华等。除上述嘉宾外，参会代表分别来自全国各级政府、国内外经济组织、投融资机构和全国城建领域。

此次会议由中国城市经济学会副会长龙永枢致欢迎辞，中国城市经济学会会长周道炯出席开幕式并致辞，河北省省长助理、金融办主任江波，石家庄市市长艾文礼分别致辞。中国城市经济学会副会长龙永枢、河北省建设厅厅长朱正举及河北省金融办主任樊长坤先后主持会议。会议还举行了“石药杯”中国城市建设投融资征文颁奖活动，数十篇优秀作品获奖，分别为获奖者颁奖。

在开幕式上，中国城市经济学会副会长龙永枢强调此次论坛旨在探讨在当前国际国内经济形势下，我国金融政策走向和城市融资相应采取的措施和思路模式，进而推动城市建设又好又快的发展。

周道炯会长在致辞中指出城市建设投融资行业在多元化的道路上取得了长足的发展，一方面既要加大力度扩大建设，另一方面也要发行股票，各类证券基金；既要经济与融资并举，也要内资和外资共同发展。利用外资与加大城市财政的投资的同时，也要大力支持各类金融结构的发展壮大，为城市提供更多、更好的服务。

宋恩华副省长在演讲中对我国目前投融资体系的现状做了深入的分析，同时对今后投融资体系的改革和发展做了前瞻性的论述。

此外，王茂林第一副会长、杨重光副会长、曹凤岐教授、曹远征教授、贾康所长、秦虹副主任、丁伯康总裁、王沈华教授等多位领导、专家都做了高质量的演讲。

本届城市建设投融资论坛整体上反映了我国城市建设投融资的总体水平与蓬勃发展的局面。与会代表们既有对我国目前城市建设投融资现状的分析，又有对解决投融资问题及发展趋势的大胆探索，能够准确把握当前关于城市建设投融资研究的热点。与会的专家和学者都意识到中国城市建设投融资问题的研究在二十一世纪必将有一个伟大的未来。

这次会议成功地达到了预期的目标。会议突显了河北省城建融资的经验，取得了良好的社会效应。河北省建设厅、金融办、石家庄市人民政府等单位都对论坛给予了巨大的支持。本届论坛取得圆满成功。

中国城市经济科学发展（耒阳）论坛
暨2009中国城市经济学会年会

由中国城市经济学会、中共衡阳市委、衡阳市人民政府共同主办，《中国城市经济》杂志社、中共耒阳市委、耒阳市人民政府承办的“中国城市经济科学发展（耒阳）论坛暨2009中国城市经济学会年会”，于2009年12月22～24日在湖南耒阳隆重召开。

全国人大常委会原副委员长蒋正华，中国城市经济学会会长、国家证监会原主席周道炯，中国城市经济学会第一副会长、十届全国人大常委、法律委员会副主任委员王茂林，中国城市经济学会副会长、中国社科院原副院长龙永枢，中国城市经济学会顾问、中国社会科学院原副院长刘国光，中国城市经济学会副会长、建设部原副部长周干峙，中国城市经济学会副会长、山西省委原常委、秘书长万良适，中国城市经济学会副会长、湖南省人大常委会原副主任罗海藩，山西省人大常委会原副主任孟立正，中国城市经济学会副会长、中国社会科学院研究员杨重光，中国城市经济学会秘书长张巨功，中国社科院荣誉学部委员陈栋生，国务院发展研究中心局级研究员岳颂东，中共衡阳市委书记张文雄，衡阳市人民政府市长张自银，中共衡阳市委常委、耒阳市委书记袁延文，耒阳市人民政府市长李辉，河南省南阳市政协副主席赵秀玲，河北省廊坊市人大常委会秘书长王路敏，广东省惠州市政协副秘书长蒋勤国以及国家相关部委领导、地方政府领导、专家学者和企业家代表约200人出席了论坛。

此次论坛以耒阳城市经济发展为实例，邀请各位代表共同关注、探讨、总结中部城市经济发展，推动中国城市新跨越的宝贵经验。

论坛分别由中国城市经济学会副会长罗海藩和万良适主持。全国人大常委会原副委员长蒋正华、中国城市经济学会会长周道炯为大会致词。

蒋正华在致辞中指出，在当前世界形势下，研究中国经济要站在世界的高度、历史的深度，目光要放到后危机时期，甚至更远一些。要保持中国经济的良好发展态势，内应固本强体，外则要积极参与推动经济全球化。对于中国城市发展而言应把经济建设（增强城市力量）、社会建设（形成城市内在素质）、市政建设（显示城市形象）、文化建设（塑造城市灵魂）“四位一体”有机结合起来，真正建设出一个有实力、有魅力、有潜力的现代城市。他提出“三危三机”：世界经济的陈旧体系之危，系统改革之机；中国经济的外向经济之危，结构调整之机；发展方式的粗放发展之危，创新转型之机。对于未来十二五规划当中城市经济发展问题，蒋正华谈了四点意见：统一规划，协调发展；综合发展，突出重点；不忘国情，关注民生；城市统筹，共同富裕。

周道炯在开幕词中强调在国家中部崛起的战略引导和国际金融危机的冲击下，国际国内城市的发展面临重大选择的时机，耒阳积极开展转型发展规划，把科学发展观落实到城市转型的具体实践中来，对耒阳乃至我国资源型城市转型发展都具有十分重要的意义。

衡阳市委书记张文雄围绕“衡阳文化的影响力值得自豪，衡阳经济的影响力正在提升，衡阳交通的影响力地位凸显，衡阳创新的影响力与日俱增”等角度作了精彩的讲话。衡阳市委常委、耒阳市委书记袁延文热情洋溢地致欢迎词，对莅临耒阳的各位领导和嘉宾表示欢迎，并从耒阳的文化、历史、经济等方面作了介绍，同时表示，耒阳将以此次论坛为契机，汲取先进城市经济发展经验，结合耒阳实际，进一步拓展“黑色”资源，即做大做强以煤炭为代表的矿业经济；挖掘“白色”资源，即挖掘以蔡伦造纸为代表的古代历史文化资源，打响“蔡伦造纸”这一世界名片；同时，整合“红色”资源，开发“绿色”资源，打造经济硬实力和文化软实力，更加坚定有力地推进经济转型，加快实现富民强市。

王茂林作了题为《创新城市经济发展思路，科学推进中部城市崛起》的主旨报告，着重就当前推进城市经济发展的意义和创新城市发展思路等当前要解决的重要课题作了论述。他还强调在研究中部经济时，要注意几个方面的内容，我国中部地区崛起的核心在中部城市的崛起；中部城市的城市化是我国进一步提高城市化水平的关键；中部城市组团式发展是我国城市发展战略形态突破的重点；中部城市的产业转型是我国转变经济发展方式的节点。作为湖南省原省委书记，王茂林仍十分关心湖南的发展，对湖南近年来发展取得的新成就和新变化大加赞赏。他还结合耒阳实际，提出了若干建设性的意见。王茂林会长分析了耒阳作为一个资源枯竭城市，应科学规划转型道路，精心培育继续产业，有序推进城市发展。当务之急一是应把能源变成清洁能源；二是加快发展附加值高的农业；三是开发利用旅游资源。他殷切寄语：耒阳前景很有希望，应在2040年前完成整体转型，成为环境优美、人与自然和谐、双文明建设领先、新型工业化领跑、城市化水平提高的现代化示范城市。

周干峙认为经济全球化引发了许多新问题，新矛盾。从我们的媒体，还有学术活动中都可以看出来，这个问题已经引起广泛的注意，大家都在热烈的讨论。社会的发展、经济的发展，古往今来都是在矛盾中发展前进的，有了矛盾就促使人们想办法去解决。毫无疑问，最突出问题是经济问题和社会问题，需要依靠，特别是经济学界出主意，想办法。学会活动要积极开展，主要应该向多元、交叉、综合、协调的方向发展，要更加紧密的配合发展形势。虽然过去都有问题，但现在的问题不同，无论从深度还是从广度上都不一样。总的来说，学会活动走在前面，学术思想走在前面。一个是困难的时期，一个是学术的春天，这二者是并存的。我赞成城市经济学会做一些大的活动，下一步可以和其他相关学会合作搞一些活动，城市经济中，城市是基础，解决空间的基础，与经济互相之间影响作用。接下来的学术活动天地很广，抓住机会为国家和社会多提建议。

刘国光围绕“准确理解改革含义，正确掌握不同领域的改革进程”作了演讲。改革开放的伟大事业是1978年党的十一届三中全会启动的，邓小平同志将“改革”和“开放”合起来，作为现阶段中国国策，开创了中国大踏步前进的新时期。“改革开放”逐渐成为我国社会经济政治生活中的话语，成为支配人们行为活动的指针，是经历了一个探索的过程才形成的。改革开放在今后相当一段时间不动摇，是就改革开放作为总体来说的。但改革开放涉及的范围和领域很广，经济改革（所有制改革、市场改革、分配制度改革）、文化改革等，内容浩繁，进度不一，有的比较快，有的比较慢，有些方面进行得比较顺利，有些方面比较复杂。改革有的已经取得成功，转入完善的阶段；比较复杂的或者启动较晚的领域，则需要把改革坚持下去，正确掌握不同领域的改革进程，争取最后的胜利。

与会专家还分别进行了演讲和城市交流，中国社会科学院学部委员、研究员陈栋生，国务院发展研究中心局级研究员岳颂东，中国社会科学院研究员杨重光，中国社会科学院经济研究所研究员董志凯等分别做了专题演讲。

陈栋生认为，新世纪以来，特别是十六届五中全会提出贯彻区域发展总体战略以来，我国的区域城市经济发展出现了一系列积极的变化，并在一年多面对国际金融危机保持国民经济继续快速、平稳的发展当中发挥了重要的作用，并将这些变化概括为五个方面：1.区域经济实力显著增强；2.区域发展协调性增强，产业布局优化；3.要素产业空间转移加快；4.发展新空间的拓展；5.城市群成为引领区域发展的强大引擎，新一轮城市化高潮及其特点。

岳颂东在演讲中围绕如何打造宜居城市，阐明了"宜居城市的概念、内涵和未来的发展趋势"等问题。

杨重光结合耒阳市的转型发展实际，探讨了如何构建新型城市化。他认为，新型城市化是以科学发展观为指导，以新型工业化和现代工业为产业基础，以现代交通、通讯网络为物质基础，形成大中小城市和城镇布局合理的经济结构和空间体系，充分发挥各自的特点和功能，并以城乡和谐发展为目的，城市带领农村发展，从而形成国民经济全面、和谐、可持续的城市化道路。其核心是城乡的和谐发展、共同富裕和经济社会的可持续发展。

董志凯介绍了建国以来，城市建设方针演变的六个阶段。她认为，建国初期（1949－1952）强调"把消费城市变成生产城市"；1953－1978间主要是围绕工业化建设城市的方针；1978－1990's前半叶间着重推行弥补欠账，投资市政住宅，发展第三产业的建设方针；1990's－21世纪初着力于提高城市竞争力，树立经营城市观念的方针；21世纪以来，我们开始了走城乡协调发展，以城镇化启内需、调结构、惠民生的道路；2009年以来，国家开始了将城镇化的眼前目标与终极目标有机结合的方针，即将扩大国内需求和调整经济结构等的短期目标与增进全民福利的最终目标结合起来。

会议还举行了中国城市经济学会专家委员会聘书颁发仪式和《中国城市经济》杂志创刊十周年优秀论文颁奖仪式。

参加论坛的代表们认为，搞好中部城市新发展，推动城市新跨越，必须认真贯彻中央出台的相关政策，以中央经济工作会议精神为指针，坚定不移地走科学发展的道路。根据新形势，新情况，要更加注重提高城市经济增长质量的效益，要更加注重推动城市经济发展方式转变和经济结构调整，从而加快国家中部崛起战略的实施，加快中部城市的跨越发展和科学崛起。

第三届世界环保大会

随着经济的发展，环境问题的日益严峻，在联合国环境规划署、联合国教科文组织、世界自然基金会等多家国际组织及中国相关部委的支持下，全国人大、政协、国务院等有关领导以及联合国工业发展组织和联合国开发计划署官员的出席和参与下，由国际节能环保协会、中国城市经济学会、世界风能协会、英国伦敦发展署、国际商会中国国家委员会、中国石油和石油化工设备工业协会等机构共同参与主办或承办的“第三届世界环保大会（WEC）”于2010年7月29日在北京隆重召开。

全国政协副主席阿不来提·阿不都热西提给大会发来贺信，第九、十届全国人大副委员长成思危、蒋正华出席大会。中国证监会原主席、中国建设银行原行长、中国城市经济学会会长周道炯致开幕词，十届全国人大常委、法律委员会副主任、中国生产力学会会长、中国城市经济学会第一副会长王茂林，马尔代夫国家住房及环境部部长穆罕默德·阿斯拉姆，中国商务部原副部长、中国国际经济交流中心秘书长魏建国，国务院法制办原副主任张穹，中国科技部原副部长、国务院参事刘燕华，中国城市经济学会副会长、中国社科院原副院长龙永枢，联合国工业发展组织驻华首席代表爱德华·克拉伦斯·史密斯，国家气候变化专家委员会副主任、清华大会校委会副主任、低碳能源实验室主任何建坤，国际节能环保协会节能委员会会长、国家发改委能源研究所高级顾问沈龙海以及大会主办方、协办方、承办方的有关领导，美国、加拿大、匈牙利、英国等外国驻华使领馆大使、公使、领事，世界500强企业、中外城市代表、经济学家、金融专家、知名学者、商界领袖、国内外媒体代表等八百余人齐聚一堂，共商全球节能环保、新能源、低碳议题，共谋世界可持续发展。

本届世界环保大会历时三天，以“推动中国可持续发展，构建未来竞争力”为主题，由开幕式、主论坛和“城市发展论坛”、“世界500强与绿色金融论坛”、“中国节能环保产业政策与投资解析峰会”、“低碳经济与技术转移国际合作论坛”等七个分论坛组成。

第九、十届全国人大常委会副委员长成思危就“绿色发展模式与未来可持续发展”作了重要演讲。成思危指出，中国要实现低碳经济的发展应在四个方面下工夫，第一要发展不排放二氧化碳的产业，包括新能源产业和现代服务业、现代信息业、现代金融业、现代咨询业、现代会展业、现代物流业，同时发展文化产业；第二要减少二氧化碳的排放，提高能源的利用效率；第三要利用二氧化碳，除了饮料工业之外，要加快研究和开发利用二氧化碳的新型行业，特别是化学工业领域在开发利用二氧化碳方面很有潜力；第四是在实践中应用和总结二氧化碳的处理和深埋技术。同时他还提出，对于中国来说，更重要的是将坚持低污染、低排放、低能耗的三低标准作为发展重点。

蒋正华发表了“加强国际合作、构建经济环境发展体系”的演讲。蒋正华指出，生态环境保护工作政府要发挥引导作用，要建立相关部门协调机制并完善体制，要积极调动社会化推动力量，提高公众参与程度，大力推广成功经验，加强国际合作。

周道炯在开幕词中说，中国作为一个发展中的大国，世界上第一大温室气体排放国，环境污染和能源短缺问题已成为我国未来发展过程中最大的瓶颈，实行节能减排，实现低碳发展，构建生态文明社会，已成为中国经济社会的未来发展方向。向低碳经济发展转型，是一场涉及生产方式、生活方式和价值观念的全球性革命，其中的诸多难题还有待我们进一步破解。

王茂林在主旨报告中讲到中国能源环境方面的问题越来越突出，顺应世界发展潮流，根本转变发展方式、坚决实行节能减排、走低碳发展之路、构建生态文明社会，已成为中国可持续发展的必然选择。但是，还要考虑到中国作为一个发展中国家，还没有完成工业化、城市化，当下应在大力推进节能减排的同时，抓紧对清洁技术的开发和新能源利用的研究，全力实现中国低碳经济短期目标和长期目标的有机结合才是现实选择。

何建坤以《低碳发展与能源技术创新》为题进行了发言。联合国工业发展组织驻华首席代表爱德华·克拉伦斯·史密斯先生谈到应以政府手段加快建立有效的市场机制来提升企业寻求商业价值的市场积极性，要更广泛地吸收私营部门参与其中，使其成为应对气候变化的中坚力量。既要制订绿色发展战略又要有强大执行力，既要建立法律法规又要严格执行和落实，才能使企业受到激励，在实际应用中去推广更多的绿色技术，如果政府仅仅制定了政策，但执行力度太弱，在应对气候变化问题上同样毫无用处。马尔代夫国家住房及环境部长穆罕默德·阿斯拉姆说，在世界各国应对气候变化所带来的新问题、新挑战，共同寻求解决方案的重要时刻，第三届世界环保大会的及时召开，鼓励各国非政府组织之间的充分交流，这是一个非常重要的国际平台。应对气候变化的过程中使人类遇到新的挑战，并且在寻找解决方法的过程中获得新的机遇，比如技术发展的机遇。世界银行首席能源专家罗伯特·泰勒建议中国在发展节能环保、新能源产业的过程中，学习国外经验应因地制宜，在应用中调整；“中国需要用政府的行政手段，建设一个整合各方资源力量的绿色发展系统，专门用于促进企业层面的清洁技术开发，将有助于企业提高产业投资与发展的积极性”。与会领导和专家分别从不同研究领域发表了各自见解、建言献策。

本届环保大会，来自世界上二十多个国家和地区、全国人大、全国政协、国务院及证监会、银监会、国有企业、科研院校、非盈利组织等机构的官员、领导和外国政要近百余位，大会谈到的问题涉及低碳、环保、新兴经济等热点领域和相关专业领域，使大会取得了广泛的研讨成果。会议期间，各方认为世界各国政府、非政府组织应加强沟通、携手合作、形成合力，为应对全球性的挑战，共同采取行动尤为重要，呼吁发达国家应给予资金和技术、先进经验来支持发展中国家建立生态保护与低碳模式的可持续发展体系，尽快推进国际间低碳技术转移合作和绿色商贸的自由往来，以更加开放和积极的态度、有效的措施，共同开创全球生态、环保、低碳领域合作的新局面，实现世界环境与经济的可持续发展，为人类的未来谋福祉。

第三届世界环保大会顺利完成主论坛、各分论坛的各项议程，圆满落下帷幕。

皖江（长三角）城市区域发展高层论坛暨2010中国城市经济学会年会

为进一步落实中央“要更加注重推动经济发展方式转变和经济结构调整”的部署，推动皖江城市群的快速发展，为皖江城市承接产业转移献计献策，由中国城市经济学会、中共芜湖市委、芜湖市人民政府、安徽省社会科学院、安徽省泛长三角经济合作研究会联合主办，中国城市经济杂志社、安徽省城市研究中心、中共芜湖市委政策研究室承办的“皖江（长三角）城市区域发展高层论坛暨2010中国城市经济学会年会”，于2010年11月26～27日在安徽省芜湖市成功举办。

中国城市经济学会会长、中国建设银行原行长、国家证监会原主席周道炯，中国城市经济学会第一副会长、十届全国人大常委、法律委员会副主任委员王茂林，安徽省委常委、常务副省长孙志刚，安徽省人大副主任郭万清，中国城市经济学会顾问、中国社会科学院原副院长刘国光，中国城市经济学会副会长、中国社科院原副院长龙永枢，中国城市经济学会副会长、湖南省人大常委会原副主任罗海藩，中国城市经济学会名誉副会长、甘肃省人大常委会原副主任柯茂盛，中国城市经济学会副会长、中国社会科学院研究员杨重光，中国城市经济学会副会长、中国社会科学院经济研究所原副所长王振中，中国城市经济学会秘书长张巨功，中共芜湖市委书记陈树隆，安徽省社科院院长陆勤毅等学会及地方领导出席了本次论坛，来自京、津、沪以及兰州、太原、成都、长沙、济南、南京、青岛等城市和安徽省内部分城市的代表近200人参加了会议。

中共芜湖市委书记陈树隆致欢迎词并介绍了芜湖市城市建设和发展情况。中共安徽省委常委、常务副省长孙志刚向与会代表介绍了近年来安徽经济社会快速稳步发展，以及皖江城市承接产业转移情况。中国城市经济学会会长周道炯作大会致辞。周会长对安徽及芜湖近些年发展给予了高度评价，并强调要用宽广的世界眼光观察当前的世界经济形势，把握产业转移的历史机遇。中国城市经济学会第一副会长王茂林在大会主旨发言中对皖江城市带如何融入长三角经济发展，实现承接产业转移提出若干建议，还就低碳和城市发展的关系作了诠释并强调不要为了低碳而低碳。安徽省人大常委会副主任郭万清就目前区域和城市经济建设普遍存在高水平重复建设问题，提出若干建议，认为要不断完善城

市政府间的合作机制。中国城市经济学会顾问刘国光就改善民生问题作了发言，他认为分配好国民收入这块“蛋糕”比发展“蛋糕”更难，并强调当前要改善民生，调整收入分配，实现社会公平，让大家共享社会发展成果。大家围绕如何推进长三角城市区域协调发展，区域间城市协调发展的理论与实践，皖江城市发展的路径与对策，皖江城市承接产业转移的推进与示范等主题，进行了踊跃发言和充分交流，共谋皖江城市带发展大计。

党的十七届五中全会和“十二五”规划的一个重要思路，就是大力发展城市群，既可以推动区域城市化的发展，也能以城市群的发展带动区域的发展，达到城乡一体化的目的。安徽承东接西的独特位置和近年来经济社会的快速发展，得到了国家的高度重视，特别是国务院批准设立皖江城市带承接产业转移示范区，极大促进了安徽经济社会的发展，使得皖江城市带成为促进中部地区崛起重点建设的六大城市群增长极之一，也是加快经济发展方式转变和经济结构示范区域。此次会议正是在“十二五”即将开局，安徽经济发展进一步加速的大形势下顺利举办，对安徽的经济可持续发展及和谐城市建设具有重要意义。

26日下午，召开了“2010中国城市经济学会年会”，张巨功秘书长向参会领导、理事、会员和与会代表通报了学会2010年的工作情况，周道炯会长、龙永枢副会长对学会一年来的工作做了总结，给予了肯定，并对新的一年学会工作提出了希望。

中国总部经济高层论坛

“中国总部经济高层论坛”是由北京市社会科学院主办、中国总部经济研究中心和北京方迪经济发展研究院及举办城区共同承办的全国性学术论坛，在全国总部经济理论研究和实践部门具有很强的影响力，自2005年起，分别在北京、青岛、南京、武汉、广州、成都连续举办六届。前六届论坛取得了很好的效果，全国政协副主席、全国工商联主席黄孟复，全国政协副主席、民建中央第一副主席张榕明，全国政协副主席厉无畏，中国共青团团中央书记处第一书记陆昊，中国入世谈判首席代表、博鳌亚洲论坛原秘书长龙永图等领导和专家先后出席论坛并作重要讲话。每次论坛都有来自全国20多个城市、城区政府的领导、专家学者及企业家代表等400余人出席，新华社、人民日报、经济日报等几十家中央及地方主流媒体参与论坛报道，在社会各界产生了积极反响。

首届中国总部经济高层论坛

论坛时间：2005年12月4日

论坛地点：北京世纪金源大饭店

论坛主题：总部经济：落实科学发展观 助推区域统筹发展

主办单位：北京市社会科学院

承办单位：北京市社会科学院中国总部经济研究中心

北京方迪经济发展研究院

协办单位：青岛市市南区人民政府

武汉市武昌区人民政府

北京经济技术开发区

第二届中国总部经济高层论坛

论坛时间：2006年12月21日

论坛地点：北京五洲皇冠假日酒店

论坛主题：总部经济：助推城市经济转型

主办单位：北京市社会科学院

承办单位：北京市社会科学院中国总部经济研究中心
北京方迪经济发展研究院

协办单位：北京市朝阳区人民政府
北京市丰台区人民政府
青岛市市南区人民政府
南京市鼓楼区人民政府
武汉市武昌区人民政府
重庆解放碑CBD建设指挥部
时代总部基地（济南）

第三届中国总部经济高层论坛

论坛时间：2007年9月18日

论坛地点：青岛市香格里拉大饭店

论坛主题：总部经济提升现代服务业

主办单位：北京市社会科学院

特别支持：青岛市人民政府

承办单位：北京市社会科学院中国总部经济研究中心
青岛市经济贸易委员会
青岛市对外贸易经济合作局
青岛市市南区人民政府
北京方迪经济发展研究院

协办单位：广州市越秀区人民政府
南京市鼓楼区人民政府
沈阳市沈河区人民政府
南京市建邺区人民政府
重庆解放碑CBD建设指挥部
时代总部基地（济南）

第四届中国总部经济高层论坛

论坛时间：2008年10月17日

论坛地点：南京索菲特银河大酒店

论坛主题：学习实践科学发展观——建设总部经济聚集区 打造经济转型升级新引擎

主办单位：南京市人民政府

北京市社会科学院

承办单位：北京市社会科学院中国总部经济研究中心

南京市鼓楼区人民政府

北京方迪经济发展研究院

协办单位：北京市丰台区人民政府

广州市越秀区人民政府

成都市锦江区人民政府

沈阳市和平区人民政府

青岛市市南区人民政府

长春东北亚总部基地

成都·蓝光·空港总部基地

第五届中国总部经济高层论坛

论坛时间：2009年10月18日

论坛地点：武汉东湖宾馆

论坛主题：发展总部经济 创新城市合作 应对金融危机

主办单位：武汉市人民政府

北京市社会科学院

承办单位：北京市社会科学院中国总部经济研究中心

武汉市武昌区人民政府

北京方迪经济发展研究院

协办单位：北京市丰台区人民政府

广州市越秀区人民政府

南京市鼓楼区人民政府

厦门市思明区人民政府

永康市总部中心

第六届中国总部经济高层论坛

论坛时间：2010年12月29日

论坛地点：广州大厦

论坛主题：发展总部经济 推动经济发展方式转变

主办单位：北京市社会科学院

承办单位：北京市社会科学院中国总部经济研究中心

广州市越秀区人民政府

北京方迪经济发展研究院

协办单位：成都市成华区人民政府

石家庄市桥东区人民政府

浙江省永康市人民政府

中关村科技园区丰台园

北京国门商务区

江西龙津湖总部经济服务业基地

中国城市民生建设调研成果发布会暨中国城市民生建设论坛

由中国城市经济学会和中国劳动学会共同主办的“首届中国城市民生建设调研成果发布会暨中国城市民生建设论坛”于2010年7月22日在北京人民大会堂举行。十届全国人大常委会副委员长顾秀莲出席发布会。中国城市经济学会会长周道炯致开幕词，中国劳动学会会长华福周、中国城市经济学会领导王茂林、龙永枢、中国经济体制改革研究会会长宋晓梧、十一届全国政协经济委员会副主任、国家统计局原局长李德水、全国政协港澳台侨委员会原副主任委员、国务院侨办原副主任张伟超，国务院参事室特邀参事、全国工商联原副主席保育钧等领导出席。

周道炯在致辞中指出，改革开放30年来我国经济社会发展迅速，取得了前所未有的成就，创造了世界奇迹，民生得到了很大改善。近年来，中央领导集体高度关注民生问题，将全面改善民生、实现国民共享发展成果作为国家发展的重要目标，出台了一系列重视民生、保障民生、改善民生的政策措施，取得了显著成效，我国已进入一个全面改善民生、全民共享发展成果的新时代。关注民生已经成为中国社会一道最耀眼的光芒。民生建设也已成为各级基层政府的施政纲领，成为一切工作的出发点和落脚点。

解决民生问题重心在基层、关键在基层，解决好民生问题依然是基层政府的重大任务。我们欣喜地看到，一大批地方政府密集地推出民生工程、惠民工程和德政工程，我们更有理由相信，各级党委政府一定会在十七大报告的指引下，从解决人民群众最关心、最直接、最现实的问题入手，提升群众的幸福指数，广施惠民之举，努力使全体人民学有所教、劳有所得、病有所医、老有所养、住有所居，促进我国的民生事业发展，共建和谐盛世！

“中国城市民生建设调研活动”是由中国城市经济学会和中国劳动学会主办，中国城市民生建设调研活动组委会共收到报名城市和县（区）569个，收到地方政府提供的地方民生建设第一手资料（民生建设调查数据表）285份；向公众发放调查问卷410份，回收有效问卷390份；数据涉及就业、分配、三农、社保、住房、医疗卫生、教育、环境和社会福利等十余个方面，200余项。

组委会于2010年3月开始组织专家赴各地调研，实际调研城市（包括县区）42个，分别到农村、厂矿、社区、医院、学校和敬老院等，开展了以地方城市为调研对象的民生建设专题调研，掌握了许多地方政府民生建设的第一手资料，了解了许多民众对于民生的新需求，也总结出地方民生建设的许多新做法、新经验。

经过实地调研和专家评选，镇江、东莞、昆明、丽江、防城港等10个城市荣获“中国最关爱民生的城市”，常州市武进区、江阴市、成都市锦江区、太仓市、神木县等10个县（市、区）荣获“中国最关爱民生的县（市、区）”。组委会此次还根据各地方的公开数据和民生工程，推出了“中国民生建设百强县（市、区）”。

获得荣誉称号的部分城市（县区）的代表在论坛上同与会者交流了地方民生建设的经验，提出了加快民生建设的建议。

中国国土·区域·城市经济学家新春联谊会

第一届　联谊会

搭建联谊平台　推动学术交流

2008年1月辞旧迎新之际，“第一届中国国土、区域、城市经济学家新春联谊会”在北京热烈召开。

中国国土经济学会秘书长柳忠勤主持会议。柳忠勤介绍，“中国国土·区域·城市经济学家新春联谊会”是由中国国土经济学会、中国区域经济学会、中国城市经济学会共同举办的。三个学会虽然业务各有侧重，但内容相近，互有交叉，三个学会的秘书长关系密切。经过认真研究，决定共同为三个学会的专家、学者搭建一个联谊与交流的平台。

第二届　联谊会

2009年2月，“第二届中国国土·区域·城市经济学家新春联谊会”在北京隆重召开。

著名经济学家、中国国土经济学会第二届理事会理事长、96岁高龄的杜润生先生；著名经济学家、中国社会科学院学部委员、原副院长刘国光；中国城市经济学会副会长、中国社会科学院原副院长龙永枢；中国国土经济学会专家委员会副主任、中国科学院院士陆大道；中国区域经济学会副会长陈栋生；原建设部总规划师陈为邦以及来自国家发改委地区司、东北振兴司、西部开发司、国土开发与地区经济研究所，国土资源部规划司、耕地保护司的负责人，中国科学院、中国社会科学院、国务院发展研究中心、北京大学、清华大学、北京师范大学、中国人民大学、北京林业大学、北京交通大学、首都经济贸易大学等单位的专家、学者50余人出席了联谊会。与会专家、

学者一致认为：在新的历史时期，做好并认真组织实施国土规划是落实科学发展观，保持国家和地方经济社会可持续发展的基础和前提。

著名经济学家、中国城市经济学会顾问、中国社会科学院原副院长刘国光，中国城市经济学会副会长、中国社会科学院原副院长龙永枢，中国国土经济学会专家委员会副主任、中国科学院院士陆大道，国家发展和改革委国土开发与地区经济研究所副所长、中国区域经济学会副秘书长、中国国土经济学会常务理事肖金成，国家特许注册城市规划师、原建设部总规划师、中国城市经济学会常务理事陈为邦，国家发改委地区司司长王新怀，中国国土经济学会常务理事、全国中小城市生态环境建设实验区专家委员会副主任、国土资源部耕地保护司原司长潘明才，国务院发展研究中心农村部研究员崔晓黎，中国区域经济学会副会长兼秘书长陈栋生，北京市观光农业协会副会长兼秘书长刘军萍，国务院发展研究中心地区部原部长李善同等，先后做了热情洋溢的发言。

大家认为，做好国土规划对于落实科学发展观、推动国家经济社会可持续发展具有重大的战略意义。国土规划一般分为综合规划和专项规划，是根据国家社会经济发展总的战略方向和目标以及规划区的自然、社会、经济、科学技术条件，对国土的开发、利用、治理和保护进行全面的规划。它的任务在于确定本地区主要自然资源的开发规模、布局和步骤；确定人口、生产、城镇的合理布局，明确主要城镇的性质、规模及其相互关系；合理安排交通、通信、动力和水源等区域性重大基础设施；提出环境治理和保护的目标与对策，是国民经济和社会发展计划体系的重要组成部分，是资源综合开发、建设总体布局、环境综合整治的指导性计划，是编制中、长期计划的重要依据。

我们国家改革开放三十年来，虽然成就是巨大的，但是付出的代价也是不容忽视的，主要体现在国土安全上。付出巨大代价的发展是不可持续的，所以面临生态环境和资源供应的危机，我们学者过去做了很多工作，中央近几年对国土规划非常重视，发改委现在在东北办和四部开发办的基础上，设了东北振兴司、和西部开发司，充分体现了党中央、国务院对国土有效开发利用的重视。无论是主体功能区的规划还是一些重点区域的规划，从投资安排上和规划的制定要求上，也体现了国家从对规划作用的重视。而国家部门工作的技术支撑是专家和学者，大家的研究成果对国家各部门工作的有效开展有很大的启发作用。国土资源的保护与开发对我国经济社会的可持续具有很大意义，故此国土规划的科学制定意义重大。

其次，大家认为，国土规划编制工作目前存在的问题很多。其中，一些地方党委政府重视不够，领导不得力；规划编制人员、评审人员素质参差不齐；对于编制好的规划不能有效组织实施是重要问题所在。大家提出，目前国土规划制定的理论和实施方法还不是很系统，需要学者在理论方面作更深化的研究。另外，有些时候，由于规划多而呈现的混乱局面，也影响了国土规划的有效实施。

大家还就今后应该如何做好国土规划编制和论证工作、保证规划的实施发表了许多意见。第一、由于中国960万平方公里规划的制定并非易事，需要国家部门、专家、学者、地方政府等各方积极有效的配合，规划中要统筹兼顾，要考虑到各方利益，协调好中央和地方、地方与地方、规划与规划之间容易产生的矛盾，保证国土规划的快速、持续、有效实施。第二、国土规划应该综合考虑资源、人口和环境的关系，不能仅仅考虑经济因素。我们要吸取发达国家资源滥用导致严重后果的教训，制定约束性的规划，通过规划要起到约束地方政府和人们不理性的行为，并通过各方努力，使约束性规划上升到法律层面。让人住在最适宜人居住的地方，保证社会的可持续发展才是我们的目标。第三、国土规划应是上位规划，应是其他规划的依据，所以制定规划要更科学，好的规划需要各个部门的重视。

到会的年轻一辈经济学专家、学者纷纷表示在新的一年中，要学习老一辈经济学家踏实、奋进、孜孜不倦的精神，深入调查研究，认真科研攻关，为推动国土规划的科学制定和有效实施，进而推动国民经济的持续发展做出自己的贡献。

第三届 联谊会

国土区域城市经济学家联谊发声：加强国土整治

2010年1月30日，由中国国土经济学会、中国区域经济学会、中国城市经济学会联合主办的“第三届中国国土区域城市经济学家新春联谊会”在京召开。中国城市经济学会副会长、中国社会科学院原副院长龙永枢、中国工程院院士李京文、中国社科院名誉学部委员陈栋生、中国国土经济学会副理事长柳忠勤以及来自国家部委、高校及科研院所的专家、学者50余人出席联谊会并联合发声：加强国土整治。

十七大报告里面提出要加强国土规划，按照主体功能区的要求，我们构造区域发展的新格局，这是中共十七大对这个领域的一个指向。所以国土整治，区域规划，这两年受到了各级各界各领域学者的重视。此次会议的主题是“国土整治与区域规划”，出席会议的代表们围绕会议主题展开了热烈讨论。

专家学者认为，多学科交叉研究是推动国土整治的科学方法。

国土整治指对国土资源的开发、利用、治理、保护以及为此目的而进行的国土规划、立法和管理。中国地质大学土地科学学院院长白中科指出：“国土整治是多学科交叉，需要我们在各个方面，从技术、政策、经济、法律法规方面，全程协同去研究。尤其在我国，很多问题比较特殊，所以还需要从这个层面去跟进。三家联合起来，并提出要淡化学科问题，强化科学问题，然后整体推进。”

在中国“国土整治”于80年代初明确提出，是国家工作重点转移到社会主义现代化建设上来的一个实际步骤，也是社会经济发展中一项长期的、重大的战略任务。北京市城市规划方面的专家钮德明说到：作为80年代第一批参与国土规划和国土整治的学员，身知艰辛得很，三位秘书长功莫大焉，国土、区域和城市，表面上是三个学科，实际上是分不开的，我们说不仅要联谊，将来要推动我们这三个部门、三个学科的融合。

国务院发展中心副局长岳颂东指出：三个学会，共同点是都带个土字，希望这三个以土地为纽带的学会，紧密结合起来，各自发挥各自的长处，多在边缘学科、交叉学科下点工夫。防止顾此失彼，以城市建设为中心，以国土整治为基础，以城市规划为方向，更好地把我们祖先留给我们的这块土地，建设得更加美好，把我们祖先留下给我们的几百座城市建设得更加美好，使我们的规划更加美好，我相信我们的祖国未来会比今天更加美好。

搞好国土整治是社会主义现代化建设的重要基础工作。当前国土整治工作集中在资源开发和环境治理两大方面，要先从重点地区和重点问题抓起，进而推动全国国土整治工作的开展。

中国城市经济学会副会长、中国社会科学院原副院长龙永枢指出：“这几年国务院发表了若干个区域经济的发展规划，今年公布了9个了。这说明我们中国经济的发展，需要从大范围去研究，成为一个重要的增长剂。要利用我们全国的土地和城市，还有各种资源，要发挥我们区域的优势，争取中国经济最大的优势。”

中国社科院城市发展与环境研究所副所长魏后凯提出新世纪国土开发的新思路，要实行多中心的网络开发。未来中国应该形成一种多中心的网络开发，多中心就是说我们在继续珠三角、长三角开发的基础上，我们应该在环渤海地区、东北地区、中西部地区，培育一批新的增长点，来支撑中国经济的未来持续稳定快速增长，这样形成一个多中心的培育。

专家学者认为，城市化是解决生态环境保护和国土整治的有效途径。肖金成曾提出城市化是牵动经济社会发展的牛鼻子；城市化是解决三农问题的钥匙，城市化是解决生态环境保护和国土整治的有效途径。

国务院发展研究中心农村部副部长谢杨谈到：研究城市、区域、国土，一定要注意产业。之前研究城镇化，谈大中小城市的概念较多，是大为主，还是中为主，还是小为主。下一步应该更多地关注产业。一个城市没有产业，成不了城市。国际上研究城市化，已经有大量的产业和城市的结合，就是什么样的产业产生什么样的城市，什么样的城市产生什么样的产业，都有规律，大城市什么产业、中城市什么产业、小城市什么产业。

北京市社科院经济研究所所长赵弘提到“总部经济”的概念，谈到现在大概全国20个城市，都提出了发展总部经济，特别很多区域的发展，都在用总部经济这个模式来推进。

专家学者还认为，发展低碳经济，营造低碳国土是搞好国土整治的重要手段。

中国社会科学院城市发展与环境研究中心梁本凡提出碳资产的管理，地球的二氧化碳的排放是有总量控制的，不能超过标准，否则的话，全球气温升高。碳资产是一种公共资产，它和土地和城市是密切相关的。不能离开国土去谈碳资产，发展低碳经济，营造低碳国土，进而搞好国土整治。

会议在融洽的气氛中进行，到会的专家、学者纷纷表示在新的一年中，要学习老一辈经济学家踏实、奋进、孜孜不倦的精神，深入调查研究，认真科研攻关，为推动国土整治和区域发展努力，进而推动国民经济的持续发展做出自己的贡献。

中国城市旅游竞争力年会

城市旅游竞争力是一个城市在旅游环境营造、旅游资源开发、旅游市场开拓、旅游管理创新等方面与其他城市相比，形成比较优势的综合能力与素质。旅游竞争力研究不是对城市旅游产业发展现状的简单描述，而是对一个城市培育和提升旅游产业比较优势的动态把握。

对各城市而言，参与竞争力评价活动，不仅仅是获得了一张绚丽的城市名片，更重要的是通过旅游竞争力评价，评估城市旅游业发展潜力，制订旅游竞争力提升策略，促进城市旅游业的可持续发展。

首届中国城市旅游竞争力年会

2006年10月，由中国城市经济学会主办的“首届中国城市旅游竞争力年会”在人民大会堂隆重召开。会议正式发布《2006年度中国城市旅游竞争力研究报告》，产生首批“中国旅游竞争力百强城市”，国内广州、深圳、杭州、成都、南京、苏州、大连、青岛、无锡、宁波等城市位列“2006年度中国城市旅游竞争力排行榜”前一百名（直辖市除外），获此殊荣。

第二届旅游竞争力年会

2009年2月27日，由中国城市经济学会主办，中国城市经济杂志社、北京世纪唐人旅游发展有限公司（CTD）承办的“第二届中国城市旅游竞争力年会”在北京钓鱼台国宾馆举行。年会上，“中国城市旅游竞争力评价”项目组负责人正式向社会各界公布“中国城市旅游竞争力百强城市”名单，除4个直辖市外，位居全国旅游竞争力前20名的城市分别是：杭州、南京、大连、广州、成都、西安、宁波、无锡、深圳、昆明、郑州、黄山、厦门、三亚、洛阳、福州、桂林、秦皇岛、哈尔滨、绍兴。

中国旅游目的地营销论坛

首届旅游节庆暨旅游目的地营销论坛

"首届旅游节庆暨旅游目的地营销论坛"于2004年7月22~23日在北京河南大厦成功举办。本次论坛由中国社会科学院旅游研究中心、北京旅游协会、北京世纪唐人旅游发展有限公司联合主办。作为国内旅游行业首次举办的全国性旅游营销论坛，"旅游营销论坛"汇集了国内著名的专家学者、旅游传媒精英、旅游品牌策划专家、策划业、广告业、会展业的国内著名市场营销专家、策划高手、节庆组织精英，共同研讨最前沿话题：旅游节庆与旅游目的地营销。

本次论坛以"如何营销中国旅游"为主题，旨在提升中国旅游节庆组织水平，探究旅游节庆对打造城市品牌、推动旅游目的地营销的作用，交流旅游节庆举办经验，总结旅游节庆的内在特殊规律。论坛筹备时间虽然很短，但得到了来自全国各地旅游局的积极咨询和反馈。来自北京市、成都市、南京市、昆明市、长春市、常德市、肇庆市等地旅游局和八达岭、鼎湖山等景区的代表出席了论坛。

在中国最具影响力的旅游名人、中国社会科学院旅游研究中心高级研究员魏小安"中国旅游目的地营销现状及发展趋势"的开篇讲题下，中国社会科学院旅游研究中心副主任李明德教授从媒体、市场、城市品牌等各个角度介绍了国内旅游营销的整体发展状况和未来的发展趋势；焦作市旅游局许长仁局长以焦作拓展中国旅游市场的经验为例，阐述"焦作现象"与焦作旅游推广的策略。中国首席品牌官、著名旅游品牌策划专家梁中国先生，对旅游品牌的重要性作了陈述。北京中城新世纪旅游发展有限公司总经理张晓军先生最后以"社区营销模式与旅游目的地营销"的专题演讲，为"2004中国首届旅游节庆暨旅游目的地营销论坛"画上了圆满的句号。

旅游节庆和旅游营销在国内旅游城市和旅游目的地发展的进程中充当着极为重要的

角色。首届旅游营销论坛的举办将对这一领域的发展起到积极的推动作用。此次论坛成为各个城市及旅游管理部门、国内旅游企业、国内旅游服务与决策咨询机构等共同研讨旅游营销与旅游节庆发展的盛会。

第二届中国旅游目的地营销论坛

借鉴专家的理念，分享成功者的经验，一次旅游界的盛宴，一顿思想的大餐，强大的专家阵容、顶级的策划高手，盛况空前，精彩不断。

为推动中国旅游目的地营销事业的发展，总结旅游目的地营销规律，提升旅游目的地营销策划组织水平，探究旅游节庆、会展对提升城市品牌、传播旅游目的地形象的作用，继“第一届中国旅游目的地营销论坛”于2004年在北京成功举办之后，2005年3月，“第二届中国旅游目的地营销论坛”在河南省洛阳市成功举办。本届论坛由中国社会科学院旅游研究中心、中国旅游报刊协会、河南省旅游局、洛阳市人民政府联合主办，洛阳市旅游局、北京世纪唐人旅游发展有限公司承办。论坛旨在为推动中国旅游目的地营销事业的发展，总结旅游目的地营销规律，提升旅游目的地营销策划组织水平，探究旅游节庆、会展对提升城市品牌、传播旅游目的地形象的作用。来自北京市、河南省、河北省、江西省、内蒙古、吉林省、浙江省、广东省、湖南省等地旅游局、景点景区的二百多名代表出席了论坛，并对论坛给予了高度评价。

第三届中国旅游目的地营销论坛

2006年3月24～26日，由中国旅游协会旅游区（点）分会、中国社会科学院旅游研究中心、山东省旅游协会、淄博市人民政府共同主办，由淄博市旅游局、北京世纪唐人旅游发展有限公司（CTD）共同承办，中国旅游报协办的“第三届中国旅游目的地营销论坛”在山东省淄博市淄博饭店隆重举办。

来自全国各地的200多名旅游局长、景区负责人、大学院校负责人出席了此次盛会。本届论坛庞大的专家阵容，进一步提升了论坛的权威性和专业色彩。魏小安、李克夫、李明德、邵春等知名专家就城市营销、服务营销和旅游节庆等专题进行精彩演讲。其中魏小安先生首次在国内以“旅游客源地建设”为主题发表演说。中国（香港）旅游休闲产业研究院执行副院长张晓军先生发表“旅游目的地社区营销”——与居委会联合，在社区内成立旅游服务中心，组建网络平台的成功案例，与会代表赞不绝口。中国策划高手叶文智先生就大型活动策划，结合他本人亲自操作的案例，同与会嘉宾共享成功经验。此次论坛还专门邀请了澳大利亚旅游局中国区经理兼首席代表邓李宝茵女士向与会代表介绍澳大利亚旅游局的营销理念，增强了论坛的国际化色彩。除专家演讲之外，分设了不同主题的圆桌论坛，与会代表不仅聆听专家高水平的演讲，更是亲身参与其中，与专家进行了面对面的深度交流。

论坛上举行了由中国城市经济学会成立的中国城市经济学会休闲旅游产业委员会成立筹备会议，旨在促进国内外休闲旅游业的交流与合作，加强休闲旅游业的学术研究，实现产业发展与学术研究的相互促进。论坛上由北京世纪唐人旅游发展有限公司发布了“2005年度中国旅游目的地营销发展研究报告”和“2005年度中国旅游营销十大经典事件”。

第四届中国旅游目的地营销论坛

2010年1月22日，由中国旅游出版社、中国城市经济学会、北京大学中国节庆研究中心主办，中国城市经济杂志社、亚太旅游竞争力评价中心、知名旅游管理咨询服务专业机构北京世纪唐人旅游发展有限公司（CTD）策划承办的“第四届中国旅游目的地营销论坛”在北京民族饭店隆重召开。

“中国旅游目的地营销论坛”自2004年以来已成功举办三届，成为旅游业内独具特色、颇具影响力的年度盛会。本届论坛以“全新视角看旅游、创意思维论营销”为主题，来自全国各地的专家学者、政府、旅游业界高管人士、传媒业共100多人出席了论坛。

北京世纪唐人旅游发展有限公司（CTD）发布了《2009年度中国旅游目的地营销研究报告》，报告首次系统深入地对中国旅游市场营销进行了研究，填补了国内相关领域空白，对业界具有十分重要的意义。该报告在国内率先对“80后”这一新兴旅游市场消费群体进行了研究，提出了该群体消费

特点和业界应采取的对策。同时对形象的载体——旅游LOGO，以城市和景区为对象进行了研究。同时在国内首次以专题研究报告的形式和方法，系统深入地对中国旅游市场营销进行研究了。以《2009年度中国旅游目的地营销研究报告》为基础，中国旅游目的地营销论坛组委会组织了有关专家，在广泛征求社会意见的基础上评定了“中国十大旅游营销人物”、“中国十佳自驾游目的地城市”、“中国十大旅游营销创新城市”、“中国十大旅游产品创新奖”“中国十佳自驾游目的地景区”等。

长江三角洲城市发展论坛

首届长江三角洲城市发展论坛
暨第八届江苏城市发展论坛

2008年12月，来自国家相关部委、研究机构和长三角城市群的省、市的领导与国内著名的专家学者，及其他代表参加了由中国城市经济学会、长江三角洲城市发展研究中心、江苏省城市发展研究院、苏州市人民政府，与江苏省哲学社会科学界联合会、浙江省哲学社会科学界联合会、上海市城市经济学会、江苏省城市经济学会在江苏苏州联合召开的“首届长江三角洲城市发展论坛暨第八届江苏城市发展论坛”。与会代表围绕“长三角城市新发展：创新·和谐·共赢”的论坛主题，进行了深入的研讨，形成了诸多共识，特联合发表如下宣言：

1. 紧抓战略机遇，全面提高国际竞争力。随着《国务院关于进一步推进长江三角洲地区改革开放和经济社会发展的指导意见》(以下简称“指导意见”)的提出，长三角城市群面临着区域发展上升为国家战略的重大机遇。应当按照“指导意见”，充分发挥长三角地区的优势和特点，确定更高战略目标，勇挑国家和历史重担，率先学习和实践科学发展观，加快建成亚太地区重要的国际门户、全球重要的先进制造业基地，奋力打造成我国综合实力最强的区域、国际竞争力不断提升的世界级城市群，为我国全面建设小康社会和实现现代化，为中华民族的伟大振兴和中国的和平崛起作出更大贡献。

2. 面对严峻挑战，共担历史责任。目前我国和世界经济形势严峻，美国次贷危机引发的国际金融危机严重，国内宏观调控也存在值得重视的问题，能源、粮食、贸易、金融等全球性经济问题突出，不确定因素增加。长三角经济社会发展面临严峻挑战，新的矛盾层出不穷，体制、机制深化改革迫在眉睫，资源、环境和建设等问题日益尖锐。在此关键时期，必须全力推进长三角洲城市群各城市之间的互相推动、互相支持、优势互补、同舟共济、加强合作、互动协调，发挥长三角城市群的整体优势和综合力量，共同承担肩负的历史和社会责任。

3. 坚持改革开放，加强体制建设。加速推进长三角地区的改革，勇于攻克改革难点，加快长三角城市群市场化进程，健全和规范统一开放的产品、技术、产权、资本、人力资源等各类市场，率先建立完善社会主义市场经济体制，健全长三角地区的开放型经济体系，全面提升对外开放水平。深化上海浦东综合配套改革试点，争取国务院将长三角城市群中的南京都市圈（涵盖安徽的皖江城市带）列为国家统筹区域综合配套改革试验区，努力推广相对成熟、行之有效的改革政策。积极探索互利共赢的财政政策，有序推动异地联合兴办开发区。

4. 大胆开拓创新，加速结构升级。坚持解放思想、与时俱进，着力推进经济发展方式转变，推进经济结构战略性调整，增强自主创新能力，提高资源节约和环境保护水平，坚定走新型工业化和新型城市化道路，努力建设创新型长三角城市群。

奋力建设一批“特色优势明显，引领作用突出，人才名品汇集，创新氛围浓厚”的创新型城市。努力构建具有国际竞争力的长三角区域创新体系。建设一批一流的研究型大学、科研机构和创新型企业。发展和联合长三角城市群和相关地区的社会研究力量，加强和发挥民间研究团体的作用。

5. 坚持和谐发展，着力保障民生。切实加强和谐协调长三角城市群的建设。在发展中实现和谐，在和谐中促进发展。推进沪、苏、浙三大板块协调发展，促进长三角城市与泛长三角城市的协调发展。大力发展循环经济，建设循环社会。加强城乡统筹，推进城乡一体。加强生态环境的共同建设、共同保护和共同治理。努力完善社会保障体系，全方位拓展就业空间，为长三角地区人民群众创造一个与自然和谐共处的宜居环境。

6. 坚持一体化建设，实现互利共赢。积极推进重大基础设施的一体化建设，完善综合交通运输体系、能源安全体系、防洪减灾体系、水资源调配体系、饮用水安全保障体系以及水生态环境保护体系。实现信息共享，加强统筹协调。积极探索和创造政府引导、多方参与，以市场为基础，以企业为主体的合作共赢机制。

我们呼吁长三角各城市，进一步凝聚共识，推动国务院“指导意见”贯彻实施；共同应对国内外形势变化提出的挑战；交流合作，合力解决发展难题；规范引导，强化企业和政府的社会责任；协调行动，努力实现长三角城市群的“科学发展、和谐发展、率先发展、一体化发展”！

让我们携起手来，不负国家众望，勇挑民族重担，迎难向上，转“危”为“机”，争分夺秒，狠抓落实，尊重规律，讲求实效，顽强拼搏，争创长三角城市群发展新的辉煌！

第二届长江三角洲城市发展论坛

2010年1月，来自国家相关部委、研究机构和长三角城市群省、市领导与东、中、西部地区的专家学者，参加了由上海市人民政府发展研究中心、中国城市经济学会长三角城市发展研究中心、浦东改革与发展研究院、浙江省社会科学界联合会、浙江省经济开放与发展研究中心、江苏省城市发展研究院在上海浦东新区联合举办的“第二届长江三角洲城市发展论坛”。与会代表围绕“上海‘四个中心’建设与区域经济一体化”的论坛主题，进行了深入的研讨，形成了如下共识：

一、协力推进上海“四个中心”建设

国务院颁布的“关于推进上海加快发展现代服务业和先进制造业建设国际金融中心和国际航运中心的意见”，进一步明确和深化了上海建设“四个中心”的国家战略。这是国家赋予上海和长三角地区的国家使命和历史重任。

上海建设“四个中心”，是长三角地区和城市的共同任务，需要各级政府和企业的全力支持，共同突破行政区划束缚，加快形成更具活力、更富效率、更加开放创新的体制机制，通过产业合理布局、要素优化配置，协力推进“四个中心”建设，在这一进程中实现互利共赢。

全球经济动荡，危中有机，蕴含很多有利于长三角未来发展的大机遇。长三角两省一市和各城市政府应共商后危机时代的发展机遇，共谋如何抓住机遇，构筑资源共享平台，充分发挥在国家经济发展方式转变中的作用，成为发达地区率先摆脱金融危机的典范；尽快将长三角建成国际门户、全球重要的先进制造业和现代服务业中心、世界级城市群。

二、通力协作办好世博会

世博会是我国尤其是长三角地区向世界展示城市经济实力、科学技术进步的窗口，也是学习借鉴世界各国建设和谐城市经验的重要平台。世博会对于区域经济的拉动作用非常明显，世博会的建设、承办和后世博效应的放大，都需要长三角地区的通力协作。把世博会作为长三角地区提升一体化水平、优化区域合作能级的一次重要实践，要在软件和硬件的结合上提升长三角地区的协同性与融合度，传承发扬世博合作精神，并使之常态化。通过合办世博会，使长三角地区率先成为全国资源配置最合理、经济效益最佳、一体化程度最高的区域。

三、提升长三角一体化水平

通过长三角高铁、城际轨道交通、高速公路网等基础设施建设，使长三角进入同城化阶段。转变和改善新一轮长三角区域合作模式，从基础设施网络化、资金流动顺畅化、项目合作互利化层面，进入到政府制度合作、产业功能联动、技术创新联盟、资源平台共享、公共服务互通等更高层面，使长三角在劳动地域分工的基础上，构建成一个以世界级城市为核心的、以统一大市场、统一大交通、统一大社保、统一大服务为内涵的现代化区域发展共同体，把长三角一体化推向更高阶段。

四、联手转变经济发展方式

在后金融危机时代，长三角经济亟待超越“恢复性增长”、“依赖性增长”的阶段，改变各自为政发展经济的传统模式，以政府为主导、以市场为基础、以互利为纽带，联手贯彻中央扩大内需政策措施，形成投资、出口、消费协调拉动的区域经济增长格局；联手加快经济转型升级，努力形成以服务业为主的现代产业结构；联手推进自主创新，启动并重点突破一批重大关键技术和共性技术攻关项目；联手推动金融创新，加快形成金融一体化发展格局；联手建设统一开放的市场体系，实现全区域生产资源要素合理流动和优化配置。

五、创新合作研究机制

长三角一体化进程中面临突破资源环境承载能力制约，实现全面协调可持续发展，以及地方政府合作体制机制的形成与创新等诸多问题，本次论坛提议建立长三角区域经济协调委员会，并成立中国（上海）区域经济研究中心，成为长三角区域经济一体化理论研究科学实践及经验总结的重要平台，这将是长三角合作研究机制的重大创新。研究中心要以更大的胸襟、更高的层面、更宽的视野研究长三角一体化和区域合作问题，为政府和企业提供前瞻性、可操作性的理论研究成果和对策建议，共同推进长三角一体化进程。

第三届长江三角洲城市发展论坛
暨第九届江苏城市发展论坛

2011年10月14～15日，在美丽的新兴湖滨城市—宿迁，“第三届长江三角洲城市发展论坛暨第九届江苏城市发展论坛”隆重召开了。

本次论坛由中国城市经济学会长江三角洲城市发展研究中心、宿迁市人民政府、江苏省发展和改革委员会、上海发展战略研究所、浙江大学区域与城市发展研究中心、中共江苏省委党校、江苏省城市经济学会、江苏省城市发展研究院等单位联合主办，由江苏省城市发展研究院和中共宿迁市委研究室承办。

本次论坛的主题是“城市转型与城乡统筹发展”。来自国家相关部委、研究机构和长三角地区的一些省、市领导与国内一些著名专家学者以及其他方面的代表共180余人，围绕这一主题，结合宿迁城市转型发展的实践进行了深入的研讨，认为宿迁作为江苏省区域协调发展综合改革试点市，在长三角北翼走出了一条科学发展、跨越发展、协调发展的新路子，从而对如何加快长三角后发城市转型突破形成了一些基本共识，提出如下意见和建议。

一、充分认识长三角地区后发展城市加快转型突破的重大意义

2010年5月，国务院在正式批准实施的《长江三角洲地区区域规划》中，要求长三角地区在科学发展、和谐发展、率先发展、一体化发展方面走在全国前列，努力建设成为实践科学发展观的示范区、改革创新的引领区、现代化建设的先行区、国际化发展的先导区。《规划》对长三角地区的战略定位有3个，即：亚太地区重要的国际门户、全球重要的现代服务业和先进制造业中心、具有较强国际竞争力的世界级城市群。同时，《规划》要求到 2015 年，长三角地区率先全面建成小康社会，到 2020 年，力争率先基本实现现代化。这是国家对长三角地区的高度信任和殷切期待，也是长三角地区空前难得的重大发展机遇。

但是，长三角地区内部发展很不平衡，特别是江苏苏北地区和浙江浙西南地区发展相对滞后，加快这些地区后发展城市转型具有现实的紧迫性和必要性。首先，是后发展城市自身发展的必然选择。近年来，苏北和浙西南的一些后发展城市，抢抓机遇，团结拼搏，开创了全面振兴的新局面，经济增长速度持续快于先发城市，城乡面貌发生了翻天覆地的变化，人民生活水平、生活质量有了显著提高和改善。然而，这些仍然是在低基数上的高增长、低基础上的快发展、低水平上的惠民生，很多经济指标的绝对值与先发城市的差距却越拉越大，只有加快转型突破，才能确保后发展城市如期建成全面小康社会。其次，是长三角地区整体发展的迫切需要。长三角地区后发展城市加快转型突破，是整个长三角地区深入贯彻落实科学发展观，加快转变经济发展方式的客观要求；是贯彻落实《长江三角洲地区区域规划》，实现长三角地区发展目标和三大战略定位的重要途径；是实现长三角地区协调发展，成为具有较强国际竞争力的世界级城市群的现实需要；能更好地使苏北、浙西南等后发城市对接长三角核心区，加快融入长三角的步伐，确保实现长三角地区整体在2015年率先全面建成小康社会，2020年率先基本实现现代化的任务。第三，是带动中西部地区发展的现实要求。长三角北翼的苏北地区和南翼的浙西南地区地处中国沿海，分别位于苏鲁豫皖四省和浙皖闽赣四省交界处，沟通连接东、中、西部地区，在中国地理、交通版图中处于重要位置。加快这些地区后发展城市转型突破，能更好地发挥沿海地区优势，辐射带动中西部地区加快发展，促进中国东、中、西部地区协调发展。

二、长三角地区后发展城市加快转型突破的条件和目标

《长江三角洲地区区域规划》正式颁布一年多来，江浙两省及各市高度重视推动后发展城市的转型发展、加快突破，作出了一系列决策部署，出台了一系列政策举措，创造了极为有利的条件。例如，江苏从2006年开始，先后五次明确提出“实现宿迁突破”。因此，在“十二五”规划开局之年，本次论坛提出推动长三角地区后发展城市转型突破，可谓恰逢其时。

当前，胡锦涛总书记对江苏提出的“六个注重”和省委提出的“八项工程”，已是江苏经济社会转型发展的根本指导方针和强大动力，深入人心，正在贯彻落实。同时，国际经济新格局引发城市体系新变化，国家城镇化发展战略推动新一轮城市大发展，长三角世界级城市群建设促进城市发展水平提升，后发展城市发展创新型经济进一步增强城市发展动力，区域交通网络建设放大城市的“极化效应”，省直管县财政体制实施加快县域城镇化进程。尤其是后发展城市已经打下了比较坚实的物质和技术基础，基本理顺了发展思路，确定了科学发展战略，并具备多方面的后发优势。江苏省宿迁市提出弘扬“生态为归宿、创业求变迁”的城市精神，提出“推动跨越发展、建设和谐宿迁、生态宿迁”、“我能我行我成功”等口号和理念，就是后发优势的一种生动体现。

长三角地区后发展城市加快转型突破的主要目标是：经济社会协调发展——到“十二五”期末，全面建成小康社会，人均地区GDP超过当年全国平均水平；社会建设进一步加强——科技、教育、卫生、文化等社会事业全面进步，社会保障体系不断完善，基本实现“学有所教、劳有所得、病有所医、老有所养、住有所居”的“五有”目标；区内区外协调发展——区域经济社会发展活力进一步

增强，县域经济发展实现全面突破，整体实力与先发展市县之间的差距不断缩小；城乡一体协调发展——城市化水平进一步提高，经济业态完善、功能配套齐全，承载能力显著增强，城乡一体化进程不断加快，新农村建设迈出坚实步伐，城镇居民人均可支配收入和农民人均纯收入实现五年倍增；人与自然和谐发展——生态文明观念牢固确立，基本形成资源节约型和环境友好型的产业结构、发展方式和消费模式。

三、对长三角地区后发展城市加快转型突破的若干政策建议

党中央在“十二五”规划《建议》中提出，要“科学规划城市群内各城市功能定位和产业布局，缓解特大城市中心城区压力，强化中小城市产业功能，增强小城镇公共服务和居住功能，推进大中小城市交通、通信、供电、供排水等基础设施一体化建设和网络化发展”，这就为长三角地区后发展城市转型突破指明了方向。

1. 加快后发展城市的基础设施建设。近年来，后发展城市的基础设施尤其是道路建设取得了长足发展，交通条件大为改观，有力地促进了后发展城市的经济社会发展。然而，面对新形势下的转型突破，后发展城市的交通“瓶颈”依然没有彻底打破，部分地区既无铁路又无运河，特别是一些不靠江、不靠海、不靠高铁的城市，区域综合交通运输条件相对落后，严重制约经济社会发展。为此，要大力度支持这些地区的基础设施建设，按照分步实施、先行先试的原则，进一步完善后发展城市“水、公、铁、航空”四位一体的现代化交通网络，确保交通运输条件进一步改善。要优先支持长三角北翼地区徐州-宿迁-淮安城际铁路、连云港-宿迁海河联运通道建设，推进徐宿同城化、连宿同港化进程；支持长三角南翼浙西南地区加快金华-衢州-丽水高速公路沿线发展，建设九江-景德镇-衢州铁路，拓展长三角对闽、浙、赣边界地区的辐射带动作用。

2. 积极推进新型工业化重大项目在后发展城市布点。加快后发展城市转型突破，促进生产要素和人口向城镇集聚，必须以新型工业化推进新型城市化。对适宜在后发展城市实施并且符合科学发展要求的重大项目，中央和省有关部门要优先考虑、加强布点、提高审批效率和速度，及时批复。对国内外转移到后发展城市的符合新型城市化要求的大项目，要尽可能提供要素和政策支撑。对需要向上争取的大项目，要积极帮助后发展城市向上申报和争取。鼓励和引导央企、省属企业集团与后发展城市紧密挂钩，合作建设。

3. 加快后发展城市县域经济的跨越式发展。县域经济是区域经济最基本的形态，也是最具创新力和爆发力的一级经济，在城市经济社会发展中处于十分重要的位置。加快县域经济跨越式发展，才能不断满足城乡居民日益增长的物质文化需求，也才能为城市转型突破提供强有力的支撑。对后发展城市来说，加快县域经济发展显得更为迫切。要紧紧抓住新一轮发展机遇，正视问题，直面差距，制定更加优惠和切实有效的政策，进一步清除与经济社会发展不相适应的思想观念，推动县域经济跨越式发展。

4. 加大集中连片贫困地区的开发式脱贫攻坚力度。近年来，江苏、浙江出台特殊政策，加快贫困地区的经济发展，促进增收致富，脱贫工作取得明显成效。但是，由于历史基础十分薄弱，苏北、浙西南一些贫困地区发展确实比较慢，脱贫攻坚工作仍然艰巨。特别是集中连片贫困地区的贫困问题，仅靠省的一般支持和地方努力，难以在短期内解决，因此，必须从国家战略的高度，依托重大项目开发，进一步加大财政转移支付特别是专项资金补助力度。

5. 鼓励支持后发展城市实施区域协调发展的综合改革。围绕区域协调发展综合改革试点工作，在政策激励、资金补助等方面，给予后发展城市更大的扶持，允许后发展城市在户籍、土地、金融、社保等制度和改革上“先行先试”，上级各部门、各系统把需要通过改革试验的政策措施，优先放在后发展城市试点。

6. 促进后发展城市社会事业和文化产业加快发展。加快健全后发展城市基本公共服务体系，完善城市功能，提升城市品质，逐步提高住房、就业、教育、医疗、养老等社会保障水平，促进城乡之间基本公共服务均等化。支持后发展城市加快文化改革创新的力度，在重大文化产业项目和文化产业园区建设上给予必要的倾斜。

中国城市特色经济研究成果汇编

中国城市总部经济发展报告
——总部经济推动传统工业区转型升级

目前，我国已进入必须以结构调整和转型升级促发展的新阶段。许多传统工业区在经历了长期的高速发展以后，面临着许多新的调整和提升压力，先后进入需要加快转变经济发展方式、探索转型升级、实现可持续发展的新阶段。从国内外发展经验看，传统工业区的转型升级一般有多种模式和实现路径。总部经济作为一种新的经济形态，为传统工业区创新发展模式，促进制造业向高端拓展、加快产业结构优化升级、实现由生产制造功能向综合服务功能转型提供了新思路和新模式。

一、国内外传统工业区转型升级模式及经验借鉴

国内外许多传统工业区在转型升级的实践中，探索出了一些较为典型的转型模式，并积累了许多成功的经验和做法。深入研究与总结国内外传统工业区的转型模式与实现路径，对于我国传统工业区探索出一条符合实际需求的新的转型模式，具有重要借鉴价值。

（一）传统工业区特征及衰退机制

1. 传统工业区的概念与分布情况

传统工业区主要是指以基础工业或传统工业为主导的区域，一般是在丰富的煤、铁等矿产资源以及劳动力资源等基础上，以一个或几个大型工业企业为核心，以纺织、煤炭、钢铁、机械、化工等工业为主，逐渐发展起来的工业地域。传统工业区发展历史比较悠久，且工业分布高度集中，以生产大批量标准化产品为主，在本国乃至世界工业发展过程中都曾起过重要的作用，目前仍然是各国发展新兴工业的重要支撑点。

世界上主要的传统工业区大多是依托优越的自然资源条件、良好的区位交通以及丰富的劳动力发展起来的，包括欧洲西部工业区、北美工业区、俄罗斯—乌克兰工业区、中国—日本工业区等，其形成条件和主导产业等各有侧重（图1）。例如，欧洲西部工业区主要依托丰富的煤炭、石油等资源以及便利的水路运输条件，以钢铁、机械制造、纺织、化工等为主导产业；中国—日本工业区以海运和劳动力方面的优势，钢铁、汽车、造船等产业得到较好发展。

我国的传统工业区分布地域极广，形成了四大工业基地（辽中南重工业基地、京津唐综合性工业基地、沪宁杭综合性工业基地、珠三角轻工业基地）和三大工业带（东南沿海工业带、长江沿岸工业带、陇海—兰新沿线工业带）。近年来，随着模块化生产技术的革新，企业间及国际间的分工形式发生了很大变化。为了降低成本，跨国公司争相将加工工序等低附加值的生产环节转向发展中

课题组组长：赵弘；
课题组成员：王林凤 赵燕霞 张静华 王志云 丁一文 田继忠 何芬 韩伟。

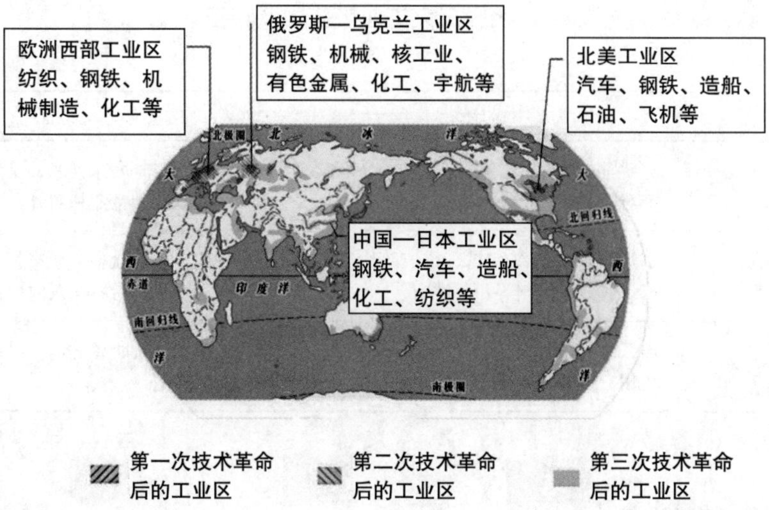

图1　世界主要传统工业区分布及其主导产业

国家和地区。我国许多传统工业区凭借其制造业的成本优势，获得了不少国际加工业务和订单。但目前我国大部分传统工业区仍然以加工制造环节为主，处于价值链“微笑曲线”的底端，亟需寻求转型发展之路。

图2　我国主要工业基地及工业中心分布

表1　我国三大工业带范围及特征

工业带	范围	特征
东部沿海工业地带	5个特区（深、珠、汕、厦、海）和14个对外开放城市	港口众多，对外联系便利，是我国引进外资和技术，发展外向型企业和对外贸易的基地
长江沿岸工业地带	①沪宁杭②武汉宜昌、重庆等中部城市③成都、贵州等西部城市	工业发达，人口众多，矿产和水力丰富，水运条件得天独厚，由沿海深入内地，综合性强
陇海—兰新沿线工业地带	连云港、徐州、郑州、洛阳、西安、兰州、新疆等	第二亚欧大陆桥所经之地，沿线轻重工业发达，发展前景广阔

2. 传统工业区的特征及衰退原因分析

从我国及世界主要传统工业区的发展历程来看，一般具有以下几个显著特征：一是靠近能源产地分布，如德国鲁尔区、我国辽中南地区等依托采煤工业起家，并随着煤炭资源的综合利用，发展炼焦、电力、煤化工等资源型工业以及重型机械制造、建材工业等机械制造业，形成了以采煤、钢铁、化学、机械制造等重工业为核心，部门结构复杂、内部联系密切、高度集中的地区工业综合体。二是主要集中于沿海、沿铁路线等区位优势突出、交通条件便利的地区，有利于原材料的运入和产品的输出，如美国五大湖和密西西比河水系共占全美内陆水运周转量的80%，通过运河相通形成了联系美国主要地区的内陆水运网，水运优势十分突出，美国的主要工业都集中于这一地区，形成了制造业中心芝加哥、汽车城底特律、钢都匹兹堡等一批特色工业城市。三是传统工业区一般形成了以特大型企业为核心，相关产业部门集聚的经济发展格局。大型工业企业产业规模大、就业人口多，是当地经济的重要组成部分，其发展水平对于区域经济发展、环境保护以及民生改善等方面影响巨大。四是区域功能较为单一，主要以工业生产功能为主，其他功能如居住、商业等也主要围绕工业生产进行布局，且以大型企业内部配套为主。

传统工业区在繁荣阶段对城市的经济社会发展都曾起过极为重要的支撑作用，如沈阳铁西工业区、长春铁北工业区、本溪本钢工业区等，集中布局了国家和省市绝大部分重点工业项目，聚集了数万产业工人在这些地区工作和生活，城市居民收入水平和就业状况受工业发展水平影响巨大。自20世纪70年代以后，随着新技术革命的到来和电子、生物等新工业部门的出现，传统工业区面临着资源、环境、外部市场竞争等诸多压力，主导产业日益衰退，区域发展由盛渐衰。究其衰退原因，主要是自然资源逐渐枯竭、城市功能发生变化、生产技术落后以及企业发展战略未能及时调整等多种因素影响。

一是资源型传统工业区资源日趋枯竭，区域发展陷入困境。随着资源利用及资源型产业发展到一定规模，资源储量日趋衰竭，开采成本及营运成本日益上升，高度依赖资源的资源型传统工业区的发展优势逐渐丧失。资源型传统工业区产业结构较为单一，呈现出明显的“刚性”，当主导产业演变为衰退产业时，传统工业区很快就陷入整体困境，整个地区的经济也呈现低增长和竞争力弱化的态势。

如20世纪60年代，荷兰已是制成品出口的主要国家，通过大力发展天然气业，出口剧增，经济立现繁荣。可是，蓬勃发展的天然气业却严重打击了其他工业。10年后，当天然气开采接近尾声，政府不得不面对出口下滑、收入降低、失业人口陡升的局面。这种资源产业短期繁荣的后遗症，国际上称之为“荷兰病”。据国家发展和改革委员会统计，我国现有118座资源枯竭型城市，这些城市也大多面临着“荷兰病”的困扰。

二是随着城市化进程的加快，传统工业区在城市发展中的地位和功能发生变化，原有工业功能难以为继。传统工业区一般围绕工业企业的生产活动主要承担加工制造功能，居住、商业等其他生产配套功能以企业内部提供为主。随着城市化进程的加快和生产成本的上升，传统工业区相对于城市其他新兴经济区，原有竞争优势逐渐丧失。特别是服务经济的发展推动城市功能布局加快调整，地处城市中心区或近郊区的传统工业区在完善城市功能中的地位进一步提升，服务功能要求也日益突出。在此背景下，传统工业区原来以围绕服务工业企业生产为主的功能布局已经不能适应城市化发展的需要，亟须实现功能转型升级。传统工业区若不能及时调整功能布局，发展新兴产业，完善商务、居住、社会服务等功能，就可能面临衰退的危险。

三是技术创新能力薄弱，产品市场竞争力下降。技术创新和升级所带动的产业结构调整在传统工业区形成、衰落、改造过程中发挥了重要作用。一般而言，在传统工业区形成初期，生产技术上具有比较优势，产品市场竞争力较强，发展速度极快。但是随着新技术的出现带来产业更替以及产品替代，主要依托生产要素禀赋优势的传统工业区，主导产业领域的知识和技能等技术优势逐渐丧失，产品市场逐渐萎缩。长期以来，传统工业区大多注重以扩大生产规模赢得市场，自身技术创新能力薄弱，产品更新不能及时适应市场需求，在转型过程中面临着更新改造原有技术、提升产品的附加值等难题，发展后劲不足。

四是长久形成的企业文化使区域缺乏活力，企业战略决策难以“顺时而变”。传统工业区一般以一家或者几家大型企业为主，形成了长久且独立的企业文化圈。尤其是在我国，这种以企业文化为核心形成的严格划一的文化圈在一定时期曾显示出强大的凝聚力和生产力。但长此以往，如果这种文化趋于保守，将导致传统工业区的核心企业在进行企业战略决策时往往偏向守成求稳，缺乏创新动力，使得以大企业为龙头的传统工业区竞争力逐渐下降，区域经济发展也不可避免地受到影响。

（二）传统工业区典型转型模式及经验总结

传统工业区在世界上尤其是国外工业较发达的地区已经有100多年的历史。如德国鲁尔工业区、英国曼彻斯特工业区等著名的传统工业区大都起步于19世纪初期。然而，随着高新技术、高科技产业的日益兴起及发展，传统工业区高能耗、污染严重的粗放型生产模式越来越不能适应经济快速发展的需求。从20世纪60年代开始，国内外传统工业区就着手开始实施转变产业增长方式战略，有效推动所在城市及区域经济发展方式转变，并取得了较成功的经验。总结国内外传统工业区转型升级的模式与路径，大致可分为以下三种类型：

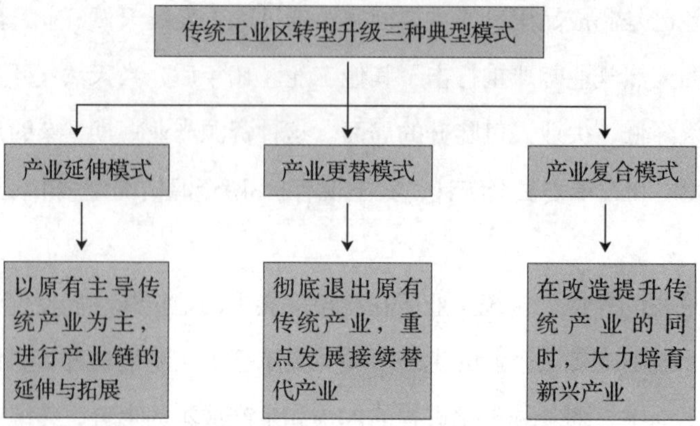

图3 传统工业区主要转型模式

一是产业延伸模式，即以原有主导传统产业为主，进行产业链的延伸与拓展。主要是指依托区域内原有产业基础优势，如煤炭、钢铁、机械加工等，结合产业链原理和发展特点，进行传统产业提升及上下游产业拓展，同时培育为主导产业服务的多种关联产业，实现其产业功能由单一型向综合型、由制造型向制造与服务融合型转变。

二是产业更替模式，即彻底退出原有传统产业，重点发展接续替代产业。该模式的实施路径是：不在原有的产业基础上拓展、延长产业链，而是充分挖掘当地的其他优势资源发展接续产业，或大力扶持和导入市场前景看好的新兴技术产业，如计算机、信息、通讯、生物制药等，实现产业发展的更新与替代。

三是产业复合模式，即改造提升传统产业，大力培育新兴产业。该模式主要呈现两个特点：一是应用高新技术改造传统产业，如对钢铁、化工、纺织制造等行业进行高新技术改造，使其生产过程实现自动化，产品向高附加值发展；二是根据国内外产业发展的最新趋势，结合本地实际情况，大力培育与原有产业无关的产业领域，实现“双轮驱动”的产业发展格局，推动区域转型升级。

由于不同的传统工业区在形成背景、资源优势、发展历程、区域环境等方面存在差异，其在转型过程中的路径和模式也有所差别和侧重。因此，围绕上述三种模式，我们按照传统工业区的形成条件和发展特点，对不同类型传统工业区所采取的创新思路和典型做法进行分析与总结，以期为更多的传统工业区转型升级提供参考与借鉴。

1. 以资源开采利用为主导的传统工业区转型升级模式与经验

以资源开采利用为主导的传统工业区，主要是指依托煤炭、矿产、石油等自然资源的开发利用形成关联产业，进而成为区域内重要的工业区，但由于其对资源的依赖性较强，容易受资源耗竭性和生态环境脆弱性的制约。例如，德国鲁尔区、欧洲萨尔区和英国蒂斯区，以及我国的大庆、阜新、鸡西、鹤岗、淮北等。国内外这一类型传统工业区大都采取以下两种途径实现产业和区域转型，再造新的竞争优势。

一是摆脱对原来不可再生耗竭性资源的依赖，通过发展工业旅游、文化创意等替代产业实现转型。在选择替代产业时，一方面考虑依托当地的资源优势如工业遗址、大型厂房等，发展与之相关的非资源型产业，另一方面发展与原有资源产业没有直接关联的产业，通常也不太可能是新的资源产业。由于这一模式是一种较彻底、较激进的方式，因此又被称为“休克式”转型。例如，法国洛林是法国历史上以铁矿、煤矿资源丰富而著称的重化工基地。20世纪70年代以来，洛林开始逐步实施“工业转型”战略，彻底关闭煤矿、铁矿、炼钢厂等成本高、消耗大、污染重的企业；同时，高起点利用第三次产业革命的成果，重点发展核电、计算机、激光、电子、生物制药、环保机械和汽车制造等高新技术产业，并有效推动新型产业落地。辽宁阜新市曾是新中国最早建立的煤电生产基地之一。为解决因资源枯竭带来的就业、保障等一系列社会问题，阜新在转型过程中，一方面大力发展工业遗产游，将海州露天煤矿打造成一个国家矿山公园，带动餐饮、购物、住宿等产业发展，彻底退出第二产业①；另一方面进军现代农业、设施农业，用生产工业品的方法生产农产品，做强第一产业。

图4　阜新市煤炭开发基地转型升级前后对比

二是以资源产业为依托，延伸产业链，发展接续产业和替代产业，实现城市经济稳步转型和可持续发展。这一模式又简称“循序渐进”式转型模式，在资源尚未完全枯竭的传统工业区转型中应用较为普遍，具有困难小、风险小、效果好的特点。具体来说，一方面依托现有资源优势，通过精深加工、扩大贸易，提高产品附加值和资源转化能力，把资源产业做大做强，做精做好。另一方面重点培育一批能带动经济发展的新型支柱产业，逐步实现由地下向地面、由初级加工向高端服务、由掠夺性资源开发向计划性环境保护转变。例如，美国“油城”休斯顿的转型升级就是按照通过发展主导产业带动相关产业的模式展开的。20世纪60年代以来，休斯顿通过加速石油科研的开发，延伸和拓展石油产业链，油气资源产业群逐步形成，并相应带动了为其服务的机械、电力、钢铁、粮食、交通运输和

① 资料来源：沈镭《我国资源型城市转型的理论与案例研究》，中国科学院研究生院，2005年。

通讯等关联产业发展。我国的黑龙江省鸡西市按照这一模式，转型升级取得了较好成效。作为全国重点煤炭生产基地，早在20世纪70年代，鸡西就开始实施“循序渐转”转型策略。主要做法是：立足煤炭资源优势，拉长煤炭产业链，大力发展精洗煤、焦炭、煤气、煤焦油等煤炭深加工产业。与此同时，积极发展替代产业如绿色食品、旅游、制药等非煤产业，逐步构建了主导产业与接续产业、替代产业相衔接的产业格局，走上了多元产业融合发展的道路②。

2. 以工业加工制造为主导的传统工业区转型升级模式与经验

以工业加工制造为主导的传统工业区，主要指以钢铁、机械、化工、纺织等传统制造业为核心而发展起来的工业区域。我国加工制造型传统工业区较多，像北京石景山区、上海宝安区、沈阳铁西区、成都成华区等都是较典型的加工制造型传统工业区。与以资源开采利用为主导的传统工业区相比，此类工业区对当地自然资源的依赖性并不很强，往往是区域制造业基础雄厚，生产配套体系相对较为完善，因此，在其转型升级过程中，更多的是围绕产业价值链提升、高端服务业培育、区域功能转型等方面。具体来说，以工业加工制造为主导的传统工业区转型路径可以总结为以下三种类型：

（1）由传统工业区向以总部聚集为主导的高端综合商务中心区（CBD）转型

由传统工业区向以总部聚集为主的高端综合商务区（CBD）转型的方式，最早出现在我国大城市中心区的传统工业区，比如北京、上海、广州等，也是后来许多大城市传统工业区实现转型升级较普遍采取的模式之一。该模式的突出特点是从低端的、大范围的厂房、设备聚集向智能化、高端化的企业总部大楼聚集转型；从劳动力密集的低端加工制造基地不断向知识资本、人力资本密集的高端商务企业演进；从以加工制造为主的工业经济向以商务服务为主的现代服务经济转型，逐渐成为推动大城市向高端、高效、高辐射产业转型升级的重要示范。

以北京朝阳区CBD为例。新中国成立后，朝阳区逐渐形成了以电子、纺织、机械等为主的传统工业区，集中了北京第一机床厂、北京汽车制造厂、北京金属结构厂、北京开关厂等重工业企业，在首都工业发展史上具有突出的地位。改革开放以来，在城市经济布局和区域产业发展亟待调整的战略环境下，朝阳区经济社会发展进入了转型升级的关键时期。朝阳区首先将大批工业企业整体外迁，并利用腾退出的大量空间资源，规划建设一批商务楼宇，聚集了大量的高端服务资源，商务中心区（CBD）雏形逐步形成。进入21世纪以来，随着首都经济发展和城市空间结构调整，朝阳区逐渐进入了产业集聚与辐射并重、区域功能快速提升的发展阶段。目前，CBD区域内已建成78个写字楼，税收过亿的有22座，国贸中心、华贸中心等5座楼宇的税收均超过5亿元③。依托区域特有的涉外资源和功能优势，CBD地区聚集了埃克森美孚、壳牌、惠普、三星、巴黎银行、瑞士银行等数百家著名跨国公司地区总部和外资金融总部。其中世界500强企业177家，跨国公司800多家，外资金融机构240余家。在各类总部企业的聚集和辐射下，CBD及所在区域形成了以金融、商务服务、文化创意等高端服务业

② 资料来源：于立，姜春海.资源型城市产业转型应走“循序渐进”之路，中国经济时报，2005年5月23日。

③ 资料来源：章韦. 北京CBD现代化商务中心区的传奇，第一财经日报，2010年5月5日。

为主导的现代产业体系（表2），成功实现了产业结构升级和区域整体功能转型。2009年，北京CBD地区实现生产总值1281.3亿元，占全市的11%；实现税收364.6亿元，占全市的6%。

表2　朝阳区CBD转型升级后的产业高端化发展④

三大主导产业	重点企业
金融服务	北京市60%的外资银行分行、80%的外资汽车金融公司均入住CBD及周边地区，其中法人金融机构71家，外资金融机构146家。 全球最大的纳斯达克和纽约证券交易所、日本东京证券交易所、韩国证券交易所、VISA（中国）北京公司的入驻，苏黎世保险、安邦财产保险、三星火灾海上保险、中航三星人寿、中英人寿、中意人寿、盈科保险等众多保险机构的落户，更完善了北京CBD的金融产业格局。
高端商务	全球最大的战略管理咨询公司——麦肯锡公司 世界最大的会计师公司——普华永道 全球最著名的市场调查公司——美国盖洛普公司 全球最著名的金融市场资讯服务公司——美国道琼斯公司 世界最大的广告传播服务公司——美国奥美广告公司 全球最大的房地产物业投资管理公司——世邦魏理仕公司 全球最大的人力资源服务公司——光辉国际
文化传媒	中国国家级电视台——中央电视台 中国最重要的区域性电视台——北京电视台 世界华人传媒业中的最具有影响力的电视机构——凤凰卫视 中国最具权威性的国家级报纸——《人民日报》 重要的区域性日报——《北京青年报》； 路透社、美联社、法新社、共同社、塔斯社、埃菲社、安莎社等世界著名的通讯社； 《时代》杂志、《华尔街日报》、《美国新闻周刊》等国际著名报刊； CNN、VOA、BBC、欧洲广播联盟等国际电视广播机构； 国际最著名的新闻影视娱乐集团——时代华纳、维亚康姆、沃尔特迪斯尼等167家跨国文化传媒企业 世界排名第一的数字网络国际贸易公司——阿里巴巴集团 世界著名的网络搜索公司——美国雅虎公司等新兴网络媒体企业

（2）由传统工业区向先进制造业与服务业融合发展的产业新区转型

与彻底告别工业经济，发展服务经济的转型模式相比，布局在大城市尤其是中等城市近郊区域的加工制造型传统工业区大都采取此种发展模式。而且，随着高新技术及先进制造技术在我国制造业领域的广泛使用，传统制造业基础较为发达的工业区更适宜通过这种路径，规避高端服务人才缺乏、服务市场需求空间有限等转型中普遍存在的压力和问题，减少转型风险。此种转型模式的实施路径为：依托原有制造业基础，一方面通过高新技术引进、自主产品创新、企业兼并重组、经营理念创新、政府重点扶持等途径促进传统制造业向先进制造业升级；另一方面通过发展生产性服务业、生活性服务业等，加强区域综合服务功能提升，实现从单一的制造生产功能向城市综合功能的拓展转型，形成新的城市产业新区。

④　资料来源：北京商务中心区官方网站，http://www.bjcbd.gov.cn/。

以武汉市青山区为例。作为武汉市重化工业区，青山区内驻有武钢、武汉石化和青山电厂等10多家国有大型企业，多年来已形成以钢铁、石化、电力、船舶和环保产业为主的工业体系⑤。随着资源能源消耗不断增加，环境压力日渐加重，青山区在区域转型升级中始终坚持“努力在服务优势产业中谋求新发展，在发展中促进优势产业改造升级”的原则，走出了一条特色转型之路。一是重点加快钢铁、石化、装备制造、环保等优势加工制造业改造升级，不断推进优势产业结构合理化和产业结构高级化发展；二是结合区域产业特点，将循环经济理念运用到产业升级过程中，走新型工业化发展道路，建设生态城区⑥。

青岛市四方区也是这一转型模式的成功案例。四方区是青岛市的传统工业城区，长期以机械制造、棉纺织、化学工业等为核心，曾经是青岛市重要的经济支柱。然而，随着青岛城市化的推进，与其他城区相比，四方区作为城市中心区，转型升级的任务显得更加紧迫。在这一过程中，四方区采取了以下发展策略：一是发挥老工业基地优势，采用先进技术改造传统产业，发展高端制造业产业集群和高新技术研发基地，推动工业集约发展；二是依托制造业发展基础，通过转移制造环节，延伸和占领技术含量和附加值较高的产业链环节，促进生产性服务业发展；三是为满足传统优势产业转型升级需求，大力发展生活和公共服务业。四方区紧紧把握“转方式、调结构、上规模”的主线，加快发展方式转变，产业结构和税源结构逐步优化，全面推动全区加速转型、跨越发展⑦。

表3　青岛市四方区转型发展后（2003-2009年）产业产值结构表

年份	全区生产总值	第二产业		第三产业	
		增加值	比重	增加值	比重
2003	52.46	38.03	72.49%	14.43	27.51%
2004	62.89	37.33	59.36%	25.56	40.64%
2005	79.22	47.66	60.16%	31.56	39.84%
2006	104.03	53.9	51.68%	50.13	48.32%
2007	120.32	61.32	50.96%	59	49.04%
2008	135.22	60.35	44.63%	74.87	55.37%
2009	147.76	66	44.67%	81.76	55.33%

数据来源：根据青岛市统计局网站相关数据整理。

（3）依托工业企业特色厂房设施，发展创意经济，打造文化创意产业集聚区

随着传统工业区内大量制造业企业搬迁转移计划的实施，在腾退大面积空间资源的同时，也遗留

⑤ 资料来源：郑明桥. 武汉市青山区扎实推进循环经济[N]，经济日报，2007年。
⑥ 资料来源：秦军，《工业城区产业结构升级研究——以武汉青山区为例》，学习与实践，2010年第9期。
⑦ 资料来源：鲁露，《传统工业基地产业结构调整研究——以青岛四方区产业调整为例》，中小企业管理与科技（上旬刊），2010年第11期。

下大批工业生产设备与设施。传统工业区及所在区域在对腾退土地进行新的产业发展和建设规划时，往往立足“就地转型”原则，充分利用老厂房、老仓库及仓储用地，采用“以旧做旧，以旧换新”的方案对原有厂房及设备设施等进行改造和开发，着力培育能充分利用现有资源的创意设计、动漫游戏、工业设计等文化创意产业，打造若干个独具特色的创意工场和艺术区，实现向由工业经济向创意经济的转型升级。世界创意地产策源地——苏荷区曾是随着纽约步入工业化时代兴起的一个工业区。二战后，随着纽约制造业的衰退，许多工业企业开始纷纷搬出苏荷区，留下大量的企业仓库、厂房，以其空间大、租金便宜的优点吸引艺术家们纷纷租用，并把它们改造成艺术工作室、创意设计工场。这些厂房设施后来也变成了最具个性、最前卫、最受年轻人青睐的地方，苏荷也因此成为美国开放艺术的象征。国内的北京798、751艺术区等也都是按照这一模式与路径实现传统工业区向高端创意设计聚集区转型升级。

以北京798艺术区为例。北京798艺术区位于朝阳区，是在原有工业建筑闲置空间的基础上逐渐发展起来，以当代艺术为特色的艺术区。其由来是：为了配合城区规划改造和功能转型，北京798艺术区所在区域——北京七星华电科技集团有限责任公司实施了产业迁出战略，腾退出大量的闲置厂房。由于厂区具有有序的规划、便利的交通、风格独特的厂房设施等优势，大量艺术家工作室和艺术机构以租用的方式进驻，开始成规模地改造闲置厂房，打造成画廊、艺术工作室、文化公司、时尚店铺等，使这里逐渐成为集创意、设计、时尚于一体的多元文化空间。目前，北京798艺术区已成为中国文化艺术重要的展览、展示中心，成为国内外具有影响力的文化创意产业集聚区，汇集了文化文艺，文化旅游，广播、电视、电影，设计策划，文化休闲娱乐服务等近200多家文化创意企业和机构⑧。

图5　北京798艺术区所在区域改造前后对比

⑧　资料来源：聚集区5：北京798艺术区，http://finance.sina.com.cn/hy/20070808/17313863936.shtml。

二、总部经济：我国传统工业区转型升级的新思路

（一）我国传统工业区转型升级的紧迫性

改革开放30多年来，我国国民经济不断迈上新台阶，特别是工业经济快速发展，工业总体实力不断提高，新型工业化加速推进，在国民经济中的作用不断增强（图2–1），工业经济在结构调整中向着健康、快速、稳定的方向发展。2010年我国工业实现增加值16万亿元，规模以上工业增加值增长15.7%，对经济增长的贡献率达到49.3%[⑨]。

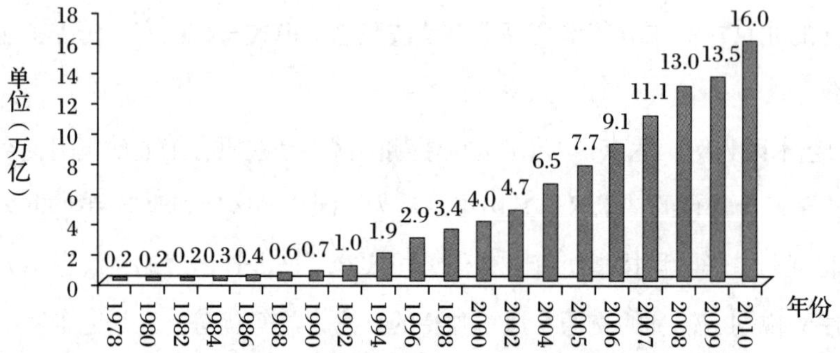

图2–1　1978–2010年我国工业增加值变化情况

数据来源：《中国统计年鉴2010》，2010年数据来自统计公报。

传统工业区曾在我国工业和社会发展过程中起到了举足轻重的作用。许多城市早期的一些国家和省市的重点工业项目基本都集中在传统工业区内，成为推动城市经济发展的重要力量。例如，东北老工业基地是建国初期国家为实现工业化和建立完整的工业体系，集中全国的人力、物力、财力投入东北地区形成的以重工业为主要特色的产业基地。从“一五”时期到20世纪90年代，东北老工业基地为我国的经济建设做出了巨大贡献[⑩]（表2–1）。“一五”、“二五”时期，全国156个重点建设项目中就有58项安排在东北地区。东北老工业基地不仅为我国建设独立完整的工业体系积累了经验，也为国家改革开放和现代化建设做出了巨大的贡献。

然而改革开放以后，随着市场化进程的加快，经济发展和产业结构的不断调整，传统工业区由于资源能源的限制，产业技术相对落后，面临着主导产业日益衰落，经济效益逐渐下滑，生态环境遭到破坏，发展后劲不足等一系列困难。传统工业区原有的发展方式与区域经济可持续发展和空间布局调整的要求不相适应，难以及时有效的应对国内外经济形势的新变化，原有的区域优势正在逐步弱化，

⑨　工业增加值数据来自中华人民共和国国家统计局《中华人民共和国2010年国民经济和社会发展统计公报》，2011年2月28日。
⑩　杨文利，东北老工业基地对新中国的历史贡献，《经济研究参考》，2005年第91期。

表2-1　东北三省1978年、1998年工业总产值在全国所占比重变化情况

东北地区	占全国比重		在全国位次	
	1978年	1998年	1978年	1998年
辽 宁	8.86	5.61	第2位	第5位
吉 林	2.65	1.43	第15位	第18位
黑龙江	4.99	2.26	第7位	第14位

资料来源：《中国工业发展报告》，经济管理出版社2000年出版。

不仅削弱了区域整体竞争力，而且拖累甚至阻碍了区域经济可持续发展。

在全球化背景下，我国产业结构调整步伐不断加快，城市发展转型日益受到关注，许多传统工业区都在积极探索转型升级的路径，有的甚至经历了不止一次的转型，其中不乏成功的案例。例如，上海宝山区积极探寻传统工业区转型升级的新路径，先后采取了关停高能耗、高污染、高危险的企业，改造老厂房引入总部企业，依托宝钢集团的品牌优势，积极延伸产业链条，发展钢铁服务业等多种方式，调整经济结构，实现了传统工业区从钢铁产业“突围”，向绿色经济的成功转型。再如，沈阳铁西区，通过政府主导并组织实施“东搬西建”工程，腾迁土地8.6平方公里，盘活存量500亿元，突破了改革改造的资金瓶颈。工业企业的全面搬迁改造，打破了“工一色”的产业格局和“南宅北厂”的空间阻隔，实行“壮二活三”强区战略使传统老工业基地走上绿色发展之路。目前，我国总体上正处于工业化中期向后期过渡的阶段，2010年我国人均GDP已经达到4283美元（IMF，2011）[⑪]。在日趋强化的人口与资源环境约束下，面对提高自主创新能力、促进产业结构调整和区域协调发展等经济发展要求，只有加快调整经济结构、转变经济发展方式，才能提高经济可持续发展能力。当前及未来一段时间，我国将有更多的传统工业区进入到加快转型升级的阶段。不同类型的传统工业区因其所处发展阶段、产业基础和承担功能等不同，面临的转型任务和要求也有所差异，需要结合各自实际情况探索不同的转型模式和路径。

整体上看，我国传统工业区在实施新一轮转型升级的过程中，还面临着一系列挑战和问题。一是传统工业企业逐步外迁后，区域产业出现空心化，新兴替代产业培育难度大。在快速城市化过程中，很多城市为改善发展环境开始着手调整工业布局（表2-2），邻近城市中心区或近郊区的传统工业区大型工业企业正加速搬迁并成为趋势，深圳宝安区仅2007年就淘汰了高污染、高能耗等不良企业1260家。传统工业区不可避免地面临传统工业退出后产生的产业“空心化”压力，致使区域经济增长乏力。例如，重庆大渡口区，因重钢的整体搬迁减少了区内近一半的工业产值和三分之一的财政收入。新兴产业培育难度本身就大，加之传统工业区内自主创新能力较弱，高层次技术人员缺乏，人才结构

⑪　一般来说人均GDP达到1000美元即为工业化初期阶段，人均3000美元为工业化中期，人均5000美元为工业化后期。

不合理，主导产业以外的其他资源和配套设施相对不足，这些都制约着新兴产业发展，短期内新兴替代产业很难成为新的经济增长点。二是伴随传统工业区产业转型，区域发展面临诸多问题。传统工业区转型涉及社会、经济、环境、文化等诸多方面，在转型升级过程中不仅要解决城市景观败落、服务设施匮乏、生态环境恶化等环境建设问题，还要面对失业人员增加、社会矛盾加剧等社会民生问题，同时也要考虑工业厂房利用、地方特色保护等文化资源问题，而在搬迁、新建过程中政府与企业的协调合作仍存在一些体制或机制障碍等（图2–3）。

表2–2　我国部分城市对工业布局调整的要求

城市	工业布局要求
北京市	“十五”时期，四环路内工业企业生产部分基本实施搬迁改造，加大城区工业企业搬迁。
上海市	从八十年代中期开始，上海工业布局调整加快，由市中心区向城市郊区扩散。
西安市	“十一五”期间，中心城区内工业企业将逐步外迁，城墙内将不再有工业生产企业。中心市区将禁止布局高能耗、重污染、大运量、占地多的工业企业等。
南京市	加快主城区工业布局调整。2005年起，用3年左右时间，主城区保留部分符合城市总体规划的工业用地，发展都市型工业及总部经济，其他工业企业一律向开发区、工业集中区转移。
青岛市	2008年将编制市区老企业搬迁改造总体方案，启动企业搬迁改造计划，其中市内四区和崂山区原则上不再布局一般性工业项目。
南宁市	从2004年起，用三年左右的时间，基本完成污染环境、生产经营效益差、厂房设备陈旧、形象差的一批工业企业的结构调整和搬迁改造，实现南宁市中心城区工业发展布局调整优化的近期目标。
常州市	2005年以后，中心城区除工业集中区以外一律不再新建工业项目。
武汉市	到2010年，武汉7个中心城区的工业企业搬迁将基本完成，总数达到7000多家。

资料来源：各地相关工业发展规划、经济发展规划及政府网站。

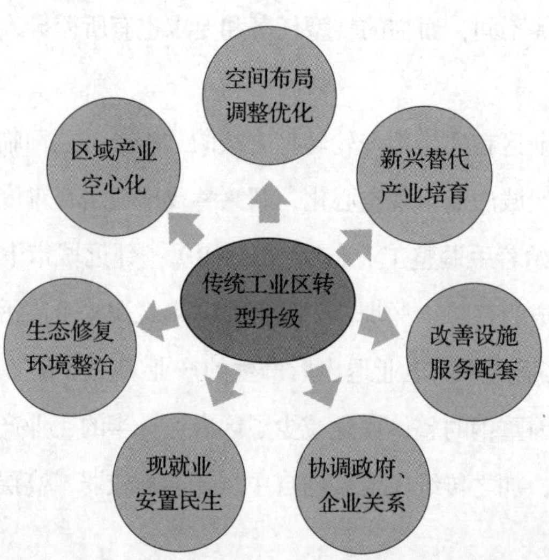

图2–3　传统工业区转型升级过程中应注意的问题

综上所述，在城市化和工业化不断深化的新阶段，全面推进传统工业区的转型升级并处理好转型升级中遇到的相关问题，对于促进我国产业结构调整升级，优化区域空间布局，推动区域经济转型和功能提升具有重要的现实意义。“十二五”及今后较长一段时期内，必须充分认识加快推动我国传统工业区转型升级的迫切性，认真研究解决传统工业区转型升级过程中产生的一系列经济和社会问题，积极探索不同类型、不同阶段的传统工业区转型升级的新路径和新模式，实现传统工业区全面协调可持续发展。

（二）总部经济为传统工业区转型升级提供新思路

总部经济是网络信息技术快速发展背景下，区域资源与企业价值链通过最优空间耦合而形成的一种新的经济形态，符合国际经济发展的新趋势和新潮流，具有高端资源集聚、知识含量密集、关联带动效应明显、对区域发展影响力和辐射力强劲等显著特征。总部经济不仅有利于大型企业通过“总部–制造基地”的分离布局实现不同区域优势资源在同一企业的优化配置，促进企业发展壮大；而且有助于加快区域产业结构优化升级和经济发展方式转变，促进区域经济转型和功能提升。发展总部经济，是一个城市和地区探索转型升级的一种新思路和新模式，特别是对于地处城市中心区或近郊区的以加工制造为主的传统工业区来说，以总部经济模式促进区域转型升级更具适应性和可行性。

在城市化进程加快、城市功能布局重新调整的背景下，传统工业区特别是地处发达地区的以加工制造为主的传统工业区，面临着劳动力、土地、资源等因素制约，转型发展要求强烈，迫切需要一种新的发展模式，推动区域产业转型升级。在这些传统工业区内，大型传统企业通过更新生产技术、提高生产效率等方式，市场竞争力有所增强。但是由于地处中心区域，企业生产成本大幅上升，亟须通过向低成本区域搬迁，再造成本竞争优势。但是，企业如果实行整体搬迁，又面临着高端人才流失等问题，而迁出地也面临着发展哪些替代产业、如何发展等诸多难题。

对于这类传统工业区来说，按照总部经济模式推动企业“总部–生产基地”空间分离，即将工业企业的低端、低附加值、高能耗、高污染的制造环节转移到其他区域，留下并聚集一批企业总部和研发、营销等高端、高附加值环节，不仅能够促进传统工业区大型工业企业实现成功转型和竞争力提升，而且能够推动整个区域产业结构优化调整，实现由一般的加工制造功能向高端综合性服务功能拓展，进而促进区域由传统工业区向现代化新区转型升级。

首先，总部经济符合传统工业区大型企业转型发展的需求。传统工业区一般以一个或几个大型制造企业为主，在空间上采取总部和生产基地集中布局的方式。这种靠近市场布局生产基地的方式在一定时期使得企业产品能快速进入市场，有利于企业壮大规模。但是随着现代交通网络的不断完善和土地、劳动力等成本的倒逼，“总部—生产基地”集中布局的方式显现了人均产值低、单位面积效益低、企业运营成本过高等弊端，反过来制约了企业的发展。总部经济是一种新的企业组织模式，能够有效整合优化企业价值链，降低企业发展成本，提升产品品牌价值和影响力，为企业壮大规模、提升竞争力提供了一条行之有效的途径。

其次，总部经济符合传统工业区产业结构升级、经济发展方式转变的需求。一方面，发展总部经济跳出了过去单纯从产业发展条件角度进行产业选择的思路和模式，通过保留和吸引制造企业的总部、研发、营销等功能环节，有效解决传统工业区制造业"空心化"问题，探索出传统工业区制造业转型的新路径，并能促进制造业向高端环节拓展升级；另一方面，企业总部的战略决策、科技研发、投资管理、营销等各项高端经济活动的运行，为金融、会展、中介、信息、法律、咨询等生产性服务业提供了广阔空间，从而进一步优化服务业内部结构，提升服务业整体发展水平和层次。借助发展总部经济，推进现代服务业和先进制造业发展，已成为很多地区的重要战略选择和新的经济增长引擎。以芝加哥为例，20世纪五六十年代，芝加哥在钢铁等工业面临衰退危机时，积极引入跨国企业总部，如摩托罗拉、波音、美联航等企业都把总部设在芝加哥；同时围绕总部大力发展金融、会计、法律、咨询等服务行业。目前，芝加哥在教育、物流、金融商务、环保等领域在全美名列前茅。而过去作为支柱的制造业，现在只占经济总量的13%左右。

再次，总部经济符合传统工业区功能转型、品质提升的需求。以总部经济模式推动传统工业区产业转型和经济结构调整，一方面能够促进上下游企业总部等高端资源要素和人才、信息等战略资源要素的聚集，推动传统工业区由以生产功能为主向高端服务功能转型；另一方面能够促进传统工业区以企业提供社会服务配套为主向围绕总部发展需求的居住、教育、医疗等高端公共服务功能转型。大力发展总部经济，在增强传统工业区服务能力的同时，也能推动交通市政、环境保护等不断优化，提升区域服务品牌和现代化形象，提高区域知名度和美誉度，增强区域综合竞争力。

实践发展中，我国已有一些传统工业区在探索转型升级的过程中，开始尝试以总部经济这一新模式促转型谋发展。如成都成华区加快推进龙潭总部经济城建设，上海宝山区打造钢铁总部基地，沈阳铁西区拟建国家级生产性服务业总部基地，等等。对于我国那些面临转型升级需求的传统工业区来说，应积极借鉴国内外地区以总部经济模式实现转型升级经的验，立足自身所处发展阶段和面临的实际情况，结合总部经济发展条件和特征，探索出一条符合传统工业区可持续发展要求的转型升级路径。

三、总部经济推动传统工业区转型升级的作用与路径

（一）以总部经济模式促进传统工业区大型企业转型发展

与一般区域发展相比，我国大部分传统工业区尤其是大城市传统工业区在其形成过程中一个较明显的特点就是以一个或几个大型企业作为产业发展和经济增长的支撑。因此，在对传统工业区转型路径进行研究时，大型企业作为发展主体，如何以总部经济模式促进其转型升级是一个值得关注的问题，也是破解传统工业区转型发展难题的关键。

随着城市经济的快速发展，城市规模不断扩大，土地资源日益稀缺，劳动力价格不断提高，对环境保护也提出越来越高的要求。在这一背景下，布局在大城市特别是中心城区传统工业区内的企业面临转型升级的要求和任务，而且也经历了一个较长时期的转型探索。总结近年来我国传统工业区大型

企业的转型模式，大都采取整体搬迁、兼并重组、停产转业等形式，虽然取得了一定的成效，但也有转型不理想或不成功的案例。尤其是采取整体外迁的企业，迁到中小城市或生产成本相对较低的地区后，面临严重的高端人才流失、营销体系断裂、创新技术成果难以获取等问题，导致企业出现"水土不服"、发展萎缩乃至倒闭。新时期，面临新的发展任务和要求，积极探索传统工业区大型企业转型发展的路径显得更加迫切，更加重要。

总部经济是企业内部价值链基于区域比较优势在不同区域进行空间布局优化的一种经济表现形态。按照"总部—制造基地"模式分离布局，不仅是企业实现可持续发展的有效途径，也是企业在更高平台上实现跨行业、跨区域甚至跨国经营的战略需要。具体来说，企业外迁制造基地，总部留在大城市传统工业区，将在价值链高端环节拓展、自主创新能力提升、不同区域优势资源优化配置等方面，推动企业转型升级和区域整体功能提升。目前，这一模式在我国北京、上海、广州等城市的大型钢铁、冶金等制造企业转型中应用较为普遍，也是传统工业区改造振兴的一种有效途径。

1. 通过不同区域优势资源在企业内部集中配置，降低企业发展成本，实现效益最大化

从企业价值链理论看，企业在生产产品、创造价值所处的环节不同，所需要的资源也不相同。在制造业企业内部价值链中，产品创新、市场营销和售后服务等两端环节依赖的是知识、技术等智力资本，而产品加工制造则更多地依赖普通劳动力、土地等自然资源。随着城市经济快速发展及城市化进程加快，支撑企业发展的资源要素禀赋等区域优势逐渐弱化甚至消失，如土地、劳动力、原材料、运输等。如何实现不同区域比较优势资源在企业内部的最优化配置，对大城市传统工业区企业来说尤为重要，也是促进其转型发展实现跨越式增长的关键。总部经济模式下，企业按照收益最大化的原则，把总部继续保留在发达的大城市或中心城市，将制造加工基地转移至具有区域资源比较优势的中小城市或欠发达地区，不仅能够最大限度利用大城市服务业发达、智力资源密集的优势，而且还可以最大限度利用生产基地的土地、能源等常规资源优势，降低企业资源配置综合成本，提高企业经济效益和经营利润。例如，联合利华2002年将其在上海的生产基地整体搬迁到合肥经济技术开发区后，大大提高了企业的经济效益。一是把日化产品生产基地布局在生产成本相对较低的合肥，从运输、劳动力、原材料等方面使企业综合成本下降了30%左右。二是通过关联产品生产，拓展企业经营领域，壮大整体规模。上海工厂搬迁至合肥后，联合利华由之前的仅生产洗衣粉和委托加工部分香皂，向各类家庭和个人健康护理用品延伸，形成了较强的综合生产能力。截至2008年年底，联合利华合肥工业园累计总产值达到200亿元，已成为联合利华全球四大生产基地之一[12]。三是通过工业园建设，将原来分布在上海、合肥等地的数家工厂进行了有效整合，解决了生产经营分散造成的管理效率低下的问题，进一步优化了联合利华的组织架构。

2. 促进大型企业延伸整合产业价值链并向综合型企业集团转型

随着经济全球化、一体化的深入，跨国公司及大型企业集团通过规模化、综合化发展在全球产业

[12] 资料来源：卢曦. 联合利华在合肥再度圈地扩张. 每日经济新闻.2010年1月19日。

分工和经济体系中占据主导地位已经成为一种趋势。也就是说，企业竞争力已不仅仅体现在单一产业领域内的某一个环节或某几个功能环节，而是以核心功能为基础，对整个价值链的控制力甚至是跨行业、跨领域的综合发展实力。从我国传统工业区的大型企业发展实际看，未来转型发展可以依托原有基础，借助所在中心城市的人才、技术优势，进一步强化研发、营销等高端环节，拓展涉及企业价值链和产业链的宽度和深度，从而形成制造与服务融合发展的综合型企业集团。

总部经济模式下，企业将价值链上游的研发、原材料采购、设计，以及下游的品牌经营、销售、结算、物流等相关功能环节单独剥离出来，成立独立的总部职能部门。一方面，能够实现向价值链两端高附加值环节拓展升级，将更多的功能环节在企业内部集中布局，通过价值链管理战略，整合企业内外部资源，提高整体竞争力。另一方面，随着采购、营销、物流等职能部门的发展壮大，除担负企业内部的生产活动外，还将对外承接相应的业务功能，发展成为具有独立结算和盈利能力的销售公司、物流企业、科技公司等，推动企业规模化、集团化发展。

以雅戈尔为例。雅戈尔在转型发展中通过转移制造基地、设立研发、采购、销售等专业部门和公司等方式，实现了由加工制造企业向国内大型企业集团的转型。雅戈尔按照“总部—制造基地”分离模式进行生产布局调整，将生产基地向全国梯度转移，并成立了打样、设计、品牌、物流等独立的职能部门。在国内外经济发展和行业发展趋势的综合要求下，雅戈尔近年来也逐渐开始实行产业链拓展及优化整合战略，将各职能环节部门升级为独立的分支机构或分公司，走上规模化发展、集团化运营的发展道路。2002年，公司斥资1亿美元建设纺织城；2004年，成立了高端毛纺织染整生产公司；2005年在新疆设立了新疆雅戈尔棉纺织有限公司。此外，雅戈尔还拥有专业销售公司，形成了中国最大的服装营销网络。其中，自营专卖店近600家，特许经营专卖店近700家，而与大型商场联袂的销售终端达1100多家。目前，雅戈尔拥有一条从棉花到零售的覆盖服装业全程的垂直产业链，并围绕各功能环节发展壮大了一批专业公司和分支机构。

企业在实施制造基地外迁，做大做强主导产业的基础上，还能积极进行企业资源盘活和发展理念转变，大力发展关联性产业及其他行业领域，逐步向综合型企业集团转型。首先，为充分利用制造基地外迁腾退出的空间资源，企业在发展留下的管理、研发、营销等价值链高端环节的同时，围绕原有产业链，发展文化创意、会议会展等生产性服务业，实现由加工制造企业向综合型企业转型。如首钢集团搬迁调整后，按照既能充分保留有价值的首钢工业遗迹，又能促进新产业培育的原则，在原厂区重点发展工业文化旅游、创意设计、文化演艺等文化创意产业。其次，具有一定条件和实力的大型企业，围绕多元化、大型化企业集团的转型目标，逐步向现代物流、房地产、现代商贸等产业领域跨越，形成覆盖领域广、行业跨度宽的企业经营体系。开滦集团在以“总部-制造基地”分离模式将总部留在唐山，把煤炭基地进行全国布局的基础上，依托自身资源和产业优势，积极发展现代物流、文化旅游和房地产等产业，实现向综合型企业集团的跨越发展。如利用业主码头、自营铁路等条件，大力发展物流业，形成了基于供应链管理，以信息技术为支撑的现代物流发展体系；依托典型性、稀有性矿山遗迹，把文化旅游产业也作为接续产业之一，总投资29.06亿元建设中国近代煤炭工业博览园，成为开滦集团转型发展的一大亮点[13]。

3. 通过对外迁生产制造基地的技术改造升级，提升企业创新能力与整体发展能级

加强技术改造升级，是企业提高产品质量、扩大产能和节能减排的有效途径。在我国加快经济发展方式转变的要求下，不断加大企业技术改造投入力度，提升企业自主创新水平，是引导企业走内涵式发展道路，推动工业经济转型升级的重要选择。我国传统工业区内的企业尤其是大型企业多以重化工业、机械制造、纺织等加工制造为主，能源消耗高、生产设备落后、技术水平低等问题逐渐成为制约企业及所在区域发展的瓶颈。然而，无论从企业自身还是其所在区域的实际发展看，在原址进行制造环节的技术升级和改造提升都存在较大的困难和挑战。总部经济模式为企业制造基地外迁提供了一种新的思路和方法，同时也为企业技术改造升级的实现创造了条件。外迁制造基地的企业一般具有较强的规模与实力，其在建设新的制造基地及实施加工生产的过程中，从提升自身发展能级和保证迁入地长远发展的角度，往往采用先进适用的新技术、新设备、新工艺、新材料，改进产品质量，改善工艺流程、实现节能减排和经济效益提高，推动企业向绿色化、高端化方向发展。

以首钢打造“高端、绿色”生产基地为例。2005年，随着国务院对首钢搬迁调整方案的批复，首钢集团在北京石景山区近90年钢铁生产进入一个新的发展阶段。在搬迁调整方案的指导下，首钢按照“总部–制造基地”布局模式，选择将总部留在位于石景山的首钢工业区，将涉钢生产迁移河北曹妃甸工业区。为实现首钢搬迁调整和曹妃甸工业区的协调可持续发展，首钢在曹妃甸生产基地建设项目中，遵循循环经济、绿色经济、低碳经济的发展理念，加强对生产制造基地的技术改造升级，实现了向国际现代化钢铁生产集团的成功转型，为我国钢铁工业结构调整和传统钢铁工业区改造提升探索出了新的路径。

一是工艺设备改造升级。为了将首钢新的制造基地建设成为面向21世纪的国际化先进钢铁企业，在其搬迁过程中淘汰了至少90%的设备，新钢厂的整套生产设备都是目前国际上最先进的配置。如两座5500立方米的高炉、三座300吨的转炉以及一台2230毫米的冷连轧轧机，均为目前国内最高水平，在世界上也处于领先地位[14]。

二是运用循环经济理念推动企业绿色升级。首钢曹妃甸钢铁生产基地是精品钢项目循环经济产业链的龙头和示范企业。在搬迁改造过程中，完全摒弃了原有能耗高、污染大的粗放型钢铁生产模式。按照循环经济理念和要求，在项目建设和生产过程中体现节水、节地、节能的要求，力争高效低耗，环境友好。不仅解决了传统钢铁工业生产所产生的废渣、废气、废水对环境的污染，而且大大提高了资源的利用率，降低了生产成本。例如，建成后的钢厂消耗水资源是目前全国平均消耗水平的1/3，能源消耗也比现有平均水平下降30%，而且排出的废弃物还可以得到进一步利用。

---

⑬ 资料来源：李子明、王立新、董泽民：做全国资源型企业转型的典范，人民日报（北京），2010年11月26日。

⑭ 资料来源：唐铮，首钢冷轧薄板项目奠基，搬迁迈出实质性首步，北京日报，2005年7月4日。

三是采用高新技术和先进适用技术改造提升钢铁生产。首钢曹妃甸生产基地实施的循环经济不同于一般的设备技术改造，而是对整个产业链条的全新设计与创新，融入了大量的高端技术成果，实现了调整搬迁后钢铁冶炼生产能力的提升。在曹妃甸生产基地一期建设中，就采用了220项先进技术，其中1/3是自主创新，1/3是集成创新，1/3是引进世界上最先进的技术[15]。而且，从烧结、球团、炼铁、炼钢、连铸、热轧到冷轧等每一道生产环节都应用了新技术。

通过对搬迁改造过程中制造基地建设及生产环节的技术改造升级，首钢集团实现了利润大幅度增长，钢产量达到了历史最高水平，综合实力明显增强。目前，首钢在河北曹妃甸基地的精品钢产量达到了970万吨[16]，创造了我国钢铁业建设发展的高起点、高水平、高速度，实现了向世界一流钢铁企业转型的历史性转变。

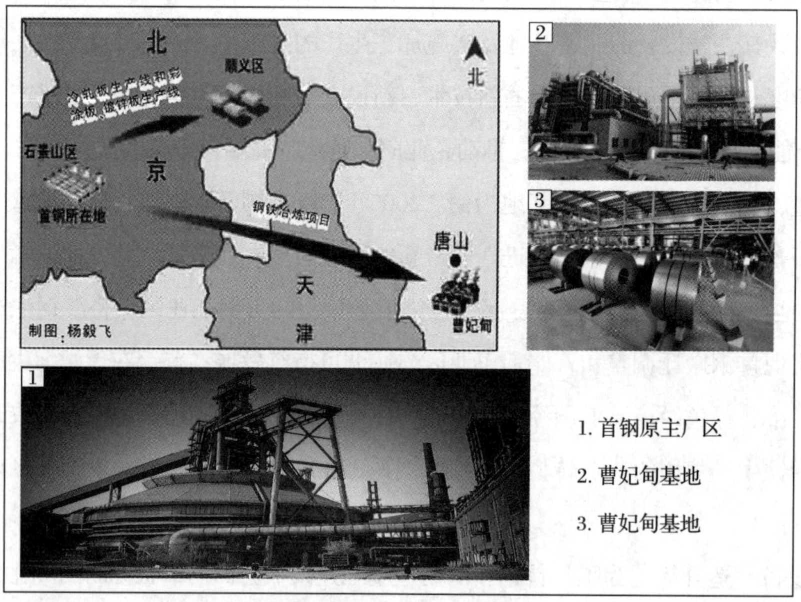

图3-1　首钢以总部经济模式实现生产制造基地技术改造升级

（二）依托大型企业品牌优势聚集相关产业集群发展

我国的传统工业区一般以一家或几家大型工业企业为主导。大型企业不仅是工业区经济发展的重要支撑，而且也形成了较强的品牌影响力。以总部经济促进传统工业区转型升级的过程中，在搬迁大型工业企业生产基地的同时，将总部和研发等高端环节留下，能够充分依托大型工业企业的品牌优势及其在所属行业的影响力，促进其产业链上下游相关产业的企业总部和机构聚集，形成围绕区域传统优势工业的新兴高端产业集群，进而推动传统工业区由制造业为主向总部经济和现代服务业转型，实现产业结构优化升级。

---

⑮　资料来源：曹妃甸蓝色渤海湾的绿色畅想。http://www.chinareports.org.cn/Article/GNSH/201006/26315.html
⑯　资料来源：首钢北京石景山厂区停产，90年历史钢城光荣退役。http://www.cnr.cn/newscenter/xwtz/201101/t20110114_507584786.html

1. 依托大型工业企业总部促进产业链上下游企业总部或相关机构聚集

大型企业集团总部一般承担着战略规划、投资决策、资本运营、人力资源、技术研发、销售管理、原料采购等重要职能，占据企业价值链高端环节。传统工业区采取总部经济模式促转型时，应以区内大型工业企业总部为核心，充分发挥其品牌优势和行业领先地位，聚集产业上游的原材料供应、零配件、基础加工等企业总部，下游的应用企业和分销企业总部，以及研发、物流、贸易等相关企业和中介机构，特别是聚集更多产业链上下游各类具有竞争与合作关系的企业，使传统工业区成为企业决策、营销、研发等高端部门的聚集区，促进产业链延伸到基础产业环节、技术研发环节及市场拓展环节。这样，传统工业区就能通过聚集不同产业、不同环节的关联总部企业及产业链条上的相关企业，形成各类企业在产业链上不同环节对附加值的追求，不断延伸、拓展、完善区域优势产业链条，推动产业链上下游联动发展。

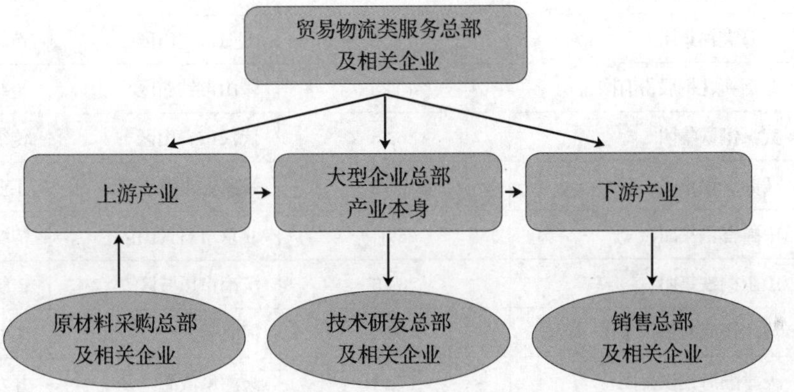

图3-2　以大型企业总部为核心聚集产业链上下游企业总部及相关企业原理图

以钢铁工业为例。我国的大型钢铁企业总部大多位于传统工业区或工业发展较好的地区（表3-1）。钢铁工业是国民经济的基础产业，一般也是传统工业区的支柱产业。钢铁工业的上游产业主要涉及铁矿石、煤炭、电力、石油等原材料以及大量的机电设备；下游则与建筑业、轻工家电、机械工业、汽车制造业、交通、能源、石油化工等各种行业存在着密切联系（图3-3）。在总部经济模式下，传统工业区可围绕炼铁、炼钢、铸钢、轧钢和加工等环节，依托现有大型钢铁企业总部，吸引科技创新等相关研发机构，聚集产业链上游原材料采购类企业总部和相关机构，产业链下游市场的深加工类、冶金类企业总部和销售类企业总部，以及覆盖整个产业链的交通运输物流类企业总部和中介组织。通过集聚各种生产要素并进行空间范围的整合，有效促进区域产业功能划分和资源优化配置。例如，上海宝山区以大型企业宝钢总部为核心，吸引集聚了一批产业链上下游企业总部和相关机构，成为推动宝山区转型升级的重要力量。据统计，宝山区拥有覆盖整个钢铁产业链的各类钢铁服务企业约

2500家，占上海钢铁服务企业总数的四成左右。宝山区上海国际钢铁服务业中心就集聚了300多家钢铁关联企业总部和机构，包括钢厂、研究院等钢铁生产、研发企业总部，与钢铁冶金延伸业相关的钢铁配套企业，以及中铁物资、舜业集团等流通企业。这些位于产业链上下游的企业总部正在成为宝山区新的经济增长点，预计2011年将产生超过1000亿元销售额，提供2万个以上就业机会。在以大型企业总部为核心吸引产业链上相关企业总部，带动上下游产业发展的同时，还能够加深传统工业区各产业的内部分工及专业化程度。上下游企业分工明确，产品专业化程度高，有利于优化组合生产要素，促进产业结构调整。

表3-1　中国2010年粗钢产量前十名企业概况

（单位：百万吨）

排名	公司名称	产量	总部所在地	区域类型
1	河北钢铁集团	52.86	石家庄市桥西区	传统工业区
2	上海宝钢集团	44.50	上海市宝山区	传统工业区
3	鞍钢新轧钢股份有限公司	40.28	鞍山市铁西区	传统工业区
4	武汉钢铁集团	36.55	武汉市青山区	传统工业区
5	江苏沙钢集团	30.12	张家界市锦丰镇	工业强镇
6	中国首钢集团	25.84	北京市石景山区	传统工业区
7	山东钢铁集团	23.15	济南市历城区[17]	传统工业区
8	河北新武安钢铁集团	18.59	河北省武安市	工业强市
9	天津渤海钢铁集团	17.44	天津市滨海新区	开发区
10	马鞍山钢铁（集团）控股			
有限公司	15.40	马鞍山市雨山区	工业强区	

资料来源：工信部及各钢铁企业网站。

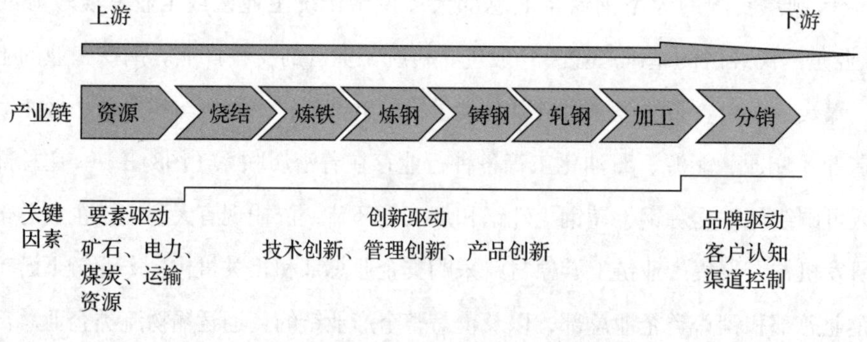

图3-3　钢铁行业产业链结构图

⑰　山东钢铁集团由山东省国资委以其所拥有的济南钢铁集团总公司、莱芜钢铁集团有限公司组建成立，按照重组方案，两个股份公司分别属于两个集团，法人主体地位不变。表中所列为济南钢铁集团总公司总部所在地。

2. 围绕企业总部带动生产性服务业发展，助推传统工业区由制造业为主向服务业为主转型

制造业与服务业融合发展是现代产业演进的客观规律，目前已成为全球经济发展的趋势。主要表现为第三产业向第二产业的渗透，特别是与生产过程相关的现代服务业直接作用于第二产业的生产流程。纵观制造业发展史，世界发达国家的企业大都经历了从纯粹的产品生产向服务业务模式转型的长期演化历程，单纯的制造业企业大幅减少，服务业务的比重不断增加（图3-4）。现代服务业和制造业越来越紧密地相互融合，使经济活动中服务业比重逐步上升，附加价值提高，加工制造环节的附加价值比重不断下降。我国工业化进程的不断加快为生产性服务业发展提供了广阔空间。当前，许多工业园区和科技园区都把制造业升级和生产性服务业作为主要发展方向。例如，苏州工业园区通过聚集大中型企业总部、跨国公司研发总部和科研院所等，形成了以先进制造业为支柱、现代服务业为支撑的现代产业体系。

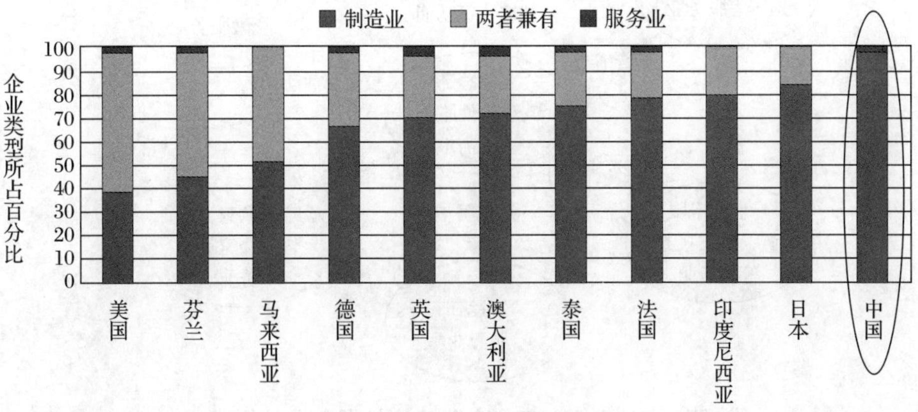

图3-4 各国制造业企业的业务重点

资料来源：IBM商业价值研究院

一般来说，制造业企业总部对现代服务业的需求领域更广、层次更高，特别是与各类生产性服务机构的联系更为紧密。对于以加工制造型企业为主导的传统工业区来说，采用总部与制造基地分离布局的模式，不仅能够促进制造业向由一般加工制造环节向总部、研发和设计等价值链高端环节拓展，更重要的是能够通过制造业企业总部带动相关服务业发展，促进制造业与现代服务业的紧密融合。

一批制造业企业总部的聚集发展，能够产生强劲的生产性服务业和生活性服务业需求。伴随企业总部而来的除了酒店、餐饮、休闲、娱乐、居住和教育、医疗等一般性服务业外，更多的是金融保险、法律咨询、会计评估、国际商务、会议展览、信息服务和专业培训等知识型服务业（图3-5）。研究表明，一个大型制造企业总部，一般能带动几个甚至几十个与其有紧密业务关联的知识型服务企业或机构发展。企业总部聚集度越高的区域，生产性服务业的发展规模越大、质量越高。例如，北京丰台科技园依托建龙钢铁、德龙钢铁、旭阳控股为代表的地方进京企业总部，吸引了金融服务、文化

创意、会计法律等生产性服务机构集聚，形成了较完善的现代服务业产业集群。

对于传统工业区来说，采取总部经济模式，通过聚集一批大型企业总部，带动并促进各种生产性服务业发展，不仅能够实现制造业和生产性服务业融合互动发展，而且能够提高整个区域现代服务业经济总量，促进高端知识型服务业加速发展，进而优化区域服务业内部结构，提升现代服务业整体发展水平和层次。沈阳市铁西区曾是以大烟囱为标志的传统工业聚集区，如今依托沈阳机床等装备制造业企业总部的品牌优势，吸引了众多工业设计、检验检测和现代物流等生产性服务企业和机构集聚，昔日的"亏损一条街"⑱如今仅银行、保险、证券、咨询等新兴服务企业就发展到159个。

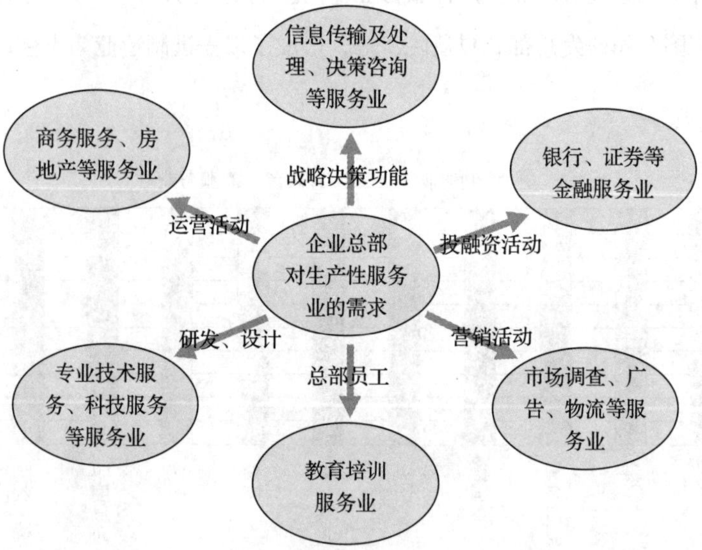

图3-5　企业总部对各类生产性服务业的需求

（三）以总部经济模式促进区域由粗放式向集约化发展转型

1. 传统工业区亟待由粗放式向集约化发展转型

长期以来，传统工业区承担着为国家提供原材料产品及初级加工品的功能，其主要经济特征是依靠增加投资、厂房、劳动力等生产要素投入来扩大生产规模，以粗放式经济增长方式为主。但随着区域内能源、资源和环境压力的不断增大，以及土地、劳动力等成本优势的逐步弱化，传统工业区原有的竞争优势逐渐减弱，粗放式经济发展方式越来越难以为继，迫切需要向依靠科技创新、管理创新和人才素质提高等为特征的集约化发展方式转型。

首先，全球性能源短缺和国际能源价格的不断攀升，使严重依赖制造业经济的传统工业区面临巨大挑战。目前，我国整体处于工业化中期向后期发展的转型阶段，不少地区特别是传统工业区制造业生产技术仍较为落后，能源消耗巨大，利用率较低，环境污染严重。美国经济咨询机构IHS环球透视（IHS Global Insight）2011年3月发布的报告显示，我国工业产值已经超越美国，成为世界第一商品生

⑱　主要是指铁西区的北一路和北二路。

产国。但是与美国等发达国家相比，我国工业能耗巨大，生产率相对较低。据统计，我国能源利用率仅为32%（发达国家为42%），工业污染排放量是发达国家的10倍；制造业投入与产出的资源利用率相差近10倍；我国的产品增值率为30%，而美国、德国和日本分别为48%、47%和41%。在面临全球能源短缺、价格上涨及环境压力等一系列挑战下，我国传统工业区亟须调整能源使用结构，发展资源消耗低、环境污染小的新兴产业，促进区域向低碳化、绿色化方向转型发展。

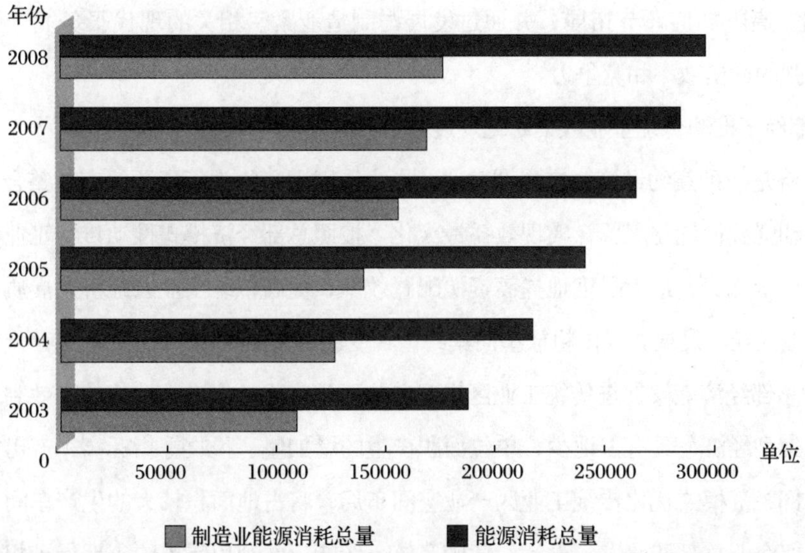

图3-5　2003-2008我国制造业能源消耗总量占全国能源消耗总量的比重

其次，土地资源的稀缺性导致地价上涨，日益成为制约传统工业区发展的重要因素。发达国家和地区的发展经验表明，随着工业化和城市化的加快，土地的增值效应将越来越显著。如美国著名土地经济学家查理.T.伊利所言："地价昂贵的第一个后果是，使人们不得不高度集约利用土地"[19]。对于地处城市中心区或近郊区的传统工业区来说，随着企业生产规模的扩大和城市功能服务化发展，工业用地比重过大、土地利用效率低等问题也日益突出，迫切需要探索新的工业企业生产布局模式，加强对土地资源的合理配置，优化土地利用结构，提高土地产出效率，实现集约和高效利用。以杭州市为例。在城市规模不断扩大，而可供开发的市区土地日益稀缺的背景下，杭州市政府从2002年开始，在五大城区实施了通过搬迁工业企业腾退发展空间的土地资源整合措施。截止2010年11月底，共有141家企业列入搬迁计划，已有96家完成搬迁，占总数的68.1%。企业搬迁后，工业重心逐渐转移到郊区，市区则利用腾出的土地空间大力发展商业、金融、旅游、文化创意产业等第三产业，生产布局发生了明显改变，有力地推动了经济结构的转型优化和城区土地的集约利用。拱墅区等五大城区每平方公里

⑲　吴次芳，叶艳梅.土地科学导论.北京:中国建材工业出版社，1995.

单位面积产值从2003年的1.53亿元提高到2009年的3.82亿元，第三产业比重从2003年的53%提高到2009年的64%。

再次，传统工业区单一的产业结构已经不能充分满足城市发展的需要。传统工业区在粗放式发展模式下，区域产业结构以二产为主，功能过于单一。而且大部分制造企业生产方式往往是“大而全”，专业化程度不高，产业集中度低，规模效益差。因此，传统工业区要以资源优化配置和有效使用为原则，改变单一产业结构，促进企业间的分工合作，整合和拓展延伸产业链条，引导制造企业向产业链高端、高附加值环节拓展，并通过发展与制造业紧密相关的现代服务业，促进产业多元化发展，形成较强的产出效率和竞争力。

2. 总部经济推动传统工业区集约化发展

总部经济是一种集约经济，它强调对企业人力、财力、物力等资源的有效整合与利用，促进企业价值链延伸和资源最优化配置，实现效益最大化。按照总部经济模式推动传统工业区转型，能够最大限度地利用要素优势，最大限度地提高资源配置效率，提高传统工业区经济发展质量和效益水平，是推动传统工业区经济发展方式由粗放型向集约型转变的有效路径。

首先，总部经济能够促进传统工业区提高单位面积产出，促进土地集约高效利用。总部经济作为一种知识密集型经济，具有占地少，单位面积产生的增加值、税收等指标高，产出贡献大等集约经济特点。以总部经济模式优化传统工业区产业空间布局，将占地面积较大的生产车间、厂房等向其他地区搬迁，保留企业总部和研发、设计、营销等核心职能，并利用腾出的土地促进相关联产业的企业总部和决策、研发等价值链高端环节聚集，能够有效提高传统工业区土地资源的集约化利用，促进区域经济总量的增长和经济效益的提高。从国内外的发展实践看，大量企业总部和高端职能机构聚集的商务区，其单位面积的产出效率不仅高于一般性的工业园区，也高于一些高科技园区。以北京市为例，北京商务中心区（CBD）是全市跨国公司地区总部和外资金融总部的重要集聚地，最典型的总部经济聚集区之一。2009年，CBD每平方公里实现地区产值高达321.13亿元；实现税收约91.83亿元，相当于中关村科技园区平均单位面积税收的10倍，一般性工业园区平均水平的28倍。又如陆家嘴金融贸易区，是上海重要的金融中心区，拥有近300家知名国内外大集团、大企业，包括西门子、斯米克、阿尔卡特、汤臣、宝钢等。2009年陆家嘴金融贸易区单位面积实现的税收约是上海科技园区平均水平的16倍，是一般性工业园区平均水平的近20倍。

其次，总部经济能够促进传统工业区节约利用资源，实现绿色转型。传统工业区一般以制造业为主，高能耗、高污染、高排放的“三高”企业集中分布，区域向绿色化、低碳化转型困难。总部经济作为服务型经济，集中了企业价值链中研发、营销、资本运作等知识含量高、资源消耗少的功能环节，具备能耗低、污染小的特点。在“总部—制造基地”分离布局的模式下，制造企业将污染高、能耗大的制造环节外迁，将低污染、低排放的总部环节留下，对于实现传统工业区节能减排目标并朝着绿色化、低碳化方向发展，形成新的绿色经济增长点具有积极推动作用。同时，传统工业区的大型制

相结合，对民生建设全程督办，对已完成的大项目，组织检查验收，建立回访制度，形成了完善的考核督导体系，确保各项措施落实到位。

（三）建立从人民利益出发、为民谋福的政策措施

1. 建立坚强智慧的领导集体和高素质的干部队伍

地处滇中腹地的云南红塔区是人民音乐家聂耳的故乡。改革开放以来，在保持发展连续性的基础上，红塔区党委、政府制定和完善符合实际的战略目标、发展思路，推进调整转型。在经过充分调研和论证的基础上，审时度势，果断提出“把发展作为第一要务，把富民作为第一目标，把工业作为第一重点，把招商引资作为第一选择”，坚持走新型工业化、农业产业化、城镇现代化道路，实行区域经济、板块互动、统筹发展的新举措。同时，大力实施“产业强区、生态立区、三农兴区”发展战略。始终把解决“三农”问题作为全区工作的重中之重，并大力扶持民营经济发展，大力实施开放带动发展战略，大力提高对外开放的质量和水平。在区领导班子的带动下，各级干部心往一处想，劲往一处使，千方百计破难题，不遗余力抓落实，取得明显成效。

远在长江下游的新兴滨江工业港口城市、素有“江海门户”之称的江阴市，在市委市政府的领导下，坚持以民生为本、民富为纲、民享为先、民安为基、民强为重，建设“幸福江阴”，社会各项事业全面发展，曾先后获得国家首批生态市、国家园林城市、中国最佳经济活力魅力城市、中国全面小康十大示范县（市）等20多项全国性荣誉，实现全国县域经济基本竞争力排名“七连冠”。2008年，江阴被中央确定为全国改革开放30年18个典型地区之一，被中央调研组誉为“科学发展的先行者”。

参与“中国城市民生建设调查”的镇江、武进、东莞、南京鼓楼区等地，民生建设都取得了显著成效，这些地方一个共同的特点，就是当地政府在制定政策之后，能有一支具有执行力的干部队伍，认真贯彻落实针对民生建设的各项政策措施。实践表明，一个以为人民服务为宗旨的、团结奋进的领导集体和一支高素质的干部队伍，是党的各项方针政策得以贯彻落实的最有力保证。

2. 民生建设必须以科学决策为抓手

民生建设关系人民福祉，各地方在制定相关政策时应始终把维护群众利益贯穿决策过程的始终，自觉做到违背群众意愿的不决策、损害群众利益的不决策，尽力避免因决策失误损害群众利益。坚持民主决策、坚持规范决策，坚持科学决策。

我国还存在着区域发展的不平衡，各项决策必须要结合本地实际，经过认真调查研究后再形成决策预案，在广泛征求意见后的基础上集体讨论决策，也要力求避免因操之过急造成决策失误。民生建设同样如此，绝不能为了“面子”而摆花架子，搞“政绩工程”，既劳民伤财，又有损政府形象，同时还易滋生腐败。要真正为民办实事，踏踏实实解决群众生活、生产中的困难，提高民众的生活质量，为当地经济社会的可持续发展打下坚实基础。

3. 整合各方资源，推动公共服务创新，提升行政效能

“改善民生是经济发展的根本目的。只有着力保证和改善民生，经济发展才能有持久的动力，社

会进步才有牢固的基础，国家才能长治久安。”今年全国两会上，政府工作报告再一次明确指出了保证和改善民生的重大意义，更是向各级政府发出的着力保证和改善民生的动员令。

而千方百计地扩大就业仍是保证和改善民生的头等大事，特别是在后金融危机时代，如何创造更多的就业岗位，让广大劳动者“各尽所能，各得其所”，成为考验各级政府工作的重要内容。加快发展面向民生的公益性社会服务，对于多年来习惯于主要抓经济、抓速度的各级政府而言，是具有挑战性的全新工作。

南京市鼓楼区在民生建设过程中，推进公共服务创新，引入社会力量和民间组织，整合各方资源，共同打造公共服务平台，既分工明确，提高了行政效能和办事效率，还有效利用资源，降低了运行成本，提升了行政服务质量。通过购买社会服务，达到用小钱办大事、少花钱多办事的效果，充分地发挥市场在资源配置中的基础性作用和政府在提供公共服务方面的主导作用，政府从既是“运动员”又是“裁判员”，变为真正的“裁判员”，通过业务指导和考核监督，实现了政府行政效能的提高。

四川省泸州市纳溪区大力发展公益性社会服务，千方百计扩大就业。他们根据当地实际情况，制定各种措施保障就业，同时紧扣服务返乡民工主线，开展了各种就业技能培训力促失业人员、失地农民、返乡农民工的就近再就业。区政府着力改善创业环境，加大政策扶持力度，鼓励农民工自主创业和自谋职业，以创业促进就业，民生工作取得显著实效。

调查表明，关乎民生的公益性社会服务需求是纷繁复杂、包罗万象的，不能完全依靠政府的大包大揽，应广泛借助社会力量，依托市场机制，通过政府购买服务的方式，来满足服务需求的复杂性和多样性。鼓楼区、纳溪区等地的一些做法就值得借鉴。

4. 打造特色民生服务品牌，满足群众多样化需求

解决民生问题已成为世界各国关注的一项政府基本职责。发达地区由于经济发展较快，在民生建设上进行了更多探索和实践，取得了更多经验。因此，面对人民群众日益增长的民生保障与服务需求，一定要具有开放的胸怀，善于学习和借鉴发达地区的经验，发展各项民生事业。

南京鼓楼区坚持实施民生品牌战略，牢固树立起“人无我有，人有我精，人精我新”的民生品牌意识，用品牌的影响力和号召力，全面提升民生服务的水平，提升鼓楼的民心凝聚力。多年来，鼓楼区以关注民生诉求，解决民生难题为根本出发点，坚持创新驱动，高标杆定位，精细化打造，通过挖掘品牌、打造品牌、经营品牌，在各个领域都形成了一批鼓楼区特有的民生服务品牌，并被广大社区百姓所认可和接受。如96180服务热线、居家养老服务网、3美元计划等，其中96180服务热线如今已经上升为南京市的市民服务热线，3美元计划也被写入南京市“三个发展”报告中，成为南京市近期的民生发展目标之一。

纳溪区在区位和资源优势都不明显的情况下，努力创新比较优势，通过建设工业集聚区和标准厂房，打造创业发展平台。目前，工业园已成为人才聚集、项目涌流的创业园。

按照绿、美、靓、特的要求，突出硬化、绿化、亮化、美化和洁化“五化”，纳溪区全力打造“城在绿中、水在画中、人在景中”的城市景观环境。同时成立城市建设土地储备中心，吸引浙江等外商资金和本地民间资金投资建设多处住宅小区和安居工程项目，保证房地产对城市居民的足额低价供应。

纳溪区还依托天仙镇新农村示范区、大渡口镇凤凰湖，开辟生态体验、休闲旅游线路，兴建白吉滩温泉、龙车鼓楼山等旅游景点。全区牢固树立优先发展教育的理念，着力抓好江南职高、纳溪中学等基础设施建设。优质的宜学环境吸引了大量农村学生进城就读。据统计，全区销售的商品房中，有70%以上是先富起来的农民购买的，其中90%以上的购房农民是为了方便子女就学。城市教育的发展带动了城区房产、餐饮、服务等第三产业的快速发展，加快了城镇化进程。

通过打造“宜业、宜居、宜游、宜学”四大品牌，扩大民生内涵，增强了城市对农村和周边地区的吸引力、辐射力和向心力，树立了纳溪区“川南明珠”的城市品牌形象。

四、新“苏南模式”的启示

苏南地区，通常是指苏州、无锡和常州三市所辖地区，也包括南京和镇江等地。改革开放之初，江苏的苏南地区诞生了中国第一家乡镇企业——无锡春雷造船厂，我国著名的社会学家费孝通先生在对江苏苏北、苏中、苏南地区进行考察后，在1983年，首次提出了“苏南模式”的概念，即农民依靠自己的力量发展乡镇企业；乡镇企业的所有制结构以集体经济为主；乡镇政府主导乡镇企业的发展。

20世纪80年代，“苏南模式”曾享尽无限荣光、风靡一时，与浙江的“温州模式”并称为引领中国乡镇经济发展的“双子星”，对党和政府的政策和决策产生了积极的正面影响。但由于产权不清等原因，从20世纪90年代中后期开始，苏南当地乡镇企业效益严重下滑，相关指标被浙江省的乡镇企业全面超越。20世纪90年代后期，苏南乡镇集体企业相继进行产权制度改革，基本上把乡镇政府对乡镇企业的直接支配权从企业撤出。由此，旧的“苏南模式”解体。

20世纪90年代末到21世纪最开始的几年，苏南地区外资经济发展迅速，“苏南模式”意味着外资制造业；而最近几年，“苏南模式”的内涵正在悄然变化：这一地区已经形成民营、外资和国有三分天下的经济格局，“新民营经济+高新技术产业和现代服务业”的经济模式日益成为苏南经济的主流。

进入新世纪，在苏南继续推进改革开放和坚持科学发展、和谐发展的实践基础上，吴敬琏先生在新华社发表了题为《“新苏南模式”值得西部地区学习》一文，最早提出了“新苏南模式”。相对于以集体经济为代表的苏南模式，目前苏南地区的经济模式因为在全国具有独树性，被专家广泛称为“新苏南模式”。

2007年1月14日，曾任江苏省委书记的李源潮在江苏发展高层论坛上以《坚持科学发展 创新苏南模式》为题发表讲话。讲话中明确指出，苏南有五个比较突出的现象令人瞩目，这种现象也可以说是一种“新苏南现象”。他归纳的五个现象如下：

一是全国百强县（市）最集中的地方在苏南。苏锡常地区所有的县（市）都进入了全国百强县；

“前十强”中，苏南占有的席位由原来的4个逐年增加到7个，昆山早已跃居全国百强县之首。

二是城乡收入差距最小的地方在苏南。五年来苏南城镇居民收入增幅比全国高1.6个百分点，农民人均纯收入增幅比全国高1.7个百分点。2005年全国城乡居民收入比为3.23：1，江苏为2.33：1，在全国各省区中最低，其中苏南仅为2.06：1，苏州为1.98：1。苏南城乡差距本来在全国就小，五年来与全国比差距进一步缩小，这在很大程度上说明苏南的城乡发展相对比较协调。

三是生态重建成效最显著的地方在苏南。全国47个“国家环保模范城市”中苏南有13个市县（市），形成了全国最大的环保模范城市群；全国首批6家“国家生态市”中苏南有4席，占2/3。

四是社会治安最好的地方包含了苏南。江苏民众对社会治安的满意率居全国第一，其中苏南为94.5%；流动人口与常住人口之比已超过1：1的昆山市达到93%。在这种高流动人口的地方，能较好地解决像治安管理这样的世界性难题，人民群众感觉很安全，在全国乃至世界上也是不多见的。

五是科技教育最发达的地方在苏南。2005年苏南高等教育毛入学率已超过50%，基本达到发达国家和地区的水平；研发投入（R&D）占全国的比重达到7.5%，五年上升了2.3个百分点，科教优先发展创造了苏南的主要本地资源，目前苏南的增长动力正在转向依靠人才和科技创新。

李源潮指出，“‘新苏南模式’最基本的内涵是科学发展、和谐发展下的率先发展，最鲜明的特点是富民优先、科教优先、环保优先、节约优先，本质上是科学发展观在江苏大地上的群众性实践。”

从2010年年初江苏各地级市召开的“两会”中透露的数据显示：苏州2009年全市实现地区生产总值7740亿元，按可比价计算比上年增长11.5%；无锡2009年全市实现地区生产总值4992亿元，按可比价格计算比上年增长11.5%；常州2009年全市实现地区生产总值2518.7亿元，按可比价计算增长11.7%。

最新消息是，位居全国第三的经济大省江苏重回2008年经济总量第二的位置；与此同时，江苏的工业利润首次为全国第一。不仅如此，2009年前三季度，江苏全省高新技术产业产值占规模以上工业比重达到29.3%。

随着经济的高速发展，秉持“富民优先、科教优先、环保优先、节约优先”的新理念，苏南地区社会各项事业得到了全面发展。这从对“中国城市民生建设调查”所获得的资料的分析上也得到进一步印证。

资料分析显示，镇江、常州武进、江阴、太仓等地，随着地方经济的发展，地方财政都加大了对社会民生事业的投入力度，武进还提出了“武进版”的基本现代化指标。该指标共分经济发展、社会进步、人民生活、城镇发展、生态环境等5大类28项33个指标，其中80%涉及民生。首次提出了人均预期寿命、万人拥有医生数、人均预期受教育年限、高等教育毛入学率等考核指标，并首次增加了基尼系数、城镇失业登记率、农村保险综合参保率等反映社会公平与和谐的重要指标。“武进版”传达出的是当地政府的一种发展理念，那就是：“经济发展是为了人们生活得更好，而不是为增长而增长”。

“发展是第一要务”、“发展才是硬道理”，但发展是为了人们更好的生活，这已成为苏南地方各级政府的一个共识。资料显示，苏南已形成了全民创业的局面，创业带动了就业。如镇江，已建立了一系列支持创业、扶持就业的政策、培训等支撑、服务体系，统筹城乡就业，并力争在2010年末率先在全省建成“充分就业市”。

让人民群众共享改革发展的成果，“努力使全体人民学有所教、劳有所得、病有所医、老有所养、住有所居，推动和谐社会建设”，正在苏南地区成为现实。资料分析显示，苏南地区的社会保障水平和覆盖率普遍较高；较早地推行了城乡统筹和城乡一体化，城乡收入比在2：1左右，城乡收入差别较小。比如太仓市，十分重视经济社会的协调发展，在经济发展和城市化进程中逐步实现了农村与城市在规划建设、基础设施、经济发展、社会事业等多方面的相互渗透，农村基础建设和公共服务功能不断完善，农村环境不断优化，城乡二元结构正在逐步消除。

随着经济的发展，人们物质生活水平不断提高，对文化精神方面的追求日益增多，主人公意识、社会意识、社会责任感逐步增强，企业的社会责任感也随之增强，能自觉履行社会责任。慈善事业发展迅速，且慈善基金规模较大。比如镇江，每年在全市开展“大爱镇江”活动，大力倡扬崇善尚德的城市传统和文化品质，以此作为打造城市品牌、提升公民思想道德素质、建设温馨和谐家园、推进精神文明建设的一项重大战略举措。“满城尽飘黄丝带”的爱心行动，已谱写出一首首“小城大爱”的动人诗篇。目前，镇江拥有慈善组织50家，慈善基金规模达83868.9万元，发放慈善救助金5483.69万元，受助人数达4.16万。

“仓廪实而知礼节”。新苏南模式带给我们的启示不仅仅是经济发展的模式，更多的应该是“以人为本”、大力发展社会民生事业的思路、理念和做法。当然，各地区发展的不平衡是一种客观存在，但“以人为本”、以经济促民生、以民生带动经济发展、促进社会全面和谐健康发展的理念，无疑值得学习和借鉴。

结束语

按照党中央的统一部署，我国的经济工作要在促进发展方式转变上下功夫，真正把保持经济平稳较快发展和加快经济发展方式转变有机统一起来，在发展中促进转变，在转变中谋求发展。在财政政策上加大对教育、卫生、社会保障等民生领域和社会事业的支持保障力度——关注民生成为财政和货币政策的共同“重点”。增加普通商品房供给，支持居民自住和改善性购房需求；加强廉租住房等保障性住房建设。推动城镇化建设步伐，把统筹城乡区域协调发展与推进城镇化结合起来，大力拓展发展空间。充分发挥市场在资源配置中的基础性作用，通过推进改革为经济社会发展提供强大动力和制度保障。增强非公有制经济和小企业的活力和竞争力，保护民间投资合法权益。

到2020年，我们这个历史悠久的文明古国和发展中的社会主义大国，将成为工业化基本实现、综合国力显著增强、国内市场总体规模位居世界前列的国家；成为人民富裕程度普遍提高、生活质量明显改善、生态环境良好的国家；成为人民享有更加充分民主权利、具有更高文明素质和精神追求的国家；成为各方面制度更加完善、社会更加充满活力而又安定团结的国家；成为对外更加开放、更加具有亲和力、为人类文明作出更大贡献的国家。

虽然这几年来，我国在发展经济的同时，更加重视发展社会事业和改善民生，经济发展与社会发展的协调性明显增强。我国取消了农业税，结束了种田交税的历史；实行真正免费的义务教育；建立覆盖城乡的社会保障制度框架；实施标准更高的扶贫开发政策；制定和实施国家中长期科学和技术发展规划纲要等。

虽然我们也已经初步具备了加快发展社会事业、改善民生的物质基础和条件，但转变经济发展方式，首先要切实转变各地方政府的发展思路，转变一切已“GDP”多少为标准的评价考核体系，转变粗放的、以破坏环境为代价的发展方式，代之以科学的、精细的、可持续发展的、环境友好的发展方式。其次要用用科技的力量推动经济发展方式转变，要真正贯彻落实“科学发展观”，走以科技为支撑的可持续发展之路，只有这样，我们的经济发展才有动力，才有发展后劲。只有经济的更好更快发展，也才能推动社会民生等各项事业取得新的更大进展。

目前，在民生问题上，高房价、义务教育择校、农民工子女入学难、看病难、看病贵、食品药品安全、劳动报酬不合理、不同群体养老待遇差距大、城乡收入差距持续拉大等等，还在困扰数以亿计的中国人。一些领域的民生问题，正在酝酿和激发社会不稳定因素，由此引发各类群体性事件。“蜗居”、“蚁族”折射的社会问题，入学难、高房价给工薪阶层带来的焦虑，均暴露了公共产品的供应与社会需求量存在着亟待弥补的落差。

政府所能提供的公共服务产品的质与量，难以满足人民群众日益提高的物质文化需求，仍然是我国社会的主要矛盾。这其中既有历史欠账原因，也有体制机制的问题。

首先是财政投入不足，限制了基本保障范围的扩展，以及标准和水平的均等化。

其次是体制的制约，央地财权、事权划分不清，财权上移、事权下沉，削弱了地方提供公共服务产品的能力，影响了民生政策的落实。

第三是一些地方政府在畸形的利益驱动下，仍然保持着强烈的GDP冲动，难以强力落实民生政策。据了解，在一些地方政府绩效考核指标中，民生保障和改善类的指标只占到20%左右。并且有限的民生指标还存在重保障面、轻保障水平，重人均水平、轻社会公平的问题，多数民生指标缺乏明确的量化考核标准，对地方政府难以形成硬性约束，导致民生政策在实际执行过程中落实难、考核难、问责难、兑现难。

第四是一些制度设计缺乏系统性，没有体现“更加重视公平”的原则。很多基本保障政策是按人群和地区设计，缺乏全盘考虑，不仅导致制度的碎片化、不公平，与中央提出的均等化的目标不符；并且，分割的制度安排强化甚至扩大了既有利益的差距，不利于中央提出的和谐社会建设。

另外，虽然建立了多项专门针对困难群体的制度，但是实施中遇到了筛选对象难的技术难题和持续财政投入的意愿问题。一些地方和部门还存在与民争利问题。“三公消费”、贪污腐败、政绩工程、“低价拿地、高价卖地”、野蛮拆迁，无不涉及“公权侵害私权”，引发民众强烈不满。强势的公权力缺乏必要的监督，导致政府提供公共服务的意愿和能力双重弱化。如果民生政策执行不利，甚至流于“形式”和“口号”，就会大大损害党的形象和政府的公信力，激化社会矛盾。

距离2020年完成全面小康的任务，只剩十年。要在2020年实现全面小康，“十二五”和“十三五”期间，社会建设必须有重大突破。这其中，在复杂多元的利益格局中，需要在民生问题上凝聚共识，需要在体制机制上有所突破，需要细化任务和时间表。最主要的是要把改善民生提高到一个“战略性定位”的高度来看待。要实现上述目标，我们还有很长的路要走。

（中国城市经济学会、中国劳动学会供稿）

附件1

首届中国城市民生建设调研评价
获奖城市榜单

由中国城市经济学会和中国劳动学会主办的首届“中国城市民生建设调研活动”已圆满完成，2010年7月22日上午，主办单位在北京人民大会堂举行隆重的“中国城市民生建设调研成果发布会”，根据此次调研的范围，发布“中国最关爱民生的城市”、“中国最关爱民生的县（市、区）”、“中国最关注民生的县（市、区）”和“中国最关爱民生的企业家”等名单，同时，主办方还发布了“中国民生建设百强县（市、区）”。具体榜单如下：

中国最关爱民生的城市:	中国最关爱民生的县（市、区）:
镇江市	常州市武进区
东莞市	江阴市
昆明市	成都市锦江区
丽江市	太仓市
防城港市	神木县
西安市	厦门市集美区
新乡市	玉溪市红塔区
兰州市	淮安市淮阴区
银川市	长兴县
渭南市	准格尔旗

中国最关注民生的县（市、区）:	
长葛市	滦平县
莱州市	昌吉市
格尔木市	荥阳市
桓台县	南京市鼓楼区
台安县	南安市
玛纳斯县	延吉市
都匀市	商丘市梁园区
长子县	文昌市
香河县	泸州市纳溪区
平度市	南昌市青山湖区

中国最关爱民生的企业家:	
江苏金鼎电动工具集团有限公司董事长	鲁仲清
常州天禄建设开发有限公司董事长	陈祖伟
云南省活发集团董事长	李明定
玉溪市北城钢铁有限公司董事长	王秀珍
双钱集团（重庆）轮胎有限公司董事长	陈　耀
国强五金集团有限公司董事长	宋国强
乐陵希森马铃薯产业集团有限公司董事长	梁希森
格尔木藏格钾肥有限公司董事长	肖永明
远东控股集团有限公司董事局主席	蒋锡培

中国民生建设百强县（市、区）

1	江苏省常州市武进区	26	浙江省义乌市	51	湖北省宜都市	76	河北省唐山市丰南区
2	江苏省江阴市	27	浙江省慈溪市	52	江苏省溧阳市	77	海南省文昌市
3	四川省成都市锦江区	28	内蒙古自治区和林格尔县	53	吉林省榆树市	78	安徽省宁国市
4	江苏省太仓市	29	新疆维吾尔自治区库尔勒市	54	湖南省浏阳市	79	黑龙江省双城市
5	江苏省常热市	30	江苏省南京市鼓楼区	55	江苏省铜山县	80	山东省汶上县
6	江苏省无锡市惠山区	31	内蒙古自治区满洲里市	56	河南省荥阳市	81	湖北省汉川市
7	江苏省吴江市	32	辽宁省瓦房店市	57	辽宁省辽阳市弓长岭区	82	山东省乐陵市
8	浙江省安吉县	33	江苏省镇江市京口区	58	江西省东乡县	83	青海省格尔木市
9	浙江省长兴县	34	山西省古交市	59	湖南省宁乡县	84	河南省西峡县
10	福建省厦门市集美区	35	江苏省丹阳市	60	河南省巩义市	85	江西省南昌市青山湖区
11	陕西省神木县	36	福建省福清市	61	湖北省武汉黄陂区	86	河北省辛集市
12	内蒙古自治区准格尔旗	37	辽宁省台安县	62	江苏省江都市	87	宁夏回族自治区青铜峡市
13	新疆维吾尔自治区玛纳斯县	38	河南省长葛市	63	宁夏回族自治区灵武市	88	河北省武安市
14	江苏省淮安市淮阴区	39	江苏省靖江市	64	湖南省长沙县	89	内蒙古自治区伊金霍洛旗
15	江苏省南通市通州区	40	浙江省上虞市	65	福建省南安市	90	安徽省繁昌县
16	云南省玉溪市红塔区	41	江苏省宜兴市	66	四川省双流县	91	福建省龙海市
17	江苏省扬中市	42	山东省新泰市	67	吉林省延吉市	92	安徽省芜湖县
18	江苏省金坛市	43	山东省平度市	68	山西省孝义市	93	四川省绵阳市涪城区
19	河南省新郑市	44	山东省桓台县	69	福建省晋江市	94	黑龙江省阿城区
20	山东省莱州市	45	新疆昌吉市	70	山东省龙口市	95	浙江省新昌县
21	江苏省海门市	46	山东省邹平县	71	河北省迁安市	96	广东省台山市
22	山东省荣成市	47	山西省河津市	72	内蒙古自治区托克托县	97	广东省博罗县
23	山东省章丘市	48	浙江省余姚市	73	浙江省温岭市	98	河北省任丘市
24	山西省侯马市	49	内蒙古自治区乌拉特后旗	74	河北省三河市	99	四川省泸州市纳溪区
25	河北省鹿泉市	50	福建省长乐市	75	四川省新都区	100	河南省商丘市梁园区

长江三角洲城市可持续发展综合评价报告

一、城市可持续发展的内涵与评价体系

城市可持续发展是指在一定的时空中，以长期持续的城市增长及其结构优化，实现高度发达的城市化和现代化，从而既满足当代城市发展的现实要求，又满足未来城市的发展需要。城市系统由相互作用的社会、经济、环境三个子系统构成。在这个系统中，社会子系统是实现可持续发展的关键，其中人是可持续发展的主体，是全系统中最活跃的因素。社会子系统的主要作用就是处理人与人之间的关系，控制人口数量，提高人口质量。经济子系统是城市可持续发展的支柱，其主要作用是保证物质产品生产和服务的生产，以满足人们的物质和精神生活需要。环境子系统由水、土、气候、生物等自然环境和交通、基础设施等人工环境构成。环境通过自然再生产过程，以其生态平衡、纳污能力、自净能力等物流和能流功能，直接或间接地满足人类日益增长的生态需要。

根据城市可持续发展的涵义，遵循系统性、完备性、客观性、合理性、简明性和可操作性原则，长江三角洲城市可持续发展评价指标体系由若干相互联系、相互补充的指标有机组成，共分为1项一级指标，3项二级指标，25项三级指标。这些指标既有直接从原始数据而来的基本指标，用以反映子系统的特征；又有对基本指标的抽象和总结，用以说明子系统之间的联系及城市系统作为一个整体所具有性质的综合指标。

需要说明的是，本次综合评价对上一年度的指标体系（见《城市评论》2010年第5期）进行了部分调整，更加注重选择能够反映城市可持续发展水平的结果指标，而不是过程指标。本次综合评价的数据均来自于官方的公开渠道，绝大部分数据引自《上海市统计年鉴（2010）》、《江苏省统计年鉴（2010）》和《浙江省统计年鉴（2010）》，部分数据选自各地区2009年统计公报、各地区2009年环境质量公报、江苏省和和浙江省2009年科技进步统计监测评价报告。

表1　长江三角洲城市可持续发展评价指标体系

目标系统	准则子系统	具体指标
城市可持续发展水平	经济子系统	GDP（亿元）
		人均GDP（元）
		全社会固定资产投资总额（亿元）
		社会消费品零售总额（亿元）
		外贸出口总额（亿美元）
		实际外商直接投资金额（亿美元）
		人均地方财政收入（元）

城市可持续发展水平	经济子系统	第三产业占GDP比重（%）
		第二产业占GDP比重（%）
	社会子系统	非农人口比重（%）
		城镇居民人均可支配收入（元）
		农村居民人均纯收入（元）
		城市人均居住面积（平方米）
		每万人拥有医生数（人）
		研究与发展经费占国内生产总值比重(%)
		科技活动人员占从业人员比重（%）
		第三产业人员比重（%）
		高校学生占人口比重（%）
	资源与环境子系统	年末耕地总资源（千公顷）
		人均绿地面积（平方米）
		单位土地面积GDP（万元/平方公里）
		工业废水排放达标率（%）
		工业固体废物综合利用率（%）
		空气质量达二级及以上天数的比例（%）
		建成区绿化覆盖率（%）

二、城市可持续发展评价方法

由于城市可持续发展评价系统的复杂性，评价其总体的状况和走势，仅就其一因素或者某些因素进行测试和评价显然是不行的，而应采取分析——综合的系统方法进行综合评价。综合评价的方法很多，目前应用比较普遍的主要有：专家评价法、层次分析法、综合指数法、主成分分析法等。前面几种方法在确定权重时，大多用专家打分法进行分析，这种方法除具有主观性之外，也往往割裂了各个指标之间的相关性，而事实上这些指标总是相互联系和相关的。因此，本文采用因子分析法，用主成分的因子贡献率充当权重，以提高精确度。

（一）因子分析的基本思想和特点

因子分析法是用少数几个不相关因子 F_1，F_2，…，F_n（不可观测的潜在变量）去描述多个变量 X_1，X_2，…，X_m（可观测的显变量）的一种多变量统计方法。其基本思想就是将相关性较高即联系比较密切的变量分在一类中，而不同类的变量之间相关性较低。则每一类变量实际就代表一个本质因子，或者一个基本结构。因子分析就是寻找这种类型的结构或称作模型。

因子分析通过将原始变量进行标准化处理和数学变换，既可消除指标间的相关影响，又可消除数值本身差异造成的不可比性，从数据源头保证了评价的质量；采用信息量权数有助于客观地反映样本间的现实关系，提高评价的效率；因子分析法进行评价，较好地解决了建立指标体系全面性和独立性的矛盾；通过对主因子内涵的确定，可以找出影响各子系统评价的主要方面及提高效益的对策取向；对数据的全过程的电算化，可方便地得出客观的评价结果，提高评价本身的效率。

（二）因子分析的步骤

1. 对原始数据的标准化处理。由于城市可持续发展水平的指标通常是有度量单位的。由这些指标的观测数据所计算的协方差矩阵或相关矩阵必然要受到指标量钢的影响，不同的量纲和数量级将得到不同的协方差或相关矩阵。所以，为了避免计算结果受指标量纲和数量级的影响，保证其客观性和科学性，在进行其他运算之前，必须对原始数据进行标准化处理。

其标准化计算公式：

$$X_{ij}^{*}=\frac{(X_{ij}-\overline{X_{j}})}{S_{j}}$$

式中，X^{*}_{ij}代表标准化后的数据，X_{ij}为原始数据，S_j为标准差。

2. 根据标准化矩阵求出协方差矩阵（与相关阵完全一样）。

3. 求出协方差矩阵的特征根λ_i和特征向量h_j。该运算过程本文将采用SPSS13.0 for windows软件计算得出，在此就不再详细论述了。

4. 计算各个主成分的方差贡献率a_j及累计贡献率Σa_j。

$$a_{j}=\frac{\lambda_{j}}{\sum_{j=1}^{r}\lambda_{j}} \qquad \sum a_{j}=\frac{\sum_{j=1}^{i}\lambda_{j}}{\sum_{j=1}^{r}\lambda_{j}}$$

主成分F_j的方差贡献率a_j表示F_j的方差在总方差$\Sigma Var(F_j)$中的比重，即第j个主成分所取得的原P_j个变量的信息在全部信息中的比重，指标的方差是反映指标变化的，它越大，表明指标概括的能力越强，显然，第一主成分的贡献率最大，随后依次递减，选择主成分也是应该按照这个顺序。累计贡献率Σa_j则是前k个主成分提取信息的累计量在信息总量中的比重。一般应用时累计贡献率为70%～80%或以上时，选前i个主成分基本上就行了，因为他们的方差之和占全部方差的70%以上。

5. 选取主成分个数。Σa_j表示前k个主成分从原p个变量中提取的信息量，若该信息量已经达到全部信息量的绝大部分。可以认为，前p个主成分已经基本反映了原变量的主要信息。故取前k个主成分已足以说明问题，后p–k个主成分可以略掉。所得主成分为：

$$F_1=h_{11}X_1+h_{12}X_2+\cdots+h_{1p}X_P$$

$$F_2=h_{21}X_1+h_{22}X_2+\cdots+h_{2p}X_P$$

$$\cdots\cdots$$

$$F_k=h_{k1}X_1+h_{k2}X_2+\cdots+h_{kp}X_P$$

在这k个主成分中， 是一切线形组合中方差最大者，即反映原有指标的信息最多，故称之为第一主成分。它在评价研究对象时所起的作用应最大。F_1，F_2，F_3…，F_k作用依次递减，重要性依次减轻。

6. 计算主成分的得分并计算总和得分。

$$F=\sum_{j=1}^{k}a_jF_j \quad (j=1, 2, \cdots, k)$$

可见，F是以各主成分F_j的方差贡献率为权数k个主成分得分的加权平均数。得分越高，说明该样本的城市可持续发展水平越高，反之亦然。

三、长江三角洲城市可持续发展因子分析与评价

本报告采用的是主成分分析法，各个指标数值都进行了标准化处理，通过SPSS软件计算出的数值，指的是相对于平均值的偏离程度，零分表示平均水平，正分表示高出平均水平的程度，负分表示低于平均水平的程度；正分越大，表示发展水平越高；负分越大，则表示发展水平越低。

（一）从经济子系统看

1. 在对原始数据进行标准化处理后，利用SPSS统计软件得到下列表格。从表2中可以看出旋转以后的变量相关阵有两个最大特征根，即6.381、1.844，他们一起解释总方差的91.384%（累计贡献率），这说明前两个主成分提供了经济子系统原始数据的足够信息。基于SPSS软件在因子分析过程内定取特征根大于1、累计贡献率为70%～80%或以上的规则，Factor过程提取了两个主成分。

表2　经济子系统主成分列表

成份	初始特征值			旋转平方和载入		
	特征根	方差贡献率	累计贡献率	特征根	方差贡献率	累计贡献率
1	6.877	76.408	76.408	6.381	70.896	70.896
2	1.348	14.976	91.384	1.844	20.488	91.384
3	0.426	4.730	96.114			
4	0.152	1.694	97.808			
5	0.133	1.481	99.289			
6	0.031	0.349	99.638			
7	0.018	0.200	99.838			
8	0.013	0.141	99.979			
9	0.002	0.021	100.000			

通过表3可以清楚看到，主因子f1在GDP、人均GDP、全社会固定资产投资总额、社会消费品零售总额、外贸出口总额、实际外商投资额、人均地方财政收入上的载荷值较大，它主要反映了城市的经济规模、经济效益和和经济外向度，在f_1的得分越高，说明经济规模越大，经济效益越好，经济外

向程度越高。主因子f_2在第二产业占GDP比重、第三产业占GDP比重这两项指标上的载荷值绝对值最高，它主要反映了城市的经济结构，在f_2的得分越高，说明经济结构越有利于促进经济增长。

表3 经济子系统的旋转因子负荷矩阵

指标名称	成分	
	1	2
GDP	.942	.293
人均GDP	.901	-.206
全社会固定资产投资总额	.912	.271
社会消费品零售总额	.893	.401
外贸出口总额	.925	.171
实际外商直接投资金额	.954	.126
人均地方财政收入	.955	.208
第三产业占GDP比重	.611	.661
第二产业占GDP比重	-.003	-.978

2. 根据表3中旋转后的因子负载值对各因子进行分析，利用SPSS统计软件分别计算出在f_1、f_2上的因子得分（见表4），再以表2中f_1、f_2各自的贡献率为权数。因此我们得到经济子系统水平F_1的评价模型为：

$$F_1 = 0.70896 \times f_1 + 0.20488 \times f_2$$

根据评价模型计算样本的经济子系统得分并按得分高低排名。

表4 各城市经济发展水平得分

城市	f_1	f_2	F_1	排名
上海	3.159	2.511	2.754	1
南京	0.378	1.470	0.569	5
无锡	1.138	-1.076	0.586	4
徐州	-0.484	0.102	-0.322	17
常州	0.342	-0.878	0.063	7
苏州	2.264	-1.636	1.270	2
南通	0.037	-0.685	-0.114	8
连云港	-0.909	0.885	-0.463	21
淮安	-0.832	0.570	-0.473	22

续表

盐城	−0.684	0.473	−0.388	19
扬州	−0.146	−0.801	−0.267	14
镇江	0.013	−1.198	−0.237	12
泰州	−0.281	−0.821	−0.367	18
宿迁	−1.107	0.785	−0.624	25
杭州	0.705	0.815	0.667	3
宁波	0.619	−0.240	0.389	6
嘉兴	−0.016	−1.040	−0.225	11
湖州	−0.396	−0.674	−0.419	20
绍兴	0.045	−1.121	−0.198	10
舟山	−0.581	0.745	−0.259	13
温州	−0.474	0.758	−0.180	9
金华	−0.452	0.223	−0.275	15
衢州	−0.759	−0.410	−0.622	24
台州	−0.505	0.375	−0.281	16
丽水	−1.075	0.867	−0.584	23

表4显示，上海得分2.754，遥遥领先于其他城市；处于第二层次的依次是苏州、杭州、无锡、南京、宁波、常州，这些城市得分均为正值，说明城市的经济可持续发展水平较高；其他18个城市差距不大，得分都为负值，说明经济可持续发展水平稍差，有待进一步提高。

从主因子f_1上看，得分最高的是上海，为3.159，远远高于其他城市。苏州得分位列第二位。经济规模和经济外向度较强的城市还有杭州、无锡、南京、宁波、常州、南通、绍兴等。其他18个城市的经济规模和经济外向度均低于平均水平，提升的空间较大。从主因子f_2上的得分看，上海、南京、杭州、丽水等4个城市的得分较高，经济结构和经济效益在长三角地区较为合理。徐州、淮安、连云港、盐城、宿迁、舟山、温州、金华、台州等9个城市得分处于第二层次。其余12个城市经济结构和经济效益存在着不合理之处。

（二）从社会子系统看

1. 在对原始数据进行标准化后，利用SPSS统计软件得到下列表格。从表5中可以看出旋转以后的变量相关阵有两个最大特征根，即3.703、2.912，它们一起解释总方差的73.495%（累计贡献率），Factor过程提取了两个个主成分。

表5 社会子系统主成分列表

成分	初始特征值			旋转平方和载入		
	特征根	方差贡献率	累计贡献率	特征根	方差贡献率	累计贡献率
1	4.870	54.108	54.108	3.703	41.145	41.145
2	1.745	19.387	73.495	2.912	32.351	73.495
3	.884	9.826	83.321			
4	.702	7.802	91.123			
5	.350	3.891	95.013			
6	.227	2.525	97.538			
7	.123	1.372	98.910			
8	.068	.758	99.668			
9	.030	.332	100.000			

通过运行SPSS统计软件得到表6，从中可以得出主因子f1在非农人口比重、研究与发展经费支出占国内生产总值比重、科技活动从业人员比重、第三产业人员比重、城市人均居住面积、高校学生占人口比重等六项指标上的载荷值比较大，它主要反映了城市的科技水平、教育水平和城市化水平，在f_1上的得分越高，代表该城市科技水平、教育水平和城市化水平越高。主因子f_2在城镇居民人均可支配收入、农村居民人均纯收入、每万人拥有医生数等三个指标上的载荷值比较大，它主要反映了居民生活水平和医疗发展水平，在f_2上得分越高，居民生活水平和医疗发展水平越高。

表6 社会子系统的旋转因子载荷矩阵

指标名称	成分	
	1	2
非农人口比重	0.923	0.046
城镇居民人均可支配收入	0.188	0.949
农村居民人均纯收入	0.210	0.870
城市人均居住面积	−0.684	−0.286
每万人拥有医生数	0.071	0.817
研究与发展经费支出占国内生产总值比重	0.811	0.462
科技活动人员占从业人员比重	0.731	0.492
第三产业人员比重	0.786	0.210
高校学生占人口比重	0.700	−0.063

2. 根据表6中旋转后的因子载荷值对各因子进行分析，利用SPSS软件分别计算出在f_1、f_2上的因子得分（见表7），在以表5中的f_1、f_2各自的贡献率为权数，因此得到社会子系统水平F_2的评价模型为：

$$F_2 = 0.41145 \times f_1 + 0.32351 \times f_2$$

表7显示，上海得分1.488，领先于其他城市；处在第二层次的城市依次为南京、杭州、无锡、苏州、常州、舟山、宁波、扬州、嘉兴，这9个城市的得分较高，说明其社会发展水平较高。其他城市得分均不高，说明其城市社会发展水平稍差，有待于进一步提高。

从各个主因子上看，f_1上得分最高的是上海，为2.557，南京位列第二位，无锡、常州、苏州、连云港、淮安、盐城、扬州、镇江、杭州等城市得分都较高，均为正数，说明这些城市科技水平、教育水平和城市水平较高。从f_2的得分上来看，上海、无锡、常州、苏州、杭州、宁波、嘉兴、湖州、绍兴、舟山、温州、金华、衢州、台州等城市得分均为正数，说明这些城市居民生活水平和医疗水平较高。

表7 各城市社会发展水平得分

城市	f1	f2	F2	排名
上海	2.557	1.349	1.488	1
南京	2.576	–0.029	1.050	2
无锡	0.636	0.611	0.459	4
徐州	–0.007	–1.068	–0.349	19
常州	0.499	0.230	0.280	6
苏州	0.509	0.757	0.454	5
南通	–0.021	–0.419	–0.144	15
连云港	0.314	–1.582	–0.383	20
淮安	0.240	–1.639	–0.432	22
盐城	0.218	–1.532	–0.406	21
扬州	0.717	–0.835	0.025	9
镇江	0.218	–0.291	–0.004	11
泰州	–0.109	–0.641	–0.252	18
宿迁	–0.476	–1.911	–0.814	25
杭州	0.547	1.266	0.635	3
宁波	–0.726	1.312	0.126	8
嘉兴	–0.542	0.719	0.010	10
湖州	–0.503	0.604	–0.012	12
绍兴	–0.884	1.025	–0.032	13
舟山	–0.070	0.574	0.157	7
温州	–0.966	0.878	–0.113	14
金华	–0.872	0.402	–0.229	16
衢州	–1.543	0.288	–0.542	23
台州	–1.083	0.628	–0.242	17
丽水	–1.228	–0.695	–0.730	24

（三）从资源环境子系统看

1. 在对原始数据进行标准化后，利用SPSS统计软件得到下列表格。从表8中可以看出旋转以后的变量相关阵有三个最大特征根，即2.332、1.466、1.279，他们一起解释总方差的近72.528%（累计贡献率），Factor过程提取了三个主成分。

表8 资源环境子系统主成分列表

成分	初始特征值			旋转平方和载入		
	特征根	方差贡献率	累计贡献率	特征根	方差贡献率	累计贡献率
1	2.372	33.884	33.884	2.332	33.313	33.313
2	1.506	21.513	55.397	1.466	20.945	54.258
3	1.199	17.131	72.528	1.279	18.270	72.528
4	0.825	11.786	84.314			
5	0.535	7.642	91.956			
6	0.309	4.416	96.372			
7	0.254	3.628	100.000			

通过表9可以清楚地看到，主因子f_1在空气质量达二级及以上天数的比例、工业废水排放达标率、建成区绿化覆盖率三个指标上的载荷比较大，它主要体现了城市环境质量，在f1上的得分越高说明该城市环境质量越好。主因子f_2在年末耕地总资源、单位面积GDP上的载荷比较大，它主要体现了城市的土地资源多寡以及单位面积土地的产出率，在f_2上的得分越高说明该城市资源越丰富，单位面积土地的产出率越高。主因子f_3在工业固体废物综合利用率、人均公共绿地面积上的载荷值最大，主要反映了城市环境治理效益和效率。

表9 资源环境子系统的旋转因子负荷矩阵

指标名称	成分		
	1	2	3
年末耕地总资源	0.252	−0.872	0.164
空气质量达二级及以上天数的比例	−0.753	0.349	−0.006
单位面积GDP	0.298	0.695	0.180
工业废水排放达标率	0.798	0.079	0.269
工业固体废物综合利用率	0.069	0.079	0.853
人均公共绿地面积	0.581	0.258	−0.586
建成区绿化覆盖率	0.796	0.151	−0.276

2. 根据表9中旋转后的因子载荷值对各因子进行分析，利用SPSS统计软件分别计算出在f_1、f_2、f_3上的因子得分（得分见表10），再以表8中的f_1、f_2、f_3各自的贡献率为权数。得到资源环境子系统水平F_3的评价模型为：

$$F_3 = 0.33313 \times f_1 + 0.20945 \times f_2 + 0.18270 \times f_3$$

表10显示，上海的得分为0.886，位于第一位，无锡、苏州、常州、扬州、嘉兴等城市三项均为正值，表示这些城市资源环境子系统中的协调性比较好，而其他城市至少有一项是为负值，表明城市在资源环境的协调方面还存在一定的问题亟待解决。

表10　各城市资源环境子系统的得分

城市	f_1	f_2	f_3	F_3	排名
上海	0.660	2.333	0.973	0.886	1
南京	1.017	0.075	−1.022	0.168	9
无锡	0.483	1.549	0.609	0.597	3
徐州	1.096	−1.338	0.580	0.191	7
常州	0.486	0.712	0.156	0.340	5
苏州	1.026	0.947	0.457	0.623	2
南通	0.373	−0.514	0.795	0.162	10
连云港	−0.231	−0.758	−0.187	−0.270	18
淮安	0.455	−1.017	1.164	0.151	11
盐城	0.381	−2.299	0.125	−0.332	20
扬州	0.396	0.076	0.193	0.183	8
镇江	0.461	0.586	−0.988	0.096	13
泰州	0.200	−0.401	1.259	0.213	6
宿迁	0.544	−0.913	0.878	0.151	12
杭州	0.112	−0.522	−1.077	−0.269	18
宁波	−0.799	−0.501	−0.281	−0.422	22
嘉兴	0.343	0.587	0.676	0.361	4
湖州	−0.026	0.154	0.084	0.039	15
绍兴	0.958	−0.386	−3.341	−0.372	21
舟山	−0.995	1.710	−0.661	−0.094	16
温州	−3.231	−0.529	0.585	−1.080	25
金华	0.200	−0.187	0.293	0.081	14
衢州	−1.173	0.294	0.514	−0.235	17
台州	−1.739	0.046	−0.700	−0.698	24
丽水	−1.000	0.298	−1.084	−0.468	23

（四）从可持续发展整个系统看

长江三角洲各城市经济子系统、社会子系统、资源环境子系统各自所提取的公因子累积方差贡献率分别是91.384%、73.495%、72.528%。说明通过3个子系统计算的各城市可持续发展水平的综合得分能够比较全面地反映各城市可持续发展水平（综合得分是用等权重方法求得），城市可持续发展水平F的综合评价模型如下：

$$F=\frac{1}{3}\times F_1+\frac{1}{3}\times F_2+\frac{1}{3}\times F_3$$

表11显示，上海得分为1.710，得分远高于其他城市的得分，表明其可持续发展水平较高。苏州、南京、无锡、杭州、常州、嘉兴、宁波位于第二层次，这些城市的得分为正，表明可持续发展水平也还较高；其余17个城市的得分为负，可持续发展水平在长三角地区处于第三层次，可持续发展水平较低。综合3个子系统的得分看，上海、苏州、无锡、南京、常州这5个城市3个子系统的得分都为正值，表明这些城市3个子系统之间的协调性较好，城市可持续发展水平较高。杭州、宁波、嘉兴这3个城市3个子系统中有一个子系统的得分为负值，表明这些城市3个子系统之间的协调性有待进一步提高。其余17个城市3个子系统中至少有两项得分为负值，反映这些城市子系统之间协调性较差，可持续发展水平较低。

表11　各城市可持续发展水平综合得分

城市	F_1经济子系统	F_2社会子系统	F_3资源与环境子系统	总得分	排名
上海	2.754	1.488	0.886	1.710	1
南京	0.569	1.050	0.168	0.596	3
无锡	0.586	0.459	0.597	0.547	4
徐州	−0.322	−0.349	0.191	−0.160	16
常州	0.063	0.280	0.340	0.227	6
苏州	1.270	0.454	0.623	0.783	2
南通	−0.114	−0.144	0.162	−0.032	10
连云港	−0.463	−0.383	−0.270	−0.372	19
淮安	−0.473	−0.432	0.151	−0.251	18
盐城	−0.388	−0.406	−0.332	−0.375	20
扬州	−0.267	0.025	0.183	−0.020	9
镇江	−0.237	−0.004	0.096	−0.048	11
泰州	−0.367	−0.252	0.213	−0.136	14
宿迁	−0.624	−0.814	0.151	−0.429	22
杭州	0.667	0.635	−0.269	0.344	5
宁波	0.389	0.126	−0.422	0.031	8
嘉兴	−0.225	0.010	0.361	0.049	7

湖州	-0.419	-0.012	0.039	-0.130	13
绍兴	-0.198	-0.032	-0.372	-0.201	17
舟山	-0.259	0.157	-0.094	-0.066	12
温州	-0.180	-0.113	-1.080	-0.458	23
金华	-0.275	-0.229	0.081	-0.141	15
衢州	-0.622	-0.542	-0.235	-0.466	24
台州	-0.281	-0.242	-0.698	-0.407	21
丽水	-0.584	-0.730	-0.468	-0.594	25

（五）与往年可持续发展水平比较

表12列出了近四年长三角城市可持续发展水平的排名，前三年的评分详见《城市评论》2008年第4期、2009年第4期和2010年第5期。

从经济子系统得分排名来看，近四年上海、苏州的排名稳居第一、第二位，南京、无锡、常州、南通、杭州、宁波等六座城市排名始终在前10位，这八座城市经济可持续发展水平较高。从近两年看，本年度无锡、淮安、扬州、镇江、泰州、嘉兴、绍兴、舟山等8个城市排名相较于上年都有所提高。在排名上升的8城市中，江苏省城市占了5个。上海、徐州、常州、苏州、南通、连云港、宿迁、杭州、宁波、湖州、温州、衢州等12个城市城市排名不变。其余5座城市的排名都有不同程度的下降，这些城市应坚定不移地走可持续的经济发展道路。

从社会子系统得分排名来看，近四年上海始终保持第一的位置，南京、无锡、常州、苏州、杭州、宁波等六座城市排名始终在前10位，这七座城市社会可持续发展水平较高。本年度上海、南京分列前两位。从近两年看，在江苏省城市中，无锡、扬州、镇江、淮安等4座城市排名较上年有所提高，南京、徐州、常州、连云港、盐城、宿迁这6个城市的排名未变，苏州、南通、泰州等3座城市均有不同程度下降。同时，浙江省除舟山、温州排名上升外，其他城市的排名都未变或有所下降。

从资源环境子系统排名来看，近四年南京、无锡、常州、苏州、南通、扬州等六座城市排名始终在前10位，这六座城市资源环境可持续发展水平较高。本年度上海、苏州分列前两位。从近两年看，徐州、泰州、杭州、嘉兴等4座城市排名上升幅度均超过五位，反映这四座城市在资源环境方面的建设力度较大。上海、无锡、淮安、宿迁、宁波、绍兴、衢州、丽水等8座城市资源环境子系统排名也有所上升。其余城市排名有所下降，这些城市应该继续加强城市的资源环境建设。

从综合得分排名上，近四年，上海、苏州、南京、无锡、杭州、宁波、常州等七座城市排名始终位于前10位，这七座城市可持续发展水平较高。从江苏省内看，近两年只有淮安、徐州、盐城、泰州、宿迁排名上升，其中泰州排名上升幅度较大，由上一年度的20位上升至本年度的14位。其他城市均保持不变或下降。从浙江省内来看，近两年除杭州、嘉兴排名上升外，浙江省内其他城市均保持不变或不同程度的下降。嘉兴上升较为迅速，从上一年度的13位上升至本年度的第7位。可持续发展是城市发展的长久之计，也是城市发展一直要遵循的准则，只有更好的贯彻可持续发展的综合策略，城市才能获得持久稳健的发展。

从长江三角洲可持续发展综合排名上来看，本年度，位于前十位的城市中，除上海外，江苏占据六席，浙江占据三席。地区经济、社会、资源环境的发展是地区综合、协调的结果，互相支持和辅助才能使整个地区的经济、社会和资源环境共同发展。

表12　可持续发展水平得分排名比较

城市	经济子系统得分排名				社会子系统得分排名				资源环境子系统得分排名				综合得分排名			
	06	07	08	09	06	07	08	09	06	07	08	09	06	07	08	09
上海	1	1	1	1	1	1	1	1	16	2	2	1	1	1	1	1
南京	6	4	4	5	3	3	2	2	5	4	6	9	4	3	3	3
无锡	4	5	5	4	6	4	5	4	4	7	5	3	3	4	4	4
徐州	18	17	17	17	19	12	19	19	11	11	15	7	15	12	17	16
常州	8	7	7	7	9	6	6	6	6	6	3	5	9	6	5	6
苏州	2	2	2	2	2	2	4	5	2	1	1	2	2	2	2	2
南通	7	8	8	8	7	8	14	15	3	5	8	10	8	7	9	10
连云港	22	18	21	21	24	18	20	20	15	17	12	18	21	18	19	19
淮安	23	23	23	22	21	21	23	22	22	13	13	11	23	20	21	18
盐城	20	21	18	19	22	23	21	21	12	12	20	20	19	19	22	20
扬州	12	11	16	14	12	11	13	9	8	3	4	8	11	9	7	9
镇江	11	13	15	12	10	9	12	11	7	9	9	13	10	10	11	11
泰州	13	20	19	18	13	14	17	18	9	14	19	6	12	14	20	14
宿迁	25	25	25	25	25	25	25	25	17	21	14	12	24	25	24	22
杭州	5	3	3	3	4	5	3	3	10	10	23	18	5	5	6	5
宁波	3	6	6	6	5	7	7	8	13	19	24	22	6	8	8	8
嘉兴	10	9	13	11	11	10	10	10	25	23	16	4	18	13	13	7
湖州	17	19	20	20	15	19	11	12	14	15	7	15	13	17	12	13
绍兴	9	10	11	10	8	14	8	13	1	8	22	21	7	11	16	17
舟山	19	16	10	13	14	15	9	7	19	18	10	16	16	16	10	12
温州	15	12	9	9	17	20	15	14	24	25	17	25	20	20	14	23
金华	16	15	14	15	18	17	18	16	18	10	11	14	17	15	15	15
衢州	21	24	24	24	20	22	22	23	21	20	18	17	22	23	23	24
台州	14	14	12	16	16	16	16	17	20	22	21	24	14	21	18	21
丽水	24	22	22	23	23	24	24	24	23	24	25	23	25	24	25	25

四、对长江三角洲城市可持续发展的建议

（一）突出科学发展主题，紧抓转变方式主线，提高经济的可持续发展水平。

长三角城市要在抓好主体、主线上走在全国前列。现长三角的25个城市中，除上海和南京，其他城市的第二产业占GDP比重都还大于第三产业占GDP比重；消费对GDP的贡献依然较低，内需低迷；投资仍然是城市经济增长的主要驱动因素。可见，长三角城市整体经济结构还有待优化，经济增长方式亟待转变。“十二五”期间，长三角城市要促进经济增长由主要依靠投资、出口拉动向依靠消费、投资、出口协调拉动转变，由主要依靠第二产业带动向依靠第一、第二、第三产业协同带动转变，由主要依靠增加物质资源消耗向主要依靠科技进步、劳动者素质提高、管理创新转变。“十二五”期间，长三角城市要高度重视科技创新对经济增长方式转变的重要性，应增强科技创新能力，不断完善科技创新体制机制，加大科技投入，深入实施科教兴国战略和人才强国战略，加快建设创新型城市。

（二）着力保障和改善民生，建立健全基本公共服务体系，构建和谐稳定的社会环境。

民生问题是长三角城市居民呼声最强烈、全社会十分关注的问题。“十二五”期间，长三角地区城市要以“改善民生”取代“GDP”政绩观，实施更加积极的就业政策，促进就业和构建和谐劳动关系；努力提高居民收入在国民收入分配中的比重，提高劳动报酬在初次分配中的比重，创造条件增加居民财产性收入，健全扩大就业增加劳动收入的发展环境和制度条件，促进机会公平；坚持广覆盖、保基本、多层次、可持续方针，加快推进覆盖城乡居民的社会保障体系建设；增加财政投入，深化医药卫生体制改革，调动医务人员积极性，把基本医疗卫生制度作为公共产品向全民提供，优先满足群众基本医疗卫生需求；按照优先发展、育人为本、改革创新、促进公平、提高质量的要求，深化教育教学改革，推动教育事业科学发展。

（三）积极推动绿色发展，加快建设资源节约型、环境友好型社会，提高生态文明水平。

当前，长三角城市可持续发展与资源有限、环境污染之间的矛盾日益突出，成为影响长三角城市进一步发展的主要矛盾之一。“十二五”期间，长三角城市必须增强危机意识，树立绿色、低碳发展理念，把大幅降低能源消耗强度和二氧化碳排放强度作为约束性指标，有效控制温室气体排放；开发应用源头减量、循环利用、再制造、零排放和产业链接技术，推广循环经济典型模式，大力发展循环经济；落实节约优先战略，全面实行资源利用总量控制、供需双向调节、差别化管理；完善环境保护科技和经济政策，建立健全污染者付费制度，建立多元环保投融资机制，加大环境保护力度；加强生态保护和防灾减灾体系建设；大力发展低碳经济，倡导低碳生活，打造生态宜居城市和低碳城市。

（四）加强城市间的交流与合作，建立健全城市管理体制，全面提升区域可持续发展能力。

区域经济一体化是经济社会发展到一定阶段的产物。长三角城市区域经济要想稳健快速的发展，区域内部的协调配合是经济发展的重要保证。长三角城市区域是我国经济发展最快、经济总量规模最大、经济潜质最好的经济区之一，也是区域合作起步最早、领域最多、发展最为活跃的区域之一。但是区域内部仍存在经济发展不平衡的城市，协调内部各城市的经济发展是长三角城市区域可持续发展

的重要前提。长三角城市区域的城市既要继续加强政府行政管理，又要按照市场化的原则，把市场机制引入城市管理之中来，用更多的经济手段解决城市发展中面临的问题。

（江苏省城市发展研究院、长三角城市发展研究中心供稿）

中国临空经济发展报告
——科学发展临空经济实现中国区域经济协调发展

本文遵循临空经济高端、高效、高辐射脉络，探讨在统筹区域发展、促进在区域经济协调大背景下，临空经济的推动作用。首先回顾区域协调发展战略的提出历程，接着论述发展临空经济与区域协调发展之间的关系，在此基础上，探讨临空经济体系构建的路径，最后提出中国发展临空经济的对策和建议。

第一节　区域协调发展背景下中国临空经济体系构建

一、区域协调发展战略的提出

自1949年新中国成立至今，我国区域经济发展战略进行不断调整，大体上经历以内陆地区为重点的平衡发展阶段、以东部沿海地区为重点的不平衡发展阶段、以强调缩小地区差距为重点的区域协调发展阶段。

改革开放前30年（1949~1978年）属于区域经济平衡发展阶段。在解放初期，为了改变旧中国遗留下来的生产力分布不平衡状况，中央政府明确提出工业布局向内地倾斜。因此“一五”（1953~1957年）计划期间，156项重点建设工程有80%布局在中西部地区，694个限额以上重点工程（投资在1000万元以上的项目）有68%布局于内地[①]。“二五”（1958~1962）计划要求，在全国适当分布工业生产力，使工业接近燃料、原料产地和消费地，提高落后地区经济发展水平，同时有利于巩固国防。特别是“三线建设”时期（1965~1972年），国家基于备战考虑，加大生产力布局战略转移力度，大力建设三线地区，将位于北京、上海、辽宁和江苏等地的工厂和研究机构搬迁到中西部的“大三线地区”；在这一时期，国家投资向内地大力倾斜，内地基本建设投资占全国的66.8%，内地投资额是沿海地区的2.4倍，其中大项目较多的四川省投资额占全国12.09%，而上海只占2.38%。

在区域经济平衡发展阶段，中央高度集中计划安排支配着区域经济发展的各个方面，国家对中西部地区援助力度极大，在中西部地区基本建成以国防工业为主导，钢铁、有色、电力、交通、化工、电子等产业为特色，门类齐全的工业体系，从而促进西部地区经济快速发展。然而，由于当时从国防和备战角度考虑企业布局，要求企业靠山、分散、进洞，没能形成产业集聚，因此新建和迁入的企业效益普遍低，没有充分发挥对中西部地区经济发展带动作用，同时也影响全国经济发展速度。

① 张可云．区域经济政策[M]．北京：商务印书馆，2005。

1978年十一届三中全会召开，中国步入改革开放新时期，为了充分利用沿海地区比较优势、发展外向型经济、面向国际市场、参与国际竞争，国家实行东部沿海地区经济优先发展的区域经济发展战略，由此，中国区域经济进入不平衡发展阶段（1979～1991年）。在该阶段，国家从两个方面对区域经济发展施加影响，一方面，国家项目建设重心逐渐向东部沿海地区倾斜，国家在沿海地区的投资比重超过中西部地区，达到47.7%，而中西部地区占46.5%；另外一方面，

国家在东部沿海地区进行制度创新，先后批准设立深圳、珠海、汕头和厦门4个经济特区，紧接着设立14个沿海经济开放区和沿海开放港口城市，接着将整个海南岛设立为特区省，随后国家又作出开发上海浦东的决策。向东部沿海地区倾斜的政策，充分发挥了沿海地区的优势，促使东部沿海地区先行于其他地区发展，经济增长速度比其他地区快许多，从而带动整个国民经济迅速发展，国家积累也快速增长。然而，在整体国民经济十多年快速发展的同时，区域经济不平衡发展战略的一些内生矛盾也随之逐渐出现，尤其是东西部发展差距逐渐扩大，影响到国民经济健康运行，有损社会公平，同时对民族团结和边疆稳定有负面作用。在实施不平衡发展战略过程中，国家对中西部地区援助和投资相对减少，各种优惠政策向东部沿海地区倾斜，是造成区域发展差距扩大的主要原因，为了社会公平价值目标，促进民族团结和边疆稳定，缩小区域发展差距是题中之意。

正是在这一形势下，党中央和国务院开始重视区域协调发展，区域经济发展战略由不平衡发展转向区域协调发展（1992年至今）。1991年，“区域协调发展战略”于《关于国民经济和社会发展十年规划和第八个五年计划纲要的报告》中首次提出。报告指出，今后十年，要按照统筹规划、合理分工、优势互补、协调发展、利益兼顾、共同富裕的原则，逐步实现生产力的合理布局；地区之间经济发展不平衡，生活水平有差异，这是由于历史、地理等原因形成的。随着经济的发展，国家和经济发达地区都要努力帮助较不发达地区改变面貌，使各个地区都能得到发展，走共同富裕道路。要继续贯彻执行扶持民族地区、贫困地区、老根据地和边疆地区发展的各项现行政策，争取在今后十年从根本上解决这些地区贫困群众的温饱问题，使经济面貌和人民生活都有显著改善②。

1996年3月份通过的《中华人民共和国国民经济和社会发展“九五”计划和2010年远景目标纲要》明确提出促进区域协调发展。报告指出，引导地区经济协调发展，形成若干各具特色的经济区域，促进全国经济布局合理化，是逐步缩小，地区发展差距，最终实现共同富裕，保持社会稳定的重要条件，也是体现社会主义本质的重要方面③。该纲要进一步确定区域协调发展的方向，指出按照市场经济规律和经济内在联系以及地理自然特点，突破行政区划界线，在已有经济布局基础上，以中心城市和交通要道为依托，逐步形成7个跨省区市的经济区域。这7个经济区域分别是长江三角洲及沿江地区、东南沿海地区、环渤海地区、东北地区、中部五省地区、西南及华南部分省区、西北地区。

2001年3月朱镕基总理在九届全国人大四次会议上作了《国民经济和社会发展“十五”计划纲

② 引自《关于国民经济和社会发展十年规划和第八个五年计划纲要的报告》。
③ 引自《中华人民共和国国民经济和社会发展“九五”计划和2010年远景目标纲要》。

要》的报告，报告用专门一章阐述实施西部大开发、促进地区协调发展。报告指出，实施西部大开发战略，加快中西部地区发展，是我国迈向第三步战略目标的重要部署。西部地区要加强基础设施和生态环境建设，力争5年到10年内取得突破性进展，同时科技和教育也有较大发展；中部地区要发挥区位优势和综合资源优势，加快经济发展步伐；东部沿海地区要面向国内外市场，加快科技进步和创新，着力发展高新技术产业和外向型经济，有条件地区要率先基本实现现代化④。“十五”计划要求按照市场规律，打破行政分割，加强区域间经济技术合作，带动中西部地区经济发展。

2003年十六届三中全会通过的《中共中央关于完善社会主义市场经济体制若干问题的决定》提出五个统筹，即统筹城乡发展、统筹区域发展、统筹经济社会发展、统筹人与自然和谐发展、统筹国内发展和对外开放。对于统筹区域发展，特别强调需要形成促进区域经济协调发展的机制。2005年10月中共十六届五中全会通过《中共中央关于制定国民经济和社会发展第十一个五年规划的建议》，该建议第五部分重点阐述促进区域协调发展。建议指出，继续推进西部大开发、振兴东北地区等老工业基地、促进中部地区崛起、鼓励东部地区率先发展；加大国家对欠发达地区的支持力度，加快革命老区、民族地区、边疆地区和贫困地区经济社会发展⑤。建议还提出促进区域协调发展的互动机制，认为形成区域间相互促进、优势互补的互动机制，是实现区域协调发展的重要途径，这种互动机制由市场机制、合作机制、互助机制和扶持机制构成。2007年10通过的中共中央十七大报告也重点阐述区域协调发展，报告指出，缩小区域发展差距，必须注重实现基本公共服务均等化，引导生产要素跨区域合理流动，遵循市场经济规律，突破行政区划界线，形成若干带动能力强、联系紧密的经济圈和经济带；加大对革命老区、民族地区、边疆地区、贫困地区发展支持力度。

综上所述，从1991年3月全国七届人大四次会议开始，历次党代会和全国人大会所形成的建议和规划涉及区域协调发展方面的内容无不与区域发展差距扩大有关，缩小区域发展差距、促进各地区人民群众共同富裕是区域协调发展战略的重要内容。

二、临空经济与区域协调发展

我国于1991年就提出区域协调发展战略，并且从1992年开始在实践中采取协调发展政策措施，然而，由于我国确立建立社会主义市场经济体制，市场机制在国民经济发展中成为资源有效配置的重要方式，在市场力作用下，优质生产要素向东部沿海地区流动，使东部沿海地区于1992至目前经济出现高速增长的现象，导致区域发展差距进一步拉大。从20世纪90年代开始，东部沿海地区再次成为我国经济增长最快区域，年均GDP增长速度在12%～18%，多数沿海省份连续10多年GDP保持在两位数以上增长速度，从而有力带动整个国家经济增长，同时也导致发达地区与落后地区经济发展差距进一步扩大。进入21世纪，特别是2005年后我国开始实施十一五规划，加大区域协调发展措施力度，在国民经济发展中重视市场机制同时，开始运用区域合作机制和区域互助机制，对贫穷地区采用扶持机制。

---

④ 引自《国民经济和社会发展“十五”计划纲要》。

⑤ 引自《中共中央关于制定国民经济和社会发展第十一个五年规划的建议》。

然而，中西部一些地区禀赋天然缺乏、自然环境恶劣、大山阻隔造成交通条件极差，而东部地区自然条件先天优越、基础设施配套较全、已有的经济发展环境良好，因此，在市场经济条件下，市场机制的力量超过合作机制、互助机制和扶持机制的力量，资源继续向东部发达地区流动，致使东西部区域经济发展绝对差距继续扩大。在目前我国工业化和城镇化阶段，经济发展主体部分在城市，农村所占比例很小，所以可以用城镇居民人均收入表征区域经济发展水平，不同地区城镇居民人均收入差距可以反应地区发展差距。由表1可见，从2005年到2008年东西部地区城镇居民人均收入绝对差距逐年扩大，由2005年的5166.24元扩大到7048.48元，这表明东西部地区经济发展差距在继续拉大；从2006年开始，东西部地区城镇居民人均收入相对差距缩小，由2006 年1.569逐年缩小到2008年1.506，说明东西部地区发展差距扩大幅度正在减少，这使因为区域协调发展的互动机制开始发挥作用，国家加大对西部地区发展的支持力度。

表1　地区经济发展差距

年份	东部地区城镇居民人均收入（元）	西部地区城镇居民人均收入（元）	绝对差距（元）	相对差距
2005	14584.60	9418.36	5166.24	1.549
2006	16380.39	10443.01	5937.38	1.569
2007	18544.97	12130.66	6414.31	1.529
2008	20965.49	13917.01	7048.48	1.506

① 资料来源：历年中国统计年鉴。
② 说明：历年绝对差距为该年东部地区城镇居民人均收入减西部地区城镇居民人均收入；历年相对差距为东部地区城镇居民人均收入除西部地区城镇居民人均年收入。

可见，区域协调发展任重道远，缩小区域发展差距是一个长期的过程。区域协调发展具有重要意义，是国民经济健康发展的必要条件，首先，区域协调发展是国民经济健康发展的必要条件，东部地区经济发展离不开中西部地区支撑，中西部地区经济发展水平提高，可以提升中西部地区群众生活水平，以实现公平价值趋向和共同富裕目标；其次，区域协调发展可以促进民族团结和边疆稳定，为我国社会主义市场经济发展提供一个稳定的政治环境。因此，必须十分重视区域协调发展，采取有效方法缩小区域发展差距。

发展临空经济可以加快中西部落后地区经济发展速度，从而缩小地区发展差距，促使东部地区率先发展、实现现代化，最终实现区域经济协调发展。临空经济对区域经济协调发展的作用表现在下面几个方面：

首先，发展临空经济可以克服空间联系困难造成的要素和产品流动障碍。我国西部地区和中部部分地区地处高原和山区，地势十分险要，悬崖绝壁林立、河流沟谷横切山岭，致使难以形成良好的公路和铁路交通体系，虽然通过西部大开发加强西部地区基础设施建设，修建许多公路、高速公路、铁路，然而中西部地区复杂地形条件使其难以充分发挥效率，路线弯道太多，车速难以提高，从西部某一城市经由公路或铁路到东部沿海地区乃需很长时间，不利于生产要素和产品在东西部地区间流动，特别是对于青藏高原地区来说，其距离东部沿海地区太远，公路和铁路交通沿线生态环境恶劣，更加不利于通过公路和铁路运输优质生产要素和产品，新疆地区距离东部沿海路途更远，公路和铁路运输太费时，也不利于要素和产品在新疆地区和东部沿海地区流动。临空经济是产业在飞机场周边集聚，充分利用航空运输实现与外地进行生产要素和产品相互流动的新型经济形态，临空经济具有空间易达性，只要有航线与外界连通，就可以实现与外界进行人和物交流，而不受复杂自然条件和地形影响，通过快捷、便利、安全的航空运输可以快速实现高端要素和高端产品在中西部地区与东部沿海地区之间流动，从而克服险恶地形对中西部地区与东部地区之间经济交流的阻碍作用。

其次，临空经济具有区域经济增长极特性，临空经济区可以带动腹地和机场依托的城市经济发展。高新技术产业、现代制造业和现代服务业是临空产业的主体部分，这些高端产业在临空经济区集聚，可以形成扩散效应，将临空经济区的技术、资本、人才和知识扩散到腹地和机场依托的城市，从而带动经济发展。临空经济存在极化效应和扩散效应，但是临空经济发展的自始至终扩散效应一直起

作用，所以临空经济拥有强大的带动区域经济发展的功能。

再次，中西部地区发展临空经济可以发挥后发优势，实现区域经济跨越式发展。中西部不发达地区本来工业落后、产业低端，如果在中西部地区发展临空经济，将高端产业直接植入当地，可以不受以前条条框框的限制，后发优势能够得到充分发挥，此时，政府再配以优惠的产业政策，就可以对当地市场形成激励，直接形成高端化的产业结构，从而实现区域经济跨越式发展。

最后，临空经济可促进东部地区率先发展，实现现代化。在基于时间的竞争和产业链分工的国际大环境下，东部沿海地区可以通过发展临空经济，在全球范围内参与高端产业的产业链分工，积极发展以电子信息、计算机硬件、新材料、新能源、生物制药、生物工程、航空航天制造、汽车为主的高新技术产业和现代制造业，以及金融、法律、会展、咨询，信息等现代服务业。通过临空经济区实现人才、资本、技术和知识的国际交流，提高产业高端性，从而实现东部地区率先发展，提早实现现代化。

三、中国临空经济体系构建

为了实现区域经济统筹协调发展，可采取构建中国临空经济体系的措施。也即，根据全国机场分布状况，在全国范围的地级市、省会城市、以及直辖市建立临空经济区，发展临空经济，直接将高端产业植入落后地区，然后通过临空经济的扩散效应，促进落后地区实现跨越式发展，达到区域统筹协调发展之目的。

（一）构建中国临空经济体系可能性分析

发展临空经济、构建临空经济体系需要具备一些必备条件，在中国目前经济社会发展状况下能否构建临空经济体系，这需要从客观上作具体分析。临空经济发展受到机场、航空运输业、国民经济整体发展水平的影响，因此本部分将从机场布局状况、航空运输业发展状况和目前中国国民经济整体发

展状况三个方面分析临空经济体系构建的可行性。

1. 全国民用机场布局分析

机场是临空经济的内核，一个区域没有机场也就无从谈起临空经济，一个城市机场在机场群中的地位决定该城市临空经济在临空经济体系中的地位，因此，全国民用机场布局影响中国临空经济体系构建。2008年《全国民用机场布局规划》得到国务院批准，该规划指出，截至2006年年底，我国共有民航运输机场147个，以2006年为基数，到“十一五”末新增45个，达到192个民航运输机场，2011-2020年期间再新增52个机场，到2020年机场总数达到244个，具体见图1。根据该规划，至2020年我国将形成北方（包括华北和东北）、华东、中南、西南和西北五大机场群。

北方机场群重点将北京首都机场培育成国际枢纽机场，提升和发挥天津和沈阳机场在滨海新区建设发展和东北老工业基地振兴中的作用，完善长春、石家庄、太原、哈尔滨、大连、呼和浩特等机场作为干线机场功能，稳步发展漠河、大庆、阿尔山、长白山等区域内支线机场。

图1　全国民用机场布局规划分布图

华东机场群重点将上海浦东机场培育成国际枢纽机场，完善上海虹桥、南京、福州、南昌、合肥、济南、杭州、厦门、青岛等机场的干线机场功能，稳步发展宜春、济宁、苏中、三明等区域内支线机场。

中南机场群将广州白云机场重点培育为国际枢纽机场，加强郑州和武汉机场在中部崛起中的作用，完善海口、三亚、深圳、桂林、长沙、南宁等机场在区域中作为干线机场功能，稳步发展河池、神农架等区域内支线机场。

西南机场群重点将昆明机场培育成为连接东南亚和南亚的门户机场，强化重庆、成都机场的枢纽功能，完善拉萨、贵阳等机场功能，稳步发展腾冲、六盘水、黔江、康定等其他支线机场。

西北机场群将乌鲁木齐机场重点培育为连接中亚的西北门户机场，强化西安机场在区域内的中心地位，完善银川、西宁、兰州等机场的功能，稳步发展玉树、喀纳斯、天水、固原等区域内支线机场。

全国民用机场布局规划实施后，全部省会城市、副省级城市、大部分地级市、均有机场连接，形成由枢纽、干线和支线组成功能完善的机场网络体系。

综上所述，全国民用机场布局规划实施，将形成分布合理、服务范围全面、大中小层次清晰的机场结构，为临空经济体系构建提供良好基础，使得在西北地区发展临空经济、并将其纳入整个临空经济体系成为可能。

2. 航空运输业分析

自1993年我国确立建立社会主义市场经济体制以来，航空运输业取得了长足发展，截至目前，拥有定期航线1506条，其中国内航线1216条、国际航线290条，全国146个城市实现通航，与全球43个国家的96个城市实现通航， 51个国家的95家航空公司在中国开展航空运输业务。具有法人资格的通用航空企业77家，全国有42家具备独立法人资格从事航空运输的航空公司，形成以国航、南航和东航三大航空公司为主体，上航、海航、深航、川航、三东航等区域性中型航空公司为辅助，鹰联航、奥凯航和春秋航为补充的航空市场结构。全国共有飞机2000多架，其中通用飞机800多架，商用运输飞机1160架。

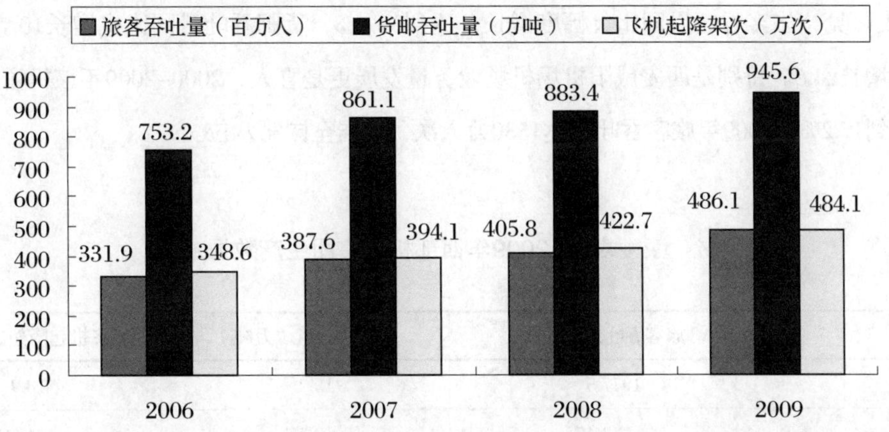

图2 中国民航机场运输业务量

数据来源：历年中国民航机场生产统计公报。

“十一五”期间，民航机场运输业务量快速增加，由图2和图3可知，“十一五”开局之年—2006年全国机场旅客吞吐量、全国机场货邮吞吐量、飞机起降架次分别为3.31亿人、753.2万吨、348.6万次，而2009年则分别增加到4.86亿人、945.6万吨、484.1万次，三年之内分别增长了46.8%、25.5%、38.9%；每年机场运输业务量同比快速增长，除了2008年民航运输业受到国际金融危机影响导致增长率较低外，每年旅客吞吐量增长率、飞机起降架次增长率全部在10%以上，旅客吞吐量增长率、货邮吞吐量增长率、飞机起降架次增长率四年平均分别达到14.5%、10.73%、12.2%。

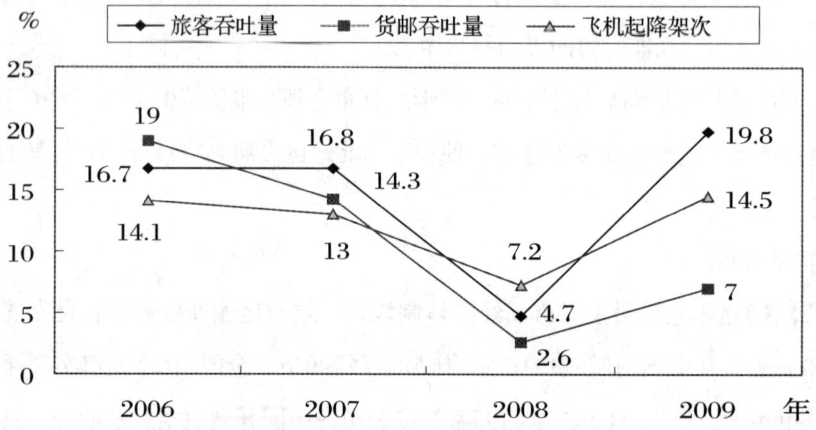

图3 中国民航机场运输业务量增长率

数据来源：历年中国民航机场生产统计公报。

在全国航空运输业快速发展的同时，西部地区航空运输业也获得前所未有的快速发展。以西部机场集团为例，该集团管辖陕西、甘肃、宁夏、青海四省范围内的12个机场，2009年该集团生产数据见表2，由该表可见，旅客吞吐量同比大幅度增长，达到33.4%，货邮吞吐量同比也增长10.7%，飞机起降架次同比增长24.6。特别是西安咸阳机场机场业务量发展更是喜人，2000~2009年该机场旅客吞吐量年均增长达到17.2%，2009年旅客吞吐量达1530万人次，位居全国第八位。

表2 2009年西部机场集团生产数据

项目	旅客吞吐量（万人）	货邮吞吐量（万吨）	飞机起降架次（次）
总量	1977.5	15.2	18.9
同比增幅	33.4%	10.7%	24.6%

资料来源：何喜奎在2010年民航发展论坛所作报告《抓住新一轮西部大开发机会做大做强西部空港》。

国内四处通达的航线网络，致使140多个国内城市进行通航，确保空间通达性，国内外100多家航空公司形成航空运输主体，2000多架飞机确保航空运输正常进行，快速发展的客货运输业务促进了经济社会发展，所有这一切表明中国航空运输业的发展已经为临空经济发展奠定坚实基础，在全国范围内发展临空经济、构建临空经济体系是可行的。

3. 国民经济发展分析

十一届三中全会以来，我国进入改革开放新时期，经济体制经历从传统计划

经济到有计划商品经济、最后到市场经济的伟大变革。在这场市场化改革大潮中，在经济利益驱动下，各类市场主体从事市场经济活动的积极性被充分调动起来，社会主义现代化建设取得举世瞩目的辉煌成就，人民生活水平实现了由温饱不足向总体小康的历史性跨越，我国国际经济社会影响力和地位赢得空前提高，经济社会面貌发生历史性变化。

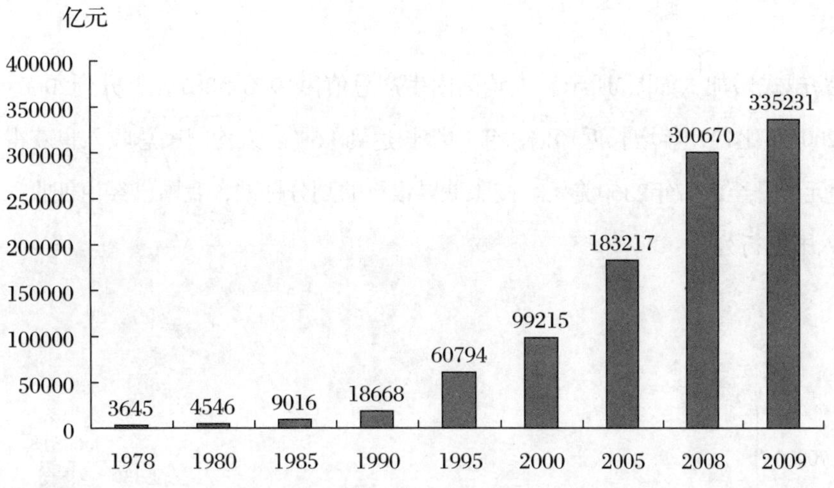

图4 1978~2009年GDP

数据来源：笔者对国家统计局历年《中国统计年鉴》总结

1979~2009年，国内生产总值年均实际增长大约9.8%，大大高于同期世界经济年平均增长3.0%的速度，与日本经济起飞阶段国内生产总值年平均增长9.2%和韩国经济起飞阶段国内生产总值年均增长8.5%不相上下[⑥]。经济快速增长导致经济总量加速扩张，如图4所示，GDP由1978年的3645亿元迅速跃升至2009年的335231亿元，2002年经济开始新一轮高速增长，GDP平均每年上升2万亿元，2006年超过20万亿元，2008年达到30多万亿元。经济总量居世界位次稳步提升，我国的GDP居世界的位次由1978年第10位上升到2009年第3位，仅次于美国和日本。

⑥ 引自国家统计局《改革开放30年报告之一：大改革、大开放、大发展》。

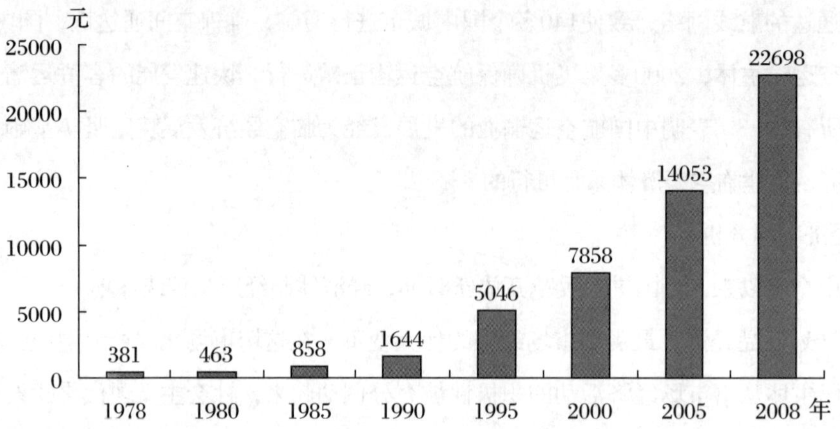

图5　1978~2008年人均GDP

数据来源：笔者对国家统计局历年《中国统计年鉴》总结

人均GDP跨越式增加，如图5所示。人均国内生产总值由1978年381元上升到2008年22698元，扣除价格因素，2008年比1978年增长近10倍，年均增长达到8.6%。人均国民总收入也获得快速增长，由1978年的190美元上升至2007年2360美元。按照世界银行的划分标准，我国已经由低收入国家跃升至世界中等偏下收入国家行列⑦。

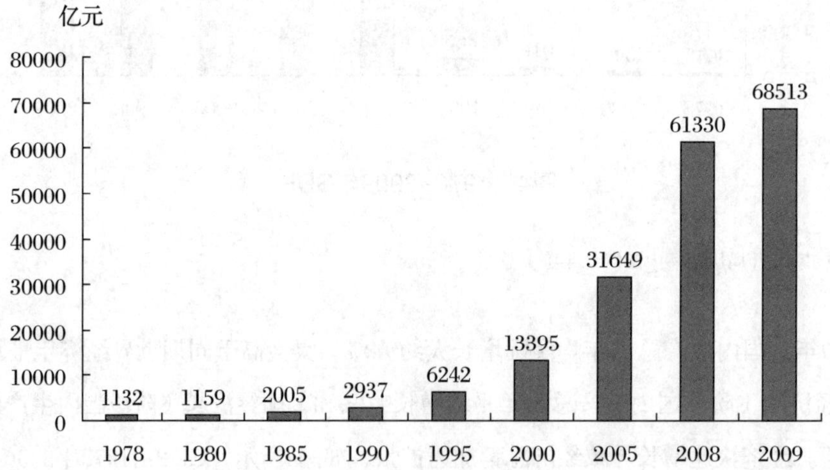

图6　1978~2009年 财政收入

数据来源：2009年中国统计年鉴

⑦　引自国家统计局《改革开放30年报告之一：大改革、大开放、大发展》。

经济快速增长和总量扩张，带来国家财政实力不断增强。如图6所示，1978年国家财政收入只有1132亿元，1985年达到2005亿元，差不多翻一番；1995年达到6242亿元，大约是1985年财政收入的3倍，是1978年的6倍；2000年超过1万亿元，达13395亿元，2005年超过3万亿元，2008年超过6万亿元达到61330亿元， 2009年，国家财政收入已经达到68513亿元。

外汇储备大幅度增加，实现由短缺到富足转变。图7所示，1978年，我国外汇储备只有1.67亿美元，外汇储备相当短缺。随着我国外向型经济不断发展壮大，经常项目贸易盈余不断积累，外汇储备逐渐变为富足。1990年外汇储 备超过百亿美元，1995年达到736亿美元， 2006年超过1万亿美元，此时已经超过日本、位居世界第一位，2008年外汇储备扩大到19524亿美元，稳居世界第一位。

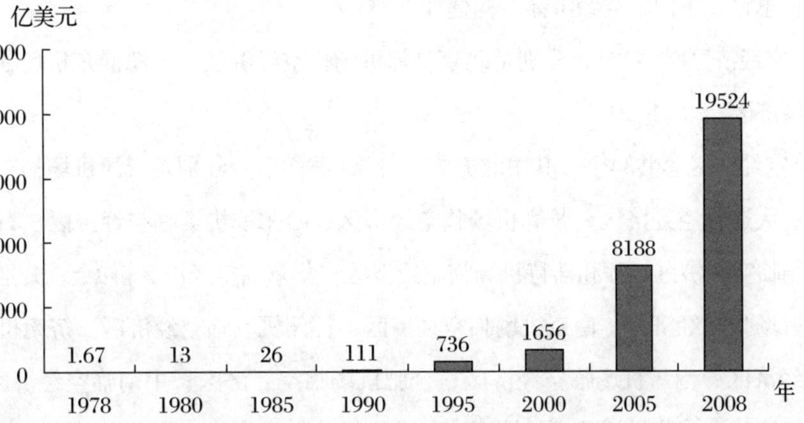

图7 1978年~2008年外汇储备余额

数据来源：2009年中国统计年鉴

城乡居民生活水平和富裕程度不断提高。居民消费水平从1978年184元增加到2007年7081元，按可比价格计算，人均消费水平提高7.2倍，年均实际增长7.5%。其中，城镇居民人均消费水平提高4.9倍，农村居民人均消费水平提高4.4倍，年均分别增长6.3%和5.9%。反映居民家庭富裕程度的恩格尔系数，城镇居民家庭由57.5%下降到36.3%，农村居民家庭由67.7%下降到43.1%。城乡居民的储蓄存款迅速增加，从1978年211亿元增加到2008年217885亿元[8]。

城乡居民生活水平和富裕程度提高，改变需求结构，衍生出许多新需求，由原来的生存型需求结构向享受型需求结构转变，人们产生利用航空运输出外远途旅游的需求，使得发展临空经济成为可能。经济总量和财政收入快速增长，为国家构建和谐社会、统筹城乡发展、统筹区域发展、缩小发展差距提供财力保障，使国家更具备经济实力实现公共服务均等化，具备财力投资建设西部落后地区的

⑧ 引自国家统计局《改革开放30年报告之一：大改革、大开放、大发展》。

机场和航站楼等航空运输基础设施。因此，从国民经济发展状况角度考察，目前中国完全具备发展临空经济、构建中国临空经济体系的经济基础，在现阶段构建中国临空经济体系是可行的。

（二）构建中国临空经济体系思路

中国临空经济体系是指以三大国际门户枢纽机场的临空经济区为核心，以干线机场的临空经济区为次级中心，以部分具备条件的支线机场的临空经济区为结点单元所组成的分工合理、相互联系的有机整体。可将临空经济体系分为三个层次，即一级临空经济区、二级临空经济区和三级临空经济区。

由于机场是临空经济的内核，临空经济只能在机场周边发展，所以构建中国临空经济体系应该以《全国民用机场布局规划》为基础。按照五大机场群中各个机场功能定位以及机场依托的城市的经济社会发展状况综合确定临空经济区所在层级，相应形成北方、华东、中南、西南、西北五大临空经济区群，按照这种思路，中国临空经济体系构建如下：

1. 一级临空经济区总共3个，分别是北京首都机场临空经济区、上海浦东机场临空经济区、广州白云机场临空经济区。

2. 二级临空经济区总共34个，其中北方临空经济区群8个，分别是天津机场临空经济区、沈阳机场临空经济区、大连临空经济区、长春机场临空经济区、哈尔滨机场临空经济区、石家庄机场临空经济区、太原机场临空经济区、呼和浩特机场临空经济区；华东临空经济区群8个，分别是杭州机场临空经济区、厦门机场临空经济区、南京机场临空经济区、福州机场临空经济区、济南机场临空经济区、青岛机场临空经济区、南昌机场临空经济区、合肥机场临空经济区；中南临空经济区群8个，分别是武汉机场临空经济区、郑州机场临空经济区、长沙机场临空经济区、南宁机场临空经济区、海口机场临空经济区、三亚机场临空经济区、深圳机场临空经济区、桂林机场临空经济区；西南临空经济区群5个，分别是昆明机场临空经济区、成都机场临空经济区、重庆机场临空经济区、贵阳机场临空经济区、拉萨机场临空经济区；西北临空经济区群5个，分别是乌鲁木齐机场临空经济区、西安咸阳机场临空经济区、兰州机场临空经济区、银川机场临空经济区、西宁机场临空经济区。

3. 三级临空经济区总共152个，分成北方、华东、中南、西南和西北五大临空经济区群。其中北方临空经济区群28个，分别是秦皇岛临空经济区、运城临空经济区、大同临空经济区、长治临空经济区、包头临空经济区、满洲里临空经济区、锡林浩特临空经济区、赤峰临空经济区、通辽临空经济区、乌兰浩特临空经济区、丹东临空经济区、锦州临空经济区、朝阳临空经济区、延吉临空经济区、牡丹江临空经济区、齐齐哈尔临空经济区、佳木斯临空经济区、邯郸临空经济区、衡水临空经济区、承德临空经济区、张家口临空经济区、吕梁临空经济区、鄂尔多斯临空经济区、二连浩特临空经济区、通化临空经济区、白城临空经济区、大庆临空临空经济区、鸡西临空经济区；华东临空经济区群34个，分别是无锡临空经济区、常州临空经济区、徐州临空经济区、徐州临空经济区、连云港临空经济区、南通临空经济区、盐城临空经济区、宁波临空经济区、温州临空经济区、黄岩临空经济区、义务临空经济区、衢州临空经济区、舟山临空经济区、烟台临空经济区、威海临空经济区、临沂临空经济区、潍坊临空经济区、东营临空经济区、黄山临空经济区、安庆临空经济区、阜阳临空经济区、赣州临空经济区、井冈山临空经济区、九江临空经济区、景德镇临空经济区、晋江临空经济区、淮安临空经济区、丽水临空经济区、济宁临空经济区、蚌埠临空经济区、芜湖临空经济区、宜春临空经济区、三明临空经济区、宁德临空经济区；中南临空经济区群21个，分别是珠海临空经济区、梅州临空经济区、汕头临空经济区、湛江临空经济区、北海临空经济区、柳州临空经济区、梧州临空经济区、洛阳临空经济区、南阳临空经济区、宜昌临空经济区、恩施临空经济区、襄樊临空经济区、常德临空经济区、永州临空经济区、怀化临空经济区、韶关临空经济区、河池临空经济区、白色临空经济区、琼海临空经济区、信阳临空经济区、商丘临空经济区；西南临空经济区群36个，分别是万州临空经济区、攀枝花临空经济区、西昌临空经济区、宜宾临空经济区、绵阳临空经济区、南充临空经济区、泸州临空经济区、广元临空经济区、达州临空经济区、丽江临空经济区、大理临空经济区、芒市临空经济区、思茅临空经济区、迪庆临空经济区、保山临空经济区、临沧临空经济区、西双版纳临空经济区、昭通临空经济区、文山临空经济区；铜仁临空经济区、安顺临空经济区、兴义临空经济区、黎平临空经济区、林芝临空经济区、昌都临空经济区、黔江临空经济区、巫山临空经济区、乐山临空经济区、康定临空经济区、马尔康临空经济区、红河临空经济区、怒江临空经济区、毕节临空经济区、六盘水临空经济区、遵义临空经济区、日喀则临空经济区；西北临空经济区群33个，分别是延安临空经济区、榆林临空经济区、汉中临空经济区、安康临空经济区、敦煌临空经济区、嘉峪关临空经济区、庆阳临空经济区、格尔木临空经济区、喀什临空经济区、伊宁临空经济区、库尔勒临空经济区、阿勒泰临空经济区、和田临空经济区、阿克苏临空经济区、库车临空经济区、塔城临空经济区、宝鸡临空经济区、商洛临空经济区、天水临空经济区、金昌临空经济区、陇南临空经济区、张掖临空经济区、武威临空经济区、玉树临空经济区、德令哈临空经济区、果洛临空经济区、固原临空经济区、中卫临空经济区、吐鲁番临空经济区、哈密临空经济区、博乐临空经济区、奎屯临空经济区、石河子临空经济区。

第二节　中国临空经济发展的对策与建议

临空经济是一种新型经济形态，其发展模式有别于传统经济，需要采取适宜措施促进其健康快速发展。本节将从临空经济规划、临空产业遴选、临空产业集聚、临空产业技术创新、政府政策安排、落后地区临空经济形成对策等方面，提出临空经济发展的对策和建议。

一、规划先行，确保临空经济科学发展

机场周边的临空地区是人流、物流和信息流集散结点，其对于机场依托的城市和腹地的经济生活越来越重要。临空地区对机场依托的城市和广大腹地有强烈辐射作用，可以发展成为区域经济增长

极，将临空地区综合开发成临空经济区，可以有效调节机场依托的城市的空间结构、经济结构和社会结构，促进区域经济发展。临空经济发展需要政府主导、以处理经济社会多方面问题，加强临空经济规划编制，实现科学发展。

临空经济规划是临空经济发展的蓝图，是指导临空经济发展的一系列原则、步骤和方法。临空经济规划是一项综合性、应用性和科学性很强的工作，可以科学确定临空产业发展方向、临空经济区各种设施布局和规模、临空经济区土地集约利用，保证在临空经济发展的过程中避免生态环境破坏，最终实现“高端、高效、高辐射”的临空经济强力带动区域经济发展，同时保持清洁优美的生态环境。因此，临空经济规划对实现以全面、协调和可持续为特征的科学发展，特别是对于临空经济区合理布局以及临空经济的经济效益和生态环境效益相互协调具有重要意义。超前科学的临空经济规划是临空经济健康发展，有效发挥临空经济区作为区域经济增长极功能的前提条件。

在我国，临空经济过去一直处于自发发展状态，缺乏政府统一规划指引，许多号称是“国际航空港”的机场，由于没有发展临空经济的规划，自发形成的临空产业与机场依托的城市没能形成实质上的联系，使临空经济区成为机场依托区域的“经济飞地”，根本没有实现对区域经济发展起带动作用。所以根据中国实际情况，要发展临空经济，必须坚持规划先行原则。

如何进行临空经济规划呢？笔者认为应该做到四点：首先是科学规划、重视土地利用。根据临空经济区未来发展水平和规模以及本地区环境承载能力确定空间布局，做到科学规划，在此基础上确定土地储备和供给。因为，一方面，土地是制约临空经济发展的重要因素，如果土地储备和供应不足，将对临空经济发展形成限制性作用，甚至影响到航空运输主业，另一方面，如果脱离实际，制定“超大”规划，会造成土地浪费，所以在科学规划中应该重视土地利用。其次，临空经济规划要与地区禀赋状况相协调。发展临空经济涉及人才、资本、技术、知识，以及本地区特定资源，应该尽量规划发展本地区禀赋较丰裕具有比较优势的临空产业。再次，临空经济规划要与地区航空运输业发展相协调。如果一个地区机场规模较大、航线网络密集、客货运量大，则可以将临空经济区规模规划宏大些，反之则应将规模规划小些。最后、临空经济规划要与地区经济社会发展目标相协调。在定特时期每个地区都有其特定的经济社会发展目标，发展临空经济目的是为了带动机场所在地区经济发展，提高当地居民生活水平，实现既定的经济社会发展目标，因此，临空经济规划必须与地区经济社会发展目标相符合。

二、优选临空产业，促进临空产业集聚

产业集聚可以节约临空产业生产成本，提高生产效益，从而促进临空经济发展。产业集聚到一定程度形成的集聚经济效应是临空产业成本节约和效益提高的原因，集聚经济效应通过共用经济和产业关联经济两种方式表现出来。首先，集聚经济对临空经济发展作用，最显著地表现为共用经济效应，包括公共产品、专业化投入品和服务、专业化劳动力市场、知识和技术溢出四个方面。产业集聚使

高性能基础设施投入使用成为可能，专业化投入品和服务的供给变得经济、专业化劳动力市场降

低企业招聘专业人才成本、知识和技术溢出降低企业技术创新成本，从而节约企业生产成本，提高生产效益。其次，产业关联经济引致外部规模经济，从而节约成本和提高效益。因此，发展临空经济需要采取措施促进临空产业集聚。

产业集聚是临空经济典型特征，在自发临空经济发展模式下，机场直接影响吸引航空运输、航空服务和航空制造等企业在临空经济区集聚，机场间接影响吸引具有临空指向性的高新技术企业、现代制造企业、总部型企业、现代服务型企业在临空经济区集聚，进而吸引住宿餐饮、休闲娱乐、教育科研等航空引致产业也在临空经济区集聚，最后形成多种类型产业聚集于临空经济区。临空经济也可以通过人为的控制进行自主发展，在这种自主临空经济发展模式下，临空产业集聚类型可以根据区域比较优势进行遴选，临空主导产业尤其如此。在构建中国临空经济体系，自主发展临空经济过程中，各地在选者临空主导产业时应符合机场所在城市和区域的总体发展目标和区域产业总体布局要求，按照全面、协调和可持续为特征的科学发展观遴选主导产业、促进产业集聚。应该根据距空港区距离的远近、方便产业间协作、集聚经济效应形成等原则，将临空经济区划分为若干个功能各异的产业集聚区，提高临空经济发展的整体效率。在选者临空产业时应该出台相关政策，严格控制入住临空经济区企业的标准，限制不具备临空指向性的传统产业进入临空经济区，吸引高新技术产业、现代制造业的价值链高端环节和现代服务业，引进跨国公司和国内外知名的现代服务企业。各个临空经济区应该根据本地区的比较优势形成各具特色的产业集聚，要充分利用航空运输优势，突出各临空经济区的产业特点，避免出现产业同构现象，同时，力求形成一两个优势产业集群，例如北京首都临空经济区正在形成以北京现代汽车为核心的汽车产业集群和以中航集团为核心的航空制造产业集群。

要根据机场所在区域的经济社会发展状况确定相应临空产业，形成符合本区域发展规律的临空产业体系。目前经济全球化趋势增强，在全球化过程中，生产全球布局、产品全球销售、生产要素全球流动，形成生产全球化、市场全球化和生产要素全球化。随着全球化趋势日益加深，中国经济社会发展也融入世界经济体系，因此，临空产业的确定应顺应这一世界趋势。目前，中国东部沿海地区和各省会城市经济社会发展水平较高，与世界经济联系较密切，其机场客货流量较大，而中西部大部分地级城市经济社会发展水平低，与外界经济交流少，机场客货流量小。因此，一级临空经济区、二极临空经济区和地处东部沿海的三级临空经济区可以大力发展航空服务业，如航空物流、仓储堆场、离岸金融、商贸服务，应该特别注重发展现代物流产业，例如北京首都临空经济区就专门设立了空港物流基地以大力发展现代物流产业；发展临空指向性较强的高新技术产业、现代制造业和现代服务业，如电子信息、生物工程、生物制药、精密仪器、航空制造、汽车制造、物流离岸金融、信息咨询、会展；发展部分传统生活服务业，如餐饮、旅馆、银行、商场，以便为临空经济区内职员和旅客提供生活服务。中西部地区的三极临空经济区应直接发展知识技术密集的高新技术产业、现代制造业和现代服务业，通过发展这些高端产业提高本地区产业技术水平，发挥临空经济区作为区域经济增长极的作用，从而带动区域经济发展，稳步发展部分航空服务业和传统生活服务业。

三、加强技术创新，永葆临空经济发展不竭动力

科学技术是潜在第一生产力，是经济增长源泉，科学技术通过与生产力各要素相结合发挥效益，首先，科学技术与劳动力相结合、提高劳动力改造自然的能力，其次，科学技术与劳动工具相结合、提高劳动工具效率，最后，科学技术与劳动资料相现结合、扩大劳动资料被加工的广度和深度。对于技术的重要作用，早在上个世纪50年代，美国经济学家索洛在研究经济增长决定因素过程中，通过建立新古典经济增长模型，得到技术创新是经济持续增长源泉的结论。

技术创新能够促进临空经济发展，是临空经济发展的不竭动力，这是因为，技术创新可以促进经济结构优化和升级、提升知识经济水平、提高企业核心竞争力。首先，技术创新引起临空产业结构优化升级，促进临空产业高级化，实现由临空经济初创阶段以航空运输业、航空服务业、传统制造业为主的产业结构，演进到以高新技术产业、现代制造业和现代服务为主的产业结构。其次，技术创新提高临空产业核心竞争力，因为，企业在利润最大化目标的支配下，通过技术创新获取超额利润，使本企业在行业中处于有利地位，从而提高核心竞争力。

一般情况下，技术创新推动临空经济区和腹地经济增长是由临空推进型产业（即主导产业）发动的，存在一个有机的传导过程。在临空经济区内，推进型产业技术创新首先导致自身增长，然后，通过投入产出关系、外部经济、模仿学习效应、乘数效应，引致与其有前向、后向和旁侧关联关系的部门增长，从而，实现临空经济整体增长，接着，通过临空经济区扩散效应，实现对腹地辐射，带动机场依托的城市和腹地经济增长，并促进区域产业技术水平提高。

中国发展临空经济应该特别重视技术创新对临空经济发展的促进作用，采取适当策略鼓励技术创新，笔者认为，为了激励各类临空经济创新主体进行技术创新可以采取三方面措施。首先，加强知识产权保护、健全知识产权保护体系。知识产权法律保护是对智力性劳动成果的认可，对智力性劳动成果及其收益进行严格保护，可以激励创新主体大胆进行技术创新、以获取更大经济收益，同时可以为社会提供优化的创新环境，最终提高整个社会产业技术水平。相反，如果一个社会无视智力性劳动成果保护，放任模仿、剽窃行为，将严重挫伤创新主体进行技术创新的积极性，结果整个社会产业技术水平低下。因此，为了鼓励临空经济区内的创新主体进行技术创新，应该加强对发明、实用新型和外观设计的法律保护，健全知识产权保护体系。中国关于知识产权保护的法律法规比较全面，主要有《中华人民共和国专利法》、《中华人民共和国商标法》、《中华人民共和国著作权法》、《计算机软件保护条例》，目前最重要的是加强这些法律法规的执行，必须做到违法必究，执法必严。其次，实施鼓励技术创新的财政、税收、金融政策。产业政策是国家对微观经济行为进行引导的重要方法，适宜的产业政策可以鼓励临空企业进行技术创新，应该针对具体情况使用财税、金融等产业政策激励技术创新行为。对于从事技术创新的临空企业给予财政补贴、免除部分税收、并给予相应银行贷款融资支持，可以激发临空企业技术创新热情，最终导致临空产业技术水平不断提高。最后，加强人力资本建设、提高技术创新能力。技术创新是一项知识密集的智力劳动，要求从事创新的人员具有大量知

识和技术积累，因而需要加强人力资本建设。可以通过三种方式建设人力资本，第一，全社会应该重视教育事业，国家投入更多财政资金加强大学、研究机构、职业培训学校建设，教育培养高质量的大学生、研究生、专业技术人才，这即提高整个社会技术创新能力，也增强大学生就业能力；第二，加强临空产业技术人员培训，应该定期将临空产业的技术人员送到国内外大学、科研机构或者培训机构进行培训，这即巩固原有知识和技术，同时也能够吸收新知识和把握当前产业技术发展动向，从而提高技术创新能力；第三，加强急需技术人员招聘，对于部分临空企业急需的技术人员，可以向国内外公开招聘，从外界引入高质量人力资本，这同样可以提升临空产业技术创新水平。

四、注重政府政策安排，引导临空经济健康发展

社会主义市场经济就是在社会主义制度下，使市场机制对资源配置起基础性作用的经济，特别强调市场机制是资源配置的基础方式。西方经济学之父亚当·斯密在其著作《国富论》中论述了“看不见手的原理”思想，他写到“把资本用来支持产业的人，通常既不打算促进公共利益，也不知道自己能在什么程度上促进那种利益，他所盘算的也只是自己的利益，而在这场合，像在其他许多场合一样，他受一只看不见的手的指导，去尽力达到一个并非他本意想要达到的目的，也并不因为事非出于本意，就对社会有害。他追求自己的利益，往往使他能比真正出于本意的情况下更有效地促进社会的利益。”[⑨]后来，“看不见手的原理”成为市场经济运行的基本原则，通常认为该原理强调，在经济活动中，人们会自觉按照市场机制作用自觉调节自己的行为，实现效用最大化和利润最大化，最终实现整个社会资源配置达到帕累托最优。“看不见手的原理”要求政府尽量少用行政手段干涉市场经济运行，让市场主体自发从事经济行为，就能够实现资源最优配置，因此，在市场经济条件下，政府职能是公共服务、社会管理、市场监管和经济调节，即政府只充当裁判员角色。

由此可见，在市场经济条件下，市场能够办到的事情应由市场去办，政府不要干涉，尽量发挥市场“无形之手”的作用，当市场失灵时，政府应该发挥其“有形之手”作用，纠正市场失灵。在发展临空经济过程中，政府应该“有所为，有所不为”，当遇到市场办不到或者办不好的事情时，政府应该“有所为”。临空经济形成和发展是自组织过程和可控过程的统一，一方面，应发挥市场机制，实现产业集聚；另一方面，应加强政府调控，促进机场和临空经济园区基础设施建设，引导形成合理的产业空间布局，为此，应该注重政府政策安排，促进临空经济健康发展。当前发展临空经济，应在下列几个方面提供政府政策支撑。

1. 评估机场建设可行性和布局合理性、确保机场科学建设。新建机场时，政府应该组织专家评估机场建设的可行性，并对机场设施布局合理性作出评价，确保机场内部设施具备人性化和现代化，以及外部主体建筑注重环保理念。政府出台适宜政策，建立土地集约利用和保护机制，确保机场稀有土地资源高效利用。机场建设需要大量资金，政府可通过“杠杆原理”采用多渠道融资方式筹集所需

⑨ 亚当·斯密著作《国民财富的性质和原因的研究》。

建设资金，同时引进市场机制以降低政府风险。

2. 实行差别性的财税金融政策、遴选临空产业、优化投资环境。政府应通过税收优惠、财政补贴和融资优惠等产业政策营造良好投资环境，引进高新技术产业和科研机构入驻临空经济区，吸引跨国公司进驻和航空基地公司建立。对于部分传统产业，实行不利的财税政策，如提高税率，以限制其入住临空经济区。此外，对于与临空经济区主导或优势产业具有前向、后向和旁侧关联的企业，政府应采取有利财税和金融政策吸引其入住临空经济区，使其成为临空产业链上的一名成员，从而实现临空产业链纵向或横向整合，增强临空经济竞争优势。

3. 设立空港保税区，吸引外向型企业进驻临空经济区。政府应着手设立空港保税区，并赋予"境内关外"保税政策，国内货物进入空港保税区就可以退税，从而鼓励企业在临空经济区从事国际货物中转、配送、采购和转口贸易等业务。空港保税区的设立，可促进保税物流、保税加工、国际贸易和保税展览等保税业务的开展，从而吸引外向型企业进驻临空经济区。

4. 支持核心产业，合理安置外迁企业，防止产业链断裂。随着临空经济发展，临空产业不断向高端演进，部分起初具备生命力的企业随着时间推演逐渐变得缺乏生命力，为了维持临空产业核心竞争力，政府应利用市场机制和适当产业政策淘汰缺乏生命力的企业，如随着时间推进，距离机场近的土地价格逐渐变得仰贵，缺乏生命力的企业会权衡利弊主动迁出临空经济区。对于迁出临空经济区的企业，政府应根据实际情况分别对待，部分吸收就业能力强、对居民生活影响大的企业，政府应进行合理安置和扶持。缺乏生命力的企业迁出临空经济区后，政府应及时引入合适企业填补空间上和经济上的空缺，以防产业链出现断裂。临空核心产业是临空经济生命力所在，政府应支持核心产业发展，如果迁出的企业属于核心产业链条上的关联企业，政府应及时引进具有生命力的同种类型企业，以弥补产业链环节的空缺，保持核心产业链的完整性。

5. 加强各级政府部门间关系协调，防止"条块状"发展和部门间各自为政。发展临空经济涉及机场所在地区政府（简称当地政府）、机场、海关、检验检疫等多个利益主体，各利益主体会从各自自身利益角度出发发展临空经济，导致诸多矛盾产生，这对临空经济发展十分不利。为此，应坚持"政府主导、市场运作"原则，成立具备高权威的临空经济管理机构，对各利益主体关系进行协调，以防止"条块状"发展和部门各自为政。

五、建立扶持机制和市场机制，帮扶落后地区临空经济发展

在市场经济体制下，发展临空经济应通过市场机制进行，发挥市场对资源合理配置的基础性作用。然而，中国是社会主义国家，缩小区域发展差距、实现共同富裕是党和政府的应有责任，在区域协调发展背景下，通过扶持机制在中西部落后地区发展三级临空经济区、带动落后地区经济发展，是行之有效的策略，可实现区域经济统筹发展。

坚持扶持机制为主、市场机制为辅，发展中西部落后地区临空经济。首先是建立扶持机制。一方面，中西部地区经济发展落后，地方政府缺乏资金进行机场和临空经济区的基础设施建设，这时应建

立制度性的扶持机制，加大中央财政对落后地区转移支付的力度，促使东部发达地区地方财政支持落后地区，通过扶持帮助落后地区建起机场和临空经济区基础设施。另一方面，由于中西部地区经济发展水平低，如果单纯按照市场机制，很难吸引高新技术产业、现代制造业、现代服务业等高端产业进驻本地三级临空经济区，这就需要政府对入驻临空经济区的企业提供财政补贴、税收优惠，而落后地区财力没有能力支付，此时需要中央政府和东部发达地区政府的财政扶持。其次，坚持以市场机制为辅，市场机制是市场经济条件下资源配置的基本准则，落后地区发展临空经济，应根据本地区比较优势通过市场机制吸引相关高端产业入驻临空经济区。

中国港口城市空间价值评估报告

港口城市具有港口和城市的双重内涵，是港口和城市的有机结合体。中国港口城市空间价值评估报告通过分析研究港口城市的价值五力，找出制约港口城市发展的要素，并提出相应对策建议提升港口城市价值。报告的最大亮点是基于资源空间理论中的价值五力对港口城市价值进行评估。报告选取了中国（大陆地区）2010年货物吞吐量超过1亿吨的23个港口城市进行研究。报告共分六部分。报告的序中介绍了港口城市的内涵、特征及选取；第一部分分析了中国港口城市经济发展现状、特点、趋势及存在的问题；第二部分首先介绍了本报告的理论基础－资源空间理论，重点介绍了价值五力，然后分析了港口城市价值影响因素，即资源空间承载力、资源空间驱动力、资源空间辐射力、资源空间整合力和资源空间支撑力（亦即价值五力）；第三部分介绍了中国港口城市空间价值评估评价思路与原则、评价技术方法和指标体系；第四部分是中国港口城市价值综合排名、分要素排名和价值提升因素分析；第五部分是对上海、深圳、广州等重点港口城市空间价值评估的实证研究；第六部分是提升港口城市价值的对策建议。

通过运用价值五力模型对2010年中国港口城市的价值分析，报告得出上海、深圳、广州、南京、苏州、天津、武汉、青岛、宁波、大连位于国内港口城市价值排名前十。

评估对象选取说明

报告所选取的中国（大陆地区）2010年货物吞吐量超过1亿吨的23个港口城市，如表1所示：

表1　中国2010年货物吞吐量超过1亿吨的港口城市

港口城市	备注	港口城市	备注
上海	沿海	唐山	沿海
宁波	沿海	烟台	沿海
天津	沿海	湖州	内河
广州	沿海	南通	内河
青岛	沿海	南京	内河
大连	沿海	湛江	沿海
秦皇岛	沿海	连云港	沿海
苏州	内河	厦门	沿海
深圳	沿海	江阴	内河

日照	沿海	镇江	内河
舟山	沿海	武汉	内河
营口	沿海		

数据来源：第一资源—资源安全指数网 2011，11

一、中国港口城市经济发展现状和特点

（一）背景分析

全球港口城市发展现状为：国际港口城市向第四代国际航运中心转变；全球港口重心将向亚洲转移；国际港口企业加速整合；全球船运业进入重组时代。

（二）发展现状

港口经济已经成为区域经济发展的增长极。近几年，中国沿海地区港口经济发展迅速，成为区域经济发展的重要带动力量。中国港口城市发展现状为：中国已跻身全球港口大国行列；吞吐量呈现多样化变化；全国港口城市形成三大产业集群；港口物流对港口城市经济发展发挥重要作用。

（三）发展特点

中国港口城市发展特点为：港口城市经济已经成为区域经济发展的重要载体；强大的腹地经济是支撑港口城市发展的重要保证；港口建设成绩显著。

（四）发展趋势

中国港口城市发展趋势为：港城一体化是中国港口城市建设的重要方向；区域港口资源走向整合式发展；港口逐渐从单一腹地向腹地—中转复合型转变。

（五）存在问题

目前，中国港口城市存在的主要问题有：出海航道能力尚未满足大型船舶要求；内河港口建设需适应水陆联运的发展；港口城市亟待制度创新；港口城市发展需要全局规划；港口城市软环境建设有待提高。

二、基于资源空间理论的中国港口城市价值影响因素

（一）资源空间理论

港口城市空间价值评估理论主要为资源空间理论，重点是资源空间价值五力的应用。

1. 理论概述

资源空间理论研究国家和区域的生存空间环境，包括生存空间的形成结构、发展意向、生存空间功能区分和特定要求。资源空间理论结构模型是由“保障要素体系”、“结构要素体系”、“价值要素体系”和“拓展要素体系”建构而成的基础-结构-支撑-拓展空间分析框架，是运用资源空间构成要素来分析资源空间的一种新型有效工具。

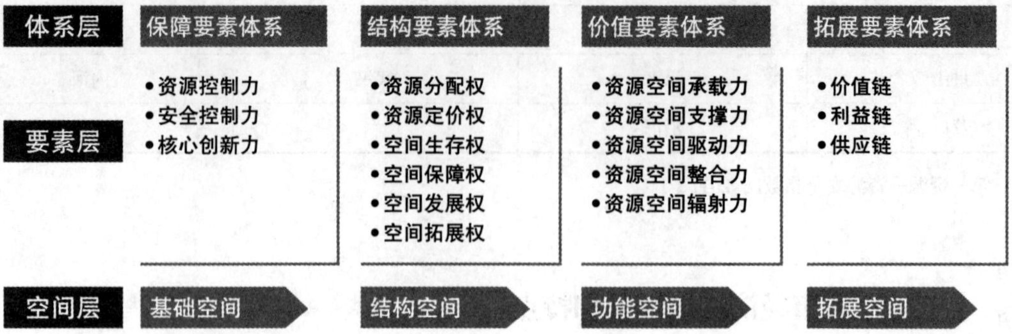

图1 空间模型的内容组成

数据来源：第一资源—资源安全指数网《资源空间学》（理论结构）作者 宋健坤 2011，12

当资源空间模型中的所有砖、筋、基、柱、结构承载面及框都紧密联系到一起时，“资源空间理论结构模型”就完整建立起来，它的形态犹如一个金字塔，如图2所示。

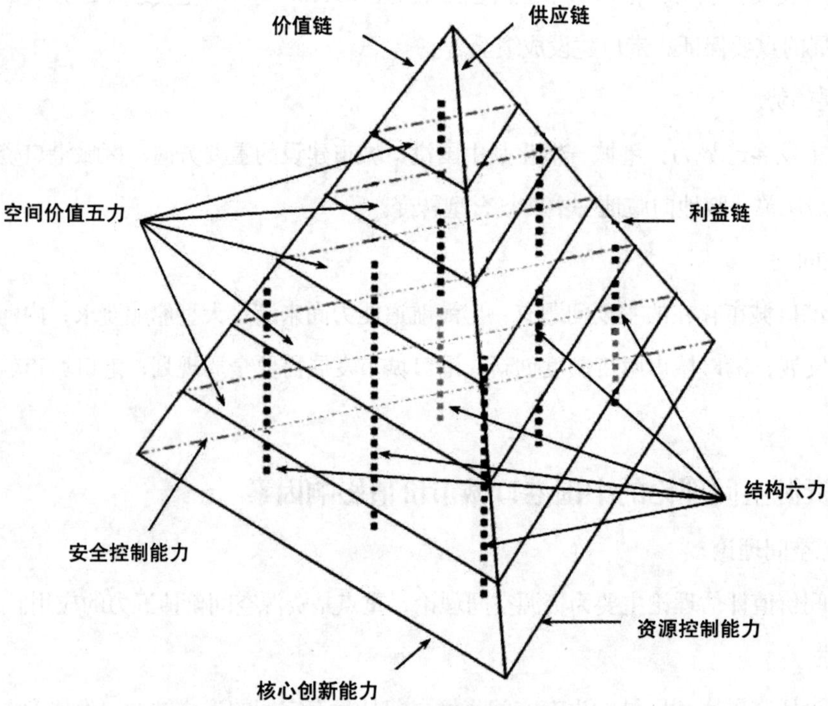

图2 资源空间理论模型

数据来源：第一资源—资源安全指数网《资源空间学》（理论结构）作者 宋健坤 2011，12

2. 价值五力

资源空间价值体系的“承载力、驱动力、整合力、辐射力、支撑力”是构成资源空间的五个强大的力。

一个国家或地区的资源空间承载力是指在不同发展阶段的社会经济和科学技术条件下，当地资源在合理开发利用的前提下，以可持续发展为原则，以维护生态环境良性发展为条件，以维系与支撑一定人口、经济规模、环境质量为核心内容，经过资源的合理优化与配置，最终保障存续发展空间的支撑能力。

资源空间驱动力大体上分为两类：一类是“一般驱动力”，如对人口变动、科学技术、政策法规、市场与价格等作用的发挥所产生的社会经济驱动力。另一类是“直接驱动力”，即资源和空间的动能直接导致社会经济进步的推动力。

资源空间辐射力在国家或区域的经济意义，是根据所测定的辐射力指数即“外向度%指数”来确定其经济意义，反映出国家或区域的经济活动中某种经济总量在区域外的辐射能力或者外向影响程度。

资源空间整合力是指资源空间要素在通过运营流程与组织结构的整合后产生的增值能力。

资源空间支撑力，主要指为满足主体需求而迫使主体和客体协调提供的可持续的资源供给能力。

（二）港口城市价值影响因素

根据以上资源空间理论，以及港口城市自身特殊属性，选择资源空间承载力、资源空间驱动力、资源空间辐射力、资源空间整合力和资源空间支撑力五个港口城市价值影响因素。

1. 资源空间承载力

资源空间承载力描述该地区资源对人口、经济和生态环境的最大承受能力。港口城市的承载力又是通过港口城市的多个不同方面体现出来。包括港口城市的土地资源有效供给、人力资源供给、矿产资源、水资源、交通体系、信息化水平、金融服务体系、环境系统、粮食供给、能源资源及港区资源。

2. 资源空间驱动力

港口城市直接为经济腹地发展所驱动。腹地的区域经济发展状况、优势产业竞争力、产业开放度、产业结构、园区发展贡献力以及港区拓展力等都将直接影响港口城市未来价值成长性。港口经济的发展能带动港口区域、港口城市及腹地的经济发展，具有极大的关联效应，并影响到港口城市特色产业结构的形成。

3. 资源空间辐射力

总部经济辐射能力、创新辐射能力等要素对港口城市价值具有较大的影响作用。

4. 资源空间整合力

港口城市价值的高低还取决于港口城市的整合力，尤其是港口城市的企业的整合力、产业整合能力和政府整合能力等。

5. 资源空间支撑力

资源空间支撑力对港口城市的价值也有较大的影响。主要表现在宏观经济规模、工业增量水平、产业创新能力和安全保障能力等方面。

三、中国港口城市空间价值评估体系

（一）评价思路与原则

1. 评价思路

通过对港口城市价值影响因素及相关理论的分析，在对评价对象进行定性分析基础上，选取评价指标，通过对统计数据的分析整理以及调查问卷等方式获得指标值，确定指标权重。

2. 评价原则

对港口城市价值评价过程中，应遵循以下原则：

（1）系统性原则

（2）科学性原则

（3）可操作性原则

（二）评价技术方法

1. 评价指标体系的技术方法

评价时首先利用主成分分析法，综合评价各城市价值，之后利用多因素综合评价法，结合层次分析法，分指标确定价值。

2. 评价指标体系的建立

（1）指标体系建立

参照相关文献，从影响价值的因素出发，基于指标的选择要求以及数据的获取情况，以及指标间的相关性，选取代表性指标。评价最终得到综合指数一个，要素指数5个，分别为：资源空间承载力指数、资源空间驱动力指数、资源空间辐射力指数、资源空间整合力指数、资源空间支撑力指数。

（2）评价指标选取

在总体评价指标选择时，宜根据特尔菲法进行，保证指标选取的权威性；同时，可采用主成分分析法、相关性分析等统计方法作为辅助手段来进行筛选。

（3）指标指数实际值的确定

数据资料的获得方式依据数据情况向采用相关部门收集、实地考察、问卷调查法、其他资料补充校核等方式确定。

3. 分指标指数标准化

（1）数据选取

本文采用权威的统计资料，包括了2010年各个港口城市统计局发布的数据、公开发布的统计公报。大部分三级指标可以直接获取相应数据，部分相对指标以及特殊系数计算需运用相关模型运算或数据转换。

（2）指标标准化

通过查阅相关文献、专家和港口相关城市从业人员咨询及其他手段收集的原始数据（初步指标）量多且具有不同的属性与量纲，在进行评价计算前，采用上、下确界法对正、逆向指标分别作标准化处理。

第一，正向指标

正向指标，即数值越大，越有利于可持续发展的指标。标准化公式如下：

$$V_{ij}=(D_{ij}-D_{i\min})/(D_{i\max}-D_{i\min})$$

第二，逆向指标

逆向指标，即数值越大，越不利于可持续发展的指标。标准化公式如下：

$$V_{ij}=(D_{i\max}-D_{ij})/(D_{i\max}-D_{i\min})$$

公式说明：

其中：V_{ij}为第i项指标第j年的数据标准化值；D_{ij}为第i项指标第j年的原始数据；$D_{i\max}$为第i项指标原始数据最大值；$D_{i\min}$为第i项指标原始数据最小值。原始数据标准化后，正、逆向指标的变化趋势相一致，数据变化范围统一在（-100，+100）区间内，数值越大，指标对可持续发展的贡献越大。

（3）计算方法

中国港口城市价值综合评价计算方式如下：运用加权求和与多指标综合评价模型，把各评价指标的权重值和分值带入数学模型：

$$M=\sum_{i=1}^{n}w_iX_i$$

其中：

M为港口城市价值评价结果；

w_i为第i个评价指标的权重；

X_i为第i个评价指标的分值；

n为评价指标个数，

通过以上公式计算出各港口城市价值结果。

（三）指标体系

表 2　中国港口城市空间价值评估指标体系

目标层	准则层一	准则层二	指标层	单位
港口城市价值	资源空间承载力	土地资源有效供给	建设用地存量	亩
			城市建设用地面积	亩
			城市建设用地面积增速	%
			人均耕地面积	亩
		人力资源供给	人均教育费财政支出	万元/人
			每万人拥有高校学生数	万人
			从业人员年末人数	万人
			人口密度	人/平方公里
			在岗职工平均工资	万元/人
		矿产资源	煤炭人均储量占世界人均水平	%
			石油人均储量占世界人均水平	%
			天然气人均储量占世界人均水平	%
			液化石油气供气总量	吨
			有色金属矿产综合储备率	%
			有色金属矿产综合自给率	%
		水资源 水资源	水资源总储量	亿立方米
			万元GDP耗水	立方米
			工业废水达标率	%
			城市人均生活用水量	立方米
			供水总量	亿立方米
		交通体系	人均道路面积	平方米
			路网密度	公里/平方公里
			客运总量	万人次
			旅客周转量	亿人公里
			物流运输量	万吨
			货物周转量	亿吨公里
		信息化水平	通信业务收入	亿元
			国际互联网用户数	万户
			有线电视普及率	%
			移动电话普及率	%
			政府电子业务覆盖率	%
			电子商务交易额	亿元

续表

港口城市价值	资源空间承载力	信息化水平	电子信息产业增加值占GDP的比重	%
			电子信息产业销售收入	亿元
			物联网应用程度	%
		金融服务体系	年末金融机构各项贷款余额	亿元
			年末金融机构各项存款余额	亿元
			银行不良贷款率	%
			银行网点覆盖率	%
			股票流通市值与GDP之比	%
			期货总成交额	亿元
			保险深度	%
			保险密度	元
		环境系统	人均公共绿地面积	平方米
			工业废水排放达标率	%
			新区绿化覆盖率	%
			工业固体废物综合利用率	%
			工业二氧化硫排放达标率	%
		粮食供给	人均粮食作物播种面积	亩
			粮食人均占有量	公斤
			国家储备粮数量	亿吨
			粮食消费价格指数	
	资源空间承载力	能源资源	火电发电量	亿千瓦时
			火电供电煤耗	g/(kw.h)
			单位生产总值电耗	千瓦小时/元
			新能源占能源生产总量比重	%
			太阳能光伏装机容量	亿千瓦
			风电装机容量	亿千瓦
			核能核电年末装机容量	亿千瓦
		港区资源	年最低气温	摄氏度
			泊位	个
			码头岸线	米
			堆场面积	平方米
			十万吨级泊位数	个
			最高泊位级别	万吨
			深水岸线	米

续表

港口城市价值	资源空间驱动力	区域经济发展状况	区域产业专门化率	%
			区域产业集中度	
		优势产业竞争力	支柱产业规模	亿元
			支柱产业占GDP比重	%
			支柱产业区位商	
			规模以上企业利税总额	亿元
		产业开放度	利用外资总量	亿美元
			人均利用外资	美元
			利用外资增长率	%
			实际利用外商直接投资额	亿美元
		产业结构	二、三产占GDP的比重	%
			第三产业对GDP的贡献率	%
			现代服务业占第三产业的比重	%
			技术密集型产业从业人员占全部从业人员比重	%
		园区发展贡献力	国家级园区数量（高新区或经开区）	个
			园区工业总产值	亿元
			园区总产值占地区总产值比重	%
		港区拓展力	货物吞吐量	万吨
			集装箱吞吐量	万标准箱
			旅客吞吐量	万人
			外贸货物吞吐量	万吨
		港区拓展力	港口信息化水平	
			码头岸线增加值	米
			泊位增加值	个
			经济腹地经济总量	亿元
			集装箱吞吐量增长率	%
	资源空间辐射力	总部经济辐射能力	区域总部经济规模	亿元
			区域跨国公司和财团总部或分部数量	个
			区域国企总部数量	个
			区域中心商务区数量	个
		创新辐射能力	技术市场成交合同额占全国比例	%
			该地区专利申请占全国专利申请总数的比重	%
			高技术产业规模以上企业增加值占全国比例	%
			规模以上工业企业增加值中高技术产业份额	%

续表

港口城市价值	资源空间整合力	企业的整合力	区域内企业家的创新力	
			区域内龙头企业盈利能力	
		产业整合能力	产业感应度系数	
			产业影响力系数	
			关键产业的非垄断程度	
		政府整合能力	政府战略导向的准确性、超前性	
			行政审批简化程度	
			政府透明程度	
	资源空间支撑力	宏观经济规模	GDP增长率	%
			人均GDP	元
			GDP五年平均增速	%
		工业增量水平	工业总产值	亿元
			人均工业增加值	元
			工业增加值年均增幅	%
		产业创新能力	高新技术产业增加值占GDP的比重	%
			研发投入占GDP的比重	%
			地区专利权人均拥有量	个
			自然科学与技术领域开发机构	个
			自然科学与技术领域开发机构人员数	万人
		安全保障能力	治安管理水平	
			安全生产水平	

数据来源：第一资源—资源安全指数网 2011，11

四、中国港口城市空间价值评估

（一）港口城市价值综合评估

通过利用价值五力模型对23个2010年吞吐量超过1亿吨的港口城市进行空间价值评估，上海位居榜首，位列第二到第十的港口城市分别为：深圳、广州、南京、苏州、天津、武汉、青岛、宁波、大连，其中内河港口城市3个，沿海港口城市7个，位于环渤海港口城市圈的为天津、青岛、大连三个港口城市，位于长三角港口城市圈的为上海、南京、苏州、宁波四个城市，位于珠三角港口城市圈的为深圳、广州两个城市，此外还有中部城市武汉。

表3 港口城市价值综合排名

城市	综合竞争力	排名
上海	95.85	1
深圳	91.85	2
广州	91.54	3
南京	89.31	4
苏州	87.31	5
天津	86.77	6
武汉	84.41	7
青岛	83.57	8
宁波	81.30	9
大连	79.42	10
厦门	78.45	11
唐山	78.03	12
秦皇岛	77.68	13
烟台	76.45	14
南通	75.49	15
连云港	75.21	16
江阴	74.38	17
镇江	73.21	18
日照	69.59	19
营口	65.32	20
舟山	62.19	21
湛江	61.49	22
湖州	60.27	23

数据来源：第一资源—资源安全指数网 2011，12

（二）港口城市分要素排名

1. 资源空间承载力十强

资源空间承载力港口城市十强依次为：上海、广州、深圳、天津、南京、青岛、大连、苏州、宁波、武汉。

表4　资源空间承载力价值十强城市

城市	得分	排名
上海	91.36	1
广州	90.47	2
深圳	89.9	3
天津	87.6	4
南京	87.34	5
青岛	85.36	6
大连	84.28	7
苏州	79.23	8
宁波	74.25	9
武汉	70.12	10

数据来源：第一资源—资源安全指数网 2011，12

2. 资源空间驱动力十强

资源空间驱动力港口城市十强依次为：上海、深圳、广州、天津、苏州、南京、武汉、青岛、宁波、大连。

表5　资源空间驱动力价值十强城市

城市	得分	排名
上海	95.35	1
深圳	92.21	2
广州	90.34	3
天津	88.21	4
苏州	84.36	5
南京	82.68	6
武汉	80.23	7
青岛	79.34	8
宁波	76.82	9
大连	74.56	10

数据来源：第一资源—资源安全指数网 2011，12

3. 资源空间辐射力十强

资源空间辐射力港口城市十强依次为：上海、深圳、广州、天津、青岛、苏州、南京、宁波、大连、武汉。

表6 资源空间辐射力价值十强城市

城市	得分	排名
上海	96.38	1
深圳	93.28	2
广州	92.23	3
天津	90.36	4
青岛	89.57	5
苏州	88.67	6
南京	84.21	7
宁波	82.35	8
大连	80.38	9
武汉	80.42	10

数据来源：第一资源—资源安全指数网 2011，12

4. 资源空间整合力十强

资源空间整合力港口城市十强依次为：上海、深圳、广州、苏州、宁波、大连、青岛、天津、南京、武汉。

表7 资源空间整合力价值十强城市

城市	得分	排名
上海	97.34	1
深圳	94.36	2
广州	93.26	3
苏州	92.13	4
宁波	90.34	5
大连	89.45	6
青岛	88.78	7
天津	87.46	8
南京	86.8	9
武汉	78.2	10

数据来源：第一资源—资源安全指数网 2011，12

5. 资源空间支撑力十强

资源空间支撑力港口城市十强依次为：上海、深圳、广州、天津、苏州、大连、青岛、南京、宁波、武汉。

表8 资源空间支撑力价值十强城市

城市	得分	排名
上海	97.78	1
深圳	93.21	2
广州	93.14	3
天津	92.24	4
苏州	90.47	5
大连	85.28	6
青岛	84.27	7
南京	83.26	8
宁波	81.85	9
武汉	80.45	10

数据来源：第一资源—资源安全指数网 2011，12

（三）价值提升因素分析

影响港口城市价值提升的因素有很多，因本文作者时间、精力及水平有限，这里无法逐一进行分析。我们仅从资源空间价值五力的角度对港口城市的价值提升进行分析。

1. 资源空间承载力对港口城市价值提升的贡献

从资源空间承载力来看，港口城市价值提升主要表现在港口本身的竞争力，港口的信息化水平、物流供应链管理能力和港口的天然优势成为价值提升的关键，港口的深水岸线、十万吨级泊位数以及堆场面积是港口竞争的天然优势，从国内大大小小的港口城市来看，上海、青岛、大连、宁波、深圳、天津等港口天然条件优良，具备了建立世界级船运中心的基础，但是从信息化管理水平和物流供应链的管理水平来看，各港口城市与世界先进港口城市相比还有较大的差距，尤其是在海铁联运、智能化物流方面差距较大。

2、资源空间驱动力对港口城市价值提升的贡献

资源空间的驱动力主要表现在港口城市发达的临港产业和经济腹地，尤其是腹地优势产业竞争力、产业开放度、产业结构以及港区拓展力等都将直接影响港口城市价值的提升，从以上方面考量，国内长三角港口城市群无疑最具有投资价值，长三角区域经济占到中国经济总量的1/3，进出口约占到国家外贸比重的30%，上海市、江苏省和浙江省“两省一市”具有发达的外向型经济，近年来，该区域创新能力不断提升，高新技术产品不断涌现，在最新公布的长三角区域发展规划中提出打造世界级

城市群，这给长三角港口城市群未来增长拓展了新的空间。

3. 资源空间辐射力对港口城市价值提升的贡献

资源空间辐射力主要表现在港口经济对港口城市经济总量提升的推动和港口城市对腹地经济的影响和拉动，一般来说，港口通过招商引资、引进外部资源和产品、出口贸易、经济增长向腹地梯度推进等方式带动腹地地区的发展，从目前国内港口城市发展的实践来看，北方港口城市群中的大连、天津，长三角港口城市群中的上海，珠三角港口城市群中的广州、深圳对腹地经济的影响力较大。

4. 资源空间整合力对港口城市价值提升的贡献

在现阶段世界经济低迷，国际港航产业发展缓慢的形势下，港口城市资源的整合成为港口城市发展的关键。从中国的港口城市发展来看，金融危机发生后，我国采取了一系列的宏观经济调控措施，中国经济得到了有效的复苏，其中进出口总量进一步增长，2010年中国出口呈现加速增长态势，上半年出口总额7051.3 亿美元，出口规模创历史同期新高，进出口的回暖进一步刺激了中国港口经济的发展。在中国的港口城市及港口集群布局基本成型的情况下，各港口城市为进一步提升港口竞争力，加大了对港口资源和腹地资源的整合，腹地经济成为了2010年各个港口城市延伸发展的关键，此外，在各个港口集群内部，也进行了港口资源的优化和整合，在东北地区形成了以大连为核心，营口及周边港口城市为辅助的发展格局，为避免无序恶性竞争，浪费港口资源，整合成为了2010年港口城市发展的关键所在。

5. 资源空间支撑力对港口城市价值提升的贡献

强大的经济腹地是港口城市价值提升的基础，没有腹地，港口经济发展失去根基和源泉，腹地不仅表现在港口所在城市化发展水平和工业化水平，还表现在港口城市腹地的空间范围。从对港口城市的评价来看，深圳、上海等城市背后均依靠的是具有强大外向型经济特征的经济腹地，不仅腹地纵深的面积广阔，而且海域腹地亦非常发达，深圳直接面向的是目前国际港口实力排名第一的香港，国际航线发达。

五、对策建议

港口城市要进一步加快发展，应该充分认识资源空间价值五力的重要性及提升资源空间价值五力对提升港口城市价值的重大作用。

（一）提升资源空间承载力

加大港口城市的基础设施建设，尤其是港口基础设施建设，提升港口城市的空间承载力。港口城市可以通过加大对外开放和招商引资力度，积极整合国内外资金投资城市港口基础设施，拓宽港口基础设施建设的融资渠道，积极鼓励企业和社会资金投资建设港口码头，逐步建立起市场化、多元化的港口城市建设投融资体系，为建设大型深水化港口创造良好的条件。顺应两型社会建设的要求，深入贯彻低碳理念，充分应用现代低碳技术，加快绿色港口城市建设，保证资源的可持续利用和稳步发展，稳步拓展港口城市的承载力。

（二）提升资源空间驱动力

加快发展临港工业和港口城市服务业，以临港产业驱动港口经济的快速提升，加快发展与港口直接相关的航运、集疏运、仓储以及港口依存产业如修造船业和货代业等产业，拓展与港口间接相关的贸易、钢铁、石油、化工等，以及港口派生产业如金融、保险、房地产、餐饮、商业、旅游等产业，加快港城之间的互动，加快提升港口城市的资源空间驱动力。

（三）提升资源空间辐射力

积极进行现代港口物流体系建设，进一步提升港口城市的辐射力。现代港口物流体系网络建设是现代世界港口城市的一个重要特征，通过整合港口资源，加强港口物流综合联动，形成多层次、点线面有机结合的区域物流网络系统能够保证物流体系各子系统之间以及外部因素之间的协调运作，可以实现港口城市和腹地之间的良性互动。按主枢纽港为主干，区域性重要港口为辅助，地方性中小港口为补充的层次分明的港口物流布局，促进水陆空管等多种物流模式合理分工和紧密衔接，充分发挥政府、市场和公众各种力量，保证港口物流体系的高效性，带动和辐射港口城市和腹地经济发展。

（四）提升资源空间整合力

港口城市应紧抓新一轮港航产业全球战略整合的机遇期，积极扶持和推动国内港口企业走向世界，吸纳和整合世界港口城市资源，快速提升中国港口城市的世界影响力。在国内，要积极整合港口、航道、航运、物流、企业、行业管理等资源要素，实现港口、航道、航运、物流等相关行业联动发展。各个港口城市群，按照港口的属性和功能不同，进行合理的分工，保证有序发展。

（五）提升资源空间支撑力

提升港口城市的开放程度，实施更为开放的政策，使港口城市与国际社会接轨，升级目前的保税区、出口加工区、保税物流园区、保税物流中心和保税港区，朝着国际自由港的建设方向积极努力和探索，带动港口城市融入全球经济。努力改变港口城市的产业结构，具体来讲，应对全球现代化港口城市建设的需求，以现代化临港工业为带动，加快发展现代服务业，以现代服务业的发展带动港口城市的产业结构优化和吸纳就业，为港口经济的发展带来持续的竞争力。

（六）总结与展望

经济全球化的发展使各地区对域外需求和生产要素的竞争日趋激烈，港口经济作为全球经济中的重要一环，对全球贸易产生了重要的影响，世界港口经济的快速发展带动了港口城市的蓬勃兴起，全球发达城市如伦敦、纽约、新加坡、香港等皆因港口城市的发展加速了城市的现代化水平。

自改革开放以来，国家大力发展和建设港口城市，目前港口经济已经成为中国经济发展的重要推动力量，在世界上也拥有了较强的影响力。从2010年中国港口城市发展的排名看，中国的港口城市在良好的宏观经济形势下呈现较好的发展态势，港口城市的综合实力不断提升，港口城市对腹地经济的影响力进一步提高，临港产业的规模不断壮大，现代化港口物流体系不断完善，港口对城市经济和港口城市腹地经济带动作用不断增强，同时不断完善的城市经济为港口的发展奠定了更加坚实的基础，具有综合经济优势的大型港口城市投资价值不断提升。但发展过程中存在的一些问题仍然不可忽视，大型深水码头仍然较为匮乏，港口的数字化水平和专业化水平仍然较为落后，港口城市硬强软弱，港口城市的现代化产业体系尚不完善，与国际港口城市新加坡、伦敦、纽约等相比，还存在较大的差距，仍然具有较大的发展和提升空间。

从中国港口城市发展实践来看，港城一体化将成为越来越重要的发展趋势，港口特色经济改变了城市产业结构，加速了港口城市的开放，城市及腹地为港口经济发展提供了较好的支撑。区域港口资源走向整合式发展，这不仅提升了港口城市的运营效率，还提高了经济效益。

（中国西部人才开发基金会资源战略研究所所长、中国战略学研究会理事　宋健坤）

江苏城市可持续发展综合评价报告

江苏省城市发展研究院城市评价中心对江苏城市可持续发展进行综合评价已连续8年了，前7年的报告分别刊在《城市评论》2004年第9期、2005年第4期、2006年第6期、2007年第2期、2008年第3期、2009年第3期和2010年第4期，以及《2006江苏城市发展报告》、《2007江苏城市发展报告》、《2008城市发展报告：长三角·江苏》、《2009城市发展报告：长三角·江苏》和《2010年城市发展报告：长三角·江苏》。依据《江苏统计年鉴（2010）》载2009年统计数据，测定2010年江苏13个省辖市可持续发展综合评价得分（可持续发展度），前五名为苏州（77.84）、无锡（75.43）、南京（73.68）、常州（71.51）、镇江（70.01）。全省13市中，综合评分在70分以上的有5座，60分到70分之间的有5座，60分以下的有3座。位列可持续发展水平前五位的是苏州、无锡、常州、南京、扬州；列可持续发展能力前五位的是苏州、南京、无锡、镇江、常州（详见附表3）。

一、城市可持续发展的内涵和评价标准

城市可持续发展是指在一定的时空范围内，以城市长期、稳定、持续的经济增长及其结构的优化来实现城市化和城市现代化。在满足现在城市人对生存与发展需要的同时，又要考虑到未来城市人生存与发展的需要，保持相应的潜能储备，使城市始终保持均衡发展的态势。城市可持续发展是包括人口、环境、资源、社会等的可持续发展。它不仅取决于资源、环境的诸多支撑条件，如城市原有资源、地理和人文环境、创造和集聚资本的能力等，更取决于城市人力资源的质量、经济结构合理性、经济的增长速度、经济效益的优劣、对外开放程度、城市基础设施建设等多项指标。

提高城市发展的集约化和效益化水平与质量将是今后对城市评价的主要特征。从创造一个稳定社会的角度，在经济发达、生活方便、文化丰富健康、医疗保险系统健全、教育普及、科学发达、资源保障率高、生态平衡、环境洁净优美等诸方面考虑，结合即期的表现与预期的潜力，来确定对江苏城市的评价标准。主要是围绕人口、资源和环境的协调，把原来强调当前城市高速发展的指导思想变为城市长期可持续发展的思路。

江苏地处沿海，人口密度大且流动人口众多，平均承载量大，因而对城市发展的要求应更严。应当围绕着人的需求来进行，强调人口质量和培养人的社会环境和生存环境；对资源的评价应强调它的有效利用和能给人带来的物质文明；对环境的评价主要是评价人的良好生存环境，这应该是科学的、可行的评价标准。

二、城市可持续发展的评价指标体系

本报告沿用了《2009江苏城市可持续发展综合评价报告》的指标体系。这个结构框架由2个一级指标、15个二级指标、35个三级指标组成，并根据各项指标的含义，自上而下组成目标层、准则层、领域层和指标层，构成一个较为完整的层次体系（图1），其中目标层是由2个不同准则的准则层来加

以说明；准则层是由15个不同领域的领域层加以说明；领域层则由35个指标的指标层具体反映。

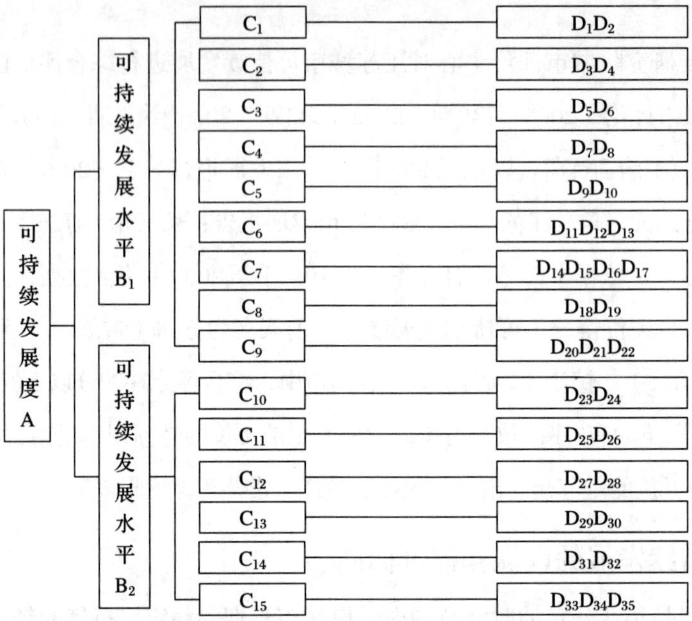

（说明：A为目标层；B为准则层；C为领域层；D为指标层）

图1　江苏城市可持续发展评价指标体系结构框架图

城市可持续发展的评价指标含义如下：

（一）综合指标A为可持续发展度

A用来综合衡量城市可持续发展水平和可持续发展能力的总体水平。评价可持续发展度，需要选择静态指标、动态指标、存量指标与流量指标等不同类型，使其在时间尺度和数量上反映城市系统的发展速度和变化态势，在空间尺度上反映整体布局和结构优化特征，反映城市的综合素质、发展能力和潜力，以及城市发展的后劲。

（二）一级指标B_1为可持续发展水平

B_1是城市的社会、经济、资源、环境等要素发展现状的最直观的外在表现。包含以下9项二级指标：

1. 经济规模（C_1）：含D_1（人均GDP（元/人））、D_2（GDP年均增长率（%））2项三级指标。

2. 经济效益（C_2）：它是城市经济运行质量的反映，选择D_3（工业全员劳动生产率（元/人））、D_4（资金利税率（%））2项三级指标来表示。

3. 经济结构（C_3）：它用D_5（二、三产业增加值占GDP比重（%））、D_6（高新技术产业产值占工业总产值比重（%））来表示。

4. 经济外向度（C_4）：用D_7（外贸依存度（%））、D_8（利用外资占GDP比重（%））来表示。

5. 人口素质（C_5）：选择D_9（人口自然增长率（%））、D_{10}（初中毕业生升学率（%））来表示。

6. 居民生活质量（C_6）：选择D_{11}（城镇居民人均可支配收入（元/人））、D_{12}（百户家庭电脑拥有量（台））、D_{13}（居民人均文教娱乐服务支出（万元））来表示。

7. 城市发展（C_7）：选择D_{14}（城市化率（%））、D_{15}（城镇人均居住面积（m^2/人））、D^{16}（万人拥有公共交通车辆（标台/万人））、D_{17}（人均道路面积（m^2/人））来表示。

8. 社会保障（C_8）：用D_{18}（城镇登记失业率（%））、D_{19}（万人拥有病床数（床/万人））来表示。

9. 环境质量（C_9）：用D_{20}（环境质量综合指数（%））、D_{21}（建成区绿化覆盖率（%））、D_{22}（市区人口密度（人/平方公里））来表示。

（三）一级指标B_2为可持续发展能力

B2指标表示的是城市社会、经济、科技、资源、环境等各要素对城市发展的支撑、保障和协调能力，是城市可持续发展的内在推动器，包括以下6项二级指标：

1. 经济发展能力（C_{10}）：用D_{23}（人均财政收入（元））、D_{24}（全社会固定资产投资总额占GDP比重（%））来表示。

2. 科技支撑能力（C_{11}）：用D_{25}（万人专利授权量（件/万人））、D_{26}（万人拥有科技人员数量（人））来表示。

3. 社会保障能力（C_{12}）：选择D_{27}（社会保险覆盖率（%））、D_{28}（每10万人交通死亡人数（人））来表示。

4. 资源利用率（C_{13}）：选择D_{29}（万元工业产值电耗（千瓦时/万元））、D_{30}（单位土地面积GDP（万元/公顷））来表示。

5. 资源支撑能力（C_{14}）：选择D_{31}（人均耕地面积（公顷/人））、D_{32}（人均水资源（m^3））来表示。

6. 环境治理能力（C_{15}）：选择D_{33}（"三废"综合利用产品产值（亿元））、D_{34}（环境污染治理投资占GDP比重（%））、D_{35}（城市污水集中处理率（%））来表示。

（四）城市可持续发展评价模型

在采用聚类分析法和层次分析法构建上述可持续发展评价指标体系后，运用德尔菲法，通过专家咨询，确定了各层指标权重，然后建立可持续发展综合指数的评价模型：

$$A=\sum_{i=1}^{n} W_i \bullet X_i \qquad (n=1,\ 2\cdots 35)$$

式中A为综合指数，W_i为第i项指标的综合权重（$0<W<1$）（见附表1）。其计算方法为：$W_i=W_{Bk}\cdot W_{Cj}\cdot W_{Di}$，其中$W_{Di}$为指标层（D层）第i项指标的权重，WCj为该项指标所属领域层（C层）指标Cj的权重，W_{Bk}为更上一层（准则层，B层）指标Bk的权重。X_0为评分参照值，按理应选取国家或江苏有关部门设选的目标值，由于暂时难获取，本报告选用了本区域相对最佳值。X_i为第i项指标的相对评价值，通过指标具体值的无量纲化获得，即对不同量纲的指标原始数据进行同度量处理。本研究

采用较为简单实用的相对化处理来消除量纲的影响，即用指标的实际值X和相应的参照值X_0来比较，获得无量纲可相加的指标评价值。其计算方法为：

当X为正指标时，$$X_i = \frac{X}{X_0}$$

当X为逆指标时，$$X_i = \frac{X}{X_0}$$

当指标参照值为一个区间时，满足条件的指标，其指标评价值取1。而$W_i \cdot X_i$为第i项指标在综合指数A中所占份额，也即第i项指标的评价值。对35项指标的评价值求和，可得综合指数的评价分值。

三、江苏城市可持续发展综合评价

（一）江苏城市可持续发展的总体比较

根据附表3所列得分值：全省13个省辖市的可持续发展度（A）从高到低依次为：苏州、无锡、南京、常州、镇江、南通、扬州、泰州、盐城、连云港、徐州、淮安、宿迁。

可持续发展度排在首位的苏州得分为77.84，70分之上的为苏州、无锡、南京、常州、镇江；60分到70分之间的为南通、扬州、泰州、盐城、连云港。

（二）江苏城市可持续发展水平的比较

1. 从一级指标可持续发展水平（B_1）来看，全省13个省辖市从高到低的排序依次为：苏州、无锡、常州、南京、扬州、南通、镇江、泰州、盐城、徐州、连云港、淮安、宿迁。与可持续发展度的排序比较，出现了较大的不一致性，可见，城市的可持续发展水平对城市可持续发展度只具有一定的影响力。

2. 从二级指标来看（见附表4），经济规模C_1的排序为：苏州、无锡、镇江、常州、泰州、南京、扬州、南通、徐州、宿迁、盐城、淮安、连云港。

经济效益C_2的排序为：盐城、徐州、泰州、南京、无锡、苏州、南通、扬州、镇江、宿迁、淮安、常州、连云港。

经济结构C_3的排序为：苏州、扬州、常州、无锡、泰州、南京、镇江、南通、连云港、徐州、盐城、淮安、宿迁。

经济外向度C_4的排序为：苏州、连云港、常州、镇江、无锡、南通、扬州、南京、泰州、盐城、淮安、徐州、宿迁。

人口素质C_5的排序为：常州、无锡、南通、扬州、泰州、南京、镇江、苏州、淮安、盐城、宿迁、徐州、连云港。

居民生活质量C_6的排序为：苏州、南京、常州、无锡、南通、镇江、扬州、泰州、淮安、徐州、盐城、连云港、宿迁。

城市发展C_7的排序为：苏州、常州、南京、无锡、镇江、扬州、徐州、南通、宿迁、连云港、泰州、盐城、淮安。

社会保障C_8的排序为：苏州、无锡、镇江、常州、南京、南通、扬州、徐州、盐城、泰州、连云港、淮安、宿迁。

环境质量C_9的排序为：连云港、宿迁、淮安、镇江、盐城、扬州、南京、常州、苏州、无锡、泰州、南通、徐州。

（三）江苏城市可持续发展能力的比较

1. 一级指标可持续发展能力（B_2），从高到低的排序依次为：苏州、南京、无锡、镇江、常州、南通、连云港、盐城、扬州、淮安、泰州、徐州、宿迁。

2. 从二级指标来看（见附表4），经济发展能力C_{10}的排序为：无锡、苏州、常州、南京、宿迁、镇江、连云港、泰州、盐城、南通、扬州、淮安、徐州。

科技支撑能力C_{11}的排序为：苏州、南京、无锡、连云港、常州、南通、镇江、泰州、扬州、徐州、盐城、淮安、宿迁。

社会保障能力C_{12}的排序为：徐州、盐城、常州、南通、宿迁、连云港、淮安、扬州、南京、泰州、无锡、镇江、苏州。

资源利用率C_{13}的排序为：无锡、苏州、扬州、南京、常州、南通、镇江、泰州、盐城、连云港、徐州、淮安、宿迁。

资源支撑能力C_{14}的排序为：盐城、淮安、镇江、连云港、常州、南通、宿迁、扬州、泰州、徐州、苏州、南京、无锡。

环境治理能力C_{15}的排序为：南京、镇江、淮安、无锡、苏州、南通、扬州、连云港、盐城、宿迁、常州、徐州、泰州。

四、2003年至2010年江苏城市可持续发展总体评价排序

这八年江苏城市可持续发展总体态势良好，各市八年的综合评价得分名次列表如下：

	南京	无锡	徐州	常州	苏州	南通	连云港	淮安	盐城	扬州	镇江	泰州	宿迁
2003年名次	2	3	11	4	1	9	8	13	10	6	5	7	12
2004年名次	3	2	11	4	1	8	10	12	9	5	6	7	13
2005年名次	1	2	8	4	3	7	9	12	10	6	5	11	13
2006年名次	2	3	8	4	1	6	9	11	13	7	5	10	12
2007年名次	1	2	10	5	3	4	8	12	11	6	9	7	13
2008年名次	1	3	11	5	2	4	8	12	10	6	9	7	13
2009年名次	2	3	9	5	1	4	8	12	10	7	6	11	13
2010年名次	3	2	11	4	1	6	10	12	9	7	5	8	13

2003年至2010年江苏城市可持续发展水平（B1）排序情况如下：

	南京	无锡	徐州	常州	苏州	南通	连云港	淮安	盐城	扬州	镇江	泰州	宿迁
2003年名次	3	2	13	4	1	6	10	11	9	8	5	7	12
2004年名次	2	3	13	4	1	6	11	10	9	8	5	7	12
2005年名次	1	3	11	4	2	7	8	12	10	6	5	9	13
2006年名次	3	2	9	4	1	5	11	10	12	8	6	7	13
2007年名次	3	1	9	5	2	4	10	12	11	7	6	8	13
2008年名次	3	2	10	5	1	7	9	11	12	6	4	8	13
2009年名次	4	2	7	3	1	9	13	8	11	6	5	10	12
2010年名次	4	2	10	3	1	6	11	12	9	5	7	8	13

2003年至2010年江苏可持续发展能力（B2）排序情况如下表：

	南京	无锡	徐州	常州	苏州	南通	连云港	淮安	盐城	扬州	镇江	泰州	宿迁
2003年名次	1	4	8	3	2	13	7	10	11	6	5	9	12
2004年名次	3	1	10	4	2	11	6	12	9	5	7	8	13
2005年名次	1	2	5	4	3	10	8	11	7	9	6	13	12
2006年名次	1	2	9	4	3	8	6	11	13	7	5	12	10
2007年名次	1	6	10	8	4	2	5	12	9	7	11	3	13
2008年名次	1	4	11	7	5	2	3	12	9	8	10	6	13
2009年名次	3	5	11	6	4	1	2	12	7	9	8	10	13
2010年名次	2	3	12	5	1	6	7	10	8	9	4	11	13

分析上表对江苏城市可持续发展的综合评价，最近三年，苏州可持续发展综合得分排名超过南京后，已连续两年排名第一；无锡和南京紧跟苏州后面，分别位列第二和第三；镇江的可持续综合得分排名上升为第五位。但无论可持续发展度位列前面或后面的城市，分析二级指标，都可以找出本年度里可持续发展水平与可持续发展能力方面反映出来的薄弱环节，均需加以切实改进。

纵观八年中江苏城市可持续发展的综合评价，江苏形成了两大梯队。第一梯队为苏州、无锡、南京、常州、镇江五市。第二梯队为南通、扬州、泰州、连云港、徐州、盐城、淮安、宿迁八市。第一梯队的五市，总体上可持续发展水平较高，可持续发展能力较强。

2010年位居江苏可持续发展度第一的苏州市，八年中有五年是第一，一年第二，两年第三。2010年可持续发展水平和可持续发展能力均名列第一。其中经济规模、经济结构、经济外向度、城市发展、居民生活质量、社会保障、科技支撑能力均名列第一，经济发展能力、资源利用率名列第二，环境治理能力名列第五，但经济效益只名列第六，人口素质名列第八，环境质量名列第九，资源支撑能力名列第十一，社会保障能力名列第十三。

苏州市是江苏乃至全国“科学发展”、“率先发展”的排头兵。“十一五”期间，苏州成功应对国际金融危机、荣膺全国文明城市、城乡一体化取得新突破，转型升级成绩斐然。苏州已经站在新的历史起点上。“十二五”时期将突出创新引领，推动转型升级；突出开放提升，扩大领先优势；突出城乡一体，实现统筹发展；突出民生优先，促进社会和谐；突出人才优势，集聚智力资源；突出绿色、低碳，建设宜居城市。力争率先实现现代化，城市可持续发展提高到一个新的水平。

2010年位居江苏可持续发展度第二的无锡市，八年中有四年第二，四年第三。2010年可持续发展水平和可持续发展能力名列全省第二和第三。其中经济发展能力、资源利用率名列第一，社会保障、经济规模、人口素质名列第二，科技支撑能力名列第三，环境治理能力、经济结构、居民生活质量、城市发展名列第四，经济外向度和经济效益名列第五，但环境质量名列第十，社会保障能力名列第十一，资源支撑能力只名列第十三。

无锡市积极打造创新型领军城市，打造新兴产业的“东方硅谷”。对太湖污染的率先觉醒，正催生着文明新追求，努力把资源优势转化为产业优势，奋发为勇立潮头，注入不竭原动力，让城市功能更亲民。加快“生态城、现代服务城、高科技产业、宜居城”四城建设，努力使城市转型升级走在全省前列。

2010年位居江苏可持续发展度第三的南京市，八年中有两年第三，三年第二，三年第一。2010年可持续发展水平和可持续发展能力名列全省第四和第二。其中环境治理能力名列第一，居民生活质量、科技支撑能力名列第二，城市发展名列第三，经济发展能力、经济效益、资源利用率名列第四，社会保障名列第五，人口素质、经济结构、经济规模名列第六，而环境质量名列第七，经济外向度名列第八，社会保障能力列第九，资源支撑能力只列第十二。

南京是长江三角洲重要的门户城市，是全国唯一的科技体制综合改革试点城市，长江三角洲地区唯一的被定位为“科技创新中心的城市”。2010年被科技部列为首批“国家创新型试点城市”，被国家发改委列为“国家创新型城市试点”，被工信部授予首个“中国软件名城”创建试点城市，被国家知识产业局授予“国家知识产权工作示范城市”。“十二五”时期，南京将大力实施创新驱动、富民优先、城乡一体化、绿色发展和城市国际化战略，大力提升可持续发展能力，精心打造玄武湖—紫金山城市中央公园，加快建设淮河百里风光带、滨江风光带等绿色风光带，加强青龙山、牛首山等森林公园的保护，发展绿色经济、强化节能减排，努力迈向现代化国际性人文绿都，率先基本实现现代化，建设人民幸福城市。

2010年位居江苏可持续发展度第四的常州市，八年中有五年位于第四，三年位于第五，2010年可持续发展水平和可持续发展能力分别名列全省第三和第五。其中人口素质位居第一，城市发展名列第二，经济结构、经济外向度、居民生活质量、经济发展能力、社会保障能力名列第三，经济规模、社会保障名列第四，资源利用率、资源支撑能力、科技支撑能力名列第五，环境质量名列第八，但环境治理能力只名列第十一，经济效益名列第十二。

常州市是首批国家可持续发展实验区。近年来，以装备制造业、电子信息、新能源、新材料和生物医药等“五大产业”和输变电设备等“十大产业群”撑起了“先进制造之都”。以“都市休闲体验之旅”、“京杭大运河文化体验之旅”、“淹城春秋文化体验之旅”、“天目湖绿色仙境体验之旅”、“茅山生态体验之旅”等五条精品旅游线路，写就了“难忘旅游到常州”。“十二五”期间，常州要建设成为本地人舒适满意、为之自豪，外地人宾至如归、流连忘返的城市。

2010年位居江苏可持续发展度第五的镇江市，八年中有四年位于第五位。2010年可持续发展水平和可持续发展能力分别名列全省第七和第四。其中环境治理能力名列第二，社会保障、经济规模、资源支撑能力名列第三，经济外向度、环境质量名列第四，城市发展名列第五，经济发展能力、居民生活质量均列第六，科技支撑能力、人口素质、资源利用率名列第七，但经济效益均只列第九位，社会保障能力列第十二位。

镇江市是国家和省定公立医院改革试点城市，正全力推进“健康城市”和“山水花园城市”建设。镇江市的开放型经济已成为龙头经济，开放型经济重返江苏第一方阵，经济规模已跃居全省第三，实际到位外资增幅及全社会固定资产投资均位居全省前列。镇江市是南京都市圈核心层城市、长三角重要的港口城市，是一座产业特色明显、富有生机和活力的新兴工业城市。镇江已逐步成为以机械、化工、造纸三大产业为主导的长三角地区重要的先进制造业基地。注重产学研合作，镇江市正积极加快创新业载体建设，积极争取成为国家可持续发展实验区。

第二梯队的八市，总体上可持续发展水平、可持续发展能力相对要低。但也有不少亮点。如可持续发展度名列第七的扬州市，经济结构位居第二位；可持续发展度名列第九的盐城市，经济效益、资源支撑能力均位居第一；可持续发展度名列第十的连云港市，环境质量位居第一；可持续发展度名列第十一的徐州市，社会保障能力位居第一位；可持续发展度名列第十二的淮安市，资源支撑能力位居第二位。

（江苏省城市发展研究院、长三角城市发展研究中心供稿）

附表1：江苏省城市可持续发展评价指标与权重

	一级指标	权重	二级指标	权重	三级指标	权重	综合权重
可持续发展度A	可持续发展水平B_1	0.5	C_1经济规模	0.12	D_1人均GDP	0.5	0.03
					D_2GDP年平均增长率	0.5	0.03
			C_2经济效益	0.12	D_3工业全员劳动生产率	0.5	0.03
					D_4资金利税率	0.5	0.03
			C_3经济结构	0.12	D_5二、三产业增加值占GDP比重	0.5	0.03
					D_6高新技术产业占工业总产值比重	0.5	0.03
			C_4经济外向度	0.06	D_7外贸依存度	0.5	0.015
					D_8利用外资占GDP比重	0.5	0.015
			C_5人口素质	0.1	D_9人口自然增长率	0.5	0.025
					D_{10}初中毕业生升学率	0.5	0.025
			C_6居民生活质量	0.11	D_{11}城镇居民人均可支配收入	0.6	0.033
					D_{12}百户家庭电脑拥有量	0.1	0.0055
					D_{13}居民人均文教娱乐服务支出	0.3	0.0165
			C_7城市发展	0.13	D_{14}城市化率	0.3	0.0195
					D_{15}城镇人均居住面积	0.2	0.013
					D_{16}万人拥有公共交通车辆	0.3	0.0195
					D_{17}人均道路面积	0.2	0.013
			C_8社会保障	0.11	D_{18}城镇登记失业率	0.6	0.033
					D_{19}万人拥有病床数	0.4	0.022
			C_9环境质量	0.13	D_{20}环境质量综合指数	0.4	0.026
					D_{21}建成区绿化覆盖率	0.3	0.0195
					D_{22}市区人口密度	0.3	0.0195
	可持续发展能力B_2	0.5	C_{10}经济发展能力	0.15	D_{23}人均财政收入	0.5	0.0375
					D_{24}全社会固定资产投资总额占GDP比重	0.5	0.0375
			C_{11}科技支撑能力	0.2	D_{25}万人专利授权量	0.4	0.04
					D_{26}万人拥有科技人员数量	0.6	0.06
			C_{12}社会保障能力	0.15	D_{27}社会保险覆盖率	0.6	0.045
					D_{28}每10万人交通死亡人数	0.4	0.03
			C_{13}资源利用效率	0.18	D_{29}万元工业产值电耗	0.5	0.045
					D_{30}单位土地面积GDP	0.5	0.045
			C_{14}资源支撑能力	0.17	D_{31}人均耕地面积	0.6	0.051
					D_{32}人均水资源	0.4	0.034
			C_{15}环保治理能力	0.15	D_{33}“三废”综合利用产品产值	0.3	0.0225
					D_{34}环境污染治理投资占GDP比重	0.4	0.03
					D_{35}城市污水集中处理率	0.3	0.0225

附表2：参照值和指标值具体来源表

指标	参照值	指标值
D_1	参照当年13市中最高值（苏州市）	见《江苏省统计年鉴》（2010）
D_2	参照当年13市中最高值（盐城市）	见《江苏省统计年鉴》（2010）
D_3	参照当年13市中最高值（苏州市）	见江苏省科技厅、江苏省统计局发布《2010年江苏省科技进步统计监测结果与科技统计公报》
D_4	参照当年13市中最高值（徐州市）	据《江苏省统计年鉴》（2010）推算
D_5	参照当年13市中最高值（苏州市）	据《江苏省统计年鉴》（2010）推算
D_6	参照当年13市中最高值（南京市）	同D_3
D_7	参照当年13市中的平均值	据《江苏省统计年鉴》（2010）推算
D_8	参照当年13市中最高值（扬州市）	据《江苏省统计年鉴》（2010）推算
D_9	国家环保总局《生态市建设<试行>指标》	据《江苏省统计年鉴》（2010）推算
D_{10}	参照当年13市中最高值（无锡市、苏州市）	同D_3
D_{11}	参照当年13市中最高值（苏州市）	见《江苏省统计年鉴》（2010）
D_{12}	参照当年13市中最高值（苏州市）	同D_3
D_{13}	参照当年13市中最高值（南京市）	见《江苏省统计年鉴》（2010）
D_{14}	参照当年13市中最高值（南京市）	见《江苏省统计年鉴》（2010）
D_{15}	参照当年13市中最高值（扬州市）	见《江苏省统计年鉴》（2010）
D_{16}	参照当年13市中最高值（徐州市）	见《江苏省统计年鉴》（2010）
D_{17}	参照当年13市中最高值（苏州市）	见《江苏省统计年鉴》（2010）
D_{18}	参照当年13市中最低值（南通市）	见《江苏省统计年鉴》（2010）
D_{19}	参照当年13市中最高值（南通市）	据《江苏省统计年鉴》（2010）推算
D_{20}	参照当年13市中最高值（苏州市）	同D_3
D_{21}	参照当年13市中最高值（南京市）	见《江苏省统计年鉴》（2010）
D_{22}	参照当年13市中最低值（连云港市）	见《江苏省统计年鉴》（2010）
D_{23}	参照当年13市中最高值（苏州市）	据《江苏省统计年鉴》（2010）推算
D_{24}	参照当年13市中最高值（连云港市）	据《江苏省统计年鉴》（2010）推算
D_{25}	参照当年13市中最高值（苏州市）	同D_3
D_{26}	参照当年13市中最高值（连云港市）	据《江苏省统计年鉴》（2010）推算
D_{27}	参照当年13市中最高值（南通市）	各市国民经济和社会发展统计公报及各市2010年政府工作报告
D_{28}	参照当年13市中最低值（徐州市）	各市国民经济和社会发展统计公报及各市2010年政府工作报告
D_{29}	参照当年13市中最低值（盐城市）	据《江苏省统计年鉴》（2010）推算
D_{30}	参照当年13市中最高值（南通市）	据《江苏省统计年鉴》（2010）推算
D_{31}	参照当年13市中最高值（镇江市）	据《江苏省统计年鉴》（2010）推算
D_{32}	参照当年13市中最高值（盐城市）	据《江苏省统计年鉴》（2010）推算
D_{33}	参照当年13市中最高值（南京市）	见《江苏省统计年鉴》（2010）
D_{34}	参照当年13市中最高值（常州市）	据《江苏省统计年鉴》（2010）推算
D_{35}	参照当年13市中最高值（无锡市）	见《江苏省统计年鉴》（2010）

附表3：江苏省城市可持续发展综合评分表（一）

	苏州	无锡	南京	常州	镇江	南通	扬州	泰州	盐城	连云港	徐州	淮安	宿迁
A	77.84	75.43	73.68	71.51	70.01	68.79	67.81	61.99	61.74	61.22	57.37	57.22	52.80
名次	1	2	3	4	5	6	7	8	9	10	11	12	13
B_1	42.92	41.21	38.81	40.12	37.56	37.71	38.41	34.96	32.11	31.08	31.88	30.12	28.68
名次	1	2	4	3	7	6	5	8	9	11	10	12	13
B_2	34.92	34.22	34.87	31.39	32.45	31.08	29.40	27.03	29.63	30.14	25.49	27.10	24.12
名次	1	3	2	5	4	6	9	11	8	7	12	10	13

附表4：江苏省城市可持续发展综合评分表（二）

	南京	无锡	徐州	常州	苏州	南通	连云港	淮安	盐城	扬州	镇江	泰州	宿迁
C_1	4.1793	5.1636	3.7821	4.4433	5.2930	4.1172	3.2420	3.5668	3.5720	4.1420	4.5495	4.1925	3.6194
C_2	4.2764	4.2264	4.6295	3.1514	4.1064	4.0937	2.7462	3.2405	4.9457	4.0427	4.7876	3.3515	3.4276
C_3	5.1068	5.2072	3.4622	5.3978	6.0000	4.9624	3.9124	3.3257	3.3790	5.5879	5.0046	5.1084	2.6298
C_4	1.1503	1.4817	0.4929	1.5450	3.0000	1.4460	1.7819	0.7787	0.8944	1.3425	1.4969	1.0590	0.2531
C_5	3.3085	4.9775	2.6203	5.0000	2.9893	4.9765	2.6121	2.9297	2.8236	4.6775	3.0939	3.9208	2.6475
C_6	5.1953	4.4544	3.0761	4.7555	5.3121	4.2152	2.9787	3.2522	3.0663	4.0189	4.1151	3.3632	2.2314
C_7	5.5989	5.5292	4.7940	5.6867	5.8872	4.5703	4.0904	3.6486	3.7001	4.9556	5.0698	3.8372	4.3746
C_8	4.2885	4.6589	3.8503	4.4717	4.8172	3.8962	3.4027	3.3504	3.8227	3.8645	4.5097	3.6749	3.2732
C_9	5.7042	5.5152	5.18	5.6731	5.5233	5.438	6.3164	6.0307	5.9039	5.7836	5.9347	5.4578	6.2275
C_{10}	4.5862	5.2637	2.3336	4.7111	5.2385	3.3880	3.8452	3.0133	3.6120	3.2347	3.9868	3.7453	4.1098
C_{11}	7.0353	6.4018	3.8036	5.7997	7.4530	5.3391	6.1636	2.0188	3.0816	4.0177	5.1531	4.3455	1.1393
C_{12}	5.9322	5.4081	7.4638	6.5664	5.1065	6.4179	6.3465	6.1532	7.1593	6.0767	5.3422	5.8299	6.3536
C_{13}	5.6479	7.0575	3.0854	5.0833	6.5332	5.0346	3.5481	2.6325	3.6162	5.7077	4.4915	4.0948	2.5845
C_{14}	4.0401	3.9756	4.6296	5.4473	4.5696	5.4094	5.4644	6.7576	7.4616	5.2462	6.7399	4.8573	5.3850
C_{15}	6.9311	6.112	4.1673	4.3494	6.0166	5.4815	4.7713	6.5206	4.6975	5.1187	6.7396	4.1615	4.5478